Sammlung

der in Elsaß-Lothringen geltenden

Gesetze.

Zweite Abteilung.

Sammlung der in Elsaß-Lothringen geltenden Gesetze.

(Möller'sche Sammlung.)

Auf Veranlassung des Kaiserlichen Ministeriums für Elsaß-Lothringen
bearbeitet und herausgegeben von

O. Grünewald, Ministerialrat; Dr. G. Laucher, Ministerialrat;

F. Nelken, Ministerialrat; † Dr. A. Stieve, Geh. Regierungsrat im Ministerium;

J. Stübel, Regierungsrat im Ministerium.

Zweite Abteilung.

Zweiter Band. 1. Hälfte.

Gesetze aus der Zeit von 1901 bis 1903.

Straßburg.
Verlag von Karl J. Trübner.
1916.

Druck von M. DuMont Schauberg, Straßburg.

Gesetze aus den Jahren 1901–1905.

Gesetze aus den Jahren 1901–1905.

1901.

6. Januar 1901.

Kaiserliche Verordnung, betreffend die Gerichtsbarkeit der deutschen Konsuln in Egypten.[1])

Reichsgesetzbl. S. 3.

§ 1. Die den Konsuln des Deutschen Reichs in Egypten zustehende Gerichtsbarkeit wird für strafbare Handlungen, deren Thatbestand einen Konkurs oder eine Zahlungseinstellung zur Voraussetzung hat, außer Uebung gesetzt, sofern der Schuldner ein Kaufmann oder eine Handelsgesellschaft ist, und der Schuldner oder einer der Gläubiger der deutschen Konsulargerichtsbarkeit nicht untersteht.

§ 2. Die Deutschen und die deutschen Schutzgenossen in Egypten sind vom Tage des Inkrafttretens dieser Verordnung ab in den der Konsulargerichtsbarkeit durch § 1 entzogenen Strafsachen der Gerichtsbarkeit der Landesgerichte unterworfen.

1) Erlassen auf Grund der die Konsulargerichtsbarkeit in Egypten betreffenden Gesetze vom 30. März 1874 und vom 5. Juni 1880.

§ 3. Hinsichtlich der im § 5 der Verordnung vom 23. Dezember 1875 (Reichs-Gesetzbl. S. 381) und in der Verordnung vom 15. Februar 1897 (Reichs-Gesetzbl. S. 17) bezeichneten Personen, Körperschaften und Anstalten bleiben die bisherigen Gerichtsbarkeitsverhältnisse unverändert.[2])

§ 4. Diese Verordnung tritt mit dem Ablaufe von zwei Wochen nach dem Tage der Verkündung im Reichs-Gesetzblatt in Kraft.

Strafsachen, die zur Zeit des Inkrafttretens dieser Verordnung bei den Konsulargerichten anhängig sind, werden von diesen vollständig erledigt, auch wenn sie nach den Vorschriften der §§ 1, 2 zur Zuständigkeit der Landesgerichte gehören würden.

2) Die Verordnung vom 15. Februar 1897 ist aufgehoben worden durch Artikel II der Kaiserlichen Verordnung vom 29. Juni 1908.

---

7. Januar 1901.

Gesetz, betreffend den Verkauf von Waldflächen in den Oberförstereien Bitsch-Nord und Bitsch-Süd.

Gesetzbl. f. Elf.-Lothr. S. 1.

§ 1. Der Landesfiskus wird ermächtigt, das zur Anlage eines Truppenübungsplatzes in Aussicht genommene, eine Gesammtfläche von $2501_{,102}$ Hektar umfassende Gelände des Bitscher Staatswaldes an den Reichs- (Militär)- Fiskus für den Preis von fünfeinhalb Millionen Mark zu verkaufen.[1])

1) Der Vertrag ist bereits vorbehaltlich der Genehmigung durch Gesetz am 19. September 1900 abgeschlossen worden.

§ 2. Sofern sich im Interesse der Grenzregulierung ein Austausch kleinerer Flächen des verkauften Geländes gegen andere Staatswaldflächen als nothwendig herausstellen sollte, ist der Landesfiskus ermächtigt, diesen Austausch vorzunehmen.

§ 3. Der Kaufpreis ist verzinslich bei der Staatsdepositenverwaltung anzulegen. Ueber die Verwendung des Kaufpreises und der zuwachsenden Zinsen wird durch den Landeshaushalts-Etat Bestimmung getroffen.[2])

2) Der Kaufpreis wird nach näherer Bestimmung im Landeshaushalts-Etat hauptsächlich zum Ankaufe von Waldungen und zu außerordentlichen Verbesserungen der Staatsforsten verwendet.

29. Januar 1901.

Verfügung des Ministeriums, betreffend Abänderung und Ergänzung der Hebammenordnung.[1])

Zentr.- u. Bez.A.Bl. S. 43.

1) Die Abänderungen sind in der Verf. vom 24. Mai 1889 berücksichtigt.

7. Februar 1901.

Bundesratsbeschluß, betreffend Errichtung eines Freibezirks im Außenhafen zu Emden.[1])

Zentr.-Bl. f. d. D. R. S. 311.

1) Durch Bundesratsbeschluß vom 13. Januar 1904, zufolge Bekanntmachung des Reichskanzlers vom 28. Januar 1904 (Zentr.-Bl. f. d. D. R. S. 27) zum Zoll-Ausschlußgebiet erklärt. s. d.

18. Februar 1901.

Allerhöchster Erlaß, betreffend Änderung der Wehrordnung und Ermächtigung des Reichskanzlers zur Veröffentlichung des Textes der Wehrordnung unter Berücksichtigung der seitherigen Änderungen.[1])

Zentr.-Bl. f. d. D. R. S. 41.

1) Der Text ist am 22. Juli (Zentr.-Bl. f. d. D. R. Beil. zu Nr. 32) bekannt gemacht worden und hat seitdem weitere Änderungen erfahren durch die Allerhöchsten Erlasse vom 25. März 1904, 6. Mai 1905, 7. November 1906, 19. August 1910, 18. Mai 1912, 8. Dezember 1913 und 31. März 1914. Die Wehrordnung gelangt unter Berücksichtigung aller dieser Änderungen zum Abdrucke.

25. Februar 1901.

Kaiserliche Verordnung, betreffend die Beamten der öffentlichen Pfandhäuser.[1])

Gesetzbl. f. Els.-Lothr. S. 26.

§ 1. Die Wahrnehmung der Geschäfte des Direktors, des Magazinverwalters und des Kassirers der öffentlichen Pfandhäuser wird durch die Satzung der einzelnen Anstalten geregelt.

§ 2. Das Dekret vom 11. Dezember 1864 (Bulletin des lois Serie XI Nr. 12 819), betreffend die Unvereinbarkeit der bezeichneten Verrichtungen, wird aufgehoben.

1) Erlassen auf Grund des Gesetzes über die öffentlichen Pfandhäuser vom 24. Juni 1851.

25. Februar 1901.

Bekanntmachung des Reichskanzlers, betreffend Vergütung für Vorspann.

Zentr.-Bl. f. d. D. R. S. 48.

Der Bundesrath hat auf Grund des § 9 Nr. 1 des Naturalleistungsgesetzes (Reichs-Gesetzbl. 1898 S. 361) beschlossen, daß vom 1. April 1901 ab die Vergütung für Vorspann auf Grund des nachstehenden Tarifs der Vorspann-Vergütungssätze und nach Maßgabe der zugehörigen Klasseneintheilung der Lieferungsverbände erfolgt.[1])

1) S. Zentr.-Bl. f. d. D. R. 1901 S. 49.

6. März 1901.

Verordnung des Ministeriums zur Ausführung des Gesetzes vom 9. Juli 1900, betreffend die Haltung der Zuchtstiere.[1])

Zentr.= u. Bez.A.Bl. S. 90.

§ 1. In jeder Gemeinde mit geregelter Zuchtstierhaltung ist zur Ueberwachung dieser letzteren eine besondere, aus drei Mitgliedern bestehende Kommission (Gemeindestier=Kommission) zu bilden. Die Mitglieder, sowie für jedes Mitglied ein Stellvertreter, werden vom Gemeinderath aus der Zahl der in der Gemeinde ansässigen Rindviehbesitzer auf die Dauer von vier Jahren gewählt und vom Bürgermeister ernannt.

Der Stierhalter oder Stierwärter kann nicht Mitglied der Gemeindestier=Kommission sein.

Der Gemeinderath kann, soweit er nach den örtlichen Verhältnissen ein Bedürfnis für gegeben erachtet, beschließen, daß der Gemeindebann hinsichtlich der Ueberwachung der Stierhaltung in mehrere Bezirke zerlegt, und daß für jeden solchen Bezirk eine besondere Stierkommission bestellt wird.

Die Stierkommission wählt aus ihrer Mitte ihren Vorsitzenden, dem die Leitung der Kommissionsthätigkeit zusteht.

Gleichzeitig ist der Stellvertreter des Vorsitzenden zu wählen.

Mitglieder der Kommission, die sich als ungeeignet zur Wahrnehmung ihrer Obliegenheiten erweisen, können vom Bürgermeister auf Antrag oder mit Zustimmung des Gemeinderaths abberufen werden. Die Abberufung unterliegt der Beschwerde gemäß § 71 Abs. 2 der Gemeindeordnung.

§ 2. Der Gemeindestier=Kommission liegt die Ermittelung der Stückzahl des in der Gemeinde vorhandenen sprungfähigen Rindviehs — § 3 des Gesetzes vom 9. Juli 1900 — ob.

Zu diesem Zwecke hat die Kommission alljährlich in der Zeit vom 1. bis 10. April ein Verzeichniß der in der Gemeinde vorhandenen Kühe und über ein Jahr alten Kalbinnen nach dem Stande vom 1. April aufzunehmen.

In das Verzeichniß nicht einzutragen ist das sprungfähige Rindvieh derjenigen Viehbesitzer, bei welchen eine der im § 5 Ziffer 1—3 des Gesetzes vom 9. Juli 1900 aufgeführten Voraussetzungen zutrifft. Das fertiggestellte Verzeichniß ist dem Bürgermeister einzureichen.

§ 3. Das von der Gemeindestier=Kommission eingereichte Verzeichniß des sprungfähigen Rindviehs ist nach näherer Anordnung des Bürgermeisters auf dem Gemeindehause während achttägiger Frist zu Federmanns Einsicht offen zu legen. Die bevorstehende Offenlegung ist in ortsüblicher Weise öffentlich bekannt zu machen.

Während der Offenlegung können Einwendungen gegen die Richtigkeit oder Vollständigkeit des Verzeichnisses schriftlich oder zu Protokoll des Gemeindeschreibers geltend gemacht werden.

Der Bürgermeister prüft die erhobenen Einwendungen, berichtigt gegebenen Falls das Verzeichniß und legt letzteres alsdann dem Gemeinderath zur Beschlußfassung über die Zahl der zu haltenden Zuchtstiere (§ 3 Abs. 1 des Gesetzes) sowie die zu erhebenden Umlagen (§ 4 Abs. 2 ebenda) vor.

In dem Beschlusse ist zugleich zu regeln die Bemessung der Gebühren für die Benutzung der Gemeindezuchtstiere durch Viehbesitzer, die nicht in der Gemeinde ihren Wohnsitz haben, oder die unter Ziffer 1 bis 3 des § 5 des Gesetzes fallen.

§ 4. Bei Bemessung der Zahl der zu haltenden Zuchtstiere sind Abweichungen von der Regel, daß auf je 80 Stück sprungfähigen Rindviehs ein Zuchtstier zu halten ist, höchstens in dem Maße zulässig, daß auf je 120 Stück ein Zuchtstier gehalten wird. Wird in einer Gemeinde nur e i n Gemeindezuchtstier gehalten, so muß er wenigstens 16 Monate alt sein. Sind mehrere Gemeindezuchtstiere vorhanden, so muß der jüngste wenigstens 12, der älteste wenigstens 24 Monate alt sein.

§ 5. Den mit den Stierhaltern zu schließenden schriftlichen Verträgen (§ 2 Abs. 2 des Gesetzes) sind nachfolgende Muster zugrunde zu legen:

1. für den Fall, daß die Zuchtstiere von einem oder mehreren Stierhaltern beschafft und unterhalten werden, das am Schlusse gegenwärtiger Verordnung abgedruckte Muster A., Muster A.[2])
2. für den Fall, daß die Stiere von der Gemeinde beschafft, und von einem oder mehreren Stierhaltern unterhalten werden, das ebenda abgedruckte Muster B. Muster B.

Eine Abweichung von den Mustern ist an die Genehmigung des Ministeriums gebunden.

§ 6. Werden die Stiere von der Gemeinde beschafft und in eigener Verwaltung unterhalten, so hat der Bürgermeister den Ge=

1) Erlassen auf Grund des § 13 Absatz 2 des Gesetzes vom 9. Juli 1900, betreffend die Haltung der Zuchtstiere (Gesetzbl. f. Elf.=Lothr. S. 137).

2) Die Muster A, B und C sind abgedruckt.

meindestierwärter mit Dienstanweisung nach dem hierunter abgedruckten Muster C zu versehen.

Muster C.

Die Anweisung ist dem Wärter zu Protokoll zu eröffnen; am Schlusse der Verhandlung ist von ihm ausdrücklich zu bestätigen, daß er sich allen Vorschriften der Anweisung unter persönlicher Haftung und mit der Maßgabe unterwerfe, daß bei Pflichtwidrigkeiten die Gemeinde zur sofortigen Aufsage des Dienstes befugt sei.

Die dem Gemeindestierwärter für seinen Dienst zu gewährende Vergütung hat der Gemeinderath festzusetzen.

§ 7. Die Gemeindestier-Kommission ist berechtigt und verpflichtet, die Gemeindestierhalter oder den Gemeindestierwärter in ihren Obliegenheiten zu überwachen und etwaige Verstöße gegen die vertragsmäßig übernommenen Pflichten oder gegen die Dienstanweisung sofort zur Kenntniß des Bürgermeisters zu bringen.

Die gleiche Befugniß steht den Gemeindebehörden, dem Kreisthierarzt, sowie den vom Ministerium mit Ueberwachung der Zuchtstierhaltung betrauten Personen zu.

§ 8. Anträge einzelner Gemeinderäthe auf Zulassung einer anderen Form der Zuchtstierhaltung, als in § 1 Abs. 2 des Gesetzes vorgeschrieben (§ 2 Schlußabsatz des Gesetzes), sind vom Bürgermeister der Aufsichtsbehörde, und von dieser mit einer gutachtlichen Aeußerung des Vorstandes des landwirthschaftlichen Kreisvereins dem Ministerium vorzulegen. Letzterem bleibt es vorbehalten, im Falle der Ertheilung der Genehmigung jeweils die Ueberwachung der betreffenden Art von Zuchtstierhaltung durch besondere Vorschriften zu regeln.

§ 9. Für die Sprungregister, welche der Stierhalter oder Stierwärter vertragsmäßig oder auf Grund der Dienstanweisung zu führen verpflichtet ist, ist das gegenwärtiger Verordnung beigegebene Muster D maßgebend.

Muster D.[3])

§ 10. Zuchtgenossenschaften, welche die Anerkennung als Genossenschaften zur Verbesserung der Rindviehzucht beim Ministerium herbeiführen wollen — § 5 Ziffer 3 des Gesetzes — haben nebst dem Gesuche um Anerkennung ihrer Satzungen das Mitgliederverzeichniß, das Herdbuch, sowie eine Uebersicht über ihre Finanzlage beim Kreisdirektor einzureichen. Dieser legt das Gesuch mit einer gutachtlichen Aeußerung des Vorstandes des landwirthschaftlichen Kreisvereins und des Kreisthierarztes dem Ministerium vor.

§ 11. Für die allmählige Einführung einer den Bestimmungen des Gesetzes entsprechenden Zuchtstierhaltung in den einzelnen Gemeinden bis zu dem in § 11 Abs. 1 des Gesetzes bezeichneten Endtermine haben die Kreisdirektoren nach näherer Anweisung des Ministeriums Sorge zu tragen.

§ 12. Die Verordnung vom 10. März 1891 wird aufgehoben. Gegenwärtige Verordnung tritt sofort in Kraft.

Muster A.

Bezirk:
Kreis:
Gemeinde:

Vertrag,

betreffend die Beschaffung und Unterhaltung der Zuchtstiere während der Zeit vom bis

Heute, den , ist zu zwischen dem Herrn , handelnd in seiner Eigenschaft als Bürgermeister und im Namen der Gemeinde , einerseits und dem Herrn , wohnhaft zu , andererseits folgender Vertrag abgeschlossen worden:

§ 1. Herr verpflichtet sich, für Zwecke der Zuchtstierhaltung Stiere, Rasse, zu beschaffen, welche vom Kreisschauamt für zur Zucht tauglich und von der Gemeindestierkommission als für die Rindviehzucht in der Gemeinde geeignet erklärt worden sind. Herr verpflichtet sich ferner, die Unterhaltung und Pflege dieser Zuchtstiere als Stierhalter unter Beobachtung der gesetzlichen Bestimmungen und unter den nachstehenden Bedingungen zu übernehmen.

§ 2. Der Stierhalter ist verpflichtet, die Zuchtstiere in einem trockenen, geräumigen, hellen und luftigen, mit Jaucheabfluß versehenen Stalle derart aufzustellen, daß für jeden Stier ein Stand mit einem Flächenraum von wenigstens vier Quadratmetern (2,80 m Länge Länge und 1,50 m Breite), ohne den Futter- und Düngergang, vorhanden ist. In dem Stalle dürfen nichtgekörte Stiere mit Ausnahme von Stierkälbern nicht gehalten werden.

§ 3. Der Stierhalter ist verpflichtet, die Stiere so zu füttern, daß dieselben sich stets in einem guten sprungfähigen Zustande befinden. Auf jeden Zuchtstier sind in der Regel täglich Kilogramm (Pfund) gutes Heu und Kilogramm (Pfund) geschrotenen oder gequetschten Hafer nebst einem Löffel (Gramm) Salz auf drei Futterzeiten vertheilt zu verfüttern.

Ein geringer Theil des Heues (höchstens Kilogramm) darf mit etwas Stroh zu nicht unter 3 cm kurzem Häckſel geschnitten, zur

---

3) Muster D ist nicht abgedruckt.

besseren Ausnutzung des Hafers als Häcksel verfüttert werden. Außer Heu, Hafer und mit Heu vermischtem Grünfutter dürfen andere, insbesondere auf die Mast abzielende, Futtermittel nicht verfüttert werden.

§ 4. Der Stierhalter ist verpflichtet, die Wartung und Pflege der Stiere sachgemäß und sorgfältig auszuführen. Die Stiere sind täglich mit Striegel und Bürste zu reinigen. Der Standplatz ist täglich auszuräumen und frisch einzustreuen. Die Stiere haben täglich angemessene Bewegung im Freien zu erhalten und dürfen zu diesem Zweck vom Stierhalter in seinem Betriebe zum leichten Zuge verwendet werden. Die Klauen der Stiere sind jährlich wenigstens zweimal von einem Sachkundigen zu beschneiden. Werden Zuchtstiere durch Verschulden des Stierhalters vor der Zeit, d. h. vor vollendetem vierten Jahre, unbrauchbar und infolgedessen von dem Kreisschauamt als zur Zucht untauglich erklärt, oder erkranken Zuchtstiere durch Verschulden des Stierhalters, so hat dieser den entstehenden Schaden zu tragen.

§ 5. Der Stierhalter ist verpflichtet, von jeder Verletzung oder Erkrankung eines Zuchtstieres sofort dem Bürgermeister Kenntniß zu geben. Sind bei einem Zuchtstier Anzeichen einer ansteckenden Krankheit (Maul- und Klauenseuche, Bläschenausschlag u. s. w.) vorhanden, so ist dieser Stier außerdem vom Sprunge sofort auszuschließen.

§ 6. Der Stierhalter ist verpflichtet, die regelmäßige Besichtigung der Zuchtstiere und deren Behandlung in Erkrankungsfällen durch einen Vertrag mit einem approbierten Thierarzt sicher zu stellen.

Er ist ferner verpflichtet, die Zuchtstiere bei gegen Krankheit und Umstehen, sowie bei einer vom Bürgermeister als geeignet anerkannten Feuerversicherungsgesellschaft gegen Brandschaden zu versichern.

§ 7. Die Sprungzeit wird täglich auf die Zeit von bis Uhr Morgens und von bis Uhr Abends festgesetzt. Während der schlechteren Jahreszeit (vom 1. Oktober bis 30. April einschließlich) ist die Verlegung der Sprungzeit Morgens auf zwei bis drei Stunden später und Abends auf zwei bis drei Stunden früher gestattet.

Die Zahl der Sprünge wird in der Regel auf täglich zwei festgesetzt.

Ausnahmen von den vorstehenden Bestimmungen bedürfen der Zustimmung der Gemeindestierkommission.

§ 8. Der Sprungplatz ist in einem gegen den Einblick von außen abgeschlossenen Raume einzurichten, der wenigstens 6 Meter lang und 4 Meter breit und mit den nötigen Einrichtungen (Sprunggabeln, Ringen u. s. w.) versehen ist.

Die Zuchtstiere dürfen zum Zweck des Springens nicht frei laufen gelassen werden, sondern müssen aus dem Stalle hinaus und wieder in denselben hinein an einem festen Lederhalfter, dessen Nasenstück mit Eisen beschlagen ist (Kappzaum), oder am Nasenring mit dem Leitstock geführt werden.

§ 9. Der Stierhalter ist verpflichtet, ein Sprungregister nach vorgeschriebenem Muster zu führen. Aus dem Sprungregister muß zu ersehen sein: das Datum des Sprunges, der verwendete Zuchtstier, Alter, Farbe und Abzeichen, Rasse oder Schlag des zugeführten Thieres und Name und Stand von dessen Besitzer. Späterhin ist nachzutragen, ob das zugeführte Thier trächtig geworden ist und ob und wann es gekalbt hat.

§ 10. Der Stierhalter ist verpflichtet, die zugeführten Thiere vor dem Sprunge auf ihren Gesundheitszustand zu untersuchen und beim Vorhandensein anzeigepflichtiger Krankheiten dem Bürgermeister sofort Anzeige zu erstatten. Thiere mit ansteckenden Krankheiten (Maul- und Klauenseuche, Bläschenausschlag u. s. w.) oder solche, welche an krankhaften Ausflüssen aus den Geschlechtstheilen (weißem Fluß) leiden, sind nicht zum Sprung zuzulassen.

§ 11. Der Stierhalter erhält als Vergütung für den Ankauf der Zuchtstiere ℳ und für deren Unterhaltung

1. jährlich für jeden Zuchtstier ℳ in Worten Mark, zusammen also für Stiere ℳ, zahlbar aus der Gemeindekasse der Gemeinde in Theilen (im Voraus) am
2. den Nießbrauch von Wiesen, Ackerland genauere, katastermäßige und ortsübliche Bezeichnung),
3. ein Sprunggeld von ℳ für jedes zugeführte Thier bei jedem Sprunge (ein für alle Mal bis zur Trächtigkeit) zahlbar aus der Gemeindekasse von
4. ein Sprunggeld von ℳ für jeden Sprung bei jedem zugeführten Thiere aus einer anderen Gemeinde (solcher Viehbesitzer, welche für die Zuchtstierhaltung keine Umlagen bezahlen), zahlbar von dem Besitzer des Thieres bei der Zuführung,
5. für die thierärztliche Behandlung (für Versicherung) der Zuchtstiere ℳ aus der Gemeindekasse von

§ 12. Der Stierhalter ist verpflichtet, die in § 11 unter Ziffer 2 aufgeführten Grundstücke ordnungsmäßig zu bewirthschaften, insbesondere auch in gutem Dünger- und Bebauungszustand zu erhalten. Verbesserungen der Grundstücke sind auf Beschluß des Gemeinderaths hin von dem Gemeindestierhalter auszuführen. Die ihm dabei entstehenden Kosten fallen der Gemeindekasse zu Last, welche auch für einen etwaigen Ausfall der Erträgnisse aus den Grundstücken aufzukommen hat.

Die auf den in § 10 unter Ziffer 2 aufgeführten Grundstücken lastenden Steuern und öffentlichen Abgaben fallen der Gemeindekasse zur Last.

§ 13. Der Stierhalter ist ohne Zustimmung des Gemeinderaths nicht befugt, die Rechte und Pflichten aus diesem Vertrage auf eine andere Person zu übertragen. Für etwaigen Schaden, der durch Nichtbeachtung dieser Bestimmung erwächst, haftet er neben der dritten Person als Selbstschuldner. Ebenso haftet der Stierhalter für denjenigen Schaden als Selbstschuldner, der durch das Verschulden des von ihm mit der Wartung der Zuchtstiere beauftragten Personals entsteht.

Der gegenwärtige Vertrag erlischt mit dem Tode des Stierhalters, jedoch sind seine Erben noch einen Monat lang nach dem Todestage verpflichtet, den Vertrag an seiner Statt zu erfüllen.

§ 14. Der Bürgermeister ist befugt, entsprechend den Bestimmungen des § 3 des Gesetzes vom 9. Juli 1900, betreffend die Haltung der Zuchtstiere, die Zahl der Zuchtstiere anderweitig festzusetzen. Der Stierhalter ist alsdann verpflichtet, weitere Zuchtstiere einzustellen, oder von den eingestellten Zuchtstieren auszuscheiden. Die Verpflichtungen des Stierhalters sowie die der Gemeinde aus diesem Vertrage erleiden alsdann entsprechende Ausdehnung oder Einschränkung. Weiter einzustellende Zuchtstiere müssen die im § 1 angeführten Bedingungen erfüllen.

Der Stierhalter ist nicht befugt, Zuchtstiere ohne Zustimmung der Gemeindestierkommission auszuscheiden. Dies gilt auch bei der Auswahl der nach Abs. 1 etwa auszuscheidenden Stiere.

§ 15. Die Gemeindezuchtstierkommission ist befugt, jederzeit die Unterhaltung und Pflege der Zuchtstiere nachzusehen und festzustellen, ob der Gemeindestierhalter die Bedingungen dieses Vertrages erfüllt. Die gleichen Befugnisse haben der Kreisthierarzt und etwaige Beauftragte der Landesverwaltung.

§ 16. Der Bürgermeister ist mit Zustimmung des Gemeinderaths befugt, diesen Vertrag jederzeit mittelst einfacher schriftlicher Benachrichtigung des Stierhalters ohne besondere Inverzugsetzung und ohne Entschädigung des Stierhalters aufzulösen, wenn dieser den ihm aus diesem Vertrage entspringenden Verpflichtungen nicht nachkommt. Die infolge der Bestellung eines neuen Stierhalters oder durch die Uebernahme der Stierhaltung in eigene Verwaltung für die Gemeinde entstehenden Kosten, insbesondere auch die Ersatzleistungen an den neuen Stierhalter wegen der von dem bisher schon gezogenen Einnahmen und Nutznießungen, fallen dem bisherigen Stierhalter zur Last.

§ 17. Für die Entscheidung von Rechtsstreitigkeiten aus diesem Vertrage wird unter Anwendung der Bestimmungen der Civilprozeßordnung § 1025 ff. der Herr Kreisdirektor in als Schiedsrichter bestellt.

§ 18. Dieser Vertrag ist in zwei Ausfertigungen aufgestellt und jedem der vertragsschließenden Theile eine Ausfertigung ausgehändigt worden.

, den

Der Bürgermeister: Der Stierhalter:

Muster B.

Bezirk:
Kreis:
Gemeinde:

Vertrag,

betreffend die Unterhaltung der Zuchtstiere während der Zeit vom bis

Heute, den ist zu zwischen dem Herrn handelnd in seiner Eigenschaft als Bürgermeister und im Namen der Gemeinde , einerseits und dem Herrn , wohnhaft zu , andererseits folgender Vertrag abgeschlossen worden:

§ 1. Herr verpflichtet sich, vom ab auf die Dauer von Jahren, also bis zum einschließlich, die Unterhaltung und Pflege der von der Gemeinde beschafften und in deren Eigenthum verbleibenden Zuchtstiere, deren Zahl bis auf weiteres auf festgesetzt ist, als Stierhalter unter Beobachtung der gesetzlichen Bestimmungen und unter den nachstehenden Bedingungen zu übernehmen.

§ 2. Der Stierhalter ist verpflichtet, die ihm von der Gemeinde anvertrauten Zuchtstiere in einem trockenen, geräumigen, hellen und luftigen, mit Jaucheabfluß versehenen Stalle derart aufzustellen, daß für jeden Stier ein Stand mit einem Flächenraum von wenigstens vier Quadratmetern (2,80 m Länge und 1,50 m Breite) ohne den Futter- und Düngergang vorhanden ist. In dem Stalle dürfen nicht gekörte Stiere mit Ausnahme von Stierkälbern nicht gehalten werden.

§ 3. Der Stierhalter ist verpflichtet, die Stiere so zu füttern, daß dieselben sich stets in einem guten sprungfähigen Zustande befinden. Auf jeden Zuchtstier sind in der Regel täglich Kilogramm (Pfund) gutes Heu und Kilogramm (Pfund) geschrotenen oder gequetschten Hafer nebst einem Löffel (Gramm) Salz auf drei Futterzeiten vertheilt zu verfüttern.

Ein geringer Theil des Heues (höchstens Kilogramm) darf mit etwas Stroh zu nicht unter 3 cm kurzem Häcksel geschnitten, zur besseren Ausnutzung des Hafers als Häcksel verfüttert werden.

Außer Heu, Hafer und mit Heu vermischtem Grünfutter dürfen andere, insbesondere auf die Mast abzielende, Futtermittel nicht verfüttert werden.

§ 4. Der Stierhalter ist verpflichtet, die Wartung und Pflege der Stiere sachgemäß und sorgfältig auszuführen. Die Stiere sind täglich mit Striegel und Bürste zu reinigen. Der Standplatz ist täglich auszuräumen und frisch einzustreuen. Die Stiere haben täglich angemessene Bewegung im Freien zu erhalten und dürfen zu diesem Zweck vom Stierhalter in seinem Betriebe zum leichten Zuge verwendet werden. Die Klauen der Stiere sind jährlich wenigstens zweimal von einem Sachkundigen zu beschneiden.

Werden Zuchtstiere durch Verschulden des Stierhalters vor der Zeit, d. h. vor vollendetem vierten Jahre unbrauchbar und in Folge dessen von dem Kreisschauamt als zur Zucht untauglich erklärt, oder erkranken Zuchtstiere durch Verschulden des Stierhalters, so hat dieser den entstehenden Schaden zu ersetzen.

§ 5. Der Stierhalter ist verpflichtet, von jeder Verletzung oder Erkrankung eines Zuchtstieres sofort dem Bürgermeister Kenntniß zu geben. Sind bei einem Zuchtstiere Anzeichen einer ansteckenden Krankheit (Maul- und Klauenseuche, Bläschenausschlag u. s. w.) vorhanden, so ist dieser Stier außerdem sofort vom Sprunge auszuschließen.

§ 6. Die Sprungzeit wird täglich auf die Zeit von bis Uhr Morgens und von bis Uhr Abends festgesetzt. Während der schlechteren Jahreszeit (vom 1. Oktober bis 30. April einschließlich) ist die Verlegung der Sprungzeit Morgens auf zwei bis drei Stunden später und Abends auf zwei bis drei Stunden früher gestattet.

Die Zahl der Sprünge wird in der Regel auf täglich zwei festgesetzt.

Ausnahmen von den vorstehenden Bestimmungen bedürfen der Zustimmung der Gemeindestierkommission.

§ 7. Der Sprungplatz ist in einem gegen den Einblick von außen abgeschlossenen Raum einzurichten, der wenigstens sechs Meter lang und vier Meter breit und mit den nöthigen Einrichtungen (Sprunggabeln, Ringen u. s. w.) versehen ist.

Die Zuchtstiere dürfen zum Zweck des Springens nicht frei laufen gelassen werden, sondern müssen aus dem Stalle hinaus und wieder in denselben hinein an einem festen Lederhalfter, dessen Nasenstück mit Eisen beschlagen ist (Kappzaum), oder am Nasenring mit dem Leitstock geführt werden.

§ 8. Der Stierhalter ist verpflichtet, ein Sprungregister nach vorgeschriebenem Muster zu führen. Aus dem Sprungregister muß zu ersehen sein: das Datum des Sprunges, der verwendete Zuchtstier, Alter, Farbe und Abzeichen, Rasse oder Schlag des zugeführten Thieres und Name und Stand von dessen Besitzer. Späterhin ist nachzutragen, ob das zugeführte Thier trächtig geworden ist und ob und wann es gekalbt hat.

§ 9. Der Stierhalter ist verpflichtet, die zugeführten Tiere vor dem Sprunge auf ihren Gesundheitszustand zu untersuchen und beim Vorhandensein anzeigepflichtiger Krankheiten dem Bürgermeister sofort Anzeige zu erstatten. Thiere mit ansteckenden Krankheiten (Maul- und Klauenseuche, Bläschenausschlag u. s. w.) oder solche, welche an krankhaften Ausflüssen aus den Geschlechtsteilen (weißem Fluß) leiden, sind nicht zum Sprung zuzulassen.

§ 10. Der Stierhalter erhält als Vergütung für die Unterhaltung der Zuchtstiere

1. jährlich für jeden Zuchtstier ℳ, in Worten ℳ, zusammen also für Stiere ℳ, zahlbar aus der Gemeindekasse der Gemeinde in Theilen (im Voraus) am ,
2. den Nießbrauch von Wiesen, Ackerland (genauere, katastermäßige und ortsübliche Bezeichnung),
3. ein Sprunggeld von ℳ für jedes zugeführte Thier bei jedem Sprunge (ein für alle Mal bis zur Trächtigkeit), zahlbar aus der Gemeindekasse von ,
4. ein Sprunggeld von ℳ für jeden Sprung für jedes zugeführte Thier aus einer anderen Gemeinde (solcher Viehbesitzer, welche für die Gemeindezuchtstierhaltung keine Umlagen bezahlen), zahlbar von dem Besitzer des Thieres bei der Zuführung.

§ 11. Der Stierhalter ist verpflichtet, die in § 10 unter Ziffer 2 aufgeführten Grundstücke ordnungsmäßig zu bewirthschaften, insbesondere auch in gutem Dünger- und Bebauungszustand zu erhalten. Verbesserungen der Grundstücke sind auf Beschluß des Gemeinderaths hin von dem Gemeindestierhalter auszuführen. Die ihm dabei entstehenden Kosten fallen der Gemeindekasse zur Last, welche auch für einen etwaigen vorübergehenden Ausfall der Erträgnisse aus den Grundstücken aufzukommen hat.

Die auf den in § 10 unter Ziffer 2 aufgeführten Grundstücken lastenden Steuern und öffentlichen Abgaben fallen der Gemeindekasse zur Last.

§ 12. Der Stierhalter ist ohne Zustimmung des Gemeinderaths nicht befugt, die Rechte und Pflichten aus diesem Vertrage auf eine andere Person zu übertragen. Für etwaigen Schaden, der durch Nichtbeachtung dieser Bestimmung erwächst, haftet er neben der dritten Person als Selbstschuldner. Ebenso haftet der Stierhalter für denjenigen Schaden als Selbstschuldner, der durch das Verschulden des von ihm mit der Wartung der Zuchtstiere beauftragten Personals entsteht.

Der gegenwärtige Vertrag erlischt mit dem Tode des Stierhalters, jedoch sind seine Erben noch einen Monat lang nach dem Todestage verpflichtet, den Vertrag an seiner Statt zu erfüllen.

§ 13. Der Stierhalter hat keinen Anspruch auf diejenigen Geldpreise bei den staatlichen Prämiirungen, welche auf die der Gemeinde gehörigen Zuchtstiere fallen. Auch steht ihm bei der Veräußerung der außer Dienst gestellten Stiere kein Anspruch auf den ganzen oder einen Theil des Erlöses oder des Mehrerlöses gegen den Ankaufspreis zu. Jedoch kann der Gemeinderath ihm im einzelnen Fall einen Theil der Prämie oder des Mehrerlöses als außerordentliche Zuwendung gewähren.

§ 14. Der Bürgermeister ist befugt, entsprechend den Bestimmungen des § 3 des Gesetzes vom 9. Juli 1900, betreffend die Haltung der Zuchtstiere, die Zahl der Zuchtstiere anderweitig festzusetzen und infolgedessen weitere Zuchtstiere einzustellen oder von den eingestellten Zuchtstieren auszuscheiden. Die Verpflichtungen des Stierhalters, sowie die der Gemeinde aus diesem Vertrage erleiden alsdann entsprechende Ausdehnung oder Einschränkung und zwar

....

§ 15. Die Gemeindestierkommission ist befugt, jederzeit die Unterhaltung und Pflege der Zuchtstiere nachzusehen und festzustellen, ob der Stierhalter die Bedingungen dieses Vertrags erfüllt.

Die gleichen Befugnisse haben der Kreisthierarzt und etwaige Beauftragte der Landesverwaltung.

§ 16. Der Bürgermeister ist mit Zustimmung des Gemeinderaths befugt, diesen Vertrag jederzeit mittelst einfacher schriftlicher Benachrichtigung des Stierhalters ohne besondere Inverzugsetzung und ohne Entschädigung des Stierhalters aufzulösen, wenn dieser den ihm aus diesem Vertrage entspringenden Verpflichtungen nicht nachkommt. Die in Folge der Bestellung eines neuen Stierhalters oder durch die Uebernahme der Stierhaltung in eigene Verwaltung für die Gemeinde entstehenden Kosten, insbesondere auch die Ersatzleistungen an den neuen Stierhalter wegen der von dem bisherigen schon gezogenen Einnahmen und Nutznießungen, fallen dem bisherigen Stierhalter zur Last.

§ 17. Für die Entscheidung von Rechtsstreitigkeiten aus diesem Vertrage wird unter Anwendung der Bestimmungen der Zivilprozeß-Ordnung § 1025 ff. der Herr Kreisdirektor in als Schiedsrichter bestellt.

§ 18. Dieser Vertrag ist in zwei Ausfertigungen aufgestellt und jedem der vertragsschließenden Teile eine Ausfertigung ausgehändigt worden.

den

Der Bürgermeister: Der Gemeindestierhalter:

Muster C.

Bezirk:
Kreis:
Gemeinde:

Dienstanweisung für den Gemeindestierwärter.

§ 1. Der Gemeindestierwärter ist verpflichtet, jedem Zuchtstier täglich Kilogramm (Pfund) gutes Heu und Kilogramm (Pfund) geschrotenen oder gequetschen Hafer nebst einem Löffel (Gramm) Salz, auf drei Futterzeiten vertheilt, zu verfüttern.

Ein geringer Theil des Heues (höchstens Kilogramm) darf mit etwas Stroh, zu nicht unter 3 cm kurzem Häckel geschnitten, zur besseren Ausnutzung des Hafers als Häckel verfüttert werden.

Außer Heu, Hafer und mit Heu vermischtem Grünfutter dürfen andere Futtermitel, insbesondere Rüben, Kleie, Biertreber, Branntweinschlampe, Kartoffeln, Melasse, mit Melasse zusammengesetzte Futtermittel und dergleichen, nicht verfüttert werden.

§ 2. Der Gemeindestierwärter ist verpflichtet, die Wartung und Pflege der Stiere sachgemäß und sorgfältig auszuführen. Die Stiere sind täglich mit Striegel und Bürste zu reinigen. Der Standplatz ist täglich auszuräumen und frisch einzustreuen. Die Stiere haben täglich angemessene Bewegung im Freien zu erhalten und dürfen zu diesem Zweck vom Stierwärter nach näherer Anordnung des Bürgermeisters zum leichten Zug verwendet werden. Die Klauen der Stiere sind jährlich wenigstens zweimal von einem Sachkundigen zu beschneiden.

Werden Zuchtstiere durch Verschulden des Gemeindestierwärters vor der Zeit, d. h. vor vollendetem vierten Jahre, unbrauchbar und in Folge dessen von dem Kreisschauamt als zur Zucht untauglich erklärt, oder erkranken Zuchtstiere durch Verschulden des Gemeindestierwärters, so hat dieser den entstehenden Schaden zu tragen.

§ 3. Der Gemeindestierwärter ist verpflichtet, von jeder Verletzung oder Erkrankung eines Zuchtstieres sofort dem Bürgermeister Kenntniß zu geben. Sind bei einem Zuchtstier Anzeichen einer ansteckenden Krankheit (Maul- und Klauenseuche, Bläschenausschlag u. s. w.) vorhanden, so ist dieser Stier außerdem sofort vom Sprunge auszuschließen.

§ 4. Die Sprungzeit wird täglich auf die Zeit von bis Uhr Morgens und von bis Uhr Abends festgesetzt. Während der schlechteren Jahreszeit (vom 1. Oktober bis 30. April einschließlich) ist die Verlegung der Sprungzeit Morgens auf zwei bis drei Stunden später und Abends auf zwei bis drei Stunden früher gestattet.

Die Zahl der Sprünge wird auf täglich zwei festgesetzt. Ausnahmen von den vorstehenden Bestimmungen bedürfen der Zustimmung der Gemeindestierkommission.

§ 5. Die Zuchtstiere dürfen zum Zwecke des Springens nicht frei laufen gelassen werden, sondern müssen aus dem Stalle heraus und wieder in denselben hinein an einem festen Lederhalfter, dessen Nasenstück mit Eisen beschlagen ist (Kappzaum) oder am Nasenring mit dem Leitstock geführt werden.

§ 6. Der Gemeindestierwärter ist verpflichtet, ein Sprungregister nach vorgeschriebenem Muster zu führen. Aus dem Sprungregister muß zu ersehen sein: das Datum des Sprunges, der verwendete Zuchtstier, Alter, Farbe und Abzeichen, Rasse oder Schlag des zugeführten Thieres und Name und Stand von dessen Besitzer. Späterhin ist nachzutragen, ob das zugeführte Tier trächtig geworden ist und ob und wann es gekalbt hat.

§ 7. Der Gemeindestierwärter ist verpflichtet, die zugeführten Thiere vor dem Sprunge auf ihren Gesundheitszustand zu untersuchen und beim Vorhandensein anzeigepflichtiger Krankheiten (Maul- und Klauenseuche, Bläschenausschlag u. s. w.) oder solche, welche an krankhaften Ausflüssen aus den Geschlechtstheilen (weißem Fluß) leiden, sind nicht zum Sprung zuzulassen.

§ 8. Der Gemeindestierwärter erhält als Vergütung für seinen Dienst:

....

§ 9. Der Gemeindestierwärter ist ohne Zustimmung des Gemeinderaths nicht befugt, eine andere Person an seiner Statt den Dienst versehen zu lassen.

Für etwaigen Schaden, der durch Nichtbeachtung dieser Bestimmung erwächst, haftet er neben der dritten Person als Selbstschuldner.

---

7. März 1901.

Bekanntmachung des Reichskanzlers, betreffend die Befreiung von Ausländern von der Versicherungspflicht nach dem Invalidenversicherungsgesetze.[1])

Zentr.-Bl. f. d. D. R. S. 78.

1) Die Bekanntmachung ist auch nach Einführung der Reichsversicherungsordnung in Kraft geblieben; an Stelle des § 4 Abs. 2 J.V.G. tritt § 1233 Abs. 1 R.V.O. Sie ist indessen für Elsaß-Lothringen gegenstandslos, weil sie sich auf polnische Arbeiter bezieht, denen der Aufenthalt nur für eine bestimmte Dauer gestattet ist, derartige Aufenthaltsbeschränkungen aber in Elsaß-Lothringen nicht bestehen.

---

19. März 1901.

Kaiserliche Verordnung, betreffend die Aenderung der Grenze zwischen den Kreisen Erstein und Molsheim.[1])

Gesetzbl. f. Elf.-Lothr. S. 27.

§ 1. Die Grenze der Kreise Erstein und Molsheim wird dahin abgeändert, daß der südlich der rothen Linie auf dem anliegenden Lageplan gelegene Wassergraben, sowie die anstoßende, durch Zuschüttung des früheren Wasserlaufes der Ehn gewonnene Bodenfläche dem Kreise Molsheim zugeteilt wird.

§ 2. Das Ministerium wird mit der Ausführung dieser Verordnung beauftragt.

1) Erlassen auf Grund des § 3 Abs. 1 des Gesetzes vom 30. Dezember 1871, betr. die Einrichtung der Verwaltung.

19. März 1901.

Verordnung des Statthalters, betreffend die Aenderung der Grenze zwischen den Gemeinden Krautergersheim und Bischofsheim, sowie den Kantonen und Amtsgerichtsbezirken Oberehnheim und Rosheim.[1])

Gesetzbl. f. Elf.-Lothr. S. 28.

§ 1. Die Grenze der Gemeinden Krautergersheim und Bischofsheim und der Kantone und Amtsgerichtsbezirke Oberehnheim und Rosheim wird dahin abgeändert, daß der südlich der rothen Linie auf dem anliegenden Lageplan gelegene Wassergraben, sowie die anstoßende, durch Zuschüttung des früheren Wasserlaufes der Ehn gewonnene Bodenfläche der Gemeinde Bischofsheim sowie dem Kantone und Amtsgerichtsbezirke Rosheim zugetheilt wird.

§ 2. Das Ministerium wird mit der Ausführung dieser Verordnung beauftragt.

1) Erlassen auf Grund des § 2 Ziffer 2 der Gemeindeordnung vom 6. Juni 1895, des § 3 Abs. 2 des Gesetzes vom 30. Dezember 1871, betr. die Einrichtung der Verwaltung, sowie des § 2 Abs. 3 des Gesetzes vom 14. Juli 1871, betr. Abänderungen der Gerichtsverfassung, in Verbindung mit § 7 des Gesetzes vom 4. November 1878, betr. die Ausführung des Gerichtsverfassungsgesetzes.

---

22. März 1901.

Bekanntmachung des Reichskanzlers, betreffend die Mündelsicherheit von Schuldverschreibungen der evangelischen Kirchengemeinde Mainz.

Reichsgesetzbl. S. 37.

Auf Grund des § 1807 Abs. 1 Nr. 4 des Bürgerlichen Gesetzbuchs hat der Bundesrath beschlossen,

die auf den Inhaber ausgegebenen Schuldverschreibungen der evangelischen Kirchengemeinde Mainz vom Jahre 1900 über ein vierprozentiges Anlehen im Betrage von 500 000 Mark zur Anlegung von Mündelgeld für geeignet zu erklären.

---

29. März 1901.

Gesetz, betreffend die Feststellung des Landeshaushalts-Etats von Elsaß-Lothringen für das Rechnungsjahr 1901.

Gesetzbl. f. Elf.-Lothr. S. 5.

§ 13. Die bestehenden Vorschriften, wodurch die protestantischen Pfarrer nach der Bevölkerungszahl ihres Amtssitzes in drei Gehaltsklassen eingetheilt sind, werden aufgehoben.

Soweit die am 1. April 1901 im Amte befindlichen Pfarrer, die bis dahin zur ersten oder zweiten Klasse gehörten, nach den bisherigen Vorschriften in ihrer Klasse ein höheres als das neue Gehalt zu beziehen hätten, ist denselben dieses höhere Gehalt zu zahlen.[1])

1) Die Gehaltsverhältnisse der protestantischen Pfarrer sind durch das Gesetz vom 15. November 1909 neu geregelt worden. Der Absatz 2 hat daher keine praktische Bedeutung mehr.

---

29. März 1901.

Verordnung des Statthalters, betreffend die Ausbildung, Prüfung und Anstellung in der Verwaltung der Verkehrssteuern, mit Ausschluß der Stellen des höheren Verwaltungsdienstes.[1])[2])

Zentr.- u. Bez.A.Bl. S. 111.

§ 1. Zur Anstellung in der Verkehrssteuerverwaltung ist, soweit es sich nicht um Stellen handelt, welche den Militäranwärtern vorbehalten sind, erforderlich:

1) Erlassen auf Grund des § 21 Abs. 5 des Gesetzes, betr. die Einrichtung der Verwaltung, vom 30. Dezember 1871 (Gesetzbl. 1872 S. 49) und des § 2 des Gesetzes, betr. die Verfassung und die

2) Zu vgl. a) wegen der Beamten der Verwaltung der Zölle und indirekten Steuern: Verordnung des Statthalters vom 19. Juli 1901 (Zentr.- u. Bez. A.Bl. S. 279).

1. die Zurücklegung einer genügenden Vorbereitungsdienstzeit (§§ 2 ff.);
2. das Bestehen der vorgeschriebenen Prüfung (§§ 9 ff.).

§ 2. Die Zulassung zum Vorbereitungsdienst erfolgt durch den Direktor der Verkehrssteuern. Der zugelassene Anwärter führt die Bezeichnung: Supernumerar.

Vorbedingung ist:

1. daß der Bewerber das 25. Lebensjahr noch nicht überschritten hat;
2. daß der Bewerber die seinem Alter entsprechende Militärverbindlichkeit erfüllt hat;
3. daß der Bewerber eine schulmäßige Vorbildung in acht aufsteigenden Jahreskursen eines Gymnasiums (oder deutschen Realgymnasiums) oder einer Oberrealschule und zwar durch ein Zeugniß über Versetzung in die Oberprima, beziehungsweise die erste Klasse der Oberrealschule darthut;
4. daß der Bewerber genügende Mittel zur Bestreitung seines Unterhaltes während mindestens 3 Jahren nachweist.

Der Direktor der Verkehrssteuern ist ermächtigt, in besonders dazu geeigneten Fällen, namentlich wenn eine genügende Zahl von Anwärtern, bei welchen diese Voraussetzungen erfüllt sind, nicht vorhanden ist, auch Bewerber anzunehmen, welche einzelne Vorbedingungen nicht erfüllt haben.

§ 3. Dem Gesuche um Annahme als Supernumerar ist beizufügen:

1. Ein Auszug aus dem Geburtsregister;
2. der Nachweis über die Erfüllung der Militärverbindlichkeit;
3. der Nachweis über die schulmäßige Vorbildung;
4. der Nachweis über genügende Unterhaltsmittel, beispielsweise durch eine Erklärung der Eltern oder Anverwandten, wonach sie sich verpflichten, dem Bewerber den erforderlichen Unterhalt während mindestens 3 Jahren zu gewähren;
5. ein Führungszeugniß der Ortsbehörde des letzten Wohnortes oder, sofern der Bewerber im aktiven Militärdienst steht, der zuständigen Militärbehörde;
6. das Zeugniß eines Kreis- oder Kantonal- beziehungsweise eines Militärarztes über körperliche Tauglichkeit zum Dienst;
7. eine vom Bewerber selbst verfaßte und selbst geschriebene Darstellung seines Lebenslaufes.

§ 4. Die Zulassung zum Vorbereitungsdienst begründet keinen Anspruch auf Diensteinkommen oder auf spätere dienstliche Verwendung. Supernumerare, welche während der Vorbereitungszeit dienstlich oder außerdienstlich nicht befriedigen oder von deren Beibehaltung kein Nutzen für den Dienst zu erwarten ist, sind zu entlassen.

§ 5. Der Direktor der Verkehrssteuern bestimmt, bei welchen Amtsstellen der Vorbereitungsdienst abzuleisten ist.

Vor der Einführung in den Dienst ist der Supernumerar nach Vorschrift des Gesetzes, betreffend die Vereidigung der Staatsbeamten, vom 20. September 1871 (Gesetzbl. S. 339) zu vereidigen.

§ 6. Die Vorbereitungszeit beträgt als Regel 2 Jahre. Eine Abkürzung mit Rücksicht auf besonders gute Vorbildung oder aus anderen Gründen kann nur mit Genehmigung des Ministeriums erfolgen.

Dagegen kann der Direktor der Verkehrssteuern mit Rücksicht auf die Befähigung und die Fortschritte des Supernumerars eine Ausdehnung auf 3 Jahre, soweit nothwendig auch auf längere Zeit, anordnen.

Die Zeit, während welcher ein Supernumerar in Folge von Krankheit, Beurlaubung, Einziehung zu militärischen Dienstleistungen oder aus anderen Gründen dem Vorbereitungsdienst entzogen war, ist auf die vorgeschriebene Dauer anzurechnen, wenn dieselbe während

---

Verwaltung Elsaß-Lothringens, vom 4. Juli 1879 (R.G.Bl. S. 165) und unter Aufhebung der auf die Verkehrssteuerverwaltung bezüglichen Vorschriften der Verordnung vom 4. Juni 1890 (Zentr.- u. Bez.A.Bl. S. 175), des Erlasses vom 13. Dezember 1892 (ebendaselbst S. 428) und der Verordnung vom 2. August 1900 (ebendaselbst S. 215). § 2 des Gesetzes vom 4. Juli 1879 ist aufgehoben durch das Gesetz über die Verfassung Elsaß-Lothringens vom 31. Mai 1911 (Reichsgesetzbl. S. 225) Art. II § 27 und ersetzt durch Art. § 2.

b) Wegen der Beamten der Verwaltung der direkten Steuern: Verordnung des Statthalters, betr. die Besetzung der Stellen der Subalternbeamten usw. vom 19. Januar 1894 (Zentr.- u. Bez.A.Bl. S. 69); zu vgl. zu dieser auch Verordnungen des Statthalters vom 2. August 1900 (Zentr.- u. Bez.A.Bl. S. 215) und vom 13. Januar 1903 (Zentr.- u. Bez.A.Bl. S. 5).

c) Wegen der Beamten des Katasterfortführungsdienstes: Verordnung des Statthalters, betr. die Besetzung der Stellen des Katasterfortführungsdienstes vom 16. April 1898 (Zentr.- u. Bez.A.Bl. S. 137). Dazu noch Verordnung vom 2. August 1900.

d) Wegen der Beamten des höheren Verwaltungsdienstes zu vgl. Regulativ des Statthalters, betr. die Befähigung zur Anstellung in den höheren Dienststellen bei der Direktion der Zölle und indirekten Steuern, vom 24. Juli 1880 (Zentr.- u. Bez.A.Bl. S. 190).

eines Jahres den Zeitraum von 8 Wochen nicht übersteigt. Die Anrechnung längerer Unterbrechungen ist nur mit Genehmigung des Ministeriums zulässig.

§ 7. Während des Vorbereitungsdienstes ist der Supernumerar verpflichtet, überall dort, wo dies angeordnet wird, unentgeltlich Dienste zu leisten. Es ist indessen zulässig, schon während des ersten Jahres Supernumeraren, welche sich durch Fleiß und Fortschritte auszeichnen, außerordentliche Remunerationen oder im Falle der Bedürftigkeit Unterstützungen zu gewähren.

Nach dem ersten Vorbereitungsjahre können solche Supernumerare, welche genügend in der Ausbildung fortgeschritten sind, auftragsweise gegen Tagegelder oder feste Remuneration zur Vertretung von Beamten verwendet werden; auch können ihnen, abgesehen von einer solchen Verwendung, wenn sie einen fehlenden Beamten ersetzen oder der Verwaltung nützliche Dienste leisten, feste Remunerationen bewilligt werden.

Bei Versetzungen können den Supernumeraren Tagegelder und Reisekosten in dem Falle bewilligt werden, daß die Versetzung nicht lediglich zum Zwecke der Ausbildung, sondern zur Aushülfe oder in sonstigem Interesse der Verwaltung angeordnet ist.

§ 8. Supernumeraren, welchen ein mit Tagegeldern oder fester Remuneration verbundener Auftrag nicht ertheilt ist, dürfen während der Vorbereitungszeit mit Genehmigung des Direktors der Verkehrssteuern Gehülfenstellen bei Verkehrssteuerämtern annehmen. Die Genehmigung ist jederzeit widerruflich.

§ 9. Nach beendetem Vorbereitungsdienste sind die Supernumerare, welche sich durch Zeugnisse der Amtsvorstände, bei denen sie beschäftigt waren, darüber ausweisen, daß sie den an sie zu stellenden Anforderungen durch Fleiß und Wohlverhalten entsprochen haben und genügend vorgebildet sind, vom Direktor der Verkehrssteuern zur Prüfung zuzulassen.

§ 10. Die Prüfung findet in der Regel jährlich einmal und zwar im Frühjahr statt. Der Tag des Beginns wird jedesmal besonders bekannt gegeben.

Die Prüfung wird in Straßburg von einer Prüfungskommission abgehalten, welche aus dem Direktor der Verkehrssteuern als Vorsitzendem und mindestens zwei von demselben aus den höheren Beamten der ihm unterstellten Verwaltung zu ernennenden Mitgliedern besteht. Für einzelne Prüfungsgegenstände kann der Kommission ein Sachverständiger als für den betreffenden Theil der Prüfung stimmberechtigtes Mitglied zugetheilt werden.

§ 11. Gegenstände der Prüfung sind:

1. Die Grundzüge der Reichsverfassung, die allgemeinen organischen Gesetze Elsaß-Lothringens, namentlich auch bezüglich der Gerichtsverfassung, und die Rechtsverhältnisse der Beamten;
2. Die gesetzlichen Bestimmungen über die Verkehrssteuern (Registrirungsabgaben, Stempel- und Erbschaftssteuer) nebst den dazu ergangenen Ausführungsbestimmungen und Verwaltungsvorschriften; ferner die Vorschriften über das Notariat, den Dienst der Gerichtsschreiber, das Kataster-, Grundbuch- und Hinterlegungswesen, sowie über die öffentlichen Fahrnißveräußerungen, soweit diese Vorschriften die Verkehrssteuerverwaltung berühren;
3. Die Vorschriften über das Kassen- und Rechnungswesen sowie über den Geschäftsbetrieb der Verkehrssteuerämter;
4. Das Bürgerliche Gesetzbuch nebst Ein- und Ausführungsgesetz sowie das Buch II des Handelsgesetzbuchs;
5. Die wesentlichen Bestimmungen der Wechselordnung, die für die Sicherstellung, Einziehung und Beitreibung der der Verkehrssteuerverwaltung zugewiesenen Gefälle sowie für die Vollstreckung der gerichtlichen Strafen wichtigen Vorschriften, insbesondere der Civilprozeßordnung, des Gesetzes über Anfechtung von Rechtshandlungen außerhalb des Konkursverfahrens, des Zwangsversteigerungs- und Zwangsverwaltungs-Gesetzes, ferner die für die Verkehrssteuerverwaltung wesentlichen Vorschriften des Gesetzes über die Angelegenheiten der freiwilligen Gerichtsbarkeit, der Konkursordnung, der Strafprozeßordnung, des Strafgesetzbuches und des Forststrafgesetzes, des Reichsgerichtskostengesetzes und des Gerichtskostengesetzes für Elaß-Lothringen sowie der zugehörigen Ein- und Ausführungsgesetze und Verordnungen;
6. Kenntniß in der französischen Sprache.

§ 12. Die Prüfung erfolgt schriftlich und mündlich. Die schriftliche Prüfung hat der mündlichen vorauszugehen. In derselben sind Aufgaben, deren Zahl der Direktor bestimmt und die von der Prüfungskommission gestellt werden, unter Aufsicht zu bearbeiten. Nach dem Ermessen der Kommission kann die Benutzung von Gesetz- und Verordnungssammlungen allgemein oder für einzelne Aufgaben zugelassen werden.

§ 13. Die Prüfungskommission hat nach Stimmenmehrheit darüber Beschluß zu fassen, ob der Bewerber für befähigt erachtet wird oder nicht. Bei Stimmengleichheit entscheidet der Vorsitzende.

Ueber das Ergebniß der Prüfung ist dem Bewerber durch den Vorsitzenden der Kommission ein Zeugniß auszustellen, ob er die Prüfung „vorzüglich", gut oder „hinreichend" bestanden oder ob er sie nicht bestanden hat.

In letzterem Falle darf die Prüfung in der Regel nur einmal wiederholt werden.

§ 14. Supernumerare, welche die Prüfung bestanden haben, erhalten die Amtsbezeichnung „Verkehrssteuerpraktikant".

Die Verkehrssteuerpraktikanten können mit Genehmigung des Direktors der Verkehrssteuern Gehülfenstellen bei Verkehrssteuerämtern annehmen. Die Genehmigung ist jederzeit widerruflich.

Im Uebrigen erfolgt ihre dienstliche Beschäftigung nach Anordnung des Direktors der Verkehrssteuern. Bei Verwendungen zur Vertretung von Beamten außerhalb des Amtes, bei dem der Praktikant als Gehilfe beschäftigt ist, oder zur Aushülfe, erhalten die Verkehrssteuerpraktikanten neben den vorschriftsmäßigen Reisekosten Tagegelder oder feste Remunerationen. Auch bei Vertretungen bei dem Amte der Beschäftigung können solche Vergütungen unter Umständen bewilligt werden.

§ 15. Für die Feststellung des Dienstalters der Verkehrssteuerpraktikanten ist der Zeitpunkt maßgebend, zu welchem dieselben die Prüfung bestanden haben. Bei gleichzeitigem Bestehen entscheidet die von der Prüfungskommission nach dem Ergebniß der Prüfung festgestellte Reihenfolge.

§ 16. Die Anstellung erfolgt, sofern sich nicht aus der Führung des Praktikanten Bedenken ergeben, in der Regel nach Maßgabe des Dienstalters und zwar zunächst in der Stelle eines Verkehrssteuersekretärs, eines Regierungssekretärs oder eines Buchhalters.

Die Beförderung hängt neben dem Prüfungsergebnisse von der im Laufe der Dienstzeit nachgewiesenen Befähigung ab.

Die Beförderung zum Oberinspektor erfolgt aus der Zahl der Inspektoren und nur bei besonderer Befähigung.

§ 17.[3]) **Mit Genehmigung des Ministeriums können bei den vorwiegend mit Erhebung der Gerichtskosten und Strafen betrauten Aemtern (Verkehrssteuerämter II und III) die Stellen von Sekretären mit Anwärtern besetzt werden, welche zwar die Vorschriften über Vorbildung und Prüfung nicht erfüllt, sich aber durch längere Dienstzeit als Gehülfen bei solchen Aemtern für die Verwaltung einer Sekretärstelle besonders geeignet erwiesen haben. Die für solche Stellen in Aussicht genommenen Gehülfen können auch zu Praktikanten ernannt werden. Die Anstellung erfolgt dann in der Regel nach Maßgabe des durch die Ernennung zum Praktikanten festgestellten Dienstalters. Eine Beförderung in höhere Stellen findet nicht statt.**

§ 18. Die Stellen als Kanzlisten und als Kanzleidiener bei der Direktion sind den Militäranwärtern vorbehalten.

Für die Probedienstleistung, sowie für die Anstellung und Beförderung, insbesondere auch für die ausnahmsweise Anstellung von Civilanwärtern sind die Grundsätze für die Besetzung der Stellen bei Reichs- und Staatsbehörden mit Militäranwärtern nebst den für die elsaß-lothringische Landesverwaltung geltenden besonderen Bestimmungen und die hierzu erlassenen Ausführungsvorschriften maßgebend.

Die Anstellung geschieht mit dem Vorbehalte des Rechtes sechswöchiger Kündigung auf die Dauer der ersten fünf Jahre. Die Verlängerung dieses Kündigungsrechts bei unbefriedigendem dienstlichen oder außerdienstlichen Verhalten ist zulässig.

Einer Prüfung bedarf es zur Anstellung in die bezeichneten Stellen nicht.

---

3) Aufgehoben durch Bekanntmachung des Statthalters vom 17. Januar 1912 (Zentr.- u. Bez.A.Bl. S. 11).

---

29. März 1901.

Bekanntmachung des Direktors der Zölle und indirekten Steuern, betreffend den Verkehr mit steuerpflichtigen Gegenständen zwischen Elsaß-Lothringen und den anderen Staaten des deutschen Zollgebiets.[1]) [2])

Zentr.- u. Bez.A.Bl. S. 115.

---

1) Mit Genehmigung des Kaiserlichen Ministeriums erlassen in Abänderung der Bestimmung des § 14 Ziffer 1 der Bekanntmachung vom 7. Dezember 1900, betreffend den Verkehr mit steuerpflichtigen Gegenständen zwischen Elsaß-Lothringen und den andern Staaten des deutschen Zollgebiets, Centr.- u. Bez.A.Bl. 1900 Nr. 52.

2) Die Änderungen sind beim Abdruck der Bekanntmachung vom 7. Dezember 1900 berücksichtigt worden.

3. April 1901.

Bekanntmachung des Reichskanzlers, betreffend Ausnahmen von den Bestimmungen über die Sonntagsruhe gemäß § 105 e Abs. 1 der Gewerbeordnung.

Reichsgesetzbl. S. 117.

Auf Grund des § 105 e Abs. 2 der Gewerbeordnung (Reichs-Gesetzbl. von 1900 S. 871) hat der Bundesrath über die Voraussetzungen und Bedingungen der Zulassung von Ausnahmen bei der Sonntagsruhe im Gewerbebetriebe die nachstehenden Bestimmungen getroffen:

Allgemeine Bestimmungen.

1. Die höheren Verwaltungsbehörden haben für die im § 105 e Abs. 1 der Gewerbeordnung bezeichneten Gewerbe nur soviel Sonntagsarbeit zu gestatten, als nach den örtlichen Verhältnissen geboten erscheint. In der Regel wird ein Bedürfniß für Sonntagsarbeit nicht anzuerkennen sein, wenn und soweit sie bisher nicht üblich war.

2. Die Regelung der Ausnahmen für ein bestimmtes Gewerbe braucht nicht für den ganzen Verwaltungsbezirk einheitlich zu erfolgen, sondern sie kann für den Fall, daß die Verhältnisse an den einzelnen Orten des Bezirkes verschieden liegen, für einzelne Theile des Bezirkes oder für einzelne Orte verschieden gestaltet werden.

3. Für den ersten Weihnachts-, Oster- und Pfingstfeiertag sind Ausnahmen nicht oder nur in tunlichster Beschränkung zuzulassen.

4. Für Betriebe mit Tag- und Nachtarbeit kann die Zulassung einer beschränkten Arbeit an Sonn- und Festtagen davon abhängig gemacht werden, daß während bestimmter Stunden an diesen Tagen der Betrieb ruht.

5. Für nicht ununterbrochen arbeitende Betriebe, denen Ausnahmen von den im § 105 b Abs. 1 der Gewerbeordnung getroffenen Bestimmungen bewilligt werden, ist die Ruhezeit gemäß § 105 c Abs. 3 a. a. O. zu regeln, sofern deren Durchführung ohne erhebliche Beeinträchtigung möglich erscheint; anderenfalls ist die Beschäftigung der Arbeiter an Sonn- und Festtagen von der Freigabe eines Nachmittags an einem Wochentag und der Gewährung der Gelegenheit zum Besuche des Gottesdienstes mindestens an jedem dritten Sonntag abhängig zu machen.

6. Arbeiter, welche in einem Betriebe der im § 105 b Abs. 1 der Gewerbeordnung bezeichneten Art auf Grund der gemäß § 105 e Abs. 1 a. a. O. zugelassenen Ausnahmen mit Sonntagsarbeiten beschäftigt werden, dürfen — wenn nicht Gefahr im Verzug ist — während der ihnen ausbedungenen Ruhezeit weder zu Arbeiten, die in dem betreffenden Betrieb auf Grund des § 105 c Abs. 1 a. a. O. zulässig sind, noch zu Arbeiten in dem etwa mit dem Betriebe verbundenen Handelsgewerbe herangezogen werden. Abweichungen können für bestimmte Gewerbe von der höheren Verwaltungsbehörde zugelassen werden.

Besondere Bestimmungen für Betriebe mit Wind oder unregelmäßiger Wasserkraft.

7. Als vorwiegend mit Wind oder Wasserkraft arbeitend ist ein Triebwerk dann anzusehen, wenn eine andere Triebkraft (Dampf, Gas, Elektrizität und dergl.) nur beim Versagen der Wind- oder Wasserkraft eintritt oder wenn, im Falle des Nebeneinanderwirkens der Wind- oder Wasserkraft mit einer anderen Triebkraft, die Wind- oder Wasserkraft bei normalem Betriebe die Hauptkraft ist. Letzteres ist bei Wassertriebwerken in der Regel dann anzunehmen, wenn bei mittlerem Wasserstande die Wasserkraft mehr als die Hälfte der zum normalen Betriebe des Werkes erforderlichen Kraft liefert.

8. Als unregelmäßig ist eine Wasserkraft dann anzusehen, wenn der Wasserzufluß während der jährlichen Betriebszeit in Folge elementarer Einwirkungen (z. B. Trockenheit, Hochwasser, Frost) oder aus anderen Gründen (Mitbenutzung des Wassers zu anderen Zwekken, z. B. Bewässerungsanlagen u. s. w.) erheblichen Schwankungen unterworfen ist, und dadurch ein ununterbrochener oder gleichmäßiger Wasserbetrieb unmöglich gemacht wird.

9. Die Ausnahmen haben nur den Zweck, Ausfälle der regelmäßigen werktägigen Arbeitszeit, welche durch völliges oder teilweises Versagen der Triebkraft verursacht werden, auszugleichen, soweit ein wirthschaftliches Bedürfniß hierzu vorliegt.

Bei Gestattung der Ausnahmen ist thunlichst zu ermitteln, an wieviel Wochentagen während der jährlichen Betriebszeit die Triebkraft ganz oder theilweise zu versagen pflegt, und dementsprechend ist die Zahl der Sonn- und Festtage, an denen eine Beschäftigung stattfinden darf, und die Dauer dieser Beschäftigung zu bemessen.

In keinem Falle darf die Beschäftigung von Arbeitern an Sonn- und Festtagen für eine größere Zahl solcher Tage und in größerem

Umfange gestattet werden, als bisher üblich war und als zum Ersatze des Ausfalls an regelmäßiger werktägiger Arbeitszeit, der durch Versagen der Triebkraft entsteht, nöthig ist.

10. Ausnahmen werden nicht zuzulassen sein für größere Betriebe, welche zwar vorwiegend mit Wind oder unregelmäßiger Wasserkraft arbeiten, sich daneben aber ständig einer Hülfskraft bedienen, sofern diese Hülfskraft an Werktagen beim Versagen der Wind- oder Wasserkraft die Fortführung des Betriebs in einem nicht wesentlich beschränkteren Umfang und ohne unverhältnißmäßige Mehrkosten ermöglicht.

11. Kommt Wind oder Wasser nur in einzelnen Theilen einer gewerblichen Anlage als Triebkraft in Anwendung, so erstreckt sich die Gestattung der Sonntagsarbeit nicht nur auf diejenigen Arbeiten, welche unter Benutzung des Wind- oder Wassertriebwerkes ausgeführt werden, sondern auch auf solche Arbeiten, die mit jenen Arbeiten derart im Zusammenhange stehen, daß sie nicht wohl am vorhergehenden oder nachfolgenden Werktage vorgenommen werden können.

12. Die Bewilligung der Ausnahmen ist an die Bedingung zu knüpfen, daß den Arbeitern Ruhezeiten entsprechend Nummer 5 dieser Bestimmungen zu gewähren sind.

13. Die Sonn- oder Festtagsarbeiten sind von dem Gewerbetreibenden mit den im § 105 c Abs. 2 der Gewerbeordnung bezeichneten Angaben über die Zahl der beschäftigten Arbeiter, die Dauer ihrer Beschäftigung sowie die Art der vorgenommenen Arbeiten in das daselbst vorgeschriebene Verzeichniß einzutragen.

14. Für die Zulassung der Ausnahmen kommen zwei Verfahren in Frage:

a) Einmal ist die höhere Verwaltungsbehörde befugt, nach Lage der örtlichen Verhältnisse allgemeine Ausnahmen für bestimmte Betriebsarten, Verwaltungsgebiete oder Wasserläufe zuzulassen, sowie einzelnen, nach Art, Einrichtung oder Lage des Betriebs der besonderen Regelung bedürftigen Unternehmungen Ausnahmen zu gewähren (§ 105 e Abs. 1 der Gewerbeordnung).

b) Daneben hat jeder Triebwerksbesitzer die Möglichkeit, für seinen Betrieb in einem nach den Vorschriften der §§ 20, 21 der Gewerbeordnung sich regelnden Verfahren besondere Ausnahmen zu erwirken (§ 105 e Abs. 3 a. a. O.).

8. April 1901.

Kaiserliche Verordnung, betreffend die Aenderung der Grenze zwischen dem Landkreise Metz und dem Kreise Diedenhofen sowie die Theilung des Kreises Diedenhofen.[1])

Gesetzbl. f. Els.-Lothr. S. 31.

§ 1. Der südlich von der Mittellinie der Orne gelegene Theil der Gemeinde Gandringen wird dem Landkreise Metz zugetheilt.

§ 2. Aus dem Kreise Diedenhofen werden zwei Kreise gebildet, der Kreis Diedenhofen-Ost und der Kreis Diedenhofen-West.

§ 3. Der Kreis Diedenhofen-Ost umfaßt:

1. die zum Kanton Diedenhofen gehörigen Gemeinden Diedenhofen, Monhofen, Niederjeutz, Oberjeutz, Terwen und Weimeringen,
2. den Kanton Sierck,
3. den Kanton Metzerwiese,
4. den Kanton Kattenhofen mit Ausnahme der Gemeinden Arsweiler, Oettingen und Ruxweiler.

§ 4. Der Kreis Diedenhofen-West umfaßt:

1. den Kanton Fentsch,
2. den Kanton Diedenhofen mit Ausnahme der Gemeinden Diedenhofen, Monhofen, Niederjeutz, Oberjeutz, Terwen und Weimeringen,
3. die zum Kanton Kattenhofen gehörigen Gemeinden Arsweiler, Oettingen und Ruxweiler.

§ 5. Das Ministerium wird mit der Ausführung dieser Verordnung beauftragt.

1) Erlassen auf Grund des § 3 Absatz 1 des Gesetzes vom 30. Dezember 1871, betreffend die Einrichtung der Verwaltung.

8. April 1901.

Bekanntmachung des Reichskanzlers, betreffend Abänderung der Postordnung vom 20. März 1900.[1])

Zentr.-Bl. f. d. D. R. S. 107.

1) Die Änderungen sind beim Abdruck der Postordnung vom 20. März 1900 berücksichtigt.

8. April 1901.

Verordnung des Statthalters, betreffend Abänderung der Prüfungsordnung für das Lehramt an höheren Schulen.

Zentr.- u. Bez.A.Bl. S. 115.

In theilweiser Abänderung der §§ 5, 17, 18 und 19 der Prüfungsordnung für das Lehramt an höheren Schulen vom 4. März 1899 bestimme ich hierdurch folgendes:[2])

Art. I. Für die Zulassung zur Prüfung ist erforderlich, daß der Kandidat das Reifezeugniß an einem deutschen Gymnasium, an einem deutschen Realgymnasium oder an einer elsaß-lothringischen oder an einer in dieser Hinsicht ausdrücklich als gleichstehend anerkannten deutschen Oberrealschule erworben und darauf mindestens sechs Halbjahre an einer deutschen Staatsuniversität seinem Berufsstudium ordnungsmäßig obgelegen hat.

Art. II. Von den Kandidaten, welche die Lehrbefähigung im Französischen, und denen, welche sie im Englischen nachweisen wollen, ist zu fordern, daß sie außer den in §§ 17 und 18 angeführten Kenntnissen in diesen Fächern Kenntniß der lateinischen Elementargrammatik nachweisen nebst der Fähigkeit, einfache Schulschriftsteller richtig aufzufassen und zu übersetzen, mögen sie die Lehrbefähigung im Französischen oder im Englischen für die erste oder die zweite Stufe anstreben.

Art. III. Von den Kandidaten, welche die Lehrbefähigung in der Geschichte nachweisen wollen, ist außer den im § 19 für dieses Fach angeführten Kenntnissen zu fordern, daß sie die für das Verständniß griechisch oder lateinisch geschriebener Geschichtsquellen erforderlichen Kenntnisse in diesen beiden Sprachen nachweisen.

2) Weitere Abänderungen der Prüfungsordnung vom 4. März 1899 sind durch die Verordnungen des Statthalters vom 12. Februar 1907, 21. Dezember 1910 und 6. März 1911 bewirkt worden.

---

9. April 1901.

Verordnung des Statthalters, betreffend die Kantonaleintheilung der Kreise Diedenhofen-Ost und Diedenhofen-West sowie die anderweite Umgrenzung des Kantons Metz im Landkreise Metz.[1])

Gesetzbl. f. Elf.-Lothr. S. 32.

§ 1. Der Kreis Diedenhofen-Ost wird eingetheilt in die Kantone Diedenhofen, Sierck, Metzerwiese und Kattenhofen.

Der Kanton Diedenhofen umfaßt die Gemeinden Diedenhofen, Monhofen, Niederjeutz, Oberjeutz, Terwen und Weimeringen.

Die Kantone Sierck und Metzerwiese umfassen die Gemeinden der bisherigen gleichnamigen Kantone.

Der Kanton Kattenhofen umfaßt die Gemeinden des bisherigen Kantons Kattenhofen mit Ausnahme der Gemeinden Arsweiler, Oettingen und Ruxweiler.

§ 2. Der Kreis Diedenhofen-West wird eingetheilt in die Kantone Hayingen, Fentsch und Groß-Moyeuvre.

Der Kanton Hayingen umfaßt die Gemeinden Algringen, Ersingen, Fameck, Flörchingen, Hayingen, Marspich, Rangwall, Reichersberg, Schremingen, Ueckingen, Volkringen, Kneuttingen, Neunhäuser und Nilvingen.

Der Kanton Fentsch umfaßt die Gemeinden Aumetz, Bollingen, Deutsch-Oth, Fentsch, Havingen, Lommeringen, Redingen, Rüssingen, Tressingen, Arsweiler, Oettingen und Ruxweiler.

Der Kanton Groß-Moyeuvre umfaßt die Gemeinden Groß-Moyeuvre, Klein-Moyeuvre, Roßlingen, Wallingen und den nördlich von der Mittellinie der Orne gelegenen Theil der Gemeinde Gandringen.

§ 3. Der südlich von der Mittellinie der Orne gelegene Theil der Gemeinde Gandringen wird dem Kanton Metz zugetheilt.

§ 4. Das Ministerium wird mit der Ausführung dieser Verordnung beauftragt.

1) Erlassen auf Grund des § 3 Absatz 2 des Gesetzes vom 30. Dezember 1871, betreffend die Einrichtung der Verwaltung.

17. April 1901.

Kaiserliche Verordnung, betreffend die Theilung der Gemeinde Bidlingen.[1])

Gesetzbl. f. Elf.-Lothr. S. 36.

§ 1. Die Gemeinde Bidlingen wird in die Gemeinden Bidlingen und Weckringen getheilt, von denen die erstere aus der Ortschaft Bidlingen besteht, die letztere die Ortschaften Weckringen und Hellingen umfaßt.

§ 2. Der Flächeninhalt und die Grenze der beiden Gemeinden bestimmt sich nach Maßgabe der für die Ortschaften gesondert bestehenden Kataster.

§ 3. Das Ministerium wird mit der Ausführung dieser Verordnung beauftragt.

1) Erlassen auf Grund des § 2 der Gemeindeordnung vom 6. Juni 1895.

22. April 1901.

Bekanntmachung des Statthalters, betreffend die Theilung des Bergreviers Metz.

Gesetzbl. f. Elf.-Lothr. S. 36.

Die in den Bekanntmachungen vom 7. September 1871 (Gesetzbl. S. 337), vom 21. Dezember 1873 (Gesetzbl. S. 434) und vom 23. Januar 1900 (Gesetzbl. S. 45) bestimmte Eintheilung der Bergreviere wird dahin abgeändert, daß von dem Bergrevier Metz der Kreis-Diedenhofen-Ost sowie von dem Kreise Diedenhofen-West die am linken Fentsch-Ufer gelegenen Theile des Kantons Hayingen und die Gemeinden Arsweiler, Deutsch-Oth, Oettingen, Redingen, Rüssingen und Ruxweiler abgetrennt und zu dem Bergrevier Diedenhofen mit dem Sitze des Revierbeamten in Diedenhofen, vereinigt werden.

Die Neueintheilung tritt mit dem 15. Mai 1901 in Kraft.

27. April 1901.

Verordnung des Statthalters, betreffend die Aenderung der Grenze zwischen den Gemarkungen der Gemeinden Walf einerseits und Zellweiler, Kerzfeld und Westhausen anderseits, der Gemeinden Zellweiler und Kerzfeld, der Gemeinden Niederehnheim einerseits und Westhausen, Bolsenheim, Uttenheim anderseits, sowie der Grenze zwischen den Kantonen Oberehnheim, Benfeld und Erstein.[1])

Gesetzbl. f. Elf.-Lothr. S. 39.

§ 1. Die Grenze zwischen den Gemarkungen der Gemeinden Walf einerseits und Zellweiler, Kerzfeld, Westhausen anderseits, der Gemeinden Zellweiler und Kerzfeld, der Gemeinden Niederehnheim einerseits und Westhausen, Bolsenheim, Uttenheim anderseits, sowie die Grenze zwischen den Kantonen Oberehnheim und Benfeld und den Kantonen Oberehnheim und Erstein wird, soweit sie auf den anliegenden sechs Lageplänen* mit grünen Punkten bezeichnet ist, nach der auf diesen Plänen mit grüner Farbe angelegten Linie verlegt.

§ 2. Das Ministerium wird mit der Ausführung dieser Verordnung beauftragt.

1) Erlassen auf Grund von § 2 Ziffer 2 der Gemeindeordnung vom 6. Juni 1895 und § 3 Absatz 2 des Gesetzes vom 30. Dezember 1871, betreffend die Einrichtung der Verwaltung.

* Die Lagepläne sind dem Archiv des Ministeriums einverleibt.

27. April 1901.

Bekanntmachung des Ministeriums, betreffend die Verrechnung der Kosten für Miethe und Unterhaltung der Dienstgebäude und die sich darauf beziehenden Leistungen.

Zentr.- u. Bez.A.Bl. S. 131.

Zur Herbeiführung eines gleichmäßigen Verfahrens seitens aller Verwaltungszweige hinsichtlich der Kosten für die Unterhaltung der Dienstgebäude u. s. w. und die sich darauf beziehenden Leistungen, soweit solche den Landesfonds zur Last fallen, und zur dementsprechenden gleichmäßigen Gestaltung des Etats wird mit Zustimmung des Rechnungshofs Folgendes bestimmt.

§ 1. A. Als Kosten zur Unterhaltung der Staats- (Dienst-, Amts- pp.) Gebäude im Sinne des Staatshaushalts sind nur diejenigen Kosten anzusehen, welche betreffen:

die Substanz der Gebäude und der dazu gehörigen Grundstücke, ferner solche Gegenstände, welche baulich beziehungsweise niet- und nagelfest mit den Gebäuden und den dazu gehörigen Grundstücken in dauernde Verbindung gebracht sind, und endlich solche bewegliche Gegenstände, welche für die Gebäude beziehungsweise Grundstücke als solche, also nicht ausschließlich zur gegenwärtigen Benutzung derselben, für nothwendig zu erachten sind, also insbesondere

1. die Kosten für bauliche Einrichtungen, Aenderungen und Reparaturen in den Gebäuden, sowie die Kosten für die Unterhaltung von Gärten, soweit solche dem Staate obliegt;
2. die Kosten für Pflasterungen und Einfriedigungen, für Brunnen und Pumpen, für Wasser-, Elektrizitäts-, Gasleitungs- und Kanalisations-, Central-Heizungs- und Ventilations-Anlagen, sowie für Klosetteinrichtungen, für Blitzableiter, für äußere Uhren, Klingelzüge, Telegraphen- und Telephonleitungen, Feuermeldeapparate, Hausschilder und dergleichen;
3. die Kosten für Oefen, Kochherde, Waschkessel, für Feuerlöschgeräthschaften, für Winterfenster und Fenstermarquisen, Fensterrouleaux, für Gas-, Elektrizitäts- und Wassermesser, Gasarme, Kronleuchter, für Vorhängeschlösser und Fensterverschlüsse, für Gas- und Elektrizitätsleitungsanlagen zu Illuminationszwecken, für Nationalfahnen u. s. w.

B. Zu den unter 1 erwähnten Kosten sind dagegen nicht zu rechnen:

a) Lasten und Abgaben einschließlich der Einquartierungslasten und der für Entwässerung der Grundstücke zu zahlenden Kanalisationsabgaben;
b) die Kosten hauswirthschaftlicher Art, d. h. solche Kosten, welche erforderlich sind, um in und an den Gebäuden und auf den dazu gehörigen Grundstücken den ordnungsmäßigen Zustand zu erhalten, z. B. die Kosten
   1. für Reinigung der Innenräume der Gebäude, der Oefen und Herde, der Höfe, sowie der Straßen und Bürgersteige vor den Dienstgebäuden,
   2. für Reinigung der Müllgruben und für Abfuhr von Schutt und Müll,
   3. für Entleerung und Desinfektion von Kloaken und Senkgruben,
   4. für Befreiung der Dächer pp. von Schnee und Eis,
   5. für Bestreuung der Bürgersteige bei Glätte und für Beschaffung des dazu erforderlichen Materials,
   6. für Beschaffung und Unterhaltung der zu diesen Arbeiten nöthigen Geräthschaften,
   7. für das jedesmalige Befestigen und Wiederabnehmen der Winterfenster, Fenstermarquisen und Nationalfahnen, sowie für das Luftdichtmachen der Fenster,
   8. für Schornsteinreinigung,
   9. für das Reinigen der Wasserheizungskanäle und der Telegraphenbatterien,
   10. für das Umbinden der Brunnen und Pumpen mit Stroh,
   11. für Vertilgung von Ungeziefer, als Ratten und Mäuse pp.,
   12. für die nächtliche Bewachung der Dienstgebäude und Gärten,
   13. für Versicherung der Gebäude gegen Feuersgefahr, soweit eine Versicherung stattfindet.

   Zu den hauswirthschaftlichen Kosten gehören auch die Kosten für Wasser, Gas und Elektrizität, welche mittelst Leitungsanlage entnommen werden;
c) alle Kosten für solche bewegliche Gegenstände, welche nur zur gegenwärtigen Benutzung der Gebäude und Grundstücke, also nicht für die Gebäude und Grundstücke als solche, für nothwendig zu erachten sind.

§ 2. Im Etat sind in Zukunft von den Fonds zur Unterhaltung der Gebäude die Miethen, Lasten, Abgaben und Feuerversicherungsprämien, sowie alle sonstigen Kosten, welche nach den Bestimmungen unter § 1 B nicht zu den Kosten der Unterhaltung der Gebäude gehören, abzuzweigen und auf andere sächliche Fonds zu übernehmen.

Die vorstehende Bestimmung bezieht sich jedoch nicht auf die Kosten der Unterhaltung und Ergänzung der Inventarienstücke in den Repräsentationsäumen und Dienstwohnungen, soweit solche dem Staate obliegt, vielmehr sind diese Kosten nach wie vor bei dem Fonds zur Unterhaltung der Dienstgebäude auszubringen.

§ 3. Auf die Miethen für Geschäftsräume, welche aus den einzelnen Beamten gewährten

Amtskostenaversen zu bestreiten sind, sowie die Unterhaltung dieser Räume findet diese Bekanntmachung keine Anwendung.

§ 4. Die Bestimmungen über die den Dienstwohnungsinhabern obliegenden Leistungen (Verordnung vom 26. März 1900, Amtsbl. S. 91) erleiden hierdurch keine Aenderung.

§ 5. Die Bekanntmachungen vom 9. Juli 1885 (Amtsbl. S. 147), vom 26. Februar 1886 (Amtsbl. S. 51), soweit diese die Gebäude betrifft, und vom 26. April 1890 (Amtsbl. S. 136) werden aufgehoben.

§ 6. Diese Bekanntmachung tritt vom Rechnungsjahr 1902 ab in Kraft.

---

6. Mai 1901.

Bekanntmachung des Reichskanzlers, betreffend die Ausführung des Gesetzes über die elektrischen Maßeinheiten.[1])

Reichsgesetzbl. S. 127.

Bestimmungen zur Ausführung des Gesetzes, betreffend die elektrischen Maßeinheiten.

I. Auf Grund des § 5 des Gesetzes, betreffend die elektrischen Maßeinheiten, vom 1. Juni 1898 (Reichs-Gesetzbl. S. 905) wird Folgendes bestimmt:

1. Zu § 5a. Bedingungen, unter denen bei der Darstellung des Ampere die Abscheidung des Silbers stattzufinden hat.

Die Flüssigkeit soll eine Lösung von 20 bis 40 Gewichtstheilen reinen Silbernitrats in 100 Theilen chlorfreien destillirten Wassers sein; sie darf nur solange benutzt werden, bis im Ganzen drei Gramm Silber auf 100 Kubikcentimeter der Lösung elektrolytisch abgeschieden sind.

Die Anode soll, soweit sie in die Flüssigkeit eintaucht, aus reinem Silber bestehen. Die Kathode soll aus Platin bestehen. Uebersteigt die auf ihr abgeschiedene Menge Silber 0,1 Gramm auf das Quadratcentimeter, so ist das Silber zu entfernen.

Die Stromdichte soll an der Anode ein Fünftel, an der Kathode ein Fünfzigstel Ampere auf das Quadratcentimeter nicht überschreiten.

Vor der Wägung ist die Kathode zunächst mit chlorfreiem destillirten Wasser zu spülen, bis das Waschwasser bei dem Zusatz eines Tropfens Salzsäure keine Trübung zeigt, alsdann 10 Minuten lang mit destillirtem Wasser von 70 Grad bis 90 Grad auszulaugen und schließlich mit destillirtem Wasser zu spülen. Das letzte Waschwasser darf kalt durch Salzsäure nicht getrübt werden. Die Kathode wird warm getrocknet, bis zur Wägung im Trockengefäß aufbewahrt, und nicht früher als 10 Minuten nach der Abkühlung gewogen.

2. Zu § 5b. Bezeichnungen elektrischer Einheiten.

a) Die Elektrizitätsmenge, welche bei einem Ampere in einer Sekunde durch den Querschnitt der Leitung fließt, heißt eine Amperesekunde (Coulomb), die in einer Stunde hindurchfließende Elektrizitätsmenge heißt eine Amperestunde.

b) Die Leistung eines Ampere in einem Liter von einem Volt Endspannung heißt ein Watt.

c) Die Arbeit von einem Watt während einer Stunde heißt eine Wattstunde.

d) Die Kapazität eines Kondensators, welcher durch eine Amperesekunde auf ein Volt geladen wird, heißt ein Farad.

e) Der Induktionskoeffizient eines Leiters, in welchem ein Volt induzirt wird durch die gleichmäßige Aenderung der Stromstärke um ein Ampere in einer Stunde, heißt ein Henry.

3. Zu § 5c. Bezeichnungen für die Vielfachen und Theile der elektrischen Einheiten.

Als Vorsätze vor dem Namen einer Einheit bedeuten:

Kilo .... das Tausendfache,
Mega (Meg) .... das Millionfache,
Milli .... den tausendten Theil,
Mikro (Mikr) .... den millionten Theil.

4. Zu § 5d. Berechnung der Stärke, der elektromotorischen Kraft (Spannung) und der Leistung von Strömen wechselnder Stärke oder Richtung.

a) Als wirksame (effektive) Stromstärke — oder, wenn nichts Anderes festgesetzt ist, als Stromstärke schlechthin — gilt die Quadrat-

1) Vom Bundesrat in seiner Sitzung vom 2. Mai 1901 zur Ausführung des Gesetzes, betreffend die elektrischen Maßeinheiten, vom 1. Juni 1898 (Reichsgesetzbl. S. 905) beschlossen.

2) Zu vgl. auch die in Ausführung des § 10 des Gesetzes vom 1. Juni 1898 erlassene Prüfordnung für elektrische Meßgeräte, vom 28. Dezember 1901 (Zentr.-Bl. d. f. D. R. 1902 S. 46) s. u.

wurzel aus dem zeitlichen Mittelwerthe der Quadrate der Augenblicks-Stromstärken.

b) Als mittlere Stromstärke gilt der ohne Rücksicht auf die Richtung gebildete zeitliche Mittelwerth der Augenblicks-Stromstärken.

c) Als elektrolytische Stromstärke gilt der mit Rücksicht auf die Richtung gebildete zeitliche Mittelwerth der Augenblicks-Stromstärken.

d) Als Scheitelstromstärke periodisch veränderlicher Ströme gilt deren größter Augenblickswerth.

e) Die unter a bis d für die Stromstärke festgesetzten Bezeichnungen und Berechnungen gelten ebenso für die elektromotorische Kraft oder die Spannung.

f) Als Leistung gilt der mit Rücksicht auf das Vorzeichen gebildete zeitliche Mittelwerth der Augenblicksleistungen.

II. Auf Grund des § 6 Abs. 1 des Gesetzes, betreffend die elektrischen Maßeinheiten, vom 1. Juni 1898 werden die äußersten Grenzen der bei gewerbsmäßiger Abgabe elektrischer Arbeit zu duldenden Abweichungen der Elektrizitätszähler von der Richtigkeit wie folgt bestimmt:

1. Gleichstromzähler.

a) Die Abweichung der Verbrauchsanzeige nach oben oder nach unten von dem wirklichen Verbrauche darf bei einer Belastung zwischen dem Höchstverbrauche, für welchen der Zähler bestimmt ist, und dem zehnten Theile desselben nirgends mehr betragen, als sechs Tausendtel dieses Höchstverbrauchs vermehrt um sechs Hundertel des jeweiligen Verbrauchs und ferner bei einer Belastung von ein Fünfundzwanzigstel des obigen Höchstverbrauchs nicht mehr als zwei Hundertel des letzteren.

Auf Zähler, die in Lichtanlagen verwendet werden, finden diese Bestimmungen nur insoweit Anwendung, als die anzuzeigende Leistung nicht unter 30 Watt sinkt.

b) Während einer Zeit, in welcher kein Verbrauch stattfindet, darf der Vorlauf oder der Rücklauf des Zählers nicht mehr betragen, als einem halben Hundertel seines oben bezeichneten Höchstverbrauchs entspricht.

2. Wechselstrom- und Mehrphasenstromzähler.

Für diese gelten dieselben Bestimmungen wie unter 1, jedoch mit der Maßgabe, daß, wenn in der Verbrauchsleitung zwischen Spannung und Stromstärke eine Verschiebung besteht, der nach 1 a ermittelte Fehler in Hundertel des jeweiligen Verbrauchs umgerechnet und der entstehenden Zahl der Hundertel die doppelte trigonometrische Tangente des Verschiebungswinkels hinzugefügt wird. Dabei bedeutet der Verschiebungswinkel den Winkel, dessen Cosinus gleich dem Leistungsfaktor ist. Alle zur Berechnung der Fehler dienenden Größen sind mit dem gleichen Vorzeichen zu nehmen.

---

12. Mai 1901.

Gesetz über die privaten Versicherungsunternehmungen.

Reichsgesetzbl. S. 139.

I. Einleitende Vorschriften.

§ 1. Privatunternehmungen, welche den Betrieb von Versicherungsgeschäften zum Gegenstande haben, unterliegen, vorbehaltlich der in den §§ 116, 117, 122 gegebenen Vorschriften, der Beaufsichtigung nach Maßgabe dieses Gesetzes.

Als Versicherungsunternehmungen im Sinne dieses Gesetzes sind solche Personenvereinigungen nicht anzusehen, die ihren Mitgliedern Unterstützung gewähren, ohne ihnen einen Rechtsanspruch darauf einzuräumen.

§ 2. Die Beaufsichtigung der Versicherungsunternehmungen wird, sofern ihr Geschäftsbetrieb durch die Satzung oder die sonstigen Geschäftsunterlagen auf das Gebiet eines Bundesstaats beschränkt ist, durch Landesbehörden, anderenfalls durch die hierzu bestellte Reichsbehörde ausgeübt.

§ 3. Die Beaufsichtigung von Versicherungsunternehmungen, deren Geschäftsbetrieb auf das Gebiet eines Bundesstaats beschränkt ist, kann auf Antrag dieses Bundesstaats mit Zustimmung des Bundesraths durch Kaiserliche Verordnung der Reichsbehörde übertragen werden.

Im Einvernehmen mit den betheiligten Landesregierungen kann der Reichskanzler bestimmen, daß Unternehmungen, deren Geschäftsbetrieb sich zwar über das Gebiet eines Bundesstaats hinaus erstreckt, aber sachlich, örtlich oder hinsichtlich des Personenkreises eng begrenzt ist, durch die Landesbehörde desjenigen Bundesstaats beaufsichtigt werden, in dessen Gebiete sie ihren Sitz haben.

II. Zulassung zum Geschäftsbetriebe.

§ 4. Versicherungsunternehmungen bedürfen zum Geschäftsbetriebe der Erlaubniß der Aufsichtsbehörde.

Mit dem Antrag auf Ertheilung der Erlaubniß ist der Geschäftsplan einzureichen, welcher den Zweck und die Einrichtung des Unternehmens, das räumliche Gebiet des beabsichtigten Geschäftsbetriebs sowie namentlich auch diejenigen Verhältnisse klarzulegen hat, aus denen sich die dauernde Erfüllbarkeit der künftigen Verpflichtungen des Unternehmens ergeben soll.

Als Bestandtheile des Geschäftsplans sind insbesondere einzureichen:

1. der Gesellschaftsvertrag oder die Satzung, sofern die Unternehmung auf solchen beruht,
2. die allgemeinen Versicherungsbedingungen und die technischen Geschäftsunterlagen, soweit solche nach der Art der zu betreibenden Versicherungen erforderlich sind.

§ 5. Die Ertheilung der Erlaubniß erfolgt unabhängig von dem Nachweis eines Bedürfnisses und, sofern nicht der Wirkungskreis des Unternehmens nach dem Geschäftsplan auf eine bestimmte Zeit oder auf ein kleineres Gebiet beschränkt ist, ohne Zeitbeschränkung beziehungsweise für den Umfang des Reichs.

§ 6. Die Erlaubniß darf Personenvereinigungen, welche die Versicherung ihrer Mitglieder nach dem Grundsatze der Gegenseitigkeit betreiben wollen, nur ertheilt werden, wenn diese Vereinigungen in der Form von Versicherungsvereinen auf Gegenseitigkeit (§§ 15 bis 53) errichtet werden.

Zum Betriebe der verschiedenen Arten der Lebensversicherung sowie zum Betriebe der Unfall-, Haftpflicht-, Feuer- oder Hagelversicherung darf die Erlaubniß außer Versicherungsvereinen auf Gegenseitigkeit nur an Aktiengesellschaften ertheilt werden.

Als Lebensversicherung im Sinne dieses Gesetzes gilt auch die Invaliditäts-, Alters-, Wittwen-, Waisen-, Aussteuer- und Militärdienstversicherung, gleichviel ob auf Kapital oder Renten.

§ 7. Die Erlaubniß zum Geschäftsbetriebe darf nur versagt werden, wenn

1. der Geschäftsplan gesetzlichen Vorschriften zuwiderläuft;
2. nach dem Geschäftsplane die Interessen der Versicherten nicht hinreichend gewahrt sind oder die dauernde Erfüllbarkeit der aus den Versicherungen sich ergebenden Verpflichtungen nicht genügend dargetan ist;
3. Thatsachen vorliegen, welche die Annahme rechtfertigen, daß ein den Gesetzen oder den guten Sitten entsprechender Geschäftsbetrieb nicht stattfinden wird.

Die Erlaubniß kann von der Stellung einer angemessenen Sicherheit abhängig gemacht werden, wobei deren Zweck und die Bedingungen für die Rückgabe festzustellen sind.

§ 8. Der Gesellschaftsvertrag einer Aktiengesellschaft soll die einzelnen Versicherungszweige, auf welche sich der Geschäftsbetrieb erstreckt, sowie die Grundsätze für die Anlegung des Vermögens festsetzen und ersichtlich machen, ob das Versicherungsgeschäft lediglich unmittelbar oder zugleich auch mittelbar (durch Rückversicherung) betrieben werden soll.

Bei Unternehmungen, die durch eine Satzung geregelt sind, sollen die im Abs. 1 bezeichneten Angaben in der Satzung enthalten sein.

§ 9. In den allgemeinen Versicherungsbedingungen sollen diejenigen Bestimmungen enthalten sein, welche getroffen werden:

1. über die Ereignisse, bei deren Eintritte der Versicherer zu einer Leistung verpflichtet ist, und über die Fälle, in denen aus besonderen Gründen diese Verpflichtung ausgeschlossen oder aufgehoben sein soll (wegen unrichtiger Angaben im Antrage, wegen Aenderungen während der Vertragsdauer u. s. w.);
2. über die Art, den Umfang und die Fälligkeit der dem Versicherer obliegenden Leistungen;
3. über die Feststellung und Leistung des vom Versicherten an den Versicherer zu entrichtenden Entgelts und über die Rechtsfolgen eines Verzugs in der Entrichtung des Entgelts;
4. über die Dauer, insbesondere eine stillschweigende Verlängerung, über die Kündigung sowie über die sonstige gänzliche oder theilweise Aufhebung des Versicherungsvertrags und die Verpflichtungen des Versicherers in den Fällen der letzteren Art (Storni, Rückkauf, Umwandlung der Versicherung, Reduktion und dergleichen);
5. über den Verlust des Anspruchs aus dem Versicherungsvertrag in Folge der Versäumung von Fristen;
6. über das Verfahren im Falle von Streitigkeiten aus dem Versicherungsvertrag, über das zuständige Gericht und die Bestellung eines Schiedsgerichts;

7. über die Grundsätze und Maßstäbe, nach denen die Versicherten an den Ueberschüssen Theil nehmen;
8. bei Lebensversicherungen über die Voraussetzungen und den Umfang von Vorauszahlungen oder Darlehen auf Versicherungsscheine (Policen).

Bei Versicherungsvereinen auf Gegenseitigkeit können die im Abs. 1 bzeichneten Gegenstände statt in den allgemeinen Versicherungsbedingungen in der Satzung geregelt werden.

Abweichungen von den allgemeinen Versicherungsbedingungen zu Ungunsten des Versicherten sind nur aus besonderen Gründen sowie unter der Bedingung statthaft, daß der Versicherungsnehmer vor dem Abschlusse des Vertrags auf diese Abweichungen ausdrücklich hingewiesen worden ist und sich hiernach schriftlich damit einverstanden erklärt hat.

§ 10. Vor dem Abschlusse des Versicherungsvertrags ist dem Versicherungsnehmer ein Exemplar der maßgebenden allgemeinen Versicherungsbedingungen gegen eine besonders auszufertigende Empfangsbescheinigung auszuhändigen. Das Gleiche gilt, soweit es sich um Versicherung auf Gegenseitigkeit handelt, auch von der Satzung des Vereins.

Auf solche Feuerversicherungen, deren Abschluß im Börsenverkehr oder nach Börsenusance erfolgt, findet die Vorschrift des Abs. 1 keine Anwendung.

Die Aufsichtsbehörde kann weitere Ausnahmen von den Vorschriften des Abs. 1 zulassen.

§ 11. Der Geschäftsplan einer Lebensversicherungsunternehmung hat die von ihr angenommenen Tarife sowie die Grundsätze für die Berechnung der Prämien und Prämienreserven vollständig darzustellen, namentlich auch den anzuwendenden Zinsfuß und die Höhe des Zuschlags zur Nettoprämie anzugeben. Auch ist anzugeben, ob und in welchem Maße bei der Berechnung der Prämienreserve eine Methode angewandt werden soll, nach welcher anfänglich nicht die volle Prämienreserve zurückgestellt wird, wobei jedoch der Satz von zwölfeinhalb per Mille der Versicherungssumme nicht überschritten werden darf. Die als Grundlage der Berechnungen dienenden Wahrscheinlichkeitstafeln, insbesondere über die Sterblichkeit und die Invaliditäts- und Krankheitsgefahr, sind beizufügen.

Für jede Versicherungsart (Versicherung auf den Lebensfall — auf den Todesfall, Kapitalversicherung — Rentenversicherung u. s. w.) sind die zur Berechnung der Prämien und der Prämienreserven dienenden Formeln vorzulegen und durch ein Zahlenbeispiel zu erläutern.

Sollen auch Versicherungen mit erhöhter Prämie übernommen werden, so ist in dem Geschäftsplane ferner anzugeben, ob und nach welchen Grundsätzen hierfür eine besondere Prämienreserve gebildet werden soll.

§ 12. Soweit Kranken- oder Unfallversicherungsunternehmungen Versicherungen nach Art der Lebensversicherung unter Zugrundelegung bestimmter Wahrscheinlichkeitstafeln betreiben, insbesondere die Versicherung von Renten, Versicherungen mit Prämienrückgewähr oder sonstige die Ansammlung von Prämienreserven erfordernde Versicherungen übernehmen, finden die Vorschriften des § 11 entsprechende Anwendung.

§ 13. Jede Aenderung des Geschäftsplans ist der Aufsichtsbehörde anzuzeigen und bedarf, bevor sie in Kraft gesetzt wird, ihrer Genehmigung. Die Genehmigung darf nur aus den Gründen des § 7 versagt werden.

§ 14. Jedes Uebereinkommen, wodurch der Versicherungsbestand eines Unternehmens in seiner Gesamtheit oder in einzelnen Zweigen mit den darauf bezüglichen Reserven und Prämienüberträgen auf ein anderes Unternehmen übertragen werden soll, bedarf der Genehmigung der für die betheiligten Unternehmungen zuständigen Aufsichtsbehörden. Die Genehmigung darf nur aus den Gründen des § 7 versagt werden.

III. Versicherungsvereine auf Gegenseitigkeit.

§ 15. Ein Verein, welcher die Versicherung seiner Mitglieder nach dem Grundsatze der Gegenseitigkeit betreiben will, erlangt durch die von der Aufsichtsbehörde ertheilte Erlaubniß zum Geschäftsbetrieb als „Versicherungsverein auf Gegenseitigkeit" die Rechtsfähigkeit.

§ 16. Die in Betreff der Kaufleute im ersten und dritten Buche des Handelsgesetzbuchs gegebenen Vorschriften, mit Ausnahme der §§ 1 bis 7, finden auf die Versicherungsvereine auf Gegenseitigkeit entsprechende Anwendung, soweit dieses Gesetz nicht ein Anderes bestimmt.

§ 17. Die Verfassung eines Versicherungsvereins auf Gegenseitigkeit wird durch die Satzung bestimmt, soweit sie nicht auf den nachfolgenden Vorschriften beruht.

Die Satzung bedarf der gerichtlichen oder notariellen Beurkundung.

§ 18. Die Satzung hat den Namen (die Firma) und den Sitz des Vereins zu bestimmen.

Die Firma soll den Sitz des Vereins erkennen lassen. Auch ist in der Firma oder in einem Zusatz auszudrücken, daß Versicherung auf Gegenseitigkeit betrieben wird.

§ 19. Für alle Verbindlichkeiten des Vereins haftet den Vereinsgläubigern nur das Vereinsvermögen. Eine Haftung der Mitglieder gegenüber den Gläubigern des Vereins findet nicht statt.

§ 20. Die Satzung soll Bestimmungen über den Beginn der Mitgliedschaft enthalten. Der Erwerb der Mitgliedschaft setzt die Begründung eines Versicherungsverhältnisses mit dem Vereine voraus. Die Mitgliedschaft endigt, soweit nicht die Satzung ein Anderes bestimmt, mit Beendigung des Versicherungsverhältnisses.

§ 21. Die Beiträge der Mitglieder und die Leistungen des Vereins an die Mitglieder dürfen bei gleichen Voraussetzungen nur nach gleichen Grundsätzen bemessen sein.

Der Verein darf Versicherungsgeschäfte gegen feste Prämien in der Art, daß die Versicherungsnehmer nicht Mitglieder des Vereins werden, nur betreiben, soweit die Satzung dies ausdrücklich gestattet.

§ 22. In der Satzung ist die Bildung eines Gründungsfonds vorzusehen, der zur Deckung der Kosten der Errichtung des Vereins sowie als Garantie- und Betriebsfonds zu dienen hat. Die Satzung soll die Bedingungen, unter denen der Fonds dem Vereine zur Verfügung steht, enthalten und insbesondere bestimmen, in welcher Weise eine Tilgung des Gründungsfonds erfolgen und ob und in welchem Umfange den Personen, welche den Gründungsfonds zur Verfügung gestellt haben, ein Recht zur Theilnahme an der Verwaltung des Vereins eingeräumt sein soll.

Der Gründungsfonds ist baar einzuzahlen, soweit nicht die Satzung an Stelle der Baarzahlung die Hingabe eigener Wechsel gestattet; als Baarzahlung gilt nur die Zahlung in deutschem Gelde, in Reichskassenscheinen sowie in gesetzlich zugelassenen Noten deutscher Banken.

Denjenigen, welche den Gründungsfonds zur Verfügung gestellt haben, darf ein Kündigungsrecht nicht eingeräumt werden. In der Satzung kann ihnen außer einer Verzinsung aus den Jahreseinnahmen eine Betheiligung an dem aus der Jahresbilanz sich ergebenden Ueberschusse zugesichert werden; die Verzinsung darf vier, die gesammten Bezüge dürfen sechs vom Hundert des baar eingezahlten Betrags nicht übersteigen. Der Gründungsfonds darf in Antheile zerlegt werden, über welche Antheilscheine ausgegeben werden können.

Eine Tilgung des Gründungsfonds darf nur aus den Jahreseinnahmen erfolgen und nur in dem Maße, als die Bildung des im § 37 vorgesehenen Reservefonds fortgeschritten ist; sie muß beginnen, nachdem die Kosten der Errichtung und die im ersten Geschäftsjahr entstandenen Kosten der Einrichtung getilgt worden sind.

§ 23. Die Aufsichtsbehörde kann gestatten, von der Bildung eines Gründungsfonds Abstand zu nehmen, wenn nach der Natur der zu betreibenden Geschäfte oder durch besondere Einrichtungen eines Unternehmens anderweitige Sicherheit gegeben ist.

§ 24. Die Satzung hat darüber Bestimmung zu treffen, ob die Deckung der Ausgaben erfolgen soll

1. durch einmalige oder wiederkehrende Beiträge im voraus, und zwar mit Vorbehalt von Nachschüssen oder unter Ausschluß von Nachschüssen mit oder ohne Vorbehalt der Kürzung der Versicherungsansprüche,
2. durch Beiträge, die nach Maßgabe des eingetretenen Bedarfs umgelegt werden.

Die Satzung kann einen Höchstbetrag festsetzen, auf welchen die Pflicht zur Zahlung von Nachschüssen oder Umlagen beschränkt ist. Eine Beschränkung, wonach die Ausschreibung von Nachschüssen oder Umlagen nur zum Zwecke der Deckung von Versicherungsansprüchen der Mitglieder stattfinden darf, ist unzulässig.

§ 25. Zu den Nachschüssen oder Umlagen haben auch die im Laufe des Geschäftsjahrs ausgeschiedenen Mitglieder beizutragen. Die Beitragspflicht dieser Mitglieder sowie der im Laufe des Geschäftsjahrs eingetretenen Mitglieder bemißt sich nach dem Verhältnisse der Zeitdauer der Mitgliedschaft innerhalb des Geschäftsjahrs.

Bemißt sich die Höhe des von dem einzelnen Mitgliede zu leistende Nachschuß- oder Umlagebetrags nach der Höhe des im voraus erhobenen Beitrags oder der Versicherungssumme, so ist bei der Berechnung, wenn im Laufe des Geschäftsjahrs eine Erhöhung oder Herabsetzung des Beitrags oder der Versicherungssumme eingetreten ist, der höhere Betrag zu Grunde zu legen.

Die Vorschriften der Abs. 1, 2 finden nur insoweit Anwendung, als nicht die Satzung ein Anderes bestimmt.

§ 26. Gegen eine Forderung des Vereins aus der Beitragspflicht kann das Mitglied eine Aufrechnung nicht geltend machen.

§ 27. Die Satzung soll über die Voraussetzungen, unter denen die Ausschreibung von Nachschüssen oder Umlagen zu erfolgen hat, insbesondere darüber Bestimmung treffen, inwieweit zuvor die sonst vorhandenen Deckungsmittel (Gründungsfonds, Rücklagen) zu verwenden sind.

Die Satzung soll ferner bestimmen, in welcher Weise die Nachschüsse oder Umlagen ausgeschrieben und eingezogen werden.

§ 28. Die Satzung hat über die Form Bestimmung zu treffen, in der die Bekanntmachungen des Vereins zu erfolgen haben.

Bekanntmachungen, die durch öffentliche Blätter erfolgen sollen, sind, wenn der Geschäftsbetrieb des Vereins sich über das Gebiet eines Bundesstaats hinaus erstreckt, in den Reichsanzeiger einzurücken. Ist der Geschäftsbetrieb auf das Gebiet eines Bundesstaats beschränkt, so kann die Landes-Zentralbehörde an Stelle des Reichsanzeigers ein anderes Blatt bestimmen. Weitere Blätter bestimmt die Satzung.

§ 29. Die Satzung hat über die Bildung eines Vorstandes, eines Aufsichtsraths und eines obersten Organs (Versammlung von Mitgliedern oder von Vertretern der Mitglieder) Bestimmung zu treffen.

Die durch das oberste Organ auszuübenden Obliegenheiten können auf mehrere dem Vorstand und dem Aufsichtsrath übergeordnete Organe vertheilt sein.

§ 30. Der Verein ist bei dem Gericht, in dessen Bezirk er seinen Sitz hat, von sämmtlichen Mitgliedern des Vorstandes und des Aufsichtsraths zur Eintragung in das Handelsregister anzumelden.

Von jeder Ertheilung der Erlaubniß zum Geschäftsbetriebe (§ 15) hat die Aufsichtsbehörde dem Registergerichte Mittheilung zu machen.

§ 31. Der Anmeldung sind beizufügen:

1. die Urkunde über die Erlaubniß zum Geschäftsbetriebe;
2. die Satzung;
3. die Urkunden über die Bestellung des Vorstandes und des Aufsichtsraths;
4. die Urkunden über die Bestellung des Gründungsfonds nebst einer Erklärung des Vorstandes und des Aufsichtsraths darüber, inwieweit der Gründungsfonds durch Baarzahlung gedeckt und in ihrem Besitz ist.

Die Mitglieder des Vorstandes haben ihre Namensunterschrift zur Aufbewahrung bei dem Gerichte zu zeichnen.

Die der Anmeldung beigefügten Schriftstücke werden bei dem Gericht in Urschrift oder in beglaubigter Abschrift aufbewahrt.

§ 32. Bei der Eintragung in das Handelsregister sind die Firma und der Sitz des Vereins, die Versicherungszweige, auf welche sich der Betrieb erstrecken soll, die Höhe des Gründungsfonds, der Tag, an dem die Erlaubnis zum Geschäftsbetrieb ertheilt ist, und die Mitglieder des Vorstandes anzugeben.

Enthält die Satzung besondere Bestimmungen über die Dauer des Vereins oder über die Befugniß der Mitglieder des Vorstandes oder der Liquidatoren zur Vertretung des Vereins, so sind auch diese Bestimmungen einzutragen.

§ 33. In die Veröffentlichung, durch welche die Eintragung bekannt gemacht wird, sind außer dem Inhalte der Eintragung aufzunehmen:

1. eine Angabe darüber, ob die Deckung der Ausgaben durch Beiträge im voraus oder im Umlageverfahren erfolgen soll, und im ersteren Falle, ob mit Ausschluß oder mit Vorbehalt von Nachschüssen, ob die Beitragspflicht beschränkt ist oder nicht, und ob eine Kürzung der Versicherungsansprüche vorbehalten ist (§ 24);
2. die im § 28 bezeichneten Festsetzungen;
3. die Art der Bestellung und Zusammensetzung der Vereinsorgane;
4. Name, Stand und Wohnort der Mitglieder des ersten Aufsichtsraths;
5. die Form, in der die Berufung des obersten Organs erfolgt.

§ 34. Auf den Vorstand finden die Vorschriften der §§ 231 bis 239, 241, 242 des Handelsgesetzbuchs mit der Maßgabe entsprechende Anwendung, daß das von Beschlüssen der Generalversammlung Gesagte von den Beschlüssen des obersten Organs gilt und daß an die Stelle des § 236 Abs. 1 und des § 241 Abs. 3 des Handelsgesetzbuchs folgende Vorschriften treten:

1. die Mitglieder des Vorstandes dürfen, sofern die Satzung nicht ein Anderes bestimmt, ohne Einwilligung des Aufsichtsraths weder ein Handelsgewerbe betreiben noch dem Vorstand oder Aufsichtsrath einer gleichartigen Versicherungsunternehmung angehören;
2. die Mitglieder des Vorstandes sind insbesondere zum Schadensersatze verpflichtet, wenn entgegen den Vorschriften des Gesetzes eine Verzinsung oder Tilgung des Gründungsfonds oder eine Vertheilung des Vereinsvermögens erfolgt oder wenn Zahlungen geleistet werden, nachdem die Zahlungsunfähigkeit des Vereins eingetreten ist oder seine Ueberschuldung sich ergeben hat.

§ 35. Auf den Aufsichtsrath finden die

Vorschriften der §§ 243 bis 249 des Handelsgesetzbuchs mit der Maßgabe entsprechende Anwendung, daß die der Generalversammlung übertragenen Aufgaben von dem obersten Organe wahrgenommen werden, und daß an die Stelle des § 243 Abs. 4 Satz 2, des § 245 Abs. 1 und des § 249 Abs. 3 Satz 1 des Handesgesetzbuchs folgende Vorschriften treten:

1. die Satzung hat zu bestimmen, ob für einen Beschluß des obersten Organs, durch den die Bestellung zum Mitgliede des Aufsichtsraths widerrufen wird, eine besondere Mehrheit erforderlich sein soll;
2. eine nach dem Jahresüberschusse bemessene Vergütung für die Mitglieder des Aufsichtsraths darf nur von dem Betrage gewährt werden, welcher verbleibt, nachdem sämmtliche Abschreibungen und Rücklagen bewirkt worden sind und nachdem für diejenigen Personen, welche gegen Zusicherung einer Betheiligung am Ueberschusse den Gründungsfonds zur Verfügung gestellt haben, der nach § 22 Abs. 3 bedungene Antheil am Ueberschuß in Abzug gebracht worden ist;
3. die Mitglieder des Aufsichtsraths sind insbesondere zum Schadensersatze verpflichtet, wenn mit ihrem Wissen und ohne ihr Einschreiten die im § 34 Nr. 2 bezeichneten Handlungen vorgenommen werden.

§ 36. Auf das oberste Organ finden die für die Generalversammlung der Aktionäre gegebenen Vorschriften der §§ 250, 251, des § 252 Abs. 3, 4, der §§ 253, 256 bis 261, 264, 265, des § 266 Abs. 1, des § 267 Abs. 1, 2, der §§ 268 bis 273 des Handelsgesetzbuchs und, wenn als oberstes Organ die Versammlung der Mitglieder bestellt ist, auch die Vorschriften des § 252 Abs. 2 und der §§ 254, 255, 263 des Handelsgesetzbuchs mit folgenden Maßgaben entsprechende Anwendung:

1. soweit nach diesen Vorschriften einer Minderheit von Aktionären, deren Antheile den zehnten oder den zwanzigsten Theil des Grundkapitals erreichen, gewisse Rechte gewährt sind, hat die Satzung die erforderliche Minderheit der Mitglieder des obersten Organs zu bestimmen;
2. die bezeichneten Vorschriften bleiben insoweit außer Anwendung, als sie eine Hinterlegung von Aktien oder die Angabe des Betrags der vertretenen Aktien vorschreiben;
3. die Aufsichtsbehörde kann bei der Erlaubniß zum Geschäftsbetriebe gestatten, daß die Kosten der Errichtung und die im ersten Geschäftsjahr entstehenden Kosten der Einrichtung, soweit sie weder die Hälfte des gesammten Gründungsfonds noch den baar eingezahlten Theil übersteigen, auf mehrere, höchstens jedoch auf die ersten fünf Geschäftsjahre vertheilt werden und der jedesmal verbleibende Rest als Aktivum in die Bilanz eingestellt wird.

Die Satzung hat die Form und, soweit nicht nach Abs. 1 die §§ 254, 255 des Handelsgesetzbuchs zur entsprechenden Anwendung gelangen, auch die Voraussetzungen und die Frist für die Berufung des obersten Organs zu bestimmen.

§ 37. Die Satzung hat die Bildung einer Rücklage, die zur Deckung eines aus dem Geschäftsbetriebe sich ergebenden außergewöhnlichen Verlustes zu dienen hat (Reservefonds), insbesondere die Beträge zu bestimmen, welche hierzu jährlich zurückzulegen sind, und den Mindestbetrag, bis zu dessen Erreichung die Zurücklegung zu erfolgen hat.

Aus den Gründen, aus denen von der Bildung eines Gründungsfonds Abstand genommen werden darf (§ 23), kann die Aufsichtsbehörde auch gestatten, von der Bildung eines Reservefonds abzusehen.

§ 38. Ein nach der Bilanz sich ergebender Ueberschuß kommt, soweit er nicht nach der Satzung dem Reservefonds oder anderen Rücklagen zuzuführen oder zur Vertheilung von Tantiemen zu verwenden oder auf das nächste Geschäftsjahr zu übertragen ist, zur Vertheilung unter die in der Satzung bestimmten Mitglieder.

Die Satzung hat über den Maßstab der Vertheilung sowie darüber zu bestimmen, ob die Vertheilung nur unter die am Schlusse des Geschäftsjahrs vorhandenen oder auch unter ausgeschiedene Mitglieder erfolgen soll.

Die Vertheilung darf erst erfolgen, nachdem die Kosten der Errichtung und ersten Einrichtung (§ 36 Abs. 1 Nr. 3) getilgt sind.

§ 39. Die Satzung kann nur durch Beschluß des obersten Organs geändert werden.

Die Vornahme von Aenderungen, die nur die Fassung betreffen, kann durch Beschluß des obersten Organs dem Aufsichtsrath übertragen werden.

Der Aufsichtsrath kann durch Beschluß des obersten Organs ermächtigt werden, den Aenderungsbeschluß für den Fall, daß die Aufsichtsbehörde vor der Genehmigung die Vornahme von Aenderungen verlangt, diesen Aenderungen zu unterziehen.

Der Beschluß des obersten Organs bedarf, wenn durch ihn ein Versicherungszweig aufgegeben oder ein neuer eingeführt werden soll, einer Mehrheit von drei Viertheilen der abgegebenen Stimmen; die Satzung kann noch andere Erfordernisse aufstellen. Zu sonstigen Beschlüssen der im Abs. 1 bis 3 bezeichneten Art bedarf es einer solchen Mehrheit nur dann, wenn die Satzung nicht andere Erfordernisse aufstellt.

§ 40. Die Aenderung der Satzung ist zur Eintragung in das Handelsregister anzumelden. Der Anmeldung ist die Genehmigungsurkunde beizufügen.

Bei der Eintragung genügt, soweit nicht die Aenderung die im § 32 bezeichneten Angaben betrifft, die Bezugnahme auf die bei dem Gericht eingereichten Urkunden über die Aenderung. Die öffentliche Bekanntmachung findet in Betreff aller Bestimmungen statt, auf welche sich die im § 33 vorgeschriebenen Veröffentlichungen beziehen.

Die Aenderung hat keine Wirkung, bevor sie bei dem Gericht, in dessen Bezirke der Verein seinen Sitz hat, in das Handelsregister eingetragen worden ist.

§ 41. Die Vorschriften des § 39 Abs. 1 bis 3 finden auf Aenderungen der nach § 9 festgesetzten allgemeinen Versicherungsbedingungen entsprechende Anwendung.

Der Aufsichtsrath kann durch die Satzung oder durch Beschluß des obersten Organs ermächtigt werden, dringliche Aenderungen der allgemeinen Versicherungsbedingungen mit Genehmigung der Aufsichtsbehörde vorläufig vorzunehmen. Diese Aenderungen sind dem obersten Organe bei seinem nächsten Zusammentritte vorzulegen. Sie sind außer Kraft zu setzen, wenn das oberste Organ dies verlangt.

Durch eine Aenderung der Satzung oder der allgemeinen Versicherungsbedingungen wird ein bestehendes Versicherungsverhältniß nur berührt, wenn der Versicherte der Aenderung ausdrücklich zustimmt. Dies gilt nicht von der Aenderung solcher Bestimmungen, für welche die Satzung ausdrücklich vorsieht, daß ihre Aenderung auch mit Wirkung für die bestehenden Versicherungsverhältnisse geschehen kann.

§ 42. Durch den Ablauf der in der Satzung bestimmten Zeit wird der Verein aufgelöst.

§ 43. Die Auflösung des Vereins kann nur durch das oberste Organ beschlossen werden.

Zu dem Beschlusse bedarf es einer Mehrheit von drei Viertheilen der abgegebenen Stimmen, sofern nicht die Satzung andere Erfordernisse aufstellt. Mitglieder des obersten Organs, welche gegen die Auflösung gestimmt haben, sind berechtigt, gegen den Auflösungsbeschluß Widerspruch zum Protokolle zu erklären (§ 74).

Der Beschluß bedarf der Genehmigung der Aufsichtsbehörde. Von der Genehmigung hat die Aufsichtsbehörde dem Registergerichte Mittheilung zu machen.

Die zwischen den Mitgliedern und dem Vereine bestehenden Versicherungsverhältnisse erlöschen mit dem in dem Beschlusse bestimmten Zeitpunkte, frühestens jedoch mit dem Ablaufe von vier Wochen, mit der Wirkung, daß die bis zu diesem Zeitpunkt entstandenen Versicherungsansprüche geltend gemacht, im Uebrigen aber nur die für die künftige Versicherungsperioden vorausbezahlten Beiträge, abzüglich der hierfür aufgewandten Kosten, zurückgefordert werden können.

Auf die Versicherungsverhältnisse aus der Lebensversicherung finden die Vorschriften des Abs. 4 keine Anwendung. Diese Versicherungsverhältnisse bleiben unberührt, soweit die Satzung nicht ein Anderes bestimmt.

§ 44. Die Vorschriften des § 43 Abs. 1, 2 Satz 1 finden auf Beschlüsse, die ein Uebereinkommen der im § 14 bezeichneten Art zum Gegenstande haben, entsprechende Anwendung.

§ 45. Die Auflösung des Vereins ist außer dem Falle des Konkurses durch den Vorstand zur Eintragung in das Handelsregister anzumelden.

§ 46. Nach der Auflösung des Vereins findet die Liquidation statt, sofern nicht über sein Vermögen der Konkurs eröffnet ist.

Bis zur Beendigung der Liquidation gilt der Verein als fortbestehend, soweit nicht aus den folgenden Vorschriften oder dem Zwecke der Liquidation ein Anderes sich ergiebt; insbesondere kann die Ausschreibung und Einziehung von Nachschüssen oder Umlagen (§§ 24 ff.) erfolgen.

Neue Versicherungen dürfen nicht mehr übernommen, die bestehenden nicht erhöht oder verlängert werden.

§ 47. Auf die Liquidation finden die Vorschriften des § 295 Abs. 1, Abs. 3 Satz 2, der §§ 296 bis 299 und des § 302 des Handelsgesetzbuchs entsprechende Anwendung. Auf Antrag des Aufsichtsraths oder einer in der Satzung zu bestimmenden Minderheit von Mitgliedern kann aus wichtigen Gründen die Ernennung von Liquidatoren durch das Gericht erfolgen, in dessen Bezirke der Verein seinen Sitz hat. Die Abberufung von Liquidatoren kann durch das Gericht unter denselben Voraussetzungen wie die Bestellung stattfinden. Die Vorschriften der §§ 145, 146 des Gesetzes über die Angelegenheiten der freiwilligen Gerichtsbarkeit finden entsprechende Anwendung.

Eine Tilgung des Gründungsfonds darf erst erfolgen, nachdem die Ansprüche sämmtlicher übrigen Gläubiger, insbesondere die Ansprüche der Mitglieder aus dem Versicherungsverhältnisse, befriedigt oder sichergestellt worden sind. Zum Zwecke der Tilgung dürfen Nachschüsse oder Umlagen nicht erhoben werden.

§ 48. Das nach der Berichtigung der Schulden verbleibende Vermögen des Vereins wird, sofern nicht in der Satzung andere Anfallberechtigte bestimmt sind, an die zur Zeit der Auflösung vorhanden gewesenen Mitglieder und zwar, sofern die Satzung nicht ein Anderes bestimmt, nach demselben Maßstabe vertheilt, nach welchem während des Bestehens des Vereins die Vertheilung des Ueberschusses stattfindet.

Die Satzung kann vorschreiben, daß die Anfallberechtigten durch Beschluß des obersten Organs bestimmt werden.

Auf die Ausführung der Vertheilung finden die Vorschriften des § 301 des Handelsgesetzbuchs entsprechende Anwendung.

§ 49. Durch die Eröffnung des Konkurses wird der Verein aufgelöst. Die Vorschriften des § 307 Abs. 2, 3 des Handelsgesetzbuchs finden entsprechende Anwendung.

§ 50. Soweit den Mitgliedern oder ausgeschiedenen Mitgliedern nach dem Gesetz oder der Satzung eine Beitragspflicht obliegt (§§ 24 bis 26), haften sie im Falle des Konkurses dem Vereine gegenüber für dessen Schulden.

Ausgeschiedene Mitglieder gelten, wenn ihr Ausscheiden innerhalb des letzten Jahres vor der Konkurseröffnung stattgefunden hat, in Ansehung der Haftung für die Schulden des Vereins noch als dessen Mitglieder.

§ 51. Die Ansprüche auf Tilgung des Gründungsfonds stehen allen übrigen Konkursforderungen nach. Unter den letzteren werden die Ansprüche aus dem Versicherungsverhältnisse, soweit sie den zur Zeit der Konkurseröffnung dem Verein angehörenden oder den innerhalb des letzten Jahres vor der Konkurseröffnung ausgeschiedenen Mitgliedern zustehen, im Range nach den Ansprüchen der sonstigen Konkursgläubiger befriedigt.

Zur Tilgung des Gründungsfonds dürfen Nachschüsse oder Umlagen nicht erhoben werden.

§ 52. Die Feststellung und Ausschreibung der im Falle des Konkurses erforderlichen Nachschüsse oder Umlagen erfolgt durch den Konkursverwalter. Dieser hat sofort, nachdem die Bilanz auf der Gerichtsschreiberei niedergelegt worden ist (Konkursordnung § 124), zu berechnen, wieviel die Mitglieder zur Deckung des in der Bilanz bezeichneten Fehlbetrags auf Grund ihrer Beitragspflicht vorschußweise beizutragen haben. Auf diese Vorschußberechnung und die erforderlich werdenden Zusatzberechnungen finden die Vorschriften des § 106 Abs. 2, 3 und der §§ 107 bis 113 des Gesetzes, betreffend die Erwerbs- und Wirthschaftsgenossenschaften, entsprechende Anwendung.

Sobald mit dem Vollzuge der Schlußvertheilung (Konkursordnung § 161) begonnen ist, hat der Konkursverwalter in Ergänzung oder Berichtigung der Vorschußberechnung und der etwa ergangenen Zusätze die von den Mitgliedern zu leistenden Beiträge zu berechnen. Auf diese Berechnung und das weitere Verfahren finden die Vorschriften des § 114 Abs. 2 und der §§ 115 bis 118 des Gesetzes, betreffend die Erwerbs- und Wirthschaftsgenossenschaften, entsprechende Anwendung.

§ 53. Auf Vereine, die bestimmungsgemäß einen sachlich, örtlich oder hinsichtlich des Personenkreises engbegrenzten Wirkungskreis haben, finden von den im Abschnitte III gegebenen Vorschriften nur der § 15, der § 17 Abs. 1, der § 18 Abs. 1, die §§ 19, 20, der § 21 Abs. 1, die §§ 22 bis 27, der § 28 Abs. 1, der § 37, der § 38 Abs. 1, 2, der § 39 Abs. 1 bis 3, die §§ 41 bis 44, der § 47 Abs. 2 und die §§ 50 bis 52 Anwendung. Die Uebernahme von Versicherungen gegen feste Prämie ohne Erwerb der Mitgliedschaft durch den Versicherungsnehmer ist ausgeschlossen.

Soweit sich nach Abs. 1 nicht ein Anderes ergiebt, hat es für die daselbst bezeichneten Vereine bei den für Vereine gegebenen allgemeinen Vorschriften der §§ 24 bis 53 des Bürgerlichen Gesetzbuchs mit den Maßgaben sein Bewenden, daß

1. in den Fällen des § 29 und des § 37 Abs. 2 des Bürgerlichen Gesetzbuchs an die Stelle des Amtsgerichts die Aufsichtsbehörde tritt,
2. im Falle des § 45 Abs. 3 des Bürgerlichen Gesetzbuchs das Vermögen an die Mitglieder nach dem im § 48 Abs. 1 dieses Gesetzes bestimmten Maßstabe zu vertheilen ist.

Soll nach der Satzung ein Aufsichtsrath bestellt werden, so finden die Vorschriften des § 36 Abs. 2, 3, der §§ 37 bis 40 und des § 41 Abs. 1, 2, 4 des Gesetzes, betreffend die Erwerbs- und Wirthschaftsgenossenschaften, entsprechende Anwendung.

Darüber, ob ein Verein im Sinne des Abs. 1 als kleinerer Verein anzusehen ist, entscheidet die Aufsichtsbehörde.

IV. Geschäftsführung der Versicherungsunternehmungen.

1. Allgemeine Vorschriften. Rechnungslegung.

§ 54. Zum Erwerbe von Grundstücken bedürfen Versicherungsaktiengesellschaften und Versicherungsvereine auf Gegenseitigkeit der

Genehmigung der Aufsichtsbehörde, soweit es sich nicht um den Erwerb von ihnen beliehener Grundstücke im Zwangsversteigerungsverfahren handelt. Die Genehmigung ist zu ertheilen, wenn es sich außerhalb des Zwangsversteigerungsverfahrens um die Sicherung eingetragener Forderungen, oder wenn es sich um den Erwerb von Grundstücken handelt, die für die Zwecke des Geschäftsbetriebs bestimmt sind.

In den Fällen des Abs. 1, auch soweit die Genehmigung der Aufsichtsbehörde nicht erforderlich ist, bedarf es der landesgesetzlich vorgeschriebenen staatlichen Genehmigung (Artikel 86 des Einführungsgesetzes zum Bürgerlichen Gesetzbuche) nicht.

§ 55. Die Bücher einer Versicherungsunternehmung sind jährlich abzuschließen; auf Grund der Bücher ist für das verflossene Geschäftsjahr ein Rechnungsabschluß und ein die Verhältnisse sowie die Entwickelung des Unternehmens darstellender Jahresbericht anzufertigen und der Aufsichtsbehörde einzureichen.

Soweit nicht in diesem Gesetz oder in sonstigen Reichsgesetzen oder durch den Bundesrath Vorschriften über die Buchführung und Rechnungslegung der Versicherungsunternehmungen getroffen sind, können nähere Vorschriften über die Fristen sowie die Art und Form des Rechnungsabschlusses und des Jahresberichts von der Aufsichtsbehörde erlassen werden.

Versicherungsaktiengesellschaften und Versicherungsvereine auf Gegenseitigkeit sind verpflichtet, innerhalb des auf das Berichtsjahr folgenden Geschäftsjahrs jedem Versicherten auf Verlangen ein Exemplar des Rechnungsabschlusses und des Jahresberichts mitzutheilen. Im Uebrigen kann die Aufsichtsbehörde darüber Bestimmung treffen, inwieweit und auf welche Weise alljährlich der Rechnungsabschluß und der Jahresbericht den Versicherten zugänglich zu machen oder zu veröffentlichen sind.

Vor Erlassung von Vorschriften der in den Abs. 2, 3 bezeichneten Art hat die aufsichtführende Reichsbehörde den Versicherungsbeirath zu hören.

2. Besondere Vorschriften über die Prämienreserve bei der Lebensversicherung.

§ 56. Die Prämienreserve für Lebensversicherungen ist hinsichtlich der in Kraft stehenden Versicherungsverträge für den Schluß eines jeden Geschäftsjahrs, unter Anwendung der nach § 11 angenommenen Rechnungsgrundlagen, getrennt nach den einzelnen Versicherungskarten zu berechnen und zu buchen.

Durch mindestens einen mit der Berechnung der Prämienreserve bei Lebens-, Kranken- oder Unfallversicherungsunternehmungen (§ 12) beauftragten Sachverständigen ist, unbeschadet der eigenen Verantwortlichkeit der Vertreter des Unternehmens, unter der Bilanz zu bestätigen, daß die eingestellte Prämienreserve gemäß Abs. 1 berechnet ist. Auf kleinere Vereine im Sinne des § 53 findet diese Vorschrift keine Anwendung.

§ 57. Der Vorstand des Unternehmens hat dafür Sorge zu tragen, daß unverzüglich die der Berechnung gemäß § 56 entsprechenden Beträge dem Prämienreservefonds zugeführt und vorschriftsmäßig angelegt werden. Diese Zuführung darf nur insoweit unterbleiben, als im Auslande zu Gunsten bestimmter Versicherungen besondere Sicherheit aus der Prämieneinnahme gestellt werden muß.

Der Prämienreservefonds (Gelder, Werthpapiere, Urkunden u. s. w.) ist gesondert von jedem anderen Vermögen zu verwalten und am Sitze des Unternehmens in einer der Aufsichtsbehörde bekannt zu gebenden Weise aufzubewahren; die Aufsichtsbehörde kann auch die Genehmigung zur Aufbewahrung an einem anderen Orte des Inlandes ertheilen.

Die den Prämienreservefonds bildenden Bestände sind einzeln in ein Register einzutragen. Jedoch brauchen darin die Forderungen aus Vorauszahlungen oder Darlehen auf die eigenen Versicherungsscheine des Unternehmens (Policenbeleihungen), soweit sie zu den Beständen des Prämienreservefonds gehören, nur in einer Gesamtsumme nachgewiesen zu werden. Am Schlusse eines jeden Geschäftsjahrs ist der Aufsichtsbehörde eine bezüglich ihrer Uebereinstimmung mit dem Originale gerichtlich oder notariell beglaubigte Abschrift der im Laufe des Geschäftsjahrs bewirkten Eintragungen vorzulegen. Die Abschrift ist von der Aufsichtsbehörde aufzubewahren.

§ 58. Bei Rückversicherungen hat das rückversicherte Unternehmen die Prämienreserve auch für die in Rückversicherung gegebenen Summen nach den Vorschriften der §§ 56, 57 zu berechnen sowie selbst aufzubewahren und zu verwalten.

§ 59. Die Anlegung der den Prämienreservefonds bildenden Bestände (§ 57) kann erfolgen:

1. in der im § 1807 Abs. 1 Nr. 1 bis 4 des Bürgerlichen Gesetzbuchs für die Anlegung von Mündelgeld vorgeschriebenen Weise. Außerdem dürfen die Bestände bis höchstens zum zehnten Theile des Prämienreservefonds in Werthpapieren, welche nach landesgesetzlichen Vorschriften zur An-

legung von Mündelgeld zugelassen sind, sowie in solchen auf den Inhaber lautenden Pfandbriefen deutscher Hypotheken-Aktien-Banken angelegt werden, welche die Reichsbank in Klasse I beleiht;

2. gegen Verpfändung solcher Hypotheken oder Werthpapiere, in denen eine Anlegung nach Nr. 1 gestattet ist, bis zu fünfundsiebzig vom Hundert ihres Nennwerths, sofern aber der Kurswerth niedriger ist, bis zu fünfundsiebzig vom Hundert des Kurswerths;
3. in der Weise, daß Vorauszahlungen oder Darlehen auf die eigenen Versicherungsscheine des Unternehmens (Policenbeleihung) nach Maßgabe der allgemeinen Versicherungsbedingungen (§ 9 Nr. 8) gewährt werden;
4. mit Genehmigung der Aufsichtsbehörde in Schuldverschreibungen inländischer kommunaler Körperschaften, Schulgemeinden und Kirchengemeinden, wofern diese Schuldverschreibungen entweder von Seiten des Gläubigers kündbar sind oder einer regelmäßigen Tilgung unterliegen.

Kann die Anlegung den Umständen nach nicht in einer dem Abs. 1 entsprechenden Weise erfolgen, so ist eine vorübergehende Anlegung bei der Reichsbank, bei einer Staatsbank oder bei einer durch die Aufsichtsbehörde dazu für geeignet erklärten anderen inländischen Bank oder öffentlichen Sparkasse gestattet.

§ 60. Bei der Anlegung der Bestände des Prämienreservefonds nach der Vorschrift des § 59 Abs. 1 Nr. 1 darf die Sicherheit einer Hypothek, einer Grundschuld oder einer Rentenschuld angenommen werden, wenn die Beleihung die ersten drei Fünftheile des Werthes des Grundstücks nicht übersteigt. Soweit jedoch die Zentralbehörde eines Bundesstaats gemäß § 11 Abs. 2 des Hypothekenbankgesetzes die Beleihung landwirthschaftlicher Grundstücke bis zu zwei Dritttheilen des Werthes gestattet hat, darf die Sicherheit auch bei einer solchen Beleihung angenommen worden.

Die Beleihungen dürfen der Regel nach nur zur ersten Stelle erfolgen.

Beleihungen von Bauplätzen und solchen Neubauten, welche noch nicht fertiggestellt und ertragsfähig sind, sowie von Grundstücken, die einen dauernden Ertrag nicht gewähren, insbesondere von Gruben, Brüchen und Bergwerken, sind ausgeschlossen.

Der bei der Beleihung angenommene Werth des Grundstücks darf den durch sorgfältige Ermittelung festgestellten Verkaufswerth nicht übersteigen. Bei der Feststellung dieses Werthes sind nur die dauernden Eigenschaften des Grundstücks und der Ertrag zu berücksichtigen, welchen das Grundstück bei ordnungsmäßiger Wirthschaft jedem Besitzer nachhaltig gewähren kann.

Auf Verlangen der Aufsichtsbehörde haben die Unternehmungen über die Werthsermittelung eine Anweisung zu erlassen, welche der Genehmigung der Aufsichtsbehörde bedarf.

§ 61. Dem Prämienreservefonds dürfen, abgesehen von den zur Vornahme und Aenderung der Kapitalanlagen erforderlichen Mitteln, nur diejenigen Beträge entnommen werden, welche durch Eintritt des Versicherungsfalls, durch Rückkauf oder andere Fälle der Beendigung von Versicherungsverhältnissen frei werden.

Durch die Eröffnung des Konkurses erlöschen die Lebensversicherungsverhältnisse; die Versicherten können, unbeschadet ihrer weitergehenden Ansprüche aus dem Versicherungsverhältnisse, denjenigen Betrag fordern, der als rechnungsmäßige Prämienreserve zur Zeit der Konkurseröffnung auf sie entfällt.

In Ansehung der Befriedigung aus den in das Register der Bestände des Prämienreservefonds (§ 57 Abs. 3) eingetragenen Gegenständen gehen die Forderungen auf die rechnungsmäßige Prämienreserve insoweit, als für sie die Zuführung zu diesem Fonds vorgeschrieben ist (§ 57 Abs. 1), den Forderungen aller übrigen Konkursgläubiger vor. Unter einander haben sie gleichen Rang. In Betreff des Anspruchs der Versicherten auf Befriedigung aus dem sonstigen Vermögen der Unternehmung finden die für die Absonderungsberechtigten geltenden Vorschriften der §§ 64, 153, 155, 156 und des § 168 Nr. 3 der Konkursordnung entsprechende Anwendung.

§ 62. Das Konkursgericht hat den Versicherten zur Wahrung der ihnen nach § 61 zustehenden Rechte einen Pfleger zu bestellen. Für die Pflegschaft tritt an die Stelle des Vormundschaftsgerichts das Konkursgericht.

Dem Pfleger liegt ob, den Umfang des vorhandenen Prämienreservefonds festzustellen sowie die den Versicherten zustehenden Ansprüche zu ermitteln und anzumelden.

Der Pfleger hat die Versicherten soweit thunlich vor der Anmeldung zu hören und von der erfolgten Anmeldung zu benachrichtigen, ihnen auf Verlangen auch sonst über die für ihre Ansprüche erheblichen Thatsachen Auskunft zu ertheilen. Das Recht des einzelnen Versicherten zur Anmeldung bleibt unberührt. Soweit mit der Anmeldung des Versicherten eine Anmeldung des Pflegers in Widerspruch steht, gilt bis zur Beseitigung des Widerspruchs die dem Versicherten günstigere Anmeldung.

Der Konkursverwalter hat dem Pfleger die Einsichtnahme aller Bücher und Schriften des Gemeinschuldners zu gestatten und ihm auf Verlangen den Bestand des Prämienreservefonds nachzuweisen.

Der Pfleger kann für die Führung seines Amtes eine angemessene Vergütung verlangen. Die ihm zu erstattenden Auslagen und die Vergütung fallen dem Prämienreservefonds zur Last.

Vor der Bestellung des Pflegers und vor der Festsetzung der Vergütung ist die Aufsichtsbehörde zu hören.

§ 63. Auf Kranken- oder Unfallversicherungen der im § 12 bezeichneten Art finden die Vorschriften der §§ 56 bis 62 entsprechende Anwendung.

V. Beaufsichtigung der Versicherungsunternehmungen.

1. Aufgaben und Befugnisse der Aufsichtsbehörden.

§ 64. Der Aufsichtsbehörde liegt es ob, den ganzen Geschäftsbetrieb der Versicherungsunternehmungen, insbesondere die Befolgung der gesetzlichen Vorschriften und die Einhaltung des Geschäftsplans, zu überwachen.

Sie ist befugt, diejenigen Anordnungen zu treffen, welche geeignet sind, den Geschäftsbetrieb mit den gesetzlichen Vorschriften und dem Geschäftsplan im Einklang zu erhalten oder Mißstände zu beseitigen, durch welche die Interessen der Versicherten gefährdet werden oder der Geschäftsbetrieb mit den guten Sitten in Widerspruch geräth.

Zur Befolgung ihrer nach Abs. 2 erlassenen Anordnungen kann die Aufsichtsbehörde die Inhaber und Geschäftsleiter der Unternehmungen durch Geldstrafen bis zu eintausend Mark anhalten. Solche Geldstrafen werden in derselben Weise beigetrieben wie Gemeindeabgaben.

§ 65. Die Aufsichtsbehörde ist befugt, jederzeit die Geschäftsführung und Vermögenslage eines Unternehmens auch nach der Richtung zu prüfen, ob die veröffentlichten Rechnungsabschlüsse und die Jahresberichte mit den Thatsachen und dem Inhalte der Bücher übereinstimmen und ob die vorschriftsmäßigen Reserven vorhanden und vorschriftsmäßig angelegt und verwaltet sind.

Die Inhaber, Geschäftsleiter, Bevollmächtigten und Agenten eines Unternehmens haben innerhalb ihrer Geschäftsräume der Aufsichtsbehörde auf Erfordern alle Bücher, Belege und diejenigen Schriften vorzulegen, welche für die Beurtheilung des Geschäftsbetriebs und der Vermögenslage von Bedeutung sind, sowie jede von ihnen erforderte Auskunft über den Geschäftsbetrieb und die Vermögenslage zu ertheilen. Die Vorschriften des § 64 Abs. 3 finden entsprechende Anwendung.

Bei Versicherungsunternehmungen, die einen Aufsichtsrath, eine Mitgliederversammlung oder ähnliche Gesellschaftsorgane haben, ist die Aufsichtsbehörde befugt, Vertreter in die Versammlungen und Sitzungen dieser Organe zu entsenden; die Vertreter sind jederzeit zu hören. Die Aufsichtsbehörde ist ferner befugt, die Berufung von Versammlungen und Sitzungen sowie die Ankündigung von Gegenständen zur Berathung und Beschlußfassung zu verlangen und, wenn dem Verlangen nicht entsprochen wird, die Berufung oder Ankündigung auf Kosten der Unternehmung selbst vorzunehmen. In den Versammlungen und Sitzungen, welche von der Aufsichtsbehörde berufen sind, führt ein Vertreter der letzteren den Vorsitz. Als Vertreter der Aufsichtsbehörde sind Leiter und Beamte von öffentlichen Versicherungsanstalten ausgeschlossen.

§ 66. Die Aufsicht hat sich auch auf die Liquidation eines Unternehmens und auf die Abwickelung der bestehenden Versicherungen im Falle einer Untersagung oder einer freiwilligen Einstellung des Geschäftsbetriebs sowie im Falle des Widerrufs der Zulassung eines Unternehmens zu erstrecken.

§ 67. Handelt eine Unternehmung fortgesetzt den ihr nach Maßgabe der Gesetze oder des genehmigten Geschäftsplans obliegenden Pflichten zuwider, oder ergeben sich bei Prüfung ihrer Geschäftsführung oder ihrer Vermögenslage so schwere Mißstände, daß bei Fortsetzung des Geschäftsbetriebs die Interessen der Versicherten gefährdet sind, oder befindet sich der Geschäftsbetrieb mit den guten Sitten in Widerspruch, so ist die Aufsichtsbehörde befugt, den Geschäftsbetrieb mit der Wirkung zu untersagen, daß neue Versicherungen nicht abgeschlossen, früher abgeschlossene nicht erhöht oder verlängert werden können.

Im Falle der Untersagung des Geschäftsbetriebs ist die Aufsichtsbehörde berechtigt, alle diejenigen Anordnungen zu treffen, welche zur einstweiligen Sicherstellung des Vermögens der Unternehmung im Interesse der Versicherten nöthig sind, insbesondere die Vermögensverwaltung geeigneten Personen zu übertragen. Die Vorschriften des § 64 Abs. 3 finden entsprechende Anwendung.

Bei Versicherungsvereinen auf Gegenseitigkeit hat die Untersagung des Geschäftsbetriebs die Wirkung eines Auflösungsbeschlusses. Die Eintragung der Untersagung in das Handelsregister erfolgt auf Anzeige der Aufsichtsbehörde.

§ 68. Das Konkursgericht hat, unbeschadet der Vorschrift im § 107 Abs. 1 der Konkursordnung, auf Antrag der Aufsichtsbehörde den Konkurs über das Vermögen einer Versicherungsgesellschaft auf Aktien oder eines Versicherungsvereins auf Gegenseitigkeit zu eröffnen. Der Antrag auf Eröffnung des Konkurses kann nur von der Aufsichtsbehörde gestellt werden. Eine Anfechtung des Eröffnungsbeschlusses findet nicht statt.

Sobald die Zahlungsunfähigkeit eintritt, hat der Vorstand der Aufsichtsbehörde Anzeige zu machen. Das Gleiche gilt, sobald sich bei der Aufstellung der Jahresbilanz oder einer Zwischenbilanz Ueberschuldung ergiebt. Diese Anzeigepflicht tritt an die Stelle der dem Vorstande durch andere gesetzliche Vorschriften auferlegten Pflicht, im Falle der Zahlungsunfähigkeit oder der Ueberschuldung die Eröffnung des Konkurses zu beantragen. Gehen bei Versicherungsvereinen auf Gegenseitigkeit mit Nachschuß- oder Umlagenpflicht ausgeschriebene Nachschüsse oder Umlagen innerhalb fünf Monaten nach der Fälligkeit nicht ein, so hat der Vorstand zu prüfen, ob sich, wenn die nicht baar eingegangenen Nachschuß- oder Umlagebeträge außer Berücksichtigung bleiben, Ueberschuldung ergiebt; liegt eine solche Ueberschuldung vor, so ist innerhalb eines Monats nach dem Ablaufe der bezeichneten Frist der Aufsichtsbehörde Anzeige zu machen. Die gleichen Pflichten liegen den Liquidatoren ob.

§ 69. Ergiebt sich bei der Prüfung der Geschäftsführung und der Vermögenslage eines Unternehmens, daß dieses zur Erfüllung seiner Verpflichtungen für die Dauer nicht mehr im Stande ist, die Vermeidung des Konkurses aber im Interesse der Versicherten geboten erscheint, so kann die Aufsichtsbehörde die zu diesem Zwecke erforderlichen Anordnungen treffen sowie auch die Vertreter des Unternehmens auffordern, binnen bestimmter Frist eine Aenderung der Geschäftsgrundlagen oder die sonstige Beseitigung der Mängel herbeizuführen. Bestimmte Arten von Zahlungen, insbesondere Gewinnvertheilungen, und bei Lebensversicherungen der Rückkauf oder die Beleihung des Versicherungsscheins sowie Vorauszahlungen darauf können zeitweilig verboten werden.

Unter der im Abs. 1 bezeichneten Voraussetzung ist die Aufsichtsbehörde berechtigt, nöthigenfalls die Verpflichtungen einer Lebensversicherungsunternehmung aus ihren laufenden Versicherungen, dem Stande ihres Vermögens entsprechend, jedoch um höchstens dreiunddreißigeindrittel Prozent, zu ermäßigen.

2. Verfassung und Verfahren der Aufsichtsbehörden.

§ 70. Als aufsichtführende Reichsbehörde wird ein Kaiserliches Aufsichtsamt für Privatversicherung mit dem Sitze in Berlin errichtet. Es besteht aus einem Vorsitzenden und der erforderlichen Zahl von ständigen und nichtständigen Mitgliedern.

Der Vorsitzende und die ständigen Mitglieder werden auf Vorschlag des Bundesraths vom Kaiser ernannt, die nichtständigen Mitglieder vom Bundesrathe gewählt. Die Ernennung der ständigen Mitglieder erfolgt, soweit nicht einzelne Mitglieder, die im Reichs- oder Staatsdienst ein anderes Amt bekleiden, für die Dauer dieses Amtes berufen werden, auf Lebenszeit.

Die übrigen Beamten werden vom Reichskanzler ernannt.

Die Mitglieder des Aufsichtsamts dürfen nicht gleichzeitig Leiter oder Beamte von öffentlichen Versicherungsanstalten sein.

§ 71. Zur Erleichterung des Geschäftsverkehrs des Aufsichtsamts für Privatversicherung mit den seiner Aufsicht unterstehenden Unternehmungen können nach Bedarf vom Reichskanzler im Einvernehmen mit der betheiligten Landesregierung aus der Mitte der Landesbeamten besondere Kommissare bestellt werden, welche im Auftrag und nach näherer Anordnung des Amtes bestimmten Unternehmungen gegenüber mit der Ausübung der unmittelbaren Aufsicht betraut werden.

Die Bestimmung des § 70 Abs. 4 findet entsprechende Anwendung.

§ 72. Zur Mitwirkung bei der Aufsicht wird bei dem Amte ein aus Sachverständigen des Versicherungswesens bestehender Beirath gebildet, dessen Mitglieder auf Vorschlag des Bundesraths vom Kaiser auf fünf Jahre ernannt werden.

Die Mitglieder des Versicherungsbeiraths sind berufen, das Amt auf Erfordern bei Vorbereitung wichtiger Beschlüsse gutachtlich zu berathen und bei den in den §§ 73 bis 76 bezeichneten Entscheidungen mit Stimmrecht mitzuwirken.

Sie verwalten ihr Amt als unentgeltliches Ehrenamt; für ihre Theilnahme an Sitzungen erhalten sie Tagegelder und Vergütung der Reisekosten nach festen, von dem Reichskanzler bestimmten Sätzen. Die Vorschriften des § 16 des Gesetzes, betreffend die Rechtsverhältnisse der Reichsbeamten, vom 31. März 1873 (Reichs-Gesetzbl. S. 61) finden auf sie keine Anwendung.

Die Bestimmung des § 70 Abs. 4 findet auch hier entsprechende Anwendung.

§ 73. Das Aufsichtsamt für Privatversicherung entscheidet auf Grund mündlicher Berathung in der Besetzung von drei Mitgliedern einschließlich des Vorsitzenden unter Zuziehung von zwei Mitgliedern des Versicherungsbeiraths¹)

1. über die Ertheilung der Erlaubniß zum Geschäftsbetriebe (§§ 4 bis 7),
2. über die Genehmigung einer Aenderung des Geschäftsplans (§ 13), sofern bei dem Aufsichtsamte Bedenken bestehen,
3. über die Genehmigung einer Bestandsveränderung (§ 14),
4. über die Genehmigung der Auflösung eines Versicherungsvereins auf Gegenseitigkeit (§ 43),
5. über die Anerkennung eines Vereins als eines kleineren (§ 53),
6. über den Anlaß einer Anordnung der im § 64 Abs. 2 bezeichneten Art, sofern damit eine Strafandrohung nach § 64 Abs. 3 verbunden werden soll,
7. über die Untersagung des Geschäftsbetriebs (§ 67),
8. über die Stellung des Antrags auf Eröffnung des Konkurses (§ 68),
9. über den Erlaß einer Anordnung der im § 69 Abs. 1 Satz 2, Abs. 2 bezeichneten Art.

Die Zuziehung der Mitglieder des Versicherungsbeiraths erfolgt in der Regel nach einer im voraus (§ 80) aufgestellten Reihenfolge. Weicht der Vorsitzende des Amtes aus besonderen Gründen von der Reihenfolge ab, so sind diese aktenkundig zu machen.

Die Bestimmungen der Civilprozeßordnung über Ausschließung und Ablehnung der Gerichtspersonen finden auf alle zur Mitwirkung bei der Entscheidung berufenen Personen entsprechende Anwendung.

Vor der Ertheilung einer ablehnenden Entscheidung in den Fällen der Nr. 1 bis 5 und vor der Ertheilung einer Entscheidung in den Fällen der Nr. 6 bis 9 sind Vertreter der betheiligten Unternehmungen zu hören und auf ihren Antrag zur mündlichen Verhandlung zu laden.

Die ablehnenden Entscheidungen in den Fällen der Nr. 1 bis 5 und die Entscheidungen in den Fällen der Nr. 6 bis 9 sind mit Gründen zu versehen.

In den Fällen der Nr. 1 bis 3 kann der Vorsitzende des Amtes einen ablehnenden Vorbescheid ergehen lassen; gegen diesen ist bis zum Ablaufe von zwei Wochen nach der Zustellung der Antrag auf eine gemäß Abs. 1 bis 5 zu ertheilende Entscheidung statthaft.

Sämmtliche Entscheidungen sind den Betheiligten zuzustellen. Die rechtskräftig erfolgte Ertheilung der Erlaubniß zum Geschäftsbetrieb und die Genehmigung einer Bestandsveränderung sowie die Untersagung des Geschäftsbetriebs ist vom Aufsichtsamt im Reichsanzeiger öffentlich bekannt zu machen.

§ 74. Gegen die gemäß § 73 Abs. 1 ertheilten Entscheidungen steht den Betheiligten der Rekurs zu. Als Betheiligte gelten im Falle des § 73 Abs. 1 Nr. 4, wenn die Genehmigung des Auflösungsbeschlusses versagt ist, nur der Vereinsvorstand, wenn der Auflösungsbeschluß genehmigt ist, nur diejenigen Mitglieder des obersten Organs, welche gegen den Auflösungsbeschluß Widerspruch zum Protokoll erklärt haben. Im Falle des § 73 Abs. 1 Nr. 5 gilt als Betheiligter nur der Vereinsvorstand, gegen dessen Antrag die Anerkennung des Vereins als eines kleineren versagt worden ist.

Ueber den Rekurs entscheidet das Aufsichtsamt für Privatversicherung in der Besetzung von drei Mitgliedern einschließlich des Vorsitzenden unter Zuziehung von zwei Mitgliedern des Versicherungsbeiraths sowie eines richterlichen Beamten und eines Mitglieds eines höchsten Verwaltungsgerichtshofs in einem deutschen Bundesstaate.

Die richterlichen Beamten sowie die Mitglieder höchster Verwaltungsgerichtshöfe werden für die Dauer ihres Hauptamts auf Vorschlag des Bundesraths vom Kaiser ernannt.

Bezüglich der Zuziehung der Mitglieder des Versicherungsbeiraths gilt die Vorschrift des § 73 Abs. 2, bezüglich der Ausschließung und Ablehnung der zur Mitwirkung bei der Entscheidung berufenen Personen die Vorschrift des § 73 Abs. 3.

§ 75. Der Rekurs ist innerhalb eines Monats nach der Zustellung der Entscheidung bei dem Aufsichtsamte für Privatversicherung schriftlich einzulegen und zu begründen. Der Rekurs gegen die nach § 67 Abs. 2 oder nach § 69 Abs. 1 Satz 2 von der Aufsichtsbehörde getroffenen Anordnungen sowie gegen die Entscheidung auf Stellung des Konkursantrags hat keine aufschiebende Wirkung. Von der Aufhebung der Entscheidung auf Stellung des Konkursantrags hat das Aufsichtsamt für Privatversicherung dem Konkursgerichte Mittheilung zu machen. Das Konkursgericht hat das Verfahren einzustellen.

---

1) S. auch Bekanntmachung vom 20. Dezember 1911 Reichsgesetzbl. S. 1155, die auf Grund des § 1321 Abs. 5 R.V.O. erlassen ist.

An der Entscheidung über den Rekurs dürfen außer dem Vorsitzenden des Amtes Personen, die bei der angefochtenen Entscheidung mitgewirkt haben, nicht Theil nehmen.

Der Vorsitzende des Amtes ernennt einen ersten und einen zweiten Berichterstatter; ein Berichterstatter muß aus den richterlichen Beamten oder aus den Mitgliedern höchster Verwaltungsgerichtshöfe ernannt werden.

Die Entscheidung erfolgt nach Ladung der Betheiligten auf Grund mündlicher und öffentlicher Verhandlung. Die Oeffentlichkeit kann aus den Gründen des § 173 des Gerichtsverfassungsgesetzes ausgeschlossen werden.

§ 76. Gegen eine nach § 65 Abs. 2, § 67 Abs. 2 oder § 98 von dem Aufsichtsamte für Privatversicherung erlassene Strafandrohung steht den Betheiligten bis zum Ablaufe von zwei Wochen nach der Zustellung die Beschwerde zu; über die Beschwerde entscheidet das Amt in der im § 73 bestimmten Besetzung.

§ 77. Soweit in diesem Gesetz ein Rechtsmittel nicht ausdrücklich zugelassen ist, steht den Betheiligten ein solches gegen Verfügungen oder Entscheidungen des Aufsichtsamts für Privatversicherung nicht zu.

§ 78. Das Amt kann jeden ihm erforderlich erscheinenden Beweis erheben, insbesondere Zeugen und Sachverständige, auch eidlich, vernehmen oder vernehmen lassen.

§ 79. Die Gerichte und sonstigen öffentlichen Behörden sind verpflichtet, den im Vollzuge dieses Gesetzes an sie ergehenden Ersuchen des Amtes zu entsprechen. Die Ersuchen um eidliche Vernehmungen sind an die zur eidlichen Abhörung von Zeugen und Sachverständigen zuständigen Landesbehörden zu richten. Als Kosten der Rechtshülfe sind der ersuchten Behörde die im § 79 des Gerichtskostengesetzes bezeichneten baaren Auslagen zu erstatten.

§ 80. Die Zahl und die Zuziehung der nichtständigen Mitglieder, die Formen des Verfahrens und der Geschäftsgang des Amtes sowie die Zusammensetzung des Versicherungsbeiraths und die Zuziehung seiner Mitglieder werden, soweit dieses Gesetz keine Vorschriften darüber enthält, durch Kaiserliche Verordnung unter Zustimmung des Bundesraths geregelt. Die Verordnung ist dem Reichstage bei seinem nächsten Zusammentritte zur Kenntnißnahme vorzulegen.[2])

§ 81. Die Kosten des Aufsichtsamts für Privatversicherung und des Verfahrens vor dem Amte trägt das Reich.

Als Gebühren für die Aufsichtsthätigkeit des Amtes werden von den seiner Aufsicht unterstellten Versicherungsunternehmungen Jahresbeträge erhoben, welche nach den einer jeden Unternehmung im letzten Geschäftsjahr aus den im Inland abgeschlossenen Versicherungen erwachsenen Bruttoprämien (Beiträgen, Vor- und Nachschüssen, Umlagen), jedoch abzüglich der zurückgewährten Ueberschüsse oder Gewinnantheile, mit der Maßgabe bemessen werden, daß Eins vom Tausend nicht überschritten werden darf. Nach Anhörung des Versicherungsbeiraths ist der Bundesrath befugt, einen anderweiten Vertheilungsmaßstab zu bestimmen.

Der Gesammtbetrag der Gebühren soll annähernd die Hälfte der im letzten Reichshaushalts-Etat für das Amt festgesetzten fortdauernden Ausgaben betragen. Die genaue Summe wird jährlich durch den Bundesrath bestimmt.

Die Vertheilung der Gebühren erfolgt durch das Amt, welches die Unternehmungen unter Beifügung eines Vertheilungsplans auffordert, die Gebühren an die Reichs-Hauptkasse innerhalb eines Monats einzuzahlen. Nach dem Ablaufe dieser Frist können die Gebühren nach den für die Betreibung öffentlicher Abgaben bestehenden Vorschriften eingezogen werden.

§ 82. Das Amt kann bei einem Beweisverfahren, das durch unbegründete Anträge oder Beschwerden veranlaßt worden ist, sowie bei erfolgloser Einlegung eines Rechtsmittels die dadurch verursachten baaren Auslagen ganz oder theilweise den Antragstellern auferlegen.

§ 83. Das Amt veröffentlicht jährlich Mitteilungen über den Stand der seiner Aufsicht unterliegenden Versicherungsunternehmungen sowie über seine Wahrnehmungen auf dem Gebiete des Versicherungswesens.

Desgleichen veröffentlicht das Amt fortlaufend die Rechts- und Verwaltungsgrundsätze aus dem Bereiche seiner Thätigkeit.

§ 84. Entscheidungen der aufsichtführenden Landesbehörden, bei denen es sich um Gegenstände der im § 73 Abs. 1 bezeichneten Art handelt, können innerhalb eines Monats nach der Zustellung im Wege des Verwaltungsstreitverfahrens oder, wo ein solches nicht besteht, im Wege des Rekurses nach den Vorschriften der §§ 20, 21 der Gewerbeordnung angefochten werden.

Im Uebrigen ist für das Verfahren der Landesbehörden bei Ausübung der Beaufsichtigung das Landesrecht maßgebend.

VI. Ausländische Versicherungsunternehmungen.

§ 85. Ausländische Versicherungsunternehmungen, die im Inlande durch Vertreter, Be-

2) S. die Verordnungen vom 23. Dezember 1901 und 15. August 1908.

vollmächtigte, Agenten oder sonstige Vermittler das Versicherungsgeschäft betreiben wollen, bedürfen hierzu der Erlaubniß.

Die Vorschriften dieses Gesetzes finden auf sie, soweit sich nicht aus den §§ 86 bis 91 ein Anderes ergiebt, entsprechende Anwendung.

§ 86. Zur Entscheidung über den Antrag auf Ertheilung der Erlaubniß ist ausschließlich der Reichskanzler zuständig.

Die Erlaubniß darf nur dann ertheilt werden, wenn

1. das Aufsichtsamt für Privatversicherung nach Anhörung des Versicherungsbeiraths sich gutachtlich dahin äußert, daß keiner der im § 7 bezeichneten Gründe zur Versagung der Erlaubniß vorliegt,
2. die Versicherungsunternehmung den Nachweis führt, daß sie am Sitze des Unternehmens unter ihrem Namen Rechte erwerben und Verbindlichkeiten eingehen, vor Gericht klagen und verklagt werden kann,
3. die Unternehmung sich verpflichtet, innerhalb des Reichsgebiets eine Niederlassung zu unterhalten und für das Inland einen Hauptbevollmächtigten zu bestellen, der innerhalb des Reichsgebiets seinen Wohnsitz hat. Der Hauptbevollmächtigte gilt als ermächtigt, die Unternehmung zu vertreten, insbesondere die Versicherungsverträge mit Versicherungsnehmern im Inland und über inländische Grundstücke mit verbindlicher Kraft abzuschließen, auch alle Ladungen und Verfügungen für die Unternehmung in Empfang zu nehmen.

Im Uebrigen entscheidet der Reichskanzler nach freiem Ermessen.

§ 87. Zum Geschäftsbetrieb im Inlande zugelassene ausländische Versicherungsunternehmungen dürfen die Versicherungsverträge mit Versicherungsnehmern, die im Inland ihren gewöhnlichen Aufenthalt haben, sowie Versicherungsverträge über inländische Grundstücke nur durch Bevollmächtigte abschließen, die im Inland ihren Wohnsitz haben.

§ 88. Die den Inhabern oder Vertretern einer inländischen Unternehmung nach diesem Gesetz obliegenden Pflichten hat der für das Reichsgebiet bestellte Hauptbevollmächtigte einer ausländischen Unternehmung zu erfüllen.

§ 89. Für Klagen, die aus dem inländischen Versicherungsgeschäfte gegen die Unternehmung erhoben werden, ist das Gericht zuständig, wo die Niederlassung (§ 86 Abs. 2 Nr. 3) sich befindet. Dieser Gerichtszustand darf nicht vertragsmäßig ausgeschlossen werden.

§ 90. Die Vorschriften des § 56, des § 57 Abs. 1 Satz 1, Abs. 2, 3 und der §§ 58 bis 63 finden auf ausländische Unternehmungen nur hinsichtlich der im Inland abgeschlossenen Versicherungen Anwendung.

Der Prämienreservefonds für diese Versicherungen ist nach näherer Bestimmung des Aufsichtsamts für Privatversicherung in der Weise sicherzustellen, daß nur mit Genehmigung des letzteren darüber verfügt werden kann.

§ 91. Die Beaufsichtigung der zugelassenen ausländischen Versicherungsunternehmungen nach Maßgabe dieses Gesetzes wird durch das Aufsichtsamt für Privatversicherung ausgeübt.

Auf Antrag des Reichskanzlers kann auch der Bundesrath gegen zugelassene ausländische Unternehmungen die Untersagung des Geschäftsbetriebs nach freiem Ermessen beschließen. Die Ausführung eines solchen Beschlusses liegt dem Aufsichtsamte für Privatversicherung ob.

VII. Uebergangsvorschriften.

§ 92. Die beim Inkrafttreten dieses Gesetzes in einem oder in mehreren Bundesstaaten landesgesetzlich zum Geschäftsbetriebe befugten Versicherungsunternehmungen bedürfen zur Fortsetzung ihres Geschäftsbetriebs in den von ihnen bisher eingehaltenen oder, sofern ihre Befugniß zum Geschäftsbetrieb auf besonderer Zulassung beruht, in den bisher durch die Zulassung gestatteten Grenzen keiner Erlaubniß nach Maßgabe dieses Gesetzes.

§ 93. Diejenigen beim Inkrafttreten des Gesetzes zum Geschäftsbetriebe befugten deutschen Unternehmungen, deren Geschäftsbetrieb sich über das Gebiet eines Bundesstaats hinaus erstreckt oder welchen durch die Zulassung ein solcher Geschäftsbetrieb gestattet ist, unterstehen der Aufsicht des Aufsichtsamts für Privatversicherung; die Beaufsichtigung der übrigen deutschen Unternehmungen wird durch Landesbehörden ausgeübt.

§ 94. Beim Ablauf einer landesgesetzlich auf eine bestimmte Zeit erfolgten Zulassung bedarf es der Ertheilung einer neuen Erlaubniß durch die Aufsichtsbehörde nach Maßgabe dieses Gesetzes.

Wenn der Zeitraum vom Inkrafttreten dieses Gesetzes bis zum Ablaufe der auf eine bestimmte Zeit erfolgten Zulassung nicht mehr als sechs Monate beträgt, so gilt die Dauer der Zulassung als um ein Jahr verlängert.

§ 95. Beruht die Zulassung einer Unternehmung auf einer widerruflichen Genehmigung, so unterliegt die Ausübung des Widerrufs solange dem freien Ermessen der Aufsichtsbehörde, als die Unternehmung nicht die Erlaubniß zum Geschäftsbetriebe nach Maßgabe dieses Gesetzes erlangt hat.

§ 96. Versicherungsunternehmungen, die zur Zeit des Inkrafttretens dieses Gesetzes in einem oder in mehreren Bundesstaaten zum Geschäftsbetriebe befugt sind, können jederzeit die Zulassung nach Maßgabe dieses Gesetzes beantragen. Zur Ausdehnung ihres Geschäftsbetriebs auf einen anderen Bundesstaat ist die Erlaubniß des Aufsichtsamts für Privatversicherung erforderlich.

§ 97. Soweit ein Uebergang der Aufsicht von Landesbehörden auf das Aufsichtsamt für Privatversicherung stattfindet, gehen auf dieses kraft Gesetzes auch alle Rechte und Pflichten über, welche durch Kautionsbestellung, Hinterlegung, Eintragung von Schuldverschreibungen in ein Staatsschuldbuch oder in das Reichsschuldbuch oder durch sonstige Sicherungsmaßregeln für die Landesbehörden begründet sind.

In den vorstehend bezeichneten Fällen ist auf Ersuchen des Amtes der Gewahrsam und die Verwaltung der vorhandenen Kautionen durch die Landesbehörden einstweilen, jedoch auf höchstens fünf Jahre, weiterzuführen.

§ 98. Die bereits zugelassenen Versicherungsunternehmungen haben der Aufsichtsbehörde auf Erfordern binnen einer von dieser zu bestimmenden Frist die zur Klarlegung ihres Geschäftsplans erforderlichen Angaben (§§ 4 bis 12) zu machen.[3]) Die Vorschriften des § 64 Abs. 3 finden entsprechende Anwendung.

§ 99. Bei bereits zugelassenen Unternehmungen finden die Vorschriften der §§ 56 bis 63 auf die Prämienreserve derjenigen Lebensversicherungen sowie derjenigen Kranken- oder Unfallversicherungen der im § 12 bezeichneten Art Anwendung, welche nach dem Inkrafttreten dieses Gesetzes abgeschlossen werden.

Die Prämienreserve für die früher abgeschlossenen Versicherungen ist, dem rechnungsmäßigen Soll entsprechend, binnen drei Jahren nach dem Inkrafttreten dieses Gesetzes aus dem übrigen Vermögen einer Unternehmung auszusondern, dem nach Abs. 1 gebildeten Prämienreservefonds zuzuführen und gemäß § 57, § 61 Abs. 1 aufzubewahren, zu buchen und zu verwalten. Ausnahmsweise kann für eine bestimmte Versicherungsunternehmung die bezeichnete Frist durch den Reichskanzler auf Antrag der Landesregierung desjenigen Bundesstaats, in dessen Gebiete die Unternehmung ihren Sitz hat, verlängert werden; eine solche Verlängerung der Frist ist durch den Reichskanzler im Reichsanzeiger bekannt zu machen.

Auf den gesammten Prämienreservefonds (Abs. 1, 2) finden die Vorschriften des § 61 Abs. 2, 3 und des § 62 mit dem Ablaufe von drei Jahren nach dem Inkrafttreten dieses Gesetzes oder mit dem Ablaufe der nach Abs. 2 Satz 2 durch den Reichskanzler verlängerten Frist Anwendung, sofern sie nicht auf Antrag einer Unternehmung durch die Aufsichtsbehörde schon zu einem früheren von dieser festzusetzenden und im Reichsanzeiger bekannt zu machenden Zeitpunkt in Wirksamkeit gesetzt werden.

Die Anlegung der Prämienreserve in der durch die §§ 59, 60 vorgeschriebenen Weise ist für die älteren Versicherungen binnen einer Frist von fünf Jahren zu bewirken. Hinsichtlich bestimmter Theile der Prämienreserve können Ausnahmen durch die Aufsichtsbehörde gestattet werden.

§ 100. Erachtet die Aufsichtsbehörde die Prämienreserve zur Sicherstellung einer dauernden Erfüllung der aus den Versicherungsverträgen sich ergebenden Verpflichtungen nicht für ausreichend, so kann sie, vorbehaltlich ihrer Befugniß zum Eingreifen nach den §§ 67 bis 69, zur Aenderung der Rechnungsgrundlagen oder sonstigen Beseitigung der Mängel eine angemessene Frist gewähren.

§ 101. Vereine, die zur Zeit des Inkrafttretens dieses Gesetzes die Versicherung ihrer Mitglieder nach dem Grundsatze der Gegenseitigkeit betreiben und die Rechtsfähigkeit besitzen, unterliegen auch den Vorschriften dieses Gesetzes über die Versicherungsvereine auf Gegenseitigkeit (Abschnitt III) mit Ausnahme der Vorschriften über die Bildung eines Gründungs- und eines Reservefonds.

Auf die Anmeldung und Eintragung dieser Vereine finden die §§ 30 bis 33 entsprechende Anwendung.

Die Aufsichtsbehörde hat nach dem Ablaufe der gemäß § 98 bestimmten Frist diejenigen Vereine, welche der Eintragungspflicht unterliegen, den für die Führung des Handelsregisters zuständigen Gerichten mitzutheilen.

§ 102. Den Vorschriften des Abschnitts III unterliegen nicht solche eingetragene Genossenschaften und solche nach dem sächsischen Gesetze vom 15. Juni 1868, betreffend die juristischen Personen, bestehende eingetragene Vereine, welche die Versicherung ihrer Mitglieder nach dem Grundsatze der Gegenseitigkeit betreiben.

Auf die im Abs. 1 bezeichneten Genossenschaften und Vereine finden die Vorschriften des § 68 Abs. 1, 2 Satz 1 bis 3, 5, auf die bezeichneten Vereine auch die Vorschriften des § 16 und des § 68 Abs. 2 Satz 4 entsprechende Anwendung.

3) S. hierzu Bekanntmachung für Unter-Elsaß vom 12. Oktober 1901, betr. die von den privaten Versicherungsunternehmungen zu machenden Angaben.

§ 103. Auf Vereine, die, ohne die Rechtsfähigkeit zu besitzen, zur Zeit des Inkrafttretens dieses Gesetzes die Versicherung ihrer Mitglieder nach dem Grundsatze der Gegenseitigkeit betreiben, finden die Vorschriften des Abschnitts III keine Anwendung. Solche Vereine können von der Aufsichtsbehörde aufgefordert werden, binnen einer bestimmten Frist ihre Zulassung gemäß den Vorschriften dieses Gesetzes nachzusuchen; die Frist soll wenigstens sechs Monate betragen. Kommt ein Verein einer solchen Aufforderung nicht nach, so ist die Aufsichtsbehörde befugt, ihm den weiteren Geschäftsbetrieb zu untersagen; auf die Untersagung des Geschäftsbetriebs finden die Vorschriften des § 73 Abs. 1 bis 5, der §§ 74, 75 entsprechende Anwendung.

§ 104. Die Vorschriften dieses Gesetzes finden keine Anwendung auf Versicherungsunternehmungen, die sich bei seinem Inkrafttreten in Liquidation oder im Konkurse befinden.

VIII. Strafvorschriften.

§ 105. Wer der Aufsichtsbehörde gegenüber wissentlich falsche Angaben macht, um die Zulassung einer Versicherungsunternehmung zum Geschäftsbetriebe, die Verlängerung einer Zulassung oder die Genehmigung zu einer Aenderung der Geschäftsunterlagen oder des Versicherungsbestandes (§ 14) zu erlangen, wird mit Gefängnis und zugleich mit Geldstrafe bis zu zwanzigtausend Mark bestraft.

Auch kann auf Verlust der bürgerlichen Ehrenrechte erkannt werden.

Sind mildernde Umstände vorhanden, so kann ausschließlich auf die Geldstrafe erkannt werden.

§ 106. Mit Gefängnis bis zu sechs Monaten und zugleich mit Geldstrafe bis zu zweitausend Mark oder mit einer dieser Strafen werden die Mitglieder des Vorstandes, eines Aufsichtsraths oder ähnlichen Organs sowie die Liquidatoren einer Versicherungsgesellschaft auf Aktien oder eines Versicherungsvereins auf Gegenseitigkeit bestraft, wenn sie wissentlich

1. den Vorschriften des Gesetzes oder der Satzung über die Bildung von Reserven zuwider eine Gewinnvertheilung vorschlagen oder zulassen;
2. den gesetzlichen Vorschriften über die Berechnung und Buchung, Verwaltung und Aufbewahrung der Prämienreserve (§§ 56 bis 61, 63, 99) zuwiderhandeln;
3. den satzungsmäßigen Vorschriften über die Anlegung von Geldbeständen zuwiderhandeln.

§ 107. Sachverständige, welche die Berechnung der Prämienreserve bei Lebens-, Kranken- oder Unfallversicherungsunternehmungen zu prüfen haben, werden, wenn sie die nach § 56 Abs. 2 unter der Vermögensübersicht abzugebende Erklärung wissentlich falsch abgeben, mit Gefängniß und zugleich mit Geldstrafe bis zu zwanzigtausend Mark bestraft.

Auch kann auf Verlust der bürgerlichen Ehrenrechte erkannt werden.

Sind midernde Umstände vorhanden, so kann ausschließlich auf die Geldstrafe erkannt werden.

§ 108. Wer im Inlande das Versicherungsgeschäft ohne die vorgeschriebene Erlaubniß betreibt, wird mit Geldstrafe bis zu eintausend Mark oder mit Haft oder mit Gefängniß bis zu drei Monaten bestraft.

Die gleiche Strafe trifft denjenigen, welcher im Inlande für eine daselbst zum Geschäftsbetriebe nicht befugte Unternehmung einen Versicherungsvertrag als Vertreter oder Bevollmächtigter abschließt oder den Abschluß von Versicherungsverträgen geschäftsmäßig vermittelt.

Die Vorschrift der Nr. 9 des § 360 des Strafgesetzbuchs ist, soweit sie sich auf Versicherungsunternehmungen im Sinne dieses Gesetzes bezieht, aufgehoben.

§ 109. Mit Gefängniß bis zu drei Monaten und zugleich mit Geldstrafe bis zu fünftausend Mark werden die Mitglieder des Vorstandes oder die Liquidatoren einer Versicherungsgesellschaft auf Aktien, eines Versicherungsvereins auf Gegenseitigkeit, einer eingetragenen Genossenschaft oder eines Vereins der im § 102 bezeichneten Art bestraft, wenn entgegen der Vorschrift des § 68 Abs. 2 der Aufsichtsbehörde eine der dort vorgeschriebenen Anzeigen nicht gemacht worden ist.

Sind mildernde Umstände vorhanden, so tritt ausschließlich die Geldstrafe ein.

Straflos bleibt derjenige, bezüglich dessen festgestellt wird, daß die Anzeige ohne sein Verschulden unterblieben ist.

§ 110. Die Mitglieder des Vorstandes, eines Aufsichtsraths oder eines ähnlichen Organs sowie die Liquidatoren eines Versicherungsvereins auf Gegenseitigkeit werden, wenn sie absichtlich zum Nachtheile des Vereins handeln, mit Gefängniß und zugleich mit Geldstrafe bis zu zwanzigtausend Mark bestraft.

Auch kann auf Verlust der bürgerlichen Ehrenrechte erkannt werden.

Sind mildernde Umstände vorhanden, so kann ausschließlich auf die Geldstrafe erkannt werden.

§ 111. Die Mitglieder des Vorstandes, eines Aufsichtsraths oder eines ähnlichen Organs sowie die Liquidatoren eines Versicherungsvereins auf Gegenseitigkeit werden mit Gefängniß bis zu einem Jahre und zugleich mit Geldstrafe bis zu zwanzigtausend Mark bestraft, wenn sie wissentlich in ihren Darstellungen, in ihren Uebersichten über den Vermögensstand des Vereins oder in ihren Vorträgen vor dem obersten Organe den Stand des Vereins unwahr darstellen oder verschleiern.

Zugleich kann auf Verlust der bürgerlichen Ehrenrechte erkannt werden.

Sind mildernde Umstände vorhanden, so kann ausschließlich auf die Geldstrafe erkannt werden.

§ 112. Die Vorschriften der §§ 239 bis 241 der Konkursordnung finden gegen die Mitglieder des Vorstandes und die Liquidatoren eines Versicherungsvereins auf Gegenseitigkeit, welcher seine Zahlungen eingestellt hat oder über dessen Vermögen das Konkursverfahren eröffnet worden ist, Anwendung, wenn sie in dieser Eigenschaft die mit Strafe bedrohten Handlungen begangen haben.

§ 113. Die Vorschriften der §§ 106, 109 bis 112 finden auch auf die Mitglieder des Vorstandes, eines Aufsichtsraths oder ähnlichen Organs sowie die Liquidatoren eines solchen Vereins Anwendung, der nach § 101 als Versicherungsverein auf Gegenseitigkeit im Sinne dieses Gesetzes gilt.

IX. Schlußvorschriften.

§ 114. Zur Ausführung dieses Gesetzes kann der Bundesrath nach Anhörung des Versicherungsbeiraths Vorschriften erlassen. Er kann insbesondere Art und Form der Rechnungslegung der Unternehmungen regeln und die näheren Voraussetzungen bestimmen, unter welchen ein Versicherungsverein auf Gegenseitigkeit als kleinerer Verein im Sinne des § 53 anzusehen ist.

§ 115. Der Vorstand einer Versicherungsunternehmung, deren Geschäftsbetrieb sich über das Gebiet eines Bundesstaats hinaus erstreckt, hat den Landes-Zentralbehörden derjenigen Bundesstaaten, in deren Gebieten sie Geschäfte betreiben will, bei der Eröffnung des Geschäftsbetriebs hiervon Anzeige zu erstatten.

Jedes Versicherungsunternehmen hat in demjenigen Bundesstaat, auf dessen Gebiet es seinen Betrieb erstreckt, ohne daß sein Sitz in diesem Gebiete gelegen ist, auf Verlangen der Zentralbehörde dieses Staates unter der Voraussetzung einen Hauptbevollmächtigten zu bestellen, daß der Geschäftsbetrieb in diesem Staate von einem solchen Umfang ist oder nach dem Geschäftsplane von einem solchen Umfange werden soll, daß darnach die Bestellung eines Hauptbevollmächtigten sich rechtfertigt. Bestreitet das Unternehmen das Vorhandensein dieser Voraussetzung, so entscheidet darüber der Bundesrath auf Grund der ihm vorzulegenden Nachweise. Das Verlangen kann von den Zentralbehörden mehrerer Bundesstaaten zusammen auf Bestellung eines gemeinschaftlichen Hauptbevollmächtigten gerichtet werden. Der Hauptbevollmächtigte muß seinen Wohnsitz innerhalb des betreffenden Bundesstaats beziehungsweise der zusammengehenden Bundesstaaten haben; er gilt als ermächtigt, die Unternehmung zu vertreten, insbesondere die Versicherungsverträge mit Versicherungsnehmern des Bundesstaats beziehungsweise der zusammengehenden Bundesstaaten und über daselbst belegene Grundstücke mit verbindlicher Kraft abzuschließen, auch alle Ladungen und Verfügungen für die Unternehmung in Empfang zu nehmen. Zum Abschlusse der Lebensversicherungsverträge ist jedoch die vorausgegangene Genehmigung der Zentralleitung der Unternehmung erforderlich, die in dem Vertrage zum Ausdrucke gebracht werden muß.

Für Klagen, die aus dem Versicherungsgeschäft innerhalb des Bundesstaats beziehungsweise der zusammengehenden Bundesstaaten gegen die Unternehmung erhoben werden, ist das Gericht zuständig, wo der Hauptbevollmächtigte seinen Wohnsitz hat. Dieser Gerichtsstand darf nicht vertragsmäßig ausgeschlossen werden.

§ 116. Unternehmungen, welche die Versicherung gegen Kursverluste oder die Transportversicherung oder ausschließlich die Rückversicherung zum Gegenstande haben, mit Ausnahme von Versicherungsvereinen auf Gegenseitigkeit, bedürfen keiner Zulassung. Sie unterliegen auch keiner behördlichen Beaufsichtigung ihres Geschäftsbetriebs; der Bundesrath kann jedoch anordnen, daß bestimmte Vorschriften dieses Gesetzes auch auf solche Unternehmungen Anwendung finden.[4])

§ 117. Durch Beschluß des Bundesraths kann angeordnet werden:

1. daß die Vorschrift des § 6 Abs. 2 auch für andere als die dort bezeichneten Versicherungszweige gilt;
2. daß für Versicherungszweige, für welche die Vorschrift des § 6 Abs. 2 nicht gilt, die Vorschriften dieses Gesetzes ganz oder theilweise außer Anwendung bleiben.

§ 118. Alle der Beaufsichtigung nach Maßgabe dieses Gesetzes unterliegenden Unternehmungen sind verpflichtet, dem Aufsichtsamte für Privatversicherung die von diesem er-

4) S. Bekanntmachung vom 18. Juni 1908.

forderten statistischen Nachweise über ihren Geschäftsbetrieb einzureichen. Ueber die hiernach zu erfordernden statistischen Nachweise ist der Versicherungsbeirath zu hören.

§ 119. Die auf Grund landesgesetzlicher Vorschriften errichteten öffentlichen Versicherungsanstalten unterliegen den Vorschriften dieses Gesetzes nicht, sind jedoch verpflichtet, nach näherer Anordnung des Bundesraths bestimmte statistische Nachweise über ihren Geschäftsbetrieb an das Aufsichtsamt für Privatversicherung einzureichen.

§ 120. Unberührt bleiben die landesgesetzlichen Vorschriften, nach denen der Betrieb bestimmter Versicherungsgeschäfte öffentlichen Anstalten vorbehalten ist.

§ 121. Unberührt bleiben die landesrechtlichen Vorschriften über die polizeiliche Ueberwachung der Feuerversicherungsverträge nach ihrem Abschluß und der Auszahlung von Brandentschädigungen; dagegen werden aufgehoben die landesrechtlichen Vorschriften, welche den Abschluß von Feuerversicherungsgeschäften von einer vorgängigen polizeilichen Genehmigung abhängig machen, sowie die landesrechtlichen Vorschriften, durch welche der unmittelbare Abschluß von Feuerversicherungsverträgen mit solchen Vertretungen verboten wird, die sich nicht im Staatsgebiete befinden.

Unberührt bleiben ferner die landesrechtlichen Vorschriften und die mit Landesbehörden getroffenen Vereinbarungen über die Verpflichtungen der Feuerversicherungsunternehmungen in Bezug auf die Leistung von Abgaben für gemeinnützige Zwecke, insbesondere zur Förderung des Feuerlöschwesens oder zur Unterstützung von Mitgliedern von Feuerwehren und sonstigen bei Hülfeleistung in Brandfällen verunglückten Personen oder ihrer Hinterbliebenen.

Unberührt bleiben auch Verpflichtungen, welche nach dem Stande vom 1. Januar 1901 Feuerversicherungsunternehmungen in einem Bundesstaate nach Landesrecht oder auf Grund von Vereinbarungen mit Landesbehörden hinsichtlich der Uebernahme gewisser Versicherungen obliegen, wenn die Unternehmung ihren Geschäftsbetrieb in dem Bundesstaate fortsetzt oder die Zulassung nach Maßgabe dieses Gesetzes erlangt. Die Erfüllung dieser Verpflichtungen wird von der Aufsichtsbehörde nach Maßgabe dieses Gesetzes überwacht.

§ 122. Den Vorschriften dieses Gesetzes unterliegen nicht die auf Grund des Gesetzes über die eingeschriebenen Hülfskassen vom 7. April 1876 (Reichs-Gesetzbl. S. 125) in der Fassung des Gesetzes vom 1. Juni 1884 (Reichs-Gesetzbl. S. 54) errichteten Kassen, die im § 75 Abs. 4 des Krankenversicherungsgesetzes bezeichneten, auf Grund landesrechtlicher Vorschriften errichteten Hülfskassen, die auf Grund der Gewerbeordnungen von Innungen oder Innungsverbänden errichteten Unterstützungskassen sowie die auf Grund berggesetzlicher Vorschriften errichteten Knappschaftskassen.

§ 123. Die Vorschrift des § 39 Abs. 3 findet auf Versicherungsaktiengesellschaften entsprechende Anwendung.

§ 124. Die Aufsichtsbehörde kann für Vereine auf Gegenseitigkeit, die der Eintragungspflicht nicht unterliegen, hinsichtlich der Zulassung, der Geschäftsführung und der Rechnungslegung Abweichungen von den Vorschriften der §§ 11, 12, 55 bis 57 gestatten.

Soweit die Abweichungen sich auf die Geschäftsführung und die Rechnungslegung beziehen, können sie insbesondere davon abhängig gemacht werden, daß in mehrjährigen Zeiträumen auf Kosten des Vereins eine Prüfung des Geschäftsbetriebs und der Vermögenslage durch einen Sachverständigen vorgenommen und der Prüfungsbericht der Aufsichtsbehörde eingereicht wird.

§ 125. Die Vorschriften des § 70, des § 98 Satz 1 und des § 101 Abs. 3 treten mit dem 1. Juli 1901 in Kraft.

Bis zu dem gleichen Zeitpunkte werden die zur Beaufsichtigung von Versicherungsunternehmungen zuständigen Landesbehörden durch die Landesregierungen bestimmt.[5])

Im Uebrigen wird der Zeitpunkt, mit welchem das Gesetz in Kraft tritt, mit Zustimmung des Bundesraths durch Kaiserliche Verordnung bestimmt.[6])

Im Königreiche Bayern tritt das Gesetz, soweit es sich um das Immobiliar-Versicherungswesen handelt, nur mit Zustimmung der Königlich bayerischen Regierung in Kraft.

---

5) S. Ver. des Statthalters v. 20. Juni 1901.
6) S. Verordnung vom 24. November 1901.

14. Mai 1901.

Kaiserliche Verordnung, betreffend die Zuständigkeit der Reichsbehörden zur Ausführung des Gesetzes vom 31. März 1873.

Reichsgesetzbl. S. 173.

Das der Verordnung vom 27. Dezember 1899, betreffend die Zuständigkeit der Reichsbehörden zur Ausführung des Gesetzes vom 31. März 1873, beigegebene Verzeichniß (Reichs-Gesetzbl. S. 730) wird nach Maßgabe des anliegenden Verzeichnisses abgeändert.[1])

1) Das Verzeichnis von 1899 ist entsprechend berichtigt.

17. Mai 1901.

Bekanntmachung des Reichskanzlers, betreffend die Ausführung des Uebereinkommens zwischen dem Deutschen Reiche und Oesterreich-Ungarn zum Schutze der Urheberrechte an Werken der Literatur, Kunst und Photographie.

Zentr.-Bl. f. d. D. R. S. 130.

Das mit dem 24. Mai d. J. in Kraft tretende Uebereinkommen zwischen dem Deutschen Reiche und Oesterreich-Ungarn zum Schutze der Urheberrechte an Werken der Literatur, Kunst und Photographie, vom 30. Dezember 1899 (Reichs-Gesetzbl. 1901 S. 131) findet auf Werke, die bereits vor dem bezeichneten Tage vorhanden waren, mit den im Artikel VII des Abkommens vorgesehenen Einschränkungen Anwendung. Soweit hiernach Werke, die aus Oesterreich-Ungarn herrühren, einen Schutz erlangen, der ihnen bisher nicht gewährt war, sind vom Bundesrathe die nachfolgenden

Bestimmungen über die Abstempelung und Inventarisierung der im Artikel VII bezeichneten Exemplare und Vorrichtungen

erlassen worden:

§ 1. Wer sich im Besitze solcher Exemplare von Schriftwerken, Abbildungen Zeichnungen, musikalischen Kompositionen, Werken der bildenden Künste oder der Photographie befindet, welche am 24. Mai 1901 schon hergestellt waren oder deren Herstellung an diesem Tage im Gange war, hat die Exemplare, wenn er sie verkaufen oder verbreiten will, bis zum 23. August 1901 einschließlich der Polizeibehörde seines Wohnorts zur Abstempelung vorzulegen.

Sortimentsbuchhändler, Kommissionäre u. s. w., welche solche Exemplare besitzen, können sie Namens der Verleger oder ihrer Auftraggeber zur Abstempelung vorlegen, ohne daß es einer besonderen Vollmacht bedarf.

§ 2. Die Polizeibehörde stellt ein genaues Verzeichnis der ihr vorgelegten Exemplare nach dem nachstehenden Muster A[1]) auf und bedruckt demnächst jedes einzelne Exemplar mit ihrem Dienststempel.

§ 3. Wer sich im Besitze von Vorrichtungen zur Vervielfältigung oder Nachbildung (Abdrücken, Abgüssen, Platten, Steinen und Formen) befindet und sie noch ferner, und zwar längstens bis zum 23. Mai 1905, zur Herstellung von Exemplaren benutzen will, hat die Vorrichtungen bis zum 23. August 1901 einschließlich der Polizeibehörde seines Wohnorts zur Abstempelung vorzulegen.

Die Exemplare selbst, welche mit Hülfe der gestempelten Vorrichtungen hergestellt sind, bedürfen eines Stempels nicht. Auf Verlangen sollen sie indessen ebenfalls abgestempelt werden.

Wer Exemplare der bezeichneten Art abgestempelt zu haben wünscht, hat sie bis zum 23. Mai 1905 einschließlich der Polizeibehörde vorzulegen.

§ 4. Die Polizeibehörde stellt ein genaues Verzeichnis der ihr vorgelegten Vorrichtungen nach dem nachstehenden Muster B[1]) auf und bedruckt die Vorrichtungen demnächst, unter thunlichster Schonung derselben, mit ihrem Dienststempel und zwar in einer Weise, welche die Erhaltung des Stempelzeichens möglichst sicherstellt.

Sie stellt ferner, soweit ihr die mit jenen Vorrichtungen hergestellten Exemplare vorgelegt werden, ein genaues Verzeichniß dieser Exemplare nach dem im § 2 erwähnten Muster A auf und bedruckt demnächst jedes einzelne Exemplar mit ihrem Dienststempel.

§ 5. Ob die Herstellung der Exemplare und die Benutzung der Vorrichtungen erlaubt war, hat die Polizeibehörde nicht zu prüfen; dagegen hat sie die Stempelung zu versagen, wenn sie ermittelt, daß die im § 1 bezeichneten Exemplare oder die im § 3 bezeichneten Vorrichtungen am 24. Mai 1901 noch nicht hergestellt waren, auch der Druck der Exemplare an diesem Tage noch nicht im Gange war, oder daß die

1) Die Muster sind hier nicht abgedruckt.

im § 3 bezeichneten Exemplare mit Hülfe ungestempelter Vorrichtungen hergestellt worden sind.

§ 6. Die Verzeichnisse werden binnen sechs Wochen nach ihrem Abschlusse von der Polizeibehörde an die zuständige Zentralbehörde im Geschäftsweg eingereicht und von der letzteren aufbewahrt. Einer Anzeige, daß bei der Polizeibehörde Exemplare oder Vorrichtungen zur Abstempelung überhaupt nicht vorgelegt worden sind, bedarf es nicht.

§ 7. Für die Eintragung und Abstempelung der Exemplare und Vorrichtungen werden Kosten nicht erhoben.

---

17. Mai 1901.

Bekanntmachung des Ministeriums, die freihändigen Holzverkäufe in Gemeinde- und Anstalts-Waldungen betreffend.

Zentr.- u. Bez.A.Bl. S. 137.

Zur Sicherung eines ordnungsmäßigen Einzugs der den Gemeinden und öffentlichen Anstalten aus freihändigen Holzverkäufen geschuldeten Beträge wird in Ergänzung der Bestimmungen des § 16 der Vorschriften für die Verwaltung und Bewirtschaftung der Waldungen der Gemeinden und öffentlichen Anstalten vom 25. Oktober 1894 (Central- und Bezirks-Amtsblatt Seite 219) hiermit bestimmt:

1. bei der Abgabe von freihändig verkauftem Holz ist in gleicher Weise, wie bei der Abgabe von Forstnebennutzungen, zu verfahren, wenn der freihändige Verkauf einer weiteren Genehmigung nicht bedarf und der Kaufpreis sofort zu zahlen ist;
2. wenn für den freihändigen Verkauf eine weitere Genehmigung erforderlich ist oder der Kaufpreis gestundet werden soll, darf die Abgabe des Holzes erst dann erfolgen, wenn der freihändige Verkauf schriftlich beurkundet und diese Beurkundung zur Registrirung vorgelegt worden ist.

---

18. Mai 1901.

Ordnung der Schlußprüfung an den sechsstufigen höheren Schulen (Progymnasien, Realschulen).[1]

Zentr.- u. Bez.A.Bl. S. 133.

§ 1. Zweck der Schlußprüfung ist zu ermitteln, ob der Schüler dasjenige Maß der Schulbildung besitzt, welches nach der Ordnung der Lehraufgaben in den Progymnasien und Realschulen erreicht werden soll.

§ 2. Schlußprüfungen werden an den Progymnasien und Realschulen in der Regel alljährlich gegen Ende des Schuljahrs abgehalten.

§ 3. Zur Schlußprüfung werden durch den Direktor diejenigen Schüler zugelassen, welche der Schule mindestens ein Jahr angehören und sich mindestens im zweiten Halbjahre des Lehrgangs der obersten Klasse befinden. Liegen Bedenken gegen die Zulassung vor, so ist die Entscheidung des Oberschulrats einzuholen.

§ 4. Das Verzeichniß der zur Prüfung zugelassenen Schüler nebst Abschrift der letzten Tertialzeugnisse dieser Schüler hat der Direktor dem Oberschulrath einzusenden. Der Oberschulrath bestimmt den Termin der mündlichen Prüfung und ordnet nach Befinden einen Kommissar zu derselben ab.

§ 5. Die Prüfungskommission besteht aus dem Direktor als Vorsitzenden und den Lehrern, welche in der obersten Klasse wissenschaftlichen Unterricht ertheilen. Diejenigen Lehrer, welche in der obersten Klasse ausschließlich Religionsunterricht ertheilen, haben sich nur bei den die Schüler ihrer Konfession betreffenden Abstimmungen zu betheiligen. An Realschulen ist der Zeichenlehrer der obersten Klasse Mitglied der Prüfungskommission. Falls der Oberschulrath einen Prüfungskommissar abordnet, führt dieser den Vorsitz der Prüfungskommission.

§ 6. Bei der Schlußprüfung sind die schriftlichen Reinarbeiten (Haus- und Klassenarbeiten) der zugelassenen Schüler aus dem letzten Schuljahr sowie die diesen Schülern im Verlauf des letzten Schuljahrs ertheilten Tertialzeugnisse vorzulegen. Besondere schriftliche Prüfungsarbeiten werden nicht angefertigt.

Die mündliche Schlußprüfung erstreckt sich auf die im Unterricht der obersten Klasse behandelten wissenschaftlichen Fächer.

Die Prüfungskommission ist befugt, für einzelne oder für alle Prüflinge die mündliche Prüfung auf einzelne der bezeichneten Fächer zu beschränken.

§ 7. Nach beendigter Prüfung beräth und

1) Vom Ministerium (Oberschulrat) erlassen.

beschließt die Prüfungskommission unter Berücksichtigung der schriftlichen Reinarbeiten und der Tertialzeugnisse über das Ergebniß der Prüfung. Im Falle der Stimmengleichheit entscheidet die Stimme des Vorsitzenden. Gegen den Beschluß der Mehrheit steht dem Vorsitzenden das Recht der Einsprache zu. Wird Einsprache erhoben, so ist die Entscheidung des Oberschulraths einzuholen.

§ 8. Wer die Prüfung bestanden hat, erhält ein Zeugniß nach dem für Progymnasien unter A, für Realschulen unter B beigegebenen Muster.

§ 9. Ueber den Verlauf und das Ergebniß der Prüfung ist im Protokollbuch der Schule ein Protokoll zu führen, welches von allen Mitgliedern der Prüfungskommission zu unterzeichnen ist.

§ 10. Die gegenwärtige Ordnung der Schlußprüfung an den sechsstufigen höhern Schulen tritt mit dem Beginn des Schuljahrs 1901/2 in Kraft.

Mit dem gleichen Zeitpunkt tritt die Ordnung der Schlußprüfung an den Progymnasien vom 27. November 1894 und die Ordnung der Schlußprüfung an den Realschulen, vom gleichen Datum, außer Kraft.

Anlage A.

(Reichsformat)

Progymnasium zu . . . .

Zeugniß über bestandene Schlußprüfung.

N. N.[1]) . . . .
geboren den . . .ten . . . . 19 . . zu [2]) . . . . . .,[3]) . . . .
Sohn des [4]) . . . . zu [5]) . . . ., war . . . Jahre auf dem Progymnasium und zwar . . . Jahre in der Untersekunda [6]).

[1]) Sämmtliche Vornamen anzugeben, Rufnamen zu unterstreichen; [2]) Geburtsort; [3]) Konfession bezw. Religion; [4]) Stand und Name des Vaters; [5]) Wohnort des Vaters, nöthigenfalls unter Beifügung des Kreises; [6]) falls der Schüler erst in die Untersekunda eingetreten ist, hinzuzufügen: vorher . . . . Jahre auf . . . .

I. Sittliches Verhalten.

II. Aufmerksamkeit und Fleiß.

III. Kenntnisse und Leistungen: (Religion, Deutsch, Lateinisch, Griechisch, Französisch, Geschichte und Erdkunde, Mathematik, Naturlehre).

Die Urtheile sind für jeden Lehrgegenstand lediglich durch eines der nachfolgenden Prädikate auszudrücken: sehr gut, gut, genügend, mangelhaft, ungenügend.

IV. Fertigkeiten: [Zeichnen, Gesang, Turnen [1])].

[1]) Auch die etwaige Betheiligung an sonstigen körperlichen Uebungen neben dem Turnen ist zu erwähnen.

Die unterzeichnete Prüfungskommission hat ihm demnach das Zeugniß der Reife zur Versetzung in die Obersekunda zuerkannt.

. . . ., den [1]) . .ten . . . . 19 . .

[1]) Tag der mündlichen Prüfung.

Die Prüfungskommission:

[1]) . . . .

Stempel des Progymnasiums.

N. N., Direktor,
N. N., Oberlehrer 2c.

[1]) Zutreffenden Falls Unterschrift des Kommissars des Oberschulraths als Vorsitzenden.

Anlage B.

(Reichsformat.)

Realschule zu . . . .

Zeugniß über bestandene Schlußprüfung.

N. N.[1]) . . . .
geboren den . . .ten . . . . 19 . . zu [2]) . . . .,[3]) . . . .

Sohn des [4]) . . . . zu [5]) . . . ., war . . . Jahre auf der Realschule und zwar . . . Jahr . . . in der ersten Realklasse [6]).

[1]) Sämmtliche Vornamen anzugeben, Rufnamen zu unterstreichen; [2]) Geburtsort; [3]) Konfession bezw. Religion; [4]) Stand und Name des Vaters; [5]) Wohnort des Vaters, nöthigenfalls unter Beifügung des Kreises; [6]) falls der Schüler erst in die erste Realklasse eingetreten ist, hinzuzufügen: vorher . . . . Jahre auf . . . .

I. Sittliches Verhalten.

II. Aufmerksamkeit und Fleiß.

III. Kenntnisse und Leistungen: (Religion, Deutsch, Französisch, Englisch, Geschichte und Erdkunde, Mathematik, Naturlehre).

Die Urtheile sind für jeden Lehrgegenstand lediglich durch eines der nachfolgenden Prädikate auszudrücken: sehr gut, gut, genügend, mangelhaft, ungenügend.

IV. Fertigkeiten: [Zeichnen, Gesang, Turnen [1])].

[1]) Auch die etwaige Betheiligung an sonstigen körperlichen Uebungen neben dem Turnen ist zu erwähnen.

Die unterzeichnete Prüfungskommission hat ihm demnach das Zeugniß der Reife zuerkannt.

. . . ., den [1]) . . ten . . . . 19 . .

[1]) Tag der mündlichen Prüfung.

Die Prüfungskommission:

[1]) . . . .

Stempel der Realschule.

N. N., Direktor,
N. N., Oberlehrer 2c.

[1]) Zutreffenden Falls Unterschrift des Kommissars des Oberschulraths als Vorsitzenden.

---

22. Mai 1901.

Bezirks-Polizeiverordnung für den Bezirk Ober-Elsaß, betreffend die Errichtung und den Betrieb gesundheitsschädlicher, gefährlicher oder belästigender Lager.

Zentr.- u. Bez.A.Bl. S. 138.

Unter Aufhebung der Bezirks-Polizeiverordnung vom 2. November 1893 II. 9352 — Central- und Bezirks-Amtsblatt S. 395 — und derjenigen vom 4. Mai 1898 II. 3649 — Central- und Bezirks-Amtsblatt S. 148 — verordne ich, was folgt:

§ 1. Die Errichtung, Verlegung oder Veränderung eines Lagers, worin einer der nachstehend aufgeführten Stoffe behufs gewerbsmäßigen Handels oder gewerbsmäßiger Verarbeitung untergebracht werden soll, unterliegt der Genehmigung des Kreisdirektors, in der Stadt Mülhausen derjenigen des Polizeidirektors.

Diese Stoffe sind:

1. Die Erzeugnisse und Abfälle der Schlächtereien, Metzgereien und Abdeckereien, sowie die Abfälle thierischen Ursprungs überhaupt, insbesondere Blut, Gekröse, Kutteln, Därme, Fleisch, Sehnen, Füße und Hufe, Hörner, Knochen, Borsten und Haare;
2. Felle und Häute jeder Art und Beschaffenheit;
3. Abgänge der Haus- und Stallwirthschaft und der Hof- und Straßenreinigung, insbesondere Harn, Koth, Abtrittsjauche, Stallmist, Hauskehricht, Küchenabfälle, Straßenkehricht und sonstigen Unrath;
4. Die Düngerarten thierischer Herkunft, wie Guano, Fischguano, Haarmist, Poudrette, Blutdünger und die damit hergestellten Gemenge;
5. Die Abgänge der Gerbereien, Bierbrauereien, Brennereien und Stärkefabriken;
6. Käse, gesalzene oder getrocknete Fische, soweit sie in Lagern aufbewahrt werden, welche innerhalb einer Ortschaft liegen;
7. Lumpen jeder Art, gebrauchtes oder zertrenntes Schuhzeug, gebrauchte Kleider, gebrauchte Bettfedern, gebrauchtes Bettzeug und gebrauchtes Verbandzeug;
8. Zündstoffe (wie Streichhölzer u. s. w.), Asphalt, Pech, Haare, Firnisse und Lacke;

9. Holzkohlen, Lohkuchen, Rinden, Brennholz, Schnittholz für Tischlerei, Küferei, Zimmerei und Bauschreinerei, Stammholz, Holzspäne und Holzwolle;
10. Garnabfälle, Spinnereiabfälle, gebrauchte Putzwolle, Papierabfälle, gebrauchtes Papier;
11. verdichtete Gase, insbesondere auch flüssige Kohlensäure, flüssige schweflige Säure und flüssiges Ammoniak;
12. Carbid, insbesondere auch Calciumcarbid, soweit es sich nicht um Vorrathslager für die Herstellung von Acetylin handelt. Läden und die damit verbundenen kleinen Vorrathsräume, worin die genießbaren Erzeugnisse der Schlächtereien, Metzgereien, Wurstlereien und Kuttlereien, Käse oder Fisch feilgehalten werden, sowie die kleineren Kaufläden nebst zugehörigen kleinen Vorrathskammern, worin Harz, Firniß, Lack, Streichhölzer, Holzkohle, Brennholz, Lohkuchen, Holzspäne und Holzwolle feilgehalten werden, gelten nicht als genehmigungspflichtige Lager.

§ 2. Der Genehmigungsantrag ist unter Beifügung eines Lageplanes, einer Schnittzeichnung und einer genauen Beschreibung je in doppelter Ausfertigung bei der Ortspolizeibehörde einzureichen. Letztere prüft den Antrag auf die Vollständigkeit hin und reicht die Verhandlungen nach etwaiger Ergänzung an den Kreisdirektor ein.

§ 3. Findet der Kreisdirektor gegen die Vollständigkeit der Vorlagen nichts zu erinnern, so läßt er das Unternehmen in der betreffenden Gemeinde in ortsüblicher Weise zur öffentlichen Kenntniß bringen mit der Aufforderung, etwaige Einwendungen binnen einer Ausschlußfrist von 14 Tagen bei der Ortspolizeibehörde anzubringen.

Werden durch die Niederlage mehrere Gemeinden in Mitleidenschaft gezogen, so hat die öffentliche Bekanntmachung durch das Kreisblatt zu erfolgen.

§ 4. Der Kreisdirektor oder der Polizeidirektor in Mülhausen entscheidet über die Zulässigkeit des Lagers und über die bei der Einrichtung und beim Betriebe desselben zu beobachtenden Bedingungen.

§ 5. Sind Lager der in § 1 bezeichneten Art mit gewerblichen Anlagen verbunden, welche der Bauerlaubniß der Ortspolizeibehörde bedürfen, so ist diese Bauerlaubniß gleichzeitig mit der nach gegenwärtiger Verordnung erforderlichen Genehmigung durch die in § 1 genannte Behörde zu ertheilen.

§ 6. Gegen die Entscheidung des Kreisdirektors oder des Polizeidirektors kann innerhalb einer Frist von 14 Tagen vom Tage der Zustellung ab Einspruch erhoben werden. Der Einspruch ist an den Kreisdirektor oder den Polizeidirektor zu richten und von diesem alsbald an den Bezirkspräsidenten einzureichen. Die Entscheidung über den Einspruch steht dem Bezirkspräsidenten zu; sie ist endgiltig.

§ 7. Gemäß Artikel 471 Ziffer 15 und Artikel 474 des französischen Strafgesetzbuches wird bestraft:

1. Wer den Vorschriften dieser Verordnung zuwider Lager errichtet, verlegt, erweitert oder sonst verändert ohne Genehmigung der zuständigen Verwaltungsbehörde;
2. wer bei der Einrichtung und der Benutzung solcher Lager den in der Genehmigungsurkunde enthaltenen Bedingungen zuwiderhandelt;
3. wer Lager, die ohne diese Genehmigung errichtet, verlegt, erweitert oder sonst verändert sind, nicht innerhalb der von der Verwaltungsbehörde festgesetzten Frist beseitigt oder den Vorschriften der Behörden entsprechend abändert.

§ 8. Der Verwaltungsbehörde bleibt es vorbehalten, unabhängig von der Herbeiführung der Bestrafung, Lager, die ohne Genehmigung errichtet, verlegt, erweitert oder verändert oder nicht den Bedingungen der Genehmigungsurkunde entsprechend eingerichtet sind oder betrieben werden, auf Kosten der Betheiligten zu schließen.

§ 9. Gegenwärtige Verordnung tritt am 1. Juli 1901 in Kraft.

23. Mai 1901.

Bundesratsbeschluß, betreffend die Zollbehandlung von Metallgegenständen, die zur Reparatur eingeführt und vormerkweise behandelt, aber als zur Reparatur ungeeignet befunden worden sind.

Zentr.-Bl. f. d. D. R. S. 229.

Der Bundesrath hat in seiner Sitzung vom 23. Mai 1901 beschlossen, daß der Beschluß vom 19. Oktober 1899 — Central-Blatt 1899 S. 366 — folgendermaßen abgeändert wird:[1])

1) Die neue Fassung ist beim Abdruck des Bundesratsbeschlusses vom 19. Oktober 1899 berücksichtigt worden.

28. Mai 1901.

Gesetz, betreffend die freiwillige Gerichtsbarkeit und andere Rechtsangelegenheiten in Heer und Marine.

Reichsgesetzbl. S. 185.

§ 1. Im Felde (Einführungsgesetz zur Militärstrafgerichtsordnung § 5) sind beim Heere hinsichtlich der im § 1 Nr. 1, 6, 7, 8 der Militärstrafgerichtsordnung vom 1. Dezember 1898 bezeichneten Personen auch die Kriegsgerichtsräthe und die Oberkriegsgerichtsräthe zuständig:

1. für die nach § 167 des Gesetzes über die Angelegenheiten der freiwilligen Gerichtsbarkeit vom 17. Mai 1898 den Amtsgerichten zustehenden Verrichtungen,
2. für die Entgegennahme von Versicherungen an Eidesstatt sowie für die Aufnahme von Urkunden über Thatsachen, auch soweit diese nicht unter die Nr. 1 fallen,
3. für die Erledigung von Ersuchen um Rechtshülfe, jedoch unbeschadet der Vorschriften des § 13 des Einführungsgesetzes zur Militärstrafgerichtsordnung.

§ 2. In den Fällen des § 1 Nr. 1 finden die Vorschriften der §§ 168 bis 183 des Gesetzes über die Angelegenheiten der freiwilligen Gerichtsbarkeit und, sofern ein Testament oder ein Erbvertrag den Gegenstand der Beurkundung bildet, die Vorschriften des Bürgerlichen Gesetzbuchs über die Errichtung von Testamenten und Erbverträgen Anwendung; die Geschäfte eines Gerichtsschreibers versieht der Militärgerichtsschreiber. Die Vorschriften des § 173 Nr. 1 des Gesetzes über die Angelegenheiten der freiwilligen Gerichtsbarkeit und des § 2237 Nr. 1 des Bürgerlichen Gesetzbuchs bleiben außer Anwendung bei Zeugen, die dem aktiven Heere angehören. Die Vorschriften des § 44 des Reichsmilitärgesetzes bleiben unberührt.

§ 3. In den Fällen des § 1 Nr. 2 finden folgende Vorschriften Anwendung:

1. Die Urkunde muß den Ort und den Tag der Verhandlung oder, falls sie nicht in der Form eines Protokolls aufgenommen wird, den Ort und den Tag der Ausstellung angeben und mit der Unterschrift des Kriegsgerichtsraths oder des Oberkriegsgerichtsraths versehen sein. Wird die Urkunde den Betheiligten in Urschrift ausgehändigt, so muß sie auch mit Siegel oder Stempel versehen sein.
2. Die Beurkundung soll, sofern nicht ein Anderes bestimmt ist, in der Form eines Protokolls erfolgen. Außer dem Kriegsgerichtsrath oder dem Oberkriegsgerichtsrathe sollen auch die übrigen bei der Verhandlung mitwirkenden Personen das Protokoll unterzeichnen.

   Das Protokoll ist den Betheiligten behufs der Genehmigung vorzulesen oder ihnen zur Durchsicht vorzulegen und von ihnen zu unterschreiben. Kann ein Betheiligter das Protokoll nicht unterschreiben, so ist dies unter dem Protokoll anzugeben.
3. Bei Zustellungen, bei der Beglaubigung von Abschriften, bei der Sicherstellung der Zeit, zu welcher eine Privaturkunde ausgestellt ist, bei Lebensbescheinigungen und bei sonstigen einfachen Zeugnissen bedarf es nicht der Aufnahme eines Protokolls.
4. Die Beglaubigung einer Abschrift geschieht durch einen unter die Abschrift zu setzenden Vermerk, der die Uebereinstimmung mit der Hauptschrift bezeugt. In dem Vermerke soll ersichtlich gemacht werden, ob die Hauptschrift eine Urschrift, eine einfache oder beglaubigte Abschrift oder eine Ausfertigung ist; ist sie eine beglaubigte Abschrift oder eine Ausfertigung, so ist der Beglaubigungsvermerk oder der Ausfertigungsvermerk in die beglaubigte Abschrift mitaufzunehmen.

   Durchstreichungen, Aenderungen, Einschaltungen, Radirungen oder andere Mängel einer von den Betheiligten vorgelegten Schrift sollen in dem Vermerk angegeben werden.

   Soll ein Auszug aus einer Urkunde beglaubigt werden, so sind in den Auszug außer solchen Theilen der Urkunde, welche die Beobachtung der Förmlichkeiten nachweisen, diejenigen Theile aufzunehmen, welche den Gegenstand betreffen, auf den sich der Auszug beziehen soll. In dem Beglaubigungsvermerk ist der Gegenstand anzugeben und zu bezeugen, daß weitere den Gegenstand betreffende Bestimmungen in der Urkunde nicht enthalten sind.
5. Die Sicherstellung der Zeit, zu welcher eine Privaturkunde ausgestellt ist, geschieht durch einen unter die Urkunde zu setzenden Vermerk, in welchem der Kriegsgerichtsrath oder der Oberkriegsgerichtsrath bezeugt, wann ihm die Urkunde vorgelegt worden ist. Die Vorschriften der Nr. 4 Abs. 2 finden Anwendung.

§ 4. In den Fällen des § 1 werden Beschwerden im Aufsichtswege erledigt. Dies gilt auch bei Ersuchen um Rechtshülfe in Strafsachen (§ 13 des Einführungsgesetzes zur Militärstrafgerichtsordnung).

§ 5. In Ansehung solcher Personen, die zur Besatzung eines in Dienst gestellten Schiffes der Kaiserlichen Marine gehören oder die in anderer Eigenschaft an Bord eines solchen Schiffes sind, finden die Vorschriften des § 1 Nr. 2 und der §§ 3, 4 Anwendung, solange das Schiff sich außerhalb eines inländischen Hafens befindet. Den Schiffen stehen die sonstigen Fahrzeuge der Kaiserlichen Marine gleich.

§ 6. Im Felde liegt beim Heere nach dem Tode einer der im § 1 bezeichneten Personen die vorläufige Sicherung des Nachlasses dem zunächst vorgesetzten Offizier oder Beamten ob.

§ 7. Nach dem Tode eines Angehörigen des aktiven Heeres (Reichsmilitärgesetz vom 2. Mai 1874 § 38) hat, unbeschadet der Zuständigkeit des Nachlaßgerichts, die Militärbehörde, welcher der Verstorbene angehörte, für die Sicherung der amtlichen Akten oder der sonstigen Sachen, deren Herausgabe auf Grund des Dienstverhältnisses verlangt werden kann, zu sorgen, soweit hierfür ein Bedürfniß besteht.

Werden bei der Ausführung einer Maßregel, die das Gericht zur Sicherung des Nachlasses angeordnet hat, Sachen der im Abs. 1 bezeichneten Art vorgefunden, so hat das Gericht die Militärbehörde, welcher der Verstorbene angehörte, hiervon zu benachrichtigen und ihr zugleich von den Sicherungsmaßregeln, die in Ansehung dieser Sachen vorgenommen worden sind, Mittheilung zu machen. Der Militärbehörde liegt es ob, das Weitere zu veranlassen.

War der Verstorbene der einzige Beamte der Behörde, so tritt an die Stelle der Militärbehörde das am Standorte befindliche Garnisonkommando.

§ 8. Der § 39 Abs. 3 des Reichsmilitärgesetzes wird aufgehoben.

Für Militärpersonen, deren Truppentheil sich im Ausland aufhält und im Inland einen Garnisonort weder hat noch gehabt hat, kann für Angelegenheiten der streitigen Gerichtsbarkeit ein im Inlande belegener Ort als Garnisonort durch Kaiserliche Verordnung bestimmt werden. [1])

1) Vgl. die Kaiserl. Verordn. vom 16. November 1902.

---

28. Mai 1901.

Bekanntmachung des Reichskanzlers, betreffend die Prüfungsordnung für Aerzte.

Zentr.-Bl. f. d. D. R. S. 136.

Der Bundesrath hat beschlossen, auf Grund der Bestimmungen im § 29 der Reichs-Gewerbeordnung der anliegenden Prüfungsordnung für Aerzte seine Zustimmung zu ertheilen.[1])

Prüfungsordnung für Aerzte.

A. Centralbehörden, welche Approbationen ertheilen.

§ 1. Zur Ertheilung der Approbation als Arzt für das Reichsgebiet sind befugt:

1. die Centralbehörden derjenigen Bundesstaaten, welche eine oder mehrere Landesuniversitäten haben, mithin zur Zeit die zuständigen Ministerien des Königreichs Preußen, des Königreichs Bayern, des Königreichs Sachsen, des Königreichs Württemberg, des Großherzogthums Baden, des Großherzogthums Hessen, des Großherzogthums Mecklenburg-Schwerin und in Gemeinschaft die Ministerien des Großherzogthums Sachsen und der sächsischen Herzogthümer;
2. das Ministerium für Elsaß-Lothringen.

B. Vorschriften über den Nachweis der Befähigung als Arzt.

§ 2. Die Approbation wird demjenigen ertheilt, welcher die ärztliche Prüfung vollständig bestanden und den Bestimmungen über das praktische Jahr entsprochen hat.

Der ärztlichen Prüfung hat die Ablegung der ärztlichen Vorprüfung vorherzugehen.

Die Zulassung zu den Prüfungen und zum praktischen Jahre sowie die Ertheilung der Approbation sind zu versagen, wenn schwere strafrechtliche oder sittliche Verfehlungen vorliegen. Die Entscheidung erfolgt endgültig durch die zuständige Centralbehörde (§ 3 Abs. 2, § 20 Abs. 2, § 55 Abs. 2, § 60 Abs. 3, § 63 Abs. 2), ist bindend für alle anderen Centralbehörden (§ 1) und diesen durch Vermittelung des Reichskanzlers mitzutheilen.

I. Aerztliche Vorprüfung.

§ 3. Die ärztliche Vorprüfung kann nur vor

1) Berücksichtigt sind die seither getroffenen Änderungen vom 12. Februar 1907, 30. März 1908 und 2. Februar 1909.

der Prüfungskommission derjenigen Universität des Deutschen Reichs abgelegt werden, an welcher der Studirende dem medizinischen Studium obliegt. Ausnahmen hiervon können nur aus besonderen Gründen gestattet werden (§ 65).

Die Prüfungskommission wird jährlich von der vorgesetzten Centralbehörde (§ 1) nach Anhörung der medizinischen Fakultät berufen. In der Regel sind der Vorsitzende und dessen Stellvertreter den ordentlichen Professoren der medizinischen Fakultät, die Mitglieder den Universitätslehrern der Fächer, welche Gegenstand der Prüfung sind (§ 11), zu entnehmen.

§ 4. Der Vorsitzende leitet die Prüfung, achtet darauf, daß die Bestimmungen der Prüfungsordnung genau befolgt werden, ordnet bei vorübergehender Behinderung eines Mitgliedes dessen Stellvertretung an, berichtet unmittelbar nach dem Schlusse jedes Prüfungsjahrs der vorgesetzten Behörde über die Thätigkeit der Kommission und legt Rechnung über die Gebühren.

Es finden in jedem Studienhalbjahre so viele Prüfungen statt, wie nothwendig sind, um sämmtliche eingegangenen Gesuche zu erledigen. Gesuche, welche später als vierzehn Tage vor dem gesetzlichen Schlusse der Vorlesungen eingehen, haben keinen Anspruch auf Berücksichtigung in dem laufenden Halbjahre. Der Vorsitzende setzt die Prüfungstermine fest und ladet die Mitglieder zu denselben.

Zu einem Prüfungstermine dürfen nicht mehr als vier Kandidaten zugelassen werden.

§ 5. Die Gesuche um Zulassung zur Prüfung sind an den Vorsitzenden zu richten.

§ 6. Der Meldung ist beizufügen das Zeugnis der Reife von einem deutschen Gymnasium, einem deutschen Realgymnasium oder einer deutschen Oberrealschule.

Das Zeugnis der Reife von einem Gymnasium, einem Realgymnasium oder einer Oberrealschule außerhalb des Deutschen Reichs darf nur ausnahmsweise als genügend erachtet werden (§ 65).

Inhaber des Reifezeugnisses einer Oberrealschule haben nachzuweisen, daß sie in der lateinischen Sprache die Kenntnisse besitzen, welche für die Versetzung in die Obersekunda eines deutschen Realgymnasiums gefordert werden. Sind diese Kenntnisse erworben an einer deutschen Oberrealschule mit wahlfreiem Lateinunterricht, so genügt das Zeugnis des Anstaltsleiters über die erfolgreiche Theilnahme an diesem Unterricht; andernfalls ist der Nachweis durch ein auf Grund einer Prüfung ausgestelltes Zeugnis des Leiters eines deutschen Gymnasiums oder eines deutschen Realgymnasiums zu erbringen.[2])

2) Fassung vom 12. Februar 1907.

§ 7. Der Meldung ist der Nachweis beizufügen, daß der Studierende nach Erlangung des Reifezeugnisses (§ 6 Abs. 1 und 2) mindestens fünf Halbjahre dem medizinischen Studium an Universitäten des Deutschen Reichs obgelegen hat; die Zulassung darf indessen schon innerhalb der letzten sechs Wochen des fünften Studienhalbjahrs erfolgen.

Auf diese fünf Halbjahre ist die Zeit des Militärdienstes, sofern der Studierende während dieser Zeit an einer Universität immatrikuliert war und die Ableistung am Universitätsort erfolgte, bis zur Dauer eines halben Jahres anzurechnen.

Ausnahmsweise darf die Studienzeit, welche

1. nach Erlangung des Reifezeugnisses (§ 6 Abs. 1 und 2) einem dem medizinischen verwandten Universitätsstudium oder gleichwertigem Hochschulstudium gewidmet,
2. an einer ausländischen Universität zurückgelegt ist,

teilweise oder ganz angerechnet werden (§ 65).[3])

§ 8. Der Meldung ist der Nachweis beizufügen, daß der Studirende zwei Halbjahre an den Präparirübungen und ein Halbjahr an den mikroskopisch-anatomischen Uebungen sowie an einem physiologischen und einem chemischen Praktikum regelmäßig Theil genommen hat.

Ausnahmen von einzelnen dieser Voraussetzungen dürfen nur aus besonderen Gründen gestattet werden (§ 65).

§ 9. Die in §§ 6 bis 8 bezeichneten Nachweise sind in Urschrift vorzulegen.

Der Nachweis zu § 7 wird durch das Anmeldebuch, und soweit das Studium an einer anderen Universität zurückgelegt ist, durch das Abgangszeugniß, der Nachweis zu § 8 durch besondere, nach dem beigefügten Muster 1 auszustellende Zeugnisse[4]) geführt. Für die Studirenden der Kaiser Wilhelms-Akademie für das militärärztliche Bildungswesen in Berlin werden die Zeugnisse zu §§ 7 und 8 von der Direktion der Akademie ausgestellt.

§ 10. Ist der Studirende zuzulassen, so wird er durch den Vorsitzenden nach Entrichtung der Gebühren zur Prüfung mindestens zwei Tage vor ihrem Beginne schriftlich geladen. Der Ladung ist ein Abdruck der gegenwärtigen Bekanntmachung beizufügen.

Wer in einem Prüfungstermine nicht rechtzeitig oder garnicht erscheint oder von der begonnenen Prüfung zurücktritt, geht, sofern genügende Entschuldigungsgründe nicht vorliegen, der Hälfte des für die Prüfung eingezahlten Gebührenbetrags verlustig. Auch kann je nach

3) Fassung vom 12. Februar 1907 und 30. März 1908.

4) Die Muster sind hier nicht zum Abdruck gebracht.

Umständen durch einen mit Zustimmung des Vorsitzenden gefaßten Beschluß der Prüfungskommission der ganze Gebührenbetrag für verfallen und die Prüfung in allen oder in einzelnen Fächern für nicht bestanden erklärt werden. Gegen den Beschluß ist zwei Wochen Beschwerde bei der Centralbehörde (§ 3 Abs. 2) zulässig.

Wer von der Prüfung mit genügender Entschuldigung zurücktritt, erhält die Gebühren für die noch nicht begonnenen Fächer ganz, die Gebühren für sächliche und Verwaltungskosten nach Verhältniß zurück.

§ 11. Die Prüfung umfaßt folgende Fächer:

I. Anatomie,
II. Physiologie,
III. Physik,
IV. Chemie,
V. Zoologie,
VI. Botanik.

§ 12. Die Prüfung findet, soweit sie vorwiegend mündlich ist, öffentlich unter dauernder Anwesenheit des Vorsitzenden statt und ist in der Regel in vier auf einander folgenden Wochentagen zu erledigen, und zwar so, daß auf die anatomische Prüfung zwei Tage entfallen, während ein Tag für die Physiologie und ein Tag für die übrigen Prüfungsgegenstände bestimmt ist.

In der anatomischen Prüfung hat der Studirende:

1. die in einer der Haupthöhlen des Körpers befindlichen Theile nach Form, Lage und Verbindung (Situs) oder eine Gegend des Stammes oder der Gliedmaßen an der Leiche zu erläutern;
2. ein anatomisches Nerven- oder Gefäßpräparat regelrecht anzufertigen und zu erläutern und im Anschlusse daran in einer mündlichen Prüfung seine Vertrautheit mit den verschiedenen Theilen der beschreibenden Anatomie nachzuweisen;
3. zwei mikroskopisch-anatomische Präparate regelrecht anzufertigen und zu erklären und im Anschlusse daran in einer mündlichen Prüfung gründliche Kenntnisse in der Gewebelehre darzuthun sowie zu zeigen, daß ihm die Grundzüge der Entwicklungsgeschichte bekannt sind.

In der physiologischen Prüfung hat der Studirende den Nachweis zu führen, daß er sich mit der gesammten Physiologie einschließlich der physiologischen Chemie vertraut gemacht sowie die wichtigeren Apparate und Untersuchungsmethoden kennen gelernt hat.

Die Prüfungen in der Physik und in der Chemie sind gleichfalls eingehend zu gestalten und haben besonders die Bedürfnisse des künftigen Arztes zu berücksichtigen. In der Zoologie hat sich die Prüfung auf die Grundzüge der vergleichenden Anatomie und Physiologie, in der Botanik auf die Grundzüge der Anatomie und Physiologie der Pflanzen und auf einen allgemeinen Ueberblick des Pflanzenreichs, namentlich mit Rücksicht auf die medizinisch wichtigen Pflanzen, zu beschränken.

Wer an einer Universität des Deutschen Reichs auf Grund einer Prüfung in den Naturwissenschaften die Doktorwürde erworben hat, wird in Physik, Chemie, Zoologie und Botanik nur dann geprüft, wenn diese Fächer nicht Gegenstand der Promotionsprüfung gewesen sind.

§ 13. Die Gegenstände und das allgemeine Ergebniß der Prüfung in jedem Fache sowie die für dasselbe ertheilte Censur werden von dem Examinator für jeden Geprüften in ein besonderes Protokoll eingetragen, welches von dem Vorsitzenden und sämmtlichen Mitgliedern der Kommission zu unterzeichnen und bei den Fakultätsakten aufzubewahren ist.

§ 14. Für jedes Fach wird von dem Examinator nach Benehmen mit dem Vorsitzenden eine Censur ertheilt, für welche ausschließlich die Bezeichnungen „sehr gut" (1), „gut" (2), „genügend" (3), „ungenügend" (4), „schlecht" (5) zulässig sind.

Für diejenigen, welche in allen sechs Fächern mindestens „genügend" erhalten haben, wird nach Beendigung der Prüfung von dem Vorsitzenden die Gesammtcensur ermittelt, indem die Censur für die anatomische Prüfung mit 5, diejenige für die physiologische mit 4, die Censuren für die physikalische und die chemische Prüfung je mit 2 multiplizirt, diejenige für die Prüfungen in Zoologie und in Botanik je einfach gerechnet werden, und die Summe durch 15 getheilt wird. Ergeben sich bei der Theilung Brüche, so werden sie, wenn sie über $0{,}5$ betragen, als ein Ganzes gerechnet, anderenfalls bleiben sie unberücksichtigt.

Ist in einem Prüfungsfache die Censur „ungenügend" oder „schlecht" ertheilt, so gilt es als nicht bestanden und muß wiederholt werden.

Die Frist, nach welcher die Wiederholungsprüfung erfolgen kann, beträgt je nach den Censuren und der Zahl der nicht bestandenen Prüfungsfächer zwei Monate bis ein Jahr. Sie wird von dem Vorsitzenden für alle zu wiederholenden Fächer nach Benehmen mit den betreffenden Examinatoren einheitlich bestimmt. In gleicher Weise wird der Zeitpunkt festgesetzt, bis zu welchem spätestens die Meldung zur Wiederholung der Prüfung in allen nicht bestandenen Fächern erfolgen muß.

Wer sich ohne genügende Entschuldigung nicht vor Ablauf der Endfrist zur Wiederholung der Prüfung meldet, hat nach Ermessen der Prüfungskommission die Prüfung von Anfang an zu wiederholen, wobei auch die bereits erledigten Fächer als nicht bestanden gelten. Gegen den Beschluß ist binnen zwei Wochen Beschwerde bei der Centralbehörde (§ 3 Abs. 2) zulässig.

Wird die Vorprüfung in einem Zeitraume von zwei Jahren nach ihrem Beginne nicht vollständig beendet, so gilt sie in allen Fächern als nicht bestanden. Ausnahmen können nur aus besonderen Gründen gestattet werden (§ 65).

§ 15. Sofern der Studirende seine Studien an einer anderen Universität fortsetzt, muß die Wiederholungsprüfung vor der Kommission dieser Universität abgelegt werden.

Die auf Grund des § 10 Abs. 2 und des § 14 Abs. 4 und 5 getroffenen Entscheidungen haben bindende Kraft für alle Prüfungskommissionen.

§ 16. Wer auch bei der zweiten Wiederholung nicht besteht, wird zu einer weiteren Prüfung nicht zugelassen.

§ 17. Nach Abschluß jeder Prüfung und Wiederholungsprüfung hat der Vorsitzende binnen drei Tagen das Ergebniß der Prüfung und die gemäß § 10 Abs. 2 und § 14 Abs. 4 und 5 getroffenen Entscheidungen der Universitätsbehörde mitzutheilen. Diese hat, falls der Studierende vor vollständig bestandener Vorprüfung die Universität verläßt, einen entsprechenden Vermerk in das Abgangszeugniß einzutragen.

Ueber den Erfolg der Prüfung ist dem Studirenden ein Zeugniß nach dem beigefügten Muster 2*) auszustellen. Hat er eine Wiederholungsprüfung abzulegen, so werden statt der Gesammtcensur die Fristen nach § 14 Abs. 4 vermerkt. Ueber die Wiederholung der Prüfung erhält der Studirende ein Zeugniß nach Muster 3.*)

§ 18. Die Gebühren für die gesammte Prüfung und das ausgefertigte Zeugniß betragen 90 Mark. Hiervon werden 20 Mark auf die anatomische, 15 Mark auf die physiologische, je 7 Mark auf die physikalische und die chemische, je 5 Mark auf die zoologische und die botanische Prüfung vertheilt. Aus dem Reste von 31 Mark sind die sächlichen und Verwaltungskosten zu bestreiten.

Doktoren der Philosophie oder der Naturwissenschaften haben im Falle des § 12 Abs. 5 nur die Gebührenantheile für diejenigen Mitglieder der Kommission, von denen sie geprüft werden, sowie für sächliche und Verwaltungskosten 31 Mark zu entrichten.

Vor der Wiederholungsprüfung sind außer dem Betrage von 12 Mark für sächliche und Verwaltungskosten die Gebührenantheile für die Mitglieder der Kommission, von welchen die Wiederholungsprüfung abgehalten wird, aufs Neue zu entrichten.

Die Entschädigungen für den Vorsitzenden und dessen Stellvertreter werden nach Maßgabe ihrer Mühewaltung von der Centralbehörde (§ 3 Abs. 2) am Ende jedes Prüfungsjahrs festgesetzt und aus dem Betrage für sächliche und Verwaltungskosten bestritten.

Ueber die Verwendung der bei den sächlichen und Verwaltungskosten erwachsenden Ersparnisse sowie der verfallenen Gebühren (§ 10 Abs. 2, § 14 Abs. 6) befindet die Centralbehörde (§ 3 Abs. 2).

§ 19. Dem Reichskanzler werden von der Centralbehörde (§ 3 Abs. 2) Verzeichnisse der Kandidaten, welche die Vorprüfung in dem abgelaufenen Prüfungsjahre bestanden haben, mit den auf die Prüfung bezüglichen Akten eingereicht. Die letzteren werden der Centralbehörde zurückgesendet.

II. Aerztliche Prüfung.

§ 20. Die ärztliche Prüfung kann vor jeder ärztlichen Prüfungskommission bei einer Universität des Deutschen Reichs abgelegt werden.

Die Kommission, einschließlich des Vorsitzenden und seiner Stellvertreter, wird von der vorgesetzten Centralbehörde (§ 1), für jedes Prüfungsjahr (§ 21 Abs. 1) nach Anhörung der medizinischen Fakultät der betreffenden Universität aus geeigneten Fachmännern ernannt.

Der Vorsitzende leitet die Prüfung, ist berechtigt, ihr in allen Abschnitten beizuwohnen, achtet darauf, daß die Bestimmungen der Prüfungsordnung genau befolgt werden, ordnet bei vorübergehender Behinderung eines Mitgliedes dessen Stellvertretung an, berichtet unmittelbar nach dem Schlusse jedes Prüfungsjahrs der vorgesetzten Behörde über die Thätigkeit der Kommission und legt Rechnung über die Gebühren.

§ 21. In jedem Jahre finden zwei Prüfungsperioden statt. Sie beginnen Mitte Oktober und Mitte März und sollen nicht über Mitte August ausgedehnt werden.

Die Gesuche um Zulassung zur Prüfung sind bei der zuständigen Centralbehörde (§ 20 Abs. 2) oder bei einer von dieser bezeichneten anderen Dienststelle unter Angabe der Prüfungskommission, vor welcher der Kandidat die Prüfung abzulegen wünscht, bis zum 1. Oktober beziehungsweise 1. März jedes Jahres einzureichen. Verspätete Gesuche können nur aus besonderen Gründen berücksichtigt werden.

§ 22. Der Meldung sind die nach §§ 6 bis 8 für die Zulassung zur ärztlichen Vorprüfung erforderlichen Nachweise sowie das Zeugniß über die vollständig bestandene ärztliche Vorprüfung (§ 17 Abs. 2) beizufügen.

Die gemäß §§ 6 bis 8 ertheilten Dispensationen gelten auch für die ärztliche Prüfung.

Eine außerhalb des Deutschen Reichs bestandene Prüfung darf nur ausnahmsweise an Stelle der ärztlichen Vorprüfung als genügend erachtet werden (§ 65).

§ 23. Der Meldung ist der durch Universitätsabgangszeugnisse zu erbringende Nachweis beizufügen, daß der Kandidat nach Erlangung des Reifezeugnisses (§ 6 Abs. 1 und 2) einschließlich der für die ärztliche Vorprüfung nachgewiesenen medizinischen Studienzeit mindestens zehn Halbjahre dem medizinischen Studium an Universitäten des Deutschen Reichs obgelegen hat. Auf diese zehn Halbjahre ist die Zeit des Militärdienstes, sofern der Studierende während dieser Zeit an einer Universität immatrikuliert war und die Ableistung am Universitätsort erfolgte, bis zur Dauer eines halben Jahres anzurechnen.

Die Bestimmung des § 7 Abs. 3 findet entsprechende Anwendung.[2])

§ 24. Von der nachzuweisenden Studienzeit müssen mindestens vier Halbjahre nach vollständig bestandener Vorprüfung zurückgelegt sein.

Auf diese vier Halbjahre darf die Zeit des Militärdienstes nicht angerechnet werden.

Das Halbjahr, in dem die ärztliche Vorprüfung bestanden ist, wird nur angerechnet, wenn die Vorprüfung innerhalb der ersten sechs Wochen nach dem vorgeschriebenen Semesteranfange vollständig bestanden ist.

§ 25. Der Meldung ist der Nachweis beizufügen, daß der Kandidat nach vollständig bestandener ärztlicher Vorprüfung mindestens

1. je zwei Halbjahre hindurch an der medizinischen, chirurgischen und geburtshülflichen Klinik als Praktikant regelmäßig Theil genommen, vier Kreißende in Gegenwart des Lehrers oder Assistenzarztes selbständig entbunden,
2. je ein Halbjahr als Praktikant die Klinik für Augenkrankheiten, die medizinische Poliklinik, die Kinderklinik oder -Poliklinik, die psychiatrische Klinik, sowie die Spezialkliniken oder -Polikliniken für Hals- und Nasen-, für Ohren- und für Haut- und syphilitische Krankheiten regelmäßig besucht, sowie am praktischen Unterricht in der Impftechnik Theil genommen und die zur Ausübung der Impfung erforderlichen technischen Fähigkeiten und Kenntnisse über Gewinnung und Erhaltung der Lymphe erworben,
3. je eine Vorlesung über topographische Anatomie, Pharmakologie und gerichtliche Medizin gehört hat.

Soweit am Universitätsort eine besondere Kinderklinik oder -Poliklinik oder eine besondere Klinik oder Poliklinik für die zu 2 genannten Spezialfächer nicht besteht, genügt die Theilnahme an einem Kursus für diese Fächer in der entsprechenden Abtheilung eines von der Centralbehörde ermächtigten größeren Krankenhauses.

Der Nachweis wird für die Vorlesungen über topographische Anatomie, Pharmakologie und gerichtliche Medizin durch das Abgangszeugniß, im Uebrigen durch besondere, nach dem beigefügten Muster 4[4]) auszustellende Zeugnisse der klinischen oder poliklinischen Dirigenten oder durch das entsprechende Zeugniß eines von der Behörde mit der Ertheilung des Unterrichts in der Impftechnik beauftragten Lehrers erbracht.

Für die Studirenden der Kaiser Wilhelms-Akademie für das militärärztliche Bildungswesen in Berlin werden die zu §§ 23 und 25 erforderten Zeugnisse von der Direktion der Akademie ausgestellt.

§ 26. Außerdem sind der Meldung noch beizufügen

1. ein eigenhändig geschriebener Lebenslauf, in welchem der Gang der Universitätsstudien darzulegen ist, sowie
2. falls der Kandidat sich nicht alsbald nach dem Abgange von der Universität meldet, ein amtliches Zeugniß über seine Führung in der Zwischenzeit.

Sämmtliche in §§ 22, 23 und 25 aufgeführten Nachweise nebst dem vorstehend zu 2 bezeichneten Zeugnisse sind in Urschrift vorzulegen.

§ 27. Der Zulassungsverfügung ist ein Abdruck der gegenwärtigen Bekanntmachung beizulegen.

Der Kandidat hat sich binnen einer Woche nach Empfang der Zulassungsverfügung, unter Vorzeigung derselben sowie der Quittung über die eingezahlten Gebühren (§ 58) bei dem Vorsitzenden der Prüfungskommission ohne besondere Aufforderung persönlich zu melden.

§ 28. Die Prüfung umfaßt folgende Abschnitte:

I. die Prüfung in der pathologischen Anatomie und in der allgemeinen Pathologie;

II. die medizinische Prüfung;
III. die chirurgische Prüfung;
IV. die geburtshülflich-gynäkologische Prüfung;
V. die Prüfung in der Augenheilkunde;
VI. die Prüfung in der Irrenheilkunde;
VII. die Prüfung in der Hygiene.

Die Examinatoren in den einzelnen Prüfungsabschnitten sind, auch abgesehen von der Vorschrift des § 38, verpflichtet, soweit der Gegenstand dazu Gelegenheit bietet, festzustellen, daß der Kandidat in den mit dem betreffenden Abschnitt in Zusammenhang stehenden Gebieten der Anatomie und Physiologie die in der Vorprüfung nachzuweisenden Kenntnisse festgehalten und während der klinischen Zeit zu verwerthen gelernt hat. Die Art und der Erfolg der Prüfung in der Anatomie und Physiologie sind in dem Protokolle (§ 50) der betreffenden Prüfungsabschnitte im Einzelnen anzugeben.

§ 29. In keinem Prüfungsabschnitte dürfen gleichzeitig mehr als vier Kandidaten geprüft werden, mit Ausnahme der technischen Theile der chirurgischen Prüfung (§§ 36 und 37), bei welchen die doppelte Zahl zulässig ist.

§ 30. I. Die Prüfung in der pathologischen Anatomie und in der allgemeinen Pathologie umfaßt zwei Theile, wird von einem Examinator abgehalten und ist thunlichst in zwei Tagen zu erledigen. In derselben muß der Kandidat sich befähigt zeigen:

1. an der Leiche die vollständige Sektion mindestens einer der drei Haupthöhlen zu machen und den Befund sofort zu Protokoll zu bringen;
2. zwei bis drei pathologisch-anatomische Präparate, von denen jedenfalls eins für die mikroskopische Untersuchung herzustellen ist, zu erläutern und demnächst in einer eingehenden mündlichen Prüfung seine Kenntnisse in der pathologischen Anatomie und in der allgemeinen Pathologie darzuthun.

§ 31. II. Die medizinische Prüfung umfaßt zwei Theile und ist in der Regel in sieben auf einander folgenden Wochentagen zu erledigen.

§ 32. In dem ersten Theile der medizinischen Prüfung, der von zwei Examinatoren in der medizinischen Abtheilung eines größeren Krankenhauses oder in einer Universitätsklinik oder an Kranken der Poliklinik abgehalten wird, hat der Kandidat

a) an zwei auf einander folgenden Tagen je einen Kranken in Gegenwart des betreffenden Examinators zu untersuchen, die Anamnese, Diagnose und Prognose des Falles, sowie den Heilplan festzustellen, den Befund sofort in ein von dem Examinator gegenzuzeichnendes Protokoll aufzunehmen und noch an demselben Tage zu Hause über den Krankheitsfall einen kritischen Bericht anzufertigen, welcher, mit Datum und Namensunterschrift versehen, am nächsten Morgen dem Examinator zu übergeben ist;
b) die beiden ihm überwiesenen Kranken im Laufe der nächsten vier Tage täglich wenigstens einmal, auf Erfordern des Examinators auch öfter zu besuchen, im Anschluß an den ihm vom Examinator zurückgegebenen Bericht den Verlauf der Krankheit mit Angabe der Behandlung in Form eines Krankenblatts zu beschreiben und im Falle des vor Ablauf der vier Tage erfolgenden Todes des Kranken eine schriftliche Epikrise unter Berücksichtigung des Sektionsbefundes zu geben. Scheidet einer der dem Kandidaten überwiesenen Kranken vor Ablauf der vier Tage aus der Behandlung aus, so bestimmt der Examinator, ob der Kandidat einen anderen Kranken zu übernehmen hat.

Jeder Examinator hat den Krankenbesuchen zu b mindestens dreimal beizuwohnen, hierbei den Krankheitsbericht mit dem Kandidaten durchzugehen und ihn nöthigenfalls zu Nachträgen zu veranlassen.

Gelegentlich der Krankenbesuche (zu a und b) hat der Kandidat noch an sonstigen Kranken seine Fähigkeit in der Diagnose und Prognose der inneren Krankheiten, namentlich mit Einschluß der Kinderkrankheiten, und seine Vertrautheit mit der gesammten Heilmittellehre, soweit sie nicht Gegenstand der Prüfung zu § 33 ist, nachzuweisen. Auch ist die Prüfung auf die für einen praktischen Arzt erforderlichen Kenntnisse in der Erkennung und Behandlung der Hals- und Nasenkrankheiten einschließlich des Gebrauchs des Kehlkopfspiegels auszudehnen.

§ 33. In dem zweiten Theile der medizinischen Prüfung hat der Kandidat in einem besonderen Termin in Gegenwart eines Examinators einige Aufgaben zu Arzneiverordnungen schriftlich zu lösen und mündlich darzuthun, daß er in der Pharmakologie und Toxikologie die für einen praktischen Arzt erforderlichen Kenntnisse besitzt.

Dieser Prüfungstheil kann einem dritten Examinator übertragen werden.

§ 34. III. Die chirurgische Prüfung umfaßt vier Theile und ist in der Regel in sieben auf einander folgenden Wochentagen zu erledigen.

Sie wird in den ersten drei Theilen von zwei Examinatoren, welche im zweiten und dritten Theile gleichzeitig zu prüfen haben, in der chirurgischen Abtheilung eines größeren Krankenhauses oder in einer Universitätsklinik oder an Kranken der Poliklinik, erforderlichenfalls in der Anatomie, abgehalten.

§ 35. In dem ersten Theile der chirurgischen Prüfung hat der Kandidat

a) an zwei auf einander folgenden Tagen je einen Kranken in Gegenwart des betreffenden Examinators zu untersuchen, die Anamnese, Diagnose und Prognose des Falles, sowie den Heilplan festzustellen, den Befund sofort in ein von dem Examinator gegenzuzeichnendes Protokoll aufzunehmen und an demselben Tage zu Hause über den Krankheitsfall einen kritischen Bericht anzufertigen, welcher, mit Datum und Namensunterschrift versehen, am nächsten Morgen dem Examinator zu übergeben ist;

b) die beiden ihm überwiesenen Kranken im Laufe der nächsten vier Tage täglich wenigstens einmal, auf Erfordern des Examinators auch öfter zu besuchen, im Anschluß an den ihm vom Examinator zurückgegebenen Bericht den Verlauf der Krankheit mit Angabe der Behandlung in Form eines Krankenblatts zu beschreiben und im Falle des vor Ablauf der vier Tage erfolgenden Todes eine schriftliche Epikrise unter Berücksichtigung des Sektionsbefundes zu geben. Scheidet einer der dem Kandidaten überwiesenen Kranken vor Ablauf der vier Tage aus der Behandlung aus, so bestimmt der Examinator, ob der Kandidat einen anderen Kranken zu übernehmen hat.

Jeder der beiden Examinatoren hat den Krankenbesuchen zu b mindestens dreimal beizuwohnen, hierbei den Krankheitsbericht mit dem Kandidaten durchzugehen und ihn nötigenfalls zu Nachträgen zu veranlassen.

Gelegentlich der Krankenbesuche (zu a und b) hat der Kandidat noch an sonstigen Kranken seine Fähigkeit in der Diagnose und Prognose der chirurgischen Krankheiten, seine Vertrautheit mit den verschiedenen Methoden ihrer Behandlung unter besonderer Berücksichtigung der Antisepsis und Asepsis, sowie seine Fertigkeit in der Ausführung kleiner chirurgischer Operationen nachzuweisen, auch die für einen praktischen Arzt erforderlichen Kenntnisse in der Erkennung und Behandlung der Ohrenkrankheiten, der Haut- und venerischen Krankheiten darzuthun.

§ 36. In dem zweiten Theile der chirurgischen Prüfung hat der Kandidat in der Operationslehre und in der Würdigung der bezüglichen Methoden sich einer mündlichen Prüfung zu unterziehen, zwei Operationen, darunter eine Arterienunterbindung, an der Leiche zu verrichten und die für einen praktischen Arzt erforderlichen Kenntnisse in der Instrumentenlehre darzulegen.

§ 37. In dem dritten Theile der chirurgischen Prüfung hat der Kandidat auf Fragen aus der Lehre von den Knochenbrüchen und Verrenkungen ebenfalls mündlich Auskunft zu geben, in einem Falle das angezeigte Verfahren am Phantom oder an Kranken auszuführen und den Verband kunstgerecht anzulegen.

§ 38. In dem vierten Theile der chirurgischen Prüfung hat der Kandidat in einer von einem Fachvertreter abzunehmenden, nach Befinden mit der Prüfung zu § 36 zu verbindenden, mündlichen Prüfung seine Vertrautheit mit dem topographisch-chirurgischen Theile der Anatomie darzuthun. Die Prüfung hat sich in der Regel auf einen Körpertheil zu beschränken.

§ 39. Seitens der Centralbehörde (§ 20 Abs. 2) kann die Prüfung in den Hals- und Nasenkrankheiten (§ 32 Abs. 3) der chirurgischen Prüfung, diejenige in den Ohrenkrankheiten, den Haut- und venerischen Krankheiten (§ 35 Abs. 3) der medizinischen Prüfung zugewiesen werden.

§ 40. IV. Die geburtshülflich-gynäkologische Prüfung umfaßt zwei Theile, sie wird von zwei Examinatoren in einer öffentlichen Gebäranstalt, mit der eine gynäkologische Abtheilung verbunden ist, oder in einer Universitätsklinik abgehalten und ist in der Regel in fünf auf einander folgenden Wochentagen zu erledigen.

§ 41. In dem ersten Theile der geburtshülflich-gynäkologischen Prüfung hat der Kandidat

a) eine Gebärende in Gegenwart eines der Examinatoren oder eines von demselben damit beauftragten Assistenzarztes der Anstalt zu untersuchen, die Geburtsperiode und Kindeslage, die Prognose und das einzuschlagende Verfahren zu bestimmen und auf Erfordern sich an den geburtshülflichen Maßnahmen zu betheiligen sowie auch nach Beendigung der Geburt im Laufe der nächsten 24 Stunden zu Hause einen kritischen Bericht anzufertigen und solchen, mit Datum und Namensunterschrift versehen, am anderen Tage dem betreffenden Examinator zu übergeben;

b) die Wöchnerin im Laufe der nächsten vier Tage täglich zweimal zu besuchen, dabei den

Bericht in Beziehung auf die Pflege der Wöchnerin und des Neugeborenen sowie auf die etwaigen Krankheiten beider zu vervollständigen und im Falle des vor Ablauf der vier Tage erfolgenden Todes der Entbundenen eine schriftliche Epikrise unter Berücksichtigung des Sektionsbefundes zu geben. Scheidet die dem Kandidaten überwiesene Wöchnerin vor Ablauf der vier Tage aus der Behandlung aus, so bestimmt der Examinator, ob der Kandidat eine andere Wöchnerin zu übernehmen hat.

Während dieser Zeit hat der Kandidat vor demselben Examinator noch seine Fähigkeit in der Diagnose, Prognose und Behandlung der Schwangerschaft und des Wochenbetts zu bekunden und in einer mündlichen Prüfung an Kranken nachzuweisen, daß er die für einen praktischen Arzt erforderlichen Kenntnisse in der Erkennung und Behandlung der Frauenkrankheiten besitzt.

§ 42. In dem zweiten Theile der geburtshülflich-gynäkologischen Prüfung hat der Kandidat in einem besonderen Termin in Gegenwart beider Examinatoren seine Bekanntschaft mit denjenigen Operationen nachzuweisen, welche wissenschaftlich anerkannt sind; sodann am Phantom die Diagnose verschiedener regelwidriger Kindeslagen zu stellen, die Entbindung durch die Wendung auszuführen und seine Fertigkeit im Gebrauche der Zange darzulegen.

§ 43. Dem dirigirenden Arzte steht es beim Mangel an Gebärenden oder Kranken in der Anstalt frei, solche aus der poliklinischen Praxis zur Prüfung heranzuziehen. Die Ueberweisung derselben Gebärenden zur Prüfung (zu § 41 Abs. 1 a) für zwei oder mehrere Kandidaten ist in keinem Falle gestattet.

§ 44. V. Die Prüfung in der Augenheilkunde wird von einem Examinator in der Augenabtheilung eines größeren Krankenhauses oder in einer Universitätsklinik oder an Kranken der Poliklinik abgehalten und ist in drei Tagen zu erledigen.

In Gegenwart des Examinators hat der Kandidat einen Augenkranken zu untersuchen, die Anamnese, Diagnose und Prognose des Falles, sowie den Heilplan festzustellen, den Befund sofort in ein von dem Examinator gegenzuzeichnendes Protokoll aufzunehmen und noch an demselben Tage zu Hause über den Krankheitsfall einen Bericht anzufertigen, welcher mit Datum und Namensunterschrift versehen, am nächsten Morgen dem Examinator zu übergeben ist. Sodann hat er den Kranken zwei Tage hindurch unter Aufsicht des Examinators zu behandeln und in einer mündlichen Prüfung auch an anderen Fällen nachzuweisen, daß er die für einen praktischen Arzt erforderlichen Kenntnisse in der Augenheilkunde besitzt sowie sich mit dem Gebrauche des Augenspiegels vertraut gemacht hat.

§ 45. VI. Die Prüfung in der Irrenheilkunde wird von einem Examinator in der Irrenabtheilung eines größeren Krankenhauses oder in einer Universitätsklinik abgehalten und ist an einem Tage zu erledigen.

In Gegenwart des Examinators hat der Kandidat einen Geisteskranken zu untersuchen, die Anamnese, Diagnose und Prognose des Falles, sowie den Heilplan festzustellen, den Befund sofort in ein von dem Examinator gegenzuzeichnendes Protokoll aufzunehmen und hierauf in einer mündlichen Prüfung auch an anderen Kranken nachzuweisen, daß er die für einen praktischen Arzt erforderlichen Kenntnisse in der Irrenheilkunde besitzt.

§ 46. VII. Die hygienische Prüfung ist eine mündliche; sie wird von einem Examinator abgehalten und ist in einem Tage zu erledigen.

In derselben hat der Kandidat nachzuweisen, daß er sich die für einen praktischen Arzt erforderlichen Kenntnisse in der Hygiene erworben, sich mit den wichtigeren hygienischen und insbesondere auch bakteriologischen Untersuchungsmethoden sowie mit den Grundsätzen und der Technik der Schutzpockenimpfung vertraut gemacht hat, auch die erforderlichen Kenntnisse über Gewinnung und Erhaltung der Lymphe besitzt.

§ 47. Bei den einzelnen Prüfungsfächern sind ihre Geschichte und, soweit solche vorhanden, ihre Beziehungen zur gerichtlichen Medizin nicht unberücksichtigt zu lassen. Auch ist darauf zu achten, daß der Kandidat sprachliches Verständniß für die medizinischen Kunstausdrücke besitzt.

§ 48. Zu dem ersten und siebenten Prüfungsabschnitt ist den Studirenden der Medizin, zu den klinischen Prüfungen denjenigen Studirenden der Zutritt gestattet, welche als Auskultanten oder Praktikanten an der betreffenden Klinik Theil nehmen.

Außerdem steht jedem Lehrer der Medizin an einer Universität des Deutschen Reichs der Zutritt frei.

§ 49. Die zu den klinischen Prüfungen erforderlichen Kranken und Schwangeren (§ 32 Abs. 1 a und b, § 35 Abs. 1 a und b, § 41 Abs. 1 a und b, §§ 44, 45) werden von der Direktion der betreffenden Anstalt dem Examinator zugewiesen und sind von diesem dem Kandidaten für jeden Abschnitt erst bei Beginn desselben zu überweisen. Die Ueberweisung desselben Kranken für mehrere Kandidaten im Laufe der Prüfungsperiode ist nur ausnahmsweise gestattet (unbeschadet der gänzlichen Ausschließung im § 43 Satz 2).

§ 50. Für jeden Kandidaten wird über jeden Prüfungsabschnitt ein besonderes Protokoll unter Anführung der Prüfungsgegenstände und der ertheilten Censuren, bei der Censur „ungenügend" oder „schlecht" unter kurzer Angabe der Gründe, aufgenommen.

§ 51. Nach Beendigung eines jeden Prüfungsabschnitts sind die Examinatoren verpflichtet, dem Vorsitzenden die Prüfungsakten unverweilt zuzusenden. Der Kandidat hat sich nach Beendigung des Abschnitts behufs Entgegennahme der Mittheilung des Ergebnisses ohne besondere Aufforderung binnen drei Tagen bei dem Vorsitzenden der Prüfungskommission oder gemäß dessen Bestimmung im Bureau der letzteren und, sofern er bestanden hat, binnen weiteren 24 Stunden bei dem Examinator (oder den Examinatoren) für den nächstfolgenden Prüfungsabschnitt behufs Anberaumung ferneren Termins persönlich zu melden. Der Vorsitzende hat darauf zu achten, daß in der Regel zwischen den einzelnen Prüfungsabschnitten nur ein Zeitraum von acht Tagen liegt.

Die Reihenfolge, in welcher die einzelnen Abschnitte zurückzulegen sind, bestimmt der Vorsitzende. Jedoch darf niemals gestattet werden, daß Abschnitt IV vor Ablauf von acht Tagen nach Abschnitt I begonnen wird.

Ist ein Abschnitt nicht vollständig bestanden, so entscheidet der Vorsitzende nach Anhörung des Kandidaten, ob dieser sich der Prüfung in einem anderen Abschnitt oder dem späteren Theile desselben Abschnitts sogleich oder erst nach Wiederholung des nicht bestandenen zu unterziehen hat. Ist die Prüfung fortzusetzen, so gilt wegen der Meldung zur Anberaumung ferneren Termins das im Abs. 1 Gesagte.

§ 52. Ueber den Ausfall der Prüfung in den Abschnitten V bis VII sowie in jedem Theile der übrigen Abschnitte wird eine besondere Censur unter ausschließlicher Anwendung der Censuren „sehr gut" (1), „gut" (2), „genügend" (3), „ungenügend (4) und „schlecht" (5) ertheilt.

Wenn von zwei an einer Prüfung betheiligten Examinatoren einer die Censur „ungenügend" oder „schlecht" ertheilt, so entscheidet seine Stimme. Anderenfalls finden die Bestimmungen des § 53 Abs. 1 zu a und Abs. 2 entsprechende Anwendung.

Ist ein Prüfungsabschnitt vollständig bestanden, so wird für den ganzen Abschnitt von dem Vorsitzenden die Gesammtcensur ermittelt, indem die Zahlenwerthe der Einzelcensuren (§ 52 Abs. 1)

a) für Abschnitt I einfach,
b) für Abschnitt II Theil 1 fünffach, Theil 2 einfach,
c) für Abschnitt III Theil 1 und 4 je zweifach, Theil 2 und 3 je einfach,
d) für Abschnitt IV Theil 1 dreifach, Theil 2 einfach

gerechnet werden und die sich für die einzelnen Abschnitte ergebende Summe der Zahlenwerthe zu a durch zwei, zu b und c durch sechs, zu d durch vier getheilt wird.

Ergeben sich bei der Theilung Brüche, so werden sie, wenn sie über 0,5 betragen, als ein Ganzes gerechnet, andernfalls bleiben sie unberücksichtigt.

§ 54. Ist in einem Prüfungsabschnitt oder in einem Theile eines Prüfungsabschnitts die Censur „ungenügend" oder „schlecht" ertheilt, so gilt er als nicht bestanden und muß wiederholt werden.

Die Frist, nach welcher die Wiederholungsprüfung erfolgen kann, beträgt je nach den Censuren zwei Monate bis ein Jahr. Sie wird von dem Vorsitzenden nach Benehmen mit den betreffenden Examinatoren für jeden Abschnitt einheitlich bestimmt. In gleicher Weise wird der Zeitpunkt festgesetzt, bis zu welchem spätestens die Meldung zur Wiederholungsprüfung in dem Abschnitte, soweit er nicht bestanden ist, erfolgen muß. Wiederholungsfristen verschiedener Abschnitte laufen gleichzeitig neben einander.

Die zweite Wiederholung eines Prüfungsabschnitts oder eines Theiles desselben findet in Gegenwart des Vorsitzenden statt.

Wer auch bei der zweiten Wiederholung nicht besteht, wird zu einer weiteren Prüfung nicht zugelassen.

§ 55. Hat der Kandidat sämmtliche Prüfungsabschnitte bestanden, so wird aus den für die Prüfungsabschnitte ertheilten Censuren die Gesammtcensur ermittelt, indem die Censuren für Abschnitt II und III je mit 6, für Abschnitt IV mit 4, für Abschnitt I und VII je mit 2 multiplizirt, die Censuren für Abschnitt V und VI einfach gerechnet werden und die sich ergebende Summe durch 22 getheilt wird. Mit den sich hierbei ergebenden Brüchen wird in der im § 53 Abs. 2 angegebenen Weise verfahren.

Der Vorsitzende überreicht binnen einer Woche die Prüfungsakten der Centralbehörde (§ 20 Abs. 2) zur Ertheilung einer Bescheinigung darüber, daß der Kandidat die Prüfung bestanden hat, und gegebenen Falles, daß seiner

Zulassung zum praktischen Jahre nichts entgegensteht.

§ 56. Wer sich nicht rechtzeitig gemäß § 27 Abs. 2 und § 51 Abs. 1 und 3 persönlich meldet, kann auf Antrag des Vorsitzenden von der Centralbehörde (§ 20 Abs. 2) bis zur folgenden Prüfungsperiode zurückgestellt werden.

Wer ohne genügende Entschuldigung in einem Prüfungstermine nicht rechtzeitig oder garnicht erscheint, geht der Hälfte des auf den betreffenden Prüfungsabschnitt entfallenden, wer ohne genügende Entschuldigung von der begonnenen Prüfung zurücktritt, der Hälfte des auf alle noch zu erledigenden Prüfungsabschnitte entfallenden Gebührenbetrags verlustig. Auch kann je nach Umständen durch einen mit Zustimmung des Vorsitzenden gefaßten Beschluß der Prüfungskommission der ganze eingezahlte Betrag für verfallen und in besonderen Fällen die Prüfung in allen oder in einzelnen Abschnitten für nicht bestanden erklärt werden. Gegen den Beschluß ist binnen zwei Wochen Beschwerde bei der Centralbehörde (§ 20 Abs. 2) zulässig.

Wer sich ohne genügende Entschuldigung nicht vor Ablauf der Endfrist (§ 54 Abs. 2) zur Wiederholungsprüfung meldet, hat die Prüfung nach Ermessen der Prüfungskommission von Anfang an zu wiederholen, wobei auch die bereits erledigten Abschnitte oder Theile als nicht bestanden gelten. Gegen den Beschluß ist binnen zwei Wochen Beschwerde bei der Centralbehörde (§ 20 Abs. 2) zulässig.

Wird die Prüfung in einem Zeitraume von drei Jahren nach ihrem Beginne nicht vollständig beendet, so gilt sie in allen Abschnitten als nicht bestanden. Ausnahmen hiervon können nur aus besonderen Gründen gestattet werden (§ 65).

§ 57. Die Prüfung darf nur bei der Kommission fortgesetzt oder wiederholt werden, bei welcher sie begonnen ist. Ausnahmen können nur aus besonderen Gründen gestattet werden (§ 65). Mit dem Dispensationsgesuch ist zugleich eine Erklärung der bisherigen Prüfungskommission wegen etwaiger dem Wechsel der Kommission entgegenstehender Bedenken vorzulegen.

Die mit dem Zulassungsgesuch eingereichten Zeugnisse (§§ 22, 23, 25, § 26 Ziffer 2) sind dem Kandidaten erst bei Aushändigung der im § 55 Abs. 2 bezeichneten Bescheinigung zurückzugeben. Verlangt er sie früher zurück, so sind sämmtliche Centralbehörden (§ 1) durch Vermittelung des Reichskanzlers zu benachrichtigen, daß der Kandidat die Prüfung begonnen, aber nicht beendigt hat, und daß ihm auf seinen Antrag die Zeugnisse zurückgegeben worden sind. In die Urschrift des letzten Universitäts-Abgangszeugnisses ist ein Vermerk über den Ausfall der bisherigen Prüfung einzutragen.

§ 58. Die Gebühren für die gesamte Prüfung betragen 200 Mark.

Davon sind zu berechnen:

für den Prüfungsabschnitt I		16 Mark,
und zwar für Theil 1	10 Mark,	
„ „ 2	6 „	
für den Prüfungsabschnitt II		35 „
und zwar für Theil 1	25 Mark,	
„ „ 2	10 „	
für den Prüfungsabschnitt III		55 „
und zwar für Theil 1	25 Mark,	
„ „ 2	10 „	
„ „ 3	10 „	
„ „ 4	10 „	
für den Prüfungsabschnitt IV		24 „
und zwar für Theil 1	12 Mark,	
„ „ 2	12 „	
für den Prüfungsabschnitt V		12 „
„ „ „ VI		12 „
„ „ „ VII		12 „
für sächliche und Verwaltungskosten		34 „
zusammen		200 Mark.

Bei Wiederholungen kommen für den betreffenden Abschnitt oder Theil eines Abschnitts außer den anzusetzenden Gebühren jedesmal vier Mark für sächliche und Verwaltungskosten zur nochmaligen Erhebung.

Wer von der Prüfung zurücktritt oder zurückgestellt wird, erhält vorbehaltlich der Bestimmung im § 56 Abs. 2 die Gebühren für die noch nicht begonnenen Prüfungsabschnitte ganz, die Gebühren für sächliche und Verwaltungskosten nach Verhältniß zurück.

Die Entschädigungen für den Vorsitzenden und

dessen Stellvertreter werden nach Maßgabe ihrer Mühewaltung von der Centralbehörde (§ 20 Abs. 2) am Ende jedes Prüfungsjahrs festgesetzt und aus dem Betrage für sächliche und Verwaltungskosten bestritten.

Ueber die Verwendung der bei diesem Betrag erwachsenden Ersparnisse sowie der verfallenen Gebühren (§ 56 Abs. 2 und 4) entscheidet die Centralbehörde (§ 20 Abs. 2).

III. Praktisches Jahr.

§ 59. Nach vollständig bestandener ärztlicher Prüfung und in der Regel im unmittelbaren Anschluß an diese hat der Kandidat sich ein Jahr lang an einer Universitätsklinik, Universitätspoliklinik oder an einem dazu besonders ermächtigten Krankenhaus innerhalb des Deutschen Reichs unter Aufsicht und Anleitung des Direktors oder ärztlichen Leiters als Praktikant zu beschäftigten und von dieser Zeit mindestens ein drittel Jahr vorzugsweise der Behandlung von inneren Krankheiten zu widmen.

Die Ermächtigung erfolgt durch den Reichskanzler in Uebereinstimmung mit der Centralbehörde (§ 1) desjenigen Bundesstaats, in dessen Gebiet das Krankenhaus belegen ist, im Reichslande mit dem Ministerium für Elsaß-Lothringen. Ein Verzeichniß der ermächtigten Krankenhäuser wird alljährlich vom Reichskanzler veröffentlicht.

Die Wahl der Anstalt steht dem Kandidaten frei. Ein mehr als zweimaliger Wechsel ist jedoch nur mit Genehmigung der für die Approbation zuständigen Centralbehörde (§ 63 Abs. 2) zulässig.

§ 60. Während des praktischen Jahres, welches in der Regel ohne Unterbrechung zu erledigen ist, hat der Kandidat seine praktischen Kenntnisse und Fähigkeiten zu vertiefen und fortzubilden sowie auch ausreichendes Verständniß für die Aufgaben und Pflichten des ärztlichen Berufs zu zeigen. Nach Ableistung erhält er darüber ein Zeugniß nach dem beigefügten Muster 5.*) In demselben ist die Art der Beschäftigung des Praktikanten eingehend zu würdigen. Scheidet der Kandidat vor Beendigung des praktischen Jahres aus der Anstalt aus, so ist ihm über seine bisherige Beschäftigung in entsprechender Weise ein Abgangszeugniß zu ertheilen. In beiden Fällen sind die Zeugnisse von dem Direktor der Klinik oder Poliklinik, bei Krankenhäusern von dem ärztlichen Leiter der Anstalt zu unterzeichnen.

Gegen die Versagung des Zeugnisses im einen wie im anderen Falle ist binnen zwei Wochen Beschwerde an die der Klinik oder Poliklinik vorgesetzte, bei Krankenhäusern an die im § 59 Abs. 2 bezeichnete Centralbehörde zulässig.

Gewinnt die zur Ertheilung der Approbation zuständige Centralbehörde (§ 63 Abs. 2) nach Ablauf des praktischen Jahres nicht die Ueberzeugung, daß der Kandidat durch seine Beschäftigung während des praktischen Jahres den nach Abs. 1 zu stellenden Anforderungen entsprochen hat, so ist die Beschäftigung von dem Kandidaten vor Ertheilung der Approbation während eines von ihr zu bestimmenden Zeitraums fortzusetzen.

§ 61. Für die aus der Kaiser Wilhelms-Akademie für das militärärztliche Bildungswesen hervorgehenden Unterärzte, welche vor Ablegung der ärztlichen Prüfung in das Charitékrankenhaus zu Berlin kommandirt werden, wird diese Zeit auf das praktische Jahr angerechnet.

Die Zeit, während deren der Kandidat nach vollständig bestandener ärztlicher Prüfung an einem medizinischen nichtklinischen Universitätsinstitut innerhalb des Deutschen Reichs mit Erfolg Assistenz geleistet hat, ist nach dem Ermessen der Centralbehörde (§ 63 Abs. 2) ganz oder theilweise auf das praktische Jahr anzurechnen. Universitätsinstituten dieser Art stehen selbständige medizinisch-wissenschaftliche Institute gleich, sofern sie unter entsprechender Anwendung des § 59 Abs. 2 ermächtigt worden sind.

Die an Anstalten der in §§ 59 und 61 bezeichneten Art außerhalb des Deutschen Reichs ausgeübte Thätigkeit kann nur ausnahmsweise als ausreichend erachtet werden (§ 65).

§ 62. Soweit die Zahl der nach vorstehenden Bestimmungen ermächtigten Anstalten innerhalb des Reichsgebiets zur Aufnahme der Kandidaten nicht ausreicht, kann die Ableistung des praktischen Jahres bei einem geeigneten und vielseitig beschäftigten praktischen Arzte gestattet werden. Die Entscheidung erfolgt auf Antrag des Kandidaten durch den Reichskanzler in Uebereinstimmung mit der Centralbehörde (§ 1) desjenigen Bundesstaats, in dessen Gebiete der betreffende Arzt seinen Wohnsitz hat, im Reichslande mit dem Ministerium für Elsaß-Lothringen. Von der Entscheidung ist der zur Ertheilung der Approbation zuständigen Centralbehörde (§ 63 Abs. 2) Mittheilung zu machen.

Die Bestimmungen der §§ 59 und 60 finden in diesem Falle entsprechende Anwendung.

C. Ertheilung der Approbation.

§ 63. Nach Ablauf des praktischen Jahres hat der Kandidat unter Vorlage des Zeugnisses über die Ableistung desselben und etwaiger nach § 60 Abs. 1 ertheilter Abgangszeugnisse sowie unter Beifügung eines selbstgeschriebenen Berichts über seine Beschäftigung während des praktischen Jahres und eines auf die Zeit seit Ablegung der ärztlichen Prüfung bezüglichen polizeilichen Führungszeugnisses bei der zuständigen Centralbehörde die Ertheilung der Approbation als Arzt zu beantragen. Auch hat er nachzuweisen, daß er mindestens zwei öffentlichen Impfungs- und ebensovielen Wiederimpfungsterminen beigewohnt hat.

Zuständig für die Ertheilung der Approbation ist die Centralbehörde (§ 20 Abs. 2), in deren Bezirke der Kandidat die ärztliche Prüfung bestanden hat.

Die Approbation wird nach dem beigefügten Muster 6[1]) ausgestellt.

§ 64. Dem Reichskanzler werden von der Centralbehörde (§ 63 Abs. 2) Verzeichnisse der in dem abgelaufenen Prüfungsjahr Approbirten mit den auf die ärztliche Prüfung und das praktische Jahr bezüglichen Akten eingereicht. Die letzteren werden der Centralbehörde zurückgesendet.

D. Dispensationen.

§ 65. Ueber Zulassung der in § 3 Abs. 1, § 6 Abs. 2, § 7 Abs. 3, § 8 Abs. 2, § 14 Abs. 6, § 22 Abs. 3, § 23 Abs. 2, § 56 Abs. 4, § 57 Abs. 1 und § 61 Abs. 3 vorgesehenen Ausnahmen entscheidet der Reichskanzler in Uebereinstimmung mit der zuständigen Centralbehörde (§ 1, § 3 Abs. 2, § 20 Abs. 2, § 63 Abs. 2).

E. Schluß- und Uebergangsbestimmungen.

§ 66. Vorstehende Bestimmungen treten am 1. Oktober 1901 in Kraft.

§ 67. Diejenigen Studirenden, welche vor dem 1. Oktober 1901 das medizinische Studium begonnen haben und sich spätestens am 1. Oktober 1903 zur Ablegung der ärztlichen Vorprüfung melden, dürfen diese (einschließlich etwaiger Wiederholungsprüfungen) auf ihren Antrag unbeschadet der Bestimmung des § 69 nach den bisherigen Vorschriften ablegen.

§ 68. Diejenigen Kandidaten, welche die ärztliche Vorprüfung nach den bisherigen Vorschriften vollständig bestanden haben oder gemäß § 67 weiterhin bestehen, haben nach diesen auch die ärztliche Prüfung abzulegen. Kandidaten, welche sich nicht spätestens bis zum 1. Oktober 1908 zur ärztlichen Prüfung melden, haben sich der Prüfung unter Wiederholung der ärztlichen Vorprüfung nach den vorstehenden Bestimmungen zu unterziehen. Das Gleiche gilt von solchen nach den bisherigen Vorschriften zugelassenen Kandidaten, welche die ärztliche Prüfung nicht spätestens bis zum 1. Oktober 1912 vollständig bestanden haben.[5])

§ 69. Die Bestimmungen des § 2 Abs. 3, § 14 Abs. 6, § 16, § 54 Abs. 4 und des § 56 Abs. 4 gelten für alle seit dem 1. Oktober 1901 begonnenen Prüfungen.

§ 70. Die Vorschriften wegen des praktischen Jahres finden auf alle Kandidaten Anwendung, welche die ärztliche Prüfung nicht vor dem 1. Oktober 1903 vollständig bestanden haben.

Kandidaten, welche die ärztliche Prüfung erst nach diesem Zeitpunkte nach den bisherigen Vorschriften bestehen, können nur in Berücksichtigung zwingender Verhältnisse, jedoch nicht über den 1. Oktober 1908 hinaus, von der Ableistung des praktischen Jahres ganz oder theilweise entbunden werden. Die Entscheidung hierüber erfolgt durch den Reichskanzler in Uebereinstimmung mit der nach § 63 Abs. 2 zuständigen Centralbehörde.

5) Der letzte Satz ist auf Grund der Bekanntmachung vom 2. Februar 1909 beigefügt.

---

29. Mai 1901.

Gesetz zur Abänderung des Gesetzes, betreffend das Flaggenrecht der Kauffahrteischiffe.

Reichsgesetzbl. S. 184.

An die Stelle des § 26 des Gesetzes, betreffend das Flaggenrecht der Kauffahrteischiffe, vom 22. Juni 1899 (Reichs-Gesetzbl. S. 319) treten die nachstehenden Vorschriften:[1])

1) Die Änderungen sind beim Abdruck des Gesetzes vom 22. Juni 1899 berücksichtigt. S. Anm. 1 zu diesem.

---

29. Mai 1901.

Gesetz, betreffend die Handelsbeziehungen zum Britischen Reiche.

Reichsgesetzbl. S. 183.

Der Bundesrath wird ermächtigt, den Angehörigen und den Erzeugnissen des Vereinigten Königreichs von Großbritannien und Irland sowie den Angehörigen und den Erzeugnissen

1) Für die Zeit nach dem 30. Juli 1901 bis zum 31. Dezember 1903. Gleiche Ermächtigung jetzt durch das Gesetz, betr. die Handelsbeziehungen zum Britischen Reiche, vom 13. Dezember 1913 (Reichsgesetzbl.

britischer Kolonien und auswärtiger Besitzungen bis zum 31. Dezember 1903 diejenigen Vortheile einzuräumen, die seitens des Reichs den Angehörigen oder den Erzeugnissen des meistbegünstigten Landes gewährt werden.[2])

S. 783) für die Zeit bis zum 31. Dezember 1915. Vgl. Bekanntm., betr. das Außerkrafttreten des Handelsvertrags zwischen dem Deutschen Zollverein und Großbritannien, vom 31. Juli 1898, Anm. 2.

2) Vgl. hierzu Bekanntmachung des Reichskanzlers, betreffend die Handelsbeziehungen zum Britischen Reich, vom 11. Juni 1901. S. nächst.

---

31. Mai 1901.

Gesetz, betreffend Versorgung der Kriegsinvaliden und Kriegshinterbliebenen. [1])

Reichsgesetzbl. S. 193.

§ 1. Die Versorgung derjenigen Personen des Soldatenstandes und Beamten der Militär- und Marineverwaltung, welche durch die von deutschen Staaten vor 1871 oder von dem Deutschen Reiche geführten Feldzüge invalide geworden sind (Kriegsinvalide), sowie der Hinterbliebenen aus solchen Feldzügen (Kriegshinterbliebene) bemißt sich nach den in den folgenden Paragraphen getroffenen Bestimmungen.

Gleiches gilt von den Angehörigen der Kaiserlichen Schutztruppen und deren Hinterbliebenen.

Ob eine militärische Unternehmung im Sinne dieses Gesetzes als ein Feldzug anzusehen ist, bestimmt der Kaiser.[2])

I. Offiziere, Sanitätsoffiziere, Ingenieure der Marine, Feldwebelleutnants und Deckoffiziere.[3])

§ 2. Die Pension wird den Offizieren bis zu anderweiter gesetzlicher Regelung nach den bisherigen Bestimmungen gewährt.[4])

§ 3. Die Kriegszulage (§ 12 des Gesetzes vom 27. Juni 1871, Reichsgesetzbl. S. 275) ist für alle als Kriegsinvalide Anerkannten zuständig und beträgt monatlich:

a) 100 Mk. für Offiziere vom Hauptmann abwärts,

b) 60 Mk. für Offiziere höheren Dienstgrads.[5])

§ 4. Die Verstümmelungszulage (§ 13 des Gesetzes vom 27. Juni 1871) beträgt für jede Verstümmelung 90 Mark monatlich ohne die Einschränkung im Abs. 2 des angeführten § 13.[6])

§ 5. Kriegsinvaliden Offizieren, deren jährliches Gesammteinkommen 3000 Mark nicht erreicht, wird vom Ersten des Monats ab, in welchem sie das 55. Lebensjahr vollenden, eine Zulage (Alterszulage)

1) Das Gesetz vom 31. Mai 1901 hat die vorläufige Regelung der Versorgungsverhältnisse der in einem Kriege invalide gewordenen Militärpersonen, bzw. deren Hinterbliebenen zum Gegenstand und ändert in diesem Umfange das damals bestehende Militärpensionsgesetz vom 27. Juni 1871 (Reichsgesetzbl. S. 275, bis zur anderweiten gesetzlichen Regelung des gesamten Militärversorgungswesens ab (vgl. § 2). Die Vorschriften des Gesetzes vom 31. Mai 1901 sind jetzt nur noch zum Teil formell und materiell in Geltung, zum großen Teil sind sie in den später ergangenen Militärversorgungsgesetzen aufgegangen und durch diese gegenstandslos geworden, soweit diese rückwirkende Kraft erhalten haben. Es sind dies:

a) Gesetz über die Pensionierung der Offiziere einschließlich Sanitätsoffiziere des Reichsheeres, der Kaiserl. Marine und der Kaiserl. Schutztruppen, vom 31. Mai 1906 (Reichsgesetzbl. S. 565);

b) Gesetz über die Versorgung der Personen der Unterklassen des Reichsheeres, der Kais. Marine und der Kais. Schutztruppen, vom 31. Mai 1906 (Reichsgesetzbl. S. 593);

c) Militärhinterbliebenengesetz vom 17. Mai 1907 (Reichsgesetzbl. S. 214).

Wegen der Weitergeltung s. die einzelnen Bestimmungen.

2) Auf Grund dieser Vorschrift sowie der entsprechenden Vorschriften in § 17 des Offizierpensionsgesetzes und des § 7 des Mannschaftsversorgungsgesetzes vom 31. Mai 1906 sind eine größere Anzahl von militärischen Unternehmungen in den deutschen Kolonien als Feldzug bezeichnet worden.

3) Abschnitt I, §§ 2—5, ist dadurch gegenstandslos geworden, daß diese Bestimmungen inhaltlich in das Offizierpensionsgesetz vom 31. Mai 1906 aufgenommen worden sind. Nachdem die Pensionsgebührnisse des Gesetzes vom 31. Mai 1906 nach § 41 Abs. 1 Ziffer 2 für alle Offiziere, die an Kriegen deutscher Staaten oder des Deutschen Reichs teilgenommen haben, rückwirkend anwendbar erklärt worden sind, sind die entsprechenden Vorschriften für alle kriegsinvalide gewordenen Offiziere maßgebend, gleichviel wann ihre Pensionierung erfolgt ist.

4) Jetzt Offizierpensionsgesetz vom 31. Mai 1906, s. Anm. 1 lit. a. Nach § 41 Abs. 1 Ziffer 2 sind die Pensionen — wegen der Zulagen nach § 3 und 4 s. diese — der Offiziere, die an Kriegen deutscher Staaten oder des Deutschen Reichs teilgenommen haben, nach diesem Gesetz festzustellen.

5) Inhaltlich übereinstimmend mit § 12 des Ges. vom 31. Mai 1906. § 12 des Gesetzes vom 31. Mai 1906 ist auch für kriegsinvalide gewordene Offiziere, die vor dem 1. April 1905 pensioniert worden sind (§ 41 Abs. 1 Ziffer 1 des Gesetzes vom 31. Mai 1906), maßgebend (Ziffer 2 a. a. O).

6) Jetzt § 11 des Gesetzes vom 31. Mai 1906. Entsprechend wie Anm. 4, Satz 2.

bis zur Erreichung dieses Betrags gewährt. Die Zulage wird bereits früher gewährt, sobald dauernde völlige Erwerbsunfähigkeit vorhanden ist.[7])

II. Unteroffiziere und Gemeine.[8])

§ 6.[9]) Die Pension der Unteroffiziere und Gemeinen beträgt je nach dem Grade der Erwerbsunfähigkeit monatlich in der

	1. Klasse Mark.	2. Klasse Mark.	3. Klasse Mark.	4. Klasse Mark.
a) für Feldwebel . . .	100	75	45	30
b) für Sergeanten . .	75	60	36	24
c) für Unteroffiziere .	65	50	30	20
d) für Gemeine	60	45	27	18.

Die Beträge der Pension 5. Klasse bleiben wie bisher.

§ 7.[10]) Die Kriegszulage (§ 71 des Gesetzes vom 27. Juni 1871) beträgt monatlich:
für die Ganzinvaliden . . . . 15 Mark,
für die Halbinvaliden . . . . 10 „

§ 8.[11]) Die Verstümmelungszulage (§ 72 des Gesetzes vom 27. Juni 1871) beträgt für jede Verstümmelung 27 Mark monatlich ohne die Einschränkung im Abs. 3 des angeführten § 72.

§ 9.[12]) Neben den nach § 6 erhöhten Pensionen ist die Zulage für Nichtbenutzung des Civilversorgungsscheins sowie die Anstellungsentschädigung nur für diejenigen Unteroffiziere zuständig, welche den Anspruch auf den Civilversorgungsschein durch zwölfjährigen aktiven Dienst erworben haben.

§ 10.[13]) Ganzinvaliden, deren jährliches Gesammteinkommen 600 Mark nicht erreicht, wird vom Ersten des Monats ab, in welchem sie das 55. Lebensjahr vollenden, eine Zulage (Alterszulage) bis zur Erreichung dieses Betrags gewährt. Die Zulage wird bereits früher gewährt, sobald dauernde völlige Erwerbsunfähigkeit vorhanden ist.

III. Beamte.[14])

§ 11. Die Kriegszulage beträgt monatlich für die oberen Beamten:
a) 100 Mark, wenn die Pension der eines Hauptmanns oder eines Offiziers niederen Dienstgrads entspricht;
b) 60 Mark, wenn die Pension der eines Offiziers höheren Dienstgrads entspricht;
für die Unterbeamten 15 Mark.

§ 12. Die Verstümmelungszulage wird den oberen Beamten nach den Sätzen für Offiziere (§ 4), den Unterbeamten nach den Sätzen für Unteroffiziere und Gemeine (§ 8) gewährt.

§ 13. Die Alterszulage wird den oberen Beamten in gleicher Weise wie den Offizieren und Gemeinen (§ 10) gewährt.

IV. Hinterbliebene.[15])

§ 14. Die jährliche Versorgung der Hinterbliebenen wird gemäß den nachfolgenden Bestimmungen festgesetzt.

Die Versorgung ist zuständig:
1. wenn der Kriegstheilnehmer an erlittener Verwundung oder äußerer Kriegsdienstbeschädigung verstorben ist: ohne Rücksicht auf die Zeit des Todes;
2. wenn der Kriegstheilnehmer im Laufe des Krieges erkrankt ist oder eine innere Dienstbeschädigung erlitten hat: sofern er in Folge der Krankheit oder Dienstbeschädigung vor Ablauf eines Jahres nach dem Friedensschlusse verstorben ist.

Für die Hinterbliebenen von Theilnehmern an den vor dem Inkrafttreten dieses Gesetzes beendeten Feldzügen ist dabei Bedingung, daß die Ehe vor dem Jahre 1901 geschlossen gewesen ist.

7) Jetzt § 13 des Gesetzes vom 31. Mai 1906 Entsprechend wie Anm. 4, Satz 2.

8) Abschnitt II ist maßgebend für diejenigen Kriegsinvaliden, auf die das Mannschaftsversorgungsgesetz vom 31. Mai 1906 nicht Anwendung findet. Nach § 45 ist ihm rückwirkende Kraft nur beigelegt:
1. Für die seit dem 1. April 1905 entlassenen Personen (§ 45 Nr. 1);
2. für die Friedensinvaliden, die an einem Krieg teilgenommen haben (§ 45 Nr. 2);
3. insofern, als auch für halbinvalide Kriegsinvalide die Kriegszulage 15 Mark beträgt (§ 45 Nr. 3);
4. insofern, als die Verstümmelungszulage für alle Invaliden nach dem Gesetz vom 31. Mai 1906 zu bemessen ist (§ 45 Nr. 5).

9) Die Sätze des § 6 bleiben also für die vor dem 1. April 1905 entlassenen Kriegsinvaliden in Geltung, vorbehaltlich der Erhöhung der Kriegszulage (§ 7) für Halbinvalide und der Neubemessung der Verstümmelungszulage nach den Vorschriften des Gesetzes vom 31. Mai 1906. Jetzt §§ 9 ff. des Mannschaftsversorgungsgesetzes vom 31. Mai 1906.

10) Jetzt nach § 14 des Gesetzes vom 31. Mai 1906 einheitlich 15 Mark. Nach § 45 Nr. 3 a. a. O. mit rückwirkender Kraft für alle Kriegsinvaliden.

11) Jetzt § 13 des Gesetzes vom 31. Mai 1906. Nach § 45 Nr. 5 a. a. O. für alle Invaliden (Kriegs- und Friedensinvaliden), für früher pensionierte Invaliden, jedoch nur neben der Pension II. Klasse (§ 6).

12) Vgl. § 19 ff. des Gesetzes vom 31. Mai 1906.

13) Inhaltlich übereinstimmend mit § 26 des Ges. vom 31. Mai 1906.

14) Jetzt §§ 32 ff. des Offizierpensionsgesetzes vom 31. Mai 1906 (Reichsgesetzbl. S. 565); rückwirkende Kraft nach Maßgabe der §§ 32 Abs. 10, 42.

15) Jetzt Militärhinterbliebenengesetz vom 17. Mai 1907 (Reichsgesetzbl. S. 214). Rückwirkende Kraft desselben nach Maßgabe des § 52 ff. Die Vorschriften der §§ 14—18 sind in der Hauptsache in das Gesetz vom 17. Mai 1907, Abschnitt II §§ 19 ff., inhaltlich übereinstimmend aufgenommen worden.

A. Wittwenbeihülfe
(§§ 41, 94 und 95 des Gesetzes vom 27. Juni 1871).

§ 15. Diese beträgt für:

1. die Wittwe eines Generals oder in Generalsstellung stehenden Offiziers . 2 000 Mark,
2. die Wittwe eines Stabsoffiziers . . . . 1 600 „
3. die Wittwe eines Offiziers vom Hauptmann abwärts oder eines Deckoffiziers . . . 1 200 „
4. die Wittwe eines Feldwebels, Vicefeldwebels oder der diesen Dienstgraden gleichstehenden Militärpersonen oder Unterbeamten . . . . 600 „
5. die Wittwe eines Sergeanten, Unteroffiziers oder der diesen Dienstgraden gleichstehenden Militärpersonen oder Unterbeamten . . . . 500 „
6. die Wittwe eines Gemeinen . 400 „ .

B. Erziehungsbeihülfe
(§§ 42 und 96 des Gesetzes vom 27. Juni 1871).

Diese beträgt für:

1. jedes vaterlose Kind
   a) eines Generals oder eines Stabsoffiziers in Generals- oder Regimentskommandeur-Stellung,
      falls gesetzliches Wittwengeld zuständig . . . . 150 Mark,
      anderenfalls . . . . 200 „
   b) eines jeden anderen Offiziers oder eines Deckoffiziers . . . . 200 „
   c) eines Soldaten vom Feldwebel abwärts oder eines Unterbeamten . . . . 168 „ ;
2. jedes elternlose Kind
   a) eines Generals oder eines Stabsoffiziers in Generals- oder Regimentskommandeur-Stellung,
      falls gesetzliches Waisengeld zuständig . . . . 225 Mark,
      anderenfalls . . . . 300 „
   b) eines jeden anderen Offiziers oder eines Deckoffiziers . . . . 300 „
   c) eines Soldaten vom Feldwebel abwärts oder eines Unterbeamten . . . . 240 „ .

C. Elternbeihülfe
(§§ 42 und 96 des Gesetzes vom 27. Juni 1871).

Diese beträgt für:

1. den Vater oder den Großvater, die Mutter oder die Großmutter eines Offiziers oder Deckoffiziers . . . . 450 Mark,
2. den Vater oder den Großvater, die Mutter oder die Großmutter eines Soldaten vom Feldwebel abwärts oder eines Unterbeamten . . . . . . 250 Mark.

Die Beihülfe für Eltern oder Großeltern wird gewährt, wenn ihr Lebensunterhalt ganz oder überwiegend durch den Verstorbenen zur Zeit seines Todes bestritten worden war und solange die Hülfsbedürftigkeit dauert.

§ 16. Erreicht das jährliche Gesammteinkommen der Wittwe
- eines Generals (§ 15 A 1) nicht 3 000 Mark,
- eines anderen Offiziers mit Ausnahme der Feldwebelleutnants nicht . . . . 2 000 „
- eines Feldwebelleutnants oder Deckoffiziers nicht . . . . . 1 500 „ ,

so werden die zuständigen Wittwenbeihülfen bis zur Erreichung dieser Sätze erhöht.

§ 17. Den Wittwen von Kriegsinvaliden werden, auch wenn der Tod des Ehegatten nicht eine Folge der Kriegsdienstbeschädigung ist, Wittwenbeihülfen in der Art gewährt, daß das jährliche Gesammteinkommen

a) der Wittwe eines Generals (§ 15 A 1) . . . . 3 000 Mark,
b) der Wittwe eines anderen Offiziers mit Ausnahme der Feldwebelleutnants . . . . . . 2 000 „
c) der Wittwe eines Feldwebelleutnants oder Deckoffiziers . 1 500 „
d) der Wittwe eines Feldwebels, Vicefeldwebels oder der diesen Dienstgraden gleichstehenden Militärpersonen oder Unterbeamten . . . . 600 „
e) der Wittwe eines Sergeanten, Unteroffiziers oder der diesen Dienstgraden gleichstehenden Militärpersonen oder Unterbeamten . . . . 500 „
f) der Wittwe eines Gemeinen . 400 „

beträgt.

§ 18. Für die Höhe des Versorgungsgeldes der Hinterbliebenen von oberen Beamten ist das zuletzt bezogene pensionsfähige Militärdiensteinkommen dieser Beamten dergestalt maßgebend, daß, je nachdem es dem pensionsfähigen Diensteinkommen einer der im § 15 A 1 bis 3 erwähnten Militärdienstgrade am nächsten gestanden hat, auch die für Hinterbliebene dieses Dienstgrads zuständigen Sätze gewährt werden. § 17 findet entprechende Anwendung.

V. Allgemeine Bestimmungen.

§ 19. Soweit dieses Gesetz nicht ein Anderes bestimmt, bleiben die bisherigen gesetzlichen

Bestimmungen in Kraft. Die nach denselben zuständigen Gebührnisse und Bewilligungen werden auf die nach diesem Gesetze bewilligten Bezüge angerechnet. Die Mehrbeträge werden als Zuschüsse gewährt.

§ 20. Die Zuschüsse (§ 19 letzter Satz) stehen den Bezügen gleich, welche das Gesetz vom 27. Juni 1871 nebst Abänderungen und Ergänzungen gewährt, und unterliegen denselben gesetzlichen Bestimmungen.

Bei Anstellung und Beschäftigung im Civildienste sind diese Zuschüsse jedoch nicht der Kürzung unterworfen und beim Ausscheiden aus dem Civildienste mit einer Civilpension auf diese nicht in Anrechnung zu bringen.

Die Zuschüsse bleiben bei der Veranlagung zu den Steuern und anderen öffentlichen Abgaben jeder Art außer Ansatz; sie sind weder der Pfändung unterworfen noch bei der Ermittelung, ob und zu welchem Betrag ein Einkommen der Pfändung unterliegt, zu berechnen.

Bei Berechnung des Wittwen- und Waisengeldes nach den Gesetzen vom 20. April 1881 (Reichs-Gesetzbl. S. 85), vom 17. Juni 1887 (Reichs-Gesetzbl. S. 237) und vom 17. Mai 1897 (Reichs-Gesetzbl. S. 455) bleiben die Zuschüsse unberücksichtigt.

§ 21. Auf die Theilnehmer an der zur Zeit des Erlasses dieses Gesetzes gegen China gerichteten Expedition kommen seine Bestimmungen zur Anwendung.

In welchem Umfang und bis zu welchem Zeitpunkte dieses stattzufinden hat, sowie unter welchen Voraussetzungen eine Doppelrechnung der Dienstzeit erfolgt, bestimmt der Kaiser.[16])

§ 22. Die Bestimmungen dieses Gesetzes finden sinngemäße Anwendung:

1. auf diejenigen Personen des Soldatenstandes und Beamten (§ 1), welche im Dienste durch Schiffbruch invalide geworden sind, sowie die Hinterbliebenen der aus gleichem Anlasse Verstorbenen vorgedachter Klassen;
2. auf die kriegsinvaliden Offiziere, Beamten und Mannschaften der früheren schleswig-holsteinischen Armee und Marine sowie auf deren Hinterbliebene;
3. auf das fortan auf dem Kriegsschauplatze befindliche Personal der freiwilligen Krankenpflege sowie auf diejenigen Deutschen, welche sich in einem Dienst- oder Vertragsverhältnisse bei dem Reichsheere, der Kaiserlichen Marine und den Kaiserlichen Schutztruppen auf dem Kriegsschauplatze befinden.

Soweit denselben nicht ein höherer militärischer Rang ausdrücklich verliehen ist, erhalten sie beziehungsweise ihre Hinterbliebenen die für Gemeine ausgeworfenen Sätze.

§ 23. Den elsaß-lothringischen Landesangehörigen, welche als Offiziere, Beamte und Mannschaften im Feldzug 1870 bis 1871 im französischen Heere kriegsinvalide und später Deutsche geworden sind, sowie deren Hinterbliebenen, können vom 1. April 1901 ab Beihülfen bis zum Betrage der durch dieses Gesetz gewährten Gebührnisse bewilligt werden. Beihülfen dieser Art können auch die später Deutsche gewordenen Hinterbliebenen von elsaß-lothringischen Landesangehörigen erhalten, welche den Feldzug 1870—1871 im französischen Heere mitgemacht haben und in diesem Feldzuge gefallen oder in Folge desselben gestorben sind.[17])

Nähere Bestimmungen über das Verfahren bei der Bewilligung und der Festsetzung der Beihülfen trifft der Reichskanzler.[18])

Auf diese Beihülfen findet § 20 Abs. 3 Anwendung.

§ 24. Soweit die Bezüge der Personen, welche unter dieses Gesetz fallen, nach den bestehenden Bestimmungen aus den Mitteln des Reichs-Invalidenfonds zu decken sind, werden auch die in diesem Gesetz vorgesehenen Zuschüsse aus dem Reichs-Invalidenfonds bestritten. Die für das Rechnungsjahr 1901 erforderlichen Deckungsmittel dürfen aus dessen Kapitalbeständen bis zum Betrage von 14 600 000 Mark über den im Reichshaushalts-Etat für dieses Rechnungsjahr ausgebrachten Kapitalzuschuß (Kapitel 18 Titel 2 der Einnahmen) flüssig gemacht werden.

Dem Königreiche Bayern wird zur Bestreitung der gleichartigen Ausgaben, mit Ausnahme der in Folge des Krieges 1870/71 erwachsenen, alljährlich eine Summe überwiesen, welche sich nach der Höhe des thatsächlichen Aufwandes für Angehörige des Reichsheeres und deren Hinterbliebene, im Verhältnisse der Kopf-

16) Zu vgl. auch Kaiserl. Verordnung über die Anwendung des Gesetzes, betreffend Versorgung der Kriegsinvaliden und der Kriegshinterbliebenen, vom 31. Mai 1901 auf die Landesbeamten des Schutzgebiets Kiautschou, vom 23. August 1901 (Reichsgesetzbl. S. 377) s. u.

17) Abgesehen hiervon können frühere Angehörige des Unteroffiziers- oder Mannschaftsstandes des französischen Heeres von elsaß-lothringischer Abstammung, die an dem Feldzug 1870/71 teilgenommen haben und nicht kriegsinvalide geworden sind, und ebenso Teilnehmer elsaß-lothringischer Abstammung an früheren Feldzügen Frankreichs die Kriegsteilnehmerbeihilfe auf Grund der Gesetze vom 23. Mai 1895 (Reichsgesetzbl. S. 237) und vom 19. Mai 1913 (Reichsgesetzbl. S. 297) erhalten.

18) Nach den Bestimmungen, die nicht veröffentlicht sind, werden die Beihilfen von dem Ministerium unter Mitwirkung des Bezirkskommandos festgesetzt.

stärke des Königlich bayerischen Militärkontingents zu jener der übrigen Theile des Reichsheeres bemißt.

§ 25. Dies Gesetz tritt vom 1. April 1901 ab in Kraft. Nachzahlungen für eine rückliegende Zeit finden nicht statt.

---

3. Juni 1901.

Kaiserliche Verordnung, betreffend die Vertheilung der gesetzlichen Zahl der Mitglieder der Kreisvertretung des Kreises Diedenhofen-Ost und des Kreises Diedenhofen-West auf die Kantone dieser Kreise.

Gesetzbl. f. Elf.-Lothr. S. 46.

Die gesetzliche Zahl der Mitglieder der Kreisvertretung der Kreise Diedenhofen-Ost und Diedenhofen-West wird auf die Kantone dieser Kreise vertheilt, wie folgt:

Es haben zu wählen:

1. Im Kreise Diedenhofen-Ost:
   Der Kanton Diedenhofen 3 Mitglieder, der Kanton Sierck 2 Mitglieder, der Kanton Metzerwiese 2 Mitglieder, der Kanton Kattenhofen 2 Mitglieder.
2. Im Kreise Diedenhofen-West:
   Der Kanton Hayingen 4 Mitglieder, der Kanton Fentsch 3 Mitglieder, der Kanton Moyeuvre 2 Mitglieder.

---

5. Juni 1901.

Vereinbarung zwischen dem Deutschen Reiche und den Niederlanden über den grenzüberspringenden Fabrikverkehr.[1])

Reichsgesetzbl. 1902 S. 55.

1) Nicht abgedruckt, da nur örtliche Bedeutung.

---

11. Juni 1901.

Bekanntmachung des Reichskanzlers, betreffend die Handelsbeziehungen zum Britischen Reiche.

Reichsgesetzbl. S. 205.

Auf Grund des Gesetzes, betreffend die Handelsbeziehungen zum Britischen Reiche, vom 29. Mai 1901 (Reichs-Gesetzbl. S. 183) hat der Bundesrath für die Zeit nach dem 30. Juli 1901 beschlossen, daß den Angehörigen und den Erzeugnissen des Vereinigten Königreichs von Großbritannien und Irland sowie der britischen Kolonien und auswärtigen Besitzungen mit Ausnahme von Kanada[1]) bis auf Weiteres diejenigen Vortheile einzuräumen sind, die seitens des Reichs den Angehörigen und den Erzeugnissen des meistbegünstigten Landes gewährt werden.

1) Wegen Kanada zu vgl. Bekanntm. d. Reichsk., betreffend die Handelsbeziehungen zu Kanada, vom 24. Februar 1910. S. diese. Zu vgl. ferner die Bekanntmachung des Reichskanzlers, betr. die Handelsbeziehungen zum Britischen Reiche, vom 19. Dezember 1913 (Reichsgesetzbl. S. 784).

---

18. Juni 1901.

Unfallfürsorgegesetz für Beamte und für Personen des Soldatenstandes.[1])

Reichsgesetzbl. S. 211.

Artikel 1.

Das Gesetz, betreffend die Fürsorge für Beamte und Personen des Soldatenstandes in Folge von Betriebsunfällen, vom 15. März 1886 (Reichs-Gesetzbl. S. 53) erhält die nachstehende Fassung:

1) Durch Gesetz vom 8. Mai 1888 i. V. mit der Kaiserl. Verordnung vom 20. Mai 1902 ist das Gesetz auf die elsaß-lothringischen Landesbeamten ausgedehnt worden. Das hiernach für die Landesbeamten geltende Gesetz ist als Unfallfürsorgegesetz für die Landesbeamten von Elsaß-Lothringen vom 20. Mai 1902 publiziert.

§ 1. Beamte der Reichs-Civilverwaltung, des Reichsheeres und der Kaiserlichen Marine sowie Personen des Soldatenstandes, welche in reichsgesetzlich der Unfallversicherung unterliegenden Betrieben beschäftigt sind, erhalten, wenn sie in Folge eines im Dienste erlittenen Betriebsunfalls dauernd dienstunfähig werden, als Pension sechsundsechzigzweidrittel Prozent ihres jährlichen Diensteinkommens.

Personen der vorbezeichneten Art erhalten, wenn sie in Folge eines im Dienste erlittenen Betriebsunfalls nicht dauernd dienstunfähig geworden, aber in ihrer Erwerbsfähigkeit beeinträchtigt worden sind, bei ihrer Entlassung aus dem Dienste als Pension:

1. im Falle völliger Erwerbsunfähigkeit für die Dauer derselben den im ersten Absatze bezeichneten Betrag;
2. im Falle theilweiser Erwerbsunfähigkeit für die Dauer derselben denjenigen Theil der vorstehend bezeichneten Pension, welcher dem Maße der durch den Unfall herbeigeführten Einbuße an Erwerbsfähigkeit entspricht.

Ist der Verletzte in Folge des Unfalls nicht nur völlig dienst- oder erwerbsunfähig, sondern auch derart hülflos geworden, daß er ohne fremde Wartung und Pflege nicht bestehen kann, so ist für die Dauer dieser Hülflosigkeit die Pension bis zu hundert Prozent des Diensteinkommens zu erhöhen.

Solange der Verletzte aus Anlaß des Unfalls thatsächlich und unverschuldet arbeitslos ist, kann in den Fällen des Abs. 2 Ziffer 2 die Pension bis zum vollen Betrage des Abs. 1 vorübergehend erhöht werden.

Steht dem Verletzten nach anderweiter reichsgesetzlicher Vorschrift ein höherer Betrag zu, so erhält er diesen.

Nach dem Wegfalle des Diensteinkommens sind dem Verletzten außerdem die noch erwachsenden Kosten des Heilverfahrens (§ 9 Abs. 1 Nr. 1 des Gewerbe-Unfallversicherungsgesetzes, Reichs-Gesetzbl. 1900 S. 585) zu ersetzen.

§ 2. Die Hinterbliebenen solcher im § 1 bezeichneten Personen, welche in Folge eines im Dienste erlittenen Betriebsunfalls gestorben sind, erhalten:

1. als Sterbegeld, sofern ihnen nicht nach anderweiter Bestimmung Anspruch auf Gnadenquartal oder Gnadenmonat zusteht, den Betrag des einmonatigen Diensteinkommens oder der einmonatigen Pension des Verstorbenen, jedoch mindestens fünfzig Mark;
2. eine Rente. Diese beträgt
   a) für die Wittwe bis zu deren Tode oder Wiederverheirathung, ebenso für jedes Kind bis zum Ablaufe des Monats, in welchem das achtzehnte Lebensjahr vollendet wird, oder bis zur etwaigen früheren Verheirathung zwanzig Prozent des jährlichen Diensteinkommens des Verstorbenen, jedoch für die Wittwe nicht unter zweihundertundsechszehn Mark und nicht mehr als dreitausend Mark, für jedes Kind nicht unter einhundertundsechzig Mark und nicht mehr als eintausendsechshundert Mark;
   b) für Verwandte der aufsteigenden Linie, wenn ihr Lebensunterhalt ganz oder überwiegend durch den Verstorbenen bestritten worden war, bis zum Wegfalle der Bedürftigkeit insgesammt zwanzig Prozent des Diensteinkommens des Verstorbenen, jedoch nicht unter einhundertundsechzig Mark und nicht mehr als eintausendsechshundert Mark; sind mehrere Berechtigte dieser Art vorhanden, so wird die Rente den Eltern vor den Großeltern gewährt;
   c) für elternlose Enkel, falls ihr Lebensunterhalt ganz oder überwiegend durch den Verstorbenen bestritten worden war, im Falle der Bedürftigkeit bis zum Ablaufe des Monats, in welchem das achtzehnte Lebensjahr vollendet wird, oder bis zur etwaigen früheren Verheirathung insgesammt zwanzig Prozent des Diensteinkommens des Verstorbenen, jedoch nicht unter einhundertundsechzig Mark und nicht mehr als eintausendsechshundert Mark.

Die Renten dürfen zusammen sechzig Prozent des Diensteinkommens nicht übersteigen. Ergiebt sich ein höherer Betrag, so haben die Verwandten der aufsteigenden Linie nur insoweit einen Anspruch, als durch die Renten der Wittwe und der Kinder der Höchstbetrag nicht erreicht wird, die Enkel nur soweit, als der Höchstbetrag der Renten nicht für Ehegatten, Kinder oder Verwandte der aufsteigenden Linie in Anspruch genommen wird. Soweit die Renten der Wittwe und der Kinder den zuläßigen Höchstbetrag überschreiten, werden die einzelnen Renten in gleichem Verhältnisse gekürzt.

Steht nach anderweiter reichsgesetzlicher Vorschrift einem von den Hinterbliebenen ein höherer Betrag zu, so erhält er diesen.

Der Anspruch der Wittwe ist ausgeschlossen, wenn die Ehe erst nach dem Unfalle geschlossen worden ist.

§ 3. Die Fürsorge erstreckt sich auf die Folgen von Unfällen bei häuslichen und anderen Diensten, zu denen Personen der im § 1 bezeichneten Art neben der Beschäftigung im Betriebe von ihren Vorgesetzten herangezogen werden.

§ 4. Erreicht das jährliche Diensteinkommen nicht den dreihundertfachen Betrag des für den Beschäftigungsort festgesetzten ortsüblichen Tagelohns gewöhnlicher erwachsener Tagearbeiter (§ 8 des Krankenversicherungsgesetzes, Reichs-Gesetzbl. 1892 S. 417), so ist dieser Betrag der Berechnung zu Grunde zu legen.

Bleibt der nach Abs. 1 zu Grunde zu legende Betrag hinter dem Jahresarbeitsverdienste zurück, welchen während des letzten Jahres vor dem Unfalle Personen bezogen haben, welche mit Arbeiten derselben Art in demselben Betrieb, oder in benachbarten gleichartigen Betrieben beschäftigt waren, so ist dieser Jahresarbeitsverdienst der Berechnung der Rente zu Grunde zu legen.

Der eintausendfünfhundert Mark übersteigende Betrag kommt nur zu einem Drittel zur Anrechnung.

Bleibt bei den nicht mit Pensionsberechtigung angestellten Beamten (§ 1) die nach vorstehenden Bestimmungen der Berechnung zu Grunde zu legende Summe unter dem niedrigsten Diensteinkommen derjenigen Stellen, in welchen solche Beamte nach den bestehenden Grundsätzen zuerst mit Pensionsberechtigung angestellt werden können, so ist der letztere Betrag der Berechnung zu Grunde zu legen.

§ 5. Ist das der Berechnung der Hinterbliebenenrente zu Grunde zu legende Diensteinkommen in Folge eines früher erlittenen, nach den reichsgesetzlichen Bestimmungen über Unfallversicherung oder Unfallfürsorge entschädigten Unfalls geringer, als der vor diesem Unfalle bezogene Lohn oder das vor diesem Unfalle bezogene Diensteinkommen, so ist die aus Anlaß des früheren Unfalls bei Lebzeiten bezogene Rente oder Pension dem Diensteinkommen bis zur Höhe des der früheren Entschädigung zu Grunde gelegten Jahresarbeitsverdienstes oder Diensteinkommens hinzuzurechnen.

§ 6. Der Bezug der Pension beginnt mit dem Wegfalle des Diensteinkommens, der Bezug der Hinterbliebenenrente mit dem Ablaufe des Gnadenquartals oder Gnadenmonats, oder, soweit solche nicht gewährt werden, mit dem Ablaufe derjenigen Zeit, für welche nach § 2 Abs. 1 Ziffer 1 das Diensteinkommen oder die Pension weiter bezogen ist.

Gehört der Verletzte auf Grund gesetzlicher oder statutarischer Verpflichtung einer Krankenkasse oder der Gemeinde-Krankenversicherung an, so wird bis zum Ablaufe der dreizehnten Woche nach dem Eintritte des Unfalls die Pension und der Ersatz der Kosten des Heilverfahrens um den Betrag der von der Krankenkasse oder der Gemeinde-Krankenversicherung geleisteten Krankenunterstützung gekürzt. Der Anspruch auf das Sterbegeld und vom Beginne der vierzehnten Woche ab auch der Anspruch auf die Pension sowie auf den Ersatz der Kosten des Heilverfahrens geht bis zum Betrage des von der Krankenkasse gezahlten Sterbegeldes beziehungsweise bis zum Betrage der von dieser gewährten weiteren Krankenunterstützung auf die Krankenkasse über. Als Werth der freien ärztlichen Behandlung, der Arznei und der Heilmittel (§ 6 Abs. 1 Ziffer 1 des Krankenversicherungsgesetzes) gilt die Hälfte des gesetzlichen Mindestbetrags des Krankengeldes.

Fällt das Recht auf den Pensions- oder Rentenbezug im Laufe des Monats, für welchen die Pension oder Rente gezahlt war, fort, so ist von einer Rückforderung abzusehen. Wenn für einen Theil des Monats die Pension für den Verletzten mit der Rente für die Hinterbliebenen zusammentrifft, so haben die Hinterbliebenen den höheren Betrag zu beanspruchen.

§ 7. Ein Anspruch auf die in den §§ 1 bis 3 bezeichneten Bezüge besteht nicht, wenn der Verletzte den Unfall vorsätzlich oder durch ein Verschulden herbeigeführt hat, wegen dessen auf Dienstentlassung oder auf Verlust des Titels und Pensionsanspruchs gegen ihn erkannt oder wegen dessen ihm die Fähigkeit zur Beschäftigung in einem öffentlichen Dienstzweig aberkannt worden ist.

Der Anspruch kann, auch ohne daß ein Urtheil der bezeichneten Art ergangen ist, ganz oder theilweise abgelehnt werden, falls das Verfahren wegen des Todes oder der Abwesenheit des Betreffenden oder aus einem anderen in seiner Person liegenden Grunde nicht durchgeführt werden kann.

§ 8. Ansprüche auf Grund dieses Gesetzes sind, soweit deren Feststellung nicht von Amtswegen erfolgt, bei Vermeidung des Ausschlusses vor Ablauf von zwei Jahren nach dem Eintritte des Unfalls bei der dem Verletzten unmittelbar vorgesetzten Dienstbehörde anzumelden. Die Frist gilt auch dann als gewahrt, wenn die Anmeldung bei der für den Wohnort des Entschädigungsberechtigten zuständigen unteren Verwaltungsbehörde erfolgt ist. In solchem Falle ist die Anmeldung unverzüglich an die zuständige Stelle abzugeben und der Betheiligte davon zu benachrichtigen.

Nach Ablauf dieser Frist ist der Anmeldung nur dann Folge zu geben, wenn zugleich glaubhaft bescheinigt wird, daß eine den Anspruch begründende Folge des Unfalls erst später bemerkbar geworden oder daß der Berechtigte von der Verfolgung seines Anspruchs durch außerhalb seines Willens liegende Verhältnisse abgehalten worden ist, und wenn die Anmeldung innerhalb dreier Monate, nachdem eine Unfallfolge bemerkbar geworden oder das Hinderniß für die Anmeldung weggefallen, erfolgt ist.

Jeder Unfall, welcher von Amtswegen oder durch Anmeldung der Betheiligten einer vorgesetzten Dienstbehörde bekannt wird, ist sofort zu untersuchen. Den Betheiligten ist Gelegenheit zu geben, selbst oder durch Vertreter ihre Interessen bei der Untersuchung zu wahren.

§ 9. Soweit vorstehend nichts Anderes bestimmt ist, finden auf die nach §§ 1 bis 3 zu gewährenden Bezüge die für die Betheiligten geltenden Bestimmungen über die Pension und über die Fürsorge für Wittwen und Waisen Anwendung. Auf die Bezüge von Verwandten der aufsteigenden Linie und von Enkeln finden diese Bestimmungen entsprechende Anwendung.

§ 10. Die in den §§ 1, 2 bezeichneten Personen können, auch wenn sie einen Anspruch auf Pension oder Rente nicht haben, einen Anspruch auf Ersatz des durch den Unfall erlittenen Schadens gegen die Betriebsverwaltung, in deren Dienste der Unfall sich ereignet hat, überhaupt nicht, und gegen deren Betriebsleiter, Bevollmächtigte oder Repräsentanten, Betriebs- oder Arbeiteraufseher nur dann geltend machen, wenn durch strafgerichtliches Urtheil festgestellt worden ist, daß der in Anspruch Genommene den Unfall vorsätzlich herbeigeführt hat.

Der hiernach zulässige Anspruch ermäßigt sich um denjenigen Betrag, welcher den Berechtigten nach dem gegenwärtigen Gesetze zusteht.

§ 11. Die in dem § 10 bezeichneten Ansprüche können, auch ohne daß die daselbst vorgesehene Feststellung durch strafgerichtliches Urtheil stattgefunden hat, geltend gemacht werden, falls diese Feststellung wegen des Todes oder der Abwesenheit des Betreffenden oder aus einem anderen in seiner Person liegenden Grunde nicht erfolgen kann.

§ 12. Die dem Verletzten oder dessen Hinterbliebenen auf Grund des § 1 des Gesetzes, betreffend die Verbindlichkeit zum Schadenersatze für die bei dem Betriebe von Eisenbahnen, Bergwerken ꝛc. herbeigeführten Tödtungen und Körperverletzungen, vom 7. Juni 1871 (Reichs-Gesetzbl. S. 207) gegen Eisenbahn-Betriebsunternehmer zustehenden Ansprüche gehen auf die Betriebsverwaltung, welche dem Verletzten oder dessen Hinterbliebenen auf Grund des gegenwärtigen Gesetzes oder anderweiter reichsgesetzlicher Vorschrift Pensionen, Kosten des Heilverfahrens, Renten oder Sterbegelder zu zahlen hat, in Höhe dieser Bezüge und vorbehaltlich der Bestimmungen des Artikel 8 des Gesetzes vom 20. Dezember 1875 (Reichs-Gesetzbl. S. 318) über.

Weitergehende Ansprüche als auf diese Bezüge stehen dem Verletzten und dessen Hinterbliebenen gegen das Reich und die Bundesstaaten nicht zu.

Die Haftung anderer, in dem § 10 nicht bezeichneter Personen bestimmt sich nach den sonstigen gesetzlichen Vorschriften. Jedoch geht die Forderung des Entschädigungsberechtigten an den Dritten auf die Betriebsverwaltung insoweit über, als sie zu den im Abs. 1 gedachten Zahlungen auf Grund dieses Gesetzes verpflichtet ist.

§ 13. Auf die in den §§ 1, 2 bezeichneten Personen finden die reichsgesetzlichen Bestimmungen über Unfallversicherung keine Anwendung.

§ 14. Staats- und Kommunalbeamten sowie deren Hinterbliebenen, für welche durch die Landesgesetzgebung oder durch statutarische Festsetzung gegen die Folgen eines im Dienste erlittenen Betriebsunfalls eine den Vorschriften der §§ 1 bis 7 des gegenwärtigen Gesetzes mindestens gleichkommende Fürsorge getroffen ist, steht wegen eines solchen Unfalls ein reichsgesetzlicher Anspruch auf Ersatz des durch denselben erlittenen Schadens nur nach Maßgabe der §§ 10 bis 12 des gegenwärtigen Gesetzes zu. Auf solche Staats- und Kommunalbeamten sowie deren Hinterbliebene finden die reichsgesetzlichen Bestimmungen über Unfallversicherung keine Anwendung.

Artikel 2.

Dies Gesetz tritt mit dem Tage der Verkündung in Kraft. Dasselbe kommt in Bayern nach näherer Bestimmung des Bündnißvertrags vom 23. November 1870 (Bundes-Gesetzbl. 1871 S. 9) unter III § 5 zur Anwendung.

Soweit Staats- und Kommunalbeamte der im Artikel 1 § 1 bezeichneten Art beim Inkrafttreten dieses Gesetzes zufolge einer dem Gesetze vom 15. März 1886 genügenden landesgesetzlichen oder statutarischen Fürsorge von der reichsgesetzlichen Unfallversicherung ausgeschlossen sind, behält es hierbei bis zum 1. Januar 1903 sein Bewenden.

19. Juni 1901.

Gesetz über das Verlagsrecht.[1])

Reichsgesetzbl. S. 217.

§ 1.

Durch den Verlagsvertrag über ein Werk der Literatur oder der Tonkunst wird der Verfasser verpflichtet, dem Verleger das Werk zur Vervielfältigung und Verbreitung für eigene Rechnung zu überlassen. Der Verleger ist verpflichtet, das Werk zu vervielfältigen und zu verbreiten.

§ 2.

Der Verfasser hat sich während der Dauer des Vertragsverhältnisses jeder Vervielfältigung und Verbreitung des Werkes zu enthalten, die einem Dritten während der Dauer des Urheberrechts untersagt ist.

Dem Verfasser verbleibt jedoch die Befugniß zur Vervielfältigung und Verbreitung:

1. für die Uebersetzung in eine andere Sprache oder in eine andere Mundart;
2. für die Wiedergabe einer Erzählung in dramatischer Form oder eines Bühnenwerkes in der Form einer Erzählung;
3. für die Bearbeitung eines Werkes der Tonkunst, soweit sie nicht bloß ein Auszug oder eine Uebertragung in eine andere Tonart oder Stimmlage ist;
4. für die Benutzung des Werkes zum Zwecke der mechanischen Wiedergabe für das Gehör;[2])
5. für die Benutzung eines Schriftwerkes oder einer Abbildung zu einer bildlichen Darstellung, welche das Originalwerk seinem Inhalt nach im Wege der Kinematographie oder eines ihr ähnlichen Verfahrens wiedergibt.[2])

Auch ist der Verfasser zur Vervielfältigung und Verbreitung in einer Gesammtausgabe befugt, wenn seit dem Ablaufe des Kalenderjahrs, in welchem das Werk erschienen ist, zwanzig Jahre verstrichen sind.

§ 3.

Beiträge zu einem Sammelwerke, für die dem Verfasser ein Anspruch auf Vergütung nicht zusteht, dürfen von ihm anderweit verwertet werden, wenn seit dem Ablaufe des Kalenderjahrs, in welchem sie erschienen sind, ein Jahr verstrichen ist.

§ 4.

Der Verleger ist nicht berechtigt, ein Einzelwerk für eine Gesammtausgabe oder ein Sammelwerk sowie Theile einer Gesammtausgabe oder eines Sammelwerkes für eine Sonderausgabe zu verwerthen. Soweit jedoch eine solche Verwerthung auch während der Dauer des Urheberrechts einem jeden freisteht, bleibt sie dem Verleger gleichfalls gestattet.

§ 5.

Der Verleger ist nur zu einer Auflage berechtigt. Ist ihm das Recht zur Veranstaltung mehrerer Auflagen eingeräumt, so gelten im Zweifel für jede neue Auflage die gleichen Abreden wie für die vorhergehende.

Ist die Zahl der Abzüge nicht bestimmt, so ist der Verleger berechtigt, tausend Abzüge herzustellen. Hat der Verleger durch eine vor dem Beginne der Vervielfältigung dem Verfasser gegenüber abgegebene Erklärung die Zahl der Abzüge niedriger bestimmt, so ist er nur berechtigt, die Auflage in der angegebenen Höhe herzustellen.

§ 6.

Die üblichen Zuschußexemplare werden in die Zahl der zulässigen Abzüge nicht eingerechnet. Das Gleiche gilt von Freiexemplaren, soweit ihre Zahl den zwanzigsten Theil der zulässigen Abzüge nicht übersteigt.

Zuschußexemplare, die nicht zum Ersatz oder zur Ergänzung beschädigter Abzüge verwendet worden sind, dürfen von dem Verleger nicht verbreitet werden.

§ 7.

Gehen Abzüge unter, die der Verleger auf Lager hat, so darf er sie durch andere ersetzen; er hat vorher dem Verfasser Anzeige zu machen.

§ 8.

In dem Umfang, in welchem der Verfasser nach den §§ 2 bis 7 verpflichtet ist, sich der Vervielfältigung und Verbreitung zu enthalten und sie dem Verleger zu gestatten, hat er, soweit nicht aus dem Vertrage sich ein anderes ergiebt, dem Verleger das ausschließliche Recht zur Vervielfältigung und Verbreitung (Verlagsrecht) zu verschaffen.

§ 9.

Das Verlagsrecht entsteht mit der Abliefe-

[1]) Das Gesetz ist in der Fassung abgedruckt, welche es durch Artikel 2 des Gesetzes vom 22. Mai 1910 zur Ausführung der revidierten Berner Übereinkunft zum Schutze von Werken der Literatur und Kunst erhalten hat.

[2]) Die Ziffern 4 und 5 sind durch Artikel 2 des Ausf.-Ges. vom 22. Mai 1910 zur revidierten Berner Übereinkunft eingefügt worden.

rung des Werkes an den Verleger und erlischt mit der Beendigung des Vertragsverhältnisses.

Soweit der Schutz des Verlagsrechts es erfordert, kann der Verleger gegen den Verfasser sowie gegen Dritte die Befugnisse ausüben, die zum Schutze des Urheberrechts durch das Gesetz vorgesehen sind.

§ 10.

Der Verfasser ist verpflichtet, dem Verleger das Werk in einem für die Vervielfältigung geeigneten Zustand abzuliefern.

§ 11.

Ist der Verlagsvertrag über ein bereits vollendetes Werk geschlossen, so ist das Werk sofort abzuliefern.

Soll das Werk erst nach dem Abschlusse des Verlagsvertrags hergestellt werden, so richtet sich die Frist der Ablieferung nach dem Zwecke, welchem das Werk dienen soll. Soweit sich hieraus nichts ergiebt, richtet sich die Frist nach dem Zeitraum, innerhalb dessen der Verfasser das Werk bei einer seinen Verhältnissen entsprechenden Arbeitsleistung herstellen kann; eine anderweitige Thätigkeit des Verfassers bleibt bei der Bemessung der Frist nur dann außer Betracht, wenn der Verleger die Thätigkeit bei dem Abschlusse des Vertrags weder kannte noch kennen mußte.

§ 12.

Bis zur Beendigung der Vervielfältigung darf der Verfasser Aenderungen an dem Werke vornehmen. Vor der Veranstaltung einer neuen Auflage hat der Verleger dem Verfasser zur Vornahme von Aenderungen Gelegenheit zu geben. Aenderungen sind nur insoweit zulässig, als nicht durch sie ein berechtigtes Interesse des Verlegers verletzt wird.

Der Verfasser darf die Aenderungen durch einen Dritten vornehmen lassen.

Nimmt der Verfasser nach dem Beginne der Vervielfältigung Aenderungen vor, welche das übliche Maß übersteigen, so ist er verpflichtet, die hieraus entstehenden Kosten zu ersetzen; die Ersatzpflicht liegt ihm nicht ob, wenn Umstände, die inzwischen eingetreten sind, die Aenderung rechtfertigen.

§ 13.

Der Verleger darf an dem Werke selbst, an dessen Titel und an der Bezeichnung des Urhebers Zusätze, Kürzungen oder sonstige Aenderungen nicht vornehmen.

Zulässig sind Aenderungen, für die der Verfasser seine Einwilligung nach Treu und Glauben nicht versagen kann.

§ 14.

Der Verleger ist verpflichtet, das Werk in der zweckentsprechenden und üblichen Weise zu vervielfältigen und zu verbreiten. Die Form und Ausstattung der Abzüge wird unter Beobachtung der im Verlagshandel herrschenden Uebung sowie mit Rücksicht auf Zweck und Inhalt des Werkes von dem Verleger bestimmt.

§ 15.

Der Verleger hat mit der Vervielfältigung zu beginnen, sobald ihm das vollständige Werk zugegangen ist. Erscheint das Werk in Abtheilungen, so ist mit der Vervielfältigung zu beginnen, sobald der Verfasser eine Abtheilung abgeliefert hat, die nach ordnungsmäßiger Folge zur Herausgabe bestimmt ist.

§ 16.

Der Verleger ist verpflichtet, diejenige Zahl von Abzügen herzustellen, welche er nach dem Vertrag oder gemäß dem § 5 herzustellen berechtigt ist. Er hat rechtzeitig dafür zu sorgen, daß der Bestand nicht vergriffen wird.

§ 17.

Ein Verleger, der das Recht hat, eine neue Auflage zu veranstalten, ist nicht verpflichtet, von diesem Rechte Gebrauch zu machen. Zur Ausübung des Rechtes kann ihm der Verfasser eine angemessene Frist bestimmen. Nach dem Ablaufe der Frist ist der Verfasser berechtigt, von dem Vertrage zurückzutreten, wenn nicht die Veranstaltung rechtzeitig erfolgt ist. Der Bestimmung einer Frist bedarf es nicht, wenn die Veranstaltung von dem Verleger verweigert wird.

§ 18.

Fällt der Zweck, welchem das Werk dienen sollte, nach dem Abschlusse des Vertrags weg, so kann der Verleger das Vertragsverhältniß kündigen; der Anspruch des Verfassers auf die Vergütung bleibt unberührt.

Das Gleiche gilt, wenn Gegenstand des Verlagsvertrags ein Beitrag zu einem Sammelwerk ist und die Vervielfältigung des Sammelwerkes unterbleibt.

§ 19.

Werden von einem Sammelwerke neue Abzüge hergestellt, so ist der Verleger im Einverständnisse mit dem Herausgeber berechtigt, einzelne Beiträge wegzulassen.

§ 20.

Der Verleger hat für die Korrektur zu sorgen. Einen Abzug hat er rechtzeitig dem Verfasser zur Durchsicht vorzulegen.

Der Abzug gilt als genehmigt, wenn der Verfasser ihn nicht binnen einer angemessenen Frist dem Verleger gegenüber beanstandet.

§ 21.

Die Bestimmung des Ladenpreises, zu

welchem das Werk verbreitet wird, steht für jede Auflage dem Verleger zu. Er darf den Ladenpreis ermäßigen, soweit nicht berechtigte Interessen des Verfassers verletzt werden. Zur Erhöhung dieses Preises bedarf es stets der Zustimmung des Verfassers.

§ 22.

Der Verleger ist verpflichtet, dem Verfasser die vereinbarte Vergütung zu zahlen. Eine Vergütung gilt als stillschweigend vereinbart, wenn die Ueberlassung des Werkes den Umständen nach nur gegen eine Vergütung zu erwarten ist.

Ist die Höhe der Vergütung nicht bestimmt, so ist eine angemessene Vergütung in Geld als vereinbart anzusehen.

§ 23.

Die Vergütung ist bei der Ablieferung des Werkes zu entrichten. Ist die Höhe der Vergütung unbestimmt oder hängt sie von dem Umfange der Vervielfältigung, insbesondere von der Zahl der Druckbogen, ab, so wird die Vergütung fällig, sobald das Werk vervielfältigt ist.

§ 24.

Bestimmt sich die Vergütung nach dem Absatze, so hat der Verleger jährlich dem Verfasser für das vorangegangene Geschäftsjahr Rechnung zu legen und ihm, soweit es für die Prüfung erforderlich ist, die Einsicht seiner Geschäftsbücher zu gestatten.

§ 25.

Der Verleger eines Werkes der Literatur ist verpflichtet, dem Verfasser auf je hundert Abzüge ein Freiexemplar, jedoch im Ganzen nicht weniger als fünf und nicht mehr als fünfzehn, zu liefern. Auch hat er dem Verfasser auf dessen Verlangen ein Exemplar in Aushängebogen zu überlassen.

Der Verleger eines Werkes der Tonkunst ist verpflichtet, dem Verfasser die übliche Zahl von Freiexemplaren zu liefern.

Von Beiträgen, die in Sammelwerken erscheinen, dürfen Sonderabzüge als Freiexemplare geliefert werden.

§ 26.

Der Verleger hat die zu seiner Verfügung stehenden Abzüge des Werkes zu dem niedrigsten Preise, für welchen er das Werk im Betriebe seines Verlagsgeschäftes abgiebt, dem Verfasser, soweit dieser es verlangt, zu überlassen.

§ 27.

Der Verleger ist verpflichtet, das Werk, nachdem es vervielfältigt worden ist, zurückzugeben, sofern der Verfasser sich vor dem Beginne der Vervielfältigung die Rückgabe vorbehalten hat.

§ 28.

Die Rechte des Verlegers sind übertragbar, soweit nicht die Uebertragung durch Vereinbarung zwischen dem Verfasser und dem Verleger ausgeschlossen ist. Der Verleger kann jedoch durch einen Vertrag, der nur über einzelne Werke geschlossen wird, seine Rechte nicht ohne Zustimmung des Verfassers übertragen. Die Zustimmung kann nur verweigert werden, wenn ein wichtiger Grund vorliegt. Fordert der Verleger den Verfasser zur Erklärung über die Zustimmung auf, so gilt diese als erteilt, wenn nicht die Verweigerung von dem Verfasser binnen zwei Monaten nach dem Empfange der Auffordeurng dem Verleger gegenüber erklärt wird.

Die dem Verleger obliegende Vervielfältigung und Verbreitung kann auch durch den Rechtsnachfolger bewirkt werden. Uebernimmt der Rechtsnachfolger dem Verleger gegenüber die Verpflichtung, das Werk zu vervielfältigen und zu verbreiten, so haftet er dem Verfasser für die Erfüllung der aus dem Verlagsvertrage sich ergebenden Verbindlichkeiten neben dem Verleger als Gesammtschuldner. Die Haftung erstreckt sich nicht auf eine bereits begründete Verpflichtung zum Schadensersatze.

§ 29.

Ist der Verlagsvertrag auf eine bestimmte Zahl von Auflagen oder von Abzügen beschränkt, so endigt das Vertragsverhältniß, wenn die Auflagen oder Abzüge vergriffen sind.

Der Verleger ist verpflichtet, dem Verfasser auf Verlangen Auskunft darüber zu ertheilen, ob die einzelne Auflage oder die bestimmte Zahl von Abzügen vergriffen ist.

Wird der Verlagsvertrag für eine bestimmte Zeit geschlossen, so ist nach dem Ablaufe der Zeit der Verleger nicht mehr zur Verbreitung der noch vorhandenen Abzüge berechtigt.

§ 30.

Wird das Werk ganz oder zum Theil nicht rechtzeitig abgeliefert, so kann der Verleger, statt den Anspruch auf Erfüllung geltend zu machen, dem Verfasser eine angemessene Frist zur Ablieferung mit der Erklärung bestimmen, daß er die Annahme der Leistung nach dem Ablaufe der Frist ablehne. Zeigt sich schon vor dem Zeitpunkt, in welchem das Werk nach dem Vertrag abzuliefern ist, daß das Werk nicht rechtzeitig abgeliefert werden wird, so kann der Verleger die Frist sofort bestimmen; die Frist muß so bemessen werden, daß sie nicht vor dem bezeichneten Zeitpunkt abläuft. Nach dem Ablaufe der Frist ist der Verleger berechtigt, von dem Vertrage zurückzutreten, wenn nicht das Werk rechtzeitig abgeliefert worden ist; der Anspruch auf Ablieferung des Werkes ist ausgeschlossen.

Der Bestimmung einer Frist bedarf es nicht, wenn die rechtzeitige Herstellung des Werkes unmöglich ist oder von dem Verfasser verweigert wird oder wenn der sofortige Rücktritt von dem Vertrage durch ein besonderes Interesse des Verlegers gerechtfertigt wird.

Der Rücktritt ist ausgeschlossen, wenn die nicht rechtzeitige Ablieferung des Werkes für den Verleger nur einen unerheblichen Nachtheil mit sich bringt.

Durch diese Vorschriften werden die im Falle des Verzugs des Verfassers dem Verleger zustehenden Rechte nicht berührt.

§ 31.

Die Vorschriften des § 30 finden entsprechende Anwendung, wenn das Werk nicht von vertragsmäßiger Beschaffenheit ist.

Beruht der Mangel auf einem Umstande, den der Verfasser zu vertreten hat, so kann der Verleger statt des im § 30 vorgesehenen Rücktrittsrechts den Anspruch auf Schadensersatz wegen Nichterfüllung geltend machen.

§ 32.

Wird das Werk nicht vertragsmäßig vervielfältigt oder verbreitet, so finden zu Gunsten des Verfassers die Vorschriften des § 30 entsprechende Anwendung.

§ 33.

Geht das Werk nach der Ablieferung an den Verleger durch Zufall unter, so behält der Verfasser den Anspruch auf die Vergütung. Im Uebrigen werden beide Theile von der Verpflichtung zur Leistung frei.

Auf Verlangen des Verlegers hat jedoch der Verfasser gegen eine angemessene Vergütung ein anderes im Wesentlichen übereinstimmendes Werk zu liefern, sofern dies auf Grund vorhandener Vorarbeiten oder sonstiger Unterlagen mit geringer Mühe geschehen kann; erbietet sich der Verfasser, ein solches Werk innerhalb einer angemessenen Frist kostenfrei zu liefern, so ist der Verleger verpflichtet, das Werk an Stelle des untergegangenen zu vervielfältigen und zu verbreiten. Jeder Theil kann diese Rechte auch geltend machen, wenn das Werk nach der Ablieferung infolge eines Umstandes untergegangen ist, den der andere Theil zu vertreten hat.

Der Ablieferung steht es gleich, wenn der Verleger in Verzug der Annahme kommt.

§ 34.

Stirbt der Verfasser vor der Vollendung des Werkes, so ist, wenn ein Theil des Werkes dem Verleger bereits abgeliefert worden war, der Verleger berechtigt, in Ansehung des gelieferten Theiles den Vertrag durch eine dem Erben des Verfassers gegenüber abzugebende Erklärung aufrechtzuerhalten.

Der Erbe kann dem Verleger zur Ausübung des im Abs. 1 bezeichneten Rechtes eine angemessene Frist bestimmen. Das Recht erlischt, wenn sich der Verleger nicht vor dem Ablaufe der Frist für die Aufrechterhaltung des Vertrags erklärt.

Diese Vorschriften finden entsprechende Anwendung, wenn die Vollendung des Werkes in Folge eines sonstigen nicht von dem Verfasser zu vertretenden Umstandes unmöglich wird.

§ 35.

Bis zum Beginne der Vervielfältigung ist der Verfasser berechtigt, von dem Verlagsvertrage zurückzutreten, wenn sich Umstände ergeben, die bei dem Abschlusse des Vertrags nicht vorauszusehen waren und den Verfasser bei Kenntniß der Sachlage und verständiger Würdigung des Falles von der Herausgabe des Werkes zurückgehalten haben würden. Ist der Verleger befugt, eine neue Auflage zu veranstalten, so findet für die Auflage diese Vorschrift entsprechende Anwendung.

Erklärt der Verfasser auf Grund der Vorschrift des Abs. 1 den Rücktritt, so ist er dem Verleger zum Ersatze der von diesem gemachten Aufwendungen verpflichtet. Giebt er innerhalb eines Jahres seit dem Rücktritte das Werk anderweit heraus, so ist er zum Schadensersatze wegen Nichterfüllung verpflichtet; diese Ersatzpflicht tritt nicht ein, wenn der Verfasser dem Verleger den Antrag, den Vertrag nachträglich zur Ausführung zu bringen, gemacht und der Verleger den Antrag nicht angenommen hat.

§ 36.

Wird über das Vermögen des Verlegers der Konkurs eröffnet, so finden die Vorschriften des § 17 der Konkursordnung auch dann Anwendung, wenn das Werk bereits vor der Eröffnung des Verfahrens abgeliefert worden war.

Besteht der Konkursverwalter auf der Erfüllung des Vertrags, so tritt, wenn er die Rechte des Verlegers auf einen anderen überträgt, dieser an Stelle der Konkursmasse in die sich aus dem Vertragsverhältnis ergebenden Verpflichtungen ein. Die Konkursmasse haftet jedoch, wenn der Erwerber die Verpflichtungen nicht erfüllt, für den von dem Erwerber zu ersetzenden Schaden wie ein Bürge, der auf die Einrede der Vorausklage verzichtet hat. Wird das Konkursverfahren aufgehoben, so sind die aus dieser Haftung sich ergebenden Ansprüche des Verfassers gegen die Masse sicher zu stellen.

War zur Zeit der Eröffnung des Verfahrens

mit der Vervielfältigung noch nicht begonnen, so kann der Verfasser von dem Vertrage zurücktreten.

§ 37.

Auf das in den §§ 17, 30, 35, 36 bestimmte Rücktrittsrecht finden die für das vertragsmäßige Rücktrittsrecht geltenden Vorschriften der §§ 346 bis 356 des Bürgerlichen Gesetzbuchs entsprechende Anwendung. Erfolgt der Rücktritt wegen eines Umstandes, den der andere Theil nicht zu vertreten hat, so haftet dieser nur nach den Vorschriften über die Herausgabe einer ungerechtfertigten Bereicherung.

§ 38.

Wird der Rücktritt von dem Verlagsvertrag erklärt, nachdem das Werk ganz oder zum Theil abgeliefert worden ist, so hängt es von den Umständen ab, ob der Vertrag theilweise aufrecht erhalten bleibt. Es begründet keinen Unterschied, ob der Rücktritt auf Grund des Gesetzes oder eines Vorbehalts im Vertrag erfolgt.

Im Zweifel bleibt der Vertrag insoweit aufrecht erhalten, als er sich auf die nicht mehr zur Verfügung des Verlegers stehenden Abzüge, auf frühere Abtheilungen des Werkes oder auf ältere Auflagen erstreckt.

Soweit der Vertrag aufrecht erhalten bleibt, kann der Verfasser einen entsprechenden Theil der Vergütung verlangen.

Diese Vorschriften finden auch Anwendung, wenn der Vertrag in anderer Weise rückgängig wird.

§ 39.

Soll Gegenstand des Vertrags ein Werk sein, an dem ein Urheberrecht nicht besteht, so ist der Verfasser zur Verschaffung des Verlagsrechts nicht verpflichtet.

Verschweigt der Verfasser arglistig, daß das Werk bereits anderweit in Verlag gegeben oder veröffentlicht worden ist, so finden die Vorschriften des bürgerlichen Rechtes, welche für die dem Verkäufer wegen eines Mangels im Rechte obliegende Gewährleistungspflicht gelten, entsprechende Anwendung.

Der Verfasser hat sich der Vervielfältigung und Verbreitung des Werkes gemäß den Vorschriften des § 2 in gleicher Weise zu enthalten, wie wenn an dem Werke ein Urheberrecht bestände. Diese Beschränkung fällt weg, wenn seit der Veröffentlichung des Werkes durch den Verleger sechs Monate abgelaufen sind.

§ 40.

Im Falle des § 39 verbleibt dem Verleger die Befugniß, das von ihm veröffentlichte Werk gleich jedem Dritten von neuem unverändert oder mit Aenderungen zu vervielfältigen. Diese Vorschrift findet keine Anwendung, wenn nach dem Vertrage die Herstellung neuer Auflagen oder weiterer Abzüge von der Zahlung einer besonderen Vergütung abhängig ist.

§ 41.

Werden für eine Zeitung, eine Zeitschrift oder ein sonstiges periodisches Sammelwerk Beiträge zur Veröffentlichung angenommen, so finden die Vorschriften dieses Gesetzes Anwendung, soweit sich nicht aus den §§ 42 bis 46 ein anderes ergiebt.

§ 42.

Sofern nicht aus den Umständen zu entnehmen ist, daß der Verleger das ausschließliche Recht zur Vervielfältigung und Verbreitung erhalten soll, verbleibt dem Verfasser die anderweitige Verfügung über den Beitrag.

Ueber einen Beitrag, für welchen der Verleger das ausschließliche Recht zur Vervielfältigung und Verbreitung erhalten hat, darf der Verfasser anderweit verfügen, wenn seit dem Ablaufe des Kalenderjahrs, in welchem der Beitrag erschienen ist, ein Jahr verstrichen ist. Ist der Beitrag für eine Zeitung geliefert, so steht diese Befugnis dem Verfasser alsbald nach dem Erscheinen zu.

§ 43.

Der Verleger ist in der Zahl der von dem Sammelwerke herzustellenden Abzüge, die den Beitrag enthalten, nicht beschränkt. Die Vorschrift des § 20 Abs. 1 Satz 2 findet keine Anwendung.

§ 44.

Soll der Beitrag ohne den Namen des Verfassers erscheinen, so ist der Verleger befugt, an der Fassung solche Aenderungen vorzunehmen, welche bei Sammelwerken derselben Art üblich sind.

§ 45.

Wird der Beitrag nicht innerhalb eines Jahres nach der Ablieferung an den Verleger veröffentlicht, so kann der Verfasser das Vertragsverhältnis kündigen. Der Anspruch auf die Vergütung bleibt unberührt.

Ein Anspruch auf Vervielfältigung und Verbreitung des Beitrags oder auf Schadensersatz wegen Nichterfüllung steht dem Verfasser nur zu, wenn ihm der Zeitpunkt, in welchem der Beitrag erscheinen soll, von dem Verleger bezeichnet worden ist.

§ 46.

Erscheint der Beitrag in einer Zeitung, so kann der Verfasser Freiexemplare nicht verlangen.

Der Verleger ist nicht verpflichtet, dem Verfasser Abzüge zum Buchhändlerpreise zu überlassen.

§ 47.

Uebernimmt Jemand die Herstellung eines Werkes nach einem Plane, in welchem ihm der Besteller den Inhalt des Werkes sowie die Art und Weise der Behandlung genau vorschreibt, so ist der Besteller im Zweifel zur Vervielfältigung und Verbreitung nicht verpflichtet.

Das Gleiche gilt, wenn sich die Thätigkeit auf die Mitarbeit an enzyklopädischen Unternehmungen oder auf Hilfs- oder Nebenarbeiten für das Werk eines anderen oder für ein Sammelwerk beschränkt.

§ 48.

Die Vorschriften dieses Gesetzes finden auch dann Anwendung, wenn derjenige, welcher mit dem Verleger den Vertrag abschließt, nicht der Verfasser ist.

§ 49.

In bürgerlichen Rechtsstreitigkeiten, in welchen durch Klage oder Widerklage ein Anspruch auf Grund der Vorschriften dieses Gesetzes geltend gemacht ist, wird die Verhandlung und Entscheidung letzter Instanz im Sinne des § 8 des Einführungsgesetzes zum Gerichtsverfassungsgesetze dem Reichsgerichte zugewiesen.

§ 50.

Dieses Gesetz tritt am 1. Januar 1902 in Kraft.

---

19. Juni 1901.

Gesetz, betreffend das Urheberrecht an Werken der Literatur und der Tonkunst.[1])

Reichsgesetzbl. S. 227.

Erster Abschnitt.

Voraussetzungen des Schutzes.

§ 1.

Nach Maßgabe dieses Gesetzes werden geschützt:

1. die Urheber von Schriftwerken und solchen Vorträgen oder Reden, welche dem Zwecke der Erbauung, der Belehrung oder der Unterhaltung dienen;
2. die Urheber von Werken der Tonkunst;
3. die Urheber von solchen Abbildungen wissenschaftlicher oder technischer Art, welche nicht ihrem Hauptzwecke nach als Kunstwerke zu betrachten sind. Zu den Abbildungen gehören auch plastische Darstellungen.

Choreographische und pantomimische Werke werden auch dann wie Schriftwerke geschützt, wenn der Bühnenvorgang auf andere Weise als schriftlich festgelegt ist.[2])

§ 2.

Urheber eines Werkes ist dessen Verfasser. Bei einer Uebersetzung gilt der Uebersetzer, bei einer sonstigen Bearbeitung der Bearbeiter als Urheber.

Wird ein Werk der Literatur oder der Tonkunst durch einen persönlichen Vortrag auf Vorrichtungen für Instrumente übertragen, die der mechanischen Wiedergabe für das Gehör dienen, so steht die auf diese Weise hergestellte Vorrichtung einer Bearbeitung des Werkes gleich. Das Gleiche gilt, wenn die Übertragung durch Lochen, Stanzen, Anordnung von Stiften oder eine ähnliche Tätigkeit geschieht und die Tätigkeit als eine künstlerische Leistung anzusehen ist. Im Falle des Satz 1 gilt der Vortragende, im Falle des Satz 2 derjenige, welcher die Übertragung bewirkt, als Bearbeiter.[3])

§ 3.

Juristische Personen des öffentlichen Rechtes, die als Herausgeber ein Werk veröffentlichen, dessen Verfasser nicht auf dem Titelblatt, in der Zueignung, in der Vorrede oder am Schlusse genannt wird, werden, wenn nicht ein anderes vereinbart ist, als Urheber des Werkes angesehen.

§ 4.

Besteht ein Werk aus den getrennten Beiträgen mehrerer (Sammelwerk), so wird für das Werk als Ganzes der Herausgeber als Urheber angesehen. Ist ein solcher nicht genannt, so gilt der Verleger als Herausgeber.

§ 5.

Wird ein Schriftwerk mit einem Werke der Tonkunst oder mit Abbildungen verbunden, so

---

1) Das Gesetz ist in der Fassung abgedruckt, welche es durch Artikel 1 des Gesetzes vom 22. Mai 1910 zur Ausführung der revidierten Übereinkunft zum Schutze von Werken der Literatur und Kunst erhalten hat.

2) Der Absatz 2 ist durch Artikel 1 des Ausf.-Ges. vom 22. Mai 1910 zur revidierten Berner Übereinkunft eingestellt worden.

3) Der Absatz 2 ist durch Artikel 1 des Ausf.-Ges. vom 22. Mai 1910 zur revidierten Berner Übereinkunft eingestellt worden.

gilt für jedes dieser Werke dessen Verfasser auch nach der Verbindung als Urheber.

§ 6.

Haben mehrere ein Werk gemeinsam in der Weise verfaßt, daß ihre Arbeiten sich nicht trennen lassen, so besteht unter ihnen als Urhebern eine Gemeinschaft nach Bruchtheilen im Sinne des Bürgerlichen Gesetzbuchs.

§ 7.

Enthält ein erschienenes Werk auf dem Titelblatt, in der Zueignung, in der Vorrede oder am Schlusse den Namen eines Verfassers, so wird vermuthet, daß dieser der Urheber des Werkes sei. Ist das Werk durch Beiträge mehrerer gebildet, so genügt es, wenn der Name an der Spitze oder am Schlusse des Beitrags angegeben ist.

Bei Werken, die unter einem anderen als dem wahren Namen des Verfassers oder ohne den Namen eines Verfassers erschienen sind, ist der Herausgeber, falls aber ein solcher nicht angeben ist, der Verleger berechtigt, die Rechte des Urhebers wahrzunehmen.

Bei Werken, die vor oder nach dem Erscheinen öffentlich aufgeführt oder vorgetragen sind, wird vermuthet, daß derjenige der Urheber sei, welcher bei der Ankündigung der Aufführung oder des Vortrags als Verfasser bezeichnet worden ist.

§ 8.

Das Recht des Urhebers geht auf die Erben über.

Ist der Fiskus oder eine andere juristische Person gesetzlicher Erbe, so erlischt das Recht, soweit es dem Erblasser zusteht, mit dessen Tode.

Das Recht kann beschränkt oder unbeschränkt auf andere übertragen werden; die Uebertragung kann auch mit der Begrenzung auf ein bestimmtes Gebiet geschehen.

§ 9.

Im Falle der Uebertragung des Urheberrechts hat der Erwerber, soweit nicht ein anderes vereinbart ist, nicht das Recht, an dem Werke selbst, an dessen Titel und an der Bezeichnung des Urhebers Zusätze, Kürzungen oder sonstige Aenderungen vorzunehmen.

Zulässig sind Aenderungen, für die der Berechtigte seine Einwilligung nach Treu und Glauben nicht versagen kann.

§ 10.

Die Zwangsvollstreckung in das Recht des Urhebers oder in sein Werk findet gegen den Urheber selbst ohne dessen Einwilligung nicht statt; die Einwilligung kann nicht durch den gesetzlichen Vertreter erteilt werden. Gegen den Erben des Urhebers ist ohne seine Einwilligung die Zwangsvollstreckung nur zulässig, wenn das Werk erschienen ist.

Zweiter Abschnitt.

Befugnisse des Urhebers.

§ 11.

Der Urheber hat die ausschließliche Befugnis, das Werk zu vervielfältigen und gewerbsmäßig zu verbreiten; die ausschließliche Befugnis erstreckt sich nicht auf das Verleihen. Der Urheber ist ferner, solange nicht der wesentliche Inhalt des Werkes öffentlich mitgeteilt ist, ausschließlich zu einer solchen Mitteilung befugt.

Das Urheberrecht an einem Bühnenwerk oder an einem Werke der Tonkunst enthält auch die ausschließliche Befugniß, das Werk öffentlich aufzuführen.

Der Urheber eines Schriftwerkes oder eines Vortrags hat, solange nicht das Werk erschienen ist, die ausschließliche Befugniß, das Werk öffentlich vorzutragen.

§ 12.

Die ausschließlichen Befugnisse, die dem Urheber nach § 11 in Ansehung des Werkes selbst zustehen, erstrecken sich auch auf die Bearbeitungen des Werkes.

Die Befugnisse des Urhebers erstrecken sich insbesondere auf:

1. die Uebersetzung in eine andere Sprache oder in eine andere Mundart derselben Sprache, auch wenn die Uebersetzung in gebundener Form abgefaßt ist;
2. die Rückübersetzung in die Sprache des Originalwerkes;
3. die Wiedergabe einer Erzählung in dramatischer Form oder eines Bühnenwerkes in der Form einer Erzählung;
4. die Herstellung von Auszügen aus Werken der Tonkunst sowie von Einrichtungen solcher Werke für einzelne oder mehrere Instrumente oder Stimmen;
5. die Übertragung des Werkes auf Vorrichtungen für Instrumente, die der mechanischen Wiedergabe für das Gehör dienen, insbesondere auf auswechselbare Scheiben, Platten, Walzen, Bänder und sonstige Zubehörstücke solcher Instrumente;[4])
6. die Benutzung eines Schriftwerkes zu einer bildlichen Darstellung, welche das Originalwerk seinem Inhalt nach im Wege der Kinematographie oder eines ihr ähnlichen Verfahrens wiedergibt.

4) Die Ziffern 5 und 6 sind durch Art. 1 des Ausf.-Ges. vom 22. Mai 1910 zur revidierten Berner Übereinkunft eingestellt worden.

§ 13.

Unbeschadet der ausschließlichen Befugnisse, die dem Urheber nach § 12 Abs. 2 zustehen, ist die freie Benutzung seines Werkes zulässig, wenn dadurch eine eigentümliche Schöpfung hervorgebracht wird.

Bei einem Werke der Tonkunst ist jede Benutzung unzulässig, durch welche eine Melodie erkennbar dem Werke entnommen und einer neuen Arbeit zu Grunde gelegt wird.

§ 14.

Im Falle der Uebertragung des Urheberrechts verbleiben, soweit nicht ein anderes vereinbart ist, dem Urheber seine ausschließlichen Befugnisse:

1. für die Uebersetzung eines Werkes in eine andere Sprache oder in eine andere Mundart;
2. für die Wiedergabe einer Erzählung in dramatischer Form oder eines Bühnenwerkes in der Form einer Erzählung;
3. für die Bearbeitung eines Werkes der Tonkunst, soweit sie nicht bloß ein Auszug oder eine Uebertragung in eine andere Tonart oder Stimmlage ist;
4. für die Benutzung des Werkes zum Zwecke der mechanischen Wiedergabe für das Gehör (§ 12 Abs. 2 Nr. 5);[5])
5. für die Benutzung eines Schriftwerkes zum Zwecke der kinematographischen Wiedergabe (§ 12 Abs. 2 Nr. 6).[5])

§ 15.

Eine Vervielfältigung ohne Einwilligung des Berechtigten ist unzulässig, gleichviel durch welches Verfahren sie bewirkt wird; auch begründet es keinen Unterschied, ob das Werk in einem oder in mehreren Exemplaren vervielfältigt wird.

Eine Vervielfältigung zum persönlichen Gebrauch ist zulässig, wenn sie nicht den Zweck hat, aus dem Werke eine Einnahme zu erzielen.

§ 16.

Zulässig ist der Abdruck von Gesetzbüchern, Gesetzen, Verordnungen, amtlichen Erlassen und Entscheidungen sowie von anderen zum amtlichen Gebrauche hergestellten amtlichen Schriften.

§ 17.

Zulässig ist:

1. die Wiedergabe eines Vortrags oder einer Rede in Zeitungen oder Zeitschriften, sofern der Vortrag oder die Rede Bestandtheil einer öffentlichen Verhandlung ist;
2. die Vervielfältigung von Vorträgen oder Reden, die bei den Verhandlungen der Gerichte, der politischen, kommunalen und kirchlichen Vertretungen gehalten werden.

Die Vervielfältigung ist jedoch unzulässig, wenn sie in einer Sammlung erfolgt, die der Hauptsache nach Reden desselben Verfassers enthält.

§ 18.

Zulässig ist der Abdruck einzelner Artikel aus Zeitungen in anderen Zeitungen, soweit die Artikel nicht mit einem Vorbehalte der Rechte versehen sind; jedoch ist nur ein Abdruck gestattet, durch den der Sinn nicht entstellt wird. Bei dem Abdrucke ist die Quelle deutlich anzugeben.[6])

Der Abdruck von Ausarbeitungen wissenschaftlichen, technischen oder unterhaltenden Inhalts ist, auch wenn ein Vorbehalt der Rechte fehlt, unzulässig.

Vermischte Nachrichten thatsächlichen Inhalts und Tagesneuigkeiten dürfen aus Zeitungen oder Zeitschriften stets abgedruckt werden.

§ 19.

Zulässig ist die Vervielfältigung:

1. wenn einzelne Stellen oder kleinere Theile eines Schriftwerkes, eines Vortrags oder einer Rede nach der Veröffentlichung in einer selbständigen literarischen Arbeit angeführt werden;
2. wenn einzelne Aufsätze von geringem Umfang oder einzelne Gedichte nach dem Erscheinen in eine selbständige wissenschaftliche Arbeit aufgenommen werden;
3. wenn einzelne Gedichte nach dem Erscheinen in eine Sammlung aufgenommen werden, die Werke einer größeren Zahl von Schriftstellern vereinigt und ihrer Beschaffenheit nach zur Benutzung bei Gesangsvorträgen bestimmt ist;
4. wenn einzelne Aufsätze von geringem Umfang, einzelne Gedichte oder kleinere Teile eines Schriftwerkes nach dem Erscheinen in eine Sammlung aufgenommen werden, die Werke einer größeren Zahl von Schriftstellern vereinigt und ihrer Beschaffenheit nach für den Kirchen-, Schul- oder Unterrichtsgebrauch oder zu einem eigenthümlichen literarischen Zwecke bestimmt ist. Bei einer Sammlung zu einem eigentümlichen literarischen Zwecke bedarf es, solange der Urheber lebt, seiner persönlichen Einwilligung.

Die Einwilligung gilt als ertheilt, wenn

5) Die Ziffern 4 und 5 sind durch Artikel 1 des Ausf.-Ges. vom 22. Mai 1910 zur revidierten Berner Übereinkunft eingestellt worden.

6) Absatz 1 in der Fassung von Artikel 1 des Ausf.-Ges. vom 22. Mai 1910 zur revidierten Berner Übereinkunft.

der Urheber nicht innerhalb eines Monats, nachdem ihm von der Absicht des Verfassers Mittheilung gemacht ist, Widerspruch erhebt.

§ 20.

Zulässig ist die Vervielfältigung, wenn kleinere Theile einer Dichtung oder Gedichte von geringem Umfange nach ihrem Erscheinen als Text zu einem neuen Werke der Tonkunst in Verbindung mit diesem wiedergegeben werden. Für eine Aufführung des Werkes darf die Dichtung auch allein wiedergegeben werden, sofern der Abdruck ausschließlich zum Gebrauche der Hörer bestimmt ist.

Unzulässig ist die Vervielfältigung von Dichtungen, die ihrer Gattung nach zur Komposition bestimmt sind.

Die Vorschriften des Abs. 1 finden keine Anwendung, soweit der Text in Verbindung mit der mechanischen Wiedergabe eines Werkes der Tonkunst (§ 12 Abs. 2 Nr. 5) vervielfältigt werden soll. [7])

§ 21.

Zulässig ist die Vervielfältigung:

1. wenn einzelne Stellen eines bereits erschienenen Werkes der Tonkunst in einer selbständigen literarischen Arbeit angeführt werden;
2. wenn kleinere Kompositionen nach dem Erscheinen in eine selbständige wissenschaftliche Arbeit aufgenommen werden;
3. wenn kleinere Kompositionen nach dem Erscheinen in eine Sammlung aufgenommen werden, die Werke einer größeren Zahl von Komponisten vereinigt und ihrer Beschaffenheit nach für den Unterricht in Schulen mit Ausschluß der Musikschulen bestimmt ist.

§ 22. [8])

Gestattet der Urheber eines Werkes der Tonkunst einem anderen, das Werk zum Zwecke der mechanischen Wiedergabe (§ 12 Abs. 2 Nr. 5) gewerbsmäßig zu vervielfältigen, so kann, nachdem das Werk erschienen ist, jeder Dritte, der im Inland eine gewerbliche Hauptniederlassung oder den Wohnsitz hat, verlangen, daß ihm der Urheber gegen eine angemessene Vergütung gleichfalls eine solche Erlaubnis erteile; für die Entstehung des Anspruchs begründet es keinen Unterschied, ob der Urheber dem anderen die Vervielfältigung mit oder ohne Übertragung der ausschließlichen Befugnis gestattet. Die Erlaubnis wirkt nur in bezug auf die Verbreitung im Inland und die Ausfuhr nach solchen Staaten, in denen der Urheber keinen Schutz gegen die mechanische Wiedergabe des Werkes genießt. Der Reichskanzler kann durch Bekanntmachung im Reichs-Gesetzblatt für das Verhältnis zu einem Staate, in dem er die Gegenseitigkeit für verbürgt erachtet, bestimmen, inwieweit ein Dritter, auch wenn er im Inland weder eine gewerbliche Niederlassung noch den Wohnsitz hat, die Erlaubnis verlangen darf und daß die Erlaubnis auch für die Ausfuhr nach jenem Staate wirkt.

Gehört als Text zu dem Werke der Tonkunst ein geschütztes Schriftwerk, dessen Urheber einem anderen gestattet hat, es zum Zwecke der mechanischen Wiedergabe gewerbsmäßig zu vervielfältigen, so finden die Vorschriften des Abs. 1 auch auf den Text Anwendung. An Stelle des Urhebers des Textes ist jedoch der Urheber des Werkes der Tonkunst berechtigt und verpflichtet, die Erlaubnis zu erteilen; er hat, wenn er die Erlaubnis erteilt, dem Urheber des Textes einen angemessenen Teil der Vergütung auszuzahlen.

§ 22 a. [8])

Vorrichtungen, die auf Grund einer gemäß § 22 erteilten Erlaubnis hergestellt sind, dürfen mit der im § 22 Abs. 1 Satz 2 festgesetzten Beschränkung ohne eine weitere Erlaubnis zu öffentlichen Aufführungen benutzt werden. Hat der Urheber vor oder nach dem Inkrafttreten dieser Vorschrift die ausschließliche Befugnis zur Aufführung einem anderen übertragen, so hat er dem anderen einen angemessenen Teil der Vergütung auszuzahlen.

Die Vorschriften des Abs. 1 finden auch dann Anwendung, wenn der Urheber freiwillig einem anderen die Erlaubnis erteilt, das Werk zum Zwecke der mechanischen Wiedergabe zu vervielfältigen.

§ 22 b. [8])

Hat der Urheber die ausschließliche Befugnis zur mechanischen Wiedergabe einem anderen in beschränktem Umfang übertragen, so ist die im § 22 bestimmte Erlaubnis gleichwohl nur von ihm zu erteilen. Im Falle einer unbeschränkten Übertragung ist die Erlaubnis von dem Rechtsnachfolger zu erteilen.

§ 22 c. [8])

Für Klagen, durch die ein Anspruch auf Erteilung der Erlaubnis geltend gemacht wird, sind, sofern der Urheber im Inland keinen allgemeinen Gerichtsstand hat, die Gerichte der Stadt Leipzig zuständig.

Einstweilige Verfügungen können erlassen werden, auch wenn die in den § 935, 940 der

7) Der Absatz 3 ist durch Artikel 1 der revidierten Berner Übereinkunft eingefügt worden.

8) Die §§ 22—22c sind durch Artikel 1 des Ausf.-Ges. z. revidierten Berner Übereinkunft eingestellt worden.

Zivilprozeßordnung bezeichneten Voraussetzungen nicht zutreffen.

§ 23.

Zulässig ist die Vervielfältigung, wenn einem Schriftwerk ausschließlich zur Erläuterung des Inhalts einzelne Abbildungen aus einem erschienenen Werke beigefügt werden.

§ 24.[9])

Auf Grund der §§ 19 bis 23 ist die Vervielfältigung eines fremden Werkes nur zulässig, wenn an den wiedergegebenen Theilen keine Aenderung vorgenommen wird. Jedoch sind, soweit der Zweck der Wiedergabe es erfordert, Uebersetzungen eines Schriftwerkes und solche Bearbeitungen eines Werkes der Tonkunst gestattet, die nur Auszüge oder Uebertragungen in eine andere Tonart oder Stimmlage oder Einrichtungen für die im § 12 bezeichneten Instrumente darstellen. Werden einzelne Aufsätze, einzelne Gedichte oder kleinere Theile eines Schriftwerkes in eine Sammlung zum Schulgebrauch aufgenommen, so sind die für diesen Gebrauch erforderlichen Aenderungen gestattet, jedoch bedarf es, solange der Urheber lebt, seiner persönlichen Einwilligung. Die Einwilligung gilt als ertheilt, wenn der Urheber nicht innerhalb eines Monats, nachdem ihm von der beabsichtigten Aenderung Mittheilung gemacht ist, Widerspruch erhebt.

§ 25.

Wer ein fremdes Werk nach Maßgabe der §§ 19 bis 23 benutzt, hat die Quelle deutlich anzugeben.

§ 26.[10])

Soweit ein Werk nach den §§ 16 bis 21, 23, 24 ohne Einwilligung des Berechtigten vervielfältigt werden darf, ist auch die Verbreitung, die öffentliche Aufführung sowie der öffentliche Vortrag zulässig.

§ 27.

Für öffentliche Aufführungen eines erschienenen Werkes der Tonkunst bedarf es der Einwilligung des Berechtigten nicht, wenn sie keinem gewerblichen Zwecke dienen und die Höhrer ohne Entgelt zugelassen werden. Im Uebrigen sind solche Aufführungen ohne Einwilligung des Berechtigten zulässig:

1. wenn sie bei Volksfesten, mit Ausnahme der Musikfeste, stattfinden;
2. wenn der Ertrag ausschließlich für wohlthätige Zwecke bestimmt ist und die Mitwirkenden keine Vergütung für ihre Thätigkeit erhalten;
3. wenn sie von Vereinen veranstaltet werden und nur die Mitglieder sowie die zu ihrem Hausstande gehörigen Personen als Hörer zugelassen werden.

Auf die bühnenmäßige Aufführung einer Oper oder eines sonstigen Werkes der Tonkunst, zu welchem ein Text gehört, finden diese Vorschriften keine Anwendung.

§ 28.

Zur Veranstaltung einer öffentlichen Aufführung ist, wenn mehrere Berechtigte vorhanden sind, die Einwilligung eines jeden erforderlich.

Bei einer Oper oder einem sonstigen Werke der Tonkunst, zu welchem ein Text gehört, bedarf der Veranstalter der Aufführung nur der Einwilligung desjenigen, welchem das Urheberrecht an dem musikalischen Theile zusteht.

Dritter Abschnitt.

Dauer des Schutzes.

§ 29.

Der Schutz des Urheberrechts endigt, wenn seit dem Tode des Urhebers dreißig Jahre und außerdem seit der ersten Veröffentlichung des Werkes zehn Jahre abgelaufen sind. Ist die Veröffentlichung bis zum Ablaufe von dreißig Jahren seit dem Tode des Urhebers nicht erfolgt, so wird vermuthet, daß das Urheberrecht dem Eigenthümer des Werkes zustehe.

§ 30.

Steht das Urheberrecht an einem Werke mehreren gemeinschaftlich zu, so bestimmt sich, soweit der Zeitpunkt des Todes für die Schutzfrist maßgebend ist, deren Ablauf nach dem Tode des Letztlebenden.

§ 31.

Ist der wahre Name des Urhebers nicht bei der ersten Veröffentlichung gemäß § 7 Abs. 1, 3 angegeben worden, so endigt der Schutz mit dem Ablaufe von dreißig Jahren seit der Veröffentlichung.

Wird der wahre Name des Urhebers binnen der dreißigjährigen Frist gemäß § 7 Abs. 1, 3 angegeben oder von dem Berechtigten zur Eintragung in die Eintragsrolle (§ 56)[11]) angemeldet, so finden die Vorschriften des § 29 Anwendung. Das Gleiche gilt, wenn das Werk erst nach dem Tode des Urhebers veröffentlicht wird.

9) § 24 in der Fassung von Artikel 1 des Ausf.-Ges. vom 22. Mai 1910 zur revidierten Berner Übereinkunft.

10) § 26 in der Fassung von Artikel 1 des Ausf.-Ges. vom 22. Mai 1910 zur revidierten Berner Übereinkunft.

11) Siehe die Fußnote 18 zu § 57.

§ 32.

Steht einer juristischen Person nach den §§ 3, 4 das Urheberrecht zu, so endigt der Schutz mit dem Ablaufe von dreißig Jahren seit der Veröffentlichung. Jedoch endigt der Schutz mit dem Ablaufe der im § 29 bestimmten Fristen, wenn das Werk erst nach dem Tode des Verfassers veröffentlicht wird.

§ 33.

Bei Werken, die aus mehreren in Zwischenräumen veröffentlichten Bänden bestehen, sowie bei fortlaufenden Berichten oder Heften wird jeder Band, jeder Bericht oder jedes Heft für die Berechnung der Schutzfristen als ein besonderes Werk angesehen.

Bei den in Lieferungen veröffentlichten Werken wird die Schutzfrist erst von der Veröffentlichung der letzten Lieferung an berechnet.

§ 34.

Die Schutzfristen beginnen mit dem Ablaufe des Kalenderjahrs, in welchem der Urheber gestorben oder das Werk veröffentlicht worden ist.

§ 35.

Soweit der in diesem Gesetze gewährte Schutz davon abhängt, ob ein Werk erschienen oder anderweit veröffentlicht oder ob der wesentliche Inhalt eines Werkes öffentlich mitgetheilt worden ist, kommt nur eine Veröffentlichung oder Mittheilung in Betracht, die der Berechtigte bewirkt hat.

Vierter Abschnitt.

Rechtsverletzungen.

§ 36.

Wer vorsätzlich oder fahrlässig unter Verletzung der ausschließlichen Befugniß des Urhebers ein Werk vervielfältigt, gewerbsmäßig verbreitet oder den wesentlichen Inhalt eines Werkes öffentlich mitteilt, ist dem Berechtigten zum Ersatze des daraus entstehenden Schadens verpflichtet.

§ 37.

Wer vorsätzlich oder fahrlässig unter Verletzung der ausschließlichen Befugniß des Urhebers ein Werk öffentlich aufführt oder öffentlich vorträgt, ist dem Berechtigten zum Ersatze des daraus entstehenden Schadens verpflichtet. Die gleiche Verpflichtung trifft denjenigen, welcher vorsätzlich oder fahrlässig eine dramatische Bearbeitung, die nach § 12 unzulässig ist, öffentlich aufführt oder eine bildliche Darstellung, die nach § 12 unzulässig ist, öffentlich vorführt. [12])

12) Die §§ 37 und 38 sind in der Fassung des Artikels 1 des Ausf.=Ges. vom 22. Mai 1910 zur revidierten Berner Übereinkunft abgedruckt.

§ 38.

Mit Geldstrafe bis zu dreitausend Mark wird bestraft:

1. wer in anderen als den gesetzlich zugelassenen Fällen vorsätzlich ohne Einwilligung des Berechtigten ein Werk vervielfältigt oder gewerbsmäßig verbreitet;
2. wer in anderen als den gesetzlich zugelassenen Fällen vorsätzlich ohne Einwilligung des Berechtigten ein Bühnenwerk, ein Werk der Tonkunst oder eine dramatische Bearbeitung, die nach § 12 unzulässig ist, öffentlich aufführt oder eine bildliche Darstellung, die nach § 12 unzulässig ist, öffentlich vorführt oder ein Werk, bevor es erschienen ist, öffentlich vorträgt. [12])

War die Einwilligung des Berechtigten nur deshalb erforderlich, weil an dem Werke selbst, an dessen Titel oder an der Bezeichnung des Urhebers Aenderungen vorgekommen sind, so tritt Geldstrafe bis zu dreihundert Mark ein.

Soll eine nicht beizutreibende Geldstrafe in Gefängnißstrafe umgewandelt werden, so darf deren Dauer in den Fällen des Abs. 1 sechs Monate, in den Fällen des Abs. 2 einen Monat nicht übersteigen.

§ 39.

Wer den wesentlichen Inhalt eines Werkes, bevor der Inhalt öffentlich mitgetheilt ist, vorsätzlich ohne Einwilligung des Berechtigten öffentlich mittheilt, wird mit Geldstrafe bis zu eintausendfünfhundert Mark bestraft. Soll eine nicht beizutreibende Geldstrafe in Gefängnißstrafe umgewandelt werden, so darf deren Dauer drei Monate nicht übersteigen.

§ 40.

Auf Verlangen des Berechtigten kann neben der Strafe auf eine an ihn zu erlegende Buße bis zum Betrage von sechstausend Mark erkannt werden. Die zu dieser Buße Verurtheilten haften als Gesammtschuldner.

Eine erkannte Buße schließt die Geltendmachung eines weiteren Anspruchs auf Schadensersatz aus.

§ 41.

Die in den §§ 36 bis 39 bezeichneten Handlungen sind auch dann rechtswidrig, wenn das Werk nur zu einem Theile vervielfältigt, verbreitet, öffentlich mitgetheilt, aufgeführt, vorgeführt oder vorgetragen wird. [13])

§ 42.

Die widerrechtlich hergestellten oder verbreiteten Exemplare und die zur widerrechtlichen

13) § 41 ist in der Fassung des Art. 1 des Ausf.=Ges. vom 22. Mai 1910 zur revidierten Berner Übereinkunft abgedruckt.

Vervielfältigung ausschließlich bestimmten Vorrichtungen, wie Formen, Platten, Steine, Stereotypen, unterliegen der Vernichtung. Ist nur ein Theil des Werkes widerrechtlich hergestellt oder verbreitet, so ist auf Vernichtung dieses Theiles und der entsprechenden Vorrichtungen zu erkennen.

Gegenstand der Vernichtung sind alle Exemplare und Vorrichtungen, welche sich im Eigenthume der an der Herstellung oder der Verbreitung Betheiligten sowie der Erben dieser Personen befinden.

Auf die Vernichtung ist auch dann zu erkennen, wenn die Herstellung oder die Verbreitung weder vorsätzlich noch fahrlässig erfolgt. Das Gleiche gilt, wenn die Herstellung noch nicht vollendet ist.

Die Vernichtung hat zu erfolgen, nachdem dem Eigenthümer gegenüber rechtskräftig darauf erkannt ist. Soweit die Exemplare oder die Vorrichtungen in anderer Weise als durch Vernichtung unschädlich gemacht werden können, hat dies zu geschehen, falls der Eigenthümer die Kosten übernimmt.

§ 43.

Der Berechtigte kann statt der Vernichtung verlangen, daß ihm das Recht zuerkannt wird, die Exemplare und Vorrichtungen ganz oder theilweise gegen eine angemessene, höchstens dem Betrage der Herstellungskosten gleichkommende Vergütung zu übernehmen.

§ 44.

Wer den Vorschriften des § 18 Abs. 1 oder des § 25 zuwider unterläßt, die benutzte Quelle anzugeben, wird mit Geldstrafe bis zu einhundertfünfzig Mark bestraft.

§ 45.

Die Strafverfolgung in den Fällen der §§ 38, 39, 44 tritt nur auf Antrag ein. Die Zurücknahme des Antrags ist zulässig.

§ 46.

Die Vernichtung der widerrechtlich hergestellten oder verbreiteten Exemplare und der zur widerrechtlichen Vervielfältigung ausschließlich bestimmten Vorrichtungen kann im Wege des bürgerlichen Rechtsstreits oder im Strafverfahren verfolgt werden.

§ 47.

Auf die Vernichtung von Exemplaren oder Vorrichtungen kann auch im Strafverfahren nur auf besonderen Antrag des Berechtigten erkannt werden. Die Zurücknahme des Antrags ist bis zur erfolgten Vernichtung zulässig.

Der Berechtigte kann die Vernichtung von Exemplaren oder Vorrichtungen selbständig verfolgen. In diesem Falle finden die §§ 477 bis 479 der Strafprozeßordnung mit der Maßgabe Anwendung, daß der Berechtigte als Privatkläger auftreten kann.

§ 48.

Die §§ 46, 47 finden auf die Verfolgung des im § 43 bezeichneten Rechtes entsprechende Anwendung.

§ 49.

Für sämmtliche Bundesstaaten sollen Sachverständigen-Kammern bestehen, die verpflichtet sind, auf Erfordern der Gerichte und der Staatsanwaltschaften Gutachten über die an sie gerichteten Fragen abzugeben.[14])

Die Sachverständigen-Kammern sind befugt, auf Anrufen der Betheiligten über Schadensersatzansprüche, über die Vernichtung von Exemplaren oder Vorrichtungen sowie über die Zuerkennung des im § 43 bezeichneten Rechtes, ferner in den Fällen des § 22 über den Anspruch auf die Ertheilung der Erlaubniß, als Schiedsrichter zu verhandeln und zu entscheiden.[15])

Der Reichskanzler erläßt die Bestimmungen über die Zusammensetzung und den Geschäftsbetrieb der Sachverständigen-Kammern.[16])

Die einzelnen Mitglieder der Sachverständigen-Kammern sollen nicht ohne ihre Zustimmung und nicht ohne Genehmigung des Vorsitzenden von den Gerichten als Sachverständige vernommen werden.

§ 50.

Der Anspruch auf Schadensersatz und die Strafverfolgung wegen Nachdrucks verjähren in drei Jahren.

Die Verjährung beginnt mit dem Tage, an welchem die Verbreitung der Nachdruckexemplare zuerst stattgefunden hat.

§ 51.

Der Anspruch auf Schadensersatz und die Strafverfolgung wegen widerrechtlicher Verbreitung oder Aufführung sowie wegen widerrechtlichen Vortrags verjähren in drei Jahren. Das Gleiche gilt in den Fällen der §§ 36, 39.

Die Verjährung beginnt mit dem Tage, an welchem die widerrechtliche Handlung zuletzt stattgefunden hat.

§ 52.

Der Antrag auf Vernichtung der wider-

14) Für Elsaß-Lothringen siehe die Fußnote zu den Bestimmungen des Reichskanzlers vom 13. September 1901 unten S. 132.

15) Absatz 2 in der Fassung von Artikel 1 des Ausf.-Ges. vom 22. Mai 1910 zur revidierten Berner Übereinkunft.

16) Vgl. die Bestimmungen des Reichskanzlers vom 13. September 1901 unten S. 132.

rechtlich hergestellten oder verbreiteten Exemplare sowie der zur widerrechtlichen Vervielfältigung ausschließlich bestimmten Vorrichtungen ist so lange zulässig, als solche Exemplare oder Vorrichtungen vorhanden sind.

§ 53.

Die Verjährung der nach dem § 44 strafbaren Handlung beginnt mit dem Tage, an welchem die erste Veröffentlichung stattgefunden hat.

Fünfter Abschnitt.

Schlußbestimmungen.

§ 54.

Den Schutz genießen die Reichsangehörigen für alle ihre Werke, gleichviel ob diese erschienen sind oder nicht.

§ 55.

Wer nicht Reichsangehöriger ist, genießt den Schutz für jedes seiner Werke, das im Inland erscheint, sofern er nicht das Werk selbst oder eine Uebersetzung an einem früheren Tage im Auslande hat erscheinen lassen. Für den im § 2 Abs. 2 bestimmten Schutz ist an Stelle des Erscheinens die Vervielfältigung der Vorrichtung maßgebend.[17])

Unter der gleichen Voraussetzung genießt er den Schutz für jedes seiner Werke, das er im Inland in einer Uebersetzung erscheinen läßt; die Uebersetzung gilt in diesem Falle als das Originalwerk.

§ 56.

Die Rolle für die im § 31 Abs. 2 vorgesehenen Eintragungen wird bei dem Stadtrate zu Leipzig geführt. Der Stadtrat bewirkt die Eintragungen, ohne die Berechtigung des Antragstellers oder die Richtigkeit der zur Eintragung angemeldeten Thatsachen zu prüfen.

Wird die Eintragung abgelehnt, so steht den Betheiligten die Beschwerde an den Reichskanzler zu.

§ 57.

Der Reichskanzler erläßt die Bestimmungen über die Führung der Eintragsrolle[18]). Die Einsicht der Eintragsrolle ist jedem gestattet. Aus der Rolle können Auszüge gefordert werden; die Auszüge sind auf Verlangen zu beglaubigen.

Die Eintragungen werden im Börsenblatte für den deutschen Buchhandel und, falls das Blatt zu erscheinen aufhören sollte, in einer anderen vom Reichskanzler zu bestimmenden Zeitung[19]) öffentlich bekannt gemacht.

§ 58.

Eingaben, Verhandlungen, Bescheinigungen und sonstige Schriftstücke, welche die Eintragung in die Eintragsrolle betreffen, sind stempelfrei.

Für jede Eintragung, für jeden Eintragsschein sowie für jeden sonstigen Auszug aus der Eintragsrolle wird eine Gebühr von $1{,}_{50}$ Mark erhoben; außerdem hat der Antragsteller die Kosten für die öffentliche Bekanntmachung der Eintragung zu entrichten.

§ 59.

In bürgerlichen Rechtsstreitigkeiten, in welchen durch Klage oder Widerklage ein Anspruch auf Grund der Vorschriften dieses Gesetzes geltend gemacht ist, wird die Verhandlung und Entscheidung letzter Instanz im Sinne des § 8 des Einführungsgesetzes zum Gerichtsverfassungsgesetze dem Reichsgerichte zugewiesen.

§ 60.

Einem nachgelassenen Werke, das bei dem Inkrafttreten dieses Gesetzes noch nicht veröffentlicht ist, wird die im § 29 vorgesehene Schutzfrist auch dann zu Theil, wenn die bisherige Schutzfrist bereits abgelaufen ist.

§ 61.

Der durch dieses Gesetz gewährte Schutz gegen Aufführung kann nach dessen Inkrafttreten einem Werke der Tonkunst, für welches das Aufführungsrecht bis dahin nicht vorbehalten war, dadurch gesichert werden, daß das Werk nachträglich mit dem Vorbehalte versehen wird. Jedoch ist die Aufführung eines solchen Werkes auch ferner ohne Einwilligung des Urhebers zulässig, sofern nicht bei der Aufführung Noten benutzt werden, die mit dem Vorbehalte versehen sind.

Die ausschließliche Befugniß zur öffentlichen Aufführung eines nach diesen Vorschriften geschützten Werkes steht dem Urheber zu.

§ 62.

Die ausschließlichen Befugnisse des Urhebers eines geschützten Werkes bestimmen sich nach den Vorschriften dieses Gesetzes, auch wenn das Werk vor dessen Inkrafttreten entstanden ist. War jedoch eine Uebersetzung oder sonstige Bearbeitung oder eine Sammlung, welche aus den Werken mehrerer Schriftsteller zum Schulgebrauche veranstaltet ist, vor dem Inkrafttreten dieses Gesetzes erlaubterweise ganz oder zum

17) § 55 in der Fassung des Artikels 1 des Ausf.-Ges. vom 22. Mai 1910 zur revidierten Berner Übereinkunft.

18) Vgl. die Bestimmungen des Reichskanzlers vom 13. September 1901 unten S. 131.

19) Zufolge einer Bekanntmachung des Reichskanzlers vom 28. April 1903 werden die Eintragungen fortan im Deutschen Reichsanzeiger öffentlich bekannt gemacht.

Theil erschienen, so bleibt die Befugniß des Bearbeiters zur Vervielfältigung, Verbreitung und öffentlichen Aufführung unberührt.

§ 63.

Soweit eine Vervielfältigung, die nach dem Inkrafttreten dieses Gesetzes unzulässig ist, bisher erlaubt war, darf der bereits begonnene Druck von Exemplaren vollendet werden. Die vorhandenen Vorrichtungen, wie Formen, Platten, Steine, Stereotypen, dürfen noch bis zum Ablaufe von sechs Monaten benutzt werden. Die Verbreitung der gemäß dieser Vorschriften hergestellten sowie der bereits vor dem Inkrafttreten dieses Gesetzes vollendeten Exemplare ist zulässig.

§ 63 a.[20])

Die Vorschrift des § 12 Abs. 2 Nr. 5 findet keine Anwendung auf Werke der Tonkunst, die bereits vor dem 1. Mai 1909 im Inland erlaubterweise für Vorrichtungen zur mechanischen Wiedergabe benutzt worden sind. Im übrigen finden die Vorschriften des § 63 entsprechende Anwendung; Exemplare, deren Verbreitung hiernach zulässig ist, dürfen auch zu öffentlichen Aufführungen benutzt werden.

Auf Werke der Literatur und der Tonkunst, die vor dem Inkrafttreten der Vorschriften des § 22 entstanden sind, finden diese auch insoweit Anwendung, als die Werke schon bisher einen Schutz gegen mechanische Wiedergabe genossen. Soweit jedoch dem Urheber bisher eine ausschließliche Befugnis zustand, das Werk zur mechanischen Wiedergabe zu benutzen, bleibt, wenn er die Befugnis einem anderen übertragen hat, dieser sowohl dem Urheber als Dritten gegenüber gemäß den bisherigen Vorschriften zu der Benutzung befugt. Auch wird in solchen Fällen, wenn der Urheber auf Grund des bisherigen Rechtes einem anderen ohne Übertragung der ausschließlichen Befugnis gestattet hat, das geschützte Werk zur mechanischen Wiedergabe zu benutzen, hierdurch für Dritte nicht der Anspruch begründet, daß ihnen gleichfalls eine solche Erlaubnis erteilt werde.[21])

§ 64.

Dieses Gesetz tritt mit dem 1. Januar 1902 in Kraft. Die §§ 1 bis 56, 61, 62 des Gesetzes, betreffend das Urheberrecht an Schriftwerken usw., vom 11. Juni 1870 (Bundes-Gesetzbl. S. 339) treten mit demselben Tage außer Kraft. Jedoch bleiben diese Vorschriften insoweit unberührt, als sie in den Reichsgesetzen über den Schutz von Werken der bildenden Künste, von Photographien sowie von Mustern und Modellen für anwendbar erklärt werden.[22])

20) § 63a ist durch Artikel 1 des Ausf.-Ges. vom 22. Mai 1910 zur revidierten Berner Übereinkunft eingestellt worden.

21) Der § 22 ist in seiner derzeitigen Fassung durch Artikel 1 Ziffer 7 des Gesetzes vom 22. Mai 1910 zur Ausführung der revidierten Berner Übereinkunft (Reichsgesetzbl. S. 793) entstanden und zufolge Artikel 5 dieses Gesetzes erst gleichzeitig mit der revidierten Berner Übereinkunft vom 13. November 1908, d. h. am 9. September 1910, in Kraft getreten; vgl. Artikel 29 dieser Übereinkunft und den Vermerk über den Austausch der Ratifikationsurkunden am Schluß der Übereinkunft.

22) Die hier erwähnten Reichsgesetze über den Schutz von Werken der bildenden Kunst (vom 9. Januar 1876) und über den Schutz von Werken der Photographie (vom 10. Januar 1876) sind, soweit sie Vorschriften des Urheberrechtsgesetzes vom 11. Juni 1870 für anwendbar erklärten, durch § 55 des Gesetzes, betreffend das Urheberrecht an Werken der bildenden Künste und der Photographie vom 9. Januar 1907 außer Kraft gesetzt worden. Von den oben aufgeführten Vorschriften des Urheberrechtsgesetzes vom 11. Juni 1870 finden daher nur noch gemäß § 14 des Gesetzes, betreffend das Urheberrecht an Mustern und Modellen vom 11. Januar 1876 die §§ 18 bis 36, 38 auf den Musterschutz Anwendung.

19. Juni 1901.

Gesetz, betreffend die Verwaltung der Landesschulden.

Gesetzbl. f. Elf.-Lothr. S. 43.

§ 1. Die Bereitstellung der außerordentlichen im Wege des Kredits zu beschaffenden Geldmittel, welche in dem Landeshaushalts-Etat zur Bestreitung von Ausgaben vorgesehen sind, erfolgt auf Grund der durch das Etatsgesetz ertheilten gesetzlichen Ermächtigung bis zur Höhe der bewilligten Summe in dem zu ihrer Beschaffung erforderlichen Nennbetrage durch Aufnahme einer verzinslichen Anleihe oder durch Ausgabe von Schatzanweisungen.

§ 2. Die Bestimmung darüber, in welcher Form, zu welcher Zeit, durch welche Stellen und in welchen Beträgen Schuldverschreibungen der verzinslichen Anleihe und Schatzanweisungen ausgegeben werden sollen, steht, soweit nicht in der im § 1 vorgesehenen Ermächtigung Anderes vorgeschrieben ist, dem Ministerium zu. Das Gleiche gilt von der Bestimmung des Zinssatzes, der Kündigungsbedingungen und des Kurses, zu welchem die Ausgabe erfolgen soll.

§ 3. Die Verwaltung der Landesschulden

erfolgt unter Oberaufsicht des Ministeriums durch eine den Namen „Landesschuldenverwaltung“ [1]) führende Behörde.

Derselben liegt ob:

1. die Verwaltung der für den Landesschuldendienst bestimmten Verzinsungs-, Tilgungs- und Betriebsfonds;
2. die An- und Ausfertigung, Ausreichung und Wiedereinziehung der von dem Vorsitzenden der Landesschuldenverwaltung durch eigenhändige Unterzeichnung auszustellenden Landesschuldverschreibungen und der dazu gehörenden Zinsscheine und Erneuerungsscheine im Falle der Aufnahme von Landesanleihen sowie der Schatzanweisungen;
3. die Buchführung über alle im Umlaufe befindlichen und eingelösten Landesschulden nach Maßgabe der vom Ministerium zu erlassenden besonderen Vorschriften; [2])
4. die Löschung, Entwerthung und Aufbewahrung der eingelösten Landesschuldverschreibungen, Zinsscheine und Schatzanweisungen bis zur Verschlußnahme durch die Landesschulden-Kommission (§ 7).

§ 4. Die Landesschuldenverwaltung hat ihren Sitz in Straßburg und besteht aus einem Vorsitzenden und zwei Mitgliedern im Nebenamte. Dieselben werden von dem Statthalter ernannt.

Die Leitung und Beschlußfassung hat nach Maßgabe der vom Ministerium erlassenen Bestimmungen [2]) zu erfolgen.

§ 5. Die für die Verzinsung und Tilgung der Anleihe sowie für die Verzinsung und Einlösung der Schatzanweisungen erforderlichen Beträge müssen der Landesschuldenverwaltung zur Verfallzeit aus den bereitesten Landeseinkünften zur Verfügung gestellt werden.

§ 6. Sämmtliche Einnahmen und Ausgaben der Landesschuldenverwaltung an Geld oder Werthpapieren werden mit Ausnahme der Verabreichung neuer Zinsscheine durch die Landeshauptkasse zu Straßburg bewirkt und von derselben nach den für die Landeshauptkasse bestehenden Bestimmungen verbucht und verrechnet.

§ 7. Ueber alle der Landesschuldenverwaltung unter eigener Verantwortung übertragenen Geschäfte hat die in Gemäßheit des § 7 des Gesetzes über die Staatsdepositenverwaltung in der Fassung der Bekanntmachung vom 6. April 1893 (Gesetzbl. S. 39) bestellte Kommission unter dem Namen „Landesschulden-Kommission“ [3]) eine fortlaufende Kontrole auszuüben.

Die Kommission ist befugt, so oft sie es für angemessen erachtet, die Geschäftsführung der Landesschuldenverwaltung einer Revision zu unterwerfen. Diese Revision muß mindestens einmal jährlich stattfinden.

Die Landesschuldenverwaltung ist verpflichtet, den Mitgliedern der Kommission jede von denselben in Beziehung auf die Geschäftslage oder Geschäftsführung verlangte Auskunft und Aufklärung zu ertheilen und die von der Kommission ihr zugehenden Bemerkungen und Ansichten zum Gegenstand einer Beschlußfassung zu machen.

§ 8. Die Landesschuldenverwaltung hat über die von der Landeshauptkasse geleisteten Einnahmen und Ausgaben aus Anleihen und für Verzinsung und Tilgung der Landesschulden sowie für die Verwaltungskosten, desgleichen über die von der Landesschuldenverwaltung selbst bewirkten Ausreichungen, Wiedereinziehungen und Löschungen von Schuldverschreibungen und Schatzanweisungen jährlich Rechnung zu legen. Die von der Landesschuldenverwaltung gelegten Rechnungen werden, nachdem sie von dem Rechnungshofe für das Deutsche Reich revidiert und festgestellt worden sind, mit einem Bericht der Landesschulden-Kommission über die von ihr bewirkte Prüfung den beiden Kammern des Landtags zur Entlastung vorgelegt. [4])

§ 9. Die eingelösten verzinslichen Landesschuldverschreibungen und Schatzanweisungen werden jährlich nach erfolgtem Rechnungsschlusse von der Landesschuldenkommission und Landesschuldenverwaltung in gemeinschaftlichen Verschluß genommen und nach Litera, Nummern und Geldbeträgen zur öffentlichen Kenntniß gebracht.

Die eingelösten Zinsscheine werden von der Landesschuldenverwaltung unter Verschluß genommen.

§ 10. Nach Entlastung der betreffenden Rechnungen der Landesschuldenverwaltung werden die eingelösten verzinslichen Schuldverschreibungen und Schatzanweisungen und nach Ablauf der Vorlegungs- und Verjährungsfrist die eingelösten Zinsscheine von Kommissaren der

1) Der Beginn der Wirksamkeit der Landesschuldenverwaltung laut Bekanntmachung des Ministeriums vom 16. Juli 1901 (Zentr.- u. Bez.A.Bl. S. 277) wurde auf den 26. Juli 1901, den Tag des Inkrafttretens dieses Gesetzes, festgesetzt.

2) Geschäftsanweisung vom 6. Juli 1901 (Zentr.- u. Bez.A.Bl. S. 243).

3) Zusammensetzung der Kommission gemäß § 3 des Gesetzes vom 10. Dezember 1913 (Gesetzbl. S. 115), wodurch § 7 Abs. 1 Satz des obengenannten Gesetzes vom 6. April 1893 geändert worden ist.

4) Neue Fassung gemäß § 2 des Gesetzes vom 10. Dezember 1913 (Gesetzbl. S. 115).

Landesschulden-Kommission und der Landesschuldenverwaltung durch Zermahlen oder durch Feuer vernichtet.[4])

§ 11. Die in Gemäßheit des § 6 des Gesetzes über die Staatsdepositenverwaltung in der Fassung der Bekanntmachung vom 6. April 1893 zur Ausgabe kommenden Schatzanweisungen werden in gleicher Weise wie die unter § 3 erwähnten Schatzanweisungen von der Landesschuldenverwaltung ausgefertigt und ausgestellt.

Die entgegenstehende Bestimmung des vorerwähnten § 6 wird aufgehoben; desgleichen die Bestimmung des § 6 des Gesetzes, betreffend die Feststellung des Landeshaushalts-Etats für 1881/82, vom 24. März 1881 (Gesetzbl. S. 15), nach welcher die Rentenbriefe durch das Ministerium auszufertigen und die Einschreibungen der Renten durch das Ministerium zu verfügen sind.

§ 12. Die Ausführungsbestimmungen zu dem Gesetz erläßt das Ministerium.

---

20. Juni 1901.

Verordnung des Statthalters betr. die Zuständigkeit zur Beaufsichtigung von Versicherungsunternehmungen.[1])

Zentr.- u. Bez.A.Bl. S. 235.

Die Beaufsichtigung der Versicherungsunternehmungen, deren Geschäftsbetrieb durch die Satzung oder die sonstigen Geschäftsunterlagen auf das Gebiet von Elsaß-Lothringen beschränkt ist, wird durch die Bezirkspräsidenten ausgeübt. Zuständig ist der Bezirkspräsident, in dessen Bezirk die Unternehmung ihren Sitz hat.

1) Erlassen auf Grund des § 125 Abs. 2 des Ges. über die privaten Versicherungsunternehmungen vom 12. Mai 1901.

---

24. Juni 1901.

Kaiserliche Verordnung, betreffend die Rechtsverhältnisse an Grundstücken in Kamerun.[1])

1) Diese Verordnung ist durch die Kaiserl. Verordnung vom 21. November 1902, soweit sich nicht aus deren §§ 5, 6, 8, 14 ein anderes ergibt, aufgehoben.

---

25. Juni 1901.

Kaiserliche Verordnung über die Tagegelder, die Fuhrkosten und die Umzugkosten der Reichsbeamten.[1]) [2]) [3])

Reichsgesetzbl. S. 241.

1) Die Verordnung ist abgeändert worden durch die Kaiserliche Verordnung, betreffend Änderung von Verordnungen über die Tagegelder, Fuhrkosten und Umzugskosten von Reichsbeamten, vom 17. Juli 1910, Artikel 1, und auf Grund des Art. 7 der letzeren durch die Bekanntmachung des Reichskanzlers, betreffend die Fassung von Verordnungen über die Tagegelder, Fuhrkosten und Umzugskosten von Reichsbeamten, vom 8. September 1910, in neuer Fassung bekannt gemacht worden. Die Verordnung wird unter dem Datum vom 8. September 1910 abgedruckt. (Verordnung vom $\frac{\text{25. Juni 1901}}{\text{8. September 1910}}$ S. diese.)

2) Dazu sind erlassen:

1. Ausführungsbestimmungen des Reichskanzlers zu den Verordnungen über die Umzugskosten der Reichsbeamten, vom 4. März 1906.
2. Bekanntmachung des Reichskanzlers zur Ausführung der Verordng. vom $\frac{\text{25. Juni 1901}}{\text{8. September 1910}}$ über die Tagegelder, die Fuhrkosten und die Umzugskosten der Reichsbeamten, vom 23. Juli 1910.
3. Ausführungsbestimmungen des Reichskanzlers zu den Verordnungen über die Tagegelder und Fuhrkosten der Reichsbeamten, vom 29. September 1910.
4. Die bei der Verordnung vom 8. September 1910 angegebenen weiteren Bestimmungen.

3) Zu vgl. auch die Kaiserl. Verordnungen vom 10. Juli 1901, betreffend die Tagegelder usw. der verschiedenen Arten von Beamten, siehe unten.

27. Juni 1901.

Kaiserliche Verordnung, betreffend Beschränkungen der Baufreiheit in der Stadt Diedenhofen.[1])

Gesetzbl. f. Elsaß-Lothr. S. 47.

Die Bestimmungen des Gesetzes, betreffend Beschränkungen der Baufreiheit in den neuen Stadttheilen von Straßburg vom 21. Mai 1879 (Gesetzbl. S. 57) und des Gesetzes, betreffend Beschränkungen der Baufreiheit vom 6. Januar 1892 (Gesetzbl. S. 3) werden auf die Stadt Diedenhofen ausgedehnt mit der Maßgabe, daß die Grundeigenthümer von den nach § 4 Absatz 1 des Gesetzes vom 21. Mai 1879 ihnen zur Last fallenden Kosten der Entwässerung der Straße neben den vollen Kosten des Anschlusses nur zwei Drittel der Kosten der Hauptleitung zu tragen haben.

1) Erlassen auf Grund des Gesetzes, betreffend die Beschränkungen der Baufreiheit vom 6. Januar 1892.

28. Juni 1901.

Bekanntmachung des Reichskanzlers, betreffend Ergänzung und Abänderung der Ausführungsbestimmungen zur Fernsprechgebührenordnung vom 26. März 1900.[1])

Zentr.-Bl. f. d. D. R. S. 235.

1) Die Änderungen sind beim Abdruck der Ausführungsbestimmungen zur Fernsprechgebührenordnung, vom 26. März 1900, berücksichtigt.

30. Juni 1901.

Gesetz zur Abänderung des Gesetzes, betreffend die Gewerbegerichte, vom 29. Juli 1890.

Reichsgesetzbl. S. 249.

Art. 1. Das Gesetz, betreffend die Gewerbegerichte, vom 29. Juli 1890 (Reichsgesetzbl. S. 141) erhält die Ueberschrift:

Gewerbegerichtsgesetz

und wird geändert, wie folgt:[1])

Art. 2. Rechtsstreitigkeiten, die vor dem Inkrafttreten dieses Gesetzes anhängig geworden sind, werden nach den bisherigen Vorschriften erledigt.

Art. 3. Der Reichskanzler wird ermächtigt, den Text des Gewerbegerichtsgesetzes, wie er sich aus den im Artikel 1 vorgesehenen Aenderungen ergiebt, unter fortlaufender Nummernfolge der Paragraphen und unter Weglassung des § 81 durch das Reichs-Gesetzblatt bekannt zu machen.[2]) Hierbei sind den Verweisungen auf die Vorschriften der Civilprozeßordnung und der Gewerbeordnung diese Gesetze in ihrer gegenwärtigen Fassung zu Grunde zu legen.

Soweit in anderen Gesetzen auf Vorschriften des Gesetzes, betreffend die Gewerbegerichte, vom 29. Juli 1890 verwiesen ist, treten die entsprechenden Vorschriften des vom Reichskanzler bekannt gemachten Textes an ihre Stelle.

Art. 4. Die Vorschriften der Artikel 1 und 2 treten am 1. Januar 1902 in Kraft.

1) Die Abänderungen sind unter dem Datum des 29. Juli 1890 bei dem in der Fassung der Bekanntmachung des Reichskanzlers vom 29. September 1901 abgedruckten Gewerbegerichtsgesetz berücksichtigt.

2) Vgl. Bekanntmachung des Reichskanzlers vom 29. September 1901.

6. Juli 1901.

Gesetz, betreffend den Beitrag von Gemeinden mit staatlicher Polizeiverwaltung zu den Kosten dieser Verwaltung.

Gesetzbl. f. Elsaß-Lothr. S. 49.

§ 1. Die Städte Straßburg, Metz und Mülhausen haben zu den Ausgaben der Kaiserlichen Polizeidirektion[1]) jährlich einen Beitrag von 1,20 ℳ für jeden Kopf der Bevölkerung an die Landeskasse zu zahlen.

1) Die Polizeidirektion in Straßburg ist in ein Polizeipräsidium umgewandelt; doch ist dadurch an obiger Bestimmung nichts geändert.

Von der Beitragsleistung der Stadt Mülhausen kommen, so lange der Nachtwachdienst daselbst als städtische Einrichtung besteht, die Kosten für die Besoldung und Ausrüstung der Nachtwächter in Abzug. Eine Erhöhung der für den Nachtwachdienst im Rechnungsjahr 1900 aufgewendeten Kosten kommt jedoch bei dem Abzug nur so weit in Ansatz, als sie mit Zustimmung der Gemeindeaufsichtsbehörde erfolgt.[2])

§ 2. Für die Berechnung der Einwohnerzahl ist die durch die jedesmalige Volkszählung ermittelte Zahl der ortsanwesenden Civilbevölkerung maßgebend. Die Aenderung dieser Zahl tritt mit dem Beginn des auf eine Volkszählung folgenden Rechnungsjahres ein.

Die von den Städten zu leistenden Beiträge sind in vierteljährlichen Theilbeträgen zu zahlen.

§ 3. Die genannten drei Stadtgemeinden sind verpflichtet, die ihnen gehörigen Grundstücke, Gebäude und Gebäudetheile, Inventarstücke und Einrichtungen, welche zur Zeit den Zwecken der staatlichen Ortspolizeiverwaltung unentgeltlich dienen, auch ferner auf die Dauer des Bedürfnisses für diese Zwecke zur Verfügung zu stellen, oder im Falle der eigenen Inanspruchnahme entsprechenden Ersatz zu leisten.

An den bestehenden Vereinbarungen, welche bestimmte Leistungen für einzelne Theile der örtlichen Polizeiverwaltung dem Lande oder der Gemeinde auferlegen, wird durch dieses Gesetz nichts geändert.

§ 4. Wird der Gemeindeverwaltung einer der genannten Städte die örtliche Polizeiverwaltung auf Grund der Bestimmungen in § 14 des Gesetzes, betreffend die Einrichtung der Verwaltung vom 30. Dezember 1871 (Gesetzblatt für Elsaß-Lothringen 1872 S. 49), in weiterem Umfang überlassen, als es bei dem Inkrafttreten des gegenwärtigen Gesetzes der Fall ist, so tritt eine nach der Minderausgabe des Landes zu berechnende verhältnißmäßige Ermäßigung des nach der Kopfzahl zu zahlenden Gemeindebeitrages ein.

Der Betrag des ermäßigten Satzes wird von dem Bezirkspräsidenten festgesetzt. Gegen den Festsetzungsbeschluß ist binnen eines Monats nach seiner Zustellung an den Bürgermeister der Rekurs an den Kaiserlichen Rath zulässig.

§ 5. Dieses Gesetz tritt mit Wirkung vom 1. April 1901 ab in Kraft.

2) Abs. 2 ist jetzt gegenstandslos, nachdem der Nachtwächterdienst in Mülhausen seit 1907 aufgehört hat.

6. Juli 1901.

Kaiserliche Verordnung, betreffend die Abänderung der Verordnung vom 1. April 1895 über den Handel mit Giften.[1])

Gesetzbl. f. Els.-Lothr. S. 52.

1) Die Änderungen sind in der Verordnung vom 1. April 1895 berücksichtigt.

6. Juli 1901.

Geschäftsanweisung [1]) für die Landesschuldenverwaltung von Elsaß-Lothringen.

Zentr.- u. Bez.A.Bl. S. 243.

§ 1. Die nach Maßgabe des Gesetzes vom 19. Juni 1901 (Gesetzbl. S. 43) eingerichtete Landesschuldenverwaltung besteht
1. aus dem Vorsitzenden,
2. aus zwei weiteren Mitgliedern.

§ 2. Dem Vorsitzenden liegt die Leitung und Beaufsichtigung der Landesschuldenverwaltung ob. Er ertheilt nach Maßgabe der vom Ministerium erhaltenen Ermächtigung Anweisung zur Begebung von Renten und Schatzanweisungen, zur Einschreibung von Renten in das Landesschuldbuch und zur Ausfertigung von Rentenbriefen und Schatzanweisungen, er entscheidet über die Umschreibung und nach Maßgabe der zur Verfügung stehenden Mittel über die Tilgung von Renten und stellt durch eigenhändige Unterzeichnung unter der Firma „Landesschuldenverwaltung. Der Vorsitzende." die von den beiden Mitgliedern der Landesschuldenverwaltung ausgefertigten Rentenbriefe und Schatzanweisungen aus.

Er ist berechtigt, über die im Etat der Landesschuldenverwaltung ausgesetzten Fonds zu Verwaltungskosten innerhalb der etatsmäßigen Zwecke und Grenzen zu verfügen.

Er hat endlich Vorsorge zu treffen, daß die zur Einlösung der Rentenscheine und der Schatzanweisungen, sowie zur Tilgung der

1) Erlassen vom Ministerium auf Grund des § 3 Ziffer 3 des Gesetzes vom 19. Juni 1901.

Rente erforderlichen Geldmittel rechtzeitig bereit stehen, daß die abgelaufenen Einschreibungsauszüge und Rentenscheine rechtzeitig erneuert werden, sowie daß die Tilgung dem Gesetze entsprechend vorgenommen wird.

§ 3. Den beiden Mitgliedern der Landesschuldenverwaltung liegt ob:

1. die Ueberwachung der Herstellung des zu den Werthpapieren dienenden Papiers und die Verwahrung der zur Herstellung des Wasserzeichens benutzten Walze;
2. die Ueberwachung des Drucks der Formulare zu Werthpapieren;
3. die Ausfertigung der Werthpapiere durch unterschriftliche Vollziehung des auf denselben enthaltenen Vordruckes „Ausgefertigt", deren Eintragung in die Hauptbücher und Vorlegung zur Ausstellung durch den Vorsitzenden der Landesschuldenverwaltung;
4. die Vorprüfung und Herbeiführung der Ergänzung der Umschreibungsanträge, die Vorbereitung der Verfügungen dazu zur Vollziehung durch den Vorsitzenden;
5. die Ausführung der Umschreibungen und der damit in Verbindung stehenden Löschungen und Eintragungen;
6. die Prüfung der von der Landeshauptkasse angerechneten Zahlungen an Renten, Tilgungsbeträgen, Zinsen der Schatzanweisungen und Verwaltungskosten und die Führung von Handbüchern darüber;
7. die Ausfertigung und Anschreibung der zur Ausgabe gelangenden Schatzanweisungen;
8. die Verwahrung der Formulare zu Werthpapieren und der eingelösten Werthpapiere, soweit solche nicht in gemeinschaftlichen Verschluß der Landesschuldenverwaltung oder dieser und der Landesschulden-Kommission genommen sind (§§ 8, 10);
9. die Legung der Jahresrechnung über die unter 6 genannten Ausgaben und die gesammte Material-Bewegung.

§ 4. Die Einziehung des Erlöses für begebene Werthpapiere und dessen Verrechnung liegt der Landeshauptkasse ob. Dieselbe vermittelt die Umschreibung und Aushändigung der Werthpapiere. Sie leistet selbst oder durch die Steuerkassen die Zahlung der fälligen Rentenziele gegen Einziehung der Rentenscheine, beziehungsweise gegen Quittung und Abstempelung der ertheilten Auszüge, die Zahlung des Kaufpreises für zur Tilgung angekaufte Renten, der Zinsen und Kosten für Schatzanweisungen und der Verwaltungskosten, bucht solche summarisch und giebt die Beläge darüber mit einer Abrechnung an die Landesschuldenverwaltung zur speziellen Rechnungslegung darüber ab.

Der Landeshauptkasse liegt ferner ob die Einschreibung der Renten in das Landesschuldbuch, welches nach dem Formular A[2]) zu führen ist, die Ausfertigung der Auszüge darüber und deren Löschung nach den von der Landesschuldenverwaltung ergehenden Anweisungen.

Ein Doppel des Landesschuldbuchs ist von dem Verkehrssteueramte II zu Straßburg[3]) zu verwahren. Dasselbe ist spätestens am Schlusse jedes Monats mit dem Hauptexemplare in Uebereinstimmung zu bringen.

§ 5. Die Landesschuldenverwaltung führt folgende Bücher:

1. ein Tagebuch über Einnahme und Ausgabe von Werthpapieren nach Formular B und C;
2. ein Hauptbuch über Umschreibung und Tilgung von Renten nach Form D;
3. ein Gegenbuch über die Einschreibungen in das Landesschuldbuch, zugleich Doppel dieses Landesschuldbuchs, nach Form E;
4. eine Nachweisung über Ausfertigung von Rentenbriefen nach Form F;
5. ein Hauptbuch über die Rentenbriefe auf Namen in soviel Abtheilungen, als Rentenbriefe mit verschiedenen Werthbeträgen (z. B. 30, 15 und 3 ℳ) ausgegeben sind, nach dem Form. G. Ein Doppel dieser Hauptbücher ist von dem Verkehrssteueramt II zu Straßburg[3]) aufzubewahren. Dasselbe ist spätestens am Schlusse jedes Monats mit dem Hauptexemplar in Uebereinstimmung zu bringen;
6. ein Hauptbuch über die Rentenbriefe auf den Inhaber in so viel Abtheilungen, als Rentenbriefe nach verschiedenen Werthbeträgen ausgegeben sind (z. B. 30, 15 und 3 ℳ) nach Form. H;
7. ein Handbuch über die Ausgaben an Geld und die Begebung von Renten, sowie über die Umschreibungen, in welchem die verschiedenen Termine für die Rentenzahlung auseinander zu halten sind, nach dem Muster J 1—3;
8. ein Tagebuch über den Eingang von Erneuerungsscheinen behufs Empfangnahme neuer Rentenscheine und eine Tagebuch über Aushändigung neuer Rentenscheinreihen nach den Formularen K L;
9. eine Nachweisung über für kraftlos erklärte Schuldverschreibungen Elsaß-Loth-

---

2) Die Formulare sind nicht abgedruckt.

3) Früher Staatsdepositenverwaltung, zu vgl. nicht veröffentlichter Erlaß des Ministeriums vom 12. August 1902 III 10467.

ringens und die Ausfertigung neuer Werthpapiere nach Form. M;

10. eine Nachweisung über die Anmeldung des Verlustes von Elsaß-Lothringischen Rentenscheinen und Erstattung des Werthes derselben (§ 804 des bürg. Gesetzbuchs) nach Form. N;
11. eine Nachweisung über den Eingang und die Erledigung von Anträgen auf Erneuerung der Einschreibungsauszüge nach Form. O;
12. eine Nachweisung über Ausgabe und Einlösung von Schatzanweisungen der Landesverwaltung und der Staatsdepositenverwaltung in zwei Abtheilungen nach dem Form. P;
13. ein Schlußnoten-Buch über Ver- und Ankäufe von Werthpapieren nach Form. Q;
14. ein Mobiliar-Verzeichniß nach Form. R;
15. ein Tagebuch über an die Landesschuldenverwaltung eingehende Verfügungen und Anträge geschäftlichen Inhalts, welche nicht in die vorgenannten Tagebücher einzutragen sind;
16. ein Handbuch über Eingang und Ausgang des Papiers zu den Schuldverschreibungen, der Formulare zu den Schuldverschreibungen und der sonstigen Materialien nach Form. S, welches die Grundlage für die der Rechnung beizufügenden (§ 20 Z. 2) und die in den Schränken (§ 10) aufzubewahrenden Bestandsnachweisungen bildet.

Geschäftsgang.

Herstellung des Papiers zu Werthpapieren.

§ 6. Die Herstellung des Papiers zu Rentenbriefen und Rentenscheinen, sowie zu Einschreibungsauszügen erfolgt in der Neuen Papiermanufaktur in Ruprechtsau unter ständiger Aufsicht zweier Mitglieder der Landesschuldenverwaltung. Die Walze zur Herstellung des Wasserzeichens befindet sich unter deren Verschluß; sie ist unter ihren Augen in die Maschine einzulegen und bei jeder Unterbrechung der Papieranfertigung wieder unter Verschluß zu nehmen.

Jeder Bogen Papier muß durchlaufend mehrfach das Wasserzeichen „Elsaß-Lothringische Landesschuld" tragen. Abfälle von diesem Papier sind unter den Augen der Aufsichtsbeamten zu vernichten.

Ueber den Hergang und die Zahl der hergestellten Bogen ist ein Protokoll aufzunehmen.

Aufbewahrung des Papiers.

§ 7. Das Papier ist in regelmäßige Packete zu verpacken. Die Bogenzahl ist auf denselben anzugeben. Das Papier ist dann unter dreifachen gemeinschaftlichen Verschluß der drei Beamten der Landesschuldenverwaltung zu nehmen.

Herstellung der Formulare zu den Werthpapieren.

§ 8. Die Herstellung der Formulare zu den Rentenbriefen, Rentenscheinen und den Einschreibungsauszügen erfolgt ausschließlich auf dem vorgenannten Papier unter Ueberwachung zweier Mitglieder der Landesschuldenverwaltung in der Straßburger Druckerei und Verlagsanstalt (vorm. R. Schultz u. Cie.).

Das dazu erforderliche Papier wird der Druckerei aus dem gemeinschaftlichen Verschlusse der Landesschuldenverwaltung unter Vorzählung übergeben. Die Druckerei hat dann unter Kontrole die Herstellung der Formulare nach den vorgeschriebenen Mustern und unter Verwendung der im Eigenthume der Landesschuldenverwaltung befindlichen Unterplatten, Adler und Vignetten zu bewirken. Die Formulare sind so einzurichten, daß jeder Bogen das Wasserzeichen enthält.

Die Abnahme erfolgt nach der Bogenzahl.

Verdorbene Bogen des gelieferten Papiers sind wieder mit abzuliefern.

Die verdorbenen Formulare sind Seitens der Landesschuldenverwaltung zu vernichten. Ebenso ist das zu den Druckversuchen verwandte andere Papier zu vernichten.

Die guten Bogen sind nach protokollarischer Feststellung der Stückzahl unter gemeinschaftlichen dreifachen Verschluß der drei Beamten der Landesschuldenverwaltung zu nehmen.

Formular zu Schatzanweisungen.

§ 9. Die von der Landesschuldenverwaltung auszugebenden Schatzanweisungen sind auf gewöhnlichem Papier herzustellen. Die Formulare dazu befinden sich in Verwahrung der Landesschuldenverwaltung.

Verwahrung und Bestandsänderung des Papiers und der Formulare.

§ 10. In den Schränken, in welchen das Papier und die Formulare zu Werthpapieren aufbewahrt werden, ist ein Bestandsbuch aufzubewahren. Abgaben aus dem Bestande sind darin unter Anerkennung abzuschreiben. Die nach § 3 mit der Ausfertigung der Werthpapiere betrauten beiden Mitglieder der Landesschuldenverwaltung sollen nur so viel Formulare in eigener Verwahrung haben, als der nächste Verbrauch erfordert.

Anträge auf Ankauf von Renten oder Schatzanweisungen.

§ 11. Anträge auf Abnahme (Ankauf) von Renten oder Schatzanweisungen sind an die Landesschuldenverwaltung zu richten. Sie sind in das Tagebuch einzutragen und dem Vorsitzenden zur Entscheidung vorzulegen.

Anträge auf Umschreibung oder Verkauf von Renten.

§ 12. Anträge auf **Umschreibung** oder **Verkauf** von Renten sind unter Beifügung der Rentenbriefe und der nicht verfallenen Rentenscheine, sowie der Einschreibungsauszüge an die Landeshauptkasse einzureichen.

Anträge auf Verkauf von Renten sind nur entgegen zu nehmen, wenn solche Seitens der Landesschuldenverwaltung allgemein oder für den einzelnen Fall als annehmbar bezeichnet sind.

2. Den Anträgen müssen die Auszüge und Titel über die umzuschreibenden oder zu verkaufenden Renten, sowie die dazu gehörigen noch nicht verfallenen Rentenscheine und Erneuerungsscheine beigefügt werden. Die Einschreibungsauszüge und die Rentenbriefe sind in den Anträgen im Einzelnen nach Litera, Nr. und Werthbetrag, sowie dem ersten Ziel der beigegebenen Rentenscheine zu bezeichnen. Der Antrag muß enthalten:

a) eine Angabe darüber, ob und zu welchen Beträgen Einschreibungen, Rentenbriefe auf Namen oder auf den Inhaber ertheilt werden sollen,

b) die genaue Bezeichnung der Person oder Genossenschaft, auf deren Namen die zu ertheilenden Einschreibungsauszüge bezw. Rentenbriefe lauten sollen und die Angabe der Kasse (Landeshauptkasse oder Steuerkasse), bei welcher die Erhebung der eingeschriebenen Rente gewünscht wird. Die Ortsnamen sind in der amtlichen deutschen Schreibweise, die Vornamen in deutscher Form anzugeben. Bei Minderjährigen empfiehlt sich die Angabe des Geburtstages.

3. Anträge auf Verkauf oder Umschreibung von Renteneinschreibungen oder Rentenbriefen auf Namen können nur von den in diesen Titeln genannten Renteneigenthümern oder deren gesetzlichen Vertretern, bezw. nach dem Ableben der Eigenthümer von deren Rechtsnachfolgern gestellt werden. Letztere haben ihre Berechtigung dazu durch Vorlegung eines Erbscheins oder eines Zeugnisses des Nachlaßgerichts gemäß der Bekanntmachung vom 11. April 1900 (Amtsbl. S. 149) nachzuweisen. Anträge für **Bevormundete**, für **Kirchen- und Pfarrgüter**, **Gemeinden und öffentliche Anstalten**, und dergl. müssen die Beschlüsse der gesetzlichen Vertreter und der zu deren Genehmigung berufenen Aufsichtsbehörden z. B. (für Bevormundete s. § 1816, 1820 des bürgerl. Gesetzb.; für Kirchen rc., s. Art. 3 des Ges. vom 2. Januar 1817, § 1 der Verordnung vom 5. Mai 1873; für Gemeinden und öffentliche Anstalten s. § 75 der Gemeinde-Ordnung, Gesetz vom 7. Juli 1897; für Krankenkassen § 40 des Krankenversicherungsgesetzes — R. G. Bl. S. 1892, S. 417 [4]) —; u. A.) beigefügt werden. In den Beschlüssen und in den Genehmigungen — falls diese nicht unter die Beschlüsse gesetzt sind — müssen die Werthpapiere genau bezeichnet werden. Die Genehmigungen sind entweder im Original oder in Abschriften vorzulegen, welche von öffentlichen Beamten, die der beantragenden Verwaltung nicht angehören, beglaubigt sind.

Die Vertreter von Handelsgesellschaften, Vereinen u. s. w. haben ihre Berechtigung durch Vorlegung einer gerichtlichen Bescheinigung nachzuweisen (Handelsgesetzbuch §§ 49, 54, 55, 108, 123 ff., 161, 232; bürg. Gesetzbuch § 64, 67).

4. Unter Anträgen auf Umschreibungen von Einschreibungen oder von Rentenbriefen auf Namen in Rentenbriefe auf Namen oder auf den Inhaber oder auf den Verkauf von Einschreibungen oder Rentenbriefen auf Namen müssen die Unterschriften, erforderlichen Falls auch die Identität der Antragsteller, von dem Ortsbürgermeister, [5]) notariell [6]) oder gerichtlich oder durch einen Konsularbeamten des Deutschen Reichs **beglaubigt** sein.

Bei Anträgen auf Umschreibung oder Verkauf von Rentenbriefen auf den Inhaber oder auf Umschreibung von auf den Namen lautenden Rentenbriefen auf Einschreibungen **auf denselben Namen** ist die Beglaubigung nicht erforderlich.

5. Anträge auf Einschreibung, Umschreibung oder Löschung von Renten im Schuldbuch, sowie auf Ausfertigung, Zurücknahme und Wiederherausgabe von Rentenbriefen unterliegen dem **Dimensionsstempel**. Die Beglaubigung der Unterschriften ist stempelfrei. [5]) Die in derselben oder besonders ertheilten Zeugnisse über andere Thatsachen, Identität u. s. w. unterliegen einem **Stempel von 40 ₰**. [7])

6. Anträgen auf Verkauf oder Umschreibung eingeschriebener Renten oder von Renten-

4) Jetzt §§ 25 ff. der Reichsversicherungsordnung vom 19. Juli 1911.

5) Für die Beglaubigung der Unterschriften durch Verwaltungsbehörden (Bürgermeister) ist jetzt nach dem Stempelgesetz vom 28. Mai 1912 (§ 28 Abs. 2) ein Stempel von 0,20 ℳ geschuldet

6) Notarielle Beglaubigungen sind nach § 3 des Verkehrsteuergesetzes vom 14. November 1904 verkehrsteuerpflichtig und unterliegen nach Tarif Nr. 26 der festen Abgabe von 2 ℳ

7) §§ 43, 48, 37 letzter Satz des Stempelgesetzes vom 28. Mai 1912 und Ziffer 39 der Vollzugsanweisung hierzu vom 23. Januar 1912.

briefen auf den Namen verstorbener oder für abwesend bezw. für todt erklärter Personen ist gemäß Art. 25 des Gesetzes vom 8. Juli 1852 eine vom Direktor der Verkehrssteuern beglaubigte, kostenfrei zu ertheilende Bescheinigung eines Verkehrssteueramts über die erfolgte Entrichtung der Erbschaftssteuer beizufügen. Ohne diese Bescheinigung darf der Ankauf oder die Umschreibung nicht erfolgen. Bei Verjährung der Steuer liegt daher deren freiwillige Zahlung im Interesse der Erben.

7. Für abhanden gekommene Einschreibungsauszüge oder Rentenbriefe auf Namen kann eine neue Ausfertigung ertheilt werden, wenn der Eigenthümer der Rente, d. h. derjenige, auf dessen Namen die Einschreibung oder der Rentenbrief lautet, bezw. dessen Vertreter oder Rechtsnachfolger vor dem Bürgermeister seines Wohnorts und zwei Zeugen erklärt, daß ihm der nach Litera, Nr. und Werthbetrag zu bezeichnende Einschreibungsauszug oder Rentenbrief abhanden gekommen sei. Diese Erklärung, in welcher sowohl der Renteneigenthümer bezw. dessen Rechtsvertreter wie auch die Zeugen nach Vor- und Familiennamen, Stand, Alter und Wohnort zu bezeichnen sind, ist von dem Antragsteller, den Zeugen und dem Bürgermeister zu unterzeichnen und mit dem Amtssiegel des letzteren zu versehen. Dieselbe unterliegt der Registrirung und ist mit dem Antrage der Landeshauptkasse einzureichen. Die Erklärung kann auch vor einem Notar oder außerhalb Elsaß-Lothringens vor Gericht abgegeben werden. Handelt es sich um die Ertheilung eines neuen Auszugs, so hat die Landeshauptkasse nach anerkannter Legitimation und nach Feststellung des Zeitpunkts, bis zu welchem die Zahlung der Rente erfolgt ist, einen neuen Auszug, welcher als zweite Ausfertigung zu bezeichnen ist, zu ertheilen und davon im Landesschuldbuch Vermerk zu machen. Handelt es sich um Rentenbriefe auf Namen, so hat die Landeshauptkasse den Antrag mit der Erklärung der Landesschuldenverwaltung vorzulegen, welche die Neuausfertigung herbeiführt.

8. Ueber die Ausfertigung neuer Rentenbriefe auf den Inhaber an Stelle gerichtlich kraftlos erklärter (§ 800 d. B. G. B.) entscheidet der Vorsitzende der Landesschuldenverwaltung.[8])

9. Die Aushändigung der Einschreibungsauszüge und Rentenbriefe erfolgt nur bei der Landeshauptkasse zu Straßburg (§ 4), in der Regel innerhalb 14 Tagen nach Eingang des Antrags. Wenn ein Renteneigenthümer diese Titel nicht selbst in Empfang nehmen will, so hat er entweder in dem Antrage die Person zu bezeichnen, an welche die Aushändigung erfolgen soll, oder er hat einen Bevollmächtigten zu bestellen.

10. Vollmachten sind stempelpflichtig und unterliegen der Registrirung. Für Personen, welche sich in Deutschland aufhalten, genügen Vollmachten unter Privatunterschrift, welche durch den betr. Bürgermeister oder einen öffentlichen, einen Dienstsiegel führenden Beamten beglaubigt sind. Im Auslande ausgestellte Vollmachten bedürfen der Beglaubigung durch Gerichte oder die Gesandten oder Konsuln des Reichs (Uebereinkommen mit Frankreich vom 14. Juni 1872 — Samml. d. Straßbgr. Ztg. 1879 S. 31 —; Reichsgesetz v. 1. Mai 1878, S. 89; Staatsvertrag mit Oesterreich-Ungarn, R. G. Bl. 1881 S. 4 Art. 1.[9])

Nicht in deutscher Sprache abgefaßten Urkunden muß eine von einem vereideten Uebersetzer beglaubigte deutsche Uebersetzung beigefügt werden (Verordn. vom 7. Juli 1888 — Amtsbl. S. 164 —). Die Vollmachten verbleiben bei den Rechnungsbelägen oder den Akten der Landesschuldenverwaltung.

11. Die Landeshauptkasse hat die zur Umschreibung oder zum Ankauf eingegangenen Rentenbriefe, sowie die dazu gehörigen Rentenscheine und Erneuerungsscheine mittels Durchlochung zu entwerthen. Die Rentenbriefe auf Namen sind erst zu durchlochen, wenn zuvor durch mündliche Anfrage bei der Landesschuldenverwaltung festgestellt ist, daß den Anträgen entsprochen werden kann. Die Kasse giebt sodann die eingegangenen Anträge mit allen Anlagen und einem Umschlage, auf welchem die Entwerthung der Rentenbriefe und der zu solchen gehörigen Rentenscheine und Erneuerungsscheine bescheinigt ist, an die Landesschuldenverwaltung ab. Die Landeshauptkasse hat den Einsendern von Werthpapieren auf Verlangen eine Empfangsbescheinigung zu ertheilen. Ueber den Eingang, die Abgabe an die Landesschuldenverwaltung, die Rückkunft neuer Werthpapiere, deren Aushändigung und Einsendung der Quittung an die Landesschuldenverwaltung hat sie ein Hülfsbuch zu führen.

12. Die nach § 3 mit der Vorprüfung der eingehenden Anträge betrauten beiden Mitglieder der Landesschuldenverwaltung tragen die eingegangenen Anträge und die dazu gehörigen

8) Zu vgl. § 1018 der Z.P.O.

9) Zu vgl. Bek. vom 18. Juli 1901 (Reichsgesetzbl. S. 323).

Werthpapiere in das Tagebuch B ein, nehmen die Werthpapiere in Verwahrung und legen die Anträge, event. nach zuvoriger Vervollständigung, dem Vorsitzenden zur Entscheidung vor.

§ 13. Nach Maßgabe der Entscheidung des Vorsitzenden erfolgt sodann die Löschung der eingereichten Werthpapiere, die Ausfertigung der Rentenbriefe und die Eintragung in die verschiedenen Bücher.

Die erfolgte Löschung und Entwerthung der Einschreibungsauszüge, sowie die Löschung der Rentenbriefe ist von den beiden Mitgliedern der Landesschuldenverwaltung zu bescheinigen. Die Anweisungen zu Einschreibungen und zur Löschung von solchen, sowie die neu ausgefertigten Rentenbriefe mit Rentenscheinen und Erneuerungsscheinen sind sodann an die Landeshauptkasse gegen Anerkennung Seitens des Kassirers in dem Tagebuch C abzugeben. Die auf die abgelaufene Zeit entfallenden Rentenscheine sind zurückzubehalten und mittelst Durchlochung zu entwerthen. Diese Entwerthung ist zu bescheinigen.

Die Landeshauptkasse bewirkt die neuen Einschreibungen und die Löschungen in dem Landesschuldbuche, legt die Einschreibungsauszüge der Landesschuldenverwaltung zur Gegenzeichnung vor und bewirkt sodann die Aushändigung an die Berechtigten, die Einziehung und Auszahlung der Kaufpreise und die Rückgabe der Empfangsbescheinigungen an die Landesschuldenverwaltung.

§ 14. Wird bei Anträgen auf Einschreibung einer Rente für Bevormundete der Antrag auf Eintragung des Vermerks, daß der Vormund nur mit Genehmigung des Vormundschaftsgerichts darüber verfügen kann (§ 1816 des B. G. B.) gestellt, so ist das in der Verfügung zur Einschreibung anzuordnen.

Gehen nachträglich Anträge auf Eintragung dieses Vermerks ein, so hat die Landeshauptkasse solche, event. nach zuvor veranlaßter Vervollständigung in Bezug auf Nr. der Einschreibung und Namen des Renteneigenthümers der Landesschuldenverwaltung vorzulegen, welche dieselben, sowie die anderweit bei ihr eingehenden Anträge zu prüfen und event. die Eintragung des Vermerks im Gegenbuch (E) zu bewirken hat. Die Anträge sind sodann der Landeshauptkasse k. H. zur Eintragung des Vermerks in das Landesschuldbuch vorzulegen.

Beiderseits ist die erfolgte Eintragung auf den Anträgen zu vermerken. Diese werden dann nach der Nummerfolge aufbewahrt.

Zahlung der Rentenziele.

§ 15. 1. Die Renten sind in halbjährlichen Zielen am 1. April und 1. Oktober zahlbar. Mit der Zahlung und Einlösung kann aber bereits 8 Tage vorher begonnen werden.

Die Auszahlung erfolgt bezüglich der eingeschriebenen Rente gegen Quittung[10]) der eingeschriebenen Eigenthümer oder deren Bevollmächtigten bezw. gesetzlichen Vertreter, bezüglich der Rentenbriefe gegen Aushändigung der fälligen Rentenscheine.

Eingeschriebene Renten, über welche die Auszüge sich bei Sparkassen befinden und von diesen vorgelegt werden, sind an die Sparkassen zu zahlen. Renten, welche an lebenslängliche Nutznießer zu zahlen waren, sind, wenn nicht sonstige Zahlungshinderungen vorliegen, im Falle des Ablebens der Nutzungsberechtigten ohne besondere Anweisung vom ersten nach dem Todestage fällig werdenden Ziele ab an den eingeschriebenen Eigenthümer zu zahlen. Von dem Wegfall des Nießbrauchsverhältnisses ist der Landesschuldenverwaltung durch Beifügung der Sterbeurkunde zur ersten Quittung Mittheilung zu machen.

2. Die Quittungen über eingeschriebene Rente sind nach dem Muster T auf Papier in Größe eines viertel Bogens auszufertigen.

Formulare zu diesen Quittungen sind bei den Zahlstellen vorräthig zu halten und werden von diesen gegen Erstattung der Kosten verabfolgt.

Die Zahlung der eingeschriebenen Rente erfolgt nur bei der Landeshauptkasse oder der von dem Renteneigenthümer bezeichneten und von der Landeshauptkasse mit der Zahlung beauftragten Steuerkasse.

Die Kassen haben über die Zahlung der eingeschriebenen Rente eine Nachweisung nach dem Muster U zu führen.

Wird Seitens des Renteneigenthümers ein Wechsel in der Zahlungsstelle gewünscht, so ist dieses bei der Landeshauptkasse einen Monat vor der Fälligkeit des nächsten Ziels zu beantragen. In dem Antrag muß der Name des Renteneigenthümers, Litera, Nummer und Betrag der Einschreibung, sowie die bisherige und künftige Zahlungsstelle angegeben sein. Die Landeshauptkasse hat auf diesen Antrag die Einstellung der Zahlung an der bisherigen Zahlstelle und die Weiterzahlung vom nächstfälligen Ziele an bei der neuen Zahlungsstelle sofort anzuordnen.

Bei der Zahlung ist auf dem vorzuzeigenden Auszuge aus der Renteneinschreibung durch

---

10) Von der Bestimmung, daß für jedes Ziel einer eingeschriebenen Rente eine besondere Quittung auszustellen ist, sind durch die Bekanntmachung des Ministeriums vom 20. Juni 1903 (Zentr.- u. Bez.A.Bl. S. 81) Ausnahmen zugelassen.

die Zahlungsstelle das Feld, in welchem das zur Zahlung gelangende Ziel bezeichnet ist (Zielfeld), durch Abdruck eines den Namen der Kasse enthaltenden Stempels abzustempeln. Gleichzeitig ist auch auf die vom Rentenempfänger vollzogene Quittung ein gleicher Stempelabdruck zu setzen.

Die Zahlungsstelle ist dafür verantwortlich, daß die Zahlung nur an den berechtigten Empfänger erfolgt. Wenn Vertretungs- oder Vollmachtsverhältnisse ihr nicht genügend erwiesen erscheinen, kann sie die Vorlegung von Urkunden oder amtlichen Bescheinigungen verlangen.

In gleicher Weise ist sie für die Richtigreit der Abstempelung der Zielfelder auf den Einschreibungsauszügen verantwortlich.

Werden durch Zahlungen an Unberechtigte oder in Folge unterbliebener Abstempelung von Zielfeldern Doppelzahlungen veranlaßt, so haben die Kassenverwalter den dadurch entstehenden Schaden persönlich zu tragen.

Um bei Zahlungen für Ehefrauen die Feststellung entbehrlich zu machen, ob die Ehefrau oder der Ehemann zum Bezug berechtigt ist, empfiehlt es sich, die Quittungen von Beiden vollziehen zu lassen.

Die Zahlstellen haben nach Thunlichkeit auf rechtzeitige Abhebng der Rentenziele zu halten.

3. Die Rentenscheine lauten über Beträge von 15, 7½ und 1½ ℳ für ein halbes Jahr. Diejenigen zu Rentenbriefen auf Namen sind Lit. B. und haben senkrecht gestreiften Untergrund, die zu Rentenbriefen auf den Inhaber sind Lit. C. und haben netzartigen Untergrund. Die Farbe des Untergrundes ist zu 15 ℳ stahlgrau, zu 7½ ℳ gelb, zu 1½ ℳ grün. Sie lauten auf die Landeskasse von Elsaß-Lothringen; es ist der Fälligkeitstag, der Geldbetrag, Lit. und Nr. des Rentenbriefes und die laufende Nr. der Rentenscheine angegeben. Die Unterschrift lautet „Landesschuldenverwaltung“.

Die Rentenscheine werden durch die Landeshauptkasse und die sämmtlichen Steuerkassen, durch die deutsche Effekten- und Wechselbank in Frankfurt a/M., die Direktion der Diskontogesellschaft zu Berlin, Depositenkasse Unter den Linden 11 (vorm. Meyer Cohn), die Kommerz- und Diskontobank zu Berlin und durch das Bankhaus Lazard Speyer-Ellison zu Frankfurt a./M.,[11]) gegen Zahlung des Nennwerths eingelöst. Von allen übrigen Landeskassen werden solche zum Nennwerthe an Zahlungsstatt angenommen.

4. Der Anspruch auf die Rentenziele erlischt mit Ablauf von 5 Jahren vom Tage des Fälligkeitstermins ab. Nach Eintritt dieser Verjährung dürfen solche nicht mehr gezahlt, Rentenscheine nicht mehr eingelöst werden. Auf Rentenscheinen, welche erst nach eingetretener Verjährung zur Aufrechnung gelangen, muß von der Einlösungsstelle der Tag der Einlösung unter Beidrückung des Dienstsiegels angegeben werden. Ueber die Auszahlung des Betrages verlorener Rentenscheine nach Ablauf der Verjährungsfrist entscheidet der Vorsitzende (§ 5[10]).

5. Die Quittungen über eingeschriebene Rente sind von den Steuerkassen als solche über Zahlungen für Rechnung der Landeshauptkasse zu buchen; die Rentenscheine dagegen sind in allen Kassen als baares Geld zu behandeln.

Die eingelösten oder in Zahlung angenommenen Rentenscheine sind von allen Kassen, mit Ausnahme der Landeshauptkasse, zu durchkreuzen; die Landeshauptkasse dagegen hat alle Rentenscheine, sie mögen von ihr eingelöst oder in Zahlung angenommen, oder aber ihr in Aufrechnung gebracht sein, durch Abschneiden der unteren rechten Ecke, wobei jedoch die Nummer des Rentenscheins nicht verletzt werden darf, zu entwerthen. Rentenscheine, welche durchkreuzt sind oder von welchen die untere rechte Ecke abgetrennt ist, dürfen daher weder eingelöst noch in Zahlung genommen werden.

Die Quittungen und Rentenscheine gehören hinsichtlich der Verrechnung der durch sie nachgewiesenen Beträge demjenigen Rechnungsjahr an, in welchem sie fällig werden, also z. B. die am 1. April 1901 fällig werdenden dem Rechnungsjahre 1901

6. Die sämmtlichen Staatskassen, welche nicht Einlösungsstellen sind, können die in Zahlung angenommenen Rentenscheine bei der ihnen zunächst gelegenen Steuerkasse Zug um Zug gegen baares Geld umwechseln. Andernfalls sind die Rentenscheine Mitte jedes Monats der vorgesetzten Kasse bezw. der Landeshauptkasse als baares Geld in Anrechnung zu bringen. In keinem Falle dürfen die eingelösten oder in Zahlung angenommenen Rentenscheine wieder in den Verkehr gebracht werden.

7. Die Einlösungsstellen (Steuerkassen) haben die Renten-Quittungen mittelst der gewöhnlichen monatlichen Abrechnungen, die Rentenscheine aber als baares Geld Mitte jedes Monats der Landeshauptkasse aufzurechnen. Den Rentenscheinen sind Verzeichnisse beizufügen, in welchen die Rentenscheine nach Fälligkeitstermin, Litera, Werthbetrag und Nr. geordnet zu verzeichnen sind. Ein

11) Bekanntmachung vom 15. Juli 1908 (Zentr.- u. Bez.A.Bl. S. 235) und vom 21. April 1913 (Zentr.- u. Bez.A.Bl. S. 213).

Doppel dieses Verzeichnisses ist zurückzubehalten.

Die Uebersendung der Rentenscheine hat als gewöhnliche Brief- oder Packetsendung zu erfolgen. Die Verpackung derselben hat derart zu geschehen, daß sie in der Ordnung des Verzeichnisses nach den verschiedenen Sorten getrennt sind und daß ein Verschieben derselben bei der Oeffnung der Briefe oder Pakete ausgeschlossen ist.

8. Die Landeshauptkasse hat die Quittungen und Rentenscheine mit nach der Nummerfolge geordneten Verzeichnissen und besonderen Nachweisungen für jedes Ziel der Landesschuldenverwaltung einzureichen. Auf den Nachweisungen ist die Entwerthung der Rentenscheine durch Abschneiden der unteren rechten Ecke, sowie im Falle der Vorlegung verjährter Rentenscheine der Tag der erfolgten Einlösung des Rentenscheins zu bescheinigen. Die Landesschuldenverwaltung entwerthet die Rentenscheine durch Herausschlagen des oben in der Mitte stehenden Reichsadlers endgültig und bescheinigt solches auf den als Rechnungsbelag dienenden Nachweisungen.

9. Nach dem 25. Mai können Quittungen oder Rentenscheine über Rentenziele, welche bis zum 1. April einschließlich vorher verjährt waren, nicht mehr zur Aufrechnung gebracht werden.

Kontrole der Zahlung der Rentenziele.

§ 16. Ueber die Zahlung der eingeschriebenen Rente wird von der Landesschuldenverwaltung eine Nachweisung nach Formular V geführt. Auf Grund derselben werden die Quittungen nach Fälligkeit, Betrag und Empfangsberechtigten einer Prüfung unterzogen. Die gezahlten Ziele sind darin durch einen senkrechten Strich zu bezeichnen.

Vor jeder Prüfung von Anrechnungen ist diese Nachweisung mit dem Gegenbuche der Einschreibungen in Uebereinstimmung zu bringen.

Die Prüfung der Rentenscheine erfolgt in Bezug auf Echtheit, Fälligkeit und Stückzahl. Eine Buchung oder Anschreibung der Einzelrentenscheine findet nicht statt.

Nach erfolgter Prüfung sind die Rentenscheine Seitens der Landesschuldenverwaltung durch Herausschlagen des Adlers zu entwerthen.

Die Quittungen und die Rentenscheine sind von den nach § 3 damit betrauten beiden Mitgliedern der Landesschuldenverwaltung aufzubewahren, bis sie von der Landesschulden-Kommission und der Landesschuldenverwaltung unter gemeinschaftlichen Verschluß genommen werden.

Auf der Nachweisung ist die erfolgte Entwerthung der Rentenscheine und die Uebernahme derselben und der Quittungen in Verwahrung zu bescheinigen.

§ 17. Die eingelösten Schatzanweisungen sind der Landesschuldenverwaltung zu übergeben, von dieser mittelst Durchlochung zu entwerthen und in Aufbewahrung zu übernehmen.

Verwahrung der Formulare und der eingelösten Werthpapiere.

§ 18. Die nach § 10 den beiden Mitgliedern der Landesschuldenverwaltung verabfolgten Formulare zu Werthpapieren und die eingelösten Werthpapiere sind von diesen beiden Beamten unter gemeinschaftlichem Doppel-Verschluß in einem Schranke, zu welchem jeder der beiden Beamten einen Schlüssel führt, bis zu dem im § 16 vorl. Absatz angegebenen Zeitpunkt zu verwahren.

Die Tage-, Haupt-, Hand- und Gegenbücher sowie die Nachweisungen sind unter einfachem Verschluß zu verwahren.

Aushändigung neuer Rentenscheinreihen und neuer Einschreibungsauszüge.

§ 19. 1. Neue Rentenscheinreihen zu Rentenbriefen werden den Inhabern der Erneuerungsscheine gegen deren Abgabe von der Landesschuldenverwaltung selbst oder durch Vermittelung der Steuerkassen ausgehändigt. Den Erneuerungsscheinen sind nach Lit., Werthbetrag und Nr. geordnete Einzelverzeichnisse beizufügen, auf welchen über den Empfang der neuen Rentenscheine zu quittiren ist. Die Steuerkassen haben diese Verzeichnisse mit einer Nachweisung nebst den Erneuerungsscheinen allmonatlich an die Landesschuldenverwaltung — eingeschrieben — einzusenden. Dieselbe sendet den Steuerkassen die Verzeichnisse mit den neuen Rentenscheinreihen zur Ausreichung der letzteren an die Einreicher der Erneuerungsscheine gegen Empfangsbescheinigung und Rückgabe der über die Einlieferung der Erneuerungsscheine ertheilten Bescheinigung zurück. Die Steuerkassen haben sodann die von der Landesschuldenverwaltung festgesetzten Verzeichnisse mit der Quittung und der summarischen Nachweisung an die Landesschuldenverwaltung zurückzusenden.

Die Formulare werden den Steuerkassen durch die Landesschuldenverwaltung übersandt.

2. Nach Abstempelung des letzten auf den Renteneinschreibungsauszügen befindlichen Zielfeldes werden den Renteneigenthümern neue Auszüge ertheilt. Die Zahlstellen haben daher bei Zahlung des letzten Ziels die Auszüge — auf Verlangen gegen

Ausstellung einer Bescheinigung — einzuziehen. Die Renteigenthümer sind dabei zu befragen

a) ob sie mehrere Einschreibungen besitzen und deren Zusammenfassung wünschen,

b) ob sie Berichtigungen in der Bezeichnung des Eigenthümers zu beantragen haben. Die Zahlstellen sind verpflichtet, die ihnen sonst bekannt gewordenen Aenderungen zu verfolgen und event. den Nachweis derselben gemäß folgender Vorschriften einzufordern.

Betrifft die Aenderung lediglich die Amts- oder Berufsstellung oder den Wohnort einer Person, welche der Zahlstelle aus eigener Wissenschaft bekannt ist, so genügt zum Nachweis die Bescheinigung der Zahlstelle auf der aufzustellenden Nachweisung. Sind die Aenderungen der Zahlstelle nicht genügend bekannt, oder handelt es sich um die Berichtigung in der Angabe oder Rechtschreibung der Vor- oder Zunamen oder um die Verheirathung einer im Auszuge nicht als Ehefrau bezeichneten weiblichen Person (ledig oder Wittwe), so ist mindestens ein Uebereinstimmungszeugniß des Bürgermeisters des Wohnorts zu erfordern. Dieses Zeugniß, welches einem Stempel von 40 Pf. unterliegt, kann etwa in folgender Form ausgestellt werden:

„D . . . im els.-lothr. Rentenauszuge A Nr. . . . als Eigenthümer bezeichnete (volle Angabe aus dem Auszuge) ist ein und dieselbe Person wie d . . (genaue Bezeichnung, wie die Einschreibung berichtigt werden soll).

Ort, Datum.

Der Bürgermeister:

(Amtssiegel.) Unterschrift

Bei Minderjährigen empfiehlt sich die Angabe des Geburtstages. Sind Minderjährige inzwischen volljährig geworden, so ist dieses, wenn es nicht aus der Angabe des Geburtstages im Auszuge oder aus der neuen Standesangabe zu ersehen ist, ebenfalls durch — stempelpflichtige — bürgermeisterliche Bescheinigung nachzuweisen.

Wird die Umschreibung auf den Namen einer anderen Person oder in Rententitel gewünscht, so ist dies von den Berechtigten selbst nach § 12 herbeizuführen.

3. Die Steuerkassen haben über die eingezogenen Rentenauszüge eine Zusammenstellung zu fertigen, aus welcher Nr., Geldbetrag, eingeschriebener Eigenthümer (genau nach dem Auszug), der Name, auf welchen der neue Auszug lauten soll, und der Geldbetrag der zusammen zu fassenden Auszüge, sowie die Nr. der beiliegenden Zeugnisse zu ersehen ist, und welche eine von der Landesschuldenverwaltung auszufüllende Spalte für die neue Einschreibung enthält (vergl. Amtsbl. 1895 Seite 187). Auf derselben ist die Richtigkeit der eingetragenen Aenderungen zu bescheinigen.

Die Ziffern und Namen müssen deutlich, die Vornamen in deutscher Form, der Wohnort nach der amtlichen Schreibweise geschrieben sein. Bei verheiratheten oder verwittweten weiblichen Personen ist der Name des Mannes in erster Stelle, dann der Vor- und Geburtsname anzugeben, z. B. Müller, Barbara geb. Stein, Ehefrau des Ackerers Ludwig M. in N.

Die Formulare zu den Nachweisungen werden den Steuerkassen von der Landeshauptkasse geliefert.

4. Mit der Abhebung des letzten Rentenziels säumige Eigenthümer sind von den Zahlstellen zur Abhebung zu veranlassen.

5. Die Steuerkassen haben die Zusammenstellung in doppelter Ausfertigung mit den eingezogenen Auszügen und Bescheinigungen allmonatlich an die Landeshauptkasse einzusenden. Die Landeshauptkasse übersendet die Zusammenstellungen und die bei ihr selbst eingegangenen Auszüge mit einer gleichen Zusammenstellung an die Landesschuldenverwaltung. Letztere erwirkt die Ermächtigung zu Löschungen, Neueinschreibungen und Ausfertigung der neuen Auszüge, führt die Berichtigung in dem Gegenbuche E durch und giebt die mit Anweisung versehene Zusammenstellung der Landeshauptkasse zurück, welche danach die Löschungen, Berichtigungen und Neueinschreibungen im Landesschuldbuche vorzunehmen, die neuen Auszüge auszufertigen und letztere mit dem zweiten Exemplar der Zusammenstellung den betr. Steuerkassen zur Aushändigung der Auszüge an die Berechtigten zuzusenden hat. Für die von ihr selbst eingezogenen Auszüge händigt sie die neuen Auszüge unmittelbar aus.

Wenn die Aushändigung nicht gelegentlich erfolgen kann, sind die Auszüge den Berechtigten als portopflichtige Dienstsache unfrankiert zuzusenden.

6. Die Anfertigung der Auszüge und der Rentenbriefe erfolgt auf Anordnung des Vorsitzenden der Landesschuldenverwaltung unter Gegenzeichnung der beiden Mitglieder nach Maßgabe des § 8.

Die Formulare zu Auszügen werden der Landeshauptkasse zur Verwendung und Aufbewahrung übergeben.

Rechnungslegung.

§ 20. Die Rechnungslegung erfolgt

1. über die Einnahmen für verkaufte Rente von der Landeshauptkasse,
2. über Tilgung von Renten, die Zahlung derselben und der Verwaltungskosten, der Zinsen und Kosten für die von der Landesschuldenverwaltung auszugebenden Schatzanweisungen, sowie über die Materialbewegung von der Landesschuldenverwaltung (§ 3),
3. über die Ausgabe, Einlösung und die Kosten der für die Staatsdepositenverwaltung ausgegebenen Schatzanweisungen Seitens der Kasse der Staatsdepositenverwaltung.

Die Ausgabe und Einlösung von Schatzanweisungen Seitens der Landesschuldenverwaltung zur Verstärkung der Betriebsmittel der Landeshauptkasse wird nur von dieser bei den Asservaten nachgewiesen.

Der Finalabschluß ist am 10. Juni dem Ministerium und die Schlußdeklaration am gleichen Tage der Landeshauptkasse einzureichen.

§ 21. Die Rechnung der Landesschuldenverwaltung hat die Zahlung der Renten und der Tilgungen, die Begebung und die Umschreibung nach den verschiedenen Zinsterminen nachzuweisen.

Ueber die vorhandenen Bestände an eingelösten Werthpapieren und zurückbehaltenen Rentenscheine ist der Rechnung eine Nachweisung beizufügen.

Die Rechnung ist mit den Belägen dem Ministerium zur Veranlassung der Abnahme und der Prüfung vorzulegen.

Aufsicht über die Landesschuldenverwaltung.

§ 22. Die gesammte Landesschuldenverwaltung steht unter der ständigen Kontrole der durch Gesetz vom 19. Juni 1901 (Gesetzbl. S. 43) gebildeten Landesschulden-Kommission.[12]) Diese Kommission sowie ihre einzelnen Mitglieder sind jederzeit berechtigt, von dem gesammten Geschäftsbetriebe Einsicht zu nehmen und die Bestände einer Prüfung zu unterziehen.

Nach dem Schlusse jedes Rechnungsjahrs muß eine solche Prüfung vorgenommen werden. Das darüber aufzunehmende Protokoll ist mit dem Protokoll über die Abnahme der Jahresrechnung dem Rechnungshofe vorzulegen.

Vernichtung der Werthpapiere.

§ 23. Die eingelösten Rentenscheine und die Quittungen über eingeschriebene Renten sind nach Ablauf der Verjährungsfrist und nach Ertheilung der Entlastung über diejenige Rechnung, in welcher solche letztmalig nachgewiesen,

die Erneuerungsscheine zur Erhebung neuer Rentenscheine sind nach Ablauf des Zeitraums, für welchen die neuen Rentenscheine ausgegeben und nach Ertheilung der Entlastung über diejenige Rechnung, in welcher die Ausgabe letztmalig nachgewiesen ist,

die übrigen eingelösten Werthpapiere sind nach Ertheilung der Entlastung der Rechnung, in welcher deren Nachweis erfolgt ist,

durch Zermahlen auf dem Kollerwerke der Neuen Papiermanufaktur in Ruprechtsau oder durch Feuer unter Aufsicht der drei Beamten der Landesschuldenverwaltung und eines Kommissars der Landesschulden-Kommission zu vernichten.

Das über die Vernichtung aufzunehmende Protokoll ist der nächsten Jahresrechnung beizufügen.

Die Vernichtung der übrigen Rechnungsbeläge und der Kassenbücher erfolgt nach den Vorschriften der Verfügung vom 6. Mai 1890 (Amtsbl. S. 152).

§ 24. Die Bekanntmachungen vom 31. Oktober 1881 (Amtsbl. S. 93), vom 27. Februar 1882 (Amtsbl. S. 28), vom 1. Juli 1887 (Amtsbl. S. 138), vom 24. September 1891 (Amtsbl. S. 159), vom 7. Dezember 1891 (Amtsbl. S. 203) und vom 19. Juli 1895 (Amtsbl. S. 185) sind durch diese Geschäftsanweisung ersetzt.

12) Zu vgl. § 7 des Gesetzes vom 19. Juni 1901 und Bemerkung 3 hierzu.

---

7. Juli 1901.

Bekanntmachung des Reichskanzlers, betreffend die Anlegung von Mündelgeld in verbrieften Forderungen gegen eine inländische kommunale Körperschaft ꝛc.

Reichsgesetzbl. S. 263.

Auf Grund des § 1807 Abs. 1 Nr. 4 des Bürgerlichen Gesetzbuchs hat der Bundesrath beschlossen:

Verbriefte Forderungen gegen eine inländische kommunale Körperschaft oder die Kreditanstalt einer solchen Körperschaft sind zur Anlegung von Mündelgeld geeignet, wenn die Forderungen von Seiten des Gläubigers kündbar sind oder einer regelmäßigen Tilgung unterliegen.

10. Juli 1901.

Kaiserliche Verordnung, betreffend die Tagegelder und Fuhrkosten von Beamten im Geschäftsbereiche des Reichsamts des Innern.[1]

Reichsgesetzbl. S. 269.

---

10. Juli 1901.

Kaiserliche Verordnung, betreffend die Tagegelder, die Fuhrkosten und die Umzugskosten von Beamten der Betriebsverwaltung der Reichs-Eisenbahnen.[1]

Reichsgesetzbl. S. 271.

---

10. Juli 1901.

Kaiserliche Verordnung, betreffend die Abänderung der Bestimmungen über die Tagegelder und Fuhrkosten von Beamten der Reichs-Post- und Telegraphenverwaltung.[1]

Reichsgesetzbl. S. 275.

1) Diese drei Verordnungen sind, wie auch die Verordnung über die Tagegelder, die Fuhrkosten und die Umzugkosten der Reichsbeamten, vom 25. Juni 1901 (S. 241.), durch die Kaiserliche Verordnung, betreffend Änderung von Verordnungen über die Tagegelder, Fuhrkosten und Umzugskosten von Reichsbeamten, vom 17. Juli 1910, Art. 3, 4 und 5 abgeändert worden und durch die Bekanntmachung des Reichskanzlers, betreffend die Fassung von Verordnungen über die Tagegelder, Fuhrkosten und Umzugskosten von Reichsbeamten, vom 8. September 1910 (Reichsgesetzbl. S. 993, bezw. 1000, 1002 und 1006) in neuer Fassung bekannt gemacht worden. Neue Fassung unter dem Datum vom 8. September 1910. Ebenso ist durch die Verordnung vom 17. Juli 1910 eine Kaiserliche Verordnung, betreffend die Tagegelder, die Fuhrkosten und die Umzugskosten der gesandtschaftlichen und Konsularbeamten, vom 23. April 1879, 7. Februar 1881 (Reichsgesetzbl. 1879 S. 127, 1881 S. 27) abgeändert und unterm 8. September 1910 neu bekannt gemacht worden. Siehe unter diesem Datum.

Zu vgl. ferner Kaiserliche Verordnung, betreffend Tagegelder, Fuhrkosten und Umzugskosten der Beamten der Militär- und Marineverwaltung, vom 11. Dezember 1906.

---

12. Juli 1901.

Ergänzende Verordnung[1] zur Ausführung des Gesetzes vom 26. Juli 1897 betreffend die Abänderung der Gewerbeordnung.

Zentr.- u. Bez.A.Bl. S. 275.

Ueber den Rekurs, welcher nach § 126a G.-O. gegen die Entziehung der Befugnis zum Halten und zur Anleitung von Lehrlingen zulässig ist, entscheidet der Bezirksrath.

1) S. Ausf.-Ein. vom 12. Juli 1898.

---

13. Juli 1901.

Gesetz, betreffend die Kapitalsteuer.[1][2]

Gesetzbl. f. Elf.-Lothr. S. 55.

§ 1.

Vom 1. April 1903 ab wird eine Kapitalsteuer nach Maßgabe der folgenden Bestimmungen erhoben.

§ 2.[3]

Gegenstand der Besteuerung.

Der Kapitalsteuer unterliegt der Ertrag aus Kapital und Renten ohne Rücksicht darauf, ob die Bezüge aus Elsaß-Lothringen oder aus Bezugsquellen außerhalb Elsaß-Lothringens herrühren. Hierher gehören:

1) Hierzu: Ausführungsbestimmungen des Ministeriums zu den Gesetzen vom 13. Juli 1901, betr. die Kapitalsteuer und die Lohn- und Besoldungssteuer, vom 10. Februar 1902 (Zentr.- u. Bez.A.Bl. S. 9). S. u.

2) Zu vgl. ferner Gesetz, betr. die Zu- und Abgänge, bei der Kapitalsteuer und der Lohn- und Besoldungssteuer, vom 14. Juli 1905 (Gesetzbl. f. Elf.-Lothr. S. 57). S. u.

3) Art. 1 der Ausf.-Best.

1. Zinsen oder sonstige Erträge aus verzinslich angelegtem Kapital jeder Art einschließlich kapitalisirter Zins- und anderer Ausstände insbesondere aus Schuldverschreibungen des Reichs und des Landes, sowie anderer deutschen und außerdeutschen Staaten, Gemeinden und anderer öffentlichen Verbände, aus Pfandbriefen, Hypothekenforderungen, ferner Erträge, die darin bestehen, daß bei unverzinslichen Kapitalforderungen (Zielforderungen, Wechseln, Schatzscheinen, Anlehenslosen und dergleichen) ein höheres als das ursprünglich hingegebene Kapital zurückgewährt wird;
2. Dividenden, Zinsen oder sonstige Bezüge aus Antheilen an Aktiengesellschaften, Kommanditgesellschaften auf Aktien, Gesellschaften mit beschränkter Haftung, Berggewerkschaften;
3. Renten jeder Art, sowohl in Geld als in Naturalnutzungen.

§ 3.[4])

Steuerpflicht.

Der Kapitalsteuer sind unterworfen:

1. die Landes- oder sonstigen Reichsangehörigen, welche ihren Wohnsitz oder Aufenthalt 1870, die Beseitigung der Doppelbesteuerung im Sinne des Reichsgesetzes vom 13. Mai betreffend,[5]) in Elsaß-Lothringen haben;
2. die Körperschaften, Handelsgesellschaften, Genossenschaften, Vereine, Stiftungen, Gesellschaften des bürgerlichen Rechts, welche in Elsaß-Lothringen einen Sitz haben, die Konkursmassen, die Nachlaß- und sonstigen Pflegschaften, soweit sich darunter zinstragende Kapitalien befinden;
3. die Ausländer, welche in Elsaß-Lothringen einen Wohnsitz haben oder sich daselbst des Erwerbs wegen oder seit länger als einem Jahre ununterbrochen oder seit drei Jahren mit Unterbrechungen aufhalten.[6])

§ 4.[7])

Von der Kapitalsteuer befreit sind:

1. das Reich,[8]) Elsaß-Lothringen und die ganz oder theilweise auf Kosten des Reichs oder des Landes unterhaltenen Anstalten;
2. die Reichsbank mit der Beschränkung, daß die Steuerbefreiung nicht auch die Befreiung von den Bezirks- und Gemeindezuschlägen (§ 35) zur Folge hat;[9])
3. die Bezirke und Gemeinden;
4. die öffentlichen Unterrichtsanstalten;
5. die Kirchenfabriken, die protestantischen Pfarreien und Kirchenschaffneien sowie die israelitischen Konsistorien;
6. die auf Grund der Reichs- und Landesgesetze errichteten Kassen, Berufsgenossenschaften und Versicherungsanstalten zur Durchführung der gesetzlichen Kranken-, der Unfall-, sowie der Invalidenversicherung;
7. die öffentlichen Sparkassen[10]) und öffentlichen Vorschußkassen;[11])
8. die öffentlichen Vieh- und Hagelversicherungsvereine und deren Verbände;
9. die Anstalten und Stiftungen für Krankenverpflegung und Armenunterstützung;
10. die Hilfsgenossenschaften auf Gegenseitigkeit.[12])

§ 5.[13])

Erträge aus Kapital und Renten, welche nach Abzug der Passivkapitalzinsen und Lasten (§ 6) die Summe von 100 Mark jährlich nicht übersteigen, bleiben bei der Besteuerung außer Betracht.

Ferner sind von der Besteuerung ausgeschlossen die Erträge aus Kapital und Renten

1. der Gewerbetreibenden aus den in ihrem Gewerbe angelegten und zu deren Betrieb erforderlichen Kapitalien oder zum Zwecke des gewerbsmäßigen Umsatzes erworbenen umlaufenden Wertpapieren und Wechseln;
2. der unter § 3 bezeichneten Steuerpflichtigen aus dem von ihnen verwalteten fremden Kapitale, soweit diese Erträge an die Bezugsberechtigten verabfolgt und daher von diesen zu versteuern sind.

Renten, welche auf Hingabe von Grund- oder Gebäudeeigenthum beruhen, dessen Ertrag bereits durch die Grund- oder Gebäudesteuer betroffen ist, bleiben steuerfrei.

Außerdem kann das Ministerium Wittwen, geschiedenen, verlassenen oder nach § 1575 des

---

4) Art. 2 der Ausf.-Best.

5) Jetzt: Doppelsteuergesetz vom 22. März 1909 (Reichsgesetzbl. S. 332) § 1.

6) Für die Besteuerung der Ausländer vgl. auch § 7 Abs. 5.

7) Art. 3 der Ausf.-Best.

8) Zu vgl. jetzt auch Reichsbesteuerungsgesetz vom 15. April 1911 (Reichsgesetzbl. S. 187) § 2, wonach das Reich von allen Staatssteuern frei ist.

9) Vgl. Bankgesetz vom 14. März 1875 (Reichsgesetzbl. S. 177) § 21.

10) Zu vgl. Sparkassengesetz vom 23. August 1912 (Gesetzbl. f. Els.-Lothr. S. 118) § 110.

11) Zu vgl. Gesetz, betr. die Errichtung öffentlicher Vorschußkassen, vom 18. Juni 1887 (Gesetzbl. f. Els.-Lothr. S. 59) § 6.

12) Auf Grund des Gesetzes über die Hilfsgenossenschaften auf Gegenseitigkeit, vom 15. Juli 1850.

13) Art. 4 der Ausf.-Best.

Bürgerlichen Gesetzbuchs getrennt lebenden Ehefrauen, vaterlosen Minderjährigen sowie erwerbsbeschränkten Personen Befreiung von der Kapitalsteuer gewähren, sofern die steuerbaren Beträge nach Abzug der Passivkapitalzinsen und Lasten (§ 6), unter Hinzurechnung der Erträge aus sonstigen Erwerbsquellen, die Summe von 300 Mark jährlich nicht übersteigen.

§ 6.[14])

Maßstab der Steuer.

Als steuerbarer Betrag gilt der Jahresertrag der Kapitalien und Renten nach dem Bestande zur Zeit der Veranlagung (§ 12), vorbehaltlich der nach § 14 zu berücksichtigenden Aenderungen.

An dem steuerbaren Betrage dürfen die von dem Steuerpflichtigen nachweislich zu zahlenden Passivkapitalzinsen, soweit dieselben sich auf Kapitalschulden beziehen, für welche eine Hypothek oder ein Faustpfand bestellt ist, sowie die dem steuerbaren Kapitalrentenbezuge durch besondere Titel oder sonstwie zweifellos nachweislich auferlegten privatrechtlichen Lasten in ihrem jährlichen Geldbetrag in Abzug gebracht werden. Sind die für eine Kapitalschuld zur Hypothek bestellten Grundstücke nicht in Elsaß-Lothringen gelegen, so sind die Zinsen dieser Schuld nicht abzugsfähig.[15])

Lasten, welche den Charakter freiwilliger Zuwendungen haben oder auf allgemeinen gesetzlichen Verpflichtungen beruhen, sind vom Abzug ausgeschlossen.

Im Falle des Eintritts der Steuerpflicht im Laufe der Steuerperiode (§ 14) ist der Bestand bei Beginn der Steuerpflicht maßgebend.

§ 7.[16])

Feststehende Erträge sind mit ihrem Jahresbetrage, unbestimmte oder schwankende Erträge nach dem Durchschnittsergebnisse der unmittelbar vorhergehenden Steuerperiode (§ 14), jedoch bei der nach diesem Gesetze stattfindenden erstmaligen Veranlagung nach dem Durchschnitte der beiden letzten Jahre zu berechnen. Wenn Bezüge der letztgenannten Art noch nicht so lange bestehen, so sind sie nach dem Durchschnitte des Zeitraums ihres Bestehens, nötigenfalls nach dem mutmaßlichen Jahresertrage, in Ansatz zu bringen.

Die gleichen Grundsätze gelten für die Berechnung der abzugsfähigen Ausgaben (§ 6 Absatz 2).

Unsichere Forderungen, welche seit mehr als zwei Jahren offenkundig oder erweislich nicht haben vereinnahmt werden können, bleiben außer Ansatz.

Von den aus Bezugsquellen außerhalb Elsaß-Lothringens herrührenden steuerbaren Beträgen kommt die darauf lastende auswärtige Steuer in Abzug.

Für die Ausländer (§ 3 Ziffer 3), welche
a) einen Wohnsitz im Inlande und daneben einen solchen im Auslande haben,
b) sich nicht des Erwerbes wegen oder nicht ununterbrochen im Inlande aufhalten,

kommt die Steuer nur zu demjenigen Theile des Jahresbetrags der Kapital- und Rentenbezüge in Ansatz, der der mittleren Zeitdauer des Aufenthalts derselben während der letzten drei Jahre in Elsaß-Lothringen entspricht. Bei Berechnung der von den unter a bezeichneten Ausländern zu zahlenden Steuer wird für eine mittlere Aufenthaltsdauer bis zu 3 Monaten nur die Hälfte ihrer Kapital- und Rentenbezüge in dem der Aufenthaltsdauer entsprechenden Verhältnisse zu Grunde gelegt. Für eine weitere Aufenthaltsdauer ist der volle Betrag dieser Bezüge der Besteuerung unterworfen. Beträgt die mittlere Zeitdauer des Aufenthalts der unter b bezeichneten Ausländer nicht mehr als 3 Monate im Jahre, so bleibt die Steuer außer Ansatz.

§ 8.

Besteht ein Rentengenuß ganz oder theilweise aus Nutzungen oder Naturalien, so wird der Geldwert der Nutzungen durch Schätzung, der Geldwerth der Naturalien nach mittleren Ortspreisen bestimmt. Von dem Werte der Naturalien dürfen die etwa damit verbundenen Bezugskosten in Abzug gebracht werden.

Von den unverzinslichen Anlehenslosen sind als Zins dreieinhalb vom Hundert des ursprünglichen Nennwerths zu berechnen.

Bei unverzinslichen Forderungen, in welchen Zinsen mit einbegriffen sind, bei Zeitrenten und anderen Forderungen, bei welchen mit den Zinsen auch Kapitaltheile entrichtet werden, sind ohne Rücksicht auf die Verfalltermine im Zweifelsfalle dreieinhalb vom Hundert des Nennwerths der jeweils ausstehenden nicht getilgten Forderungen als steuerbarer Betrag anzusehen, insoweit dieser Betrag den durchschnittlich auf ein Jahr entfallenden Bezug nicht übersteigt.

§ 9.[17]) [18])

Betrag der Steuer.

Die Steuer beträgt dreieinhalb vom Hundert des nach Berücksichtigung der zulässigen Abzüge

14) Art. 5 u. 6 der Ausf.-Best.

15) Ausf.-Best. Art. 6.

16) Ausf.-Best. Art. 7.

17) Ausf.-Best. Art. 8.

18) Vom Rechnungsjahr 1910 ab werden jeweils zufolge besonderer Bestimmung im Landeshaushalts-Etatsgesetz alljährlich wie von den übrigen direkten Steuern 12 vom Hundert des Staatssteuergrundbetrages Zuschläge für allgemeine Staatszwecke erhoben.

berechneten steuerbaren Betrags (§ 6) und wird nach Maßgabe des anliegenden Tarifs erhoben.

§ 10.[19])

Veranlagungsgrundsätze.

Die Veranlagung der Kapitalsteuer erfolgt in dem Gemeindebezirk, in welchem der Steuerpflichtige zur Zeit der Veranlagung seinen Wohnsitz oder in Ermangelung eines solchen seinen Aufenthalt hat. Im Falle eines mehrfachen Wohnsitzes in Elsaß-Lothringen erfolgt die Veranlagung in dem Gemeindebezirk, in welchem der Steuerpflichtige sich den größten Theil des Jahres aufhält, und es tritt demnächst eine Theilung des veranlagten Betrags nach Maßgabe der Aufenthaltsdauer in den einzelnen Gemeinden ein. Eine Aufenthaltsdauer unter drei Monaten im Jahre bleibt außer Betracht. In zweifelhaften Fällen bestimmt der Direktor der direkten Steuern, wo die Veranlagung zu geschehen hat.

§ 11.[20])

Behufs der Steuerveranlagung sind dem Kapitalbezuge des Haushaltungsvorstandes die Kapitalbezüge der Angehörigen der Haushaltung zuzurechnen. Die so berechnete Steuer gilt als Gesammtschuld beider Ehegatten mit der Maßgabe, daß die Ehefrau bis zu dem Betrage haftet, den sie bei selbständiger Veranlagung für ihren eigenen Kapitalbezug zu entrichten hätte.

Selbständig zu veranlagen sind:

1. Ehefrauen, wenn sie dauernd von dem Ehemanne getrennt leben;
2. Kinder und andere Angehörige der Haushaltung, wenn sie einen der Verfügung des Haushaltungsvorstandes nicht unterliegenden steuerpflichtigen Kapitalertrag beziehen.

§ 12.[21])

Steuererklärung.

Die Veranlagung der Kapitalsteuer erfolgt auf Grund einer von dem Steuerpflichtigen oder seinem gesetzlichen Vertreter innerhalb eines Monats nach ergangener Aufforderung für die kommende Steuerperiode (§ 14) schriftlich oder zu Protokoll bei der zuständigen Steuerbehörde auf Pflicht und Gewissen abzugebenden Erklärung über die für ihn zutreffende Tarifstufe (§ 9).

Soweit ein Abzug von Passivkapitalzinsen oder Lasten (§ 6 Absatz 2) geltend gemacht wird, ist in der Erklärung die Bezeichnung des den Abzug bedingenden Rechtsgeschäfts, der Person des Gläubigers oder Rentenempfängers, sowie des auf den einzelnen Gläubiger oder Empfänger treffenden Zins- oder Rentenbetrags erforderlich.

§ 13.

Die Nichtabgabe der Erklärung (§ 12) innerhalb der vorgeschriebenen Frist ohne entschuldbare Gründe hat den Verlust der gesetzlichen Rechtsmittel (§§ 23, 24) gegen die Veranlagung für das nächste Steuerjahr zur Folge.

§ 14.[22])

Steuerperiode.

Die Veranlagung findet jedesmal für eine Steuerperiode von drei Jahren statt.

Zu- und Abgänge sowie Aenderungen in der Veranlagung treten während der Steuerperiode nur ein, wenn

1. Personen durch Zuzug aus anderen deutschen Staaten oder dem Auslande steuerpflichtig werden, oder wenn Steuerpflichtige aus Elsaß-Lothringen wegziehen;
2. in Folge von Erbschaft, Schenkung, Theilung, Heirath, sowie Kauf oder Verkauf von Grundstücken oder Gewerben die Steuerpflicht neu begründet wird oder erlischt;
3. der steuerbare Betrag durch Erbschaft, Schenkung, Theilung, Heirath, Kauf oder Verkauf von Grundstücken oder Gewerben sowie durch Vermehrung oder Verminderung der in Abzug gebrachten Passivkapitalzinsen und Lasten (§ 6 Absatz 2) sich derart verändert hat, daß der Steuerpflichtige mindestens in die zweitnächst höhere oder niedere Tarifstufe (§ 9) einzureihen ist;
4. ein thatsächlicher Irrthum bei der Veranlagung vorgekommen ist.

Die Zu- und Abgänge sowie die Aenderungen in der Veranlagung erfolgen mit Wirkung vom Beginne des nächsten Kalendervierteljahrs ab.[23])

Personen, welche im Laufe der Steuerperiode steuerpflichtig werden (Ziffer 1 und 2) oder deren Steuerpflicht sich ändert (Ziffer 3), haben auf ergehende Aufforderung eine Steuer-

---

Zu vgl. erstmalig Gesetz, betr. die Feststellung des Landeshaushalts-Etats von Elſ.-Lothringen für das Rechnungsjahr 1910, vom 13. Mai 1910 (Gesetzbl. f. Elſ.-Lothr. S. 27) § 2 sowie Anlage B dazu.

19) Ausf.-Best. Art. 9 u. 10.

20) Ausf.-Best. Art. 10.

21) Ausf.-Best. Art. 11 u. 12.

22) Ausf.-Best. Art. 13.

23) Hierzu: Gesetz, betreffend die Zu- und Abgänge bei der Kapitalsteuer und der Lohn- und Besoldungssteuer, vom 14. Juli 1905. Hiernach kann das Ministerium bezüglich des Beginns und des Erlöschens der Steuerpflicht solcher Personen, welche aus einem andern deutschen Staate zuziehen oder nach einem andern deutschen Staate wegziehen, abweichende Bestimmungen treffen. Die näheren Bestimmungen trifft die Bekanntm. des Minist. vom 5. August 1905) (Zentr.- u. Bez.A.Bl. S. 283). S. diese, bzw. die Art. 13 Ziff. 3, 23 Ziff. 2 und 46 Ziff. 4 der Ausf.Best. vom 10. Februar 1902.

erklärung nach Maßgabe des § 12 abzugeben. Andere als die oben (Absatz 2) bezeichneten Aenderungen in dem Kapital- oder Rentenertrag oder sonstige, die Steuerpflicht berührende Vorgänge begründen keine Aenderung in der Veranlagung für die Steuerperiode.

§ 15.[24])

Organe und Bezirke der Veranlagung.

Die Veranlagung der Kapitalsteuer geschieht durch besondere Veranlagungskommissionen. Für jeden Steuerveranlagungsbezirk wird eine Kreiskommission, und für jeden Verwaltungsbezirk eine Bezirkskommission gebildet. Die Veranlagung der Steuerpflichtigen mit Jahreserträgen bis 3000 Mark erfolgt durch die Kreiskommissionen, diejenige der Steuerpflichtigen mit höheren Jahreserträgen durch die Bezirkskommissionen. Soweit erforderlich, können auch für Theile von Kreisen besondere Kommissionen gebildet werden.

§ 16.

Die Kreiskommission besteht:
1. aus einem Vertreter der Steuerverwaltung als Vorsitzenden;
2. aus zwei von den zuständigen Bezirkstagen in geheimer Abstimmung zu wählenden Mitgliedern, für welche gleichzeitig Stellvertreter im Wege der Wahl bestimmt werden;
3. aus zwei von dem Kreistage, für die Städte Straßburg, Mülhausen, Metz und Colmar von dem Gemeinderathe in geheimer Abstimmung zu wählenden Mitgliedern, für welche gleichzeitig Stellvertreter im Wege der Wahl bestimmt werden;
4. aus drei von dem Direktor der direkten Steuern zu ernennenden Mitgliedern.

Die unter 2, 3 und 4 bezeichneten Mitglieder sowie ihre Stellvertreter müssen zu einer direkten Steuer veranlagt sein.

Die Amtsdauer der unter Ziffer 2 bis 4 bezeichneten Mitglieder beträgt sechs Jahre mit der Maßgabe, daß nach den ersten drei Jahren von den unter Ziffer 2 und 3 genannten Mitgliedern je eines, und von den unter Ziffer 4 genannten Mitgliedern zwei, welche durch das Loos zu bestimmen sind, ausscheiden.

Einzelnen Gemeinden kann von dem Ministerium das Recht beigelegt werden, noch ein weiteres Mitglied für die Dauer von drei Jahren durch den Gemeinderath wählen zu lassen.[25])

Die Kommission faßt ihre Beschlüsse nach Stimmenmehrheit und ist beschlußfähig, wenn mindestens fünf Mitglieder, einschließlich des Vorsitzenden, anwesend sind.

§ 17.

Die Bezirkskommission besteht:
1. aus einem von dem Direktor der direkten Steuern abzuordnenden höheren Beamten der Direktion als Vorsitzenden;
2. aus zwei von dem Landesausschuß in geheimer Abstimmung zu wählenden Mitgliedern, für welche gleichzeitig Stellvertreter im Wege der Wahl bestimmt werden;
3. aus zwei von dem zuständigen Bezirkstage in geheimer Abstimmung zu wählenden Mitgliedern, für welche gleichzeitig Stellvertreter im Wege der Wahl bestimmt werden;
4. aus drei von dem Direktor der direkten Steuern zu ernennenden Mitgliedern.

Die unter 2, 3 und 4 bezeichneten Mitglieder sowie ihre Stellvertreter müssen zu einer direkten Steuer veranlagt sein.

Die Amtsdauer der unter Ziffer 2 bis 4 bezeichneten Mitglieder beträgt sechs Jahre mit der Maßgabe, daß nach den ersten drei Jahren von den unter Ziffer 2 und 3 genannten Mitgliedern je eines, und von den unter Ziffer 4 genannten Mitgliedern zwei, welche durch das Loos zu bestimmen sind, ausscheiden.

Einzelnen Gemeinden kann von dem Ministerium das Recht beigelegt werden, noch ein weiteres Mitglied für die Dauer von drei Jahren durch den Gemeinderath wählen zu lassen.[26])

Die Kommission faßt ihre Beschlüsse nach Stimmenmehrheit und ist beschlußfähig, wenn mindestens fünf Mitglieder, einschließlich des Vorsitzenden, anwesend sind.

§ 18.

Das Amt der Mitglieder der Veranlagungskommission ist ein Ehrenamt.

Für die Dauer der Sitzungen erhalten die an denselben theilnehmenden Mitglieder Reisekosten und Tagegelder nach Maßgabe eines vom Ministerium zu erlassenden Regulativs.[27])

24) Ausf.-Best. Art. 35 zu den §§ 15 bis 18.

25) Vgl. hierzu Bek. d. Minist. v. 18. September 1902 (Zentr.- u. Bez.A.Bl. S. 213) lit. b für die Gemeinden Hagenau, Saargemünd, Gebweiler, Markirch, Diedenhofen, Dornach und Montigny, s. u., ferner Bek. d. Minist. vom 6. August 1907 (Zentr.- u. Bez.A.Bl. S. 167) für die Gemeinde Sablon.

26) Vgl. hierzu Bek. d. Minist. vom 18. September 1902 lit. a für die Gemeinden Straßburg, Mülhausen, Metz und Colmar. S. u.

27) Vgl. Bekanntmachung des Ministeriums, betr. die Bezüge der Mitglieder der Steuerveranlagungs-

Die Bestimmungen des § 21 des Gesetzes vom 6. Mai 1893, betreffend die Gewerbesteuereinschätzung, finden auf die Pflichten der Mitglieder der Veranlagungskommission entsprechende Anwendung.[28])

§ 19.[29])

Verfahren der Veranlagung. Die Vorsitzenden der Veranlagungskommissionen, welche zugleich die Interessen des Staates vertreten, haben die Veranlagungsgeschäfte vorzubereiten, die Verhandlungen der Kommissionen zu leiten und die Beschlüsse derselben auszuführen. Sie haben insbesondere die Aufforderung zur Abgabe der Steuererklärung (§§ 12, 14) zu erlassen, die eingegangenen Erklärungen einer Vorprüfung zu unterziehen und, soweit erforderlich, ergänzen zu lassen. Außerdem sind die Vorsitzenden der Bezirkskommissionen verpflichtet, innerhalb des Bezirks dieser Kommissionen die Veranlagungsgeschäfte zu beaufsichtigen. Zur Feststellung der steuerpflichtigen Personen ist die Gemeindebehörde verpflichtet, die erforderliche Auskunft zu ertheilen. Für größere Gemeinden können zur Gewinnung der zur Veranlagung erforderlichen Unterlagen besondere Voreinschätzungskommissionen nach näherer Vorschrift des Ministeriums gebildet werden.[30])

§ 20.

Die Veranlagungskommissionen haben auf Grund der Steuererklärungen (§ 12) die Steuerstufe für jeden Pflichtigen festzustellen. Sie sind berechtigt, eine Vervollständigung der Verhandlungen und Erklärungen zu veranlassen und, soweit die Angaben der Pflichtigen zu Zweifeln Anlaß geben, Auskunft und Aeußerungen von ihnen zu verlangen. Der Pflichtige ist verbunden, diese zu ertheilen.

Nach diesen Verhandlungen, sowie im Falle der Nichtabgabe einer Steuererklärung, hat die Kommission ohne Weiteres die Steuerstufe zu bestimmen.

§ 21.[31])

Steuererhebung. Auf Grund der Feststellungen der Veranlagungskommissionen hat der Direktor der direkten Steuern die Beträge der Kapitalsteuer dem Tarife (§ 9) entsprechend in Ansatz zu bringen und die Heberollen hiernach aufstellen zu lassen.

Die Heberollen sind von ihm für vollstreckbar zu erklären, und daß dies geschehen, ist bekannt zu geben.

Die Erhebung der Kapitalsteuer erfolgt nach den für die direkten Steuern maßgebenden Vorschriften.

Die Zahlung der veranlagten Steuer wird durch die Einlegung von Rechtsmitteln (§§ 23, 24) nicht aufgehalten, muß vielmehr mit Vorbehalt späterer Erstattung in den vorgeschriebenen Fristen erfolgen.

§ 22.[32])

Veranlagungen während der Steuerperiode. Die Veranlagung der Zu- und Abgänge sowie der Aenderungen der Kapitalsteuer während der Steuerperiode in den Fällen der Ziffern 1—3 des § 14 erfolgt in vorläufiger Weise durch den Vorsitzenden der Veranlagungskommission und die Einziehung der Steuer durch Nachtragsrollen, welche nach Vorschrift des § 21 zu behandeln sind.

Bei dem nächsten Zusammentritt der Veranlagungskommission hat die endgültige Feststellung der für den Pflichtigen in Ansatz zu bringenden Steuer nach den hierüber geltenden Vorschriften und unbeschadet der gesetzlichen Rechtsmittel zu geschehen.

Diese Feststellung hat die Wirkung, daß der Steuerpflichtige zur Nachentrichtung der infolge der vorläufigen Veranlagung zu wenig gezahlten Steuer verbunden ist, und daß ein zuviel gezahlter Betrag erstattet wird.

§ 23.[33])

Einspruch. Gegen das Ergebniß der Veranlagung, welches dem Steuerpflichtigen mittelst Zuschrift, die zugleich die Belehrung über die zulässigen Rechtsmittel enthält, bekannt zu geben ist, steht sowohl dem Steuerpflichtigen als dem Vorsitzenden der Veranlagungskommission das Rechtsmittel des Einspruchs bei der Veranlagungskommission zu.

Dasselbe ist bei dem Direktor der direkten Steuern binnen einer Ausschlußfrist von drei Monaten einzulegen, welche von dem Tage der Bekanntgabe der Rolle (§ 21) ab läuft.

Soweit eine Theilung der veranlagten Kapitalerträge zwischen verschiedenen Gemeinden in Gemäßheit des § 10 erforderlich wird, ist diese von der zuständigen Veranlagungskommission zu bewirken. Das Ergebniß der Theilung ist sowohl den betheiligten Gemeinden als den Steuerpflichtigen mitzutheilen. Denselben steht das Recht des Einspruchs gegen diese Theilung bei dem Direktor der direkten Steuern binnen der gleichen Frist zu.

---

kommissionen, vom 28. September 1909 (Zentr.- u. Bez.A.Bl. S. 117).

28) § 21 betrifft die Verpflichtung zur gewissenhaften Amtsführung und Verschwiegenheit. Vgl. auch § 32 des Ges. und Art. 57 der Ausf.-Best.

29) Ausf.-Best. Art. 24 bis 34, 36 bis 41.

30) Vgl. Ausf.-Best. Art. 24 Nr. 6.

31) Ausf.-Best. Art. 46.

32) Ausf.-Best. Art. 42 bis 45.

33) Ausf.-Best. Art. 47 u. 48.

Der Einspruch des Steuerpflichtigen unterliegt dem Dimensionsstempel, sofern der Steueransatz 25 Mark übersteigt.[34])

§ 24.[35])

Berufung. Gegen die Entscheidung der Veranlagungskommission über den Einspruch steht sowohl dem Steuerpflichtigen und im Falle des § 10 auch den betheiligten Gemeinden, als auch mit Genehmigung des Direktors der direkten Steuern dem Vorsitzenden der Veranlagungskommission binnen einer Ausschlußfrist von einem Monate das Rechtsmittel der Berufung an die Berufungskommission zu. Die Berufung ist von dem Steuerpflichtigen bei dem Direktor der direkten Steuern einzulegen und unterliegt dem Dimensionsstempel, sofern der Steueransatz 25 Mark übersteigt.[34]) Die Frist zur Einlegung der Berufung läuft für den Vorsitzenden vom Tage der Entscheidung und für den Steuerpflichtigen vom Tage der Bekanntgabe derselben ab.

Die Berufungskommission besteht aus sieben Mitgliedern, einschließlich des Vorsitzenden, und ist beschlußfähig, wenn mindestens fünf Mitglieder, einschließlich des Vorsitzenden, anwesend sind.

Drei Mitglieder werden vom Landesausschuß gewählt, die übrigen sowie der Vorsitzende vom Statthalter ernannt. Die Amtsdauer der Mitglieder beträgt sechs Jahre.

Die Berufungskommission ist befugt, die weiter erforderlichen Feststellungen vorzunehmen und zu diesem Zwecke von den der Veranlagungskommission zustehenden Mitteln (§ 20) Gebrauch zu machen.

Das Nähere über den Geschäftsgang[36]) und die Bezüge der Mitglieder bestimmt der Statthalter.[37]) Auf die Pflichten der Mitglieder der Berufungskommission finden die Bestimmungen des § 21 des Gesetzes vom 6. Mai 1893, betreffend die Gewerbesteuereinschätzung, entsprechende Anwendung.[38])

34) Zu vgl. auch § 43 Abs. 2 des Stempelgesetzes vom 28. Mai 1912 (Gesetzbl. f. Elf.-Lothr. S. 46).

35) Ausf.-Best. Art. 49.

36) Nach einer nicht veröffentlichten Verordnung des Statthalters vom 27. Juni 1903 hat der Erlaß des Statthalters, betr. den Geschäftsgang der Berufungskommission für die Gewerbesteuer, vom 8. April 1897 (Zentr.- u. Bez.A.Bl. S. 173) f. o., Anwendung zu finden. S. unterm 27. Juni 1903.

37) Für die Bezüge insbesondere die Reisekosten der Mitglieder ist eine nicht veröffentlichte Verordnung des Statthalters vom 30. September 1909, zugleich auch hinsichtlich der Berufungskommission für die Gewerbesteuer, maßgebend.

38) Gesetzbl. f. Elf.-Lothr. 1893 S. 55. § 21 enthält die Verpflichtung zu gewissenhafter Amtsausübung und zur Amtsverschwiegenheit. Zu vgl. auch unten § 32 sowie Ausf.-Best. Art. 57.

§ 25.[39])

Treten während der Steuerperiode Umstände ein, durch welche ein gänzlicher oder erheblicher Verlust des Kapitalvermögens herbeigeführt wird, so kann ein gänzlicher oder theilweiser Erlaß der Steuer gewährt werden. Ebenso können veranlagte Steuerbeträge in einzelnen Fällen niedergeschlagen werden, wenn deren zwangsweise Beitreibung die Steuerpflichtigen in ihrer wirthschaftlichen Existenz gefährden, oder wenn das Beitreibungsverfahren voraussichtlich ohne Erfolg sein würde.

Zur Entscheidung ist der Direktor der direkten Steuern und auf Beschwerde das Ministerium zuständig.[40])

§ 26.[41])

Ist die Abgabe der Steuererklärung unterblieben oder auf Grund unrichtiger oder unvollständiger Angaben in der Steuererklärung (§§ 12, 14, Absatz 4) die Veranlagung unterlassen worden oder in einer niedrigeren Stufe erfolgt, als solche bei richtiger und vollständiger Erklärung hätte zur Anwendung kommen müssen, so hat unabhängig von der Bestrafung (§ 28) eine Nachzahlung der zu wenig entrichteten Steuer zu erfolgen.

Die Verbindlichkeit zur Nachzahlung der Steuer verjährt in sechs Jahren und geht auf die Erben, jedoch für diese mit einer Verjährungsfrist von drei Jahren, und nur bis zur Höhe ihres Erbantheils über. Die Verjährungsfrist beginnt mit Ablauf des Steuerjahrs, in welchem die Erklärung abzugeben war oder die unrichtige Erklärung abgegeben wurde.

Die Feststellung der nachzuentrichtenden Steuerbeträge erfolgt durch den Direktor der direkten Steuern; gegen dieselbe ist die Beschwerde an das Ministerium zulässig.

§ 27.[42])

Wer ohne entschuldbare Gründe die Steuererklärung nicht rechtzeitig abgiebt oder die verlangte Auskunft nicht rechtzeitig ertheilt, wird mit Geldstrafe bis zwanzig Mark bestraft.

§ 28.

Wer durch wissentlich unrichtige oder unvollständige Angaben die Einreihung in eine niedrigere Steuerstufe veranlaßt oder durch Verschweigung von steuerbaren Beträgen, zu

39) Ausf.-Best. Art. 50 u. 51.

40) Ausf.-Best. Art. 51.

41) Ausf.-Best. Art. 54.

42) Ausf.-Best. Art. 55, 56 u. 58.

deren Erklärung er nach den Vorschriften dieses Gesetzes verpflichtet ist, die Unterlassung der Steuerveranlagung herbeiführt, unterliegt einer Geldstrafe im zwei- bis vierfachen, und im Rückfall binnen der letzten sechs Jahre bis zum sechsfachen Betrage der hinterzogenen Jahressteuer.

An Stelle dieser Strafe tritt eine Geldstrafe bis fünfzig Mark, wenn nachgewiesen oder aus den Umständen zu entnehmen ist, daß die unrichtige oder unvollständige Angabe nicht in der Absicht der Steuerhinterziehung erfolgt ist. Die gleiche Strafe kommt in Anwendung, wenn die Steuererklärung oder die verlangte Auskunftsertheilung unterlassen worden ist.

§ 29.

Die auf Grund der §§ 27, 28 festgesetzten, aber nicht beizutreibenden Geldstrafen sind nach Maßgabe der für Uebertreibungen geltenden Bestimmungen der §§ 28, 29 des Strafgesetzbuchs in Haft umzuwandeln.

§ 30.[43])

In Betreff der in den §§ 27, 28 bezeichneten strafbaren Handlungen findet vorläufige Festsetzung der Geldstrafe durch den Direktor der direkten Steuern statt.

Die Untersuchung und Entscheidung steht dem Gerichte zu, wenn der Beschuldigte nicht die vorläufig festgesetzte Geldstrafe nebst den durch das Verfahren gegen ihn entstandenen Kosten binnen einer ihm bekannt gemachten Frist freiwillig zahlt.

Das Einschreiten des Gerichts erfolgt, ohne daß die Strafe durch den Direktor der direkten Steuern vorläufig festgesetzt ist, wenn dieser von der vorläufigen Festsetzung Abstand zu nehmen erklärt oder der Beschuldigte darauf verzichtet.

Wird die unterbliebene oder unrichtige oder unvollständige Angabe nachgeholt oder berichtigt, bevor ein strafrechtliches Einschreiten nach Maßgabe der vorstehenden Bestimmungen erfolgt ist, so tritt eine Bestrafung nicht ein.

Die Entscheidung wegen der hinterzogenen Steuer verbleibt in allen Fällen den vorbezeichneten Verwaltungsbehörden.

§ 31.

Die Strafverfolgung verjährt

1. im Falle des § 27 nach drei Monaten vom Ablaufe der gesetzten Frist ab;
2. im Falle des § 28 nach fünf Jahren, gerechnet vom Ablaufe des Steuerjahrs, in welchem die unrichtige oder unvollständige Erklärung erfolgt ist oder die unterlassene Erklärung oder die verlangte Auskunft zu ertheilen war.

§ 32.[44])

Die bei der Steuerveranlagung betheiligten Beamten, sowie die Mitglieder der Veranlagungskommissionen und der Berufungskommission werden, wenn sie die Veranlagungsverhandlungen sowie die aus Anlaß derselben zu ihrer Kenntniß gelangten Thatsachen bezüglich der Verhältnisse der Steuerpflichtigen unbefugt offenbaren (§ 18 Absatz 3, § 24 Absatz 5), mit Geldstrafe von dreißig bis zu zweitausend Mark bestraft unbeschadet der zivilrechtlichen Haftbarkeit.

Die Strafverfolgung tritt nur auf Antrag des Ministeriums ein.

Die Verurtheilung hat den Verlust des Veranlagungsamts und die Unfähigkeit zur Bekleidung eines solchen Amts zur Folge.

§ 33.[45])

Die Kosten der Steuerveranlagung und Erhebung fallen der Landeskasse zur Last. Jedoch können die durch die Untersuchung unbegründeter Berufungen (§ 24) entstandenen Kosten durch Beschluß der Berufungskommission ganz oder theilweise den Berufenden auferlegt werden. Kosten.

§ 34.[46])

Zur Deckung der Ausfälle an dem in den Rollen zum Ansatze gebrachten Steuersoll in Folge von Entbürdungen (Freistellungen, Minderungen, Erlassen und dergleichen), sowie zur Deckung der Druckkosten wird ein Zuschlag von zwei vom Hundert des Steueransatzes zu Gunsten der Landeskasse erhoben. Zuschläge.

§ 35.[47])

Die Kapitalsteuer unterliegt den Bezirkszuschlägen nach Vorschrift des § 8 des Verwendungsgesetzes[48]) und den Gemeindezuschlägen nach den für die übrigen direkten Steuern geltenden Bestimmungen.[49])

§ 36.[50])

Die Leitung des Veranlagungsgeschäfts steht dem Direktor der direkten Steuern zu. Derselbe entscheidet über Beschwerden gegen das Leitung der Veranlagung.

43) Ausf.-Best. Art. 59.

44) Ausf.-Best. Art. 57.

45) Ausf.-Best. Art. 60.

46) Ausf.-Best. Art. 61, Ziff. 1.

47) Ausf.-Best. Art. 61, Ziff. 2.

48) D. i. zu einem für alle direkten Steuern gleichen Satze, s. u. Gesetz, betr. die Verwendung der Erträge der Kapitalsteuer usw., vom 13. Juli 1913.

49) Gemäß der Gemeindeordnung vom 6. Juni 1895 (Gesetzbl. f. Els.-Lothr. S. 58), § 66 gleichfalls zu einem für alle direkten Steuern gleichen Satze.

50) Ausf.-Best. Art. 62.

Verfahren der Veranlagungsbeamten und Veranlagungskommissionen, sowie der Vorsitzenden derselben. Die Entscheidung in weiterer Instanz steht dem Ministerium zu. Die letztere ist endgültig.

§ 37.

Schlußbestimmungen. Dieses Gesetz kommt zunächst bei der Veranlagung für das Jahr 1903 zur Anwendung und tritt im übrigen nur gleichzeitig mit dem Gesetze, betreffend die Verwendung der Erträge der Kapitalsteuer und der Lohn- und Besoldungssteuer, in Kraft. Die Frist zur Abgabe der Steuererklärung (§ 12) ist für diese erste Veranlagung auf mindestens sechs Wochen zu bemessen. Denjenigen Steuerpflichtigen, welche nach Ablauf dieser Frist eine Erklärung nicht abgegeben haben, ist für diese erste Veranlagung eine zweite Erklärungsaufforderung mit einer Frist von 10 Tagen zuzustellen. Die Wirkungen der §§ 13, 26 treten erst in Kraft, wenn auch diese zweite Aufforderung erfolglos geblieben ist. Die Ausführungsbestimmungen erläßt das Ministerium.[51])

51) S. Anm. 1.

Anlage

Tarif

zur Berechnung der Kapitalsteuer
(Steuer $3^1/_2$ vom Hundert).

Stufe	Ertrag Mark	Mittelbetrag des Ertrags Mark	Der Steuer $3^1/_2$ vom Hundert unterliegen vom Mittelbetrag des Ertrags Prozent	
1	2	3	4	5
1	100— 200	150	40	
2	200— 400	300	"	
3	400— 600	500	50	
4	600— 800	700	"	
5	800— 1 000	900	60	
6	1 000— 1 300	1 150	"	
7	1 300— 1 600	1 450	70	
8	1 600— 2 000	1 800	"	
9	2 000— 2 500	2 250	80	
10	2 500— 3 000	2 750	"	
11	3 000— 3 500	3 250	90	
12	3 500— 4 000	3 750	"	
13	4 000— 5 000	4 500	100	
14	5 000— 6 000	5 500	"	
15	6 000— 7 000	6 500	"	
16	7 000— 8 000	7 500	"	
17	8 000—10 000	9 000	"	
18	10 000—12 000	11 000	"	
19	12 000—15 000	13 500	"	
20	15 000—20 000	17 500	"	
21	20 000—25 000	22 500	"	
22	25 000—30 000	27 500	"	
23	30 000—35 000	32 500	"	
24	35 000—40 000	37 500	"	
25	40 000—45 000	42 500	"	
26	45 000—50 000	47 500	"	
	Jede weitere Stufe steigt um 5000 Mark			

13. Juli 1901.

Gesetz, betreffend die Lohn- und Besoldungssteuer.[1] [2] [3]

Gesetzbl. f. Elf.-Lothr. S. 69.

§ 1.

Vom 1. April 1903 ab wird eine Lohn- und Besoldungssteuer nach Maßgabe der folgenden Bestimmungen erhoben.

§ 2.[4]

Gegenstand der Besteuerung.

Der Lohn- und Besoldungssteuer unterliegen die Bezüge aus einem öffentlichen oder privaten Dienstverhältnisse, aus einem wissenschaftlichen oder künstlerischen Berufe, aus schriftstellerischer, unterrichtender, erziehender oder irgendeiner anderen ertragbringenden Thätigkeit, sowie aus Rechten auf periodische Hebungen und Vortheile irgendwelcher Art, soweit die Bezüge nicht bereits durch eine der bestehenden Steuern getroffen und nicht nur vorübergehend oder nebensächlich sind.

Hierher gehören insbesondere auch die Pensionen und Wartegelder sowie alle anderen ähnlichen, aus einem öffentlichen oder Privatdienstverhältnisse herrührenden Bezüge, welche als Entgelt für frühere Arbeit, Dienstleistung oder Berufsthätigkeit bewilligt worden sind und auf gesetzlicher Grundlage oder klagbarem Rechtstitel beruhen.

§ 3.[5]

Steuerpflicht.

Der Lohn- und Besoldungssteuer sind unterworfen:

1. die Landes- und sonstigen Reichsangehörigen, welche ihren Wohnsitz oder Aufenthalt im Sinne des Reichsgesetzes vom 13. Mai 1870, die Beseitigung der Doppelbesteuerung betreffend,[6] in Elsaß-Lothringen haben;
2. die Ausländer, welche in Elsaß-Lothringen einen Wohnsitz haben oder sich daselbst des Erwerbs wegen, oder seit länger als einem Jahre ununterbrochen oder seit drei Jahren mit Unterbrechungen aufhalten;
3. diejenigen Personen, welche aus der Landeskasse Besoldung, Pension oder Wartegeld beziehen, ohne Rücksicht auf ihren Wohnsitz oder Aufenthalt.

§ 4.

Von der Lohn- und Besoldungssteuer ausgeschlossen sind:

1. die Bezüge aus Lohn und Besoldung, welche, mit den Erträgen aus sonstigen Erwerbsquellen zusammen, den Betrag von 700 Mark jährlich nicht übersteigen;[7]
2. der Lohn der Dienstboten, sofern ihnen auch Wohnung und Beköstigung von dem Dienstherrn gewährt wird;
3. die auf Grund der Reichs- und Landesgesetze bewilligten Krankengelder, Invaliden-, Alters- und Unfallrenten;
4. die Kranken- und Armenunterstützungen;
5. die Erziehungsbeihilfen, sowie Unterstützungen für Unterrichts-, wissenschaftliche, künstlerische oder industrielle Zwecke;
6. die Gnadenbezüge, die auf Grund gesetzlicher Vorschrift den Militär-Invaliden gewährten Pensionserhöhungen, Verstümmelungszulagen und Unterstützungen, sowie die mit Kriegsdekorationen verbundenen Ehrensolde;
7. das Militäreinkommen der Personen des Unteroffizier- und Gemeinenstandes, sowie während der Zugehörigkeit zu einem in der Kriegsformation befindlichen Theile des Heeres oder der Marine das Militäreinkommen aller Angehörigen des aktiven Heeres und der aktiven Marine (§ 46 des Reichs-Militärgesetzes vom 2. Mai 1874);
8. das Einkommen aus Besoldungen, Pensionen und Wartegeldern, welche deutsche Zivilbeamte und Militärpersonen, sowie deren Hinterbliebene aus der Kasse eines anderen Bundesstaats ziehen (§ 4 des Reichsgesetzes vom 13. Mai 1870;[8])
9. die Besoldungen der Landesbeamten, welche außerhalb des Reichsgebiets zu wohnen und von ihrem Diensteinkommen dort Steuer zu zahlen verpflichtet sind;
10. der Ertrag aus Pachtungen landwirthschaftlicher Grundstücke.

---

1) Hierzu: Ausführungsbestimmungen zu den Gesetzen vom 13. Juli 1901, betreffend die Kapitalsteuer und die Lohn- und Besoldungssteuer, vom 10. Februar 1902 (Zentr.- u. Bez.A.Bl. S. 9). S. u.

2) Zu vgl. ferner Gesetz, betreffend die Zu- und Abgänge bei der Kapitalsteuer und der Lohn- und Besoldungssteuer vom 14. Juli 1905 (Gesetzbl. f. Elf.-Lothr. S. 57). S. u.

3) Zu vgl. ferner Gesetz, betreffend die Lohn- und Besoldungssteuer, vom 24. Juli 1907 (Gesetzbl. f. Elf.-Lothr. S. 94). (S. u.) Vgl. auch Anm. 6 u. 8.

4) Ausf.-Best. Art. 14.

5) Ausf.-Best. Art. 15.

6) Jetzt Doppelsteuergesetz vom 22. März 1909 (Reichsgesetzbl. S. 332) § 1.

7) Ausf.-Best. Art. 16.

8) Die Beschränkung des § 4 des Gesetzes vom 13. Mai 1870, wonach derartige Bezüge nur in demjenigen Bundesstaate zu besteuern sind, aus dessen Kassen sie zu leisten sind, ist nach dem Doppelsteuergesetz vom 22. März 1909 weggefallen.

§ 5.[9])

Maßstab der Steuer.

Als steuerbarer Betrag gilt der Jahresbetrag der im § 2 bezeichneten Bezüge einschließlich der nicht bereits besteuerten Naturalbezüge nach dem Bestande zur Zeit der Veranlagung (§ 10) vorbehaltlich der nach § 12 zu berücksichtigenden Aenderungen.

Bei unständigen Bezügen bildet den steuerbaren Betrag der Durchschnitt der letzten drei Jahre, und wenn diese Einnahmen noch nicht so lange bestehen, der unter Zugrundelegung des kürzeren Zeitraums berechnete muthmaßliche Jahresbezug.

Bei Berechnung des Jahresbezugs können die zu dessen Erwerb nöthigen Auslagen in Abzug gebracht werden.

§ 6.[10])

Betrag der Steuer.

Die Steuer beträgt 1,90 vom Hundert des nach Abzug der zulässigen Auslagen berechneten steuerbaren Betrags (§ 5) und wird nach Maßgabe des anliegenden Tarifs erhoben.[11])

§ 7.[12])

Veranlagungsgrundsätze.

Die Veranlagung der Lohn- und Besoldungssteuer erfolgt in dem Gemeindebezirk, in welchem der Steuerpflichtige zur Zeit der Veranlagung seinen Wohnsitz oder in Ermangelung eines solchen seinen Aufenthalt hat. Im Falle eines mehrfachen Wohnsitzes in Elsaß-Lothringen erfolgt die Veranlagung in dem Gemeindebezirk, in welchem der Steuerpflichtige sich den größten Theil des Jahres aufhält, und tritt demnächst eine Theilung des veranlagten Betrags nach Maßgabe der Aufenthaltsdauer in den einzelnen Gemeinden ein. Eine Aufenthaltsdauer unter drei Monaten im Jahre bleibt außer Betracht. In zweifelhaften Fällen bestimmt der Direktor der direkten Steuern, wo die Veranlagung zu geschehen hat.

§ 8[13])

Behufs der Steuerveranlagung sind den Einnahmen des Haushaltungsvorstandes aus Lohn und Besoldung die betreffenden Bezüge der Angehörigen der Haushaltung zuzurechnen. Die Hinzurechnung des aus eigener Erwerbsthätigkeit fließenden Einkommens der Haushaltungsangehörigen findet jedoch nur statt, wenn dieses den Betrag von 500 Mark im einzelnen jährlich übersteigt. Die so berechnete Steuer gilt als Gesammtschuld beider Ehegatten mit der Maßgabe, daß die Ehefrau bis zu dem Betrage haftet, den sie bei selbständiger Veranlagung für ihren eigenen Lohn- und Besoldungsbezug zu entrichten hätte.

Selbständig zu veranlagen sind:

1. Ehefrauen, wenn sie dauernd von dem Ehemanne getrennt leben;
2. Kinder und andere Angehörige der Haushaltung, wenn sie ein der Verfügung des Haushaltungsvorstandes nicht unterliegendes Einkommen aus eigenem Erwerbe beziehen.

Auf die unter § 3 Ziffer 3 aufgeführten nicht in Elsaß-Lothringen wohnenden Steuerpflichtigen finden vorstehende Bestimmungen keine Anwendung.

§ 9.[14])

Für Steuerpflichtige, deren steuerbarer Betrag (§ 5) mit den Erträgen aus sonstigen Erwerbsquellen zusammen die Höhe von 3000 Mark nicht übersteigt, kann mit Rücksicht auf besondere, die Leistungsfähigkeit wesentlich beeinträchtigende Verhältnisse eine niedrigere Steuerstufe in Ansatz kommen.

Als Verhältnisse dieser Art kommen insbesondere in Betracht: außergewöhnliche Belastung durch Unterhalt und Erziehung der Kinder, Verpflichtung zum Unterhalte mittelloser Angehöriger, andauernde Krankheit, Verschuldung und besondere Unglücksfälle.

§ 10.[15])

Steuererklärung.

Die Veranlagung der Lohn- und Besoldungssteuer erfolgt hinsichtlich der Steuerpflichtigen mit Bezügen über 2000 Mark jährlich auf Grund einer von dem Steuerpflichtigen oder seinem gesetzlichen Vertreter innerhalb eines Monats nach ergangener Aufforderung für die kommende Steuerperiode (§ 12) schriftlich oder zu Protokoll bei der zuständigen Steuerbehörde oder dem Bürgermeister der Gemeinde auf Pflicht und Gewissen abzugebenden Erklärung über die für ihn zutreffende Tarifstufe (§ 6).

Die für ein Steuerjahr (§ 12) abgegebene Erklärung gilt auch für die folgenden Steuerjahre. Einer neuen Erklärung bedarf es erst dann, wenn in den Bezügen des Steuerpflichtigen eine derartige nachhaltige Aenderung eingetreten ist, daß hierdurch eine Aenderung der Tarifstufe bedingt wird.

9) Ausf.-Best. Art. 17.

10) Ausf.-Best. Art. 18.

11) Vom Rechnungsjahr 1910 ab werden jeweils zufolge besonderer Bestimmung im Landeshaushalts-etats-Gesetz alljährlich wie von den übrigen direkten Steuern 12 vom Hundert des Staatssteuergrundbetrags Zuschläge für allgemeine Staatszwecke erhoben. Zu vgl. erstmalig Gesetz, betreffend die Feststellung des Landeshaushalts-Etats von Elſ.-Lothr. für das Rechnungsjahr 1910, vom 13. Mai 1910 (Gesetzbl. f. Elſ.-Lothr. S. 27) § 2 sowie Anlage B dazu.

12) Ausf.-Best. Art. 19.

13) Ausf.-Best. Art. 20.

14) Ausf.-Best. Art. 21.

15) Ausf.-Best. Art. 22.

Für die Steuerpflichtigen mit Bezügen bis 2000 Mark jährlich erfolgt die Veranlagung der Lohn- und Besoldungssteuer auf Grund einer von der Gemeindebehörde aufzustellenden Personalnachweisung unter Anwendung von zu ermittelnden Durchschnittslohnsätzen. Die den Gemeinden dadurch entstehenden baaren Auslagen werden denselben aus der Landeskasse vergütet.

[16]) Für die im öffentlichen Dienste stehenden Steuerpflichtigen wird die Erklärung ersetzt durch eine von der Behörde vorzulegende Nachweisung über die der Lohn- und Besoldungssteuer unterliegenden Bezüge der ihrer Verwaltung angehörenden Beamten und Bediensteten aus öffentlichen Kassen. Die Nebenbezüge dieser Steuerpflichtigen aus nicht öffentlichen Kassen unterliegen der Erklärungspflicht.

§ 11.

Die Nichtabgabe der Erklärung (§ 10) innerhalb der vorgeschriebenen Frist ohne entschuldbare Gründe hat den Verlust der gesetzlichen Rechtsmittel (§§ 18, 19) gegen die Veranlagung für die betreffende Steuerperiode (§ 12) zur Folge.

§ 12.[17])

Steuerperiode.

Die Veranlagung findet für je ein Steuerjahr statt. Ausnahmsweise kann für die nur während eines Theils des Jahres in Elsaß-Lothringen des Erwerbs wegen sich aufhaltenden Ausländer eine Veranlagung für kürzere Dauer nach näherer Bestimmung des Ministeriums erfolgen. In diesem Falle sind die Arbeitgeber unter eigener Haftbarkeit verpflichtet, die von ihren ausländischen Arbeitern aus diesem Arbeitsverhältnisse zu entrichtende Lohn- und Besoldungssteuer einzuziehen und an die zuständige Steuerkasse abzuliefern.[18]) [19])

Zu- und Abgänge sowie Aenderungen in der Veranlagung während des Steuerjahrs treten nur ein, wenn Steuerpflichtige aus anderen deutschen Staaten oder dem Auslande zuziehen oder solche aus Elsaß-Lothringen wegziehen, sowie bei thatsächlichen Irrthümern in der Veranlagung. Die Aenderungen erfolgen mit Wirkung vom Beginne des nächsten Kalendervierteljahrs ab.

Personen, welche im Laufe des Steuerjahrs steuerpflichtig werden, haben auf ergehende Aufforderung eine Steuererklärung nach Maßgabe des § 10 abzugeben.

§ 13.[20])

Organe und Bezirke der Veranlagung.

Die Veranlagung der Lohn- und Besoldungssteuer geschieht durch die für die Veranlagung der Kapitalsteuer eingesetzten Kommissionen (§§ 15—17 des Kapitalsteuergesetzes) mit der Maßgabe, daß für die Steuerpflichtigen mit Bezügen bis 3000 Mark jährlich die Kreiskommissionen und für jene mit höheren Bezügen die Bezirkskommissionen zuständig sind.

§ 14.[21])

Verfahren der Veranlagung.

Die Vorsitzenden der Veranlagungskommissionen, welche zugleich die Interessen des Staates vertreten, haben die Veranlagungsgeschäfte vorzubereiten, die Verhandlungen der Kommissionen zu leiten und die Beschlüsse derselben auszuführen. Sie haben insbesondere die Aufforderung zur Abgabe der Erklärung (§§ 10, 12) zu erlassen, die eingegangenen Erklärungen einer Vorprüfung zu unterziehen und, soweit erforderlich, ergänzen zu lassen. Außerdem sind die Vorsitzenden der Bezirkskommissionen verpflichtet, innerhalb des Bezirks dieser Kommissionen die Veranlagungsgeschäfte zu beaufsichtigen. Zur Feststellung der steuerpflichtigen Personen ist die Gemeindebehörde verpflichtet, die erforderliche Auskunft zu ertheilen.

Für größere Gemeinden können zur Gewinnung der zur Veranlagung erforderlichen Unterlagen besondere Voreinschätzungskommissionen nach näherer Vorschrift des Ministeriums gebildet werden.[22])

§ 15.

Die Veranlagungskommissionen haben auf Grund der Erklärungen, der von den öffentlichen Behörden gelieferten Nachweisungen (§ 10) sowie der sonstigen für die Veranlagung zu benutzenden Unterlagen die Tarifstufe für jeden Pflichtigen festzustellen. Sie sind berechtigt, eine Vervollständigung der Erklärungen und Nachweisungen zu veranlassen und, soweit die Angaben der Pflichtigen zu Zweifeln Anlaß

16) Vgl. hierzu Ausf.-Best. Art. 34 Nr. 2 sowie Bekanntmachung des Ministeriums, betreffend die Mitwirkung der Behörden bei der Veranlagung der Bezüge der öffentlichen Beamten usw., vom 18. Oktober 1906 (Zentr.- u. Bez.A.Bl. S. 197). S. u.

17) Ausf.-Best. Art. 23.

18) Zusatz zufolge des Gesetzes, betreffend die Lohn- und Besoldungssteuer, vom 24. Juli 1907 (Gesetzbl. f. Elf.-Lothr. S. 94).

19) Zu vgl. hierzu die auf Grund dieser Vorschriften erlassenen Bestimmungen des Ministeriums, betreffend die Besteuerung der ausländischen Lohnarbeiter (Saisonarbeiter) vom 27. September 1907 (Zentr.- u. Bez.A.Bl. S. 202), abgeändert durch die Bestimmungen vom 18. November 1909 (Zentr.- u. Bez.A. Bl. S. 143).

20) Ausf.-Best. Art. 35.

21) Ausf.-Best. Art. 24 bis 34, 36 bis 41.

22) Vgl. Kapitalsteuergesetz § 19 Satz 4 und Ausf.-Best. Art. 24 Nr. 6, sowie Anm. dazu.

geben, Auskunft und Aeußerung von ihnen zu verlangen. Der Pflichtige ist verbunden, diese zu ertheilen.

Nach diesen Verhandlungen sowie im Falle der Nichtabgabe einer Steuererklärung hat die Kommission ohne Weiteres die Steuerstufe zu bestimmen.

§ 16.[23])

Steuer-erhebung. Auf Grund der Feststellungen der Veranlagungskommissionen hat der Direktor der direkten Steuern die Beträge der Lohn- und Besoldungssteuer dem Tarife (§ 6) entsprechend zum Ansatze zu bringen und die Heberollen hiernach aufstellen zu lassen.

Die Heberollen sind von ihm für vollstreckbar zu erklären, und daß dies geschehen, ist bekannt zu geben.

Die Erhebung der Lohn- und Besoldungssteuer erfolgt nach den für die direkten Steuern maßgebenden Vorschriften.

Die Zahlung der veranlagten Steuer wird durch die Einlegung von Rechtsmitteln nicht aufgehalten, muß vielmehr mit Vorbehalt späterer Erstattung in den vorgeschriebenen Fristen erfolgen.

§ 17.[24])

Veranlagungen während des Steuerjahrs. Die Veranlagung der Zu- und Abgänge sowie der Aenderungen der Lohn- und Besoldungssteuer während des Steuerjahrs (§ 12) erfolgt in vorläufiger Weise durch den Vorsitzenden der Veranlagungskommission und die Einziehung der Steuer durch Nachtragsrollen, welche nach Vorschrift des § 16 zu behandeln sind.

Bei dem nächsten Zusammentritt der Veranlagungskommission hat die endgültige Feststellung der für die Pflichtigen in Ansatz zu bringenden Steuer nach den hierüber geltenden Vorschriften und unbeschadet der gesetzlichen Rechtsmittel zu geschehen.

Diese Feststellung hat die Wirkung, daß der Steuerpflichtige zur Nachentrichtung der in Folge der vorläufigen Veranlagung zu wenig gezahlten Steuer verbunden ist und daß ein zu viel gezahlter Betrag erstattet wird.

§ 18.[25])

Einspruch. Gegen das Ergebniß der Veranlagung, welches dem Steuerpflichtigen mittelst Zuschrift, die zugleich die Belehrung über die zulässigen Rechtsmittel enthält, bekannt zu geben ist, steht sowohl dem Steuerpflichtigen als dem Vorsitzenden der Veranlagungskommission das Rechtsmittel des Einspruchs bei der Veranlagungskommission zu.

Dasselbe ist bei dem Direktor der direkten Steuern binnen einer Ausschlußfrist von drei Monaten einzulegen, welche von dem Tage der Bekanntgabe der Rolle (§ 16) ab läuft.

Soweit eine Theilung der veranlagten Beträge zwischen verschiedenen Gemeinden in Gemäßheit des § 7 erforderlich wird, ist diese von der zuständigen Veranlagungskommission zu bewirken. Das Ergebniß der Theilung ist sowohl den betheiligten Gemeinden als den Steuerpflichtigen mitzutheilen. Denselben steht das Recht des Einspruchs gegen diese Theilung bei dem Direktor der direkten Steuern binnen der gleichen Frist zu.

Der Einspruch des Steuerpflichtigen unterliegt dem Dimensionsstempel, sofern der Steueransatz 25 Mark übersteigt.[26])

§ 19.[27])

Berufung. Gegen die Entscheidung der Veranlagungskommission über den Einspruch steht sowohl dem Steuerpflichtigen, und im Falle des § 7 auch den betheiligten Gemeinden, als auch mit Genehmigung des Direktors der direkten Steuern dem Vorsitzenden der Veranlagungskommission binnen einer Ausschlußfrist von einem Monat das Rechtsmittel der Berufung an die Berufungskommission zu. Die Berufung ist von dem Steuerpflichtigen bei dem Direktor der direkten Steuern einzulegen und unterliegt dem Dimensionsstempel, sofern der Steueransatz 25 Mark übersteigt.[26]) Die Frist zur Einlegung der Berufung läuft für den Vorsitzenden vom Tage der Entscheidung und für den Steuerpflichtigen vom Tage der Bekanntgabe derselben ab.

Die Befugnisse der Berufungskommission werden von der für die Kapitalsteuer eingesetzten Berufungskommission (§ 24 des Kapitalsteuer-Gesetzes) wahrgenommen. Sie ist befugt, die weiter erforderlichen Feststellungen vorzunehmen und zu diesem Zwecke von den der Veranlagungskommission zustehenden Mitteln (§ 15) Gebrauch zu machen.

§ 20.[28])

Steuererlasse. Erlischt die Steuerpflicht infolge des Todes oder Wegzugs des Pflichtigen, in Folge gänzlichen Verlustes des steuerbaren Einkommens oder in Folge Eintritts in ein die Steuerbefreiung begründendes Verhältniß, so kann von dem Beginne des auf den Eintritt dieses Ereignisses folgenden Vierteljahrs ab Entbürdung von der Lohn- und Besoldungssteuer beansprucht werden.

23) Ausf.-Best. Art. 46.

24) Ausf.-Best. Art. 42 bis 45.

25) Ausf.-Best. Art. 47 und 48.

26) Zu vgl. auch Stempelgesetz vom 28. Mai 1912 (Gesetzbl. f. Elf.-Lothr. S. 46) § 43 Abs. 2.

27) Ausf.-Best. Art. 49.

28) Ausf.-Best. Art. 50 und 51.

Ferner kann ein gänzlicher oder theilweiser Erlaß der Steuer gewährt werden, wenn während des laufenden Steuerjahrs in Folge außergewöhnlicher Unglücksfälle das steuerbare Einkommen um mehr als den vierten Theil vermindert worden ist. Ebenso können veranlagte Steuerbeträge in einzelnen Fällen niedergeschlagen werden, wenn deren zwangsweise Beitreibung die Steuerpflichtigen in ihrer wirthschaftlichen Existenz gefährden, oder wenn das Beitreibungsverfahren voraussichtlich ohne Erfolg sein würde.

Die Entscheidung trifft der Direktor der direkten Steuern und auf Beschwerde das Ministerium.[29])

§ 21.[30])

Nachzahlung der Steuer. Ist die Abgabe der Steuererklärung unterblieben oder auf Grund unrichtiger oder unvollständiger Angaben in der Steuererklärung (§§ 10, 12) die Veranlagung unterlassen worden oder in einer niedrigeren Stufe erfolgt, als solche bei richtiger und vollständiger Erklärung hätte zur Anwendung kommen müssen, so hat unabhängig von der Bestrafung (§ 23) eine Nachzahlung der zu wenig entrichteten Steuer zu erfolgen.

Die Feststellung der nachzuentrichtenden Steuerbeträge erfolgt durch den Direktor der direkten Steuern; gegen dieselbe ist die Beschwerde an das Ministerium zulässig.

Für die Nachforderung der gemäß Absatz 1 geschuldeten Steuer tritt nach Ablauf von drei Jahren vom Beginne des Steuerjahrs ab, in welchem die Erklärung abzugeben war, oder die unrichtige Erklärung abgegeben wurde, Verjährung ein.

§ 22.[31])

Strafbestimmungen. Wer ohne entschuldbare Gründe die Steuererklärung nicht rechtzeitig abgiebt oder die verlangte Auskunft nicht rechtzeitig ertheilt, wird mit Geldstrafe bis zwanzig Mark bestraft.

§ 23.

Wer durch wissentlich unrichtige oder unvollständige Angaben die Einreihung in eine niedrigere Steuerstufe veranlaßt oder durch Verschweigung von steuerbaren Beträgen, zu deren Erklärung er nach den Vorschriften dieses Gesetzes verpflichtet ist, die Unterlassung der Steuerveranlagung herbeiführt, unterliegt einer Geldstrafe im zwei- bis vierfachen, und im Rückfall binnen der letzten sechs Jahre bis zum sechsfachen Betrage der hinterzogenen Jahressteuer.

29) Ausf.-Best. Art. 51.
30) Ausf.-Best. Art. 54.
31) Ausf.-Best. Art. 55, 56 und 58.

An Stelle dieser Strafe tritt eine Geldstrafe bis fünfzig Mark, wenn nachgewiesen oder aus den Umständen zu entnehmen ist, daß die unrichtige oder unvollständige Angabe nicht in der Absicht der Steuerhinterziehung erfolgt ist. Die gleiche Strafe kommt in Anwendung, wenn die Steuererklärung oder die verlangte Auskunftsertheilung unterlassen worden ist.

§ 24.

Die auf Grund der §§ 22, 23 festgesetzten, aber nicht beizutreibenden Geldstrafen sind nach Maßgabe der für Übertretungen geltenden Bestimmungen der §§ 28, 29 des Strafgesetzbuchs in Haft umzuwandeln.

§ 25.[32])

In Betreff der in den §§ 22, 23 bezeichneten strafbaren Handlungen findet vorläufige Feststellung der Geldstrafe durch den Direktor der direkten Steuern statt.

Die Untersuchung und Entscheidung steht dem Gerichte zu, wenn der Beschuldigte nicht die vorläufig festgesetzte Geldstrafe nebst den durch das Verfahren gegen ihn entstandenen Kosten binnen einer ihm bekannt gemachten Frist freiwillig zahlt.

Das Einschreiten des Gerichts erfolgt, ohne daß die Strafe durch den Direktor der direkten Steuern vorläufig festgesetzt ist, wenn dieser von der vorläufigen Festsetzung Abstand zu nehmen erklärt oder der Beschuldigte darauf verzichtet.

Wird die unterbliebene oder unrichtige oder unvollständige Angabe nachgeholt oder berichtigt, bevor ein strafrechtliches Einschreiten nach Maßgabe der vorstehenden Bestimmungen erfolgt ist, so tritt eine Bestrafung nicht ein.

Die Entscheidung wegen der hinterzogenen Steuer verbleibt in allen Fällen den vorbezeichneten Verwaltungsbehörden.

§ 26.[33])

Die Strafverfolgung verjährt:

1. im Falle des § 22 nach drei Monaten vom Ablaufe der gesetzten Frist ab;
2. im Falle des § 23 nach fünf Jahren, gerechnet vom Ablaufe des Steuerjahrs, in welchem die unrichtige oder unvollständige Erklärung erfolgt ist oder die unterlassene Erklärung oder die verlangte Auskunft zu ertheilen war.

§ 27.[34])

Die Kosten der Steuerveranlagung und Erhebung fallen der Landeskasse zur Last. Jedoch Kosten.

32) Ausf.-Best. Art. 59.
33) Ausf.-Best. Art. 57.
34) Ausf.-Best. Art. 60.

können die durch die Untersuchung unbegründeter Berufungen (§ 19) entstandenen Kosten durch Beschluß der Berufungskommission ganz oder theilweise den Berufenden auferlegt werden.

§ 28.[35])

Zuschläge. Zur Deckung der Ausfälle an dem in den Rollen zum Ansatze gebrachten Steuersoll in Folge von Entbürdungen, Freistellungen, Minderungen, Erlassen und dergleichen, sowie zur Deckung der Druckkosten wird ein Zuschlag von fünf vom Hundert des Steueransatzes zu Gunsten der Landeskasse erhoben.

§ 29.[36])

Die Lohn- und Besoldungssteuer unterliegt den Bezirkszuschlägen nach Vorschrift des § 8 des Verwendungsgesetzes und den Gemeindezuschlägen nach den für die übrigen direkten Steuern geltenden Bestimmungen.

[37]) Zu den Gemeindezuschlägen sind auch die Personen mit Lohn- und Besoldungsbezügen von 500 bis 700 Mark jährlich heranzuziehen. Dabei bleiben Steuerbeträge unter 0,50 Mark außer Ansatz. Der Gemeinderath, unter Zuziehung der Höchstbesteuerten, ist berechtigt, auf die Veranlagung dieser Personen zu den Gemeindezuschlägen zu verzichten. Die von der Gemeinde fortlaufend unterstützten Personen unterliegen diesen Zuschlägen nicht.

Die Gemeinden mit Oktroi sind berechtigt, die für die Landeskasse und den Bezirk veranlagten Steuerbeträge der untersten Stufen bis zum Betrage von 1300 Mark auf das Oktroi zu übernehmen.

Steuerbeträge, welche von außerhalb Elsaß-Lothringen wohnenden Steuerpflichtigen (§ 3, Ziffer 3) geschuldet werden, sind den Bezirks- und Gemeindezuschlägen nicht unterworfen. Das Gleiche gilt bis auf Weiteres für die auf aktive Militärpersonen veranlagten Lohn- und Besoldungssteuerbeträge.

§ 30.[38])

Leitung der Veranlagung. Die Leitung des Veranlagungsgeschäfts steht dem Direktor der direkten Steuern zu. Derselbe entscheidet über Beschwerden gegen das Verfahren der Veranlagungsbeamten und Veranlagungskommissionen, sowie der Vorsitzenden derselben; die Entscheidung in weiterer Instanz steht dem Ministerium zu. Die letztere ist endgültig.

§ 31.

Schlußbestimmungen. Dieses Gesetz kommt zunächst bei der Veranlagung für das Jahr 1903 zur Anwendung und tritt im Uebrigen nur gleichzeitig mit dem Gesetze, betreffend die Verwendung der Erträge der Kapitalsteuer und der Lohn- und Besoldungssteuer, in Kraft. Die Frist zur Abgabe der Steuererklärung (§ 10) ist für diese erste Veranlagung auf mindestens sechs Wochen zu bemessen. Denjenigen Steuerpflichtigen, welche nach Ablauf dieser Frist eine Erklärung nicht abgegeben haben, ist für diese erste Veranlagung eine zweite Erklärungsaufforderung mit einer Frist von zehn Tagen zuzustellen. Die Wirkungen der §§ 11, 21 treten erst in Kraft, wenn auch diese zweite Aufforderung erfolglos geblieben ist.

Die Ausführungsbestimmungen erläßt das Ministerium.[39])

35) Ausf.-Best. Art. 61 Ziff. 1.
36) Ausf.-Best. Art. 61 Ziff. 2.
37) Ausf.-Best. Art. 61 Ziff. 3.
38) Ausf.-Best. Art. 62.
39) S. Anm. 1.

Anlage

Tarif

zur Berechnung der Lohn- und Besoldungssteuer

(Steuer 1,00 vom Hundert).

Stufe	Ertrag Mark	Mittelbetrag des Ertrags Mark	Der Steuer 1,00 vom Hundert unterliegen vom Mittelbetrage des Ertrags Prozent	
1	2	3	4	5
1	unter 500	250	10	
2	500— 600	550	"	
3	600— 700	650	"	
4	700— 800	750	15	
5	800— 900	850	"	
6	900— 1 000	950	20	
7	1 000— 1 300	1 150	"	
8	1 300— 1 600	1 450	25	
9	1 600— 2 000	1 800	"	
10	2 000— 2 500	2 250	30	
11	2 500— 3 000	2 750	35	
12	3 000— 3 500	3 250	40	
13	3 500— 4 000	3 750	45	
14	4 000— 5 000	4 500	50	
15	5 000— 6 000	5 500	55	
16	6 000— 7 000	6 500	60	
17	7 000— 8 000	7 500	70	
18	8 000—10 000	9 000	80	
19	10 000—12 000	11 000	90	
20	12 000—15 000	13 500	95	
21	15 000—20 000	17 500	"	
22	20 000—25 000	22 500	100	
23	25 000—30 000	27 500	"	
24	30 000—35 000	32 500	"	
25	35 000—40 000	37 500	"	
26	40 000—45 000	42 500	"	
27	45 000—50 000	47 500	"	
	Jede weitere Stufe steigt um 5000 Mark			

13. Juli 1901.

Gesetz, betreffend die Verwendung der Erträge der Kapitalsteuer und der Lohn- und Besoldungssteuer sowie die Erhebung der Bezirkszuschläge.[1])

Gesetzbl. f. Elf.-Lothr. S. 80.

§ 1.[2])

Personal-Mobiliarsteuer. Die Personal-Mobiliarsteuer wird aufgehoben.

§ 2.

Grundsteuer. Der Steuersatz, welcher für die Grundsteuer in Gemäßheit der auf Grund des Gesetzes vom 6. April 1892 (Gesetzbl. S. 33) neu festgestellten Reinerträge in Anwendung zu bringen ist, wird auf drei ein Halb vom Hundert der Reinerträge festgestellt.

§ 3.[3])

Gebäudesteuer. Der gemäß § 4, Absatz 1 des Gesetzes vom 14. Juli 1895, betreffend die Gebäudesteuer (Gesetzbl. S. 95), auf Vier ein Halb vom Hundert des Nutzungswerths festgestellte Satz für die Gebäudesteuer wird auf Vier vom Hundert ermäßigt.[4])

Der Satz der Gebäudesteuer für die Dienstwohnungen (§ 4 Absatz 2, 3 des vorerwähnten Gesetzes) wird auf zweieinfünftel vom Hundert [4]) des Nutzungswerths der Dienstwohnungen festgestellt.

§ 4.[5])

Grundstücke, welche der landwirthschaftlichen Benutzung entzogen sind und zu gewerblichen Zwecken dauernd verwendet werden, unterliegen der Besteuerung nach Maßgabe ihres Nutzungswerths zu dem gleichen Satz wie die Gebäude. Die Feststellung des Nutzungswerths erfolgt nach den Vorschriften des Gebäudesteuergesetzes.

§ 5.[6]) [7])

Gewerbesteuer. Die nach dem Gesetze vom 8. Juni 1896 (Gesetzbl. S. 31) zu erhebende Gewerbesteuer für Betriebe, deren Ertragsfähigkeit, mit Bezügen aus anderen Erwerbsquellen zusammen, den Betrag von 700 Mark jährlich nicht übersteigt, kommt in Wegfall.

Der Tarif für die Gewerbesteuer (§ 7 des vorgenannten Gesetzes) wird gemäß der Anlage abgeändert.

[8]) Die nach Absatz 1 von der Gewerbesteuer befreiten Steuerpflichtigen mit einer Ertragsfähigkeit unter 700 Mark sind zu den Gemeindezuschlägen heranzuziehen. Dabei bleiben Steuerbeträge unter $0_{,50}$ Mark außer Ansatz. Der Gemeinderath, unter Zuziehung der Höchstbesteuerten, ist berechtigt, auf die Veranlagung der betreffenden Steuerpflichtigen zu den Gemeindezuschlägen zu verzichten.

§ 6.[9]) [10])

Wandergewerbesteuer. Als Mindestsatz für die Wandergewerbesteuer (§ 8 des Gesetzes vom 8. Juni 1896, Gesetzbl. S. 44) wird der Betrag von 6 Mark jährlich festgesetzt.

Bei besonders großen Betrieben kann ausnahmsweise über den im genannten Paragraphen vorgeschriebenen Jahressatz von 360 Mark hinausgegangen werden.

§ 7.[11])

Abgaben der toten Hand. Die in Gemäßheit des Gesetzes vom 20. Februar 1849 zu erhebende Abgabe von den Gütern der toten Hand wird für die der Grundsteuer unterliegenden Güter auf neunundachtzigeinhalb vom Hundert des Prinzipalbetrags der Grundsteuer und für die der Gebäudesteuer unterliegenden Güter auf Vierunddreißig vom Hundert des Prinzipalbetrags der Gebäudesteuer festgesetzt.

§ 8.[12])

Bezirkszuschläge. Die Bezirkszuschläge sind zu einem für alle direkten Steuern einschließlich der Bergwerkssteuern [13]) gleichen Satze zu erheben.

---

1) Hierzu Ausführungsbestimmungen des Ministeriums zu dem Gesetze vom 13. Juli 1901, betreffend die Verwendung der Erträge der Kapitalsteuer und der Lohn- und Besoldungssteuer, sowie die Erhebung der Bezirkszuschläge, vom 16. Februar 1902 (Zentr.- u. Bez.A.Bl. S. 39). S. u.

2) Ausf.-Best. Art. 1.

3) Ausf.-Best. Art. 2.

4) Durch das Gesetz, betreffend die Gebäudesteuer, vom 17. Juli 1907 (Gesetzbl. f. Elf.-Lothr. S. 79) Art. 1 unter Änderung der Fassung des § 4 Abs. 1 und 2 des Gesetzes vom 14. Juli 1895, herabgesetzt auf 3,50 und 1,90 vom Hundert des Nutzungswertes.

5) Ausf.-Best. Art. 3.

6) Ausf.-Best. Art. 4.

7) Vgl. Gewerbesteuer-Gesetz vom 8. Juni 1896 § 7, sowie Anm. 5 und 8 zu diesem Gesetz.

8) Ausf.-Best. Art. 5.

9) Ausf.-Best. Art. 6.

10) Vgl. Gesetz, betreffend die Wandergewerbesteuer, vom 8. Juni 1896 § 8, sowie Anm. 2ff. zu diesem Gesetz.

11) Aufgehoben durch das Gesetz über die Steuer der Toten Hand vom 8. November 1909 (Gesetzbl. f. Elf.-Lothr. S. 117) § 6.

12) Ausf.-Best. Art. 8 und 9.

13) Wegen der Bergwerkssteuern vgl. nunmehr das Bergwerkssteuergesetz vom 28. Mai 1913 (Gesetzbl. f. Elf.-Lothr. S. 69) § 2.

§ 9.[14]) [15])

Gemeindezuschläge. Durch den Landeshaushalts-Etat wird alljährlich — zum erstenmal für 1903 — ein Betrag bestimmt, welcher aus den im zuletzt abgeschlossenen Rechnungsjahr entstandenen Ersparnissen des Ausfallfonds [16]) der direkten Steuern zu Beihilfen an solche Gemeinden zu verwenden ist, deren Aufbringen an Gemeindezuschlägen gegenüber dem bisherigen Aufkommen in Folge der Aufhebung der Personal-Mobiliarsteuer ohne entsprechenden Ersatz durch die Kapitalsteuer sowie Lohn- und Besoldungssteuer gestiegen ist.[17])

§ 10.

Schlußbestimmungen. Dieses Gesetz tritt mit dem 1. April 1903 in Kraft.

Die Ausführungsbestimmungen erläßt das Ministerium.[18])

14) Ausf.-Best. Art. 10.

15) Durch das Gesetz, betreffend die Feststellung des Landeshaushalts-Etats von Elf.-Lothr. für das Rechnungsjahr 1903 vom 28. März 1903 (Gesetzbl. f. Elsaß-Lothringen S. 5) § 10 erstmals auf höchstens 70000 Mark bemessen. Seither jeweils in gleicher Höhe. Vgl. Gesetz vom 28. März 1903. S. u.

16) Bei Unzulänglichkeit des Ausfallfonds können die Beihilfen nicht gewährt werden.

17) Zufolge einer zusätzlichen Bestimmung bei der betreffenden Etatsposition werden aus diesem Fonds seit dem Rechnungsjahr 1909 Beihilfen auch solchen Gemeinden bewilligt, welche infolge der Änderung der Bergwerksteuergesetzgebung zufolge des Gesetzes vom 14. Juli 1908, bzw. 28. Mai 1913 (Gesetzbl. f. Elf.-Lothr. S. 67, 69) geringere Steuergrundbeträge haben.

18) S. Anm. 1.

Anlage

Tarif [19])

zur Berechnung der Gewerbesteuer.

Stufe	Ertragsfähigkeit Mark	Mittelbetrag der Ertragsfähigkeit Mark	Der Steuer von 1,90 vom Hundert unterliegen von dem Mittelbetrag der Ertragsfähigkeit Prozent
1	unter 500	250	20
2	500—700	600	25
2a	700—1000	850	30
		usw.	

19) Beim Abdruck des Tarifs zu dem Gesetz vom 8. Juni 1896 berücksichtigt.

15. Juli 1901.

Bekanntmachung des Reichskanzlers, betreffend eine Abänderung des Verzeichnisses der gewerblichen Anlagen, welche einer besonderen Genehmigung bedürfen.

Reichsgesetzbl. S. 267.

Auf Grund des § 16 Abs. 3 der Gewerbeordnung hat der Bundesrath beschlossen,

den Beschluß, durch welchen in dem Verzeichnisse der einer besonderen Genehmigung bedürfenden gewerblichen Anlagen (§ 16 Abs. 2 a. a. O.) die Worte „Kalk-, Ziegel- und Gipsöfen" durch die Worte „Anlagen zur Herstellung von Cement, gebranntem Kalk, entwässertem Gips, von Ziegelsteinen und anderen gebrannten Thonwaaren" ersetzt worden sind (Bekanntmachung vom 29. November 1900, Reichs-Gesetzbl. S. 1036), aufzuheben.

18. Juli 1901.

Bekanntmachung des Reichskanzlers, betreffend diejenigen obersten Verwaltungsbehörden und höheren Verwaltungsbehörden im Deutschen Reiche und in der Oesterreichisch-Ungarischen Monarchie sowie in Bosnien und in der Herzegowina, deren Urkunden nach den Verträgen zwischen dem Deutschen Reiche und der Oesterreichisch-Ungarischen Monarchie vom 25. Februar 1880 und 13. Juni 1881 einer Beglaubigung nicht bedürfen.

Reichsgesetzbl. S. 323.

Bei den obersten Verwaltungsbehörden und höheren Verwaltungsbehörden im Deutschen Reiche und in der Oesterreichisch-Ungarischen Monarchie sowie in Bosnien und in der Herzegowina sind seit den Bekanntmachungen vom 2. Februar und 3. August 1881 (Reichs-Gesetzbl. S. 8, 255 und 256) mehrfach Aenderungen eingetreten. Fortan bedürfen nach Artikel 4 des Vertrags vom 25. Februar 1880 (Reichs-Gesetzbl. 1881 S. 4)) und nach dem Vertrage vom 13. Juni 1881 (Reichs-Gesetzbl. S. 253) die Urkunden der nachstehend aufgeführten Behörden keiner Beglaubigung:

Deutsches Reich.

A. Civilbehörden.

a) Reichsbehörden.

1. Der Reichskanzler.
2. Das Auswärtige Amt.
3. Das Reichsamt des Innern.
4. Die Reichskommissare für das Auswanderungswesen.
5. Das Statistische Amt.
6. Die Normal-Aichungskommission.
7. Das Gesundheitsamt.
8. Das Reichs-Versicherungsamt.
9. Die Physikalisch-Technische Reichsanstalt.
10. Das Kanalamt.
11. Das Aufsichtsamt für Privatversicherung.
12. Das Reichs-Justizamt.
13. Das Reichsschatzamt.
14. Die Verwaltung des Reichskriegsschatzes.
15. Die Reichsschulden-Verwaltung.
16. Die Reichs-Bevollmächtigten für Zölle und Steuern.
17. Die Reichs-Rayonkommission.
18. Das Reichs-Eisenbahn-Amt.
19. Der Rechnungshof des Deutschen Reichs.
20. Die Verwaltung des Reichs-Invalidenfonds.
21. Das Reichs-Postamt.
22. Die Oberpostdirektionen.
23. Die Direktion der Reichsdruckerei.
24. Das Postzeitungsamt.
25. Das deutsche Postamt in Constantinopel.
26. Das Reichsamt für die Verwaltung der Reichs-Eisenbahnen.
27. Die Generaldirektion der Eisenbahnen in Elsaß-Lothringen.
28. Das Reichsbank-Direktorium.
29. Die Reichsbank-Hauptstellen.
30. Die Reichsschulden-Kommission.

b) Behörden der einzelnen Bundesstaaten.

I. Königreich Preußen.

1. Das Präsidium des Staatsministeriums.
2. Das Staatsministerium.
3. Das Zentral-Direktorium der Vermessungen im Preußischen Staate.
4. Die Generalkommission in Angelegenheiten der Königlichen Orden.
5. Das Direktorium der Staatsarchive.
6. Das Finanzministerium.
7. Die Generaldirektion der Seehandlungssocietät.
8. Die Hauptverwaltung der Staatsschulden.
9. Die preußische Zentralgenossenschaftskasse zu Berlin.
10. Die General-Lotteriedirektion.
11. Die Münzdirektion.
12. Die Generaldirektion der Allgemeinen Wittwen-Verpflegungsanstalt.
13. Die Direktion der Rentenbanken.
14. Die Ministerial-Militär- und Baukommission zu Berlin.
15. Die Provinzial-Steuerdirektoren.
16. Der Generaldirektor des Thüringischen Zoll- und Steuervereins zu Erfurt — zugleich als Beamter der übrigen, zum Thüringischen Zoll- und Steuervereine vereinigten Staaten —.
17. Die Stempel- und Erbschaftssteuerämter.
18. Die Direktion für die Verwaltung der direkten Steuern zu Berlin.
19. Das Ministerium der geistlichen, Unterrichts- und Medizinal-Angelegenheiten.
20. Der evangelische Oberkirchenrath zu Berlin.
21. Die Konsistorien mit Einschluß des Landeskonsistoriums zu Hannover.
22. Die Generalsuperintendenten.
23. Der evangelische Feldpropst der Armee.
24. Die katholischen Bischöfe, bischöflichen Ordinariate und Generalvikariate.
25. Der katholische Feldpropst der Armee.
26. Die Provinzial-Schulkollegien.

27. Die wissenschaftlichen Prüfungskommissionen.
28. Die Universitätskuratoren.
29. Der Kurator der Akademie zu Münster in Westfalen.
30. Der Kurator des Lyceum Hosianum zu Braunsberg.
31. Der Generaldirektor der Königlichen Bibliothek zu Berlin.
32. Die Akademie der Wissenschaften zu Berlin.
33. Der Direktor des geodätischen Instituts zu Potsdam.
34. Der Direktor des meteorologischen Instituts zu Berlin.
35. Der Direktor des astrophysikalischen Observatoriums zu Potsdam.
36. Der Direktor der biologischen Anstalt auf Helgoland.
37. Der Direktor des Instituts für Infektionskrankheiten zu Berlin.
38. Der Direktor des Instituts für experimentelle Therapie zu Frankfurt am Main.
39. Der Direktor des hygienischen Instituts zu Posen.
40. Die Rektoren der technischen Hochschulen.
41. Der Direktor der Turnlehrerbildungsanstalt zu Berlin.
42. Die Generalverwaltung der Königlichen Museen zu Berlin.
43. Die Akademie der Künste zu Berlin.
44. Das Kuratorium der Kunstakademie zu Düsseldorf.
45. Die Kuratoren der Kunstakademien zu Cassel und Königsberg in Ostpreußen.
46. Die Medizinalkollegien.
47. Die Klosterkammer zu Hannover.
48. Das Ministerium für Handel und Gewerbe.
49. Die Oberbergämter zu Bonn, Dortmund, Halle an der Saale, Breslau und Clausthal.
50. Die vereinigte geologische Landesanstalt und Bergakademie zu Berlin sowie die Bergakademie zu Clausthal.
51. Die Direktion der Königlichen Porzellanmanufaktur zu Berlin.
52. Die Aichungsinspektoren.
53. Die Handelskammern, die Aeltesten der Kaufmannschaft zu Berlin, die Vorsteher der Kaufmannschaft zu Stettin, die Vorsteherämter der Kaufmannschaft zu Tilsit, zu Königsberg in Ostpreußen, zu Danzig und zu Memel sowie die Aeltesten der Kaufmannschaft zu Elbing.
54. Das Ministerium des Innern.
55. Die Oberpräsidenten.
56. Die Regierungspräsidenten.
57. Die Bezirksregierungen.
58. Das Polizeipräsidium zu Berlin.
59. Das Justizministerium.
60. Die Präsidenten der Oberlandesgerichte.
61. Die Oberstaatsanwälte bei den Oberlandesgerichten.
62. Die Präsidenten der Landgerichte.
63. Das Ministerium für Landwirthschaft, Domänen und Forsten.
64. Die Ansiedelungskommission für Westpreußen und Posen zu Posen.
65. Die landwirthschaftliche Hochschule zu Berlin, die landwirthschaftliche Akademie zu Bonn-Poppelsdorf, das pomologische Institut zu Proskau, die Lehranstalt für Obst- und Weinbau zu Geisenheim und die Landesbaumschule zu Engers.
66. Die Forstakademien zu Eberswalde und Hannoversch-Münden.
67. Die Direktionen der Haupt- und Landgestüte.
68. Die thierärztlichen Hochschulen zu Berlin und Hannover.
69. Das Ministerium der öffentlichen Arbeiten.
70. Die Königlichen Eisenbahnkommissare.
71. Die Königlichen Eisenbahndirektionen.
72. Die Akademie des Bauwesens zu Berlin, die technischen Prüfungsämter zu Berlin, Hannover und Aachen sowie das technische Oberprüfungsamt zu Berlin.
73. Die Oberrechnungskammer.

II. Königreich Bayern.

1. Das Staatsministerium des Königlichen Hauses und des Aeußeren.
2. Der Reichsherold.
3. Das Geheime Hausarchiv.
4. Das Geheime Staatsarchiv.
5. Die Generaldirektion der Königlichen Staatseisenbahnen.
6. Die Generaldirektion der Königlichen Posten und Telegraphen.
7. Die Oberbahnämter.
8. Die Oberpostämter.
9. Das Staatsministerium der Justiz.
10. Der Generalstaatsanwalt bei dem Obersten Landesgerichte.
11. Die Oberstaatsanwälte an den Oberlandesgerichten.
12. Die Verwaltungen der Strafanstalten.
13. Das Staatsministerium des Innern.
14. Die Normal-Aichungskommission.
15. Das Allgemeine Reichsarchiv.
16. Das Oberbergamt.
17. Die Versicherungskammer, Abtheilungen für Brandversicherung, Hagelversicherung und Viehversicherung.
18. Die Regierungspräsidien.

19. Die Kreisregierungen.
20. Die Verwaltungen der Arbeitshäuser und Staatserziehungsanstalten.
21. Das Staatsministerium des Innern für Kirchen- und Schulangelegenheiten.
22. Die erzbischöflichen und bischöflichen Ordinariate.
23. Das protestantische Oberkonsistorium und die protestantischen Konsistorien.
24. Die Akademie der Wissenschaften.
25. Das Generalkonservatorium der wissenschaftlichen Sammlungen des Staates.
26. Die Direktion der Hof- und Staatsbibliothek.
27. Die Akademie der bildenden Künste.
28. Die Zentral-Gemäldegaleriedirektion.
29. Die Direktion des bayerischen Nationalmuseums.
30. Das Generalkonservatorium der Kunstdenkmale und Alterthümer Bayerns.
31. Die Direktion der Akademie der Tonkunst.
32. Die akademischen Senate und Verwaltungsausschüsse der drei Landesuniversitäten (München, Würzburg und Erlangen).
33. Das Direktorium der technischen Hochschule in München.
34. Die thierärztliche Hochschule in München.
35. Die Direktion der Akademie für Landwirthschaft und Brauerei in Weihenstephan.
36. Die Rektorate der Lyceen.
37. Die Prüfungskommissionen an den Hochschulen und Akademien sowie jene für das Lehramt an den humanistischen und technischen Unterrichtsanstalten.
38. Das Staatsministerium der Finanzen.
39. Der Oberste Rechnungshof.
40. Die Zentralstaatskasse.
41. Die Generaldirektion der Zölle und indirekten Steuern.
42. Die General-Bergwerks- und Salinenadministration.
43. Die Staatsschulden-Tilgungskommission.
44. Die Rechnungskammer.
45. Das Katasterbüreau.
46. Das Hauptmünzamt.
47. Die Bankdirektion in Nürnberg.
48. Die forstliche Hochschule in Aschaffenburg.

III. Königreich Sachsen.

1. Das Gesamtministerium.
2. Das Oberverwaltungsgericht.
3. Die Oberrechnungskammer.
4. Die Direktion des Hauptstaatsarchivs.
5. Das Ministerium des Innern.
6. Die Kreishauptmannschaften.
7. Die Brandversicherungskammer.
8. Die Oberaichungskommission.
9. Das Landesmedizinalkollegium.
10. Die Kommission für das Veterinärwesen.
11. Die vereinigten Handels- und Gewerbekammern sowie diejenigen Handelskammern, welche ohne Verbindung mit Gewerbekammern bestehen.
12. Die Direktionen der Landes-Straf- und Korrektionsanstalten.
13. Das Landesversicherungsamt.
14. Die technische Deputation im Ministerium des Innern.
15. Das Ministerium der auswärtigen Angelegenheiten.
16. Das Justizministerium.
17. Das Ministerium des Kultus und öffentlichen Unterrichts.
18. Das evangelisch-lutherische Landeskonsistorium.
19. Die reformirten Konsistorien zu Dresden und Leipzig.
20. Das apostolische Vikariat in Dresden.
21. Das katholisch-geistliche Konsistorium in Dresden.
22. Das domstiftliche Konsistorium zu Bautzen.
23. Das Rektorat der technischen Hochschule zu Dresden.
24. Das Rektorat der Universität Leipzig.
25. Die wissenschaftlichen Prüfungskommissionen.
26. Das Finanzministerium.
27. Die Generaldirektion der Staatseisenbahnen.
28. Die Zoll- und Steuerdirektion.
29. Die Landrentenbank-Verwaltung.
30. Die Altersrentenbank-Verwaltung.
31. Die Landeskulturrentenbank-Verwaltung.
32. Die Lotteriedirektion.
33. Die Kreissteuerräthe.
34. Das Bergamt.
35. Das Oberhüttenamt.
36. Der Rektor der Bergakademie und die Direktion der Forstakademie.
37. Die Direktion der Forsteinrichtungsanstalt.
38. Das Zentralbüreau für Steuervermessung.
39. Das Domänenvermessungsbüreau.
40. Die Generaldirektion der Königlichen Sammlungen für Kunst- und Wissenschaft.

IV. Königreich Württemberg.

1. Das Justizministerium.
2. Das Strafanstaltenkollegium.
3. Das Ministerium der auswärtigen Angelegenheiten (politische Abtheilung und Abtheilung für die Verkehrsanstalten).
4. Die Archivdirektion.
5. Die Generaldirektion der Staatseisenbahnen.
6. Die Generaldirektion der Posten und Telegraphen.
7. Das Ministerium des Innern.

8. Die Ministerialabtheilung des Innern für das Hochbauwesen.
9. Die Ministerialabtheilung des Innern für den Straßen- und Wasserbau.
10. Das Oberbergamt.
11. Das Bergamt.
12. Die Forstdirektion, Abtheilung für die Körperschaftswaldungen.
13. Das Landesversicherungsamt.
14. Der Vorstand der Versicherungsanstalt Württemberg.
15. Die Schiedsgerichte für Arbeiterversicherung.
16. Die Regierungen des Neckarkreises, des Schwarzwaldkreises, des Jagstkreises und des Donaukreises.
17. Das Kommando des Königlichen Landjägerkorps.
18. Das Medizinalkollegium.
19. Die Zentralstelle für Gewerbe und Handel.
20. Die Handelskammern.
21. Die Zentralstelle für die Landwirthschaft.
22. Der Verwaltungsrath der Gebäudebrandversicherungsanstalt.
23. Die Landgestütskommission.
24. Die Stadtdirektion Stuttgart und die Oberämter.
25. Das Ministerium des Kirchen- und Schulwesens.
26. Die Kultministerialabtheilung für Gelehrten- und Realschulen.
27. Das evangelische Konsistorium.
28. Die Generalsuperintendenten.
29. Der evangelische Feldpropst.
30. Der katholische Kirchenrath.
31. Das bischöfliche Ordinariat in Rottenburg.
32. Die israelitische Oberkirchenbehörde.
33. Der akademische Senat, das akademische Rektoramt und das akademische Kanzleramt der Universität Tübingen.
34. Die Direktion der landwirthschaftlichen Anstalt in Hohenheim.
35. Die Direktion der thierärztlichen Hochschule.
36. Das Rektorat der technischen Hochschule.
37. Die Direktion der Baugewerbeschule.
38. Die Kommission für die gewerblichen Fortbildungsschulen.
39. Die Kommission für die höheren Mädchenschulen.
40. Die Kommission für die Erziehungshäuser (Waisenhäuser, Taubstummen- und Blindenanstalten).
41. Die Direktion der wissenschaftlichen Sammlungen des Staates.
42. Die Direktion der Königlichen Akademie der bildenden Künste.
43. Die Direktion der Kunstsammlungen des Staates.
44. Die Direktion der Kunstgewerbeschule.
45. Das Konservatorium der vaterländischen Kunst- und Alterthumsdenkmale.
46. Die Direktion der Staatssammlung vaterländischer Kunst- und Alterthumsdenkmale.
47. Das Finanzministerium.
48. Die Domänendirektion.
49. Die Forstdirektion.
50. Der Bergrath.
51. Die Oberrechnungskammer.
52. Die Staatskassenverwaltung.
53. Das Steuerkollegium sowie dessen beide Abtheilungen: das Steuerkollegium, Abtheilung für direkte Steuern, und das Steuerkollegium, Abtheilung für Zölle und indirekte Steuern.
54. Das statistische Landesamt.

V. Großherzogthum Baden.

1. Das Staatsministerium.
2. Das Ministerium des Großherzoglichen Hauses und der auswärtigen Angelegenheiten.
3. Die Generaldirektion der Großherzoglichen Staatseisenbahnen.
4. Das Ministerium der Justiz, des Kultus und Unterrichts.
5. Der engere Senat der Universität Heidelberg.
6. Der Senat der Universität Freiburg.
7. Der Senat der technischen Hochschule Karlsruhe.
8. Die Akademie der bildenden Künste in Karlsruhe.
9. Der Oberschulrath.
10. Der Gewerbeschulrath.
11. Die Hof- und Landesbibliothek.
12. Der Oberrath der Israeliten.
13. Das Ministerium des Innern.
14. Die vier Landeskommissäre.
15. Die Bezirksämter.
16. Der Verwaltungshof.
17. Das Generallandesarchiv.
18. Die Fabrikinspektion.
19. Das Oberaichungsamt.
20. Die geologische Landesanstalt.
21. Das statistische Landesamt.
22. Die Oberdirektion des Wasser- und Straßenbaues.
23. Das Landesversicherungsamt.
24. Der Verwaltungsrath der Generalbrandkasse.
25. Die Handelskammern.
26. Das Ministerium der Finanzen.
27. Die Generalstaatskasse.
28. Die Amortisations- und Eisenbahnschuldentilgungskasse.

29. Die Domänendirektion.
30. Die Steuerdirektion.
31. Die Zolldirektion.
32. Die Baudirektion.
33. Die Münzverwaltung.
34. Der Verwaltungsrath der Beamtenwittwenkasse.
35. Die Verwaltungskommission der Militärwittwenkasse.
36. Die Oberrechnungskammer.

VI. Großherzogthum Hessen.

1. Das Staatsministerium.
2. Das Ministerium des Innern.
3. Das Ministerium der Justiz.
4. Das Ministerium der Finanzen.
5. Die Oberrechnungskammer.
6. Die Haus- und Staats-Archivdirektion.
7. Die Ministerialabtheilungen für Schulwesen.
8. Die Ministerialabtheilung für öffentliche Gesundheitspflege.
9. Die Provinzialdirektionen.
10. Die Kreisämter.
11. Das Oberkonsistorium.
12. Das bischöfliche Ordinariat in Mainz.
13. Der Generalstaatsanwalt am Oberlandesgerichte.
14. Die Oberstaatsanwälte und die übrigen Staatsanwälte an den Landgerichten.
15. Die Ministerialabtheilung für Steuerwesen.
16. Die Ministerialabtheilung für Forst- und Kameralverwaltung.
17. Die Ministerialabtheilung für Bauwesen.
18. Die Ministerialabtheilung für Finanzwirthschaft und Eisenbahnwesen.
19. Die Prüfungskommission für das Finanz- und technische Fach.
20. Die Hauptstaatskasse.
21. Die Staatsschuldenverwaltung.
22. Die Staatsschuldenkasse.
23. Die Landeslotteriedirektion.
24. Die Direktion der Main-Neckar-Bahn.
25. Die Königlich preußische und Großherzoglich hessische Eisenbahndirktion Mainz.
26. Die Hauptsteuerämter Darmstadt, Offenbach, Gießen, Mainz, Bingen und Worms.

VII. Großherzogthum Mecklenburg-Schwerin.

1. Die Ministerien.
2. Die Oberste Verwaltungsbehörde des Großherzoglichen Haushalts.
3. Der Oberkirchenrath.
4. Die Landessteuerdirektion zu Rostock.
5. Die Steuer- und Zolldirektion.
6. Die Hauptsteuerämter.
7. Die Medizinalkommission zu Rostock.
8. Die Schuldentilgungskommission zu Rostock.
9. Die General-Eisenbahndirektion.

VIII. Großherzogthum Sachsen.

1. Das Staatsministerium:
   a) Departement des Großherzoglichen Hauses,
   b) Departement der Finanzen,
   c) Departement der Justiz,
   d) Departement des Kultus,
   e) Departement des Aeußern und Innern.
2. Der Generalinspektor des Thüringischen Zoll- und Handelsvereins zu Erfurt.
3. Der Großherzogliche Generalinspektor zu Erfurt.
4. Der Direktor der Forstlehranstalt zu Eisenach.
5. Die Hauptstaatskasse zu Weimar.
6. Der Kirchenrath.
7. Die Immediatkommission für das katholische Kirchen- und Schulwesen.
8. Der Kurator der Gesammtuniversität zu Jena.
9. Die Bezirksdirektoren
   a) zu Weimar,
   b) zu Apolda,
   c) zu Eisenach,
   d) zu Dermbach,
   e) zu Neustadt an der Orla.
10. Die Handelskammer des Großherzogthums Sachsen.

IX. Großherzogthum Mecklenburg-Strelitz.

1. Das Staatsministerium.
2. Die Landesregierung.
3. Das Konsistorium.

X. Großherzogthum Oldenburg.

1. Das Staatsministerium und dessen einzelne Departements als:
   Departement der auswärtigen Angelegenheiten,
   Departement des Großherzoglichen Hauses,
   Departement des Innern,
   Departement der Finanzen,
   Departement der Justiz,
   Departement der Kirchen und Schulen.
2. Die Regierungen zu Eutin und Birkenfeld.
3. Die Zolldirektion.
4. Die Eisenbahndirektion.
5. Das evangelische Oberschulkollegium zu Oldenburg.
6. Das katholische Oberschulkollegium zu Vechta.

7. Der Oberkirchenrath zu Oldenburg.
8. Das Konsistorium zu Birkenfeld.
9. Das bischöflich Münstersche Offizialat zu Vechta.
10. Die Kommission für die katholischen Kirchenangelegenheiten zu Birkenfeld.
11. Die Handelskammer für das Herzogthum Oldenburg.

XI. Herzogthum Braunschweig.

1. Das Staatsministerium.
2. Das Konsistorium.
3. Das Finanzkollegium.
4. Die Zoll- und Steuerdirektion.
5. Das Steuerkollegium.
6. Die Kreisdirektion.
7. Die Polizeidirektion zu Braunschweig.
8. Die Handelskammer für das Herzogthum Braunschweig in Braunschweig.

XII. Herzogthum Sachsen-Meiningen.

1. Das Staatsministerium und dessen Abtheilungen:
   a) des Herzoglichen Hauses und des Aeußeren (mit der Unterschrift: Herzogliches Staatsministerium),
   b) des Innern,
   c) der Justiz,
   d) für Kirchen- und Schulensachen,
   e) der Finanzen.
2. Der Oberkirchenrath.
3. Die Direktion der Herzoglichen Landeskreditanstalt.

XIII. Herzogthum Sachsen-Altenburg.

1. Das Ministerium.
2. Die Handelskammer für das Herzogthum Sachsen-Altenburg.

XIV. Herzogthum Sachsen-Coburg und Gotha.

Das Staatsministerium.

XV. Herzogthum Anhalt.

1. Das Staatsministerium.
2. Das Konsistorium.
3. Die Regierung, Abtheilung des Innern.
4. Die Regierung, Abtheilung für das Schulwesen.
5. Die Finanzdirektion.
6. Die Staatsschuldenverwaltung.
7. Die Landarmendirektion.
8. Die Landes-Waisenfondsverwaltung.
9. Die Hofkammer.
10. Die Herzogliche Zolldirektion in Magdeburg.
11. Die Handelskammer für das Herzogthum Anhalt in Dessau.

XVI. Fürstenthum Schwarzburg-Rudolstadt.

1. Das Ministerium und dessen Abtheilungen: für die Finanzen, für Kirchen- und Schulensachen, für die Justiz und für das Innere.
2. Die Landrathsämter.
3. Die Kirchen- und Schuleninspektionen.

XVII. Fürstenthum-Schwarzburg-Sondershausen.

1. Das Ministerium (Gesammtministerium).
2. Das Ministerium, Erste Abtheilung (Departement für Hof-, Militär- und auswärtige Angelegenheiten).
3. Das Ministerium, Abtheilung des Innern (Departement für die innere Verwaltung).
4. Das Ministerium, Finanzabtheilung.
5. Das Ministerium, Abtheilung für Kirchen- und Schulsachen.
6. Der Kirchenrath für rein geistliche und kirchliche Angelegenheiten.
7. Das Ministerium, Justizabtheilung (Departement für die Justiz mit Einschluß der im Gebiete derselben vorkommenden Gnadensachen).
8. Die Handelskammer in Arnstadt.

XVIII. Fürstenthümer Waldeck und Pyrmont.

1. Der Landesdirektor.
2. Die Kreisamtmänner.
3. Das Konsistorium zu Arolsen.

XIX. Fürstenthum Reuß älterer Linie.

1. Die Landesregierung.
2. Das Konsistorium.

XX. Fürstenthum Reuß jüngerer Linie.

1. Das Ministerium.
2. Die Abtheilungen des Ministeriums: für das Innere, für die Justiz, für Kirchen- und Schulsachen, für die Finanzen.
3. Die Handelskammer in Gera.

XXI. Fürstenthum Schaumburg-Lippe.

1. Das Ministerium.
2. Das Konsistorium.

XXII. Fürstenthum Lippe.

1. Das Staatsministerium.
2. Die Regierung.
3. Das Konsistorium.

XXIII. Freie und Hansestadt Lübeck.

1. Der Senat.
2. Die Senatskanzlei.
3. Das Stadt- und Landamt.
4. Das Polizeiamt.
5. Die Handelskammer in Lübeck.

XXIV. Freie Hansestadt Bremen.

1. Der Senat.
2. Die Regierungskanzlei.
3. Die Senatskommissionen für die einzelnen Verwaltungszweige.
4. Die Polizeidirektion.
5. Der Landherr.

XXV. Freie und Hansestadt Hamburg.

1. Der Senat.
2. Die für die einzelnen Zweige der Verwaltung bestehenden Senatskommissionen.
3. Die Senatskanzlei.
4. Der Kirchenrath.
5. Der Senior des geistlichen Ministeriums.
6. Die Polizeibehörde in Hamburg.
7. Die Behörde für das Auswandererwesen.
8. Die Aufsichtsbehörde für die Standesämter.
9. Das Erbschaftsamt.
10. Die Landherrenschaften der Geestlande, der Marschlande, von Ritzebüttel und von Bergedorf.
11. Der Generalzolldirektor.
12. Der Amtsverwalter des Amtes Ritzebüttel.
13. Der Staatsthierarzt.
14. Die Handelskammer in Hamburg.

XXVI. Elsaß-Lothringen.

1. Der Kaiserliche Statthalter.
2. Das Ministerium für Elsaß-Lothringen.
3. Der Oberschulrath für Elsaß-Lothringen.
4. Die Bezirkspräsidenten.
5. Der Direktor der Zölle und indirekten Steuern.
6. Der Direktor der Verkehrssteuern.
7. Der Direktor der direkten Steuern.
8. Der Vorsitzende der Staatsdepositenverwaltung.
9. Der Vorstand der Gefängnißverwaltung.
10. Die Hauptzoll- und Hauptsteuerämter.
11. Der Kurator der Universität zu Straßburg.
12. Die Bischöfe.
13. Das Direktorium der Kirche augsburgischer Konfession.
14. Die Präsidenten der reformirten Konsistorien.
15. Die Präsidenten der israelitischen Konsistorien.
16. Die Handelskammern.

B. Militärbehörden.

a) Für das Landheer.

I. Preußen.

1. Das Kriegsministerium.
2. Der Chef des Militärkabinets.
3. Das Oberkommando in den Marken.
4. Die Armeeinspektionen.
5. Die Generalkommandos.
6. Der Chef des Generalstabs der Armee.
7. Die Generalinspektion der Fußartillerie.
8. Die Generalinspektion des Ingenieur- und Pionierkorps und der Festungen.
9. Die Generalinspektion des Militär-Erziehungs- und Bildungswesens.
10. Die Generalinspektion der Kavallerie.
11. Die Kavallerieinspektionen.
12. Die Inspektion der Feldartillerie.
13. Die Inspektion der Jäger und Schützen.
14. Die Inspektion der Infanterieschulen.
15. Die Inspektion der Kriegsschulen.
16. Die Inspektion der Verkehrstruppen.
17. Die Inspektion der militärischen Strafanstalten.
18. Die Inspektion des Militärveterinärwesens.
19. Das Gouvernement Berlin.
20. Das Gouvernement Ulm.
21. Die Kommandantur Potsdam.
22. Die Feldzeugmeisterei.
23. Die Artillerieprüfungskommission.
24. Die Traindepotdirektionen.
25. Die Artilleriedepotdirektionen.
26. Die Direktion der Kriegsakademie.
27. Das Kommando des Kadettenkorps.
28. Die Ober-Militärexaminationskommission.
29. Der Chef des Militärreitinstituts.
30. Die Militärintendanturen.

II. Bayern.

1. Das Kriegsministerium.
2. Die Generalkommandos.
3. Der Generalstab.
4. Die Inspektion der Kavallerie.
5. Die Fußartilleriebrigade.
6. Die Inspektion des Ingenieurkorps und der Festungen.
7. Die Inspektion der Militärbildungsanstalten.
8. Die Inspektion der Unteroffizierschule.
9. Die Inspektion der militärischen Strafanstalten.
10. Die Remonteinspektion.
11. Die Inspektion der technischen Institute.
12. Die Artillerie- und Traindepotdirektion.
13. Die Militärintendanturen.

III. Sachsen.

1. Das Kriegsministerium.
2. Die Generalkommandos.

3. Die Zeugmeisterei.
4. Die Miltiärintendanturen.
5. Die Zentralabtheilung des Königlich sächsischen Generalstabs.

IV. Württemberg.

1. Das Kriegsministerium.
2. Das Generalkommando.
3. Die Militärintendanturen.

b) Für die Marine.

1. Das Reichs-Marine-Amt.
2. Der Chef des Admiralstabs der Marine.
3. Die Marinestationskommandos.
4. Die Inspektion des Bildungswesens.
5. Das Kommando des I. Geschwaders.
6. Das Kommando des Kreuzergeschwaders.
7. Die Inspektion des Torpedowesens.
8. Die Marinedepotinspektion.
9. Die Marinestationsintendanturen.
10. Die Werften.
11. Die Seewarte.

Oesterreichisch-Ungarische Monarchie.

A. Gemeinsame Behörden der Oesterreichisch-Ungarischen Monarchie.

I. K. u. K. Ministerium des Kaiserlichen Hauses und des Aeußern.
II. K. u. K. Reichs-Finanzministerium.
III. K. u. K. Reichs-Kriegsministerium.

Demselben unterstehen:
a) die mit fortlaufenden Zahlen von 1 bis 15 bezeichneten Korpskommanden in 1. Krakau, 2. Wien, 3. Graz, 4. Budapest, 5. Preßburg, 6. Kaschau, 7. Temesvár, 8. Prag, 9. Josefstadt, 10. Przemysl, 11. Lemberg, 12. Hermannstadt, 13. Agram, 14. Innsbruck und 15. Sarajevo;
b) das Militärkommando in Zara;
c) das Hafenadmiralat in Pola.

IV. K. u. K. gemeinsamer oberster Rechnungshof.

B. Oesterreichische Behörden.

I. K. K. Ministerium des Innern.

Demselben unterstehen:
die K. K. politischen Landesbehörden (Statthaltereien, Landesregierungen),
die Präsidien der K. K. Polizeidirektionen.

II. K. K. Ministerium für Kultus und Unterricht.

Demselben unterstehen:
1. staatliche Behörden:
die K. K. Landesschulräthe,
die K. K. Akademien der Wissenschaften in Wien und Krakau,
die K. K. statistische Zentralkommission,
die K. K. geologische Reichsanstalt,
die K. K. Zentralanstalt für Meteorologie und Erdmagnetismus,
die K. K. Zentralkommission für Erforschung und Erhaltung der Kunst- und historischen Denkmale,
die Rektorate und akademischen Senate der K. K. Universitäten in Wien, Prag, Graz, Innsbruck, Krakau, Lemberg und Czernowitz,
die Rektorate der K. K. technischen Hochschulen in Wien, Graz, Prag, Brünn und Lemberg,
die K. K. Hochschule für Bodenkultur in Wien,
die K. K. Akademie der bildenden Künste und die Kunstschule in Krakau,
das K. K. österreichische Museum für Kunst und Industrie,
die Direktion der K. K. Kunstgewerbeschule des österreichischen Museums für Kunst und Industrie,
die K. K. Handels- und nautische Akademie in Triest;
2. kirchliche Behörden:
die katholischen erzbischöflichen, fürstbischöflichen und bischöflichen Ordinariate und Konsistorien,
der evangelische Oberkirchenrath augsburgischer und helvetischer Konfession in Wien,
die Superintendenten der evangelischen augsburgischen und helvetischen Konfession,
der griechisch-orientalische Erzbischof und Metropolit in Czernowitz,
die griechisch-orientalischen Bischöfe und Konsistorien in Zara und Cattaro.

III. K. K. Justizministerium.

Demselben unterstehen:
die K. K. Generalprokuratur,
die K. K. Oberstaatsanwaltschaften.

IV. Ministerium der Finanzen.

Demselben unterstehen:
das K. K. Hauptmünzamt,
das K. K. Generalprobiramt,
das K. K. Hauptpunzirungsamt,
die K. K. Finanzlandesdirektionen,
die K. K. Finanzdirektionen,
die K. K. Generaldirektion der Tabackregie,
die K. K. Lottodirektion,
die K. K. Direktion der Staatsschuld.

V. a) K. K. Handelsministerium.
Demselben unterstehen:
die K. K. Seebehörde in Triest,
die K. K. Post- und Telegraphendirektionen,
die K. K. Normal-Aichungskommission,
die K. K. Aichinspektorate.

V. b) K. K. Eisenbahnministerium.
Demselben unterstehen:
die K. K. Generalinspektion der österreichischen Eisenbahnen,
das K. K. Zentralwagendirigirungsamt,
die K. K. Staatsbahndirektionen.

VI. K. K. Ackerbauministerium.
Demselben unterstehen:
die K. K. Berghauptmannschaften in Wien, Prag, Klagenfurt und Krakau,
die Direktionen der K. K. Bergakademien in Leoben und Pribram.

VII. K. K. Ministerium für Landesvertheidigung.
Demselben unterstehen:
das K. K. Landwehroberkommando in Wien,
die K. K. Landesvertheidigungsoberbehörde für Tirol und Vorarlberg in Innsbruck,
die K. K. Landwehrkommanden in Wien, Graz, Prag, Josefstadt, Krakau, Przemysl, Lemberg und Zara,
das K. K. Landesvertheidigungskommando in Innsbruck,
die K. K. Landesgendarmeriekommanden Nr. 1 in Wien, Nr. 2 in Prag, Nr. 3 in Innsbruck, Nr. 4 in Brünn, Nr. 5 in Lemberg, Nr. 6 in Graz, Nr. 7 in Triest, Nr. 8 in Linz, Nr. 9 in Zara, Nr. 10 in Troppau, Nr. 11 in Salzburg, Nr. 12 in Laibach, Nr. 13 in Czernowitz und Nr. 14 in Klagenfurt.

VIII. K. K. Oberster Rechnungshof.

C. Ungarische und kroatisch-slavonisch-dalmatinische Verwaltungsbehörden.

I. Oberste und Landesbehörden.

1. Sämmtliche Ministerien.
2. Der Königlich ungarische Staatsrechnungshof (A magyar királyi állami számvevőszék).
3. Die Königlich kroatisch-slavonisch-dalmatinische Landesregierung (ungarisch: Horvát-Szlavon-Dalmátországok királyi kormánya; kroatisch: Kraljevska hrvatsko-slavonsko-dalmatinska zemaljska vlada).
4. Das Königlich ungarische Gubernium für Fiume und die ungarisch-kroatische Seeküste (A fiumei és magyar-horvát tengerparti királyi kormányzóság).

II. Militärbehörden.

5. Das Königliche Honvéd-Oberkommando (A királyi honvéd főparancs-nokság).
6. Die Königlichen Honvéd-Distriktskommanden (A királyi honvéd kerületi parancsnokság).

III. Verwaltungs- und Polizeibehörden.

7. In Ungarn im engeren Sinne:
die Vizegespansämter (megye alispánja, megye alispáni hivatala) in den Komitaten,
die Bürgermeisterämter (polgármesteri hivatal) in den Städten mit Jurisdiktionsrecht;
in Kroatien-Slavonien:
die Königlichen Komitatsbehörden (ungarisch: Királyi megyei hatóság; kroatisch: Kraljevska županijska oblast) oder die Königlichen Vizegespansämter (ungarisch: megye királyi alispánja; kroatisch: Kraljevski podžupan županije) und die Stadtmagistrate (ungarisch: A városi tanács; kroatisch: gradsko poglavarstvo) in Agram (Zágráb, Zagreb), Essek (Eszék, Osijek), Warasdin (Varasd, Varaždin) und Semlin (Zimony, Zemun).
8. Das Bürgermeisteramt der freien Stadt Fiume und deren Gebiets (Fiume szabad város és kerület polgármesteri hivatala).
9. Die Oberstadthauptmannschaft der Budapester Staatspolizei (A budapesti magyar királyi államrendőrség főkapitanysága).

IV. Kirchliche, Unterrichts- und Stiftungsbehörden, wissenschaftliche Anstalten und Kunstinstitute.

10. Die römisch- und griechisch-katholischen erzbischöflichen und bischöflichen Ordinariate und Konsistorien (A római katholikus latin és görög szertartásu érsekségek, püspökségek és szent-székek).
11. Die Benediktiner Erzabtei in Martinsberg (Pannonhalma) (A benczésrendi pannonhalmi főapátság).
12. Die Superintendenzen der evangelisch-augsburgischen Konfession (Az ágostai hitvallásu püspökség) und die Super-

intendenzen der helvetischen Konfession (A helvét hitvallásu püspökség).

13. Die griechisch-orientalisch serbischen (A görög keleti szerb) und romanischen (roman) erzbischöflichen und bischöflichen Ordinariate (érseksėgi és püspökségi hatóság).
14. Die Superintendenz der Unitarier in Siebenbürgen (Az erdélyi unitárius egyházkerület püspöksége).
15. Die Durchführungskommission der autonomen orthodoxen israelitischen Glaubensgenossen in Ungarn und Siebenbürgen (A magyarországi és erdélyi izraelita autonom orthodox hitfelekezet közvetitő bizottsága).
16. Die Landeskanzlei der Israeliten (Az országos izraelita iroda).
17. Die Rektoren [und Senate] der Königlichen wissenschaftlichen Universität (A királyi tudomány-egyetem rectora [tanácsa] in Budapest und Klausenburg (Kolozsvár) und der Rektor und Senat des Königlichen Josef-Polytechnikums (József-müegyetemnek) in Budapest sowie der Rektor [und akademische Senat] der Königlichen wissenschaftlichen Universität (Rektor [akademički senat] kraljevskog sveučilišta) in Agram (Zagreb).
18. Die Rechtsakademien (jogakadémia).
19. Die theoretischen Fundamental- und Staatsprüfungskommissionen für die rechts- und staatswissenschaftlichen Studien (A jog-és államtudományi elméleti alap-és államvizsgálati bizottság).
20. Die Prüfungskommissionen für Mittelschullehrer (A középiskolai tanárvizsgáló bizottság) in Budapest und Klausenburg (Kolozsvár), die Prüfungskommission für Mittelschullehrer (Izpitno povjerenstvo za učitelje srednjih škola h) in Agram (Zagreb) sowie die Prüfungskommission für das Lehramt an Volksschulen (Izpitno povjerenstvo za učitelje pučkih škola h) in Agram (Zagreb) und Petrinja.
21. Die Königlichen Schuldistrikts-Oberstudiendirektorate (A tankerületi királyi főigazgatóság).
22. Die Maturitätsprüfungskommissionen (Az érettségi vizsgáló bizottság).
23. Die Direktionen der Königlichen staatlichen Obergymnasien [Gymnasien, Untergymnasien] (A királyi állami főgymnasium [gymnasium, algymnasium] igazgatósága) und die Direktionen der Königlichen staatlichen Oberrealschulen [Realschulen, Unterrealschulen] (A királyi állami főreáliskola [reáliskola, alreáliskola] igazgatósága);

    die Direktionen der aus dem Stipendienfonds erhaltenen Schulen, die je nach ihrem konfessionellen Charakter bezeichnet werden, als Direktion des Königlichen katholischen (királyi katholikus), römisch-katholischen (római katholikus), griechisch-katholischen (görög katholikus), griechisch-orientalischen (görög keleti), evangelischen A. C. (ágostai evangelikus), reformirten (reformatus) städtischen Obergymnasiums [Gymnasiums, Untergymnasiums] (városi főgymnasium [gymnasium, algymnasium]) oder der Oberrealschule [Realschule, Unterrealschule] (főreáliskola [reáliskola, alreáliskola]);

    die Direktionen der (von Privatpersonen errichteten) mit dem Oeffentlichkeitsrechte bekleideten Gymnasien und Realschulen (Az N. N. nyilvánossági joggal felruházott gymnasium [reáliskola] igazgatósága oder auch: féle nyilvánossági joggal felruházott gymnasium [reáliskola]).
24. Die Königlichen Schulinspektorate (A királyi tanfelügyelőség).
25. Die Direktion der Königlichen Landesmusterzeichenschule und Zeichenlehrerpräparandie (Az országos királyi mintarajztanoda és rajztanárképezde igazgatósága) in Budapest.
26. Die Königliche Zeichenlehrerprüfungskommission (A királyi rajztanárvizsgáló bizottság) in Budapest.
27. Die Königliche Meisterschule für Malerei (A festészeti királyi mesteriskola) in Budapest.
28. Die Direktion der Landesakademie für Musik (Az országos zeneakadémia igazgatósága) in Budapest und die Direktion des Landesmusikinstituts (Ravnateljstvo zemaljskog glasbenog zavoda) in Agram (Zagreb).
29. Die Königliche Landesprüfungskommission für Musiklehrer (Az országos királyi zenetanárvizsgáló bizottság) in Budapest.
30. Die Landesakademie für darstellende Kunst (Az országos királyi szinművészeti akadémia) in Budapest.
31. Die Königliche Montan- und Forstakademie (A királyi bányászati és erdészeti akadémia) in Schemnitz (Selmeczbánya).
32. Die Königliche landwirthschaftliche Akademie (A királyi gazdasági akadémia) in Ungarisch-Altenburg (Magyar-Óvár).

33. Die Direktionen der Königlichen landwirthschaftlichen Lehranstalten (A gazdasági királyi tanintézet igazgatósága) in Keszthely, Debreczin, Kolozs-Monostor und Kaschau (Kassa), die Direktion der Königlichen landwirthschaftlichen Lehranstalt (Ravnateljstvo kr. ratarnice) in Požega und die Direktion der Weinbauschule (A szőlőszeti iskola igazgatósága) in Petrinja.
34. Die Direktion der Königlichen Veterinärakademie (A királyi állatorvosi akadémia igazgatósága) in Budapest.
35. Die Direktion der Königlichen Gartenbaulehranstalt (A királyi kertészeti tanintézet igazgatósága) in Budapest.
36. Die Direktion des orientalischen Handelslehrkurses (A keleti kereskedelmi tanfolyam igazgatósága) in Budapest.
37. Die Direktionen der höheren staatlichen (állami) und Gemeinde (községi) Handelsschulen (felsö kereskedelmi iskola igazgatósága), sie mögen selbständig oder mit Bürgerschulen verbunden sein.
38. Die Direktion der Königlichen kunstgewerblichen Landesfachschule (Az országos királyi iparmüvészeti iskola igazgatósága) in Budapest.
39. Die Direktion der Königlichen staatlichen Gewerbeschule (Az állami ipariskola igazgatósága) in Budapest und die Direktion der Landes-Gewerbemittelschule (Az országos ipar középiskola igazgatósága) in Kronstadt (Brassó).
40. Die Direktionen der Königlichen staatlichen Präparandien für Lehrer (A királyi állami tanitó képezde igazgatósága), für Lehrerinnen (tanitónö) und Kinderbewahrerinnen (óvónő).
41. Die Direktionen der höheren staatlichen (állami) und Gemeinde- (községi) Töchterschulen (felsö leányiskola) igazgatósága).
42. Die Direktionen der Königlichen Hebammenschulen (A királyi bábaképezde igazgatósága).
43. Die Direktionen des Königlichen Blindeninstituts (A vakok királyi intézetének igazgatósága) in Budapest und des Königlichen Taubstummeninstituts (A siketnémák királyi intézetének igazgatósága) in Waitzen (Vácz) sowie die Direktion der Landeserziehungsanstalt für taubstumme und blinde Kinder (ungarisch: A siketnéma és vak gyermekek országos nevelöintézetének igazgatósága; kroatisch: Ravnateljstvo zemaljskoga odgajilišta glohunieme i sliepe Lietce) in Agram (Zàgràb, Zagreb).
44. Das causarum regalium fundationalium-Direktorat (A közalapitványi királyi ügyigazgatóság in Budapest.
45. Die Oberbehörden der wirthschaftlichen Distrikte der öffentlichen Stiftungen (A közalapitványi gazdasági kerületi főtisztség) und die wirtschaftlichen Inspektorate der öffentlichen Stiftungen (A közalapitványi gazdasági felügyelőség).
46. Die ungarische Akademie der Wissenschaften (A magyar tudományos akadémia) in Budapest und die südslavische Akademie der Wissenschaften und Künste (Jugoslavenska akademija znanosti i umjetnosti) in Agram (Zagreb).
47. Der Landeskunstrath (A magyar országos képzőművészeti tanács) in Budapest.
48. Die Landeskommission für Konservirung der Baudenkmale (A műemlékek országos bizottsága) in Budapest.
49. Der Königliche Landesoberinspektor der öffentlichen Sammlungen und Bibliotheken (A nyilvános gyüjtemények és könyvtárak országos királyi főfelügyelöje) in Budapest.
50. Das ungarische Nationalmuseum (A magyar nemzeti muzeum) in Budapest.
51. Die Direktion des Königlichen technologischen Gewerbemuseums (A királyi technologiai iparmuzeum igazgatósága) in Budapest.
52. Das ungarische Kunstgewerbemuseum (Az országos magyar iparmüvészeti muzeum) in Budapest.
53. Die Königliche geologische Anstalt (A királyi földtani intézet) in Budapest.

V. Behörden für Kommunikationswesen.

54. Die Königliche Generalinspektion für Eisenbahnen und Schiffahrt (A királyi vasuti és hajózási főfelügyelőség).
55. Die Königlichen Post- und Telegraphendirektionen (A királyi posta és távirda-igazgatóság).
56. Die Königlichen Kontumazanstalten (A királyi vesztegintézet).

VI. Finanz-, Bergwerks- und Staatsgüter-Verwaltungsbehörden.

57. Die Königliche Zentralstaatskasse (A királyi központi állampénztár) in Budapest.
58. Die Königlich kroatisch-slavonische Landeskasse (Kr. hrvatsko-slavonska zemaljska blagajna) in Agram (Zagreb).

59. Die Königlichen Finanzdirektionen (A királyi pénzügyigazgatóság).
60. Die Königlich kroatisch-slavonische Finanzdirektion (Kr. hrvatsko-slavonsko financijalno ravnateljstvo) in Agram (Zagreb).
61. Die Königliche Lottodirektion (A királyi lottoigazgatóság) in Budapest.
62. Die Königliche Zentraldirektion der Tabak-Regie (A királyi dohányjövedéki központi igazgatóság) in Budapest.
63. Die Königlichen Montandirektionen (A királyi bányaigazgatóság).
64. Die Königlichen Berghauptmannschaften (A királyi bányakapitányság) und Bergkommissariate (bányabizottság).
65. Das Königliche Hauptpunzirungsamt (A királyi fö féemjelzőhivatal in Budapest.
66. Das Königliche Münzamt und Hauptprobiramt (A királyi pénzverde és főkémlőhivatal) in Kremnitz (Körmöczbánya).
67. Die Königlichen Metalleinlösungsämter (A királyi fémbeváltási hivatal) in Abrudbánya, Zalatna, Nagy-Bánya, Budapest, Raab (Gyor) und Nagy-Kanizsa.
68. Die Königlichen Oberbergämter (A királyi főbányahivatal) und Bergämter (bányahivatal).
69. Die Königlichen Hüttenämter (A királyi kohóhivatal).
70. Das Königliche Kupferhammeramt (A királyi rézpörölydehivatal) in Neusohl (Beszterczebánya).
71. Die Königlichen Hütten- und Probirämter (A királyi kohó-és kémlőhivatal).
72. Die Königlichen chemisch-analytischen Aemter (A királyi vegyelemzőhivatal) in Nagy-Bánya, Schemnitz (Selmeczbánya) und Zalatna.
73. Die Königlichen Eisenwerksämter (A királyi vasműhivatal).
74. Die Königlichen Salzbergbauämter (A királyi sótermelési hivatal).
75. Die Königliche Staatsdruckerei (A királyi államnyomda) in Budapest.
76. Das Königliche Staatsgebäudeinspektorat (A királyi állami jószágigazgatóság). in Budapest.
77. Die Königliche Staatsdomänenverwaltung (A királyi állami jószágigazgatóság).
78. Die Grundsteuer-Evidenzhaltungsinspektorate (A kataszteri helyszinelési felügyelőség) und die Katasterdirektion (A kataszteri igazgatóság) in Klausenburg (Kolozsvár).
79. Die Königlichen Katastermappenarchive (A királyi kataszteri térképtár).
80. Das Königliche Steuerinspektorat (A királyi adófelügyelőség).
81. Das Königliche Zentral-Tax- und Gebühren-Bemessungsamt (A királyi központi dij-és illeték-kiszabási hivatal).
82. Das Königliche Patentamt (A királyi szabadalmi hivatal) in Budapest.
83. Das Königliche Patentarchiv (A királyi szabadalmi levéltár).

VII. Landwirthschaftliche Staatsanstalten.

84. Die Königliche chemische Landesanstalt und Zentralversuchsstation (A királyi országos chemiai intézet és központi vegykisérleti állomás) in Budapest.
85. Die Königliche entomologische Station (A királyi mezőgazdasági rovartani állomás) in Budapest.
86. Das Königliche Landesinstiut für Meteorologie und Erdmagnetimus (A királyi meteorologiai és földmágnességi központi intézet) in Budapest.
87. Das Königliche Landes-Wasserbau- und Ameliorationsamt (A királyi országos vizépitészeti és talajjavitási hivatal) in Budapest.
88. Das Königliche Oberinspektorat für Thierzucht (A királyi állattenyésztési főfelügyelőség) in Budapest.
89. Der Ministerialbevollmächtigte für Seidenzucht (A selyemtenyésztési ministeri meghatalmazott) in Szegzárd.
90. Das Bienenzuchtlandesinspektorat (Az országos méhészeti felügyelőség) in Buziás.
91. Die Königlichen Veterinärämter (A királyi állategészségügyi hivatal) in Budapest-Steinbruch (Köbánya) und Klausenburg (Kolozsvár).
92. Die Königlichen Veterinärinspektoren (A királyi állategészségügyi felügyelö) in Budapest, Preßburg (Pozsony) und Klausenburg (Kolozsvár).
93. Die Königlichen Eintrittsstationen (A királyi belépő-állomás) in Tölgyes, Csik-Gyimes, Sóosmezö, Ojtáncz, Kronstadt (Brassó), Törcsvár, Rothenthurm (Verestorony), Vulkán, Orsova, Bellobreska, Báziás und Semlin (Zimony).
94. Die Königlichen Forstinspektorate (A királyi erdőfelügyelőség) in Neusohl (Beszterczebánya, Kronstadt (Brassó), Budapest, Debreczin, Déva, Raab (Győr), Kaschau (Kassa), Klausenburg (Kolozsvár), Máramaros-Sziget, Maros-Vásárhely, Miskolcz, Hermannstadt (Nagy-Szeben), Großwardein (Nagyvárad), Preßburg (Pozsony,

Fünfkirchen (Pécs), Szegedin (Szeged), Steinamanger (Szombathely), Temesvár, Turócz-Szent-Márton und Ungvár.

95. Die Königlichen Forstdirektionen (A királyi erdőigazgatóság) in Neusohl (Besztercze-bánya), Klausenburg (Kolozsvár), Lugos und Máramaros-Sziget sowie die Königliche Forstdirektion (Kr. šumarsko ravnateljstvo) in Agram (Zagreb).

96. Die Königlichen Oberforstämter (A királyi főerdőhivatal) in Lippa, Liptó-Ujvar, Nagy-Bánya und Ungvár sowie das Königliche Oberforstamt (Kr. nadšumarski ured) in Vinkovcze.

97. Die Königlichen Forstämter (A királyi erdőhivatal) in Apatin, Busztyaháza, Gödöllö, Sóvár, Mühlbach (Szászsebes) und Zsarnócza sowie das Königliche Forstamt (Kr. šumarski ured) in Otočac.

98. Die Kommandanten der Königlichen staatlichen Gestütsanstalten (A királyi állami ménesintézetnek parancsoka) in Kisbér, Bábolna, Mezöhegyes und Fogaras. Das Dienstsiegel lautet: Királyi állami ménesparancsnokság.

Die wirthschaftlichen Direktionen der Königlichen staatlichen Gestütsanstalten (A királyi állami ménesintézet gazdasági igazgatója) in Kisbér, Bábolna, Mezöhegyes und Fogaras. Das Dienstsiegel lautet: Királyi állami ménesbirtok igazgatóság.

99. Die Kommandanten des Königlichen Staatshengstendepots (A királyi állami méntelep parancsnoka) im Stuhlweißenburg (Székes-Fehérvár), Nagy-Körös, Debreczin und Sepsi-Szent-György. Das Dienstsiegel lautet: A királyi állami méntelep parancsnoksága.

Der Kommandant des Königlichen Staatshengstendepots (Zapovjednik kraljevskog državnog pastuharskog depota) in Agram (Zagreb).

100. Die Direktion der Königlichen Kronherrschaft (A királyi korona-urodalom igazgatósága) in Gödöllö.

D. Bosnien und Herzegowina.

1. Die Landesregierung.
2. Das Gendarmeriekorpskommando.
3. Die Landesvakufdirektion.
4. Die römisch-katholischen erzbischöflichen und bischöflichen Ordinariate.
5. Die orientalisch-orthodoxen Metropoliten.
6. Das orientalisch-orthodoxe Metropolitankonsistorium für die Erzdiöcese Sarajevo.
7. Der Reis-el-Ulema.
8. Der Medžlis-Ulema.
9. Das Obergericht.
10. Das Scheriatsobergericht.
11. Die Oberstaatsanwaltschaft.
12. Die Direktion der bosnisch-herzegowinischen Staatsbahnen.
13. Die Advokatendisziplinarkommission.
14. Die Berghauptmannschaft für Bosnien und die Herzegowina.
15. Die Kreisbehörden.
16. Der Regierungskommissär für die Landeshauptstadt Sarajevo.
17. Die Kreisgerichte.
18. Die Finanzinspektorate in Ansehung der in Ausübung der Gerichtsbarkeit in Gefällsstrafsachen ausgestellten Urkunden.
19. Die Bezirksämter in Ansehung der in Ausübung der Gerichtsbarkeit in Agrarstreitigkeiten ausgestellten Urkunden.
20. Die Bezirksämter als Gerichte.
21. Die Bezirksämter als Scheriatsgerichte.
22. Die Bezirksämter als Grundbuchsbehörden.
23. Die als Depositenämter verwendeten Steuerämter.

Dies wird hierdurch bekannt gemacht.

---

18. Juli 1901.

Bekanntmachung des Reichskanzlers, betreffend die Desinfektion der zur Geflügelbeförderung benutzten Eisenbahnwagen im Verkehre mit Belgien.

Reichsgesetzbl. S. 278.

Im Hinblicke darauf, daß durch die belgischen Verordnungen über die Desinfektion der Eisenbahnwagen vom 25. September 1883 und vom 30. Dezember 1890 die ordnungsmäßige Desinfektion der zur Geflügelbeförderung benutzten Wagen in Belgien genügend sichergestellt ist, hat der Bundesrath beschlossen:

Auf die zur Versendung von Geflügel nach Belgien benutzten und daselbst entladenen Eisenbahnwagen finden bei ihrem Wiedereingang in das Reichsgebiet die Vorschriften der Bekanntmachung, betreffend die Einführung von Bestimmungen über die Beseitigung von Ansteckungsstoffen bei der Beförderung von lebendem Geflügel auf Eisenbahnen, vom 2. Februar 1899 [1]) bis auf Weiteres keine Anwendung.

1) Jetzt Bekanntmachung des Reichskanzlers vom

Der Reichskanzler ist ermächtigt, diese Ausnahmebestimmung außer Wirksamkeit zu setzen, sobald und solange die Einschleppung übertragbarer Geflügelkrankheiten aus Belgien zu besorgen ist.

17. Juli 1904, betreffend die Abänderung der Bestimmungen über die Beseitigung von Ansteckungsstoffen bei der Beförderung von lebendem Geflügel auf Eisenbahnen, vom 2. Februar 1899 (Reichsgesetzbl. S. 317). S. u.

---

19. Juli 1901.

Verordnung des Statthalters, betreffend die Ausbildung, Prüfung und Anstellung der Beamten in der Verwaltung der Zölle und indirekten Steuern, mit Ausschluß derjenigen des höheren Verwaltungsdienstes.[1]) [2])

Zentr.- u. Bez.A.Bl. S. 279.

I. Allgemeine Bestimmungen.

§ 1. Zur Anstellung können in der Regel nur solche Bewerber gelangen, welche

1. eine genügende Vorbereitungs- oder Probedienstzeit zurückgelegt,
2. die vorgeschriebenen Prüfungen bestanden haben.

Außerdem können auch solche Beamte anderer deutscher Staaten angestellt werden, welche in diesen ein gleiches Amt wahrgenommen haben.

§ 2. Zum Vorbereitungs- oder Probedienst dürfen nur solche Bewerber zugelassen werden, welche entweder den für die Zollsupernumerare nachstehend (§ 7) vorgeschriebenen besonderen Anforderungen genügt haben, oder nach Maßgabe der Grundsätze für die Besetzung der Stellen mit Militäranwärtern (§ 20) anstellungsberechtigt sind oder angestellt werden dürfen.

§ 3. Dem Gesuche um Zulassung zum Vorbereitungs- oder Probedienst hat der Bewerber beizufügen:

1. Die Nachweise über die Erfüllung der Vorbedingungen nach Maßgabe der §§ 2, 7 und 20,
2. einen Auszug aus dem Geburtsregister,
3. das Zeugniß eines Kreis- oder Kantonal- oder Militärarztes über seine körperliche Tüchtigkeit zum Dienst,
4. ein Führungszeugniß der Ortsbehörde seines letzten Wohnorts oder, sofern der Bewerber im aktiven Militärdienst steht, seiner vorgesetzten Militärbehörde,
5. eine von dem Bewerber in deutscher Sprache selbst verfaßte und eigenhändig geschriebene Darstellung seines Lebenslaufs.

§ 4. Die Zulassung zum Vorbereitungs- oder Probedienst erfolgt durch den Direktor der Zölle und indirekten Steuern. Derselbe bestimmt, bei welchen Amtsstellen der Dienst abzuleisten ist.

§ 5. Vor der Einführung in den Dienst ist der Bewerber nach Maßgabe des Gesetzes, betreffend die Vereidigung der Staatsbeamten, vom 20. September 1871 (Gesetzbl. S. 339) zu vereidigen.

§ 6. Die Zulassung zum Vorbereitungs- oder Probedienst begründet keinen Anspruch auf

---

1) Erlassen auf Grund des § 21 Absatz 5 des Gesetzes, betreffend die Einrichtung der Verwaltung, vom 30. Dezember 1871 (Gesetzbl. 1872 S. 49) und des § 2 des Gesetzes, betreffend die Verfassung und die Verwaltung Elsaß-Lothringens, vom 4. Juli 1879 (Reichsgesetzbl. S. 165), und unter Aufhebung der bezüglichen Vorschriften vom 4. Juni 1890 (Zentr.- u. Bez.A.Bl. S. 175), vom 13. Dezember 1892 (ebendaselbst S. 428) und vom 2. August 1900 (ebendaselbst S. 215). § 2 des Gesetzes vom 4. Juli 1879 ist aufgehoben durch das Gesetz über die Verfassung Elsaß-Lothringens vom 31. Mai 1911 (Reichsgesetzbl. S. 225) Art. II § 27 und ersetzt durch Art. II § 2 dieses Gesetzes).

2) Zu vgl.:

a) Wegen der Beamten der Verwaltung der Verkehrssteuern: Verordnung des Statthalters vom 29. März 1901 (Zentr.- u. Bez. A.Bl. S. 111). S. o.

b) Wegen der Beamten der Verwaltung der direkten Steuern: Verordnung des Statthalters, betreffend die Besetzung der Stellen der Subalternbeamten usw., vom 19. Januar 1894 (Zentr.- u. Bez.A.Bl. S. 69); zu vgl. zu dieser noch die Verordnungen des Statthalters vom 2. August 1900 (Zentr.- u. Bez.A.Bl. S. 215) und vom 13. Januar 1903 (Zentr.- u. Bez.A.Bl. S. 5). Siehe diese.

c) Wegen der Beamten des Katasterfortführungsdienstes: Verordnung des Statthalters, betr. die Besetzung der Stellen des Katasterfortführungsdienstes, vom 16. April 1898 (Zentr.- u. Bez.A.Bl. S. 137). Siehe diese. Dazu noch Verordnung vom 2. August 1900.

d) Wegen der Beamten des höheren Verwaltungsdienstes vgl. Regulativ des Statthalters, betreffend die Befähigung zur Anstellung in den höheren Dienststellen bei der Direktion der Zölle und indirekten Steuern vom 24. Juli 1888 (Zentr.- u. Bez.A.Bl. S. 190).

Diensteinkommen oder dauernde militärische Verwendung. Militäranwärter erhalten für die Dauer der Probedienstleistung die vorschriftsmäßige Remuneration.

Bewerber, welche während der Vorbereitungs- oder Probezeit dienstlich oder außerdienstlich nicht befriedigen, werden entlassen.

II. Bestimmungen in Bezug auf die Zollsupernumerare.

§ 7. Als Zollsupernumerare können solche Bewerber angenommen werden, welche

1. durch das Zeugniß eines Gymnasiums (oder deutschen Realgymnasiums) oder einer Oberrealschule die schulmäßige Vorbildung in acht aufsteigenden Jahreskursen nachweisen,
2. das 25. Lebensjahr noch nicht überschritten haben,
3. die ihrem Alter entsprechende Militärverbindlichkeit erfüllt haben,
4. genügende Mittel nachweisen, um mindestens drei Jahre ohne Staatsbeihülfe zu leben.

Der Direktor der Zölle und indirekten Steuern ist ermächtigt, in besonders dazu geeigneten Fällen auch solche Bewerber, welche diese Vorbedingungen in einzelnen Punkten nicht erfüllen, als Zollsupernumerare anzunehmen.

§ 8. Die Vorbereitungszeit beträgt in der Regel drei Jahre, kann aber je nach der Befähigung und den Fortschritten des Zollsupernumerars auch länger ausgedehnt werden.

Die Zeit, während welcher ein Zollsupernumerar in Folge von Krankheit, Beurlaubung, Einziehung zu militärischen Dienstleistungen oder aus anderen Gründen dem Vorbereitungsdienste entzogen war, ist auf die vorgeschriebene Dauer des Vorbereitungsdienstes anzurechnen, wenn dieselbe während eines Jahres den Zeitraum von acht Wochen nicht übersteigt.

Eine weitere Abkürzung der Vorbereitungszeit oder eine solche aus anderen Gründen ist nur mit Genehmigung des Ministeriums zulässig.

§ 9. Während des Vorbereitungsdienstes ist der Zollsupernumerar verpflichtet, überall dort, wo es angeordnet wird, unentgeltlich Dienste zu leisten.

Nach den beiden ersten Vorbereitungsjahren können jedoch solche Zollsupernumerare, welche genügend in der Ausbildung fortgeschritten sind, auftragsweise gegen Tagegelder oder feste Remuneration zur Vertretung von Beamten verwendet, auch können ihnen abgesehen von einer solchen Verwendung, wenn sie einen fehlenden Beamten ersetzen oder Dienste leisten, welche der Verwaltung nützlich sind, feste Remunerationen bewilligt werden.

Bei Versetzungen können den Zollsupernumeraren Tagegelder und Reisekosten in dem Falle bewilligt werden, daß die Versetzung nicht lediglich zum Zwecke der Ausbildung, sondern zur Aushilfe oder sonst im Interesse der Verwaltung angeordnet ist.

§ 10. Nach beendigtem Vorbereitungsdienste sind die Zollsupernumerare, welche sich durch Zeugnisse der Behörden, bei welchen sie dienstlich beschäftigt waren, darüber ausweisen, daß sie den an sie zu stellenden Anforderungen durch Fleiß und Wohlverhalten entsprochen haben und ausreichend vorgebildet sind, vom Direktor der Zölle und indirekten Steuern zur Prüfung zuzulassen.

§ 11. Die Prüfung findet in der Regel einmal im Jahre und zwar im Herbst statt. Der Tag des Beginns der Prüfung wird jedes Mal besonders bekannt gegeben.

§ 12. Die Prüfung wird in Straßburg von einer Prüfungskommission abgehalten, welche von dem Direktor der Zölle und indirekten Steuern aus höheren Beamten der ihm unterstellten Verwaltung ernannt wird.

Die Prüfungskommission soll aus mindestens drei Mitgliedern bestehen; für einzelne Prüfungsgegenstände kann derselben ein Sachverständiger, welcher nicht zu den im vorausgegangenen Absatz genannten Beamten gehört, als stimmberechtigtes Mitglied zugetheilt werden. Der Direktor der Zölle und indirekten Steuern bestimmt, wer den Vorsitz führen soll.

§ 13. Zur Prüfung können auch anstellungsberechtigte Offiziere und aus der Klasse der Militär- und Civilanwärter hervorgegangene Beamte zugelassen werden, welche nach dem Ermessen ihrer vorgesetzten Dienstbehörde die nöthige Vorbildung besitzen. Der Direktor der Zölle und indirekten Steuern kann zum Zwecke des Nachweises der wissenschaftlichen Vorbildung die Ablegung einer besonderen Vorprüfung anordnen. Er bestimmt in diesem Falle, auf welche Gegenstände diese Vorprüfung sich zu erstrecken hat.

§ 14. Gegenstände der Prüfung sind:

1. Die Grundzüge der Reichsverfassung, die allgemeinen organischen Gesetze Elsaß-Lothringens und die Rechtsverhältnisse der Beamten;
2. die in Bezug auf die Zölle, Reichssteuern und indirekten Landessteuern, die Waarenverkehrsstatistik und die Ein- und Ausfuhrverbote erlassenen Gesetze, Verordnungen und Dienstanweisungen;
3. das Etats-, Kassen- und Rechnungswesen,

die Geschäftsverwaltung der Hauptzoll- und Hauptsteuerämter und der Unterstellen derselben, der Grenz- und Steueraufsichtsdienst;

4. die Vorschriften über das Verwaltungsstrafverfahren bei Zuwiderhandlungen gegen die Zoll- und Steuergesetze, sowie die einschlägigen Vorschriften des Strafgesetzbuchs, der Strafprozeßordnung und des Gerichtsverfassungsgesetzes;
5. die Grundzüge der Naturlehre, Chemie, Technologie und allgemeinen Waarenkunde, soweit ihre Kenntniß für den praktischen Dienst der Zoll- und Steuerverwaltung erforderlich ist.

§ 15. Die Prüfung erfolgt schriftlich und mündlich.

In der schriftlichen Prüfung, welche der mündlichen vorausgeht, sind die von der Prüfungskommission zu stellenden Aufgaben, deren Zahl der Direktor der Zölle und indirekten Steuern bestimmt, unter Aufsicht zu bearbeiten.

Nach dem Ermessen der Prüfungskommission kann für schriftliche Arbeiten die Benutzung von Gesetz- oder Verordnungssammlungen zugelassen werden.

§ 16. Die Prüfungskommission hat nach Stimmenmehrheit darüber Beschluß zu fassen, ob der Bewerber für befähigt erachtet wird oder nicht. Bei Stimmengleichheit entscheidet der Vorsitzende.

Ueber das Ergebniß der Prüfung ist dem Bewerber durch den Vorsitzenden ein Zeugniß darüber auszustellen, ob er die Prüfung „vorzüglich", „gut" oder „hinreichend" bestanden, oder ob er sie nicht bestanden hat.

Im letzteren Falle darf die Prüfung in der Regel nur einmal wiederholt werden. Im ersten Prüfungszeugnisse kann bestimmt werden, daß die Prüfung bei der Wiederholung auf bestimmte Gegenstände eingeschränkt werde.

§ 17. Nach bestandener Prüfung führen die Zollsupernumerare bis zu ihrer Anstellung die Benennung „Zollpraktikanten". Ihre dienstliche Beschäftigung und Remunerirung erfolgt nach Anordnung des Direktors der Zölle und indirekten Steuern.

§ 18. Das Bestehen der Prüfung befähigt zur Anstellung in sämmtlichen Stellen der Bezirks- und Lokalverwaltung der Zölle und indirekten Steuern, ferner in den Stellen von Regierungssekretären und von Bureauvorstehern der Direktion; die Beförderung zum Oberinspektor kann jedoch nur bei besonderer Befähigung erfolgen.

Die Anstellung und Beförderung hängt von dem Prüfungsergebniß, dem Dienstalter, der Führung und der im Laufe der Dienstzeit nachgewiesenen Befähigung ab.

§ 19. Zollsupernumerare, welche die Prüfung nicht bestanden haben, können ausnahmsweise bei hinreichender Befähigung als Grenz- oder Steueraufseher [3]) oder als Assistenten oder als Einnehmer angestellt werden. Andernfalls sind dieselben gemäß § 6 Absatz 2 zu entlassen.

III. Bestimmungen in Bezug auf die Militäranwärter und die nicht zu den Supernumeraren gehörenden Civilanwärter.

§ 20. Die Stellen der Kanzlisten, des Botenmeisters und der Kanzleidiener bei der Direktion, sowie der Amtsdiener sind ausschließlich den Militäranwärtern, diejenigen der Grenz- und Steueraufseher zu ¾ den Militäranwärtern und anstellungsberechtigten Offizieren vorbehalten.

Für die Probedienstleistung, sowie für die Anstellung und Beförderung, insbesondere auch für die ausnahmsweise Anstellung von Civilanwärtern, sind im Allgemeinen die Grundsätze für die Besetzung der Subaltern- und Unterbeamtenstellen bei den Reichs- und Staatsbehörden mit Militäranwärtern nebst den für die elsaß-lothringische Landesverwaltung geltenden besonderen Bestimmungen und die hierzu erlassenen Ausführungsvorschriften maßgebend.

§ 21. Die Probedienstleistung der Militäranwärter dauert in der Regel sechs Monate, diejenige der Civilanwärter zwölf Monate.

Die Anstellung geschieht mit dem Vorbehalt des Rechts sechswöchiger Kündigung auf die Dauer der ersten fünf Jahre. Die Verlängerung dieses Kündigungsrechts ist bei unbefriedigendem dienstlichen oder außerdienstlichen Verhalten zulässig.

§ 22. Die Anwärter für den Aufsichtsdienst werden in der Regel zunächst als Grenzaufseher angestellt. Sie haben vor der Zulassung zum Probedienst durch eine bei einem Hauptzoll- oder Hauptsteueramt abzulegende Prüfung nachzuweisen, daß sie des Lesens, Schreibens und Rechnens (Uebung in den vier Grundrechnungsformen und in dem Dreisatz), sowie der Abfassung eines einfachen schriftlichen Aufsatzes kundig sind.

Zur Anstellung als Kanzlist, Botenmeister, Kanzleidiener oder Amtsdiener bedarf es einer Prüfung nicht.

§ 23. Die Grenzaufseher können bei vorhandener Befähigung in die Stellen von be-

3) Jetzt einheitliche Bezeichnungen „Zollaufseher", sowie „Zolleinnehmer" und „Zollassistenten". Zu vgl. unterm 1. April 1908. S. u.

rittenen Grenzaufsehern, Steueraufsehern und Salzsteueraufsehern übergeführt und später zu Zoll-, Steuer- oder Salzsteuereinnehmern und Zoll- und Steueramtsassistenten befördert werden

§ 24. Mit Genehmigung des Ministeriums können Einnehmer und Assistenten, welche sich in dieser Dienststellung bewährt haben, in Rendantenstellen bei Aemtern von mittlerer oder geringerer Bedeutung befördert werden.

21. Juli 1901.

Kaiserliche Verordnung, betreffend die Charakterisierung der Kreisärzte.

Gesetzbl. f. Elf.-Lothr. S. 83.

Auf den Bericht vom 9. dieses Monats bestimme Ich, für Elsaß-Lothringen, was folgt:

1. ein Theil der Kreisärzte, jedoch nicht über die Hälfte der im Landeshaushaltsetat vorgesehenen Stellenzahl, sofern sie mindestens ein zwölfjähriges Dienstalter seit der Anstellung als Kreisarzt erreicht haben, kann Mir zur Verleihung des Charakters als „Medizinalrath" mit dem persönlichen Range als Räthe vierter Klasse vorgeschlagen werden;
2. ein Theil der zu Medizinalräthen ernannten Kreisärzte, sofern sie ein weiteres Dienstalter von in der Regel zehn Jahren seit ihrer Ernennung zum Medizinalrath erreicht haben, kann Mir zur Verleihung des Charakters als „Geheimer Medizinalrath" vorgeschlagen werden;
3. denjenigen Kreisärzten, welche gegenwärtig den Titel „Sanitätsrath" oder „Geheimer Sanitätsrath" führen, wird vom Tage der Verkündigung dieses Erlasses ab der Charakter als „Medizinalrath" beziehungsweise „Geheimer Medizinalrath" hierdurch beigelegt.

9. August 1901.

Verfügung des Ministeriums, betreffend die Einführung von Familien-Stammbüchern in Elsaß-Lothringen.

Zentr.- u. Bez.A.Bl. S. 285.

Bei einzelnen Standesämtern in Elsaß-Lothringen besteht — gleichwie in verschiedenen deutschen Staaten — der Gebrauch, bei der Eheschließung auf Verlangen Familienbücher auszufertigen und den Ehegatten zu behändigen. Die Einrichtung hat sowohl bei den Betheiligten, denen auf diese Weise die Möglichkeit gewährt ist, sich über den Familienstand jederzeit mit Leichtigkeit glaubhaft auszuweisen und namentlich im Verkehr mit den Behörden die Personalverhältnisse ohne Weiteres klarzulegen, ungetheilte Anerkennung gefunden, als auch seitens der Behörden durchweg eine günstige Beurtheilung erfahren. In letzterer Beziehung hat sich namentlich ergeben, daß bei vielen standesamtlichen Verhandlungen durch die Vorlage dieser Bücher zeitraubendes Befragen der Betheiligten, Nachschlagen in den alphabetischen Namensverzeichnissen, verschiedene Schreibweise der Namen u. dergl. vermieden und in Folge dessen schnelle und sichere Beurkundung des Personenstandes erzielt worden ist.

Mit Rücksicht hierauf wird für die Standesämter in Elsaß-Lothringen Folgendes bestimmt:

1. Die Standesbeamten haben alsbald nach jeder vom 1. Januar 1902 ab erfolgenden Eheschließung für die Eheschließenden ein Familienbuch durch Ertheilung der auf Seite 3 des Formulars vorgesehenen Bescheinigung über die Eheschließung auszufertigen. Gegebenenfalls erfolgt gleichzeitig auf Seite 4/5 der Vermerk der Geburt hinsichtlich der durch die Heirath legitimirten unehelichen Kinder. Im Falle der Wiederverheirathung ist ein neues Familienbuch auszufertigen. Bei der Behändigung sind die Eheschließenden auf die Annehmlichkeiten und Erleichterungen, welche ihnen Besitz und Gebrauch des Buches bei den verschiedensten Gelegenheiten und namentlich im Verkehr mit den Behörden bieten, aufmerksam zu machen.
2. Wird bei späteren, an demselben oder an einem anderen Orte stattfindenden standesamtlichen Beurkundungen in Bezug auf dieselbe Familie das Buch vorgelegt, so ist an der betreffenden Stelle ein amtlicher Vermerk über das beurkundete Ereignis (Geburt, Sterbefall) zu machen. Zu diesem

Zwecke hat der Standesbeamte die Beteiligten um die Vorlage des Buches zu ersuchen; die Vorlage kann aber nicht erzwungen werden.

3. Die Einträge in dem I. Teil des Familienbuches werden von dem Standesbeamten selbst oder von einer durch ihn hierzu beauftragten Person vorgenommen und mit dem Dienstsiegel und der eigenhändigen Unterschrift des Standesbeamten versehen.

Im II. Teil des Buches können andere behördliche (auch kirchenbehördliche) Vermerke, welche für die Standes- oder Familienverhältnisse von Bedeutung sind, aufgenommen werden. Der Standesbeamte hat insbesondere auf Verlangen Namensänderungen, Ehelichkeitserklärungen und Annahmen an Kindesstatt (Dienstanw. f. d. Standesb. §§ 36 und 37) einzutragen. Behufs Eintragung kirchlicher Amtshandlungen (Trauungen, Taufen, erste Kommunion, Firmung, Konfirmation und dergl.) ist das Familienbuch dem zuständigen Geistlichen vorzulegen. Reicht der vorgesehene Raum nicht aus, so sind weitere Blätter einzukleben. Die Vollziehung dieser Vermerke soll durch die eintragende Behörde in gleicher Weise, wie im I. Teil, erfolgen.

4. Die Formulare zu den Familienbüchern werden den Standesämtern unentgeltlich geliefert. Der voraussichtliche Bedarf für die Zeit bis Ende des Jahres 1902 wird den Standesebamten im Laufe der nächsten Monate zugehen und für die späteren Jahre der Lieferung der Register beigefügt werden.

Reicht der Raum für Eintragung der Geburten oder Sterbfälle der Kinder nicht aus, so sind Einlagebogen nach Anleitung der Vorschrift im § 29 der Dienstanweisung für die Standesbeamten zu bestellen. Die vorbezeichnete Vorschrift findet auch Anwendung hinsichtlich der Nachbestellung von Formularen zu Familienbüchern.

Die Abgabe der Familienbücher an die Beteiligten sowie jede spätere Eintragung erfolgen kostenfrei. Für eine auf Verlangen erteilte zweite Ausfertigung des Familienbuchs dürfen 50 Pfennig zur Gemeindekasse erhoben werden.

5. Die Ausfertigung des Familienbuchs liegt in der Regel dem Standesbeamten ob, vor welchem die Ehe geschlossen ist. Ist jedoch die Eheschließung außerhalb des Gebiets des deutschen Reichs erfolgt, so hat der Standesbeamte des Wohnorts der Eheleute, wenn die auswärtige Heiratsurkunde in den Sammelakten enthalten ist, oder wenn sie ihm in beglaubigter Form vorgelegt wird, auf Antrag das Buch auszufertigen. Das Gleiche gilt, wenn die Ehe in einem anderen deutschen Staat geschlossen ist; doch kann in diesem Falle auch derjenige Standesbeamte, welcher die Eheschließung beurkundet hat, unter Übersendung eines Formulars des Familienbuchs um kostenlose Eintragung des Vermerks ersucht werden. Lehnt der auswärtige Standesbeamte die Eintragung ab, so hat dieselbe durch den Standesbeamten des Wohnorts auf Grund der in beglaubigter Form vorzulegenden Heiratsurkunde zu erfolgen.

6. Auch hinsichtlich der vor dem 1. Januar 1902 geschlossenen Ehen ist auf Antrag ein Familienbuch unentgeltlich auszufertigen. Die Eintragungen dürfen nur nach Einsichtnahme der bei dem Standesamt selbst beruhenden Standesregister bezw. Sammelakten oder nach Vorlegung von Standesurkunden in beglaubigter Form erfolgen.

---

22. August 1901.

Verfügung des Ministeriums, betreffend die Kosten für Tapezierung von Geschäfts- und Dienstwohnungsräumen.

Zentr.- u. Bez.A.Bl. S. 297.

Im Einverständnisse mit dem Rechnungshofe wird hinsichtlich der Ausgaben für Tapezierung von Geschäfts- und Dienstwohnungsräumen der Landesbeamten folgendes bestimmt:

1. Für die Tapezierung von Geschäftsräumen und Dienstwohnungsräumen der Landesbeamten, einschließlich der Lieferung der Tapeten, der Borden und des Kleisters, sowie des etwa erforderlichen Leimens von Wandtheilen dürfen folgende Höchstsätze für jeden einzelnen Raum nicht überschritten werden:
   a) für die zu Dienstzwecken bestimmten Nebenräume (Registratur- und Durchgangszimmer, Flurgänge und der-

gleichen), für Wohnungen der Unterbeamten und für Nebenräume in den Wohnungen der sonstigen Beamten 33 Pfennig für das Quadratmeter,

b) für die Haupträume in den Wohnungen der übrigen (abgesehen von Unter-) Beamten und für die zu Dienstzwecken bestimmten Haupträume (Empfangszimmer, Arbeitszimmer und dergleichen) 43 Pfennig für das Quadratmeter.

2. Die Kosten für das Leimen ganz neuer Gipswände, für das Liefern und Aufkleben von Ausschuß- oder Teerpapier, für das Liefern und Aufnageln von Teerpapier mit Stoffriemen, für die Beseitigung alter Tapeten- und Farbenreste, sowie für das Liefern und Aufnageln von Nesselleinwand können außerdem in Rechnung zugelassen werden, sofern deren Nothwendigkeit vom Baubeamten bescheinigt wird.[1])

3. Erscheint für die Repräsentationsräume oder sonst unter besonderen Verhältnissen ein Hinausgehen über die unter 1 bezeichneten Sätze nothwendig, so ist vor der Ausführung der Tapezierung die Genehmigung des Ministeriums einzuholen.

1) Neue Fassung der Ziffer 2 auf Grund der im Einverständnisse mit dem Rechnungshof erlassenen Verfügung des Ministerinms vom 6. August 1913 (Zentr.- u. Bez.A.Bl. S. 331).

---

23. August 1901.

Kaiserliche Verordnung über die Anwendung des Gesetzes, betreffend Versorgung der Kriegsinvaliden und der Kriegshinterbliebenen, vom 31. Mai 1901 (Reichs-Gesetzbl. S. 193 bis 199) auf die Landesbeamten des Schutzgebiets Kiautschou.

Reichsgesetzbl. S. 377.

Das Gesetz, betreffend die Versorgung der Kriegsinvaliden und der Kriegshinterbliebenen (Reichs-Gesetzbl. 1901 S. 193 bis 199), vom 31. Mai 1901[1]) findet auf die Landesbeamten, welche im Dienste des Schutzgebiets Kiautschou zur Zeit der im § 21 des Gesetzes bezeichneten, gegen China gerichteten Expedition in Ostasien verwendet worden sind, sinngemäße Anwendung.

Der Reichskanzler (Reichs-Marine-Amt) wird beauftragt, die zur Ausführung dieser Verordnung erforderlichen Bestimmungen zu treffen.

1) S. o.

---

24. August 1901.

Bekanntmachung des Reichskanzlers, betreffend Beschränkungen der Ein- und Durchfuhr aus der europäischen Türkei einschließlich aller türkischen Häfen des Aegäischen und Schwarzen Meeres.

Reichsgesetzbl. S. 281.

Auf Grund des § 25 des Gesetzes, betreffend die Bekämpfung gemeingefährlicher Krankheiten, vom 30. Juni 1900 (Reichs-Gesetzbl. S. 306) und der Bekanntmachung, betreffend die Ein- und Durchfuhrbeschränkungen zur Abwehr von Cholera- und Pestgefahr, vom 4. Juli 1900 (Reichs-Gesetzbl. S. 555)[1]) werden hiermit nachstehende Vorschriften vom Tage ihrer Verkündung ab in Vollzug gesetzt:

1. Die Ein- und Durchfuhr von Leibwäsche, alten und getragenen Kleidungsstücken, gebrauchtem Bettzeuge, Hadern und Lumpen jeder Art aus der europäischen Türkei einschließlich aller türkischen Häfen des Aegäischen und des Schwarzen Meeres ist verboten.
2. Auf Leibwäsche, Bettzeug und Kleidungsstücke, welche Reisende zu ihrem Gebrauche mit sich führen, oder welche als Umzugsgut eingeführt werden, findet das Verbot unter Nr. 1 keine Anwendung. Jedoch kann die Gestattung ihrer Einfuhr von einer vorherigen Desinfektion abhängig gemacht werden.
3. Der Reichskanzler ist ermächtigt, Ausnahmen von dem Verbot unter Anordnung der erforderlichen Vorsichtsmaßnahmen zuzulassen.

1) Zu vgl. Anmerkung zu der Bekanntmachung vom 4. Juli 1900.

10. September 1901.

Bekanntmachung, betreffend die Ratifikation der auf der Haager Friedenskonferenz vom 29. Juli 1899 unterzeichneten Abkommen und Erklärungen und die Hinterlegung der Ratifikationsurkunden, sowie die von den Vereinigten Staaten von Amerika, von Rumänien und von Serbien bei der Unterzeichnung und der Ratifikation des Abkommens zur friedlichen Erledigung internationaler Streitfälle gemachten Vorbehalte.

Reichsgesetzbl. S. 482.

---

13. September 1901.

Bestimmungen des Reichskanzlers über die Führung der Eintragsrolle für Werke der Literatur, der Tonkunst und der bildenden Künste.[1])

Zentr.=Bl. f. d. D. R. S. 335.

§ 1.

Für die im § 31 Abs. 2 des Gesetzes, betreffend das Urheberrecht an Werken der Literatur und der Tonkünste, vom 19. Juni 1901 (Reichsgesetzbl. S. 227) und im § 9 des Gesetzes betreffend das Urheberrecht an Werken der bildenden Künste, vom 9. Januar 1876 (Reichsgesetzbl. S. 4[1])) vorgesehenen Eintragungen des Namens des Urhebers wird eine gemeinsame[1]) Eintragsrolle bei dem Stadtrathe zu Leipzig geführt.

§ 2.

Der Antrag auf eine Eintragung ist schriftlich oder zu Protokoll bei dem Stadtrath zu Leipzig zu stellen. In dem Antrag ist außer dem Namen des Urhebers und der Bezeichnung des Werkes anzugeben, wann und in welcher Form die erste Veröffentlichung des Werkes erfolgt ist. Der Vorlegung des Werkes selbst bedarf es nicht.

§ 3.

Die Eintragsrolle wird als Fortsetzung der bisherigen Eintragsrolle Abtheilung A (Bestimmungen vom 29. Februar 1876, Centralblatt für das Deutsche Reich S. 119) in zwei gleichlautenden Exemplaren nach dem anliegenden Formular 1[2]) geführt. Das eine Exemplar wird unter sicherem Verschluß gehalten, das zweite Exemplar zur öffentlichen Einsicht ausgelegt.

In der ersten Spalte der Eintragsrolle ist die laufende Nummer der Eintragung zu vermerken. Die erste Eintragung erfolgt unter der Nummer, welche auf die letzte laufende Nummer in der bisherigen Eintragsrolle Abtheilung A folgt.

In der zweiten Spalte ist der Tag der Anmeldung einzutragen.

In der dritten Spalte sind einzutragen:

der angemeldete Name des Urhebers, das Werk unter Angabe des Titels oder einer sonstigen Bezeichnung, der Zeitpunkt der ersten Veröffentlichung des Werkes sowie die Form, in welcher diese erfolgt ist.

§ 4.

Die eingehenden Anträge sowie die erlassenen Verfügungen werden in einem Aktenstücke vereinigt.

Zu der Eintragsrolle wird das alphabetische Register (§ 4 der Instruktion vom 7. Dezember 1870, Centralblatt für das Deutsche Reich 1876 S. 120) in der bisherigen Weise fortgeführt.

§ 5.

Der zum Nachweise der Eintragung dienende Eintragsschein wird dem Antragsteller nur auf besonderes Verlangen ertheilt. Er ist nach dem Formular 2[2]) auszufertigen.

§ 6.

Die Ausfertigungen der Eintragsscheine und sonstiger auf die Eintragung bezüglichen Verfügungen erhalten die Unterschrift:

Der Stadtrath zu Leipzig.

§ 7.

Die Erhebung der für jede Eintragung, für jeden Eintragsschein sowie für jeden sonstigen Auszug aus der Eintragsrolle zu entrichtenden Gebühr von 1,50 Mark steht dem Stadtrathe zu Leipzig zu.

Die Gebühren sind von dem Antragsteller im Voraus zu zahlen.

1) Die Vorschriften in § 9 Abs. 3 des Gesetzes vom 9. Januar 1876 über die Dauer des Schutzes von anonymen Werken der bildenden Künste sind in das neue Gesetz, betreffend das Urheberrecht an Werken der bildenden Künste und der Photographie vom 9. Januar 1907 nicht übernommen worden, so daß für Werke der bildenden Künste die Eintragsrolle in Fortfall gekommen ist.

2) Die Formulare sind hier nicht mit abgedruckt.

§ 8.

Diese Bestimmungen treten mit dem 1. Januar 1902 in Wirksamkeit. Gleichzeitig treten die Instruktion über die Führung der Eintragsrolle vom 7. Dezember 1870 und die Bestimmungen über die Führung der Eintragsrolle für Werke der bildenden Künste vom 29. Februar 1876 (Central-Blatt für das Deutsche Reich 1876 S. 119, 120) außer Kraft.

---

13. September 1901.

Bestimmungen des Reichskanzlers über die Zusammensetzung und den Geschäftsbetrieb der Sachverständigen-Kammern für Werke der Literatur und der Tonkunst.[1])

Zentr.-Bl. f. d. D. R. S. 337.

§ 1.

Für Werke der Literatur und für Werke der Tonkunst werden gesonderte Sachverständigenkammern gebildet. In keinem Bundesstaate soll von solchen Kammern mehr als je eine bestehen.[2])

§ 2.

Jede Kammer besteht aus sieben Mitgliedern und aus der erforderlichen Anzahl von Stellvertretern.

§ 3.

Die einer Kammer angehörenden Sachverständigen (Mitglieder und Stellvertreter) werden von der Landes-Zentralbehörde[3]) ernannt. Diese ernennt auch den Vorsitzenden und dessen Stellvertreter aus der Zahl der Mitglieder.

Die Sachverständigen werden gerichtlich beeidigt.

§ 4.

Auf Erfordern der Gerichte und der Staatsanwaltschaften haben die Kammern ein Gutachten nur abzugeben, wenn

1. in dem Ersuchungsschreiben die zu begutachtenden Fragen einzeln aufgeführt,
2. die Akten und die zu vergleichenden Gegenstände übersandt werden.

§ 5.

Der Vorsitzende der Kammer bestellt, sobald der Antrag auf Erstattung eines Gutachtens an ihn gelangt ist, nach seinem Ermessen einen oder zwei Berichterstatter. Diese legen dem Vorsitzenden eine schriftliche Bearbeitung der Sache vor. Die Beschlußfassung der Kammer erfolgt auf Grund mündlicher Beratung in einer von dem Vorsitzenden anzuberaumenden Sitzung nach Stimmenmehrheit; bei Stimmengleichheit giebt die Stimme des Vorsitzenden den Ausschlag.

§ 6.

An jedem Beschlusse müssen mindestens fünf Sachverständige mit Einschluß des Vorsitzenden Theil nehmen. Mehr als sieben Sachverständige dürfen an dem Beschlusse nicht Theil nehmen.

§ 7.

Die beschlossenen Gutachten werden ausgefertigt, von den Sachverständigen, die an dem Beschlusse Theil genommen haben, unterschrieben und mit dem Siegel der Kammer versehen.

§ 8.

Die Kammer ist befugt, Gebühren für das Gutachten im Betrage von dreißig bis dreihundert Mark zu erheben. Die Gebühren sind von der ersuchenden Behörde der Kammer sofort nach Eingang des Gutachtens kostenfrei zu übersenden.

§ 9.

Anträge, durch welche eine Kammer gemäß § 49 Abs. 2 des Gesetzes vom 19. Juni 1901 als Schiedsrichter angerufen wird, sind in beglaubigter Form einzureichen. Auf die Erledigung solcher Anträge finden die Vorschriften der §§ 4 bis 8 entsprechende Anwendung.

---

1) Erlassen auf Grund des § 49 Abs. 2 des Gesetzes, betreffend das Urheberrecht an Werken der Literatur und der Tonkunst, vom 19. Juni 1901.

2) In Elsaß-Lothringen waren durch Bekanntmachung des Oberpräsidenten vom 11. Juni 1873 (Straßb. Ztg. 1873 Nr. 139) auf Grund des § 31 des Reichsgesetzes, betreffend das Urheberrecht an Schriftwerken, Abbildungen, musikalischen Kompositionen und dramatischen Werken, vom 11. Juni 1870 (Gesetzbl. f. Elſ.-Lothr. 1873 S. 19) und der Instruktion des Bundeskanzleramts vom 12. Dezember 1870 (Gesetzbl. f. Elſ.-Lothr. 1873 S. 34) ein literarischer Sachverständigenverein und ein musikalischer Sachverständigenverein errichtet worden. Zufolge Verordnung des Ministeriums vom 14. März 1902 sind diese Vereine in ihrer bisherigen Zusammensetzung und Tätigkeit auch nach dem am 1. Januar 1902 erfolgten Inkrafttreten des Reichsgesetzes, betreffend das Urheberrecht an Werken der Literatur und der Tonkunst, vom 19. Juni 1901 bestehen geblieben, haben aber nach § 49 dieses Gesetzes die Bezeichnung „Literarische Sachverständigenkammer“ und „Musikalische Sachverständigenkammer“ zu führen. Beide Sachverständigenkammern haben ihren Sitz in Straßburg.

3) Die Ernennung erfolgt in Elsaß-Lothringen durch das Ministerium.

19. September 1901.

Bekanntmachung des Reichskanzlers, betreffend Bestimmungen über die Benutzung der Fernsprechverbindungsleitungen zur Nachtzeit.[1])

Zentr.=Bl. f. d. D. R. S. 342.

1. Die Fernsprechverbindungen zwischen Orten, in denen Nacht=Fernsprechdienst abgehalten wird, können von den Fernsprechtheilnehmern zur Nachtzeit sowohl zu Einzelgesprächen als auch zu Gesprächen im Abonnement benutzt werden. Als Nachtzeit gelten, soweit nicht für einzelne Orte etwas anderes bestimmt ist, die Stunden von 9 Uhr Nachmittags bis 8 Uhr Vormittags.[2])

2. Gewöhnliche und dringende Einzelgespräche sind unter denselben Bedingungen, wie am Tage zulässig. Sie können indeß nur zu den durch Abonnements nicht belegten Zeiten abgewickelt werden.

3. Abonnementsgespräche sind für solche Gesprächsverbindungen zulässig, welche täglich zwischen denselben Theilnehmern zu denselben Zeiten hergestellt werden.

Jedes Abonnement umfaßt mindestens die Dauer eines Monats. Es kann jederzeit beginnen, aber die Monatsdauer wird stets vom folgenden 1. oder 16. des Monats gerechnet. Für die Zeit bis zum Beginne des Monatsabonnements ist der antheilige Betrag der Monatsabbonementsgebühr mit der ersten Monatsgebühr zu entrichten. Die Lösung des Abonnements findet nur statt mit Ablauf des 15. oder zu Ende eines Monats.

Für Abonnementsgespräche ist die Hälfte der Gebühren gleich langer gewöhnlicher Tagesgespräche zu entrichten. Die Gebühr ist im voraus fällig. Bei Berechnung des Monatsbetrags wird der Monat zu 30 Tagen berechnet.

Eine Erstattung von Gebühren für nicht benutzte Gesprächsverbindungen erfolgt nicht. Ist indeß die Gesprächszeit nicht oder nicht völlig ausgenutzt worden, weil der Betrieb gestört war, so wird dem Theilnehmer, wenn möglich, in derselben Nacht ein Ausgleich geboten. Ist wegen Störung des Betriebs das Gespräch überhaupt nicht zu Stande gekommen, und hat ein Ausgleich nicht erfolgen können, so wird auf Antrag des Theilnehmers ein Dreißigstel der Monatsgebühr für das Gespräch zurückgezahlt.

4. Der Antrag auf Ueberlassung eines Abonnements ist bei der Vermittelungsanstalt am Orte anzubringen, mit welcher auch die Zeit der Abonnementsgespräche im voraus vereinbart wird.

Die Mindestdauer eines Gesprächs beträgt 6, die Höchstdauer 12 Minuten.

5. Abonnementsgespräche dürfen nur in Angelegenheiten des Teilnehmers oder der zu seinem Hausstand oder Geschäfte gehörigen Personen geführt werden.

1) Die Bestimmungen sind inzwischen abgeändert worden durch folgende im Zentr.=Bl. f. d. D. R. veröffentlichte Bekanntmachungen des Reichskanzlers: vom 19. Januar 1903 (Zentr.=Bl. S. 13) und vom 11. Februar 1905 (Zentr.=Bl. S. 32.) Die Änderungen betreffen die Nr. 1; sie sind im Text berücksichtigt.

2) In der Fassung nach den Bekanntmachungen vom 19. Januar 1903 und vom 11. Februar 1905.

29. September 1901.

Bekanntmachung, betreffend den Text des Gewerbegerichtsgesetzes in der vom 1. Januar 1902 ab geltenden Fassung.[1])

Reichsgesetzbl. S. 353.

1) Das Gewerbegerichtsgesetz ist unter dem Datum des 29. Juli 1890 abgedruckt.

1. Oktober 1901.

Vereinbarung zwischen dem Deutschen Reiche und Frankreich zur Regelung des Verkehrs mit Branntwein und Spirituosen an der deutsch-französischen Grenze.[1])

Reichsgesetzbl. 1902 S. 131.

Um den Verkehr mit Branntwein und Spirituosen an der Grenze zwischen Deutschland und Frankreich zu regeln, haben die Unterzeichneten, unter Vorbehalt der Genehmigung ihrer

1) Entsprechende Vereinbarungen sind abgeschlossen worden mit dem Königreich der Niederlande: vom 6. Juni 1910 (Reichsgesetzbl. 1911 S. 103); mit Belgien: vom 27. Juni 1911 (Reichsgesetzbl. S. 1149);

Regierungen, die nachstehende Vereinbarung getroffen:

Art. 1. Steuerfreiheit bei der Ausfuhr von Branntwein und Spirituosen über die zuständigen Zollämter an der deutsch-französischen Grenze wird nur unter der Bedingung gewährt, daß der Ausführende dem Ausgangsamt eine Bescheinigung vorlegt, aus der erhellt, daß die Waare bei der Zollbehörde des Einfuhrlandes ordnungsgemäß zur zollamtlichen Abfertigung angemeldet worden ist.

Art. 2. Die Bestimmung des Artikel 1 findet keine Anwendung auf alkoholhaltige flüssige Parfümerien, Kopf-, Zahn- und Mundwasser, die mit der Post in das Ausland versandt werden.

Art. 3. Der Regierung jedes der beiden Länder steht es frei, jederzeit von der gegenwärtigen Vereinbarung zurückzutreten.

Nachdem der Bundesrath zu dem vorstehenden Abkommen seine Zustimmung ertheilt hat, ist dasselbe von den beiderseitigen Regierungen genehmigt worden. Die Auswechselung der Genehmigungserklärungen hat stattgefunden.

dagegen besteht mit Luxemburg ein wesentlich weitergehendes Abkommen, wonach im Verkehr zwischen beiden Gebieten weder im Versendungsland eine Vergütung der entrichteten Abgaben gewährt wird, noch im Bestimmungsland eine Übergangsabgabe erhoben wird (Abkommen vom 31. Oktober 1911, Reichsgesetzbl. 1912 S. 161). Hinsichtlich der Verbrauchsabgabe von Essigsäure vgl. Abkommen zwischen dem Deutschen Reich und Luxemburg vom 15. September 1911 (Reichsgesetzbl. S. 961).

1. Oktober 1901.

Bekanntmachung des Reichskanzlers, betreffend den Schutz deutscher Waarenbezeichnungen in Costa Rica.

Reichsgesetzbl. S. 375.

Auf Grund einer Vereinbarung mit der Regierung von Costa Rica wird hierdurch unter Hinweis auf § 23 des Gesetzes zum Schutze der Waarenbezeichnungen vom 12. Mai 1894 (Reichs-Gesetzbl. S. 441) bekannt gemacht, daß in Costa Rica deutsche Waarenbezeichnungen in gleichem Umfange wie inländische Waarenbezeichnungen zum gesetzlichen Schutze zugelassen werden.

12. Oktober 1901.

Bekanntmachung des Bezirkspräsidenten für Unter-Elsaß betr. die von den privaten Versicherungsunternehmungen zu machenden Angaben.[1]

Zentr.- u. Bez.A.Bl. S. 305.

1) Die Bekanntmachung enthält eine Übergangsanweisung, die jetzt als gegenstandslos erachtet werden kann.

16. Oktober 1901.

Kaiserliche Verordnung über das Telegraphenwesen im Kiautschou-Gebiete.[1] [2]

Reichsgesetzbl. S. 379.

§ 1. Das Recht, Telegraphenanlagen für die Vermittelung von Nachrichten im Kiautschou-Gebiete zu errichten und zu betreiben, steht ausschließlich dem Reiche zu. Unter Telegraphenanlagen sind die Fernsprechanlagen mit begriffen.

§ 2. Die Ausübung des im § 1 bezeichneten Rechtes kann vom Reichskanzler für einzelne Strecken an Privatunternehmer verliehen werden.

Durch den Gouverneur wird die Kontrole geführt, daß die bei der Verleihung dieses Rechtes gestellten Bedingungen eingehalten werden.

§ 3. Die unbefugt errichteten oder betriebenen Anlagen sind außer Betrieb zu setzen oder zu beseitigen. Den Antrag auf Einleitung des hierzu erforderlichen Zwangsverfahrens stellt die Reichs-Telegraphenverwaltung beim Gouverneur.

§ 4. Mit Geldstrafe bis zu eintausendfünfhundert Mark oder mit Haft oder mit Ge-

1) Erlassen auf Grund des Schutzgebietsgesetzes (Reichsgesetzbl. 1900 S. 813).

2) Wegen der übrigen Schutzgebiete zu vgl. Kais. Verordn. über das Telegraphenwesen in den deutschen Schutzgebieten ausschließlich Kiautschou, vom 15. Juni 1906 (Reichsgesetzbl. S. 843). S. unter diesem Datu m.

fängniß bis zu sechs Monaten wird bestraft, wer vorsätzlich entgegen den Bestimmungen des § 1 eine Telegraphenanlage errichtet oder betreibt.

§ 5. Mit Geldstrafe bis zu einhundertundfünfzig Mark wird bestraft, wer den in Gemäßheit des § 2 Abs. 2 erlassenen Kontrolvorschriften zuwiderhandelt.

§ 6. Diese Verordnung tritt am 1. Januar 1902 in Kraft.

---

19. Oktober 1901.

Bezirks-Polizeiverordnung des Bezirkspräsidenten des Unter-Elsaß, betreffend die Kontrole der Rebpflanzungen.[1])

Zentr.- u. Bez.A.Bl. S. 311.

Auf Grund der §§ 1, 2, 3 und 12 des Gesetzes vom 3. Juli 1883,[2]) betreffend die Abwehr und Unterdrückung der Reblauskrankheit, und des § 37 des Feldpolizeistrafgesetzes vom 9. Juli 1888, sowie nach Einsicht der Ministerialverordnung vom 18. September 1897, betreffend die Beaufsichtigung des Verkehrs mit Wurzel- und Blindreben (Central- und Bezirks-Amtsblatt A. S. 281) verordne ich für die in anliegendem Verzeichnisse aufgeführten, von der Reblauskrankheit heimgesuchten oder bedrohten Gemeinden des Bezirks Unter-Elsaß,[3]) was folgt:[4])[5])

1) Zu vgl. Verordnung des Bezirkspräsidenten des Ober-Elsaß vom 3. Februar 1900, betreffend die Kontrolle der Rebpflanzungen, s. unter diesem Datum, sowie Anm. 2 dazu.

2) Jetzt Gesetz, betreffend die Bekämpfung der Reblaus, vom 6. Juli 1904, s. u.

3) Das Verzeichnis ist nicht abgedruckt. Nachdem eine gleichlautende Verordnung vom 20. Oktober 1902 für eine weitere Gemeinde und zufolge Verordnung vom 6. Mai 1904 für zwei weitere Gemeinden eingeführt worden war, sind die Verordnungen zufolge Verordnung vom 25. Juni 1904, betreffend die Kontrolle der Rebpflanzungen, auf sämtliche Gemeinden des Bezirks Unter-Elsaß ausgedehnt worden.

4) §§ 1 bis 9 gleichlautend mit den §§ 1 bis 9 der in Anm. 1 bezeichneten Verordnung. Vgl. diese.

5) Eine mit der Ergänzung des § 6 Ziffer 3 der Verordnung des Bezirkspräsidenten des Ober-Elsaß vom 3. Februar 1900 zufolge dessen Verordnung vom 12. November 1910 gleichlautende Ergänzung des § 6 Ziffer 3 der Verordnung ist durch Verordnung des Bezirkspräsidenten des Unter-Elsaß vom 2. Dezember 1910 angefügt worden. Vgl. Anm. 5 zu der Verordnung des Bezirkspräsidenten des Ober-Elsaß vom 3. Februar 1900.

---

21. Oktober 1901.

Verordnung, betreffend die Abgabe von Farnwurzel und von Farnextrakt in Apotheken.[1])

Gesetzbl. f. Els.-Lothr. S. 87.

1) Erlassen auf Grund des Gesetzes vom 19. Juli 1845 über den Verkauf giftiger Stoffe. Die Verordnung enthält eine Ergänzung der Kais. Verordnung vom 22. Juni 1896. Die Ergänzungen sind in dieser berücksichtigt.

---

22. Oktober 1901.

Kaiserliche Verordnung, betreffend den Verkehr mit Arzneimitteln.[1])

Reichsgesetzbl. S. 380.

§ 1. Die in dem angeschlossenen Verzeichnisse A aufgeführten Zubereitungen dürfen, ohne Unterschied, ob sie heilkräftige Stoffe enthalten oder nicht, als Heilmittel (Mittel zur Beseitigung oder Linderung von Krankheiten bei Menschen oder Thieren) außerhalb der Apotheken nicht feilgehalten oder verkauft werden.

Dieser Bestimmung unterliegen von den bezeichneten Zubereitungen, soweit sie als Heilmittel feilgehalten oder verkauft werden,

a) kosmetische Mittel (Mittel zur Reinigung, Pflege oder Färbung der Haut, des Haares oder der Mundhöhle), Desinfektionsmittel und Hühneraugenmittel nur dann, wenn sie Stoffe enthalten, welche in den Apotheken ohne Anweisung eines Arztes, Zahn-

1) Erlassen auf Grund der Bestimmungen im § 6 Abs. 2 der Gewerbeordnung (Reichsgesetzbl. 1900 S. 871) und geändert durch die Verordnung vom 31. März 1911. S. Anm. 2 und 3.

arztes oder Thierarztes nicht abgegeben werden dürfen, kosmetische Mittel außerdem auch dann, wenn sie Kreoset, Phenylsalicylat oder Resorcin enthalten;

b) künstliche Mineralwässer nur dann, wenn sie in ihrer Zusammensetzung natürlichen Mineralwässern nicht entsprechen und zugleich Antimon, Arsen, Baryum, Chrom, Kupfer, freie Salpetersäure, freie Salzsäure oder freie Schwefelsäure enthalten.

Auf Verbandstoffe (Binden, Gazen, Watten und dergleichen), auf Zubereitungen zur Herstellung von Bädern sowie auf Seifen zum äußerlichen Gebrauche findet die Bestimmung im Abs. 1 nicht Anwendung.

§ 2. Die in dem angeschlossenen Verzeichnisse B aufgeführten Stoffe dürfen außerhalb der Apotheken nicht feilgehalten oder verkauft werden.

§ 3. Der Großhandel unterliegt den vorstehenden Bestimmungen nicht. Gleiches gilt für den Verkauf der im Verzeichnisse B aufgeführten Stoffe an Apotheken oder an solche öffentliche Anstalten, welche Untersuchungs- oder Lehrzwecken dienen und nicht gleichzeitig Heilanstalten sind.

§ 4.[2])

§ 5. Die gegenwärtige Verordnung tritt mit dem 1. April 1902 in Kraft. Mit demselben Zeitpunkte treten die Verordnungen, betreffend den Verkehr mit Arzneimitteln, vom 27. Januar 1890, 31. Dezember 1894, 25. November 1895 und 19. August 1897 (Reichs-Gesetzbl. 1890 S. 9, 1895 S. 1 und 455, 1897 S. 707) außer Kraft.

---

2) Der § 4 ist durch § 1 der Verordnung, betreffend den Verkehr mit Arzneimitteln, vom 31. März 1911 (Reichsgesetzbl. S. 181) aufgehoben. Damit entfallen auch die auf Grund des § 4 vom Reichskanzler erlassenen Bekanntmachungen vom 1. Oktober 1903 (Reichsgesetzbl. S. 281), v. 29. Juli und 17. Dezember 1907 (Reichsgesetzbl. S. 418 und 774), v. 11. April 1908 (Reichsgesetzbl. S. 146).

Verzeichniß A.

1. Abkochungen und Aufgüsse (decocta et infusa);
2. Aetzstifte (styli caustici);
3. Auszüge in fester oder flüssiger Form (extracta et tincturae), ausgenommen:
   - Arnikatinktur,
   - Baldriantinktur, auch ätherische,
   - Benediktineressenz,
   - Benzoëtinktur,
   - Bischofessenz,
   - Eichelkaffeeextrakt,
   - Fichtennadelextrakt,
   - Fleischextrakt,
   - Himbeeressig,
   - Kaffeeextrakt,
   - Lakritzen (Süßholzsaft), auch mit Anis,
   - Malzextrakt, auch mit Eisen, Leberthran oder Kalk,
   - Myrrhentinktur,
   - Nelkentinktur,
   - Theeextrakt von Blättern des Theestrauchs,
   - Vanillentinktur,
   - Wachholderextrakt;
4. Gemenge, trockene, von Salzen oder zerkleinerten Substanzen, oder von beiden unter einander, auch wenn die zur Vermengung bestimmten einzelnen Bestandtheile gesondert verpackt sind (pulveres, salia et species mixta), sowie Verreibungen jeder Art (triturationes), ausgenommen:
   - Brausepulver aus Natriumbikarbonat und Weinsäure, auch mit Zucker oder ätherischen Oelen gemischt,
   - Eichelkakao, auch mit Malz,
   - Hafermehlkakao,
   - Riechsalz,
   - Salicylstreupulver,
   - Salze, welche aus natürlichen Mineralwässern bereitet oder den solchergestalt bereiteten Salzen nachgebildet sind,
   - Schneeberger Schnupftabak mit einem Gehalte von höchstens 3 Gewichtstheilen Nieswurzel in 100 Theilen des Schnupftabaks;
5. Gemische, flüssige, und Lösungen (mixturae et solutiones) einschließlich gemischte Balsame, Honigpräparate und Sirupe, ausgenommen:
   - Aetherweingeist (Hoffmannstropfen),
   - Ameisenspiritus,
   - Aromatischer Essig,
   - Bleiwasser mit einem Gehalte von höchstens 2 Gewichtstheilen Bleiessig in 100 Theilen der Mischung,
   - Eukalyptuswasser,
   - Fenchelhonig,
   - Fichtennadelspiritus (Waldwollextrakt),
   - Franzbranntwein mit Kochsalz,
   - Kalkwasser, auch mit Leinöl,
   - Kampherspiritus,
   - Karmelitergeist,
   - Leberthran mit ätherischen Oelen,

Mischungen von Aetherweingeist, Kampherspiritus, Seifenspiritus, Salmiakgeist und Spanischpfeffertinktur, oder von einzelnen dieser fünf Flüssigkeiten unter einander zum Gebrauche für Thiere, sofern die einzelnen Bestandtheile der Mischungen auf den Gefäßen, in denen die Abgabe erfolgt, angegeben werden,
Obstsäfte mit Zucker, Essig oder Fruchtsäuren eingekocht,
Pepsinwein,
Rosenhonig, auch mit Borax,
Seifenspiritus,
weißer Sirup;

6. Kapseln, gefüllte, von Leim (Gelatine) oder Stärkemehl (capsulae gelatinosae et amylaceae repletae), ausgenommen solche Kapseln, welche
Brausepulver der unter Nr. 4 angegebenen Art,
Copaïvabalsam,
Leberthran,
Natriumbikarbonat,
Ricinusöl oder
Weinsäure
enthalten;
7. Latwergen (electuaria);
8. Linimente (linimenta), ausgenommen flüchtiges Liniment;
9. Pastillen (auch Plätzchen und Zeltchen), Tabletten, Pillen und Körner (pastilli - rotulae et trochisci -, tabulettae, pilulae et granula), ausgenommen:
aus natürlichen Mineralwässern oder aus künstlichen Mineralquellsalzen bereitete Pastillen,
einfache Molkenpastillen,
Pfefferminzplätzchen,
Salmiakpastillen, auch mit Lakritzen und Geschmackzusätzen, welche nicht zu den Stoffen des Verzeichnisses B gehören,
Tabletten aus Saccharin, Natriumbikarbonat oder Brausepulver, auch mit Geschmackzusätzen, welche nicht zu den Stoffen des Verzeichnisses B gehören;
10. Pflaster und Salben (emplastra et unguenta), ausgenommen:
Bleisalbe zum Gebrauche für Thiere,
Borsalbe zum Gebrauche für Thiere,
Cold-Cream, auch mit Glycerin, Lanolin oder Vaselin,
Pechpflaster, dessen Masse lediglich aus Pech, Wachs, Terpentin und Fett oder einzelnen dieser Stoffe besteht,
englisches Pflaster,
Heftpflaster,
Hufkitt,
Lippenpomade,
Pappelpomade,
Salicyltalg,
Senfleinen,
Senfpapier,
Terpentinsalbe zum Gebrauche für Thiere.
Zinksalbe zum Gebrauche für Thiere;
11. Suppositorien (suppositoria) in jeder Form (Kugeln, Stäbchen, Zäpfchen oder dergleichen) sowie Wundstäbchen (cereoli).

Verzeichniß B.[3])

Bei den mit * versehenen Stoffen sind auch die Abkömmlinge der betreffenden Stoffe sowie die Salze der Stoffe und ihrer Abkömmlinge inbegriffen.

*Acetanilidum.	*Antifebrin.
Acida chloracetica.	Die Chloressigsäuren.
Acidum acetylosalicylicum (Aspirinum).	Acetylsalicylsäure (Aspirin).
— benzoïcum e resina sublimatum.	Aus dem Harze sublimirte Benzoësäure.
— camphoricum.	Kamphersäure.
— cathartinicum.	Kathartinsäure.
— cinnamylicum.	Zimmtsäure.
— chrysophanicum.	Chrysophansäure.
— hydrobromicum.	Bromwasserstoffsäure.
— hydrocyanicum.	Cyanwasserstoffsäure (Blausäure).
* — lacticum.	*Milchsäure.
* — osmicum.	*Osmiumsäure.
— sclerotinicum.	Sklerotinsäure.
* — sozojodolicum.	*Sozojodolsäure.
— succinicum.	Bernsteinsäure.
* — sulfocarbolicum.	*Sulfophenolsäure.

3) Das Verzeichnis B ist nach Maßgabe des § 2 der Verordnung vom 31. März 1911 Reichsgesetzbl. S. 181 ergänzt.

* Acidum valeriancum.	*Baldriansäure.
*Aconitinum.	*Akonitin.
Actolum.	Aktol.
Adonidinum.	Adonidin.
Aether bromatus.	Aethylbromid.
— chloratus.	Aethylchlorid.
— jodatus.	Aethyljodid.
Aethyleni praeparata.	Die Aethylenpräparate.
Aethylidenum bichloratum.	Zweifachchloräthyliden.
Agaricinum.	Agaricin.
Airolum.	Airol.
Aluminium acetico-tartaricum.	Essigweinsaures Alumnium.
Ammonium chloratum ferratum.	Eisensalmiak.
Amylenum hydratum.	Amylenhydrat.
Amylium nitrosum.	Amylnitrit.
Anthrarobinum.	Anthrarobin.
*Apomorphinum.	*Apomorphin.
Aqua Amygdalarum amararum.	Bittermandelwasser.
— Lauro-cerasi.	Kirschlorbeerwasser.
— Opii.	Opiumwasser.
— vulneraria spirituosa.	Weiße Arquebusade.
*Arecolinum.	*Arekolin.
Argentaminum.	Argentamin.
Argentolum.	Argentol.
Argoninum.	Argonin.
Aristolum.	Aristol.
Arsenium jodatum.	Jodarsen.
*Atropinum.	*Atropin.
Betolum.	Betol.
Bismutum bromatum.	Wismutbromid.
— oxyjodatum.	Wismutoxyjodid.
— subgallicum (Dermatolum).	Basisches Wismutgallat (Dermatol).
— subsalicylicum.	Basisches Wismutsalicylat.
— tannicum.	Wismuttannat.
Blatta orientalis.	Orientalische Schabe.
Bromalum hydratum.	Bromalhydrat.
Bromoformium.	Bromoform.
*Brucinum.	*Brucin.
Bulbus Scillae siccatus.	Getrocknete Meerzwiebel.
Butylchloralum hydratum.	Butylchloralhydrat.
Camphora monobromata.	Einfach-Bromkampher.
Cannabinonum.	Kannabinon.
Cannabinum tannicum.	Kannabintannat.
Cantharides.	Spanische Fliegen.
Cantharidinum.	Kantharidin.
Cardolum.	Kardol.
Castoreum canadense.	Kanadisches Bibergeil.
— sibiricum.	Sibirisches Bibergeil.
Cerium oxalicum.	Ceriumoxalat.
*Chinidinum.	*Chinidin.
*Chininum.	*Chinin.
Chinoïdinum.	Chinoïdin.
Chloralum formamidatum.	Chloralformamid.
— hydratum.	Chloralhydrat.
Chloroformium.	Chloroform.
Chrysarobinum.	Chrysarobin.
*Cinchonidinum.	*Cinchonidin.

Cinchoninum.	Cinchonin.
*Cocaïnum.	*Cocaïn.
*Coffeïnum.	*Koffeïn.
Colchicinum.	Kolchicin.
*Coniinum.	*Koniin.
Convallamarinum.	Konvallamarin.
Convallarinum.	Konvallarin.
Cortex Chinae.	Chinarinde.
— Condurango.	Condurangorinde.
— Granati.	Granatrinde.
— Mezereï.	Seidelbastrinde.
Cotoinum.	Kotoin.
Cubebae.	Kubeben.
Cuprum aluminatum.	Kupferalaun.
— salicylicum.	Kupfersalicylat.
Curare.	Kurare.
*Curarinum.	*Kurarin.
Delphininum.	Delphinin.
*Digitalinum.	*Digitalin.
*Digitoxinum.	*Digitoxin.
*Duboisinum.	*Duboisin.
*Emetinum.	*Emetin.
*Eucainum.	*Eukain.

Eukalyptusmittel Heß' (Eukalyptol und Eukalyptusöl Heß').

Euphorbium.	Euphorbium.
Europhenum.	Europhen.
Fel tauri depuratum siccum.	Gereinigte trockene Ochsengalle.
Ferratinum.	Ferratin.
Ferrum arsenicicum.	Arsensaures Eisen.
— arsenicosum.	Arsenigsaures Eisen.
— carbonicum saccharatum.	Zuckerhaltiges Ferrocarbonat.
— citricum ammoniatum.	Ferri-Ammoniumcitrat.
— jodatum saccharatum.	Zuckerhaltiges Eisenjodür.
— oxydatum dialysatum.	Dialysirtes Eisenoxyd.
Ferrum oxydatum saccharatum.	Eisenzucker.
— peptonatum.	Eisenpeptonat.
— reductum.	Reduzirtes Eisen.
— sulfuricum oxydatum ammoniatum.	Ferri-Ammoniumsulfat.
— sulfuricum siccum.	Getrocknetes Ferrosulfat.
Flores Cinae.	Zitwersamen.
— Koso.	Kosoblüthen.
Folia Belladonnae.	Belladonnablätter.
— Bucco.	Buccoblätter.
— Cocae.	Cocablätter.
— Digitalis.	Fingerhutblätter.
— Jaborandi.	Jaborandiblätter.
— Rhois toxicodendri.	Giftsumachblätter.
— Stramonii.	Stechapfelblätter.
Fructus Papaveris immaturi.	Unreife Mohnköpfe.
Fungus Laricis.	Lärchenschwamm.
Galbanum.	Galbanum.
*Guajacolum.	*Guajakol.
Hamamelis virginica.	Hamamelis.
Haemalbuminum.	Hämalbumin.
Herba Aconiti.	Akonitkraut.
— Adonidis.	Adoniskraut.

Herba Cannabis indicae.	Indischer Hanf.
— Cicutae virosae.	Wasserschierling.
— Conii.	Schierling.
— Gratiolae.	Gottesgnadenkraut.
— Hyoscyami.	Bilsenkraut.
— Lobeliae.	Lobelienkraut.
*Homatropinum.	*Homatropin.

Homeriana, auch als Brusttee Homeriana oder russischer Knöterich (Poligonum aviculare Homeriana)

Hydrargyrum aceticum.	Quecksilberacetat.
— bijodatum.	Quecksilberjodid.
— bromatum.	Quecksilberbromür.
— chloratum.	Quecksilberchlorür (Kalomel).
— cyanatum.	Quecksilbercyanid.
— formamidatum.	Quecksilberformamid.
— jodatum.	Quecksilberjodür.
— oleïnicum.	Oelsaures Quecksilber.
— oxydatum via humida paratum.	Gelbes Quecksilberoxyd.
— peptonatum.	Quecksilberpeptonat.
— praecipitatum album.	Weißer Quecksilberpräcipitat.
— salicylicum.	Quecksilbersalicylat.
— tannicum oxydulatum.	Quecksilbertannat.
*Hydrastininum.	*Hydrastinin.
*Hyoscyaminum.	*Hyoscyamin.
Itrolum.	Itrol.
Jodoformium.	Jodoform.
Jodolum.	Jodol.

Johannistee Brockhaus (auch als Galeopsis ochzoleuca vulcania der Firma Brockhaus).

Kaïrinum.	Kaïrin.
Kaïrolinum.	Kaïrolin.
Kalium jodatum.	Kaliumjodid.
Kamala.	Kamala.

Knöterichtee, russischer, Weidemanns (auch als russischer Knöterich oder Brusttee Weidemanns).

Kosinum.	Kosin.
Kreosotum (e ligno paratum).	Holzkreosot.
Lactopheninum.	Laktophenin.
Lactucarium.	Giftlattichsaft.
Larginum.	Largin.
Lithium benzoïcum.	Lithiumbenzoat.
— salicylicum.	Lithiumsalicylat.
Losophanum.	Losophan.
Magnesium citricum effervescens.	Brausemagnesia.
— salicylicum.	Magensiumsalicylat.
Manna.	Manna.
Methylenum bichloratum.	Methylenbichlorid.
Methylsulfonalum (Trionalum).	Methylsulfonal (Trional).
Muscarinum.	Muskarin.
Natrium aethylatum.	Natriumäthylat.
— benzoïcum.	Natriumbenzoat.
— jodatum.	Natriumjodid.
— pyrophosphoricum ferratum.	Natrium-Ferripyrophosphat.
— salicylicum.	Natriumsalicylat.
— santoninicum.	Santoninsaures Natrium.

Natrium tannicum.	Natriumtannat.
*Nosophenum.	*Nosophen.
Oleum Chamomillae aethereum.	Aetherisches Kamillenöl.
— Crotonis.	Krotonöl.
— Cubebarum.	Kubebenöl.
— Matico.	Matikoöl.
— Sabinae.	Sadebaumöl.
— Santali.	Sandelöl.
— Sinapis.	Senföl.
— Valerianae.	Baldrianöl.
Opium, ejus alcaloida eorumque salia et derivata eorumque salia. (Codeïnum, Heroïnum, Morphinum, Narceïnum, Narcotinum, Peroninum, Thebaïnum et alia.)	Opium, dessen Alkaloide, deren Salze und Abkömmlinge, sowie deren Salze. (Kodeïn, Heroïn, Morphin, Narceïn, Narkotin, Peronin, Thebaïn und Andere.)
*Orexinum.	*Orexin.
*Orthoformium.	*Orthoform.
Paracotoïnum.	Parakotoïn.
Paraldehydum.	Paraldehyd.
Pasta Guarana.	Guarana.
*Pelletierinum.	*Pelletierin.
*Phenacetinum.	*Phenacetin.
*Phenocollum.	*Phenokoll.
*Phenylum salicylicum (Sololum).	*Phenylsalicylat (Salol).
*Physostigminum (Eserinum).	*Physostigmin (Eserin).
Picrotoxinum.	Pikrotoxin.
*Pilocarpinum.	*Pilokarpin.
*Piperazinum.	*Piperazin.
Plumbum jodatum.	Bleijodid.
— tannicum.	Bleitannat.
Podophyllinum.	Podophyllin.
Praeparata organotherapeutica.	Therapeutische Organ-Präparate.
Propylaminum.	Propylamin.
Protargolum.	Protargol.
*Pyrazolonum phenyldimethylicum (Antipyrinum).	*Phenyldimethylpyrazolon (Antipyrin).
Radix Belladonnae.	Belladonnawurzel.
— Colombo.	Colombowurzel.
— Gelsemii.	Gelsemiumwurzel.
— Ipecacuanhae.	Brechwurzel.
— Rheï.	Rhabarber.
— Sarsaparillae.	Sarsaparille.
— Senegae.	Senegawurzel.
Resina Jalapae.	Jalapenharz.
— Scammoniae.	Scammoniaharz.
Resorcinum purum.	Reines Resorcin.
Rhizoma Filicis.	Farnwurzel.
— Hydrastis.	Hydrastisrhizom.
— Veratri.	Weiße Nieswurzel.
Salia glycerophosphorica.	Glycerinphosphorsaure Salze.
Salophenum.	Salophen.
Santoninum.	Santonin.
*Scopolaminum.	*Skopolamin.
Secale cornutum.	Mutterkorn.
Semen Calabar.	Kalabarbohne.
— Colchici.	Zeitlosensamen.
— Hyoscyami.	Bilsenkrautsamen.

Semen St. Ignatii.	St. Ignatiusbohne.
— Stramonii.	Stechapfelsamen.
— Strophanthi.	Strophanthussamen.
— Strychni.	Brechnuß.
Sera therapeutica, liquida et sicra, et eorum praeparata ad usum humanum.	Flüssige und trockene Heilsera, sowie deren Präparate zum Gebrauche für Menschen.
*Sparteïnum.	*Sparteïn.
Stipites Dulcamarae.	Bittersüßstengel.

Stroopal (auch als Heilmittel Stroops gegen Krebs-, Magen- und Leberleiden, auch Stroops Pulver)

*Strychninum.	*Strychnin.
*Sulfonalum.	*Sulfonal.
Sulfur jodatum.	Jodschwefel.
Summitates Sabinae.	Sadebaumspitzen.
Tanalbinum.	Tannalbin.
Tannigenum.	Tannigen.
Tannoformium.	Tannoform.
Tartarus stibiatus.	Brechweinstein.
Terpinum hydratum.	Terpinhydrat.
Tetronalum.	Tetronal.
*Thallinum.	*Thallin.
*Theobrominum.	*Theobromin.
Thioformium.	Thioform.
*Tropacocaïnum.	*Tropacocaïn.
Tubera Aconiti.	Akonitknollen.
— Jalapae.	Jalapenwurzel.
Tuberculinum.	Tuberkulin.
Tuberculocidinum.	Tuberkulocidin.

Urea diaethylmalanolyca, Acidum diaethylbarbituricum (Veronalum), Diäthylmalonylharnstoff, Diäthylbarbitursäure (Veronal).

*Urethanum.	*Urethan.
*Urotropinum.	*Urotropin.
Vasogenum et ejus praeparata.	Vasogen und dessen Präparate.
*Veratrinum.	*Veratrin.
Xeroformium.	Xeroform.
*Yohimbinum.	*Yohimbin.
Zincum aceticum.	Zinkacetat.
— chloratum purum.	Reines Zinkchlorid.
— cyanatum.	Zinkcyanid.
— permanganicum.	Zinkpermanganat.
— salicylicum.	Zinksalicylat.
— sulfoichthyolicum.	Ichthyolsulfosaures Zink.
— sulfuricum purum.	Reines Zinksulfat.

---

23. Oktober 1901.

Bekanntmachung des Reichskanzlers, betreffend Änderung der Bestimmungen über die Bewilligung von Theilungslagern an die Kaiserlichen Marine-Verpflegungsämter (Zentral-Blatt f. d. D. R. 1889 S. 410 und 1899 S. 393).[1])

Zentr.-Bl. f. d. D. R. S. 393.

1) Nicht abgedruckt, da für Elsaß-Lothringen praktisch nicht in Betracht kommend.

30. Oktober 1901.

Polizeiverordnung des Bezirkspräsidenten des Unter-Elsaß, betreffend den Verkehr von Schiffen und Flößen an der Ausmündung des Kleinen Rheins bei Straßburg.

Zentr.- u. Bez.A.Bl. S. 320.

Die unter dem 18. September 1880 erlassene, im Amtsblatte des Unter-Elsaß Nr. 36 vom 22. September 1880 bekannt gemachte Polizeiverordnung über den Schiffs- und Floßverkehr an der Ausmündung des Kleinen Rheins bei Straßburg wird hiermit aufgehoben. An Stelle derselben treten die nachstehenden Bestimmungen.

I. Vorschriften für das Anlegen von Schiffen und Flößen im Vorhafen des Kleinen Rheins.

Art. 1. Am linken Ufer des Kleinen Rheines, von dessen Mündung bis auf einen Abstand von mindestens 90 m vom Unterhaupt der alten Rheinschleuse dürfen nur diejenigen Fahrzeuge vorübergehend und in einer Reihe hintereinander anlegen, welche voraussichtlich im Verlaufe einer Stunde an einer der beiden Rheinschleusen zum Durchschleusen gelangen können. Diese Fahrzeuge dürfen jedoch das Fahrwasser vor den Schleusen, sowohl im Vorhafen als an der Ausfahrt nach dem Rheine zu nicht beengen. Es ist deshalb verboten, mehrere Fahrzeuge nebeneinander zu legen.

Fahrzeuge, die voraussichtlich länger als eine Stunde auf das Durchschleusen zu warten haben, sowie Fahrzeuge, welche im Vorhafen das Auslaufen nach dem Rheine abwarten, müssen oberhalb der Einfahrt zum Sporeninselhafen am rechten Ufer des Kleinen Rheines anlegen. Hier dürfen niemals mehr als zwei Fahrzeuge nebeneinander gelegt werden, wobei unter allen Umständen das Fahrwasser hinreichend frei bleiben muß. Wenn der Vorhafen zum Anlegen von Fahrzeugen nicht mehr Raum bietet, so müssen die weiter hinzutretenden Fahrzeuge nach Anordnung des städtischen Hafenmeisters im Sporeninselhafen anlegen.

II. Vorschriften für das Einlaufen von Schiffen oder Flößen aus dem Rheine in den Vorhafen des Kleinen Rheines.

Art. 2. Zum Zeichen, daß die Einfahrt aus dem Rheine in den Vorhafen des Kleinen Rheines für Schiffe jeder Art, sowie für Flöße gesperrt ist, wird der am linken Ufer des Kleinen Rheines neben dem Vorhafen auf hohem Maste angebrachte Signalarm durch den Schleusenmeister der Rheinschleuse wagrecht gestellt.

Solange dieses Sperrsignal nicht aufgehoben ist, haben die Führer von Fahrzeugen jeder Art, die auf dem Rheine im Fahrwasser der Vorhafenausfahrt verkehren oder liegen, dieses Fahrwasser den auslaufenden Schiffen oder Flößen frei zu legen. Auch ist das Einfahren in den Vorhafen während dieser Zeit nicht gestattet. (Vergl. Artikel 3.)

Die Führer von Dampfschiffen mit oder ohne Anhang, welche vom Rheine in den Kleinen Rhein einlaufen wollen, haben diese Absicht mittels der Dampfpfeife anzukündigen, indem sie auf der Bergfahrt von km 127,800 ab in Zeitabständen von 3 Minuten, auf der Thalfahrt von km 126 ab von Minute zu Minute wiederholt die Pfeife ertönen lassen.

III. Vorschriften für das Auslaufen von Schiffen oder Flößen aus dem Vorhafen des Kleinen Rheines nach dem Rheine.

Art. 3. Die Führer von Dampfschiffen mit oder ohne Anhang sowie von sonstigen zur Großschiffahrt gehörenden Schiffen und von Flößen, welche aus dem Sporeninselhafen oder aus dem Vorhafen des Kleinen Rheines in den Rhein fahren wollen, haben diese Absicht rechtzeitig dem Schleusenmeister zu melden. Vom Sporeninselhafen aus kann diese Meldung unter Benutzung des Fernsprechers der städtischen Hafenverwaltung oder durch Boten erfolgen.

Wollen die Führer dieser Fahrzeuge und Flöße auf der Thalfahrt die Schiffbrücken bei

Gambsheim—Freistett
Drusenheim—Greffern und
Selz—Plittersdorf

durchfahren, so haben sie vor der Abreise die in Betracht kommenden Brückenmeister zu benachrichtigen. Die Benachrichtigung kann in der Regel durch Vermittelung des Schleusenmeisters oder des städtischen Hafenmeisters unter Benutzung der bei diesen Beamten ausliegenden amtlichen Anmeldeformulare mittelst der Fernsprechverbindung der Wasserbauverwaltung erfolgen. Ist ausnahmsweise auf diesem Wege die Anmeldung nicht zu bewirken, so haben sich die Schiffs- oder Floßführer auf ihre Kosten des Staatstelegraphen zu bedienen. Letzterenfalls ist die seitens der Brückenmeister eingegangene Empfangsbescheinigung dem Schleusenmeister der Rheinschleuse vorzulegen.

Vor dem Auslaufen in den Rhein sind die Fahrzeuge im Sporeninselhafen oder im Vorhafen des Kleinen Rheines hierzu bereit zu legen.

Das Auslaufen ist erst gestattet, wenn die im Obigen hierfür gegebenen Vorschriften erfüllt sind und das Sperrsignal für das „Einlaufen" gemäß Artikel 2 durch den Schleusenmeister gegeben ist.

Die Führer von Dampfschiffen haben unmittelbar vor Antritt der Fahrt das bevorstehende Auslaufen anzukündigen, indem sie in Zwischenräumen von 3 Minuten die Dampfpfeife dreimal ertönen lassen.

Die Ausfahrt darf nicht vor Ablauf von 9 Minuten nach der Wagrechtstellung des Signalarms (Artikel 2) angetreten werden und ist innerhalb der Frist von 15 Minuten nach dem Auslegen des Signalarmes zu bewerkstelligen.

Die Erlaubniß zum Antritt der Ausfahrt wird jedesmal nur für einen Schleppzug oder für ein sonstiges Fahrzeug der Großschiffahrt ertheilt.

Nach Ablauf der für das Auslaufen der Fahrzeuge festgesetzten Frist von 15 Minuten wird zum Zeichen, daß die Vorhafenmündung für die Ausfahrt gesperrt ist, der Signalarm wieder gesenkt. Sofern der Führer eines zum Auslaufen in Bereitschaft liegenden Fahrzeuges nach Ablauf von 10 Minuten nach dem Auslegen des Signalarmes von der Erlaubniß zum Antritte der Ausfahrt keinen Gebrauch gemacht hat, kann diese Erlaubniß bis auf weiteres zurückgezogen werden. Gegebenenfalls wird durch Niederlegen des Signalarmes die Ausfahrt gesperrt. Dieselbe darf dann erst angetreten werden, wenn der Schleusenmeister hierzu auf Grund einer neuen Anmeldung die Erlaubniß ertheilt hat.

IV. Allgemeine Bestimmungen.

Art. 4. Jeder Führer eines zur Großschifffahrt gehörenden Schiffes oder eines Floßes hat beim Verkehre in den Straßburger Rheinhäfen einen Abdruck dieser Verordnung bei sich zu führen und den Beamten auf Verlangen vorzuzeigen.

Art. 5. Für die Ueberwachung obiger Vorschriften und die Erhaltung der Ordnung und Sicherheit des Verkehres sind bezüglich des Rheinstromes und des Kleinen Rheines die Beamten der Wasserbauverwaltung, bezüglich des Gebietes des Sporeninselhafens die Beamten der städtischen Hafenverwaltung zuständig.

Den Anordnungen dieser Beamten ist unbedingt Folge zu leisten.

Art. 6. Die Zuwiderhandelnden haben für allen durch ihr Verschulden erwachsenen Schaden einzustehen und überdies gemäß § 366 Ziffer 10 des Reichsstrafgesetzbuches Geldstrafe bis zu 60 Mark oder Haftstrafe bis zu 14 Tagen zu gewärtigen.

Art. 7. Gegenwärtige Verordnung tritt mit dem 1. Dezember 1901 in Kraft.

---

5. November 1901.

Verordnung, betreffend die Rechtsverhältnisse an Grundstücken in Togo.[1])

1) Diese Verordnung ist durch die Kaiserliche Verordnung vom 21. November 1902, soweit sich aus deren §§ 5, 6, 8, 14 nicht ein anderes ergibt, aufgehoben.

---

12. November 1901.

Kaiserliche Verordnung, betreffend Beschränkungen der Baufreiheit in den Gemeinden Montigny, Sablon und Plantières-Queuleu.[1])

Gesetzbl. f. Elſ.-Lothr. S. 90.

Die Bestimmungen des Gesetzes, betreffend Beschränkungen der Baufreiheit in den neuen Stadttheilen von Straßburg vom 21. Mai 1879 (Gesetzbl. S. 57), und des Gesetzes, betreffend Beschränkungen der Baufreiheit vom 6. Januar 1892 (Gesetzbl. S. 3), werden auf die Gemeinden Montigny, Sablon und Plantières-Queuleu ausgedehnt.

1) Erlassen auf Grund des Gesetzes, betreffend die Beschränkungen der Baufreiheit vom 6. Januar 1892.

15. November 1901.

Bekanntmachung des Reichskanzlers, betreffend Ergänzung der Bestimmungen über Fernsprech-Nebenanschlüsse.

Zentr.-Bl. f. d. D. R. S. 409.

1) Die Änderung ist beim Druck der Bestimmungen über Fernsprech-Nebenanschlüsse vom 31. Januar 1900 berücksichtigt worden; sie betrifft Nr. I. 1.

21. November 1901.

Polizeiverordnung für den Bezirk Ober-Elsaß, betreffend das Hineinwerfen toter Tiere in Gewässer.[1])

Zentr.- u. Bez.A.Bl. S. 331.

Das Hineinwerfen toter Tiere in Gewässer ist verboten.

1) Erlassen auf Grund des § 47 und § 35 Ziff. 4 des Feldpolizeistrafgesetzes vom 9. Juli 1888.

24. November 1901.

Kaiserliche Verordnung, betreffend die Inkraftsetzung des Gesetzes über die privaten Versicherungsunternehmungen vom 12. Mai 1901 (Reichs-Gesetzbl. S. 139).[1])

Reichsgesetzbl. S. 489.

Das Gesetz über die privaten Versicherungsunternehmungen vom 12. Mai 1901 (Reichs-Gesetzbl. S. 139) tritt mit dem 1. Januar 1902 seinem vollen Umfange nach in Kraft.

1) Erlassen auf Grund des § 125 Abs. 3 des Gesetzes über die privaten Versicherungsunternehmungen vom 12. Mai 1901 (Reichsgesetzbl. S. 139).

28. November 1901.

Verfügung des Reichskanzlers, betreffend die Regelung des gerichtlichen Kostenwesens in den Schutzgebieten Afrikas und der Südsee.[1])

D. Kol.-Bl. S. 853.

1) Geändert durch Verfügung des Reichskanzlers vom 28. August 1908 D. Kol.-Bl. S. 933. § 5 ist durch Verfügung des Reichskanzlers vom 3. Juni 1904 aufgehoben.

29. November 1901.

Polizeiverordnung für den Bezirk Ober-Elsaß, betreffend das Abraupen der Bäume.[1])

Zentr.- u. Bez.A.Bl. S. 334.

1. Die Eigentümer, Pächter und Mieter sind verpflichtet, die Bäume, Sträucher und Hecken, welche sich auf ihren eigenen Grundstücken oder auf solchen befinden, die sie unter irgend einem Titel innehaben, vor dem 20. Februar jeden Jahres abzuraupen oder abraupen zu lassen.

2. Das Abraupen der Bäume, Gesträuche und Hecken auf den im ungeteilten Besitze der Gemeinden befindlichen Grundstücken ist auf Kosten der Gemeinden durch die Herren Bürgermeister zu veranlassen.

3. Die von den Bäumen, Gesträuchen und Hecken abgenommenen Raupennester und Gewebe sind sofort an einem nicht feuergefährlichen Orte zu verbrennen.

4. Zwischen dem 20. und 28. Februar jeden Jahres haben die Herren Bürgermeister zu prüfen, ob und in welcher Weise die vorstehende Verordnung ausgeführt worden ist. Gegen diejenigen, welche nicht abgeraupt haben, sind behufs strafrechtlicher Verfolgung Protokolle aufzunehmen. Auch ist auf Kosten der säumigen Eigentümer, Pächter und Mieter das Abraupen nachzuholen. Die Bürgermeister sind befugt, die angeordneten Maßregeln auf

1) Erlassen auf Grund des § 47 des Feldpolizeistrafgesetzbuchs vom 9. Juli 1888.

Kosten der Säumigen zur Ausführung zu bringen und die Kosten nach den Vorschriften über die Eintreibung öffentlicher Gefälle im Verwaltungswege [2]) beizutreiben.

5. Zuwiderhandlungen gegen die Art. 1, 2 und 3 werden gemäß § 368 des Strafgesetzbuches mit Geldbuße bis zu 60 Mark oder mit Haft bis zu 14 Tagen bestraft.

6. Die Herren Bürgermeister haben sofort die ortsübliche Bekanntmachung dieser Verordnung in ihren Gemeinden zu veranlassen.

2) S. Verordnung des Statthalters vom 26. Mai 1905.

4. Dezember 1901.

Bekanntmachung des Reichskanzlers, betreffend Bestimmungen für den Kleinhandel mit Kerzen.

Reichsgesetzbl. S. 494.

Auf Grund der Vorschriften im § 5 Abs. 1 des Gesetzes zur Bekämpfung des unlauteren Wettbewerbes vom 27. Mai 1896 (Reichs-Gesetzbl. S. 145) hat der Bundesrath die nachstehenden Vorschriften, betreffend den Kleinhandel mit Kerzen, beschlossen:

§ 1. Packungen mit Stearin- und Paraffinkerzen sowie mit Kerzen, die überwiegend aus diesen Stoffen hergestellt sind (Kompositionskerzen), dürfen im Einzelverkehre nur in bestimmten Einheiten des Gewichts und unter Angabe der Gewichtsmenge gewerbsmäßig verkauft oder feilgehalten werden.

§ 2. Als Einheiten für das Rohgewicht der Packungen werden 500 Gramm, 330 Gramm und für Packungen, bei welchen die einzelne Kerze 25 Gramm oder weniger wiegt, auch 250 Gramm zugelassen.

§ 3. Das Reingewicht der in den Packungen enthaltenen Kerzen muß bei einem Rohgewichte
von 500 Gramm mindestens 470 Gramm,
von 330 Gramm mindestens 305 Gramm,
von 250 Gramm mindestens 225 Gramm
betragen.

§ 4. Auf der Außenseite der Packungen ist sowohl das Rohgewicht als das Reingewicht in leicht erkennbarer Weise anzugeben. Die Angabe ist in Gramm oder in Bruchtheilen von Kilogramm auszudrücken.

§ 5. Weder das Rohgewicht noch das Reingewicht darf um mehr als 10 Gramm hinter dem angegebenen Betrage zurückbleiben.

§ 6. Diese Vorschriften treten mit dem 1. Januar 1903 in Kraft.

5. Dezember 1901.

Bekanntmachung des Reichskanzlers, betreffend die Einführung von Bestimmungen über die zollamtliche Behandlung der Eisenbahn-Fahrzeuge der internationalen Schlafwagengesellschaft in Brüssel.

Zentr.-Bl. f. d. D. R. S. 424.

Bestimmungen über die zollamtliche Behandlung der Eisenbahn-Fahrzeuge der internationalen Schlafwagengesellschaft in Brüssel.[1])

Die Eisenbahn-Fahrzeuge der internationalen Schlafwagengesellschaft in Brüssel werden auf Grund des § 114 des Vereinszollgesetzes vom Eingangszolle freigelassen, so lange sie nur zu vorübergehendem Gebrauch im Inlande bestimmt sind. Bedingung für die Freilassung ist, daß die Gesellschaft sich gerichtlich oder notariell verpflichtet, dem Reichs-Eisenbahn-Amte ein Verzeichniß ihrer in Frage kommenden Eisenbahn-Fahrzeuge, woraus Ordnungsnummer, Verwendungszweck, Verkehrskurs, Aufstellungsort und etwa bereits erfolgte Verzollung zu ersehen sein müssen, einzureichen, dieser Behörde von jeder Aenderung des Wagenbestandes durch Zugang, Verkauf, Unbrauchbarwerden, Verwendung in einem anderen Kurse oder Zurückziehung beziehungsweise endgültige Rückführung ins Ausland spätestens 10 Tage nach Eintritt der Veränderung Anzeige zu erstatten und für jede Zuwiderhandlung gegen diese Verpflichtungen eine Konventionalstrafe von 1000 ℳ zu zahlen.

Diese Bestimmungen treten sofort in Kraft.

1) Erlassen vom Bundesrat in seiner Sitzung vom 28. November 1901.

6. Dezember 1901.[1])

Bestimmungen über die Wohlthaten des Potsdamschen großen Militär-Waisenhauses.[2])

Zentr.-Bl. f. d. D. R. 1901 S. 417.

I. Die Stiftung gewährt den Kindern verstorbener Soldaten[3]) vom Feldwebel abwärts

1. Aufnahme in die Erziehungsanstalten Potsdam (evangel. Knaben), Pretzsch (evangelische Mädchen), Haus Nazareth zu Höxter (katholische Knaben und Mädchen),
2. soweit eine solche Aufnahme nicht stattfinden kann, Pflegegeld von jährlich 90 Mark oder für Doppelwaisen von 108 Mark.

II. Anspruch auf diese Wohlthaten haben die Waisen im Falle der Bedürftigkeit, wenn der Vater im preußischen oder in einem unter preußischer Verwaltung stehenden Heereskontingent zur Zeit der Geburt des Kindes aktiv diente oder während dieses Militärdienstes oder an den Folgen einer Kriegsbeschädigung gestorben ist.

Dem Dienste im preußischen Heere ist zur Zeit derjenige in der Kaiserlichen Marine gleich gestellt.

III. Aufnahme in die Erziehungsanstalten kann auch solchen Waisen bewilligt werden, deren Vater einen Feldzug mitgemacht oder nach Erfüllung der gesetzlichen Dienstpflicht längere Zeit weiter gedient hat oder als invalide anerkannt ist.

IV. Die Wohlthaten werden bis zum 15. Lebensjahre des Kindes gewährt, und zwar das Pflegegeld vom Monat der Anmeldung an. Die Aufnahme in die Anstalten findet zwischen dem 6. bis 12. Lebensjahre des Kindes zu Ostern und Michaelis, in die Anstalt zu Pretzsch nur zu Ostern statt.

V. Die Aufnahme in die Anstalten hat vom 1. des der Aufnahme folgenden Monats ab bis zum Ablaufe des Entlassungsmonats die Abführung des gesetzlichen Waisen- und des aus dem Reichs-Invalidenfonds und dem Kaiserlichen Dispositionsfonds bewilligten Erziehungsgeldes zur Haupt-Militär-Waisenhauskasse zur Folge.

VI. Gewährung von Pflegegeld wird durch Waisen- und Erziehungsgeld (V.) ausgeschlossen.

Neben dem auf Grund des Reichsgesetzes vom 13. Juni 1895, betreffend die Fürsorge für die Wittwen und Waisen der Personen des Soldatenstandes des Reichsheeres und der Kaiserlichen Marine vom Feldwebel abwärts,[4]) zuständigen Waisengeld kann jedoch ein Theil des Pflegegeldes bis zur Erreichung der Beträge von 90 und 108 Mark (I 2) bewilligt werden.

VII. Die Bewerbung um die Wohlthaten ist an das Direktorium des Potsdamschen großen Militär-Waisenhauses in Berlin (Wilhelmstraße 82/85) zu richten.

Dem Gesuche sind beizufügen:

1. die Militärzeugnisse des Vaters,
2. die Sterbeurkunde des Vaters und bei Doppelwaisen auch der Mutter sowie die Geburtsurkunde des Kindes,
3. eine amtliche Bescheinigung der Bedürftigkeit,
4. ein amtlicher Ausweis über das zuständige Waisen- — oder Erziehungs- — Geld.

1) Ohne Datum veröffentlicht; Datum des Zentr.-Bl. f. d. D. R.

2) An Stelle der „Bestimmungen," die im Zentr.-Bl. f. d. D. R. 1897 S. 258 veröffentlicht sind.

3) Ausnahmsweise auch den Kindern ehemaliger Soldaten, welche völlig erwerbsunfähig sind.

4) Jetzt Militärhinterbliebenengesetz vom 17. Mai 1907 (Reichsgesetzbl. S. 214).

---

12. Dezember 1901.

Bekanntmachung des Reichskanzlers, betreffend Abänderung der Postordnung vom 20. März 1900.[1])

Zentr.-Bl. f. d. D. R. S. 429.

1) Die Änderungen sind beim Abdruck der Postordnung vom 20. März 1900 berücksichtigt.

18. Dezember 1901.

Bundesratsbeschluß, betreffend Tagegelder, Fuhrkosten und Umzugkosten der Reichsbevollmächtigten für Zölle und Steuern und der Stationskontrolleure.[1])

Zentr.-Bl. f. d. D. R. 1902 S. 16.

Den Reichsbevollmächtigten für Zölle und Steuern und den Stationskontroleuren werden in den Fällen, in welchen sie auf Zahlung von Tagegeldern, Fuhr- oder Umzugskosten aus Reichsmitteln Anspruch haben, diese Vergütungen vom 1. Januar 1902 ab nach den für die Reichsbeamten geltenden Bestimmungen — Verordnung vom 25. Juni 1901, Reichsgesetzbl. S. 241 [2]) — gewährt.

1) Vgl. ferner Bundesratsbeschluß vom 11. Mai 1911, betreffend den gleichen Gegenstand (auch für die Reichsbevollmächtigten für Erbschaftssteuern), Zentr.-Bl. f. d. D. R. S. 251.

2) Jetzt Verordnung vom 25. Juni 1901 / 8. September 1910 Fassung vom 8. September 1910 (Reichsgesetzbl. S. 993. S. unterm 8. September 1910.

Dabei sind	bezüglich der Tagegelder und Fuhrkosten [3])	bezüglich der Umzugskosten [4])
	zur Klasse	
a) die Reichsbevollmächtigten für Zölle u. Steuern . .	IV	III
b) die Stationskontroleure	V	V

zu rechnen.

3) § 1 der Verordnung vom 8. September 1910. — 4) § 17 der Verordnung vom 8. September 1910.

23. Dezember 1901.

Bekanntmachung des Reichskanzlers, betreffend die Veranstaltung einer fortlaufenden Statistik der Taubstummen.

Zentr.-Bl. f. d. D. R. S. 434.

Der Bundesrath hat in seiner Sitzung vom 12. Dezember 1901 die nachstehenden Bestimmungen über eine fortlaufende Statistik der Taubstummen beschlossen:

Bestimmungen über eine fortlaufende Statistik der Taubstummen.

1. Vom 1. Januar 1902 ab findet eine fortlaufende statistische Aufnahme der Taubstummen statt, bei welcher jedes taubstumme oder der Taubstummheit verdächtige Kind
   a) bei seinem Eintritt in das schulpflichtige Alter der Vollsinnigen sowie
   b) bei seiner nach diesem Zeitpunkt (a) erfolgenden Aufnahme in eine Taubstummenanstalt

   gezählt wird.

   Die Erhebungen sind außerdem auch auf diejenigen Taubstummen zu erstrecken, welche schon vor dem 1. Januar 1902 das schulpflichtige Alter erreicht haben und sich an diesem Tage in einer Taubstummenanstalt befinden.
2. Die statistische Aufnahme erfolgt mittelst Fragebogen nach dem beiliegenden Muster.[1])
3. Der Kopf des Fragebogens ist von der Orts- (Ortspolizei-) Behörde auszufüllen. Die Beantwortung der Fragen 1 bis einschließlich 12 geschieht durch den untersuchenden Arzt, welchem zu diesem Zwecke der Fragebogen von der Orts- (Ortspolizei-) Behörde zuzustellen ist. Die Beantwortung der Fragen 13 bis 20 erfolgt in der Taubstummenanstalt; bei Kindern,

1) Das Muster ist hier nicht abgedruckt.

welche einer Taubstummenanstalt nicht überwiesen werden, bleiben diese Fragen unbeantwortet.

Bei denjenigen Taubstummen, welche am 1. Januar 1902 sich bereits in einer Taubstummenanstalt befinden, erfolgt die Ausfüllung des gesamten Fragebogens in der Anstalt durch die Anstaltsbehörde und den Anstaltsarzt.

4. Für jedes nicht in einer Taubstummenanstalt befindliche taubstumme Kind ist bei dessen Eintritt in das schulpflichtige Alter der Vollsinnigen der Fragebogen gemäß Ziffer 3 Abs. 1 von der Orts- (Ortspolizei-) Behörde anzulegen und von dem Arzte hinsichtlich der Fragen 1 bis einschließlich 12 auszufüllen.

5. Bei jeder Aufnahme eines taubstummen Kindes in eine Taubstummenanstalt ist dieser ein von der Orts- (Ortspolizei-) Behörde und dem untersuchenden Arzte gemäß Ziffer 3 Abs. 1 ausgefüllter Fragebogen zu übergeben. In der Anstalt sind die Fragen 13 bis 20 für die in das schulpflichtige Alter eingetretenen Taubstummen, in der Regel jedoch nicht vor beendetem ersten Schuljahre zu beantworten.

6. Die unter 4 und 5 bezeichneten Fragebogen sind, sobald die Ausfüllung vollständig erfolgt ist, in doppelter Ausfertigung an die nach Bestimmung der Landesregierung mit der Nachprüfung betraute Stelle einzusenden. Sie sind hier zu sammeln und nach vollzogener Nachprüfung in einer Ausfertigung bis zum 15. Januar und 15. Juli jedes Jahres dem Kaiserlichen Gesundheitsamt einzusenden.

7. Etwa nothwendige Rückfragen können in unmittelbarem Verkehre zwischen dem Kaiserlichen Gesundheitsamt und den mit der Ausfüllung der Fragebogen und deren Nachprüfung betrauten Stellen erledigt werden. Erfolgt die Rückfrage nicht bei der mit der Nachprüfung betrauten Stelle, so ist dieser das Ergebnis der Rückfrage mitzutheilen.

8 Das Kaiserliche Gesundheitsamt bearbeitet die Ergebnisse der Statistik; es ist ermächtigt, anerkannten Fachmännern die Einsichtnahme in das Erhebungsmaterial zu gestatten.

---

23. Dezember 1901.

Kaiserliche Verordnung, betreffend das Verfahren und den Geschäftsgang des Kaiserlichen Aufsichtsamts für Privatversicherung.[1])

Reichsgesetzbl. S. 498.

I. Eintheilung und Bearbeitung der Dienstgeschäfte.

Dienststellung des Präsidenten.

§ 1. Dem Präsidenten steht die Leitung und Beaufsichtigung des gesammten Dienstes bei dem Kaiserlichen Aufsichtsamte für Privatversicherung zu.

Er vertheilt die Geschäfte und bestellt, soweit erforderlich, die Beauftragten und Vertreter der Behörde.

Präsidialsachen.

§ 2. Der Präsident erledigt die durch besondere Bestimmung ihm überwiesenen Angelegenheiten (§ 73 Abs. 6, § 75 Abs. 3 des Gesetzes). Er ordnet die Einrichtung der Büreaus, der Akten und der Geschäftsregister; er hat die Verfügung in allen die Verwaltung des Amtes betreffenden Angelegenheiten, insbesondere in Personalsachen sowie in denjenigen Angelegenheiten, welche das Haushalts- und Kassenwessen, die Diensträume und deren Einrichtung, die amtlichen Veröffentlichungen, die Bibliothek und ähnliche Gegenstände betreffen (Präsidialsachen).

Der Präsident bezeichnet diejenigen sonstigen Sachen, deren Bearbeitung oder Revision er sich vorbehält. Er ist befugt, in jeder Sitzung den Vorsitz zu übernehmen; er vollzieht die Ausfertigungen und Reinschriften in den ihm vorbehaltenen Sachen.

Vertretung des Präsidenten.

§ 3. Die ständige Vertretung des Präsidenten für dessen sämmtliche Dienstobliegenheiten steht dem Direktor und, sobald mehrere Direktoren bestellt sind, demjenigen Direktor zu, welcher vom Reichskanzler (Reichsamt des Innern) zur ständigen Vertretung des Präsidenten bestimmt wird.

Im Falle der Verhinderung des ständigen Vertreters erfolgt die Vertretung durch die anderen Direktoren und, sofern nicht der Reichskanzler (Reichsamt des Innern) etwas

1) Erlassen auf Grund des § 80 des Gesetzes über die privaten Versicherungsunternehmungen vom 12. Mai 1901 (Reichsgesetzbl. S. 139) und geändert durch die Verordnung vom 15. August 1908 (Reichsgesetzbl. S. 499). Die Änderungen sind hier berücksichtigt.

Anderes bestimmt, in der Reihenfolge des Dienstalters durch die übrigen ständigen Mitglieder im Hauptamte.

Abtheilungen.

§ 4. Auf Vorschlag des Präsidenten kann der Reichskanzler (Reichsamt des Innern) die Einrichtung von Abtheilungen anordnen sowie deren Geschäftskreis, Leitung und Geschäftsgang bestimmen, insbesondere auch Anordnung darüber treffen, wieweit Abtheilungssitzungen an die Stelle der Gesammtsitzungen des Amtes (§§ 13 ff.) treten.

Nichtständige Mitglieder.

§ 5. Die Zahl der vom Bundesrathe zu wählenden nichtständigen Mitglieder des Aufsichtsamts wird auf vier festgesetzt. Durch Beschluß des Bundesraths kann die Zahl bis auf sechs erhöht werden.

Die nichtständigen Mitglieder werden durch den Staatssekretär des Innern mittelst Handschlags an Eidesstatt auf ihre Obliegenheiten verpflichtet.

Richterliche Beamte und Mitglieder höchster Verwaltungsgerichtshöfe.

§ 6.[2]) Die richterlichen Beamten und Mitglieder höchster Verwaltungsgerichtshöfe (§ 74 Abs. 2, 3 des Gesetzes) werden in gleicher Weise durch den Präsidenten des Aufsichtsamts verpflichtet.

Der Präsident kann diesen Beamten einzelne Fragen vorwiegend rechtlicher Art aus dem Geschäftskreise des Amtes zur Begutachtung überweisen, sie auch zu Berichterstattern für eine Gesamtsitzung bestellen.

Geschäftsgang im Allgemeinen.

§ 7. Die Geschäfte des Aufsichtsamts werden durch Verfügung erledigt, sofern nicht

a) das Gesetz die Entscheidung in Spruchsenaten vorschreibt (§§ 73 bis 76 des Gesetzes), oder

b) der Präsident in bestimmten Fällen, in denen Anordnungen oder Verfügungen zu erlassen sind, die Berathung und Beschlußfassung in einer Gesammtsitzung (§ 13) anordnet.

II. Versicherungsbeirath.

Zusammensetzung.

§ 8. Der Versicherungsbeirath (§ 72 des Gesetzes) besteht aus zweiundfünfzig[3]) Mitgliedern. Nach Bedarf kann der Bundesrath auf Antrag des Reichskanzlers die Erhöhung dieser Zahl bis auf sechzig beschließen.

Die Mitglieder des Versicherungsbeiraths werden unter Berücksichtigung ihrer besonderen Sachkunde von dem Präsidenten auf folgende Gruppen vertheilt:

1. auf das Gebiet der Lebensversicherung und der Krankenversicherung;
2. auf die Unfall- und die Haftpflichtversicherung;
3. auf die Viehversicherung, die Hagelversicherung und die sonstige landwirthschaftliche Versicherung;
4. auf die Feuerversicherung sowie die Versicherung gegen Sturmschäden, Wasserschäden und Diebstahl;
5. auf die sonstigen verschiedenen Versicherungszweige.

Die einzelnen Mitglieder können mehreren Gruppen zugetheilt werden.

§ 9. Die Mitglieder des Versicherungsbeiraths werden durch den Präsidenten des Aufsichtsamts mittelst Handschlags an Eidesstatt auf ihre Obliegenheiten, insbesondere auch auf die Wahrung des Amtsgeheimnisses verpflichtet.

Im Falle der Wiederberufung genügt die Verweisung auf die frühere Verpflichtung.

Zuziehung.

§ 10. Zur gutachtlichen Berathung des Aufsichtsamts wird der Versicherungsbeirath, sofern seine Anhörung gesetzlich vorgeschrieben ist, entweder in seiner Gesammtheit oder in einzelnen Gruppen nach näherer Bestimmung des Präsidenten berufen.

In sonstigen Fällen kann der Präsident einzelne Mitglieder des Versicherungsbeiraths für die Begutachtung in Anspruch nehmen.

Sind nur einzelne Gruppen oder einzelne Mitglieder des Versicherungsbeiraths zu hören, so kann der Präsident bestimmen, daß statt mündlicher Berathung eine schriftliche Begutachtung erfolgt.

§ 11. Zur Mitwirkung bei den verwaltungsgerichtlichen Entscheidungen der §§ 73 bis 76 des Gesetzes sollen in den einzelnen Fällen Mitglieder derjenigen Gruppen des Versicherungsbeiraths zugezogen werden, welche für die betreffenden Versicherungszweige gebildet sind. Dementsprechend bestimmt der Präsident nach Art der zu entscheidenden Fälle die jedesmal zu betheiligenden Gruppen.

Innerhalb einer jeden Gruppe sind die Mitglieder zu den einzelnen Sitzungen, gleichviel ob es sich um eine Entscheidung in der ersten oder in der Rekursinstanz handelt, vorbehaltlich der Vorschriften im § 73 Abs. 2 des Gesetzes, in der alphabetischen Reihenfolge ihrer Namen zuzuziehen.

---

2) § 6 beruht in seiner jetzigen Fassung auf der Verordnung vom 15. August 1908.

3) S. Bekanntmachung vom 21. November 1908.

Geschäftsgang des Versicherungsbeiraths.

§ 12. Die Einladung der Mitglieder des Versicherungsbeiraths erfolgt von Amtswegen oder im Auftrage des Reichskanzlers (Reichsamt des Innern) durch den Präsidenten des Aufsichtsamts.

Die Einladung darf von den Mitgliedern des Versicherungsbeiraths nur aus zwingenden Gründen, die auf Erfordern glaubhaft zu machen sind, abgelehnt werden.

Dem Präsidenten oder einem von ihm hierzu beauftragten ständigen Mitgliede des Aufsichtsamts steht die Leitung der mündlichen Berathungen des Versicherungsbeiraths zu.

Den nichtständigen Mitgliedern des Aufsichtsamts steht es frei, den Gesammtsitzungen und den Gruppensitzungen des Versicherungsbeiraths beizuwohnen. Sie sind von den Sitzungen unter Mittheilung der Tagesordnung zu benachrichtigen, sofern sie am Sitzungstage voraussichtlich in Berlin anwesend sein werden.

Der Präsident kann zu den Berathungen des Versicherungsbeiraths die ständigen Mitglieder des Aufsichtsamts, die dem Amte sonst beigegebenen Beamten sowie besondere Sachverständige zuziehen.

III. Gesamtsitzungen des Aufsichtsamts.

§ 13. Zur Berathung wichtigerer Angelegenheiten kann auf Anordnung des Präsidenten (§ 7) und unter seinem Vorsitz eine gemeinsame Berathung und Beschlußfassung in Gesammtsitzungen stattfinden.

Zur Theilnahme sind alle ständigen und nichtständigen Mitglieder des Aufsichtsamts sowie die zur Bearbeitung von Geschäften der Mitglieder herangezogenen Hülfsarbeiter einzuladen, soweit sie am Sitzungstage voraussichtlich in Berlin anwesend sein werden.

Der Präsident kann bestimmen, daß für einzelne Gegenstände auch andere Beamte des Aufsichtsamts sowie höchstens je zwei richterliche Beamte, Mitglieder eines höchsten Verwaltungsgerichtshofs (§ 74 Abs. 2 des Gesetzes) und Mitglieder des Versicherungsbeiraths zu den Sitzungen zugezogen werden.

Bei der Einladung ist die Tagesordnung mitzutheilen.

§ 14. Die Gesammtsitzungen sind nicht öffentlich.

Stimmberechtigt sind nur die eingeladenen und in der Sitzung anwesenden ständigen und nichtständigen Mitglieder des Aufsichtsamts sowie die zugezogenen richterlichen Beamten, Mitglieder höchster Verwaltungsgerichtshöfe und Mitglieder des Versicherungsbeiraths.

Die von dem Bundesrathe gewählten Mitglieder nehmen ihre Stelle nach dem Vorsitzenden, also vor den übrigen Mitgliedern, und zwar in der Reihenfolge der Bundesstaaten ein, denen sie angehören. Den nichtständigen Mitgliedern schließen sich unmittelbar die nebenamtlich berufenen ständigen Mitglieder an.

Der Vorsitzende leitet die Berathungen, er stellt die Fragen und sammelt die Stimmen. Meinungsverschiedenheiten über den Gegenstand, die Fassung und die Reihenfolge der Fragen oder über das Ergebnis der Abstimmung werden gemäß § 15 entschieden.

§ 15. Für den mündlichen Vortrag in den Sitzungen wird ein Berichterstatter ernannt. Aus besonderen Gründen können Mitberichterstatter bestellt werden.

Die Beschlüsse werden nach Stimmenmehrheit gefaßt, bei Stimmengleichheit giebt der Vorsitzende den Ausschlag.

Bilden sich in Beziehung auf Summen, über die zu entscheiden ist, mehr als zwei Meinungen, deren keine die Mehrheit für sich hat, so werden die für die größte Summe abgegebenen Stimmen den für die zunächst geringere abgegebenen Stimmen solange hinzugerechnet, bis sich eine Mehrheit ergiebt.

Die Stimmen werden bei namentlicher Abstimmung in folgender Reihenfolge abgegeben:

1. von den Berichterstattern in der Reihenfolge ihrer Bestellung;
2. von den Mitgliedern des Versicherungsbeiraths;
3. von den richterlichen Beamten und Mitgliedern höchster Verwaltungsgerichtshöfe;
4. von den ständigen Mitgliedern im Hauptamte;
5. von den nebenamtlich berufenen ständigen Mitgliedern;
6. von den vom Bundesrathe gewählten Mitgliedern;
7. von dem Vorsitzenden.

Innerhalb der einzelnen Gruppen richtet sich die Reihenfolge der Abstimmung nach dem Dienstalter im Aufsichtsamte, bei gleichem Dienstalter nach dem Lebensalter und zwar in allen Fällen dergestalt, daß der Jüngste zuerst stimmt. Bei den vom Bundesrathe gewählten Mitgliedern ist die im § 14 Abs. 3 bestimmte Reihenfolge umgekehrt zur Anwendung zu bringen.

IV. Geschäftsgang und Verfahren bei den Senaten.

Besetzung.

§ 16. Die Entscheidung der in den §§ 73 bis 76 des Gesetzes bezeichneten Angelegenheiten erfolgt durch Spruchkollegien, welche die Bezeichnung „Senate“ führen.

Den Vorsitz in den Senaten führen der Präsident, der Direktor oder die nach Bedürfniß vom Reichskanzler (Reichsamt des Innern) mit dem Vorsitze zu betrauenden ständigen Mitglieder.

Die Vertretung im Vorsitze wird durch den Präsidenten besonders geregelt.

§ 17. Die nichtständigen Mitglieder des Aufsichtsamts sollen bei der Besetzung der Rekurssenate in den wichtigeren Angelegenheiten in der Regel betheiligt und zu dem Zwecke abwechselnd nach der im § 14 Abs. 3 bestimmten Reihenfolge berufen werden.

§ 18. Die Einberufung zu den einzelnen Sitzungen soll in der Regel mindestens zwei Wochen vor den Sitzungen erfolgen.

§ 19. Ueber Ablehnungsgesuche (§ 73 Abs. 3, § 74 Abs. 4 des Gesetzes) entscheidet der betreffende Senat durch Beschluß.

Verfahren.

§ 20. Der Vorsitzende leitet die Verhandlungen und Berathungen in den Sitzungen, er stellt die Fragen und sammelt die Stimmen. Im Falle einer Meinungsverschiedenheit über die Stellung der Fragen oder über das Ergebniß der Abstimmung entscheidet der Senat.

Die Abstimmungen erfolgen nach Vorschrift des § 15.

§ 21. Bei den nach §§ 73, 76 des Gesetzes zu erledigenden Sachen wird in der Regel nur ein Berichterstatter ernannt. Dieser hat ebenso wie der nach § 75 Abs. 3 des Gesetzes in Rekurssachen zu ernennende erste Berichterstatter vor der mündlichen Berathung einen schriftlichen Bericht nebst Gutachten vorzulegen; der zweite Berichterstatter hat ein schriftliches Gutachten vorzulegen.

§ 22. Die Verhandlung beginnt mit der Darstellung des Sachverhalts durch den ersten Berichterstatter, demnächst sind die etwa erschienenen Betheilgten zu hören.

Der Vorsitzende hat jedem Mitgliede des Senats auf Verlangen zu gestatten, Fragen zu stellen.

§ 23. Die Verhandlung erfolgt unter Zuziehung eines vereidigten Protokollführers. Von demselben ist ein Protokoll aufzunehmen, das den Gang der Verhandlung im Allgemeinen angiebt. Anträge und Erklärungen der Betheiligten, welche von den Schriftsätzen abweichen, sind in das Protokoll aufzunehmen.

§ 24. Das Aufsichtsamt kann Bevollmächtigte und Beistände, welche das mündliche Verhandeln vor Gericht geschäftsmäßig betreiben, von der mündlichen Verhandlung zurückweisen. Diese Vorschrift findet keine Anwendung auf Rechtsanwälte und auf Personen, denen das mündliche Verhandeln vor Gericht durch Anordnung der Justizverwaltung gestattet ist.

§ 25. Die Vorschriften der §§ 176 bis 182, 184 des Gerichtsverfassungsgesetzes über die Aufrechterhaltung der Ordnung finden entsprechende Anwendung.

§ 26. Hinsichtlich der Verpflichtung, sich als Zeuge oder Sachverständiger vernehmen zu lassen und die Aussagen eidlich zu erhärten, finden die Bestimmungen der Civilprozeßordnung entsprechende Anwendung. Insbesondere ist das Aufsichtsamt befugt, gegen Zeugen und Sachverständige, welche sich nicht oder nicht rechtzeitig zu den Sitzungen einfinden, oder ihre Aussage oder die Eidesleistung ohne Angabe eines Grundes oder noch dann verweigern, nachdem der angeführte Grund für unerheblich erklärt ist, eine Geldstrafe bis zu dreihundert Mark festzusetzen. Kommt die Verhängung oder Vollstreckung von Zwangsmaßregeln in Frage, so ist das Amtsgericht zu ersuchen, in dessen Bezirke die Zeugen oder Sachverständigen ihren Wohnsitz oder in Ermangelung eines solchen ihren Aufenthalt haben. Auf Miltärpersonen, die dem aktiven Heere oder der aktiven Marine angehören, finden die Vorschriften des § 380 Abs. 4, § 390 Abs. 4, § 409 Abs. 3 der Civilprozeßordnung Anwendung.

Erfolgt nachträglich eine genügende Entschuldigung für das Verhalten des Zeugen oder Sachverständigen, so sind die getroffenen Anordnungen wieder aufzuheben.

Die Zeugen und Sachverständigen erhalten Gebühren nach Maßgabe der Gebührenordnung für Zeugen und Sachverständige (Reichs-Gesetzbl. 1898 S. 689).

§ 27. Die vom Aufsichtsamt auf Grund der §§ 25, 26 festgesetzten Strafen werden in derselben Weise beigetrieben wie Gemeindeabgaben und fließen in die Reichskasse.

§ 28. Die Berathung über die Entscheidung erfolgt in nicht öffentlicher Sitzung auch in den Fällen, in denen auf Grund öffentlicher Verhandlung (§ 75 Abs. 4 des Gesetzes) entschieden wird.

Bei den Entscheidungen, die auf Grund mündlicher Verhandlung ergehen, dürfen nur Mitglieder mitwirken, vor denen diese Verhandlung stattgefunden hat.

§ 29. In Rekurssachen verkündet der Vorsitzende das Ergebniß der Berathung in öffentlicher Sitzung. Die Verkündung kann auf eine spätere Sitzung vertagt werden; diese soll in der Regel binnen einer Woche stattfinden.

Wird die Verkündung der Gründe für angemessen gehalten, so erfolgt sie durch mündliche Mittheilung ihres wesentlichen Inhalts.

§ 30. Die Entscheidungen werden nebst Gründen von den Berichterstattern entworfen und in der Urschrift von dem Vorsitzenden, den Berichterstattern und einem anderen Senatsmitgliede, das an der Entscheidung Theil genommen hat, unterzeichnet. Im Falle der Behinderung des Vorsitzenden erfolgt die Unterzeichnung durch das älteste mitwirkende ständige Mitglied.

§ 31. Im Eingange der Entscheidung sind die Mitglieder, welche an der Entscheidung Theil genommen haben, namentlich aufzuführen, auch ist der Sitzungstag zu bezeichnen, an dem die Entscheidung erfolgt ist.

Die Ausfertigungen der Entscheidungen werden mit der Ueberschrift versehen:

„Im Namen des Reichs."

Sie enthalten neben dem Siegel des Kaiserlichen Aufsichtsamts für Privatversicherung die Schlußformel:

„Urkundlich unter Siegel und Unterschrift."
„Das Kaiserliche Aufsichtsamt für Privatversicherung.".

Die Vollziehung erfolgt durch den Vorsitzenden, im Falle seiner Behinderung durch das dem Dienstalter nach älteste ständige Mitglied des Aufsichtsamts, welches bei der Entscheidung mitgewirkt hat.

§ 32. Schreibfehler, Rechnungsfehler und ähnliche offenbare Unrichtigkeiten, die in der Entscheidung vorkommen, sind jederzeit auch von Amtswegen zu berichtigen.

Ueber die Berichtigung einer auf Grund mündlicher Verhandlung ergangenen Entscheidung kann ohne neue mündliche Verhandlung entschieden werden. Der Berichtigungsbeschluß wird von dem Vorsitzenden und den Mitgliedern des Senats, die die Entscheidung unterzeichnet haben, erlassen; er wird auf der Urschrift der Entscheidung und den Ausfertigungen vermerkt.

V. Schlußbestimmungen.

§ 33. Alle Zustellungen des Aufsichtsamts können mittelst eingeschriebenen Briefes durch die Post erfolgen.

Läßt sich die Zustellung an die Person, der zugestellt werden soll, innerhalb des Deutschen Reichs nicht bewirken, so genügt die Bekanntmachung des Hauptinhalts der Entscheidung oder der Verfügung im Reichsanzeiger. Neben dieser Bekanntmachung soll jedoch der Hauptinhalt des zuzustellenden Schriftstücks auch durch Aushang während einer Woche in den Geschäftsräumen des Aufsichtsamts zur öffentlichen Kenntniß gebracht werden.

Die Zustellung gilt in den Fällen des Abs. 2 als bewirkt, nachdem eine Woche nach dem Tage verstrichen ist, an dem die betreffende Nummer des Reichsanzeigers ausgegeben worden ist.

§ 34. Das Verfahren vor dem Kaiserlichen Aufsichtsamte für Privatversicherung ist kostenfrei; ein Ersatz der durch dieses Verfahren dem Aufsichtsamte verursachten baaren Auslagen durch die Antragsteller findet nur in den Grenzen des § 82 des Gesetzes statt.

Die auf Grund des § 82 des Gesetzes den Antragstellern auferlegten baaren Auslagen werden in derselben Weise beigetrieben wie Gemeindeabgaben und fließen in die Reichskasse.

§ 35. Die Geschäftssprache ist die deutsche. Eingaben, welche nicht in deutscher Sprache abgefaßt sind, werden nicht berücksichtigt.

Antragsteller, welche der deutschen Sprache nicht mächtig sind, haben bei Verhandlungen vor dem Aufsichtsamte für ihre Vertretung durch eine Person, welche der deutschen Sprache mächtig ist, Sorge zu tragen.

Im Uebrigen finden die Bestimmungen der §§ 187 bis 193 des Gerichtsverfassungsgesetzes entsprechende Anwendung.

§ 36. Vorladungen und sonstige, nur dem Geschäftsbetriebe dienende formularmäßige Schreiben werden durch die Unterschrift eines dazu bestimmten Beamten und unter Beifügung des Siegels des Kaiserlichen Aufsichtsamts für Privatversicherung beglaubigt.

Das Kaiserliche Aufsichtsamt für Privatversicherung führt zwei Siegel, nämlich

1. ein großes Siegel, welches dem Siegel des Reichsgerichts entspricht und nur bei förmlichen Ausfertigungen, insbesondere der Entscheidungen in den Fällen des § 73 Abs. 1, §§ 74, 75 des Gesetzes, gebraucht wird,
2. ein kleineres Siegel, welches den bei den Gesandtschaften des Deutschen Reichs eingeführten Siegeln entspricht, mit der Umschrift: „Kaiserliches Aufsichtsamt für Privatversicherung.".

Die Ausfertigungen und Reinschriften ergehen unter der Unterschrift: „Das Kaiserliche Aufsichtsamt für Privatversicherung.".

§ 37. Diese Verordnung tritt am 1. Januar 1902 in Kraft.

28. Dezember 1901.

Bekanntmachung des Reichskanzlers, betreffend die Anlegung von Mündelgeld in Kur- und Neumärkischen Ritterschaftlichen Kommunal-Schuldverschreibungen.

Reichsgesetzbl. S. 3.

Auf Grund des § 1807 Abs. 1 Nr. 4 des Bürgerlichen Gesetzbuchs hat der Bundesrath beschlossen,

die Kur- und Neumärkischen Ritterschaftlichen Kommunal-Schuldverschreibungen zur Anlegung von Mündelgeld für geeignet zu erklären.

---

28. Dezember 1901.

Prüfordnung für elektrische Meßgeräthe.[1]) [2])

Zentr.-Bl. f. d. D. R. 1902 S. 46.

Prüfung und Beglaubigung.

§ 1. Die amtliche Prüfung elektrischer Meßgeräthe erfolgt durch die Physikalisch-Technische Reichsanstalt — Abtheilung II — und durch diejenigen Stellen (elektrischen Prüfämter), welchen der Reichskanzler die Befugniß hierzu auf Grund des § 9 des genannten Gesetzes übertragen hat.

Mit der Prüfung kann bei Meßgeräthen, für welche die Systemprüfung durch die Physikalisch-Technische Reichsanstalt eine hinlängliche Unveränderlichkeit der Angaben erwiesen hat, eine Beglaubigung verbunden werden, wenn die betreffenden Instrumente den Vorschriften der §§ 11, 14, 15 dieser Prüfordnung entsprechen und die daselbst angegebenen Beglaubigungs-Fehlergrenzen einhalten.

Der Reichsanstalt vorbehaltene Arbeiten.

§ 2. Die der Physikalisch-Technischen Reichsanstalt zufallende Thätigkeit, soweit dieselbe die Prüfung und Beglaubigung elektrischer Meßgeräthe betrifft, ist durch §§ 9 und 10 des Gesetzes bestimmt. Die Reichsanstalt hat die technische Aufsicht über das Prüfungswesen im ganzen Reichsgebiete zu führen und alle darauf bezüglichen technischen Vorschriften zu erlassen. Sie hat zu bestimmen, welche Arten von elektrischen Meßgeräthen zur amtlichen Beglaubigung zugelassen werden sollen, und die hierfür erforderlichen Systemprüfungen auszuführen.

Außerdem führt sie die Prüfung und Beglaubigung aller derjenigen elektrischen Meßgeräthe aus, welche nicht zu den Prüfungsbefugnissen (§ 8) der elektrischen Prüfämter gehören, sowie endlich die Prüfung und Beglaubigung derjenigen zur Messung von Strom, Spannung, Leistung und Verbrauch dienenden Apparate, welche als Arbeitsnormale bei der Herstellung elektrischer Meßgeräthe verwendet werden.

Beantragung von Systemprüfungen.

§ 3. Die Zulassung eines jeden Systems elektrischer Meßgeräthe zur Beglaubigung setzt einen Antrag des Erfinders oder des Verfertigers, oder eines hierzu bevollmächtigten Vertreters derselben voraus. Mit diesem Antrage sind fünf Meßgeräthe der betreffenden Gattung von verschiedenem Meßbereich, eine Beschreibung und eine zur photographischen Vervielfältigung geeignete Zeichnung (Größe 33 × 21 cm), welche den Mechanismus der Meßgeräthe deutlich erkennen läßt, sowie die im § 19 unter A angegebenen Gebühren an die Physikalisch-Technische Reichsanstalt — Abtheilung II — einzusenden. Wenn besondere Gründe vorliegen, kann die Anzahl der für die Systemprüfung einzureichenden Meßgeräthe beschränkt, andererseits aber auch die Einreichung von Meßgeräthen bestimmter Meßbereiche verlangt werden.

In dem Antrag ist anzugeben:

1. von wem und unter welcher Bezeichnung das betreffende System hergestellt und in den Verkehr gebracht wird,
2. welche Größenstufen und besonderen Ausführungsformen des Systems angefertigt werden sollen,
3. ob, seit wann und in welcher Anzahl Apparate dieser Gattung
   im Deutschen Reiche,
   in anderen Ländern
   im Gebrauche sind,
4. die etwaige Patent- oder Musterschutznummer.

---

1) Erlassen von der Physikalisch-Technischen Reichsanstalt auf Grund des § 10 des Gesetzes, betreffend die elektrischen Maßeinheiten, vom 1. Juni 1898 (Reichsgesetzbl. S. 905). S. dieses.

2) Zu vgl. auch Bekanntmachung des Reichskanzlers, betreffend die Ausführung des Gesetzes über die elektrischen Maßeinheiten, vom 6. Mai 1901 (Reichsgesetzbl. S. 127). S. o.

Die Beschreibung soll sich namentlich beziehen auf:

a) Schaltung, Material, Abmessungen, Windungszahlen und Widerstände der stromführenden Theile, Material und Abmessungen der Magnete und magnetisch wirksamen Eisentheile,
b) das Uebersetzungsverhältniß auf das Zählwerk von Elektricitätszählern,
c) die Einrichtungen und das Verfahren für die Gangregelung,
d) die Vorschriften für Aufhängung und Wartung der Apparate.

Ausführung der Systemprüfungen.

§ 4. Die Systemprüfung, soweit sie nicht nach den bisherigen Erfahrungen der Reichsanstalt theilweise entbehrt werden kann, besteht in einer Untersuchung der eingereichten Apparate in der Reichsanstalt und in einer Erprobung des Systems im praktischen Betriebe. Wenn der erstere Theil der Prüfung, der nach Erledigung etwaiger erforderlicher Vorverhandlungen mit dem Antragsteller innerhalb dreier Monate abgeschlossen sein soll, ein befriedigendes Ergebniß geliefert hat, ohne daß über die Bewährung im Betriebe genügende Erfahrungen vorliegen, kann auf Antrag des Anmelders eine zeitweilige Zulassung zur Beglaubigung für eine Dauer bis zu drei Jahren bewilligt werden. Spätestens ein Jahr vor Ablauf dieser Zeit wird dem Antragsteller die endgültige Entscheidung übermittelt.

Nach Schluß des Zulassungsverfahrens werden drei der eingereichten Meßgeräthe dem Antragsteller zurückgegeben, die beiden anderen verbleiben als Muster und für etwaige fernere Untersuchungen zur dauernden Verfügung der Physikalisch-Technischen Reichsanstalt.

Wird die Zulassung des Systems zur Beglaubigung versagt, so werden sämmtliche fünf eingereichten Meßgeräthe dem Antragsteller zurückgegeben.

Zulassung von Systemen zur Beglaubigung.

§ 5. Jede endgültige Zulassung eines Systems elektrischer Meßgeräthe zur Beglaubigung wird in dem Central-Blatte für das Deutsche Reich und im Reichsanzeiger bekannt gemacht.

Bei der Zulassung wird eine Bezeichnung des Systems festgesetzt, welche auf den Meßgeräthen anzubringen ist.

Eine Veröffentlichung einer zeitweiligen Zulassung eines Systems zur Beglaubigung findet nur auf Antrag des Anmelders statt.

Aenderungen der zur Beglaubigung zugelassenen Systeme.

§ 6. Von allen Aenderungen der messenden Theile der zur Beglaubigung zugelassenen Systeme, sowie von einem Uebergange der Verfertigung der Meßgeräthe auf eine andere Firma hat der Verfertiger Anzeige an die Reichsanstalt zu machen. Die letztere entscheidet darüber, ob so wesentliche Aenderungen stattgefunden haben, daß eine Ergänzung der früher ausgeführten Systemprüfung erforderlich ist. Mit dem Antrag einer Ergänzungsprüfung sind zwei Meßgeräthe der geänderten Form und die im § 19 unter A 3 angegebenen Gebühren einzusenden.

Nach Abschluß der Ergänzungsprüfung wird das eine der eingereichten Meßgeräthe dem Anmelder zurückgegeben.

Zurücknahme der Zulassung eines Systems.

§ 7. Die Zulassung eines Systems zur Beglaubigung kann wegen amtlich zur Kenntniß gekommener Mängel desselben von der Reichsanstalt zurückgenommen werden. Die Zurücknahme erfolgt jedoch erst dann, wenn der Verfertiger trotz Aufforderung durch die Reichsanstalt die erwähnten Mängel seiner Erzeugnisse nicht innerhalb eines Jahres nachgewiesenermaßen beseitigt hat.

Die Zurücknahme wird, wie im § 5 Abs. 1 angegeben, bekannt gemacht.

Befugnisse der Prüfämter.

§ 8. Die Thätigkeit der Prüfämter erstreckt sich auf die Prüfung und Beglaubigung.

1. der bei der gewerbsmäßigen Abgabe elektrischer Arbeit zur Bestimmung der Vergütung benutzten Meßgeräthe (Elektricitätszähler u. s. w.),
2. der zur Messung von Strom, Spannung und Leistung bestimmten Schalttafel- und Montage-Instrumente, sofern sie einem beglaubigungsfähigen System angehören (§ 4 und 5) und mit Gleichstrom geprüft werden können.

Meßbereiche der Prüfämter.

§ 9. Die Prüfämter zerfallen in solche für Prüfungen mit Gleichstrom und solche für Prüfungen mit Gleich- und Wechselstrom (einschließlich Drehstrom). Jedes Prüfamt muß in seinem Laboratorium Messungen bis zu 500 Volt und 200 Ampere ausführen können.

Trifft ein Prüfamt die für eine Erweiterung seiner Prüfungsbefugniß erforderlichen Einrichtungen und weist deren ordnungsmäßige Beschaffenheit nach, so kann seine Befugniß durch die Physikalisch-Technische Reichsanstalt den Einrichtungen entsprechend erweitert werden.

Meßgeräthe für solche Stromstärken und Spannungen, welche das Meßbereich des Prüfamts überschreiten, sind einem anderen Prüfamte von weiterer Prüfungsbefugniß oder der Reichsanstalt zur Prüfung zu überweisen.

Ort der Prüfung.

§ 10. Die Prüfungen und Beglaubigungen dürfen nur in den Arbeitsräumen der Prüfämter oder nach Bedarf am Verwendungsort ausgeführt werden. Ausnahmen hiervon, z. B. Prüfungen in Räumen, welche von Elektricitätswerken oder Fabriken von elektrischen Meßgeräthen zur Verfügung gestellt werden, bedürfen der Genehmigung der Physikalisch-Technischen Reichsanstalt.

Beschaffenheit der zur Prüfung oder Beglaubigung kommenden Meßgeräthe.

§ 11. Die Angaben der zur Prüfung oder Beglaubigung eingereichten, in §§ 2 und 8 genannten elektrischen Meßgeräthe müssen unmittelbar in den gesetzlichen Maßeinheiten (Bekanntmachung, betreffend die Ausführung des Gesetzes über die elektrischen Maßeinheiten, vom 6. Mai 1901. Reichs-Gesetzbl. S. 127) erfolgen oder durch Multiplikation mit einer auf dem Apparat angegebenen Zahl (Konstante) auf dieselben zurückgeführt werden. Die Angaben sollen entweder durch Zeiger oder deutlich sichtbare Marken vor einer Skale oder durch springende Ziffern geschehen.

Die Meßgeräthe müssen mit einem Schutzgehäuse umgeben sein, welches Vorkehrungen zum Anlegen von Bleisiegeln und ein von innen in das Gehäuse eingesetztes Schauglas vor dem Zifferblatt enthält.

Auf dem Zifferblatte, dem Gehäuse oder auf einem von außen nicht abnehmbaren Schilde soll die Firma und der Wohnort des Verfertigers oder dessen eingetragenes Fabrikzeichen, die laufende Fabrikations-Nummer, die Maßeinheit, nach welcher die Angabe erfolgt (z. B. Ampere, Volt, Watt, Kilowatt, Kilowattstunde), und das Meßbereich nebst Bezeichnung des Vertheilungssystems (z. B. 2 × 200 Volt, bis 2 × 100 Amp.) deutlich sichtbar angebracht sein.

Außerdem sind daselbst in deutscher Sprache die Apparaten-Gattung und -Stromart (z. B. Drehstromzähler) anzugeben sowie — falls diese Umstände auf die Richtigkeit der Angaben der Instrumente von Einfluß sind — auch die Einschaltungsdauer (z. B. Leistungsmesser für kurzdauernde Einschaltung) und bei Wechselstrom-Meßgeräthen die Polwechselzahl und Belastungsart (z. B. Zähler für induktionslose Belastung Drehstromzähler für gleich belastete Zweige).

Ausnahme-Bestimmungen.

§ 12. Bis zum 1. Januar 1905 wird von den Vorschriften des § 11 Abs. 3 und 4 abgesehen.

Meßgeräthe, welche für die Ausfuhr bestimmt sind, dürfen Aufschriften in fremder Sprache tragen, wenn mit dem Prüfungsantrag eine deutsche Uebersetzung eingereicht wird.

Verkehrs-Fehlergrenzen für Zähler.

§ 13. Die im Verkehre zulässigen Fehlergrenzen der Elektricitätszähler[3]) sind durch die Ausführungsbestimmungen zum Gesetze, betreffend die elektrischen Maßeinheiten, vom Bundesrathe wie folgt festgesetzt worden:

1. Gleichstromzähler.

a) Die Abweichung der Verbrauchsanzeige nach oben oder nach unten von dem wirklichen Verbrauche darf bei einer Belastung zwischen dem Höchstverbrauche, für welchen der Zähler bestimmt ist, bis zu dem zehnten Theile desselben nirgends mehr betragen als sechs Tausendtel dieses Höchstverbrauchs, vermehrt um sechs Hundertel des jeweiligen Verbrauchs, und ferner bei einer Belastung von ein Fünfundzwanzigstel des obigen Höchstverbrauchs nicht mehr als zwei Hundertel des letzteren.

Auf Zähler, die in Lichtanlagen verwendet werden, finden diese Bestimmungen nur insoweit Anwendung, als die anzuzeigende Leistung nicht unter 30 Watt sinkt.

b) Während einer Zeit, in welcher kein Verbrauch stattfindet, darf der Vorlauf oder der Rücklauf des Zählers nicht mehr betragen, als einem halben Hundertel seines oben bezeichneten Höchstverbrauchs entspricht.

2. Wechselstrom- und Mehrphasenzähler.

Für diese gelten dieselben Bestimmungen wie unter 1, jedoch mit der Maßgabe, daß, wenn in der Verbrauchsleitung zwischen Spannung und Stromstärke eine Verschiebung besteht, der nach 1a ermittelte

3) Reichs-Gesetzbl. 1901 Nr. 16 S. 129 unter II. (s. oben Bekanntmachung des Reichskanzlers vom 6. Mai 1901).

Für die übrigen elektrischen Meßgeräthe (Strom-, Spannungs-, Leistungsmesser) sind seitens des Bundesraths keine Verkehrs-Fehlergrenzen festgesetzt.

Fehler in Hundertel des jeweiligen Verbrauchs umgerechnet und der entstehenden Zahl der Hundertel die doppelte trigonometrische Tangente des Verschiebungswinkels hinzugefügt wird. Dabei bedeutet der Verschiebungswinkel den Winkel, dessen Cosinus gleich dem Leistungsfaktor ist. Alle zur Berechnung der Fehler dienenden Größen sind mit dem gleichen Vorzeichen zu nehmen.

Beglaubigungs-Fehlergrenzen für Zähler.

§ 14. Die Beglaubigung von Meßgeräthen, welche zur Bestimmung der Vergütung bei der gewerbsmäßigen Abgabe elektrischer Arbeit dienen sollen, findet statt, wenn ihr System von der Reichsanstalt zur Beglaubigung zugelassen worden ist (§§ 4 und 5), und wenn sie die Hälfte der im § 13 genannten Verkehrs-Fehlergrenzen einhalten. Jedoch soll bei Wechselstromzählern der Zusatzfehler, welcher im § 13 unter 2 für eine Verschiebung φ zwischen Spannung und Stromstärke festgesetzt ist, mit seinem ganzen Betrage ($2 \operatorname{tg} \varphi$) in Rechnung gestellt werden.

Beglaubigungs-Fehlergrenzen für Strom-, Spannungs- und Leistungsmesser.

§ 15. Strom-, Spannungs- und Leistungsmesser werden zur Prüfung durch die Prüfämter nur dann zugelassen, wenn sie einem von der Reichsanstalt als beglaubigungsfähig erklärten System angehören und mit Gleichstrom geprüft werden können. Ihre Beglaubigung erfolgt, wenn die gefundenen Fehler entweder nicht über $\pm 0{,}2$ des betreffenden Skalen-Intervalls, oder nicht über $\pm 0{,}01$ des Sollwerths hinausgehen. Es kommt hierbei stets diejenige der beiden Bestimmungen zur Anwendung, welche für die Zulassung des Meßgeräths zur Beglaubigung die mildere ist. Bei Meßgeräthen mit verkürzter Skale soll der Fehler $\pm 0{,}01$ des Sollwerths nicht übersteigen. Dasselbe gilt von solchen Meßgeräthen, deren Anwendung durch eine entsprechende Aufschrift (z. B. „Strommesser richtig von . . . bis . . . Ampere") auf einen bestimmten Theil der vorhandenen Skale eingeschränkt worden ist.

Verfahren bei der Prüfung (Vorprüfung und Hauptprüfung).

§ 16. Die Prüfung der elektrischen Meßgeräthe durch die Prüfämter erstreckt sich auf die äußere Beschaffenheit, die Erfüllung der im § 11 enthaltenen Vorschriften (Vorprüfung) und auf das Einhalten der in §§ 13—15 angegebenen Fehlergrenzen (Hauptprüfung).

Nach vollzogener Hauptprüfung erhält jedes Meßgeräth einen Schein über den Ausfall der Prüfung sowie gegebenenfalls das im § 18 festgesetzte Stempelzeichen. Der zahlenmäßige Betrag der gefundenen Abweichungen von der Richtigkeit wird in den Scheinen nicht angegeben.

Auf besonderen Antrag werden Elektricitätswerken und Fabrikanten von elektrischen Meßgeräthen Verzeichnisse der an ihren Meßgeräthen ermittelten Abweichungen von der Richtigkeit gegen besondere Gebühr ausgefertigt.

Meßgeräthe, welche die Verkehrs-Fehlergrenzen überschreiten oder sonstige Mängel zeigen, werden durch Anbinden eines Zettels mit entsprechender Aufschrift gekennzeichnet.

Berichtigung und Reinigung der zu prüfenden Meßgeräte.

§ 17. Bei Gelegenheit von Prüfungen dürfen auf Antrag der Betheiligten von den Prüfämtern Berichtigungen an den Meßgeräthen, falls hierzu geeignete Stellvorrichtungen vorhanden sind, sowie Reinigungen des Werkes und kleine Ausbesserungen ausgeführt werden.

Bei Streitfällen und Revisionen ist jeder Eingriff in die Apparate untersagt und ein von neuem nothwendig werdender Bleiverschluß ist thunlichst ohne Verletzung bereits vorhandener Plomben anzulegen.

Stempel- und Verschlußzeichen.

§ 18. a) Als Zeichen, daß ein Meßgeräth bei der Prüfung die für den Verkehr zugelassenen Fehlergrenzen (§ 13) eingehalten hat, dient ein an dem Meßgerät anzubringender Verkehrsstempel, welcher das amtliche Stempelzeichen des betreffenden elektrischen Prüfamts (bestehend aus den Buchstaben E P A und der Nummer des Prüfamts) sowie die Angabe des Kalenderjahrs und des Vierteljahrs der Prüfung trägt.

b) Als Zeichen, daß ein Meßgeräth einem beglaubigungsfähigen System angehört, den Vorschriften des § 11 entspricht und bei der Prüfung die Beglaubigungs-Fehlergrenzen (§§ 14 und 15) eingehalten hat, dient ein Beglaubigungsstempel, welcher den Reichsadler, das amtliche Zeichen des Prüfamts sowie die Jahres- und Quartalszahl der Prüfung trägt.

c) Bei Nachprüfungen tritt der neue Verkehrs- oder Beglaubigungsstempel zu dem auf dem Meßgeräthe bereits vorhandenen hinzu.

d) In den unter a bis c angegebenen Fällen werden die geprüften oder beglaubigten Meßgeräthe durch Bleisiegel verschlossen, welche auf der einen Seite den Reichsadler und auf der Rückseite das amtliche Zeichen des Prüfamts tragen.

Dieser Verschluß kann zum Zwecke von Nachregulirungen von dem mit der Wartung der Zähler beauftragten Beamten des Elektricitätswerkes im Falle des Einverständnisses des Abnehmers entfernt und nach Erledigung der Regulirung durch eine Plombe des Elektricitätswerkes ersetzt werden. Von jeder solchen Nachregulirung hat das Elektricitätswerk demjenigen Prüfamte, dessen Stempel sich auf dem Zähler vorfindet, Anzeige unter Angabe der vor und nach der Regulirung ermittelten Abweichungen zu machen.

e) Als Zeichen eines zeitweiligen Verschlusses und in den im § 16 Abs. 4 erwähnten Fällen wird in die Plombenschrauben des Meßgeräths ein Zettel mit aufgeklebter Siegelmarke des betreffenden Prüfamts eingebunden.

f) Bei Prüfungen und Beglaubigungen, welche von der Physikalisch-Technischen Reichsanstalt — Abtheilung II — erledigt werden, tritt an Stelle des amtlichen Stempelzeichens der Prüfämter dasjenige der Reichsanstalt (PTR II).

Gebühren.

§ 19. A. Bei Systemprüfungen. ℳ

1. für eine Art Zähler 300,00
2. für eine Art Strom-, Spannungs- oder Leistungsmesser 150,00
3. für eine Ergänzung einer Systemprüfung (vergl. § 6) wird ein Drittel der Sätze A 1 bezw. 2 in Anrechnung gebracht.

B. Bei Prüfungen elektrischer Meßgeräthe.

1. Elektricitätszähler.
   a) Grundgebühr für Zweileiterzähler . . . . ℳ 4,00
   b) Grundgebühr für Mehrleiter- und Mehrphasenzähler 6,00
   c) Zuschlag für Spannung:
      bis 150 Volt . . . . . . —
      für jede weiteren angefangenen 150 Volt 1,00
   d) Zuschlag für Strom bis:

5	Ampere	Höchststrom	—
10	„	„	1,00
15	„	„	1,50
30	„	„	2,50
50	„	„	4,00
100	„	„	6,00
150	„	„	9,00
300	„	„	12,00
500	Ampere	Höchststrom	15,00
1 000	„	„	20,00
1 500	„	„	25,00
3 000	„	„	30,00
5 000	„	„	40,00
10 000	„	„	60,00

3. Bei Drehstromzählern gilt als Höchststrom die Summe der Höchststromstärken der einzelnen Zweige, als Spannung die eines einzelnen Zweiges.
3. Bei Drehstromzählern gilt als Höchststrom der dreifache Höchststrom eines Zweiges (einer Phase), als Spannung die Spannung zwischen zwei Außenleitern.
4. Strom-, Spannungs- und Leistungsmesser. ℳ
   a) Grundgebühr 2,00
   b) Zuschlag für Spannung bis 300 Volt 1,00
      für jede weiteren angefangenen 300 Volt 1,00
   c) Zuschlag für Strom bis 300 Ampere 1,00
      für jede weiteren angefangenen 300 Ampere 1,00
5. Für Meßgeräthe, welche auf Grund der Vorprüfung zurückgewiesen werden, sind nachstehende Gebühren zu zahlen:
   a) für jeden Zähler 1,00
   b) für jeden Strom-, Spannungs-, Leistungsmesser 0,50
6. Erfolgt die Zurückweisung auf Grund der Hauptprüfung, so kommen die vollen Gebühren gemäß B 1 bis 4 in Anrechnung.
7. Bei Prüfungen am Verwendungsorte tritt zu den Gebühren B 1 bis 6 bei allen Arten von Meßgeräthen ein Zuschlag von 3,00

   In diesem Zuschlag sind die etwaigen Fuhrkosten innerhalb des Gemeindebezirkes des Prüfamts sowie die Beförderungskosten für die Prüfgeräthe und Widerstände für Belastungen bis zu 5 Kilowatt einbegriffen.

   Die Kosten des Stromverbrauchs bei Prüfungen am Verwendungsorte fallen dem Antragsteller zur Last. Ueber die Größe dieses Verbrauchs wird dem Lieferanten und dem Abnehmer des Stromes eine Bescheinigung ausgestellt.
8. Wenn größere Belastungswiderstände oder sonstige Hülfsapparate

nach dem Verwendungsorte der zu prüfenden Meßgeräthe befördert worden sind, werden außer dem genannten Zuschlage von 3,00 ℳ noch die durch die Beförderung der letztgenannten Gegenstände entstandenen Auslagen in Rechnung gesetzt.

9. Bei Prüfungen am Verwendungsorte außerhalb des Sitzes des Prüfamts kommt zu den nach B 1 bis 8 zu berechnenden Gebühren noch ein Betrag für Reisekosten und Tagegelder der Beamten hinzu, welcher nach der Anzahl der auf derselben Reise geprüften Meßgeräthe antheilig festgestellt wird. Die voraussichtlich entstehenden Kosten werden dem Antragsteller auf Anfrage vorher angegeben.

10. Wenn Einregulirungen und kleine Ausbesserungen durch die Prüfämter auf Antrag der Betheiligten vorgenommen werden, sind Gebühren dafür nach Maßgabe der aufgewandten Arbeitszeit zu berechnen und zwar für Arbeitsstunde und Arbeiter . . 1,00

11. Für Ausfertigung einer Liste der ermittelten Abweichungen von der Richtigkeit (§ 16 Abs. 3) kommen in Anrechnung als Grundgebühr . . 1,00 sowie als Zuschlag für jedes Meßgeräth 0,25

C. Für die Prüfung von Höchststrommessern, Zeitzählern und anderen Meßgeräthen, welche bei der Abgabe elektrischer Arbeit zur Bestimmung der Vergütung benutzt werden und nicht in den vorstehenden Bestimmungen genannt sind, kommen Gebühren nach Maßgabe der Arbeitszeit und der Anzahl der Arbeiter zum Satze von 1 ℳ für die Stunde in Anrechnung.

Verfahren bei Beschädigung geprüfter Apparate.

§ 20. Für Meßgeräthe, welche bei der Prüfung beschädigt werden, wird ein Ersatz nicht geleistet. Für das beschädigte bezw. ein an seiner Stelle eingereichtes gleiches Meßgeräth werden indeß Prüfungsgebühren nicht erhoben.

---

30. Dezember 1901.

Gesetz zur Abänderung der Strandungsordnung.[1])

Reichsgesetzbl. 1902 S. 1.

1) Die Änderungen betreffen die §§ 25 und 43 und werden beim Abdruck der Strandungsordnung berücksichtigt.

1902.

2. Januar 1902.

Bekanntmachung des Ministeriums, betreffend die Zahlung Preußischer Staatsschuldbuchzinsen durch die Reichsbankanstalten.

Zentr.- u. Bez.A.Bl. S. 3.

Seitens der Preußischen Hauptverwaltung der Staatsschulden ist die Einrichtung getroffen worden, daß auch die selbstständigen Reichsbankanstalten und die mit Kasseneinrichtung versehenen Reichsbanknebenstellen als Zahlstellen für Preußische Staatsschuldbuchzinsen innerhalb des Deutschen Reichs zugelassen werden, wie es hinsichtlich der Reichsschuldbuchzinsen kraft Gesetzes der Fall ist. Demzufolge können die in Elsaß-Lothringen wohnhaften Empfänger Preußischer Staatsschuldbuchzinsen, insbesondere viele Kassen der Gemeinden, welche z. B. die fälligen Beträge zu jedem Termin durch Postanweisung oder Werthbrief von der Staatsschulden-Tilgungskasse in Berlin beziehen, die gedachten Preußischen Zinsen fortan bei einer der Reichsbankanstalten in Elsaß-Lothringen, z. B. in Straßburg, Metz, Mülhausen und Colmar baar in Empfang nehmen. Hierbei ist vorausgesetzt, daß der neue Zahlungsweg zuvor auf Antrag der Berechtigten bei der Hauptverwaltung der Staatsschulden in Berlin in das Schuldbuch eingetragen worden ist.

Die Bestimmungen über die Einschreibungen in das Preußische Staatsschuldbuch, die Umschreibung und Löschung in demselben sind in der ersten Beilage des Reichs- und Staatsanzeigers Nr. 143 von 1891 und in Nr. 276 desselben von 1901 veröffentlicht worden.

3. Januar 1902.

Erlaß des Reichskanzlers, betreffend Umzugskosten der im Ausland und in den deutschen Schutzgebieten verwendeten Reichs-Post- und Telegraphenbeamten und Unterbeamten.[1] [2]

Zentr.-Bl. f. d. D. R. S. 106.

Die etatsmäßig angestellten Beamten und Unterbeamten der Reichs-Post- und Telegraphenverwaltung erhalten bei Versetzungen im Ausland oder vom Inlande nach außerhalb des Reichsgebiets gelegenen Orten oder vom Auslande nach Orten innerhalb des Reichsgebiets:

I. eine Vergütung für allgemeine Umzugskosten und zwar in folgenden Beträgen
   1. Posträthe und Postdirektoren 600 Mark,
   2. die übrigen Beamten . . . 400 „ ,
   3. die Unterbeamten . . . . 200 „

   mit der Maßgabe, daß Beamte und Unterbeamte ohne Familie nur die Hälfte dieser Beträge zu beziehen haben;

II. sofern sie ihre Familie mitnehmen, eine Vergütung für Transportkosten, und zwar werden sämmtlichen Beamten und Unterbeamten für die Beförderung (ausschließlich Verpackung und Versicherung) der Gegenstände der häuslichen Einrichtung die wirklich gezahlten Beträge auf Grund der beizubringenden Beläge mit der Maßgabe erstattet, daß, falls und insoweit die Beförderung der Gegenstände mittelst Eilfracht erfolgt ist, nur ein Drittheil der hierfür gezahlten Beträge zur Vergütung gelangt.

Nicht etatsmäßig angestellten Beamten und Unterbeamten werde ich geeigneten Falles bei Versetzungen nach überseeischen Ländern und bei Rückversetzungen von dort allgemeine Umzugskosten gewähren und zwar

1. Beamten bis zum Höchstbetrage von . . . . 200 Mark,
2. Unterbeamten bis zum Höchstbetrage von . . . . . . 100 „ .

1) Erlassen anf Grund der §§ 13 und 18 der Allerhöchsten Verordnung über die Tagegelder, die Fuhrkosten und die Umzugskosten der Reichsbeamten vom 25. Juni 1901 — jetzt Kaiserliche Verordnung in der Fassung vom 8. September 1910 (Reichsgesetzbl. S. 993) §§ 17 und 22 — mit Wirkung vom 1. Juli 1901 ab.

2) Hierzu Ergänzung durch den Erlaß des Reichskanzlers vom 5. März 1907 (Zentr.-Bl. f. d. D. R. S. 74). S. diesen.

---

4. Januar 1902.

Anweisung des Ministeriums an die Vorsteher der Kliniken und sonstigen Krankenanstalten.

Zentr.- u. Bez.A.Bl. S. 3.

I. Die Vorsteher der Kliniken, Polikliniken und sonstigen öffentlichen oder konzessionirten Krankenanstalten werden darauf hingewiesen, daß medizinische Eingriffe zu anderen als diagnostischen, Heil- und Immunisirungszwecken, auch wenn die sonstigen Voraussetzungen für die rechtliche und sittliche Zulässigkeit vorliegen, doch unter allen Umständen zu unterbleiben haben,

1. wenn es sich um eine Person handelt, welche noch minderjährig oder aus anderen Gründen nicht vollkommen geschäftsfähig ist;
2. wenn die betreffende Person nicht in unzweideutiger Weise ihre Zustimmung zu dem Eingriffe erklärt hat;
3. wenn dieser Erklärung nicht eine sachgemäße Belehrung über die aus dem Eingriffe möglicher Weise hervorgehenden nachtheiligen Folgen vorausgegangen ist.

II. Im Uebrigen wird bestimmt:

1. Eingriffe der bezeichneten Art dürfen nur von dem Vorsteher selbst oder mit dessen besonderer Ermächtigung vorgenommen werden.
2. Bei jedem Eingriffe sind die Erfüllung der Voraussetzungen zu I. Nr. 1 bis 3 und II. Nr. 1, sowie alle näheren Umstände des Falles in dem schriftlichen Krankenberichte zu vermerken.

III. Wegen medizinischer Eingriffe zu diagnostischen, Heil- und Immunisirungszwecken bewendet es bei den geltenden Bestimmungen und Einrichtungen.

6. Januar 1902.

Kaiserliche Verordnung, betreffend die öffentliche Bestellung und die allgemeine Beeidigung von Sachverständigen. [1])

Gesetzbl. f. Elf.-Lothr. S. 1.

1. Für die öffentliche Bestellung

von Sachverständigen zur Vornahme der im § 438 des Handelsgesetzbuchs, im § 72 der Eisenbahn-Verkehrsordnung (Reichsgesetzbl. 1899 S. 557), und im § 61 des Gesetzes, betreffend die privatrechtlichen Verhältnisse der Binnenschiffahrt (Reichsgesetzbl. 1898 S. 868), bezeichneten Feststellungen,

von ständigen Dispacheuren (§ 87 des Binnenschiffahrtsgesetzes), sowie von Sachverständigen in sonstigen durch Gesetz zugelassenen Fällen,

ist das Ministerium zuständig. Das Ministerium kann die Bestellung anderen Behörden übertragen und für die Auswahl der Sachverständigen bestimmte Voraussetzungen aufstellen.

2. Das Ministerium ist befugt, Bestimmungen zu erlassen über die Beeidigung von Sachverständigen für gerichtliche Angelegenheiten im Allgemeinen und die Behörden zu bezeichnen, welche die Beeidigung vorzunehmen haben.[2])

1) Erlassen auf Grund des Art. 6 der Verfassung vom 14. Januar 1852. Vgl. dazu die Verfügung des Ministeriums vom 2. Mai 1902 unten S. 228, sowie die Verfügung des Ministeriums vom 4. Juni 1902 (Sammlung d. Justizverwaltung Bd. 27 S. 201). Vgl. ferner die Ministerialverfügung, betr. die öffentliche Bestellung der Probenehmer für künstliche Düngemittel als Sachverständige vom 5. Mai 1911 (Sammlung d. Justizverwaltung Bd. 32 S. 383), sowie die Ministerialverfügung, betr. die Bekanntmachung der Zurücknahme der öffentlichen Bestellung eines Sachverständigen (Sammlung d. Justizverwaltung Bd. 32, S. 513).

2) Was die Ernennung und Beeidigung von Dolmetschern anlangt, vgl. die Kais. Verordnung vom 13. Juni 1903.

---

6. Januar 1902.

Kaiserliche Verordnung, betreffend die anderweite Abgrenzung der Kantone Landser und Mülhausen-Süd sowie der Amtsgerichtsbezirke Sierenz und Mülhausen. [1])

Gesetzbl. f. Elf.-Lothr. S. 2.

§ 1. Die Gemeinde Brubach wird von dem Kanton Landser und dem Amtsgerichtsbezirke Sierenz getrennt und mit dem Kantone Mülhausen-Süd und dem Amtsgerichtsbezirke Mülhausen-Süd vereinigt.

§ 2. Die gegenwärtige Verordnung tritt mit dem 1. April d. Js. in Kraft.

1) Erlassen auf Grund des § 3 Absatz 2 des Gesetzes vom 30. Dezember 1871, betreffend die Einrichtung der Verwaltung, sowie des § 2 Absatz 3 des Gesetzes vom 14. Juli 1871, betreffend Abänderungen der Gerichtsverfassuug, in Verbindung mit § 7 des Gesetzes vom 4. November 1878, betreffend die Ausführung des Gerichtsverfassungsgesetzes.

---

9. Januar 1902.

Bekanntmachung des Reichskanzlers, betreffend Verbindungen zur Nachtzeit im (Nachbarorts-) Vororts- und Bezirks-Fernsprechverkehre. [1]) [2])

Zentr.-Bl. f. d. D. R. S. 8.

Vom 15. Januar d. Js. ab finden auf Verbindungen zur Nachtzeit im Nachbarorts-, Vororts- und Bezirksverkehre die Bestimmungen

1) Erlassen von dem Reichskanzler auf Grund des § 10 der Fernsprechgebühren-Ordnung vom 20. Dezember 1899 (Reichsgesetzbl. S. 711).

2) Ursprünglich auch für den Fernsprechverkehr zur Nachtzeit im Nachbarort-Verkehr maßgebend. Für diesen später die besonderen „Bestimmungen vom 18. Februar 1904", Zentr.-Bl. f. d. D. R. S. 51 erlassen. Diese sind durch die Bekanntmachung vom 31. Oktober 1904 (Zentr.-Bl. f. d. D. R. S. 391) aufgehoben worden. Jetzt für den Nachbarort-Verkehr zur Nachtzeit maßgebend Punkt 12 und 18 der Ausführungsbestimmungen zur Fernsprechgebühren-Ordnung vom 26. März 1900 (Zentr.-Bl. f. d. D. R. S. 212) in der Fassung nach den verschiedenen abändernden Bekanntmachungen, insbesondere zufolge der Bekanntmachung vom 31. Oktober 1904.

über die Benutzung der Fernsprech-Verbindungsleitungen zur Nachtzeit vom 19. September 1901 (Central-Blatt S. 342) mit der Maßgabe Anwendung, daß zwischen Sprechstellen verschiedener Ortsnetze ohne Fernsprechnachtdienst dauernde Nachtverbindungen hergestellt werden können, welche hinsichtlich der Gebührenfestsetzung als gewöhnliche Gesprächsverbindungen von drei Minuten Dauer gelten.

Demgemäß wird im Nachbarorts-, Vororts- und Bezirksverkehr erhoben:

a) für jedes gewöhnliche oder dringende Einzelgespräch zur Nachtzeit die nach den Festsetzungen in den §§ 7 und 9 der Fernsprechgebühren-Ordnung und unter Nr. 13 und 18 der dazu erlassenen Ausführungsbestimmungen (Central-Blatt S. 242) zu berechnende Gebühr für ein Tagesgespräch von gleicher Dauer,

b) für Gesprächsverbindungen zur Nachtzeit im Abonnement, die täglich zwischen denselben Theilnehmern zu denselben Zeiten hergestellt werden, die Hälfte der nach der Fernsprechgebühren-Ordnung und den zugehörigen Ausführungsbestimmungen für gewöhnliche Tagesgespräche von gleicher Dauer sich ergebenden Gebühren

gleichviel, ob der Theilnehmer, welcher die Verbindung verlangt, eine jährliche Bauschgebühr für den Verkehr innerhalb des Netzes zahlt oder nicht.

---

16. Januar 1902.

Bundesratsbeschluß, betreffend die zollfreie Ablassung von Eisen- und Stahlabfällen aus den Schiffswerften in den Zollausschlußgebieten.

Zentr.-Bl. f. d. D. R. S. 16.

Der Bundesrath hat in seiner Sitzung vom 16. Januar d. Js. beschlossen, daß die obersten Landesfinanzbehörden ermächtigt werden, von der Erhebung des Eingangszolls für Eisen- und Stahlabfälle, welche in den in den deutschen Zollausschlußgebieten belegenen Schiffswerften bei dem Baue oder der Reparatur von Schiffen entstehen, beim Eingang in das deutsche Zollgebiet unter Anordnung geeigneter Kontrolen insoweit abzusehen, als die Menge dieser Anfälle 6 vom Hundert der von den betreffenden Schiffsbauanstalten zur Verarbeitung aus dem freien Verkehre des Zollgebiets bezogenen Materialien nicht übersteigt.

---

22. Januar 1902.

Gesetz über die Verlegung der deutsch-österreichischen Grenze längs des Przemsa-Flusses.

Reichsgesetzbl. S. 31.

---

22. Januar 1902.

Gesetz über die Verlegung der deutsch-dänischen Grenze an der Norderau und der Kjärmühlenau.

Reichsgesetzbl. S. 32.

---

23. Januar 1902.

Bekanntmachung des Reichskanzlers, betreffend die Beschäftigung von Gehülfen und Lehrlingen in Gast- und Schankwirthschaften.

Reichsgesetzbl. S. 33.

Auf Grund des § 120e Abs. 3 der Gewerbeordnung hat der Bundesrath nachstehende Bestimmungen über die Beschäftigung von Gehülfen und Lehrlingen in Gast- und in Schankwirthschaften erlassen:

I.

1. In Gast- und in Schankwirthschaften ist jedem Gehülfen und Lehrling über sechzehn Jahre für die Woche siebenmal eine ununterbrochene Ruhezeit von mindestens acht Stun-

den zu gewähren. Der Beginn der ersten Ruhezeit darf in die vorhergehende, das Ende der siebenten Ruhezeit in die nachfolgende Woche fallen.

Für Gehülfen und Lehrlinge unter sechzehn Jahren muß die Ruhezeit mindestens neun Stunden betragen. Durch Polizeiverordnungen der zum Erlasse solcher Verordnungen berechtigten Behörden kann diese längere Ruhezeit auch für Gehülfen und Lehrlinge über 16 Jahre vorgeschrieben werden.

Die höhere Verwaltungsbehörde ist befugt, in Bade- und anderen Kurorten die Ruhezeit für Gehülfen und Lehrlinge über sechzehn Jahre in Gastwirthschaften während der Saison, jedoch nicht über eine Dauer von drei Monaten, bis auf sieben Stunden herabzusetzen. Neben dieser Ruhezeit müssen täglich, abgesehen von den Mahlzeiten, Ruhepausen in der Gesammtdauer von mindestens zwei Stunden gewährt werden.

2. Der Zeitraum zwischen zwei Ruhezeiten, welcher auch die Arbeitsbereitschaft und die Ruhepausen umfaßt, darf in den Fällen der Ziffer 1 Abs. 1 höchstens sechzehn Stunden, in den Fällen der Ziffer 1 Abs. 2 höchstens fünfzehn Stunden und in den Fällen der Ziffer 1 Abs. 3 höchstens siebzehn Stunden betragen.

3. Eine Verlängerung der in Ziffer 2 bezeichneten Zeiträume ist für den Betrieb bis zu sechzigmal im Jahre zulässig. Dabei kommt jeder Fall in Anrechnung, wo auch nur für einen Gehülfen oder Lehrling diese Verlängerung stattgefunden hat.

Auch in diesen Fällen muß für die Woche eine Unterbrechung durch sieben Ruhezeiten von der vorgeschriebenen Dauer (Ziffer 1) stattfinden.

4. An Stelle einer der nach Ziffer 1 zu gewährenden ununterbrochenen Ruhezeiten ist den Gehülfen und Lehrlingen mindestens in jeder dritten Woche einmal eine ununterbrochene Ruhezeit von mindestens vierundzwanzig Stunden zu gewähren.

In Gemeinden, welche nach der jeweilig letzten Volkszählung mehr als zwanzigtausend Einwohner haben, ist diese Ruhezeit mindestens in jeder zweiten Woche zu gewähren.

In denjenigen Wochen, in welchen hiernach eine vierundzwanzigstündige Ruhezeit nicht gewährt zu werden braucht, ist außer der ununterbrochenen Ruhezeit von der vorgeschriebenen Dauer (Ziffer 1) mindestens einmal eine weitere ununterbrochene Ruhezeit von mindestens sechs Stunden zu gewähren, welche in der Zeit zwischen acht Uhr Morgens und zehn Uhr abends liegen muß.

5. Die Arbeitgeber sind verpflichtet, ein Verzeichniß anzulegen, welches die Namen der einzelnen Gehülfen und Lehrlinge enthalten muß. In das Verzeichniß ist für jeden einzelnen Gehülfen und Lehrling einzutragen, wann und für welche Dauer eine Ruhezeit gemäß Ziffer 4 gewährt worden ist.

Arbeitgeber, welche von den Bestimmungen der Ziffer 3 Gebrauch machen, sind verpflichtet, ein weiteres Verzeichniß anzulegen, in welches einzutragen ist, wann Ueberarbeit im Betriebe während des Kalenderjahrs stattgefunden hat.

Die nach Abs. 1, 2 zu machenden Eintragungen haben spätestens am ersten Tage nach Ablauf jeder Woche für die verflossene Woche zu erfolgen.

Die Verzeichnisse sind auf Erfordern den zuständigen Behörden und Beamten zur Einsicht vorzulegen.

6. Gehülfen und Lehrlinge unter sechzehn Jahren dürfen in der Zeit von zehn Uhr Abends bis sechs Uhr Morgens nicht beschäftigt werden. Außerdem dürfen Gehülfen und Lehrlinge weiblichen Geschlechts zwischen sechzehn und achtzehn Jahren, welche nicht zur Familie des Arbeitgebers gehören, während dieser Zeit nicht zur Bedienung der Gäste verwendet werden.

II.

7. Als Gehülfen und Lehrlinge im Sinne dieser Bestimmungen gelten solche Personen männlichen und weiblichen Geschlechts, welche im Betriebe der Gast- und der Schankwirthschaften als Oberkellner, Kellner oder Kellnerlehrlinge, als Köche oder Kochlehrlinge, am Büffet oder mit dem Fertigmachen kalter Speisen beschäftigt werden. Ausgenommen sind jedoch Personen, welche hauptsächlich in einem mit der Gast- oder der Schankwirthschaft verbundenen kaufmännischen oder sonstigen gewerblichen Betriebe beschäftigt werden, sofern ihre tägliche Arbeitszeit in diesem Betrieb anderweiten reichsrechtlichen Vorschriften unterliegt.

III.

8. Die vorstehenden Bestimmungen treten am 1. April 1902 in Kraft.

Bis zum 31. Dezember 1902 ist Ueberarbeit (Ziffer 3) höchstens fünfundvierzigmal zulässig.

Von dem in Ziffer 6 Satz 2 enthaltenen Verbote sind diejenigen Personen ausgenommen, welche bei der Verkündung dieser Bestimmungen Kellnerinnen sind.

25. Januar 1902.

Bekanntmachung des Reichskanzlers, betreffend das Verfahren bei Anträgen auf Verlängerung der Ladenschlußzeit.

Reichsgesetzbl. S. 38.

Auf Grund von § 139 f Abs. 3 der Gewerbeordnung hat der Bundesrath über das Verfahren bei Anträgen auf Verlängerung der Ladenschlußzeit folgende Bestimmungen erlassen:

§ 1. Zur Feststellung der bei Anträgen gemäß § 139 f Abs. 1, 2 der Gewerbeordnung erforderlichen Zahl von zwei Dritteln (Abs. 1) oder einem Drittel (Abs. 2) der betheiligten Geschäftsinhaber hat die höhere Verwaltungsbehörde, sofern es nach den Umständen des Einzelfalls geboten erscheint, einen Kommissar zu bestellen. Als solcher kann auch der Gemeindevorsteher oder ein Mitglied des Gemeindevorstandes und, wenn es sich um Anträge für mehrere örtlich unmittelbar zusammenhängende Gemeinden handelt, der Gemeindevorsteher oder ein Mitglied des Gemeindevorstandes einer der betheiligten Gemeinden bestellt werden.

Die Bestellung des Kommissars ist in der für die amtlichen Bekanntmachungen der Behörde üblichen Form zu veröffentlichen.

§ 2. Der Kommissar hat auf Grund der gemäß § 14 Abs. 1 der Gewerbeordnung erstatteten Anzeigen und in sonst geeigneter Weise unter Zuziehung der Gemeinde- oder Ortspolizeibehörde nach den im § 7 bezeichneten Grundsätzen eine Liste der betheiligten Geschäftsinhaber aufzustellen und darin ersichtlich zu machen, welche den Antrag gestellt haben. Die Liste ist für die Dauer von zwei Wochen zur öffentlichen Einsicht auszulegen.

Zeit und Ort der Auslegung sind von dem Kommissar in ortsüblicher Weise mit dem Hinzufügen bekannt zu machen, daß Einsprüche gegen die Richtigkeit und Vollständigkeit der Liste von den betheiligten Geschäftsinhabern bis zum Ablaufe der Frist schriftlich oder zu Protokoll erhoben werden können und nach Ablauf der Frist vorgebrachte Einsprüche unberücksichtigt bleiben.

§ 3. Ueber die erhobenen Einsprüche entscheidet der Kommissar. Die Entscheidung hat schriftlich zu erfolgen.

Gegen die Entscheidung des Kommissars über die Einsprüche ist binnen zwei Wochen die Beschwerde an die höhere Verwaltungsbehörde zulässig. Die Entscheidung über die Beschwerde ist endgültig.

§ 4. Nach Erledigung der Einsprüche hat der Kommissar die Liste zu schließen und der höheren Verwaltungsbehörde einzureichen, welche auf Grund der Liste feststellt, ob der Antrag in den Fällen des § 139 f Abs. 1 von zwei Dritteln, in den Fällen des § 139 f Abs. 2 von einem Drittel der betheiligten Geschäftsinhaber gestellt ist.

§ 5. Ist gemäß § 139 f Abs. 2 der Antrag auf eine Abstimmung über die Verlängerung der Ladenschlußzeit von mindestens einem Drittel der betheiligten Geschäftsinhaber gestellt, so hat die höhere Verwaltungsbehörde die betheiligten Geschäftsinhaber einschließlich der Antragsteller durch ortsübliche Bekanntmachung oder besondere Mittheilung zur Abgabe ihrer Aeußerung unter Angabe der Zeit und des Ortes für deren Entgegennahme aufzufordern. Dabei ist darauf hinzuweisen, daß bei der Feststellung der für die Abänderung der Ladenschlußzeit erforderlichen Mehrheit von zwei Dritteln nur diejenigen Geschäftsinhaber gezählt werden, welche eine bestimmte Aeußerung für oder gegen die Aenderung innerhalb der gesetzten Frist abgegeben haben.

Die Entgegennahme der Aeußerungen ist einem Kommissar zu übertragen. Die Aeußerungen können schriftlich oder zu Protokoll abgegeben werden.

Der Kommissar hat zu prüfen, ob diejenigen, welche eine Aeußerung abgeben, zu den betheiligten Geschäftsinhabern gehören und zutreffenden Falles ihre Aeußerung in die Liste (§ 2 Abs. 1) einzutragen.

Nach Ablauf der Frist ist die Liste für die Dauer von zwei Wochen zur öffentlichen Einsicht auszulegen. Das weitere Verfahren bestimmt sich nach § 2 Abs. 2 und § 3.

§ 6. Nach Erledigung der Einsprüche hat der Kommissar die Liste zu schließen und der höheren Verwaltungsbehörde einzureichen, welche auf Grund der Liste feststellt, ob zwei Drittel der Abstimmenden sich für die Abänderung der Ladenschlußzeit erklärt haben.

§ 7. Als betheiligte Geschäftsinhaber im Sinne dieser Bestimmungen gelten:

1. sofern die Ausdehnung des gesetzlichen Ladenschlusses für sämmtliche Geschäftszweige einer oder mehrerer örtlich unmittelbar zusammenhängender Gemeinden erfolgen soll, die Inhaber aller offenen Verkaufsstellen der Gemeinde beziehungsweise der örtlich unmittelbar zusammenhängenden Gemeinden,
2. sofern die Ausdehnung nur für einzelne Geschäftszweige beantragt ist, die Inhaber

aller offenen Verkaufsstellen, welche Waaren der in Frage kommenden Art führen, auch wenn sie außerdem noch andere Waaren feilhalten.

§ 8. Die vorstehenden Bestimmungen treten mit dem Tage ihrer Verkündung in Kraft.

30. Januar 1902.

Kaiserliche Verordnung, betreffend die Theilung der Gemeinde Homburg-Kedingen, Bezirk Lothringen.[1])

Gesetzbl. f. Els.-Lothr. S. 3.

§ 1. Die Gemeinde Homburg-Kedingen im Bezirke Lothringen wird in die Gemeinden Homburg-Bidingen und Kedingen getheilt, von denen die erstere die Ortschaften Homburg und Bidingen umfaßt, die letztere aus der Ortschaft Kedingen besteht.

§ 2. Der Flächeninhalt und die Grenze der beiden Gemeinden bestimmt sich nach Maßgabe der für die Ortschaften gesondert bestehenden Kataster.

§ 3. Das Ministerium wird mit der Ausführung dieser Verordnung beauftragt.

1) Erlassen auf Grund des § 2 der Gemeineordnung vom 6. Juni 1895.

3. Februar 1902.

Kaiserliche Verordnung, betreffend die Beaufsichtigung hessischer und bremischer privater Versicherungsunternehmungen.[1])

Reichsgesetzbl. S. 43.

Die Beaufsichtigung aller bestehenden sowie aller zum Geschäftsbetriebe neu zuzulassenden privaten Versicherungsunternehmungen, deren Geschäftsbetrieb auf das Gebiet des Großherzogthums Hessen oder auf das Gebiet der freien Hansestadt Bremen beschränkt ist, wird dem Kaiserlichen Aufsichtsamte für Privatversicherung übertragen.

1) Erlassen auf Grund des § 3 Abs. 1 des Gesetzes über die privaten Versicherungsunternehmungen v. 12. Mai 1901 (Reichsgesetzbl. S. 139).

8. Februar 1902.

Polizeiverordnung für den Bezirk Unterelsaß, betreffend das Hineinwerfen toter Tiere in Gewässer.[1])

Zentr.- u. Bez.A.Bl. S. 43.

§ 1. Das Hineinwerfen toter Tiere in Gewässer ist verboten.

§ 2. Zuwiderhandlungen werden auf Grund des § 35 des Feldpolizeistrafgesetzbuches bestraft.

1) Erlassen auf Grund der § 47 und § 35 Ziff. 4 des Feldpolizeistrafgesetzes vom 9. Juli 1888.

10. Februar 1902.

Kaiserliche Verordnung, betreffend die Theilung der Gemeinde Diesdorf, Bezirk Lothringen.[1])

Gesetzbl. f. Els.-Lothr. S. 4.

§ 1. Die Gemeinde Diesdorf im Bezirke Lothringen wird in die Gemeinden Diesdorf und Künzig getheilt, von denen die erstere aus der Ortschaft Diesdorf besteht, die letztere die Ortschaften Künzig und Stückingen umfaßt.

§ 2. Der Flächeninhalt und die Grenze der beiden Gemeinden bestimmt sich nach Maßgabe der für die Ortschaften gesondert bestehenden Kataster.

§ 3. Das Ministerium wird mit der Ausführung dieser Verordnung beauftragt.

1) Erlassen auf Grund des § 2 der Gemeindeordnung vom 6. Juni 1895.

10. Februar 1902.

Ausführungsbestimmungen des Ministeriums zu den Gesetzen vom 13. Juli 1901, betreffend die Kapitalsteuer und die Lohn- und Besoldungssteuer.[1] [2])

Zentr.- u. Bez.A.Bl. S. 9.

Erster Teil.

Kapitalsteuer.

I. Gegenstand der Besteuerung.

Artikel 1.

(§ 2 des Gesetzes.)

Der Kapitalsteuer unterliegen:

1. Der Ertrag aus verzinslich angelegtem Kapital jeder Art, ohne Unterschied, ob derselbe unter der Bezeichnung als Zins oder sonstwie gewährt wird;
2. die Dividenden, Zinsen oder sonstigen Bezüge aus Anteilen an Aktiengesellschaften, Kommanditgesellschaften auf Aktien, Gesellschaften mit beschränkter Haftung, Berggewerkschaften;
3. die Rentenbezüge jeder Art (Erbrenten, Leibrenten, Zeitrenten) ohne Unterschied, ob sie in Geld oder in Naturalnutzungen bestehen.

Ob das Kapital, aus welchem die Erträge herrühren, in Elsaß-Lothringen, in einem deutschen Bundesstaate oder im Reichsauslande angelegt ist, bleibt dabei ohne Belang.

Als der Besteuerung unterliegende Bezüge gelten insbesondere:

a) die Zinsen aus Schuldverschreibungen des Reiches und des Landes sowie anderer deutschen und außerdeutschen Staaten, der Gemeinden und anderer öffentlicher Verbände, die Zinsen sonstiger verzinslichen Kapitalforderungen aus Darlehen, Pfandbriefen, Hypothekenforderungen und sonstigen privaten Schuldverschreibungen, aus Kaufschillingen, Ablösungsbeträgen, Abrechnungs- und Kontokorrentguthaben (Artikel 4 Ziffer 2), Sparkassenguthaben, Dienst- und anderen Kautionen, Hinterlegungsgeldern und Vorschüssen sowie aus verzinslich gewordenen Zins- und anderen Ausständen;

b) die Zinsen, welche in unverzinslichen Kapitalforderungen, bei denen ein höheres als das ursprünglich hingegebene Kapital zurückgewährt wird, einbegriffen sind. Hierher gehören die Lose von Lotterie, und Prämienanleihen, die unverzinslichen Kaufschillingsziele, die diskontierten Wechsel, sofern nicht die Ausnahme des Art. 4 Ziffer 2 einzutreten hat, und die Schatzscheine ;

c) die Dividenden und Zinsen aus Aktien von Eisenbahn-, Bank- und anderen industriellen oder Handelsunternehmungen auf Aktien sowie die Ausbeuten und sonstige Gewinnanteile an Berggewerkschaften (Kuxen) und Gesellschaften mit beschränkter Haftung ohne Rücksicht darauf, ob das Unternehmen als solches in Elsaß-Lothringen oder anderswo der Gewerbesteuer oder Bergwerkssteuer unterliegt.

Nicht bei der Kapitalsteuer zu berücksichtigen sind die Gewinnanteile, welche die Teilhaber offener Handelsgesellschaften sowie die persönlich haftenden Gesellschafter der Kommanditgesellschaften und die Kommanditisten einfacher Kommanditgesellschaften (Handelsgesetzbuch §§ 105 bis 160, 161 bis 177) als solche beziehen.

Ebenso sind die Erträge aus Stammanteilen der Erwerbs- und Wirtschaftsgenossenschaften von der Kapitalsteuer ausgeschlossen.

Dagegen unterliegen der Kapitalsteuer die Bezüge, welche den Mitgliedern stiller Gesellschaften (Handelsgesetzbuch §§ 335 bis 342) und den Kommanditisten der Kommanditgesellschaften auf Aktien (Handelsgesetzbuch §§ 320 bis 334) sowie den Mitgliedern von Gesellschaften mit beschränkter Haftung (Reichsgesetz vom $\frac{\text{20. April 1892}}{\text{20. Mai 1898}}$ R.-G.-Bl. 1898 S. 846) aus ihren Vermögenseinlagen oder Aktien zufließen;

d) die Renten jeder Art, also namentlich Erb-

---

1) Erlassen vom Ministerium auf Grund des § 37 des Gesetzes, betreffend die Kapitalsteuer vom 13. Juli 1901 (Gesetzbl. f. Elſ.-Lothr. S. 55) und des § 31 des Gesetzes, betreffend die Lohn- und Besoldungssteuer, vom 13. Juli 1901 (Gesetzbl. f. Elſ.-Lothr S. 69).

2) Abgeändert durch die Bekanntmachungen des Ministeriums vom 11. Mai 1904, vom 22. Februar 1905 und vom 20. Juli 1906 (Zentr.- u. Bez. A. Bl. S. 66, 93 und S. 111), betreffend Ergänzung der Ausführungsbestimmungen der Kapitalsteuer- und dem Lohn- und Besoldungssteuergesetz vom 10. Februar 1902, ferner einen nicht veröffentlichten Erlaß des Minist. vom 29. April 1910 III 4839, sowie desgl. vom 20. Februar 1911 III 1925, ferner durch die Bekanntm. d. Minist., betreffend die Zu- und Abgänge bei der Kapitalsteuer und der Lohn- und Besoldungssteuer, vom 5. August 1905 (Zentr.- u. Bez.A.Bl. S. 283). Die Änderungen sind beim Abdruck berücksichtigt.

renten, Zeitrenten und Leibrenten, sowohl in Geld als in Naturalnutzungen, welche von Versicherungs- oder Versorgungsanstalten gegen bestimmte Einlagen verabfolgt werden, oder welche auf Schenkung (auch durch Ehevertrag) oder letztwilliger Anordnung oder auf Rentenkauf beruhen, ebenso die Ablösungs- und Entschädigungsrenten, Leibgedinge.[3]) Dagegen bleiben Renten, welche auf Hingabe von Grund- oder Gebäudeeigentum in Elsaß-Lothringen beruhen, dessen Ertrag bereits durch die Grund- oder Gebäudesteuer getroffen ist, von der Kapitalsteuer ausgenommen, sofern diese Hingabe seitens der Grund- oder Gebäudeeigentümer zu deren Lebzeiten an ihre natürlichen Erben gegen Gewährung einer lebenslänglichen Rente erfolgt. Nicht steuerfrei sind Renten, welche tatsächlich als Äquivalent eines Kaufpreises zu gelten haben.[4]) Ebensowenig unterliegen der Kapitalsteuer solche Renten, welche als Entgelt für persönliche Arbeitsleistungen oder mit Rücksicht auf ein früheres Arbeits- oder Dienstverhältnis gewährt werden oder lediglich auf gesetzlicher Verpflichtung beruhen. Zu den ersteren gehören die Pensionen, Witwen- und Waisengelder, Gnadengehalte und Unterstützungen, die privaten Alters- und Invalidenrenten und ähnliche Beihilfen, zu den letzteren die gesetzlichen Alimentationsleistungen der Eltern an ihre Kinder sowie der Kinder an ihre Eltern (vgl. Art. 14).

II. Subjektive Steuerpflicht.

Artikel 2.
(§ 3 des Gesetzes.)

Kapitalsteuerpflichtig sind:

1. die elsaß-lothringischen Landesangehörigen, welche in Elsaß-Lothringen einen Wohnsitz oder Aufenthalt im Sinne des Doppelbesteuerungsgesetzes vom $\frac{\text{13. Mai 1870}}{\text{14. Januar 1872}}$ (Gesetzbl. 1872 S. 61)[5]) haben;
2. die Angehörigen deutscher Bundesstaaten,
   a) welche ohne in ihrem Heimatstaate einen Wohnsitz zu haben, in Elsaß-Lothringen wohnen oder, ohne im Deutschen Reich oder in einem deutschen Schutzgebiet einen Wohnsitz zu haben, sich in Elsaß-Lothringen aufhalten,
   b) welche in Elsaß-Lothringen ihren dienstlichen Wohnsitz haben;
3. die Reichsausländer,
   a) welche in Elsaß-Lothringen einen Wohnsitz haben,
   b) welche sich daselbst des Erwerbs wegen aufhalten,
   c) welche sich daselbst, ohne daß die Voraussetzungen zu a und b zutreffen, ununterbrochen seit länger als einem Jahr, oder mit Unterbrechungen seit 3 Jahren, sei es an demselben Orte, sei es an verschiedenen Orten, aufhalten;
4. die Körperschaften, Handelsgesellschaften, Genossenschaften, Vereine, Stiftungen, Gesellschaften des bürgerlichen Rechts mit einem Sitz in Elsaß-Lothringen sowie die daselbst eröffneten Konkursmassen, Nachlaß- und sonstigen Pflegschaften.

Einen Wohnsitz im Sinne des Doppelbesteuerungsgesetzes hat jemand an dem Orte, an welchem er eine Wohnung unter Umständen inne hat, welche auf die Absicht der dauernden Beibehaltung einer solchen schließen lassen. Sind die Voraussetzungen für das Vorhandensein eines Wohnsitzes in einem deutschen Bundesstaate nicht gegeben, so genügt für Landes- und Reichsangehörige der — nicht bloß vorübergehende — Aufenthalt in Elsaß-Lothringen zur Begründung der Kapitalsteuer.

Die Reichsausländer unterliegen der Kapitalsteuer auch, wenn sie neben einem Wohnsitz oder Aufenthalt in Elsaß-Lothringen noch einen Wohnsitz in ihrem Heimatsstaate oder in einem deutschen Bundesstaate haben (vgl. Art. 7). Die Absicht des Erwerbs ist bei ihnen anzunehmen, wenn sie, sei es in eigener Person oder durch Beauftragte, in Elsaß-Lothringen Land- oder Forstwirtschaft betreiben oder ein Gewerbe, eine Berufstätigkeit oder sonstige gewinnbringende Beschäftigung ausüben.

Die Kapitalsteuerpflicht der unter Abs. 1 aufgeführten nicht natürlichen Personen ist an die Voraussetzung geknüpft, daß die letzteren berechtigt sind, eigenes Vermögen zu erwerben. Es gehören hierher die Körperschaften des öffentlichen Rechts, die Gesellschaften, welche auf Grund des Handelsgesetzbuchs errichtet sind, einschließlich der Gesellschaften mit beschränkter Haftung, die Erwerbs- und Wirtschaftsgenossenschaften, die Anstalten und Stiftungen sowie die Vereine und Gesellschaften des bürgerlichen Rechts, ferner die Konkursmassen, die Nachlaß- und sonstigen Pflegschaften, sofern sich in ihrem Bestand zinstragende Kapitalien befinden.

3) In der Fassung nach der Bekanntm. d. Minist. vom 20. Juli 1908.

4) In der Fassung nach der Bekanntm. d. Minist. vom 20. Juli 1906 (Zentr.- u. Bez. A. Bl. S. 111).

5) Jetzt Doppelsteuergesetz vom 22. März 1909 (Reichsgesetzbl. S. 332).

Artikel 3.
(§ 4 des Gesetzes.)

1. Von der Kapitalsteuer befreit sind die im § 4 des Gesetzes aufgeführten Körperschaften und Anstalten.

2. Als öffentliche Unterrichtsanstalten (Ziffer 4 des Gesetzes) sind alle vom Staate anerkannten inländischen Anstalten und Stiftungen anzusehen, welche die Bestimmung haben, den Unterricht zu fördern, sei es durch Verbreitung allgemeiner Schul- oder landwirtschaftlicher und gewerblicher Kenntnisse oder höherer Bildung in Wissenschaft, Kunst und Gewerbe, jedoch mit Ausschluß aller Privatanstalten. Stipendienstiftungen, deren Erträgnisse nur den Angehörigen bestimmter Familien zukommen, unterliegen hinsichtlich ihrer Kapitalerträge der Steuerpflicht.

3. Sowohl die öffentlichen wie die nicht öffentlichen Anstalten und Stiftungen sowie die Kassen für Krankenverpflegung und Armenunterstützung (Ziffer 9 des Gesetzes) sind steuerfrei. Hierher gehören die eingeschriebenen Hilfskassen, die den Anforderungen des Krankenversicherungsgesetzes entsprechenden freien Hilfskassen, die auf Grund der Gewerbeordnung von Innungen und Innungsverbänden errichteten Unterstützungskassen, die Knappschaftskassen (§ 142 ff. des Berggesetzes, Gesetzbl. 1873, S. 397) sowie die unter Ziffer 10 des Gesetzes besonders aufgeführten, auf Grund des Gesetzes vom 15. Juli 1850 errichteten Hilfsgenossenschaften auf Gegenseitigkeit. Ebenso haben die öffentlichen Spar- und Vorschußkassen (Ziffer 7 des Gesetzes) sowie die öffentlichen Vieh- und Hagelversicherungsvereine (Ziffer 8 des Gesetzes), deren Verwaltung den Gemeinden oder sonstigen Körperschaften des öffentlichen Rechts obliegt, Anspruch auf Steuerfreiheit. Nicht steuerfrei sind beispielsweise die Raiffeisenkassen und private Versicherungsgesellschaften.

Artikel 4.
(§ 5 des Gesetzes.)

1. Voraussetzung für die Kapitalsteuerpflicht ist, daß die Erträge aus Kapital und Renten eine solche Höhe erreichen, daß nach Abzug der Passivkapitalzinsen und Lasten (s. Artikel 6) ein Betrag von mehr als 100 ℳ jährlich verbleibt.

2. Der Kapitalsteuer unterliegen nicht die Zinsen aus den vom Gewerbebetrieb herrührenden, zum Betriebskapital gehörigen Aktivausständen und Kontokorrentguthaben sowie aus den zum Zwecke der vorübergehenden nutzbringenden Anlage der Betriebsmittel erworbenen Wertpapieren und Wechseln. Voraussetzung ist, daß diese Wertbestände tatsächlich dem Gewerbebetriebe dienen und zum Betrieb des Gewerbes auch notwendig sind, nicht aber den Charakter einer dauernden verzinslichen Kapitalanlage haben.

3. Kapitalien, welche nur zur Verwaltung, nicht aber zur eigenen nutzbringenden Verwendung übergeben sind, unterliegen der Besteuerung bei dem zum Zinsbezug Berechtigten.

4. Die im letzten Absatze des § 5 des Gesetzes zugelassene Befreiung der Witwen, geschiedenen, verlassenen oder getrennt lebenden Ehefrauen, vaterlosen Minderjährigen und erwerbsbeschränkten Personen ist davon abhängig, daß ihr steuerpflichtiges Kapitaleinkommen unter Hinzurechnung der Erträge aus sonstigen Erwerbs- oder Vermögensquellen — gleichviel ob dieselben aus dem In- oder Auslande herrühren und in Elsaß-Lothringen steuerbar sind oder nicht — die Summe von 300 ℳ jährlich nicht übersteigt. Zur Unterlassung der Veranlagung ist die Genehmigung des Ministeriums nötig. Bezüglich der Hinzurechnung der Erträge aus sonstigen Erwerbsquellen vergleiche den nachstehenden Artikel 16 Ziffer 1 b.[6])

III. Maßstab der Steuer.

Artikel 5.
(§§ 6, 7 des Gesetzes.)

1. Als steuerbarer Betrag gilt der Jahresertrag der Kapitalien und Renten nach ihrem Bestand zur Zeit der Veranlagung, d. h. im allgemeinen der Stand am 1. April des Jahres, für welches die Veranlagung erfolgt.[7]) Tritt die Steuerpflicht im Laufe einer Steuerperiode (Artikel 13) ein, so ist der Bestand bei Beginn der Steuerpflicht maßgebend.

2. Der steuerbare Betrag berechnet sich aus der Summe der den Steuerpflichtigen tatsächlich zustehenden Zinsen, Dividenden und Renten, ohne Rücksicht auf den augenblicklichen Kurswert der Kapitalien usw.

Demgemäß sind:

a) die in bestimmter Höhe zugesicherten oder sonstigen festen Kapitalbezüge nach ihrem Jahresertrage zu berechnen;

b) die ihrem Betrage nach unbestimmten oder schwankenden Einnahmen, wie Dividenden von Aktien usw., nach dem Durchschnitt der unmittelbar vorhergehenden Steuerperiode, d. h. der letzten der Erklärung unmittelbar vorausgehenden drei Kalenderjahre, zu berechnen.[7]) Wenn diese Einnahmen noch

6) Fassung nach der Verfügung des Ministeriums vom 22. Februar 1905 (Zentr.- u. Bez. A. Bl. S. 93).

7) In der Fassung der Bekanntm. d. Minist. vom 20. Juli 1906.

nicht drei Jahre bezogen werden, so sind sie nach dem Durchschnitt des Zeitraums ihres Bestehens, nötigenfalls nach dem mutmaßlichen Jahresertrage in Ansatz zu bringen.

Für die erstmalige Veranlagung der Kapitalsteuer sind die Erträge der beiden Steuerjahre 1900 und 1901 der Berechnung zugrunde zu legen;

c) die Naturalbezüge nach ihrem Geldwert unter Zugrundlegung mittlerer Ortspreise und die in sonstigen Nutzungen bestehenden Rentenbezüge nach ihrem durch Schätzung zu bestimmenden Geldwerte in Ansatz zu bringen. Von dem Geldwert der Naturalien dürfen die etwa damit verbundenen Bezugskosten in Abzug gebracht werden.

3. Steht der Zinsfuß, zu welchem ein Kapital genutzt wird, nicht fest, so ist, sofern nicht nachweisbar ein anderer Zinsgenuß besteht, bei der Berechnung ein Zinsfuß von 3½ vom Hundert zugrund zu legen. Der gleiche Zinsfuß ist den unverzinslichen Anlehenslosen zugrund zu legen, und zwar ist der steuerpflichtige Zinsbetrag von dem ursprünglichen Nennwert der Lose zu berechnen.

Bei unverzinslichen Zielforderungen, in welchen Zinsen mit einbegriffen sind, bei Zeitrenten und anderen Forderungen, bei welchen mit den Zinsen auch Kapitalteile entrichtet werden, sind ebenso ohne Rücksicht auf die Verfalltermine im Zweifelsfalle 3½ vom Hundert des Nennwerts der jeweils ausstehenden, noch nicht getilgten Forderungsbeträge als steuerbarer Betrag anzusehen. Übersteigt dieser Betrag den durchschnittlich auf ein Jahr entfallenden Bezug, so ist der letztere in Ansatz zu bringen.

4. Dividenden, welche Versicherte aus Lebensversicherungen mit Gewinnbeteiligung vor dem Anfall der Lebensversicherungssumme beziehen, kommen, soweit sie die zu zahlenden Prämien übersteigen, mit ihren Durchschnittsbeträgen in Ansatz. — Das Gleiche gilt von den Rentenversicherungen mit Gewinnbeteiligung.

5. Unsichere Forderungen, welche seit mehr als zwei Jahren offenkundig oder erweislich nicht haben vereinnahmt werden können, bleiben außer Ansatz.

6. Rühren die steuerbaren Beträge aus Bezugsquellen außerhalb Elsaß-Lothringens her, so kann die darauf lastende Steuer (Kuponsteuer usw.) in Abzug gebracht werden.

Artikel 6.
(§ 6 des Gesetzes.)

1. An dem nach Artikel 5 ermittelten steuerbaren Betrag dürfen in Abzug gebracht werden:

a) die von dem Steuerpflichtigen nachweislich zu zahlenden Passivkapitalzinsen, soweit sie von Kapitalschulden herrühren, für welche eine Hypothek oder ein Faustpfand bestellt ist. Hierher gehören auch die Passivkapitalzinsen von solchen Kapitalschulden, welche aus Auseinandersetzungen (Erbschaften und sonstigen Vermögensgemeinschaften) herrühren, sofern sie durch Notariatsurkunden oder sonstwie zweifellos nachgewiesen sind.[7]) Sind die zur Hypothek bestellten Grundstücke nicht in Elsaß-Lothringen gelegen, so können die Zinsen dieser Kapitalschuld nicht in Abzug gebracht werden;

b) die dem steuerbaren Kapitalrentenbezuge durch besondere Titel oder sonstwie zweifellos nachweislich auferlegten privatrechtlichen Lasten.

2. Nur Zinsen sind abzugsfähig, nicht aber Beträge, welche der Schuldner neben den Zinsen zur allmählichen Tilgung der Schulden freiwillig oder infolge vertragsmäßiger Verpflichtung entrichtet (Amortisationsquoten usw.).

3. Lasten, welche den Charakter freiwilliger Zuwendungen seitens des Steuerpflichtigen haben, oder auf allgemeinen gesetzlichen Verpflichtungen beruhen, wie Steuern und Umlagen, oder die auf der Nutznießung des Vermögens Minderjähriger haftende Pflicht zur Bestreitung ihres Lebensunterhalts usw., sind vom Abzuge ausgeschlossen.

Artikel 7.
(§ 7 des Gesetzes.)

1. Für die Reichsausländer, soweit solche nicht ständig in Elsaß-Lothringen wohnen oder sich daselbst nicht des Erwerbs wegen oder auch ohne diese Absicht nicht ständig aufhalten, gelten besondere Vorschriften hinsichtlich des Ansatzes der Kapitalsteuer. Es ist dabei zu unterscheiden zwischen Ausländern, welche

a) einen Wohnsitz in Elsaß-Lothringen und daneben einen solchen im Auslande haben;

b) sich nicht des Erwerbs wegen oder nicht ununterbrochen in Elsaß-Lothringen aufhalten.

2. Die unter Ziffer 1a und b genannten Ausländer unterliegen der Kapitalsteuer, und zwar erfolgt die Berechnung der Steuer nach Maßgabe der vollen Kapitalbezüge ohne Rücksicht darauf, ob dieselben aus dem Inlande oder Auslande bezogen werden. Von der so berechneten Jahressteuer kommt jedoch nur derjenige Teil in Ansatz, welcher der mittleren

Zeitdauer des Aufenthalts in Elsaß-Lothringen während der letzten 3 Jahre entspricht. Beträgt die Aufenthaltsdauer des Ausländers beispielsweise für die letzten 3 Jahre im ersten dieser Jahre 2 Monate, im nächsten 4 Monate und im folgenden Jahre 6 Monate, so kommt die Steuer nach Maßgabe einer durchschnittlichen Aufenthaltsdauer von $\frac{12}{3} = 4$ Monaten zu vier Zwölfteln des Jahresbetrages der Steuer in Ansatz.

Beträgt die mittlere Aufenthaltsdauer dagegen nicht mehr als 3 Monate für das Jahr, so kommt

a) für die unter a bezeichneten Ausländer die nach Vorstehendem berechnete Steuer nur zur Hälfte,

b) für die unter b bezeichneten Ausländer eine Steuer überhaupt nicht

in Ansatz.

IV. Betrag der Steuer.

Artikel 8.

(§ 9 des Gesetzes.)

Die Steuer beträgt 3½ vom Hundert des steuerbaren Betrages (Art. 5 und 7) nach Berücksichtigung der zulässigen Abzüge (Art. 6). Die Berechnung derselben erfolgt nach dem dem Kapitalsteuergesetze (§ 9) beigefügten Tarife. Die in demselben angegebenen Ertragsziffern gelten für die obere Grenze mit Einschluß derselben.

V. Veranlagungsgrundsätze.

Artikel 9.

(§ 10 des Gesetzes.)

1. Als Ort der Veranlagung gilt der Wohnsitz oder Aufenthalt des Steuerpflichtigen am 1. April des Jahres, für welches die Veranlagung erfolgt.[7]) Hat der letztere in Elsaß-Lothringen mehrere Wohnsitze, so ist zunächst festzustellen, wie lange der Aufenthalt im Durchschnitt während des Jahres an den einzelnen Wohnsitzen dauert. Die Veranlagung hat an dem Orte zu erfolgen, auf den die größte Aufenthaltsdauer entfällt. Die berechnete Jahressteuer ist nach dem Verhältnis der Aufenthaltsdauer auf die einzelnen Wohnsitzgemeinden zu verteilen.

2. Beträgt der durchschnittliche Aufenthalt in einer Gemeinde nicht 3 Monate im Jahr, so ist diese Gemeinde bei der Verteilung nicht zu berücksichtigen. Ergeben sich bei der Feststellung der Aufenthaltsdauer in den verschiedenen Gemeinden oder dem Ort der Veranlagung Zweifel, so ist die Entscheidung des Direktors der direkten Steuern einzuholen.

Artikel 10.

(§ 11 des Gesetzes.)

1. Dem eigenen Kapitalbezuge des Steuerpflichtigen ist zuzurechnen der etwaige besondere Kapitalbezug

a) der Ehefrau, und zwar ohne Rücksicht auf das zwischen den Eheleuten geltende Güterrecht, namentlich auch dann, wenn der Bezug der Ehefrau vorbehalten oder sonst dem Nießbrauche des Mannes entzogen ist. Nur wenn die Ehefrau dauernd von dem Ehemanne getrennt lebt, ist sie auch bei bestehender Ehe selbständig zu veranlagen;

b) der minderjährigen Kinder, einschließlich der angenommenen Stief- und Pflegekinder, welche von dem Familienhaupte in oder außer dem Hause Wohnung und Unterhalt empfangen. Dieselben sind jedoch selbständig zu veranlagen, wenn sie einen der Verfügung des Haushaltungsvorstandes nicht unterliegenden Kapitalertrag beziehen (Ziff. 4). Als der Verfügung des Haushaltungsvorstandes nicht unterliegend gilt der Ertrag aus Kapitalvermögen, dessen Nutznießung dem Haushaltungsvorstande nicht zusteht.

Beträgt der Kapitalertrag der einzelnen Kinder usw. nicht mehr als 100 *M* jährlich, so bleibt derselbe außer Anrechnung.

2. Volljährige Kinder, Geschwister, Eltern, Schwiegereltern, entferntere Verwandte und Verschwägerte, welche mit dem Steuerpflichtigen einen Hausstand bilden, werden in der Regel selbständig veranlagt. Unterliegt ihr Kapitaleinkommen der Nutznießung des Haushaltungsvorstandes, so wird dasselbe dem letzteren zugerechnet.

3. Die Kapitalbezüge der nicht zur Familie gehörigen Personen, welche vom Steuerpflichtigen mit Gehalt oder Lohn zu Dienstleistungen angenommen sind, sowie die Kapitalbezüge der Kostgänger, Untermieter und Schlafstellenmieter des Steuerpflichtigen werden in keinem Falle dem letzteren zugerechnet.

4. Soweit die Kapitalerträge der Ehefrau oder der Kinder dem Haushaltungsvorstand zugerechnet werden, sind diese für ihre Person nicht steuerpflichtig, wohl aber für die nicht zuzurechnenden Kapitalbezüge, soweit diese über 100 *M* jährlich betragen.

5. Der auf den Haushaltungsvorstand veranlagte Steuerbetrag gilt als Gesamtschuld beider Ehegatten; haftbar ist die Ehefrau jedoch nur bis zu dem Betrag, den sie bei selbständiger Veranlagung für ihren eigenen Kapitalbezug zu entrichten haben würde. Im

Falle der Geltendmachung dieses Rechtsvorteils liegt der Ehefrau der Nachweis ob, welcher Teil von dem veranlagten Kapitalertrag auf sie trifft.

VI. Steuererklärung.

Artikel 11.
(§ 12 des Gesetzes.)

1. Jeder Kapitalsteuerpflichtige ist auf die durch öffentliche Bekanntmachung ergehende Aufforderung zur Abgabe einer Steuererklärung (Art. 12) für die kommende Steuerperiode verpflichtet. Der Vorsitzende der Veranlagungskommission hat zu diesem Zweck jedem hiernach zur Steuererklärung Verpflichteten bei Erlaß der öffentlichen Aufforderung eine besondere Aufforderung nebst einem Steuererklärungsformular zuzustellen (vgl. Art. 27, 33 u. 43); hiervon ist aber weder der Eintritt der Verpflichtung, noch der Lauf der Frist zur Abgabe der Steuererklärung (Ziffer 3) abhängig. Steuerpflichtige, welchen eine besondere Aufforderung mit Formular nicht zugegangen ist, können ein solches an den in der öffentlichen Aufforderung bezeichneten Stellen kostenlos in Empfang nehmen.

2. Die Steuererklärungen sind für Personen, die unter Pflegschaft oder Vormundschaft stehen, vom Pfleger oder Vormund, für nicht natürliche Personen (Art. 2 Ziffer 4) von den zur Vertretung derselben nach außen berechtigten Vorstandsmitgliedern usw., für minderjährige Kinder, welche unter elterlicher Gewalt stehen, vom Vater, wenn aber die elterliche Gewalt der Mutter zusteht, von dieser abzugeben. Im Falle des § 1693 des B.G.B. ist auch der der Mutter bestellte Beistand zur Abgabe der Steuererklärung für die seiner Pflegschaft unterstellten Kinder verpflichtet. Für Personen, welche abwesend oder sonst verhindert sind, die Steuererklärungen selbst abzugeben, können diese durch Bevollmächtigte erfolgen, welche ihren Auftrag auf Erfordern nachzuweisen haben.

Die Erfüllung der Steuererklärungspflicht seitens eines von mehreren Vertretern befreit die übrigen Verpflichteten von ihrer Verbindlichkeit.

3. Die Steuererklärung ist innerhalb der in der öffentlichen Aufforderung bestimmten, auf mindestens einen Monat zu bemessenden Frist bei dem Vorsitzenden der Veranlagungskommission oder nach Wahl der Steuerpflichtigen auch bei der zuständigen Steuerkasse schriftlich oder zu Protokoll abzugeben.

Die Steuerkassen haben die bei ihnen eingehenden Erklärungen oder die Protokolle hierüber, gemeindeweise geordnet, spätestens 8 Tage nach ihrer Abgabe dem Vorsitzenden der Veranlagungskommission einzusenden.

4. Für die erstmalige Veranlagung für 1903 ist die Frist zur Abgabe der Steuererklärung auf 6 Wochen festzusetzen, und es ist nach Ablauf dieser Frist denjenigen Steuerpflichtigen, welche eine Erklärung nicht abgegeben haben, eine zweite Erklärungsaufforderung mit einer weiteren Frist von 10 Tagen zuzustellen. (Vergl. Art. 27.)

5. Schriftliche Steuererklärungen können durch die Post frankiert eingesendet werden; zur Sicherung des Steuerpflichtigen empfiehlt sich in diesem Falle die Sendung als „Einschreibebrief“, da der Absender die Gefahr trägt.

Artikel 12.

1. Die Steuererklärung über den Kapitalbezug ist nach dem Muster 1 abzugeben. Dasselbe dient zugleich für die Steuererklärung über die Bezüge aus Lohn und Besoldung (Art. 22).

Bei der Abgabe der Erklärung ist zu beachten:

a) dem eigenen Kapitalbezug hat der Steuerpflichtige das etwaige besondere Kapitaleinkommen seiner nicht selbständig zu veranlagenden Haushaltungsangehörigen (Art. 10) hinzuzurechnen;
b) bei den Passivkapitalzinsen (Schuldzinsen) und Lasten, deren Abzug gemäß Artikel 6 geltend gemacht wird, ist das Rechtsgeschäft, worauf die Schuldentilgung beruht, ferner die Person des Gläubigers oder Rentenempfängers sowie der auf den einzelnen Gläubiger oder Empfänger treffende Zins- oder Rentenbetrag anzugeben;
c) für den Steuerpflichtigen empfiehlt es sich, bei den Naturalbezügen und sonstigen Nutzungen (Art. 5 Ziff. 2 c) die zugrunde gelegten Ortspreise und Geldwerte unter gleichzeitiger Angabe der etwaigen Bezugskosten ersichtlich zu machen.

2. Im übrigen ergibt der Vordruck des Musters die Art der Ausfüllung und erhält der Steuerpflichtige auf Ansuchen von dem Vorsitzenden der Veranlagungskommission auch mündlich die erforderliche Belehrung.

3. Die Steuererklärung ist unter der Versicherung abzugeben, daß die Angaben auf Pflicht und Gewissen gemacht sind. In derselben hat der Steuerpflichtige unter Beifügung seiner Namensunterschrift und des Tags der Erklärung die für ihn zutreffende Stufe mit den Ertragsziffern anzugeben, welche der untern und obern Grenze der Stufen entsprechen.

8) Die Muster sind nicht mit abgedruckt.

VII. Steuerperiode.

Artikel 13.

(§ 14 des Gesetzes.)

1. Die Veranlagung der Kapitalsteuer erfolgt jedesmal für eine Steuerperiode von 3 Jahren; demgemäß hat auch die nach Artikel 11 abgegebene Steuererklärung in der Regel für eine volle Steuerperiode Geltung. Änderungen in dem Personalbestande der Steuerpflichtigen der einzelnen Gemeinden oder in dem Ertrage der Kapilalien und Renten derselben bleiben im allgemeinen für die Veranlagung während der Steuerperiode außer Berücksichtigung.

2. Ausnahmen finden nur statt, wenn

a) Personen durch Zuzug aus anderen deutschen Staaten oder dem Auslande steuerpflichtig werden;

b) Steuerpflichtige aus Elsaß-Lothringen wegziehen;

c) die Steuerpflicht bei bisher kapitalsteuerfreien Personen infolge von Erbschaft, Schenkung, Teilung, Heirat sowie von Verkauf von Grundstücken oder Gewerben neu begründet wird;

d) die Steuerpflicht bei bisher kapitalsteuerpflichtigen Personen infolge von Sterbefall, Schenkung, Teilung, Heiratsvertrag sowie infolge von Kauf von Liegenschaften oder Gewerben erlischt;

e) der steuerpflichtige Betrag sich durch Erbschaft, Schenkung, Teilung, Heirat oder Verkauf oder Kauf von Grundstücken oder Gewerben sowie durch Vermehrung oder Verminderung der in Abzug gebrachten Passivkapitalzinsen und Lasten (Art. 6) derart verändert, daß der Steuerpflichtige mindestens in die zweitnächst höhere oder niedrigere Tarifstufe (Art. 8) einzureihen ist. Eine Verminderung der Veranlagung findet jedoch nur dann statt, wenn der Nachweis erbracht wird, daß der Kauf, die Schenkung usw. nicht aus anderen Ertragsquellen oder sonstigen Einkommen oder aus Ersparnissen gedeckt, sondern daß wirklich eine Verminderung des Kapitalstocks eingetreten ist;[9])

f) ein tatsächlicher Irrtum bei der Veranlagung vorgekommen ist.

[10]) 3. In den unter Ziffer 2a und b aufgeführten Fällen ist bezüglich des Zeitpunktes, mit dem die Neu-Veranlagung bezw. die Freistellung in Kraft tritt, zu unterscheiden, ob der Zuzug oder der Wegzug von bezw. nach dem Auslande oder einem anderen Bundesstaate erfolgt.

In ersterem Falle tritt die Änderung mit Wirkung vom nächsten Kalendervierteljahre ein; für letzteren Fall wird auf Grund des Gesetzes vom 14. Juli 1905 hiermit folgendes bestimmt.

Mit Wirkung vom nächsten Kalendervierteljahr ab erfolgt die Änderung bei Zu- oder Wegzug von bezw. nach den Bundesstaaten: Bayern, Mecklenburg-Schwerin, Mecklenburg-Strelitz, Schwarzburg-Sondershausen, Reuß ä. L.;

mit Wirkung schon vom nächsten Monat ab erfolgt die Änderung, wenn einer der übrigen Bundesstaaten in Frage kommt.

In den unter Ziffer 2c—e aufgeführten Fällen tritt eine Änderung der Veranlagung bezw. eine Neubegründung der Steuerpflicht erst mit Beginn des nächsten Kalendervierteljahres ein.

Für die Verlegung des dienstlichen Wohnsitzes von Offizieren und Beamten ist die Bestimmung der vorgesetzten Behörde über den Zeitpunkt der Versetzung entscheidend, ohne daß es darauf ankommt, ob der Versetzte etwa erst später tatsächlich eine Wohnung im Sinne des § 1 Abs. 2 des Doppelbesteuerungsgesetzes (Gesetzbl. f. Els.-Lothr. 1872 S. 61) an dem neuen Garnisonort oder Amtssitz genommen hat.[11])

Beispielsweise verliert ein zum 1. September Versetzter den Wohnsitz am bisherigen Orte bereits am 31. August, so daß seine Besteuerung am neuen Orte bereits vom 1. September ab zu erfolgen hat.

Für andere Personen ist die Beendigung oder Neubegründung der Steuerpflicht von den tatsächlichen Verhältnissen abhängig. Verzieht ein bisher in Elsaß-Lothringen wohnhaft gewesener elsaß-lothringischer Staatsangehöriger in einen anderen Bundesstaat, so erlischt seine Steuerpflicht in Elsaß-Lothringen nicht bereits infolge seines Wegzugs aus Elsaß-Lothringen, sondern erst infolge der Begründung eines neuen Wohn-

9) In der Fassung der Bekanntm. d. Minist. vom 20. Juli 1906.

10) In der Fassung der Bekanntm. d. Minist. vom 5. August 1905.

11) Jetzt § 1 Abs. 2 des Doppelsteuergesetzes vom 22. März 1909 (Reichsgesetzbl. S. 332). Nach den Vorschriften dieses Gesetzes ist für die Steuerpflicht der Wohnsitz maßgebend, der dienstliche Wohnsitz kommt dagegen erst in zweiter Linie in Betracht (wenn ein allgemeiner Wohnsitz nicht oder sowohl am Orte des dienstlichen Wohnsitzes wie auch anderwärts besteht). Hiernach ist der Zeitpunkt der Verlegung des Wohnsitzes, nicht der Zeitpunkt der Versetzung maßgebend.

sitzes in dem anderen Bundesstaat. Verzieht dagegen jemand, der die elsaß-lothringische Staatsangehörigkeit **nicht** besitzt, aber vermöge seines Wohnsitzes (Aufenthalts) bisher in Elsaß-Lothringen steuerpflichtig war, in einen anderen Bundesstaat, so erlischt seine persönliche Steuerpflicht in Elsaß-Lothringen mit der Aufgabe des Wohnsitzes und Aufenthalts in Elsaß-Lothringen. Ein Unterschied, ob der neue Wohnsitz am ersten oder einem späteren Tage des Monats begründet wird, besteht für die Steuerpflicht nicht; die Ab- oder Zugangstellung findet stets erst vom 1. Tage des folgenden Monats oder Vierteljahrs statt.

In allen Fällen sind die Steuerpflichtigen gehalten, auf die ergehende öffentliche Aufforderung, mit welcher, soweit möglich, eine besondere Aufforderung mittelst Zustellung des vorgeschriebenen Formulars zu verbinden ist, eine neue oder berichtigende nachträgliche Steuererklärung nach Maßgabe der Bestimmungen des Artikels 12 abzugeben.

In dem Falle unter Ziffer 2 f) tritt die Berichtigung mit Wirkung vom Beginn des Steuerjahres ein.

Zweiter Teil.

Lohn- und Besoldungssteuer.

I. Gegenstand der Besteuerung.

Artikel 14.

(§ 2 des Gesetzes.)

Der Lohn- und Besoldungssteuer unterliegen die Bezüge aus einem öffentlichen oder privaten Dienstverhältnisse, aus einem wissenschaftlichen oder künstlerischen Berufe, aus schriftstellerischer, unterrichtender, erziehender oder irgend einer anderen ertragbringenden Tätigkeit, sowie aus Rechten auf periodische Hebungen und Vorteile irgendwelcher Art, soweit die Bezüge nicht bereits durch eine der bestehenden Steuern getroffen und nicht nur vorübergehend oder nebensächlich sind.

Es gehören demgemäß hierher:

1. die Besoldungen, Gehälter, Remunerationen, Wartegelder, Pensionen, Gebühren, Sporteln u. dgl. der Beamten des Reichs, des Landes, der Bezirke, der Gemeinden und öffentlichen Anstalten sowie der Offiziere und Beamten des Heeres und der Marine, mit Ausschluß der denselben ausdrücklich als Repräsentationskosten gewährten Bezüge;
2. die Besoldungen, Gehälter, Remunerationen, Wartegelder, Pensionen und sonstigen auf Gesetz oder allgemein gültigen Festsetzungen beruhenden Gebühren, die Kasualien der Geistlichen und sonstigen Beamten kirchlicher Gemeinschaften mit Ausschluß der Vergütungen aus Meßstiftungen.[12])
3. die Besoldungen, Gehälter, Remunerationen, Wartegelder, Pensionen, Honorare und sonstigen Vergütungen, einschließlich der Kollegiengelder, Prüfungsgebühren und der Vergütungen für Neben- oder Privatunterricht der Vorsteher, Lehrer, Gehilfen, Erzieher und sonstigen Angestellten an öffentlichen und privaten Lehr-, Erziehungs-, Heil-, Kunst- und wissenschaftlichen Anstalten sowie der gemeinnützigen, geselligen oder sonstigen nicht auf Erwerb gerichteten Vereinigungen, ferner der Privatlehrer u. dgl.;
4. die Gehälter, Saläre, Gratifikationen und sonstigen Vergütungen der Aufsichtsräte, Direktoren, Geranten, Angestellten u. dgl. von Handels- und Industriegesellschaften und in sonstigen Handels-, Industrie-, Gewerbe- und landwirtschaftlichen Betrieben, einschließlich der Tantiemen und sonstigen der Kapitalsteuer nicht unterliegenden Gewinnanteile;
5. die Gehälter, Löhne und sonstigen Vergütungen der Hausangestellten, Hofmeister, Erzieher, Pförtner, Gärtner u. dgl., einschließlich des Werts der Kost und Wohnung;
6. die Löhne für Zeit- (Tage- u. dgl.) und Stück-(Akkord-)Arbeiten in Handels-, Industrie-, Gewerbe-, landwirtschaftlichen und sonstigen Betrieben, solche mögen von dem Arbeitgeber in festen oder wandelbaren Bezügen, in Kost, Wohnung, oder statt, oder neben denselben, wie z. B. bei Kellnern, Pförtnern in Gasthäusern usw., als freiwillige Zuwendungen von dritten Personen (Trinkgelder u. dgl.) gewährt werden, sofern diese Zuwendungen als regelmäßige beständige Einnahmequelle anzusehen und nicht von nur nebensächlicher Bedeutung sind;
7. die Pensionen, Erziehungsgelder oder sonstigen Vergütungen, welche den Hinterbliebenen der unter 1 bis 5 genannten Personen aus deren Dienstverhältnis zustehen und gewährt werden;
8. die den unter 1 bis 7 bezeichneten Personen aus dem Dienstverhältnis zustehenden Naturalbezüge aus Nutzungsrechten, aus Wohnungen u. dgl., sofern und soweit dafür

12) In der Fassung der Bekanntm. d. Minist. vom 20. Juli 1906. Die Worte „mit Ausschluß der Vergütungen aus Meßstiftungen" sind weggefallen.

nicht ein Abzug von der Besoldung usw. stattfindet oder dafür von ihnen die Gebäudesteuer bezahlt wird (vgl. Art. 17 Ziff. 3 c).[13])

Sofern die Dienstwohnungsinhaber nur zur Zahlung der Bezirks- und Gemeindezuschläge von der Gebäudesteuer verpflichtet sind, findet eine Befreiung von der Lohn- und Besoldungssteuer nicht statt, jedoch kann der Betrag der Zuschläge an dem der Lohn- und Besoldungssteuer unterliegnden Gehaltsbezuge in Abzug gebracht werden.

8 a. Renten auf Grund des Reichs-Haftpflichtgesetzes vom 7. Juni 1871 (Ges.-Bl. f. Els.-Lothr. 1872 S. 769[14]);

9. die Honorare der Künstler, Schriftsteller, Tondichter usw., einschließlich der denselben zustehenden und gewährten Tantiemen u. dgl. für die Aufführung ihrer Werke, sowie die den Hinterbliebenen derselben daraus zustehenden und gewährten Bezüge;

10. die auf Vertrag oder sonstigen bindenden Verpflichtungen beruhenden Zuschüsse von Eltern an Kinder, insbesondere an Offiziere u. dgl. (vgl. Art. 17 Ziff. 3 e, letzter Absatz).

Nicht hierher gehören:

a) die Bezüge der Notare, Rechtsanwälte, Ärzte, Gerichtsvollzieher, Architekten usw. aus dem Geschäftsbetriebe dieses Berufs, soweit solche von der Gewerbesteuer getroffen sind;

b) die Bezüge der Teilhaber offener Handelsgesellschaften, der persönlich haftenden Gesellschafter einfacher Kommanditgesellschaften und Kommanditgesellschaften auf Aktien, sowie der Kommanditisten einfacher Kommanditgesellschaften, welche der Gewerbesteuer oder der Kapitalsteuer unterliegen;

c) die Bezüge, welche auf Hingabe von Grund- oder Gebäudeeigentum beruhen, dessen Ertrag bereits durch die Grund- oder Gebäudesteuer in Elsaß-Lothringen getroffen ist (vgl. Art. 1 d); sowie die periodischen Bezüge, welche für die Abtretung eines Gewerbes dem früheren Inhaber zu zahlen sind und in der Hand des jetzigen Inhabers der Gewerbesteuer unterliegen;

d) die Vorteile von Hebungen, welche nur den Charakter freiwilliger Zuwendungen, nicht aber denjenigen regelmäßiger Vergütungen für geleistete Dienste haben;

e) der Ertrag aus Pachtungen in Elsaß-Lothringen gelegener landwirtschaftlicher Grundstücke.

II. Subjektive Steuerpflicht.

Artikel 15.

(§ 3 des Gesetzes.)

Lohn- und besoldungssteuerpflichtig sind:

1. die Landes- und sonstigen Reichsangehörigen, welche ihren Wohnsitz oder Aufenthalt im Sinne des Doppelbesteuerungsgesetzes vom $\frac{\text{13. Mai 1870}}{\text{14. Januar 1872}}$ [15]) (vgl. Art. 2) in Elsaß-Lothringen haben;

2. die Reichsausländer, welche in Elsaß-Lothringen einen Wohnsitz haben oder sich daselbst des Erwerbs wegen oder auch, ohne daß diese beiden Voraussetzungen zutreffen, sich daselbst seit länger als einem Jahr ununterbrochen oder seit mindestens 3 Jahren mit Unterbrechungen aufhalten. Reichsausländer, welche einen Wohnsitz im Ausland und daneben einen solchen in Elsaß-Lothringen haben, sind nur für die Dauer ihres Aufenthalts in Elsaß-Lothringen steuerpflichtig, falls sie sich nicht des Erwerbs wegen hier aufhalten;[16]) [17])

3. diejenigen Personen, welche aus der Landeskasse Besoldung, Gehalt, Pension oder Wartegeld beziehen, selbst wenn sie ihren Wohnsitz oder Aufenthalt nicht in Elsaß-Lothringen haben.[18])

[19]) Das Reichsgesetz vom 13. Mai 1870 bestimmt, daß Gehalt, Pension und Wartegeld, welche deutsche Militärpersonen und Zivilbeamte sowie deren Hinterbliebene aus der Kasse eines Bundesstaats beziehen, nur in demjenigen Staat zu besteuern sind, welcher die Zahlung zu leisten hat. Hiernach unterliegen die in Elsaß-Lothringen wohnenden Offiziere, Ärzte und Beamten des bayerischen Heeres, deren Diensteinkommen nach dem Bündnisvertrage vom 23 November 1870 (R.G.Bl. 1871 S. 9) aus der bayerischen Staatskasse gezahlt wird, nicht der Lohn- und Besoldungssteuer.

13) Zufolge eines nicht veröffentlichten Erlasses des Ministeriums, vom 20. Februar 1911 III 1925.

14) In der Fassung der Bekanntm. d. Minist. vom 20. Juli 1906.

15) Jetzt Doppelsteuergesetz vom 22. März 1909 (Reichsgesetzbl. S. 322).

16) In der Fassung der Bekanntm. d. Minist. vom 20. Juli 1906.

17) Wegen der sogenannten ausländischen Saisonarbeiter jedoch § 12 Abs. 1 Satz 2 und 3.

18) Jedoch nur soweit die Vorschriften des Doppelsteuergesetzes vom 22. März 1909 nicht entgegenstehen.

19) Die beschränkende Bestimmung des § 4 a. a. O. ist nach dem Doppelsteuergesetz vom 22. März 1909 weggefallen. Damit ist die Besteuerung der Offiziere usw. des bayrischen Heeres in Elsaß-Lothringen zulässig geworden.

dagegen sind die in Elsaß-Lothringen wohnenden Offiziere, Militärärzte und Beamten der übrigen Truppenkontingente des deutschen Heeres lohn- und besoldungssteuerpflichtig.

Während alle Staatsbeamten bezüglich ihrer Gehalts- und Pensionsbezüge dem zahlenden Staat steuerpflichtig sind, unterliegen die Beamten des Reichs hinsichtlich ihrer Bezüge der Besteuerung nur an ihrem Wohnort bzw. ihrem dienstlichen Wohnsitz (§ 2 des Doppelbesteuerungsgesetzes). Die außerhalb Elsaß-Lothringens wohnenden Landesbeamten unterliegen hiernach der Lohn- und Besoldungssteuer, nicht aber die beispielsweise in der Schweiz und Luxemburg stationierten Reichseisenbahnbeamten (vgl. auch § 4 Ziffer 9 des Gesetzes).

Die Steuerfreiheit der in Elsaß-Lothringen wohnenden Beamten und Pensionäre anderer Bundesstaaten (vergleiche § 4 Ziffer 8 des Gesetzes) erstreckt sich nur auf die Staatssteuer, nicht aber auf die Beitragspflicht zu den Gemeinde- und Bezirkszuschlägen.[20])

Artikel 16.[21])

(§ 4¹ des Gesetzes.)

1. Voraussetzung der Steuerpflicht ist,

a) daß der zu Veranlagende überhaupt Bezüge aus Lohn und Besoldung gemäß Artikel 14 besitzt;

b) daß das wirkliche, reine Gesamteinkommen des zu Veranlagenden den Betrag von 700 ℳ jährlich übersteigt. Das wirkliche, reine Gesamteinkommen setzt sich zusammen aus den Erträgen sämtlicher Einkommensquellen des zu Veranlagenden selbst, sowie seiner nicht selbständigen Haushaltungsangehörigen — gleichviel ob die Erträge aus dem In- oder Auslande herrühren und in Elsaß-Lothringen steuerbar sind oder nicht — abzüglich der zur Gewinnung dieser Erträge zu verwendenden Auslagen, sowie abzüglich der auf rechtlicher Verpflichtung beruhenden Lasten. So sind im einzelnen bei den Erträgen aus den nachbenannten Erwerbsquellen unter Berücksichtigung der abzugsfähigen Lasten, wie Passivkapitalzinsen, Hypothekenzinsen usw., folgende Werte in Ansatz zu bringen:

für den Ertrag aus Kapitalvermögen, Lohn und Besoldung: der tatsächliche Jahresbetrag;

für den Ertrag aus Gewerbe- und Wandergewerbebetrieb: der wirkliche durchschnittliche Reingewinn;

für den Ertrag aus Gebäudevermögen: der der Gebäudesteuer zugrunde liegende Nutzungswert;

für den Ertrag aus Grundvermögen und landwirtschaftlichen Pachtungen: der tatsächliche Reinertrag, also nicht nur der durch die Grundsteuer getroffene Reinertrag, sondern auch der Arbeitsverdienst des zu Veranlagenden und seiner Familie aus dem Betriebe der Landwirtschaft, bei Pachtungen selbstverständlich unter Abzug der Pacht.

III. Maßstab der Steuer.

Artikel 17.

(§ 5 des Gesetzes.)

1. Bei ständigen, festen Bezügen, welche infolge eines dauernden Dienst- oder Vertragsverhältnisses für bestimmte Zeitabschnitte in gleichmäßigen Beträgen gewährt werden, bildet der Jahresbetrag dieser Bezüge einschließlich der zu denselben zu rechnenden nicht bereits von dem Pflichtigen besteuerten Naturalleistungen (z. B. freie Wohnung in Gebäuden, für welche die Gebäudesteuer nicht von der lohn- und besoldungssteuerpflichtigen Person gezahlt wird — vgl. Art. 14 Ziff. 8 —) den steuerbaren Betrag.

2. Bei Lohneinkommen bildet der auf den Zeitraum eines vollen Jahres umgerechnete Tages-, Wochen- oder Monatsbezug oder Stücklohn den steuerbaren Betrag.

3. Bei unständigen Bezügen ist nicht der künftige, in der Steuerperiode zu erwartende Betrag des Lohneinkommens als Maßstab anzunehmen, sondern es bildet der Durchschnitt der letzten 3 Jahre den steuerbaren Betrag. Ist der Steuerpflichtige noch nicht volle 3 Jahre im Genusse dieser Bezüge, so findet eine Berechnung des mutmaßlichen Jahresbetrags unter Zugrundelegung der Bezüge des kürzeren Zeitraums statt.

Dabei ist noch besonders zu beachten:

a) Die Bezüge sind stets im Rohertrage zu ermitteln. Abzüge für etwa zu zahlende Zinsen von Schuldkapitalien, welche z. B. zum Zwecke des Unterhalts oder zur Erlangung der wissenschaftlichen Ausbildung aufgenommen worden sind, sowie für Steuern und sonstige öffentliche Lasten sind unzulässig. Dagegen können die zur

20) In der Fassung der Bekanntm. d. Minist. vom 22. Februar 1905; die Vorschrift ist jetzt gegenstandslos geworden, da nach dem Doppelsteuergesetz vom 22. März 1909 diese Beamten nur noch in Els.-Lothringen besteuert werden dürfen.

21) In der Fassung der Bekanntm. d. Minist. vom 22. Februar 1905.

Gewinnung des Lohn- und Besoldungsbezuges erforderlichen Auslagen (bei Lohnarbeitern die Kosten des von ihnen selbst zu beschaffenden Handwerkszeugs usw., bei Privatlehrern der Mietsaufwand für Schulräume, bei Malern der Aufwand für Atelier usw.) in Abzug gebracht werden.

b) Die Bezüge sind nach dem Stand am 1. April jeden Jahres zu berücksichtigen, bei Ergänzungsveranlagungen (Art. 42 ff.) nach dem Stand zur Zeit der Veranlagung.[22])

c) Naturalbezüge sind schätzungsweise nach ihrem Geldwert in Ansatz zu bringen, freie Dienstwohnungen nach ihrem ortsüblichen Mietwert. Zahlt der Inhaber der Dienstwohnung die Gebäudesteuer für dieselbe, so bleibt die Dienstwohnung bei der Besoldungssteuer außer Ansatz. Erleidet der Inhaber für die Dienstwohnung einen Abzug von seiner Besoldung, so ist nur der um den Betrag dieses Abzugs geminderte Gehaltsbezug der Lohn- und Besoldungssteuer unterworfen, sofern der Inhaber die Gebäudesteuer für die Dienstwohnung zahlt.[22])

d) Dienstaufwandsentschädigungen, Reisekosten und Tagegelder sowie ähnliche Nebenbezüge, welche als Ersatz für Dienstauslagen anzusehen sind, bleiben außer Ansatz; dagegen sind in Geld gewährte Wohnungsgeldzuschüsse als ein Teil der Besoldung zu berücksichtigen. Das gleiche gilt von dem Servis und den sämtlichen Dienstzulagen der Offiziere und Militärbeamten. Stallservis bleibt steuerfrei.

e) Pensionen (einschließlich der an Hinterbliebene bezahlten), Wartegelder und alle anderen ähnlichen aus einem öffentlichen oder privaten Dienstverhältnisse herrührenden Bezüge, welche als Entgelt für frühere Dienstleistung, Berufstätigkeit oder sonstige Arbeit bewilligt worden sind, haben in Ansatz zu kommen, sofern sie auf gesetzlicher Grundlage oder klagbarem Rechtstitel beruhen.

Unterstützungen, welche von dem freien Willen des Gebers abhängig sind, auch wenn sich dieselben tatsächlich wiederholen, bleiben außer Ansatz. Das gleiche gilt von solchen Zuwendungen — z. B. der Eltern an ihre Kinder und umgekehrt —, welche auf der gesetzlichen Unterhaltungspflicht beruhen. Übersteigen die Zuwendungen die gesetzliche Alimentationspflicht und beruhen dieselben auf Vertrag oder sonstiger bindender Verpflichtung, so unterliegen sie der Besteuerung in der Hand des Empfängers.

Es gilt als Grundsatz, daß bei diesem sogenannten „abgeleiteten Einkommen" dessen Besteuerung nur einmal, entweder beim Geber oder beim Empfänger, nicht aber bei beiden, zu erfolgen hat.

f) Die Bezüge der Direktoren (Geranten) der Aktiengesellschaften, Berggewerkschaften, sowie der Geschäftsführer der Gesellschaften mit beschränkter Haftung, welche als Beamte der Gesellschaft zu gelten haben, sind mit Einschluß der Tantiemen usw. zur Lohn- und Besoldungssteuer heranzuziehen. Dagegen gelten die nicht aus Aktienbesitz herrührenden Bezüge der persönlich haftenden Gesellschafter von Kommanditgesellschaften auf Aktien als gewerbliches Einkommen und sind der Lohn- und Besoldungssteuer nicht unterworfen.

g) Bei Feststellung des steuerbaren Betrags aus Lohn- und Stück-(Akkord-)Arbeiten ist schätzungsweise der gezahlte durchschnittliche Tagelohn bzw. der mittlere Tages- oder Wochenverdienst zugrunde zu legen und der Jahresbetrag aus der Zahl der jährlich in runder Summe anzunehmenden Arbeitstage bzw. -Wochen zu ermitteln.

IV. Betrag der Steuer.

Artikel 18.

(§ 6 des Gesetzes.)

Die Steuer beträgt 1,90 vom Hundert des nach Abzug der zulässigen Auslagen (Art. 17 Ziff. 3 a) berechneten steuerbaren Betrags. Die Berechnung derselben erfolgt nach dem dem Lohn- und Besoldungssteuergesetze (§ 6) beigefügten Tarife. Die in demselben angegebenen Ertragsziffern gelten für die obere Grenze mit Einschluß derselben.

V. Veranlagungsgrundsätze.

Artikel 19.

(§ 7 des Gesetzes.)

Der Ort, an dem die Veranlagung zu erfolgen hat, bestimmt sich nach den Vorschriften des Artikel 9, die für die Lohn- und Besoldungssteuer gleichmäßige Anwendung zu finden haben. Die Veranlagung der in Artikel 15, Ziffer 3 bezeichneten Personen, welche ihren Wohnsitz oder Aufenthalt nicht in Elsaß-Lothringen haben, hat allgemein in Straßburg zu erfolgen.

22) In der Fassung der Bekanntm. d. Minist. vom 20. Juli 1906. Zu vgl. auch Art. 14 Abs. 2 Nr. 8 in der neuen Fassung. S. Anm. 13).

Artikel 20.

(§ 8 des Gesetzes.)

1. Die Vorschriften des Art. 10 finden auf die Hinzurechnung der Lohn- und Besoldungsbezüge der Familienangehörigen zu den betreffenden Bezügen des Haushaltungsvorstandes gleichmäßige Anwendung.

Dem Haushaltungsvorstande nicht anrechnungsfähig sind die Lohn- und Besoldungsbezüge

a) der Ehefrau, welche dauernd getrennt von ihrem Ehemann lebt;

b) der übrigen Familienangehörigen, welche nicht bei dem Haushaltungsvorstande wohnen oder für ihre Wohnung und Verpflegung demselben eine bestimmte Vergütung gewähren.

2. Beträgt der Lohn- und Besoldungsbezug der Familienangehörigen einschließlich der Ehefrau im einzelnen nicht mehr als jährlich je 500 ℳ, so findet eine Anrechnung überhaupt nicht statt.

3. Bei den außerhalb Elsaß-Lothringen wohnenden Steuerpflichtigen, deren Veranlagung lediglich die ihnen aus der Landeskasse gewährten Besoldungen, Pensionen, Wartegelder usw. nach Art. 15 Ziffer 3 zugrund zu legen sind, kommen etwaige Bezüge der Familienangehörigen überhaupt nicht in Anrechnung.

Artikel 21.

(§ 9 des Gesetzes.)

Bei der Veranlagung von Steuerpflichtigen, deren steuerbarer Betrag (Art. 17) mit den Erträgen aus sonstigen Erwerbsquellen — Grund- und Gebäudevermögen, Gewerbebetrieb und Kapital — zusammen 3000 ℳ jährlich nicht übersteigt, kann mit Rücksicht auf besondere, die Leistungsfähigkeit wesentlich beeinträchtigende Verhältnisse nach freier Schätzung der Veranlagungskommission eine niedrigere Steuerstufe in Ansatz kommen, als dies dem tatsächlichen Lohn- und Besoldungsbezuge derselben entspricht.

Als Verhältnisse dieser Art kommen insbesondere in Betracht: außergewöhnliche Belastung durch Unterhalt und Erziehung der Kinder, Verpflichtung zum Unterhalt mittelloser Angehöriger, andauernde Krankheit und besondere Unglücksfälle in der Familie sowie Verschuldung.

Bezüglich der Hinzurechnung der Erträge aus anderen Erwerbsquellen vergleiche vorstehenden Artikel 16 Ziffer 1, b.[23])

VI. Steuererklärung.

Artikel 22.

(§ 10 des Gesetzes.)

Jeder Steuerpflichtige mit einem jährlichen Lohn- und Besoldungsbezuge von mehr als 2000 ℳ ist auf die durch öffentliche Bekanntmachung ergehende Aufforderung zur Abgabe einer Steuererklärung für die kommende Steuerperiode (Art. 23) verpflichtet. Die Steuererklärung ist mit der Erklärung über die Kapitalbezüge zu verbinden; die Bestimmungen der Art. 11 und 12 über die Kapitalsteuer gelten daher auch für die Lohn- und Besoldungssteuer.

Für die letztere kommt noch besonders in Betracht:

1. Die für eine Steuerperiode, d. i. ein Steuerjahr (Art. 23), abgegebene Erklärung gilt auch für die folgenden Steuerjahre; einer neuen Erklärung bedarf es erst dann, wenn in den Bezügen des Steuerpflichtigen eine derartige nachhaltige Änderung eingetreten ist, daß hierdurch eine Änderung der Tarifstufe (Art. 18) bedingt wird.

2. Seitens der im öffentlichen Dienst stehenden Steuerpflichtigen braucht eine Erklärung über ihre Bezüge aus öffentlichen Kassen nicht abgegeben zu werden; dieselbe wird ersetzt durch Nachweisungen, welche seitens der Behörden über die ihrer Verwaltung angehörenden Beamten und Bediensteten vorzulegen sind (vgl. Art. 34 Ziff. 2). Soweit diese Steuerpflichtigen im Genusse von Nebenbezügen, welche nicht aus öffentlichen Kassen bezogen werden, sich befinden, sind sie zur Angabe derselben verpflichtet.

3. Die Veranlagung der Steuerpflichtigen mit Lohn- und Besoldungsbezügen bis 2000 ℳ jährlich erfolgt auf Grund von Personalnachweisungen, deren Aufstellung nach Vorschrift des Art. 24 Ziff. 3 durch die Gemeindebehörden oder unter deren Mitwirkung zu erfolgen hat. Die Feststellung der Steuerstufen (Art. 18) ist dabei unter Anwendung von Durchschnittslohnsätzen zu bewirken. Soweit den Gemeinden durch diese Mitwirkung besondere Auslagen und Kosten erwachsen, werden dieselben auf Nachweis von der Landeskasse erstattet.

VII. Steuerperiode.

Artikel 23.

(§ 12 des Gesetzes.)

1. Die Veranlagung der Lohn- und Besoldungssteuer erfolgt für je ein Steuerjahr;

23) In der Fassung der Bekanntm. d. Minist. vom 22. Februar 1905.

die gemäß Art. 22 abgegebene Steuererklärung hat daher in der Regel nur für ein Steuerjahr Geltung, mit der Maßgabe jedoch, daß sie auch für die folgenden Steuerjahre zu Recht besteht, wenn in den Bezügen des Steuerpflichtigen keine solche nachhaltige Änderung eintritt, daß dadurch eine Änderung der Tarifstufen (Art. 18) bedingt wird.

2. Während des Steuerjahrs treten Änderungen nur ein, wenn

a) Personen durch Zuzug aus anderen deutschen Staaten oder dem Ausland steuerpflichtig werden;

b) Steuerpflichtige aus Elsaß-Lothringen wegziehen;

c) Personen in ein die Steuerpflicht begründendes Verhältnis neu eintreten;[24])

d) tatsächliche Irrtümer bei der Veranlagung vorgekommen sind.

Für den Zeitpunkt der Änderung sind in allen Fällen die Vorschriften des Artikels 13 Ziffer 3 maßgebend.[25])

Im übrigen haben Änderungen in den Bezügen der Steuerpflichtigen während eines Steuerjahres eine Änderung der Veranlagung für dieses Jahr nicht zur Folge.

3. Die Personen, welche im Laufe des Steuerjahrs steuerpflichtig werden (a) und einen Lohn- und Besoldungsbezug von mehr als 2000 ℳ haben, der nicht aus öffentlichen Kassen fließt, oder deren Bezug aus öffentlichen Kassen einschließlich der nicht aus öffentlichen Kassen fließenden Nebenbezüge mehr als 2000 ℳ beträgt, sind gehalten, auf die vierteljährlich ergehende öffentliche Aufforderung, mit welcher erforderlichenfalls und soweit möglich eine besondere Aufforderung mittels Zustellung des vorgeschriebenen Formulars (Art. 22 bzw. 12) zu verbinden ist, eine Steuererklärung innerhalb eines Monats nach Maßgabe der Vorschriften des Artikel 12 abzugeben.

4. Abweichend von der Regel der Ziffer 1 sind die Reichs-Ausländer, welche sich in Elsaß-Lothringen des Erwerbs wegen nur während eines Teils des Jahres aufhalten und dann das Land wieder verlassen (sog. Saisonarbeiter, Maurer, Erdarbeiter usw.) nicht für das volle Steuerjahr, sondern nur für den ihrem Aufenthalt entsprechenden Teil des Jahres zur Lohn- und Besoldungssteuer zu veranlagen (vergl. Art. 15 Ziffer 2).[26])

24) In der Fassung der Bekanntm. d. Minist. vom 20. Juli 1906.

25) Zu vgl. auch § 12 Abs. 1 Satz 2 u. 3 des Gesetzes und Anm. dazu.

26) In der Fassung der Bekanntm. d. Minist. vom 5. August 1905.

Dritter Teil.

Das Veranlagungsverfahren.

I. Vorbereitung der Veranlagung.

A. Erstmalige Veranlagung.

Artikel 24.

Ermittelung der der Kapital- und der Lohn- und Besoldungssteuer unterliegenden Personen.

1. Die Feststellung der steuerpflichtigen Personen (vergl. Art. 2 und 15) liegt dem Steuerkontrolleur[27]) für seinen Amtsbezirk ob.

2. Die Ermittelung derselben ist für jede Gemeinde vorzunehmen und findet in der Zeit vom 1. April bis Ende Juli 1902 statt. Für größere Städte kann der Endtermin der Ermittelung mit Genehmigung des Direktors der direkten Steuern hinausgeschoben werden.

3. Die Ermittelung hat unter Benutzung der zufolge Gesetz vom 2. Juli 1898 über die Ermittelung der Erträge aus Kapital, Lohn und Besoldung aufgestellten Nachweisungen zu erfolgen. Dabei sind, soweit nötig, die zugänglichen Hilfsmittel, insbesondere die bei den Gemeinden geführten Generalrollen, Fronrollen, Wählerlisten, Melderegister, Einwohnerkataster und, soweit dies vom Direktor der direkten Steuern für erforderlich erachtet wird, die auf Grund der nach § 10 Abs. 3 des Lohn- und Besoldungssteuergesetzes von den Gemeindebehörden vorzulegenden Nachweisungen nach näherer Anleitung der hierfür vorgeschriebenen Listen und Veranlagungsbogen (Art. 25) zu benutzen. Für die Ermittelung der im Dienste von Gewerbetreibenden, Handels- und sonstigen Unternehmungen stehenden Hilfspersonen sind auch Verzeichnisse zu verwenden, zu deren Aufstellung den Arbeitgebern die erforderlichen Formulare nach Muster 2[28]) mitzuteilen sind. Für die Ermittelung der steuerpflichtigen, nicht natürlichen Personen (Art. 2 und 3) empfiehlt es sich, die Gewerbesteuerrollen sowie die bei den Amtsgerichten geführten Vereinsregister (§ 55 des Bürgerlichen Gesetzbuches) zu verwenden.

4. Die Gemeindebehörden sind verpflichtet, hierbei jede erforderliche Auskunft zu erteilen. Soweit denselben besondere Auslagen ent-

27) Zufolge Erlaß des Statthalters, betreffend die Amtsbezeichnungen in der Verwaltung der direkten Steuern vom 25. Oktober 1902 (s. o.) lautet die Amtsbezeichnung „Steuerkommissar".

28) Die Muster 2 bis 32 werden hier nicht abgedruckt. Dieselben betreffen den inneren Dienst der Steuerverwaltung und werden den Beamten und Behörden durch Sonderabdruck mitgeteilt. Zum Teil haben sie Abänderungen erfahren.

stehen, werden diese auf Antrag der Gemeinden aus der Landeskasse vergütet. Die darüber aufzustellenden Liquidationen sind nach Prüfung und Bescheinigung durch den Steuerkontrolleur dem Direktor der direkten Steuern zur Anweisung vorzulegen.

5. Bei Gelegenheit des zum Zwecke der Ermittelung der steuerpflichtigen Personen in der Gemeinde abzuhaltenden Termins hat der Steuerkontrolleur zugleich dafür Sorge zu tragen, sich die zur Veranlagung zweckdienlichen Behelfe, Unterlagen und Kontrollen, soweit möglich, zu beschaffen. Es kommen hier insbesondere in Betracht: die Miete der Wohnung der Steuerpflichtigen, die der Lohn- und Besoldungssteuer zugrund zu legenden Durchschnittslohnsätze (§ 10, Abs. 3 des Lohn- und Besoldungssteuergesetzes), bei Ausländern die Aufenthaltsdauer (Art. 7) sowie bei mehrfachen Wohnsitzen die betreffenden Gemeinden und die Aufenthaltsdauer in denselben (Art. 9 und 19).

Die Bürgermeister sind rechtzeitig von den örtlichen Terminen vorher mit dem Ersuchen um Beihilfe zu benachrichtigen.

Ebenso haben nach näherer Anweisung des Direktors der direkten Steuern die Rentmeister bei der Ermittelung mitzuwirken.

6. Dem Steuerkontrolleur bleibt es überlassen, zur Vornahme dieser Ermittelungen mit Genehmigung des Direktors der direkten Steuern sich besonderer Voreinschätzungskommissionen (vgl. § 19 des Kapitalsteuergesetzes und § 14 Abs. 2 des Lohn- und Besoldungssteuergesetzes) zu bedienen. Die Wahl der Mitglieder dieser Kommissionen, deren Zahl 3 nicht übersteigen soll und zu deren Verhandlungen auch der Bürgermeister einzuladen ist, steht dem Steuerkontrolleur nach Einvernehmen mit dem Bürgermeister zu. Den Mitgliedern wird eine Entschädigung für die aufgewendete Zeit nach Maßgabe eines von dem Ministerium festzusetzenden Regulativs gewährt.[29]) Dem Steuerkontrolleur liegt es ob, die erforderlichen Liquidationen über die zu gewährenden Entschädigungen aufzustellen und dem Direktor der direkten Steuern zur Zahlungsanweisung vorzulegen.

7. In größeren Städten kann, soweit erforderlich, die nach Vorstehendem vorzunehmende Feststellung der steuerpflichtigen Personen durch eine örtliche Aufnahme von Haus zu Haus ergänzt werden. Die hierzu nötigen Hilfspersonen hat der Steuerkontrolleur nach Einvernehmen mit dem Bürgermeister und mit Genehmigung des Direktors der direkten Steuern zu beschaffen. In diesen Städten können für einzelne Teile derselben (Straßen usw.) besondere Voreinschätzungskommissionen mit Genehmigung des Direktors der direkten Steuern gebildet werden. Den Verhandlungen mit den einzelnen Kommissionen kann der Bürgermeister oder ein Vertreter desselben beiwohnen.

8. Soweit nötig, und insbesondere in größeren Städten ist vor Abschluß der Veranlagung noch ein weiterer Termin zur Feststellung der inzwischen eingetretenen Änderungen abzuhalten.

Artikel 25.

Aufstellung der Veranlagungslisten und Veranlagungsbogen.

1. Die Ergebnisse der Ermittelung der Kapital- und der Lohn- und Besoldungssteuerpflichtigen sind in Veranlagungs l i s t e n nach dem Muster 3 einzutragen.

Die Veranlagungslisten sind für die einzelnen Gemeinden je nach Bedürfnis entweder alphabetisch oder in der Reihenfolge der Straßen und Häuser, in welchen die Steuerpflichtigen wohnen, anzulegen. Sie sind genau dem Vordruck entsprechend auszufüllen und haben unter ein und derselben Nummer alle den Steuerpflichtigen und dessen Haushaltungsangehörigen, soweit dieselben nicht selbständig zu veranlagen sind, betreffenden Besteuerungsmerkmale zu enthalten.

2. Die so aufgestellten Listen sind auf Grund aller bereits zur Kenntnis gelangten Besteuerungsmerkmale aus den Nachweisungen über die Ermittelung der Kapital-, Lohn- und Besoldungsbezüge gemäß Gesetz vom 2. Juli 1898 zu ergänzen und auf Grund der weiter zur Kenntnis gelangenden Kontrollbehelfe usw., insbesondere der Überweisungen von Vorsitzenden anderer Veranlagungskommissionen in Elsaß-Lothringen oder aus anderen Bundesstaaten, der Überweisungen der Verkehrsteuerämter, der Gewerbesteuerveranlagungsblätter und der Veränderungslisten über Grund- und Gebäudeeigentum ständig auf dem Laufenden zu halten.

3. Die auf die Veranlagung der einzelnen Pflichtigen Bezug habenden Korrespondenzen und Schriftstücke sind als Belege zu den Veranlagungslisten unter Hinweis darauf in der betreffenden Spalte wohlgeordnet aufzubewahren.

29) Bezüge für die Mitglieder von besonderen Voreinschätzungskommissionen waren lediglich in den erstmalig erlassenen Bestimmungen über die Bezüge der Mitglieder der Veranlagungskommissionen für die Kapitalsteuer usw., vom 18. Februar 1902 (Zentr.- u. Bez.A.Bl. S. 42) vorgesehen. In den jetzt geltenden Bestimmungen vom 28. September 1909 (Zentr.- u. Bez.A.Bl. S. 117) sind keine besonderen Sätze vorgesehen.

4. Die Veranlagungslisten sind in der Regel 9 Jahre fortzuführen und dann durch neue Listen, in welche alle noch gültigen Angaben übernommen werden, zu ersetzen.

5. Im Bedürfnisfalle können insbesondere in Gemeinden mit stark wechselnder Bevölkerung, an Stelle der Veranlagungslisten Veranlagungs**bogen** nach den Mustern 4 und
4 u. 4a. 4a verwendet werden.

Die Veranlagungsbogen sind für die einzelnen Gemeinden alphabetisch oder in der Reihenfolge der Straßen und Häuser, in welchen die Pflichtigen wohnen, zu ordnen.

6. Neben den Veranlagungsbogen ist, soweit erforderlich, zum Zwecke des leichteren Auffindens der einzelnen Steuerpflichtigen (Veranlagungsbogen) für jeden Bogen eine Namens**karte** nach dem Muster 5 anzulegen.
5.
Diese Karten sind alphabetisch zu ordnen und bezüglich ihrer Angaben auf dem Laufenden zu halten.

Für größere Städte können die Namenskarten zugleich zur Aufnahme der örtlichen Ermittelungen benutzt und zu diesem Zweck in ihrem Vordruck entsprechend erweitert werden.

Artikel 26.

Öffentliche Aufforderungen zur Abgabe der Steuererklärung.

1. Nach Beendigung der in Art. 24 und 25 vorgesehenen Arbeiten und nach Ausfertigung der besonderen Aufforderungen (Artikel 27) ist durch den Steuerkontrolleur als Vorsitzenden der Veranlagungskommission eine öffentliche Aufforderung zur Abgabe der Steuererklärungen binnen einer Frist von 6 Wochen nach
6. dem Muster 6 durch Anschlag in der Gemeinde an den für Bekanntmachungen von Behörden bestimmten Stellen zu erlassen.

2. Die öffentliche Aufforderung hat für sämtliche Gemeinden desselben Steuerempfangsbezirks an **einem** Tage zu ergehen. Gehören die Gemeinden eines Steuerempfangsbezirks zu verschiedenen Veranlagungsbezirken, so sind von den beteiligten Steuerkontrolleuren die Aufforderungen an demselben Tage und mit gleichen Fristen zu erlassen. Die unter Ziffer 1 bezeichneten Arbeiten sind so zu fördern, daß die Aufforderungen für den zuerst in Bearbeitung genommenen Empfangsbezirk spätestens am 25. April 1902 mit Frist vom 1. Mai bis einschl. 11. Juni 1902, diejenigen für den zuletzt bearbeiteten Empfangsbezirk spätestens am 25. Juli 1902 mit Frist vom 1. August bis einschl. 11. September 1902 hinausgegeben werden können.

3. Zugleich mit der ersten öffentlichen Aufforderung ist eine Aufforderung nach dem Muster 7 in den für die amtlichen Bekanntmachungen bestimmten Zeitungen zu erlassen. 7.

4. Sobald die in der öffentlichen Aufforderung gesetzte Frist von 6 Wochen (Ziffer 2) abgelaufen ist, hat ohne Verzug eine zweite öffentliche Aufforderung zur Abgabe der bis dahin noch nicht abgegebenen Erklärungen mit Frist von 10 Tagen nach dem Muster 8 zu 8.
erfolgen. Dieselbe ist in gleicher Weise wie die erste öffentliche Aufforderung durch Anschlag in den Gemeinden und Einrückung in die betreffenden Zeitungen bekannt zu geben.

5. Die für den Anschlag in den Gemeinden bestimmten öffentlichen Aufforderungen sind den Bürgermeistern mittels Schreiben nach dem Muster 9 zuzustellen. Die Bürgermeister 9.
haben sofort nach Empfang die Veröffentlichung der Aufforderung durch Aushang und soweit dies üblich ist, deren Inhalt durch mündliche Bekanntgabe zu bewirken und alsbald nach Ablauf der vorgeschriebenen Frist und nach Vollziehung der vorgedruckten Aushangsbescheinigung das Schreiben nach näherer Anleitung des Vordrucks an den Steuerkontrolleur zurückzusenden.

6. In größeren Städten können die für die Abgabe der Steuererklärungen und den Erlaß der Aufforderungen vorgesehenen Fristen (Ziffer 2 und 4) mit Genehmigung des Direktors der direkten Steuern hinausgeschoben werden.

Artikel 27.

Besondere Aufforderung zur Abgabe der Steuererklärung.

1. Sämtliche im Veranlagungsbezirk wohnenden oder sich in demselben des Erwerbes wegen oder aus sonstigen Gründen aufhaltenden Personen, bei welchen nach den Vorermittelungen vermutet wird, daß sie der Kapitalsteuer unterliegende Erträge von mehr als 100 ℳ jährlich oder der Lohn- und Besoldungssteuer unterliegende Bezüge von mehr als 2000 ℳ jährlich besitzen, sind, gleichzeitig mit der öffentlichen Aufforderung (Art. 26), durch eine besondere Aufforderung nach dem Muster 10 zur Abgabe ihrer Steuererklärung binnen einer Frist von 6 Wochen zu ersuchen. 10.

2. Nach Ablauf dieser Frist ist allen denjenigen, welche der Erklärungsaufforderung nicht nachgekommen sind, eine zweite Aufforderung nach dem Muster 11 zur Abgabe der Steuererklärung binnen einer weiteren 11.
Frist von 10 Tagen zuzustellen.

3. Die Ausfertigung der besonderen Auf-

forderungen hat durch den Steuerkontrolleur, beziehungsweise unter dessen Aufsicht zu erfolgen und ist so zu beschleunigen, daß dieselben gleichzeitig mit dem Erlaß der öffentlichen Aufforderung in den betreffenden Gemeinden zugestellt werden.

4. Die Versendung der Aufforderungen an die Steuerpflichtigen erfolgt durch die Post. Einer Bescheinigung der erfolgten Behändigung bedarf es nicht, da für die Steuerpflichtigen die Verpflichtung zur Abgabe der Steuererklärung lediglich durch die ordnungsmäßig erfolgten öffentlichen Aufforderungen begründet wird, und auch der im § 13 des Kapitalsteuergesetzes, beziehungsweise § 11 des Lohn- und Besoldungssteuergesetzes angedrohte Rechtsnachteil ihnen gegenüber nach fruchtlosem Ablauf der öffentlich bekannt gemachten beiden Fristen eintritt.

Artikel 28.

Abnahme der Steuererklärung.

1. Die Steuererklärungen sind innerhalb der in den öffentlichen Aufforderungen bekannt gegebenen Fristen abzugeben. Auf begründeten Antrag des Steuerpflichtigen können diese Fristen vom Steuerkontrolleur (Vorsitzenden der Veranlagungskommission) ausnahmsweise verlängert werden.

2. Der Steuerkontrolleur hat den Steuerpflichtigen die gewünschte Auskunft und Belehrung zur ordnungsmäßigen Abgabe der Steuererklärung in bereitwilliger Weise zu erteilen und es überhaupt an nichts fehlen zu lassen, um den Pflichtigen über die bei Ausfüllung der Steuererklärung in dem vorgeschriebenen Formular zu beachtenden Vorschriften in formeller und sachlicher Hinsicht aufzuklären.

3. Zur Abnahme der Erklärungen sind außer den Steuerkontrolleuren auch die Rentmeister, und für die Erklärungen über Lohn und Besoldung auch die Bürgermeister verpflichtet.

4. Die Erklärungen können nach Wahl der Pflichtigen schriftlich oder zu Protokoll abgegeben werden. In letzterem Falle ist das Erklärungsformular nach Maßgabe der mündlichen Erklärungen auszufüllen, von dem Pflichtigen vollziehen zu lassen und von dem abnehmenden Beamten oder Bürgermeister mit dem Vermerk: „Zu Protokoll gegeben" unter Beifügung des Datums, seines Namenszuges und Amtscharakters zu versehen.

5. Die bei den Rentmeistern und Bürgermeistern eingehenden oder zu Protokoll gegebenen Erklärungen sind mit einem Eingangsvermerk zu versehen und allwöchentlich dem Steuerkontrolleur zu übersenden.

Artikel 29.

Prüfung der Steuererklärungen.

1. Die eingegangenen Steuererklärungen hat der Steuerkontrolleur nach Form und Inhalt zu prüfen.

2. Erklärungen, welche in formeller Hinsicht wesentliche Vorschriften nicht beachten, indem z. B. die vorgeschriebene Versicherung oder die Unterschrift fehlt, können nicht als Steuererklärungen im Sinne des Gesetzes angesehen werden. Sofern die erforderliche Ergänzung nicht kurzerhand durch Benehmen mit dem Steuerpflichtigen herbeigeführt werden kann, sind die Erklärungen unter Hinweis darauf, daß sie den gesetzlichen Bestimmungen nicht genügen und als Steuererklärungen nicht gelten können, eventuell unter Beifügung eines neuen Formulars, zur Ergänzung oder Neuaufstellung mit einer Frist von mindestens 8 Tagen zurückzugeben.

3. Die Angaben der formell genügenden Steuererklärungen sind durch Vergleichung mit den über die Verhältnisse der Steuerpflichtigen vorliegenden Angaben (Art. 25 Ziffer 2) und sonstigen Anhaltspunkten sorgfältig zu prüfen; dabei ist namentlich auch darauf zu achten, ob das besondere Einkommen aus Kapital und Lohn und Besoldung der Haushaltungsangehörigen in der Steuererklärung berücksichtigt ist, und wenn dies nicht zutrifft, ob die betreffenden Angehörigen besonders veranlagt werden.

4. Liegen gegen den Inhalt einer Steuererklärung Bedenken vor, sei es mit Bezug auf die Zuverlässigkeit der tatsächlichen Angaben, sei es mit Bezug auf die zugrund liegenden Berechnungen (Art. 5 und 17) oder die richtige Anwendung der maßgebenden Veranlagungsgrundsätze, so sind dieselben mit dem Steuerpflichtigen zu erörtern. Hierbei ist in allen geeigneten Fällen zunächst die Behebung der Bedenken im Wege der mündlichen Verständigung zu versuchen. Die Anberaumung einer mündlichen Verhandlung verdient in der Regel den Vorzug; nur ausnahmsweise ist eine Verständigung auf schriftlichem Wege zu erstreben.

Zu diesem Zwecke sind für den Verkehr mit den Steuerpflichtigen von dem Steuerkontrolleur die Muster 12 und 13 zu verwenden. 12 u. 13

5. Ist der Versuch einer Verständigung aussichtslos, oder führen die mit dem Steuerpflichtigen gepflogenen Verhandlungen nicht zu einem befriedigenden Ergebnis, so hat der Steuerkontrolleur gegebenenfalls in der Gemeinde die noch notwendigen Erhebungen anzustellen.

Artikel 30.

Aufstellung der Steuerrollen.

1. Nach Prüfung der Erklärungen und Vervollständigung der Veranlagungslisten bzw. Veranlagungsbogen sind Steuerrollen nach dem Muster 14 vorzubereiten.

14.

2. Die Kapitalsteuer, die Lohn- und Besoldungssteuer und die Gewerbesteuer sind in ein und dieselbe Steuerrolle aufzunehmen.

3. Die Steuerrollen sind im allgemeinen für 3 Jahre (vgl. Ziffer 9), und zwar bei kleineren Gemeinden in der Regel nach alphabetischer Ordnung der Steuerpflichtigen, bei größeren Gemeinden nach der Reihenfolge der Straßen und Häuser, in welchen die Pflichtigen wohnen, anzulegen.

4. Eine besondere Behandlung haben bei der Aufnahme in die Steuerrolle zu erfahren

a) die aktiven Militärpersonen, welche hinsichtlich ihrer Bezüge aus Lohn und Besoldung, gemäß § 29 letzter Absatz des Lohn- und Besoldungssteuergesetzes, den Bezirks- und Gemeindezuschlägen nicht unterworfen sind;

b) die Ausländer, welche nach § 7 letzter Absatz des Kapitalsteuergesetzes nach Maßgabe ihrer Aufenthaltsdauer im Inlande nur für einen Teil der Jahressteuer veranlagt werden;

c) die Personen mit mehrfachem Wohnsitz, welche nach § 10 des Kapitalsteuergesetzes und § 7 des Lohn- und Besoldungssteuergesetzes in der Gemeinde nur für einen Teil des Jahres zur Veranlagung kommen;

d) die Personen mit Lohn und Besoldung von 500 bis 700 ℳ, welche nach § 29 Abs. 2 a. a. O. nur zu den Gemeindezuschlägen, soweit die Gemeinden nicht auf diese verzichtet haben, heranzuziehen sind;

e) die Lohn- und Besoldungssteuerpflichtigen in Gemeinden mit Oktroi, deren auf die Landeskasse und den Bezirk veranlagte Steuerbeträge nach § 29 Abs. 3 des Lohn- und Besoldungssteuergesetzes auf das Oktroi übernommen werden;

f) die Gewerbetreibenden mit einer Ertragsfähigkeit unter 700 ℳ, welche nach § 5 des Verwendungsgesetzes vom 13. Juli 1901 nur zu den Gemeindezuschlägen auf die Gewerbesteuer, soweit die Gemeinden nicht auf diese verzichtet haben, heranzuziehen sind;

g) Personen, welche nur zu den Bezirks- und Gemeindezuschlägen heranzuziehen sind. (Vergleiche Artikel 15, letzter Absatz.)[30]

Die unter a bis g bezeichneten Personen sind unter besonderen Abschnitten am Ende der Steuerrolle oder, wenn erforderlich, in besondere Steuerrollen einzutragen.

5. Die Steuerrolle für außerhalb Elsaß-Lothringen wohnende Steuerpflichtige, welche aus der Landeskasse Besoldung, Pension oder Wartegeld beziehen (§ 3 Ziffer 3 des Lohn- und Besoldungssteuergesetzes), wird von der Landeshauptkasse vorbereitet.

6. Diejenigen Steuerpflichtigen, welche sich im Zustande notorischer Verarmung befinden, und deren Steuerbeträge notwendigerweise in die Ausfallisten (Art. 52) aufgenommen werden müßten, sind in die Steuerrolle nicht aufzunehmen. In den Veranlagungslisten bzw. Veranlagungsbogen sind die Umstände näher anzugeben, welche der Aufnahme in die Steuerrolle entgegen stehen.

7. Bei den unter Ziffer 4c erwähnten Pflichtigen mit mehrfachem Wohnsitz sind die in Betracht kommenden Gemeinden mit der auf sie entfallenden Aufenthaltsdauer in der Spalte „Bemerkungen" anzugeben.

In der gleichen Spalte ist bei den unter Ziffer 4b bezeichneten Ausländern die mittlere Zeitdauer des Aufenthalts derselben während der letzten drei Jahre in Elsaß-Lothringen einzutragen.

8. Vor Beginn der Sitzungen der Veranlagungskommissionen (Art. 35 usw.) sind tunlichst die Steuerrollen soweit fertig zu stellen, daß nur noch die für die einzelnen Pflichtigen nach den Beschlüssen der Kommission angenommenen Tarifstufen und die Mittelbeträge derselben in die betreffenden Spalten einzustellen sind.

9. In Gemeinden mit stark wechselnder Bevölkerung kann die Steuerrolle alljährlich neu aufgestellt werden. Dabei hat das Muster 15 Verwendung zu finden.

B. Jährliche Veranlagung.

Artikel 31.

Die in den Artikeln 24—30 für die erstmalige Veranlagung getroffenen Bestimmungen finden auch bei der jährlichen Veranlagung im allgemeinen Anwendung. Dabei sind die besonderen Vorschriften der Artikel 32 und 33 zu beachten.

Artikel 32.

1. Die Ermittelung der alljährlichen Zu-

30) In der Fassung der Bekanntm. d. Minist. vom 22. Februar 1905.

und Abgänge der steuerpflichtigen Personen in jeder Gemeinde erfolgt auf Grund der gemäß den bestehenden Verordnungen (vgl. die Verordnungen, betreffend das polizeiliche Meldewesen nebst Vollzugsanweisungen vom 16., 18. und 15. Juni 1883, Zentral- und Bezirks-Amtsblatt Seite 187, 188, 201 und 209) bei den Polizeibehörden zu bewirkenden An- und Abmeldungen. Zu diesem Zwecke sind letztere Behörden vom 1. April 1902 ab verpflichtet, bis zum 5. im ersten Monat jedes Kalendervierteljahrs und in größeren Gemeinden, deren Bestimmung dem Direktor der direkten Steuern überlassen bleibt, bis zum 5. jedes Monats Auszüge aus dem Melderegister über die im abgelaufenen Vierteljahr bezw. Monat eingetretenen Änderungen dem zuständigen Steuerkontrolleur zuzustellen. Derselbe hat sie nach gemachtem Gebrauche an die Steuerkasse abzugeben.

2. Auf Grund der Auszüge aus den Melderegistern hat der Steuerkontrolleur die Veranlagungslisten bzw. Veranlagungsbogen bezüglich der Zu- und Abgänge an Steuerpflichtigen nach Anleitung der Beispiele in dem Muster 3 und 4 zu ergänzen oder zu berichtigen.

3. Personen, deren Steuerpflicht neu begründet wird, sind in den Veranlagungslisten nachzutragen, bzw. sind für dieselben Veranlagungsbogen neu anzulegen.

4. Personen, deren Steuerpflicht erlischt, sind in den Veranlagungslisten zu streichen. Die Veranlagungsbogen solcher Personen sind auf der ersten Seite abzuschließen, mit entsprechendem Vermerk zu versehen und auszuscheiden, sodann nach Gemeinden und innerhalb dieser alphabetisch zu ordnen und, soweit es sich um Kapitalsteuerpflichtige handelt, mindestens 9 Jahre aufzubewahren.

5. Über den Verzug von Steuerpflichtigen aus dem Veranlagungsbezirk innerhalb Elsaß-Lothringens oder nach den übrigen deutschen Bundesstaaten ist durch Überweisung der betreffenden Veranlagungsakten bzw. von Auszügen aus den Veranlagungslisten, zu deren Aufstellung die Formulare der Veranlagungsbogen zu verwenden und auf denen das Datum des Verzugs, der neue Wohnort und Veranlagungsbezirk anzugeben sind, dem für den neuen Wohnort des Steuerpflichtigen zuständigen Steuerkontrolleur, bzw. der zuständigen Steuerbehörde, letzterer durch Vermittelung des Direktors der direkten Steuern, Mitteilung zu machen. Diese Mitteilungen haben mindestens für jedes Vierteljahr und bei stärkerem Wechsel nach näherer Bestimmung des Direktors der direkten Steuern allmonatlich zu erfolgen.

6. Außer den Veranlagungsbogen (Ziff. 5) haben die Steuerkontrolleure alle zu ihrer Kenntnis gelangenden sonstigen Tatsachen, welche sich auf die Verhältnisse der außerhalb des Veranlagungsbezirks, aber in Elsaß-Lothringen oder in den übrigen deutschen Bundesstaaten wohnenden Pflichtigen beziehen und für die Besteuerung von Wichtigkeit sind, den betreffenden Steuerkontrolleuren bzw. dem Direktor der direkten Steuern in den gleichen Zeitabschnitten mitzuteilen.

Hierzu sind Formulare nach dem Muster 16 zu verwenden. 16.

7. Die Überweisungen (Ziff. 5), die Mitteilungen (Ziffer 6) und die von den Verkehrssteuerämtern gelieferten Auszüge (Art. 34, Z. 3), sowie alle sonstigen auf die Veranlagung der Kapital-, Lohn- und Besoldungssteuer Bezug habenden Angaben und Notizen sind von dem Steuerkontrolleur, der sie versendet, in ein Register nach Muster 17 einzutragen. 17. In dasselbe sind auch die entsprechenden Versendungen bezüglich der Gewerbesteuer aufzunehmen.

8. Die Wahrung der Veränderungen bei dem Grund- und Gebäudebesitz in den Veranlagungslisten und Veranlagungsbogen erfolgt auf Grund der von den Katasterfortführungsbeamten allmonatlich den Steuerkontrolleuren zuzustellenden Eigentumsveränderungslisten, sowie der in gleicher Weise alsbald nach ihrer Aufstellung durch die Katasterfortführungsbeamten mitzuteilenden Abschlußlisten. Die Steuerkontrolleure haben daraus die für die Steuerveranlagung in Betracht kommenden Angaben zu entnehmen und die ihnen mitgeteilten Schriftstücke alsbald nach ihrer Verwendung wieder zurückzugeben. Veränderungen, welche außerhalb des Veranlagungsbezirks wohnende Steuerpflichtige betreffen, sind den zuständigen Steuerkontrolleuren mitzuteilen (Ziff. 6).

Artikel 33.

1. Die Vorbereitungen für die alljährliche Veranlagung haben so zeitig zu beginnen, daß die Steuerrollen für sämtliche Gemeinden des Veranlagungsbezirks auf Grund der Beschlüsse der Kreiskommissionen bis zum 1. Januar zum Abschluß gelangen.

2. Mindestens sechs Wochen vor dem alljährlich in der Gemeinde abzuhaltenden Termin behufs Feststellung der Veränderungen bezüglich der steuerpflichtigen Personen (Art. 24) ist die öffentliche Aufforderung zur Abgabe der Steuererklärung binnen einer Frist von einem Monat zu erlassen und zwar am gleichen Tage

für sämtliche Gemeinden mindestens eines Steuerempfangsbezirks.

3. Für größere Gemeinden kann der Endtermin (Ziffer 1) und dementsprechend auch der Termin für die einzelnen öffentlichen Aufforderungen mit Genehmigung des Direktors der direkten Steuern weiter hinaus gerückt werden.

Soweit nötig kann auch in einzelnen Gemeinden bereits vor Erlaß der öffentlichen Aufforderung eine Vorermittelung über die bei der Jahresveranlagung zu berücksichtigenden Änderungen statthaben.

4. Zur Abgabe der Erklärungen für die Lohn- und Besoldungssteuer ist die öffentliche Aufforderung durch Anschlag in der Gemeinde all-
18. jährlich zu erlassen und dabei das Muster 18 zu verwenden.

Zur Abgabe der Erklärungen für die Kapitalsteuer ist nur alle drei Jahre (Steuerperiode) öffentlich aufzufordern, dann aber diese Aufforderung mit der obigen Aufforderung zu ver-
19. einigen (vgl. Muster 19).

Für die in den Zeitungen zu erlassenden öffentlichen Aufforderungen (Art. 26 Ziff. 3)
20 u. 21. sind die Muster 20 und 21 zu verwenden.

5. Gleichzeitig mit dem Erlaß der öffentlichen Aufforderung für die dreijährige Kapitalsteuerperiode sind die besonderen Aufforderungen zur Abgabe der Erklärungen binnen einer Frist von einem Monat nach dem
22. Muster 22 an sämtliche bereits zur Kapitalsteuer veranlagten Personen zu versenden. Mit denselben ist eine Aufforderung bezüglich der Lohn- und Besoldungssteuer zu verbinden. Besonderer Aufforderungen für die einjährige Lohn- und Besoldungssteuerperiode bedarf es in der Regel nicht.

II. Mitwirkung der Staats- und sonstigen öffentlichen Behörden bei der Veranlagung.

Artikel 34.

1. Die Staats- und sonstigen öffentlichen Behörden haben den Veranlagungskommissionen, bzw. den Vorsitzenden derselben alle in ihren Bereich fallenden amtlichen Auskünfte über Tatsachen, deren Feststellung für die Steuerveranlagung als erforderlich bezeichnet wird, zu erteilen.

Auch haben die genannten Behörden unbeschadet der im vorigen Absatz bestehenden Verpflichtung und unabhängig von derselben den Vorsitzenden der Veranlagungskommission die Einsicht in sämtliche, die Verhältnisse der Steuerpflichtigen betreffenden Bücher, Akten, Urkunden und Register zu gestatten.

2. Die in Ziffer 1 bezeichneten Behörden sind ferner verpflichtet, dem Direktor der direkten Steuern zum 1. Juli 1902 Nachweisungen über die der Lohn- und Besoldungssteuer unterliegenden Bezüge der ihrer Verwaltung angehörenden Beamten und Bediensteten aus öffentlichen Kassen zu liefern.

Für die Folge bedarf es nur der Mitteilung der Änderungen gegenüber den Angaben dieser Nachweisung. Diese Mitteilungen sind für jedes abgelaufene Kalendervierteljahr bis zum 15. des nächsten Monats einzureichen.[31]) Jedoch ist der Direktor jederzeit berechtigt, Nachweisungen über die Bezüge sämtlicher Beamten der einzelnen Behörden einzufordern.

3. Die Verkehrssteuerämter haben bis zum 15. jedes Monats dem Direktor der direkten Steuern die zu ihrer Kenntnis gelangenden Tatsachen, welche für die Veranlagung der Kapitalsteuer von Bedeutung sind und sich auf in Elsaß-Lothringen oder in den übrigen deutschen Bundesstaaten wohnende Personen beziehen, unter Benutzung des Musters 23 mit- 23.
zuteilen. Immobilienverkäufe und -Versteigerungen unterliegen dieser Mitteilung nur, soweit der Gesamtwert der Grundstücke oder Gebäude mehr als 3000 ℳ beträgt.

Für die Mitteilungen werden den Verkehrssteuerämtern durch den Direktor der direkten Steuern Formulare geliefert. Für jede der in Betracht kommenden Urkunden ist unter Benutzung dieses Formulars eine besondere Überweisung zu fertigen.

4. Die eingehenden Nachweisungen und Mitteilungen sind von dem Direktor der direkten Steuern an die Vorsitzenden der zuständigen Veranlagungskommissionen zur geeigneten Verwertung bei der Veranlagung abzugeben.

Über die ordnungsmäßige Benutzung der Nachweisungen usw. bei der Veranlagung hat der Direktor der direkten Steuern geeignete Kontrolle zu üben.

III. Veranlagung durch die Veranlagungskommissionen.

Artikel 35.

Bildung der Veranlagungskommissionen.

1. Die Veranlagungskommissionen setzen sich in der in den §§ 16 und 17 des Kapitalsteuer-

31) Nach der Bekanntm. d. Minist., betreffend die Mitwirkung der Behörden bei der Veranlagung der Bezüge der öffentlichen Beamten usw., vom 10. Oktober 1906 (Zentr.- u. Bez.A.Bl. S. 197) sind in den im Januar einzusendenden Nachweisungen die bis einschließlich den 1. April eintretenden Veränderungen im Gehalt usw. anzugeben.

gesetzes vorgeschriebenen Weise zusammen und üben ihre Befugnisse in den in den §§ 15, 20 des Kapitalsteuergesetzes und § 13 des Lohn- und Besoldungssteuergesetzes gezogenen Grenzen aus.

2. In der Regel haben die Steuerkontrolleure bei der Veranlagung der Pflichtigen ihrer Amtsbezirke den Vorsitz in der Kreiskommission zu führen.

3. Mitglieder der Kreiskommissionen können nicht gleichzeitig Mitglieder der Bezirkskommission sein.

4. Die Veranlagungskommissionen fassen ihre Beschlüsse nach Stimmenmehrheit.

5. Die durch Los oder nach Ablauf der Amtsdauer ausgeschiedenen Mitglieder und Stellvertreter dieser Kommissionen können wieder gewählt, beziehungsweise wieder ernannt werden.

6. Die Wahl, bzw. der Ersatz ausgeschiedener Mitglieder und Stellvertreter ist auf Antrag des Vorsitzenden von dem Direktor der direkten Steuern zu veranlassen.

Artikel 36.

Geschäftsordnung für die Veranlagungskommissionen.

1. Der Vorsitzende hat die Kommission zusammenzuberufen, deren Geschäfte zu leiten, sowie die nicht von ihm durch Einlegung von Rechtsmitteln angefochtenen Beschlüsse derselben auszuführen.

2. In den Einladungen zu den Sitzungen, welche mindestens 8 Tage vorher schriftlich durch die Post zu erfolgen haben, ist der Gegenstand der in der Sitzung zu erledigenden Geschäfte im wesentlichen zu bezeichnen. Gleichzeitig mit dem Erlaß der Einladungen ist dem Direktor der direkten Steuern unter Umschlag der Vorsitzenden der Bezirkskommission von der anberaumten Sitzung Mitteilung zu machen.

3. Die Mitglieder der Kommission haben, soweit sie nicht vermöge ihres Amtseides schon hierzu verpflichtet sind, bei ihrer ersten Zusammenberufung — die in die Kommission neu eintretenden Mitglieder in der ersten Sitzung, welcher sie beiwohnen — dem Vorsitzenden mittels Handschlages an Eidesstatt zu geloben, daß sie bei den Veranlagungsverhandlungen ohne Ansehen der Person, nach bestem Wissen und Gewissen verfahren und die Verhandlungen sowie die hierbei zu ihrer Kenntnis gelangenden Tatsachen bezüglich der Verhältnisse der Steuerpflichtigen strengstens geheim halten werden (§ 18 Abs. 3 des Kapitalsteuergesetzes und § 21 des Gesetzes vom 6. Mai 1893, betreffend die Gewerbesteuer-Einschätzung). Einer Wiederholung dieser Verpflichtung bedarf es bei der Wiederwahl eines Kommissionsmitgliedes nicht. Das gleiche Gelöbnis haben vor dem Direktor der direkten Steuern diejenigen Vorsitzenden abzulegen, welche nicht schon als Beamte beeidigt sind.

Die bei der Veranlagung beteiligten Beamten sind zur Geheimhaltung der Verhandlungen sowie der zu ihrer Kenntnis gelangenden Tatsachen bezüglich der Verhältnisse der Steuerpflichtigen kraft des von ihnen geleisteten Amtseides verpflichtet.

Über die stattgehabten Vereidigungen ist ein entsprechender Vermerk in den Sitzungsverhandlungen niederzulegen.

4. Wenn im Laufe der Wahlperiode ein Mitglied der Kommission durch Tod oder aus anderen Gründen ausscheidet oder dauernd an der Mitwirkung der Geschäfte verhindert wird, hat der Vorsitzende aus der Zahl der stellvertretenden Mitglieder einen von ihm auszuwählenden Ersatzmann einzuberufen.

Auch an Stelle nur vorübergehend verhinderter Mitglieder können die Stellvertreter herangezogen werden, wenn dies nach dem Ermessen des Vorsitzenden zur ordnungsmäßigen Erledigung der Geschäfte nötig oder zweckmäßig erscheint. Hierbei werden in der Regel diejenigen Stellvertreter heranzuziehen sein, welche an dem Ort, an welchem die Kommissionsitzungen abgehalten werden, wohnen. Das im Gesetze bestimmte Verhältnis zwischen der Zahl der gewählten und ernannten Mitglieder ist nicht maßgebend für das Verhältnis der in einer einzelnen Sitzung erscheinenden Mitglieder.

5. Kein Mitglied der Kommission darf bei der Beratung und Abstimmung über seine eigene Veranlagung und über die hiergegen eingelegten Rechtsmittel zugegen sein, ebensowenig bei den Veranlagungsverhandlungen und den Verhandlungen über eingelegte Rechtsmittel in Sachen einer Person, mit welcher es in gerader Linie verwandt, verschwägert oder durch Adoption verbunden, in der Seitenlinie bis zum dritten Grade verwandt oder bis zum zweiten Grade verschwägert ist, auch wenn die Ehe, durch welche die Schwägerschaft begründet ist, nicht mehr besteht (§ 41 Ziff. 3 der Zivilproz. Ordn. R.G.Bl. 1898 S. 417). Das gleiche gilt für Mitglieder der Kommission, welche Direktoren (Geranten), Verwalter oder Mitglieder des Aufsichtsrats von Körperschaften usw. im Sinne des Art. 2 Ziff. 4 sind, bezüglich der Veranlagung dieser Körperschaften usw.

Ergeben sich diese Voraussetzungen hinsichtlich der Person des Vorsitzenden, so hat derselbe die Führung des Vorsitzes einem der Kommissionsmitglieder zu übertragen.

6. Über jede Sitzung ist eine von dem Vorsitzenden und zwei von der Kommission erwählten Mitgliedern zu vollziehende Verhandlung aufzunehmen, welche über den Gegenstand der erledigten Geschäfte und die gefaßten Beschlüsse, soweit erforderlich unter kurzer Darlegung der Erwägungsgründe, Auskunft zu geben hat.

7. Die Ausfertigungen der Beschlüsse und Entscheidungen der Kommissionen sind von dem Vorsitzenden zu vollziehen.

8. Die Liquidation über die den Mitgliedern der Kommission zustehenden Reisekosten und Tagegelder (Art. 60) werden von dem Vorsitzenden bescheinigt, durch seine Vermittelung dem Direktor der direkten Steuern vorgelegt, von diesem geprüft, festgesetzt und zur Zahlung angewiesen.

9. Den Bezirkskommissionen kann im Falle des nachgewiesenen Bedürfnisses, nach Einholung der Genehmigung des Direktors der direkten Steuern, zu den Sitzungen ein Protokollführer beigegeben werden. Derselbe hat, sofern er als Staatsbeamter nicht bereits beeidet ist, zu Beginn der ersten Sitzung, der er beiwohnt, dem Vorsitzenden durch Handschlag an Eidesstatt zu versichern, daß er die ihm übertragenen Funktionen nach bestem Wissen und Gewissen erfüllen und die zu seiner Kenntnis gelangenden Tatsachen bezüglich der Verhältnisse der Steuerpflichtigen streng geheim halten werde.

Über die Beeidigung des Protokollführers ist in den Sitzungsverhandlungen ebenfalls entsprechender Vermerk zu machen.

10. Die Steuerkontrolleure können zu den Sitzungen der Bezirkskommissionen, in welchen über Steuerpflichtige ihres Veranlagungsbezirks verhandelt wird, als Auskunftspersonen zugezogen werden.

11. Die Gemeinden werden für die Stellung der Sitzungsräume sowie deren Beheizung und Beleuchtung Sorge tragen.

Obliegenheiten und Befugnisse der Veranlagungskommissionen.

Kreiskommission.

Artikel 37.

1. Die Einberufung der Kreiskommission hat zu erfolgen, sobald die Vorbereitungsarbeiten (Art. 24—33) für eine hinreichende Anzahl von Gemeinden beendigt sind, und hat sich nach Maßgabe des Fortschreitens der Arbeiten zu wiederholen.

2. Der Vorsitzende trägt der Kommission seine Vorschläge zur Veranlagung der Pflichtigen, soweit deren Bezüge aus Kapital oder aus Lohn und Besoldung nach den Vorermittelungen den Betrag von je 3000 ℳ nicht übersteigen, vor. Die Veranlagung derjenigen Pflichtigen, für welche die Zuständigkeit der Kommission zweifelhaft ist, wird ebenfalls zur Verhandlung gebracht.

Zugleich sind der Kommission die den Vorschlägen zugrunde liegenden Nachrichten, die Steuererklärungen und die Verhandlungen darüber und sofern eine Neuveranlagung der Kapitalsteuer stattfindet, auch die hierauf bezüglichen Unterlagen zu unterbreiten.

3. Die Kommission unterwirft das gesamte Material unter Verwertung der eigenen Kenntnisse ihrer Mitglieder einer eingehenden Prüfung.

Hierbei ist sie an die zur Vorbereitung ihrer Beschlußfassung ergangenen Verfügungen des Vorsitzenden nicht gebunden. Sie kann den Vorschlägen des Vorsitzenden beistimmen oder abweichend von denselben höhere oder niedrigere Tarifstufen ansetzen.

4. Sie ist befugt, vor der Beschlußfassung die zur Feststellung der tatsächlichen Verhältnisse der Pflichtigen etwa noch erforderlichen Erhebungen und Verhandlungen zu veranlassen.

5. Unterläßt der Steuerpflichtige die von dem Vorsitzenden oder der Kommission erforderte Erklärung, so kann die Kommission ohne weitere Verhandlung mit dem Pflichtigen die Steuerstufe feststellen.

6. Werden durch die abgegebenen Erklärungen und beigebrachten Beweismittel die Bedenken der Veranlagungskommission gegen die Richtigkeit der beanstandeten Angabe nicht gehoben, so kann die Kommission dem Pflichtigen von diesen Bedenken Kenntnis geben, damit er in der Lage ist, durch etwaige Vorlegung seiner Bücher, Verträge, Schuldverschreibungen, Zinsquittungen usw. die Bedenken zu beseitigen.

7. Verlangt der Pflichtige, von der Kommission gehört zu werden, so ist ihm dies dadurch zu gewähren, daß die Kommission den Vorsitzenden mit der Vernehmung des Pflichtigen betraut.

8. Abwesende Pflichtige können, sofern schriftliche Äußerungen nicht ausreichen, in geeigneten Fällen durch Ersuchen der zuständigen Orts- bzw. Verwaltungsbehörde oder des Vorsitzenden der Veranlagungskommission des Wohnorts dieser Pflichtigen vernommen werden.

9. Die Beschlüsse der Kommission sind in die entsprechenden Spalten der Steuerrollen bzw. Veranlagungslisten oder Veranlagungs-

bogen einzutragen. Bei Abweichungen von dem Vorschlage des Vorsitzenden sind die Gründe hierfür in den Spalten für die Besteuerungsmerkmale anzugeben.

Wird die Beschlußfassung über einzelne Pflichtige ausgesetzt, so ist ein hierauf bezüglicher Vermerk in die Sitzungsverhandlung (Art. 36 Ziff. 6) aufzunehmen, welcher in der nächsten Sitzung zur Erledigung zu bringen ist.

10. Die Steuerrollen sind von dem Vorsitzenden zu vollziehen.

11. Der gesamte Veranlagungsdienst einschließlich der Vorbereitung durch die Steuerkontrolleure unterliegt der Beaufsichtigung durch die Vorsitzenden der Bezirkskommissionen. Letztere sind berechtigt, den Sitzungen der Kreiskommissionen — ohne Stimmrecht — beizuwohnen.

Artikel 38.

Verstoßen die Beschlüsse der Kommission gegen die Vorschriften der Gesetze und die zu deren Ausführung erlassenen Anweisungen und Verfügungen, so hat der Vorsitzende dieserhalb dem Direktor der direkten Steuern sofort zu berichten und, soweit erforderlich, von den ihm gemäß §§ 23 und 24 des Kapitalsteuergesetzes und §§ 18 und 19 des Lohn- und Besoldungssteuergesetzes zustehenden Rechtsmitteln Gebrauch zu machen.

Artikel 39.

1. Nach erfolgter Veranlagung sind vom Steuerkontrolleur Auszüge aus der Steuerrolle über die von der Bezirkskommission zu veranlagenden Steuerpflichtigen mit seinen Vorschlägen nach dem Muster 24 sowie Abschriften der zugehörigen Veranlagungsbogen bzw. Auszüge aus den Veranlagungslisten, letztere ebenfalls auf dem Formular der Veranlagungsbogen, zu fertigen und mit sämtlichen für die Veranlagung in Betracht kommenden Unterlagen, Erklärungen usw. dem Vorsitzenden der Bezirkskommission durch Vermittelung des Direktors der direkten Steuern zur weiteren Behandlung einzusenden.

Die Veranlagungsbogen haben die gesamten Besteuerungsmerkmale der Pflichtigen zu enthalten, selbst wenn für einen Teil der Bezüge die Veranlagung durch die Kreiskommission bereits erfolgt sein sollte.

2. Die Steuerrollen hat der Steuerkontrolleur ohne Verzug dem Direktor der direkten Steuern einzureichen.

Bezirkskommission.

Artikel 40.

Das Verfahren der Bezirkskommission regelt sich nach den in Art. 37 und 38 für die Kreiskommission erlassenen Vorschriften.

Die Bezirkskommissionen haben die ihnen von den Kreiskommissionen zugewiesenen Steuerpflichtigen auch dann zu veranlagen, wenn nach ihrer Ansicht deren Einkommen unter 3000 ℳ beträgt.

Ergeben sich bei Prüfung der Veranlagungs-Unterlagen Mängel usw., so hat der Vorsitzende der Bezirkskommission die Beseitigung derselben durch den Steuerkontrolleur oder in sonstiger Weise zu veranlassen.

Die Bezirkskommissionen sind für beide Steuerarten desselben Steuerpflichtigen zuständig, wenn die Zuständigkeit für eine derselben begründet ist.[32])

Artikel 41.

1. Der Vorsitzende der Bezirkskommission hat seine Vorschläge sowie die Beschlüsse der Kommission in die gemäß Art. 39, Ziffer 1 ihm zugestellten Steuerrollen-Auszüge einzutragen und die letzteren zu vollziehen.

2. Entsprechend diesen Beschlüssen sind demnächst auch die Abschriften der Veranlagungsbogen (Art. 39, Ziffer 1) zu ergänzen und bei Abweichungen zwischen der Veranlagung und dem Vorschlag des Vorsitzenden der Bezirkskommission oder zwischen seinem Vorschlag und demjenigen des Steuerkontrolleurs die Gründe hierfür darin zu vermerken.

3. Die Abschriften der Veranlagungsbogen sind, geordnet nach der Steuerrolle, von dem Vorsitzenden der Bezirkskommission in sichere Verwahrung zu nehmen.

4. Die auf Grund der Beschlüsse der Bezirkskommission festgestellte Steuerrolle (Auszug) ist dem Direktor der direkten Steuern vorzulegen, welcher die Übernahme der Veranlagungsergebnisse in die Haupt-Steuerrolle und demnächst die Aufstellung der Heberolle (Art. 46) veranlaßt.

5. Die Steuerrollen (Auszüge) der Bezirkskommission sind mit sämtlichen Anlagen demnächst dem Steuerkontrolleur zurückzugeben, der auf Grund der Beschlüsse der Bezirkskommission seine Veranlagungslisten und Veranlagungsbogen zu ergänzen und die Unterlagen zu seinen Akten zu nehmen hat.

IV. Ergänzungsveranlagung während der Steuerperiode.

Artikel 42.

Ergänzungsveranlagungen während der Steuerperioden finden nur in den Fällen des

32) In der Fassung der Bekanntm. d. Minist. vom 20. Juli 1906.

Art. 13 a—f, und des Art. 23, Ziffer 2 und 4, statt.

Als tatsächlicher Irrtum in der Veranlagung ist es auch anzusehen, wenn ein Pflichtiger bei der jährlichen Veranlagung (Art. 32) versehentlich nicht besteuert worden ist.

Ergänzungsveranlagungen sind, ausgenommen für die nicht erklärungspflichtigen Lohn- und Besoldungsbezüge bis zu 2000 ℳ jährlich, auch für ein abgelaufenes Steuerjahr zulässig; doch sind solche Ergänzungsveranlagungen im allgemeinen auf ein abgelaufenes Jahr zu beschränken. Nur wenn eine absichtliche Unterlassung der Erklärung oder Anmeldung oder eine absichtlich falsche Erklärung behufs der Steuerhinterziehung vorliegt, hat die Nacherhebung aller noch nicht verjährten Steuerbeträge zu erfolgen (vgl. § 26 des Kapitalsteuergesetzes, § 21 des Lohn- und Besoldungssteuergesetzes und Art. 54 der Ausführungsbestimmungen).[33]

Artikel 43.

Zur Ermittelung der für die Ergänzungsveranlagungen während der Steuerperiode in Betracht kommenden Personen hat der Vorsitzende der Kreiskommission am 20. des zweiten Monats jedes Kalendervierteljahres (also am 20. Mai, 20. August, 20. November und 20. Februar) eine öffentliche Aufforderung nach dem
25. Muster 25 durch Anschlag in den Gemeinden (Art. 26, Ziff. 5) zu erlassen.

Soweit solche Personen mit Namen bekannt werden, ist ihnen gleichzeitig mit dem Erlaß der öffentlichen Aufforderung eine besondere Auf-
26. forderung nach dem Muster 26 zuzusenden.

Artikel 44.

1. Die Ergänzungsveranlagungen erfolgen in vorläufiger Weise durch den Vorsitzenden der zuständigen Veranlagungskommission auf Grund der von demselben ermittelten Bezüge. Zu diesem Zwecke hat derselbe vierteljährlich am 1. Tage jedes zweiten Monats im Kalendervierteljahr Nachtragsrollen nach
27. dem Muster 27 aufzustellen und dem Direktor der direkten Steuern einzusenden, gegebenenfalls Fehlanzeige zu erstatten.

Die Nachtragsrollen sind von dem Vorsitzenden der beteiligten Kommission auf ihre Richtigkeit zu bescheinigen. Die Urschriften der Nachtragsrollen werden von dem Veranlagungsbeamten, der dieselben aufgestellt hat, zurückbehalten. In den größeren Städten können diese Urschriften fortlaufend in Form eines Registers geführt werden.

2. Die endgültige Feststellung der Steuer, die für den auf dem Ergänzungswege veranlagten Pflichtigen in Ansatz zu bringen ist, hat bei dem nächsten Zusammentritt der Veranlagungskommission zu erfolgen und zwar nach den gleichen Vorschriften wie für die übrigen Steuerpflichtigen und unbeschadet der gesetzlichen Rechtsmittel, welche dem Steuerpflichtigen gegen diese Feststellung der Steuer zustehen.

3. Die Feststellung der Steuer hat die Wirkung, daß der Steuerpflichtige zur Nachentrichtung des infolge der vorläufigen Veranlagung zu wenig bezahlten Steuerbetrages verbunden ist, zu welchem Zwecke dieser Mehrbetrag an Steuern durch den Vorsitzenden der Veranlagungskommission unter Hinweis auf den früheren hierauf bezüglichen Rolleneintrag in die nächste Nachtragsrolle aufzunehmen ist. Dagegen ist der nach der endgültigen Festsetzung der Steuer durch die Veranlagungskommission von dem Steuerpflichtigen zu viel bezahlte Steuerbetrag durch den Vorsitzenden der Veranlagungskommission bei dem Direktor der direkten Steuern in kürzester Frist zur Rückerstattung zu beantragen, beziehungsweise wenn der vorläufig angesetzte Steuerbetrag noch nicht entrichtet ist, die entsprechende Entbürdung herbeizuführen. Das hierzu weiter Erforderliche, sowie die Benachrichtigung des Steuerpflichtigen, ist durch den Direktor der direkten Steuern zu veranlassen.

Artikel 45.

1. Über die Reichsausländer, welche sich in Elsaß-Lothringen des Erwerbs wegen nur während eines Teils des Jahres aufhalten (Saisonarbeiter u. dergl. — Art. 23, Ziffer 4) sind die Ortspolizeibehörden verpflichtet, den Steuerkontrolleuren am 1. und 15. jedes Monats,[34]) zum ersten Male am 1. April 1903, Nachweisungen nach dem Muster 28 mit Angabe der voraussichtlichen Aufenthaltsdauer, genauer 28.
Bezeichnung des Berufs und des Arbeitgebers, soweit nötig nach vorherigem Benehmen mit dem Arbeitgeber, binnen einer Frist von 14 Tagen nach Eintritt der Ausländer in das inländische Dienstverhältnis vorzulegen.

Die erforderlichen Formulare sind den Polizeibehörden von dem Direktor der direkten Steuern durch Vermittelung der Steuerkontrolleure zu liefern.

33) In der Fassung der Bekanntm. d. Minist. vom 20. Juli 1906.

34) Nach den Bestimmungen des Ministeriums, betreffend die Besteuerung der ausländischen Lohnarbeiter (Saisonarbeiter) vom 27. September 1907 (Zentr.- u. Bez.A.Bl. S. 202) Ziff. 10, allwöchentlich und zwar an jedem Samstag.

2. Die Ergänzungsveranlagung für diese Steuerpflichtigen hat ohne Verzug unter Benutzung einer Steuer- und Heberolle nach dem Muster 29 durch den Steuerkontrolleur endgültig zu erfolgen.

3. Die Nachweisungen der Polizeibehörden sind als Urschrift der Steuer- und Heberollen vom Steuerkontrolleur aufzubewahren.

Vierter Teil.

Steuererhebung.

Artikel 46.

(§ 21 des Kapitalsteuergesetzes und § 16 des Lohn- und Besoldungssteuergesetzes.)

1. Die von dem Direktor der direkten Steuern aufzustellenden Heberollen und die Benachrichtigungen der Steuerpflichtigen (Steuerzettel) umfassen die Kapital-, die Lohn- und Besoldungs- und die Gewerbesteuer. Für die übrigen direkten Steuern werden besondere Heberollen aufgestellt.

Die Steuern sind mit je einem Zwölftel am ersten Wochentage eines jeden Monats für den verflossenen Monat fällig. Die in Nachtragsrollen (Art. 44) angesetzten Beträge sind in so vielen Teilen am Anfang eines jeden Monats fällig, als sich die Nachtragsrolle auf Monate des betreffenden Steuerjahres erstreckt (vgl. Ziff. 7).

2. Die in den Steuerrollen (Art. 30) enthaltenen Besteuerungsgrundlagen (Steuerstufe und steuerpflichtiger Ertrag) und deren etwaige Verteilungsweise auf verschiedene Gemeinden, sowie die Bestimmungen der §§ 14, 22 des Kapitalsteuergesetzes und der §§ 12, 17 des Lohn- und Besoldungssteuergesetzes über die Begrenzung der Steuerpflicht, sowie über die Rechtsmittel sind auf den Steuerzetteln bekannt zu geben.

3. Durch die Einlegung von Rechtsmitteln (Einspruch, Berufung — Art. 47 usw. —) wird die Zahlung der veranlagten Steuer nicht aufgehalten; dieselbe muß vielmehr mit dem Vorbehalt späterer Erstattung in den vorgeschriebenen Fristen weiter erfolgen.

4. Wechselt ein Steuerpflichtiger nach erfolgter Veranlagung seinen Wohnsitz oder Aufenthalt innerhalb Elsaß-Lothringen, so findet eine Umschreibung der Steuer nicht statt; dagegen ist der Steuerpflichtige berechtigt, den Rest seiner Jahressteuer an der für seinen neuen Wohnort zuständigen Steuerkasse zu entrichten. Diese hat den erhobenen Betrag der durch die Heberolle belasteten Steuerkasse zu übersenden. Erst von dem nächsten Steuerjahr ab erfolgt die Veranlagung in der neuen Gemeinde.

Wird der Wohnsitz in das Reichsausland oder in die Bundesstaaten Bayern, Mecklenburg-Schwerin, Mecklenburg-Strelitz, Schwarzburg-Sondershausen, Reuß ä. L. verlegt, so ist die Steuer bis zum Ablauf des Kalendervierteljahres, in welchem die Wohnsitzverlegung erfolgt, geschuldet; wird der Wohnsitz in einen der übrigen Bundesstaaten verlegt, so ist die Steuer nur bis zum letzten Tage des Monats der Wohnsitzverlegung geschuldet (vergleiche Artikel 13 Ziffer 3).[35])

5. Erlischt die Kapitalsteuerpflicht infolge Todesfalles, so ist der Steuerbetrag, soweit nicht eine Ermäßigung desselben auf Grund des § 14 Ziffer 2 und 3 des Kapitalsteuergesetzes oder auf Grund der Degression des Tarifs einzutreten hat, auf Antrag des Rentmeisters auf die Erben umzuschreiben und von diesen bis zum Ende des Steuerjahrs, für welches die Veranlagung erfolgt ist, zu erheben. Der auf außerhalb Elsaß-Lothringens wohnende Erben entfallende Teil des Steuerbetrags ist zu erlassen.

6. Sofern in einzelnen Fällen die zwangsweise Beitreibung der Steuerbeträge die Steuerpflichtigen in ihrer wirtschaftlichen Existenz gefährdet oder wenn das Beitreibungsverfahren voraussichtlich ohne Erfolg sein würde, kann eine Niederschlagung derselben erfolgen. Dieselbe tritt nur auf Antrag ein. Gegen die Entscheidung des Direktors der direkten Steuern ist Beschwerde an das Ministerium zulässig (vgl. Art. 50 Ziff. 10 und Art. 51).

7. Die Bestimmung des § 7 des Kapitalsteuergesetzes über die Veranlagung der Ausländer und des § 12 Abs. 1 des Lohn- und Besoldungssteuergesetzes über die Veranlagung der sich des Erwerbs wegen nur während eines Teiles des Jahres in Elsaß-Lothringen aufhaltenden Ausländer (vgl. Art. 23 Ziff. 4) erfordert eine besondere Behandlung bezüglich der Erhebung und Beitreibung der von diesen geschuldeten Steuer. Der in Ansatz gebrachte Steuerbetrag ist sofort in voller Höhe fällig und, sofern nicht der Veranlagte die nötige Sicherheit bietet oder der Arbeitgeber die Zahlung übernimmt, alsbald in Beitreibung zu nehmen.

---

35) In der Fassung der Bekanntm. d. Minist. vom 5. August 1905.

Fünfter Teil.

Rechtsmittel.

(§§ 23 und 24 des Kapitalsteuergesetzes und §§ 18 und 19 des Lohn- und Besoldungssteuergesetzes.)

Artikel 47.

Allgemeines.

1. Die gegen die Ergebnisse der Veranlagung zulässigen Rechtsmittel sind:
   a) der Einspruch an die Veranlagungskommission,
   b) die Berufung an die Berufungskommission.

2. Im Wege der Rechtsmittel kann sowohl die Steuerpflicht überhaupt, die Höhe des veranlagten Ertrags und die stattgehabte Festsetzung der Tarifstufe, als auch die Höhe des Steueransatzes angefochten werden.

3. Die Fristen zur Einlegung der Rechtsmittel sind Ausschlußfristen, deren Versäumung den Verlust des Rechtsmittels zur Folge hat. Fällt das Ende der Frist auf einen Sonntag oder gesetzlichen Feiertag, so endigt dieselbe mit dem Ablaufe des nächstfolgenden Werktags.

4. Die Rechtsmittel sind bei dem Direktor der direkten Steuern schriftlich oder zu Protokoll anzubringen. Es ist Sache des Steuerpflichtigen, die zur Begründung dienenden Tatsachen und Beweismittel selbst anzuführen.

Wird ein Rechtsmittel bei einer nicht zuständigen Behörde angebracht, so hat diese die bezüglichen Schriftstücke an die zuständige Stelle zu befördern, ohne daß dem Steuerpflichtigen hieraus ein Rechtsnachteil erwächst.

5. Rechtsmittel, welche nach Ablauf der Frist (Ziffer 3) angebracht werden, sind als verspätet ohne weiteres zurückzuweisen.

Zu Unrecht Veranlagte sind alsbald von der Steuer zu befreien, sobald deren auf die Bestimmungen des § 4 des Kapitalsteuergesetzes und § 4 des Lohn- und Besoldungssteuergesetzes — Art. 3 und 16 dieser Anweisung — gegründeter Anspruch auf Steuerfreiheit, wenn auch nach Ablauf der Frist für Einlegung des Rechtsmittels, dargetan und anerkannt wird.

6. Bei Einlegung der Rechtsmittel ist der Steuerzettel mit den Quittungen der fälligen Steuerraten einzureichen (§ 21 Abs. 4 des Kap.-St.-Ges. und § 16 Abs. 4 des Lohn- u. Bes.-St.-Ges.).

7. Jede ganz oder zum Teil abweisende Entscheidung über ein Rechtsmittel ist mit kurzer Begründung und, sofern dagegen ein weiteres Rechtsmittel zulässig ist, mit entsprechender Belehrung hierüber zu versehen.

8. Einspruch und Berufung unterliegen dem Dimensionsstempel, sofern der Steuerbetrag 25 ℳ übersteigt. Weitere Kosten entstehen durch die Einlegung eines Rechtsmittels im allgemeinen nicht, insbesondere sind die im Verfahren erwachsenden Schriftstücke stempelfrei.

Der Berufungskommission steht jedoch das Recht zu, die durch die Untersuchung unbegründeter Berufungen entstandenen Kosten den Berufenden ganz oder teilweise zur Last zu legen (§ 33 des Kap.-St.-Ges. und § 27 des Lohn- u. Bes.-St.-Ges.); diese Kosten sind gegebenenfalls in der für die Erhebung der direkten Steuern geltenden Weise beizutreiben (vgl. Art. 46).

9. Die Entscheidung auf ein Rechtsmittel ist dem Reklamanten in verschlossenem Schreiben, wenn gegen die Entscheidung Rechtsmittel zulässig oder zu erwarten sind,[36]) mit Postzustellungsurkunde zuzustellen.

10. Nach endgültiger Entscheidung hat der Direktor der direkten Steuern wegen Abgangstellung der Steuer usw. das Nötige zu veranlassen.

Artikel 48.

Einspruch.

1. Das Recht, gegen das Ergebnis der Veranlagung Einspruch zu erheben, steht zu:
   a) dem Veranlagten und dem Vorsitzenden der Veranlagungskommission sowohl bezüglich der Steuerpflicht des Veranlagten als auch der Höhe des Ertrags, sowie der veranlagten Steuer;
   b) dem Veranlagten und bei mehrfachem Wohnsitz den Gemeinden, in welchen der Veranlagte wohnt, hinsichtlich der Verteilung der Jahressteuern auf die betreffenden Gemeinden.

2. Über den Einspruch entscheidet die zur Veranlagung zuständige Veranlagungskommission.

3. Die Ausschlußfrist für Einlegung des Einspruchs beträgt 3 Monate; dieselbe beginnt am Tage der Bekanntgabe der Rolle; sie endet mit Ablauf des entsprechenden Kalendertages 3 Monate später; ist dieser Tag ein Sonntag oder gesetzlicher Feiertag, so endigt die Frist mit Ablauf des nächstfolgenden Werktags.

Kommen bei mehrfachem Wohnsitz Gemeinden in Betracht, in welchen die Steuerrollen zu verschiedenen Zeitpunkten zur Bekanntmachung gelangen, so läuft die Frist zur Einlegung des Einspruchs für die Gesamtsteuer von dem Tage ab, an welchem die letzte Rolle zur Bekanntmachung gekommen ist.

---

36) Änderung nach einem nicht veröffentlichten Erlaß des Minist. vom 29. April 1910 III 4839.

4. Nach Eingang des Einspruchs läßt der Direktor der direkten Steuern den wesentlichen Inhalt der Einspruchsfrist in die nach dem Muster 30 aufzustellende Nachweisung eintragen und übersendet dieselbe mit dieser Schrift an den Vorsitzenden der zuständigen Veranlagungskommission zur Herbeiführung der Beschlußfassung über dieselbe.

5. Der Vorsitzende der Veranlagungskommission hat nach Empfang der gemäß Ziff. 4 ausgefüllten Nachweisung nebst deren Anlagen den Inhalt der Einspruchsschrift zu prüfen und die zur Vorbereitung der Entscheidung dienlichen Erhebungen vorzunehmen. Soweit erforderlich, ist er berechtigt, die Mitwirkung der Gemeindebehörde hierbei in Anspruch zu nehmen.

6. Nach Beendigung der Erhebungen ist die vorgedacht in den dazu bestimmten Spalten vollständig ausgefüllte Nachweisung nebst den dazugehörigen Verhandlungen der Beschlußfassung der Veranlagungskommission zu unterbreiten.

7. Die Vorsitzenden der Veranlagungskommissionen haben bezüglich jedes Einspruchs ein Gutachten abzugeben.

8. Die Veranlagungskommission kann, ehe sie Entscheidung trifft, noch weitere Erhebungen anordnen.

9. Die Entscheidung über den Einspruch wird durch Beschluß der Veranlagungskommission getroffen, an welchem der Vorsitzende mit vollem Stimmrechte teilnimmt. Dem Vorsitzenden ist es gestattet, zu diesem Zweck die Mitglieder der Veranlagungskommission unter seinem Vorsitze zu versammeln oder deren Stimmen (unter Vorlegung seines Gutachtens) auf schriftlichem Wege einzuholen. Soweit erforderlich, kann der Vorsitzende der Kreiskommission zu der Sitzung der Bezirkskommission zugezogen werden; ein Stimmrecht steht ihm jedoch nicht zu.

Eine persönliche Vertretung des Steuerpflichtigen in der Sitzung der Kommission findet nicht statt; auch die Vertretung durch einen Rechtsbeistand ist nicht zulässig (vgl. Art. 37 Ziff. 7 u. 8).

10. Hat die Veranlagungskommission über den Einspruch Beschluß gefaßt, so sind in der Nachweisung (Ziffer 4) die Gründe der Entscheidung kurz einzutragen und die Steuerpflichtigen durch den Vorsitzenden zu benachrichtigen.

Diese Benachrichtigungen erfolgen durch verschlossenes Schreiben mit Postzustellungsurkunde.

11. Die Entscheidungen der Veranlagungskommissionen sind von dem Vorsitzenden zu unterzeichnen.

12. Nach stattgehabter Benachrichtigung der Steuerpflichtigen sind die Nachweisungen und die durch die eingelegten Einsprüche entstandenen Akten dem Direktor der direkten Steuern einzureichen.

13. Die Einspruchsentscheidungen, welche durch Berufungen nicht weiter angefochten werden, sind nach Ablauf der Berufungsfrist von dem Direktor der direkten Steuern durch Erlaß der notwendigen Kassenanweisungen, Berichtigung der Heberollen usw. auszuführen. Derselbe hat alsdann die Akten an den Vorsitzenden der Veranlagungskommission zurückzugeben, welcher dieselben zu den Veranlagungsakten zu nehmen hat.

14. Legt der Vorsitzende der Veranlagungskommission Einspruch gegen die Veranlagung durch die Kommission ein, so hat er gleichzeitig eine Abschrift der Einspruchsschrift oder einen die Einspruchsgründe enthaltenden Auszug dem Steuerpflichtigen mit dem Anheimgeben zuzustellen, eine Gegenerklärung binnen 14 Tagen an ihn einzureichen.

Hat auch der Steuerpflichtige Einspruch eingelegt, so sind beide Rechtsmittel gemeinsam zu erörtern und durch e i n e Entscheidung zu erledigen.

15. Hat der Vorsitzende der Veranlagungskommission Einspruch erhoben, weil er die Veranlagung für zu niedrig erachtet und eine rechtskräftige Entscheidung erlangt, durch welche die Veranlagung erhöht wird, so ist eine ergänzende Veranlagung des in Frage stehenden Steuerpflichtigen vorzunehmen und demselben ein Nachtragssteuerzettel zuzustellen; die erhöhte Steuer ist für die ganze Dauer des Steuerjahres und, sofern die Steuerpflicht erst später begonnen hat, vom Beginn derselben ab nachzuzahlen. Dem Steuerpflichtigen stehen gegen diese Nachtragsveranlagung die ordentlichen Rechtsmittel zu; die Frist für Einlegung des Einspruchs läuft von dem Tage, an dem die Nachtragssteuerrolle bekannt gegeben worden ist (vgl. auch Ziff. 3).

A r t i k e l 49.

B e r u f u n g.

1. Gegen die Entscheidung der Veranlagungskommission über den Einspruch steht sowohl dem Steuerpflichtigen und dem Vorsitzenden der Veranlagungskommission, wie im Falle des mehrfachen Wohnsitzes den beteiligten Gemeinden das Rechtsmittel der Berufung zu. Der Vorsitzende der Veranlagungskommission kann jedoch von diesem Rechtsmittel nur mit Ge-

nehmigung des Direktors der direkten Steuern Gebrauch machen.

2. Über die Berufung entscheidet die Berufungskommission. Bezüglich der Zusammensetzung der Berufungskommission wird auf § 24, Abs. 2 und 3 des Kapitalsteuergesetzes verwiesen. Niemand darf gleichzeitig Mitglied der Berufungskommission und einer Veranlagungskommission sein.

3. Die Ausschlußfrist für Einlegung der Berufung beträgt einen Monat; dieselbe läuft für den Vorsitzenden der Veranlagungskommission vom Tage ab, an welchem die Veranlagungskommission die anzufechtende Entscheidung trifft, für die Steuerpflichtigen und die Gemeinden vom Tage der Bekanntgabe der Entscheidung ab und endet mit dem Ablauf des entsprechenden Kalendertages des nächstfolgenden Monats. Ist dieser Tag ein Sonntag oder gesetzlicher Feiertag, so endigt die Frist mit Ablauf des nächstfolgenden Werktags (vgl. Art. 48 Ziff. 3).

4. Nach Eingang der Berufung läßt der Direktor der direkten Steuern den wesentlichen Inhalt derselben in eine Nachweisung nach dem
31. Muster 31 eintragen und übersendet dieselbe nebst der Berufung und deren Beilagen dem Vorsitzenden der Veranlagungskommission, sofern nicht die Berufung von diesem selbst eingelegt ist.

5. Der Vorsitzende der Veranlagungskommission hat nach Empfang der Berufungsakten durch Anstellung der etwa notwendigen Ermittelungen die Entscheidung der Berufungskommission vorzubereiten, sein Gutachten über die Berufung, insbesondere über die neu vorgebrachten Tatsachen in die dazu bestimmte Spalte des Formulars einzutragen und dieselbe mit den Anlagen an den Direktor der direkten Steuern zurückzusenden. Letzterer hat die Verhandlungen auf ihre Vollständigkeit und das Verfahren sowie das Gutachten auf die Richtigkeit zu prüfen, zutreffendenfalls die Vervollständigung zu veranlassen und sodann mit eigenem Gutachten oder auch mit Vermerk seines Einverständnisses die sämtlichen Aktenstücke an den Vorsitzenden der Berufungskommission einzusenden.

6. Hat der Vorsitzende der Veranlagungskommission Berufung gegen eine Entscheidung der letzteren eingelegt, so hat er eine Abschrift der Berufung oder einen die Berufungsgründe enthaltenden Auszug dem Steuerpflichtigen mit dem Anheimgeben zuzustellen, eine Gegenerklärung binnen 14 Tagen an den Direktor der direkten Steuern einzureichen.

Hat auch der Steuerpflichtige Berufung eingelegt, so sind beide Rechtsmittel gemeinsam zu erörtern und durch eine Entscheidung zu erledigen.

7. Die Akten über die von dem Vorsitzenden der Veranlagungskommission eingelegte Berufung hat der Direktor der direkten Steuern mit den zugehörigen Aktenstücken, gegebenenfalls unter Beifügung der von dem Steuerpflichtigen abgegebenen Gegenerklärung und begleitet von seinem Gutachten, dem Vorsitzenden der Berufungskommission zu überreichen.

8. Die Berufungskommission entscheidet auf Grund des vorgelegten, nach Bedürfnis noch zu vervollständigenden Materials, fertigt die Bescheide an und gibt diese nebst den sämtlichen Akten an den Direktor der direkten Steuern ab.

9. Der Direktor der direkten Steuern läßt die von der Berufungskommission ausgefertigten Bescheide dem Steuerpflichtigen durch verschlossenes Schreiben mit Postzustellungsurkunde zustellen und führt die Entscheidungen der Berufungskommission aus. Danach sind die Berufungsakten an den Vorsitzenden der Veranlagungskommission abzugeben.

10. Hat der Vorsitzende der Veranlagungskommission Berufung erhoben, weil er die Veranlagung für zu niedrig erachtet und eine rechtskräftige Entscheidung erlangt, durch welche die Veranlagung erhöht wird, so greift bezüglich der Nacherhebung der zu wenig in Ansatz gebrachten Steuer das im Art. 48 Ziff. 15 vorgeschriebene Verfahren Platz.

Sechster Teil.

Steuererlasse.

(§ 25 des Kapitalsteuer-Gesetzes und § 20 des Lohn- und Besoldungssteuer-Gesetzes.)

Artikel 50.

Erlaßantrag.

1. Erlaß der Kapitalsteuer sowie der Lohn- und Besoldungssteuer, d. h. Entbürdung der genannten Steuern aus Billigkeitsgründen — im Gegensatz zu der sich aus dem Rechtsmittel-Verfahren (Art. 47 ff.) ergebenden Steuerentbürdung — tritt nur auf Antrag ein.

2. Berechtigt, einen Antrag auf Steuererlaß zu stellen, sind der Steuerpflichtige oder dessen gesetzliche Vertreter oder Bevollmächtigte, sowie die Erben.

3. Der Antrag ist bei dem Direktor der direkten Steuern schriftlich oder zu Protokoll einzureichen und an eine Frist nicht gebunden. Wird ein solcher Antrag bei einer anderen Behörde angebracht, so hat diese denselben an den Direktor der direkten Steuern abzugeben.

4. Die gesetzlichen Voraussetzungen, unter denen ein Steuererlaß gewährt werden kann, sind:

a) für die Kapitalsteuer:
wenn während der Steuerperiode Umstände eintreten, durch welche ein gänzlicher oder erheblicher Verlust des Kapitalvermögens herbeigeführt wird;

b) für die Lohn- und Besoldungssteuer:
α. wenn während des Steuerjahrs infolge Todes oder Wegzugs des Steuerpflichtigen aus Elsaß-Lothringen (falls wegen Versäumung der Abmeldung der Anspruch verloren ist) sowie infolge gänzlichen Verlustes des steuerbaren Einkommens oder infolge Eintritts in ein die Steuerbefreiung begründendes Verhältnis die Steuerpflicht erlischt,
β. wenn während des Steuerjahrs infolge außergewöhnlicher Unglücksfälle das steuerbare Einkommen um mehr als den vierten Teil vermindert worden ist.

In den unter α genannten Fällen soll der Erlaß der Steuer erst von dem auf das betreffende Ereignis folgenden Kalendervierteljahre ab stattfinden.

5. Außer dem Erlaß (Ziffer 4) kann auch in einzelnen Fällen eine Niederschlagung der in die Heberollen aufgenommenen Steuerbeträge stattfinden, wenn die zwangsweise Beitreibung der von den Steuerpflichtigen geschuldeten Steuern diese in ihrer wirtschaftlichen Existenz gefährden, oder wenn das Beitreibungsverfahren voraussichtlich ohne Erfolg sein würde (vgl. Art. 46 Ziff. 6 und Art. 52).

6. Der Steuererlaß kann sich auf die ganze in Ansatz gebrachte Steuer wie auch auf Teile derselben erstrecken.

7. In erster Instanz entscheidet über die Anträge auf Steuererlaß der Direktor der direkten Steuern, namentlich bestimmt er auch über den Umfang des Erlasses nach freiem Ermessen.

8. Zu diesem Zweck läßt der Direktor der direkten Steuern nach Eingang des Erlaßantrags dessen wesentlichen Inhalt in eine Nachweisung nach Muster 32 eintragen und übersendet diese nebst dem Erlaßantrage und dessen Anlagen an den Steuerkontrolleur, für dessen Amtsbezirk die Veranlagung erfolgt ist, zur Untersuchung und Begutachtung.

9. Der Steuerkontrolleur veranlaßt die nötigen Ermittelungen und, wenn er es für die Würdigung der Sachlage für erforderlich erachtet, das Gutachten des Bürgermeisters der Gemeinde, für welche die Veranlagung erfolgt ist, sowie bei mehrfachen Besteuerungsorten (Art. 9 u. 19) auch der Bürgermeister der übrigen Gemeinden, bzw. der zuständigen Steuerkontrolleure. Alsdann trägt er sein Gutachten in die dazu vorgesehene Spalte der Nachweisung ein und sendet diese unter Anschluß aller in der Sache entstandenen Schriftstücke an den Direktor der direkten Steuern zurück.

10. Der Direktor der direkten Steuern trägt seine mit Gründen versehene Entscheidung in die betreffende Spalte der Nachweisung ein, läßt hiernach die für den Antragsteller bestimmte Ausfertigung der Entscheidung anfertigen und sendet die letztere an den Steuerkontrolleur zurück. In der Entscheidung ist dem Antragsteller zugleich davon Kenntnis zu geben, daß ihm gegen dieselbe Beschwerde an das Ministerium zustehe.

11. Der Steuerkontrolleur hat alsbald nach Empfang die Veranlagungsliste, bzw. den Veranlagungsbogen nach Maßgabe der getroffenen Entscheidung zu ergänzen und die Ausfertigung der Entscheidung dem Antragsteller durch die Post zuzustellen.[37])

12. Im Falle des Nachlasses der Steuer oder eines Teils derselben hat der Direktor der direkten Steuern das Erforderliche bei der zuständigen Steuerkasse zu veranlassen.

Artikel 51.

Beschwerde.

1. Gegen die Entscheidung des Direktors der direkten Steuern auf angebrachten Erlaßantrag steht dem Steuerpflichtigen, dessen gesetzlichem Vertreter oder Bevollmächtigten das Recht der Beschwerde an das Ministerium zu.

2. Die Beschwerde ist bei dem Direktor der direkten Steuern schriftlich oder zu Protokoll einzulegen. Wird eine Beschwerde bei einer anderen Behörde eingereicht, so ist dieselbe dem Direktor der direkten Steuern zu übersenden.

3. Nach Eingang der Beschwerde läßt der Direktor der direkten Steuern durch den zuständigen Steuerkontrolleur und gegebenenfalls durch den Bürgermeister die erforderlich erscheinenden weiteren Erhebungen anstellen, zieht die aus Anlaß des Erlaßantrags erwachsenen Akten wieder ein und prüft auf Grund derselben und der früher aufgestellten

37) Nach dem nicht veröffentlichten Erlaß des Minist. vom 29. April 1910 III 4839 (S. Anm. 36) ist Zustellung mit Postzustellungsurkunde nur nötig, wenn gegen die Entscheidung Rechtsmittel zulässig oder zu erwarten sind. Dagegen sind insbesondere Entscheidungen auf Erlaßanträge stets nur durch einfachen Brief zu übersenden.

Nachweisung (Art. 50 Ziffer 8) den Inhalt der Beschwerde.

4. Erachtet er die Beschwerde in allen Stücken für begründet, so entscheidet er selbst unter Abänderung seiner früheren Entscheidung dem Beschwerdeantrag gemäß und veranlaßt durch Vermittelung des Steuerkontrolleurs die Benachrichtigung des Beschwerdeführers sowie die etwa erforderlich werdende Kassenanweisung.

War die Beschwerde bei dem Ministerium eingelegt, so hat der Direktor der direkten Steuern diesem von seiner neu getroffenen Entscheidung Mitteilung zu machen.

5. Erachtet der Direktor der direkten Steuern die Beschwerde für nicht oder nur zum Teil begründet, so legt er die sämtlichen Verhandlungen einschließlich der Nachweisung über den Erlaßantrag dem Ministerium mit seinem begründeten Antrag zur Entscheidung vor.

Das Ministerium entscheidet, gegebenenfalls nach weiteren Erhebungen, über die Beschwerde und sendet dieselbe mit allen zur Sache gehörigen Schriftstücken an den Direktor zurück.

6. Dieser benachrichtigt den Beschwerdeführer unter Vermittelung des zuständigen Steuerkontrolleurs von der vom Ministerium getroffenen Entscheidung und veranlaßt die Zahlung des bewilligten Steuererlasses. In der Veranlagungsliste oder dem Veranlagungsbogen ist von dem Steuerkontrolleur entsprechende Vormerkung zu nehmen.

Artikel 52.

Ausfallisten.

1. Ausfälle können entstehen:

a) wegen Unbeibringlichkeit, wenn
   α. das Zwangsverfahren wegen Beitreibung eines Rückstandes fruchtlos verlaufen ist,
   β. das Beitreibungsverfahren voraussichtlich ohne Erfolg sein würde, weil der Steuerpflichtige gänzlich unvermögend oder sein Aufenthalt unbekannt ist;

b) infolge von Niederschlagung veranlagter Steuerbeträge, wenn die zwangsweise Beitreibung derselben die Steuerpflichtigen in ihrer Existenz gefährden würde;

c) infolge von Doppelveranlagung.

Das eingeleitete Beitreibungsverfahren kann nach Bestimmung der Vollstreckungsbehörde vorläufig eingestellt werden, wenn sich im Laufe desselben Verhältnisse der unter a β, b und c erwähnten Art ergeben.

2. Die Aufstellung der Listen über die unbeitreiblichen und niederzuschlagenden Steuerbeträge sowie deren Begutachtung und Bescheidung erfolgt nach den für die übrigen direkten Steuern bestehenden Bestimmungen.

3. Die Steuerkassen sind außerdem verpflichtet, in allen Fällen, in welchen eine zu Unrecht erfolgte Veranlagung zu ihrer Kenntnis kommt und die mit der Steuer Belasteten infolge von Tod, Verzug oder aus anderen Ursachen nicht imstande sind, gegen die zu Unrecht stattgehabte Veranlagung Einspruch zu erheben, Ausfalllisten nach den für die übrigen Steuern bestehenden Vorschriften unter Vermittelung des zuständigen Steuerkontrolleurs, der die Einträge prüft und mit seinem Gutachten versieht, dem Direktor der direkten Steuern vorzulegen. Die Entscheidung über die Aufhebung der Veranlagung steht dem Direktor der direkten Steuern zu.

Siebenter Teil.

Strafbestimmungen und Nachbesteuerung.

Artikel 53.

(§ 13 des Kapitalsteuer-Gesetzes und § 11 des Lohn- und Besoldungssteuer-Gesetzes.)

Verlust der Rechtsmittel.

Wer die ihm obliegende Steuererklärung (Art. 11 und 22) nicht innerhalb der vorgeschriebenen Frist abgibt, verliert die gesetzlichen Rechtsmittel gegen seine Veranlagung für das betreffende Steuerjahr, sofern nicht besondere Umstände die Versäumnis entschuldbar erscheinen lassen.[38]) Die Entscheidung darüber steht der Veranlagungskommission zu; gegen dieselbe ist Berufung an die Berufungskommission zulässig.

Artikel 54.

(§ 26 des Kapitalsteuer-Gesetzes und § 21 des Lohn- und Besoldungssteuer-Gesetzes.)

Nachsteuer.

1. Wer die Abgabe der Steuererklärung, zu welcher er gesetzlich verpflichtet ist, unterläßt oder infolge unrichtiger oder unvollständiger Angaben in der Steuererklärung die Unterlassung der Veranlagung oder die Veranlagung in eine niedrigere Stufe herbeiführt, als solche bei richtiger und vollständiger Erklärung zur Anwendung hätte kommen sollen, ist zur Nachzahlung der zu wenig in Ansatz gebrachten Steuer, unabhängig von der verwirkten Strafe (Art. 55), verpflichtet.

2. Die Verbindlichkeit zur Nachzahlung der

38) In der Fassung der Bekanntm. d. Minist. vom 11. Mai 1904.

hinterzogenen Kapitalsteuer verjährt in 6 Jahren und geht auf die Erben, jedoch für diese mit einer Verjährungsfrist von nur 3 Jahren und nur bis zur Höhe ihres Erbanteils, über. Für die Lohn- und Besoldungssteuer beträgt die Verjährungsfrist 3 Jahre.

3. Die Verjährungsfrist beginnt bezüglich der Kapitalsteuer mit Ablauf des Steuerjahres, bezüglich der Lohn- und Besoldungssteuer mit Beginn des Steuerjahres, in welchem die Erklärung abzugeben war oder die unrichtige oder unvollständige Erklärung abgegeben wurde.

4. Die Feststellung der nachzuentrichtenden Steuerbeträge erfolgt durch den Direktor der direkten Steuern; gegen dieselbe ist die Beschwerde an das Ministerium zulässig. Der Ansatz der Steuer kann niemals den Gegenstand des gerichtlichen Verfahrens bilden. Hält der Direktor der direkten Steuern die Beschwerde auf Grund des neu Vorgebrachten für begründet, so ist er zur Abänderung seiner ersten Festsetzung befugt, und es bedarf der Weitergabe an das Ministerium nicht. Eine aufschiebende Wirkung hat diese Beschwerde nicht, vielmehr erfolgt spätere Rückerstattung des etwa zu viel Gezahlten.

Artikel 55.

(§§ 27, 28 des Kapitalsteuer-Gesetzes und §§ 22, 23 des Lohn- und Besoldungssteuer-Gesetzes.)

Zuwiderhandlungen.

Nach den Gesetzen sind zweierlei Arten von Zuwiderhandlungen zu unterscheiden, nämlich:

1. die nicht rechtzeitige Abgabe der Steuererklärung oder der verlangten Auskunft;
2. die unrichtige oder unvollständige Angabe und die Verschweigung von steuerbaren Beträgen, welche der Erklärungspflicht unterliegen, sowie die Unterlassung der Erklärung überhaupt.

Die Zuwiderhandlungen unter Ziffer 1 haben den Charakter einer einfachen Ordnungswidrigkeit und sind, wenn entschuldbare Gründe nicht vorliegen, mit Geldstrafen bis zu 20 ℳ zu ahnden.

Die unter Ziffer 2 angegebenen Zuwiderhandlungen dagegen haben, wenn sie wissentlich und in der Absicht, die gesetzlich geschuldete Steuer ganz oder zum Teil zu hinterziehen, begangen wurden und dadurch die Einreihung in eine niedrigere Steuerstufe oder die Unterlassung der Veranlagung herbeigeführt worden ist, eine Geldstrafe im 2- bis 4fachen, und im Rückfalle binnen der letzten 6 Jahre bis zum 6fachen Betrage der hinterzogenen Jahressteuer zur Folge.

Liegt die Absicht der Steuerhinterziehung nicht vor, so kommt in den Fällen der Ziffer 2 eine Geldstrafe bis zu 50 ℳ zur Anwendung. Die Anwendung dieser Strafe schließt die Ordnungsstrafe (Ziffer 1) aus.

Artikel 56.

(§§ 29, 31 des Kapitalsteuer-Gesetzes und §§ 24, 26 des Lohn- und Besoldungssteuer-Gesetzes.)

Strafverfolgung und Strafumwandlung.

1. Die Verfolgung der strafbaren Handlungen verjährt:

a) im Falle des Art. 55 Ziffer 1 nach 3 Monaten vom Ablauf der gesetzten Frist ab;
b) im Falle des Art. 55 Ziffer 2 nach 5 Jahren, gerechnet vom Ablauf des Steuerjahrs, in welchem die unrichtige oder unvollständige Erklärung erfolgt ist oder die unterlassene Erklärung oder die verlangte Auskunft zu erteilen war.

2. Die nicht beitreibbaren Geldstrafen sind nach Maßgabe der §§ 28, 29 des Strafgesetzbuchs in Haft umzuwandeln.

Artikel 57.

(§§ 18, 32 des Kapitalsteuer-Gesetzes und § 13 des Lohn- und Besoldungssteuer-Gesetzes.)

Geheimhaltung der Erklärungen.

1. Die bei der Steuerveranlagung beteiligten Beamten sowie die Mitglieder der Veranlagungskommissionen und deren Stellvertreter, ebenso die Mitglieder der Berufungskommission werden, wenn sie die Veranlagungsverhandlungen sowie die aus Anlaß derselben zu ihrer Kenntnis gelangenden Tatsachen bezüglich der Verhältnisse der Steuerpflichtigen unbefugt offenbaren, mit Geldstrafe von 30 bis zu 2000 ℳ bestraft, unbeschadet der zivilrechtlichen Haftbarkeit. Die Strafverfolgung tritt nur auf Antrag des Ministeriums ein.

Die Untersuchung und Entscheidung steht den ordentlichen Gerichten zu.

Die Verurteilung hat den Verlust des Veranlagungsamts und die Unfähigkeit zur Bekleidung eines solchen Amts zur Folge.

2. Begeht ein Mitglied oder Stellvertreter einer Veranlagungskommission eine Zuwiderhandlung gegen die Vorschriften der Ziffer 1, so hat der Direktor der direkten Steuern den Tatbestand festzustellen und alsdann die Verhandlungen an das Ministerium gelangen zu lassen.

3. Gegen Beamte, welche sich der Verletzung der Amtsverschwiegenheit schuldig machen, kann

auch auf Grund des Reichsbeamtengesetzes disziplinarisch eingeschritten werden.

Artikel 58.

Kosten der strafrechtlichen Verfolgung.

Die Kosten der strafrechtlichen Verfolgung einschließlich der Kosten der Untersuchung fallen dem Bestraften zur Last.

Artikel 59.

Strafverfahren.

(§§ 26, 30 des Kapitalsteuer-Gesetzes und §§ 21, 25 des Lohn- und Besoldungssteuer-Gesetzes.)

1. Sobald der begründete Verdacht einer mit Strafe bedrohten Zuwiderhandlung (Art. 55) vorliegt, hat der Vorsitzende der Veranlagungskommission die zur Feststellung des Tatbestandes erforderlichen Ermittelungen vorzunehmen und sodann sämtliche Verhandlungen mit seiner gutachtlichen Äußerung dem Direktor der direkten Steuern zur Beschlußfassung über die Einleitung des Strafverfahrens und Festsetzung der etwa erforderlichen Nachsteuer vorzulegen. Im Falle des Art. 55 Ziffer 1 sind diese Ermittelungen lediglich auf die Feststellung zu beschränken, ob entschuldbare Gründe für die Zuwiderhandlung vorliegen.

2. Jede Handlung des Vorsitzenden der Veranlagungskommission oder des Direktors der direkten Steuern, welche wegen der begangenen Zuwiderhandlung gegen den Täter gerichtet ist, unterbricht bezüglich der Nachsteuer die Verjährung; die Unterbrechung der Verjährung gegen einen Mitverpflichteten unterbricht sie gegen alle.

3. Entscheidet sich der Direktor der direkten Steuern auf den Bericht des Vorsitzenden der Veranlagungskommission für Einleitung des Strafverfahrens, so hat er nach vorheriger Anhörung des Beschuldigten die Geldstrafe und damit auch zugleich die gemäß Art. 54 geschuldete Nachsteuer vorläufig festzusetzen und dem Beschuldigten nebst den diesem etwa zur Last fallenden Kosten des Verfahrens bekannt zu geben. Die Höhe der Geldstrafe wird von dem Direktor nach freiem Ermessen und unter Berücksichtigung aller strafmildernden, bzw. straferschwerenden Umstände des einzelnen Falles festgesetzt. Als Kosten des Verfahrens kommen nur bare Auslagen, wie Porto u. dgl., in Betracht. In der Mitteilung an den Steuerschuldner müssen außer der strafbaren Handlung die zur Anwendung kommenden Gesetzesbestimmungen bezeichnet werden, ferner muß dieselbe die ausdrückliche Eröffnung enthalten, daß der Steuerschuldner, sofern er nicht Beschwerde an das Ministerium wegen der angesetzten Nachsteuer erhebt, gegen die festgesetzte Strafe binnen einer Woche nach der Bekanntgabe bei dem Direktor der direkten Steuern oder bei der Steuerkasse, welche sie bekannt gegeben hat, auf gerichtliche Entscheidung antragen kann.

4. Die Bekanntgabe der Strafverfügung, welcher nicht die Rechtswirkung förmlicher Strafbescheide im Sinne des § 459 der Strafprozeßordnung zukommt, hat durch die zuständige Steuerkasse gegen Empfangsbescheinigung zu geschehen. Die in der Strafverfügung bestimmte Frist von einer Woche ist vom Tage der Behändigung, letzteren nicht mitgezählt, zu berechnen.

5. Nach Empfang der Strafverfügung hat der Beschuldigte binnen einer Woche die Wahl, entweder die Geldstrafe nebst Kosten freiwillig zu zahlen, oder bei dem Direktor, bzw. der zuständigen Steuerkasse auf gerichtliche Entscheidung anzutragen.

6. Geschieht keines von beiden, so hat die Steuerkasse bei dem Direktor auf Herbeiführung der gerichtlichen Entscheidung anzutragen.

7. In allen Fällen, in denen, sei es von dem Beschuldigten, sei es von dem Direktor, auf gerichtliche Entscheidung angetragen wird, richtet sich das weitere Verfahren nach der Strafprozeßordnung (§§ 460 ff.).

8. Nimmt der Direktor der direkten Steuern (z. B. weil die Zahlungsunfähigkeit des Beschuldigten von vornherein feststeht) von einer vorläufigen Festsetzung der Geldstrafe Abstand, oder verzichtet der Beschuldigte darauf und verlangt die sofortige Entscheidung des Gerichts, so ist ebenfalls nach der Strafprozeßordnung zu verfahren.

Im Falle der Zuwiderhandlung gemäß Art. 55 Ziffer 2 ist dann vorher die Höhe der Nachsteuer durch den Direktor der direkten Steuern festzusetzen und dem Beschuldigten bekannt zu geben (vgl. Art. 54 Ziff. 4).

9. Die Vollstreckung und Erhebung der gerichtlich festgesetzten Strafen erfolgt nach den über die Vollstreckung und Erhebung der gerichtlich erkannten Strafen im allgemeinen bestehenden Vorschriften.

10. Die Erhebung, Überweisung, Kontrolle und Verrechnung der im Verwaltungswege festgesetzten Steuerbeträge erfolgt mittels Nachtragsrollen (Art. 44), die der Strafen und Kosten auf Grund besonderer Anweisungen. Die Beträge sind bei den betr. Steuern des laufenden Jahres, die Strafen und Kosten jedoch unter einem besonderen Abschnitte zu verrechnen.

Achter Teil.

Kosten und Zuschläge.

Artikel 60.

(§ 33 des Kapitalsteuer-Gesetzes und § 27 des Lohn- und Besoldungssteuer-Gesetzes.)

1. Die Kosten der Veranlagung und Erhebung der Kapitalsteuer und Lohn- und Besoldungssteuer fallen der Landeskasse zur Last. Insbesondere sind aus der Landeskasse den Vorsitzenden und Mitgliedern der Veranlagungskommissionen, den Protokollführern und sonstigen bei den Veranlagungsarbeiten mitwirkenden Personen die durch das Ministerium zu bestimmenden Tagegelder, Reisekosten und Pauschalbeträge zu zahlen.

2. Zu den Kosten, welche nach § 33 des Kapitalsteuergesetzes und § 27 des Lohn- und Besoldungssteuergesetzes für die Untersuchung unbegründeter Berufungen den Berufenden zur Last gelegt werden können, sind zu rechnen die Vergütungen für die Tätigkeit der Beamten und der Berufungskommission, die etwaigen Auslagen an Reisekosten, Porto, Zeugen- und Sachverständigengebühren. Es ist dafür eine Bauschsumme anzusetzen, deren Bemessung in jedem Falle der Berufungskommission überlassen bleibt.

Der Direktor der direkten Steuern hat in jedem Falle, in welchem er eine Zurlastlegung von Kosten für angezeigt hält, zu beantragen, in welchem Betrage ein Kostenersatz auszusprechen ist. Er veranlaßt nach dem Beschlusse die Einziehung durch die zuständige Steuerkasse.[39])

Artikel 61.

Zuschläge.

(§§ 34, 35 des Kapitalsteuer-Gesetzes und §§ 28, 29 des Lohn- und Besoldungssteuer-Gesetzes.)

1. Zur Deckung der Ausfälle an dem in den Heberollen in Ansatz gebrachten Steuersoll infolge von Steuerentbürdungen (Freistellungen, Minderungen, Erlassen usw.) sowie zur Deckung der Druckkosten wird ein Zuschlag von zwei vom Hundert der Kapitalsteuer und von fünf vom Hundert der Lohn- und Besoldungssteuer zugunsten der Landeskasse erhoben.

Sofern der Betrag dieser Zuschläge zur Deckung der tatsächlich entstehenden Ausfälle nicht ausreicht, ist der Fehlbetrag auf die entfallende Steuer in Anrechnung zu bringen.

2. Den Bezirkszuschlägen unterliegen die Kapitalsteuer und die Lohn- und Besoldungssteuer nach Vorschrift des § 8 des Verwendungsgesetzes vom 13. Juli 1901 zu dem gleichen Satze wie die übrigen direkten Steuern, einschließlich der Bergwerkssteuer. Den Gemeindezuschlägen unterliegen dieselben in gleicher Weise wie die übrigen direkten Steuern, jedoch mit Ausschluß der Bergwerkssteuer, für welche die Beschränkung des § 5 des Gesetzes vom 6. November 1896 (Gesetzbl. S. 77) zu beachten ist, wonach die für die Gemeinden zu erhebenden Zuschläge den Betrag der Bergwerkssteuern nicht überschreiten dürfen.[40])

Die Erhebung der Bezirks- und Gemeindezuschläge hat gleichzeitig mit derjenigen der Kapitalsteuer und Lohn- und Besoldungssteuer zu erfolgen.

3. Bezüglich der Zuschläge zu der Lohn- und Besoldungssteuer sind außerdem die folgenden besonderen Bestimmungen zu beachten:

a) Die Lohn- und Besoldungssteuern, welche von außerhalb Elsaß-Lothringen wohnenden Steuerpflichtigen (Art. 15 Ziff. 3) sowie von den aktiven Militärpersonen geschuldet werden, sind den Bezirks- und Gemeindezuschlägen nicht unterworfen (vgl. Art. 15 Abs. 2); ihre Erhebung erfolgt durch besondere Heberollen oder durch einen Nachtrag in den ordentlichen Heberollen.

b) Die Gemeinden mit Oktroi sind berechtigt, die für die Landeskasse und den Bezirk veranlagten Lohn- und Besoldungssteuerbeträge der untersten Stufen bis zum Betrage von 1300 *M* auf das Oktroi zu übernehmen (Art. 30 Ziff. 4 e). Sofern Steuerpflichtige außer ihren Bezügen aus Lohn und Besoldung noch Einnahmen aus sonstigen Erwerbsquellen (Art. 16) haben, ist die Uebernahme ihrer Lohn- und Besoldungssteuer auf das Oktroi unter der Voraussetzung zulässig, daß die Lohn- und Besoldungsbezüge, mit den Einnahmen aus sonstigen Erwerbsquellen zusammen, den Betrag von 1300 *M* nicht übersteigen.[41])

Der betreffende Gemeinderatsbeschluß ist nach erfolgter Genehmigung dem Direktor der direkten Steuern spätestens bis Ende Oktober einzureichen.

---

39) In der Fassung der Bekanntm. d. Minist. vom 20. Juli 1906.

40) Das Gesetz vom 6. November 1896 ist durch das Bergwerkssteuergesetz vom 14. Juli 1908 (Gesetzbl. f. Elf.-Lothr. S. 73), bzw. vom 28. Mai 1913 (Gesetzbl. f. Elf.-Lothr. S. 67, 69) § 4 aufgehoben worden. Weder für die Gewerbesteuer, der die Bergwerke nunmehr anstelle der verhältnismäßigen Bergwerksabgabe unterworfen sind, noch für die Flächenabgabe ist eine Beschränkung der Zahl der Gemeindezuschläge vorgesehen.

41) In der Fassung der Bekanntm. d. Minist. vom 11. Mai 1904.

c) Die der Lohn- und Besoldungssteuer nicht unterliegenden Personen mit Lohn- und Besoldungsbezügen von jährlich 500 bis 700 ℳ sind zu den Gemeindezuschlägen heranzuziehen, sofern nicht der Gemeinderat, unter Zuziehung der Höchstbesteuerten (vgl. Gemeindeordnung § 44), auf die Veranlagung dieser Personen verzichtet (Art. 16 Ziff. 1 und Art. 30 Ziff. 4 d). Im Falle der Heranziehung derselben zu den Gemeindezuschlägen bleiben Beträge unter 0,50 ℳ außer Ansatz. Ebenso sind die von der Gemeinde fortlaufend unterstützten Personen ohne Rücksicht auf ihre Lohn- und Besoldungsbezüge von diesen Zuschlägen ausgenommen.

Neunter Teil.

Prüfung und Oberaufsicht der Veranlagung.

Artikel 62.

(§§ 19, 36 des Kapitalsteuer-Gesetzes und § 30 des Lohn- und Besoldungssteuer-Gesetzes.)

1. Die Vorsitzenden der Bezirkskommissionen sind verpflichtet, innerhalb des Bezirks dieser Kommissionen das gesamte Veranlagungsgeschäft für die Kapitalsteuer und Lohn- und Besoldungssteuer zu beaufsichtigen; sie haben dafür Sorge zu tragen, daß die hierfür gegebenen Vorschriften gleichmäßige Anwendung finden, und sind zu diesem Zwecke befugt, sowohl die Tätigkeit der Kreiskommissionen zu prüfen, als auch den Sitzungen dieser Kommissionen — jedoch ohne Stimmrecht — beizuwohnen. Die hierbei wahrgenommenen Unregelmäßigkeiten sind zur Abstellung derselben alsbald zur Kenntnis des Direktors der direkten Steuern zu bringen.

2. Die Leitung des Veranlagungsgeschäfts steht dem Direktor der direkten Steuern zu. Derselbe ist Aufsichtsbehörde der Veranlagungskommissionen und insbesondere ihrer Vorsitzenden; er hat dafür Sorge zu tragen, daß das gesamte Veranlagungsgeschäft überall den bestehenden Vorschriften gemäß und rechtzeitig durchgeführt wird. Es bleibt ihm überlassen, sich an Ort und Stelle von den bezüglichen Verhältnissen persönlich genau zu unterrichten; er ist zu diesem Zwecke insbesondere auch berechtigt, den Sitzungen der Veranlagungskommission — ohne Stimmrecht — beizuwohnen.

Der Direktor entscheidet über Beschwerden gegen das Verfahren der Veranlagungsbeamten und Veranlagungskommissionen sowie der Vorsitzenden derselben. Die endgültige Entscheidung steht dem Ministerium zu.

---

12. Februar 1902.

Bekanntmachung des Reichskanzlers, betreffend die Beschäftigung von Apothekergehülfen mit ausländischen Prüfungszeugnissen in deutschen Apotheken.[1])

Zentr.-Bl. f. d. D. R. S. 23.

Der Bundesrath hat beschlossen, die Bekanntmachung vom 13. Januar 1883 (Central-Blatt S. 12) durch folgende Vorschrift zu ergänzen:

„Der Reichskanzler wird ermächtigt, in Uebereinstimmung mit der zuständigen Landescentralbehörde in besonderen Fällen Personen, welche die Prüfung der Apothekergehülfen im Inlande nicht abgelegt haben, mit Rücksicht auf eine im Ausland abgelegte gleichartige Prüfung ausnahmsweise in einer deutschen Apotheke als Apothekergehülfen zuzulassen."

1) Die mit den Bekanntmachungen des Reichskanzlers vom 13. Januar 1883 und 12. Februar 1902 veröffentlichten Beschlüsse des Bundesrats betr. die Zulassung von Apothekergehilfen sind durch die Prüfungsordnung für Apotheker vom 18. Mai 1904 unberührt geblieben.

---

16. Februar 1902.

Kaiserliche Verordnung über die theilweise Inkraftsetzung des Gesetzes, betreffend die Schlachtvieh- und Fleischbeschau, vom 3. Juni 1900.[1])

Reichsgesetzbl. S. 47.

Der § 21 des Gesetzes, betreffend die Schlachtvieh- und Fleischbeschau, vom 3. Juni 1900 (Reichs-Gesetzbl. S. 547) tritt am 1. Oktober 1902 in Kraft. Gleichzeitig treten die Vorschriften des § 26 Nr. 1, des § 27 Nr. 1 und der §§ 28, 29 in Kraft, soweit sie die Zuwiderhandlungen gegen den § 21 Abs. 1, 2 oder gegen ein auf Grund des § 21 Abs. 3 ergangenes Verbot betreffen.

1) Erlassen auf Grund des § 30 Abs. 2 des Gesetzes betreffend die Schlachtvieh- und Fleischbeschau, vom 3. Juni 1900 (Reichsgesetzbl. S. 547).

16. Februar 1902.

Ausführungsbestimmungen des Ministeriums zu dem Gesetze vom 13. Juli 1901, betreffend die Verwendung der Erträge der Kapitalsteuer und der Lohn- und Besoldungssteuer, sowie die Erhebung der Bezirkszuschläge.[1] [2]

Zentr.- u. Bez.A.Bl. S. 39.

Art. 1.

Personal-Mobiliar- und Grundsteuer.

(§§ 1 und 2 des Gesetzes.)

1. Infolge der Aufhebung der Personal-Mobiliarsteuer und der Einführung eines Einheitssatzes für die Grundsteuer findet eine Verteilung der direkten Steuern durch die Bezirks- und Kreistage auf die Kreise und Gemeinden des Landes fernerhin nicht mehr statt.

2. Die Veranlagung der Grundsteuer hat vom Rechnungsjahre 1903 ab für den Staat zu dem Satze von dreieinhalb vom Hundert des nach dem Gesetze vom 6. April 1892 ermittelten Reinertrags zu erfolgen.

Falls in einzelnen Gemarkungen bis zur Aufstellung der Steuerrollen das Ermittelungsverfahren noch nicht vollständig zum Abschluß gekommen sein sollte, bleiben besondere Bestimmungen über die spätere Ausgleichung der auf Grund der bis dahin ermittelten Steuerertragssätze in Ansatz gebrachten Steuerbeträge vorbehalten.

Art. 2.

Gebäudesteuer.

(§ 3 des Gesetzes.)

1. Vom Rechnungsjahre 1903 ab ist die Gebäudesteuer für den Staat zu dem Satze von vier[3]) vom Hundert des Nutzungswerts zu veranlagen.

2. Der Staatssteuersatz für die Dienstwohnungen (§§ 2 u. 4 des Gesetzes vom 14. Juli 1895) beträgt von diesem Zeitpunkt ab zweieinfünftel[4]) vom Hundert des Nutzungswerts derselben. Die Bekanntmachungen vom 25. Juni 1896, betreffend die Gebäudesteuer für Dienstwohnungen der Landesbeamten (Amtsbl. S. 170), und vom 13. März 1897, betreffend die Gebäudesteuer für Dienstwohnungen in Bezirks- und Gemeindegebäuden (Amtsbl. S. 153) bleiben auch ferner in Geltung.

Art. 3.

Gebäudesteuer für Lagerplätze und dergleichen.

(§ 4 des Gesetzes.)

Als Grundstücke, welche der landwirtschaftlichen Benutzung entzogen sind und dauernd zu gewerblichen Zwecken Verwendung finden, somit vom 1. April 1903 ab der Gebäudesteuer nach Maßgabe ihres Nutzungswertes unterliegen, kommen insbesondere in Betracht:

Die zur Lagerung von Baumaterialien, Kohlen, Koks, Holz, Steinen, Eisen, Petroleum und ähnlichen Gegenständen benutzten Flächen, sowohl auf Eisenbahn- und Hafengelände wie auf Privatgrundstücken, die Zimmer- und Steinhauerplätze, die zur Ablagerung der Schlacken von Hüttenwerken dienenden Grundstücke, die zu Wasserbehältern von Fabriken, zu gewerblichen Bleichen usw. benutzten Flächen.

Art. 4.

Gewerbesteuer.

(§ 5 des Gesetzes.)

1. Gewerbebetriebe, deren Ertragsfähigkeit (§ 6 des Gesetzes vom 8. Juni 1896) mit den Bezügen ihrer Inhaber aus anderen Erwerbsquellen — d. h. aus Grund- und Gebäudevermögen, Wandergewerbebetrieb, aus Kapital und Lohn und Besoldung, bei Hinzurechnung der nach § 11 des Kapitalsteuergesetzes und nach § 8 des Lohn- und Besoldungssteuergesetzes anzurechnenden Bezüge der Haushaltungsangehörigen — zusammen den Betrag von 700 ℳ jährlich nicht übersteigt, sind zur Staats-Gewerbesteuer nicht zu veranlagen.

2. Voraussetzung der Steuerpflicht ist:

a) daß der zu Veranlagende überhaupt ein Gewerbe betreibt und dafür eine Ertragsfähigkeit besteht;

b) daß das wirkliche reine Gesamteinkommen des zu Veranlagenden den Betrag

1) Erlassen auf Grund des § 10 des Gesetzes vom 13. Juli 1901, betreffend die Verwendung der Erträge der Kapitalsteuer und der Lohn- und Besoldungssteuer, sowie die Erhebung der Bezirkszuschläge (Gesetzbl. f. Elf.-Lothr. S. 80). S. o.

2) Abgeändert durch die Verfügung des Ministeriums, betreffend Ergänzung der Ausführungsbestimmungen vom 16. Februar 1902 zu dem Gesetze über die Verwendung der Erträge der Kapitalsteuer usw., insbesondere der Gewerbesteuer, vom 22. Februar 1905 (Zentr.- u. Bez.A.Bl. S. 94).

3) Zufolge Gesetz, betreffend die Gebäudesteuer, vom 17. Juli 1907, Art. I 3,60 vom Hundert des Nutzungswertes.

4) Zufolge des zu 3) bezeichneten Gesetzes 1,90 vom Hundert des Nutzungswertes.

von 700 M jährlich übersteigt. Das wirkliche reine Gesamteinkommen setzt sich zusammen aus den Erträgen sämtlicher Einkommensquellen des zu Veranlagenden selbst, sowie seiner nicht selbständigen Haushaltungsangehörigen — gleichviel ob die Erträge aus dem In- oder Auslande herrühren und in Elsaß-Lothringen steuerbar sind oder nicht — abzüglich der zur Gewinnung dieser Erträge zu verwendenden Auslagen, sowie abzüglich der auf rechtlicher Verpflichtung beruhenden Lasten. So sind im einzelnen bei den Erträgen aus den nachbenannten Erwerbsquellen unter Berücksichtigung der abzugsfähigen Lasten, wie Passivkapitalzinsen, Hypothekenzinsen usw., folgende Werte in Ansatz zu bringen:

für den Ertrag aus Kapitalvermögen, Lohn und Besoldung: der tatsächliche Jahresbetrag,

für den Ertrag aus Gewerbe- und Wandergewerbebetrieb: der wirkliche durchschnittliche Reingewinn,

für den Ertrag aus Gebäudevermögen: der der Gebäudesteuer zugrunde liegende Nutzungswert,

für den Ertrag aus Grundvermögen und landwirtschaftlichen Pachtungen: der tatsächliche Reinertrag, also nicht nur der durch die Grundsteuern getroffene Reinertrag, sondern auch der Arbeitsverdienst des zu Veranlagenden und seiner Familie aus dem Betrieb der Landwirtschaft, bei Pachtungen selbstverständlich unter Abzug der Pacht.[5])

3. An Stelle der Stufen 1 und 2 des Tarifs zur Berechnung der Gewerbesteuer (Anlage zu § 7 des Gesetzes vom 8. Juni 1896) treten:

die Stufe 1 mit einer Ertragsfähigkeit bis zu 500 M und einer Steuer von 20 Prozent des Satzes von 1,90 vom Hundert des Mittelbetrags der Ertragsfähigkeit von 250 M,

die Stufe 2 mit einer Ertragsfähigkeit von 500—700 M und einer Steuer von 25 Prozent des gleichen Satzes bei einem Mittelbetrag der Ertragsfähigkeit von 600 M,

die Stufe 2a mit einer Ertragsfähigkeit von 700—1000 M und einer Steuer von 30 Prozent des gleichen Satzes bei einem Mittelbetrag der Ertragsfähigkeit von 850 M.

Eine weitere Änderung in der Bezeichnung der Tarifstufen tritt nicht ein.

4. Die Vorschrift in Artikel 11 B Ziffer 5 der Ausführungsbestimmungen vom 24. Juni 1897 zum Gewerbesteuergesetz (Amtsbl. S. 197), wonach die Bezüge der in dem Gewerbebetrieb beschäftigten Angestellten usw. einschließlich der Tantiemen nur bis zum Betrag von jährlich 10 000 M für den einzelnen Angestellten usw. in Abzug zu kommen haben, wird dahin abgeändert, daß die nach jenen Vorschriften abzugsfähigen Bezüge vom 1. April 1903 ab in ihrer vollen Höhe in Abzug zu bringen sind, wogegen diese Bezüge bei den Bezugsberechtigten zur Lohn- und Besodungssteuer zu veranlagen sind. Die Bezüge der persönlich haftenden Gesellschafter von Kommanditgesellschaften auf Aktien, soweit dieselben nicht aus Aktien herrühren und daher der Kapitalsteuer unterliegen, gelten als gewerbliches Einkommen und unterliegen daher in voller Höhe der Gewerbesteuer.

Artikel 5.

Heranziehung der untersten Stufen der Gewerbesteuer und der Lohn- und Besoldungssteuer zu den Gemeindezuschlägen.

(§ 5 des Gesetzes und § 29 des Lohn- und Besoldungssteuergesetzes.)

1. Die der Staatssteuer nicht unterliegenden Gewerbebetriebe mit einer Ertragsfähigkeit bis zu 700 M und die Lohn- und Besoldungsbezüge von 500 bis 700 M jährlich sind zu den Gemeindezuschlägen heranzuziehen, sofern nicht der Gemeinderat, unter Zuziehung der Höchstbesteuerten (§ 44 der Gemeindeordnung), auf die Veranlagung verzichtet.

Die von der Gemeinde fortlaufend unterstützten Personen sind unter allen Umständen von diesen Zuschlägen frei zu lassen.

2. Die Gemeinden haben bis zum 1. Mai 1902 den nach Ziffer 1 erforderlichen Beschluß zu fassen und denselben durch Vermittlung der Aufsichtsbehörde bis zum 20. Mai 1902 dem Direktor der direkten Steuern mitzuteilen. Der Beschluß ist für die Gewerbesteuer und die Lohn- und Besoldungssteuer gleichzeitig und in gleicher Weise zu fassen und bleibt so lange in Kraft, als nicht eine Änderung beschlossen wird. Eine Beschlußfassung für eine bestimmte Zeit ist nicht zulässig. Änderungen dieser Beschlüsse, welche nicht bis zum 20. Mai eines Jahres dem Direktor der direkten Steuern zugehen, können bei der Veranlagung für das

5) Fassung nach der Verfügung vom 22. Februar 1905; vgl. Anm. 2.

nächste Steuerjahr nicht mehr berücksichtigt werden.

3. Wenn die hiernach für den einzelnen Pflichtigen entfallenden Gemeindezuschläge bei der Gewerbesteuer oder der Lohn- und Besoldungssteuer unter 50 Pfennig betragen, unterbleibt die Veranlagung.

4. Die zu erhebenden Zuschläge sind in den Rollen unter einem besonderen Abschnitt nachzutragen (vgl. Art. 30 Ziffer 4 d u. f der Ausführungsbestimmungen zu dem Kapital- und Lohn- und Besoldungssteuergesetze vom 10. Februar 1902, Amtsbl. S. 9).

Art. 6.

Wandergewerbesteuer.

(§ 6 des Gesetzes.)

1. An Stelle der Stufen 1 und 2 des durch Ziffer 10 Absatz 2 der Ausführungsbestimmungen vom 5. März 1897, betreffend die Wandergewerbesteuer (Amtsbl. S. 133) eingeführten Tarifs zur Berechnung der Wandergewerbesteuer treten:

die Stufe 1 mit einer Ertragsfähigkeit bis 400 *M* und 6 *M* Steuer,

die Stufe 2 mit einer Ertragsfähigkeit von 400 bis 500 *M* und 12 *M* Steuer,

die Stufe 2 a mit einer Ertragsfähigkeit von 500 bis 600 *M* und 18 *M* Steuer.

Von 7000 *M* bis zu 20 000 *M* Ertragsfähigkeit steigen die Stufen um je 1000 *M* und je 60 *M* Steuer, von 20 000 *M* Ertragsfähigkeit ab um je 5000 *M* und je 360 *M* Steuer.

Weitere Änderungen in der Bezeichnung der Tarifstufen treten nicht ein.

In den Erläuterungen treten an Stelle der Worte „dem Satz von 12 *M*" im zweiten Absatz erste Zeile die Worte „den Sätzen von 6 *M* oder 12 *M*".

2. Die neuen Tarifsätze sind, soweit sie keine Erhöhungen gegen den bisherigen Tarif enthalten, für alle Wandergewerbesteuerpflichtigen bereits vom 1. Januar 1903 ab anzuwenden. Wo Erhöhungen gegen den bisherigen Tarif eintreten, sind für die Zeit vom 1. Januar bis 31. März 1903 die bisherigen Sätze, für die spätere Zeit die erhöhten Sätze zu veranlagen.

Art. 7.[6])

Abgaben der toten Hand.

(§ 7 des Gesetzes.)

Als Abgaben von den Gütern der toten Hand sind vom Rechnungsjahr 1903 ab 89,5 % des Prinzipalbetrages der Grundsteuer und 34 % des Prinzipalbetrages der Gebäudesteuer zu veranlagen.

Art. 8.

Bezirkszuschläge.

(§ 8 des Gesetzes.)

1. Der Prozentsatz der auf die direkten Staatssteuern einschließlich der Bergwerkssteuern zu erhebenden Bezirkszuschläge wird alljährlich durch die Bezirkstage festgesetzt und ist dem Direktor der direkten Steuern bis zum 1. Dezember jedes Jahres durch den Bezirkspräsidenten mitzuteilen.

Als Grundlage für die Berechnung des Prozentsatzes dienen die Prinzipale der direkten Staatssteuern einschließlich der Bergwerkssteuer des Jahres, welches demjenigen unmittelbar vorhergeht, für welches die Festsetzung erfolgt. Zu diesem Zweck hat der Direktor der direkten Steuern bis zum 15. August dem Bezirkspräsidenten die erforderliche Nachweisung über die Veranlagungsergebnisse zuzustellen.

2. Der Berechnung des Prozentsatzes für das Rechnungsjahr 1903 sind zugrunde zu legen:

a) bei der Grundsteuer das Staatssteuer-Prinzipal, welches sich bei Anwendung des Satzes von 3½ % auf die in Gemäßheit des Gesetzes vom 6. April 1892 (Gesetzbl. S. 33) ermittelten Reinerträge ergibt, auch soweit die letzteren noch nicht endgültig feststehen;

b) bei der Gebäudesteuer acht Neuntel des Staatssteuer-Prinzipals für 1902;

c) bei der Gewerbesteuer das Staatssteuer-Prinzipal für 1902;

d) bei der Bergwerkssteuer das Staatssteuer-Prinzipal für 1902;

e) bei der Kapitalsteuer und der Lohn- und Besoldungssteuer das bei der Ermittlung der Erträge aus Kapital und Lohn und Besoldung in Gemäßheit des Gesetzes vom 2. Juli 1898 (Gesetzbl. S. 61) festgestellte Staatssteuer-Prinzipal.

Art. 9.

Gemeindezuschläge.

1. Der Prozentsatz der auf die direkten Staatssteuern einschließlich der Bergwerkssteuer zu erhebenden Gemeindezuschläge wird alljährlich durch die Gemeinderäte festgesetzt und ist durch Vermittlung der Aufsichtsbehörde (Bezirkspräsident, Kreisdirektor) nach näherer Vorschrift der Bekanntmachung vom 11. August

6) Aufgehoben durch das Gesetz über die Steuer der Toten Hand, vom 8. November 1909 (Gesetzbl. f. Els.-Lothr. S. 117) § 6. Steuersätze der Abgabe der Toten Hand jetzt in § 3 des Gesetzes vom 8. November 1909.

1896 (Amtsbl. S. 193)[7]) dem Direktor der direkten Steuern mitzuteilen.

2. Als Grundlage für die Berechnung des Prozentsatzes dient das Prinzipal der direkten Staatssteuern einschließlich der Bergwerkssteuer[8]) des Jahres, welches demjenigen unmittelbar vorhergeht, für welches die Festsetzung erfolgt. Zu diesem Zweck hat der Direktor der direkten Steuern bis zum 15. August den Gemeinde-Aufsichtsbehörden (Kreisdirektoren, Bezirkspräsidenten) die erforderlichen Nachweisungen über die Veranlagungsergebnisse der einzelnen Gemeinden mitzuteilen. Außerdem sind bis zum 1. November die Ergebnisse der Veranlagung der Bergwerkssteuer für das neue Steuerjahr bekannt zu geben, damit etwaige wesentliche Änderungen gegen das Vorjahr, soweit nötig, bei der Feststellung des Prozentsatzes für die Gemeindezuschläge bzw. der Aufstellung der Steuerrolle noch Berücksichtigung finden.

3. Die Berechnung des Prozentsatzes für das Rechnungsjahr 1903 erfolgt in gleicher Weise, wie dies im Art. 8 Ziffer 2 für die Bezirkszuschläge vorgeschrieben ist.

Art. 10.

Beihilfen an Gemeinden für Ausfälle an Gemeindezuschlägen.

(§ 9 des Gesetzes.)

1. Gemeinden, für welche der Betrag der Gemeindezuschläge zu der Kapitalsteuer und der Lohn- und Besoldungssteuer den Betrag der Gemeindezuschläge zu der Personal-Mobiliarsteuer im Jahre 1902 nicht erreicht, können aus einem Fonds, welcher aus den Ersparnissen des Ausfallfonds des zuletzt abgeschlossenen Rechnungsjahrs zu bilden und im Etat auszubringen ist, Beihilfen bis zur Höhe dieses Fonds gewährt werden.

Die Grundlage für die Beteiligung an diesem Fonds bilden die Verhältniszahlen der vorerwähnten Mindererträge an Gemeindezuschlägen bei gleichem Aufbringen in den verschiedenen Jahren mit dem im Jahre 1902. Dabei kann den wirtschaftlichen Verhältnissen der einzelnen Gemeinden wie auch der Steuerpflichtigen in denselben Rechnung getragen werden.

2. Der Direktor der direkten Steuern hat am 1. Mai jedes Jahres Verzeichnisse der nach Ziffer 1 in Frage kommenden Gemeinden, nach Kreisen und Bezirken gesondert, aufzustellen, welche ergeben:

a) den Gesamtbetrag des Aufbringens durch Zuschläge im Jahre 1902 und in dem Jahr, für welches die Aufstellung erfolgt, nebst den Prozentsätzen dieser Zuschläge;

b) die Staats-Prinzipale
  aa) der Personal-Mobiliarsteuer im Jahre 1902,
  bb) der Kapitalsteuer und der Lohn- und Besoldungssteuer für das Jahr der Aufstellung;

c) das Aufbringen an Gemeindezuschlägen, getrennt wie unter b;

d) die Einwohnerzahl.

3. Die Verzeichnisse sind den Gemeindeaufsichtsbehörden zur Beifügung ihrer Gutachten über den Vermögens- und Schuldenstand der einzelnen Gemeinden und die allgemeine wirtschaftliche Lage der Steuerpflichtigen mitzuteilen.

4. Die so vervollständigten Verzeichnisse hat der Direktor der direkten Steuern bis zum 1. Juli dem Ministerium einzureichen.

5. Das Ministerium prüft die Verzeichnisse, läßt sie, soweit erforderlich, ergänzen und berichtigen und nimmt demnächst auf Grund derselben nach Anhörung einer zu diesem Zwecke einzuberufenden Kommission die Verteilung der Beihilfen an die einzelnen Gemeinden vor.

7) Vgl. diese.

8) Wegen der Bergwerkssteuer jetzt das Bergwerkssteuergesetz vom 28. Mai 1913 (Gesetzbl. f. Els.-Lothr. S. 69). Den Zuschlägen unterliegen die Gewerbesteuer der Bergwerksbetriebe und die Flächenabgabe. Vgl. Ausf.-Best. zu den Gesetzen vom 13. Juli 1901, betreffend die Kapitalsteuer usw., vom 10. Februar 1902. Anm. 40.

---

16. Februar 1902.

Verfügung des Ministeriums, betreffend die Zeugen- und Sachverständigen-Gebühren im Verfahren auf unfreiwillige Versetzung eines Beamten in den Ruhestand.

Samml. d. Justizverw. Bd. 27 S. 206.

Die Gebühren der Zeugen und Sachverständigen, welche in einem auf Grund des § 64 des Reichsbeamtengesetzes stattfindenden Verfahren vernommen werden, sind analog der Vorschrift des § 5 Abs. 1 der Verfügung, betreffend die Anweisung der Auslagen in Disziplinarstrafsachen vom 20. November 1896 (Zentral- und Bezirks-Amtsblatt, Hauptblatt

S. 257 1) fortab in allen Ressorts der Landesverwaltung[1]) gleichmäßig nach Anhalt der Bestimmungen der §§ 2 bis 12, 14 bis 17 der Gebührenordnung für Zeugen und Sachverständige vom 30. Juni 1878 (Reichs-Gesetzbl. S. 173) zu bemessen und festzusetzen.

1) Zufolge Verfügung des Minist. vom 5. Juni 1902 (Samml. d. Justizverw. Bd. 27 S. 206) ist obige Vorschrift auch anwendbar in den Fällen der unfreiwilligen Versetzung eines Richters in den Ruhestand gemäß §§ 41, 42, 46 des Gesetzes vom 13. Februar 1899 und in den Fällen der unfreiwilligen Versetzung eines Gerichtsvollziehers in den Ruhestand gemäß § 30 Abs. 5 des Gesetzes vom 20. April 1902.

18. Februar 1902.

Bekanntmachung des Reichskanzlers, betreffend gesundheitsschädliche und täuschende Zusätze zu Fleisch und dessen Zubereitungen.[1])

Reichsgesetzbl. S. 48.

Auf Grund der Bestimmungen im § 21 des Gesetzes, betreffend die Schlachtvieh- und Fleischbeschau, vom 3. Juni 1900 (Reichs-Gesetzbl. S. 547) hat der Bundesrath die nachstehenden Bestimmungen beschlossen:

Die Vorschriften des § 21 Abs. 1 des Gesetzes finden auf die folgenden Stoffe sowie auf die solche Stoffe enthaltenden Zubereitungen Anwendung:

Borsäure und deren Salze,
Formaldehyd und solche Stoffe, die bei ihrer Verwendung Formaldehyd abgeben,
Alkali- und Erdalkali-Hydroxyde und -Karbonate,
Schweflige Säure und deren Salze sowie unterschwefligsaure Salze,
Fluorwasserstoff und dessen Salze,
Salicylsäure und deren Verbindungen,
Chlorsaure Salze.

Dasselbe gilt für Farbstoffe jeder Art, jedoch unbeschadet ihrer Verwendung zur Gelbfärbung der Margarine und der Hüllen derjenigen Wurstarten, bei denen die Gelbfärbung herkömmlich und als künstliche ohne weiteres erkennbar ist, sofern diese Verwendung nicht anderen Vorschriften zuwiderläuft.

1) Die Bekanntmachung ist in der Fassung abgedruckt, welche sie durch die Bekanntm. vom 4. Juni 1908 erhalten hat.

19. Februar 1902.

Verordnung des Bezirkspräsidenten des Unter-Elsaß, betreffend die Dienstbücher der Schiffsmannschaft auf deutschen Rheinschiffen.[1])

Zentr.- u. Bez.A.Bl. S. 54.

Zur Ergänzung der Verordnung vom 20. Juli 1874, den Vollzug der revidirten Rheinschifffahrtsakte betreffend, Amtsblatt von 1874, Nr. 27, Seite 194, wird in Betreff der Dienstbücher der Schiffsmannschaften auf Grund einer Vereinbarung zwischen den deutschen Rheinuferstaaten verordnet, was folgt:

§ 1 u. s. w.

(Der Inhalt der Verordnung stimmt wörtlich überein mit der später abgedruckten gleichartigen Verordnung des Bezirkspräsidenten des Ober-Elsaß vom 27. Februar 1902). s. u.

1) Abgeändert durch Verordnungen des Minist., betreffend Ergänzung der Verordnung über die Dienstbücher der Schiffsmannschaft auf deutschen Rheinschiffen, vom 8. Dezember 1902 (Zentr.- u. Bez.A.Bl. S. 289), sowie vom 18. Dezember 1911 (Zentr.- u. Bez.A.Bl. S. 348) s. u.

19. Februar 1902.

Vollzugs-Anweisung des Bezirkspräsidenten des Unter-Elsaß über das behördliche Verfahren bei Ausstellung und Visirung der Dienstbücher gemäß Verordnung vom 19. Februar 1902.

Zentr.- u. Bez.A.Bl. S. 54.

(Der Inhalt der Vollzugsanweisung stimmt wörtlich überein mit der später abgedruckten gleichartigen Vollzugsanweisung des Bezirkspräsidenten des Ober-Elsaß vom 27. Februar 1902.) s. u.

22. Februar 1902.

Bekanntmachung des Ministeriums, betreffend den Dienst der Steuerveranlagung und der Katasterfortführung.

Zentr.- u. Bez.A.Bl. S. 45.

Vom 1. April 1902 ab wird die Fortführung der Kataster für alle Gemeinden, auch diejenigen, in welchen eine Erneuerung des Katasters noch nicht stattgefunden hat, einschließlich der Veranlagung der Grundsteuer und der Gebäudesteuer von dem Dienst der Steuerkontroleure getrennt und besonderen Katasterfortführungsbeamten (Katasterkontroleure, Bezirksfeldmesser) übertragen.

Die Veranlagung der Gewerbe- und Wandergewerbesteuer, der Kapital- sowie der Lohn- und Besoldungssteuer liegt den Steuerveranlagungsbeamten (Steuerkontroleuren) ob.[1])

Die Bezirke der Steuerveranlagungs- sowie der Katasterfortführungsbeamten werden auf Grund des § 7 des Gesetzes vom 26. Dezember 1873 (Gesetzbl. S. 443) wie folgt festgesetzt:[2])

1) Zufolge Erlaß des Statthalters vom 25. Oktober 1902 (Zentr.- u. Bez.A.Bl. S. 279) führen die Steuerkontrolleure die Amtsbezeichnung Steuerkommissar (s. u.).

2) Die Bezirkseinteilung ist nicht mit abgedruckt. Sie ist seither durch zahlreiche Bekanntmachungen geändert worden, insbesondere ist die Zahl der Steuerveranlagungs- und der Katasterfortführungsbezirke beträchtlich vermehrt worden. Zu vgl. Bek. des Ministeriums vom 8. Mai 1908 (Zentr.- u. Bez. A.Bl. S. 188), betreffend eine Neueinteilung der Steuerveranlagungsbezirke.

26. Februar 1902.

Kaiserliche Verordnung, betreffend die Theilung der Gemeinde Oetringen im Bezirke Lothringen in die Gemeinden Oetringen und Entringen.[1])

Gesetzbl. f. Els.-Lothr. S. 5.

§ 1. Die Gemeinde Oetringen im Bezirke Lothringen wird in die Gemeinden Oetringen und Entringen getheilt, von denen die erstere aus der Ortschaft Oetringen, die letztere aus der Ortschaft Entringen besteht.

§ 2. Der Flächeninhalt und die Grenze der beiden Gemeinden wird nach Maßgabe der anliegenden Uebersichtskarte dahin bestimmt, daß die Gemeinde Entringen die Sektion A und die Gemeinde Oetringen die Sektionen B, C, D und E des bisherigen Gemeindebezirks umfaßt.

§ 3. Das Ministerium wird mit der Ausführung dieser Verordnung beauftragt.

1) Erlassen auf Grund des § 2 der Gemeindeordnung vom 6. Juni 1895.

27. Februar 1902.

Bekanntmachung des Ministeriums, betreffend die Stellung der Rentmeister-Gemeinderechner zu den Aufsichtsbehörden.

Zentr.- u. Bez.A.Bl. S. 57.

1. Die Rentmeister, welche nach § 24 der Gemeindeordnung das Amt des Gemeinderechners in erster Linie zu versehen haben, sind, unbeschadet ihrer disziplinaren Unterordnung unter den Direktor der direkten Steuern, verpflichtet, den in Bezug auf das Gemeinderechnungswesen und die Rechnungslegung darüber ergehenden Anweisungen der Gemeinde-Aufsichtsbehörden zu entsprechen.

2. Die Gemeinde-Aufsichtsbehörden sind berechtigt, die Befolgung ihrer Anordnungen, insbesondere auch die Ergänzung, Vervollständigung, Erläuterung der Rechnungen und der dazu gehörigen Beläge, soweit diese Anordnungen der Anweisung über das Gemeinderechnungswesen vom 30. März 1896 (Amtsbl. S. 57) nicht entgegenstehen, nöthigenfalls durch Ordnungsstrafen herbeizuführen.

3. Beschwerden gegen die Anordnungen der Aufsichtsbehörde, durch welche die Erledigung der Anordnungen indeß nicht verzögert werden darf, sind nur an die Bezirkspräsidenten, in zweiter Instanz an das Ministerium, zulässig.

4. Die den Verwaltungsspruchbehörden in § 20 des Gesetzes vom 30. Dezember 1871 übertragene Feststellung der Gemeinderechnungen

bezieht sich nicht auf die formelle Einrichtung der Rechnungen und der Beläge, sondern nur auf die endgültige Entscheidung über Erstattungsverbindlichkeiten.

Rekurse an den Bezirksrath gegen Entscheidungen der Aufsichtsbehörden, welche nicht Erstattungsverbindlichkeiten betreffen, sind daher nicht zulässig.

5. Die allgemeine Dienstaufsicht über die Rentmeister auch in Bezug auf den Gemeinderechnungsdienst steht dem Direktor der direkten Steuern zu. Wahrnehmungen über Mängel in der Dienstführung der Rentmeister als Gemeinderechner sind daher von den Gemeinde-Aufsichtsbehörden dem Direktor der direkten Steuern mitzutheilen.[1] [2])

1) Zu vgl. auch Bekanntmachung des Ministeriums, betreffend die Kontrolle der Zahlungen, welche aus Staatskassen an Gemeinden und öffentliche Anstalten geleistet werden, vom 7. August 1896 (Zentr.- u. Bez. A.Bl. S. 193).

2) Wegen der Vergütung für die Tätigkeit der Rentmeister-Gemeinderechner s. Bekanntmachung des Ministeriums, betr. die von den Gemeinden, Wohltätigkeits- und sonstigen Gemeindeanstalten für die Verwaltung ihrer Kassen durch Staatsbeamte zur Landeskasse zu zahlenden Vergütungen, vom 31. März 1906 (Zentr.- u. Bez.A.Bl. S. 39).

27. Februar 1902.

Verordnung des Bezirkspräsidenten des Ober-Elsaß, betreffend die Dienstbücher der Schiffsmannschaft auf deutschen Rheinschiffen.[1][2])

Zentr.- u. Bez.A.Bl. S. 52.

Zur Ergänzung der Verordnung vom 10. August 1874, den Vollzug der revidirten Rheinschiffahrtsakte betreffend, Amtsblatt von 1874 Nr. 29, Seite 193, wird in Betreff der Dienstbücher der Schiffsmannschaften auf Grund einer Vereinbarung zwischen den deutschen Rheinuferstaaten verordnet, was folgt:

§ 1. Wer nach Ziffer 4 B des Schlußprotokolls zur revidirten Rheinschiffahrts-Akte vom 17. Oktober 1868 zur Führung eines Dienstbuches verpflichtet ist, hat vor dem Dienstantritt bei der Ortspolizeibehörde seines Wohnortes und in Ermangelung eines solchen, derjenigen seines letzten längeren Aufenthalts, um Ausstellung eines Dienstbuches nachzusuchen. Die Dienstbücher werden durch den Bezirkspräsidenten stempel- und kostenfrei ausgefertigt. Im Falle des Unbrauchbarwerdens oder des Verlustes eines Dienstbuches hat der Schiffsmann sich alsbald ein neues Dienstbuch zu verschaffen.

Auch der Schiffsführer hat dafür Sorge zu tragen, daß alle zur Schiffsmannschaft gehörigen Personen fortdauernd mit einem Dienstbuch versehen sind.

§ 2. Für solche Personen, welche in einem deutschen Rheinuferstaat weder Wohn- noch Aufenthaltsort haben und auf deutschen Rheinschiffen in Dienst treten wollen, erfolgt die Ausfertigung der Dienstbücher:

1. in Preußen bei der Polizeibehörde zu Köln und Ruhrort,[3])
2. in Hessen bei der Polizeibehörde zu Mainz,
3. in Baden bei der Polizeibehörde zu Mannheim,
4. in Bayern beim Bürgermeisteramt Ludwigshafen,
6. in Elsaß-Lothringen beim Bezirkspräsidium des Unter-Elsaß in Straßburg.

§ 3. Die Dienstbücher werden nach dem anliegenden Muster[4]) gedruckt.

§ 4. Der Schiffsführer hat sofort beim Dienstantritt in das vorschriftsmäßig ausgefertigte und ihm zu übergebende Dienstbuch die Zeit des Eintritts, die voraussichtliche Dauer und die Art der Beschäftigung zu vermerken, ebenso, wenn die Beschäftigung Aenderungen erfahren hat, die Art der neuen Beschäftigung.

§ 5. Der Schiffsführer ist verpflichtet, das ihm übergebene Dienstbuch ordnungsmäßig aufzubewahren und bei jeder längeren Unterbrechung der Fahrten sofort die bis dahin durchfahrenen Stromstrecken und die auf die einzelnen Strecken verwendete Fahrzeit summarisch einzutragen.

§ 6. Beim Dienstaustritt ist sofort im Dienstbuch die Zeit des Austritts einzutragen, sowie ferner auf Verlangen des Schiffsmannes auch ein Dienstabschieds-Zeugniß auszustellen und

1) Zu vgl. die Verordnung des Bezirkspräsidenten des Unter-Elsaß vom 19. Februar 1902 über den gleichen Gegenstand. s. o.

2) Ergänzung durch die Verordnung des Minist. vom 8. Dezember 1902, betreffend Ergänzung der Verordnungen der Bezirkspräsidenten des Unter-Els. vom 19. und des Ober-Elsaß vom 27. Februar 1902 über die Dienstbücher der Schiffsmannschaft auf deutschen Rheinschiffen (Zentr.- u. Bez.A.Bl. S. 289) s. u.; ferner durch die Verordnung des Ministeriums gleichen Inhalts vom 18. Dezember 1911 (Zentr.- u. Bez.A.Bl. S. 348) s. u.

3) In der Fassung der Verordnung vom 8. Dezember 1902.

4) Das Muster ist nicht mit abgedruckt.

in letzterem der Grund des Austritts aus dem Dienste anzugeben. Das Dienstabschieds-Zeugniß muß mit Datum und der Unterschrift des Schiffsführers versehen sein. Beim Dienstaustritt des Schiffsmannes ist das Dienstbuch an diesen zurückzugeben. Verläßt der Schiffsmann den Dienst mit Zurücklassung des Dienstbuchs, so hat der Schiffsführer letzteres an diejenige Polizeibehörde zurückzugeben, die das Buch ausgefertigt hat.

§ 7. Alle Eintragungen sind vollständig und an den hierfür bestimmten Stellen des Dienstbuches in Tinte zu bewirken.

§ 8.[5]) Das Dienstbuch ist auf Verlangen den Hafen- und Schiffahrtspolizei-Beamten vorzuzeigen und ist mindestens einmal jährlich der Polizeibehörde des Heimats- oder Liegehafens zur Visierung vorzulegen, zu welchem Zweck ihm der Schiffsführer das Buch auf Ansuchen zu überlassen hat. Auch kann der Schiffsmann alsbald nach dem Dienstaustritt die Visierung bei der nächsten Polizeibehörde verlangen.

§ 9. Zuwiderhandlungen der Schiffsführer oder der Schiffsmannschaften gegen diese Vorschriften werden gemäß Artikel 471 Ziffer 15 des französischen Strafgesetzbuches bestraft.

§ 10. Diese Verordnung tritt am 1. April 1902 in Kraft.

5) In der Fassung der Verordnung vom 18. Dezember 1911.

---

27. Februar 1902.

Vollzugs-Anweisung des Bezirkspräsidenten des Ober-Elsaß über das behördliche Verfahren bei Ausstellung und Visirung der Dienstbücher gemäß Verordnung vom 27. Februar 1902.

Zentr.- u. Bez.A.Bl. S. 54.

1. Ueber die zur Ausfertigung gelangenden Dienstbücher ist ein amtliches Verzeichniß zu führen, in welchem die laufende Nummer, das Datum der Ausfertigung, sowie Name, Alter und Geburtsort des Schiffsmannes nachzuweisen sind.

2. Sucht eine Person unter der Behauptung, daß sie zum ersten Male in den Dienst als Schiffsmann auf einem deutschen Rheinschiff eintrete und bisher kein Dienstbuch besessen habe, die Ausstellung eines Dienstbuches nach, so hat sie die vorbezeichnete Tatsache glaubhaft zu machen.

3. Eine zweite Ausfertigung des Dienstbuches darf nur erfolgen:

a) als Fortsetzung des früher ausgestellten, durch Eintragungen völlig ausgefüllten oder unbrauchbar gewordenen Dienstbuches,
b) als Ersatz für ein verloren gegangenes Dienstbuch.

Die zweite Ausfertigung ist als solche auf der Vorderseite zu bezeichnen und dabei das Datum der ersten Ausfertigung und der festgestellte oder angegebene Grund der Ausstellung einer weiteren Ausfertigung mitanzugeben.

4. Im Falle 3 a ist zunächst die Vorlage des früheren Dienstbuches zu verlangen und dieses durch einen amtlichen Vermerk zu schließen. Im Falle 3 b ist der Schiffsmann zu befragen, wo und bei wem er im letzten Monat seiner Schiffsdienstzeit im Dienste gewesen sei, und es sind diese Angaben in der zweiten Ausfertigung des Dienstbuchs einzutragen.

5. Zur Ausstellung einer zweiten Ausfertigung ist nur diejenige Behörde zuständig, welche das erste Dienstbuch ausgestellt hat.

Das Gesuch um Ausstellung einer zweiten Ausfertigung ist stets unmittelbar bei dieser Behörde einzureichen, welche ihrerseits das Erforderliche, soweit nöthig, im Benehmen mit der zuständigen Behörde des derzeitigen Wohn- oder Aufenthaltsortes des Gesuchstellers veranlassen wird.

6. Die Visirung der Dienstbücher hat nach § 8 der Verordnung mittelst Stempelabdruck unter Beisetzung von Datum und Unterschrift des visirenden Beamten zu erfolgen. Seitens der Hafen- oder Schiffahrts-Polizeibehörden ist in öfteren periodischen Revisionen die Vorzeigung der Dienstbücher zu verlangen.

7. Vor der Visirung sind die Eintragungen im Dienstbuche auf ihre formelle Richtigkeit und ihre materielle Glaubwürdigkeit zu prüfen. Hierbei sind Anstände, welche nicht durch mündliches Benehmen mit dem Schiffsführer zur Erledigung gelangen, im Dienstbuche an der hierfür bestimmten Stelle zu vermerken.

1. März 1902.

Bekanntmachung des Reichskanzlers, betreffend die Einrichtung und den Betrieb gewerblicher Anlagen zur Vulkanisirung von Gummiwaaren.

Reichsgesetzbl. S. 59.

Auf Grund des § 120e der Gewerbeordnung hat der Bundesrath über die Einrichtung und den Betrieb gewerblicher Anlagen, in denen Gummiwaren unter Anwendung von Schwefelkohlenstoff oder durch Chlorschwefeldämpfe vulkanisiert werden, folgende Vorschriften erlassen:

§ 1. Der Fußboden derjenigen Arbeitsräume, in denen Gummiwaaren unter Anwendung von Schwefelkohlenstoff vulkanisiert werden, darf nicht tiefer liegen als der sie umgebende Erdboden. Diese Arbeitsräume müssen mit Fenstern versehen sein, welche ins Freie führen, in ihrer unteren Hälfte geöffnet werden können und eine ausreichende Lufterneuerung ermöglichen.

Die Räume müssen durch mechanisch betriebene Ventilationseinrichtungen wirksam entlüftet werden. Mit Genehmigung der höheren Verwaltungsbehörde kann von einem mechanischen Betriebe der Ventilationseinrichtungen Abstand genommen werden, sofern auf andere Weise für kräftige Lufterneuerung gesorgt ist. Von besonderen Ventilationseinrichtungen für die Vulkanisirungsräume kann mit Genehmigung der höheren Verwaltungsbehörde überhaupt Abstand genommen werden, sofern durch eine kräftige Absaugung der Schwefelkohlenstoffdämpfe unmittelbar an ihrer Entstehungsstelle eine genügende Reinhaltung der Luft gewährleistet ist.

§ 2. Die Vulkanisirungsräume (§ 1) dürfen weder als Wohn-, Schlaf-, Koch- noch als Lager- oder Trockenräume benutzt werden, auch dürfen andere Arbeiten als das Vulkanisiren darin nicht vorgenommen werden. Anderen als den beim Vulkanisiren beschäftigten Arbeitern darf der Aufenthalt in den Vulkanisirungsräumen nicht gestattet werden.

Die Zahl der darin beschäftigten Personen muß so bemessen sein, daß auf jede mindestens zwanzig Kubikmeter Luftraum entfallen.

§ 3. In die Vulkanisirungsräume dürfen nur die dem Tagesbedarfe dienenden Mengen von Schwefelkohlenstoff gebracht werden. Die weiteren Vorräthe sind in besonderen, von den Arbeitsräumen getrennten Lagerräumen aufzubewahren.

Die zur Aufnahme der Vulkanisirungsflüssigkeit bestimmten Gefäße müssen von dauerhafter Beschaffenheit sein; die gefüllten Gefäße sind, solange sie außer Benutzung sind, gut bedeckt zu halten.

§ 4. Die Vulkanisirungs- und Trockenräume dürfen nur durch Dampf- oder Warmwasserheizung erwärmt werden.

Eine künstliche Beleuchtung dieser Räume darf nur mittelst elektrischer, durch starke Schutzglocken verwahrter Glühlampen erfolgen.

Von den Vorschriften der Abs. 1, 2 können Ausnahmen durch die höhere Verwaltungsbehörde gestattet werden.

§ 5. Die zum Vulkanisiren langer Stoffbahnen dienenden Maschinen (Walzensysteme) müssen, um den Austritt von Schwefelkohlenstoffdämpfen in die Arbeitsräume thunlichst zu verhindern, mit einer Ummantelung (z. B. einem Glasgehäuse) überdeckt werden, aus welcher die Luft durch einen mechanisch betriebenen Ventilator kräftig abzusaugen ist. Das Betreten des ummantelten Raumes darf Arbeitern nur bei Betriebsstörungen gestattet werden.

In den Fällen, in denen eine Ummantelung der Maschine aus technischen Gründen nicht angängig ist, kann die höhere Verwaltungsbehörde unter der Bedingung anderer geeigneter Schutzvorkehrungen, insbesondere der Aufstellung der Maschine in einer offenen Halle, der Beschäftigung derselben Arbeiter an der Maschine nur an zwei Tagen in der Woche, Ausnahmen von den Vorschriften des Abs. 1 gestatten.

§ 6. Das Vulkanisiren aller anderen, nicht im § 5 bezeichneten Gegenstände muß, sofern es nicht im Freien erfolgt, unter Schutzkästen (Digestorien, Glasgehäusen) geschehen, in welche der Arbeiter nur seine Hände einzuführen braucht und welche die Dämpfe von dem Gesichte des Arbeiters fernhalten.

Aus den Schutzkästen muß die Luft kräftig abgesaugt werden.

§ 7. Die Vorschrift des § 6 findet auch auf das Vulkanisiren sowohl der Außen- wie der Innenwände von Gummischläuchen Anwendung.

Beim Vulkanisiren der Innenwände darf es nicht geduldet werden, daß die Arbeiter die Vulkanisirungsflüssigkeit mit dem Munde ansaugen.

§ 8. Nach ihrer Benetzung mit der Vulkanisirungsflüssigkeit dürfen die Waaren nicht offen in dem Vulkanisirungsraume liegen bleiben, sondern müssen entweder unter einem ventilirten Schutzkasten (§ 6) gehalten oder sofort in besondere Trockenräume verbracht werden.

Die Trockenschränke oder sonstigen Trockenräume, in denen die Waaren alsbald nach dem Vulkanisiren künstlicher Wärme ausgesetzt werden, müssen so eingerichtet sein, daß sie zum Einsetzen und Herausnehmen der vulkanisirten Gegenstände nicht betreten zu werden brauchen. Das Betreten der Trockenräume, während sie im Betriebe sind, darf den Arbeitern nicht gestattet werden. Die höhere Verwaltungsbehörde kann Ausnahmen hiervon hinsichtlich des Trocknens von langen Stoffbahnen zulassen, wenn ausreichende Schutzvorkehrungen getroffen sind.

§ 9. Erfolgt das Vulkanisiren durch Chlorschwefeldämpfe, so müssen die zu ihrer Entwickelung dienenden Behälter oder Kammern so eingerichtet sein, daß ein Austritt der Dämpfe verhindert ist.

Das Betreten der Vulkanisirungskammern darf erst nach ihrer völligen Auslüftung gestattet werden; sie dürfen zu anderen Arbeiten als den zu dem vorbezeichneten Vulkanisirungsprozeß erforderlichen nicht benutzt werden.

§ 10. Die Beschäftigung mit dem Vulkanisiren unter Anwendung von Schwefelkohlenstoff oder mit sonstigen Arbeiten, bei denen die Arbeiter der Einwirkung von Schwefelkohlenstoff ausgesetzt sind, darf ununterbrochen nicht länger als zwei Stunden und täglich im Ganzen nicht länger als vier Stunden dauern; nachdem sie zwei Stunden gedauert hat, muß vor ihrer Wiederaufnahme den Arbeitern eine Arbeitspause von mindestens einer Stunde gewährt werden.

Personen unter achtzehn Jahren dürfen mit solchen Arbeitern überhaupt nicht beschäftigt werden.

§ 11. Der Arbeitgeber hat allen Arbeitern, welche mit den im § 10 bezeichneten Arbeiten beschäftigt werden, Arbeitsanzüge in ausreichender Zahl und zweckentsprechender Beschaffenheit zur Verfügung zu stellen.

Er hat durch geeignete Anordnungen und Beaufsichtigung dafür Sorge zu tragen, daß die Arbeitskleider während der Zeit, wo sie sich nicht im Gebrauche befinden, an den dafür bestimmten Plätzen aufbewahrt werden.

§ 12. Von den Arbeitsräumen getrennt müssen für die im § 11 bezeichneten Arbeiter nach Geschlechtern gesonderte Wasch- und Ankleideräume vorhanden sein. Diese Räume müssen sauber gehalten und während der kalten Jahreszeit geheizt werden.

In den Wasch- und Ankleideräumen müssen Wasser, Seife und Handtücher sowie Einrichtungen zur Verwahrung derjenigen Kleidungsstücke, welche vor Beginn der Arbeit abgelegt werden, in ausreichender Menge vorhanden sein.

§ 13. Der Arbeitgeber hat die Ueberwachung des Gesundheitszustandes seiner der Einwirkung von Schwefelkohlenstoff ausgesetzten Arbeiter einem dem Gewerbeaufsichtsbeamten namhaft zu machenden approbirten Arzte zu übertragen, der mindestens einmal monatlich jene Arbeiter im Betrieb aufzusuchen und bei ihnen auf die Anzeichen etwa vorhandener Schwefelkohlenstoffvergiftung zu achten hat.

Auf Anordnung des Arztes sind Arbeiter, welche Zeichen von Schwefelkohlenstoffvergiftung aufweisen, bis zur völligen Genesung, solche Arbeiter aber, welche sich der Schwefelkohlenstoffeinwirkung gegenüber besonders empfindlich erweisen, dauernd von Arbeiten der im § 10 bezeichneten Art fernzuhalten.

§ 14. Der Arbeitgeber ist verpflichtet, zur Kontrole über den Wechsel und Bestand sowie über den Gesundheitszustand der mit Arbeiten der im § 10 bezeichneten Art beschäftigten Arbeiter ein Buch zu führen oder durch einen Betriebsbeamten führen zu lassen. Er ist für die Vollständigkeit und Richtigkeit der Eintragungen, soweit sie nicht vom Arzte bewirkt werden, verantwortlich.

Dieses Kontrolbuch muß enthalten:

1. den Namen dessen, welcher das Buch führt,
2. den Namen des mit der Ueberwachung des Gesundheitszustandes der Arbeiter beauftragten Arztes,
3. Vor- und Zunamen, Alter, Wohnort, Tag des Ein- und Austritts jedes der im Abs. 1 bezeichneten Arbeiter sowie die Art seiner Beschäftigung,
4. den Tag und die Art der Erkrankung eines Arbeiters,
5. den Tag der Genesung,
6. die Tage und Ergebnisse der im § 13 vorgeschriebenen allgemeinen ärztlichen Untersuchungen.

§ 15. Der Arbeitgeber hat Bestimmungen über folgende Gegenstände zu erlassen:

1. Die Arbeiter dürfen Nahrungsmittel nicht in die Vulkanisirungsräume mitnehmen.
2. Die Arbeiter haben die in den §§ 5 bis 7 bezeichneten Schutzeinrichtungen sowie die ihnen überwiesenen Arbeitskleider (§ 11) bei denjenigen Arbeiten, für welche es von dem Arbeitgeber vorgeschrieben ist, zu benutzen.
3. Die Arbeiter haben die vom Arbeitgeber gemäß § 5 Abs. 1 Satz 2, § 7 Abs. 2, § 8 Abs. 1, Abs. 2 Satz 2 und § 9 Abs. 2 getroffenen Anordnungen zu befolgen.

In den zu erlassenden Bestimmungen ist vorzusehen, daß Arbeiter, welche trotz wiederholter Warnung den vorstehend bezeichneten Bestimmungen zuwiderhandeln, vor Ablauf der vertragsmäßigen Zeit und ohne Aufkündigung entlassen werden können.

Ist für einen Betrieb eine Arbeitsordnung erlassen (§ 134 a der Gewerbeordnung), so sind die vorstehend bezeichneten Bestimmungen in die Arbeitsordnung aufzunehmen.

§ 16. In jedem Vulkanisirungsraume der im § 1 bezeichneten Art ist ein von der Ortspolizeibehörde zur Bestätigung der Richtigkeit seines Inhalts unterzeichneter Aushang anzubringen, aus dem ersichtlich ist:

a) der Inhalt des Luftraums in Kubikmetern,

b) die Zahl der Arbeiter, die demnach in dem Arbeitsraume beschäftigt werden dürfen.

Ferner muß in jedem Vulkanisirungsraum oder sonst an einer den Vulkanisirungsarbeiten in die Augen fallenden Stelle eine Tafel ausgehängt werden, welche in deutlicher Schrift die Bestimmungen der §§ 1 bis 15 sowie die gemäß § 15 vom Arbeitgeber erlassenen Bestimmungen wiedergiebt.

§ 17. Die vorstehenden Vorschriften treten mit dem 1. Juli 1902 in Kraft.

Soweit zur Durchführung der Vorschriften der §§ 1, 5, 6, 8 Abs. 2, § 12 bauliche Veränderungen erforderlich sind, können hierzu von der höheren Verwaltungsbehörde Fristen bis höchstens zum 1. Juli 1903 gewährt werden.

---

1. März 1902.

Bekanntmachung des Reichskanzlers, betreffend den Fett- und Wassergehalt der Butter.

Reichsgesetzbl. S. 64.

Auf Grund des § 11 des Gesetzes, betreffend den Verkehr mit Butter, Käse, Schmalz und deren Ersatzmitteln, vom 15. Juni 1897 (Reichs-Gesetzbl. S. 475) hat der Bundesrath beschlossen:

Butter, welche in 100 Gewichtstheilen weniger als 80 Gewichtstheile Fett oder in ungesalzenem Zustande mehr als 18 Gewichtstheile, in gesalzenem Zustande mehr als 16 Gewichtstheile Wasser enthält, darf vom 1. Juli 1902 ab gewerbsmäßig nicht verkauft oder feilgehalten werden.

---

5. März 1902.

Vertrag zwischen dem Deutschen Reiche und mehreren anderen Staaten über die Behandlung des Zuckers.[1])

Reichsgesetzbl. 1903 S. 7.

Vertrag über die Behandlung des Zuckers.

(Uebersetzung.)

Seine Majesttät der Deutsche Kaiser, König von Preußen, im Namen des Deutschen Reichs; Seine Majestät der Kaiser von Oesterreich, König von Böhmen u. s. w. und Apostolischer König von Ungarn; Seine Majestät der König der Belgier; Seine Majestät der König von Spanien und in Seinem Namen Ihre Majestät die Königin-Regentin des Königreichs; der

---

1) Sogenannte Brüsseler Internationale Zuckerkonvention.

2) Hierzu:

1. Zusatzakte zu dem am 5. März 1902 in Brüssel zwischen dem Deutschen Reiche und mehreren anderen Staaten abgeschlossenen Vertrag über die Behandlung des Zuckers, vom 28. August 1907 (Reichsgesetzbl. 1908 S. 135). Hierdurch ist die Konvention bis zum 31. August 1913 verlängert worden.
2. Protokoll, betreffend die Fortsetzung des am 5. März 1902 in Brüssel zwischen dem Deutschen Reiche und mehreren anderen Staaten abgeschlossenen Vertrags über die Behandlung des Zuckers, vom 17. März 1912 (Reichsgesetzbl. S. 249). Hierdurch ist die Konvention um fünf Jahre bis zum 31. August 1918 verlängert worden.
3. Protokoll über den Beitritt Rußlands zum Zuckervertrage vom 19. Dezember 1907 (Reichsgesetzbl. 1908 S. 140).
4. Abkommen zwischen dem Deutschen Reiche und Rußland über den Zuckerverkehr zwischen Deutschland und Rußland, vom 20. Januar 1908 (Reichsgesetzbl. S. 144).

3) Dem Vertrage sind ferner beigetreten:

a) Luxemburg, mit Wirkung vom 1. September 1903, zufolge Bekanntmachung des Reichskanzlers vom 4. September 1903 (Reichsgesetzbl. S. 277);

Präsident der Französischen Republik; Seine Majestät der König des Vereinigten Königreichs von Großbritannien und Irland und der Britischen Lande überm Meer, Kaiser von Indien; Seine Majestät der König von Italien; Ihre Majestät die Königin der Niederlande; Seine Majestät der König von Schweden und Norwegen haben,

von dem Wunsche geleitet, einerseits die Bedingungen für den Wettbewerb zwischen dem Rübenzucker und dem Rohrzucker der einzelnen Länder auszugleichen und andererseits die Ausdehnung des Zuckerverbrauchs zu fördern,

und in der Erwägung, daß diese beiden Ziele nur durch Abschaffung der Prämien und durch Begrenzung des Ueberzolls erreicht werden können,

beschlossen, zu diesem Zwecke einen Vertrag zu schließen, und zu Ihren Bevollmächtigten ernannt:

welche nach gegenseitiger Mittheilung ihrer in guter und gehöriger Form befundenen Vollmachten nachstehende Artikel vereinbart haben:

Art. 1. Die hohen vertragschließenden Theile verpflichten sich, vom Tage des Inkrafttretens des gegenwärtigen Vertrags ab[6]) die für die Erzeugung oder die Ausfuhr von Zucker gewährten direkten und indirekten Prämien aufzuheben und während der ganzen Dauer dieses Vertrags keine solche Prämien einzuführen. Für die Anwendung dieser Bestimmung werden die zuckerhaltigen Erzeugnisse, wie Zuckerwerk, Schokolade, Cakes, eingedickte Milch und alle anderen ähnlichen Erzeugnisse, welche in erheblichem Verhältnisse künstlich zugesetzten Zucker enthalten, dem Zucker gleichgestellt.

Unter den vorstehenden Absatz fallen alle Vortheile, welche sich für die verschiedenen Klassen von Erzeugern aus der fiskalischen Gesetzgebung der Staaten direkt oder indirekt ergeben, insbesondere:

a) die im Falle der Ausfuhr gewährten direkten Vergütungen,
b) die der Erzeugung gewährten direkten Vergütungen,
c) die vollständigen oder theilweisen Abgabebefreiungen, welche ein Theil der hergestellten Erzeugnisse genießt,
d) die Vortheile aus Ausbeuteüberschüssen,
e) die Vortheile aus zu hohen Rückvergütungen,
f) die Vortheile aus jedem Ueberzolle, der den im Artikel 3 festgesetzten Betrag überschreitet.

Art. 2. Die hohen vertragschließenden Theile verpflichten sich, die Zuckerfabriken, Zuckerraffinerien und Melasseentzuckerungsanstalten dem Niederlageverfahren zu unterwerfen und unausgesetzt bei Tag und Nacht durch fiskalische Beamte bewachen zu lassen.

Zu diesem Zwecke müssen die Anstalten so eingerichtet sein, daß sie gegen die heimliche Fortschaffung von Zucker volle Gewähr bieten, und die Beamten müssen zu sämmtlichen Anstaltsräumen Zutritt haben.

Für einen oder mehrere Abschnitte der Fabrikation müssen Kontrolbücher geführt und der fertige Zucker muß in besonderen Räumen gelagert werden, die jede wünschenswerthe Gewähr für die Sicherheit bieten.

Art. 3. Die hohen vertragschließenden Theile verpflichten sich, den Ueberzoll, das heißt den Unterschied zwischen dem Betrage der Zölle oder Steuern, denen der ausländische Zucker unterliegt, und dem der Zölle oder Steuern, die von dem einheimischen Zucker zu entrichten sind, auf höchstens 6 Franken für 100 Kilogramm bei raffinirtem Zucker und solchem Zucker, der diesem gleichgestellt werden kann, und auf höchstens 5,50 Franken bei anderem Zucker zu bemessen.

Diese Bestimmung bezieht sich nicht auf den

---

b) die Republik Peru desgl.;
c) die Schweiz, mit Wirkung vom 1. September 1906, zufolge Bekanntmachung vom 2. August 1906 (Reichsgesetzbl. S. 857) mit der darin bezeichneten Maßgabe;
d) Rußland, zufolge des Protokolls vom 19. Dezember 1907 (vgl. Anm. 2).

4) Dagegen sind aus der Konvention wieder ausgeschieden:
a) Spanien, welches der Zusatzakte vom 28. Aug. 1907 (s. Anm. 2 Ziffer 1), nachdem schon der Vertrag vom 5. März 1902 nicht mehr ratifiziert worden war,
b) Norwegen, welches der Zusatzakte vom 28. Aug. 1907 (s. Anm. 2 Ziffer 1),
c) Italien, welches dem Protokoll vom 17. März 1912 (s. Anm. 2 Ziffer 2),
d) Großbritannien, welches dem Protokoll vom 17. März 1912 (s. Anm. 2 Ziffer 2),

nicht mehr beigetreten ist. Zu c und d mit Wirkung vom 1. September 1913, vgl. Bekanntmachung des Reichskanzlers vom 1. September 1913 (Reichsgesetzbl. S. 706).

5) Der Konvention gehören jetzt zufolge des Protokolls vom 17. März 1912 (Anm. 2 Ziffer 2) an:
Deutsches Reich,
Österreich-Ungarn,
Belgien,
Frankreich,
Luxemburg,
Die Niederlande,
Peru,
Rußland,
Schweden,
Schweiz.

6) 1. September 1903 (vgl. Art. 10).

Betrag der Einfuhrzölle in denjenigen Ländern, die Zucker nicht erzeugen; sie gilt ferner nicht für die Nebenerzeugnisse der Herstellung oder Raffinirung von Zucker.

Art. 4. Die hohen vertragschließenden Theile verpflichten sich, Zucker, der aus Ländern stammt, welche für die Erzeugung oder die Ausfuhr Prämien bewilligen, bei der Einfuhr in ihr Gebiet mit einem besonderen Zolle zu belegen.[7])

Dieser Zoll darf hinter dem Betrage der im Ursprungslande bewilligten direkten oder indirekten Prämien nicht zurückbleiben. Die hohen Mächte behalten sich, jede für sich, das Recht vor, die Einfuhr prämiirten Zuckers zu verbieten.

Zur Berechnung des Betrags der Vortheile, die sich etwa aus dem im Artikel 1 unter f bezeichneten Ueberzoll ergeben, wird vom Betrage dieses Ueberzolls die im Artikel 3 festgesetzte Ziffer abgezogen: die Hälfte des Restes wird als die Prämie angesehen, mit der Maßgabe, daß die durch den Artikel 7 eingesetzte ständige Kommission das Recht hat, die so berechnete Ziffer auf Antrag eines Vertragsstaats zu berichtigen.

Art. 5. Die hohen vertragschließenden Theile verpflichten sich gegenseitig, Zucker, der aus den Vertragsstaaten oder aus denjenigen ihrer Kolonien oder Besitzungen stammt, welche keine Prämien gewähren, und für welche die Verpflichtungen des Artikel 8 gelten, zum niedrigsten Satze ihres Einfuhrtarifs zuzulassen.

Rohrzucker und Rübenzucker dürfen nicht verschiedenen Zöllen unterworfen werden.

Art. 6. Spanien, Italien und Schweden bleiben von den in den Artikeln 1, 2 und 3 festgesetzten Verpflichtungen so lange befreit, als sie keinen Zucker ausführen.

Diese Staaten verpflichten sich, ein Jahr — oder womöglich schon früher —, nachdem die ständige Kommission den Fortfall der vorgenannten Bedingung festgestellt hat, ihre Gesetzgebung über die Behandlung des Zuckers mit den Bestimmungen dieses Vertrags in Einklang zu bringen.

Art. 7. Die hohen vertragschließenden Theile kommen überein, eine ständige Kommission mit der Aufgabe einzusetzen, die Ausführung der Bestimmungen des gegenwärtigen Vertrags zu überwachen.

Die Kommission besteht aus Delegirten der verschiedenen Vertragsmächte, und es wird ihr eine ständige Geschäftsstelle beigegeben. Die Kommission wählt ihren Vorsitzenden; sie hat ihren Sitz in Brüssel und tritt auf Einladung des Vorsitzenden zusammen.

Die Delegirten haben die Aufgabe:

a) festzustellen, ob in den Vertragsstaaten keine direkten oder indirekten Prämien für die Erzeugung oder die Ausfuhr von Zucker gewährt werden;
b) festzustellen, ob die im Artikel 6 bezeichneten Staaten nach wie vor die dort vorgesehene besondere Bedingung erfüllen;
c) das Bestehen von Prämien in den Nichtvertragsstaaten festzustellen und behufs Anwendung des Artikel 4 ihren Betrag zu berechnen;[8])
d) über Streitfragen Gutachten abzugeben;
e) Anträge auf Zulassung zum Verbande zu prüfen, welche von den am gegenwärtigen Vertrage nicht betheiligten Staaten gestellt werden.

Die ständige Geschäftsstelle soll Nachrichten aller Art über die Zuckergesetzgebung und die Zuckerstatistik nicht nur der Vertragsstaaten, sondern auch der übrigen Staaten sammeln, übersetzen, ordnen und veröffentlichen.

Um die Ausführung der vorstehenden Bestimmungen zu sichern, werden die hohen vertragschließenden Theile die in ihren Ländern jetzt oder künftig in Kraft befindlichen Gesetze, Verordnungen und Anweisungen über die Zuckerbesteuerung, sowie die auf den Gegenstand dieses Vertrags bezüglichen statistischen Nachrichten auf diplomatischem Wege der belgischen Regierung mittheilen, welche sie ihrerseits der Kommission übermitteln wird.

Jeder der hohen vertragschließenden Theile kann in der Kommission durch einen Delegirten oder durch einen Delegirten und durch Hülfsdelegirte vertreten sein.

Oesterreich und Ungarn werden jedes für sich als vertragschließender Theil angesehen.

Der erste Zusammentritt der Kommission wird in Brüssel, auf Veranlassung der belgi-

---

7) Vgl. Anm. 8.

8) Wegen der von der Kommission festgesetzten Ausgleichszölle zu vgl. die Bekanntmachungen des Reichskanzlers:
1. vom 4. September 1903 (Zentr.=Bl. f. d. D. R. S. 625);
2. vom 17. Juli 1905 (Zentr.=Bl. f. d. D. R. S. 189);
3. vom 22. Februar 1907 (Zentr.=Bl. f. d. D. R. S. 46);
4. vom 9. Februar 1909 (Zentr.=Bl. f. d. D. R. S. 34);
5. vom 27. September 1909 (Zentr.=Bl. f. d. D. R. S. 1335);
6. vom 24. Dezember 1911 (Zentr.=Bl. f. d. D. R. S. 746);
7. vom 21. Januar 1914 (Zentr.=Bl. f. d. D. R. S. 127).

schen Regierung, und zwar wenigstens drei Monate vor dem Inkrafttreten dieses Vertrags stattfinden.

Die Kommission hat nur die Aufgabe der Feststellung und Prüfung. Sie erstattet über alle ihr vorgelegten Fragen einen Bericht, den sie an die belgische Regierung richtet. Diese theilt ihn den betheiligten Staaten mit und veranlaßt, wenn einer der hohen vertragschließenden Theile dies beantragt, den Zusammentritt einer Konferenz, welche über die durch die Umstände gebotenen Beschlüsse oder Maßnahmen entscheiden wird.

Die unter b und c bezeichneten Feststellungen und Berechnungen sind jedoch für die Vertragsstaaten bindend; sie erfolgen durch Mehrheitsbeschluß, wobei jeder Vertragsstaat über eine Stimme verfügt, und treten spätestens nach Ablauf einer Frist von zwei Monaten in Kraft. Falls einer der Vertragsstaaten gegen eine Kommissionsentscheidung Berufung einlegen will, muß er innerhalb von acht Tagen, nachdem ihm die Entscheidung bekannt gemacht worden ist, eine neue Beschlußfassung der Kommission beantragen; diese tritt schleunigst zusammen und giebt ihre endgültige Entscheidung innerhalb eines Monats nach Einlegung der Berufung ab. Die neue Entscheidung erlangt spätestens zwei Monate, nachdem sie gefällt ist, bindende Kraft. — Dasselbe Verfahren findet bei der unter e vorgesehenen Prüfung der Zulassungsanträge statt.

Die Kosten, welche sich aus der Einrichtung und der Thätigkeit der ständigen Geschäftsstelle und der Kommission ergeben, werden von allen Vertragsstaaten getragen und nach einem von der Kommission festzustellenden Plane unter sie vertheilt, abgesehen von der Besoldung oder Entschädigung der Delegirten, welche von den betreffenden Ländern zu zahlen ist.

Art. 8. Die hohen vertragschließenden Theile übernehmen für sich selbst und für ihre Kolonien und Besitzungen, mit Ausnahme der britischen Selbstverwaltungskolonien und Britisch-Ostindiens, die Verpflichtung, die nöthigen Vorkehrungen zu treffen, um zu verhindern, daß prämiirter Zucker, der durch das Gebiet eines Vertragsstaats durchgeführt worden ist, auf dem Bestimmungsmarkte die Vortheile dieses Vertrags genießt. Die ständige Kommission wird in dieser Hinsicht die nöthigen Vorschläge machen.

Art. 9. Die Staaten, welche sich an dem gegenwärtigen Vertrage nicht betheiligt haben, werden auf ihren Antrag und nach Zustimmung der ständigen Kommission zum Beitritte zugelassen.

Der Antrag ist auf diplomatischem Wege an die belgische Regierung zu richten, die es gegebenen Falles übernehmen wird, den Beitritt allen übrigen Regierungen mitzutheilen. Der Beitritt bringt ohne Weiteres die Uebernahme aller Verpflichtungen und die Zulassung zu allen Vortheilen des gegenwärtigen Vertrags mit sich und wird von dem 1. September ab wirksam, der auf die Absendung der von der belgischen Regierung an die übrigen Vertragsstaaten gerichteten Mittheilung folgt.

Art. 10. Der gegenwärtige Vertrag soll mit dem 1. September 1903 in Kraft treten.

Er soll von diesem Tage an fünf Jahre lang gelten und, falls keiner der hohen vertragschließenden Theile seine Absicht, die Wirkungen des Vertrags aufhören zu lassen, der belgischen Regierung zwölf Monate vor Ablauf des genannten fünfjährigen Zeitraums kundgegeben haben wird, noch ferner ein Jahr und so fort, von Jahr zu Jahr, in Kraft bleiben.

Falls einer der Vertragsstaaten den Vertrag kündigt, wirkt diese Kündigung nur für ihn; die übrigen Staaten behalten bis zum 31. Oktober des Kündigungsjahrs das Recht zu erklären, daß sie vom 1. September des darauffolgenden Jahres ab ebenfalls ausscheiden wollen. Wenn einer dieser letzteren Staaten für gut befindet, von diesem Rechte Gebrauch zu machen, wird die belgische Regierung binnen drei Monaten den Zusammentritt einer Konferenz in Brüssel veranlassen, welche über die zu ergreifenden Maßnahmen beschließen wird.

Art. 11. Die Bestimmungen des gegenwärtigen Vertrags finden auf die überseeischen Provinzen, Kolonien und auswärtigen Besitzungen der hohen vertragschließenden Theile Anwendung. Ausgenommen sind jedoch die britischen und die niederländischen Kolonien und Besitzungen, vorbehaltlich der Bestimmungen in den Artikeln 5 und 8.

Die Stellung der britischen und der niederländischen Kolonien und Besitzungen bestimmt sich im Uebrigen nach den in das Schlußprotokoll aufgenommenen Erklärungen.

Art. 12. Die Ausführung der in dem gegenwärtigen Vertrag enthaltenen gegenseitigen Verpflichtungen ist, soweit nöthig, durch die Erfüllung der in der Verfassung eines jeden Vertragsstaats festgesetzten Förmlichkeiten und Vorschriften bedingt.

Der gegenwärtige Vertrag soll ratifizirt und die Ratifikationsurkunden sollen am 1. Februar 1903, oder womöglich schon früher, im Ministerium der auswärtigen Angelegenheiten in Brüssel niedergelegt werden.

Es besteht Einverständniß, daß der gegenwärtige Vertrag nur dann rechtsverbindlich wird, wenn er wenigstens von denjenigen Vertragsstaaten ratifizirt wird, die nicht unter die Ausnahmebestimmung des Artikel 6 fallen. Falls einer oder mehrere dieser Staaten innerhalb der vorgesehenen Frist die Ratifikationsurkunde nicht niedergelegt haben sollten, wird die belgische Regierung sofort eine Entscheidung der übrigen Vertragsstaaten darüber herbeiführen, ob der gegenwärtige Vertrag unter ihnen allein in Kraft gesetzt werden soll.

Schlußprotokoll.

Im Begriffe, den heute zwischen den Regierungen Deutschlands, Oesterreichs und Ungarns, Belgiens, Spaniens, Frankreichs, Großbritanniens, Italiens, der Niederlande und Schwedens abgeschlossenen Vertrag über die Behandlung des Zuckers zu vollziehen, haben die unterzeichneten Bevollmächtigten Folgendes vereinbart:

Zu Artikel 3.

In der Erwägung, daß der Zweck des Ueberzolls darin besteht, den inneren Markt der Erzeugungsländer wirksam zu schützen, behalten sich die hohen vertragschließenden Theile, jeder für sich, das Recht vor, eine Erhöhung des Ueberzolls zu beantragen, falls beträchtliche Mengen aus einem Vertragsstaate stammenden Zuckers bei ihnen eindringen sollten; diese Erhöhung darf aber nur den aus diesem Staate stammenden Zucker treffen.

Der Antrag ist an die ständige Kommission zu richten, die alsbald durch Mehrheitsbeschluß über die Berechtigung der beantragten Maßregel, über die Dauer ihrer Anwendung und über den Satz der Erhöhung entscheidet; die Erhöhung darf einen Franken für 100 Kilogramm nicht übersteigen.

Die Zustimmung der Kommission darf nur ertheilt werden, wenn der Einbruch in den betreffenden Markt die Folge einer thatsächlich geringeren wirthschaftlichen Leistungsfähigkeit und nicht etwa das Ergebniß einer durch eine Verständigung unter den Erzeugern hervorgerufenen künstlichen Preissteigerung ist.

Zu Artikel 11.

A. 1. Die Regierung von Großbritannien erklärt, daß dem Zucker der Kronkolonien während der Vertragsdauer keinerlei direkte oder indirekte Prämie gewährt werden wird.

2. Ausnahmsweise und unter grundsätzlichem Vorbehalt ihrer vollen Handlungsfreiheit bezüglich der fiskalischen Beziehungen zwischen dem Vereinigten Königreich und seinen Kolonien und Besitzungen erklärt sie ferner, daß dem Kolonialzucker während der Vertragsdauer im Vereinigten Königreiche keinerlei Vorzug vor dem aus den Vertragsstaaten stammenden Zucker bewilligt werden wird.

3. Sie erklärt endlich, daß der Vertrag durch sie den Selbstverwaltungskolonien und Ostindien vorgelegt werden wird, damit diese ihren Beitritt erklären können.

Es besteht Einverständnis, daß die Regierung Seiner Britischen Majestät dem Vertrage Namens der Kronkolonien beitreten kann.

B. Die niederländische Regierung erklärt, daß während der Vertragsdauer dem Zucker der niederländischen Kolonien keinerlei direkte oder indirekte Prämie gewährt, und daß er in den Niederlanden nicht zu einem Tarife zugelassen werden wird, welcher niedriger ist als der, welcher auf den aus den Vertragsstaaten stammenden Zucker zur Anwendung gelangt.

Das gegenwärtige Schlußprotokoll, welches gleichzeitig mit dem heute abgeschlossenen Vertrage ratifizirt werden wird, soll als wesentlicher Bestandtheil dieses Vertrags gelten und dieselbe Kraft, Wirkung und Dauer besitzen.

Die Ratifikationsurkunden zu dem vorstehenden Vertrage nebst Schlußprotokoll sind für Deutschland, Oesterreich-Ungarn, Belgien, Frankreich, Großbritannien, Italien und die Niederlande bis einschließlich zum 1. Februar 1903 im Königlich Belgischen Ministerium der auswärtigen Angelegenheiten in Brüssel niedergelegt worden.[9])

9) Die Ratifikationsurkunde ist für Schweden am 13. Mai 1903 zufolge Bekanntmachung des Reichskanzlers vom 23. Mai 1903 (Reichsgesetzbl. S. 225) niedergelegt worden; für Spanien ist die Konvention nicht ratifiziert worden. Auch ist Spanien der Zusatzakte zu dem Vertrag vom 28. August 1907 nicht mehr beigetreten. Vgl. Anm. 2 u. 4.

6. März 1902.

Bundesratbeschluß, betreffend Gewährung von Zollfreiheit für wiedereingeführte Abfälle von ausgeführten Zuckerrüben an Landwirte.

Zentr.-Bl. f. d. D. R. S. 68.

Der Bundesrath hat in seiner Sitzung vom 6. März 1902 beschlossen, zu genehmigen, daß inländischen Landwirthen, welche im Auslande belegenen Zuckerfabriken selbsterzeugte Zuckerrüben unter der Bedingung der Rückgewährung einer entsprechenden Menge ausgelaugter, getrockneter Rübenschnitzel liefern, für diese Schnitzel bis zu 6/100 der in dem betreffenden Betriebsjahre nachweislich ausgeführten Menge an Zuckerrüben Zollfreiheit gewährt werde.

---

11. März 1902.

Bestimmungen des Ministeriums über die Annahme und die Einreihung der Anwärter für Bibliothekarstellen bei der Universitäts- und Landesbibliothek zu Straßburg.[1])

Zentr.- u. Bez.A.Bl. S. 59.

§ 1. Zur Beschäftigung bei der Bibliothek mit Aussicht auf späteres Einrücken in eine Bibliothekarstelle werden nur solche Bewerber zugelassen, welche deutsche Reichsangehörige sind. Sie sollen in der Regel akademische Bildung besitzen und die zur Anstellung im höheren Staatsdienst oder im Kirchendienst befähigenden Prüfungen bestanden haben. Ausnahmen von dieser Regel treten nur dann ein, wenn der Mangel an geeigneten Bewerbern, welche diesen Erfordernissen genügen, dazu nöthigt.

§ 2. Die Zulassung zur Beschäftigung bei der Bibliothek erfolgt durch den Kurator der Universität.[2]) Die bezüglichen Gesuche sind durch Vermittlung des Direktors der Bibliothek einzureichen.

§ 3. Der Zugelassene hat zunächst eine Probezeit abzulegen, die in der Regel ein Jahr dauert. Während der Probezeit steht ihm ein Anspruch auf Vergütung nicht zu.

§ 4. Nach Ablauf der Probezeit entscheidet der Kurator der Universität[2]) auf Bericht des Direktors über die Aufnahme der Zugelassenen in die Anwärterliste. Erst durch die Aufnahme in die Anwärterliste erlangt der Bewerber die Befähigung zum Dienst als Bibliothekar.[3])

§ 5. Die Anwärter rücken in die jeweilig erledigten Bibliothekarstellen nach ihrer Reihenfolge in der Anwärterliste ein.

§ 6. Bewerber, welche ohne Ableistung einer Staatsprüfung ausnahmsweise zum Bibliotheksdienst zugelassen worden sind, können in die Anwärterliste nur dann aufgenommen werden, wenn sie entweder zehn Jahre lang (die Probezeit nicht eingerechnet) tadelfrei im Dienste der Bibliothek gestanden oder vor Ablauf der zehn Jahre die Staatsprüfung nachgeholt haben.

§ 7. Die Einreihung der seit dem 1. Januar 1890 bis zum Erlaß dieser Bestimmungen bei der Bibliothek eingetretenen Bewerber in die Anwärterliste ordnet der Staatssekretär durch besondere Verfügung.

1) Die Bestimmungen sind in der Fassung abgedruckt, welche sie durch die Verordnung des Minist. vom 13. März 1910 (Zentr.- u. Bez.A.Bl. S. 76) erhalten haben. S. ferner die Verordnung des Ministeriums vom 23. Mai 1912 (Zentr.- u. Bez. A.Bl. S. 97).

2) Fassung der Verordnung vom 13. März 1910.

3) Vom Zeitpunkt der Aufnahme in die Anwärterliste ab führt der Anwärter den Titel „Bibliotheksassistent". Verordnung des Staatssekretärs vom 23. Mai 1912 (Zentr.- u. Bez.A.Bl. S. 97).

---

14. März 1902.

Verordnung des Ministeriums, betreffend die literarischen und musikalischen Sachverständigenkammern.

Zentr.- u. Bez.A.Bl. 1902, S. 135.

Zur Ausführung des § 49 des Reichsgesetzes vom 19. Juni 1901, betreffend das Urheberrecht an Werken der Literatur und der Tonkunst, bestimme ich hiermit, daß die auf Grund des § 31 des Reichsgesetzes vom 11. Juni 1870, betreffend das Urheberrecht an Schriftwerken, Abbildungen, musikalischen Kompositionen und dramatischen Werken, errichteten literarischen und musikalischen Sachverständigenvereine für Elsaß-Lothringen[1]) in ihrer bisherigen Zusammensetzung und Tätigkeit auch nach dem am 1. Januar 1902 erfolgten Inkrafttreten des Reichsgesetzes vom 19. Juni 1901 bestehen bleiben, aber nach § 49 dieses Gesetzes die Bezeichnung „Literarische Sachverständigenkammer" und „Musikalische Sachverständigenkammer" zu führen haben.

1) Vgl. Bekanntmachung des Oberpräsidenten vom 11. Juni 1873 (Straßb. Ztg. 1873 Nr. 139).

19. März 1902.

Übereinkunft zum Schutze der für die Landwirtschaft nützlichen Vögel.

Reichsgesetzbl. 1906 S. 89. [1])

Seine Majestät der Deutsche Kaiser, König von Preußen, im Namen des Deutschen Reichs; Seine Majestät der Kaiser von Österreich, König von Böhmen 2c. und Apostolischer König von Ungarn, zugleich im Namen Seiner Hoheit des Fürsten von Liechtenstein; Seine Majestät der König der Belgier; Seine Majestät der König von Spanien und in Seinem Namen Ihre Majestät die Königin-Regentin des Königreichs; der Präsident der Französischen Republik; Seine Majestät der König der Hellenen; Seine Königliche Hoheit der Großherzog von Luxemburg; Seine Durchlaucht der Fürst von Monaco; Seine Majestät der König von Portugal und Algarbien; Seine Majestät der König von Schweden und von Norwegen, im Namen von Schweden, und der Schweizerische Bundesrat haben, in Erkenntnis der Nützlichkeit eines gemeinsamen Vorgehens in den verschiedenen Ländern zum Zwecke der Erhaltung der für die Landwirtschaft nützlichen Vögel, beschlossen, eine Vereinbarung zu diesem Zwecke abzuschließen und haben zu Ihren Bevollmächtigten ernannt: . . . .

welche, nach gegenseitiger Mitteilung ihrer in guter und gehöriger Form befundenen Vollmachten, folgende Artikel vereinbart haben:

Artikel 1.

Die für die Landwirtschaft nützlichen Vögel, besonders die Insektenfresser und namentlich die Vögel, welche in der der gegenwärtigen Übereinkunft als Anlage beigefügten und durch die Gesetzgebung jedes Landes ausdehnbaren Liste Nr. 1 aufgeführt sind, werden einen unbedingten Schutz genießen und zwar in der Art, daß es verboten sein soll, sie zu irgend einer Zeit und auf irgend eine Art zu töten, sowie ihre Nester, Eier und Brut zu zerstören.

Bis dieses Ergebnis überall und im ganzen Umfang erreicht sein wird, verpflichten sich die hohen vertragschließenden Teile, diejenigen Bestimmungen zu treffen oder ihren gesetzgebenden Körperschaften zu unterbreiten, welche notwendig sind, um die Ausführung der in folgenden Artikeln enthaltenen Maßnahmen sicher zu stellen.

Art. 2.

Es soll verboten werden, die Nester zu entfernen, die Eier auszuheben und die Brut zu fangen und zu zerstören, und zwar zu irgend einer Zeit und mit irgend welchen Mitteln.

Die Ein- und Durchfuhr, der Transport, das Feilbieten, der Verkauf und Ankauf dieser Nester, Eier und Brut sollen verboten werden.

Dieses Verbot soll sich nicht erstrecken auf die durch den Eigentümer, Nießbraucher oder deren Beauftragte vorgenommene Zerstörung derjenigen Nester, welche Vögel in oder an Wohnhäusern oder Gebäuden im allgemeinen und im Innern von Hofräumen gebaut haben. Die Bestimmungen dieses Artikels sollen außerdem ausnahmsweise bezüglich der Kibitz- und Möveneier aufgehoben werden können.

Art. 3.

Es soll verboten werden das Aufstellen und die Anwendung von Fallen, Käfigen, Netzen, Schlingen, Leimruten und aller anderen, irgend wie gearteten Mittel, welche den Zweck haben, den Massenfang oder die Massentötung der Vögel zu erleichtern.

Art. 4.

Für den Fall, daß die hohen vertragschließenden Teile nicht in der Lage sein sollten, die Verbotsbestimmungen des vorhergehenden Artikels sofort und in ihrem ganzen Umfange zur Anwendung zu bringen, sollen sie befugt sein, diesen Verboten die für nötig erachteten Abschwächungen hinzuzufügen, sie verpflichten sich jedoch, die Anwendung der Fang- und Vernichtungsarten, -Vorrichtungen und -Mittel in der Art einzuschränken, daß sie nach und nach zur Verwirklichung der im Artikel 3 aufgeführten Schutzmaßregeln gelangen.

Art. 5.

Außer den im Artikel 3 ausgesprochenen, allgemeinen Verboten, ist es untersagt, in der Zeit vom 1. März bis 15. September jedes Jahres diejenigen nützlichen Vögel zu fangen oder zu töten, welche in der der Übereinkunft als Anlage beigefügten Liste Nr. 1 aufgeführt sind.

Der Verkauf und das Feilbieten solcher Vögel soll gleichfalls während dieser Zeit verboten werden.

---

1) Die Übereinkunft ist von Deutschland, Österreich-Ungarn, Belgien, Spanien, Frankreich, Liechtenstein, Luxemburg, Monaco, Schweden und der Schweiz ratifiziert worden. An Stelle des im Art. 15 der Übereinkunft vorgesehenen Austausches der Ratifikationsurkunden hat eine Hinterlegung derselben bei der französischen Regierung stattgefunden und zwar ist diese am 6. Dezember 1905 erfolgt.

Die hohen vertragschließenden Teile verpflichten sich, soweit es ihre Gesetzgebung erlaubt, die Ein- und Durchfuhr sowie den Transport dieser Vögel in der Zeit vom 1. März bis 15. September zu verbieten.

Die Dauer des in dem gegenwärtigen Artikel vorgesehenen Verbots soll indessen in den nördlichen Ländern abgeändert werden können.

Art. 6.

Die zuständigen Behörden sollen ausnahmsweise den Eigentümern oder Nutznießern von Weinbergen, Obstpflanzungen und Gärten, von Baumschulen, angepflanzten oder eingesäten Feldern, ebenso wie den von ihnen mit der Überwachung beauftragten Personen das zeitweilige Recht zubilligen können, mit Feuerwaffen auf solche Vögel zu schießen, deren Gegenwart schädlich sein und einen wirklichen Schaden verursachen könnte.

Indessen soll es verboten bleiben, die unter solchen Voraussetzungen getöteten Vögel feilzuhalten oder zu verkaufen.

Art. 7.

Ausnahmen von den Bestimmungen dieser Übereinkunft sollen durch die zuständigen Behörden bewilligt werden können, im Interesse der Wissenschaft oder der Wiedereinbürgerung je nach Lage des Falles und unter Beobachtung aller zur Verhütung eines Mißbrauchs erforderlichen Vorsichtsmaßregeln.

Unter denselben Vorsichtsmaßregeln sollen der Fang, der Verkauf und das Halten von Stubenvögeln erlaubt werden können. Die Erlaubnis soll durch die zuständigen Behörden erteilt werden.

Art. 8.

Die Bestimmungen der gegenwärtigen Übereinkunft sollen nicht auf Federvieh und auf solches Federwild anwendbar sein, welches sich in geschlossenen Jagdbezirken befindet und durch die Gesetzgebung des Landes als jagdbar bezeichnet ist.

Überall sonst soll die Tötung des Federwildes nur mittels Feuerwaffen und zu den gesetzlich bestimmten Zeiten gestattet sein.

Die vertragschließenden Staaten werden aufgefordert, den Verkauf, den Transport und die Durchfuhr des Federwildes, dessen Jagd in ihrem Gebiete verboten ist, während der Dauer dieses Verbots zu untersagen.

Art. 9.

Jeder der vertragschließenden Teile soll Ausnahmen von den Bestimmungen der gegenwärtigen Übereinkunft festsetzen können:

1. für die Vögel, welche nach der Gesetzgebung des Landes als schädlich für die Jagd oder Fischerei geschossen oder getötet werden können,
2. für die Vögel, welche die Gesetzgebung des Landes als schädlich für die örtliche Landwirtschaft bezeichnet.

In Ermangelung einer durch die Gesetzgebung des Landes aufgestellten amtlichen Liste soll Nr. 2 dieses Artikels auf die der gegenwärtigen Übereinkunft als Anlage beigefügte Liste Nr. 2 angewendet werden.

Art. 10.

Die hohen vertragschließenden Teile werden die geeigneten Maßnahmen ergreifen, um ihre Gesetzgebung binnen einer vom Tage der Unterzeichnung der Übereinkunft zu berechnenden dreijährigen Frist mit den Bestimmungen der Übereinkunft in Einklang zu setzen.

Art. 11.

Die hohen vertragschließenden Teile werden sich durch die Vermittelung der Französischen Regierung die Gesetze und die im Verwaltungswege getroffenen Anordnungen mitteilen, welche in ihren Staaten schon erlassen sind oder noch erlassen werden und sich auf den Gegenstand der vorliegenden Übereinkunft beziehen.

Art. 12.

Wenn es für notwendig gehalten werden wird, werden sich die hohen vertragschließenden Teile auf einer internationalen Konferenz vertreten lassen, welche die Aufgabe hat, die Fragen zu prüfen, welche sich bei Ausführung der Übereinkunft ergeben, und diejenigen Abänderungen vorzuschlagen, die sich nach den gemachten Erfahrungen als nützlich erwiesen haben.

Art. 13.

Die Staaten, welche an der gegenwärtigen Übereinkunft nicht Teil genommen haben, werden auf ihr Ansuchen zum Beitritte zugelassen. Dieser Beitritt wird auf diplomatischem Wege der Regierung der Französischen Republik und durch diese den anderen Signatarmächten mitgeteilt werden.

Art. 14.

Die gegenwärtige Übereinkunft soll binnen einer höchstens einjährigen, vom Tage des Austausches der Ratifikationsurkunden an zu berechnenden Frist in Kraft gesetzt werden.

Sie soll unter den Signatarmächten auf unbestimmte Zeitdauer in Kraft bleiben. Falls eine derselben die Übereinkunft aufkündigen sollte, so soll diese Kündigung nur bezüglich jener Macht Gültigkeit haben und zwar erst ein Jahr, nachdem diese Kündigung den anderen Vertragsstaaten mitgeteilt sein wird.

Art. 15.

Die gegenwärtige Übereinkunft soll ratifiziert werden und die Ratifikationsurkunden sollen sobald als möglich in Paris ausgetauscht werden.

Art. 16.

Die Bestimmung des zweiten Absatzes des Artikel 8 der gegenwärtigen Übereinkunft soll ausnahmsweise nicht in den nördlichen Provinzen Schwedens Anwendung finden können und zwar mit Rücksicht auf die ganz besonderen klimatischen Bedingungen, unter denen diese sich befinden.

Liste Nr. 1.

Nützliche Vögel.

Nacht-Raubvögel:
- Stein-Käuze und Zwerg-Käuze (Glaucidium),
- Sperbereulen (Surnia),
- Nachteulen oder Waldkäuze (Syrnium),
- die gewöhnliche Schleiereule (Strix flammea L),
- Sumpfohreule und Waldohreule (Otus),
- die kleine Ohreule (Scops giu Scop.).

Kletterer:
- Spechte, alle Arten (Picus, Gecinus etc.).

Klettervögel:
- die Blaurace (Coracias garrula L),
- Bienenfresser (Merops).

Gewöhnliche Sperlingsvögel:
- der Wiedehopf (Upupa epops),
- Baumläufer, Mauerläufer, Blauspechte (Certhia, Tichodroma, Sitta),
- Mauersegler (Cypselus),
- Ziegenmelker (Caprimulgus),
- Nachtigallen (Luscinia),
- Blaukehlchen (Cyanecula),
- Rotschwänze (Ruticilla),
- Rotkehlchen (Rubecula),
- Schmätzer (Pratincola und Saxicola),
- Braunellen (Accentor),
- Grasmücken aller Art, wie:
  - gewöhnliche Grasmücken (Sylvia),
  - Zaungrasmücken (Curruca),
  - Gartenlaubvögel (Hypolaïs),
  - Rohrsänger: Rohrsänger, Schilfsänger, Busch-Rohrdrossel (Acrocephalus, Calamodyta, Locustella),
  - Cisticolen (Cisticola),
- Goldhähnchenlaubvögel (Phylloscopus),
- Goldhähnchen (Regulus) und Zaunkönige (Troglodytes),
- Meisen aller Arten (Parus, Panurus, Orites etc.),
- Fliegenfänger (Muscicapa),
- Schwalben aller Arten (Hirundo, Chelidon, Cotyle),
- weiße und gelbe Bachstelzen (Motacilla, Budytes),
- Pieper (Anthus, Corydala),
- Kreuzschnäbel (Loxia),
- Goldammern und Girlitze (Citrinella und Serinus),
- Distelfinke und Zeisige (Carduelis und Chrysomitris),
- gewöhnliche Staare und Hirtenstaare (Sturnus Pastor etc.).

Stelzenläufer:
- schwarze und weiße Störche (Ciconia).

Liste Nr. 2.

Schädliche Vögel.

Tag-Raubvögel:
- der Lämmergeier (Gypaetus barbatus L),
- Adler aller Arten (Aquila, Nisaëtus),
- Seeadler aller Arten (Haliaëtus),
- Flußadler (Pandion haliaëtus),
- Gabelweihe, Gleitaare, Schwalbenweihe (Milvus, Elanus, Nauclerus), alle Arten,
- Falken: Gierfalken, Wanderfalken, Baumfalken, Lerchenfalken (Falco), alle Arten mit Ausnahme der Rotfußfalken, Turmfalken und Rötelfalken,
- der Hühnerhabicht (Astur palumbarius L),
- Sperber (Accipiter),
- Weihen (Circus).

Nacht-Raubvögel:
- der Uhu (Bubo maximus Flem.).

Gewöhnliche Sperlingsvögel:
- der Kolkrabe (Corvus corax L),
- die Elster (Pica rustica Scop.),
- der Eichelhäher (Garrulus glandarius L).

Stelzenläufer:
- graue und Purpur-Reiher (Ardea),
- Rohrdommeln und Nachtreiher (Bautorus und Nycticorax).

Schwimmvögel:
- Pelikane (Pelecanus),
- Kormorane (Phalacrocorax oder Graculus),
- Sägetaucher (Mergus),
- Meertaucher (Colymbus).

20. März 1902.

Bekanntmachung des Reichskanzlers, betreffend die Beschäftigung von Arbeiterinnen auf Steinkohlenbergwerken, Zink- und Bleierzbergwerken im Regierungsbezirk Oppeln. [1])

Reichsgesetzbl. S. 77.

Auf Grund des § 139 a der Gewerbeordnung hat der Bundesrath die nachstehende Bestimmung erlassen:

Die Beschäftigung von Arbeiterinnen auf Steinkohlenbergwerken, Zink- und Bleierzbergwerken im Reigerungsbezirk Oppeln in Gemäßheit der Ziffer II und III der

Bestimmungen über die Beschäftigung von Arbeiterinnen auf Steinkohlenbergwerken, Zink- und Bleierzbergwerken und auf Kokereien im Regierungsbezirk Oppeln (Bekanntmachung vom 24. März 1892, Reichs-Gesetzbl. S. 331)

wird unter den daselbst bezeichneten Bedingungen und mit der Abänderung, daß in der Ziffer II die Worte: „und Zink- und Bleierzbergwerken" sowie „oder Erze" in Wegfall kommen, weiter bis zum 1. April 1907 nachgelassen.

1) S. hierzu Bekanntmachnng vom 12. April 1907 Reichsgesetzbl. S. 93 und 24. November 1911 Reichsgesetzbl. S. 956.

---

22. März 1902.

Gesetz zum Schutze des Genfer Neutralitätszeichens.

Reichsgesetzbl. S. 125.

§ 1. Das in der Genfer Konvention zum Neutralitätszeichen erklärte Rothe Kreuz auf weißem Grunde sowie die Worte „Rothes Kreuz" [1]) dürfen, unbeschadet der Verwendung für Zwecke des militärischen Sanitätsdienstes, zu geschäftlichen Zwecken sowie zur Bezeichnung von Vereinen oder Gesellschaften oder zur Kennzeichnung ihrer Thätigkeit nur auf Grund einer Erlaubniß gebraucht werden.

Die Erlaubniß wird von den Landes-Zentralbehörden nach den vom Bundesrathe festzustellenden Grundsätzen [2]) für das Gebiet des Reichs ertheilt. Die Erlaubniß darf Vereinen oder Gesellschaften, welche sich im Deutschen Reiche der Krankenpflege widmen und für den Kriegsfall zur Unterstützung des militärischen Sanitätsdienstes zugelassen sind, nicht versagt werden.

Die von dem Bundesrathe festgestellten Grundsätze sind dem Reichstag alsbald zur Kenntnißnahme mitzutheilen.

§ 2. Wer den Vorschriften dieses Gesetzes zuwider das Rothe Kreuz gebraucht, wird mit Geldstrafe bis zu einhundertfünfzig Mark oder mit Haft bestraft.

§ 3. Die Anwendung der Vorschriften dieses Gesetzes wird durch Abweichungen nicht ausgeschlossen, mit denen das im § 1 erwähnte Zeichen wiedergegeben wird, sofern ungeachtet dieser Abweichungen die Gefahr einer Verwechselung vorliegt.

§ 4. Dieses Gesetz tritt am 1. Juli 1903 in Kraft.

§ 5. Die Vorschriften dieses Gesetzes finden keine Anwendung auf den Vertrieb der bei der Verkündung des Gesetzes mit dem Rothen Kreuze bezeichneten Waaren, sofern die Waaren oder deren Verpackung oder Umhüllung nach näherer Bestimmung des Reichskanzlers mit einem amtlichen Stempelabdrucke versehen werden.[3])

§ 6. Bis zum 1. Juli 1906 darf das Rothe Kreuz fortgeführt werden:

1. in Waarenzeichen, die auf Grund einer vor dem 1. Juli 1901 erfolgten Anmeldung in die Zeichenrolle eingetragen worden sind;
2. in Firmen, die auf Grund einer vor dem 1. Juli 1901 erfolgten Anmeldung in das Handels- oder Genossenschaftsregister eingetragen worden sind;
3. in Namen rechtsfähiger Vereine, sofern die Vereine nach ihren Satzungen bereits vor dem 1. Juli 1901 das Rothe Kreuz in ihren Namen geführt haben.

Aenderungen, die sich infolge dieses Gesetzes an den unter Nr. 2, 3 bezeichneten Firmen und Vereinsnamen erforderlich machen, werden ge-

1) S. auch Art. 23 des Abkommens vom 6. Juli 1906.

2) S. hierzu Bekanntmachung des Reichskanzlers vom 7. Mai 1903.

3) S. hierzu Bekanntmachung des Reichskanzlers vom 8. Mai 1903 Reichsgesetzbl. S. 216 betr. die Stempelung der bei der Verkündung des Gesetzes mit dem Roten Kreuze bezeichneten Waren.

bührenfrei in das Handelsregister und in das Vereinsregister eingetragen, sofern sie vor dem 1. Juli 1906 zur Eintragung angemeldet werden.

§ 7. Waarenzeichen, welche das Rothe Kreuz enthalten, sind von der Verkündung des Gesetzes ab von der Eintragung in die Zeichenrolle ausgeschlossen, sofern nicht die Anmeldung vor dem 1. Juli 1901 erfolgt ist.

---

29. März 1902.

Verfügung des Ministeriums, betreffend die Kostenpflicht der vor elsaß-lothringischen Gerichten auftretenden Eingeborenen der Schutzgebiete.

Samml. d. Justizverw. Bd. 27 S. 99.

Nachdem die Gouverneure (Landeshauptleute) der Schutzgebiete mit Anweisung dahin versehen worden sind, daß die Reichsangehörigen von den Gerichten in den Schutzgebieten sowohl hinsichtlich der Sicherheitsleistung für die Prozeßkosten und des Ausländervorschusses als auch hinsichtlich der Zulassung zum Armenrecht als Inländer zu behandeln sind, ist die Gegenseitigkeit gemäß § 110 Abs. 2 C.-P.-O., § 85 Abs. 2 Nr. 1 D. G.-K.-G. und § 114 Abs. 2 C.-P.-O. als verbürgt anzusehen und sind demnach auch die Eingeborenen der Schutzgebiete, wenn sie vor elsaß-lothringischen Gerichten auftreten, in Ansehung der Sicherheitsleistung des Ausländervorschusses und des Armenrechts als Inländer zu behandeln. Insbesondere haben die Gerichtsschreiber von der Erhebung des Ausländervorschusses abzusehen.

---

31. März 1902.

Bekanntmachung des Reichsversicherungsamts, betreffend die Entrichtung der gemäß § 4 Abs. 2 Satz 2 J.V.G.[1]) zu zahlenden Beiträge.

Amtl. Nachr. d. R.V.A. S. 380.

Auf Grund des § 4 Abs. 2 Satz 2 des Invalidenversicherungsgesetzes [1]) werden an Stelle der Bekanntmachung vom 23. März 1901 (Amtliche Nachrichten des R.V.A. 1901 Seite 365, Reichs- und Königlich Preußischer Staatsanzeiger Nr. 75 vom 28. März 1901 folgende Bestimmungen erlassen:

1. Jeder Arbeitgeber, welcher Ausländer beschäftigt, die nach dem Bundesrathsbeschluß vom 21. Februar 1901 (Central-Blatt für das Deutsche Reich S. 78) von der Versicherungspflicht befreit sind, hat dies binnen drei Tagen nach Beginn der Beschäftigung dem Vorstande der Versicherungsanstalt anzuzeigen.
2. Der Vorstand übersendet dem Arbeitgeber ein Muster für eine von diesem aufzustellende Nachweisung, in deren Spalten folgende Eintragungen vorgesehen sein müssen:
   a) Vor- und Familienname des Arbeiters,
   b) falls der Arbeiter noch nicht 16 Jahre alt ist, Jahr und Tag der Geburt,
   c) Beginn und Dauer der Beschäftigung,
   d) die Angabe, ob der Arbeiter über das laufende Halbjahr hinaus weiter beschäftigt wird.

   Das Muster soll ferner an geeigneter Stelle einen Hinweis auf die Strafbestimmungen des § 176 Abs. 1 und 2 des Invalidenversicherungsgesetzes [1]) enthalten.
3. Der Arbeitgeber hat dieses Muster für das laufende Halbjahr (vom 1. Januar bis zum 30. Juni oder vom 1. Juli bis zum 31. Dezember) auszufüllen und bis zum 1. August beziehungsweise 1. Februar dem Vorstande der Versicherungsanstalt einzusenden.
4. Der Vorstand prüft die Nachweisung, stellt den danach zu entrichtenden Betrag fest und fordert den Arbeitgeber unter gleichzeitiger Mittheilung der Unterlagen dieser Berechnung (Zahl der Arbeiter und Beitragswochen, Höhe der Beiträge) auf, den Betrag an die Versicherungsanstalt auf deren Kosten einzusenden. Die Verwendung von Beitragsmarken zum Zwecke der Zahlung ist unzulässig.
5. Bei Fortdauer der Beschäftigung finden Ziffer 2 und 3 entsprechende Anwendung.
6. Für die Zeit bis zum 1. Juli 1902 bleibt es dem Vorstande der Versicherungsanstalt überlassen, nach den bisher geltenden Bestimmungen vom 23. März 1901 zu verfahren.

1) An die Stelle des § 4 Abs. 2 Satz 2 und des § 176 Abs. 1, 2 J.V.G. treten § 1233 Abs. 2 und § 1488 Abs. 1, 2 R.V.O.

2. April 1902.

Verordnung, betreffend die Abänderung der Verordnung vom 16. Januar 1895 über die Einrichtung des Ministeriums für Elsaß-Lothringen.[1])

Gesetzbl. f. Els.-Lothr. S. 29.

Der im Ministerium für Elsaß-Lothringen bestehenden IV. Abtheilung, Abtheilung für Landwirthschaft und öffentliche Arbeiten, werden aus dem Geschäftsbereich der I. Abtheilung, Abtheilung des Innern, ferner zugewiesen:

Die auf den Bau und Betrieb von Eisenbahnen bezüglichen Angelegenheiten.

1) Erlassen auf Grund des § 5 des Gesetzes, betreffend die Verfassung und Verwaltung Elsaß-Lothringens, vom 4. Juli 1879 in Abänderung der Verordnung vom 16. Januar 1895.

12. April 1902.

Sonderabkommen zwischen der Kaiserlich deutschen Regierung und der Kaiserlich Königlich österreichischen Regierung zum internationalen Uebereinkommen über den Eisenbahnfrachtverkehr, für die deutsch-österreichischen Verkehre.[1]) [2])

Reichsgesetzbl. S. 153.

Die Eingangs erwähnten beiden Regierungen haben auf Grund des Artikel 3 Ziffer I des Pariser Zusatz-Uebereinkommens vom 16. Juni 1898 zum internationalen Uebereinkommen über den Eisenbahnfrachtverkehr für den wechselseitigen direkten Verkehr der Eisenbahnen Deutschlands einerseits und der österreichischen Eisenbahnen andererseits Nachstehendes vereinbart:

Artikel 1. Durch die Eisenbahntarife kann mit Zustimmung der Aufsichtsbehörden festgesetzt werden, daß

a) auf den im Durchgange durch Oesterreich über österreichische Linien geleiteten Verkehr zwischen Stationen, die auf deutschem Gebiete liegen,

sowie

b) auf den im Durchgange durch Deutschland über deutsche Linien geleiteten Verkehr zwischen Stationen, die auf österreichischem Gebiete liegen,

je nach Lage der Verhältnisse entweder ausschließlich die deutsche Eisenbahn-Verkehrsordnung oder ausschließlich das für die österreichischen Eisenbahnen geltende Betriebs-Reglement Anwendung findet.

Artikel 2. Das gegenwärtige Abkommen tritt am 1. Juni 1902 in Wirksamkeit.

1) Zwischen dem Deutschen Reiche und Österreich getroffen und in Gemäßheit des vom Bundesrat in der Sitzung vom 23. Januar 1902 gefaßten Beschlusses veröffentlicht. Zu vgl. auch Bekanntmachung des Reichskanzlers vom 15. Mai 1902. S. u.

2) Das Sonderabkommen gilt neben der allgemeinen Vereinbarung leichterer Vorschriften für den wechselseitigen Verkehr zufolge Bekanntmachung des Reichskanzlers vom 4. Mai 1912 (Reichsgesetzbl. S. 265) [früher Vereinbarung vom 25. Februar 1902, zufolge Bekanntmachung des Reichskanzlers vom 15. Mai 1902 (Reichsgesetzbl. S. 137)].

15. April 1902.

Kaiserliche Verordnung, betreffend die Theilung der Gemeinde Gandringen, Bezirk Lothringen.[1])

Gesetzbl. f. Els.-Lothr. S. 34.

§ 1. Die Gemeinde Gandringen im Bezirke Lothringen wird in die Gemeinden Gandringen und Stahlheim getheilt, von denen die erstere den nördlich, die zweite den südlich von der Mittellinie der Orne gelegenen Theil der bisherigen Gemeinde Gandringen umfaßt.

§ 2. Das Ministerium wird mit der Ausführung dieser Verordnung beauftragt.

1) Erlassen auf Grund des § 2 der Gemeindeordnung vom 6. Juni 1895.

20. April 1902.

Gesetz, betreffend die Disziplin der Gerichtsvollzieher.

Gesetzbl. f. Els.-Lothr. S. 35.

I. Abschnitt.

Dienstaufsicht.

§ 1. Das Recht der Aufsicht über die Gerichtsvollzieher steht zu:

1. Dem Amtsrichter, in dessen Amtsbezirke der Gerichtsvollzieher seinen Amtssitz hat, bei den mit mehreren Richtern besetzten Amtsgerichten dem mit der Dienstaufsicht betrauten Amtsrichter;
2. dem Präsidenten und dem Ersten Staatsanwalte bei demjenigen Landgerichte, zu dessen Bezirke der Amtssitz des Gerichtsvollziehers gehört;
3. dem Präsidenten des Oberlandesgerichts und dem Oberstaatsanwalte;
4. dem Ministerium.

§ 2. Die Vorsitzenden der Senate des Oberlandesgerichts, der Schwurgerichte und der Kammern der Landgerichte, die Untersuchungsrichter und die beauftragten Richter, die Amtsrichter, welchen an sich das Recht der Aufsicht nicht zusteht, sowie die Staatsanwälte bei den Landgerichten und dem Oberlandesgerichte sind, sofern es sich um die Ausführung eines von ihnen ertheilten Auftrags handelt, befugt, gegenüber den Gerichtsvollziehern ihres Bezirkes die ordnungswidrige Ausführung eines Amtsgeschäftes zu rügen und zu dessen rechtzeitiger und sachgemäßer Erledigung zu ermahnen.

Erscheint die Verhängung einer Disziplinarstrafe (§ 4) angezeigt oder handelt es sich um den Gerichtsvollzieher eines anderen Bezirkes, so haben die in Abs. 1 bezeichneten Beamten der für ihren Amtsbezirk bestellten Aufsichtsbehörde (§ 1, Ziffer 1 bis 3) Mittheilung zu machen.

II. Abschnitt.

Dienstvergehen und Disziplinarbestrafung.

§ 3. Jeder Gerichtsvollzieher hat die Verpflichtung, das ihm übertragene Amt den Gesetzen entsprechend gewissenhaft wahrzunehmen und durch sein Verhalten in und außer dem Amte der Achtung, die sein Beruf erfordert, sich würdig zu zeigen.

Ein Gerichtsvollzieher, welcher die ihm obliegenden Pflichten (Absatz 1) verletzt, begeht ein Dienstvergehen und hat die Disziplinarbestrafung verwirkt.

§ 4. Die Disziplinarstrafen bestehen in:

1. Ordnungsstrafen,
2. Entfernung aus dem Amte.

§ 5. Ordnungsstrafen sind:

1. Warnung,
2. Verweis,
3. Geldstrafe bis zum Betrage von einhundert Mark. Geldstrafe kann mit Verweis verbunden werden.

§ 6. Die Entfernung aus dem Amte kann bestehen:

1. In Strafversetzung.

Dieselbe erfolgt durch Versetzung auf eine andere Gerichtsvollzieherstelle. Mit der Strafversetzung kann eine Geldstrafe verbunden werden, die den Betrag von sechshundert Mark nicht übersteigt.

2. In Dienstentlassung.

Dieselbe hat den Verlust der Amtsbezeichnung als Gerichtsvollzieher und des Pensionsanspruchs [1]) von Rechtswegen zur Folge.

Lassen besondere Umstände eine mildere Beurtheilung zu, so kann in der Disziplinarentscheidung festgesetzt werden, daß dem Angeschuldigten ein Theil desjenigen Pensionsbetrages, dessen Bewilligung im Falle des Ausscheidens wegen Dienstunfähigkeit (§ 30) zulässig gewesen wäre, auf Lebenszeit oder auf gewisse Jahre gewährt werden könne.

§ 7. Welche der in den §§ 4 bis 6 bezeichneten Strafen anzuwenden sei, ist nach der größeren oder geringeren Erheblichkeit des Dienstvergehens mit besonderer Rücksicht auf die gesammte Führung des Angeschuldigten zu ermessen.

Die §§ 77 bis 79 des Gesetzes, betreffend die Rechtsverhältnisse der Reichsbeamten vom 31. März 1873 (Gesetzbl. S. 483), finden entsprechende Anwendung.

§ 8. Die Disziplinarbestrafung findet nicht statt, wenn der Gerichtsvollzieher seine Entlassung aus dem Dienste mit Verzicht auf Amtsbezeichnung und Pensionsanspruch nachsucht. Ist in diesem Falle ein Disziplinarverfahren schon eingeleitet, so wird dasselbe durch das Ministerium eingestellt. Die baaren Auslagen des eingestellten Verfahrens hat der Angeschuldigte zu tragen.

III. Abschnitt.

Disziplinarverfahren.

§ 9. Die Aufsichtsbehörden (§ 1) sind zu Warnungen und Verweisen gegen die ihnen unterstellten Gerichtsvollzieher befugt.

1) Vgl. Art. II Abs. 2 des Ges. v. 21. Juni 1897.

In Angelegenheiten, welche sich ausschließlich auf die Thätigkeit des Gerichtsvollziehers als Hülfsbeamten der Staatsanwaltschaft beziehen, können von dem Ersten Staatsanwalt oder dem Oberstaatsanwalte Warnungen oder Verweise ohne Mitwirkung des Landgerichtspräsidenten oder des Oberlandesgerichtspräsidenten ertheilt werden.

Geldstrafen können

1. von dem Ministerium bis zum höchsten zulässigen Betrage (§ 5 Nr. 3),
2. von dem Oberlandesgerichtspräsidenten und dem Oberstaatsanwalte bis zum Betrage von 30 Mark,
3. von dem Landgerichtspräsidenten und dem Ersten Staatsanwalte bis zum Betrage von zehn Mark

verhängt werden.

Auf die Verhängung von Ordnungsstrafen sind die §§ 82, 83 des Reichsbeamtengesetzes anwendbar.

§ 10. Der Entfernung aus dem Amte muß eine mündliche Hauptverhandlung vor dem Disziplinargerichte vorhergehen.

§ 11. Die zuständigen Disziplinargerichte sind:

in erster Instanz die Disziplinarkammer, in zweiter und letzter Instanz der Disziplinarhof.

§ 12. Als Disziplinarkammer entscheidet eine Civilkammer des Landgerichts, zu dessen Bezirke der Amtssitz des Gerichtsvollziehers gehört, als Disziplinarhof ein Civilsenat des Oberlandesgerichts.

Vor Beginn des Geschäftsjahres werden auf die Dauer desselben durch das Präsidium des Landgerichts die als Disziplinarkammer zuständige Civilkammer und durch das Präsidium des Oberlandesgerichts der als Disziplinarhof zuständige Civilsenat bestimmt.

§ 13. Die Vorschriften der Strafprozeßordnung über Ausschließung und Ablehnung der Gerichtspersonen finden auf die Mitglieder der Disziplinarkammer und des Disziplinarhofs entsprechende Anwendung. Richter, welche bei Beschlüssen außerhalb der Hauptverhandlung mitgewirkt haben, sind jedoch von der Theilnahme am Hauptverfahren nicht ausgeschlossen.

Ueber die Ablehnung oder Ausschließung entscheidet das Disziplinargericht, welchem der Richter, um dessen Ablehnung oder Ausschließung es sich handelt, angehört. Gegen die Entscheidung findet kein Rechtsmittel statt.

§ 14. Die Verrichtungen der Staatsanwaltschaft werden durch die Beamten der Staatsanwaltschaft bei dem Landgericht oder dem Oberlandesgerichte wahrgenommen.

§ 15. Die Hauptverhandlung ist durch ein Vorverfahren vorzubereiten.

Die Einleitung des Vorverfahrens kann von jeder der im § 1 Ziffer 2 bis 4 bezeichneten Aufsichtsbehörden angeordnet werden.[2])

Die Aufsichtsbehörde, von welcher die Anordnung getroffen worden ist, hat zu bestimmen, ob eine Voruntersuchung zu eröffnen oder der Sachverhalt in anderer Weise zu ermitteln ist (Ermittelungsverfahren).

Erachtet die Aufsichtsbehörde eine Voruntersuchung für nöthig, so ist mit deren Führung von dem Landgerichtspräsidenten ein Richter zu beauftragen.

Auf die Voruntersuchung finden die §§ 94 bis 96, 97 Satz 1 des Reichsbeamtengesetzes Anwendung, § 96 mit der Maßgabe, daß die dort bezeichnete Entscheidung durch die Disziplinarkammer zu treffen ist. Gegen deren Entscheidung steht dem Beamten der Staatsanwaltschaft binnen der Frist von einer Woche Beschwerde an den Disziplinarhof zu. Die Entscheidung des letzteren ist endgültig.

§ 16. Nach Schluß des Vorverfahrens werden die Akten von dem Beamten der Staatsanwaltschaft der im § 1 Ziffer 2 bezeichneten Aufsichtsbehörde mitgetheilt und von dieser im Instanzenwege dem Ministerium zur Entscheidung darüber vorgelegt, ob eine Hauptverhandlung vor dem Disziplinargerichte (§ 10) stattzufinden habe.[3])

Das Ministerium kann, mit Rücksicht auf den Ausfall des Vorverfahrens, die Einstellung verfügen und geeigneten Falls eine Ordnungsstrafe (§ 5) verhängen. Der Angeschuldigte erhält eine Ausfertigung des darauf bezüglichen, mit Gründen zu versehenden Beschlusses.

Die Zulässigkeit der Wiederaufnahme des Verfahrens bestimmt sich nach § 99 des Reichsbeamtengesetzes.

Beschließt das Ministerium, daß eine Haupt-

2) Nach Ziffer 1 der Verfügung des Ministeriums vom 26. Mai 1904 (Samml. d. Justizverw. Bd. 28 S. 461) soll die Anordnung des Vorverfahrens, sofern nicht aus besonderen Gründen, beispielsweise wegen großer Dringlichkeit der Sache, besonderer Schwere der Verfehlung ausnahmsweise die sofortige Einleitung des Disziplinarverfahrens geboten erscheint, nur nach Genehmigung des Oberlandesgerichtspräsidenten und des Oberstaatsanwalts erfolgen.

3) Falls von der Aufsichtsbehörde eine Hauptverhandlung vor dem Disziplinargericht für angezeigt erachtet wird, ist in dem Vorlagebericht die Anschuldigung zu formulieren (Ziff. 2 der Verfügung d. Ministeriums vom 15. November 1890, Samml. d. Justizverw. Bd. 15 S. 350).

verhandlung vor dem Disziplinargerichte stattzufinden habe, so sind die Anschuldigungspunkte, welche den Gegenstand des Verfahrens bilden, in den Beschluß aufzunehmen.

§ 17. Nach Erlaß des im § 16 Abs. 4 bezeichneten Beschlusses hat der Beamte der Staatsanwaltschaft eine Anschuldigungsschrift anzufertigen und der Vorsitzende der Disziplinarkammer die Sitzung zur Hauptverhandlung zu bestimmen. Der Angeschuldigte wird unter Mittheilung einer Abschrift der Anschuldigungsschrift zur Hauptverhandlung vorgeladen. Die Vorladung von Zeugen und Sachverständigen, sowie die Herbeischaffung sonstiger Beweismittel erfolgt auf Bestimmung des Vorsitzenden.

Die §§ 218, 219 der Strafprozeßordnung, betreffend Beweisanträge des Angeklagten und die unmittelbare Ladung von Zeugen und Sachverständigen, finden Anwendung.

Der Angeschuldigte kann sich des Beistandes eines Rechtsanwalts als Vertheidigers bedienen. Dem Vertheidiger ist die Einsicht der Akten zu gestatten.

§ 18. Die Hauptverhandlung ist öffentlich. Die Oeffentlichkeit kann nach Maßgabe des § 103 des Reichsbeamtengesetzes ausgeschlossen oder beschränkt werden.

Von den Bestimmungen des Reichsbeamtengesetzes finden der § 102, betreffend die Verhandlung bei Nichterscheinen des Angeschuldigten, der § 104, betreffend den Gang der Verhandlung, und die §§ 106, 107, betreffend die Vernehmung der Zeugen, entsprechende Anwendung. Das Gleiche gilt für den § 105 des Reichsbeamtengesetzes, soweit die hier vorgesehenen Verfügungen im Laufe der mündlichen Verhandlung zu erlassen sind.

Die Disziplinarkammer kann eine Ergänzung der Voruntersuchung oder, falls eine Voruntersuchung nicht stattgefunden hat, die Eröffnung einer solchen anordnen. Das Verfahren bleibt in diesem Falle bei dem Disziplinargericht anhängig.

§ 19. Bei der Entscheidung hat die Disziplinarkammer nach ihrer freien, aus dem Inbegriffe der Verhandlungen und Beweise geschöpften Ueberzeugung zu beurtheilen, in wieweit die Anschuldigung für begründet zu erachten ist.

Ist die Anschuldigung begründet, so kann die Entscheidung auch auf eine bloße Ordnungsstrafe lauten.

Das Urtheil muß die Entscheidungsgründe enthalten. Es wird in der Sitzung, in welcher die mündliche Verhandlung beendigt worden ist, oder spätestens innerhalb der folgenden vierzehn Tage verkündet. Dem Angeschuldigten wird eine Ausfertigung ertheilt.

Der § 109 des Reichsbeamtengesetzes, betreffend das Protokoll über die mündliche Verhandlung, findet Anwendung.

Ist bei der Hauptverhandlung weder der Angeschuldigte, noch ein Vertreter desselben zugegen gewesen, so findet der § 234 der Strafprozeßordnung, betreffend die Wiedereinsetzung in den vorigen Stand, entsprechende Anwendung.

§ 20. Gegen das Urtheil der Disziplinarkammer [4]) steht der Staatsanwaltschaft und dem Angeschuldigten die Berufung an den Disziplinarhof zu.

Gegen das Urtheil des Disziplinarhofs findet ein Rechtsmittel nicht statt.

Neue Thatsachen, welche die Grundlage einer anderen Beschuldigung bilden, dürfen in der Berufungsinstanz nicht vorgebracht werden.

§ 21. Die §§ 111 bis 113, 115 des Reichsbeamtengesetzes, betreffend die Anmeldung, die Rechtfertigung und die Beantwortung der Berufung, finden entsprechende Anwendung.

§ 22. Nach Ablauf der für die Beantwortung der Berufung bestimmten Frist werden die Akten durch den Vorsitzenden der Disziplinarkammer dem Disziplinarhofe vorgelegt. Der Vorsitzende des Disziplinarhofs kann die zur Aufklärung der Sache etwa erforderlichen Verfügungen treffen. Er bestimmt sodann eine Sitzung zur Hauptverhandlung, zu welcher der Angeschuldigte vorzuladen ist.

§ 23. Bei der Hauptverhandlung gibt zunächst ein von dem Vorsitzenden aus der Zahl der Mitglieder des Disziplinarhofs ernannter Berichterstatter eine Darstellung der Verhandlungen, die bis dahin bezüglich der Anschuldigungspunkte stattgefunden haben. Der Angeschuldigte wird vernommen.

Im Uebrigen wird nach Maßgabe der im § 17 Abs. 2, 3, § 18 Abs. 1, § 19 enthaltenen Bestimmungen verfahren. Von den Vorschriften des Reichsbeamtengesetzes finden der § 102, der § 104 Abs. 3, die §§ 106, 107 und, soweit es sich um Verfügungen handelt, die im Laufe der mündlichen Verhandlung zu erlassen sind, der § 105 entsprechende Anwendung.

§ 24. Die Vorschriften der Strafprozeßordnung, betreffend die Wiederaufnahme eines durch rechtskräftiges Urtheil geschlossenen Verfahrens, finden mit den Beschränkungen, welche der § 399 Nr. 5 der Strafprozeßordnung für

4) **Über die Entscheidung ist dem Ministerium unter gutachtlicher Äußerung wegen Einlegung des Rechtsmittels schleunigst zu berichten; vgl. Ziffer 3 der Verf. des Ministeriums vom 15. November 1890 (Samml. d. Justizverw. Bd. 15 S. 350).**

die vor den Schöffengerichten verhandelten Sachen enthält, auf das Disziplinarverfahren entsprechende Anwendung.

§ 25. Die Vollstreckung von Warnungen und Verweisen erfolgt in den Fällen der §§ 9, 16 Abs. 2 durch die Aufsichtsbehörde, welche die Strafe verhängt, und in den Fällen des § 19 Abs. 2 durch die in § 1 Ziffer 2 bezeichnete Aufsichtsbehörde.

Die Vollstreckung der Geldstrafen und die Einziehung der dem Gerichtsvollzieher zur Last fallenden baaren Auslagen (§ 124 des Gerichtskostengesetzes vom 6. Dezember 1899, Gesetzbl. S. 175) werden durch das Ministerium geregelt.

Die eingezogenen Geldstrafen fließen zur Pensionskasse der Gerichtsvollzieher.[5]) [6])

Die Umwandlung einer nicht beizutreibenden Geldstrafe in Freiheitsstrafe findet nicht statt.

Ist auf Strafversetzung oder auf Dienstentlassung erkannt, so sind die Verhandlungen mit einer beglaubigten Abschrift des rechtskräftigen Disziplinarurtheils dem Ministerium vorzulegen.[7]) Die Dienstentlassung tritt mit der Rechtskraft des Urtheils ein.

IV. Abschnitt.

Vorläufige Dienstenthebung.

§ 26. Die vorläufige Dienstenthebung eines Gerichtsvollziehers (Suspension vom Amte) tritt kraft Gesetzes nach Maßgabe des § 125 des Reichsbeamtengesetzes ein. Der Absatz 1, der Satz 1 des Absatzes 2 und der Absatz 3 des § 126 des Reichsbeamengesetzes finden Anwendung.

§ 27. Sobald gegen einen Gerichtsvollzieher die Einleitung eines Disziplinarverfahrens (§ 15) beschlossen wird und im ganzen Laufe desselben kann das Ministerium die vorläufige Dienstenthebung des Angeschuldigten verfügen. Die gleiche Befugniß steht dem Ministerium in allen Fällen zu, wo gegen einen Gerichtsvollzieher im gewöhnlichen Strafverfahren die Voruntersuchung eröffnet, oder wegen eines Verbrechens oder Vergehens die Eröffnung des Hauptverfahrens beschlossen ist.

Wenn Gefahr im Verzuge ist, kann einem Gerichtsvollzieher auch von den im § 1 Ziffer 2 und 3 bezeichneten Aufsichtsbehörden die Ausübung der Amtsverrichtungen vorläufig untersagt werden; es ist aber darüber sofort an das Ministerium zu berichten.

V. Abschnitt.

Allgemeine und Uebergangsbestimmungen.

§ 28. Auf die Aufforderungen, Mittheilungen, Zustellungen und Vorladungen, die nach dem gegenwärtigen Gesetze erfolgen, findet der § 133 des Reichsbeamtengesetzes entsprechende Anwendung. Zustellungen an die Staatsanwaltschaft erfolgen nach § 41 der Strafprozeßordnung.

§ 29. Auf die Berathung und Abstimmung bei den nach diesem Gesetze zu erlassenden gerichtlichen Entscheidungen findet der sechszehnte Titel des Gerichtsverfassungsgesetzes entsprechende Anwendung. Die Zulassung anderer Personen, als der zur Entscheidung berufenen Richter, ist ausgeschlossen.

§ 30. Ein Gerichtsvollzieher, welcher durch Blindheit, Taubheit oder ein sonstiges körperliches Gebrechen oder wegen Schwäche seiner körperlichen oder geistigen Kräfte zu der Erfüllung seiner Amtspflichten dauernd unfähig ist, soll aus dem Dienste entlassen werden.

Die Entscheidung darüber, ob und zu welchem Zeitpunkte dem Antrage eines Gerichtsvollziehers auf Dienstentlassung wegen dauernder Dienstunfähigkeit stattzugeben ist, erfolgt durch das Ministerium.

Bezüglich des Erweises der Dienstunfähigkeit findet der § 53 des Reichsbeamtengesetzes Anwendung. Die Abgabe der daselbst vorgeschriebenen Erklärung steht der im § 1 Ziffer 2 bezeichneten Aufsichtsbehörde zu.

Sucht ein Gerichtsvollzieher, welcher das fünfundsechszigste Lebensjahr vollendet hat, seine Dienstentlassung nicht nach, so kann diese nach Anhörung des Gerichtsvollziehers unter Beobachtung der Vorschrift des § 53 des Reichsbeamtengesetzes in der nämlichen Weise verfügt werden, wie wenn der Gerichtsvollzieher seine Dienstentlassung selbst beantragt hätte.

Hat ein Gerichtsvollzieher, bei dem die Voraussetzungen des Absatzes 1 zutreffen, das fünfundsechszigste Lebensjahr noch nicht vollendet und sucht er seine Dienstentlassung nicht nach, so wird dieselbe vom Ministerium verfügt, nachdem die Dienstunfähigkeit durch das Disziplinargericht in den nach diesem Gesetze vorgeschriebenen Formen festgestellt ist. In diesem Falle erfolgt die Verhandlung vor dem Disziplinargericht in nichtöffentlicher Sitzung.[8])

5) Vgl. Art. II Abs. 2 des Ges. v. 21. Juni 1897.

6) Wegen Einziehung der baren Auslagen s. Verf. d. Minist. v. 20. November 1896 und vom 16. Februar 1902.

7) Auch in Fällen der Verfügung einer Ordnungsstrafe (§ 5), einerlei ob dieselbe im gerichtlichen Disziplinarverfahren oder durch eine Aufsichtsbehörde erfolgt ist, soll unter Einhaltung des Instanzenweges dem Ministerium berichtet werden (Verf. d. Oberlandesgerichtspräs. u. d. Oberstaatsanw. vom 10. Mai 1906, Samml. d. Justizverw. Bd. 30 S. 65).

8) Wegen der Kosten s. Verfüg. d. Minist. vom 16. Februar 1902.

§ 31. Das gegenwärtige Gesetz findet auch auf die auftragsweise angestellten Gerichtsvollzieher Anwendung, sofern dieselben nach Art. II des Gesetzes vom 21. Juni 1897 zur Pensionskasse für Gerichtsvollzieher Beiträge zu leisten haben. Hierdurch wird die Befugniß des Ministeriums nicht berührt, die auftragsweise angestellten Gerichtsvollzieher auch ohne Disziplinarverfahren aus dem Dienste zu entlassen.

§ 32. Dieses Gesetz tritt am 1. Juli 1902 in Kraft.

Gleichzeitig treten alle Bestimmungen, welche sich auf Angelegenheiten beziehen, die durch das gegenwärtige Gesetz geregelt sind, sowie alle vor dem Inkrafttreten des Gesetzes, betreffend Abänderungen der Gerichtsverfassung, vom 14. Juli 1871 (Gesetzbl. S. 165) erlassenen Bestimmungen, welche sich auf die Dienstverhältnisse der Gerichtsvollzieher beziehen, außer Wirksamkeit.

Insbesondere treten die nachstehenden Bestimmungen, soweit dieselben nicht bereits durch frühere Gesetze aufgehoben sind, außer Kraft:

1. Die Artikel 70, 96 des Gesetzes, betreffend die Gerichtsverfassung, vom 27. Ventôse VIII;
2. die Artikel 94 bis 99 des Dekrets, enthaltend Vorschriften über die Verfassung und die Disziplin der Gerichtshöfe und Gerichte, vom 30. März 1808, sowie die Artikel 102 bis 104 dieses Dekrets, soweit sich dieselben auf die Gerichtsvollzieher beziehen;
3. die Artikel 116 bis 119 des Dekrets, enthaltend Vorschriften über die Verfassung und den Dienst der Appellationsgerichtshöfe und der Schwurgerichtshöfe, vom 6. Juli 1810;
4. das Dekret, enthaltend Vorschriften über die Verfassung und den Dienst der Gerichtsvollzieher, vom 14. Juni 1813;
5. das Dekret, betreffend die von den Gerichtsvollziehern zuzustellenden Abschriften, vom 29. August 1813;
6. die Ordonnanz, betreffend Abänderung der Verordnung vom 14. Juni 1813 in Bezug auf die gemeinschaftliche Kasse der Gerichtsvollzieher, vom 26. Juni 1822;
7. die Ordonnanz, betreffend die Bildung der Disziplinarkammer der Gerichtsvollzieher, vom 6. Oktober 1832;
8. die Artikel 16 bis 19 des Gesetzes, betreffend die Friedensgerichte, vom 25. Mai 1838.

§ 33. Für die Dauer der ersten Geschäftsperiode werden die als Disziplinarkammer zuständige Civilkammer des Landgerichts und der als Disziplinarhof zuständige Civilsenat des Oberlandesgerichts durch das Ministerium bestimmt. Als erste Geschäftsperiode gilt die Zeit vom Tage des Inkrafttretens dieses Gesetzes bis zum 31. Dezember 1902.

§ 34. In den bei dem Inkrafttreten dieses Gesetzes anhängigen Disziplinarstrafsachen sind dessen Vorschriften für das weitere Verfahren maßgebend. Ist jedoch vor dem Inkrafttreten des Gesetzes schon ein Disziplinarurtheil ergangen, so finden auf die Erledigung der Sache die bisherigen Vorschriften über das Verfahren Anwendung.

---

22. April 1902.

Gesetz, betreffend die Zuständigkeit in Wasser- und Meliorationsangelegenheiten.

Gesetzbl. f. Els.-Lothr. S. 31.

§ 1. In § 10 des Gesetzes, betreffend Wasserbenutzung und Wasserschutz, vom 2. Juli 1891 (Gesetzbl. S. 82) ist an Stelle der Worte: „der Bezirkspräsident" zu setzen: „die Verwaltungsbehörde".

In § 23 Abs. 2 und 3 sowie in § 24 Abs. 5 desselben Gesetzes treten an Stelle der Worte: „durch den Bezirkspräsidenten" die Worte: „durch die Verwaltungsbehörde".

§ 2. Die nach dem Gesetze, betreffend die Syndikatsgenossenschaften, vom 21. Juni 1865 sowie nach §§ 1 und 5 des Gesetzes, betreffend Abänderung der Gesetzgebung hinsichtlich des Wasserrechts, vom 11. Mai 1877 (Gesetzbl. S. 12) und nach dem Gesetze, betreffend die Anlage und Unterhaltung von Feldwegen, vom 14. April 1884 (Gesetzbl. S. 87) den Bezirkspräsidenten obliegenden Geschäfte können durch das Ministerium anderen Behörden übertragen werden.

§ 3. Die Polizeiordnungen für die Schifffahrtskanäle, sowie die Polizeiverordnungen über Gegenstände der Strom- und Schifffahrtspolizei auf dem Rhein und bezüglich der Schiffbrücken werden vom Ministerium erlassen.

22. April 1902.

Kaiserliche Verordnung, betreffend Erweiterung der Zuständigkeit des Kaiserlichen Raths.[1])

Gesetzbl. f. Elf.-Lothr. S. 32.

§ 1. Der Kaiserliche Rath entscheidet über Rekurse

I. gegen Verfügungen der Bezirkspräsidenten, betreffend
   1. die Anlage, Verlegung und Schließung von Kirchhöfen, die Eintheilung von Kirchhöfen und die Zuweisung einzelner Grabstätten;
   2. die Festsetzung der Bauflucht, die polizeiliche Erlaubniß zu baulichen Arbeiten und die Verhinderung oder Beseitigung von Bauausführungen;
   3. die Verpflichtung von Gemeinden zur Herstellung von Einrichtungen für Versorgung mit Trink- oder Wirthschaftswasser und für Fortschaffung der Abfallstoffe (§ 35 Abs. 2 des Gesetzes über die Bekämpfung gemeingefährlicher Krankheiten vom 30. Juni 1900, Reichs-Gesetzbl. S. 306);

II. gegen Verfügungen der Bezirkspräsidenten, betreffend Einsprüche gegen die Wählerlisten für die Wahlen zu den israelitischen Bezirkskonsistorien;

III. gegen Verfügungen der Bezirkspräsidenten, durch welche die nachgesuchte Genehmigung zur Eröffnung einer Schule oder zur Anstellung eines Schulvorstehers oder Lehrers oder zur Ertheilung von Privatunterricht versagt oder nur mit Beschränkungen gewährt oder durch welche eine Schule gemäß § 12 der Verordnung vom 10. Juli 1873 — in der Fassung der Verordnung vom 16. November 1887 — geschlossen wird.

§ 2. Der Kaiserliche Rath entscheidet ferner

I. über Einsprüche gegen die von den Bezirkstagen vorgenommenen Wahlen zum Landesausschuß;

II. über Einsprüche gegen kirchliche Wahlen, einschließlich der Wahlen des israelitischen Kultus, und über Einsprüche, betreffend Eintragungen oder Streichungen in den Pfarregistern, soweit die Entscheidung gegenwärtig der Ministerialinstanz zusteht.

§ 3. Insoweit in Angelegenheiten der in § 1 Ziff. I, 2 bezeichneten Art die Zuständigkeit der Bezirksräthe gesetzlich begründet ist, bleibt diese unberührt.

§ 4. In den Fällen des § 1 Ziff. I 1, 2 und Ziff. II kann der Rekurs nur darauf gegründet werden, daß die angegriffene Verfügung eine Verletzung des bestehenden Rechts darstellt. In Bezug auf Fragen, deren Entscheidung in das Ermessen der Behörden gestellt ist, findet ein Rekurs nicht statt. An die thatsächlichen Feststellungen, die der Verfügung des Bezirkspräsidenten zu Grunde gelegt sind, ist der Kaiserliche Rath nicht gebunden.

§ 5. Der Rekurs ist binnen vierzehn Tagen nach Zustellung der Verfügung des Bezirkspräsidenten bei diesem einzureichen.

Der Bezirkspräsident kann verspätete Rekurse durch Beschluß zurückweisen. Gegen diesen Beschluß ist binnen vierzehn Tagen nach der Zustellung Beschwerde an den Kaiserlichen Rath zuläſſig. Auf die Beschwerde finden die §§ 569 bis 574 der Civilprozeßordnung entsprechende Anwendung.

§ 6. Der Rekurs hat aufschiebende Wirkung, sofern nicht die Verfügung des Bezirkspräsidenten für vorläufig vollstreckbar erklärt worden ist.

§ 7. Auf die Einlegung der Einsprüche gegen Wahlen der Bezirkstage zum Landesausschuß (§ 2 Ziff. I) finden die Bestimmungen, welche in dieser Beziehung für die Wahlen zu den Bezirkstagen gelten (§ 5 Ziff. 4 des Gesetzes vom 15. Juli 1896), entsprechende Anwendung.

§ 8. Einsprüche der in § 2 Ziff. II bezeichneten Art sind binnen vierzehn Tagen nach Zustellung der Entscheidung der kirchlichen Oberbehörde bei dem Bezirkspräsidenten einzulegen. Für die Anfechtung von Wahlen beginnt die Frist, wenn eine solche Entscheidung nicht stattzufinden hat, mit dem auf den Wahltag folgenden Tage.

§ 9. Das Verfahren vor dem Kaiserlichen Rath regelt sich nach den auf Grund des § 8 des Gesetzes, betreffend die Einrichtung der Verwaltung, vom 30. Dezember 1871 (Gesetzbl. 1872 S. 49) erlassenen Bestimmungen.

---

1) Erlassen auf Grund des § 2 des Gesetzes, betr. den Kaiserlichen Rat in Elsaß-Lothringen, v. 13. Juni 1898.

30. April 1902.

Bekanntmachung des Reichskanzlers über Bestimmungen, betreffend den Beirath für Arbeiterstatistik.

Zentr.Bl. f. d. D. R. S. 100.

§ 1. Bei der Abtheilung für Arbeiterstatistik im Kaiserlichen Statistischen Amte wird ein Beirath für Arbeiterstatistik gebildet.

§ 2. Der Beirath hat das Kaiserliche Statistische Amt bei Erfüllung der ihm auf dem Gebiete der Arbeiterstatistik zugewiesenen Aufgaben zu unterstützen.

Insbesondere liegt ihm ob:

1. auf Anordnung des Bundesraths oder des Reichskanzlers (Reichsamt des Innern) die Vornahme arbeiterstatistischer Erhebungen, ihre Durchführung und Verarbeitung sowie ihre Ergebnisse zu begutachten;
2. in Fällen, in denen es zur Ergänzung des statistischen Materials erforderlich erscheint, Auskunftspersonen zu vernehmen;
3. dem Reichskanzler (Reichsamt des Innern) Vorschläge für die Vornahme oder Durchführung arbeiterstatistischer Erhebungen zu unterbreiten.

§ 3. Der Beirath besteht aus einem Vorsitzenden und vierzehn Mitgliedern, von denen sieben der Bundesrath und sieben der Reichstag wählt.

Den Vorsitz führt mit vollem Stimmrechte der Präsident des Kaiserlichen Statistischen Amtes, in Fällen der Behinderung sein vom Reichskanzler (Reichsamt des Innern) aus den Mitgliedern des Beiraths hierzu bestimmter Stellvertreter.

§ 4. Die Wahlen erfolgen für die Dauer jeder Legislaturperiode; jedoch verbleiben am Schlusse einer Legislaturperiode die Mitglieder solange im Amte, bis die Neuwahlen vollzogen sind.

Mitglieder, welche während der Dauer der Legislaturperiode aus dem Beirath ausscheiden, werden durch Neuwahlen ersetzt.

§ 5. Der Beirath ist befugt, zu seinen Sitzungen Arbeitgeber und Arbeiter in gleicher Zahl als Beisitzer mit berathender Stimme zuzuziehen. Die Zuziehung muß erfolgen, wenn sie vom Bundesrath oder vom Reichskanzler (Reichsamt des Innern) angeordnet oder von sechs Mitgliedern des Beiraths beantragt wird.

§ 6. Der Beirath kann die Erledigung einzelner seiner Obliegenheiten und Befugnisse einem aus seiner Mitte gewählten Ausschuß übertragen, auch ständige Ausschüsse für gewisse Gruppen von Angelegenheiten einsetzen. Die endgültige Feststellung des Planes für die Durchführung der anzustellenden arbeiterstatistischen Erhebungen und die Begutachtung solcher Erhebungen darf einem Ausschusse nicht überlassen werden.

§ 7. Die Einberufung des Beiraths und der Ausschüsse erfolgt durch den Vorsitzenden. Dem Vorsitzenden ist es überlassen, zur Erledigung minder wichtiger Angelegenheiten oder zur Vorbereitung einzelner Angelegenheiten an Stelle des Beiraths den zuständigen Ausschuß (§ 6) einzuberufen. Wenn jedoch mindestens die Hälfte der Mitglieder des Ausschusses oder mindestens sechs Mitglieder des Beiraths es verlangen, ist die Angelegenheit dem Beirathe vorzulegen.

Den Vorsitz in den Ausschüssen führt entweder der Vorsitzende oder bei seiner Behinderung ein von dem Ausschuß aus seiner Mitte gewähltes Mitglied.

§ 8. Der Beirath und die Ausschüsse sind bei Anwesenheit von mehr als der Hälfte ihrer Mitglieder beschlußfähig. Sie fassen ihre Beschlüsse nach Stimmenmehrheit; bei Stimmengleichheit giebt die Stimme des Vorsitzenden den Ausschlag.

§ 9. Der Vorsitzende — bei seiner Behinderung ein von ihm dazu bestimmtes Mitglied des Kaiserlichen Statistischen Amtes — vertritt den Beirath nach außen, führt die laufenden Geschäfte und veranlaßt die zur Vorbereitung und Ausführung von Beschlüssen erforderlichen Maßnahmen.

Die Büreaugeschäfte für den Beirath werden im Kaiserlichen Statistischen Amte besorgt.

§ 10. Der Reichskanzler (Reichsamt des Innern) sowie die Landesregierungen sind befugt, zu den Sitzungen des Beiraths und der Ausschüsse Vertreter zu entsenden, welche jederzeit gehört werden müssen. Die Vertreter sind dem Vorsitzenden namhaft zu machen.

Die Anberaumung von Sitzungen des Beiraths ist durch Mittheilung der Tagesordnung und ihrer Anlagen dem Reichskanzler (Reichsamt des Innern) und den zu diesem Zwecke von den Landesregierungen bezeichneten Landesbehörden — in der Regel mindestens eine Woche vor der Sitzung — anzuzeigen.

Beamte des Kaiserlichen Statistischen Amtes können von dem Vorsitzenden zu den Sitzungen mit berathender Stimme zugezogen werden.

§ 11. Die Mitglieder des Beiraths erhalten bei Reisen in Angelegenheiten des Beiraths

Tagegelder und Ersatz ihrer Fuhrkosten nach den vom Reichskanzler bestimmten Sätzen. Desgleichen werden die Sätze, nach denen die Entschädigung der zu den Sitzungen zugezogenen Arbeitgeber und Arbeiter sowie der Auskunftspersonen zu bemessen ist, vom Reichskanzler bestimmt.

§ 12. Im Uebrigen wird die Geschäftsordnung des Beiraths vom Reichskanzler erlassen.

---

2. Mai 1902.

Verfügung des Ministeriums, betreffend die öffentliche Bestellung und die allgemeine Beeidigung von Sachverständigen.[1])

Zentr.- u. Bez.A.Bl. 1902, S. 165.

I.

§ 1.[2]) Die öffentliche Bestellung von ständigen Dispacheuren (§ 87 des Gesetzes, betreffend die privatrechtlichen Verhältnisse der Binnenschifffahrt (Reichsgesetzbl. 1898 S. 868) sowie von Sachverständigen zur Vornahme der im § 438 des Handelsgesetzbuchs, im § 83 der Eisenbahnverkehrsordnung (Reichsgesetzbl. 1909 S. 93) und im § 61 des Binnenschiffahrtsgesetzes bezeichneten Feststellungen erfolgt für den Bezirk eines jeden Landgerichts durch den Landgerichtspräsidenten. Mit Genehmigung des Oberlandesgerichtspräsidenten kann der Landgerichtspräsident den Sachverständigen zugleich für den Bezirk anderer Landgerichte bestellen.

Die durch § 36 der Gewerbeordnung zugelassene öffentliche Bestellung von Bücherrevisoren sowie von Sachverständigen, welche den Feingehalt edler Metalle oder die Beschaffenheit, Menge oder richtige Verpackung von Waren irgendwelcher Art feststellen, erfolgt für den Bereich des Landes durch den Präsidenten des Landgerichts, in dessen Bezirke der Sachverständige seinen Wohnsitz hat.[3])

§ 2. Die Bestellung geschieht von Amtswegen. Vor der Bestellung sind Erkundigungen über den Umfang des Bedürfnisses und über die Zuverlässigkeit und Sachkunde der auszuwählenden Personen einzuziehen; insbesondere ist die Handelskammer zu hören.[4]) Beamte dürfen nur mit Genehmigung ihrer vorgesetzten Dienstbehörde als Sachverständige öffentlich bestellt werden.

Die Bestellung erfolgt durch Beeidigung des Sachverständigen[5]) und den Ausspruch des Landgerichtspräsidenten in einer öffentlichen Sitzung des Landgerichts. Der Landgerichtspräsident kann die Ausführung dem Vorsitzenden einer Kammer übertragen. Über die Bestellung ist ein Protokoll aufzunehmen.

Der Sachverständige hat den Eid dahin zu leisten,

> daß er die von ihm in seiner Eigenschaft als öffentlich bestellter Sachverständiger für den Bezirk des Landgerichts in .... (bezw. für den Bereich des Reichslandes Elsaß-Lothringen) zu erstattenden Gutachten über .... unparteiisch und nach bestem Wissen und Gewissen erstatten werde.

Der Kreis der Angelegenheiten, für welche die Bestellung geschieht, und ihr örtlicher Gel-

---

1) Erlassen auf Grund der Kaiserlichen Verordnung vom 6. Januar 1902, betreffend die öffentliche Bestellung und die allgemeine Beeidigung von Sachverständigen. Bei dem Abdruck der Verfügung sind die Änderungen berücksichtigt, welche sie durch die Verfügung vom 19. Juni 1909 erhalten hat.

2) Fassung der Verf. v. 19. Juni 1909.

3) Vgl. hierzu die Verf. d. Minist. v. 5. Mai 1911, betreffend die öffentliche Bestellung der Probenehmer für künstliche Düngemittel (Samml. d. Justizverw. Bd. 32 S. 383).

4) Vor der Bestellung von Probenehmern für künstliche Düngemittel ist die landwirtschaftliche Versuchsstation zu hören; vgl. die in Bem. 3 angeführte Verfügung.

5) Diese Beeidigung ist wohl zu unterscheiden von der unter Ziffer II behandelten allgemeinen Beeidigung für gerichtliche Angelegenheiten. Während die letztere sich auf die gerichtlich geforderten Gutachten beschränkt und lediglich die besondere Beeidigung in jedem einzelnen Falle gerichtlicher Vernehmung als Sachverständiger ersetzt (§ 410 Abs. 2 Z.P.O., § 79 St.P.O. u. § 15 freiw. Gerichtsbarkeitsges.), ist die Beeidigung im Falle des § 2 die Form der öffentlichen Bestellung von Sachverständigen; sie bezweckt hier, den von diesen Sachverständigen, insbesondere auch auf Ansuchen von Privatpersonen, erstatteten Gutachten eine besondere Vertrauenswürdigkeit zu verleihen. Durch die Beeidigung nach § 2 erhalten sie überdies die Eigenschaft „öffentlich bestellter Sachverständiger" im Sinne der §§ 404, 407 Z.P.O. und § 75 St.P.O. Wird ein öffentlich bestellter Sachverständiger vor Gericht vernommen, so hat er — unabhängig von der Beeidigung nach § 2 — den gerichtlichen Sachverständigeneid in jedem einzelnen Falle zu leisten, es sei denn daß er auch für gerichtliche Angelegenheiten nach §§ 3 ff. im allgemeinen beeidigt ist. Vgl. Verf. d. Minist. vom 4. Juni 1902 (Samml. d. Justizverw. Bd. 27 S. 201).

tungsbereich sind in der Eidesformel zu bezeichnen. Der von dem Dispacheur zu leistende Eid lautet dahin,

daß er die von ihm im Bezirke des Landgerichts in .... aufzustellenden Dispachen unparteiisch und nach bestem Wissen und Gewissen aufstellen werde.

Der Sachverständige erhält eine beglaubigte Ausfertigung des Protokolls als Ausweis über seine Bestellung. Der Ausweis ist im Falle der Streichung aus der Sachverständigenliste (§ 8 Abs. 2) zurückzugeben; bei der Bestellung ist der Sachverständige hierauf hinzuweisen.[6])

II.

§ 3. Die Beeidigung von Sachverständigen im allgemeinen für gerichtliche Angelegenheiten (Z.P.O. § 410 Abs. 2, St.P.O. § 79, Reichsgesetz über die Angelegenheiten der freiwilligen Gerichtsbarkeit § 15) geschieht im Falle eines Bedürfnisses durch den Landgerichtspräsidenten.

Der Landgerichtspräsident kann die Beeidigung einem Mitgliede des Landgerichts oder einem Amtsgericht übertragen.

Zur allgemeinen Beeidigung von Beamten ist die Genehmigung der vorgesetzten Dienstbehörde erforderlich. Dies gilt jedoch nicht im Falle der allgemeinen Beeidigung eines Gerichtsarztes (K. Verordnung vom 13. Juni 1879 § 17).

§ 4. Die Beeidigung erfolgt in der Regel für die von den Gerichten des Landgerichtsbezirks zu fordernden Gutachten. Sie kann auch auf Gutachten von einzelnen Gerichten des Landgerichtsbezirks beschränkt oder auf Gutachten von anderen Gerichten als denen des Landgerichtsbezirks erstreckt werden; im letzteren Falle bedarf die Beeidigung der Genehmigung des Oberlandesgerichtspräsidenten.

Soll die Beendigung nur für den Bezirk eines Amtsgerichts erfolgen, so wird sie mit Genehmigung des Landgerichtspräsidenten von dem Amtsrichter vorgenommen.

§ 5. Der Eid ist von dem Sachverständigen dahin zu leisten:

daß er die seitens der Gerichte des Landgerichtsbezirks .... von ihm zu fordernden Gutachten über .... unparteiisch nach bestem Wissen und Gewissen erstatten werde.

Der Kreis der Angelegenheiten, für welche die Beeidigung erfolgt, ist in der Eidesformel zu bezeichnen.

Erfolgt die Beeidigung nur für bestimmte Gerichte des Landgerichtsbezirks oder für Gerichte eines weiteren Bezirks, so ist die Eidesformel entsprechend zu ändern.

§ 6. Dem Sachverständigen ist zu eröffnen,

daß er durch die Beeidignug die Eigenschaft eines öffentlich bestellten Sachverständigen nicht erlange, daß vielmehr nur bei seiner Vernehmung im Einzelfalle nach dem Ermessen des Gerichts statt der Eidesleistung die Berufung auf den allgemeinen Eid genüge,

daß er eine etwaige Veränderung seines Wohnsitzes unverzüglich anzuzeigen

und daß er im Falle der Streichung aus der Sachverständigenliste den ihm erteilten Ausweis über seine Beeidigung (§ 7 Abs. 2) zurückzugeben habe.

§ 7. Über die Beeidigung ist ein Protokoll aufzunehmen.

Der Sachverständige erhält eine beglaubigte Abschrift des Protokolls als Ausweis über seine Beeidigung.

III.

§ 8. Die Gerichte haben die für ihren Bezirk öffentlich bestellten oder allgemein beeidigten Sachverständigen unter Angabe der Angelegenheiten, für welche die Bestellung oder Beeidigung erfolgt ist, je in eine Liste einzutragen.[7])

Außer dem Falle des Todes ist der Name eines Sachverständigen aus der Liste zu streichen, wenn der Sachverständige es beantragt, oder wenn sich erhebliche Gründe gegen die weitere Heranziehung desselben als eines öffentlich bestellten oder allgemein beeidigten Sachverständigen ergeben. Die Anordnung der Streichung steht dem Landgerichtspräsidenten zu. Der dem Sachverständigen erteilte Ausweis ist zurückzuverlangen.

Die Streichung in der Liste der öffentlich bestellten Sachverständigen ist öffentlich bekannt zu machen.[8])

Die Streichung in der Liste der allgemein beeidigten Sachverständigen kann öffentlich bekannt gemacht werden, wenn der Ausweis über die Beeidigung nicht zurückgegeben wird.

---

6) Taxen (§ 78 Gew.-Ordn.) sind für die öffentlich bestellten Sachverständigen in Elsaß-Lothringen nicht eingeführt.

7) Vgl. § 33 d. Gesch.-Ordn. f. d. Gerichtsschr. des Oberlandesgerichts und der Landgerichte und § 25 d. Gesch.-Ordn. f. d. Gerichtsschr. d. Amtsgerichte v. 16. Dezember 1902 (Samml. d. Justizverw. Bd. 27 S. 465 und S. 307).

8) Die öffentliche Bekanntmachung hat in dem gemäß § 31c Ausf.-Ges. z. G.V. bestimmten Blatt zu erfolgen. Vgl. die Verf. d. Minist. vom 3. Oktober 1911 (Samml. d. Justizverw. Bd. 32 S. 513).

Der Landgerichtspräsident hat von jeder öffentlichen Bestellung oder allgemeinen Beeidigung sowie von jeder Anordnung der Streichung eines Sachverständigen den beteiligten Gerichten Mitteilung zu machen.

§ 9. Die Verfügungen, betreffend die ständigen Übersetzer (Dolmetscher), vom 18. September 1889 (Zentral- und Bezirks-Amtsbl. S. 245) und vom 22. Oktober 1901 (Zentral- und Bezirks-Amtsbl. S. 311) bleiben unberührt.[9])

§ 10. Eine öffentliche Bestellung von Sachverständigen durch die Gerichtsbehörden findet außer den Fällen unter Ziffer I dieser Verfügung nicht statt.

9) Jetzt Kais. Verordnung vom 13. Juni 1903 und Verf. d. Minist. vom 3. Oktober 1903.

---

9. Mai 1902.

Schaumweinsteuergesetz.[1])[2])

Reichsgesetzbl. S. 155.

1. Gegenstand der Besteuerung.

§ 1. Schaumwein aus Traubenwein, aus Obst- oder Beerenwein (Fruchtwein) sowie alle schaumweinähnlichen Getränke unterliegen, sofern sie zum Verbrauch im Inlande bestimmt sind, einer in die Reichskasse fließenden Verbrauchsabgabe (Schaumweinsteuer).

Schaumwein im Sinne dieses Gesetzes sind alle der Schaumweinsteuer unterliegende Getränke.

Schaumwein, welcher nachweislich der Verzollung unterlegen hat, bleibt von der Abgabe befreit.[3])

2. Höhe der Steuer.

§ 2. Die Schaumweinsteuer beträgt:

a) für Schaumwein, der aus Fruchtwein ohne Zusatz von Traubenwein hergestellt ist, zehn Pfennig für jede Flasche;

b) für anderen Schaumwein und schaumweinähnliche Getränke
bei einem Preise der Flasche von
nicht mehr als 4 Mark . . . 1 Mark,
mehr als 4 Mark und nicht
mehr als 5 Mark . . . . . 2 „
mehr als 5 Mark . . . . 3 „
für die Flasche.[4])

Für jede halbe Flasche ist die Hälfte und für jede kleinere Flasche ein Viertel der auf die Flasche entfallenden Steuer zu entrichten.

Als ganze Flaschen werden alle Schaumwein enthaltenden Umschließungen mit Raumgehalt über 425 bis 850 Kubikcentimeter behandelt; Umschließungen mit Raumgehalt über 230 bis 425 Kubikcentimeter gelten als halbe Flaschen. Der Bundesrath ist ermächtigt, für Umschließungen mit Raumgehalt über 850 oder unter 120 Kubikcentimeter besondere Steuersätze unter Zugrundelegung der Einheitssätze des Abs. 1 festzusetzen.

3. Entrichtung und Stundung der Steuer.

§ 3. Die Schaumweinsteuer ist vom Hersteller des Schaumweins mittelst Anbringung eines Steuerzeichens an der Umschließung zu entrichten, bevor der fertige Schaumwein aus der Erzeugungsstätte entfernt oder innerhalb derselben getrunken wird. Die näheren Bestimmungen über die Form, die Anfertigung, den Vertrieb und die Art der Verwendung der Steuerzeichen trifft der Bundesrath. Er stellt die Voraussetzungen fest, unter welchen für verwendete Steuerzeichen ein unentgeltlicher Ersatz und für noch nicht verwendete Steuerzeichen ein unentgeltlicher Umtausch oder eine Rückzahlung gewährt werden darf. Steuerzeichen, welche nicht in der vorgeschriebenen Weise verwendet worden sind, werden als nicht vorhanden angesehen.

Die Anbringung eines Steuerzeichens ist nicht erforderlich, wenn der Schaumwein vor der Entnahme aus der Erzeugungsstätte zur Ausfuhr unter amtlicher kostenfreier Kontrole angemeldet wird.

Gegen Sicherheitsbestellung ist die Schaumweinsteuer für eine Frist von wenigstens neun Monaten zu stunden. Für eine Frist bis zu drei Monaten kann sie auch ohne Sicherheitsbestellung gestundet werden.

§ 3 a.[5]) Für die Höhe der Steuer (§ 2) maßgebend ist der Preis, zu dem der Schaumwein vom Hersteller abgegeben wird; wird der Schaumwein unentgeltlich abgegeben, so beträgt die Steuer 1 Mark für jede Flasche.

1) Unter Berücksichtigung der Änderungen durch das Gesetz zur Änderung des Schaumweinsteuergesetzes vom 15. Juli 1909 (Reichsgesetzbl. S. 714). Vgl. dieses Gesetz.

2) Zu vgl. auch Schaumweinsteuer-Ausführungsbestimmungen vom 24. Juli 1909 (Zentr.-Bl. f. d. D. R. S. 365).

3) Erhöhung des Zollsatzes durch Art. 3 des Gesetzes vom 15. Juli 1909 auf 180 ℳ für 1 dz.

4) § 2 lit. b, in der durch das Gesetz vom 15. Juli 1909 Art. 1 abgeänderten Fassung.

5) Durch das Gesetz vom 15. Juli 1909 Art. 2 eingeschaltet.

4. **Vergütung des Weinzolls.**

§ 4. Der Bundesrath kann darüber Bestimmung treffen, daß auf in das Ausland geführten deutschen Schaumwein eine entsprechende Vergütung gewährt wird für verauslagten Zoll auf zur Herstellung dieses Schaumweins verwendeten ausländischen Rohwein.

5. **Vergütung der Steuer für Proben u. s. w.**

§ 5. Für versteuerten Schaumwein, der als Probe abgegeben oder der dem Hersteller vom Empfänger als unbrauchbar zur Verfügung gestellt wird, erhält der Hersteller eine Vergütung der Steuer. Dieselbe wird jährlich in einer Pauschsumme von fünf Hundertstel des Steuerwerths der in der Fabrik verwendeten Schaumweinsteuerzeichen gewährt.

6. **Verjährung der Steuer.**

§ 6. Ansprüche auf Zahlung und Erstattung von Schaumweinsteuer verjähren in zwei Jahren von dem Tage des Eintritts der Steuerpflicht oder der Steuerentrichtung. Der Anspruch auf Nachzahlung hinterzogener Steuer verjährt in drei Jahren.

7. **Kontrole der Schaumweinfabriken.**

a) Anmeldung der Fabriken.

§ 7. Wer Schaumwein herstellen will, hat vor der Eröffnung des Betriebs der Steuerbehörde einen Grundriß und eine Beschreibung der Betriebs- und Lagerräume sowie der damit in Verbindung stehenden oder unmittelbar daran angrenzenden Räume vorzulegen.

Diejenigen Räume, welche zur Lagerung von fertigem unversteuerten Schaumweine dienen sollen, bedürfen der Genehmigung der Steuerbehörde.

Räume, in denen der Ausschank oder der Verkauf von Schaumwein in einzelnen Flaschen betrieben wird, müssen auf Verlangen der Steuerbehörde von den Lagerräumen für fertigen unversteuerten Schaumwein derartig getrennt sein, daß Schaumwein nicht anders als auf offener Straße in sie übergeführt werden kann.

b) Bezeichnung des Besitzers und Betriebsleiters.

§ 8. Jeder Wechsel im Besitz einer Schaumweinfabrik ist der Steuerbehörde binnen einer Woche vom neuen Besitzer anzuzeigen.

Gesellschaften, welche Schaumwein herstellen, und Inhaber von Schaumweinfabriken, die den Betrieb nicht selbst leiten, haben der Steuerbehörde diejenige Person zu bezeichnen, welche als Betriebsleiter in ihrem Namen und Auftrage handelt.

c) Lagerung des fertigen unversteuerten Schaumweins; Buchführung.

§ 9. Fertiger unversteuerter Schaumwein darf nur in den dazu genehmigten Lagerräumen gelagert, behandelt und verpackt werden. Ueber Zu- und Abgang desselben sind nach näherer Anordnung des Bundesraths Anschreibungen zu führen, welche der Bestimmung der Steuerbehörde entsprechend aufzubewahren und den Beamten zugänglich zu halten sind.

Die Bestände sind von Zeit zu Zeit amtlich festzustellen und mit den Anschreibungen zu vergleichen. Von der Erhebung der Steuer für Fehlmengen ist abzusehen, wenn und soweit dargethan wird, daß eine Steuerhinterziehung nicht stattgefunden hat, sondern daß die Fehlmengen auf andere, eine Steuerschuld nicht begründende Umstände zurückzuführen sind.

d) Revisionsbefugniß der Steuerbeamten.

§ 10. Die Schaumweinfabriken unterliegen der steuerlichen Revision. Die Steuerbeamten sind befugt, die Betriebs- und Lagerräume, solange sie geöffnet sind oder darin gearbeitet wird, zu jeder Zeit, anderenfalls von Morgens 6 Uhr bis Abends 9 Uhr zu besuchen und, falls die Fabrik verschlossen sein sollte, sofortigen Einlaß zu verlangen. Die Revisionsbefugnis erstreckt sich auf alle Räume der Fabrik sowie auf die mit derselben in Verbindung stehenden oder unmittelbar daran grenzenden Räume. Die Zeitbeschränkung fällt fort, wenn Gefahr im Verzuge liegt.

e) Hülfsleistung bei Ausübung der Steuerkontrole.

§ 11. Der Fabrikinhaber hat den Steuerbeamten jede im Steuerinteresse oder zu statistischen Zwecken erforderliche Auskunft über den Fabrikbetrieb zu ertheilen und bei allen zum Zwecke der Kontrole oder Abfertigung stattfindenden Amtshandlungen die Hülfsdienste zu leisten oder leisten zu lassen, welche nothwendig sind, damit die Beamten die ihnen obliegenden Geschäfte in den vorgeschriebenen Grenzen vollziehen können. Insbesondere ist auch für Beleuchtung zu sorgen.

Den Oberbeamten der Steuerverwaltung sind die auf die Herstellung und Veräußerung von Schaumwein sich beziehenden Geschäftsbücher und Geschäftspapiere auf Erfordern zu jeder Zeit zur Einsicht vorzulegen.

f) Halbfertige Erzeugnisse.

§ 12. Der Bundesrath kann anordnen, daß

die Versendung solcher Erzeugnisse, die als fertiger, der Steuer zu unterwerfender Schaumwein noch nicht anzusehen sind, unter Kontrole gestellt wird.

8. Erhaltung der Steuerzeichen.

§ 13. Die Schaumweinsteuerzeichen sind an den Umschließungen solange zu erhalten, bis diese geöffnet werden.

Wer Schaumwein empfängt, welcher der Vorschrift des Gesetzes zuwider mit den erforderlichen Steuerzeichen nicht versehen ist, hat hievon binnen drei Tagen der Steuerbehörde Anzeige zu machen.

Händler mit Schaumwein und Wirthe sind verbunden, den Oberbeamten der Steuerverwaltung ihre Vorräthe an Schaumwein zum Nachweise, daß solche mit den vorgeschriebenen Steuerzeichen versehen sind, auf Verlangen vorzuzeigen.

9. Verschärfung der Kontrole.

§ 14. Hersteller von Schaumwein sowie Händler und Wirthe, welche selbst oder deren Betriebsleiter wegen Defraudation der Schaumweinsteuer bestraft sind, können auf ihre Kosten besonderen Kontrolen unterworfen werden.

10. Strafbestimmungen.

a) Einziehung.

§ 15. Schaumwein, welcher der Vorschrift dieses Gesetzes zuwider mit den erforderlichen Steuerzeichen (§§ 3 und 29) oder Zollzeichen (§ 30) nicht versehen ist, unterliegt der Einziehung, gleichviel wem er gehört und ob gegen eine bestimmte Person ein Strafverfahren eingeleitet wird.

Wird mit der Herstellung von Schaumwein begonnen, bevor die Betriebs- und Lagerräume angemeldet sind, so unterliegen außer dem hergestellten Schaumwein auch der in der Herstellung begriffene Schaumwein und die zur Herstellung, Lagerung und Aufmachung von Schaumwein geeigneten Geräthe und Materialien in gleicher Weise der Einziehung.

b) Defraudation der Schaumweinsteuer.

§ 16. Wer es unternimmt, die Schaumweinsteuer zu hinterziehen, macht sich der Defraudation schuldig.

Die Defraudation wird insbesondere als vollbracht angenommen:

a) wenn mit der Herstellung von Schaumwein begonnen wird, bevor die Betriebs- und Lagerräume in der vorgeschriebenen Weise angemeldet sind (§ 7);

b) wenn fertiger unversteuerter Schaumwein vom Hersteller in anderen als den dazu genehmigten Lagerräumen aufbewahrt wird (§ 9);

c) wenn Hersteller, Händler oder Wirthe Schaumwein in Gewahrsam haben, welcher der Vorschrift dieses Gesetzes zuwider mit den erforderlichen Steuerzeichen (§§ 3 und 29) oder Zollzeichen (§ 30) nicht versehen ist.

Das Dasein der Defraudation wird in den Fällen des Abs. 2 durch die daselbst bezeichneten Thatsachen begründet. Wird festgestellt, daß eine Hinterziehung nicht verübt oder nicht beabsichtigt ist, so findet nur eine Ordnungsstrafe nach § 19 statt.

c) Strafe der Defraudation.

§ 17. Wer eine Defraudation begeht, hat eine Geldstrafe verwirkt, die dem vierfachen Betrage der vorenthaltenen Steuer gleichkommt, mindestens aber dreißig Mark für jeden einzelnen Fall beträgt. Außerdem ist die Steuer nachzuzahlen.

Kann ein vorenthaltener Steuerbetrag nicht festgestellt werden, so tritt eine Geldstrafe von dreißig Mark bis zu zehntausend Mark ein.

Liegt eine Uebertretung vor, so sind die Beihülfe und die Begünstigung mit Geldstrafe bis zu einhundertfünfzig Mark zu bestrafen.

d) Defraudation im Rückfalle.

§ 18. Im Falle der Wiederholung der Defraudation nach vorausgegangener Bestrafung wird die im § 17 angedrohte Strafe verdoppelt.

Jeder fernere Rückfall zieht Gefängniß bis zu drei Jahren nach sich, doch kann nach richterlichem Ermessen mit Berücksichtigung aller Umstände und der vorangegangenen Fälle auf Haft oder auf Geldstrafte nicht unter dem Doppelten der für den ersten Rückfall angedrohten Strafe erkannt werden.

Die Rückfallstrafe ist verwirkt, auch wenn die frühere Strafe nur theilweise verbüßt oder ganz oder theilweise erlassen ist, bleibt dagegen ausgeschlossen, wenn seit der Verbüßung oder dem Erlasse der früheren Strafe bis zur Begehung der neuen Strafthat drei Jahre verflossen sind.

e) Ordnungsstrafen.

§ 19. Zuwiderhandlungen gegen die Bestimmungen dieses Gesetzes und die dazu erlassenen und öffentlich oder den Betheiligten besonders bekannt gemachten Verwaltungsvorschriften werden, sofern nicht eine schwerere Strafe verwirkt ist, mit einer Ordnungsstrafe von einer Mark bis zu dreihundert Mark geahndet.

Mit Ordnungsstrafe nach Maßgabe des Abs. 1 wird ferner belegt:

a) wer einem zur Wahrnehmung des Steuerinteresses verpflichteten Beamten oder dessen Angehörigen wegen einer auf die Erhebung oder Ueberwachung der Schaumweinsteuer bezüglichen amtlichen Handlung oder Unterlassung einer solchen Geschenke oder andere Vortheile anbietet, verspricht oder gewährt, sofern nicht der Thatbestand des § 333 des Strafgesetzbuchs vorliegt;

b) wer sich Handlungen oder Unterlassungen zu Schulden kommen läßt, durch welche ein solcher Beamter an der rechtmäßigen Ausübung seines Amtes in Bezug auf die Schaumweinsteuer verhindert wird, sofern nicht der Thatbestand des § 113 oder des § 114 des Strafgesetzbuchs vorliegt.

f. Haftung für andere Personen.

§ 20. Hersteller von Schaumwein sowie Händler und Wirthe haften für die von ihren Verwaltern, Geschäftsführern, Gehülfen und sonstigen in ihrem Dienste oder Lohne stehenden Personen sowie von ihren Familien- oder Haushaltungsmitgliedern verwirkten Geldstrafen und Prozeßkosten und für die nachzuzahlende Steuer im Falle des Unvermögens der eigentlich Schuldigen. Wird nachgewiesen, daß die Zuwiderhandlung ohne ihr Wissen verübt ist, so haften sie nur für die Steuer. Die Haftung für Geldstrafen kann nur durch richterliches Urtheil ausgesprochen werden.

Ist die Geldstrafe von dem Schuldigen nicht beizutreiben, so kann die Steuerbehörde davon absehen, den für die Geldstrafe Haftenden in Anspruch zu nehmen, und die an Stelle der Geldstrafe tretende Freiheitsstrafe an dem Schuldigen vollstrecken lassen.

g. Zwangsmaßregeln.

§ 21. Unbeschadet der verwirkten Ordnungsstrafen kann die Steuerbehörde die Beobachtung der auf Grund dieses Gesetzes getroffenen Anordnungen durch Androhung und Einziehung von Geldstrafen bis zu fünfhundert Mark erzwingen.

h. Fälschung von Steuerzeichen.

§ 22. Mit Gefängniß nicht unter drei Monaten wird bestraft, wer unechte Schaumweinsteuerzeichen (§§ 3 und 29) oder unechte Zollzeichen (§ 30) in der Absicht anfertigt, sie als echt zu verwenden, oder echte Schaumweinsteuerzeichen in der Absicht verfälscht, sie zu einem höheren Werthe zu verwenden, oder wissentlich von falschen oder verfälschten Schaumweinsteuer- oder Zollzeichen Gebrauch macht. Neben der Strafe kann auf Verlust der bürgerlichen Ehrenrechte erkannt werden.

§ 23. Wer wissentlich schon einmal verwendete Schaumweinsteuer- oder Zollzeichen verwendet, wird mit Geldstrafe bis zu sechshundert Mark bestraft.

§ 24. Neben der in den §§ 22 und 23 angedrohten Strafe kommt die durch die Hinterziehung der Schaumweinsteuer begründete Strafe zur Anwendung.

§ 25. Mit Geldstrafe bis zu einhundertfünfzig Mark oder mit Haft wird bestraft, wer ohne schriftlichen Auftrag einer Behörde

1. Stempel, Siegel, Stiche, Platten oder andere Formen, welche zur Anfertigung von Schaumweinsteuer- oder Zollzeichen dienen können, anfertigt oder an einen Anderen als die Behörde verabfolgt;
2. den Abdruck der in Nr. 1 bezeichneten Stempel, Stiche, Platten oder anderen Formen unternimmt oder Abdrücke an einen Anderen als die Behörde verabfolgt.

Neben der Strafe kann auf Einziehung der Stempel, Siegel, Stiche, Platten oder anderen Formen sowie der Abdrücke erkannt werden, ohne Unterschied ob sie dem Verurtheilten gehören oder nicht.

§ 26. Mit Geldstrafe bis zu einhundertfünfzig Mark wird bestraft, wer wissentlich schon einmal verwendete Schaumweinsteuer- oder Zollzeichen veräußert oder feilhält.

i. Strafverfahren und Verjährung der Strafverfolgung.

§ 27. In den Fällen der §§ 15 bis 21 kommen hinsichtlich des Strafverfahrens sowie in Betreff der Strafmilderung und des Erlasses der Strafe im Gnadenwege die Vorschriften zur Anwendung, nach denen sich das Verfahren wegen Zuwiderhandlungen gegen die Zollgesetze bestimmt. Der Erlös aus eingezogenem Schaumweine sowie Geldstrafen fallen dem Staate zu, von dessen Behörden die Strafentscheidung erlassen ist.

Die Strafverfolgung von Defraudationen verjährt in drei Jahren, von anderen Zuwiderhandlungen in einem Jahre.

II. Verwaltung der Schaumweinsteuer und Ausgleichungsbeträge.

§ 28. Die Erhebung und Verwaltung der Schaumweinsteuer erfolgt durch die Landesbehörden. Für die erwachsenden Kosten wird den Bundesstaaten nach Maßgabe der vom Bundesrathe zu erlassenden Bestimmungen Vergütung gewährt.

Die Reichsbevollmächtigten für Zölle und Steuern und die Stationskontroleure üben in Bezug auf die Ausführung des Schaumweinsteuergesetzes dieselben Rechte und Pflichten, welche ihnen bezüglich der Erhebung und Verwaltung der Zölle und Verbrauchssteuern beigelegt sind.

Die außerhalb der gemeinschaftlichen Zollgrenze liegenden Theile des Reichsgebiets zahlen an Stelle der Schaumweinsteuer einen entsprechenden Ausgleichungsbetrag an die Reichskasse.

12. Schaumwein aus Zollanschlüssen.

§ 29. Schaumwein, der aus den dem Zollgebiet angeschlossenen Staaten und Gebietstheilen zum Verbrauch eingeht und nicht nachweislich der Verzollung unterlegen hat, ist spätestens beim Eintritt in das Inland mit dem nach § 3 anzubringenden Steuerzeichen zu versehen.

Der Reichskanzler kann unter Zustimmung des Bundesraths mit den zuständigen fremden Regierungen wegen Herbeiführung einer den Bestimmungen dieses Gesetzes entsprechenden Besteuerung des Schaumweins in den dem Zollgebiet angeschlossenen Staaten und Gebietstheilen, wegen Ueberweisung der Steuer für den im gegenseitigen Verkehr übergehenden Schaumwein oder wegen Begründung einer Steuergemeinschaft Vereinbarungen treffen.[5])

13. Verzollter Schaumwein.

§ 30. Der Bundesrath kann anordnen, daß die Umschließungen des verzollten Schaumweins mit einer amtlichen Bezeichnung zu versehen sind, welche erkennen läßt, daß der Zoll erhoben ist. In Bezug auf diese Bezeichnung findet der § 13 Anwendung.

14. Schlußbestimmungen; Nachsteuer.

§ 31. Dieses Gesetz tritt am 1. Juli 1902 mit der Maßgabe in Kraft, daß für bestehende Fabriken die nach § 7 und § 8 Abs. 2 erforderlichen Anzeigen bei Vermeidung der im § 19 vorgesehenen Ordnungsstrafen bis zum 1. Juni 1902 zu erstatten sind.

Vom 1. Juli 1902 ab werden Landessteuern vom Schaumweine nicht mehr erhoben.

Schaumwein, der sich am 1. Juli 1902 außerhalb einer Schaumweinfabrik oder einer Zollniederlage befindet, unterliegt nach näherer Bestimmung des Bundesraths der Schaumweinsteuer in Form einer Nachsteuer.[6])

Schaumwein im Besitze von Haushaltungsvorständen, die weder Ausschank noch Handel mit Getränken betreiben, bleibt, sofern die Gesammtmenge nicht mehr als dreißig Flaschen beträgt, von der Nachsteuer befreit.[6])

5) Auf Grund dieser Bestimmung ist zwischen dem Reiche und dem Großherzogtum Luxemburg ein Abkommen wegen Begründung einer Gemeinschaft der Schaumweinsteuer unterm 10. Mai 1902 abgeschlossen worden. S. u.

6) Vgl. Gesetz vom 15. Juli 1909 Art. 4.

9. Mai 1902.

Bekanntmachung des Reichskanzlers über die Hinterlegung der Ratifikationsurkunde der Vereinigten Staaten von Amerika zu dem auf der Haager Friedenskonferenz am 29. Juli 1899 unterzeichneten Abkommen, betreffend die Gesetze und Gebräuche des Landkriegs.

Reichsgesetzbl. S. 168.

10. Mai 1902.

Abkommen zwischen dem Deutschen Reiche und dem Großherzogtum Luxemburg wegen Begründung einer Gemeinschaft der Schaumweinsteuer.[1])

Reichsgesetzbl. S. 232.

Art. 1. Im Großherzogthum Luxemburg werden am 1. Juli 1902 vorläufige Bestimmungen über die Besteuerung des Schaumweins in Kraft treten, die mit dem im Deutschen Reiche an dem gleichen Tage in Kraft tretenden Gesetz über denselben Gegenstand inhaltlich übereinstimmen werden.[2]) Mit Rücksicht hierauf soll vom 1. Juli 1902 an zwischen dem Deutschen Reiche und dem Großherzogthum Luxemburg eine Gemeinschaft der Schaumweinsteuer eintreten.

Art. 2. Für Schaumwein, der ordnungsmäßig mit dem vorgeschriebenen Steuerzeichen versehen ist, wird zwischen Luxemburg und

1) Abgeschlossen auf Grund des § 29 Abs. 2 des Schaumweinsteuergesetzes vom 9. Mai 1902.

2) Laut Bekanntmachung des Reichskanzlers vom 18. März 1903 sind die vorläufigen Bestimmungen durch ein luxemburgisches Gesetz vom 3. März 1903 endgültig festgestellt worden.

dem Deutschen Reiche völlige Freiheit des Verkehrs bestehen.

Die Versendung von Schaumwein aus dem Deutschen Reiche in den freien Verkehr Luxemburgs und umgekehrt gilt nicht als Ausfuhr. Für den so versandten Schaumwein darf im Versendungslande Steuerbefreiung nicht gewährt werden.

Art. 3. Der Ertrag der in die Gemeinschaft fallenden Schaumweinsteuer wird zwischen dem Deutschen Reiche und dem Großherzogthum Luxemburg nach dem Verhältnisse der Bevölkerung ihrer, der gemeinschaftlichen Gesetzgebung unterworfenen Gebiete vertheilt.

Dieser Ertrag besteht aus der gesammten Einnahme aus der Schaumweinsteuer, nach Abzug

1. der auf Gesetzen oder allgemeinen Verwaltungsvorschriften beruhenden Steuervergütungen und Ermäßigungen,
2. der Rückerstattungen aus unrichtigen Erhebungen,
3. der Erhebungs- und Verwaltungskosten, welche für das Großherzogthum Luxemburg nach den gleichen Grundsätzen zu bemessen sind wie für die Bundesstaaten des Deutschen Reichs.

In die Gemeinschaft fällt auch die im Deutschen Reiche und in Luxemburg zu erhebende Nachsteuer.

Art. 4. Dem Deutschen Reiche bleibt unbenommen, wegen der an sein Zoll- und Steuersystem angeschlossenen Oesterreichischen Gemeinden mit Oesterreich in eine Gemeinschaft der Schaumweinsteuer zu treten. In diesem Falle wird bei der Abrechnung mit Luxemburg die Bevölkerung der betreffenden Oesterreichischen Gebietstheile der Bevölkerung des Deutschen Reichs (Artikel 3 Abs. 1) hinzugerechnet.

Art. 5. Die Verwaltung und Erhebung der Schaumweinsteuer im Großherzogthum Luxemburg wird den Luxemburgischen Zollbehörden übertragen, und es finden in Bezug auf dieselbe diejenigen Vereinbarungen, welche hinsichtlich der Verwaltung und Erhebung der Zölle getroffen sind, entsprechende Anwendung.

Art. 6. Das vorstehende Abkommen gilt zunächst bis zum 30. Juni 1903. Werden bis dahin die nach Artikel 1 am 1. Juli 1902 in Luxemburg in Geltung tretenden Bestimmungen über die Besteuerung des Schaumweins endgültig durch Gesetz festgestellt, so gilt das Abkommen für die Dauer des Anschlusses des Großherzogthums Luxemburg an das Deutsche Zollsystem.[3])

Jeder Theil ist jedoch befugt, dieses Abkommen mit einjähriger Frist für den 1. Juli jedes Jahres zu kündigen.

Im Falle einer Aenderung der im Deutschen Reiche oder in Luxemburg bestehenden Schaumweinsteuergesetzgebung kann die Kündigung auch für einen anderen Termin mit halbjähriger Frist erfolgen.

Nachdem der Bundesrath zu dem vorstehenden Abkommen seine Zustimmung ertheilt hat, ist dasselbe von den beiderseitigen Regierungen genehmigt worden. Die Auswechselung der Genehmigungserklärungen hat stattgefunden.

3) S. Anm. 2.

15. Mai 1902.

Bekanntmachung des Reichskanzlers, betreffend ein Sonderabkommen zum internationalen Übereinkommen über den Eisenbahnfrachtverkehr für die deutsch-österreichischen Verkehre.[1])

Zentr.- u. Bez.A.Bl. S. 153.

1) Zu vgl. das Sonderabkommen unterm 12. April 1902. S. o.

15. Mai 1902.

Bekanntmachung des Reichskanzlers, betreffend Erklärung des Freibezirks der Stadt Bremen zum Zoll-Ausschlußgebiet.

Zentr.-Bl. f. d. D. R. S. 111.

Der Bundesrath hat in der Sitzung vom 17. April d. J. beschlossen, daß der Freibezirk in der Stadt Bremen — vergleiche die Bekanntmachung vom 24. Oktober 1888, Central-Blatt S. 913 ff., im Besonderen Seite 915 — die Eigenschaft eines Zollausschlußgebiets im Sinne des § 16 Abs. 1 des Vereinszollgesetzes mit der Maßgabe erhält, daß

a) Detailgeschäfte im Ausschlußgebiete grundsätzlich ausgeschlossen bleiben;
b) Wohnungen daselbst nur insoweit vorhanden sein dürfen, als es sich um Beamte

oder um solche Personen handelt, deren ständige Anwesenheit im Ausschlußgebiete durch die Art ihrer Beschäftigung erfordert wird;

c) private industrielle Betriebe in diesem Gebiet, außer für die Ausrüstung und die Reparatur von Schiffen, nicht zugelassen werden.

---

17. Mai 1902.

Verfügung des Ministeriums, betreffend die Beschäftigung der Gefangenen außerhalb der Außenmauern der Amtsgefängnisse.[1])

Samml. der Justizverw. Bd. 27 S. 142.

Hinsichtlich der Beschäftigung der Gefangenen außerhalb der Außenmauern der Anstalt, findet bei den einzelnen Amtsgefängnissen ein verschiedenes Verfahren statt, ohne daß in der Regel diese Verschiedenheit durch örtliche Verhältnisse hinreichend begründet wäre. Eine Beschäftigung dieser Art hat immer als Ausnahme zu gelten; sie darf im Allgemeinen nur stattfinden, wenn es sich um Haftgefangene handelt und muß bei Untersuchungsgefangenen gänzlich ausgeschlossen sein. Voraussetzung für die Beschäftigung im Freien ist außer der Genehmigung des Vorstehers die Zustimmung der betreffenden Gefangenen. Die Genehmigung wird zu ertheilen sein, wenn es sich um Arbeiten handelt, welche während ihrer ganzen Dauer von dem Gefängnißaufseher oder einem anderen Beamten, z. B. einem Wegemeister, Polizeidiener u. s. w. beaufsichtigt werden. Ob in besonders gelagerten Fällen zu Gefängnißstrafen Verurtheilte unter den vorangegebenen Voraussetzungen zu Arbeiten außerhalb der Anstalt zuzulassen sind, unterliegt der jedesmaligen Entscheidung des Gefängnißvorstehers. Ueberdem können zu leichten Haftstrafen oder zu Subsidiarhaft Verurtheilte, wenn deren Persönlichkeit zu Bedenken keinen Anlaß gibt und sie nicht am Sitze des Gerichts domizilieren bzw. keine näheren Angehörigen dort haben, zur Beschäftigung im Hause, im Hofe oder in geschlossenen Gärten an fremde Personen abgegeben werden, welche für eine entsprechende Beaufsichtigung hinreichende Gewähr geben; es müssen die Gefangenen jedoch in diesen Fällen jedesmal zur Arbeit und zurück in das Gefängniß von dem Aufseher geführt werden. Kostzulagen der Arbeitgeber und namentlich Darreichung von alkoholischen Getränken müssen sich in festen und mäßigen Grenzen bewegen.

1) Vgl. auch § 10 der Dienstanweisung für die Amtsrichter als Vorsteher der Amtsgefängnisse vom 5. März 1883.

---

20. Mai 1902.

Kaiserliche Verordnung, betreffend die landesrechtliche Anwendung des Reichsgesetzes über Unfallfürsorge für Beamte und für Personen des Soldatenstandes vom 18. Juni 1901 in Elsaß-Lothringen.[1])

Gesetzbl. f. Els.-Lothr. S. 47.

§ 1. Die im Artikel I des Gesetzes vom 8. Mai 1888 (Gesetzbl. S. 41) auf elsaß-lothringische Landesbeamte und deren Hinterbliebene für anwendbar erklärten §§ 1 bis 7 des Reichsgesetzes vom 15. März 1886 (Reichs-Gesetzbl. S. 53) werden durch die Vorschriften des Artikel 1 §§ 1 bis 9 des Reichsgesetzes vom 18. Juni 1901 (Reichs-Gesetzbl. S. 211) ersetzt. An Stelle der im Artikel 1 § 1 Abs. 5, ferner im § 2 Abs. 3 und im § 9 des Reichsgesetzes vom 18. Juni 1901 erwähnten reichsgesetzlichen Vorschriften treten die entsprechenden landesgesetzlichen Bestimungen.

§ 2. Die Artikel II und III des Gesetzes vom 8. Mai 1888 bleiben mit der Maßgabe unberührt, daß im Artikel II Abs. 1 der § 12, im Abs. 2 die §§ 1, 2, 12 und im Artikel III die §§ 8 bis 10 des Reichsgesetzes vom 15. März 1886 durch die entsprechenden Bestimmungen im Artikel 1 § 14, §§ 1, 2, 14 und §§ 10 bis 12 des Reichsgesetzes vom 18. Juni 1901 ersetzt werden.

§ 3. Diese Verordnung tritt mit dem Tage ihrer Verkündung in Kraft.

§ 4. Der Statthalter wird ermächtigt, den Text des Reichsgesetzes vom 18. Juni 1901,

1) Erlassen auf Grund des Gesetzes, betreffend die Anwendung abgeänderter Reichsgesetze auf landesgesetzliche Angelegenheiten Elsaß-Lothringens, vom 7. Juli 1887.

wie er nach dieser Verordnung für die elsaß-lothringischen Landesbeamten in Geltung tritt, als „Unfall-Fürsorgegesetz für die Landesbeamten von Elsaß-Lothringen" durch das Gesetzblatt für Elsaß-Lothringen bekannt zu machen.[2])

2) Die Bekanntmachung ist unter dem 20. Mai 1902 erlassen.

---

20. Mai 1902.

Unfallfürsorgegesetz für die Landesbeamten von Elsaß-Lothringen.[1])

Gesetzbl. f. Elf.-Lothr. S. 49.

Artikel I.

§ 1. Beamte der Landesverwaltung von Elsaß-Lothringen, welche in reichsgesetzlich der Unfallversicherung unterliegenden Betrieben[2]) beschäftigt sind, erhalten, wenn sie in Folge eines im Dienst erlittenen Betriebsunfalls dauernd dienstunfähig werden, als Pension sechsundsechzigzweidrittel Prozent ihres jährlichen Diensteinkommens.

Personen der vorbezeichneten Art erhalten, wenn sie in Folge eines im Dienste erlittenen Betriebsunfalls nicht dauernd dienstunfähig geworden, aber in ihrer Erwerbsfähigkeit beeinträchtigt worden sind, bei ihrer Entlassung aus dem Dienste als Pension:

1. im Falle völliger Erwerbsunfähigkeit für die Dauer derselben den im ersten Absatze bezeichneten Betrag;
2. im Falle theilweiser Erwerbsunfähigkeit für die Dauer derselben denjenigen Theil der vorstehend bezeichneten Pension, welcher dem Maße der durch den Unfall herbeigeführten Einbuße an Erwerbsfähigkeit entspricht.

Ist der Verletzte in Folge des Unfalls nicht nur völlig dienst- oder erwerbsunfähig, sondern auch derart hülflos geworden, daß er ohne fremde Wartung und Pflege nicht bestehen kann, so ist für die Dauer dieser Hülflosigkeit die Pension bis zu hundert Prozent des Diensteinkommens zu erhöhen.

Solange der Verletzte aus Anlaß des Unfalls thatsächlich und unverschuldet arbeitslos ist, kann in den Fällen des Abs. 2 Ziffer 2 die Pension bis zum vollen Betrage des Abs. 1 vorübergehend erhöht werden.

Steht dem Verletzten nach anderweiter landesgesetzlicher Vorschrift ein höherer Betrag zu, so erhält er diesen.

Nach dem Wegfalle des Diensteinkommens sind dem Verletzten außerdem die noch erwachsenden Kosten des Heilverfahrens (§ 9 Abs. 1 Nr. 1 des Gewerbe-Unfallversicherungsgesetzes, Reichs-Gesetzbl. 1900 S. 585) zu ersetzen.

§ 2. Die Hinterbliebenen solcher im § 1 bezeichneten Personen, welche in Folge eines im Dienste erlittenen Betriebsunfalls gestorben sind, erhalten:

1. als Sterbegeld, sofern ihnen nicht nach anderweiter Bestimmung Anspruch auf Gnadenquartal oder Gnadenmonat zusteht, den Betrag des einmonatigen Diensteinkommens oder der einmonatigen Pension des Verstorbenen, jedoch mindestens 50 Mark;
2. eine Rente. Diese beträgt
   a) für die Wittwe bis zu deren Tode oder Wiederverheirathung, ebenso für jedes Kind bis zum Ablaufe des Monats, in welchem das achtzehnte Lebensjahr vollendet wird, oder bis zur etwaigen früheren Verheirathung zwanzig Prozent des jährlichen Diensteinkommens des Verstorbenen, jedoch für die Wittwe nicht unter zweihundertundsechzehn Mark und nicht mehr als dreitausend Mark, für jedes Kind nicht unter einhundertundsechzig Mark und nicht mehr als eintausendsechshundert Mark;
   b) für Verwandte der aufsteigenden Linie, wenn ihr Lebensunterhalt ganz oder überwiegend durch den Verstorbenen bestritten worden war, bis zum Wegfalle der Bedürftigkeit insgesammt zwanzig Prozent des Diensteinkommens des Verstorbenen, jedoch nicht unter einhundertundsechzig Mark und nicht mehr als eintausendsechshundert Mark; sind mehrere Berechtigte dieser Art vorhanden, so wird die Rente den Eltern vor den Großeltern gewährt;
   c) für elternlose Enkel, falls ihr Lebens-

1) Verkündet durch die nachstehende Bekanntmachung des Statthalters: Auf Grund des § 4 der Verordnung vom 20. Mai 1902, betreffend die landesrechtliche Anwendung des Reichsgesetzes über Unfallfürsorge für Beamte und für Personen des Soldatenstandes vom 18. Juni 1901 in Elsaß-Lothringen, wird der Text des Gesetzes, wie er sich aus der vorgenannten Verordnung ergibt, als „Unfallfürsorgegesetz für die Landesbeamten von Elsaß-Lothringen" nachstehend bekannt gemacht.

2) Rechsversicherungsorduung §§ 537—1225.

unterhalt ganz oder überwiegend durch den Verstorbenen bestritten worden war, im Falle der Bedürftigkeit bis zum Ablaufe des Monats, in welchem das achtzehnte Lebensjahr vollendet wird, oder bis zur etwaigen früheren Verheirathung insgesammt zwanzig Prozent des Diensteinkommens des Verstorbenen, jedoch nicht unter einhundertundsechzig Mark und nicht mehr als eintausendsechshundert Mark.

Die Renten dürfen zusammen sechzig Prozent des Diensteinkommens nicht übersteigen. Ergiebt sich ein höherer Betrag, so haben die Verwandten der aufsteigenden Linie nur insoweit einen Anspruch, als durch die Renten der Wittwe und der Kinder der Höchstbetrag der Renten nicht erreicht wird, die Enkel nur soweit, als der Höchstbetrag der Renten nicht für Ehegatten, Kinder oder Verwandte der aufsteigenden Linie in Anspruch genommen wird. Soweit die Renten der Wittwe und der Kinder den zulässigen Höchstbetrag überschreiten, werden die einzelnen Renten in gleichem Verhältnisse gekürzt.

Steht nach anderweiter landesgesetzlicher Vorschrift einem von den Hinterbliebenen ein höherer Betrag zu, so erhält er diesen.

Der Anspruch der Wittwe ist ausgeschlossen, wenn die Ehe erst nach dem Unfalle geschlossen worden ist.

§ 3. Die Fürsorge erstreckt sich auf die Folgen von Unfällen bei häuslichen und anderen Diensten, zu denen Personen der im § 1 bezeichneten Art neben der Beschäftigung im Betriebe von ihren Vorgesetzten herangezogen werden.

§ 4. Erreicht das jährliche Diensteinkommen nicht den dreihundertfachen Betrag des für den Beschäftigungsort festgesetzten ortsüblichen Tagelohns gewöhnlicher erwachsener Tagearbeiter (§ 8 des Krankenversicherungsgesetzes, Reichs-Gesetzbl. 1892 S. 417), so ist dieser Betrag der Berechnung zu Grunde zu legen.

Bleibt der nach Abs. 1 zu Grunde zu legende Betrag hinter dem Jahresarbeitsverdienste zurück, welchen während des letzten Jahres vor dem Unfalle Personen bezogen haben, welche mit Arbeiten derselben Art in demselben Betrieb, oder in benachbarten gleichartigen Betrieben beschäftigt waren, so ist dieser Jahresarbeitsverdienst der Berechnung der Rente zu Grunde zu legen.

Der eintausendfünfhundert Mark übersteigende Betrag kommt nur zu einem Drittel zur Anrechnung.

Bleibt bei den nicht mit Pensionsberechtigung angestellten Beamten (§ 1) die nach vorstehenden Bestimmungen der Berechnung zu Grunde zu legende Summe unter dem niedrigsten Diensteinkommen derjenigen Stellen, in welchen solche Beamte nach den bestehenden Grundsätzen zuerst mit Pensionsberechtigung angestellt werden können, so ist der letztere Betrag der Berechnung zu Grunde zu legen.

§ 5. Ist das der Berechnung der Hinterbliebenenrente zu Grunde zu legende Diensteinkommen in Folge eines früher erlittenen, nach den landesgesetzlichen Bestimmungen über Unfallversicherung oder Unfallfürsorge entschädigten Unfalls geringer, als der vor diesem Unfalle bezogene Lohn oder das vor diesem Unfalle bezogene Diensteinkommen, so ist die aus Anlaß des früheren Unfalls bei Lebzeiten bezogene Rente oder Pension dem Diensteinkommen bis zur Höhe des der früheren Entschädigung zu Grunde gelegten Jahresarbeitsverdienstes oder Diensteinkommens hinzuzurechnen.

§ 6. Der Bezug der Pension beginnt mit dem Wegfalle des Diensteinkommens, der Bezug der Hinterbliebenenrente mit dem Ablaufe des Gnadenquartals oder Gnadenmonats, oder, soweit solche nicht gewährt werden, mit dem Ablaufe derjenigen Zeit, für welche nach § 2 Abs. 1 Ziffer 1 das Diensteinkommen oder die Pension weiter bezogen ist.

Gehört der Verletzte auf Grund gesetzlicher oder statutarischer Verpflichtung einer Krankenkasse oder der Gemeindekrankenversicherung an, so wird bis zum Ablaufe der dreizehnten Woche nach dem Eintritte des Unfalls die Pension und der Ersatz der Kosten des Heilverfahrens um den Betrag der von der Krankenkasse oder der Gemeinde-Krankenversicherung geleisteten Krankenunterstützung gekürzt. Der Anspruch auf das Sterbegeld und vom Beginne der vierzehnten Woche ab auch der Anspruch auf die Pension sowie auf den Ersatz der Kosten des Heilverfahrens geht bis zum Betrage des von der Krankenkasse gezahlten Sterbegeldes beziehungsweise bis zum Betrage der von dieser gewährten weiteren Krankenunterstützung auf die Krankenkasse über. Als Werth der freien ärztlichen Behandlung, der Arznei und der Heilmittel (§ 6 Abs. 1 Ziffer 1 des Krankenversicherungsgesetzes) gilt die Hälfte des gesetzlichen Mindestbetrags des Krankengeldes.

Fällt das Recht auf den Pensions- oder Rentenbezug im Laufe des Monats, für welchen die Pension oder Rente gezahlt war, fort, so ist von einer Rückforderung abzusehen. Wenn für einen Theil des Monats die Pension für den Verletzten mit der Rente für die Hinterbliebenen zusammentrifft, so haben die Hinterbliebenen den höheren Betrag zu beanspruchen.

§ 7. Einen Anspruch auf die in den §§ 1 bis 3 bezeichneten Bezüge besteht nicht, wenn der Verletzte den Unfall vorsätzlich oder durch ein Verschulden herbeigeführt hat, wegen dessen auf Dienstentlassung oder auf Verlust des Titels und Pensionsanspruchs gegen ihn erkannt oder wegen dessen ihm die Fähigkeit zur Beschäftigung in einem öffentlichen Dienstzweig aberkannt worden ist.

Der Anspruch kann, auch ohne daß ein Urtheil der bezeichneten Art ergangen ist, ganz oder theilweise abgelehnt werden, falls das Verfahren wegen des Todes oder der Abwesenheit des Betreffenden oder aus einem anderen in seiner Person liegenden Grunde nicht durchgeführt werden kann.

§ 8. Ansprüche auf Grund dieses Gesetzes sind, soweit deren Feststellung nicht von Amtswegen erfolgt, bei Vermeidung des Ausschlusses vor Ablauf von zwei Jahren nach dem Eintritte des Unfalls bei der dem Verletzten unmittelbar vorgesetzten Dienstbehörde anzumelden. Die Frist gilt auch dann als gewahrt, wenn die Anmeldung bei der für den Wohnort des Entschädigungsberechtigten zuständigen unteren Verwaltungsbehörde erfolgt ist. In solchem Falle ist die Anmeldung unverzüglich an die zuständige Stelle abzugeben und der Betheiligte davon zu benachrichtigen.

Nach Ablauf dieser Frist ist der Anmeldung nur dann Folge zu geben, wenn zugleich glaubhaft bescheinigt wird, daß eine den Anspruch begründende Folge des Unfalls erst später bemerkbar geworden oder daß der Berechtigte von der Verfolgung seines Anspruchs durch außerhalb seines Willens liegende Verhältnisse abgehalten worden ist, und wenn die Anmeldung innerhalb dreier Monate, nachdem eine Unfallfolge bemerkbar geworden oder das Hinderniß für die Anmeldung weggefallen, erfolgt ist.

Jeder Unfall, welcher von Amtswegen oder durch Anmeldung der Betheiligten einer vorgesetzten Dienstbehörde bekannt wird, ist sofort zu untersuchen. Den Betheiligten ist Gelegenheit zu geben, selbst oder durch Vertreter ihre Interessen bei der Untersuchung zu wahren.

§ 9. Soweit vorstehend nichts Anderes bestimmt ist, finden auf die nach §§ 1 bis 3 zu gewährenden Bezüge die für die Betheiligten geltenden Bestimmungen über die Pension und über die Fürsorge für Wittwen und Waisen Anwendung. Auf die Bezüge von Verwandten der aufsteigenden Linie und von Enkeln finden diese Bestimmungen entsprechende Anwendung.

Artikel II.

Die Landesbeamten und deren Hinterbliebene können aus elsaß-lothringischen Landesgesetzen wegen eines im Dienste erlittenen Betriebsunfalls gegen das Reich, Elsaß-Lothringen oder einen Bundesstaat oder gegen eine deutsche kommunale Körperschaft, welche gemäß § 14 des Reichsgesetzes vom 18. Juni 1901 Fürsorge getroffen hat, weitergehende Ansprüche als auf die ihnen nach Artikel I zukommenden Beträge nicht geltend machen.

In gleicher Weise sind die im Dienste des Reichs, der Bundesstaaten oder einer deutschen kommunalen Körperschaft stehenden Personen und deren Hinterbliebene, auf welche die §§ 1, 2 des Artikel I dieses Gesetzes und die §§ 14 und 10 bis 12 des Reichsgesetzes Anwendung finden, hinsichtlich der Ansprüche aus elsaßlothringischen Landesgesetzen auf die Beträge beschränkt, welche ihnen zufolge der für sie getroffenen Unfallfürsorge zukommen.

Artikel III.

Im Uebrigen finden auf die landesgesetzlichen Ansprüche der im Artikel II bezeichneten Personen die Vorschriften der §§ 10 bis 12 des Reichsgesetzes vom 18. Juni 1901, soweit sie nicht kraft eigener Bestimmung für solche Ansprüche gelten, entsprechende Anwendung.

Die in Artikel II und III angeführten §§ 10 bis 12 und 14 des Reichsgesetzes vom 18. Juni 1901 lauten:

§ 10. Die in den §§ 1, 2 (gleichlautend mit den §§ 1 und 2 des obigen Gesetzes, jedoch mit der Nennung der Reichsbeamten u. s. w.) bezeichneten Personen können, auch wenn sie einen Anspruch auf Pension oder Rente nicht haben, einen Anspruch auf Ersatz des durch den Unfall erlittenen Schadens gegen die Betriebsverwaltung, in deren Dienste der Unfall sich ereignet hat, überhaupt nicht, und gegen deren Betriebsleiter, Bevollmächtigte oder Repräsentanten, Betriebs- oder Arbeiteraufseher nur dann geltend machen, wenn durch strafgerichtliches Urtheil festgestellt worden ist, daß der in Anspruch Genommene den Unfall vorsätzlich herbeigeführt hat.

Der hiernach zulässige Anspruch ermäßigt sich um denjenigen Betrag, welcher den Berechtigten nach dem gegenwärtigen Gesetze zusteht.

§ 11. Die in dem § 10 bezeichneten Ansprüche können, auch ohne daß die daselbst vorgesehene Feststellung durch strafgerichtliches Urtheil stattgefunden hat, geltend gemacht werden, falls diese Feststellung wegen des Todes oder

der Abwesenheit des Betreffenden oder aus einem anderen in seiner Person liegenden Grunde nicht erfolgen kann.

§ 12. Die dem Verletzten oder dessen Hinterbliebenen auf Grund des § 1 des Gesetzes, betreffend die Verbindlichkeit zum Schadenersatze für die bei dem Betriebe von Eisenbahnen, Bergwerken 2c. herbeigeführten Tödtungen und Körperverletzungen, vom 7. Juni 1871 (Reichs-Gesetzbl. S. 207 [3]) gegen Eisenbahn-Betriebsunternehmer zustehenden Ansprüche gehen auf die Betriebsverwaltung, welche dem Verletzten oder dessen Hinterbliebenen auf Grund des gegenwärtigen Gesetzes oder anderweiter reichsgesetzlicher Vorschrift Pensionen, Kosten des Heilverfahrens, Renten oder Sterbegelder zu zahlen hat, in Höhe dieser Bezüge und vorbehaltlich der Bestimmungen des Artikel 8 des Gesetzes vom 20. Dezember 1875 (Reichs-Gesetzbl. S. 318) über.

Weitergehende Ansprüche als auf diese Bezüge stehen dem Verletzten und dessen Hinterbliebenen gegen das Reich und die Bundesstaaten nicht zu.

3) Gesetzbl. f. Elf.-Lothr. 1872 S. 770.

Die Haftung anderer, in dem § 10 nicht bezeichneter Personen bestimmt sich nach den sonstigen gesetzlichen Vorschriften. Jedoch geht die Forderung des Entschädigungsberechtigten an den Dritten auf die Betriebsverwaltung insoweit über, als sie zu den im Abs. 1 gedachten Zahlungen auf Grund dieses Gesetzes verpflichtet ist.

§ 14. Staats- und Kommunalbeamten sowie deren Hinterbliebenen, für welche durch die Landesgesetzgebung oder durch statutarische Festsetzung gegen die Folgen eines im Dienste erlittenen Betriebsunfalls eine den Vorschriften der §§ 1 bis 7 des gegenwärtigen Gesetzes mindestens gleichkommende Fürsorge getroffen ist, steht wegen eines solchen Unfalls ein reichsgesetzlicher Anspruch auf Ersatz des durch denselben erlittenen Schadens nur nach Maßgabe der §§ 10 bis 12 des gegenwärtigen Gesetzes zu. Auf solche Staats- und Kommunalbeamten sowie deren Hinterbliebene finden die reichsgesetzlichen Bestimmungen über Unfallversicherung keine Anwendung.

---

20. Mai 1902.

Vorschriften des Ministeriums über die Geschäftsführung und die Dienstregister der Gerichtsvollzieher.[1] [2])

Samml. der Justizverw. Bd. 27 S. 151.

Geschäfts- und Gebührenregister.

§ 1. Jeder Gerichtsvollzieher hat ein Geschäfts- und Gebührenregister nach dem dieser Verfügung beigegebenen Muster I zu führen.

Dasselbe ist in stempelfreiem, dauerhaftem Papier von 45 Centimeter Höhe und 56 Centimeter Breite in der Art anzulegen, daß 100 Bogen einen Band bilden. Auf jede Doppelseite des Registers kommen 10 Einträge.

Bevor das Register in Gebrauch genommen wird, ist dasselbe auf den einzelnen Blättern oben rechts mittels Ausdrucks oder handschriftlich mit fortlaufenden Ziffern zu versehen und dem Amtsrichter vorzulegen. Das erste und das letzte Blatt des Registers sind mit der Unterschrift des Amtsrichters, die übrigen Blätter mit einem Abdruck des Gerichtssiegels zu versehen. Register, welche den obigen Vorschriften nicht entsprechen, hat der Amtsrichter zurückzuweisen.

§ 2. Der Eintragung in das Register unterliegen nicht nur die Aufträge zu Amtshandlungen im engeren Sinne, sondern auch alle sonstigen dem Gerichtsvollzieher ertheilten Geschäftsaufträge, so z. B. die Einziehung von Geldern auf gütlichem Wege (vgl. §§ 138, 143 G. K. G. f. E. L.), die Anfertigung von Klageschriften und anderen Schriftstücken, wie überhaupt alle unter § 144 des vorerwähnten Gesetzes fallenden Aufträge. Dies gilt auch dann, wenn die Erledigung solcher Geschäfte mit dem Gebührenbezug einem Gehülfen überlassen wird.

1) Die Vorschriften sind erlassen auf Grund des § 155 G.V.G., des Art. I des Gesetzes, betreffend die Rechtsverhältnisse der Gerichtsvollzieher und die Errichtung einer Pensionskasse für Gerichtsvollzieher und deren Hinterbliebene vom 21. Juni 1897, sowie des § 1 des Gesetzes, betreffend die Disziplin der Gerichtsvollzieher, vom 20. April 1902. Bei dem Abdruck sind die Änderungen berücksichtigt, welche die Vorschriften durch die Verfügungen des Ministeriums vom 24. September 1908 (Samml. d. Justizverw. Bd. 31 S. 178) vom 11. November 1909 (Samml. Bd. 31 S. 491) und vom 12. Juni 1911 (Samml. Bd. 32 S. 422) erhalten haben. Die den Vorschriften beigegebenen Muster sind hier nicht mit abgedruckt.

2) Wegen der Aussonderung der Dienstregister und Akten der Gerichtsvollzieher s. die Verf. d. Minist. vom 9. April 1910 (Samml. d. Justizverw. Bd. 32 S. 124).

Die Eintragung der Aufträge hat Tag für Tag in der Reihenfolge ihres Einganges zu erfolgen.[3])

Vorbehaltlich der Bestimmungen im Absatz 6 dieses Paragraphen ist für jeden einzelnen Auftrag ein besonderer Eintrag im Geschäfts- und Gebührenregister zu machen. Der Auftrag zur Einziehung mehrerer Forderungen auf Grund sog. Ausstandslisten erfolgt jedoch unter so vielen Nummern des Registers als Schuldner vorhanden sind; wird ein Heberegister (§ 10) geführt, so kann die Eintragung in dem Geschäfts- und Gebührenregister summarisch unter nur einer Nummer stattfinden; diesenfalls ist im Geschäfts- und Gebührenregister (Spalte 21) auf die betreffenden Nummern des Heberegisters zu verweisen.

Für Geschäfte, welche als Fortsetzung früherer Geschäfte erscheinen (z. B. die Einnahme, Aufbewahrung und Ablieferung des Erlöses nach einer Versteigerung, die Annahme der Leistung nach einer Zwangsvollstreckung, die Erwirkung eines Vollstreckungsbefehls bezüglich eines auf Antrag des Gerichtsvollziehers erlassenen Zahlungsbefehls rc.) genügt statt eines neuen Eintrags ein Zusatz zu dem Eintrag des früheren Geschäfts, wenn der Vierteljahrs-Abschluß des Registers, bezw. bei Einträgen mit noch schwebendem Geldverkehr der Neu-Vortrag gemäß § 8, noch nicht stattgefunden hat. Bei gleichzeitiger Pfändung für mehrere Gläubiger ist die Pfändung nur einmal, beim ersten Auftrage, zu verzeichnen und bei den später eingeschriebenen Aufträgen hierauf zu verweisen. (§ 6 Ziffer 4.)

Von der Eintragung ausgenommen ist die Wahrnehmung des Sitzungsdienstes und die Verwaltung von Konkursen. (Samml. 9, 140.)

Von der Einzeleintragung ausgenommen sind die Aufträge, bezüglich deren nach den bestehenden Vorschriften (§ 25 der Ministerialverfügung vom 26. Dezember 1899, Samml. 24, 1157) die Gebühren und Auslagen gegen die Staatskasse zu berechnen sind; der Gerichtsvollzieher hat aber sofort nach dem Eingang der erfolgten Anweisung in dem Geschäfts- und Gebührenregister den angewiesenen Gesammtbetrag unter der nächstfolgenden Nummer in folgender Form zu vermerken: „Anweisung einer Liquidation Nr. . . . gegenüber der Staatskasse". Die angewiesenen Beträge sind summarisch in die Spalte 9, etwaige Auslagen in Spalte 11, einzusetzen.

§ 3. Bezüglich der Ausfüllung der Spalten 1 bis 11 sind folgende Vorschriften zu beachten:

1. In Spalte 4 ist die Natur des Geschäfts möglichst deutlich zu bezeichnen, insbesondere bei Zustellungen der Inhalt der zugestellten Urkunde (Klage beim Amtsgericht oder beim Landgericht, Zahlungsbefehl, Urtheil des Amts- (Schöffen-)gerichts oder des Landgerichts u. s. w.) anzugeben. Die Eintragung erfolgt in der Regel sofort beim Anfalle des Geschäfts; läßt sich jedoch bei Empfangnahme des Auftrags nicht überblicken, welche einzelnen Handlungen nothwendig und an welchem Orte diese Handlungen vorzunehmen sein werden, so ist ausnahmsweise die Angabe in Spalte 4 erst nach Vornahme des Geschäfts zu machen. Kommt es überhaupt nicht zur Thätigkeit des Gerichtsvollziehers, so ist ein bezüglicher Vermerk in Spalte 21 anzubringen; werden unter derselben Nummer weitere Geschäfte als Fortsetzung früherer Geschäfte eingetragen (§ 2 Abs. 4), so ist der erste Eintrag in Spalte 4 entsprechend zu ergänzen.
2. In Spalte 5 ist der Familienname oder die sonstige Bezeichnung des Auftraggebers zu unterstreichen.
3. In Spalte 6 ist auf der betreffenden Querlinie das Datum jedes Geschäfts, für welches in den folgenden Spalten eine Gebühr in Ansatz gebracht wird, anzugeben.
4. Der Vordruck in Spalte 7 bezieht sich auf die am häufigsten vorkommenden Geschäfte; sind andere Geschäfte hier zu vermerken, so sind die freigelassenen Linien und erforderlichen Falles, nach Durchstreichung des Vordrucks, andere Linien zu verwenden.

In dieser Spalte sind diejenigen Punkte, welche für die Berechnung der Gebühren in Betracht kommen, z. B.

bei Anfertigung von Klageschriften, sofern wegen eines Streitwerths von 150 ℳ und mehr eine den Betrag von 1 ℳ übersteigende Gebühr zum Ansatz kommt, der Streitwerth,

bei Pfändungen der Betrag der Forderung und gegebenenfalls auch der Zeitaufwand,

bei Versteigerungen, ob dieselben freiwillige oder Zwangsversteigerungen sind, der Versteigerungserlös und gegebenenfalls die bedungenen Zuschlagspfennige,

3) Für die laufenden Vorgänge im Geldverkehr ist den Gerichtsvollziehern die Führung von sogenannten Privatkassenbüchern mit abgekürzten Eintragungen gestattet. Doch müssen die Einträge aus diesem täglich in das Geschäfts- und Gebührenregister übernommen werden. Vgl. Verf. d. Oberlandesgerichtspräsidenten und des Oberstaatsanwalts vom 16. Juni 1910 (Samml. d. Justizverw. Bd. 32 S. 208).

bei Wechselprotesten die Nachsuchung der Wohnung oder Aufsuchung der Nothadresse

ersichtlich zu machen.

5. Bei Zustellungen, welche ohne Benutzung der Post am Amtssitze oder außerhalb desselben vorgenommen werden und zu deren Vornahme ohne Benutzung der Post der Gerichtsvollzieher nicht ausdrücklich ermächtigt war, ist der tarifmäßigen Gebühr nach Maßgabe der Ministerial-Verfügung vom 3. Juni 1883, Ziffer 3 (Samml. 8, 206) derjenige Betrag, welcher bei Benutzung der Post an Postgebühren erwachsen wäre, hinzuzurechnen und der Gesammtbetrag als Zustellungsgebühr einzutragen. Höhere Beträge, die an Stelle des Portos für Uebergewicht bei persönlicher Zustellung berechnet werden, sind durch die Bemerkung „Uebergewicht" zu erläutern.

Die im § 3 der Gebührenordnung erwähnte Ermächtigung hat der Gerichtsvollzieher sich schriftlich ertheilen zu lassen und als Beleg zum Register aufzubewahren.

6. Die Spalte 9 ist erst bei Gelegenheit des Vierteljahrs-Abschlusses auszufüllen.

7. Sollen in Spalte 10 andere Auslagen, als die, für welche ein Vordruck sich dort befindet, vermerkt werden, so sind hierzu die freien Linien und erforderlichen Falls nach Durchstreichung des nicht benutzten Vordrucks, andere Linien zu verwenden.

8. In Spalte 10/11 sind auch diejenigen Auslagen zu vermerken, welche von dem Gerichtsvollzieher aus Kostenvorschüssen der Auftraggeber bestritten worden sind.

9. Es ist unstatthaft, für die gemachten Auslagen eine Gesammtsumme anzugeben, anstatt der Einzelbeträge, aus denen sich dieselbe zusammensetzt. Soweit thunlich, sind dafür die Quittungen und sonstigen Belege beizubringen. Quittungen, welche sich auf mehrere Nummern des Geschäfts- und Gebührenregisters beziehen (z. B. Insertionskosten für zusammengefaßte Versteigerungsbekanntmachungen) sind als Anlagen zu dem Geschäfts- und Gebührenregister zu verwahren; auf den betr. Quittungen ist die Vertheilung auf die einzelnen Sachen ersichtlich zu machen; in Spalte 21 ist bei den einzelnen Nummern ein entsprechender Vermerk zu machen.

§ 4. Die Spalten 12 bis 19 sind für Eintragungen über den Geldverkehr der Gerichtsvollzieher, mit Ausschluß der Einnahmen und Ausgaben, welche von denselben als Konkursverwalter bewirkt worden sind, bestimmt.

In Spalte 13 müssen alle Geldbeträge, welche der Gerichtsvollzieher als Vorschuß von dem Auftraggeber erhalten hat, und alle fremden Gelder, die sonstwie in Folge von Aufträgen oder deren Erledigung in seine Hände gelangt sind, eingetragen werden. Es können dort ferner verbucht werden alle Beträge, welche lediglich zur Deckung eigener Ansprüche des Gerichtsvollziehers für Gebühren und Auslagen (Spalten 8 bis 11) von dem Auftraggeber oder von dem Schuldner eingezahlt werden.

Aus den Spalten 15 und 17 muß sich die Verwendung der laut der Einträge in Spalte 13 vereinnahmten Gelder ersehen lassen und aus einer Abgleichung zwischen Einnahmen (Spalte 13) und Ausgaben (Spalten 15, 17) der Kassensollbestand ergeben. Auslagen, welche der Gerichtsvollzieher aus Kostenvorschüssen der Auftraggeber bestritten hat, sind in Spalte 14/15 nachzuweisen. Die in Spalten 15 und 17 eingesetzten Beträge dürfen zusammen den Betrag in Spalte 13 nicht übersteigen; gegebenenfalls ist nur ein entsprechend geringerer Betrag, als auf Gebühren und Auslagen verrechnet, in Spalte 15 einzusetzen.

Erweist sich der Raum zur vollständigen Verbuchung des Geldverkehrs bei einer Nummer als nicht ausreichend, so haben die weiteren Einträge unter neuer Nummer zu erfolgen, unter gegenseitiger Verweisung in Spalte 21 bei beiden Nummern.

Die Spalten 18 und 19 sind von dem Gerichtsvollzieher, sobald sich die Abrechnung vollzogen hat, ohne daß ein Baarbestand in seinen Händen verblieben ist, durch Querstriche auszufüllen. Im Uebrigen erfolgt die Ausfüllung dieser Spalten durch den Gerichtsvollzieher nach Maßgabe des § 9 Abs. 4.

§ 5. Die vermöge seines Dienstes oder überhaupt aus Veranlassung von Geschäftsaufträgen (s. oben § 2 Abs. 1) in seinen Gewahrsam kommenden fremden Gelder hat der Gerichtsvollzieher getrennt von seinen eigenen Geldern unter sicherem Verschlusse aufzubewahren.

Die zu einer Konkursverwaltung gehörenden Gelder (s. oben § 2 Abs. 5) sind von den sonstigen fremden wie von den eigenen Geldern getrennt aufzubewahren.

§ 6. Die Spalte 21 (Bemerkungen) hat zu nachbezeichneten Eintragungen zu dienen:

1. Werthpapiere (Aktien, Obligationen, Pfandbriefe u. s. w.) sowie Wechsel und sonstige durch Indossament übertragbare Papiere, welche in Folge von Aufträgen oder deren Erledigung in den Gewahrsam des Gerichtsvollziehers gelangen, sind mit Angabe des

Tags des Empfangs zu verzeichnen. Die Aushändigung, Hinterlegung oder das sonst mit den Papieren Geschehene ist ebenfalls zu vermerken.

2. Falls ein Auftrag widerrufen wird, ist dies mit Angabe der Zeit des Widerrufs zu vermerken.

3. Bei den einzelnen Einträgen sind die dazu gehörenden Belege (Vollmachten, Quittungen u. s. w.) zu erwähnen. Die Belege sind mit der Nummer des Registers zu versehen und, soweit sie nicht den Parteien zurückzugeben sind, aufzubewahren. Wegen der für mehrere Einträge gemeinsamen Belege vgl. § 3 Ziff. 9.

4. Bei Geschäften, welche sich auf einander beziehen, ist zum ersten Eintrage der spätere nach Natur, Datum und Registernummer anzugeben und zu dem späteren auf die Nummer des früheren zu verweisen.

5. Wegen der Verweisung auf die Nummern des Heberegisters vgl. § 2 Abs. 3 a. E.

6. Im Falle einer Vereinbarung über die Höhe der Hebegebühren nach § 24 Not.-G.-O. (vgl. dazu Verf. vom 12. 6. 1901 Ziffer 3, Samml. 26, 244) ist ein entsprechender Vermerk einzusetzen.

Andere Vermerke, die zur Klarstellung des Sachverhalts zweckmäßig erscheinen, sind ebenfalls aufzunehmen.

§ 7. Die Gerichtsvollzieher haben unter den Urschriften und Abschriften ihrer Akte neben den nach § 23 der Gebührenordnung erforderlichen Angaben, welche in Uebereinstimmung mit den einzelnen Posten des Geschäfts- und Gebührenregisters stehen müssen, auch die Nummer dieses Registers (mit „G.-R. Nr...") zu verzeichnen. Das Gleiche gilt von denjenigen Schriftsätzen, welche zur Erhebung einer Gebühr nach § 144 G.-K.-G. f. E.-L. Anlaß geben.

§ 8. Diejenigen Einträge des verflossenen Vierteljahrs, welche noch nicht völlig erledigte Geldvereinnahmungen betreffen (Restantenposten), sind nach Maßgabe der folgenden Vorschriften neu vorzutragen:

1. Der Neuvortrag hat am ersten Tage des neuen Vierteljahrs vor allen weiteren Neueinträgen zu erfolgen.

2. Die Restantenposten sind unter fortlaufenden Nummern in der Reihenfolge der früheren Einträge des Geschäfts- und Gebühren-Registers neu vorzutragen. Sofern nach Maßgabe des § 2 Abs. 4 für die Fortsetzung eines Geschäfts ein weiterer Eintrag mit Geldvereinnahmung, stattgefunden hat, sind die mehreren zusammengehörigen Einträge in einem Neuvortrag zusammen zu fassen; entscheidend für die Stelle, an welcher solchenfalls der Neuvortrag einzureihen ist, ist die laufende Nummer des ersten der mehreren zusammengehörigen früheren Einträge.

3. Bei dem Neuvortrag ist der Inhalt der Spalten 2—17 des früheren Eintrags wörtlich zu übertragen; dabei können mehrere in Spalte 13 des früheren Eintrags aufgeführte Einzelbeträge in einem Gesamtbetrag zusammengefaßt werden, auch genügt die Angabe des Datums der ersten Vereinnahmung. In den Spalten 14 bis 17 sind jedoch die Einzelangaben des früheren Eintrags zu wiederholen.

4. Bei Gelegenheit des Neuvortrags ist in den früheren Einträgen die Spalte 9 durch Querstriche auszufüllen.

5. In Spalte 20 a und b sind die Nummern des Geschäfts- und Gebührenregisters anzugeben, von welchen und auf welche der Neuvortrag stattgefunden hat.

6. Neu vorgetragene Restantenposten, welche am Schlusse des Vierteljahres noch nicht zur Erledigung gelangt sind, sind wiederholt neu vorzutragen.

7. Bei dem zum 1. Juli d. Js. zum ersten Male vorzunehmenden Neuvortrage der Restantenposten sind sämmtliche Restantenposten, gleichviel aus welchem Vierteljahre dieselben stammen, neu vorzutragen.

8. In entsprechender Weise sind an der laufenden Stelle des Registers diejenigen Einträge neu vorzutragen, zu denen nach Ablauf des Vierteljahres, jedoch vor Bewirkung des Vierteljahres-Abschlusses (vgl. § 9) eine erste Geld-Vereinnahmung erfolgt.

§ 9. Spätestens am 20. der Monate April, Juli, Oktober und Januar ist das Register nach Maßgabe der folgenden Vorschriften für das vorausgegangene Kalender-Vierteljahr hinsichtlich der Gebühren-Erträgnisse abzuschließen, unter gleichzeitiger Feststellung des Kassen-Sollbestandes.

Der Gebühren-Abschluß erfolgt in der Weise, daß zunächst die Spalte 9 (Summe der Gebühren) durch Zahlen oder Querstriche ausgefüllt und hierauf nach Aufrechnung und Uebertragung der Seitenbeträge der Gesamtbetrag der Gebühren aus den Nummern des verflossenen Vierteljahres — mit Ausnahme jedoch der Gebührenbeträge aus den neuvorgetragenen Restantenposten (§ 8) — festgestellt wird.

Gebühren und Auslagen, welche zu noch nicht als Restantenposten neuvorgetragenen Einträgen des abgelaufenen Vierteljahrs noch vor Abschließung des Registers erwachsen, sind noch bei den betreffenden Einträgen des abgelaufenen Vierteljahrs einzusetzen und demgemäß auch bei der Zusammenrechnung der Gebühren-Erträgnisse des abgelaufenen Vierteljahres noch mit zu berücksichtigen. Beziehen sich die Gebühren und Auslagen auf Einträge, welche als Restantenposten neu vorgetragen sind, so sind sie bei letzteren zu vermerken. Geld-Vereinnahmungen und -Verausgabungen, welche nach dem letzten Tage des Kalender-Vierteljahres erfolgen, dürfen keinesfalls mehr bei den früheren Einträgen vermerkt werden; dieselben haben vielmehr bei den betreffenden Neu-Vorträgen zu erfolgen; vgl. § 8.

Anlangend die Feststellung des Kassen-Sollbestandes, so wird zu den neuvorgetragenen Restantenposten, sowie zu sämmtlichen seit Ablauf des Kalender-Vierteljahrs bis zum Register-Abschluß vorgenommenen Neu-Einträgen der Sollbestand nach dem Stande des Tages des Register-Abschlusses durch Abgleichung der Spalten 13 und 15/17 ermittelt und demgemäß Spalte 18 und 19 mit Zahlen oder (Mangels Sollbestandes) mittels Querstrichen ausgefüllt.

Heberegister. § 10. Zur Erleichterung der Registerführung ist gestattet, daß über die Einnahmen an gestundeten Fahrnißsteiggeldern und die Einnahmen, die auf Grund einer dem Gerichtsvollzieher zur gütlichen Einziehung übergebenen Ausstandsliste erfolgen, ein besonderes Heberegister geführt und die Ergebnisse in das Geschäfts- und Gebührenregister nur summarisch übertragen werden. Die bei Fahrnißversteigerungen baarbezahlten Steiggelder sind nicht in das Heberegister, sondern (ihrem Gesammtbetrage nach) in das Geschäfts- und Gebührenregister einzutragen.

Das Heberegister ist nach dem dieser Verfügung beigegebenen Muster II zu führen. Dasselbe ist in stempelfreiem dauerhaftem Papier von 33 Centimeter Höhe und 42 Centimeter Breite in der Art anzulegen, daß 100 Bogen einen Band bilden. Die Bestimmung des § 1 Abs. 3 findet Anwendung.

§ 11. Betreffs der Führung des Heberegisters wird Folgendes bestimmt:

1. Die Eintragungen in Spalte 1 bis 4 erfolgen, sofern es sich um Gelderhebungen auf Grund sog. Ausstandslisten handelt, im unmittelbaren Anschlusse an die summarische Eintragung des Auftrags in dem Geschäfts- und Gebührenregister, und wenn es sich um die Erhebung nicht sofort bezahlter Fahrnißsteiggelder handelt, alsbald nach Abhaltung der Versteigerung.

2. Jeder Auftrag zur Einziehung mehrerer Geldbeträge erhält so viele Nummern (Spalte 1), als Schuldner vorhanden sind.

3. In Spalte 4 ist als einzuziehender Betrag der Forderung des Gläubigers nur der feststehende Betrag — bei Steiggeldern einschließlich der Zuschlagspfennige — einzustellen; etwa miteinzuziehende laufende Zinsen sind in Spalte 6 gesondert von dem Betrage der Hauptforderung einzutragen.

4. Die eingegangenen Beträge werden ohne Verzug in Spalte 6 eingetragen.

5. Die Uebertragung des Gesammtergebnisses in das Geschäfts- und Gebührenregister hat stets stattzufinden, wenn die Einnahme ganz oder theilweise abgeliefert oder hinterlegt wird, außerdem aber jedes Mal am Schlusse des Vierteljahres, bevor der Neuvortrag der Restantenposten (§ 8) erfolgt. In Spalte 12 des Geschäfts- und Gebührenregisters sind bei der Uebertragung anstatt der Daten der einzelnen Zahlungen nur die entsprechenden Nummern des Heberegisters anzugeben.

6. Die in das Geschäfts- und Gebührenregister übernommenen Beträge sind im Heberegister zu durchstreichen, jedoch so, daß das Durchstrichene lesbar bleibt.

7. Wenn bezüglich eines in das Heberegister eingetragenen Postens nach Zahlungs-Aufforderung oder Mahnung die Zahlung des angeforderten Betrages nicht erfolgt und eine weitere Thätigkeit des Gerichtsvollziehers stattfindet, so ist die betr. Nummer des Heberegisters zu streichen und die Sache für sich im Geschäfts- und Gebührenregister besonders einzutragen.

8. Im Uebrigen gelten die zu derselben Ausstandsliste oder zu derselben Versteigerung gehörenden mehreren Einträge im Heberegister, wie bezüglich der Gebührenberechnung, so auch bezüglich der geschäftlichen Behandlung, als eine Sache.

§ 12. Nach den geltenden gesetzlichen Bestimmungen [4]) haben die Gerichtsvollzieher spaltenweise eingetheilte Repertorien zu führen, in welche sie Tag für Tag ohne Zwischenraum oder eingeschaltete Linien und der Reihenfolge nach alle registrirungspflichtigen [5]) Urkunden ihres Amts einzutragen haben. Repertorium.

Das Repertorium ist auf gestempeltem Papier von 25 Centimeter Höhe und 36 Centimeter Breite nach dem beiliegenden Muster III zu führen. Für die Formularbogen ist entweder

4) Jetzt § 14 Abs. 3 des Verkehrssteuergesetzes vom 14. November 1904; nach dieser Vorschrift haben die Gerichtsvollzieher vierteljährlich das Repertorium dem Verkehrssteueramte vorzulegen.

5) Jetzt verkehrssteuerpflichtigen Urkunden; darüber, welche Urkunden dies sind, s. die Verf. d. Oberlandesgerichtspräsidenten und des Oberstaatsanwalts vom 1. April 1905 (Samml. d. Justizverw. Bd. 29 S. 174).

mit Stempel-, Ein- und Ausdruck versehenes Papier oder gewöhnliches Schreibpapier von guter und dauerhafter Beschaffenheit zu verwenden. In letzterem Falle ist das Papier je nach Bedarf blattweise von dem Gerichtsvollzieher zur Entrichtung der gesetzlichen Stempelgebühren mit Stempelmarken zu versehen. Bevor das Repertorium in Gebrauch genommen wird, ist dasselbe auf den einzelnen Blättern oben rechts mit Blattzahlen zu versehen und dem Amtsrichter vorzulegen, welcher die Formularmäßigkeit zu prüfen und wenn sich keine Anstände ergeben, jede Blattzahl mit seinem Namenszuge zu versehen hat. Das Nachheften einzelner Bogen ist unter den gleichen Voraussetzungen gestattet.

Sitzungsdienstregister.

§ 13.[6]) I. Bei jedem Gericht, Amtsgericht, Landgericht einschließlich Schwurgericht, Oberlandesgericht) wird für jeden Gerichtsvollzieher nach dem beigefügten Muster $\frac{\text{A. G. Nr. 30}}{\text{L. G. Nr. 54}}$ eine Gebührenberechnung über den von ihm geleisteten Sitzungsdienst geführt. Der Dienst bei verschiedenen Abteilungen (Kammern, Senaten) desselben Gerichts wird im gleichen Register eingetragen. Die Rheinschiffahrtsgerichte gelten in dieser Beziehung als Abteilungen der Amtsgerichte, aus den ordentlichen Gerichten gebildete Disziplinargerichte als Abteilungen der ordentlichen Gerichte.

Die Gebührenberechnung wird in einen festen Umschlag (Aktendeckel) eingeheftet und von dem Gerichtsschreiber zu jeder Sitzung mitgenommen. Der Gerichtsschreiber füllt bei Beginn der Sitzung die Spalten 1—4, beim Schluß der Sitzung die Spalte 5 aus. Die Richtigkeitsbescheinigung in Spalte 10 wird unmittelbar nach Schluß der Sitzung durch den Vorsitzenden erteilt. Der Gerichtsvollzieher ist berechtigt, vor der Erteilung der Richtigkeitsbescheinigung in die Eintragungen des Gerichtsschreibers Einsicht zu nehmen. Nach der Erteilung der Richtigkeitsbescheinigung ist die Gebührenberechnung unverzüglich an denjenigen Gerichtsschreiber abzugeben, welchem nach der Geschäftsverteilung des Gerichts die nächste Eintragung obliegt.

Nach Schluß des Vierteljahrs wird die Gebührenberechnung aus dem Umschlag entnommen und dem Sekretariat der Staatsanwaltschaft beim Landgericht bzw. für den Sitzungsdienst beim Oberlandesgericht dem Sekretariat der Staatsanwaltschaft beim Oberlandesgericht übersandt. Der Sekretär der Staatsanwaltschaft hat die Eintragungen in den Spalten 2—5 rechnerisch zu prüfen und die Spalten 6—9 auszufüllen. Die Festsetzung und Anweisung der Gebühren erfolgt auf Antrag des Ersten Staatsanwalts durch den Landgerichtspräsidenten bzw. für den Sitzungsdienst beim Oberlandesgericht auf Antrag des Oberstaatsanwalts durch den Oberlandesgerichtspräsidenten. Der Gerichtsvollzieher ist durch Übersendung der Anweisung zu benachrichtigen.

II. Für die Berechnung der Sitzungsdienstgebühren wird zur Erläuterung des § 142 des Gerichtskostengesetzes für Elsaß-Lothringen folgendes bestimmt:

Der Eintragung unterliegt nur der Dienst in den eigentlichen Gerichtssitzungen, da durch § 142 G.-K.-G. f. E.-L. nur für diese eine Gebühr aus der Staatskasse bewilligt ist. Einer allgemeinen Anordnung des Richters oder des Gerichts zur Wahrnehmung des Sitzungsdienstes bedarf es hinsichtlich der am Gerichtssitze stattfindenden Gerichtssitzungen nur insoweit, als die Bestimmung eines von mehreren Gerichtsvollziehern für einen gewissen Zeitraum nach dem Dienstwechsel in Betracht kommt; eine spezielle Anordnung ist nur erforderlich, im Falle der Gerichtsvollzieher seine notwendig gewordene Vertretung in einzelnen Gerichtssitzungen durch einen anderen am gleichen Orte wohnenden Gerichtsvollzieher nicht selbst herbeiführen kann.[7]) Aus der Anwesenheit bei auswärtigen Gerichtstagen der Amtsgerichte können Ansprüche auf die im Abs. 3 des § 142 G.-K.-G. f. E.-L. vorgesehenen Reisekosten nur dann hergeleitet werden, wenn der Gerichtsvollzieher auf besondere Anordnung des Amtsrichters zur Wahrnehmung des Sitzungsdienstes bei dem auswärtigen Gerichtstage erschienen ist.

In Spalte 2 der Gebührenberechnung erfolgt für jede „Sitzung“ im Sinne des § 142 G.-K.-G. f. E.-L. ein besonderer Eintrag. Als Sitzung ist ein Termin außerhalb der mündlichen (Haupt-)Verhandlung überhaupt nicht anzusehen. Die Sitzungen

jeder einzelnen für Zivilprozeßsachen eingerichteten Abteilung des Amtsgerichts sowie der auswärtigen Gerichtstage,

des Schöffengerichts sowie des Amtsgerichts als Strafgericht zusammen,

jeder einzelnen Kammer des Landgerichts und jedes einzelnen Senats des Oberlandesgerichts

sind als besondere Sitzungen anzusehen und dementsprechend in Spalte 2 der Gebührenbe-

6) Fassung der Verfügung vom 12. Juni 1911 (Samml. d. Justizverw. Bd. 32 S. 422).

7) Über die Vertretung der Gerichtsvollzieher in Wahrnehmung des Sitzungsdienstes vgl. die Verf. d. Minist. vom 21. August 1905 (Samml. d. Justizverw. Bd. 29 S. 400).

rechnung einzutragen. Der Eintrag hat z. B. zu lauten:

A.-G. Abt. I. Ziv.-S.
A.-G. Sch.-S.
A.-G. Ausw.-G. N
L.-G. I. Ziv.-K.
L.-G. Str.-K.
Schw.-G.

Werden bei einer Abteilung des Amtsgerichts oder einer Kammer (Senat) des Landgerichts (Oberlandesgerichts), wie z. B. bei den Ferienabteilungen der Amtsgerichte oder den Ferienkammern der Landgerichte, am gleichen Tage sowohl in Zivilsachen als auch in Strafsachen Termine abgehalten, die zum Zwecke der Verhandlung nacheinander auf denselben Tag anberaumt waren, so ist nur eine Sitzung zu berechnen. Dabei ist nicht von Belang, ob in der Besetzung des Gerichts für die beiden Arten von Sachen eine Änderung eintritt, wie z. B. bei den Ferienkammern der Landgerichte, oder ob die Verhandlung teils vor dem Amtsrichter, teils vor dem Schöffengericht stattfindet.

Sitzungen, welche über Mittag unterbrochen werden, gelten mit Abrechnung der Unterbrechungszeit, welche in Spalten 4 und 5 durch doppelten Eintrag (der vor- und nachmittägigen Sitzungszeit) ersichtlich zu machen ist, als eine Sitzung; dies gilt auch dann, wenn die Unterbrechung nicht erst während der Sitzung beschlossen worden ist, sondern für einen Teil der Streitsachen die Terminsbestimmung auf den Nachmittag von vornherein stattgefunden hatte.

Bei Angabe der Sitzungsdauer nach Beginn und Ende (Spalten 4 und 5) kommen Vorbereitungen, welche der Gerichtsvollzieher vor Beginn der Sitzung zu treffen hat, sowie Dienstverrichtungen, welche nach Schluß der Sitzung zu erledigen sind, ebensowenig in Betracht, als die Gang- und Reisezeit.

In Spalte 6 ist die in Rechnung kommende Zeit nach vollen Stunden anzugeben. Die Abrundung erfolgt für jede Sitzung besonders, für über Mittag unterbrochene Sitzungen (vgl. II. Abs. 4) nur einmal.

Protestsammelakten. § 14.[8]) Für die bei Aufnahme von Wechsel- und Scheckprotesten zurückbehaltenen beglaubigten Abschriften der Protesturkunden und die über den Inhalt des Wechsels, der Wechselkopie oder des Schecks aufgenommenen Vermerke sind Protestsammelakten nach Maßgabe des § 95 i der Geschäftsanweisung für die Gerichtsvollzieher zu führen.

Revision. § 15. Das Geschäfts- und Gebührenregister — und gegebenenfalls das Heberegister — mit den auf die Eintragungen des letzten Vierteljahrs bezüglichen Belägen sind sofort nach dem Register-Abschluß (§ 9) dem Amtsrichter[9]) zur Revision vorzulegen.

Bei dieser Revision ist den Eintragungen über den Geldverkehr und den dazu gehörenden Belegen besondere Aufmerksamkeit zuzuwenden. Vor Allem ist zu prüfen, ob bei dem Neuvortrag der Restantenposten keine Einträge mit noch nicht erledigten Geldvereinnahmungen aus dem letzten Vierteljahr — bzw. beim erstmaligen Neuvortrag der Restantenposten aus den früheren Vierteljahren — ausgelassen sind. Des Weiteren ist zu prüfen, ob die in dem Neuvortrag enthaltenen ziffermäßigen Angaben dem Inhalte der bezüglichen früheren Einträge entsprechen. Sodann ist an der Hand der neuvorgetragenen Restantenposten sowie der sämmtlichen weiteren Neueinträge die Richtigkeit des in Spalte 19 angegebenen Kassen-Sollbestandes zu prüfen. Die Revision kann nach Ermessen des Amtsrichters darauf ausgedehnt werden, ob der ermittelte Sollbestand der Kasse sowie die etwa zu einer Konkursverwaltung gehörenden Gelder wirklich vorhanden sind.

Ueber die Revision wird von dem Amtsrichter ein Protokoll aufgenommen, in welchem die zu Tage getretenen Mängel aufzuführen sind. Auf Grund der in dem Abschlusse vermerkten oder berichtigten Angaben ist

1. der Betrag der Gebühren:
   a) für Geschäfte von Amtswegen (§ 2 Abs. 6);
   b) für sonstige Geschäfte;

   für das abgelaufene Vierteljahr;
2. die Zahl der aus dem abgelaufenen Vierteljahr (bzw. aus den abgelaufenen Vierteljahren) neu vorgetragenen Restantenposten

zu verzeichnen.

Außerdem ist der Gesammt-Sollbestand der Kasse nach dem Stande des Tages des Abschlusses anzugeben, wie sich derselbe aus der Zusammenrechnung der Beträge ergiebt, die bei den neuvorgetragenen Restantenposten und den weiteren Neueinträgen in Spalte 19 eingesetzt sind.

Falls die Revision auf die Feststellung des wirklichen Vorhandenseins des Kassen-Sollbestandes ausgedehnt wird, ist auch der festgestellte Ist-Bestand anzugeben.

Das Revisionsprotokoll ist dem Gerichtsvollzieher zur Kenntnißnahme und, falls Beanstandungen erhoben sind, zu deren Erledigung mit-

8) Fassung der Verf. vom 24. September 1908 (Samml. d. Justizverw. Bd. 31 S. 178).

9) Bei den mit mehreren Richtern besetzten Amtsgerichten dem mit der Dienstaufsicht betrauten Richter; vgl. hierzu d. Verf. d. Minist. vom 4. Juni 1902 (Samml. d. Justizverw. Bd. 27. S. 202).

zutheilen und demnächst dem Landgerichtspräsidenten und dem Ersten Staatsanwalte mit den etwaigen weiteren Verhandlungen vorzulegen.

§ 15 a. 10) Außer der im vorstehenden Paragraphen angeordneten regelmäßigen Revision der Registerführung haben die Amtsrichter bei jedem Gerichtsvollzieher ihres Bezirks mindestens einmal im Jahre eine unvermutete Revision der amtlichen Kasse (§ 5 Abs. 1) vorzunehmen. Der Amtsrichter hat sich hierbei den Bestand der Kasse vorzeigen zu lassen und zu prüfen, ob der vorgefundene Betrag mit dem Sollbestande der Kasse, welcher aus dem Geschäfts- und Gebührenregister nach Maßgabe der §§ 9 Abs. 4 und 15 Abs. 4 zu ermitteln ist, übereinstimmt.

Ueber die Revision ist ein Protokoll zu errichten, welches den Sollbestand der Kasse und den vorgefundenen Istbestand angibt. Uebersteigt der Istbestand den Sollbestand oder bleibt er hinter ihm zurück, so sind die zur Erklärung des Unterschieds gemachten Angaben des Gerichtsvollziehers in das Protokoll aufzunehmen. Bei der Revision etwa hervorgetretene Mängel der Registerführung sind ebenfalls in dem Protokoll zu erwähnen.

Letzteres ist von dem Amtsrichter und dem Gerichtsvollzieher zu unterzeichnen und von dem Amtsrichter ohne Verzug dem Landgerichtspräsidenten und dem Ersten Staatsanwalt vorzulegen.

Jährliche Gebühren-Übersicht.

§ 16. Die Landgerichtspräsidenten und die Ersten Staatsanwälte haben auf Grund der Angaben in den Revisionsprotokollen und der von ihnen für Sitzungsdienstgebühren ertheilten Anweisungen im Februar jeden Jahres Zusammenstellungen zu fertigen, aus welchen für die Gerichtsvollzieher des Landgerichtsbezirks im Einzelnen und im Ganzen

1. der Betrag der Gebühren:
   a) für Geschäfte von Amtswegen;
   b) für sonstige Geschäfte;
2. der Betrag der Sitzungsdienstgebühren

für das abgelaufene Kalenderjahr ersichtlich ist. Je ein Exemplar dieser Zusammenstellung ist dem Ministerium sowie dem Oberlandesgerichtspräsidenten und dem Oberstaatsanwalt vorzulegen.

Maßnahmen im Falle des Ausscheidens eines Gerichtsvollziehers.

§ 17. 11) Bei Erledigung der Stelle eines Gerichtsvollziehers 12) oder zeitweiliger Dienstenthebung eines solchen Beamten ist behufs Aufbewahrung des Dienstsiegels, der Dienstregister und sonstigen dienstlichen Papiere sowie behufs Sicherstellung der aus Anlaß des Dienstes in den Gewahrsam des Gerichtsvollziehers gekommenen Sachen der Parteien nach folgenden Vorschriften zu verfahren:

I. Bei Erledigung der Stelle durch Tod oder Entlassung, sowie bei eintretender Amtsenthebung oder Verhaftung des Gerichtsvollziehers hat der Amtsrichter

1. die Ablieferung des Dienstsiegels, 13) der Dienstregister und sonstigen dienstlichen Papiere (insbesondere der allgemeinen amtlichen Verfügungen, der Geschäfts- und Gebührenregister, Repertorien, Protestsammelakten, der Urschriften von Fahrniß-Versteigerungsprotokollen, und der gemäß Ziffer 8 der Verfügung des Oberstaatsanwalts vom 16. Juni 1897 (Samml. 22, 379 f.) der Verwahrung noch unterliegenden Pfändungsprotokolle) an das Amtsgericht zu veranlassen;
2. die Gesammtsumme der seit dem letzten Vierteljahrs-Abschluß eingetragenen Gebühren, sowie den derzeitigen Kassen-Sollbestand festzustellen;
3. für die Sicherstellung der aus Anlaß des Dienstes in den Gewahrsam des Gerichtsvollziehers gekommenen Gelder, Pfandstücke, Schriftstücke und sonstigen Sachen, welche den Parteien gehören, in geeigneter Weise Sorge zu tragen und die Abwickelung des schwebenden Geldverkehrs zu überwachen.

Die unter Nr. 1 getroffene Vorschrift kommt auch im Falle der Versetzung eines Gerichtsvollziehers zur Anwendung.

II. Das Dienstsiegel sowie die Dienstregister und sonstigen dienstlichen Papiere sind von dem Amtsgerichte während der Amtsenthebung oder Haft des Gerichtsvollziehers dem etwa mit der Verwaltung der Stelle beauftragten Gerichtsvollzieher oder demjenigen Gerichtsvollzieher, welchem vorläufig die Wahrnehmung der Geschäfte obliegt, und im Falle des Todes, der Entlassung oder Versetzung dem Nachfolger zu übergeben.

Dem bisherigen Inhaber der Stelle oder dessen Erben steht gegen den Nachfolger ein Anspruch auf Ersatz des Werthes des nicht verbrauchten, noch verwendbaren Theils der Dienstregister, insbesondere des noch unbe-

10) § 15a ist durch die Verf. v. 11. November 1909 (Samml. der Justizverw. Bd. 31, S. 491) neu eingefügt worden.

11) Fassung der Verf. vom 24. September 1908 (Samml. d. Justizverw. Bd. 31 S. 178).

12) Über das Verhalten der Gerichtsvollzieher bei einem Stellenwechsel s. auch die Verf. d. Oberlandesgerichtspräsidenten und des Oberstaatsanwalts vom 2. Juli 1912 (Samml. d. Justizverw. Bd. 33 S. 196).

13) Vgl. § 17 der Gerichtsvollzieherordnung vom 24. Mai 1902.

nutzten Stempelpapiers im Repertorium zu. Mangels Einigung der Betheiligten erfolgt die Festsetzung der Beträge auf Ansuchen durch den Amtsrichter.

In allen Fällen steht dem bisherigen Inhaber der Stelle oder dessen Erben das Recht zu, soweit es wegen der Abrechnung mit den Parteien oder aus sonstigen Gründen erforderlich ist, von den Dienstregistern und dienstlichen Papieren Einsicht und Abschrift zu nehmen.

Übergangs- und Schlußbestimmungen. § 18. Die durch gegenwärtige Verfügung vorgeschriebenen Register sind von sämmtlichen Gerichtsvollziehern spätestens am 1. Juli 1902 in Gebrauch zu nehmen. Die Ingebrauchnahme zu einem früheren Zeitpunkte ist gestattet. Dagegen ist die weitere Verwendung der z. Z. angelegten Repertorien, auch wenn dieselben nicht schon mit Stempelmarken versehen sind, bis zum Aufbruch des vorhandenen Formularbestandes zulässig.

Die Revision der Dienstregister 2c. nach Maßgabe des § 15 findet zum ersten Mal im Juli d. J. statt.

Die Verfügungen des Ministeriums vom
20. Mai 1880 unter II[4] (Samml. 5, 157),
11. Mai 1881 (Samml. 6, 81),
19. März 1886 (Samml. 11, 64),
23. Juli 1891 (Samml. 16, 315),
15. Juli 1893 (Samml. 18, 267),
sowie des Oberstaatsanwalts vom
22. April 1881 (Samml. 6, 77),
10. August 1893 (Samml. 18, 284),
16. Juni 1897 unter Nr. 7 (Samml. 22, 379),
werden hierdurch aufgehoben.

---

24. Mai 1902.

Gerichtsvollzieherordnung.[1])

Zentr.- u. Bez.A.Bl. S. 169.

Erfordernisse zur Anstellung. § 1. Die Erfordernisse zur Anstellung als Gerichtsvollzieher bestimmen sich nach dem Regulative vom 12. April 1898 (Gesetzbl. S. 41)[2]) und den zur Ausführung dieses Regulativs erlassenen Vorschriften.[3])

Ernennung. § 2. Die Ernennung zum Gerichtsvollzieher und die Bestimmung des Amtssitzes erfolgt durch das Ministerium (Gesetz vom 30. Juli 1880, betreffend die Ernennung der Subalternbeamten bei den Gerichten, Gesetzbl. S. 128).

Die Ernennung geschieht auf Lebenszeit.

Die Ernennung eines Anwärters für das Gerichtsvollzieheramt zum Gerichtsvollzieher erfolgt in der Regel erst, nachdem derselbe auftragsweise die Geschäfte eines Gerichtsvollziehers während der Dauer von wenigstens einem Jahre selbständig wahrgenommen hat.

Amtssitz. § 3. Für jeden Amtsgerichtsbezirk wird mindestens ein Gerichtsvollzieher ernannt. Der Gerichtsvollzieher hat seinen Amtssitz, soweit das Ministerium nicht anders bestimmt (§ 2, Abs. 1) am Sitze des betreffenden Amtsgerichts.

Amtskaution. § 4. Die Verpflichtung des ständig (§ 2, Abs. 2) oder auftragsweise (§ 2, Abs. 3, § 23) angestellten Gerichtsvollziehers zur Stellung einer Amtskaution bemißt sich nach dem Gesetze vom 15. Oktober 1873, betreffend die Kautionen der Beamten des Staates, der Gemeinden und der öffentlichen Anstalten (Gesetzbl. S. 273) und den zur Ausführung dieses Gesetzes erlassenen Vorschriften.[4])

Vereidigung. § 5. Der Gerichtsvollzieher hat nach der Bestellung der Kaution in öffentlicher Sitzung des Amtsgerichts den im § 1 des Gesetzes vom 20. September 1871, betreffend die Vereidigung des Staatsbeamten (Gesetzbl. S. 339) vorgeschriebenen Dienstеid zu leisten.

Ueber die Eidesleistung ist ein von dem Vereidigten, dem Amtsrichter und dem Gerichtsschreiber zu unterzeichnendes Protokoll aufzunehmen.

Die Verpflichtung zur Leistung des Diensteides erstreckt sich auch auf die auftragsweise angestellten Gerichtsvollzieher (§ 2, Abs. 3, § 23). Im Falle ihrer späteren Ernennung zum Gerichtsvollzieher unterbleibt die nochmalige Vereidigung.

---

1) Erlassen auf Grund des § 155 G.V.G. und des Art. I des Gesetzes, betreffend die Rechtsverhältnisse der Gerichtsvollzieher und die Errichtung einer Pensionskasse für Gerichtsvollzieher und deren Hinterbliebene, vom 21. Juni 1897. Bei dem Abdruck sind die Änderungen berücksichtigt, welche die Gerichtsvollzieherordnung durch die Verf. d. Minist. vom 5. Juni 1906 erhalten hat.

2) Jetzt Verordnung des Statthalters vom 15. Dezember 1909 (Gesetzbl. für Elsaß-Lothringen S. 173).

3) Verf. d. Ministeriums vom 20. Dezember 1909 (Zentr.- u. Bez.A.Bl. S. 183).

4) Vgl. namentlich die Verf. d. Ministeriums vom 30. Mai 1884 (Zentr.- u. Bez.A.Bl. S. 137). Die Anweisung zur Annahme und Rückgabe der Kautionen der Gerichtsvollzieher erteilt der Erste Staatsanwalt beim Landgericht.

Oertliche Zuständigkeit.

§ 6. Die örtliche Zuständigkeit des Gerichtsvollziehers umfaßt den Landgerichtsbezirk, zu welchem das in § 3 bezeichnete Amtsgericht gehört.

Sachliche Zuständigkeit.

§ 7. Die sachliche Zuständigkeit des Gerichtsvollziehers wird durch die in den Reichs- und Landesgesetzen getroffenen Vorschriften bestimmt.

Wohnort und Amtsstube.

§ 8. Der Gerichtsvollzieher muß an seinem Amtssitze (§ 3) wohnen und eine Amtsstube haben. Die Haltung von Amtsstuben an verschiedenen Orten ist nicht gestattet.

Ablehnung von Aufträgen.

§ 9. Der Gerichtsvollzieher darf, vorbehaltlich der Bestimmung in § 18 der Gebührenordnung für Gerichtsvollzieher, die Ausführung eines innerhalb seiner örtlichen Zuständigkeit und seines Geschäftskreises erhaltenen Auftrages nur ablehnen, wenn er im einzelnen Falle von der Ausübung seines Amtes kraft Gesetzes (§ 156 des Gerichtsverfassungsgesetzes und § 31 des Ausführungsgesetzes vom 4. November 1878 zum Gerichtsverfassungsgesetze, Gesetzbl. S. 65), ausgeschlossen ist.

Diese Bestimmung findet auf Zustellungen von Amtswegen, soweit die Ablehnung derselben den Gerichtsvollziehern nach den bestehenden Vorschriften[5]) gestattet ist, und auf die in den §§ 138, 144 des Gerichtskostengesetzes für Elsaß-Lothringen vom 6. Dezember 1899 (Gesetzbl. S. 175) bezeichneten Angelegenheiten keine Anwendung.

Verhinderung eines Gerichtsvollziehers.

§ 10. Der Gerichtsvollzieher ist nicht befugt, die Ausführung eines Auftrages einer anderen Person zu übertragen.

Ist der Gerichtsvollzieher an der Erledigung eines Auftrages rechtlich oder thatsächlich verhindert, so hat er hiervon unter Angabe des Grundes den Auftraggeber unverzüglich zu benachrichtigen.

Ist die Benachrichtigung des Auftraggebers nicht thunlich, oder erfordert das Interesse der Partei die sofortige Erledigung des Auftrages, so hat der behinderte Gerichtsvollzieher sofort dem Amtsrichter, bei den mit mehreren Richtern besetzten Amtsgerichten dem mit der Dienstaufsicht betrauten Amtsrichter, Anzeige zu erstatten. Dies gilt auch dann, wenn der Auftrag unter Vermittelung des Gerichtsschreibers ertheilt oder die Ausführung der Amtshandlung von einer Behörde angeordnet ist. Der Amtsrichter hat wegen anderweiter Erledigung des Auftrags das Geeignete zu veranlassen; er ist ermächtigt, für einzelne Amtshandlungen einen anderen Gerichtsvollzieher desselben oder eines benachbarten, zu dem gleichen Landgerichte gehörigen Amtsgerichtsbezirkes als Vertreter des verhinderten Gerichtsvollziehers zu bestellen. Der verhinderte Gerichtsvollzieher hat auf die für die Amtshandlungen seines Vertreters erwachsenden Gebühren und sonstigen Vergütungen keinen Anspruch.

Gebühren und Auslagen.

§ 11. Der Gerichtsvollzieher darf für seine Amtshandlungen über die ihm zustehenden Gebühren und baaren Auslagen hinaus keine Vergütungen annehmen, fordern oder sich versprechen lassen. Desgleichen ist ihm untersagt, eine geringere Vergütung als die ihm zustehenden Gebühren und baaren Auslagen mit einem Anderen zu vereinbaren oder einem Anderen zur Erlangung von Geschäften besondere Vortheile zu gewähren. Wo das Gesetz eine Vereinbarung über die Höhe der Gebühren oder Auslagen ausdrücklich gestattet, darf der vereinbarte Betrag den gesetzlich festgesetzten höchsten Satz nicht übersteigen.

Auftreten vor Gericht als Prozeßbevollmächtigter oder Beistand.

§ 12. Der Gerichtsvollzieher darf in bürgerlichen Rechtsstreitigkeiten als Prozeßbevollmächtigter oder Beistand nur für nahe Angehörige vor Gericht auftreten. Als Angehörige sind anzusehen die Ehefrau, sowie diejenigen Personen, mit welchen der Gerichtsvollzieher in gerader Linie verwandt, verschwägert oder durch Annahme an Kindesstatt verbunden, in der Seitenlinie bis zum dritten Grade verwandt oder bis zum zweiten Grade verschwägert ist, auch wenn die Ehe, durch welche die Schwägerschaft begründet ist, nicht mehr besteht.[6])

Nebenämter und Nebenbeschäftigung.

§ 13. Zur Uebernahme von Nebenämtern und Nebenbeschäftigungen, zum Betriebe von Gewerben und zum Eintritt in den Vorstand, Verwaltungs- oder Aufsichtsrath einer auf Erwerb gerichteten Gesellschaft oder Genossenschaft ist die Genehmigung des Ministeriums erforderlich. Die ertheilte Genehmigung ist jederzeit widerruflich.[7])

Erwerbung von streitigen Forde-

§ 14. Dem Gerichtsvollzieher ist verboten, streitige Forderungen oder Rechte zu kaufen oder sich sonst abtreten zu lassen, wenn die Streitigkeiten über diese Forderungen oder

5) Vgl. §§ 2—7 der Verfügung des Ministeriums vom 17. März 1910.

6) Vgl. hierzu auch die Verf. d. Minist. v. 21. Juni 1885 (Samml. d. Justizverw. Bd. 10 S. 150). Nach Ziffer 6 dieser Verfügung ist in allen Fällen, in welchen die Ausführung eines Auftrags dem Gerichtsvollzieher untersagt ist, von der Übernahme desselben auch der Gehülfe ausgeschlossen.

7) Die Genehmigung ist nur unter der im § 16 Reichsbeamtengesetzes vom $\frac{\text{23. Dezember}}{\text{31. März}}$ 1873 enthaltenen Voraussetzung, daß mit dem Nebenamte oder der Nebenbeschäftigung eine fortlaufende Vergütung verbunden ist, erforderlich. Der Genehmigung bedarf es daher z. B. nicht bei Übernahme einer Konkurs- oder Nachlaßverwaltung. Vgl. Verf. d. Ministeriums vom 26. Mai 1904 (Samml. d. Justizverw. Bd. 28 S. 461).

rungen und Rechten. Rechte zur Zuständigkeit des Landgerichts oder der Amtsgerichte des Landgerichtsbezirkes gehören, in dem der Gerichtsvollzieher sein Amt auszuüben hat.

Verbot des Kaufs bei freiwilligen Verkäufen.

§ 15. Der Gerichtsvollzieher darf Gegenstände, mit deren freiwilligen Verkauf er beauftragt ist, weder persönlich oder durch einen Anderen, noch als Vertreter eines Anderen kaufen.

Amtsverschwiegenheit. Abgabe von Sachverständigengutachten.

§ 16. In Bezug auf die Verpflichtung zur Amtsverschwiegenheit, die Verweigerung des Zeugnisses über Thatsachen, auf welche diese Verpflichtung sich bezieht, und die Abgabe eines außergerichtlichen Sachverständigen-Gutachtens finden die §§ 11, 12 des Reichsbeamtengesetzes Anwendung. Die Ertheilung der im § 12 vorgeschriebenen Genehmigung steht der nach § 1 Ziffer 2 des Gesetzes, betreffend die Disziplin der Gerichtsvollzieher, vom 20. April 1902 dem Gerichtsvollzieher vorgesetzten oder zuletzt vorgesetzt gewesenen Aufsichtsbehörde zu.

Dienstsiegel.

§ 17. Der Gerichtsvollzieher führt ein Dienstsiegel, welches ihm auf Staatskosten beschafft wird.

Dasselbe ist in einer jeden Mißbrauch ausschließenden Weise zu verwahren und bei dem Ausscheiden aus dem Dienste dem Amtsrichter zurückzugeben.[8])

Das Dienstsiegel darf nur zu dienstlichen Zwecken, nicht aber bei außerdienstlichen Geschäften und Korrespondenzen verwendet werden.

Amtstracht.

§ 18. Der Gerichtsvollzieher ist verpflichtet, in den Gerichtssitzungen, in welchen er den Sitzungsdienst wahrnimmt, die für den Gerichtsschreiber vorgeschriebene Amtstracht anzulegen.

Der Amtsrichter kann einen Gerichtsvollzieher, der zur Wahrnehmung des Sitzungsdienstes auf auswärtigen Gerichtstagen herangezogen wird, von der Anlegung der Amtstracht entbinden.

Einhaltung des Instanzenzugs bei Gesuchen und sonstigen Eingaben.

§ 19. An die Aufsichtsbehörden gerichtete Gesuche und sonstige Eingaben, welche sich auf die persönlichen oder dienstlichen Verhältnisse des Gerichtsvollziehers beziehen, sind stets bei dem als Aufsichtsbehörde bestellten Amtsrichter einzureichen.[9])

Militärische Uebungen.

§ 20. Im Falle der Einberufung zu einer militärischen Uebung hat der Gerichtsvollzieher ungesäumt dem Ministerium auf dem im § 19 vorgeschriebenen Wege Anzeige zu erstatten.

Das Gleiche gilt bei der Einberufung oder dem beabsichtigten freiwilligen Eintritte in das Heer oder den Landsturm im Falle der Mobilmachung (Verordnung vom 19. Dezember 1888, Beilage zum Central- und Bezirksamtsblatt 1889 Nr. 3). Die Entscheidung über die Abkömmlichkeit wird vom Ministerium getroffen.

Urlaub.

§ 21. Ein Gerichtsvollzieher, welcher außerhalb des Dienstes seinen Amtssitz auf länger als 24 Stunden verlassen will, bedarf eines Urlaubes.

Der Urlaub wird ertheilt:

bis zu einer Woche von dem Amtsrichter,
bis zu vier Wochen von dem Landgerichtspräsidenten und dem Ersten Staatsanwalt,
über vier Wochen von dem Ministerium.

Die §§ 1, 3, 4, 7 der Kaiserlichen Verordnung vom 26. April 1875 (Gesetzbl. S. 69) finden Anwendung.

Wird mit dem Urlaub die Ermächtigung zur Bestellung eines Amtsverwesers nachgesucht (§ 22), so steht die Ertheilung des Urlaubs, ohne Rücksicht auf die Dauer desselben, ausschließlich dem Ministerium zu.

Amtsverweser.

§ 22.[10]) Ist ein Gerichtsvollzieher durch Krankheit oder Abwesenheit für längere Zeit an der Ausübung seines Amtes verhindert, so kann er sich aus der Zahl Derjenigen, welche die Befähigung zu dem Amte eines Gerichtsvollziehers besitzen, einen Amtsverweser bestellen. Zur Bestellung ist die Ermächtigung des Ministeriums erforderlich. Die Ermächtigung kann jederzeit widerrufen werden.

Die Bestellung des Amtsverwesers ist durch den verhinderten Gerichtsvollzieher sofort dem als Aufsichtsbehörde bestellten Amtsrichter anzuzeigen und von letzterem unter Angabe der Zeit, für welche die Bestellung erfolgt ist, in dem zur Veröffentlichung der amtlichen Bekanntmachungen für den Sitz des Amtsgerichts bestimmten Blatt auf Kosten des vertretenen Gerichtsvollziehers bekannt zu machen. Dasselbe gilt für den Widerruf der Bestellung oder der Ermächtigung zur Bestellung eines Amtsverwesers, sofern der Widerruf vor dem bestimmten Endtermin erfolgt oder der Amtsverweser auf unbestimmte Zeit bestellt war.

Der Amtsverweser ist vor dem Dienstantritte nach Maßgabe des § 5 zu vereidigen.

Der Amtsverweser hat das Recht und die Pflicht, die Dienstobliegenheiten des von ihm vertretenen Gerichtsvollziehers wahrzunehmen. Die dem verhinderten Gerichtsvollzieher ertheilten Aufträge gehen ohne Weiteres auf den Amtsverweser über.

---

8) Vgl. § 17 Ziffer I[1] der Vorschriften über die Geschäftsführung und die Dienstregister vom 20. Mai 1902.

9) Vgl. hierzu Abs. 2 d. Verf. vom 10. Mai 1906 (Samml. d. Justizverw. Bd. 30 S. 65) und vom 2. Juli 1912 (ebenda Bd. 33 S. 195).

10) Fassung der Verfügung vom 5. Juni 1906.

Zur Stellung einer Amtskaution ist der Amtsverweser nicht verpflichtet.

Bei seinen Amtshandlungen hat sich der Amtsverweser als Vertreter des verhinderten Gerichtsvollziehers zu bezeichnen. Die von ihm aufgenommenen Urkunden werden nach Maßgabe der bestehenden Vorschriften in das Repertorium und die sonstigen Geschäftsbücher des vertretenen Gerichtsvollziehers (§ 28) eingetragen und, soweit sie nicht gesetzlicher Bestimmung gemäß den Betheiligten ausgehändigt werden, in dessen Schreibstube aufbewahrt. Der Amtsverweser hat sich ausschließlich des Dienstsiegels des vertretenen Gerichtsvollziehers zu bedienen.

An der Wahl der Mitglieder des Ausschusses der Gerichtsvollzieher (§ 26) nimmt der Amtsverweser nicht Theil. Er kann zum Mitgliede des Ausschusses oder zum Stellvertreter nicht gewählt werden.

Der § 12 gilt für den Amtsverweser mit der Maßgabe, daß derselbe sowohl für seine eigenen Angehörigen, als für diejenigen des vertretenen Gerichtsvollziehers als Prozeßbevollmächtigter oder Beistand vor Gericht auftreten kann.

Die dem Amtsverweser zu gewährende Vergütung liegt in allen Fällen dem vertretenen Gerichtsvollzieher zur Last. Bei Streitigkeiten, welche aus dem Auftragsverhältniß hinsichtlich der Vergütung entstehen, hat der Ausschuß der Gerichtsvollzieher auf Antrag der Betheiligten oder auf Anordnung der Aufsichtsbehörden zu vermitteln, sowie Gutachten über die zu gewährende Vergütung zu erstatten.

Während der Dauer einer Amtsverwesung ist der vertretene Gerichtsvollzieher zur Vornahme von Amtshandlungen nicht befugt.

Beauftragung eines Anwärters mit der selbständigen Wahrnehmung der Geschäfte eines Gerichtsvollziehers.

§ 23. Bei länger andauernder Verhinderung eines Gerichtsvollziehers kann ein für das Gerichtsvollzieheramt befähigter Anwärter mit der selbständigen Wahrnehmung der Geschäfte eines Gerichtsvollziehers bei dem betreffenden Amtsgerichte beauftragt werden. Die Verfügung hierüber erfolgt durch das Ministerium.

Versetzung.

§ 24. Ein Gerichtsvollzieher kann jederzeit, wenn das dienstliche Bedürfniß dies erfordert, durch das Ministerium an einen anderen Ort versetzt werden. Die Gewährung von Umzugskosten, Tagegeldern und Reisekosten findet im Falle der Versetzung nicht statt.

Pensionsverhältnisse.

§ 25. Die Pensionsverhältnisse der Gerichtsvollzieher und der Wittwen und Waisen von Gerichtsvollziehern bestimmen sich nach dem Gesetze vom 21. Juni 1897 (Gesetzbl. S. 72) und dem zur Ausführung dieses Gesetzes von dem Ministerium erlassenen Statute.[11])

Ausschuß.

§ 26. Zur Wahrnehmung der Interessen der Pensionskasse und des Gerichtsvollzieherstandes wird von den Gerichtsvollziehern, welche zur Pensionskasse Beiträge zu leisten haben, ein Ausschuß gewählt.

Die Einrichtung und die Zuständigkeit des Ausschusses wird vom Ministerium geregelt.[12])

Ersetzung der bisherigen Aufsichtsbehörden.

§ 27. Wo in bestehenden Vorschriften von dem Ersten Staatsanwalt oder dem Oberstaatsanwalt als den Aufsichtsbehörden der Gerichtsvollzieher die Rede ist, treten an deren Stelle — unbeschadet der Bestimmungen im § 1 Ziff. 1 und im § 9 Abs. 2 des Gesetzes vom 20. April 1902 — die im § 1 Ziff. 2 oder 3 dieses Gesetzes bezeichneten Aufsichtsbehörden.

Desgleichen gehen die Dienstobliegenheiten des Ersten Staatsanwalts und des Oberstaatsanwalts hinsichtlich der Anwärter für das Gerichtsvollzieheramt auf die im § 1 Ziff. 2 und 3 des Gesetzes vom 20. April 1902 bezeichneten Behörden über.

Repertorien und Geschäftsbücher.

§ 28. Der Gerichtsvollzieher ist verpflichtet, die von dem Ministerium eingerichteten Repertorien und Geschäftsbücher zu führen.

Revisionen.

§ 29. Die Geschäftsführung des Gerichtsvollziehers ist nach Maßgabe der hierüber zu erlassenden Bestimmungen periodischen Revisionen zu unterziehen.[13])

Anwendung der Verordnung auf auftragsweise angestellte Gerichtsvollzieher und Amtsverweser.

§ 30. Die gegenwärtige Verordnung findet auch auf die auftragsweise angestellten Gerichtsvollzieher (§ 2 Abs. 3, § 23) und auf den Amtsverweser eines Gerichtsvollziehers (§ 22) Anwendung, soweit das Gegentheil nicht ausdrücklich bestimmt ist oder sich aus der Natur des Dienstverhältnisses des auftragsweise angestellten Gerichtsvollziehers oder des Amtsverwesers ergibt.

Inkrafttreten der Verordnung. Aufhebung entgegenstehender Vorschriften.

§ 31. Diese Verordnung tritt am 1. Juli 1902 in Kraft.

Gleichzeitig treten alle entgegenstehenden Vorschriften, soweit sie nicht schon durch § 32 des Gesetzes vom 20. April 1902 aufgehoben sind, außer Wirksamkeit.

---

11) Vgl. das Statut vom 18. März 1910.

12) Vgl. Verfügung vom 27. Mai 1902.

13) Vgl. außer § 15 d. Vorschriften über die Geschäftsführung und das Dienstregister der Gerichtsvollzieher vom 20. Mai 1902 die Verfügung des Ministeriums vom 27. Mai 1902.

26. Mai 1902.

Abkommen zwischen dem Deutschen Reiche und der Schweiz zur Abänderung des Übereinkommens vom 13. April 1892, betreffend den gegenseitigen Patent-, Muster- und Markenschutz.[1])

Reichsgesetzbl. 1903 S. 181.

Seine Majestät der Deutsche Kaiser, König von Preußen, im Namen des Deutschen Reichs, einerseits, und der Bundesrath der Schweizerischen Eidgenossenschaft, andererseits, haben, in Anbetracht des bevorstehenden Beitritts des Deutschen Reichs zur internationalen Konvention zum Schutze des gewerblichen Eigenthums vom 20. März 1883, Unterhandlungen eröffnen lassen, um das Uebereinkommen vom 13. April 1892, betreffend den gegenseitigen Patent-, Muster- und Markenschutz, den Bestimmungen der Konvention vom 20. März 1883 und der hierauf bezüglichen, am 14. Dezember 1900 in Brüssel vereinbarten Zusatzakte anzupassen, und zu Bevollmächtigten ernannt:

. . . .

welche, nach gegenseitiger Mittheilung ihrer in guter und gehöriger Form befundenen Vollmachten, nachstehende Artikel vereinbart haben:

Artikel I.

Die Artikel 1 bis 4, 6, 8 und 9 des Uebereinkommens, betreffend den gegenseitigen Patent-, Muster- und Markenschutz, vom 13. April 1892 sowie das Schlußprotokoll und das Zusatzprotokoll zu diesem Uebereinkommen werden aufgehoben.

Artikel II.

Dem Artikel 5 des Uebereinkommens werden folgende Absätze hinzugefügt:

„Vorstehende Bestimmungen finden auf diejenigen Erfindungen nicht Anwendung, welche nach den Gesetzen eines der vertragschließenden Theile vom Patentschutz ausgeschlossen sind. Jedoch bleiben die Vergünstigungen, welche dem Inhaber eines Patents im Artikel 2 der Zusatzakte vom 14. Dezember 1900 zur internationalen Konvention zum Schutze des gewerblichen Eigenthums vom 20. März 1883 zugesichert sind, unberührt.

Rechtsnachtheile, welche nach den Gesetzen der vertragschließenden Theile bei Erfindungspatenten im Falle der Lizenzverweigerung eintreten, werden durch die im zweiten Absatz enthaltenen Bestimmungen nicht ausgeschlossen."

Artikel III.

Das vorliegende Abkommen tritt mit dem Zeitpunkt in Kraft, zu welchem der Beitritt des Deutschen Reichs zu der in Paris am 20. März 1883 geschlossenen internationalen Konvention zum Schutze des gewerblichen Eigenthums nebst der Brüsseler Zusatzakte vom 14. Dezember 1900 wirksam wird.

Artikel IV.

Für diejenigen Erfindungen, Muster und Modelle, Fabrik- und Handelsmarken, welche vor dem in dem Artikel III bezeichneten Zeitpunkt angemeldet worden sind, kommt eine Prioritätsfrist entweder nach Maßgabe der Artikel 3 und 4 des Uebereinkommens vom 13. April 1892 oder nach Maßgabe des revidirten Artikel 4 der Pariser Konvention zur Geltung, je nachdem die eine oder die andere dem Anmeldenden günstiger ist.

Artikel V.

Das gegenwärtige Abkommen soll ratifizirt und die Ratifikationsurkunden sollen sobald als möglich in Bern ausgewechselt werden.

Das vorstehende Abkommen ist ratifiziert worden und die Auswechselung der Ratifikationsurkunden hat stattgefunden.

1) Das Abkommen gilt neben den Bestimmungen der Pariser Verbandsübereinkunft vom 20. März 1883, in der Fassung der Zusatzakte d. d. Brüssel vom 14. Dezember 1900 und der Akte von Washington vom 2. Juni 1911 (Reichsgesetzbl. 1913 S. 209), insbesondere soweit es Vereinbarungen enthält, die über die der Übereinkunft hinausgehen und einen weitergehenden gegenseitigen Schutz gewähren. Entsprechende Sonderabkommen sind auch mit mehreren anderen Staaten abgeschlossen worden (zu vgl. Zusatzakte d. d. Brüssel vom 14. Dezember 1900, Anm. 3).

27. Mai 1902.

Verfügung des Ministeriums, betreffend den Ausschuß der Gerichtsvollzieher.[1])

Samml. d. Justizverw. Bd. 27 S. 185.

Zur Ergänzung des § 26 der Gerichtsvollzieherordnung vom 24. Mai 1902 wird in Bezug auf den zu bildenden Ausschuß der Gerichtsvollzieher Folgendes bestimmt:

I. Die Zuständigkeit des Ausschusses erstreckt sich darauf:

1) Erlassen in Ausführung des § 26 Abs. 2 der Gerichtsvollzieherordnung vom 24. Mai 1902.

1. über die Dienstentlassung eines Gerichtsvollziehers mit Pensionsberechtigung (§ 30 des Gesetzes, betreffend die Disziplin der Gerichtsvollzieher vom 20. April 1902) und die Bewilligung von Pensionen an Hinterbliebene von Gerichtsvollziehern, sowie über andere die Einrichtung und Verwaltung der Pensionskasse berührenden Angelegenheiten Gutachten zu erstatten;
2. von der jährlichen Nachweisung über den Stand der Pensionskasse Einsicht zu nehmen;
3. bei Streitigkeiten, welche aus dem Auftragsverhältniß zwischen einem an der Ausübung seines Amtes verhinderten Gerichtsvollzieher und dessen Amtsverweser über die dem Letzteren zu gewährende Vergütung entstehen, auf Antrag der Betheiligten oder auf Anordnung der Aufsichtsbehörden zu vermitteln, sowie Gutachten über die zu gewährende Vergütung zu erstatten (§ 22 der Gerichtsvollzieherordnung);
4. auf Erfordern der in § 1 Ziffer 2—4 des Gesetzes vom 20. April 1902 bezeichneten Aufsichtsbehörden über Angelegenheiten, welche sich auf die Dienst- und Geschäftsverhältnisse der Gerichtsvollzieher beziehen, Auskunft zu ertheilen oder Gutachten abzugeben;
5. Vorstellungen und Anträge, welche das Interesse des Gerichtsvollzieherstandes oder einzelner Gerichtsvollzieher oder der Hinterbliebenen von Gerichtsvollziehern oder der Pensionskasse berühren, an die in § 1 Ziffer 2—4 des Gesetzes vom 20. April 1902 bezeichneten Aufsichtsbehörden zu richten.

II. Die Wahl des Ausschusses erfolgt auf Anordnung des Ministeriums.

Der Ausschuß besteht aus sechs Mitgliedern und zwölf Stellvertretern, wovon auf jeden Landgerichtsbezirk ein Mitglied und ein erster und ein zweiter Stellvertreter entfallen.

Die Mitglieder und die Stellvertreter werden von den Gerichtsvollziehern, welche zur Pensionskasse Beiträge zu leisten haben (Artikel II Absatz 1 des Gesetzes vom 21 Juni 1897, Gesetzblatt Seite 72), auf die Dauer von je 3 Jahren gewählt.

Die Wahl erfolgt in der Weise, daß jeder Gerichtsvollzieher dem Amtsrichter seines Bezirks (§ 1 Ziffer 1 des Gesetzes vom 20. April 1902) schriftlich drei Gerichtsvollzieher des Landgerichtsbezirks, denen er seine Stimme gibt, bezeichnet. Der Amtsrichter setzt hiervon den Landgerichtspräsidenten und den Ersten Staatsanwalt in Kenntniß. Derjenige, welcher unter den Gerichtsvollziehern des Landgerichtsbezirks die meisten Stimmen erhalten hat, ist als Mitglied gewählt. Die zwei in der Stimmenzahl zunächst folgenden Gerichtsvollzieher gelten als Stellvertreter gewählt und zwar nach Maßgabe der auf sie entfallenden Stimmen als erster oder zweiter Stellvertreter. Die auf nicht wählbare Gerichtsvollzieher (Ziffer III) abgegebenen Stimmen bleiben außer Betracht.

Bei Stimmengleichheit entscheidet das höhere Dienstalter als Gerichtsvollzieher, bei gleichem Dienstalter das höhere Lebensalter.

Im Falle des Bedürfnisses werden Ersatzwahlen angeordnet. Eine Ersatzwahl für Mitglieder oder Stellvertreter, die vor dem Ablauf der Wahlperiode ausgeschieden sind, erfolgt für den Rest derselben.

III. Nicht wählbar in den Ausschuß sind diejenigen Gerichtsvollzieher,

a) welche nicht definitiv angestellt sind;
b) gegen welche ein gerichtliches Disziplinarverfahren anhängig oder wegen einer strafbaren Handlung, welche die Unfähigkeit zur Bekleidung öffentlicher Aemter zur Folge haben kann, die öffentliche Klage erhoben ist;
c) welche auf erhobene öffentliche Klage wegen einer anderen strafbaren Handlung als einer Uebertretung strafgerichtlich verurtheilt worden sind, auf die Dauer von drei Jahren nach dem Eintritte der Rechtskraft des Urtheils;
d) gegen welche im gerichtlichen Disziplinarverfahren auf Strafversetzung erkannt ist, auf die Dauer von drei Jahren von der Rechtskraft des Urtheils ab.

Verliert ein Gerichtsvollzieher, welcher dem Ausschusse angehört, die Wählbarkeit, so scheidet er aus demselben aus.

IV. Die zum Mitglied oder zu Stellvertretern gewählten Gerichtsvollzieher sind von dem Landgerichts-Präsidenten und dem Ersten Staatsanwalte von der erfolgten Wahl in Kenntniß zu setzen. Die Gewählten haben ungesäumt zu erklären, ob sie die Wahl annehmen oder einen Grund zur Ablehnung derselben (Ziffer V) geltend machen.

V. Die Wahl zum Mitgliede des Ausschusses oder Stellvertreter darf ablehnen

a) wer das fünfundsechzigste Lebensjahr vollendet hat;
b) wer die letzten drei Jahre Mitglied des Ausschusses oder Stellvertreter gewesen ist, für die nächsten drei Jahre.

Im Uebrigen ist zur Nichtannahme der Wahl oder zum späteren freiwilligen Ausscheiden die Genehmigung des Oberlandesgerichts-Präsidenten und des Oberstaatsanwalts erforderlich.

VI. Die Mitglieder des Ausschusses wählen aus ihrer Mitte einen Vorsitzenden und einen stellvertretenden Vorsitzenden in der Weise, daß sie dem Oberlandesgerichts-Präsidenten und dem Oberstaatsanwalte schriftlich anzeigen, welchem Mitgliede als Vorsitzenden und welchem Mitgliede als stellvertretenden Vorsitzenden sie ihre Stimme geben. Als gewählt gelten diejenigen Mitglieder, die für die Stelle des Vorsitzenden und des stellvertretenden Vorsitzenden die meisten Stimmen erhalten haben.

Für den Fall der Stimmengleichheit finden die Bestimmungen in Ziffer II Absatz 5 und für den Fall der Nothwendigkeit von Ersatzwahlen diejenigen in Ziffer 2 Absatz 6 entsprechende Anwendung.

VII. Der Vorsitzende hat den geschäftlichen Verkehr des Ausschusses zu vermitteln, die Beschlüsse desselben zur Ausführung zu bringen und die Schreiben, Berichte und sonstigen Urkunden im Namen desselben zu vollziehen. Der Geschäftsverkehr zwischen dem Ministerium und dem Vorsitzenden des Ausschusses wird, sofern nicht wegen besonderer Dringlichkeit der Sache der unmittelbare Verkehr geboten ist, durch den Oberlandesgerichts-Präsidenten und den Oberstaatsanwalt vermittelt.

VIII. Die Beschlüsse des Ausschusses werden mit absoluter Stimmenmehrheit gefaßt. Im Falle der Stimmengleichheit entscheidet die Stimme des Vorsitzenden.

Die bei einer Angelegenheit betheiligten Mitglieder sind von der Beschlußfassung über dieselbe ausgeschlossen.

Die Beschlußfassung des Ausschusses erfolgt in der Regel mittels schriftlicher Abstimmung der Mitglieder. Erachtet die Mehrheit derselben ausnahmsweise mündliche Berathung und Abstimmung für erforderlich, so hat der Vorsitzende eine Versammlung der Mitglieder des Ausschusses zu berufen. Zur Beschlußfähigkeit dieser Versammlung ist die Theilnahme der Mehrheit der Mitglieder erforderlich.

IX. Die Geschäfte des Ausschusses werden von den Mitgliedern und Stellvertretern unentgeltlich geführt. Dieselben können sich wegen Beförderung der Korrespondenz, die aus Anlaß der amtlichen Thätigkeit des Ausschusses entsteht, der Vermittelung des Amtsgerichts bedienen, zu dessen Bezirk ihr Amtssitz gehört.

X. Im Falle des Ausscheidens oder der Verhinderung des Vorsitzenden oder eines Mitgliedes haben deren Stellvertreter für dieselben einzutreten. Der zweite Stellvertreter eines Mitgliedes ist jedoch nur heranzuziehen, wenn auch der erste Stellvertreter an der Mitwirkung verhindert ist.

XI. Die Aufsicht über den Geschäftsbetrieb des Ausschusses und des Vorsitzenden des Ausschusses steht dem Oberlandesgerichts-Präsidenten und dem Oberstaatsanwalte zu. Dieselben entscheiden über Beschwerden, welche diesen Geschäftsbetrieb betreffen. Gegen die Verfügungen des Oberlandesgerichts-Präsidenten und des Oberstaatsanwalts findet Beschwerde an das Ministerium statt.

XII. Diese Verfügung tritt am 1. Juli 1902 in Kraft. Gleichzeitig tritt die Verfügung vom 29. November 1897 (Samml. 22, 640) außer Wirksamkeit.

Der auf Grund der letzteren Verfügung gewählte Ausschuß verbleibt bis zum 31. Dezember 1902 im Amte.

---

27. Mai 1902.

Verfügung des Ministeriums, betrefffend die Revision der Geschäftsführung der Gerichtsvollzieher.

Samml. d. Justizverw. Bd. 27 S. 189.

Zur Ergänzung des § 29 der Gerichtsvollzieherordnung vom 24. Mai 1902 wird hierdurch bestimmt, daß, unbeschadet der Vorschrift in § 15 der Verfügung vom 20. Mai d. J., betreffend die Geschäftsführung und die Dienstregister der Gerichtsvollzieher, bis auf Weiteres das bisherige Verfahren beizubehalten ist, wonach die Amtsstuben der Gerichtsvollzieher periodischen Revisionen durch die Staatsanwaltschaft bei dem Landgerichte zu unterziehen sind. Der durch die Revisionen etwa veranlaßte schriftliche Verkehr mit dem revidirten Gerichtsvollzieher kann von dem Ersten Staatsanwalt allein geführt werden. Im Uebrigen erfolgt die Bearbeitung der auf die Revision der Amtsstuben der Gerichtsvollzieher Bezug habenden Angelegenheiten gemeinschaftlich durch den Präsidenten und den ersten Beamten der Staatsanwaltschaft bei dem Landgerichte oder dem Oberlandesgerichte. Dies gilt namentlich von den nach Schluß des Geschäftsjahres an die Aufsichtsbehörden höherer Instanz nach den bisherigen Vorschriften zu erstattenden Berichten über das Ergebniß der stattgehabten Revisionen und von den zu erlassenden Verfügungen, insbesondere den Bescheiden, die nach Prüfung des

Revisionsergebnisses einem einzelnen Gerichtsvollzieher oder sämmtlichen Gerichtsvollziehern zu ertheilen sind.[1])

1) Über die Zahl der jährlich zu revidierenden Gerichtsvollzieherstuben und sonstige Einzelheiten der Revisionstätigkeit s. die Verfügung des Ministeriums vom 14. April 1903 (Samml. d. Justizverw.) Bd. 28 S. 72) und Ziffer 6 der Verf. d. Oberlandesgerichtspräsidenten und des Oberstaatsanwalts vom 20. Juli 1905 (ebenda Bd. 29 S. 340).

28. Mai 1902.

Bekanntmachung des Reichskanzlers, betreffend die Erweiterung der Rayons für die Festung Straßburg i. E.

Reichsgesetzbl. S. 222.

Auf Grund des § 35 des Gesetzes, betreffend die Beschränkungen des Grundeigenthums in der Umgebung von Festungen, vom 21. Dezember 1871 (Reichs-Gesetzbl. S. 459) wird bekannt gemacht, daß für die Festung Straßburg i. E. eine Erweiterung ihres Rayons in Aussicht genommen ist.

30. Mai 1902.

Bekanntmachung des Reichskanzlers, betreffend die Ausführung des Schlachtvieh- und Fleischbeschaugesetzes vom 3. Juni 1900.

Beil. z. Zentr.-Bl. f. d. D. R. S. 1.

A, B, C, D, E.

Auf Grund der Bestimmungen im § 1 Abs. 1, § 12 Abs. 2 Nr. 1, § 14 Abs. 1, § 15, § 18 Abs. 5, § 19 Abs. 2, § 21 Abs. 2, 3, § 22 des Gesetzes, betreffend die Schlachtvieh- und Fleischbeschau, vom 3. Juni 1900 (Reichs-Gesetzbl. S. 547) hat der Bundesrath die nachstehend abgedruckten Ausführungsvorschriften beschlossen.[1]) [2])

1) Die Ausführungsvorschriften sind hier in der Fassung von 1908 (Zentr.-Bl. f. d. D. R. Beilage zu Nr. 52 und Zentr.- u. Bez.A.Bl. 1909 Beilage zu Nr. 5) unter Berücksichtigung der durch die Bekanntmachung des Reichskanzlers vom 24. Juni 1914 (Zentr.-Bl. f. d. D. R. S. 354) mitgeteilten Änderungen abgedruckt.

2) S. dazu auch Ausführungsvorschriften des Ministeriums vom 5. und vom 21. Januar 1903.

30. Mai 1902.

Bekanntmachung des Reichskanzlers, betreffend die Einlaß- und Untersuchungsstellen für das in das Zollinland eingehende Fleisch.

F.

Auf Grund des § 13 Abs. 2 des Gesetzes, betreffend die Schlachtvieh- und Fleischbeschau, vom 3. Juni 1900 (Reichs-Gesetzbl. S. 547) hat der Bundesrath nachstehende Bestimmungen beschlossen:

1. Die Einfuhr von Fleisch in das Zollinland darf nur über die in dem anliegenden Verzeichnisse, Spalte 2, aufgeführten Zollämter erfolgen; die Untersuchung des eingeführten Fleisches findet bei einer der in Spalte 4 aufgeführten Zoll- oder Steuerstellen statt;
2. die Einfuhr der mit der Post eingehenden Sendungen darf über sämmtliche Grenzzollstellen erfolgen;
3. die Bundesregierungen sind ermächtigt, die Einfuhr und die Untersuchung von Fleisch bei einzelnen der in dem Verzeichniß aufgeführten Stellen auf bestimmte Tage zu beschränken.

Inhalt.

A.

Untersuchung und gesundheitspolizeiliche Behandlung des Schlachtviehs und Fleisches bei Schlachtungen im Inlande.

I. Anmeldung zur Schlachtvieh- und Fleischbeschau.

§ 1. Wer Rindvieh, Schweine, Schafe, Ziegen, Pferde, Esel, Maultiere, Maulesel oder Hunde schlachtet oder schlachten lassen will, hat dies nach näherer Anordnung der Landesregierung zum Zwecke der Schlachtvieh- und Fleischbeschau anzumelden, wenn das Fleisch zum Genusse für Menschen verwendet werden soll und nicht einer der Ausnahmefälle des § 2 vorliegt.

§ 2. Die Anmeldung zur Untersuchung vor dem Schlachten (Schlachtviehbeschau) darf unterbleiben

1. bei Notschlachtungen (vgl. § 1 Abs. 3 des Gesetzes);

Der Fall der Notschlachtung liegt dann vor, wenn zu befürchten steht, daß das Tier bis zur Ankunft des zuständigen Beschauers verenden oder das Fleisch durch Verschlimmerung des krankhaften Zustandes wesentlich an Wert verlieren werde oder wenn das Tier infolge eines Unglücksfalls sofort getötet werden muß.

Die Anmeldung zur Untersuchung nach dem Schlachten (Fleischbeschau) hat sofort nach der Notschlachtung zu erfolgen. Sie hat auch dann, und zwar sofort nach der Ausweidung zu erfolgen, wenn das Fleisch von Tieren, deren Tod durch Schädel- oder Halswirbelbruch, Erschießen in Notfällen, Blitzschlag, Verblutung oder Erstickung infolge eines Unglücksfalls oder durch ähnliche äußere Einwirkungen ohne vorherige Krankheit plötzlich eingetreten ist (vgl. § 33 Abs. 2), zum Genusse für Menschen verwendet werden soll;

2. — unbeschadet landesrechtlicher Vorschriften über die Anmeldepflicht bei Hausschlachtungen (§ 24 Nr. 1 des Gesetzes) — bei Schlachttieren, deren Fleisch ausschließlich im eigenen Haushalte des Besitzers (vgl. § 2 Abs. 3 des Gesetzes) verwendet werden soll, sofern sie keine Merkmale einer die Genußtauglichkeit des Fleisches ausschließenden Erkrankung (vgl. § 33) zeigen.

In diesem Falle ist eine Anmeldung zur Untersuchung nach dem Schlachten nur erforderlich, wenn sich bei der Schlachtung Merkmale einer die Genußtauglichkeit des Fleisches ausschließenden Erkrankung (vgl. §§ 33, 34) zeigen.

II. Beschaubezirke. Beschauer.

§ 3. (1) Die Bildung der Beschaubezirke und die Bestellung von Beschauern erfolgt nach § 5 des Gesetzes durch die Landesbehörden.

(2) Zu Beschauern sind entweder approbierte Tierärzte oder solche Personen zu bestellen, die nach Maßgabe der hierüber ergehenden besonderen Anweisung genügende Kenntnisse nachgewiesen haben.

(3) Die letztgenannten Personen dürfen jedoch vorbehaltlich weitergehender landesrechtlicher Einschränkungen (vgl. § 24 Nr. 2 des Gesetzes) die Schlachtvieh- und Fleischbeschau nur insoweit ausüben, als sie nicht im Gesetze (§ 18 Abs. 1) und in dieser Ausführungsanweisung approbierten Tierärzten ausschließlich zugewiesen ist.

(4) Für Beschaubezirke, in denen nicht die gesamte Schlachtvieh- und Fleischbeschau approbierten Tierärzten übertragen ist, müssen daher auch solche Tierärzte als Beschauer für die ihnen vorbehaltenen Zweige der Schlachtvieh- und Fleischbeschau bestellt werden.

(5) Der Beschauer darf die Schlachtvieh- und Fleischbeschau nur in dem Bezirk ausüben, für welchen er bestellt ist, jedoch können als Stellvertreter, welche in Behinderungsfällen der zuständigen Beschauer einzutreten haben, auch Beschauer benachbarter Bezirke bestellt werden.

§ 4. (1) Der Beschauer hat allen in ordnungsmäßiger Weise an ihn ergehenden Aufforderungen zur Ausübung seines Amtes alsbald Folge zu leisten und hierbei den Wünschen der Antragsteller in bezug auf Zeit und Ort der Untersuchung tunlichst zu entsprechen. Die bei ihm eingehenden Anträge hat er binnen einer Frist von 24 Stunden in dem Tagebuche (vgl. § 47 Anlage 1) zu vermerken.

(2) Die Beschauzeit kann nach näherer Anordnung der Landesregierung auf bestimmte Tagesstunden beschränkt werden.

§ 5. Besitzt der Beschauer nicht die Approbation als Tierarzt, so hat er die Vornahme der Schlachtvieh- und Fleischbeschau abzulehnen und die bei ihm eingehenden Anträge ohne weiteres an den zum Beschauer bestellten Tierarzt zu verweisen:

1. bei Pferden, Eseln, Maultieren, Mauleseln;
2. wenn aus den Angaben des Antragstellers hervorgeht, daß das Schlachttier mit einer Krankheit behaftet ist, deren Beurteilung dem tierärztlichen Beschauer vorbehalten ist (vgl. § 11).

III. Schlachtviehbeschau.

Allgemeine Bestimmungen.

§ 6. (1) Die Schlachtviehbeschau hat möglichst kurz vor der Schlachtung zu geschehen (vgl. auch § 11 Abs. 3). Sie ist zu wiederholen, wenn die Schlachtung nicht spätestens zwei Tage nach Erteilung der Genehmigung erfolgt (vgl. § 7 des Gesetzes).

(2) Durch die Untersuchung des lebenden Tieres ist festzustellen:

a) ob es Erscheinungen einer Krankheit zeigt, welche von Einfluß auf die Genußtauglichkeit des Fleisches ist;
b) ob es mit einer Seuche behaftet ist, die nach den seuchenpolizeilichen Bestimmungen der Anzeigepflicht unterliegt, oder ob es Erscheinungen zeigt, welche den Ausbruch einer solchen Seuche befürchten lassen.

Anweisung für die Untersuchung.

§ 7. (1) Bei der Schlachtviehbeschau sind die Tiergattung und das Geschlecht, bei kranken und krankheitsverdächtigen Tieren auch das Alter, die Farbe und sonstige Kennzeichen festzustellen. Es ist zu prüfen, ob die Tiere einen gesunden Eindruck machen; liegende Tiere sind aufzutreiben, lahme vorzuführen. Das Augenmerk ist besonders zu richten auf:

1. den Ernährungsstand;
2. die Körperhaltung, den Stand und Gang, den Blick und die Aufmerksamkeit auf die Umgebung;
3. die Körperoberfläche (Haut, Haar, äußere Körperwärme, besondere Veränderungen);
4. die Verdauungsorgane (Lippen, Nasenspiegel, Nahrungsaufnahme, Wiederkäuen, Hinterleib — Füllung, Pansenbewegungen — Beschaffenheit des Kotes);
5. die Scham, die Scheide und das Euter;
6. die Atmungsorgane (Nasenöffnungen, Atmung).

(2) Zeigen sich bei Rindvieh, ausgenommen Kälber, oder bei Pferden oder anderen Einhufern Störungen des Allgemeinbefindens, so ist die innere Körperwärme mit einem amtlich geprüften ärztlichen Thermometer zu messen.

(3) Bei den einzelnen Schlachttiergattungen sind mit besonderer Sorgfalt diejenigen Körperteile zu untersuchen, an welchen diesen Tiergattungen eigentümliche, in gesundheits- und seuchenpolizeilicher Hinsicht wichtige Erkrankungen vorkommen.

§ 8. Bei den einzelnen Tiergattungen ist namentlich zu achten, und zwar

bei Rindern auf Milzbrand, Rauschbrand, Rinderseuche, Maul- und Klauenseuche sowie auf fieberhafte Allgemeinerkrankungen, die sich an Erkrankungen des Euters und der Geburtswege, des Darmes, der Gelenke und der Klauen anschließen,

bei Kälbern auf Diphtherie, Ruhr und Nabelerkrankungen mit anschließenden Gelenkanschwellungen oder fieberhaften Allgemeinleiden,

bei Pferden auf Rotz, Räude und fieberhafte Allgemeinerkrankungen infolge örtlicher Erkrankungen, insbesondere der Gelenke, Sehnenscheiden und Hufe,

bei Schweinen auf Maul- und Klauenseuche, Rotlauf, Schweineseuche und Schweinepest,

bei Schafen und Ziegen auf Räude, Milzbrand, Drehkrankheit, Wassersucht,

bei Hunden auf Tollwut.

Verfahren nach der Untersuchung.

§ 9. Die Schlachtung ist zu verbieten, wenn bei dem Tiere Milzbrand, Rauschbrand, Rinderseuche, Tollwut, Rotz, Rinderpest oder der Verdacht einer dieser Seuchen festgestellt ist.

§ 10. In allen anderen Fällen hat der Beschauer, falls er approbierter Tierarzt ist, die Schlachtung zu gestatten (vgl. jedoch § 11 Abs. 4, § 15).

§ 11. (1) Ist der Beschauer nicht approbierter Tierarzt, so hat er die Erlaubnis zur Schlachtung nur dann zu erteilen, wenn das Schlachttier Erscheinungen einer Krankheit überhaupt nicht oder lediglich von solchen Krankheiten aufweist, welche nur unerheblich sind und das Allgemeinbefinden nicht wesentlich stören, ferner bei Knochenbrüchen und sonstigen schweren Verletzungen, bei Vorfall der Gebärmutter, sofern derselbe im unmittelbaren Anschluß an die Geburt eingetreten ist, Geburtshindernissen, Aufblähen nach Aufnahme von Grünfutter oder bei drohender Erstickung, in diesen Fällen jedoch nur dann, wenn nach dem Eintreten des Schadens höchstens 12 Stunden verstrichen sind, und nur unter der Bedingung, daß die Schlachtung sofort vorgenommen wird.

(2) In allen anderen Fällen hat er die Schlachtung vorläufig zu verbieten (vgl. jedoch Abs. 3) und den Besitzer an den tierärztlichen Beschauer zu verweisen. Letzterem hat er das Ergebnis der Schlachtviehbeschau mitzuteilen. Die Verweisung an den tierärztlichen Beschauer hat insbesondere dann zu geschehen, wenn bei der Schlachtviehbeschau festgestellt werden:

1. Krankheiten infolge der Geburt mit Störungen des Allgemeinbefindens;
2. krankhafte, namentlich blutige oder mit Fieber verbundene Durchfälle;
3. mit Störung des Allgemeinbefindens einhergehende Euterentzündungen;
4. Nabelerkrankungen junger Tiere, sofern sich Gelenkanschwellungen oder fieberhafte Allgemeinleiden anschließen;
5. an Wunden und Geschwüre sich anschließende Allgemeinerkrankungen.

(3) Ist in den Fällen des Abs. 2 zu befürchten, daß sich der Zustand des Schlachttiers bis zum Erscheinen des tierärztlichen Beschauers erheblich verschlechtern wird, so hat der Beschauer die Genehmigung zur sofortigen Schlachtung zu erteilen, im übrigen dafür zu sorgen, daß die Ergebnisse der Schlachtviehbeschau bei der nachfolgenden Fleischbeschau geprüft werden.

(4) Der gemäß Abs. 2 zugezogene tierärztliche Beschauer hat nach Aufnahme des Befundes bei dem erkrankten Tiere die Schlachtung, sofern nicht die Voraussetzungen des § 9 vorliegen, zu gestatten, jedoch nur unter der Bedingung, daß sie alsbald nach der Schlachtviehbeschau ausgeführt wird.

§ 12. Verzichtet der Besitzer in den Fällen des § 11 Abs. 2 auf die Verwendung des Schlachttiers als Nahrungsmittel für Menschen, so hat die weitere Beschau zu unterbleiben.

§ 13. Das Ergebnis der Untersuchung und die auf Grund derselben zu treffenden Maßnahmen sind den Besitzern der Schlachttiere mitzuteilen. In öffentlichen Schlachthöfen, in denen die Vornahme der Schlachtvieh- und Fleischbeschau durch geeignete Maßnahmen gesichert ist, darf diese ausdrückliche Mitteilung unterbleiben, sofern ein Grund zur Beanstandung sich nicht ergeben hat.

§ 14. (1) Die Beschauer sind nach § 9 des Gesetzes vom $\frac{\text{23. Juni 1880}}{\text{1. Mai 1894}}$ (Reichs-Gesetzbl. 1894 S. 409) verpflichtet, sobald sie eine Seuche, die der Anzeigepflicht unterliegt, oder Erscheinungen ermitteln, die den Ausbruch einer solchen Seuche befürchten lassen, sofort der Polizeibehörde davon Anzeige zu erstatten.

(2) Zugleich soll der Beschauer den Besitzer der kranken oder verdächtigen Tiere auf seine im § 9 a. a. O. vorgeschriebene Verpflichtung, die Tiere von Orten fern zu halten, an denen die Gefahr der Ansteckung fremder Tiere besteht, aufmerksam machen.

§ 15. Ist das Schlachttier mit einer der nachstehenden Seuchen:

Maul- und Klauenseuche, Lungenseuche des Rindviehs, Pockenseuche der Schafe, Beschälseuche der Pferde, Bläschenausschlag der Pferde und des Rindviehs, Räude der Pferde, Esel, Maultiere, Maulesel und Schafe, Schweineseuche, Schweinepest und Rotlauf der Schweine

oder mit Erscheinungen behaftet, welche den Verdacht des Ausbruchs einer dieser Seuchen begründen, so ist die Schlachtung unter Beachtung der Vorschriften im § 11 der gegenwärtigen Ausführungsbestimmungen zu gestatten. Sofern jedoch eine Feststellung der Seuchen im Sinne der §§ 12 ff. des Gesetzes vom $\frac{\text{23. Juni 1880}}{\text{1. Mai 1894}}$ (Reichsgesetzbl. 1894 S. 409) durch den beamteten Tierarzt stattzufinden hat, ist anzuordnen, daß die vom Beschauer zu bezeichnenden, für die Feststellung der Seuche erforderlichen Teile zur Verfügung des beamteten Tierarztes unter sicherem Verschluß in einem geeigneten Raume aufbewahrt werden.

§ 16. Ist der Beschauer mit Tieren in Berührung gekommen, welche mit einer übertragbaren Krankheit behaftet waren, so hat er Hände und Arme sowie beim Vorhandensein von Maul- und Klauenseuche Kleidung und Schuhwerk vor dem Verlassen des Seuchengehöfts gründlich zu reinigen und darf in diesem Falle, bevor er Kleidung und Schuhwerk gewechselt hat, andere Ställe nicht betreten.

IV. Fleischbeschau.

Allgemeine Bestimmungen.

§ 17. (1) Die Fleischbeschau hat möglichst im Anschluß an die Schlachtung zu erfolgen und ist — abgesehen von öffentlichen Schlachthöfen — tunlichst von demselben Beschauer (§ 3 Abs. 5) auszuführen, welcher die Schlachtviehbeschau vorgenommen hatte.

(2) Vor der Besichtigung durch den Beschauer ist eine Zerlegung des geschlachteten Tieres nicht gestattet; doch darf das Tier dergestalt enthäutet werden, daß die Haut noch an einer Stelle mit dem Körper zusammenhängt; auch dürfen Bauch-, Becken- und Brusteingeweide, bei Schweinen, Schafen und Ziegen auch die Zunge im natürlichen Zusammenhange mit den Halsorganen und den Organen der Brusthöhle herausgenommen werden. Ferner darf das Tier in der Längsrichtung zerteilt sein; Kopf und Unterfüße dürfen bei Rindvieh, ausgenommen Kälbern, sowie bei Schafen, Ziegen und Pferden aus ihren Verbindungen mit dem Tierkörper gelöst werden. Weitere Ausnahmen können für öffentliche Schlachthöfe von der Landesbehörde zugelassen werden.

(3) Werden gleichzeitig mehrere Tiere derselben Art geschlachtet, so sind die herausgenommenen Eingeweide in der Nähe der Tierkörper derart zu verwahren, daß ihre Zugehörigkeit zu den einzelnen Körpern außer Zweifel steht.

(4) Vor der Untersuchung dürfen Teile eines geschlachteten Tieres weder entfernt noch einer weiteren Behandlung unterzogen werden. Schweine dürfen gebrüht werden.

§ 18. Hat vor der Besichtigung durch den Beschauer eine nach § 17 Abs. 2 unzulässige Zerlegung des geschlachteten Tieres stattgefunden oder sind vor der Beschau bereits einzelne für die Beurteilung der Genußtauglichkeit des Fleisches wichtige Körperteile entfernt oder einer nach § 17 Abs. 4 unzulässigen Behandlung unterzogen worden, so darf die Fleischbeschau nur von dem tierärztlichen Beschauer vorgenommen werden. Das Fleisch darf in diesen Fällen nur dann für genußtauglich oder bedingt tauglich erklärt werden, wenn die Fleischbeschau in Verbindung mit den Ergebnissen der Schlachtviehbeschau und den sonst eingezogenen Erkundigungen ein sicheres Urteil ermöglicht.

§ 19. Bei der Untersuchung geschlachteter Tiere soll der Beschauer mindestens zwei geeignete Messer zur Hand haben, welche in sauberem Zustande zu erhalten sind. Durch Krankheitsstoffe verunreinigte Messer dürfen ohne vorherige Reinigung und Desinfektion zum Anschneiden gesunder Körperteile nicht benutzt werden.

§ 20. Sofern besondere Hilfeleistungen bei der Fleischuntersuchung erforderlich sind und der Besitzer oder dessen Vertreter eine geeignete Hilfskraft auf Ansuchen des Beschauers nicht stellt, ist der Beschauer berechtigt, die weitere Untersuchung abzulehnen, bis dem Ansuchen entsprochen wird.

Anweisung für die Untersuchung.

§ 21. (1) Der Beschauer soll die zur Untersuchung in das Fleisch oder die Organe anzulegenden Schnitte nicht in größerer Anzahl oder größerem Umfang ausführen, als zur Erreichung des Zweckes nötig ist und in den §§ 22 bis 29 vorgeschrieben ist.

(2) Beim Anschneiden kranker Teile ist eine Verunreinigung des Fleisches, des Fußbodens, der Hände usw. mit Krankheitsstoffen tunlichst zu vermeiden.

(3) Sobald der nicht als Tierarzt approbierte Beschauer erkennt, daß er zur Entscheidung nicht zuständig ist (§§ 30 und 31), hat er die Untersuchung zu unterbrechen; die Zuziehung des tierärztlichen Beschauers erfolgt nach näherer Anordnung der Landesregierung.

§ 22. (1) Die Untersuchung der einzelnen Teile des Tierkörpers hat nach den in §§ 23 bis 29 angegebenen Grundsätzen zu erfolgen und soll in der Regel in der dort angegebenen Reihenfolge geschehen.

(2) Die in Betracht kommenden Körperteile sind zu besichtigen, die Lungen, die Leber, die Milz, die Gebärmutter, das Euter und die Zunge auch zu durchtasten. Das Blut ist auf seine Farbe, färbende Kraft, Gerinnungsfähigkeit und auf die Beimengung fremder Bestandteile zu prüfen. Bei denjenigen Teilen, bei denen die Besichtigung oder Durchtastung zur Ermittelung von Krankheitszuständen nicht ausreicht, sind die tieferen Schichten durch Einschnitte und Zerlegungen gemäß den nachfolgenden Vorschriften freizulegen und zu untersuchen. Die zu untersuchenden Lymphdrüsen sind der Länge nach zu durchschneiden, erforderlichenfalls herauszuschneiden und in dünne Scheiben zu zerlegen. Liegen krankhafte Veränderungen vor, deren Erkennung eine weitergehende Untersuchung erforderlich macht, so ist eine solche entsprechend der Lage des Falles vorzunehmen (vgl. auch § 29); nötigenfalls sind verdächtige oder erkrankte Teile anzuschneiden.

§ 23. Bei der Beschau sind im allgemeinen zu berücksichtigen:

1. das Blut;
2. der Kopf und die oberen Hals- und Kehlgangslymphdrüsen (Lösung der Zunge so weit, daß die Maul- und Rachenschleimhaut in ihrem ganzen Umfange zu sehen ist);
3 die Lungen sowie die Lymphdrüsen an der Lungenwurzel und im Mittelfell (Anlegung eines Querschnitts im unteren Drittel der Lungen);
4. der Herzbeutel und das Herz (Anlegung eines Längsschnitts, durch den beide Kammern geöffnet werden und die Scheidewand der Kammern durchschnitten wird);
5. das Zwerchfell;
6. die Leber und die Lymphdrüsen an der Leberpforte;
7. der Magen- und der Darmkanal, das Gekröse, die Gekrösdrüsen und das Netz;
8. die Milz;
9. die Nieren mit ihren Lymphdrüsen sowie die Harnblase;
10. die Gebärmutter mit Scheide und Scham (besonders sorgfältig bei Tieren, welche kurz vor der Schlachtung geboren haben oder Scheidenausfluß oder krankhafte Veränderungen der Gebärmutteroberfläche zeigen);
11. das Euter und dessen Lymphdrüsen;
12. das Muskelfleisch, einschließlich des zugehörigen Fett- und Bindegewebes, der Knochen, der Gelenke, des Brust- und Bauchfells. In Verdachtsfällen sind die Lymphdrüsen am Brusteingange (einschließlich der unteren Halslymphdrüsen), die Bug-, Achsel-, Lenden-, Darmbein-, Kniefalten-, Kniekehlen, Gesäßbein- und Schamdrüsen, erforderlichenfalls nachdem sie herausgeschnitten und in dünne Scheiben zerlegt sind, zu untersuchen.

§ 24. Bei Rindern sind außerdem die Zunge, das Herz, die äußeren und inneren Kaumuskeln, letztere unter Anlegung ergiebiger, parallel mit dem Unterkiefer verlaufender Schnitte, sowie die bei der Schlachtung zutage tretenden Fleischteile auf Finnen zu untersuchen. Besteht der Verdacht, daß Leberegel vorhanden sind, so ist an der Leber je ein Schnitt senkrecht zu der Magenfläche, quer durch die Hauptgallengänge sowie neben dem Spigelschen Lappen bis auf die Gallengänge anzulegen; den Landesregierungen bleibt vorbehalten, anzuordnen, daß diese Leberuntersuchung regelmäßig stattfindet. Die Nieren sind aus ihrer Fettkapsel zu lösen. Bei Kühen ist die Gebärmutter durch einen Querschnitt zu öffnen.

§ 25. Bei Kälbern sind auch der Nabel und die Gelenke zu besichtigen und im Verdachtsfall anzuschneiden. Die Untersuchung auf Finnen erfolgt wie bei Rindern, sie fällt aber für Kälber unter sechs Wochen weg. Die Untersuchung des Kopfes mit seinen Drüsen, soweit sie nicht zur Finnenuntersuchung notwendig ist, sowie die Untersuchung der Nieren darf bei Kälbern jeden Alters unterbleiben, sofern nicht der Verdacht einer Erkrankung vorliegt.

§ 26. Bei Pferden ist auch die Schleimhaut der Luftröhre, des Kehlkopfs, der Nasenhöhle und ihrer Nebenhöhlen zu untersuchen, nachdem der Kopf in der Längsrichtung neben der Mittellinie durchgesägt oder durchgehauen und die Nasenscheidewand herausgenommen ist.

§ 27. Schweine, ausgenommen Spanferkel, sind vor der Untersuchung durch Spalten der Wirbelsäule und des Kopfes in Hälften zu zerlegen, die Liesen (Flohmen, Lünte, Schmer, Wammenfett) sind zu lösen. Die zu Tage tretenden Fleischteile, insbesondere an den Hinterschenkeln, am Bauche, am Zwerchfell, an den Zwischenrippenmuskeln, am Nacken, am Herzen, an der Zunge und am Kehlkopfe sind auf Finnen zu untersuchen. Wenn auf andere Weise ausreichend sichergestellt ist, daß Finnen nicht vorhanden sind, so darf auf Antrag des Besitzers von der Spaltung der Wirbelsäule und des Kopfes abgesehen werden.

§ 28. Bei Schafen und Ziegen ist die Leber stets zu untersuchen und zwar in der im § 24 bezeichneten Weise. Das Anschneiden des Herzens sowie der Lymphdrüsen am Kopfe und an den Lungen ist nur im Falle des Verdachts einer Erkrankung erforderlich.

§ 29. Liegt eine Notschlachtung oder einer der anderen im § 2 Nr. 1 bezeichneten Fälle vor, so ist die Untersuchung aller Organe einschließlich der Lymphdrüsen besonders sorgfältig vorzunehmen. Namentlich ist festzustellen, ob eine ordnungsmäßige Schlachtung oder etwa eine Tötung im Verenden begriffener Tiere oder eine scheinbare Schlachtung bereits verendeter Tiere vorliegt sowie ob in den Fällen des § 2 Nr. 1 die Ausweidung unmittelbar nach dem Tode der Tiere erfolgt ist (vgl. § 33 Abs. 2).

Verfahren nach der Untersuchung.

§ 30. Beschauer, welche nicht im Besitze der Approbation als Tierarzt sind, dürfen die selbständige Beurteilung des Fleisches nur in folgenden Fällen und nur dann übernehmen, wenn vor der Untersuchung eine nach § 17 Abs. 2 unzulässige Zerlegung des geschlachteten Tieres nicht stattgefunden hat, auch wichtige Teile weder entfernt noch einer nach § 17 Abs. 4 unzulässigen Behandlung unterzogen worden sind:

1. wenn bei der Untersuchung alle Teile des Schlachttiers gesund befunden werden oder nur folgende Mängel am Fleische festgestellt sind:

a) tierische Schmarotzer, ausgenommen jedoch die gesundheitsschädlichen Finnen (beim Rinde Cysticercus inermis, beim Schweine, Schafe, Hunde und bei der Ziege Cysticercus cellulosae);
b) bindegewebige Verwachsungen von Organen ohne Eiterung und ohne übelriechende wässerige Ergüsse sowie vollständig abgekapselte Eiterherde;
c) Entzündungen der Haut ohne ausgebreitete Bildung von Eiter oder Jauche;
d) örtlich begrenzte Geschwülste;
e) örtliche Strahlenpilzkrankheit;
f) Tuberkulose eines Organs oder Tuberkulose, die nicht auf ein Organ beschränkt ist, im letzteren Falle jedoch nur dann, wenn die Krankheit nicht ausgedehnt, die Verbreitung derselben nicht auf dem Wege des großen Blutkreislaufs erfolgt ist, hochgradige Abmagerung nicht vorliegt, ausgedehnte Erweichungsherde fehlen und die veränderten Teile (vgl. § 35 Nr. 4) leicht und sicher entfernbar sind;
g) Nesselfieber (Backsteinblattern), leichte Formen von Maul- und Klauenseuche oder von Rotlauf der Schweine, ferner Bläschenausschlag an den Geschlechtsteilen;
h) Schwund von Organen oder einzelnen Muskeln;
i) Mißbildungen, wenn eine Störung des Allgemeinbefindens oder eine Veränderung der Fleischbeschaffenheit damit nicht verbunden ist;
k) einfache Knochenbrüche, auf mechanischem Wege entstandene Blutergüsse, Farbstoffablagerungen, Verhärtungen und Verkalkungen in einzelnen Organen und Körperteilen;
l) Vorhandensein von Mageninhalt oder sonstigen Verunreinigungen in den Lungen oder im Blute;
m) Beschmutzung und Verunreinigung des Fleisches durch Insekten, Verschimmeln usw. sowie Veränderung desselben durch Aufblasen;
n) schleichende, ohne Störung des Allgemeinbefindens verlaufende Schweineseuche, sofern die Tiere gut genährt (gemästet) sind, außer Husten keinerlei Krankheitserscheinungen zeigten und nur die vorderen Lungenabschnitte mit Entzündungsherden (grauroten

oder grauen verdichteten Herden) behaftet befunden werden, während die übrigen Teile der Lungen, das Brustfell und der Herzbeutel von Veränderungen frei sind, oder sofern nur Überbleibsel der Schweineseuche (Verwachsungen, Vernarbungen, eingekapselte verkäste Herde und dergleichen) vorhanden sind;

2. in den im § 33 Abs. 1 Nr. 12, 13, 16, 17 und Abs. 2 bezeichneten Fällen der Genußuntauglichkeit des Fleisches sowie in allen anderen Fällen, in welchen der Besitzer oder dessen Vertreter mit der unschädlichen Beseitigung des von dem Beschauer für genußuntauglich erachteten Fleisches einverstanden ist.

§ 31. In allen im § 30 nicht aufgeführten Fällen bleibt die Entscheidung dem zuständigen tierärztlichen Beschauer vorbehalten.

§ 32. Stellt der Beschauer eine Seuche fest, für welche die Anzeigepflicht besteht, so finden die Bestimmungen der §§ 14 und 16 sinngemäße Anwendung.

Grundsätze für die Beurteilung der Genußuntauglichkeit des Fleisches.

§ 33. (1) Als untauglich zum Genusse für Menschen ist der ganze Tierkörper (Fleisch mit Knochen, Fett, Eingeweiden und den zum Genusse für Menschen geeigneten Teilen der Haut sowie das Blut) anzusehen, wenn einer der nachstehend aufgeführten Mängel festgestellt worden ist:

1. Milzbrand;
2. Rauschbrand;
3. Rinderseuche;
4. Tollwut;
5 Rotz (Wurm);
6. Rinderpest;
7. eitrige oder jauchige Blutvergiftung, wie sie sich anschließt namentlich an eitrige oder brandige Wunden, Entzündungen des Euters, der Gebärmutter, der Gelenke, der Sehnenscheiden, der Klauen und der Hufe, des Nabels, der Lungen, des Brust- und Bauchfells, des Darmes;
8. Tuberkulose, wenn das Tier infolge der Erkrankung hochgradig abgemagert ist;
9. Rotlauf der Schweine, wenn eine erheblichere Veränderung des Muskelfleisches oder des Fettgewebes besteht;
10. Schweineseuche und Schweinepest, wenn erhebliche Abmagerung oder eine schwere Allgemeinerkrankung eingetreten ist;
11. Starrkrampf, wenn die Ausblutung mangelhaft ist und sinnfällige Veränderungen des Muskelfleisches bestehen;
12. Gelbsucht, wenn sämtliche Körperteile auch nach Ablauf von 24 Stunden noch stark gelb oder gelbgrün gefärbt oder wenn die Tiere abgemagert sind;
13. hochgradige allgemeine Wassersucht;
14. Geschwülste, wenn solche an zahlreichen Stellen des Muskelfleisches, der Knochen oder Fleischlymphdrüsen vorhanden sind;
15. Finnen (Cysticercus cellulosae) oder Trichinen bei Hunden;
16. hochgradiger Harn- oder Geschlechtsgeruch, widerlicher Geruch oder Geschmack des Fleisches nach Arzneimitteln, Desinfektionsmitteln u. dgl., auch nach der Kochprobe und dem Erkalten;
17. vollständige Abmagerung des Tieres infolge einer Krankheit;
18. vorgeschrittene Fäulnis- und ähnliche Zersetzungsvorgänge.

(2) Den in Abs. 1 aufgeführten Mängeln ist gleich zu achten, wenn das Tier in den im § 2 Nr. 1 bezeichneten plötzlichen Todesfällen nicht unmittelbar nach dem Tode ausgeweidet ist, ferner wenn es, abgesehen von diesen Fällen, eines natürlichen Todes gestorben oder im Verenden getötet oder wenn es totgeboren oder ungeboren ist.

§ 34. Als untauglich zum Genusse für Menschen ist der ganze Tierkörper (vgl. § 33), ausgenommen Fett (vgl. 37 unter I), anzusehen, wenn einer der nachstehend aufgeführten Mängel festgestellt ist:

1. Tuberkulose ohne hochgradige Abmagerung, wenn Erscheinungen einer frischen Blutinfektion vorhanden sind und diese sich nicht auf die Eingeweide und das Euter beschränken;
2. gesundheitsschädliche Finnen (bei Rindern Cysticercus inermis, bei Schweinen, Schafen und Ziegen Cysticercus cellulosae), wenn das Fleisch wässerig oder verfärbt ist oder wenn die Schmarotzer, lebend oder abgestorben, auf einer größeren Anzahl der ergiebig und tunlichst in Handtellergröße, besonders auch an den Lieblingsitzen der Finnen (§§ 24, 27) anzulegenden Muskelschnitte verhältnismäßig häufig zutage treten. Dies ist in der Regel anzunehmen, wenn in der Mehrzahl der angelegten Muskelschnittflächen mehr als je eine Finne gefunden wird.

Leber, Milz, Nieren, Magen und Darm sind als genußtauglich zu behandeln, sofern sie bei sorgfältiger Untersuchung finnenfrei befunden sind.

3. Miechersche Schläuche, wenn das Fleisch dadurch wässerig geworden oder auffallend verfärbt ist;
4. Trichinen bei Schweinen, wenn durch die Untersuchung von 14 aus den Zwerchfellpfeilern, beim Vorhandensein nur eines Zwerchfellpfeilers aus diesem, entnommenen Präparaten in 6 oder mehr Präparaten oder durch die Untersuchung von 28 aus dem Rippenteile des Zwerchfells oder den Bauchmuskeln entnommenen Präparaten in 12 oder mehr Präparaten Trichinen festgestellt sind.[3])

§ 35. Als untauglich zum Genusse für Menschen sind nur die veränderten Fleischteile anzusehen, wenn einer der nachstehenden Mängel festgestellt ist:

1. Tierische Schmarotzer in den Eingeweiden (Leberegel), Bandwürmer, nicht gesundheitsschädliche Finnen, Hülsenwürmer, Gehirnblasenwürmer, Rundwürmer, Miechersche Schläuche u. dgl.) — abgesehen von den Fällen des § 34 —;
   wenn die Zahl oder Verteilung der Schmarotzer deren gründliche Entfernung nicht gestattet, sind die ganzen Organe zu vernichten, andernfalls sind die Schmarotzer auszuschneiden und die Organe freizugeben;
2. Geschwülste, wenn dieselben örtlich begrenzt sind;
3. Lungenseuche, wenn das Tier nicht abgemagert ist;
4. Tuberkulose, abgesehen von den Fällen des § 33 Nr. 8 und des § 34 Nr. 1.
   Ein Organ ist auch dann als tuberkulös anzusehen, wenn nur die zugehörigen Lymphdrüsen tuberkulöse Veränderungen aufweisen; das gleiche gilt von Fleischstücken, sofern sie sich nicht bei genauer Untersuchung als frei von Tuberkulose erweisen;
5. Strahlenpilzkrankheit und Traubenpilzkrankheit (Botryomycose);
6. Starrkrampf, sofern nicht § 33 Nr. 11 Anwendung findet;
7. Maul- und Klauenseuche ohne Begleitkrankheit. Unschädlich zu beseitigen sind nur die erkrankten Stellen sowie die wertlosen Teile (Klauen). Kopf und Zunge sind freizugeben, wenn sie unter amtlicher Aufsicht in kochendem Wasser gebrüht wurden;
8. Entzündungskrankheiten, soweit sie nicht schon genannt sind, ferner abgekapselte Eiter- oder Jauchеherde, wenn das Allgemeinbefinden des Tieres kurz vor der Schlachtung nicht gestört war, insbesondere wenn Anzeichen von Blutvergiftung nicht vorhanden sind;
9. Verletzungen (Wunden, Quetschungen, Knochenbrüche, Verbrennungen u. dgl.), wenn sie von einem fieberhaften Allgemeinbefinden nicht begleitet gewesen sind;
10. Nesselfieber (Backsteinblattern);
11. Rotlauf der Schweine, sofern nicht § 33 Nr. 9 Anwendung findet (vgl. jedoch § 37 unter III Nr. 2). Blut und Abfälle sind stets zu vernichten;
12. Schweineseuche und Schweinepest, sofern nicht § 33 Nr. 10 Anwendung findet (vgl. jedoch § 37 unter III Nr. 3);
13. Mißbildungen, wenn eine Störung des Allgemeinbefindens oder Veränderung der Fleischbeschaffenheit damit nicht verbunden ist;
14. Schwund von Organen oder einzelnen Muskeln;
15. blutige oder wässerige Durchtränkung, Kalk- oder Farbstoffablagerung (Schwarzfärbung, Braunfärbung, Gelbfärbung) in einzelnen Organen und Körperteilen;
16. oberflächliche Fäulnis, Schimmelbildung u. dgl. an einzelnen Körperteilen;
17. Verunreinigung des Fleisches mit Eiter, Jauche und Entzündungsprodukten;
18. Vorhandensein von Mageninhalt oder Brühwasser oder sonstigen Verunreinigungen in den Lungen oder im Blute;
19. Veränderung des Fleisches durch Aufblasen sowie derartige Beschmutzung des Fleisches, daß eine gründliche Reinigung der beschmutzten Teile nicht ausführbar ist.

§ 36. Hundedärme sind stets als untauglich zum Genusse für Menschen anzusehen.

§ 37. Als bedingt tauglich sind anzusehen:

I. das Fett in den Fällen des § 34, jedoch mit Ausnahme des bei sorgfältiger Untersuchung finnenfrei befundenen Fettes der finnigen Rinder (§ 34 Nr. 2), das als genußtauglich zu behandeln ist (vgl. auch unter III Nr. 4 Abs. 2), ferner
II. das ganze Fleischviertel, in welchem eine tuberkulös veränderte Lymphdrüse sich befindet, soweit es nicht nach § 35 Nr. 4 als untauglich anzusehen ist, endlich
III. der ganze Tierkörper (vgl. § 33) mit Ausnahme der nach § 35 etwa als untauglich zu erachtenden Teile, wenn einer der nachstehenden Mängel festgestellt worden ist:
   1. Tuberkulose, die nicht auf ein Organ beschränkt ist, sofern hochgradige Abmagerung nicht vorliegt und entweder

3) Fassung der Bekanntmachung vom 24. Juni 1914.

a) ausgedehnte Erweichungsherde vorhanden sind oder
b) Erscheinungen einer frischen Blutinfektion, jedoch nur in den Eingeweiden oder im Euter vorliegen;

2. Rotlauf der Schweine, falls nicht die Bestimmung im § 33 Nr. 9 Anwendung zu finden hat;
3. Schweineseuche und Schweinepest, falls nicht die Bestimmung im § 33 Nr. 10 Anwendung zu finden hat, und insoweit es sich nicht nur um eine schleichend, ohne Störung des Allgemeinbefindens verlaufende Erkrankung an Schweineseuche oder nicht nur um Ueberbleibsel dieser Seuche (Verwachsungen, Vernarbungen, eingekapselte, verkäste Herde u. dgl.) oder nicht nur um Ueberbleibsel der Schweinepest (Verkäsung der Gekröslymphdrüsen, Verwachsung von Darmschlingen, Narbenbildung in der Darmschleimhaut) handelt;
4. gesundheitsschädliche Finnen (bei Rindern Cysticercus inermis, bei Schweinen, Schafen und Ziegen Cysticercus cellulosae), falls nicht die Vorschrift im § 34 Nr. 2 Anwendung zu finden hat, jedoch mit Ausnahme der Fälle,
   a) daß sich nur eine Finne vorgefunden hat, auch nachdem zahlreiche Schnitte durch die Kaumuskeln, das Herz und die Zunge angelegt sind (§§ 24, 27, § 34 Nr. 2) und eine Durchsuchung des ganzen Körpers nach Zerlegung des Fleisches in Stücke von ungefähr 2½ Kilogramm Gewicht vorgenommen ist (vgl. § 40 Nr. 2 Abs. 1),
   b) daß sich bei Rindern bei der vorgeschriebenen Untersuchung (§ 24, § 34 Nr. 2) nur eine Finne gefunden hat und das Fleisch 21 Tage hindurch gepökelt oder in Kühl- oder Gefrierräumen aufbewahrt worden ist (§ 39 Nr. 4 und 5) — vgl. § 40 Nr. 2 Abs. 2 —.

   Leber, Milz, Nieren, Magen und Darm der finnigen Tiere und das Fett der finnigen Rinder sind als genußtauglich zu behandeln, sofern sie bei sorgfältiger Untersuchung finnenfrei befunden sind;[4])
5. Trichinen bei Schweinen, falls nicht die Bestimmung in § 34 Nr. 4 Anwendung findet.

§ 38. (1) Das als bedingt tauglich erkannte Fleisch ist zum Genusse für Menschen brauchbar gemacht, wenn es der nachstehend vorgeschriebenen Behandlung (vgl. auch § 39) unterworfen worden ist:

I. das Fett durch Ausschmelzen:
   in den Fällen zu § 34;

II. das Fleisch und das Fett
   a) durch Kochen oder Dämpfen:
      1. bei Tuberkulose in den Fällen zu § 37 unter II und III Nr. 1;
      2. bei Trichinen der Schweine im Falle des § 37 Nr. 5;
   b) durch Kochen, Dämpfen oder Pökeln:
      1. bei Rotlauf der Schweine in den Fällen zu § 37 unter III Nr. 2,
      2. bei Schweineseuche und Schweinepest in den Fällen zu § 37 unter III Nr. 3,
      3. bei Finnen der Schweine, Schafe und Ziegen in den Fällen zu § 37 unter III Nr. 4 mit der dort angegebenen Einschränkung bei einfinnigen Tieren;
   c) durch Kochen, Dämpfen, Pökeln oder Durchkühlen:
      bei Finnen des Rindviehs in den Fällen zu § 37 unter III Nr. 4 mit der dort angegebenen Einschränkung bei einfinnigen Tieren.

(2) An Stelle des Kochens oder Pökelns kann für Fett das Ausschmelzen treten.

§ 39. Die Behandlung des Fleisches behufs Brauchbarmachung zum Genusse für Menschen (§ 38) hat nach folgenden Vorschriften zu geschehen:

1. Das Ausschmelzen des Fettes ist nur dann als genügend anzusehen, wenn es entweder in offenen Kesseln vollkommen verflüssigt oder in Dampfapparaten vor dem Ablassen nachweislich auf mindestens 100° C. erwärmt worden ist.
2. Das Kochen des mit tierischen Schmarotzern durchsetzten Fleisches in Wasser ist nur dann als genügend anzusehen, wenn es unter der Einwirkung der Hitze in den innersten Schichten grau (Rindfleisch) oder grauweiß (Schweinefleisch) verfärbt und wenn der von frischen Schnittflächen abfließende Saft eine rötliche Farbe nicht mehr besitzt. Schwachtrichinöses Fleisch von Schweinen (§ 37 unter III Nr. 5, § 38 Abs. 1 unter II a Nr. 2) ist in Stücken von nicht über 10 Zentimeter Dicke min-

4) Die Fassung dieser Ziffer entspricht der Bekanntmachung vom 21. Juni 1912 (Zentr.-Bl. f. d. D. R. S. 546).

destens 2½ Stunden in kochendem Wasser zu halten. Das Fleisch von Tieren, welche mit pflanzlichen Schmarotzern (Infektionskeimen) behaftet sind, ist in Stücken von nicht über 15 Zentimeter Dicke mindestens 2½ Stunden in kochendem Wasser zu halten.

3. Das Dämpfen des Fleisches (in Dampfkochapparaten) ist als ausreichend nur dann anzusehen, wenn das Fleisch, auch in den innersten Schichten, nachweislich 10 Minuten lang einer Hitze von 80° C. ausgesetzt gewesen ist, oder wenn das in nicht über 15 Zentimeter dicke Stücke zerlegte Fleisch bei ½ Atmosphäre Überdruck mindestens 2 Stunden lang gedämpft und auch in den innersten Schichten grau (Rindfleisch) oder grauweiß (Schweinefleisch) verfärbt und wenn der von frischen Schnittflächen abfließende Saft eine rötliche Farbe nicht mehr besitzt.

4. Behufs Pökelung ist das Fleisch in Stücke von nicht über 2½ Kilogramm Schwere zu zerlegen. Diese Stücke sind in Kochsalz zu verpacken oder in eine Lake von mindestens 25 Gewichtsteilen Kochsalz auf 100 Gewichtsteile Wasser zu legen. Diese Pökelung hat mindestens drei Wochen zu dauern.

   Wenn die Pökellake mittels Lakespritzen eingespritzt wird, genügt ein 14 tägiges Aufbewahren des so behandelten Fleisches unter polizeilicher Kontrolle.

5. Die Durchkühlung des Fleisches zum Zwecke der Abtötung der Rinderfinnen hat 21 Tage in Kühl- oder Gefrierräumen zu erfolgen, welche eine tadellose Frischerhaltung des Fleisches ermöglichen.

Weitere Behandlung und Kennzeichnung des Fleisches.

§ 40. Der Beschauer hat Fleisch, welches einen Anlaß zur Beanstandung auf Grund der Bestimmungen in den §§ 33 bis 37 nicht gibt, als tauglich zum Genusse für Menschen zu erklären. Jedoch ist das taugliche Fleisch als in seinem Nahrungs- und Genußwert erheblich herabgesetzt zu erklären, unbeschadet der den landesrechtlichen Vorschriften im § 24 des Gesetzes vorbehaltenen Regelung des Vertriebs und der Verwendung solchen Fleisches, wenn einer der nachstehenden Mängel festgestellt ist:

1. Tuberkulose, die nicht auf ein Organ beschränkt ist, wenn die Krankheit an den veränderten Teilen eine große Ausdehnung erlangt hat, jedoch hochgradige Abmagerung nicht vorliegt, ausgedehnte Erweichungsherde nicht vorhanden sind und Erscheinungen einer frischen Blutinfektion fehlen;

2. Vorhandensein nur einer gesundheitsschädlichen Finne im Falle des § 37 unter III Nr. 4 Abs. 1 unter a.

   Das nach § 37 unter III Nr. 4 Abs. 1 unter b und § 39 Nr. 4 und 5 behandelte Fleisch einfinniger Rinder ist als tauglich ohne Beschränkung zu erklären.[2])

   In den Fällen des § 37 III Nr. 4 Abs. 1 unter a und b ist jedoch das Fleisch an der Stelle, wo sich die einzelne Finne befindet, herauszuschneiden und als genußuntauglich zu behandeln. Leber, Milz, Nieren, Magen und Darm der einfinnigen Tiere und das Fett der einfinnigen Rinder sind, auch ohne daß eine Zerlegung oder eine Durchkühlung dieser Teile stattgefunden hat, als genußtauglich zu behandeln:

3. fischiger oder traniger Geruch oder Geschmack, ferner sonstige mäßige Abweichung in bezug auf Geruch und Geschmack sowie solche Abweichungen in bezug auf Farbe, Zusammensetzung oder Haltbarkeit, namentlich

   oberflächliche Zersetzung, mäßiger unangenehmer Harngeruch, Geschlechtsgeruch, Geruch nach Arznei- oder Desinfektionsmitteln u. dgl., mäßige Wässerigkeit, mäßige Gelbfärbung infolge von Gelbsucht, mäßige Durchsetzung mit Blutungen, Miescherschen Schläuchen (vgl. jedoch § 34 Nr. 3, § 35 Nr. 1) oder Kalkablagerungen;

4. vollständige Abmagerung, wenn nicht der Fall des § 33 Nr. 17 vorliegt;

5. Unreife oder nicht genügende Entwickelung der Kälber;

6. unvollkommenes Ausbluten, insbesondere bei notgeschlachteten Tieren und in den im § 2 Nr. 1 bezeichneten plötzlichen Todesfällen, sofern nicht Veränderungen vorliegen, welche eine Behandlung des Fleisches nach Maßgabe der Bestimmungen in den §§ 33 und 34 erforderlich machen.

§ 41. (1) Beanstandetes Fleisch ist vom Beschauer vorläufig zu beschlagnahmen. Der Beschauer hat hiervon dem Besitzer oder dessen Vertreter sowie der Polizeibehörde unter Angabe des Beanstandungsgrundes sofort Mitteilung zu machen.

(2) Die Polizeibehörde hat über die weitere Behandlung des beanstandeten Fleisches gemäß §§ 38, 39 und 45 Entscheidung zu treffen und hiervon sofort den Besitzer oder dessen Vertreter zu benachrichtigen.

§ 42. (1) Der Beschauer hat das untersuchte Fleisch alsbald zu kennzeichnen. Nur wenn der Besitzer beanstandeten Fleisches oder sein Vertreter sofort erklärt, daß er sich bei der Entscheidung nicht beruhigen werde, ist das Fleisch vorläufig mit einem Erkennungszeichen, das leicht wieder entfernt werden kann, zu versehen. Die Landesbehörden können gestatten, daß in öffentlichen Schlachthöfen von der Anbringung des Erkennungszeichens an einzelnen Organen oder Fleischteilen abgesehen wird, wenn dieselben sofort unter amtlichen Verschluß gebracht werden.

(2) Vorläufig mit einem Erkennungszeichen versehenes Fleisch ist zu kennzeichnen, sobald das Ergebnis der Untersuchung endgültig feststeht.

(3) In den Fällen der §§ 35, 36 darf die Kennzeichnung der einzelnen Stücke unterbleiben, wenn die unschädliche Beseitigung anderweit sichergestellt ist.

(4) Die am Fleische nach §§ 43, 44 angebrachten Kennzeichen sind zu berichtigen, wenn die Entscheidung des ersten Beschauers infolge eingelegter Beschwerde (§ 46) oder von Aufsichtswegen abgeändert worden ist.

§ 43. (1) Die Kennzeichnung des Fleisches erfolgt mittels Farbstempels mit nicht gesundheitsschädlicher, haltbarer blauer Farbe oder mittels Brandstempels.

(2) Jeder Stempel trägt als Aufschrift den Namen oder das Zeichen des Schaubezirkes. Tierärzten ist es gestattet, einen Stempel mit ihrem Namen zu verwenden, wenn sie außerhalb ihres gewöhnlichen Schaubezirkes abzustempeln haben.

Tauglich.

(3) Die Stempel, ausgenommen die für Fleisch von Einhufern und Hunden bestimmten, sind für das bei der Untersuchung tauglich befundene Fleisch von kreisrunder Form bei mindestens 3,5 Zentimeter Durchmesser; für das im Nahrungs- und Genußwert erheblich herabgesetzte (minderwertige) Fleisch von gleicher Form, jedoch umschlossen von einem gleichseitigen Viereck; für das bei der Untersuchung als zum Genuß untauglich befundene und unschädlich zu beseitigende Fleisch von dreieckiger Form bei mindestens 5 Zentimeter Seitenlänge; für das zum Genusse bedingt taugliche Fleisch von viereckiger Form mit mindestens 4 Zentimeter Seitenlänge.

Erheblich herabgesetzt im Nahrungs- und Genußwerte.

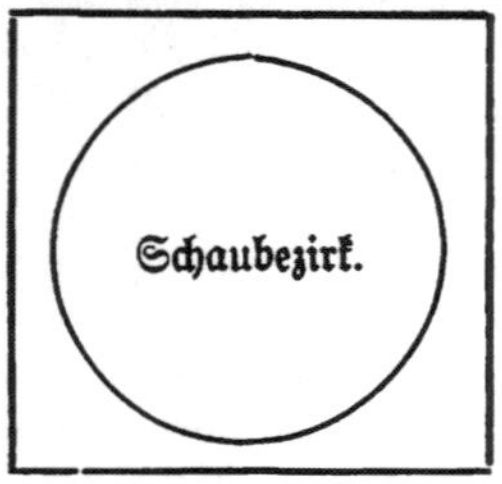

Untauglich.

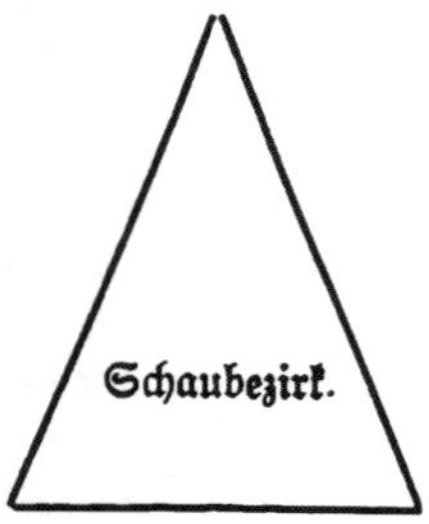

Bedingt tauglich.

(4) Das tauglich befundene Fleisch von Pferden und anderen Einhufern ist mit einem rechteckigen Stempel von mindestens 5 und 2 Zentimeter Seitenlänge zu versehen. Derselbe trägt außer dem Namen des Beschaubezirkes die Aufschrift „Pferd“.

Fleisch von Einhufern.

(5) Für das tauglich befundene Hundefleisch ist ein rechteckiger Stempel von mindestens 5 und 2 Zentimeter Seitenlänge zu verwenden, welcher außer dem Namen des Beschaubezirkes die Aufschrift „Hund“ trägt.

Hundefleisch.

Hund.
Schaubezirk.

(6) An jedem Stempel müssen die Schriftzeichen und die Ränder scharf ausgeprägt sein.

§ 44. (1) Die Stempelabdrücke sind an jeder Körperhälfte mindestens an den nachverzeichneten Körperstellen anzubringen, und zwar:

I. Bei Rindern und Pferden, Eseln, Maultieren und Mauleseln:
1. auf der Seitenfläche des Halses,
2. an der hinteren Vorarmfläche,
3. auf der Schulter,
4. auf dem Rücken in der Nierengegend,
5. auf der inneren und
6. auf der äußeren Fläche des Hinterschenkels,
7. an der Zunge und am Kopfe.

II. Bei Kälbern, erforderlichenfalls nach Lostrennung der Haut an den betreffenden Stellen:
1. auf der Schulter oder an der hinteren Vorarmfläche,
2. neben dem Nierenfett oder auf dem Rücken,
3. auf der Brust,
4. auf der Keule, am Becken oder am Unterschenkel.

III. Bei Schweinen:
1. am Kopfe,
2. auf der Seitenfläche des Halses,
3. auf der Schulter,
4. auf dem Rücken,
5. auf dem Bauche,
6. auf der Außenfläche des Hinterschenkels.

IV. Bei Schafen, Ziegen und Hunden, erforderlichenfalls nach Lostrennung der Haut an den betreffenden Stellen:
1. auf dem Halse,
2. auf der Schulter,
3. auf dem Rücken,
4. an der inneren Fläche des Hinterschenkels.

Statt der vorstehend unter Nr. II bis IV vorgeschriebenen Kennzeichnung genügt

bei nicht enthäuteten Kälbern und Lämmern die Stempelung in der Nähe des Schaufelknorpels und neben dem Nierenfett oder an den Innenflächen der Hinterschenkel, ferner bei Schweinen, Schafen und Ziegen von 12,5 oder weniger Kilogramm Schlachtgewicht die Anbringung je eines Stempelabdrucks zwischen den Schultern und dem Kreuze.

(2) Außerdem ist der Beschauer verpflichtet, auf Wunsch des Besitzers die Stempelabdrücke noch an weiteren Stellen des Tierkörpers anzubringen.

(3) Im Falle des § 40 Nr. 2 ist jedes einzelne Fleischstück zu stempeln.

Unschädliche Beseitigung des beanstandeten Fleisches.

§ 45. (1) Die unschädliche Beseitigung des Fleisches hat zu erfolgen entweder durch höhere Hitzegrade (Kochen oder Dämpfen bis zum Zerfall der Weichteile, trockene Destillation, Verbrennen) oder auf chemischem Wege bis zur Auflösung der Weichteile. Die hierdurch gewonnenen Erzeugnisse können technisch verwendet werden.

(2) Wo ein derartiges Verfahren untunlich ist, erfolgt die Beseitigung durch Vergraben tunlichst an Stellen, welche von Tieren nicht betreten werden. Vor dem Vergraben ist das Fleisch mit tiefen Einschnitten zu versehen und mit Kalk oder feinem trockenen Sande zu bestreuen oder mit Teer, rohen Steinkohlenteerölen (Karbolsäure, Kresol) oder Alpha-Naphtylamin in fünfprozentiger Lösung zu übergießen. Die Gruben sind so tief anzulegen, daß die Oberfläche des Fleisches von einer mindestens 1 Meter starken Erdschicht bedeckt ist. Der Reichskanzler ist ermächtigt, weitere als die vorstehend bezeichneten Mittel zur unschädlichen Beseitigung zuzulassen.

(3) Auch kann nach näherer Anordnung der Landesregierung im Einzelfalle die unschädliche Beseitigung auf andere Weise zugelassen werden, jedoch nur mit der Maßgabe, daß die unschädliche Beseitigung polizeilich überwacht wird. Mit tierischen Schmarotzern durchsetzte Fleischteile sind jedoch stets nach Vorschrift der Abs. 1 und 2, trichinöses Fleisch in den Fällen des § 33 Nr. 15 und § 34 Nr. 4 nur nach Maßgabe des Abs. 1 unschädlich zu machen.

Rechtsmittel.

§ 46. Gegen die Entscheidungen der Beschauer und der Polizeibehörde kann von dem Besitzer Beschwerde eingelegt werden. Die näheren Bestimmungen sind von den Landesregierungen mit der Maßgabe zu erlassen, daß im Falle der Beanstandung durch einen tierärztlich nicht vorgebildeten Beschauer das Gutachten eines approbierten Tierarztes eingeholt werden muß und im Falle der Beanstandung durch einen approbierten Tierarzt mindestens noch ein weiterer geeigneter Sachverständiger anzuhören ist.

Beschaubücher.

§ 47. (1) Jeder Beschauer hat ein Tagebuch nach Anlage 1 zu führen, in welches sämtliche zur Beschau angemeldeten Tiere, die Ergebnisse der Beschau und die hierauf getroffenen Anordnungen einzutragen sind.

(2) Außerdem hat er alljährlich eine statistische Zusammenstellung der Jahresergebnisse der Beschau nach einem vom Bundesrate festzustellenden Formulare bei der von der Landesregierung zu bestimmenden Stelle einzureichen.[5])

(3) An Stelle des Tagebuchformulars nach Anlage 1 dürfen in Landesteilen, in denen für die Beschauer schon jetzt andere Formulare vorgeschrieben sind, diese in Gebrauch befindlichen Formulare auf Anordnung der Landesregierung noch bis zum 31. Dezember 1909 zur Verwendung gelangen, sofern sie derart eingerichtet sind, daß darin die erforderlichen Angaben nach Anlage 1 enthalten sind.

(4) Die Landesregierungen können anordnen, daß an Orten, wo mehrere Beschauer angestellt sind (z. B. in Schlachthöfen), die Bücher gemeinsam geführt werden.

(5) Der Reichskanzler ist ermächtigt, anzuordnen, daß die statistischen Zusammenstellungen oder Auszüge daraus von den Landesregierungen an eine von ihm zu bezeichnende Stelle eingereicht werden.

(6) Auf Verlangen hat der Beschauer eine besondere Bescheinigung über die erfolgte Untersuchung nach Anlage 2 auszustellen.

(7) Die Bücher der Beschauer dürfen nicht eher als drei Jahre nach der letzten Eintragung vernichtet werden.

Beaufsichtigung der Fleischbeschau.

§ 48. Die gesamte Tätigkeit der Beschauer ist nach Maßgabe der von den Landesregierungen zu erlassenden Vorschriften dergestalt einer fachmännischen Kontrolle zu unterwerfen, daß in jedem Fleischbeschaubezirke mindestens alle zwei Jahre eine Revision stattfindet.

5) S. hierzu Bekanntmachung vom 19. August 1908 betr. Fleischbeschau- und Schlachtungsstatistik.

B.

Prüfungsvorschriften für die Fleischbeschauer.

§ 1. Zur Ausübung der Fleischbeschau dürfen außer approbierten Tierärzten nur solche Personen amtlich verwendet werden, welche durch das Bestehen der vorgeschriebenen Prüfung genügende Kenntnisse nachgewiesen haben.

Die Vorschriften über die Prüfung und Anstellung von Personen zur amtlichen Ausübung der Trichinenschau werden hierdurch nicht berührt.

§ 2. Die Prüfung ist vor der von der Landesregierung zu bezeichnenden Prüfungskommission für Fleischbeschauer abzulegen.

Die Prüfungskommission ist in der Weise zu bilden, daß ihr mindestens zwei Tierärzte, darunter jedenfalls ein in amtlicher Stellung befindlicher, womöglich höherer beamteter Tierarzt angehören.

§ 3. Zur Prüfung dürfen nur zugelassen werden Bewerber männlichen Geschlechts, die

1. das 23. Lebensjahr vollendet und das 50. Lebensjahr noch nicht überschritten haben;
2. körperlich tauglich, insbesondere im Vollbesitz ihrer Sinne sind;
3. mindestens vier Wochen lang einen regelmäßigen theoretischen und praktischen Unterricht in der Schlachtvieh- und Fleischbeschau in einem öffentlichen Schlachthof unter Leitung eines die Fleischbeschau dort amtlich ausübenden Tierarztes genossen haben.

Die Landesregierung bezeichnet die Schlachthöfe, bei denen die Ausbildung erfolgen darf, sowie die Leiter des Unterrichts.

Ausnahmsweise dürfen Bewerber zugelassen werden, die das 23. Lebensjahr noch nicht vollendet oder das 50. Lebensjahr bereits überschritten haben.

Die Zulassung zur Prüfung ist zu versagen, wenn Tatsachen vorliegen, welche die Unzuverlässigkeit des Nachsuchenden in bezug auf die Ausübung des Berufs als Fleischbeschauer dartun.

Ueber die Zulassung zur Prüfung entscheidet der Vorsitzende der Prüfungskommission. Gegen die Versagung kann von dem Zurückgewiesenen Beschwerde eingelegt werden. Die näheren Bestimmungen hierüber sind von den Landesregierungen zu erlassen.

§ 4. Dem Gesuch um Zulassung zur Prüfung sind außer einem Altersnachweise (§ 3 Abs. 1 Nr. 1), einem ärztlichen Zeugnis über die erforderliche Körperbeschaffenheit (§ 3 Abs. 1 Nr. 2) und einer Bescheinigung über die vorgeschriebene Ausbildung (§ 3 Abs. 1 Nr. 3) ein kurzer selbstgeschriebener Lebenslauf und ein amtliches Führungszeugnis beizufügen.

§ 5. Durch die Prüfung ist festzustellen, ob der Prüfling diejenigen Kenntnisse und Fertigkeiten besitzt, welche für Personen, die nicht die Approbation als Tierarzt besitzen, zur Ausübung der Schlachtvieh- und Fleischbeschau nach Maßgabe des Gesetzes sowie der zugehörigen Ausführungsbestimmungen erforderlich sind.

Die Prüfung zerfällt in einen theoretischen und in einen praktischen Teil.

§ 6. Im theoretischen Teile der Prüfung soll der Prüfling die erforderlichen Kenntnisse auf nachstehenden Gebieten nachweisen:

1. Hauptkennzeichen der Gesundheit an lebenden Tieren;
2. Benennung und regelrechte Beschaffenheit der einzelnen Organe und sonstigen Körperteile der geschlachteten Tiere;
3. Grundzüge der Lehre vom Blutkreislauf und vom Lymphstrom in Beziehung auf die Verbreitung von Krankheitserregern im Tierkörper;
4. hauptsächliche Schlachtmethoden und gewerbsmäßige Ausführung der Schlachtungen;
5. Wesen und Merkmale der für die Fleischbeschau vornehmlich in Betracht kommenden Tierkrankheiten und fehlerhaften Zustände des Fleisches;
6. wesentliche Bestimmungen über die Schlachtvieh- und Fleischbeschau im Inlande;
7. wichtigste Bestimmungen über die Bekämpfung der Viehseuchen, namentlich in bezug auf die Anzeigepflicht, Maßnahmen vor polizeilichem Einschreiten und Schlachtverbote;
8. Führung der Dienstbücher und Erstattung kurzer schriftlicher Berichte.

§ 7. Im praktischen Teile der Prüfung hat der Prüfling innerhalb einer angemessenen Zeit folgende Arbeiten auszuführen:

1. Aufnahme der Erkennungsmerkmale sowie Untersuchung und Beurteilung eines lebenden Schlachttiers mit Rücksicht auf die Genußtauglichkeit des Fleisches gemäß den Ausführungsbestimmungen zu dem Gesetze;
2 vollständige Untersuchung und Beurteilung eines geschlachteten Rindes, eines Schweines und eines anderen Stückes Kleinvieh (Kalb, Schaf oder Ziege) nach Vorschrift der einschlägigen Bestimmungen;
3. Bestimmung der Tierart, von welcher ein vorgelegtes Organ herstammt;
4. Bestimmung und Erläuterung mehrerer veränderter Körperteile von Schlachttieren mit Rücksicht auf die Fleischbeschau.

§ 8. Das Schlußergebnis der Prüfung wird in gemeinsamer Beratung der Mitglieder der Prüfungskommission festgestellt.

Die Prüfung gilt als bestanden, wenn die Mehrheit der Mitglieder, darunter der Vorsitzende, dies erklärt. Gehören der Kommission nur zwei Mitglieder an, so ist Stimmeneinheit erforderlich.

Wer die Prüfung besteht, erhält einen von dem Vorsitzenden der Prüfungskommission nach anliegendem Muster auszufertigenden Befähigungsausweis.

Im Falle Nichtbestehens der Prüfung hat der Vorsitzende einen entsprechenden Vermerk in die Bescheinigung über die genossene Ausbildung (§ 3 Abs. 1 Nr. 3) einzutragen.

Die Wiederholung der Prüfung ohne Wiederholung der Ausbildung (§ 3 Abs. 1 Nr. 3) darf nur vor derjenigen Prüfungskommission erfolgen, welche die erste Prüfung abgenommen hat, und zwar frühestens vier Wochen nach der vorangegangenen Prüfung und höchstens zweimal. Hat der Prüfling so mangelhafte Kenntnisse und Fertigkeiten gezeigt, daß eine Wiederholung der Ausbildung vor erneuter Zulassung zur Prüfung erforderlich erscheint, so ist ihm dies bei Mitteilung des Ausfalls der Prüfung zu eröffnen.

§ 9. Die Fleischbeschauer haben sich, sofern sie weiter amtlich tätig zu sein wünschen, alle drei Jahre einer Nachprüfung vor einem hiermit beauftragten beamteten Tierarzte zu unterziehen. Hierbei ist unter sinngemäßer Anwendung der Bestimmungen der §§ 6 und 7 festzustellen, ob der Prüfling in theoretischer und praktischer Hinsicht die behufs zuverlässiger Ausübung der Schlachtvieh- und Fleischbeschau erforderlichen Kenntnisse und Fertigkeiten noch besitzt. Der Ausfall der Nachprüfung ist auf dem Befähigungsausweise von dem prüfenden Tierarzte zu vermerken.

Der Befähigungsausweis erlischt

1. wenn der Fleischbeschauer die Nachprüfung nicht bestanden hat; dies gilt auch dann, wenn er sich etwa der Nachprüfung schon vor Ablauf von drei Jahren unterzogen hat;
2. wenn sich der Fleischbeschauer nicht vor Ablauf von drei Jahren zur Nachprüfung gemeldet hat;
3. wenn der Inhaber des Befähigungsausweises zwei Jahre hindurch weder als Fleischbeschauer amtlich tätig gewesen ist, noch während dieser Zeit einen Beruf ausgeübt hat, welcher ihn dauernd mit den für

die Ausübung der Fleischbeschau in Betracht kommenden Verhältnissen in nahe Beziehungen brachte.

Der Befähigungsausweis kann wiedergewonnen werden

im Falle unter 1 durch Bestehen der wiederholten Nachprüfung innerhalb sechs Monaten,

im Falle unter 2 durch Bestehen der Nachprüfung, falls sich der Prüfling vor Ablauf von fünf Jahren seit dem Bestehen der ersten Prüfung meldet; erfolgt die Meldung später, so kann der Befähigungsausweis nur durch Ablegung der Prüfung vor der Prüfungskommission im vollen Umfange der §§ 5 bis 7 wieder erworben werden,

im Falle unter 3 nur durch Wiederholung der Prüfung vor der Prüfungskommission im vollen Umfange der §§ 5 bis 7.

§ 10. Personen, welche zur Zeit des Inkrafttretens des Gesetzes die Befähigung zur Ausübung der Fleischbeschau auf Grund eines staatlich anerkannten Befähigungsausweises bereits besitzen, sind von der Ablegung der Prüfung befreit, sofern die Erwerbung dieses Befähigungsausweises unter Voraussetzungen und Bedingungen erfolgte, welche hinsichtlich des geforderten Maßes der Kenntnisse und Fertigkeiten den vorstehenden Prüfungsvorschriften im wesentlichen entsprechen. Der Bundesrat bestimmt, welche bisher geltenden landesrechtlichen Vorschriften über die Erteilung von Befähigungsausweisen als diesen Anforderungen entsprechend anzusehen sind.

Personen, welche einen Befähigungsausweis zwar nicht nach Maßgabe des Abs. 1, aber doch auf Grund einer staatlich geordneten Prüfung erworben haben oder zur Zeit des Inkrafttretens des Gesetzes bereits ein Jahr lang bei einer öffentlichen Fleischbeschau als Fleischbeschauer amtlich tätig gewesen sind, dürfen bei tadelloser Dienstführung auf Empfehlung ihrer Anstellungsbehörden ohne Beibringung des Nachweises über die vorgeschriebene Ausbildung (§ 3 Abs. 1 Nr. 3) zur weiteren Ausübung der Fleischbeschau zugelassen werden, wenn sie sich innerhalb sechs Monaten nach dem Inkrafttreten des Gesetzes an zuständiger Stelle melden und innerhalb eines Jahres nach dem Inkrafttreten des Gesetzes eine Prüfung vor einem von der Landesregierung zu bezeichnenden beamteten Tierarzte bestehen. Diese Prüfung, zu welcher auch Personen zugelassen werden dürfen, die das fünfzigste Lebensjahr überschritten haben, hat sich nur auf den praktischen Teil der im § 9 vorgeschriebenen Nachprüfung zu erstrecken.

Die in Abs. 1 und 2 genannten Fleischbeschauer haben sich der Nachprüfung nach Maßgabe der Bestimmungen im § 9 zum ersten Male spätestens drei Jahre nach dem Inkrafttreten des Gesetzes zu unterziehen.

§ 11. Personen, welche, ohne als Tierarzt approbiert zu sein, sich gewerbsmäßig mit der Ausübung der Tierheilkunde beschäftigen oder welche das Fleischer- oder Abdeckereigewerbe, den Fleisch- oder Viehhandel betreiben oder Agenten eines Viehversicherungsunternehmens sind, dürfen als Fleischbeschauer nicht angestellt werden.

C.

Gemeinfaßliche Belehrung für Beschauer, welche nicht als Tierarzt approbiert sind.[6])

D.

Untersuchung und gesundheitspolizeiliche Behandlung des in das Zollinland eingehenden Fleisches.[7]) [8])

Allgemeine Bestimmungen.

§ 1. (1) Fleisch sind alle Teile von warmblütigen Tieren, frisch oder zubereitet, sofern sie sich zum Genusse für Menschen eignen. Als Teile gelten auch die aus warmblütigen Tieren hergestellten Fette und Würste. Als Fleisch sind daher insbesondere anzusehen:

Muskelfleisch (mit oder ohne Knochen, Fettgewebe, Bindegewebe und Lymphdrüsen), Zunge,

6) S. Zentr.-Bl. f. d. D. R. 1908 Beilage zu Nr. 52 S. 33 mit der Änderung in Ziff. 22 gemäß Bekanntmachung vom 24. Juni 1914.

7) In der Fassung der Bekanntmachung des Reichskanzlers vom 22. Februar 1908 (Zentr.-Bl. f. d. D. R. S. 59), bezw. in der Fassung der Beilage zu Nr. 52 des Zentr.-Bl. f. d. D. R., Jahrgang 1908.

8) Abgeändert zufolge der Bekanntmachungen des Reichskanzlers vom 21. Juni 1912 (Zentr.-Bl. f. d. D. R. S. 546), vom 31. Oktober 1912 (Zentr.-Bl. f. d. D. R. S. 808) und vom 24. Juni 1914 (Zentr.-Bl. f. d. D. R. S. 354). Die Änderungen sind beim Abdruck berücksichtigt worden.

Herz, Lunge, Leber, Milz, Nieren, Gehirn, Brustdrüse (Bröschen, Bries, Brieschen, Kalbsmilch, Thymus), Schlund, Magen, Dünn- und Dickdarm, Gekröse, Blase, Milchdrüse (Euter), vom Schweine die ganze Haut (Schwarte), vom Rindvieh die Haut am Kopfe, einschließlich Nasenspiegel, Gaumen und Ohren, sowie die Haut an den Unterfüßen, ferner Knochen mit daran haftenden Weichteilen, frisches Blut;

Fette, unverarbeitet oder zubereitet, insbesondere Talg, Unschlitt, Speck, Liesen (Flohmen, Lünte, Schmer, Wammenfett) sowie Gekrös- und Netzfett, Schmalz, Oleomargarin, Prmier jus, Margarine und solche Stoffe enthaltende Fettgemische, jedoch nicht Butter und geschmolzene Butter (Butterschmalz);

Würste und ähnliche Gemenge von zerkleinertem Fleische.

(2) Andere Erzeugnisse aus Fleisch, insbesondere Fleischextrakte, Fleischpeptone, tierische Gelatine, Suppentafeln gelten bis auf weiteres nicht als Fleisch.

§ 2. (1) Als frisches Fleisch ist anzusehen Fleisch, welches, abgesehen von einem etwaigen Kühlverfahren, einer auf die Haltbarkeit einwirkenden Behandlung nicht unterworfen worden ist, ferner Fleisch, welches zwar einer solchen Behandlung unterzogen worden ist, aber die Eigenschaften frischen Fleisches im wesentlichen behalten hat oder durch entsprechende Behandlung wieder gewinnen kann.

(2) Die Eigenschaft als frisches Fleisch geht insbesondere nicht verloren

durch Gefrieren oder Austrocknen, ausgenommen bei getrockneten Därmen (§ 3 Abs. 4),

durch oberflächliche Behandlung mit Salz, Zucker oder anderen chemischen Stoffen,

durch bloßes Räuchern,

durch Einlegen in Essig,

durch Einhüllung in Fett, Gelatine oder andere, den Luftabschluß bezweckende Stoffe,

durch Einspritzen von Konservierungsmitteln in die Blutgefäße oder in die Fleischsubstanz.

(3) Als ganzer Tierkörper ist unbeschadet der Sonderbestimmung im § 6 das geschlachtete, abgehäutete und ausgeweidete Tier anzusehen; der Kopf vom ersten Halswirbel ab, die Unterfüße einschließlich der sogenannten Schienbeine und der Schwanz dürfen vorbehaltlich derselben Sonderbestimmung fehlen.

§ 3. (1) Als zubereitetes Fleisch ist anzusehen alles Fleisch, welches infolge einer ihm zuteil gewordenen Behandlung die Eigenschaften frischen Fleisches auch in den inneren Schichten verloren hat und durch eine entsprechende Behandlung nicht wieder gewinnen kann.

(2) Hierher gehört insbesondere das durch Pökelung, wozu auch starke Salzung zu rechnen ist, oder durch hohe Hitzegrade (Kochen, Braten, Dämpfen, Schmoren) behandelte Fleisch. Als genügend starke Pökelung (Salzung) ist nur eine solche Behandlung anzusehen, nach der das Fleisch auch in den innersten Schichten mindestens 6 Prozent Kochsalz enthält; auf Speck findet diese Bestimmung insofern Anwendung, als der angegebene Mindestgehalt an Kochsalz nur in den etwa eingelagerten schwachen Muskelfleischschichten enthalten sein muß.

(3) Als zubereitetes Fett sind anzusehen ausgeschmolzenes oder ausgepreßtes Fett mit oder ohne nachfolgende Raffinierung, insbesondere Schmalz, Oleomargarin, Premier jus und ähnliche Zubereitungen; ferner die tierischen Kunstspeisefette im Sinne des § 1 Abs. 4 des Gesetzes, betreffend den Verkehr mit Butter, Käse, Schmalz und deren Ersatzmitteln, vom 15. Juni 1897 (Reichs-Gesetzbl. S. 475), sowie Margarine.

(4) Im Sinne des § 12 des Gesetzes und im Sinne der gegenwärtigen Ausführungsbestimmungen sind anzusehen:

als Schinken die von den Knochen nicht losgelösten oberen Teile des Hinter- oder Vorderschenkels vom Schweine mit oder ohne Haut;

als Speck die zwischen der Haut und dem Muskelfleische, besonders am Rücken und an den Seiten des Körpers liegende Fettschicht vom Schweine mit oder ohne Haut, auch mit schwachen in der Fettschicht eingelagerten Muskelschichten;

als Därme der Dünn- und der Dickdarm sowie die Harnblase vom Rindvieh, Schweine, Schafe, von der Ziege, vom Pferde, Esel, Maultier, Maulesel oder von anderen Tieren des Einhufergeschlechts, der Magen vom Schweine sowie der Schlund vom Rindvieh;[9])

als Würste und sonstige Gemenge aus zerkleinertem Fleische insbesondere alle Waren, welche ganz oder teilweise aus zerkleinertem Fleische bestehen und in Därme oder künstlich hergestellte Wursthüllen eingeschlossen sind, ferner Hackfleisch, Schabefleisch, Mett, Brät, Sülzen aus zerkleinertem Fleische, Fleischpulver, Fleischmehl (ausgenommen Fleischfuttermehl) mit oder ohne Zusätze;

als luftdicht verschlossene Büchsen oder ähn-

9) In der Fassung der Bekanntmachung vom 21. Juni 1912.

liche Gefäße insbesondere Büchsen, Dosen, Töpfe (Terrinen) und Gläser jeder Form und Größe, deren Inhalt mit oder ohne anderweitige Vorbehandlung durch Luftabschluß haltbar gemacht worden ist.

§ 4. (1) Die Vorschriften der §§ 12 und 13 des Gesetzes sowie die gegenwärtigen Ausführungsbestimmungen finden auch auf Renntiere und Wildschweine Anwendung, und zwar dergestalt, daß, unbeschadet der Bestimmungen im § 6 Abs. 4 und im § 27 unter A II, erstere dem Rindvieh, letztere den Schweinen gleichgestellt werden. Anderes Wildbret einschließlich warmblütiger Seetiere sowie Federvieh unterliegen weder den Einfuhrbeschränkungen in §§ 12, 13 des Gesetzes noch der amtlichen Untersuchung bei der Einfuhr; das gleiche gilt für das zum Reiseverbrauche mitgeführte Fleisch.

(2) Büffel unterliegen denselben Vorschriften wie Rindvieh.

Beschränkungen der Ein- und Durchfuhr.

§ 5. In das Zollinland dürfen nicht eingeführt werden:

1. Fleisch in luftdicht verschlossenen Büchsen oder ähnlichen Gefäßen sowie Würste und sonstige Gemenge aus zerkleinertem Fleische;
2. Hundefleisch sowie zubereitetes Fleisch (mit Ausnahme der Därme),*) welches von Pferden, Eseln, Maultieren, Mauleseln oder anderen Tieren des Einhufergeschlechts herrührt;
3. Fleisch, welches mit einem der folgenden Stoffe oder mit einer solche Stoffe enthaltenden Zubereitung behandelt worden ist:
   a) Borsäure und deren Salze,
   b) Formaldehyd und solche Stoffe, die bei ihrer Verwendung Formaldehyd abgeben,
   c) Alkali- und Erdalkali-Hydroxyde und -Karbonate,
   d) Schweflige Säure und deren Salze sowie unterschwefligsaure Salze,
   e) Fluorwasserstoff und dessen Salze,
   f) Salizylsäure und deren Verbindungen,
   g) Chlorsaure Salze,
   h) Farbstoffe jeder Art, jedoch unbeschadet ihrer Verwendung zur Gelbfärbung der Margarine, sofern diese Verwendung nicht anderen Vorschriften zuwiderläuft.

§ 6. (1) Frisches Fleisch darf in das Zollinland nur in ganzen Tierkörpern (vgl. § 2 Abs. 3), die bei Rindvieh, ausgenommen Kälber, und bei Schweinen in Hälften zerlegt sein können, eingeführt werden. Als Kälber gelten Rinder im Fleischgewichte von nicht mehr als 75 kg. Mit den Tierkörpern müssen Brust- und Bauchfell, Lunge, Herz, Nieren, bei Kühen auch das Euter, mit den zugehörigen Lymphdrüsen in natürlichem Zusammenhange verbunden sein. In Hälften zerlegte Tierkörper müssen nebeneinander verpackt und mit Zeichen und Nummern versehen sein, welche ihre Zusammengehörigkeit ohne weiteres erkennen lassen. Die Organe und sonstigen Körperteile, auf welche sich die Untersuchung zu erstrecken hat (vgl. §§ 6 bis 12 der Anlage a), dürfen nicht angeschnitten sein, jedoch darf in die Mittelfelldrüsen und in das Herzfleisch je ein Schnitt gelegt sein.

(2) Bei Rindvieh (ausgenommen Kälber) (vgl. Abs. 1), muß auch der Kopf oder der Unterkiefer mit den Kaumuskeln, bei Schweinen auch der Kopf mit Zunge und Kehlkopf in natürlichem Zusammenhange mit den Körpern eingeführt werden; Gehirn und Augen dürfen fehlen. Bei Rindern darf der Kopf getrennt von dem Tierkörper beigebracht werden, sofern er und der Tierkörper derart mit Zeichen oder Nummern versehen sind, daß die Zusammengehörigkeit ohne weiteres erkennbar ist.

(3) Bei Pferden, Eseln, Maultieren, Mauleseln und anderen Tieren des Einhufergeschlechts müssen, außer den im Abs. 1 aufgeführten Teilen, Kopf, Kehlkopf und Luftröhre sowie die ganze Haut mindestens an einer Stelle mit dem Körper noch in natürlichem Zusammenhange verbunden sein.

(4) Bei Wildschweinen, die im übrigen den Schweinen gleich zu behandeln sind, dürfen Lunge, Herz und Nieren fehlen.

§ 7. (1) Pökel- (Salz-) Fleisch, ausgenommen Schinken, Speck und Därme, darf in das Zollinland nur eingeführt werden, wenn das Gewicht der einzelnen Stücke nicht weniger als 4 kg beträgt.

(2) Geräuchertes Fleisch, welches einem Pökelverfahren unterlegen hat, ist als Pökelfleisch zu behandeln.

(3) Die der Untersuchung zu unterziehenden Lymphdrüsen dürfen nicht fehlen oder angeschnitten sein, jedoch darf in die Mittelfelldrüsen und in das Herzfleisch je ein Schnitt gelegt sein.

§ 8. Das nachweislich im Inlande bereits vorschriftsmäßig untersuchte und nach dem Zollauslande verbrachte Fleisch ist im Falle der Zurückbringung der amtlichen Untersuchung nicht unterworfen.

§ 9. Auf das im kleinen Grenzverkehre sowie im Meß- und Marktverkehre des Grenzbezirks eingehende Fleisch finden die Vorschriften in §§ 12, 13 des Gesetzes sowie die gegenwärtigen Ausführungsbestimmungen Anwendung, soweit die Landesregierungen nicht Ausnahmen zulassen.[10])

§ 10. (1) Die unmittelbare Durchfuhr ist als Einfuhr im Sinne des Gesetzes nicht zu betrachten.

(2) Unter unmittelbarer Durchfuhr ist derjenige Warendurchgang zu verstehen, bei dem die Ware wieder ausgeführt wird, ohne im Inland eine Bearbeitung zu erfahren und ohne aus der zollamtlichen Kontrolle oder — im Postverkehr — aus dem Gewahrsam der Postverwaltung zu treten.

(3) Bei der Überführung von Fleisch auf ein Zollager gilt der Fall der unmittelbaren Durchfuhr nur dann als vorliegend, wenn, abgesehen von den im Abs. 2 bezeichneten Voraussetzungen, bereits bei der Anmeldung des Fleisches zur Niederlage sichergestellt wird, daß eine Abfertigung des Fleisches in den freien Verkehr ausgeschlossen ist.

Grundsätze für die gesundheitliche Untersuchung des in das Zollinland eingehenden Fleisches.

§ 11. (1) Für die Untersuchung des in das Zollinland eingehenden Fleisches ist als Beschauer ein approbierter Tierarzt und als dessen Stellvertreter ein weiterer approbierter Tierarzt zu bestellen. Zur Ausführung der Trichinenschau und zur Unterstützung bei der Finnenschau können andere Personen, welche nach Maßgabe der Prüfungsvorschriften für Trichinenschauer genügende Kenntnisse nachgewiesen haben, bestellt werden.

(2) Die Herrichtung des Fleisches für die tierärztliche Untersuchung (Herausnahme der Eingeweide, Loslösen der Liesen [Flohmen, Lünte, Schmer, Wammenfett], Zerlegung der Schweine in Hälften, Aufhängen oder Auflegen der Fleischteile im Untersuchungsraum) erfolgt nach Anweisung des Tierarztes, und zwar soweit der Verfügungsberechtigte nicht selbst eine Hilfskraft stellt, gegen Entrichtung einer besonderen Gebühr nach Maßgabe der hierüber ergehenden Anweisung durch die Beschaustelle.

10) Solche Ausnahmen sind zugelassen worden durch die Bekanntmachungen des Ministeriums:
vom 19. Oktob. 1900 (Zentr.- u. Bez.A.Bl. S. 242);
vom 12. März 1903 (Zentr.- u. Bez.A.Bl. S. 26);
vom 19. März 1904 (Zentr.- u. Bez.A.Bl. S. 41).
S. diese.

(3) Die chemischen Untersuchungen sind von einem besonders hierzu verpflichteten Nahrungsmittelchemiker, und nur wenn ein solcher nicht zur Verfügung steht, von einem in der Chemie hinreichend erfahrenen anderen Sachverständigen vorzunehmen. Die Vorprüfung der Fette ist von dem Chemiker oder dem Fleischbeschauer vorzunehmen. Ausnahmsweise können hiermit andere Personen, welche genügende Kenntnisse nachgewiesen haben, betraut werden.

§ 12. (1) Die Untersuchung des Fleisches hat sich insbesondere auf die in §§ 13 bis 15 aufgeführten Punkte zu erstrecken.

(2) Sie ist bei frischem Fleische an jedem einzelnen Tierkörper, bei zubereitetem Fleische, und zwar bei Därmen und Fetten an den einzelnen Packstücken, im übrigen an den einzelnen Fleischstücken vorzunehmen, soweit nicht eine Beschränkung der Untersuchung auf Stichproben nach den Bestimmungen des folgenden Absatzes zulässig ist.

(3) Bei Sendungen von zubereitetem Fleische kann die Untersuchung auf Stichproben beschränkt werden, und zwar bei Fett und Därmen die gesamte Prüfung, bei sonstigem Fleische die Prüfung auf

a) Behandlung mit verbotenen Stoffen (§ 5 Nr. 3 und § 14 Abs. 1 unter b),
b) Mindestgewicht (§ 7 Abs. 1 und § 14 Abs. 1 unter c),
c) Durchpökelung oder sonstige genügende Zubereitung (§ 3 Abs. 1, 2 und § 14 Abs. 1 unter d).

Die Beschränkung der Untersuchung auf Stichproben ist jedoch nur insoweit zulässig, als die Sendung nach Inhalt der Begleitpapiere (Rechnungen, Frachtbriefe, Konossemente, Ladescheine u. dgl.) eine bestimmte gleichartige, aus derselben Fabrikation stammende Ware enthält, die auch äußerlich nach der Art der Verpackung oder Kennzeichnung (vgl. Anlage c unter D) als gleichartig angesehen werden kann. Die Auswahl der Stichproben erfolgt nach den Bestimmungen im § 14 Abs. 3, 4 und § 15 Abs. 5.

(4) Führt die Untersuchung bei einer Stichprobe zu einer Beanstandung, so hat die Beschaustelle die Untersuchung zu unterbrechen und den Verfügungsberechtigten sofort unter Angabe des Beanstandungsgrundes zu benachrichtigen. Binnen einer eintägigen Frist nach der Benachrichtigung kann der Verfügungsberechtigte die Sendung, insoweit nicht eine unschädliche Beseitigung (§ 19 Abs. 1 unter I) oder eine Zurückweisung (§ 19 Abs. 1 unter II und § 21) erforderlich wird, vor der weiteren

Untersuchung freiwillig zurückziehen (vgl. jedoch § 25 Abs. 3). Erfolgt die Zurückziehung nicht, so sind zunächst sämtliche nach § 14 Abs. 3, 4 und § 15 Abs. 5 entnommenen Stichproben auf den Beanstandungsgrund weiter zu untersuchen. Sofern nicht diese Untersuchung wegen Beanstandung aller Stichproben nach § 19 Abs. 1 unter II A oder § 21 Abs. 3 die Zurückweisung der ganzen Sendung zur Folge hat, ist der Verfügungsberechtigte zunächst wiederum von dem Ergebnisse der Untersuchung zu benachrichtigen. Binnen einer zweitägigen Frist nach dieser Benachrichtigung steht ihm erneut das Recht zu, den nicht beanstandeten Rest der Sendung freiwillig zurückzuziehen. Macht er auch von dieser Befugnis keinen Gebrauch, so ist die Untersuchung auf den Beanstandungsgrund bei Därmen und Fetten an der Gesamtheit der Packstücke, im übrigen aber an jedem einzelnen Fleischstücke des Restes der Sendung auszuführen. Die chemische Untersuchung ist jedoch in diesem Falle — abgesehen von Fetten — in der Weise fortzusetzen, daß aus allen noch zu untersuchenden Packstücken oder als solche zu behandelnden Sendungsteilen Proben nach § 14 Abs. 4 entnommen werden. Mit den nach diesem Absatz erforderlichen Benachrichtigungen ist ein Hinweis auf die dem Verfügungsberechtigten zustehenden Befugnisse und auf die sonstigen aus den Beanstandungen sich ergebenden Folgen, insbesondere auf die bei Ausdehnung der Stichprobenuntersuchung eintretenden Gebührenerhöhungen zu verbinden.

§ 13. (1) Bei frischem Fleische ist zu prüfen:

a) ob es den Angaben in den Begleitpapieren entspricht;
b) ob es unter die Verbote im § 5 fällt;
c) ob es den Bestimmungen im § 6 entspricht;
d) ob es in gesundheits- oder veterinärpolizeilicher Beziehung zu Bedenken Anlaß gibt. Insbesondere ist Schweinefleisch auf Trichinen zu untersuchen.

(2) Eine chemische Untersuchung des frischen Fleisches hat stattzufinden, wenn der Verdacht vorliegt, daß es mit einem der im § 5 Nr. 3 aufgeführten Stoffe behandelt worden ist.

§ 14. (1) Bei zubereitetem Fleische, ausgenommen Fette, ist zu prüfen:

a) ob die Ware den Angaben in den Begleitpapieren entspricht;
b) ob die Ware unter die Verbote im § 5 fällt;
c) ob die Ware der Vorschrift im § 7 Abs. 1 entspricht;
d) ob die Fleischstücke vollständig durchgepökelt (durchgesalzen), durchgekocht oder sonst im Sinne des § 3 Abs. 1 zubereitet sind,
e) ob die Ware in gesundheits- oder veterinärpolizeilicher Beziehung zu Bedenken Anlaß gibt. Insbesondere ist Schweinefleisch auf Trichinen zu untersuchen.

(2) Bei der gemäß Abs. 1 unter b vorzunehmenden Prüfung hat auch eine chemische Untersuchung stattzufinden:

a) zur Feststellung, ob dem Verbot im § 5 Nr. 2 zuwider Pferdefleisch unter falscher Bezeichnung einzuführen versucht wird, wenn der Verdacht eines solchen Versuchs besteht und die biologische Untersuchung (Anlage a § 16) nicht zu einem entscheidenden Ergebnisse führt;
b) zur Feststellung, ob das Fleisch mit einem der im § 5 Nr. 3 aufgeführten Stoffe behandelt worden ist; bei Schinken in Postsendungen bis zu 3 Stück, bei anderen Postsendungen im Gewichte bis zu 2 kg, bei Speck und bei Därmen sowie bei Sendungen, die nachweislich als Umzugsgut von Ansiedlern und Arbeitern eingeführt werden, jedoch nur, wenn der Verdacht einer solchen Behandlung besteht.

(3) Liegen die Voraussetzungen des § 12 Abs. 3 für eine Beschränkung der Untersuchung auf Stichproben vor, so hat sich die dort erwähnte Prüfung bei Sendungen, die aus 1 oder 2 Packstücken bestehen, auf jedes Packstück, bei Sendungen von 3 bis 10 Packstücken auf mindestens 2 Packstücke, bei größeren Sendungen auf mindestens den 10. Teil der Packstücke zu erstrecken. Besteht die Sendung aus unverpackten Schinken oder sonstigen Fleischstücken, so sind bis zu 20 Stück als ein Packstück zu rechnen. Aus den hiernach auszuwählenden Packstücken oder als solche zu behandelnden Sendungsteilen ist zum Zwecke der Untersuchung — mit Ausnahme der im Abs. 4 geregelten chemischen Untersuchung nach Abs. 2 unter b — mindestens der 10. Teil des Inhalts, bei eigentlichen Packstücken aus verschiedenen Lagen, zu entnehmen. Auf weniger als 2 Fleischstücke aus jedem einzelnen Packstück oder als solches zu behandelnden Sendungsteile darf die Untersuchung nicht beschränkt werden.

(4) Zu der nach Abs. 2 unter b erforderlichen regelmäßigen chemischen Untersuchung sind aus jedem der nach Abs. 3 ausgewählten Packstücke oder als solche zu behandelnden Sendungsteile mindestens eine Mischprobe und, wenn ein Packstück mehr als 30 Fleischstücke enthält, mindestens 2 Mischproben aus möglichst vielen Fleischstücken und bei eigentlichen Packstücken aus verschiedenen Lagen zu entnehmen. Außerdem ist aus den ausgewählten

Packstücken, falls das Fleisch von Pökellake eingeschlossen ist oder äußerlich die Anwendung von Konservesalz erkennen läßt, noch je eine Probe der Lake oder, wenn möglich, des Salzes zu entnehmen. Besteht bei gleichartigen Sendungen von Speck oder Därmen der Verdacht einer Behandlung mit einem der im § 5 Nr. 3 aufgeführten Stoffe, so hat die zur Aufklärung dieses Verdachts nach Abs. 2 unter b erforderliche chemische Untersuchung mindestens an Stichproben zu erfolgen, die nach vorstehenden Grundsätzen auszuwählen sind. Jedoch bedarf es bei Därmen — abgesehen von den danach etwa zu untersuchenden Lake- oder Konservesalzproben — nur der Untersuchung je einer Mischprobe, die aus den zur Stichprobenuntersuchung ausgewählten Packstücken, und zwar aus verschiedenen Lagen, zu entnehmen ist.

§ 15. (1) Die Untersuchung des zubereiteten Fettes zerfällt in eine Vorprüfung und in eine Hauptprüfung.

(2) Die Vorprüfung hat sich darauf zu erstrecken:

a) ob die Packstücke den Angaben in den Begleitpapieren entsprechen und gemäß den für den Inlandsverkehr bestehenden Vorschriften bezeichnet sind („Margarine", „Kunstspeisefett");

b) ob das Fett in den Packstücken eine der betreffenden Gattung entsprechende äußere Beschaffenheit hat, wobei insbesondere auf Farbe und Konsistenz, Geruch und nötigenfalls auf Geschmack, ferner auf das Vorhandensein von Schimmelpilzen oder Bakterienkolonien auf der Oberfläche oder im Innern sowie auf sonstige Anzeichen von Verdorbensein zu achten ist.

(3) Die Hauptprüfung ist nach folgenden Gesichtspunkten vorzunehmen:

a) es ist zu prüfen, ob äußerlich am Fette wahrnehmbare Merkmale auf eine Verfälschung oder Nachmachung oder sonst auf eine vorschriftswidrige Beschaffenheit hinweisen;

außerdem ist:

b) zu prüfen, ob das Fett verfälscht, nachgemacht oder verdorben ist, unter das Verbot des § 3 des Gesetzes vom 15. Juni 1897, betreffend den Verkehr mit Butter, Käse, Schmalz oder deren Ersatzmitteln, fällt oder ob es einen der im § 5 Nr. 3 der gegenwärtigen Bestimmungen aufgeführten Stoffe enthält;

c) Margarine auf die Anwesenheit des gemäß dem Gesetze vom 15. Juni 1897 und der Bekanntmachung, betreffend Bestimmungen zur Ausführung dieses Gesetzes, vom 4. Juli 1897 (Reichs-Gesetzbl. 1897 S. 591) vorgeschriebenen Erkennungsmittels (Sesamöl) zu prüfen;

d) Schweineschmalz mit dem Zeiß-Wollnyschen Refraktometer zu untersuchen.

(4) Die Proben für die Hauptprüfung sind nach Maßgabe der Bestimmungen in Anlage c zu entnehmen und unverzüglich der zuständigen Stelle zu übermitteln. Bei Postsendungen und bei Warenproben im Gewichte bis zu 2 kg, ferner bei Sendungen, die nachweislich als Umzugsgut von Ansiedlern und Arbeitern eingeführt werden, hat die Hauptprüfung nur im Verdachtsfalle zu erfolgen.

(5) Liegen die Voraussetzungen des § 12 Abs. 3 für eine Beschränkung der Untersuchung auf Stichproben vor, so haben sich die Vorprüfung und die unter Abs. 3 a, c und d fallenden Untersuchungen der Hauptprüfung mindestens auf 2 Packstücke, bei 40 und mehr Packstücken bis zu 100 auf 5 vom Hundert, vom Mehrbetrage bis zu 500 Packstücken auf 3 vom Hundert, von einem weiteren Mehrbetrag auf 2 vom Hundert zu erstrecken.

(6) Die nach Abs. 3 unter b vorzunehmende Hauptprüfung ist unter gleicher Voraussetzung auf eine geringere Zahl der für die Hauptprüfung entnommenen Proben zu beschränken, und zwar sind dazu

von weniger als 6 Proben 2,
von weniger als 18 Proben 3,
von weniger als 28 Proben 6

und von weiteren je 6 Proben eine auszuwählen.

§ 16. Für die Ausführung der Untersuchungen sind maßgebend:

1. die Anweisung für die tierärztliche Untersuchung des in das Zollinland eingehenden Fleisches (Anlage a);[11])
2. die Anweisung für die Untersuchung des Fleisches auf Trichinen und Finnen (Anlage b);[11])
3. die Anweisung für die Probenentnahme zur chemischen Untersuchung von Fleisch einschließlich Fett sowie für die Vorprüfung zubereiteter Fette und für die Beurteilung der Gleichartigkeit der Sendungen (Anlage c);[12])
4. die Anweisung für die chemische Untersuchung von Fleisch und Fetten (Anlage d).[12])

11) S. nachstehend.
12) Nicht abgedruckt.

Behandlung des Fleisches nach erfolgter Untersuchung.

§ 17. Unbeschadet der weitergehenden Maßregeln, welche auf Grund veterinärpolizeilicher oder strafrechtlicher Bestimmungen angeordnet werden, ist das beanstandete Fleisch nach den Vorschriften in §§ 18 bis 21 zu behandeln.

§ 18. (1) Für frisches Fleisch gelten folgende Grundsätze:

I. In unschädlicher Weise zu beseitigen sind:

A. alle Tierkörper der betreffenden Sendung, soweit nach der gemeinsamen Herkunft, der Art der Beförderung oder den sonstigen Umständen angenommen werden kann, daß eine Übertragung des Krankheitsstoffs stattgefunden hat, wenn auch nur an einem Tierkörper Rinderpest, Milzbrand, Rauschbrand, Rinderseuche, Schweinepest, Schweineseuche (die letztgedachte Seuche jedoch nur im Falle einer Allgemeinerkrankung), Pockenseuche, Rotz (Wurm) oder der begründete Verdacht einer dieser Krankheiten vorliegt;

B. der einzelne Tierkörper, wenn Tollwut, Rotlauf der Schweine, Septicämie, Pyämie, Texasfieber, Ruhr oder der begründete Verdacht einer dieser Krankheiten vorliegt, ferner wenn beim Schweine Trichinen oder beim Rindvieh und Schweine in größerer Zahl Finnen (beim Rindvieh Cysticercus inermis, beim Schweine Cysticercus cellulosae) nachgewiesen sind; an Stelle der unschädlichen Beseitigung ist auf Antrag des Verfügungsberechtigten die Wiederausfuhr solcher trichinösen Schweine zu gestatten, bei welchen durch die Untersuchung von 14 aus den Zwerchfellpfeilern, beim Vorhandensein nur eines Zwerchfellpfeilers aus diesem, entnommenen Präparaten in weniger als 6 Präparaten oder durch die Untersuchung von 28 aus dem Rippenteile des Zwerchfells oder den Bauchmuskeln entnommenen Präparaten in weniger als 12 Präparaten Trichinen festgestellt sind, wenn das Fleisch vorher der für schwach trichinöses Fleisch von Schweinen bei Schlachtungen im Inland vorgeschriebenen Behandlung unterworfen ist.[13])

C. die veränderten Teile (sofern die in I unter A und B erwähnten Fälle nicht vorliegen)

a) bei Durchsetzung von Eingeweiden mit vereinzelten, auf den Menschen nicht übertragbaren tierischen Schmarotzern;

b) bei örtlicher Strahlenpilzerkrankung;

[14])c) bei Tuberkulose,

wenn nur die Lymphdrüsen an der Lungenwurzel, im Mittelfell und (für den Fall der Miteinfuhr der Leber) an der Leberpforte oder wenn sie an einer der vorbezeichneten Stellen Veränderungen aufweisen und wenn die tuberkulösen Herde wenig umfangreich und trocken, verkäst oder verkalkt sind,

ferner — jedoch nur unter der Voraussetzung, daß in natürlichem Zusammenhang mit den Tierkörpern Leber und Milz eingeführt und mit ihren Lymphdrüsen frei von Tuberkulose befunden werden —

wenn die Lymphdrüsen im Kehlgang allein oder gleichzeitig mit den Lymphdrüsen an der Lungenwurzel und im Mittelfell oder mit einer dieser Drüsen in der angegebenen Weise tuberkulös verändert sind,

oder

wenn in den Lungen allein oder bei gleichzeitigem Vorliegen tuberkulöser Veränderungen der angegebenen Art in den Lymphdrüsen an der Lungenwurzel und im Mittelfell oder an einer dieser Drüsen tuberkulöse Herde vorhanden sind, die nicht auf dem Wege des Blutkreislaufs entstanden, wenig umfangreich und trocken, verkäst oder verkalkt sind;

die Organe, zu denen die erkrankten Lymphdrüsen gehören, sind in allen vorbezeichneten Fällen ganz zu vernichten;

d) bei Lungenseuche oder dem begründeten Verdachte dieser Krankheit;

e) bei Schweineseuche oder Nesselfieber (Backsteinblattern) oder dem begründeten Verdacht einer dieser Krankheiten;

f) bei oberflächlicher und geringgradiger Fäulnis und ähnlichen Zersetzungsvorgängen, Besetzung mit Insekten und unerheblicher Beschmutzung.

II. Von der Einfuhr zurückzuweisen sind:

A. alle Tierkörper der betreffenden Sendung, von denen anzunehmen ist, daß auf sie eine Übertragung des Krankheitsstoffes stattgefunden hat, wenn auch nur bei einem Tierkörper Lungenseuche oder Schweineseuche (die letztgedachte Krankheit mit Ausnahme des unter I A bezeichneten Falles) oder Maul- und Klauenseuche oder der begründete Verdacht einer dieser Krankheiten vorliegt, bei Lungenseuche,

13) In der Fassung der Bekanntmachung des Reichskanzlers vom 24. Juni 1914.

14) In der Fassung der Bekanntmachung vom 31. Oktober 1912.

Schweineseuche oder dem Verdacht einer dieser Krankheiten nach unschädlicher Beseitigung der veränderten Teile (vgl. I unter C d und e);[15])

B. die einzelnen Tierkörper, die auf Grund der nach § 13 ausgeführten Prüfung beanstandet sind, soweit sie nicht nach I unter A und B unschädlich beseitigt werden müssen. Liegt einer der Fälle zu I unter C a, b, c oder f vor, so hat die Zurückweisung zu unterbleiben, sofern der Beanstandungsgrund durch Beseitigung und Vernichtung der veränderten Teile behoben wird.

Insbesondere muß, unbeschadet dieser Ausnahmen, die Zurückweisung erfolgen:

a) wenn die Ware den Angaben in den Begleitpapieren nicht entspricht;
b) wenn die Beschaffenheit des Fleisches einen schlechten Ernährungszustand des Tieres bekundet;
c) wenn das Fleisch auffällige Abweichungen in bezug auf Farbe, Geruch, Geschmack und Konsistenz oder wenn es fremdartige Einlagerungen zeigt;
d) wenn das Fleisch durch Fäulnis, Verschimmelung, Insekten, Beschmutzung oder dergleichen in seiner Genußtauglichkeit beeinträchtigt oder wenn Luft in dasselbe eingeblasen ist;
e) wenn sich an den Lymphdrüsen eine Schwellung mit oder ohne Blutung, Verkäsung oder Verkalkung zeigt;
f) wenn Tuberkulose (s. o.) oder der begründete Verdacht einer dieser Krankheiten vorliegt;[15])
g) wenn vereinzelte Finnen (beim Rindvieh Cysticercus inermis, beim Schweine Cysticercus cellulosae) nachgewiesen sind;
h) wenn Organe oder sonstige Körperteile, auf welche sich die Untersuchung zu erstrecken hat, den Bestimmungen des § 6 zuwider fehlen oder angeschnitten sind.

(2) Die Zurückweisung kann bei Beanstandungen auf Grund der Bestimmung im Abs. 1 unter II B a unterbleiben, wenn nachträglich für die Ware entsprechende Begleitpapiere beigebracht werden.

§ 19. (1) Für zubereitetes Fleisch, ausgenommen Fette, gelten folgende Grundsätze:

I. In unschädlicher Weise zu beseitigen sind:

a) alle zu der betreffenden Sendung gehörigen Packstücke, soweit nach der gemeinsamen Herkunft, der Art der Verpackung und Beförderung oder den sonstigen Umständen angenommen werden kann, daß eine Übertragung des Krankheitsstoffs stattgefunden hat, wenn auch nur an einem Fleischstück eine der im § 18 Abs. 1 unter I A aufgeführten Krankheiten oder der begründete Verdacht einer derselben nachgewiesen ist;
b) das einzelne Packstück, wenn an einem Fleischstücke Rotlauf der Schweine, Septicämie, Pyämie, Texasfieber, Ruhr oder der begründete Verdacht einer dieser Krankheiten nachgewiesen ist;
c) das einzelne Fleischstück, wenn in demselben Trichinen oder Finnen nachgewiesen sind;
d) die veränderten Teile bei oberflächlicher und geringgradiger Fäulnis und ähnlichen Zersetzungsvorgängen, Besetzung mit Insekten, unerheblicher Beschmutzung, Durchsetzung von Organen mit Schmarotzern, die durch den Fleischgenuß auf den Menschen nicht übertragen werden können (Leberegeln, Hülsenwürmern usw.);

wenn die Zahl oder Verteilung dieser Schmarotzer deren gründliche Entfernung nicht gestattet, sind die ganzen Organe zu vernichten, andernfalls sind die Schmarotzer auszuschneiden und die Organe freizugeben.

II. Von der Einfuhr zurückzuweisen ist das Fleisch, soweit es nicht nach I unschädlich beseitigt werden muß, und zwar

A. die ganze Sendung,

a) wenn sämmtliche daraus entnommenen Stichproben (§ 14 Abs. 3, 4) bei der Prüfung auf die Behandlung mit verbotenen Stoffen (§ 5 Nr. 3, § 14 Abs. 1 unter b) oder, abgesehen von Därmen, auf die Durchpökelung usw. (§ 3 Abs. 1, 2, § 14 Abs. 1 unter d) wegen desselben Grundes beanstandet worden sind;
b) wenn auch nur ein Fleischstück als Hundefleisch oder als Fleisch von Einhufern (§ 5 Nr. 2) erkannt ist;

B. das ganze Packstück,

a) wenn die Ware den Angaben in den Begleitpapieren nicht entspricht;
b) wenn, abgesehen von dem Falle unter A a, auch nur eine aus dem Packstück entnommene Probe wegen Behandlung mit verbotenen Stoffen (§ 5 Nr. 3, § 14 Abs. 1 unter b) beanstandet ist;
c) wenn in dem Packstücke Därme gefunden sind, die in veterinär- oder gesundheitspolizeilicher Beziehung zu Bedenken Anlaß geben, soweit nicht im Falle zu I unter d der Mangel durch Beseitigung der veränderten Teile behoben wird;
d) wenn, abgesehen von dem Falle unter A a,

15) In der Fassung der Bekanntmachung des Reichskanzlers vom 21. Juni 1912.

sämtliche aus dem Packstück entnommenen Proben (§ 14 Abs. 3) wegen unvollständiger Pökelung usw. (§ 3 Abs. 1, 2, § 14 Abs. 1 unter d) beanstandet sind;

e) wenn auch nur an einem Fleischstück Erscheinungen der Lungenseuche oder der Maul- und Klauenseuche vorliegen oder der begründete Verdacht dieser Krankheiten besteht.

Bei Sendungen unverpackter Fleischstücke ist als Packstück im Falle zu b der nach § 14 Abs. 3 einem Packstücke gleichzuerachtende Teil einer Sendung anzusehen; in den anderen Fällen unter B hat sich bei unverpackten Fleischstücken die Beanstandung nur auf das einzelne Fleischstück zu erstrecken.

C. das einzelne Fleischstück, das, — abgesehen von den Fällen unter A und B — auf Grund der Prüfung nach § 14 Abs. 1 beanstandet ist, insbesondere wenn der Bestimmung des § 7 zuwider die der Untersuchung zu unterziehenden Lymphdrüsen fehlen oder angeschnitten sind, ferner wenn sich bei der Prüfung einer der im § 18 Abs. 1 unter II B b bis f aufgeführten Mängel ergibt, und dieser nicht im Falle zu I unter d des gegenwärtigen Paragraphen durch Vernichtung der veränderten Teile gehoben wird.

(2) Die Zurückweisung kann bei Beanstandungen auf Grund der Bestimmungen im Abs. 1 unter II B a unterbleiben, wenn nachträglich für die Ware entsprechende Begleitpapiere beigebracht werden.

§ 20. In den Fällen der §§ 18, 19 kann an Stelle der unschädlichen Beseitigung des Fleisches die Zurückweisung treten, wenn die das Fleisch beanstandende Beschaustelle im Auslande liegt.

§ 21. (1) Zubereitetes Fett ist zurückzuweisen

I. auf Grund der Vorprüfung:

a) wenn die Ware den Angaben in den Begleitpapieren nicht entspricht oder die zugehörige Packung nicht den für den Inlandsverkehr bestehenden Vorschriften entsprechend bezeichnet ist („Margarine", „Kunstspeisefett");

b) wenn das Fett mit einem ranzigen, sauer-ranzigen, fauligen oder sauer-fauligen Geruch oder Geschmack behaftet oder innerlich mit Schimmelpilzen oder Bakterienkolonien durchsetzt oder sonst verdorben befunden wird;

c) wenn das Fett in einem Packstück äußerlich derart mit Schimmelpilzen oder Bakterienkolonien besetzt ist, daß der Inhalt des ganzen Packstücks als verdorben anzusehen ist;

II. auf Grund der Hauptprüfung:

a) in den unter I a bis c angegebenen Fällen;

b) wenn eine Probe einen der im § 5 Nr. 3 aufgeführten Stoffe enthält;

c) wenn eine Probe als verfälscht oder nachgemacht befunden wird;

d) wenn eine Probe Margarine den Bestimmungen des Gesetzes vom 15. Juni 1897 oder den auf Grund desselben erlassenen Bestimmungen (Reichs-Gesetzbl. 1897 S. 475 und 591) nicht entspricht.

(2) Die Zurückweisung kann bei der Vorprüfung und Hauptprüfung in den Fällen zu Abs. 1 unter I a unterbleiben, wenn nachträglich das Packstück mit den vorgeschriebenen Bezeichnungen versehen oder die Übereinstimmung mit den Begleitpapieren herbeigeführt wird.

(3) Die Zurückweisung hat sich auf alle zu einer Sendung gehörigen Packstücke einer Fabrikation zu erstrecken, wenn die Untersuchung sämtlicher davon entnommenen Stichproben (§ 15 Abs. 5) zu einer gleichen Beanstandung geführt hat (§ 12 Abs. 4). Im übrigen hat sich die Zurückweisung nur auf die einzelnen beanstandeten Packstücke zu erstrecken.

Weitere Behandlung des Fleisches.

§ 22. Zurückgewiesenes oder freiwillig zurückgezogenes Fleisch kann unter den im § 29 bezeichneten Voraussetzungen zur Einfuhr zugelassen werden, wenn es zu anderen Zwecken als zum Genusse für Menschen Verwendung finden soll.

§ 23. Die Beschaustelle hat Fleisch, welches einen Anlaß zur Beanstandung auf Grund der Bestimmungen in §§ 13 bis 15 nicht gibt, als tauglich zum Genusse für Menschen zu erklären.

§ 24. (1) Die Beschaustelle hat beanstandetes Fleisch vorläufig zu beschlagnahmen und mit einem Erkennungszeichen zu versehen, welches leicht wieder entfernbar ist. Die erfolgte Beschlagnahme ist dem Verfügungsberechtigten, der Zoll- oder Steuerstelle sowie der Polizeibehörde [16]) unter Angabe des Beanstandungsgrundes sofort mitzuteilen.

16) Nach den Ausführungsvorschriften des Ministeriums, betr. das Gesetz über die Schlachtvieh- und Fleischbeschau, vom 5. Januar 1903 (Zentr.- u. Bez. A.Bl. S. 3) die Grenzpolizeikommissare. Nach den weiteren ergänzenden Bestimmungen des Ministeriums vom 21. März 1903 (Zentr.- u. Bez.A.Bl. S. 45)

(2) Die Polizeibehörde hat alsdann über die weitere Behandlung des Fleisches gemäß §§ 18 bis 21 Entscheidung zu treffen und hiervon sofort den Verfügungsberechtigten sowie nach Ablauf der Beschwerdefrist die Beschaustelle zu benachrichtigen.

(3) Die Polizeibehörde hat die Wiederausfuhr oder die unschädliche Beseitigung des Fleisches unter den erforderlichen Sicherungsmaßregeln zu veranlassen und im Benehmen mit der Zoll- oder Steuerstelle zu überwachen.

(4) Für Grenzstationen auf ausländischem Gebiete können besondere Anordnungen erlassen werden.

Kennzeichnung des Fleisches.

§ 25. (1) Die Beschaustelle hat auf Grund des endgültigen Ergebnisses der Untersuchung (vgl. §§ 23 und 30) das Fleisch zu kennzeichnen.

(2) In den Fällen des § 19 Abs. 1 unter I darf die Kennzeichnung der einzelnen Fleischstücke unterbleiben, wenn die unschädliche Beseitigung anderweit sichergestellt ist; dasselbe gilt, wenn im Falle des § 18 Abs. 1 unter I B die Wiederausfuhr von Fleisch schwach trichinöser Schweine gestattet wird und die dort vorgeschriebene Behandlung stattgefunden hat. Sendungen, welche zurückzuweisen wären, weil die Ware nicht den Angaben in den Begleitpapieren entspricht (§ 18 Abs. 1 unter II B a; § 19 Abs. 1 unter II B a, § 21 Abs. 1 unter I a und II a) oder weil das Packstück nicht den für den Inlandsverkehr bestehenden Vorschriften entsprechend bezeichnet ist (§ 21 Abs. 1 unter I a und II a), sind im Falle einer nachträglichen Behebung dieser Anstände nur nach dem Ausfalle der Untersuchung der Ware selbst zu kennzeichnen.

(3) Teile von Sendungen, die im Falle des § 12 Abs. 4 zurückgezogen werden, sind gleichfalls zu kennzeichnen; nicht geöffnete Packstücke jedoch nur an der Außenseite der Behälter (§ 27 unter B Abs. 2). Bei anderen freiwillig zurückgezogenen Sendungen hat eine Kennzeichnung der nicht untersuchten Teile zu unterbleiben.

§ 26. (1) Die Kennzeichnung des Fleisches und der Behälter erfolgt mittels Farbstempels oder mittels Brandstempels nach Wahl der Verfügungsberechtigten.

(2) Jeder Stempel trägt als Aufschrift die Worte „Ausland" sowie das Zeichen der Zoll- oder Steuerstelle, bei welcher die Untersuchung vorgenommen wird. Der Stempel für Fleisch von Pferden und anderen Einhufern trägt außerdem die Aufschrift „Pferd".

(3) Der Reichskanzler ist ermächtigt, nähere Bestimmungen über die bei den einzelnen Zoll- oder Steuerstellen zu benutzenden Zeichen zu erlassen sowie darüber zu bestimmen, welche Bezeichnung anzuwenden ist, wenn eine gemeinsame Beschaustelle für mehrere Zoll- oder Steuerstellen errichtet ist.[17])

(4) Die Stempel sind für das bei der Untersuchung tauglich befundene Fleisch von sechseckiger Form mit 2,5 cm Länge der einzelnen Seiten, für Fleisch von Pferden und anderen Einhufern von viereckiger Form mit 5 und 2,5 cm Seitenlänge, für das bei der Untersuchung beanstandete sowie für freiwillig zurückgezogenes Fleisch von dreieckiger Form mit 5 cm Seitenlänge. Sie tragen bei dem zurückgewiesenen Fleische die weitere Aufschrift „Zurückgewiesen", bei dem unschädlich zu beseitigenden Fleische die weitere Aufschrift „Zu beseitigen", bei freiwillig zurückgezogenem Fleische den Buchstaben „Z".

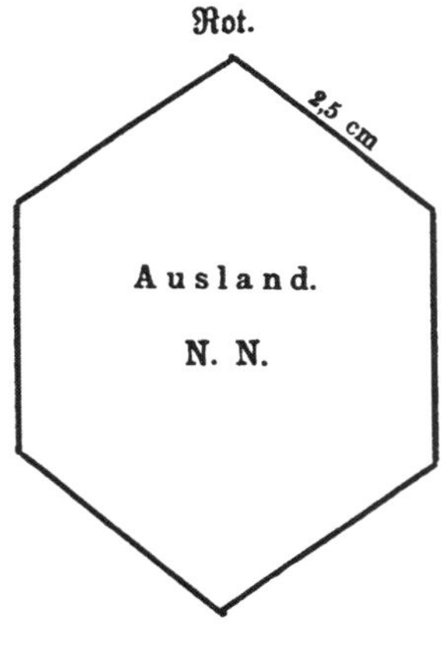

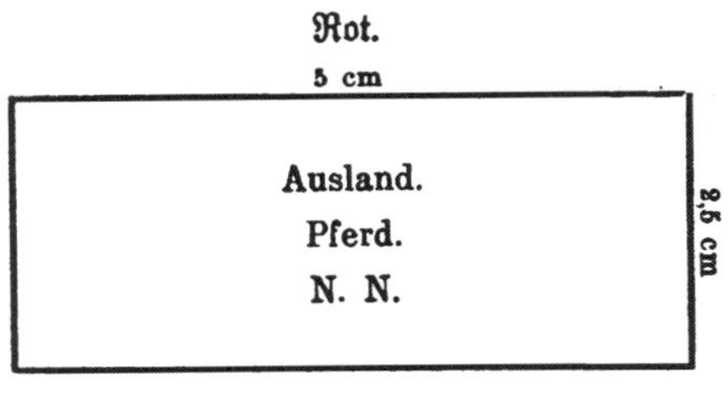

und vom 3. Januar 1907 (Zentr.- u. Bez.A.Bl. S. 5) für die darin bezeichneten Untersuchungsstellen die dort angegebenen Amtsstellen.

17) Zu vgl. Bekanntmachung des Reichskanzlers, betreffend die Kennzeichnung des untersuchten ausländischen Fleisches, vom 10. Februar 1903 (Zentr.-Bl. f. d. D. R. S. 46).

Schwarz.

Schwarz.

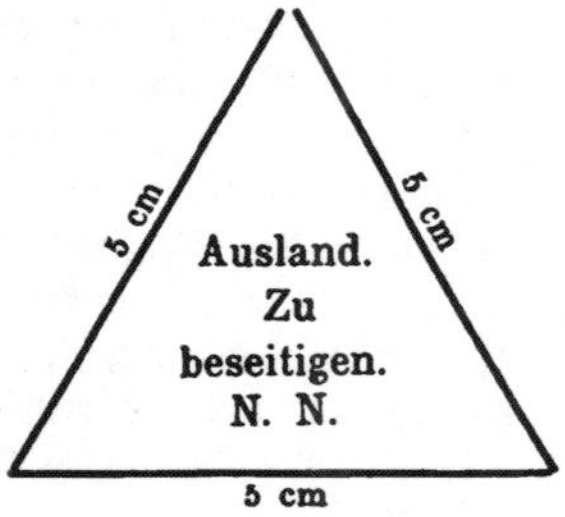

Schwarz.

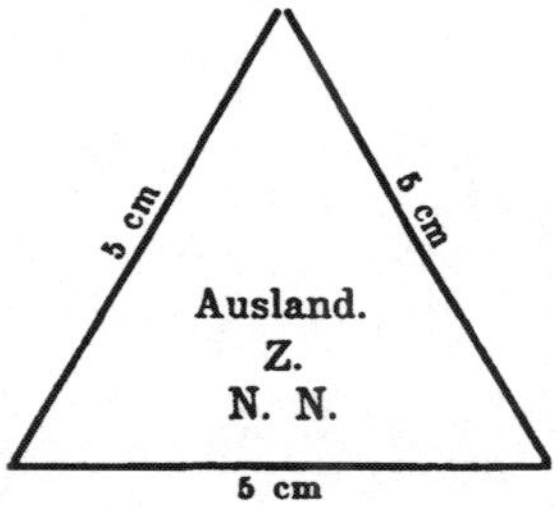

(5) Die Brandstempel sind von gleicher Form wie die Farbstempel, dürfen jedoch größer sein. Auch die Farbstempel dürfen, insoweit sie zur Abstempelung der Packstücke an den Außenseiten dienen, die im Abs. 4 angegebenen Maße überschreiten.

(6) Im Falle der Kennzeichnung mittels Farbstempels ist für beanstandetes oder freiwillig zurückgezogenes Fleisch eine schwarze, für das übrige Fleisch eine rote, nicht gesundheitsschädliche, haltbare Farbe zu verwenden.

(7) An jedem Stempel müssen die Schriftzeichen und die Ränder scharf ausgeprägt sein.

§ 27. Für die Kennzeichnung des Fleisches gelten folgende Bestimmungen:

A. Frisches Fleisch.

Die Stempelabdrücke sind an jeder Körperhälfte mindestens an den nachverzeichneten Körperstellen anzubringen und zwar:

I. Bei Rindvieh, ausschließlich der Kälber, sowie bei Pferden und anderen Einhufern:

1. auf der Seitenfläche des Halses,
2. an der hinteren Vorarmfläche,
3. auf der Schulter,
4. auf dem Rücken in der Nierengegend,
5. auf der inneren und
6. auf der äußeren Fläche des Hinterschenkels,
7. an der Zunge und am Kopfe.

II. Bei Kälbern, Renntieren und Wildschweinen erforderlichenfalls nach Lostrennung der Haut an den betreffenden Stellen:

1. auf der Schulter oder an der hinteren Vorarmfläche,
2. neben dem Nierenfett oder auf dem Rücken,
3. auf der Brust,
4. auf der Keule, am Becken oder am Unterschenkel.

III. Bei Schweinen:

1. am Kopfe,
2. auf der Seitenfläche des Halses,
3. auf der Schulter,
4. auf dem Rücken,
5. auf dem Bauche,
6. auf der Außenfläche des Hinterschenkels.

IV. Bei Schafen und Ziegen, erforderlichenfalls nach Lostrennung der Haut an den betreffenden Stellen:

1. auf dem Halse,
2. auf der Schulter,
3. auf dem Rücken,
4. auf der inneren Fläche des Hinterschenkels.

V. Statt der vorstehend unter Nr. II und IV vorgeschriebenen Kennzeichnung genügt bei nichtenthäuteten Kälbern, Lämmern, Renntieren und Wildschweinen die Stempelung in der Nähe des Schaufelknorpels und neben dem Nierenfett oder an den Innenflächen der Hinterschenkel.

VI. Außerdem ist bei allen Tiergattungen auf jedem Eingeweidestücke noch mindestens ein Stempelabdruck anzubringen.

B. Zubereitetes Fleisch.

(1) Bei gepökeltem (gesalzenem), gekochtem oder sonst zubereitetem Fleische sind die Stempelabdrücke an zwei Stellen jedes Fleischstücks und zwar bei Schinken und Speck tunlichst auf der Schwarte anzubringen.

(2) Außen an dem Behälter (Kübel, Faß, Kiste u. dgl.) sind die Stempel gleichfalls an zwei Stellen anzubringen. Bei zubereiteten Fetten und Därmen hat die Kennzeichnung nur an den Behältern zu erfolgen.

Unschädliche Beseitigung des beanstandeten Fleisches.

§ 28. (1) Die unschädliche Beseitigung des Fleisches hat zu erfolgen entweder durch höhere Hitzegrade (Kochen oder Dämpfen bis zum Zerfall der Weichteile, trockene Destillation, Verbrennen) oder auf chemischem Wege bis zur Auflösung der Weichteile. Die hierdurch gewonnenen Erzeugnisse können technisch verwendet werden.

(2) Wo ein derartiges Verfahren untunlich ist, erfolgt die Beseitigung durch Vergraben tunlichst an Stellen, welche von Tieren nicht betreten werden und an welchen Viehfutter oder Streu weder gewonnen noch aufbewahrt wird; trichinöses Fleisch ist stets nach Maßgabe der Bestimmungen im Abs. 1 zu beseitigen, soweit nicht nach § 18 Abs. 1 unter I B die Wiederausfuhr gestattet wird. Vor dem Vergraben ist das Fleisch mit tiefen Einschnitten zu versehen und mit Kalk oder feinem, trockenen Sande zu bestreuen oder mit Teer, rohen Steinkohlenteerölen (Karbolsäure, Kresol) oder Alpha-Naphthylamin in fünfprozentiger Lösung zu übergießen. Die Gruben sind so tief anzulegen, daß die Oberfläche des Fleisches von einer wenigstens 1 Meter starken Erdschicht bedeckt wird.

(3) Der Reichskanzler ist ermächtigt, weitere Mittel zur unschädlichen Beseitigung zuzulassen.

(4) Das Verpackungsmaterial ist zu verbrennen oder, sofern ein solches Verfahren nicht angängig ist, anderweitig unschädlich zu beseitigen oder zu desinfizieren.

Nicht zum Genusse für Menschen bestimmtes Fleisch.

§ 29. (1) Fleisch, welches zwar nicht für den menschlichen Genuß bestimmt ist, aber dazu verwendet werden kann, darf ohne vorherige Untersuchung zur Einfuhr zugelassen werden, wenn die Unbrauchbarmachung für den menschlichen Genuß entweder im Wege der fabrikationsmäßigen Behandlung durch geeignete Kontrollmaßregeln sichergestellt wird oder durch besondere Behandlung herbeigeführt ist.

(2) Diese besondere Behandlung hat zu erfolgen:

a) bei Fleisch, ausgenommen zubereitete Fette, durch Anlegen von tiefen Einschnitten und Zusetzen von Kalk, Teer oder rohen Steinkohlenteerölen (Karbolsäure, Kresol), bei getrockneten Schafdärmen auch von Kampfer oder Naphthalin,

b) bei zubereiteten Fetten durch Vermischen mit gewöhnlichem, stark riechenden Brennpetroleum, mit Teer, rohen Steinkohlenteerölen (Karbolsäure, Kresol), Gerbertran, rohem Birkenöl (Birkenteer) oder Rosmarinöl.

(3) Auf je 100 kg Fett sind zur Unbrauchbarmachung folgende Gewichtsmengen der einzelnen Mittel zu verwenden: 1 kg gewöhnliches, stark riechendes Brennpetroleum, 2 kg Teer, 2 kg rohe Steinkohlenteeröle (Karbolsäure, Kresol), 10 kg Gerbertran, 5 kg rohes Birkenöl (Birkenteer), 1 kg Rosmarinöl.

(4) Für das Verfahren bei der Unbrauchbarmachung der Fette sind die zollamtlichen Vorschriften über das Ungenießbarmachen von Fetten maßgebend.

(5) Der Reichskanzler ist ermächtigt, noch weitere Mittel zur Unbrauchbarmachung zuzulassen.[18])

Rechtsmittel.

§ 30. (1) Gegen die seitens der Beschaustelle im Falle des § 12 Abs. 4 vorgenommene Beanstandung einer Stichprobe sowie gegen die von der Polizeibehörde im Falle der §§ 18 bis 21 getroffene Entscheidung kann von dem Verfügungsberechtigten innerhalb einer eintägigen Frist nach der Benachrichtigung (§ 12 Abs. 4 und § 24 Abs. 2) Beschwerde eingelegt werden. Dieses Rechtsmittel ist in ersterem Falle bei der Beschaustelle anzumelden und hat auf Antrag des Beschwerdeführers die Aufschiebung der weiteren Untersuchung zur Folge; in letzterem Falle ist es bei der Polizeibehörde anzumelden und hat stets aufschiebende Wirkung. Über die Beschwerde entscheidet eine von der Landesregierung zu bezeichnende höhere Behörde [19]) und zwar, sofern das Rechtsmittel gegen das technische Gutachten gerichtet ist, nach Anhörung mindestens eines weiteren Sachverständigen.[20]) Die durch unbegründete Beschwerde erwachsenden Kosten fallen dem Beschwerdeführer zur Last.

(2) Von der endgültigen Entscheidung hat die höhere Behörde den Beschwerdeführer, die Beschaustelle, die Polizeibehörde sowie die Zoll- oder Steuerstelle sofort in Kenntnis zu setzen.

---

18) Vgl. hierzu die Bekanntmachung des Reichskanzlers, betreffend die Denaturierung nicht zum Genusse für Menschen bestimmten Fleisches, vom 25. Sept. 1903 (Zentr.-Bl. f. d. D. R. S. 646) und vom 12. Januar 1904 (Zentr.-Bl. f. d. D. R. S. 13). Ihr Inhalt ist in Abs. (2) aufgenommen.

19) Nach § 2 der Ausführungsvorschriften des Ministeriums zu dem Gesetz, betreffend die Schlachtvieh- und Fleischbeschau, vom 5. Januar 1903 (Zentr.- u. Bez.A.Bl. f. Els.-Lothr. S. 3) die Kreisdirektoren.

20) Nach Anhörung des Kreisarztes, wenn dessen Gutachten angegriffen ist, des Landestierarztes.

Fleischbeschaubuch.

§ 31. (1) An jeder Beschaustelle für ausländisches Fleisch ist ein Fleischbeschaubuch nach beifolgendem Muster [21]) von dem Beschauer zu führen, in welches alle Untersuchungen und deren Ergebnisse sowie die endgültige Entscheidung einzutragen und jedesmal mit der Unterschrift des Beschauers zu versehen sind. Die näheren Bestimmungen hierüber werden vom Reichskanzler erlassen.

(2) Wo das Bedürfnis besteht, kann für frisches und zubereitetes Fleisch, namentlich Fette, sowie für die einzelnen Tiergattungen ein besonderes Beschaubuch geführt werden.

(3) Das Fleischbeschaubuch ist für jedes Kalenderjahr neu anzulegen; das abgeschlossene ist mindestens zehn Jahre lang aufzubewahren.

Anlage a.

Anweisung für die tierärztliche Untersuchung des in das Zollinland eingehenden Fleisches.

A. Allgemeine Bestimmungen.

§ 1. Bei frischem Fleische ist zu prüfen, ob es gemäß den Vorschriften in § 2 Abs. 3 und § 6 der Ausführungsbestimmungen D in ganzen Tierkörpern (bzw. zusammengehörigen Hälften) und im Zusammenhange mit den dort genannten Organen eingeführt wird.

§ 2. Bei zubereitetem Fleische ist zu prüfen:

1. ob eine der nach § 5 Nr. 1 der Ausführungsbestimmungen D von der Einfuhr ausgeschlossenen Warengattungen vorliegt;
2. ob das Fleisch durch die ihm zuteil gewordene Behandlung die Eigenschaften des frischen Fleisches auch in den inneren Schichten verloren hat und durch entsprechende Behandlung nicht wieder gewinnen kann (§ 3 der Ausführungsbestimmungen D);
3. ob das Gewicht der einzelnen Stücke von Pökel- (Salz-) Fleisch, ausgenommen Schinken, Speck und Därme, mindestens 4 kg beträgt (§ 7 der Ausführungsbestimmungen D);
4. ob das Fleisch (mit Ausnahme der Därme) [22]) den Verdacht erregt, daß es von Pferden, Eseln, Maultieren, Mauleseln oder anderen Tieren des Einhufergeschlechts herrührt (§ 5 Nr. 2 der Ausführungsbestimmungen D).

In welchen Fällen und in welcher Weise die Prüfung zu 2 und 3 auf Stichproben beschränkt werden kann, richtet sich nach § 12 und § 14 Abs. 3 der Ausführungsbestimmungen D.

§ 3. Bei allen Arten von Fleisch ist insbesondere zu prüfen:

1. ob die Ware den Angaben in den Begleitpapieren entspricht;
2. ob das Fleisch von Hunden herrührt (§ 5 Nr. 2 der Ausführungsbestimmungen D);
3. ob an dem Fleische Erscheinungen vorhanden sind, die den Verdacht erregen, daß es mit einem der nach § 5 Nr. 3 der Ausführungsbestimmungen D verbotenen Stoffe behandelt ist;
4. ob das Fleisch von einem Tiere stammt, das mit einer auf Menschen oder Tiere übertragbaren Krankheit behaftet war, und ob nach den obwaltenden Umständen angenommen werden kann, daß eine Übertragung des Krankheitsstoffs auf andere Teile der Sendung stattgefunden hat;
5. ob das Fleisch, abgesehen von den Fällen unter Nr. 4, krankhafte Veränderungen zeigt, die seine Tauglichkeit zum Genusse für Menschen beeinträchtigen;
6. ob die Beschaffenheit des Fleisches einen schlechten Ernährungszustand des Tieres bekundet, ob es auffällige Abweichungen in bezug auf Farbe, Geruch, Geschmack und Konsistenz, und ob es fremdartige Einlagerungen zeigt;
7. ob das Fleisch durch Fäulnis, Verschimmelung, Insekten, Beschmutzung oder dergleichen in seiner Genußtauglichkeit beeinträchtigt oder ob Luft in dasselbe eingeblasen ist;
8. ob Organe oder sonstige Körperteile, auf die sich die Untersuchung zu erstrecken hat, fehlen oder angeschnitten sind (§§ 6 und 7 der Ausführungsbestimmungen D).

§ 4. Die Untersuchung des Fleisches hat bei Tageslicht oder bei einer ausreichenden künstlichen Beleuchtung stattzufinden. Kerzen-, Öl-, Petroleum- oder gewöhnliches Gaslicht sind hierzu nicht geeignet.

§ 5. An Hilfsmitteln und Geräten sollen bei der Untersuchung zur Hand sein:

1. eine ausreichende Anzahl von geeigneten Messern;
2. ein Mikroskop, welches sich auch für bakteriologische Untersuchungen eignet, sowie eine ausreichende Anzahl von Skalpellen, Scheren, Präpariernadeln, Platinnadeln, Objektträgern, Deckgläsern und Präparierschälchen zur Herstellung mikroskopischer Präparate; ferner die für die mikroskopi-

---

21) Nicht abgedruckt.

22) In der Fassung der Bekanntmachung des Reichskanzlers vom 21. Juni 1912.

sche Untersuchung erforderlichen Farbstoffe und Zusatzflüssigkeiten, Spiritus- oder Bunsenflammen sowie einige mit Agar oder Pepton-Gelatine beschickte Kulturröhrchen;

3. Lackmuspapier und die zur Untersuchung des Fleisches auf Kochsalz sowie auf das Vorhandensein von Ammoniak (Fäulnis) erforderlichen Chemikalien und Geräte;
4. die zur biologischen Untersuchung auf Einhuferfleisch erforderlichen Stoffe und Geräte;
5. eine Vorrichtung zum Kochen von Fleischproben;
6. Holz-, Bein- oder Stahlnadeln zur inneren Prüfung von Schinken auf den Geruch.

Sämtliche Hilfsmittel sind stets in brauchbarem Zustande zu erhalten. Messer, welche durch Krankheitsstoffe verunreinigt wurden, dürfen ohne vorherige Reinigung und Desinfektion zum Anschneiden gesunder Körperteile nicht benutzt werden.

B. Besondere Bestimmungen.

I. Frisches Fleisch.

§ 6. Die Untersuchung der einzelnen Teile der Tierkörper hat nach den in den §§ 7 bis 12 angegebenen Grundsätzen und tunlichst in der im § 7 bezeichneten Reihenfolge stattzufinden, so daß die Prüfung der inneren Organe regelmäßig der Untersuchung des Muskelfleisches vorangeht.

Wenn außer den vorschriftsmäßig mit dem Tierkörper einzuführenden Organen weitere Organe in natürlichem Zusammenhange mit dem Tierkörper eingeführt werden, so sind diese gleichfalls nach den hierfür angegebenen Grundsätzen zu untersuchen.

Durch die Untersuchung ist festzustellen, ob an der Oberfläche oder im Innern der Organe und des Muskelfleisches krankhafte Veränderungen oder sonstige regelwidrige Zustände vorhanden sind. Zu diesem Zwecke sind sämtliche Organe und das Muskelfleisch zu besichtigen, die Lungen, die Leber, die Milz, die Nieren, das Euter auch zu durchtasten. Bei denjenigen Teilen, bei denen die Besichtigung oder Durchtastung zur Ermittelung von Krankheitszuständen nicht ausreicht, sind die tieferen Schichten durch Einschnitte und Zerlegungen gemäß den nachfolgenden Vorschriften freizulegen und zu untersuchen. Die zu untersuchenden Lymphdrüsen sind der Länge nach zu durchschneiden, erforderlichenfalls herauszuschneiden und in dünne Scheiben zu zerlegen. Liegen krankhafte Veränderungen vor, deren Erkennung eine weitergehende Untersuchung erforderlich macht, so ist eine solche entsprechend der Lage des Falles vorzunehmen; insbesondere sind verdächtige oder erkrankte Teile anzuschneiden.

Im gefrorenen Zustand eingehende Tierkörper müssen vor der Untersuchung aufgetaut werden. Bei Renntieren kann die Auftauung auf die Eingeweide beschränkt werden, wenn nicht das Ergebnis der Besichtigung des Muskelfleisches eine weitergehende Untersuchung erforderlich macht.

§ 7. Bei der Beschau sind im allgemeinen zu berücksichtigen:

1. das Brust- und das Bauchfell nebst den serösen Überzügen der Eingeweide;
2. die Lungen und die Lymphdrüsen an der Lungenwurzel und im Mittelfell (Anlegung eines Querschnitts im unteren Drittel der Lungen);
3. der Herzbeutel und das Herz (Anlegung eines Längsschnitts, durch den beide Kammern geöffnet werden und die Scheidewand der Kammern durchschnitten wird);
4. die Leber und die einzelnen Lymphdrüsen an der Leberpforte;
5. die Milz;
6. die Nieren und die zugehörigen Lymphdrüsen (Freilegung der Nieren in der Fettkapsel);
7. das Euter und die zugehörigen Lymphdrüsen;
8. der Kopf- und die oberen Hals- und Kehlgangslymphdrüsen (Lösung der Zunge so weit, daß die Maul- und Rachenschleimhaut in ihrem ganzen Umfange zu sehen ist);
9. die Haut und einzelnen Hautteile.
10. das Muskelfleisch einschließlich des Fett- und Bindegewebes, der Knochen und Gelenke (Anlegung eines Schnittes in das Fleisch, Untersuchung der Knochen und Gelenke, soweit sie ohne Zerlegung des Tierkörpers für die Untersuchung zugänglich sind; im Falle eines Verdachts der Erkrankung der Knochen oder Gelenke durch Freilegung der in Betracht kommenden Knochen oder Gelenke).

§ 8. Bei Rindern und Renntieren sind außerdem die Zunge, das Herz, die äußeren und inneren Kaumuskeln, letztere unter Anlegung ergiebiger, parallel mit dem Unterkiefer verlaufender Schnitte, sowie die bei der Schlachtung zutage tretenden Fleischteile auf Finnen zu untersuchen; an der Leber ist je ein Schnitt senkrecht zu der Magenfläche, quer durch die Hauptgallengänge sowie neben dem Spigelschen Lappen bis auf die Gallengänge anzulegen; es folgt alsdann die Untersuchung der Lendendrüsen, inneren Darmbeindrüsen, Kniefalten-, Kniekehlen-, Gesäßbein-, Bug- und Achseldrüsen. Von der Untersuchung der Kniekehlen- und Achseldrüsen kann abgesehen werden, wenn in natürlichem Zusammenhange mit den Tierkörpern Leber und Milz eingeführt und mit ihren Lymphdrüsen frei von Tuberkulose befunden werden.

§ 9. Bei Kälbern sind auch der Nabel und die Gelenke zu besichtigen und im Verdachtsfall anzuschneiden. Die Untersuchung auf Finnen erfolgt wie bei Rindern, sie fällt für Saug- und Milchkälber weg. Die Untersuchung der Lymphdrüsen des Euters kann unterbleiben.

§ 10. Bei Pferden ist auch die Schleimhaut der Luftröhre, des Kehlkopfs, der Nasenhöhle und deren Nebenhöhlen zu untersuchen, letztere, nachdem der Kopf in der Längsrichtung neben der Mittellinie durchgesägt oder durchgehauen und die Nasenscheidewand herausgenommen ist, ferner die Haut und Unterhaut nebst den zugehörigen Lymphdrüsen, endlich die Nieren nach Anlegung eines Schnittes am konvexen Rande bis auf das Nierenbecken.

§ 11. Schweine (einschließlich der Wildschweine) sind vor der Untersuchung durch Spalten der Wirbelsäule und des Kopfes in Hälften zu zerlegen, die Liesen (Flohmen, Lünte, Schmer, Wammenfett) sind zu lösen. Die zutage tretenden Fleischteile, insbesondere an den Hinterschenkeln, am Bauche, am Zwerchfell, an den Zwischenrippenmuskeln, am Nacken, am Herzen, an der Zunge und am Kehlkopfe sind auf Finnen zu untersuchen. Auch sind die inneren Darmbeindrüsen, Lendendrüsen, Bugdrüsen, Scham-, Kniefalten- und Kniekehlendrüsen anzuschneiden und zu untersuchen. Von der Untersuchung der Kniekehlendrüsen kann abgesehen werden, wenn in natürlichem Zusammenhange mit den Tierkörpern Leber und Milz eingeführt und mit ihren Lymphdrüsen frei von Tuberkulose befunden werden.

Die Untersuchung auf Trichinen erfolgt nach der besonderen Anweisung (Anlage b zu den Ausführungsbestimmungen D).

Bei Wildschweinen darf auf Antrag des Verfügungsberechtigten von der Spaltung der Wirbelsäule und des Kopfes abgesehen werden, wenn auf andere Weise ausreichend sichergestellt ist, daß Finnen nicht vorhanden sind.

§ 12. Bei Schafen und Ziegen erfolgt die Untersuchung der Leber wie beim Rinde. Die Untersuchung der Lymphdrüsen der Lungen, der Leber, der Nieren und des Euters kann unterbleiben.

II. Zubereitetes Fleisch.

§ 13. Zum Zwecke der im § 2 Nr. 2 vorgeschriebenen Prüfung ist das betreffende Fleischstück an einer der dicksten Stellen tief einzuschneiden und die Schnittfläche auf Farbe, Konsistenz und Geruch zu untersuchen. Bei Einzelsendungen, welche mit der Post eingehen oder nachweislich nicht zum gewerbsmäßigen Vertriebe bestimmt sind, kann die Untersuchung in anderer Weise vorgenommen werden.

Erforderlichenfalls ist auch die Kochprobe[23]) und die Prüfung auf Kochsalz[23]) vorzunehmen. Hat die Prüfung auf Kochsalz eine deutliche Reaktion nicht ergeben, so ist ein etwa hühnereigroßes Stück aus den innersten Teilen des Fleischstücks zu entnehmen und die Feststellung des Kochsalzgehalts[23]) auszuführen. Die Untersuchung kann auch dem Chemiker übertragen werden.

Frisches Muskelfleisch ist von roter Farbe, bestimmtem, der Tierart eigentümlichen Geruche, weichem Gefüge, zeigt eine unebene, rillige, streifige Schnittfläche, wird beim Kochen grau, weißlich oder bräunlich und enthält nur Spuren von Kochsalz.

Durchgepökeltes (gesalzenes) Muskelfleisch hat auch in den inneren Schichten den Geruch des frischen Fleisches verloren; es ist von festem Gefüge, hat glatte Schnittflächen, behält beim Kochen unter gewöhnlichen Verhältnissen die rote Farbe (Salzungsröte) auch nach dem Erkalten und enthält erheblich mehr Kochsalz als frisches Fleisch.

Durchgekochtes (gebratenes, gedämpftes, geschmortes) Muskelfleisch hat auch in den inneren Schichten den Geruch des frischen Fleisches verloren, ist von festem Gefüge, hat eine glatte, trockene Schnittfläche und eine graue, weißliche oder bräunliche Farbe.

§ 14. Die einzelnen Fleischstücke sind namentlich zu prüfen zunächst an der Oberfläche

a) auf Finnen und andere ungewöhnliche Einlagerungen;
b) auf Farbe, Konsistenz und Geruch[23]), insbesondere blutige oder gelbliche Färbung, ranzigen, tranigen Geruch, Erweichung und Lockerung des Zusammenhanges, Gasansammlungen im Bindegewebe, schmierigen Belag, Schimmelbildung, Insekten u. dgl.;

23) Die näheren Angaben hierzu, in der Hauptsache technischer Natur, sind nicht abgedruckt.

c) auf die Beschaffenheit der durch Anschneiden leicht erreichbaren Lymphdrüsen.

Organe, die einzeln oder im Zusammenhange miteinander oder mit anderen Fleischstücken eingeführt werden, sind nach Maßgabe der entsprechenden Vorschriften in den §§ 6 bis 9, 11, 12 zu untersuchen.

§ 15. Bei Därmen (§ 3 Abs. 4 der Ausführungsbestimmungen D) ist namentlich darauf zu achten, ob eine ungewöhnliche Farbe, verminderte Konsistenz oder ein übler Geruch vorhanden ist, und zu prüfen, ob krankhafte Veränderungen, insbesondere Blutungen, Knoten, Geschwüre vorhanden sind.

In welchem Umfange die Untersuchung vorzunehmen ist, richtet sich nach § 12 und § 14 Abs. 3 der Ausführungsbestimmungen D.

C. Schlußbestimmungen.

§ 16. In Fällen, in denen das in den §§ 6 bis 15 vorgeschriebene Untersuchungsverfahren für die gesundheitliche und veterinärpolizeiliche Beurteilung des Fleisches nicht ausreicht, ist eine mikroskopische, erforderlichenfalls auch eine bakteriologische [23]) Untersuchung vorzunehmen und die Reaktion des frischen Muskelfleisches festzustellen.[23]) Dies gilt namentlich für den Fall des Verdachts von Blutvergiftung.

Beim Vorliegen des Verdachts verbotswidriger Einfuhr von zubereitetem Einhuferfleisch (§ 2 Abs. 1 Nr. 4) ist die biologische Untersuchung auszuführen. [23]) Sofern diese Untersuchung, z. B. bei ungeeigneter Beschaffenheit des Materials, nicht zu einem entscheidenden Ergebnisse führt, ist die chemische Untersuchung (Anlage d zu den Ausführungsbestimmungen D, Erster Abschnitt unter I) vorzunehmen.

Deuten Anzeichen auf Fäulnis, so ist durch Einschnitte festzustellen, ob die Zersetzung auf die Oberfläche beschränkt oder in die Tiefe gedrungen ist. Bestehen über das Vorhandensein von Fäulnis Zweifel, so ist frisches Fleisch der Salmiakprobe [23]) zu unterwerfen, von Salzfleisch eine kleine Probe zu kochen und auf seinen Geruch zu prüfen.

§ 17. Liegt der Verdacht der Anwendung eines der nach § 5 Nr. 3 der Ausführungsbestimmungen D verbotenen Stoffe vor, so ist, unbeschadet der im § 14 Abs. 2 zu b daselbst vorgeschriebenen regelmäßigen chemischen Untersuchung, eine solche zur Aufklärung des Verdachts nach der besonderen Anweisung (Anlage c und d der Ausführungsbestimmungen D) zu veranlassen.

Anlage b.

Anweisung für die Untersuchung des Fleisches auf Trichinen und Finnen.

§ 1. Die Untersuchung des Fleisches auf Trichinen hat mit einem Mikroskop stattzufinden, welches eine 30- bis 40-fache und außerdem eine etwa 100fache Vergrößerung ermöglicht und die Objekte klar und deutlich erkennen läßt.

[24]) Zulässig ist auch die Anwendung eines Trichinoskops, das bei 70—80facher Vergrößerung ein Gesichtsfeld von mindestens 110—115 cm Durchmesser gibt und gleichfalls die Objekte klar und deutlich erkennen läßt.

Als Objektträger sind Kompressorien aus zwei durch Schrauben gegeneinander drückbaren Gläsern zu verwenden, von welchen das eine in gleiche Felder geteilt ist.

Außer dem Mikroskop und zwei Kompressorien muß der Trichinenschauer zur Hand haben: eine kleine krumme Schere, 2 Präpariernadeln, 1 Pinzette, 1 Messer zum Probenausschneiden, eine Anzahl numerierter kleiner Blechbüchsen zur Aufnahme der Proben, 1 Tropfpipette, je 1 Gläschen mit Essigsäure und Kalilauge.

§ 2. Auf die mikroskopische Untersuchung der Proben eines Schweines oder eines halben zubereiteten Schweines einschließlich der Herstellung der Präparate, jedoch ausschließlich der für die Probenentnahme aufgewendeten Zeit, sind mindestens 18 Minuten, auf die mikroskopische Untersuchung eines einzelnen Stückes Speck mindestens 9 Minuten, auf die Untersuchung sonstiger einzelner Fleischstücke mindestens 14 Minuten zu verwenden.

[24]) Bei der Benutzung von Ersatzproben aus dem Rippenteile des Zwerchfells oder aus den Bauchmuskeln bei ganzen Schweinen oder halben zubereiteten Schweinen (§ 4 Abs. 2, § 5 Abs. 2) sind auf die mikroskopische Untersuchung, einschließlich der Herstellung der Präparate, mindestens 20 Minuten zu verwenden.

Erfolgt die Untersuchung mit dem Trichinoskop, so sind auf die Untersuchung der Proben eines Schweines oder eines halben zubereiteten Schweines, einschließlich der Herstellung der Präparate, jedoch ausschließlich der für die Probeentnahme aufgewendeten Zeit, mindestens 6 Minuten, bei Benutzung von Ersatzproben aus dem Rippenteile des Zwerchfells oder aus den Bauchmuskeln mindestens 12 Minuten,

---

24) In der Fassung der Bekanntmachung des Reichskanzlers vom 24. Juni 1914.

auf die Untersuchung eines einzelnen Stückes Speck mindestens 5 Minuten, auf die Untersuchung sonstiger einzelner Fleischstücke mindestens 8 Minuten zu werden.

§ 3. Die zur Untersuchung bestimmten Fleischproben hat der Trichinenschauer persönlich zu entnehmen, und zwar bei frischem Fleische vor dem Zerlegen des Schweinekörpers; es kann jedoch die Probenentnahme durch besonders hierzu verpflichtete Probenentnehmer erfolgen. Wenn aus mehreren Schweinen oder halben zubereiteten Schweinen oder Fleischstücken zugleich Proben entnommen werden, sind zu ihrer Aufbewahrung und Unterscheidung Blechbüchsen mit eingestanzten Nummern zu verwenden. Die einzelnen Schweine oder halben zubereiteten Schweine oder Fleischstücke, von denen die Proben entnommen werden, sind übereinstimmend mit den zugehörigen Proben zu numerieren.

[24]) § 4. Die Proben sind bei ganzen Schweinen oder halben zubereiteten Schweinen je in der Mindestgröße einer Haselnuß aus den beiden Zwerchfellpfeilern (Nierenzapfen) am Übergang in den sehnigen Teil zu entnehmen.

In Fällen, in denen die Zwerchfellpfeiler etwa abhanden gekommen sind, sind zwei gleich große Proben aus dem Rippenteile des Zwerchfells (Kronfleisch) oder aus den Bauchmuskeln zu entnehmen. In Fällen, in denen nur ein Zwerchfellpfeiler vorhanden ist, ist aus diesem eine doppelthaselnußgroße Probe zu entnehmen.

Von zubereitetem Fleische (Pökelfleisch, Schinken und Speckseiten) sind von jedem einzelnen Stücke drei fettarme Proben je in der Mindestgröße einer Bohne von verschiedenen Stellen und womöglich aus der Nähe von Knochen oder Sehnen zu entnehmen.

[24]) § 5. Von jeder der vorstehend bezeichneten Proben hat der Beschauer bei Speck 4, mithin im ganzen 12, bei einzelnen Fleischstücken 6, mithin im ganzen 18, bei ganzen Schweinen oder halben zubereiteten Schweinen beim Vorhandensein beider Zwerchfellpfeiler 7, mithin im ganzen 14, beim Vorhandensein nur eines Zwerchfellpfeilers 14 haferkorngroße Stückchen aus verschiedenen Stellen möglichst am Übergang in sehnige Teile auszuschneiden und zwischen den Gläsern des Kompressoriums so zu quetschen, daß durch die Präparate gewöhnliche Druckschrift deutlich gelesen werden kann. Ist das Fleisch der zu untersuchenden Stücke trocken und alt, so sind die Präparate vor dem Quetschen 10 bis 20 Minuten mittels Kalilauge zu erweichen, welche etwa mit der doppelten Menge Wasser verdünnt ist.

Müssen bei ganzen Schweinen oder halben zubereiteten Schweinen der Rippenteil des Zwerchfells oder die Bauchmuskeln zur Probeentnahme verwendet werden (§ 4 Abs. 2), so sind aus jeder Probe 14, mithin im ganzen 28 haferkorngroße Stückchen auszuschneiden.

§ 6. Die mikroskopische Untersuchung hat in der Weise zu erfolgen, daß jedes Präparat bei 30- bis höchstens 40facher Vergrößerung langsam und sorgfältig durchmustert wird.

Bei zweifelhaftem Befund ist die Untersuchung an einer weiteren Zahl von Fleischproben und Präparaten, nötigenfalls mit Hilfe stärkerer Vergrößerungen, bis zur völligen Aufklärung fortzusetzen.

Die Untersuchung mit dem Trichinoskop hat in der Weise zu geschehen, daß jedes Präparat bei 70- bis 80facher Vergrößerung langsam und sorgfältig durchmustert wird.

Ergeben sich bei der Untersuchung mit dem Trichinoskop verdächtige Stellen, deren Natur mit Hilfe des Trichinoskops nicht sicher festzustellen ist, so sind sie mit dem Mikroskop nachzuprüfen.

§ 7. Entdeckt der Trichinenschauer in den untersuchten Fleischproben Trichinen oder Gebilde, deren Natur ihm zweifelhaft oder unbekannt ist, so sind die betreffenden Präparate und Proben mit genauer Bezeichnung des Ortes, Datums und der Fundstelle zu versehen und dem zuständigen Tierarzte zur Prüfung zu übergeben.

Von den ganzen Schweinen sind in diesem Falle Proben auch aus den Zungen- und Kehlkopfmuskeln zu entnehmen und zu untersuchen. Ist nach Lage der Sache, namentlich bei gemeinschaftlicher Untersuchung oder Aufbewahrung mehrerer Schweine, eine Verwechselung der Geschlinge der verdächtigen Schweine mit denen unverdächtiger Schweine möglich, so sind die bezeichneten Proben von sämtlichen hiernach in Betracht kommenden Schweinen zu entnehmen und zu untersuchen. Auch diese Proben sind mit Befundbericht dem zuständigen Tierarzt zu übergeben.

Dieser hat den Befund unverzüglich, nötigenfalls unter Entnahme noch weiterer Proben, nachzuprüfen.

§ 8. Falls der Tierarzt die Untersuchung auf Finnen nicht bereits vorgenommen hat, sind von dem Trichinenschauer unmittelbar vor der Entnahme der Fleischproben beim einzelnen Fleischstücke die Oberflächen, beim ganzen Tierkörper die nach der Schlachtung und Zerlegung in Längshälften sowie nach Lösung der Liesen (Bauchfett) zutage tretenden Fleischteile, insbesondere an den Hinterschenkeln, am Bauche, am Zwerchfell, an den Zwischenrippenmuskeln, am Nacken sowie das Herz, die Zunge und die Kehlkopfmuskeln auf das Vorhandensein von Finnen zu untersuchen. Das Ergebnis dieser Untersuchung ist dem Tierarzte mitzuteilen.

[24]) § 9. Im allgemeinen dürfen von einem Trichinenschauer an einem Tage mit dem Mikroskop nicht mehr als 36 Schweine oder ebensoviele halbe zubereitete Schweine oder 40 Speck- oder 32 sonstige Fleischstücke untersucht werden. Ausnahmsweise dürfen jedoch an einem Tage bis 45 Schweine oder ebensoviele halbe zubereitete Schweine oder 50 Speck- oder 32 sonstige Fleischstücke untersucht werden.

Mit dem Trichinoskop dürfen von einem Trichinenschauer im allgemeinen an einem Tage nicht mehr als 60 Schweine oder ebensoviele halbe zubereitete Schweine oder 72 Speck- oder 45 sonstige Fleischstücke, ausnahmsweise jedoch bis 75 Schweine oder ebensoviele halbe zubereitete Schweine oder 90 Speck- oder 56 sonstige Fleischstücke untersucht werden.

§ 10. Von den Trichinenschauern sind Schaubücher nach beifolgendem Muster [25]) zu führen, in welche die Untersuchungen auf Trichinen und deren Ergebnisse einzutragen und durch die Unterschrift des Beschauers zu beglaubigen sind.

Für die mit dem Trichinoskop ausgeführten Untersuchungen sind besondere Schaubücher zu führen.

[24]) Wo ein Bedürfnis besteht, kann eine weitere Trennung der Schaubücher für frisches und zubereitetes Fleisch erfolgen.

Die Schaubücher sind für jedes Kalenderjahr neu anzulegen; die abgeschlossenen sind zehn Jahre lang aufzubewahren.

25) Nicht abgedruckt.

Anlage c.

Anweisung für die Probenentnahme zur chemischen Untersuchung von Fleisch einschließlich Fett sowie für die Vorprüfung zubereiteter Fette und für die Beurteilung der Gleichartigkeit der Sendungen.[25])

Anlage d.

Anweisung für die chemische Untersuchung von Fleisch und Fetten.[25])

E.

Prüfungsvorschriften für die Trichinenschauer.

§ 1. Zur Untersuchung des ausländischen Fleisches auf Trichinen und zur Unterstützung der tierärztlichen Sachverständigen bei der Finnenschau dürfen nur solche Personen amtlich verwendet werden, welche die vorgeschriebene Prüfung bestanden haben.

§ 2. Die Prüfung ist vor einer von der Landesregierung zu bestimmenden tierärztlichen Amtsstelle (Zentralestelle, beamteter Tierarzt usw.) abzulegen.

§ 3. Dem Gesuch um Zulassung sind beizufügen:

1. ein kurzer Lebenslauf,
2. der Nachweis, daß der Bewerber das 21. Lebensjahr vollendet hat,
3. ein amtliches Führungszeugnis,
4. der Nachweis, daß der Bewerber mindestens vierzehn Tage lang einen regelmäßigen theoretischen und praktischen Unterricht in der Trichinen- und Finnenschau auf einem öffentlichen Schlachthof unter Leitung eines die Fleischbeschau dort amtlich ausübenden Tierarztes mit Erfolg genossen hat.

Die Ausbildung bei einer von der Landesregierung hierzu ermächtigten, mit den erforderlichen Einrichtungen versehenen Zoll- oder Steuerstelle, bei welcher die Untersuchung von Fleisch durch einen amtlich die Fleischbeschau ausübenden Tierarzt stattfindet, oder auf einem mit einer Hochschule in Verbindung stehenden tierärztlichen Institute kann der Ausbildung auf einem Schlachthofe gleich geachtet werden.

Die Zulassung zur Prüfung ist zu versagen, wenn Tatsachen vorliegen, welche die Unzuverlässigkeit des Nachsuchenden in bezug auf die Ausübung des Berufs als Trichinenschauer dartun.

§ 4. Durch die Prüfung ist festzustellen, ob der Prüfling alle für eine zuverlässige Ausübung der Trichinenschau und eine zuverlässige Mitwirkung bei der Finnenschau erforderlichen Kenntnisse und Fertigkeiten besitzt.

Die Prüfung zerfällt in einen theoretischen und in einen praktischen Teil.

§ 5. Im theoretischen Teile der Prüfung soll der Prüfling die erforderlichen Kenntnisse nachweisen:

1. über die Naturgeschichte der Trichinen und Finnen, und zwar insbesondere
   a) die Eigentümlichkeiten des Baues der Trichine und der beim Schweine und Rinde vorkommenden Finnen;
   b) die Entwickelung und Übertragung der Trichinen und Finnen auf Menschen und Tiere;
2. über die Veränderungen, welche diese Parasiten in der Muskulatur hervorrufen und erleiden;
3. über die Gebilde, welche mit Trichinen und Finnen verwechselt werden können;
4. über die Grundzüge der Lehre vom Bau des Körpers des Schweines sowie der Lehre vom feineren Bau der Muskulatur;
5. über die Einrichtung und den Gebrauch des Trichinenmikroskops sowie über die Anwendung der für die Trichinenschau erforderlichen Geräte und Zusatzflüssigkeiten;
6. über die auf die Trichinenschau bezüglichen gesetzlichen Vorschriften und Verordnungen.

Diejenigen Prüflinge, welche die Trichinenschau auch mit dem Trichinoskop ausüben wollen, haben die erforderlichen Kenntnisse über die Einrichtung und den Gebrauch des Trichinoskops nachzuweisen.

§ 6. Im praktischen Teile der Prüfung hat der Prüfling folgende Arbeiten innerhalb einer angemessenen Zeit auszuführen:

a) bei einem Schweine Entnahme der vorgeschriebenen Proben, Anfertigung der vorgeschriebenen Präparate und Untersuchung derselben auf Trichinen;
b) Untersuchung frischen und geräucherten trichinösen Fleisches und Bestimmung der darin enthaltenen Trichinen;
c) Erklärung eines mikroskopischen Präparats mit den bei der Trichinenschau hauptsächlich in Betracht kommenden Verunreinigungen, trichinenähnlichen Gebilden sowie mit den wichtigsten Geweben in der Muskulatur;
d) Untersuchung eines Schweines auf Finnen sowie Erkennung der in einem Fleischteil enthaltenen Finnen.

§ 7. Besteht der Prüfling die Prüfung, so erhält er ein Zeugnis über seine Befähigung zur Trichinenschau nach anliegendem Muster.[26])

§ 8. Falls die Prüfung nicht bestanden ist, darf sie frühestens nach Ablauf von vierzehn Tagen und höchstens zweimal wiederholt werden. Bei Mitteilung des Ausfalls der Prüfung ist dem Prüflinge zu eröffnen, ob auch die praktische Ausbildung zu wiederholen ist.

26) Das Muster s. Zentr.-Bl. f. d. D. R. 1908 Beilage zu Nr. 52 S. 103.

§ 9. Die Trichinenschauer haben sich, sofern sie als öffentliche Trichinenschauer weiterhin tätig zu sein wünschen, alle drei Jahre einer Nachprüfung vor einem hiermit beauftragten beamteten Tierarzte zu unterziehen. Hierbei ist unter sinngemäßer Anwendung der Bestimmungen in den §§ 4 bis 6 festzustellen, ob der Prüfling in theoretischer und praktischer Hinsicht die behufs zuverlässiger Ausübung der Trichinen- und Finnenschau erforderlichen Kenntnisse und Fertigkeiten besitzt.

Die Nachprüfung ist bereits nach zwei Jahren erforderlich und hat in vollem Umfange der §§ 4 bis 6 stattzufinden, wenn der Inhaber des Befähigungsausweises inzwischen als Trichinenschauer amtlich nicht tätig gewesen ist.

Der Ausfall der Nachprüfung ist auf dem Befähigungsausweise von dem prüfenden Tierarzte zu vermerken.

§ 10. Die Gebühren für die Prüfung sowie für jede Wiederholung derselben betragen sechs Mark.

Die Gebühren für jede Nachprüfung betragen vier Mark, im Falle des § 9 Abs. 2 sechs Mark.

Die Gebühren sind vor der Zulassung zur Prüfung oder Nachprüfung einzuzahlen.

§ 11. Approbierte Ärzte und Tierärzte sind zur Ausübung der Trichinenschau ohne besondere Prüfung zuzulassen.

Personen, welche zur Zeit des Erlasses dieser Vorschriften bereits ein Jahr lang an einem öffentlichen Schlachthofe, bei welchem die Fleischbeschau unter tierärztlicher Leitung steht, oder bei einer öffentlichen Fleischbeschau für eingeführtes Fleisch als Trichinenschauer amtlich tätig gewesen sind, können bei tadelloser Dienstführung den Ausweis als Trichinenschauer ohne Prüfung erhalten, wenn sie vor Ablauf eines Jahres nach Veröffentlichung dieser Vorschriften bei der zuständigen Behörde einen entsprechenden Antrag stellen. Von den Nachprüfungen sind sie dadurch nicht entbunden.

§ 12. Personen, welche das Fleischergewerbe, den Fleisch- oder Viehhandel betreiben, dürfen als Trichinenschauer nicht angestellt werden.

Die vorstehenden Prüfungsvorschriften sind gemäß Bekanntmachung vom 27. März 1903 (Zentralblatt S. 118) vom Bundesrat auf Grund des § 22 des Gesetzes, betreffend die Schlachtvieh- und Fleischbeschau, vom 3. Juni 1900 (Reichs-Gesetzbl. S. 547) durch folgende Bestimmung ergänzt worden:

Personen, welche zur Zeit des Inkrafttretens des Gesetzes die Befähigung zur Ausübung der Trichinenschau auf Grund eines staatlich anerkannten Befähigungsausweises bereits besitzen, sind von der Ablegung der Prüfung befreit, sofern die Erwerbung dieses Befähigungsausweises unter Voraussetzungen und Bedingungen erfolgte, welche hinsichtlich des geforderten Maßes der Kenntnisse und Fertigkeiten den Prüfungsvorschriften für das Reich im wesentlichen entsprechen. Der Bundesrat bestimmt, welche bisher geltenden landesrechtlichen Vorschriften über die Erteilung von Befähigungsausweisen als diesen Anforderungen entsprechend anzusehen sind.

F.

Verzeichnis [27]) der Einlaß- und Untersuchungsstellen für das in das Zollinland eingehende Fleisch.

Lfd. Nr.	Einlaßstellen	beschränkt auf	Untersuchungsstellen	beschränkt auf
1.	2.	3.	4.	5.
	Elsaß-Lothringen.			
1.	**Basel,** Zollamt I Personenbahnhof.	—	**Basel,** Zollamt I Personenbahnhof.	—
2.	**Altmünsterol,** Zollamt I.	—	**Altmünsterol,** Zollamt I.	—
3.	**Deutsch-Avricourt,** Zollamt I.	—	**Deutsch-Avricourt,** Zollamt I.	—
4.	**Novéant,** Zollamt I.	—	**Novéant,** Zollamt I.	—
5.	**Fentsch,** Zollamt I.	—	**Fentsch,** Zollamt I.	—
6.	—	—	**Metz,** Hauptzollamt.	—
7.	—	—	**Diedenhofen,** Hauptzollamt.	—
8.	—	—	**Mülhausen,** Hauptzollamt.	—
9.	—	—	**Straßburg,** Hauptzollamt.	—
10.	—	—	**Colmar,** Hauptzollamt.	—
11.	**Markirch,** Zollamt I.	—	**Markirch,** Zollamt I.	—
12.	**Groß-Moyeuvre,** Zollamt I.	—	**Groß-Moyeuvre,** Zollamt I.[28])	—
13.	**Chambrey,** Zollamt I.	—	**Chambrey,** Zollamt I.[28])	—

27) Seither wiederholt abgeändert.

28) Zu vgl. Bekanntmachung des Ministeriums, betreffend die Untersuchungszeiten bei diesen Ämtern, vom 3. Mai 1909 (Zentr.- u. Bez.A.Bl. S. 41).

---

2. Juni 1902.

Seemannsordnung.[1])

Reichsgesetzbl. S. 175.

Erster Abschnitt.

Einleitende Vorschriften.

§ 1. Die Vorschriften dieses Gesetzes finden auf alle Kauffahrteischiffe (Gesetz vom 22. Juni 1899 § 1, Reichs-Gesetzbl. 1899 S. 319, Reichs-Gesetzbl. 1901 S. 184) Anwendung, welche das Recht, die Reichsflagge zu führen, ausüben dürfen.

Sie sind der Abänderung durch Vertrag entzogen, soweit nicht eine anderweitige Vereinbarung ausdrücklich zugelassen ist.

Durch Kaiserliche Verordnung mit Zustimmung des Bundesraths kann bestimmt werden, inwieweit die Vorschriften dieses Gesetzes auf Binnenschiffe Anwendung finden, welche das Recht, die Reichsflagge zu führen, ausüben dürfen (Gesetz vom 22. Juni 1899 § 26 a).

§ 2. Kapitän im Sinne dieses Gesetzes ist der Führer des Schiffes (Schiffer), in dessen Ermangelung oder Verhinderung sein Stellvertreter.

Schiffsoffiziere im Sinne dieses Gesetzes sind diejenigen zur Unterstützung des Kapitäns in der Führung des Schiffes bestimmten Ange-

1) Abgeändert durch das Gesetz zur Abänderung der Seemannsordnung, vom 23. März 1903 (Reichsgesetzbl. S. 57), sowie durch das Gesetz, betreffend Abänderung der Seemannsordnung und des Handelsgesetzbuchs, vom 12. Mai 1904 (Reichsgesetzbl. S. 167).

stellten, welche zur Ausübung ihres Dienstes eines staatlichen Befähigungsnachweises bedürfen. Außerdem gelten als Schiffsoffiziere die Aerzte, Proviant- und Zahlmeister.

Schiffsmann im Sinne dieses Gesetzes ist jede sonstige zum Dienste auf dem Schiffe während der Fahrt für Rechnung des Rheders angestellte Person, ohne Unterschied, ob die Anmusterung (§ 13) erfolgt ist, oder nicht. Auch die weibliche Angestellte hat die Rechte und Pflichten des Schiffsmanns. Der Lootse gilt nicht als Schiffsmann. Die Gesamtheit der Schiffsleute bildet die Schiffsmannschaft.

§ 3. Der Kapitän ist der Dienstvorgesetzte der Schiffsoffiziere und Schiffsleute. Seine Stellvertretung liegt, soweit nicht vom Rheder oder vom Kapitän hinsichtlich der Vertretung in einzelnen Dienstzweigen anderweitige Anordnung getroffen ist, dem Steuermann, in Ermangelung eines solchen dem Bestmann ob.

Die Schiffsoffiziere sind Vorgesetzte sämmtlicher Schiffsleute. Auf die Schiffsoffiziere finden die für die Schiffsmannschaft oder den Schiffsmann geltenden Vorschriften, soweit nicht ausdrücklich ein Anderes festgesetzt ist, Anwendung.

Das dienstliche Verhältniß der Schiffsoffiziere unter einander, insbesondere das Verhältniß zwischen Offizieren verschiedener Dienstzweige, bestimmt sich nach den vom Rheder oder vom Kapitän getroffenen besonderen Festsetzungen. Auf Dampfschiffen ist jedoch während der Ausübung des Wachtdienstes der wachthabende Maschinist dem wachthabenden Steuermann insofern untergeordnet, als er die von diesem nach der Maschine gegebenen Befehle auszuführen hat.

Die außer den Schiffsoffizieren in den einzelnen Dienstzweigen als Vorgesetzte geltenden Schiffsleute werden vom Kapitän bestimmt und sind der Schiffsmannschaft durch Aushang bekannt zu geben.

§ 4. Der Bundesrath erläßt Bestimmungen über Zahl und Art der Schiffsoffiziere, mit welchen die Schiffe zu besetzen sind, sowie über den Grad des Befähigungszeugnisses, das der Kapitän und die Schiffsoffiziere besitzen müssen. Die Bestimmungen sind dem Reichstage bei seinem nächsten Zusammentritte zur Kenntnißnahme vorzulegen.

§ 5. Seemannsämter mit den durch dieses Gesetz ihnen zugewiesenen Befugnissen und Obliegenheiten sind im Reichsgebiete die landesrechtlich, in den Schutzgebieten die vom Reichskanzler bestellten Behörden, im Auslande die Konsulate des Reichs für Hafenplätze.

Die Einrichtung der Seemannsämter im Reichsgebiete steht den Landesregierungen nach Maßgabe der Landesgesetze zu. Ihre Geschäftsführung unterliegt der Oberaufsicht des Reichs. Bei der Entscheidung in den im § 122 bezeichneten Fällen müssen die Seemannsämter innerhalb des Reichsgebiets mit einem Vorsitzenden und zwei schiffahrtskundigen Beisitzern besetzt sein.

Ist ein Konsul Mitinhaber oder Agent der Rhederei des Schiffes, so ist er von der Wahrnehmung der im § 58 bezeichneten Geschäfte eines Seemannsamts in Bezug auf dieses Schiff ausgeschlossen, wenn von dem beschwerdeführenden Schiffsoffizier oder der Mehrzahl der beschwerdeführenden Schiffsleute gegen seine Mitwirkung Widerspruch erhoben wird.

§ 6. Die Schutzgebiete gelten im Sinne dieses Gesetzes als Inland.

Deutsche Häfen im Sinne dieses Gesetzes sind nur die Häfen des Reichsgebiets.

Zweiter Abschnitt.

Seefahrtsbücher und Musterung.

§ 7. Niemand darf im Reichsgebiet als Schiffsmann in Dienst treten, bevor er sich über Namen, Geburtsort und Alter vor einem Seemannsamt ausgewiesen und von demselben ein Seefahrtsbuch ausgefertigt erhalten hat.

Ist der Schiffsmann ein Deutscher, so darf er vor vollendetem vierzehnten Lebensjahre zur Uebernahme von Schiffsdiensten nicht zugelassen werden; auch hat er sich über seine Militärverhältnisse sowie, wenn er noch minderjährig ist, darüber auszuweisen, daß er von seinem gesetzlichen Vertreter zur Uebernahme von Schiffsdiensten ermächtigt worden ist. Der Genehmigung des Vormundschaftsgerichts bedarf es nicht.

Mit dem Seefahrtsbuch ist dem Schiffsmanne zugleich ein Abdruck der Seemannsordnung, des Gesetzes, betreffend die Verpflichtung der Kauffahrteischiffe zur Mitnahme heimzuschaffender Seeleute, des Gesetzes, betreffend die Stellenvermittelung für Schiffsleute, und einer amtlichen Zusammenstellung der Bestimmungen über die Militärverhältnisse der seemännischen und halbseemännischen Bevölkerung auszuhändigen.

Der Bundesrath bestimmt, inwieweit als Schiffsleute nur solche Personen angemustert werden dürfen, welche nach Untersuchung ihres körperlichen Zustandes für den zu übernehmenden Dienst geeignet sind.[2])

2) Zu vgl. Bekanntmachung des Reichskanzlers, betreffend die Untersuchung von Schiffsleuten auf Tauglichkeit zum Schiffsdienste, vom 1. Juli 1905 (Reichsgesetzbl. S. 561).

§ 8. Die für einen einzelnen Fall ertheilte Ermächtigung des gesetzlichen Vertreters (§ 7) gilt im Zweifel als ein für allemal ertheilt.

Kraft derselben ist der Minderjährige für solche Rechtsgeschäfte unbeschränkt geschäftsfähig, welche die Eingehung oder Aufhebung von Heuerverträgen oder die Erfüllung der sich aus einem solchen Vertrag ergebenden Verpflichtungen betreffen.

§ 9. Wer bereits ein Seefahrtsbuch ausgefertigt erhalten hat, muß behufs Erlangung eines neuen Seefahrtsbuchs das ältere vorlegen oder dessen Verlust glaubhaft machen. Daß dies geschehen, wird von dem Seemannsamt in dem neuen Seefahrtsbuche vermerkt.

Wird der Verlust glaubhaft gemacht, so ist diesem Vermerke zugleich eine Bescheinigung des Seemannsamts über die früheren Rang- und Dienstverhältnisse sowie über die Dauer der Dienstzeit und über die dem Schiffsmann anzurechnenden Beitragswochen für die Invalidenversicherung, soweit derselbe sich hierüber genügend ausweist, beizufügen.

§ 10. Wer nach Inhalt seines Seefahrtsbuchs angemustert ist, darf nicht von neuem angemustert werden, bevor er sich über die Beendigung des früheren Dienstverhältnisses durch den in das Seefahrtsbuch einzutragenden Vermerk (§§ 22, 25) ausgewiesen hat. Kann nach dem Ermessen des Seemannsamts ein solcher Vermerk nicht beigebracht werden, so dient statt desselben, sobald die Beendigung des Dienstverhältnisses auf andere Art glaubhaft gemacht ist, ein vom Seemannsamte hierüber einzutragender Vermerk im Seefahrtsbuche.

§ 11. Einrichtung und Preis des Seefahrtsbuchs bestimmt der Bundesrath. Die Ausfertigung erfolgt kosten- und stempelfrei.

Das Seefahrtsbuch muß über die Militärverhältnisse und die Invalidenversicherung des Inhabers Auskunft geben.

§ 12. Der Kapitän hat die Musterung (Anmusterung, Abmusterung) der Schiffsmannschaft nach Maßgabe der folgenden Bestimmungen (§§ 13 bis 26) zu veranlassen.

Der Kapitän oder ein zum Abschlusse von Heuerverträgen bevollmächtigter Vertreter der Rhederei und der Schiffsmann müssen bei der Musterung zugegen sein; gewerbsmäßige Stellenvermittler für Schiffsleute dürfen als Vertreter nicht bestellt werden.

§ 13. Die Anmusterung besteht in der Verlautbarung des mit dem Schiffsmanne geschlossenen Heuervertrags vor einem Seemannsamte. Sie muß vor Antritt oder Fortsetzung der Reise, wenn dies aber ohne Verzögerung der Reise unausführbar ist, sobald ein Seemannsamt angegangen werden kann, erfolgen; die Gründe für die Verzögerung oder Unterlassung der Anmusterung sind in das Schiffstagebuch einzutragen. Geschieht die Anmusterung innerhalb des Reichsgebiets, so ist dabei das Seefahrtsbuch vorzulegen.

§ 14. Die Anmusterungsverhandlung wird vom Seemannsamt als Musterrolle ausgefertigt. Wenn die gesammte Schiffsmannschaft nicht gleichzeitig mittelst Einer Verhandlung angemustert wird, so erfolgt die Ausfertigung auf Grund der ersten Verhandlung.

Die Musterrolle muß enthalten: Namen und Nationalität des Schiffes, Namen und Wohnort des Kapitäns, Namen, Wohnort und dienstliche Stellung jedes Schiffsmanns, den Hafen der Ausreise, die Bestimmungen des Heuervertrags, namentlich auch den Ueberstundenlohnsatz (§ 35 Abs. 3, § 37 Abs. 3) und etwaige besondere Verabredungen. Insbesondere muß aus der Musterrolle erhellen, was dem Schiffsmanne für den Tag an Speise und Trank gebührt. Bei besonderen Verabredungen mit Schiffsoffizieren kann die Eintragung auf die Wiedergabe des wesentlichen Inhalts beschränkt werden. Abreden, welche nach § 1 Abs. 2 unzulässig sind, dürfen nicht aufgenommen werden.

Im Uebrigen wird die Einrichtung der Musterrolle vom Bundesrathe bestimmt.

Die Musterrolle muß sich während der Reise an Bord befinden; auf Erfordern ist sie dem Seemannsamte vorzulegen.

§ 15. Wird ein Schiffsmann erst nach Ausfertigung der Musterrolle angemustert, so hat das Seemannsamt eine solche Musterung in die Musterrolle einzutragen.

§ 16. Bei jeder innerhalb des Reichsgebiets erfolgenden Anmusterung wird vom Seemannsamte hierüber und über die Zeit des Dienstantritts in das Seefahrtsbuch jedes Schiffsmanns ein Vermerk eingetragen, welcher zugleich als Ausgangs- oder Seepaß dient. Außerhalb des Reichsgebiets erfolgt eine solche Eintragung nur, wenn das Seefahrtsbuch zu diesem Zwecke vorgelegt wird.

Das Seefahrtsbuch ist demnächst vom Kapitän für die Dauer des Dienstverhältnisses in Verwahrung zu nehmen.

§ 17. Wird ein angemusterter Schiffsmann durch ein unabwendbares Hinderniß außer Stande gesetzt, den Dienst anzutreten, so hat er sich hierüber sobald wie möglich gegen den Kapitän und das Seemannsamt, vor welchem die Anmusterung erfolgt ist, auszuweisen. Der Kapitän hat das Seefahrtsbuch dem Schiffsmann oder dem Seemannsamte, vor welchem die Anmusterung erfolgt ist, sobald als thunlich zu übersenden.

§ 18. Die Abmusterung besteht in der Verlautbarung der Beendigung des Dienstverhältnisses seitens des Kapitäns und der aus diesem Verhältniß ausscheidenden Mannschaft vor einem Seemannsamte. Sie muß, sobald das Dienstverhältniß beendigt ist, erfolgen, und zwar, wenn nicht ein Anderes vereinbart wird, vor dem Seemannsamte desjenigen Hafens, wo das Schiff liegt, und nach Verlust des Schiffes vor demjenigen Seemannsamte, welches zuerst angegangen werden kann.

§ 19. Vor der Abmusterung hat der Kapitän dem abzumusternden Schiffsmann im Seefahrtsbuche die bisherigen Rang- und Dienstverhältnisse und die Dauer der Dienstzeit zu bescheinigen, auf Verlangen auch ein Führungszeugniß zu ertheilen. Das Zeugniß darf in das Seefahrtsbuch nicht eingetragen werden. Dasselbe ist kosten- und stempelfrei.

§ 20. Die Unterschriften des Kapitäns unter der Bescheinigung und dem Zeugnisse (§ 19) werden von dem Seemannsamte, vor welchem die Abmusterung stattfindet, kosten- und stempelfrei beglaubigt.

§ 21. Verweigert der Kapitän die Ausstellung des Zeugnisses (§ 19), oder enthält dieses oder die Bescheinigung im Seefahrtsbuche (§ 19) Angaben, deren Richtigkeit der Schiffsmann bestreitet, so hat auf dessen Antrag das Seemannsamt den Sachverhalt zu untersuchen und das Ergebniß der Untersuchung dem Schiffsmanne zu bescheinigen.

§ 22. Die erfolgte Abmusterung wird vom Seemannsamt in dem Seefahrtsbuche des abgemusterten Schiffsmanns und in der Musterrolle vermerkt.

§ 23. Sind seit der Ausfertigung der Musterrolle mindstens zwei Jahre verflossen, so ist auf Antrag des Kapitäns diesem vom Seemannsamt ein dem gegenwärtigen Bestande der Schiffsmannschaft entsprechender beglaubigter Auszug aus der Musterrolle zu ertheilen, welcher fernerhin als Musterrolle zu benutzen ist.

§ 24. Die Musterrolle sowie der etwa nach § 23 ertheilte Auszug sind nach Beendigung derjenigen Reise oder derjenigen Zeit, auf welche die als Musterrolle ausgefertigte Anmusterungsverhandlung (§ 14) sich bezieht, dem Seemannsamte, vor welchem abgemustert wird, zu überliefern.

Letzteres übersendet die Schriftstücke dem Seemannsamte des Heimathshafens und in Ermangelung eines solchen dem Seemannsamte des Registerhafens.

§ 25. Erfährt der Bestand der Mannschaft Aenderungen, bei welchen eine Musterung (§ 12) nach Maßgabe vorstehender Bestimmungen ohne Verzögerung der Reise unausführbar ist, so hat der Kapitän, sobald ein Seemannsamt angegangen werden kann, bei demselben unter Darlegung der Hinderungsgründe die Musterung nachzuholen, oder, sofern auch diese nachträgliche Musterung nicht mehr möglich ist, den Sachverhalt anzuzeigen. Ein Vermerk über die Anzeige ist vom Seemannsamt in die Musterrolle und in die Seefahrtsbücher der betheiligten Schiffsleute einzutragen.

§ 26. Die Kosten der Musterungsverhandlungen, einschließlich der Ausfertigung der Musterrolle, fallen dem Rheder zur Last.

Die Bestimmungen über die in gleicher Höhe für alle Seemannsämter innerhalb des Reichsgebiets festzustellenden Kosten erfolgen durch den Bundesrath.

Dritter Abschnitt.

Vertragsverhältniß.

§ 27. Die Gültigkeit des Heuervertrags ist durch schriftliche Abfassung und durch den nachfolgenden Vollzug der Anmusterung nicht bedingt. Jedoch ist dem Schiffsmanne bei der Anheuerung ein von dem Kapitän oder dem Vertreter der Rhederei (§ 12 Abs. 2) unterschriebener Ausweis (Heuerschein) zu geben, welcher enthält:

Namen des Schiffes,
Angabe der Dienststellung,
Angabe der Reise oder Dauer des Vertrags,
Höhe der Heuer,
Zeit und Ort der Anmusterung.

Aufkündigungsfristen und sonstige die Lösung des Heuervertrags betreffende Zeitbestimmungen sollen für beide vertragschließende Theile gleich sein. Bei entgegenstehender Vereinbarung kann der Schiffsmann die dem anderen Theile zugestandene Frist oder Zeitbestimmung für sich in Anspruch nehmen.

§ 28. Der Heuervertrag kann für eine Reise oder auf Zeit abgeschlossen werden.

Ist bei der Anheuerung für eine Reise deren Endziel nicht angegeben, so läuft in Ermangelung anderweitiger Vereinbarung, unbeschadet der Vorschrift des § 69, der Heuervertrag bis zur Rückkehr in den Hafen der Ausreise (§ 14).

Bei Anheuerung auf unbestimmte Zeit soll im Heuervertrag eine Kündigungsfrist angegeben oder in anderer Weise über die Beendigung des Dienstverhältnisses Bestimmung getroffen werden. Ist dies nicht geschehen, so kann jeder Theil in jedem Hafen, welchen das Schiff zum Löschen oder Laden anläuft, vom Vertrag unter

Einhaltung einer Kündigungsfrist von vierundzwanzig Stunden zurücktreten.

§ 29. Ist bei dem Abschlusse des Heuervertrags die Vereinbarung über den Betrag der Heuer nicht durch ausdrückliche Erklärung getroffen worden, so wird im Zweifel die Heuer als vereinbart angesehen, die das Seemannsamt des Hafens, in welchem der Schiffsmann angemustert wird, für die daselbst zur Zeit der Anmusterung übliche erklärt.

§ 30. Hat ein Schiffsmann sich durch mehrere Verträge für ein und dieselbe Zeit verheuert, so geht, falls auf Grund eines der Verträge eine Anmusterung stattgefunden hat, dieser, sonst der zuerst abgeschlossene Vertrag vor.

§ 31. Wird ein Schiffsmann erst nach Anfertigung der Musterrolle geheuert, so gelten für ihn in Ermangelung anderer Vertragsbestimmungen die nach Inhalt der Musterrolle mit der übrigen Schiffsmannschaft getroffenen Abreden.

§ 32. Die Verpflichtung des Schiffsmanns, sich mit seinen Sachen an Bord einzufinden und Schiffsdienste zu leisten, beginnt, wenn nicht ein Anderes bedungen ist, mit der Anmusterung. Der Zeitpunkt, zu welchem der Dienstantritt erfolgen soll, ist dem Schiffsmanne bei der Anheuerung, der Liegeplatz oder ein Meldeort ist ihm bei der Anmusterung anzugeben.

Wenn der Schiffsmann den Dienstantritt länger als vierundzwanzig Stunden verzögert, ist der Kapitän oder der Rheder zum Rücktritte von dem Heuervertrage befugt. Die Ansprüche wegen etwaiger Mehrausgaben für einen Ersatzmann und wegen sonstiger aus der Verzögerung erwachsener Schäden werden hierdurch nicht berührt.

§ 33. Der Schiffsmann, welcher nach der Anmusterung ohne einen genügenden Entschuldigungsgrund dem Antritt oder der Fortsetzung des Dienstes sich entzieht, kann auf Antrag des Kapitäns vom Seemannsamte, wo aber ein solches nicht vorhanden ist, von der Ortspolizeibehörde zwangsweise zur Erfüllung seiner Pflicht angehalten werden.

Die daraus erwachsenden Kosten hat der Schiffsmann zu ersetzen.

§ 34. Der Schiffsmann ist verpflichtet, in Ansehung des Schiffsdienstes den Anordnungen des Kapitäns, der Schiffsoffiziere und seiner sonstigen Dienstvorgesetzten unweigerlich Gehorsam zu leisten und zu jeder Zeit alle für Schiff und Ladung ihm übertragene Arbeiten zu verrichten.

Er hat diese Verpflichtung zu erfüllen, sowohl an Bord des Schiffes und in dessen Booten, als auch in den Leichterfahrzeugen und auf dem Lande, sowohl unter gewöhnlichen Umständen, als auch unter Havarie.

Ohne Erlaubniß des Kapitäns oder eines Schiffsoffiziers darf er das Schiff bis zur Abmusterung nicht verlassen, doch darf ihm in einem Hafen des Reichsgebiets in seiner dienstfreien Zeit, wenn nicht triftige Gründe vorliegen, die Erlaubniß nicht verweigert werden. Ist ihm eine solche Erlaubniß ertheilt, so muß er zur festgesetzten Zeit zurückkehren.

§ 35. Liegt das Schiff im Hafen oder auf der Rhede, so ist der Schiffsmann nur in dringenden Fällen schuldig, länger als zehn Stunden täglich zu arbeiten. In den Tropen wird diese Zeit, soweit es sich nicht ausschließlich um Aufsichtsdienst oder Arbeiten zur Verpflegung und Bedienung der an Bord befindlichen Personen handelt, auf acht Stunden beschränkt. Bei Berechnung dieser Arbeitsdauer ist der Wachtdienst in Rechnung zu bringen.

Die Vorschriften des Abs. 1 finden auf Schiffsoffiziere keine Anwendung. Den Schiffsoffizieren ist im Hafen oder auf der Rhede eine Ruhezeit von mindestens acht Stunden innerhalb jeder vierundzwanzig Stunden zu gewähren.

Arbeit, welche über die im Abs. 1 bestimmte Dauer von zehn oder acht Stunden geleistet wird, ist als Ueberstundenarbeit zu vergüten, soweit sie nicht zur Verpflegung und Bedienung der an Bord befindlichen Personen oder zur Sicherung des Schiffes in dringender Gefahr erforderlich ist.

§ 36. Auf See geht die Mannschaft des Decks- und Maschinendienstes Wache um Wache. Die abgelöste Wache darf nur in dringenden Fällen zu Schiffsdiensten verwendet werden. Auf Dampfschiffen ist die ablösende Maschinenwache verpflichtet, das vor der Ablösung erforderliche Aschehieven zu besorgen. Diese Vorschriften gelten nicht für Fahrten von nicht mehr als zehnstündiger Dauer.

Auf Dampfschiffen in transatlantischer Fahrt wird für das Maschinenpersonal der Dienst in drei Wachen eingetheilt.

Unter welchen Umständen im Uebrigen eine Mannschaft in mehr als zwei Wachen zu gehen hat, bestimmt der Bundesrath.

§ 37. An Sonn- und Festtagen dürfen, solange das Schiff im Hafen oder auf der Rhede liegt, Arbeiten, einschließlich des Wachtdienstes, nur gefordert werden, soweit sie unumgänglich oder unaufschieblich oder durch den Personenverkehr bedingt sind.

Mit Löschen und Laden dürfen, solange das Schiff innerhalb des Reichsgebiets im Hafen oder auf der Rhede liegt, die zur Schiffsmannschaft gehörigen Personen an Sonn- und Festtagen nicht beschäftigt werden. Diese Vorschrift gilt nicht für die Ladung derjenigen Dampfschiffe, welche in regelmäßigem Fahrplane die Kaiserlich deutsche Post befördern, und für die zum Löschen und Laden dieser Dampfschiffe dienenden Fahrzeuge sowie für das Gepäck der Reisenden und für leicht verderbende Güter. Außerdem können von einer durch die Zentralbehörde des Bundesstaats zu bestimmenden Behörde in Nothfällen Ausnahmen von dieser Vorschrift auf jedesmaligen Antrag gestattet werden.

Sonn- und Festtagsarbeit (Abs. 1, 2) ist als Ueberstundenarbeit zu vergüten, soweit sie nicht zur Verpflegung und Bedienung der an Bord befindlichen Personen oder zur Sicherung des Schiffes in dringender Gefahr erforderlich ist.

Soweit nicht dringende Gründe entgegenstehen, ist an Sonn- und Festtagen im Hafen und auf der Rhede der Schiffsmannschaft Gelegenheit zur Theilnahme am Gottesdienst ihrer Konfession zu geben und der hierzu erforderliche Urlaub zu ertheilen.

§ 38. Auf See darf an Sonn- und Festtagen über das hinaus, was zur Sicherheit und zur Fahrt des Schiffes, zur Bedienung der Maschine, zum Segeltrocknen, Bootsdienst und zur Verpflegung und Bedienung der an Bord befindlichen Personen unbedingt erforderlich ist, der Schiffsmannschaft Arbeit nur in dringenden Fällen auferlegt werden.

Die Vorschrift des § 37 Abs. 4 findet auf See entsprechende Anwendung. Auch ist dem Schiffsmanne, der es verlangt, die Theilnahme an gemeinschaftlichen Andachten seiner Konfession zu gestatten.

§ 39. Als Festtage im Sinne der §§ 37, 38 gelten im Inlande die von der Landesregierung des Liegeorts bestimmten Tage, im Ausland und auf See die Festtage des inländischen Heimathhafens; in Ermangelung eines solchen werden die Festtage durch Anordnung des Reichskanzlers bestimmt. Im Sinne des § 37 Abs. 4 gelten als Festtage im Ausland auch die kirchlich gebotenen Festtage des Liegeorts.

§ 40. Die Vorschriften des § 35 Abs. 3 und des § 37 Abs. 3 finden auf Schiffsoffiziere keine Anwendung, sofern nicht ein Anderes vereinbart ist.

§ 41. Bei Seegefahr, besonders bei drohendem Schiffbruche, sowie bei Gewalt und Angriff gegen Schiff oder Ladung hat der Schiffsmann alle befohlene Hülfe zur Erhaltung von Schiff und Ladung unweigerlich zu leisten und darf ohne Einwilligung des Kapitäns, solange dieser selbst an Bord bleibt, das Schiff nicht verlassen.

Er bleibt verbunden, bei Schiffbruch für Rettung der Personen und ihrer Sachen sowie für Sicherstellung der Schiffstheile, der Geräthschaften und der Ladung, den Anordnungen des Kapitäns gemäß, nach besten Kräften zu sorgen und bei der Bergung gegen Fortbezug der Heuer und der Verpflegung Hülfe zu leisten.

§ 42. Der Schiffsmann ist, auch wenn der Heuervertrag in Folge eines Verlustes des Schiffes beendigt ist (§ 69), verpflichtet, auf Verlangen bei der Verklarung mitzuwirken und seine Aussage eidlich zu bestärken.

Dieser Verpflichtung hat er gegen Zahlung der etwa erwachsenden Versäumniß-, Reise- und Verpflegungskosten, deren Höhe im Streitfalle die Verklarungsbehörde, im Auslande der Konsul, festzusetzen hat, nachzukommen. Auf Verlangen des Schiffsmanns ist ihm für die Versäumniß-, Reise- und Verpflegungskosten ein angemessener Vorschuß zu zahlen.

§ 43. Stellt sich nach Antritt der Reise heraus, daß der Schiffsmann zu dem Dienste, zu welchem er sich verheuert hat, untauglich ist, so ist der Kapitän befugt, ihn im Range herabzusetzen und seine Heuer verhältnißmäßig zu verringern. Diese Befugniß besteht nicht gegenüber Schiffsoffizieren.

Wird von dieser Befugniß Gebrauch gemacht, so hat der Kapitän die getroffene Anordnung und die die Anordnung begründenden Thatsachen, sobald thunlich, in das Schiffstagebuch einzutragen, die Eintragung dem Schiffsmanne vorzulesen und in dem Tagebuche zu vermerken, daß und wann dies geschehen ist. Vor der Eröffnung und Eintragung tritt die Verringerung der Heuer nicht in Wirksamkeit.

Dem Schiffsmann ist auf Verlangen eine vom Kapitän unterzeichnete Abschrift der Eintragung auszuhändigen.

Gegen die getroffene Anordnung kann der Schiffsmann die Entscheidung des Seemannsamts anrufen, welches zuerst angegangen werden kann. Erst nach Entscheidung des Seemannsamts, falls aber ein solches nicht angerufen ist, bei der Abmusterung, dürfen Eintragungen über den Sachverhalt in das Seefahrtsbuch, und zwar nur durch das Seemannsamt, vorgenommen werden.

§ 44. Die Heuer ist vom Tage der Anmusterung, falls diese dem Dienstantritte vorangeht, sonst vom Tage des Dienstantritts an zu zahlen.

Als Dienstzeit gilt auch die zur Erreichung des Meldeorts (§ 32) erforderliche Reisezeit.

§ 45. Die Heuer hat der Schiffsmann, sofern keine andere Vereinbarung getroffen ist, erst nach Beendigung der Reise oder des Dienstverhältnisses zu beanspruchen.

Der Schiffsmann kann jedoch in einem Hafen, in welchem das Schiff ganz oder zum größeren Theil entlöscht wird, die Auszahlung der Hälfte der bis dahin verdienten Heuer (§ 80) verlangen, sofern bereits drei Monate seit der Anmusterung verflossen sind. In gleicher Weise ist der Schiffsmann bei Ablauf je weiterer drei Monate nach der früheren Auszahlung wiederum die Auszahlung der Hälfte der seit der letzten Auszahlung verdienten Heuer zu fordern berechtigt.

Ist die Anheuerung auf Zeit erfolgt (§ 28), so kann der Schiffsmann bei Rückkehr in den Hafen der Ausreise die bis dahin verdiente Heuer beanspruchen.

§ 46. Die Auszahlung des dem Schiffsmanne bei der Beendigung des Dienstverhältnisses zustehenden Heuerguthabens muß an ihn persönlich und, soweit nicht im Auslande die dortigen Gesetze eine andere Behörde bestimmen, vor dem abmusternden Seemannsamt oder durch dessen Vermittlung geschehen und von diesem in der Abmusterungsverhandlung bescheinigt werden. Bei Verhinderung des Schiffsmanns ist mit dessen Zustimmung die Auszahlung an ein Familienmitglied zulässig. In einer Gast- oder Schankwirthschaft darf die Auszahlung nicht vorgenommen werden.

Von der Mitwirkung des Seemannsamts darf abgesehen werden, wenn sie ohne Verzögerung der Reise nicht herbeigeführt werden kann.

Das Seemannsamt ist verpflichtet, bei der Abmusterung die dem Schiffsmann auszuzahlende Heuer auf dessen Antrag ganz oder theilweise in Empfang zu nehmen und nach Angabe des Schiffsmanns an auswärts wohnende Angehörige desselben oder an Sparkassen oder sonstige Verwahrungsstellen gebührenfrei zu übermitteln. Die durch die Uebermittelung entstehenden baaren Auslagen werden, sofern der Schiffsmann ein Deutscher ist, von dem Rheder getragen.

§ 47. Inwieweit vor dem Antritte der Reise Vorschußzahlungen auf die Heuer zu leisten oder Handgelder zu zahlen sind, bestimmt in Ermangelung einer Vereinbarung der Ortsgebrauch des Hafens, in welchem der Schiffsmann angemustert wird.

§ 48. Alle Zahlungen an Schiffsleute müssen nach Wahl derselben, Vorschußzahlungen jedoch nach Wahl des Kapitäns, entweder in baar oder mittelst einer auf den Rheder ausgestellten Anweisung geleistet werden. Die Zahlbarkeit der Anweisungen darf bei Vorschußzahlungen an die Bedingung geknüpft werden, daß der Schiffsmann sich bei der Abfahrt des Schiffes an Bord befindet. Im Uebrigen muß die Anweisung unbedingt und auf Sicht gestellt sein.

§ 49. Vor Antritt der Reise ist ein Abrechnungsbuch anzulegen, in welchem die verdiente Heuer und der verdiente Ueberstundenlohn in regelmäßigen Zeitabschnitten zu berechnen sowie alle auf die Heuer geleisteten Vorschußund Abschlagszahlungen und die etwa gegebenen Handgelder, bei Zahlung in fremder Währung auch der zu Grunde gelegte Kurs, einzutragen sind. In dem Abrechnungsbuch ist von dem Schiffsmann über den Empfang jeder Zahlung zu quittiren. Die Zahl der geleisteten Ueberstunden sowie der danach verdiente Ueberstundenlohn ist wöchentlich und spätestens am Tage nach dem jedesmaligen Verlassen eines Hafens in dem Abrechnungsbuche zu vermerken; sodann ist dieser Vermerk dem Schiffsmanne zur unterschriftlichen Anerkennung vorzulegen. Verweigert er die Anerkennung, so ist auch dies und der hierfür angegebene Grund im Abrechnungsbuche zu vermerken.

Ferner ist jedem Schiffsmanne, der es verlangt, noch ein besonderes Heuerbuch zu übergeben und darin ebenfalls die verdiente Heuer, der verdiente Ueberstundenlohn sowie jede auf die Heuer des Inhabers geleistete Zahlung, in fremder Währung auch der zu Grunde gelegte Kurs, einzutragen. Vor der Abmusterung ist dem Schiffsmann in diesem Heuerbuche sein Gesammtguthaben zu berechnen.

§ 50. Wenn die Zahl der Mannschaft des Decks- oder Maschinendienstes sich während der Reise vermindert und der weitere Verlauf der Reise eine Verminderung der Arbeitsanforderungen nicht in Aussicht stellt, so muß der Kapitän die Mannschaft ergänzen, soweit die Umstände es gestatten. Solange eine Ergänzung nicht erfolgt, sind die während der Fahrt ersparten Heuergelder unter diejenigen Schiffsleute desselben Dienstzweigs, welchen dadurch eine Mehrarbeit erwachsen ist, nach Verhältniß dieser und der Heuer zu vertheilen. Ein Anspruch auf die Vertheilung findet jedoch nicht statt, wenn die Verminderung der Mannschaft durch Entweichung herbeigeführt ist und die Sachen des entwichenen Schiffsmanns nicht an Bord zurückgeblieben sind.

§ 51. Wird ein Schiffsmann bei Abfahrt des Schiffes vermißt, so hat der Kapitän demjenigen Seemannsamt, in dessen Bezirke zuerst diese Wahrnehmung gemacht wird, behufs Ermittelung sobald als thunlich Anzeige zu erstatten und das Seefahrtsbuch des Vermißten zu übermitteln.

§ 52. In allen Fällen, in welchen ein Schiff

mehr als zwei Jahre auswärts verweilt, tritt für den seit zwei Jahren im Dienste befindlichen Schiffsmann eine Erhöhung der Heuer ein, wenn diese nach Zeit bedungen ist.

Diese Erhöhung wird, wie folgt, bestimmt:

1. der Schiffsjunge tritt mit Beginn des dritten Jahres in die in der Musterrolle bestimmte oder aus derselben als Durchschnittsbetrag sich ergebende Heuer der Leichtmatrosen und mit Beginn des vierten Jahres in die in der Musterrolle bestimmte Heuer der Vollmatrosen ein;
2. der Leichtmatrose erhält mit Beginn des dritten[3]) Jahres die in der Musterrolle bestimmte Heuer der Vollmatrosen und mit Beginn des vierten Jahres ein Fünftel derselben mehr an Heuer;
3. für die übrige Schiffsmannschaft steigt die in der Musterrolle angegebene Heuer mit Beginn des dritten Jahres um ein Fünftel und mit Beginn des vierten Jahres um ein ferneres Fünftel ihres ursprünglichen Betrags.

In den Fällen des Abs. 2 Nr. 1, 2 tritt der Schiffsmann mit der Erhöhung der Heuer zugleich in die entsprechende Rangklasse ein.

§ 53. Die aus den Dienst- und Heuerverträgen herrührenden Forderungen des Kapitäns und der zur Schiffsmannschaft gehörigen Personen, welche auf einem nach den §§ 862, 863 des Handelsgesetzbuchs als verschollen anzusehenden Schiffe sich befunden haben, werden fällig mit Ablauf der Verschollenheitsfrist. Das Dienstverhältniß gilt sodann einen halben Monat nach dem Tage für beendet, bis zu welchem die letzte Nachricht über das Schiff reicht.

Der Betrag der Forderungen ist dem Seemannsamte des Heimathshafens und in Ermangelung eines solchen dem Seemannsamte des Registerhafens zu übergeben. Das Seemannsamt hat die Aushändigung an die Empfangsberechtigten zu vermitteln.

§ 54. Dem Schiffsmanne gebührt Beköstigung für Rechnung des Schiffes von dem Zeitpunkte des Dienstantritts an bis zur Abmusterung, jedoch wenn diese ohne Verzögerung der Reise unausführbar ist, bis zur Beendigung des Dienstverhältnisses. Er darf die verabreichten Speisen und Getränke nur zu seinem eigenen Bedarfe verwenden und nichts davon veräußern, vergeuden oder sonst bei Seite bringen. Anstatt der Beköstigung kann auf Grund besonderer Abrede eine entsprechende Geldentschädigung gewährt werden.

3) In der Fassung nach dem Gesetz zur Abänderung der Seemannsordnung vom 23. März 1903 (Gesetzbl. S. 57).

§ 55. Die Schiffsmannschaft hat an Bord des Schiffes vom Zeitpunkte des Dienstantritts an bis zur Abmusterung, jedoch wenn diese ohne Verzögerung der Reise unausführbar ist, bis zur Beendigung des Dienstverhältnisses Anspruch auf einen, ihrer Zahl und der Größe des Schiffes entsprechenden, nur für sie und ihre Sachen bestimmten wohlverwahrten und genügend zu lüftenden Logisraum.

Kann dem Schiffsmann in Folge eines Unfalls oder aus anderen Gründen zeitweilig ein Unterkommen auf dem Schiffe nicht gewährt werden, so ist ihm ein anderweitiges angemessenes Unterkommen zu verschaffen.

§ 56. Die dem Schiffsmanne für den Tag mindestens zu verabreichenden Speisen und Getränke (§ 54) bestimmen sich, soweit nicht ein Anderes vereinbart ist, nach dem örtlichen Rechte des Heimathshafens und in Ermangelung eines solchen nach dem örtlichen Rechte des Registerhafens. Der Erlaß näherer Bestimmungen steht den Landesregierungen im Verordnungswege und, sofern es an einem inländischen Heimathshafen oder Registerhafen fehlt, dem Reichskanzler zu.

Ueber Größe und Einrichtung des Logisraums (§ 55), über die Einrichtung von Wasch- und Baderäumen und Aborten an Bord der Schiffe und die mindestens mitzunehmenden Heilmittel beschließt der Bundesrath. Die Beschlüsse des Bundesraths sind dem Reichstage bei seinem nächsten Zusammentritte zur Kenntnißnahme vorzulegen.[4])

§ 57. Der Kapitän ist berechtigt, bei ungewöhnlich langer Dauer der Reise oder wegen eingetretener Unfälle, eine Kürzung der Rationen oder eine Aenderung hinsichtlich der Wahl der Speisen und Getränke eintreten zu lassen.

Er hat im Schiffahrtstagebuche zu vermerken, wann, aus welchem Grunde und in welcher Weise eine Kürzung oder Aenderung eingetreten ist.

Dem Schiffsmanne gebührt eine den erlittenen Entbehrungen entsprechende Vergütung. Ueber diesen Anspruch entscheidet unter Vorbehalt des Rechtswegs das Seemannsamt, vor welchem abgemustert wird.

§ 58. Wenn ein Schiffsoffizier oder nicht weniger als drei Schiffsleute bei einem See-

4) Zu vgl. Bekanntmachung des Reichskanzlers, betreffend die Logis-, Wasch- und Baderäume sowie die Aborte für die Schiffsmannschaft auf Kauffahrteischiffen, vom 2. Juli 1905 (Reichsgesetzbl. S. 563); ferner Bekanntmachung des Reichskanzlers, betreffend Krankenfürsorge auf Kauffahrteischiffen, vom 3. Juli 1905 (Reichsgesetzbl. S. 568).

mannsamte Beschwerde darüber erheben, daß das Schiff, für welches sie angemustert sind, nicht seetüchtig ist, oder daß die Vorräthe, welche das Schiff für den Bedarf der Mannschaft an Speisen und Getränken mit sich führt, ungenügend oder verdorben sind, so hat das Seemannsamt mit möglichster Beschleunigung unter Hinzuziehung von erreichbaren Sachverständigen und der ortsanwesenden Beschwerdeführer eine Untersuchung des Schiffes oder der Vorräthe zu veranlassen und das Ergebniß in das Schiffstagebuch einzutragen. Auch hat das Seemannsamt, falls die Beschwerde sich als begründet erweist, für die geeignete Abhülfe Sorge zu tragen.

Kommt der Kapitän den zu diesem Behufe getroffenen Anordnungen nicht nach, so kann jeder Schiffsoffizier und jeder Schiffsmann seine Entlassung mit der für den Fall des § 74 Nr. 1 vorgesehenen Wirkung (§ 76) fordern.

§ 59.[5]) Falls der Schiffsmann nach Antritt des Dienstes oder nach der Anmusterung erkrankt oder eine Verletzung erleidet, trägt der Reeder die Kosten der Verpflegung und Heilbehandlung. Vorbehaltlich der Vorschrift im Abs. 2 erstreckt sich diese Verpflichtung:

1. wenn der Schiffsmann wegen der Krankheit oder Verletzung die Reise nicht antritt, bis zum Ablaufe von sechsundzwanzig Wochen seit der Erkrankung oder Verletzung;
2. wenn er die Reise angetreten hat, bis zum Ablaufe von sechsundzwanzig Wochen nach dem Verlassen des Schiffes.

Bei Verletzung infolge eines Betriebsunfalls werden die Fristen im Abs. 1 auf dreizehn Wochen beschränkt, im Falle der Nr. 2 jedoch nur, wenn der Schiffsmann das Schiff in einem deutschen Hafen verläßt, oder wenn er aus einem außerdeutschen Hafen in die Krankenanstalt eines deutschen Hafens überführt wird. Die Verpflichtung des Reeders hört dem Verletzten gegenüber auf, sobald und soweit die Berufsgenossenschaft die Fürsorge übernimmt.

Der Rheder ist berechtigt, die Verpflegung und Heilbehandlung dem Schiffsmann in einer Krankenanstalt zu gewähren.

Ein Schiffsmann, der wegen Krankheit oder Verletzung außerhalb des Reichsgebiets zurückgeblieben ist, kann mit seiner Einwilligung und der des behandelnden Arztes oder des Seemannsamts nach einem deutschen Hafen in eine Krankenanstalt überführt werden. Ist der Schiffsmann außer Stande, die Zustimmung zu ertheilen, oder verweigert er sie ohne berechtigten Grund, so kann sie nach Anhörung eines Arztes durch dasjenige Seemannsamt ersetzt werden, in dessen Bezirke der Schiffsmann sich zur Zeit befindet.

Der Schiffsmann, welcher sich der Heilbehandlung ohne berechtigten Grund entzieht und hierdurch nach ärztlichem Gutachten die Heilung vereitelt oder wesentlich erschwert hat, verliert den Anspruch auf kostenfreie Verpflegung und Heilbehandlung. Ueber die Berechtigung des Grundes sowie über Beginn und Dauer des Verlustes entscheidet vorläufig das Seemannsamt.

Dem Schiffsmanne gebührt, falls er nicht mit dem Schiffe nach dem Hafen der Ausreise (§ 14) zurückkehrt, freie Zurückbeförderung (§§ 78, 79) nach diesem Hafen oder nach Wahl des Kapitäns eine entsprechende, im Streitfalle vom Seemannsamte vorläufig festzusetzende Vergütung.

§ 60. Liegt der Hafen der Ausreise außerhalb des Reichsgebiets, so kann der in einem deutschen Hafen geheuerte Schiffsmann in den Fällen des § 59 Abs. 6, des § 66 Abs. 3 und der §§ 69, 71, 72, 79 die Rückbeförderung auch nach dem Hafen, an welchem er geheuert ist, verlangen. Im Uebrigen kann vereinbart werden, daß für die dem Schiffsmann in den vorbezeichneten Fällen zustehenden Rückbeförderungsansprüche an Stelle des Hafens der Ausreise ein anderer Hafen, insbesondere derjenige, an welchem die Heuerung oder die Anmusterung stattgefunden hat, treten soll.

Unterläßt es der Rheder oder sein Vertreter, dem Anspruche des Schiffsmanns auf freie Zurückbeförderung innerhalb einer vom Seemannsamte gestellten Frist zu genügen, oder befindet sich der Rheder oder sein Vertreter wegen Abwesenheit nicht in der Lage, entsprechende Vorkehrungen zu treffen, so kann das Seemannsamt, sofern dadurch dem Rheder keine höheren Kosten erwachsen, auf Antrag des Schiffsmanns anordnen, daß an die Stelle des gesetzlich oder vertragsmäßig bestimmten Rückbeförderungshafens ein anderer, vom Seemannsamte zu bezeichnender Hafen tritt.

§ 61. Die Heuer bezieht der erkrankte oder verletzte Schiffsmann:

1. wenn er die Reise nicht antritt, bis zur Einstellung des Dienstes;
2. wenn er die Reise angetreten hat, bis zu dem Tage, an welchem er das Schiff verläßt.

Für die Dauer des Aufenthalts in einer Krankenanstalt gebührt dem Schiffsmanne keine Heuer. Hat er aber Angehörige, deren Unterhalt er bisher ganz oder überwiegend aus seinem

5) In der Fassung des Gesetzes vom 12. Mai 1904. S. Anm. 1.

Arbeitsverdienste[6]) bestritten hat, so ist ein Viertel der Heuer zu zahlen.[7]) Für Schiffsleute, die zur Verpflegung und Bedienung der an Bord befindlichen Personen angenommen sind, tritt in diesem Falle, sofern es für den Schiffsmann günstiger ist, an Stelle der vertragsmäßigen Monatsheuer der gemäß § 10 des See-Unfallversicherungsgesetzes[8]) vom Reichskanzler festgesetzte Durchschnittsbetrag des Monatslohns ohne Hinzurechnung des Wertes der gewährten Beköstigung. Die Zahlung kann unmittelbar an die Angehörigen erfolgen.

Ist der Schiffsmann bei der Vertheidigung des Schiffes zu Schaden gekommen, so hat er auf eine angemessene, im Streitfalle vom Seemannsamte vorläufig festzusetzende Belohnung Anspruch.

§ 62. Auf den Schiffsmann, welcher die Krankheit oder Verletzung durch eine strafbare Handlung sich zugezogen oder den Dienst ohne einen ihn nach § 74 dazu berechtigenden Grund verlassen hat, finden die §§ 59 bis 61 keine Anwendung.

Ob die Voraussetzungen des Abs. 1 vorliegen, entscheidet vorläufig das Seemannsamt.

§ 63. Muß der Schiffsmann wegen Erkrankung oder Verletzung am Lande zurückgelassen werden, so hat, soweit der Schiffsmann nicht ein Anderes bestimmt, der Kapitän die Sachen und das Heuerguthaben des Schiffsmanns behufs Fürsorge für deren Aufbewahrung dem am Orte der Zurücklassung befindlichen Seemannsamte zu überliefern. Mit Genehmigung dieses Seemannsamts kann die Ueberlieferung an eine andere geeignete Stelle, insbesondere an die Verwaltung der Krankenanstalt, in welche der Schiffsmann aufgenommen ist, erfolgen. Das Gleiche gilt, wenn sich am Orte der Zurücklassung kein Seemannsamt befindet. In diesem Falle hat der Kapitän dem Seemannsamt, in dessen Bezirke die Zurücklassung erfolgt, von dem Sachverhalt Anzeige zu machen.

Der Kapitän hat bei Ueberlieferung der Sachen eine von ihm und einem Schiffsoffizier, in Ermangelung eines solchen von einem Schiffsmanne, zu unterschreibende Aufzeichnung der Sachen und des Betrags des Heuerguthabens beizufügen und ein zweites Exemplar der Aufzeichnung unter Vermerk der Aufbewahrungsstelle dem Schiffsmanne zu übergeben.

Bei Erkrankung oder Verletzung des Kapitäns hat der Stellvertreter mit den Sachen des Kapitäns nach den Vorschriften der Abs. 1, 2 zu verfahren.

§ 64. Stirbt der Schiffsmann nach Antritt des Dienstes, so hat der Rheder die bis zum Todestage verdiente Heuer (§ 80) zu zahlen und, sofern der Tod innerhalb der Zeit der Fürsorgepflicht des Rheders (§ 59) erfolgt, die Bestattungskosten zu tragen.

Ist anzunehmen, daß das Schiff innerhalb vierundzwanzig Stunden einen Hafen erreicht, so ist, falls nicht gesundheitliche Bedenken entgegenstehen, die Leiche mitzunehmen und für deren Bestattung am Lande Sorge zu tragen.

Die Art der Bestattung auf See muß den Seegebräuchen entsprechen.

Wird der Schiffsmann bei Vertheidigung des Schiffes getödtet, so hat der Rheder eine angemessene, erforderlichen Falles von dem Richter zu bestimmende Belohnung zu entrichten.

§ 65. Der auf dem Schiffe während der Reise eintretende Tod des Kapitäns oder eines Schiffsmanns ist gemäß §§ 61 bis 64 des Gesetzes über die Beurkundung des Personenstandes und die Eheschließung vom 6. Februar 1875 (Reichs-Gesetzbl. S. 23) bei Vermeidung der im § 68 daselbst angedrohten Strafe zu beurkunden.

Soweit der Nachlaß eines verstorbenen Schiffsmanns sich an Bord befindet, hat der Kapitän für die Aufzeichnung und sorgfältige Aufbewahrung sowie erforderlichen Falles für den Verkauf des Nachlasses im Wege der Versteigerung Sorge zu tragen. Die Aufzeichnung ist unter Zuziehung von zwei Schiffsoffizieren oder anderen glaubhaften Personen vorzunehmen.

Die Nachlaßgegenstände selbst, der etwaige Erlös aus denselben sowie das etwaige Heuerguthaben sind nebst der erwähnten Aufzeichnung und dem Nachweis über den Todesfall demjenigen Seemannsamte, bei dem es zuerst geschehen kann, oder mit dessen Genehmigung dem Seemannsamte des Ausreise- oder des Heimathshafens zu übergeben.

Für den Nachlaß des während der Reise verstorbenen Kapitäns hat der Stellvertreter nach Maßgabe der Vorschriften der Abs. 2, 3 Sorge zu tragen.

§ 66. Der für eine Reise geheuerte Schiffsmann ist verpflichtet, während der ganzen Reise, einschließlich etwaiger Zwischenreisen, bis zur Beendigung der Rückreise im Dienste zu verbleiben, wenn in dem Heuervertrage nicht ein Anderes bestimmt ist.

Unter Rückreise im Sinne des Abs. 1 ist die Reise nach dem Hafen zu verstehen, von welchem das Schiff seine Ausreise angetreten hat. Wenn jedoch das Schiff von einem nicht

6) In der Fassung des Gesetzes vom 12. Mai 1904.

7) Desgl.

8) Jetzt Reichsversicherungsordnung vom 19. Juli 1911 § 105 8.

europäischen Hafen (§ 82) kommt und seine Ausreise von einem deutschen Hafen angetreten hat, so gilt auch jede Reise nach einem Hafen Großbritanniens, des Kanals, der Nordsee, des Kattegats, des Sundes oder der Ostsee als Rückreise, falls die Reise tatsächlich in dem betreffenden Hafen endet, und dies der Schiffsmannschaft spätestens alsbald nach der Ankunft vom Kapitän erklärt wird.

Endet die Rückreise nicht in dem Hafen der Ausreise, so hat der Schiffsmann Anspruch auf freie Zurückbeförderung (§§ 78, 79) nach diesem Hafen oder nach Wahl des Kapitäns auf eine entsprechende, im Streitfalle vom Seemannsamte vorläufig festzusetzende Vergütung; außerdem gebührt ihm neben der verdienten Heuer die Heuer für die Dauer der Zurückbeförderung (§ 73).

§ 67. Der für eine bestimmte Zeit geheuerte Schiffsmann ist, sofern keine andere Vereinbarung getroffen ist, verpflichtet, bis zum Ablaufe dieser Zeit im Dienste zu verbleiben.

Läuft die Dienstzeit während einer Reise ab, so kann in Ermangelung einer anderen Vereinbarung der Schiffsmann seine Entlassung erst im nächsten Hafen, welchen das Schiff zum Löschen oder Laden anläuft, verlangen. Ist es nach Bescheinigung des Seemannsamts oder in Ermangelung eines solchen der örtlichen Behörde dem Kapitän nicht möglich, in dem Hafen einen Ersatzmann anzuheuern, so ist der Schiffsmann verpflichtet, gegen eine Erhöhung der Heuer um ein Viertel, den Dienst bis zu einem Hafen, in welchem der Ersatz möglich ist, längstens aber noch drei Monate hindurch fortzusetzen. Ist der Schiffsmann in einem deutschen Hafen geheuert, so muß auf sein Verlangen das Dienstverhältniß unter den bisherigen Bedingungen bis zur Rückkehr nach einem deutschen Hafen, längstens aber noch drei Monate hindurch fortgesetzt werden.

§ 68. Nach beendigter Reise kann der Schiffsmann seine Entlassung nicht früher verlangen, als bis die Ladung gelöscht, das Schiff gereinigt und im Hafen oder an einem anderen Orte festgemacht, auch die etwa erforderliche Verklarung abgelegt ist.

§ 69. Der Heuervertrag endet, wenn das Schiff durch einen Zufall dem Rheder verloren geht, insbesondere

1. wenn es verunglückt;
2. wenn es als reparaturunfähig oder reparaturunwürdig kondemnirt (§ 479 des Handelsgesetzbuchs) und in dem letzteren Falle ohne Verzug öffentlich verkauft wird;
3. wenn es geraubt wird;
4. wenn es aufgebracht oder angehalten und für gute Prise erklärt wird.

Der Schiffsmann hat alsdann Anspruch auf freie Zurückbeförderung (§§ 78, 79) nach dem Hafen der Ausreise oder nach Wahl des Kapitäns auf eine entsprechende, im Streitfalle vom Seemannsamte vorläufig festzusetzende Vergütung; außerdem ist ihm neben der verdienten Heuer noch der Betrag der halben Heuer für die Dauer der Zurückbeförderung (§ 73) zu gewähren.

§ 70. Der Kapitän kann den Schiffsmann vor Ablauf der Dienstzeit entlassen:

1. solange die Reise noch nicht angetreten ist, wenn der Schiffsmann zu dem Dienste, zu welchem er sich verheuert hat, untauglich ist;
2. wenn der Schiffsmann eines groben Dienstvergehens, insbesondere wiederholten Ungehorsams, fortgesetzter Widerspenstigkeit, wiederholter Trunkenheit im Dienste oder der Schmuggelei sich schuldig macht;
3. wenn der Schiffsmann des Vergehens des Diebstahls, Betrugs, der Untreue, Unterschlagung, Hehlerei oder Urkundenfälschung oder einer mit Todesstrafe oder mit Zuchthaus bedrohten Handlung sich schuldig macht;
4. wenn der Schiffsmann durch eine strafbare Handlung eine Krankheit oder Verletzung sich zuzieht, welche ihn arbeitsunfähig macht;
5. wenn der Schiffsmann mit einer geschlechtlichen Krankheit behaftet ist, die den übrigen an Bord befindlichen Personen Gefahr bringen kann. Ob dies der Fall ist, bestimmt sich, sofern ein Arzt zu erlangen ist, nach dessen Gutachten;
6. wenn die Reise, für welche der Schiffsmann geheuert war, wegen Krieg, Embargo oder Blockade, wegen eines Ausfuhr- oder Einfuhrverbots oder wegen eines anderen, Schiff oder Ladung betreffenden Zufalls nicht angetreten oder fortgesetzt werden kann.

Der Kapitän muß die Entlassung sowie deren Grund, sobald es geschehen kann, dem Schiffsmanne mittheilen und in den Fällen des Abs. 1 Nr. 2 bis 5 spätestens, bevor dieser das Schiff verläßt, in das Schiffstagebuch eintragen. Dem Schiffsmann ist auf Verlangen eine vom Kapitän unterzeichnete Abschrift der Eintragung auszuhändigen.

§ 71. Dem Schiffsmanne gebührt in den Fällen des § 70 Nr. 1 bis 4 nicht mehr als die verdiente Heuer (§ 80).

Im Falle der Nr. 5 bestimmen sich die Ansprüche des Schiffsmanns nach den Vorschriften der §§ 59 bis 61. Dies gilt für Angehörige eines auswärtigen Staates nur insoweit, als nach einer im Reichs-Gesetzblatt enthaltenen Bekanntmachung Deutschen, die zum Dienste auf einem Schiffe dieses Staates angestellt sind, durch die dortige Gesetzgebung oder durch Staatsvertrag eine entsprechende Fürsorge gewährleistet ist.

In den Fällen der Nr. 6 stehen dem Schiffsmanne, wenn die Entlassung nach Antritt der Reise erfolgt, die im § 69 Abs. 2 bezeichneten Ansprüche zu.

§ 72. Der für eine Reise geheuerte Schiffsmann, welcher aus anderen als aus den im § 70 erwähnten Gründen vor Ablauf des Heuervertrags entlassen wird, erhält als Entschädigung die Heuer für einen Monat unter Anrechnung der etwa empfangenen Hand- und Vorschußgelder.

Ist die Entlassung erst nach Antritt der Reise erfolgt, so hat er außerdem Anspruch auf freie Zurückbeförderung (§§ 78, 79) nach dem Hafen der Ausreise oder nach Wahl des Kapitäns auf eine entsprechende, im Streitfalle von dem Seemannsamte vorläufig festzusetzende Vergütung. Auch erhält er außer der im Abs. 1 vorgesehenen und der verdienten Heuer (§ 80) die Heuer für die nach § 73 zu berechnende voraussichtliche Dauer seiner Reise nach dem Rückbeförderungshafen.

§ 73. Ist der Rückbeförderungshafen ein deutscher, so wird in Fällen vorzeitiger Entlassung nach Antritt der Reise (§ 72 Abs. 2) behufs Ermittelung der dem Schiffsmanne für die Rückreise gebührenden Heuer die Dauer der Reise unter Zugrundelegung von Dampfschiffsbeförderung, wie folgt, gerechnet:

bei Entlassung:	zu:
a) in einem Hafen der Nordsee oder des Englischen Kanals, der Ostsee oder der an diese angrenzenden Gewässer . . .	½ Monat,
b) in einem sonstigen europäischen Hafen (§ 82)	1 „
c) in einem außereuropäischen Hafen, mit Ausnahme der unter d genannten	1½ „
d) in einem Hafen des Großen Ozeans oder Australiens . . .	2 „ .

Muß die Rückbeförderung ganz oder theilweise mittelst Segelschiffs stattfinden, so ist für die mittelst Segelschiffs zurückzulegende Strecke das Doppelte der Dauer der Dampfschiffsbeförderung zu rechnen.

Erfolgt in den Fällen a und b des Abs. 1 die Rückbeförderung unter ausschließlicher Benutzung der Eisenbahn, so wird die Dauer der Reise nicht in Ansatz gebracht.

Die Dauer der Rückreise wird nach Maßgabe des Vorstehenden, bei Rückbeförderung nach einem außerdeutschen Hafen unter angemessener Berücksichtigung der Sätze a bis d, im Streitfalle vom Seemannsamte vorläufig festgesetzt.

§ 74. Der Schiffsmann kann seine Entlassung fordern:

1. wenn sich der Kapitän einer schweren Verletzung seiner Pflichten gegen den Schiffsmann, insbesondere durch Mißhandlung oder durch Duldung solcher seitens anderer Personen der Schiffsbesatzung, durch grundlose Vorenthaltung von Speise und Trank oder durch Verabreichung verdorbenen Proviants schuldig macht;
2. wenn das Schiff die Flagge wechselt;
3. wenn nach Beendigung der Ausreise eine Zwischenreise beschlossen, oder wenn eine Zwischenreise beendigt ist, sofern seit dem Dienstantritt ein oder ein und ein halbes Jahr, je nachdem das Schiff in einem europäischen (§ 82) oder in einem nicht europäischen Hafen sich befindet, verflossen ist;
4. wenn das Schiff nach einem Hafen bestimmt ist, oder einen Hafen anlaufen soll, der schon zur Zeit der Anmusterung durch Pest, Cholera oder Gelbfieber verseucht war, sofern nicht dem Schiffsmanne bei der Anmusterung dieser Hafen und die Verseuchung mitgetheilt worden ist. Als verseucht im Sinne dieser Vorschrift gilt ein Hafen, in dem ein Pest-, Cholera- oder Gelbfieberherd vorhanden ist. Der Anspruch auf Entlassung fällt fort, sobald die Verseuchung aufgehört hat;
5. wenn der Schiffsmann beabsichtigt, sich für die Maschinen-, Steuermanns- oder Schifferprüfung vorzubereiten oder eine ihm nachweislich angebotene Stellung als Kapitän anzunehmen, sofern er einen geeigneten Ersatzmann stellt und durch den Wechsel dem Schiffe kein Aufenthalt entsteht. Ob der vorgeschlagene Ersatzmann geeignet ist, entscheidet im Streitfalle das nächste Seemannsamt.

Der Wechsel des Rheders oder Kapitäns giebt dem Schiffsmanne kein Recht, die Entlassung zu fordern.

§ 75. Im Falle des § 74 Nr. 3 kann die Entlassung nicht gefordert werden:

1. wenn der Schiffsmann für eine längere als die daselbst angegebene Zeit sich verheuert hat. Die Verheuerung auf unbestimmte Zeit oder mit der allgemeinen Bestimmung, daß nach Beendigung der Aus-

reise der Dienst für alle Reisen, welche noch beschlossen werden möchten, fortzusetzen sei, wird als Verheuerung auf solche Zeit nicht angesehen;

2. sobald die Rückreise angeordnet ist.

§ 76. Der Schiffsmann hat in den Fällen des § 74 Nr. 1, 2 dieselben Ansprüche, welche für den Fall des § 72 bestimmt sind.

In den Fällen des § 74 Nr. 3 bis 5 gebührt ihm nicht mehr als die verdiente Heuer. Jedoch hat er im Falle der Nr. 4 die im § 72 bestimmten Ansprüche, sofern bei der Anmusterung im Heimathshafen der Rheder, sein Vertreter (§ 12 Abs. 2) oder der Kapitän, bei der Anmusterung in einem anderen Hafen der Kapitän von der Verseuchung Kenntniß hatte.

§ 77. Im Auslande darf der Schiffsmann, welcher seine Entlassung fordert, außer in dem Falle eines Flaggenwechsels gegen den Willen des Kapitäns erst auf Grund einer vorläufigen Entscheidung des Seemannsamts (§ 129) den Dienst verlassen.

§ 78. Ist nach den Bestimmungen dieses Gesetzes ein Anspruch auf freie Zurückbeförderung begründet, so umfaßt er auch den Unterhalt während der Reise sowie die Beförderung der Sachen des Schiffsmanns. Den Schiffsoffizieren ist die Zurückbeförderung und der Unterhalt in der Kajüte zu gewähren.

Im Streitfall entscheidet über die Art der Zurückbeförderung vorläufig das abmusternde Seemannsamt.

§ 79. Dem Anspruch auf freie Zurückbeförderung und auf Fortbezug von Heuer für die Dauer der Zurückbeförderung wird genügt, wenn dem Schiffsmanne, welcher arbeitsfähig ist, mit Genehmigung des Seemannsamts ein seiner früheren Stellung entsprechender und durch angemessene Heuer zu vergütender Dienst auf einem deutschen Kauffahrteischiffe nachgewiesen wird, welches nach dem Rückbeförderungshafen oder einem demselben nahe belegenen Hafen geht; im letzteren Falle gebührt dem Schiffsmann eine entsprechende Vergütung für die weitere freie Zurückbeförderung (§ 78) bis zu dem zuerst bezeichneten Hafen.

Ist der Schiffsmann kein Deutscher, so wird ein Schiff seiner Nationalität einem deutschen Schiffe gleichgeachtet.

§ 80. In den Fällen der §§ 45, 53, 61, 64, 69, 71, 72 76 wird die verdiente Heuer, sofern die Heuer nicht zeitweise, sondern in Bausch und Bogen für die ganze Reise bedungen ist, mit Rücksicht auf den vollen Heuerbetrag nach Verhältniß der geleisteten Dienste sowie des etwa zurückgelegten Theiles der Reise bestimmt. Zur Ermittelung der in den §§ 72, 73 erwähnten Heuer für einzelne Monate wird die durchschnittliche Dauer der Reise, einschließlich der Ladungs- und Löschungszeit, unter Berücksichtigung der Beschaffenheit des Schiffes in Ansatz gebracht und danach die Heuer für die einzelnen Monate berechnet. Bei Berechnung der Heuer für einzelne Tage wird der Monat zu dreißig Tagen gerechnet.

§ 81. Der dem Schiffsmann als Lohn zugestandene Antheil an der Fracht oder am Gewinne wird als Heuer im Sinne dieses Gesetzes nicht angesehen.

§ 82. In den Fällen der §§ 66, 73, 74 sind die nicht europäischen Häfen des Mittelländischen und des Schwarzen Meeres den europäischen Häfen gleichzustellen.

§ 83. Der Kapitän darf einen Schiffsmann außerhalb des Reichsgebiets nicht ohne Genehmigung des Seemannsamts zurücklassen. Wenn für den Fall der Zurücklassung eine Hülfsbedürftigkeit des Schiffsmanns zu besorgen ist, so kann die Ertheilung der Genehmigung davon abhängig gemacht werden, daß der Kapitän gegen den Eintritt der Hülfsbedürftigkeit für einen Zeitraum bis zu drei Monaten Sicherstellung leistet.

Ist der Schiffsmann mit der Zurücklassung einverstanden und befindet sich kein Seemannsamt am Platze und läßt sich auch die Genehmigung eines anderen Seemannsamts ohne Verzögerung der Reise nicht einholen, so ist der Kapitän befugt, den Schiffsmann ohne Genehmigung zurückzulassen. Der Rheder bleibt in diesem Falle für die aus einer etwaigen Hülfsbedürftigkeit des Schiffsmanns während der nächsten drei Monate erwachsenden Kosten haftbar.

Die Bestimmungen des § 127 werden hierdurch nicht berührt.

Vierter Abschnitt.

Disziplinarvorschriften.

§ 84. Der Schiffsmann ist der Disziplinargewalt des Kapitäns unterworfen. Die Ausübung der Disziplinargewalt des Kapitäns kann nur auf den ersten Offizier des Deckdienstes und den ersten Offizier des Maschinendienstes innerhalb ihres Dienstbereiches übertragen werden. Dieselben haben jeden Fall der Ausübung der Disziplinargewalt binnen vierundzwanzig Stunden dem Kapitän anzuzeigen.

§ 85. Der Schiffsmann ist verpflichtet, sich stets nüchtern zu halten und gegen Jedermann ein angemessenes und friedfertiges Betragen zu beobachten.

Dem Kapitän, den Schiffsoffizieren und seinen sonstigen Vorgesetzten hat er mit Achtung zu begegnen und ihren dienstlichen Befehlen unweigerlich Folge zu leisten.

§ 86. Der Schiffsmann hat dem Kapitän auf Verlangen wahrheitsgemäß und vollständig mitzutheilen, was ihm über die den Schiffsdienst betreffenden Angelegenheiten bekannt ist.

§ 87. Der Schiffsmann darf ohne Erlaubniß des Kapitäns keine Güter an Bord bringen oder bringen lassen. Für die gegen dieses Verbot beförderten eigenen oder fremden Güter muß er die höchste am Abladungsorte zur Abladungszeit für solche Reisen und Güter bedungene Fracht erstatten, unbeschadet der Verpflichtung zum Ersatz eines erweislich höheren Schadens.

Der Kapitän ist auch befugt, solche Güter über Bord zu werfen, wenn ihr Verbleib an Bord Schiff oder Ladung oder die Gesundheit der an Bord befindlichen Personen gefährden oder das Einschreiten einer Behörde zur Folge haben kann.

§ 88. Die Vorschriften des § 87 finden auch Anwendung, wenn der Schiffsmann ohne Erlaubniß des Kapitäns Waffen oder Munition, Branntwein oder andere geistige Getränke oder mehr an Tabak und Tabackswaaren, als er zu seinem Gebrauch auf der beabsichtigten Reise bedarf, an Bord bringt oder bringen läßt.

Die gegen dieses Verbot mitgenommenen Gegenstände verfallen dem Schiffe.

§ 89. Der Kapitän hat die auf Grund der Vorschriften der §§ 87, 88 getroffenen Anordnungen, sobald es geschehen kann, in das Schiffstagebuch einzutragen.

§ 90. Liegt das Schiff im Hafen oder auf der Rhede, so ist der Kapitän befugt, wenn nach den Umständen eine Entweichung zu befürchten ist, die Sachen der Schiffsleute bis zur Abreise des Schiffes in Verwahrung zu nehmen.

§ 91. Zur Aufrechterhaltung der Ordnung und zur Sicherung der Regelmäßigkeit des Dienstes ist der Kapitän befugt, die geeigneten Maßregeln zu ergreifen. Geldbußen, Kostschmälerung von mehr als dreitägiger Dauer, Einsperrung und körperliche Züchtigung darf er jedoch zu diesem Zwecke weder als Strafe verhängen, nach als Zwangsmittel anwenden.

Bei einer Widersetzlichkeit oder bei beharrlichem Ungehorsam ist der Kapitän zur Anwendung aller Mittel befugt, welche erforderlich sind, um seinen Befehlen Gehorsam zu verschaffen. Zu diesem Zwecke ist ihm auch die Anwendung von körperlicher Gewalt in dem durch die Umstände gebotenen Maße gestattet. Er darf ferner gegen die Betheilgten die geeigneten Sicherungsmaßregeln ergreifen und sie nöthigenfalls während der Reise fesseln.

Jeder Schiffsmann muß dem Kapitän auf Erfordern Beistand zur Aufrechterhaltung der Ordnung sowie zur Abwendung oder Unterdrückung einer Widersetzlichkeit leisten.

Im Auslande kann der Kapitän in dringenden Fällen die Kommandanten der ihm zugänglichen Schiffe der Kriegsmarine des Reichs um Beistand zur Aufrechterhaltung der Disziplin angehen.

§ 92. Der Kapitän hat jede in Gemäßheit der Vorschriften des § 91 getroffene Maßregel mit Angabe der Veranlassung, sobald es geschehen kann, in das Schiffstagebuch einzutragen.

Fünfter Abschnitt.

Strafvorschriften.

§ 93. Ein Schiffsmann, welcher nach Abschluß des Heuervertrags sich verborgen hält, um sich dem Antritte des Dienstes zu entziehen, wird mit Geldstrafe bis zu sechzig Mark bestraft.

Wenn ein Schiffsmann, um sich der Fortsetzung des Dienstes zu entziehen, entweicht oder sich verborgen hält, so tritt Geldstrafe bis zu dreihundert Mark oder Gefängnißstrafe bis zu drei Monaten ein.

Ein Schiffsmann, welcher mit der Heuer entweicht oder sich verborgen hält, um sich dem übernommenen Dienste zu entziehen, wird mit der im § 298 des Strafgesetzbuchs angedrohten Gefängnißstrafe bis zu einem Jahre belegt. Sind mildernde Umstände vorhanden, so kann auf Geldstrafe bis zu dreihundert Mark erkannt werden.

In den Fällen der Abs. 1, 2 tritt die Verfolgung nur auf Antrag des Kapitäns ein. Die Zurücknahme des Antrags ist zulässig.

§ 94. In den Fällen des § 93 Abs. 2, 3 verliert der Schiffsmann, wenn er vor Abgang des Schiffes weder zur Fortsetzung des Dienstes freiwillig zurückkehrt, noch zwangsweise zurückgebracht wird, den Anspruch auf die bis dahin verdiente Heuer. Die Heuer und, sofern diese nicht ausreicht, auch die an Bord zurückgelassenen Sachen des Schiffsmanns können von dem Rheder zur Deckung seiner Schadensansprüche aus dem Heuer- oder Dienstvertrag in Anspruch genommen werden; soweit die Heuer hierzu nicht erforderlich ist, wird mit ihr nach Maßgabe des § 132 verfahren. Dem Seemannsamte, bei welchem die Meldung von der Entweichung erfolgt (§ 25), ist, sobald es geschehen kann, eine Aufstellung über den Betrag der Schadensansprüche und des Heuerguthabens einzureichen, widrigenfalls die vorgedachte Befugniß erlischt.

§ 95. Hat der Schiffsmann sich im Auslande dem Dienste in einem der Fälle des § 74 Nr. 1, 3, 4, 5 der Vorschrift des § 77 entzogen, so tritt Geldstrafe bis zum Betrag einer Monatsheuer ein.

§ 96. Mit Geldstrafe bis zum Betrag einer Monatsheuer wird ein Schiffsmann bestraft, welcher sich einer gröblichen Verletzung seiner Dienstpflichten schuldig macht.

Als Verletzung der Dienstpflicht, die, wenn sie in gröblicher Weise erfolgt, nach Abs. 1 strafbar ist, wird insbesondere angesehen:

1. Nachlässigkeit im Wachtdienste;
2. Ungehorsam gegen den Dienstbefehl eines Vorgesetzten;
3. Ungebührliches Betragen gegen Vorgesetzte, gegen andere Mitglieder der Schiffsmannschaft oder gegen Reisende;
4. Verlassen des Schiffes ohne Erlaubniß oder Ausbleiben über die festgesetzte Zeit;
5. Wegbringen eigener oder fremder Sachen von Bord des Schiffes und an Bord bringen oder an Bord bringen lassen von Gütern oder sonstigen Gegenständen ohne Erlaubniß;
6. eigenmächtige Zulassung fremder Personen an Bord und Gestattung des Anlegens von Fahrzeugen an das Schiff;
7. Trunkenheit im Schiffsdienste;
8. Vergeudung, unbefugte Veräußerung oder bei Seite bringen von Proviant.

Gegen Schiffsoffiziere kann die Strafe bis auf den Betrag einer zweimonatlichen Heuer erhöht werden.

Die Verfolgung tritt nur auf Antrag des Kapitäns oder eines verletzten Schiffsmanns ein. Der Antrag kann bis zur Abmusterung gestellt werden. Die Zurücknahme ist bis zur rechtskräftigen Entscheidung zulässig.

§ 97. In den Fällen der §§ 95, 96 wird, wenn die Heuer nicht monatsweise bedungen ist, bei der Festsetzung der Geldstrafe der einer Monatsheuer entsprechende Geldbetrag nach dem Ermessen des Seemannsamts berechnet.

§ 98. Der Kapitän hat, sobald es geschehen kann, jede gröbliche Verletzung der Dienstpflicht (§ 96) mit genauer Angabe des Sachverhalts in das Schiffstagebuch einzutragen und dem Schiffsmanne von dem Inhalte der Eintragung unter ausdrücklicher Hinweisung auf die Strafandrohung des § 96 Mittheilung zu machen, auch demselben auf Verlangen eine Abschrift der Eintragung auszuhändigen.

Unterbleibt die Mittheilung, so sind die Gründe der Unterlassung im Tagebuche anzugeben. Ist die Eintragung versäumt, so tritt keine Verfolgung ein, soweit nicht im Falle des § 96 Abs. 2 Nr. 3 der verletzte Schiffsmann darauf anträgt.

§ 99. Beschwert sich ein Schiffsmann über ungebührliches Betragen der Vorgesetzten oder anderer Mitglieder der Schiffsmannschaft oder darüber, daß das Schiff, für welches er angemustert ist, nicht seetüchtig ist, oder daß die Vorräthe, welche das Schiff für den Bedarf der Mannschaft an Speisen und Getränken mit sich führt, ungenügend oder verdorben sind, so hat der Kapitän die Beschwerde mit genauer Angabe des Sachverhalts in das Schiffstagebuch einzutragen und dem Beschwerdeführer auf Verlangen eine Abschrift der Eintragung auszuhändigen.

§ 100. Ein Schiffsmann, welcher den wiederholten Befehlen des Kapitäns, eines Schiffsoffiziers oder eines anderen Vorgesetzten den schuldigen Gehorsam verweigert, wird mit Gefängniß bis zu drei Monaten oder mit Geldstrafe bis zu dreihundert Mark bestraft.

§ 101. Wenn zwei oder mehrere zur Schiffsmannschaft gehörige Personen dem Kapitän, einem Schiffsoffizier oder einem anderen Vorgesetzten den schuldigen Gehorsam auf Verabredung gemeinschaftlich verweigern, so tritt gegen jeden Betheiligten Gefängnißstrafe bis zu einem Jahre ein. Der Rädelsführer wird mit Gefängniß bis zu drei Jahren bestraft.

Sind mildernde Umstände vorhanden, so kann auf Geldstrafe bis zu sechshundert Mark erkannt werden. Der Rädelsführer wird in diesem Falle mit Gefängniß bis zu einem Jahre bestraft.

§ 102. Ein Schiffsmann, welcher zwei oder mehrere zur Schiffsmannschaft gehörige Personen zur Begehung einer nach den §§ 101, 105 strafbaren Handlung auffordert, ist gleich dem Anstifter zu bestrafen, wenn die Aufforderung die strafbare Handlung oder einen strafbaren Versuch derselben zur Folge gehabt hat.

Ist die Aufforderung ohne Erfolg geblieben, so tritt im Falle des § 101 Geldstrafe bis zu dreihundert Mark, im Falle des § 105 Geldstrafe bis zu sechshundert Mark oder Gefängnißstrafe bis zu einem Jahre ein.

§ 103. Ein Schiffsmann, welcher den Kapitän, einen Schiffsoffizier oder einen anderen Vorgesetzten durch Gewalt oder durch Bedrohung mit Gewalt oder durch Verweigerung der Dienste zur Vornahme oder zur Unterlassung einer dienstlichen Verrichtung nöthigt, wird mit Gefängniß bis zu zwei Jahren bestraft. Sind mildernde Umstände vorhanden, so kann auf Geldstrafe bis zu sechshundert Mark erkannt werden. Der Versuch ist strafbar.

§ 104. Dieselben Strafvorschriften (§ 103) finden auf den Schiffsmann Anwendung, welcher dem Kapitän, einem Schiffsoffizier oder einem anderen Vorgesetzten in Ausübung seiner Dienstbefugnisse durch Gewalt oder durch Bedrohung mit Gewalt Widerstand leistet, oder den Kapitän, einen Schiffsoffizier oder einen anderen Vorgesetzten thätlich angreift.

§ 105. Wird eine der in den §§ 103, 104 bezeichneten Handlungen von mehreren Schiffsleuten auf Verabredung gemeinschaftlich begangen, so kann die Strafe bis auf das Doppelte des angedrohten Höchstbetrags erhöht werden.

Der Rädelsführer sowie diejenigen, welche gegen den Kapitän, einen Schiffsoffizier oder einen anderen Vorgesetzten Gewaltthätigkeiten verüben, werden mit Zuchthaus bis zu fünf Jahren oder mit Gefängniß von gleicher Dauer bestraft; auch kann neben der Zuchthausstrafe auf Zulässigkeit von Polizeiaufsicht erkannt werden. Sind mildernde Umstände vorhanden, so tritt Gefängnißstrafe nicht unter drei Monaten ein.

§ 106. Ein Schiffsmann, welcher solchen Befehlen des Kapitäns, eines Schiffsoffiziers oder eines anderen Vorgesetzten den Gehorsam verweigert, welche sich auf die Abwehr oder auf die Unterdrückung der in den §§ 103, 104 bezeichneten Handlungen beziehen, wird mit Gefängniß bis zu sechs Monaten oder mit Geldstrafe bis zu dreihundert Mark bestraft.

§ 107. Mit Geldstrafe bis zu sechzig Mark oder mit Haft bis zu vierzehn Tagen wird bestraft ein Schiffsmann, welcher

1. bei Verhandlungen, die sich auf die Ertheilung eines Seefahrtsbuchs, auf eine Eintragung in dasselbe oder auf eine Musterung beziehen, wahre Thatsachen entstellt oder unterdrückt oder falsche vorspiegelt, um ein Seemannsamt zu täuschen;
2. es unterläßt, sich gemäß § 12 zur Musterung zu stellen;
3. im Falle eines dem Dienstantritt entgegenstehenden Hindernisses es unterläßt, sich hierüber gemäß § 17 gegen das Seemannsamt auszuweisen;
4. wider besseres Wissen eine auf unwahre Behauptungen gestützte Beschwerde gemäß § 99 bei dem Kapitän vorbringt;
5. der vorläufigen Entscheidung des Seemannsamts (§ 129 Abs. 3) zuwiderhandelt.

Durch die Bestimmung des Abs. 1 Nr. 1 wird die Vorschrift des § 271 des Strafgesetzbuchs nicht berührt.

§ 108. Wer wider besseres Wissen eine auf unwahre Behauptungen gestützte Beschwerde über Seeuntüchtigkeit des Schiffes oder Mangelhaftigkeit des Proviants bei einem Seemannsamte vorbringt (§ 58) und hierdurch eine Untersuchung veranlaßt, wird mit Gefängniß bis zu drei Monaten oder mit Geldstrafe bis zu dreihundert Mark bestraft.

Wer leichtfertig eine auf unwahre Behauptungen gestützte Beschwerde über Seeuntüchtigkeit des Schiffes oder Mangelhaftigkeit des Proviants bei einem Seemannsamte vorbringt und hierdurch eine Untersuchung veranlaßt, wird mit Geldstrafe bis zu einhundert Mark bestraft.

§ 109. Ein Schiffsmann, welcher vorsätzlich und rechtswidrig Theile des Schiffskörpers, der Maschine, der Takelung oder Ausrüstungsgegenstände oder Vorrichtungen, welche zur Rettung von Menschenleben dienen, zerstört oder beschädigt, wird mit Geldstrafe bis zu eintausend Mark oder Gefängniß bis zu zwei Jahren bestraft.

Der Versuch ist strafbar.

Die Verfolgung tritt nur auf Antrag ein.

§ 110. Die Verhängung einer in diesem Abschnitt oder durch sonstige strafgesetzliche Vorschriften angedrohten Strafe wird dadurch nicht ausgeschlossen, daß der Schuldige aus Anlaß der ihm zur Last gelegten That bereits disziplinarisch bestraft worden ist. Jedoch muß eine Disziplinarstrafe, sowohl in dem Strafbescheide des Seemannsamts (§ 123), wie in dem gerichtlichen Strafurtheile bei Abmessung der Strafe berücksichtigt werden.

§ 111. Der Kapitän, Schiffsoffizier oder sonstige Vorgesetzte, welcher einem Schiffsmanne gegenüber seine Disziplinargewalt mißbraucht, wird mit Geldstrafe bis zu eintausend Mark oder mit Gefängniß bis zu einem Jahre bestraft.

§ 112. Der Kapitän, welcher die gehörige Verproviantirung des Schiffes vor Antritt oder während der Reise vorsätzlich unterläßt, wird mit Gefängniß bestraft, neben welchem auf Geldstrafe bis zu eintausendfünfhundert Mark sowie auf Verlust der bürgerlichen Ehrenrechte erkannt werden kann.

Ist die Unterlassung aus Fahrlässigkeit geschehen, so tritt, wenn in Folge dessen der Schiffsmannschaft die gebührende Kost nicht gewährt werden kann, Geldstrafe bis zu fünfhundert Mark oder Gefängniß bis zu einem Jahre ein.

§ 113. Mit Geldstrafe bis zu dreihundert Mark, mit Haft oder mit Gefängniß bis zu drei Monaten wird bestraft ein Kapitän, welcher

1. den Verpflichtungen zuwiderhandelt, welche ihm durch die gemäß § 56 Abs. 2 vom Bundesrath erlassenen Vorschriften auferlegt werden;
2. den Verpflichtungen zuwiderhandelt, welche ihm durch die gemäß § 4 vom Bundesrath erlassenen Vorschriften über die Besetzung der Schiffe mit Schiffsoffizieren auferlegt werden;
3. einem Schiffsmanne grundlos Speise und Trank vorenthält oder ohne Noth verdorbenen Proviant verabreicht;
4. einen Schiffsmann, abgesehen von dem Falle des § 83 Abs. 2, im Ausland ohne Genehmigung des Seemannsamts zurückläßt.

§ 114. Mit Geldstrafe bis zu einhundertundfünfzig Mark oder mit Haft wird bestraft ein Kapitän, welcher

1. es unterläßt, für die Bekanntgabe der Vorgesetzten durch Aushang (§ 3 Abs. 4) Sorge zu tragen;
2. es unterläßt, bei der Anheuerung dem Schiffsmanne den vorgeschriebenen Heuerschein (§ 27) einzuhändigen;
3. den ihm in Ansehung der Musterung obliegenden Verpflichtungen nicht genügt, oder unterläßt, dafür zu sorgen, daß die Musterrolle sich während der Reise an Bord befindet;
4. bei Verhandlungen, welche sich auf eine Musterung oder eine Eintragung in ein Seefahrtsbuch beziehen, wahre Tatsachen entstellt oder unterdrückt oder falsche vorspiegelt, um ein Seemannsamt zu täuschen;
5. der Vorschrift des § 34 Abs. 3 zuwider dem Schiffsmann ohne triftigen Grund die Erlaubniß zum Verlassen des Schiffes verweigert; die Bestrafung tritt nur ein, wenn der Schiffsmann sie binnen drei Tagen nach der Verweigerung des Urlaubs beim Seemannsamte beantragt;
6. den Vorschriften des § 37 Abs. 2, 4 und des § 38 zuwiderhandelt;
7. den Vorschriften der §§ 46, 48, betreffend die Auszahlung der Heuer und der Vorschüsse, zuwiderhandelt;
8. es unterläßt, für die Erfüllung der im § 49 vorgesehenen Obliegenheiten Sorge zu tragen;
9. den Vorschriften des § 50 zuwider die Mannschaft nicht ergänzt;
10. die ihm obliegende Fürsorge für das Seefahrtsbuch (§ 17), für die Sachen und für das Heuerguthaben des erkrankten oder für den Nachlaß des verstorbenen Schiffsmanns verabsäumt (§§ 63, 65);
11. den Vorschriften des § 64 Abs. 2, 3 zuwiderhandelt;
12. eine der in den §§ 70, 89, 92, 99 vorgeschriebenen Eintragungen in das Schiffstagebuch unterläßt;
13. den ihm bei Vergehen und Verbrechen nach den §§ 126, 127 obliegenden Verpflichtungen nicht genügt;
14. dem Schiffsmann ohne dringenden Grund die Gelegenheit versagt, die Entscheidung des Seemannsamts nachzusuchen (§§ 129, 130);
15. der Anordnung eines Seemannsamts wegen Vollstreckung eines Strafbescheids (§ 125 Abs. 2) nicht Folge leistet oder der vorläufigen Entscheidung eines Seemannsamts (§ 129 Abs. 3) zuwiderhandelt;
16. es unterläßt, dafür Sorge zu tragen, daß die im § 133 vorgeschriebenen Abdrücke und Schriftstücke im Volkslogis zugänglich sind.

Durch die Vorschrift des Abs. 1 Nr. 4 wird die Vorschrift des § 271 des Strafgesetzbuchs nicht berührt.

§ 115. Mit Geldstrafe bis zu zehn Mark oder mit einem Tage Haft wird bestraft ein Kapitän oder ein Schiffsmann, der sich vor dem Seemannsamt ungebührlich benimmt.

§ 116. Ein Schiffsoffizier, welcher es unterläßt, gemäß § 84 von der Ausübung der Disziplinargewalt binnen 24 Stunden dem Kapitän Mittheilung zu machen, wird mit Geldstrafe bis zu einhundertundfünfzig Mark oder mit Haft bestraft.

§ 117. Wer als Rheder oder als Vertreter eines Rheders vorsätzlich den gemäß § 56 Abs. 2 vom Bundesrath erlassenen Vorschriften zuwiderhandelt oder den Kapitän außer Stand setzt, für die genügende Verproviantirung des Schiffes oder die Mitnahme der vorschriftsmäßigen Heilmittel zu sorgen, wird, sofern nicht in den letzteren Fällen nach anderen Vorschriften eine schwerere Strafe verwirkt ist, mit Geldstrafe bis zu eintausend Mark oder mit Gefängniß bis zu einem Jahre bestraft.

Gleiche Strafe verwirkt, wer in der im Abs. 1 bezeichneten Eigenschaft vorsätzlich den gemäß § 4 vom Bundesrath erlassenen Vorschriften über die Besetzung der Schiffe mit Kapitänen und Schiffsoffizieren zuwiderhandelt.

§ 118. Wer als Rheder oder als Vertreter eines Rheders durch seine Anordnung den Vorschriften des § 37 Abs 2. 4 und des § 38 über die Sonntagsruhe zuwiderhandelt, wird mit Geldstrafe bis zu dreihundert Mark oder mit Haft bestraft.

§ 119. Wer als Rheder oder als Vertreter

eines Rheders es unterläßt, bei der Anheuerung dem Schiffsmanne den vorgeschriebenen Heuerschein (§ 27) einzuhändigen, wird mit Geldstrafe bis zu einhundertundfünfzig Mark oder mit Haft bestraft.

§ 120. Als Rheder im Sinne der §§ 117 bis 119 gelten auch die Vorstandsmitglieder von Aktiengesellschaften oder sonstigen durch einen Vorstand vertretenen Handelsgesellschaften, eingetragenen Genossenschaften und juristischen Personen, welche Rhederei betreiben.

§ 121. Die Verfolgung wegen der in den §§ 93 bis 119 bezeichneten strafbaren Handlungen findet auch dann statt, wenn die strafbaren Handlungen außerhalb des Reichsgebiets begangen sind.

Die Verjährung der Strafverfolgung beginnt in diesem Falle erst mit dem Tage, an welchem das Schiff, dem der Thäter zur Zeit der Begehung angehörte, zuerst ein Seemannsamt erreicht.

Die Verfolgung wird nicht dadurch ausgeschlossen, daß der Thäter ein Ausländer ist.

§ 122. In den Fällen des § 93 Abs. 1, 2 und der §§ 95, 96, 107, 114 bis 116, 118, 119 erfolgt die Untersuchung und Entscheidung durch das Seemannsamt, im Falle des § 93 Abs. 2 jedoch nur, wenn dieses seinen Sitz im Inlande hat.

§ 123. Das Seemannsamt hat den Angeschuldigten verantwortlich zu vernehmen und den Thatbestand mit möglichster Beschleunigung festzustellen. Eine Vereidigung von Zeugen findet nicht statt. Nach Abschluß der Untersuchung ist ein mit Gründen versehener Bescheid zu ertheilen, welcher zu verkünden und dem Angeschuldigten im Falle seiner Abwesenheit in Ausfertigung zuzustellen ist. Wird eine Strafe festgesetzt, so ist die Dauer der für den Fall des Unvermögens an Stelle der Geldstrafe tretenden Freiheitsstrafe zu bestimmen. Der Bescheid wirkt in Betreff der Unterbrechung der Verjährung wie eine richterliche Handlung.

Das Verfahren vor dem Seemannsamt ist gebührenfrei.

Im Inlande finden auf dasselbe die Vorschriften der §§ 170, 173 bis 176 des Gerichtsverfassungsgesetzes über die Oeffentlichkeit entsprechende Anwendung.

Im Uebrigen wird das Verfahren vor dem Seemannsamte durch Verordnung des Bundesraths geregelt. Die Verordnung ist dem Reichstage bei seinem nächsten Zusammentritte zur Kenntnißnahme vorzulegen.[9])

§ 124. Gegen den Bescheid des Seemannsamts kann der Beschuldigte innerhalb einer zehntägigen Frist von der Verkündigung oder der Zustellung ab auf gerichtliche Entscheidung antragen. Der Antrag ist bei dem Seemannsamte zu Protokoll oder schriftlich anzubringen. Dasselbe hat dem Antragsteller auf Verlangen eine Bescheinigung über den Antrag zu ertheilen.

Verläßt das Schiff vor Ablauf der Frist den Hafen, so kann der Schiffsmann auch bei dem Kapitän zu Protokoll oder schriftlich innerhalb der Frist Einspruch einlegen. Dem Schiffsmann ist auf Verlangen eine Bescheinigung über den erhobenen Einspruch einzuhändigen. Der Kapitän hat, sobald es geschehen kann, den Einspruch in das Schiffstagebuch einzutragen und den Antrag dem Seemannsamte zu übersenden. Die Verjährung ruht von der Einlegung des Einspruchs bis zum Eingange des Antrags beim Seemannsamte.

Hat das Seemannsamt seinen Sitz im Inlande, so ist für das weitere Verfahren dasjenige Gericht örtlich zuständig, in dessen Bezirke dieser Sitz belegen ist. Hat es seinen Sitz im Auslande, so ist dasjenige Gericht örtlich zuständig, in dessen Bezirke sich der inländische Heimathshafen oder in Ermangelung eines solchen der Registerhafen des Schiffes befindet; fehlt es an einem hiernach zuständigen deutschen Gerichte, so wird das Gericht vor dem Reichsgerichte bestimmt.

§ 125. Der Bescheid des Seemannsamts ist in Betreff der Beitreibung der Geldstrafe vorläufig vollstreckbar.

Die Vollstreckung der Strafbescheide der inländischen Seemannsämter erfolgt durch die landesgesetzlich hierzu bestimmten Behörden. Die Vollstreckung der vor einem Seemannsamt im Ausland erlassenen Strafbescheide erfolgt gebührenfrei durch dieses selbst, wobei der Kapitän den auf Beitreibung der Geldstrafe gerichteten Anordnungen des Seemannsamts Folge zu leisten hat; die Vorschriften der §§ 811, 850 der Civilprozeßordnung über die Unpfändbarkeit von Sachen und Ansprüchen finden entsprechende Anwendung.

Die im Abs. 2 bezeichneten inländischen Vollstreckungsbehörden haben auf Ersuchen auch die von einem Seemannsamt außerhalb ihres Amtsbereichs erlassenen Strafbescheide gegen die innerhalb ihres Amtsbereichs befindlichen Personen zu vollstrecken. Auf die Erledigung des Ersuchens finden die Vorschriften des Gesetzes über den Beistand bei Einziehung von Abgaben

9) Zu vgl. Verordnung des Bundesrats, betreffend das Strafverfahren vor den Seemannsämtern, vom 13. März 1903 zufolge Bekanntmachung des Reichskanzlers vom 13. März 1903 (Reichsgesetzbl. S. 42).

und Vollstreckung von Vermögensstrafen vom 9. Juni 1895 (Reichs-Gesetzbl. S. 256) entsprechende Anwendung.

§ 126. Begeht ein Schiffsmann, während das Schiff sich auf der See oder im Auslande befindet, ein Vergehen oder Verbrechen, so hat der Kapitän unter Zuziehung von Schiffsoffizieren und anderen glaubhaften Personen alles dasjenige genau aufzuzeichnen, was auf den Beweis der That und auf deren Bestrafung Einfluß haben kann. Insbesondere ist in den Fällen der Tödtung oder schweren Körperverletzung die Beschaffenheit der Wunden genau zu beschreiben, auch zu vermerken, wie lange der Verletzte etwa noch gelebt hat, ob und welche Heilmittel angewendet sind und welche Nahrung der Verletzte zu sich genommen hat.

§ 127. Der Kapitän ist ermächtigt, jederzeit die Sachen der Schiffsleute, welche der Betheiligung an einer strafbaren Handlung verdächtig sind, zu durchsuchen.

Der Kapitän ist ferner ermächtigt, denjenigen Schiffsmann, der sich einer der im § 70 Nr. 3 und im § 93 Abs. 2, 3 bezeichneten strafbaren Handlungen schuldig macht, festzunehmen. In den Fällen des § 70 Nr. 3 ist er hierzu verpflichtet, wenn das Entweichen des Thäters zu besorgen steht. In den Fällen des § 93 Abs. 2, 3 ist von einer Einsperrung abzusehen, sofern sich das Schiff auf hoher See befindet.

Der Thäter ist unter Mittheilung der aufgenommenen Verhandlungen an dasjenige Seemannsamt, bei welchem es zuerst geschehen kann, abzuliefern. Wenn im Auslande das Seemannsamt aus besonderen Gründen die Uebernahme ablehnt, so hat der Kapitän die Ablieferung bei demjenigen Seemannsamte, zu bewirken, bei welchem es anderweit zuerst geschehen kann.

In dringenden Fällen ist der Kapitän, wenn im Ausland ein Seemannsamt nicht rechtzeitig angegangen werden kann, ermächtigt, den Thäter der fremden Behörde behufs dessen Uebermittelung an eine zuständige deutsche Behörde zu übergeben. Hiervon hat er bei demjenigen Seemannsamte, bei welchem es zuerst geschehen kann, Anzeige zu machen.

Sechster Abschnitt.

Allgemeine Vorschriften.

§ 128. Jedes Seemannsamt ist verpflichtet, die gütliche Ausgleichung der zu seiner Kenntniß gebrachten, zwischen dem Kapitän und dem Schiffsmanne bestehenden Streitigkeiten zu versuchen. Insbesondere hat das Seemannsamt, vor welchem die Abmusterung des Schiffsmanns erfolgt, hinsichtlich solcher Streitigkeiten einen Güteversuch zu veranstalten.

§ 129. Der Schiffsmann darf den Kapitän vor einem ausländischen Gerichte weder strafrechtlich noch civilrechtlich belangen, sofern gegen ihn ein Gerichtsstand im Inlande begründet ist. Handelt er dieser Bestimmung zuwider, so ist er nicht allein für den daraus entstehenden Schaden verantwortlich, sondern er wird außerdem der bis dahin verdienten Heuer verlustig.

Er kann in den Fällen, die keinen Aufschub leiden, die vorläufige Entscheidung des Seemannsamts nachsuchen. Die Gelegenheit hierzu darf der Kapitän ohne dringenden Grund nicht versagen. Auch dem Kapitän steht unter denselben Voraussetzungen, wie dem Schiffsmanne, die Befugniß zu, die Entscheidung des Seemannsamts nachzusuchen.

Jeder Theil hat die Entscheidung des Seemannsamts einstweilen zu befolgen, vorbehaltlich der Befugniß, seine Rechte vor der zuständigen Behörde geltend zu machen.

Im Falle eines Zwangsverkaufs des Schiffes finden die Vorschriften des Abs. 1 auf die Geltendmachung der Forderungen des Schiffsmanns aus dem Heuervertrage keine Anwendung.

§ 130. Im Inlande wird der Streit zwischen dem Kapitän und dem Schiffsmanne, welcher nach der Anmusterung über den Antritt oder die Fortsetzung des Dienstes entsteht, von dem Seemannsamt, in dessen Bezirke das Schiff liegt, unter Vorbehalt des Rechtswegs entschieden.

§ 131. Die nach den §§ 129, 130 getroffene Entscheidung des Seemannsamts steht einem für vorläufig vollstreckbar erklärten Urtheile gleich. Der Ertheilung der Vollstreckungsklausel bedarf es nicht. Ist die zuständige Behörde angerufen oder der Rechtsweg beschritten, so findet § 707 der Civilprozeßordnung entsprechende Anwendung.

§ 132. Die nach den Vorschriften des fünften Abschnitts festgesetzten oder erkannten Geldstrafen fließen der Seemannskasse und in Ermangelung einer solchen der Ortsarmenkasse des inländischen Heimathshafens des Schiffes, welchem der Thäter zur Zeit der Begehung der strafbaren Handlung angehörte, zu, insofern sie nicht im Wege der Landesgesetzgebung zu anderen ähnlichen Zwecken bestimmt werden. In Ermangelung eines inländischen Heimathshafens tritt an dessen Stelle der inländische Registerhafen; fehlt es auch hieran, so erfolgt die Bestimmung durch den Reichskanzler.

§ 133. Ein Abdruck dieses Gesetzes, der für

das Schiff über Kost und Logis geltenden Vorschriften (§ 56) und einer amtlichen Zusammenstellung der Bestimmungen über die Militärverhältnisse der seemännischen und halbseemännischen Bevölkerung (§ 7) sowie eine Abschrift der in der Musterrolle enthaltenen Bestimmungen des Heuervertrags einschließlich aller Nebenbestimmungen müssen im Volkslogis zur jederzeitigen Einsicht der Schiffsleute vorhanden sein.

§ 134. Die Anwendung des § 1 Abs. 2, des zweiten Abschnitts, der §§ 36, 43, 44, des § 49, der §§ 59 bis 64, des § 65 Abs. 2, 3 und des § 133 auf kleinere Fahrzeuge (Küstenfahrer u. s. w.) kann durch Verordnung des Bundesraths ganz oder theilweise ausgeschlossen werden.[10]) Die Verordnung ist dem Reichstage bei seinem nächsten Zusammentritte zur Kenntnisnahme vorzulegen.

§ 135. Keine Anwendung finden:
1. auf Seeschlepper der § 1 Abs. 2 und die §§ 35 bis 38;
2. auf Bergungsfahrzeuge der § 1 Abs. 2 und, soweit diese Fahrzeuge in Thätigkeit sind, die §§ 35 bis 38;
3. auf Hochseefischereifahrzeuge der § 36, der § 37 Abs. 2 und der § 38 Abs. 1 und, soweit die Mannschaft vertragsmäßig am Gewinne betheiligt ist, der § 1 Abs. 2.

§ 136. Soweit im Auslande nach den dortigen Gesetzen eine Verlautbarung des Dienstvertrags oder der Beendigung des Dienstverhältnisses für die Mannschaft deutscher Schiffe vor der ausländischen Behörde erfolgen muß, kann der Reichskanzler bestimmen, daß die An- und Abmusterung vor dem Seemannsamte (§§ 13, 18) durch einen von diesem in die Musterrolle einzutragenden Hinweis auf die Verlautbarung vor der ausländischen Behörde ersetzt werden darf.

§ 137. Dieses Gesetz tritt am 1. April 1903 in Kraft. Die Seemannsordnung vom 27. Dezember 1872 tritt mit demselben Tage außer Kraft.

§ 138. Wenn in anderen Gesetzen auf Vorschriften verwiesen wird, welche durch dieses Gesetz außer Kraft gesetzt sind, so treten die entsprechenden Vorschriften dieses Gesetzes an deren Stelle.

10) Zu vgl. Bekanntmachung des Reichskanzlers, betreffend die Nichtanwendung von Bestimmungen der Seemannsordnung auf kleinere Fahrzeuge, vom 16. Juni 1903 (Reichsgesetzbl. S. 252). Hiernach findet auf Fahrzeuge von weniger als 300 Kubikmeter Bruttoraumgehalt, welche in der Küstenfahrt (§ 1b der Bekanntmachung vom 16. Juni 1903, betreffend die Besetzung der Kauffahrteischiffe mit Kapitänen und Schiffsoffizieren) beschäftigt sind, und auf Lustjachten § 1 Abs. 2 der Seemannsordnung bezüglich der Vorschriften des § 35 Abs. 1, des § 36 Abs. 1 und des § 44 der Seemannsordnung keine Anwendung. Dasselbe gilt für Hochseefischereifahrzeuge von weniger als 300 Kubikmeter Bruttoraumgehalt bezüglich der Vorschriften des § 35 Abs. 1 und des § 44 der Seemannsordnung, soweit nicht die Anwendung des § 1 Abs. 2 schon nach § 135 Nr. 3 der Seemannsordnung ausgeschlossen ist. Auf diese Fahrzeuge finden ferner die Vorschriften des § 12 Abs. 2 und des § 49 der Seemannsordnung keine Anwendung. Dieselben Fahrzeuge sind von der Vorschrift des § 133 der Seemannsordnung insoweit befreit, als darnach eine Abschrift der in der Musterrolle enthaltenen Bestimmungen des Heuervertrags einschließlich aller Nebenbestimmungen im Volkslogis zur jederzeitigen Einsicht der Schiffsleute vorhanden sein muß.

2. Juni 1902.

Gesetz, betreffend die Verpflichtung der Kauffahrteischiffe zur Mitnahme heimzuschaffender Seeleute.

Reichsgesetzbl. S. 212.

§ 1. Jedes deutsche Kauffahrteischiff, welches von einem außerdeutschen Hafen nach einem deutschen Hafen oder nach einem Hafen des Kanals, Großbritanniens, des Sundes oder des Kattegats oder nach einem außerdeutschen Hafen der Nordsee oder der Ostsee bestimmt ist, ist verpflichtet, deutsche Seeleute, welche außerhalb des Reichsgebiets sich in hilfsbedürftigem Zustande befinden oder wegen einer nach den Reichsgesetzen strafbaren Handlung an die heimischen Behörden abgeliefert werden sollen, behufs ihrer Zurückbeförderung nach Deutschland auf schriftliche Anweisung des Seemannsamts gegen eine Entschädigung (§ 5) nach seinem Bestimmungshafen mitzunehmen. Das Gleiche gilt, wenn das Schiff nach einem anderen außerdeutschen Hafen bestimmt ist, von welchem aus die Weiterbeförderung nach einem der vorbezeichneten Häfen erfolgen kann. Deutsche Häfen im Sinne dieses Absatzes sind nur die Häfen des Reichsgebiets.

In Ansehung ausländischer Seeleute, welche unmittelbar nach einem Dienste auf einem deutschen Kauffahrteischiff außerhalb des

Reichsgebiets sich in einem hülfsbedürftigen Zustande befinden, liegt den nach deren Heimathslande bestimmten deutschen Kauffahrteischiffen eine gleiche Verpflichtung ob.

Zur Erfüllung dieser Verpflichtungen kann der Kapitän vom Seemannsamte zwangsweise angehalten werden.

§ 2. Bieten mehrere Schiffe Gelegenheit zur Mitnahme, so sind die zu befördernden Seeleute durch das Seemannsamt nach Verhältniß der Größe der Schiffe und der Zahl ihrer Mannschaften auf die einzelnen Schiffe zu vertheilen.

§ 3. Die Mitnahme kann verweigert werden:

1. wenn und soweit an Bord kein angemessener Platz für die Mitzunehmenden vorhanden ist;
2. wenn der Mitzunehmende bettlägerig krank oder mit einer die Gesundheit oder Sicherheit der an Bord befindlichen Personen gefährdenden geschlechtlichen oder sonstigen Krankheit behaftet ist;
3. wenn und soweit die Zahl der Mitzunehmenden bei Hülfsbedürftigen ein Viertel, bei Straffälligen ein Sechstel der Schiffsmannschaft übersteigt, oder mehr als ein Straffälliger mitgenommen werden soll;
4. wenn die Mitnahme nicht mindestens zwei Tage vor dem Zeitpunkte verlangt wird, an welchem das Schiff zum Abgehen fertig ist;
5. wenn der Hafen von einer deutschen Dampferlinie, die zur Mitnahme vertragsmäßig verpflichtet ist, auf der Heimreise nach Deutschland in regelmäßiger Fahrt angelaufen wird.

Die Entscheidung über den Grund der Weigerung steht dem Seemannsamte zu.

§ 4. Während der Reise erhält der wegen Hülfsbedürftigkeit Mitgenommene seiner Stellung entsprechend (§ 5) Kost und Logis von Seiten des Schiffes.

Der wegen einer strafbaren Handlung Mitgenommene ist nach den vom Seemannsamte zu erteilenden Weisungen zu behandeln. Die Bewachung liegt dem Kapitän ob, sofern nicht ein besonderer Begleiter mitgegeben wird.

Der Mitgenommene ist der Disziplinargewalt des Kapitäns unterworfen.

§ 5. Als Entschädigung (§ 1) ist, in Ermangelung einer anderweitigen Vereinbarung, zu zahlen

a) bei Mitnahme Hülfsbedürftiger für jeden Tag des Aufenthalts an Bord:
   1. für einen Kapitän oder einen Schiffsoffizier 3 Mark auf Segelschiffen und 6 Mark auf Dampfschiffen;
   2. für jeden anderen Seemann 1,50 Mark auf Segelschiffen und 3 Mark auf Dampfschiffen;
b) bei Mitnahme Straffälliger der gewöhnliche Ueberfahrtspreis oder, falls ein solcher nicht zu ermitteln ist, das Doppelte der für die Mitnahme Hülfsbedürftiger aufgestellten Sätze und außerdem, wenn ein besonderer Begleiter nicht mitgegeben wird, eine angemessene von dem anweisenden Seemannsamte (§ 1) vorläufig festzusetzende Vergütung für die Bewachung. Für die Bemessung dieser Vergütung kann der Bundesrath bestimmte Sätze aufstellen.

§ 6. Die Entschädigung wird im Bestimmungshafen durch das Seemannsamt gegen Auslieferung der wegen der Mitnahme ertheilten Anweisung (§ 1) für Rechnung des Reichs ausgezahlt.

§ 7. Der wegen Hülfsbedürftigkeit Mitgenommene haftet für die durch die Zurückbeförderung verursachten Aufwendungen.

Die Vorschriften, welche den Rheder oder andere Personen zur Erstattung solcher Aufwendungen verpflichten, werden durch dieses Gesetz nicht berührt.

Bei Mitnahme eines Straffälligen bleibt dem Reiche der Rückgriff an den Bundesstaat vorbehalten, dessen Behörden der Mitgenommene zur Strafverfolgung oder Strafvollstreckung zugeführt wird.

§ 8. Wer sich der Erfüllung einer ihm nach § 1 obliegenden Verpflichtung entzieht, wird mit Geldstrafe bis zu einhundertundfünfzig Mark oder mit Haft bestraft. Für die Festsetzung der Strafe und für das weitere Verfahren kommen die in den §§ 5, 122 bis 125 der Seemannsordnung enthaltenen Vorschriften zur Anwendung.

§ 9. Dieses Gesetz tritt am 1. April 1903 in Kraft. An demselben Tage tritt das Gesetz, betreffend die Verpflichtung deutscher Kauffahrteischiffe zur Mitnahme hülfsbedürftiger Seeleute, vom 27. Dezember 1872 (Reichs-Gesetzbl. S. 432) außer Kraft.

§ 10. Soweit in anderen Gesetzen auf Vorschriften des Gesetzes, betreffend die Verpflichtung deutscher Kauffahrteischiffe zur Mitnahme hülfsbedürftiger Seeleute, vom 27. Dezember 1872 verwiesen ist, treten die entsprechenden Vorschriften dieses Gesetzes an deren Stelle.

2. Juni 1902.

Gesetz, betreffend Abänderung seerechtlicher Vorschriften des Handelsgesetzbuchs.[1])

Reichsgesetzbl. S. 218.

1) Die Abänderungen sind beim Abdruck des Handelsgesetzbuchs in Band I der ersten Abteilung dieser Sammlung (Gesetzbücher) berücksichtigt.

4. Juni 1902.

Abkommen zwischen dem Deutschen Reiche und Italien zur Abänderung des Übereinkommens vom 18. Januar 1892, betreffend den gegenseitigen Patent-, Muster- und Markenschutz.[1])

Reichsgesetzbl. 1903 S. 178.

Seine Majestät der Deutsche Kaiser, König von Preußen, im Namen des Deutschen Reichs, einerseits, und Seine Majestät der König von Italien, andererseits, haben, nachdem sich die Nothwendigkeit ergeben hat, das am 18. Januar 1892 zwischen dem Deutschen Reiche und Italien abgeschlossene Uebereinkommen, betreffend den gegenseitigen Patent-, Muster- und Markenschutz, einer Aenderung zu unterziehen, zu diesem Zwecke Verhandlungen eröffnen lassen und zu Bevollmächtigten ernannt:

. . . .

welche, nach Mittheilung ihrer in guter und gehöriger Form befundenen Vollmachten, das nachstehende Uebereinkommen vereinbart und abgeschlossen haben:

Artikel 1.

Die Artikel 1 bis 4, 6 und 8 des Uebereinkommens über den gegenseitigen Patent-, Muster- und Markenschutz vom 18. Januar 1892 werden aufgehoben.

Artikel 2.

In Artikel 5 des Uebereinkommens wird dem Abs. 1 folgender Satz hinzugefügt:

„Durch diese Bestimmungen werden die Vergünstigungen, welche dem Inhaber eines Patents in Artikel 2 der Zusatzakte vom 14. Dezember 1900 zur internationalen Uebereinkunft zum Schutze des gewerblichen Eigenthums vom 20. März 1883 zugesichert sind, nicht berührt."

Artikel 3.

Für die in Deutschland als Gebrauchsmuster und in Italien als Erfindungen angemeldeten Gegenstände wird dies durch Artikel 4 der Pariser Uebereinkunft vom 20. März 1883 vorgesehene, durch die Brüsseler Zusatzakte vom 14. Dezember 1900 modifizirte Prioritätsfrist, wenn die Anmeldung zuerst in Deutschland bewirkt ist, auf 4 Monate, wenn die Anmeldung zuerst in Italien gemacht ist, auf 12 Monate bemessen.

Artikel 4.

Das vorliegende Abkommen tritt mit dem Zeitpunkt in Kraft, zu welchem der Beitritt des Deutschen Reichs zu der in Paris am 20. März 1883 geschlossenen internationalen Uebereinkunft zum Schutze des gewerblichen Eigenthums nebst der Brüsseler Zusatzakte vom 14. Dezember 1900 wirksam wird.

Artikel 5.

Diejenigen Erfindungen, Muster und Modelle, Fabrik- und Handelsmarken, welche vor dem in dem vorstehenden Artikel 4 bezeichneten Zeitpunkt angemeldet sind, genießen ein Vorrecht entweder nach Maßgabe der Artikel 3 und 4 des Uebereinkommens vom 18. Januar 1892 oder nach Maßgabe des Artikel 4 der Pariser Uebereinkunft, je nachdem das eine oder das andere dem Anmeldenden günstiger ist.

Das Uebereinkommen soll ratifizirt und die Ratifikationen sobald als möglich in Rom ausgewechselt werden.

Das vorstehende Abkommen ist ratifiziert worden und die Auswechselung der Ratifikationsurkunden hat stattgefunden.

1) Das Abkommen gilt neben den Bestimmungen der Pariser Verbandsübereinkunft vom 20. März 1883, bezw. vom 14. Dezember 1900 und vom 2. Juni 1911 (zu vgl. Zusatzakte d. d. Brüssel vom 14. Dezember 1900, Anm. 3 und Abkommen mit der Schweiz vom 26. Mai 1902, Anm. 1).

10. Juni 1902.

Bekanntmachung des Ministeriums, betreffend die Verleihung des goldenen Portepees an die Kaiserlichen Förster.

Zentr.- u. Bez.A.Bl. S. 177.

Seine Majestät der Kaiser haben zu genehmigen geruht, daß die Kaiserlichen Förster zur Uniform ein goldenes Portepee mit grüner Seide und dünnen Cantillen nach dem Muster des den Förstern bisher verliehenen goldenen Ehrenportepee's am Hirschfänger tragen dürfen.[1])

1) Zu vgl. Uniforms-Reglement für die Kaiserlichen und Gemeindeforstbeamten vom 14. November 1871 und Bekanntmachung vom 5. November 1903 (Zentr. u. Bez.A.Bl. S. 179).

11. Juni 1902.

Gesetz, betreffend die gemeinschaftliche Ausführung von Wasserleitungen, Entwässerungen und Bewässerungen durch mehrere Gemeinden.

Gesetzbl. f. Elf.-Lothr. S. 55.

§ 1. Haben mehrere Gemeinden die gemeinschaftliche Ausführung von Wasserleitungen, Entwässerungs- oder Bewässerungsanlagen beschlossen, so kann zur Ausführung und späteren Unterhaltung und Verwaltung der Anlagen auf Antrag einer der Gemeinden durch Beschluß des Ministeriums eine Syndikatkommission eingesetzt werden, welche aus Bevollmächtigten der betheiligten Gemeinden gebildet wird.

Die Bestimmungen in § 7 Abs. 2—5, §§ 8—10 des Gesetzes betreffend das Vermögen der Ortschaften sowie das Vermögen, welches mehrere Gemeinden oder Ortschaften in ungetheilter Gemeinschaft besitzen, vom 7. Juli 1897 (Gesetzbl. S. 75), finden auf diese Syndikatkommission mit der Maßgabe Anwendung, daß das Ministerium die Befugnisse des Bezirkspräsidenten und der Aufsichtsbehörde ausübt.

§ 2. Gegenwärtiges Gesetz tritt mit dem Tage der Verkündung in Kraft.

Die zur Ausführung desselben erforderlichen Bestimmungen erläßt das Ministerium.

12. Juni 1902.

Abkommen zur Regelung des Geltungsbereichs der Gesetze auf dem Gebiete der Eheschließung.

Reichsgesetzbl. 1904 S. 221.

Seine Majestät der Deutsche Kaiser, König von Preußen, im Namen des Deutschen Reichs, Seine Majestät der Kaiser von Oesterreich, König von Böhmen usw. und Apostolischer König von Ungarn, Seine Majestät der König der Belgier, Seine Majestät der König von Spanien, der Präsident der Französischen Republik,[1]) Seine Majestät der König von Italien, Seine Königliche Hoheit der Großherzog von Luxemburg, Herzog zu Nassau, Ihre Majestät die Königin der Niederlande, Seine Majestät der König von Portugal und Algarvien usw., Seine Majestät der König von Rumänien, Seine Majestät der König von Schweden und Norwegen im Namen Schwedens, und der Schweizerische Bundesrat:

von dem Wunsche geleitet, gemeinsame Bestimmungen zur Regelung des Geltungsbereichs der Gesetze in Ansehung der Erfordernisse für die Gültigkeit der Eheschließung zu treffen,

sind übereingekommen, zu diesem Zwecke ein Abkommen zu schließen und haben zu Ihren Bevollmächtigten ernannt: . . . . .,

welche, nachdem sie sich ihre Vollmachten mitgeteilt und sie in guter und gehöriger Form befunden haben, über folgende Bestimmungen übereingekommen sind:

Art. 1. Das Recht zur Eingehung der Ehe bestimmt sich in Ansehung eines jeden der Verlobten nach dem Gesetze des Staates, dem er angehört (Gesetz des Heimatstaats), soweit nicht eine Vorschrift dieses Gesetzes ausdrücklich auf ein anderes Gesetz verweist.[2])

1) Frankreich hat das Abkommen zufolge Bekanntmachung des Reichskanzlers vom 25. Januar 1914 (Reichsgesetzbl. S. 9) mit Wirksamkeit vom 1. Juni 1914 gekündigt.

2) Vgl. Einf.-Ges. zum B.G.B. Art. 13 Abs. 1, Art. 27, Art. 30.

Art. 2. Das Gesetz des Ortes der Eheschließung kann die Ehe von Ausländern untersagen, wenn sie verstoßen würde gegen seine Vorschriften über

1. die Grade der Verwandtschaft und Schwägerschaft, für die ein absolutes Eheverbot besteht;[3])
2. das absolute Verbot der Eheschließung zwischen den des Ehebruchs Schuldigen, wenn auf Grund dieses Ehebruchs die Ehe eines von ihnen aufgelöst worden ist;[4])
3. das absolute Verbot der Eheschließung zwischen Personen, die wegen gemeinsamer Nachstellung nach dem Leben des Ehegatten eines von ihnen verurteilt worden sind.[5])

Ist die Ehe ungeachtet eines der vorstehend aufgeführten Verbote geschlossen, so kann sie nicht als nichtig behandelt werden, falls sie nach dem im Artikel 1 bezeichneten Gesetze gültig ist.

Unbeschadet der Bestimmungen des Artikel 6 Abs. 1 dieses Abkommens ist kein Vertragsstaat verpflichtet, eine Ehe schließen zu lassen, die mit Rücksicht auf eine vormalige Ehe oder auf ein Hindernis religiöser Natur gegen seine Gesetze verstoßen würde.[6]) Die Verletzung eines derartigen Ehehindernisses kann jedoch die Nichtigkeit der Ehe in einem anderen Lande als in dem, wo die Ehe geschlossen wurde, nicht zur Folge haben.

Art. 3. Das Gesetz des Ortes der Eheschließung kann ungeachtet der Verbote des im Artikel 1 bezeichneten Gesetzes die Ehe von Ausländern gestatten, wenn diese Verbote ausschließlich auf Gründen religiöser Natur beruhen.[7])

Die anderen Staaten sind berechtigt, einer unter solchen Umständen geschlossenen Ehe die Anerkennung als einer gültigen Ehe zu versagen.

Art. 4. Die Ausländer müssen zum Zwecke ihrer Eheschließung nachweisen, daß sie den Bedingungen genügen, die nach dem im Artikel 1 bezeichneten Gesetz erforderlich sind.[8])

Dieser Nachweis kann durch ein Zeugnis der diplomatischen oder konsularischen Vertreter des Staates, dem die Verlobten angehören, oder durch irgend ein anderes Beweismittel geführt werden, je nachdem die Staatsverträge oder die Behörden des Landes, in welchem die Ehe geschlossen wird, den Nachweis als genügend anerkennen.[9])

Art. 5. In Ansehung der Form ist die Ehe überall als gültig anzuerkennen, wenn die Eheschließung dem Gesetze des Landes, in welchem sie erfolgt ist, entspricht.

Doch brauchen die Länder, deren Gesetzgebung eine religiöse Trauung vorschreibt, die von ihren Angehörigen unter Nichtbeachtung dieser Vorschrift im Ausland eingegangenen Ehen nicht als gültig anzuerkennen.

Die Vorschriften des Gesetzes des Heimatstaats über das Aufgebot müssen beachtet werden. Doch kann das Unterlassen dieses Aufgebots die Nichtigkeit der Ehe nur in dem Lande zur Folge haben, dessen Gesetz übertreten worden ist.

Eine beglaubigte Abschrift der Eheschließungsurkunde ist den Behörden des Heimatlandes eines jeden der Ehegatten zu übersenden.[10])

Art. 6. In Ansehung der Form ist die Ehe überall als gültig anzuerkennen, wenn sie vor einem diplomatischen oder konsularischen Vertreter gemäß seiner Gesetzgebung geschlossen wird,[11])[12]) vorausgesetzt, daß keiner der Verlobten

---

3) Vgl. §§ 1310, 1311 B.G.B., auch Art. 30 Einf.-Ges. zum B.G.B.

4) Vgl. §§ 1312, 1328 B.G.B. Nach deutschem Recht ist das Ehehindernis des Ehebruchs kein absolutes.

5) Dem deutschen Recht ist ein solches Ehehindernis unbekannt.

6) Dem deutschen Recht sind derartige Ehehindernisse unbekannt.

7) Eheverbote, die ausschließlich auf Gründen religiöser Natur beruhen, wie z. B. die Religionsverschiedenheit der Brautleute, geistliche Weihen und Ordensgelübde, können nach Art. 30 des Einf.-Ges. zum B.G.B. in Deutschland nicht berücksichtigt werden, da sie gegen den Zweck des Gesetzes, betr. die Gleichberechtigung der Konfessionen in bürgerlicher und staatsbürgerlicher Beziehung, vom 3. Juli 1869 — eingeführt in Elsaß-Lothringen durch § 25 des Verfassungsgesetzes vom 31. Mai 1911 — verstoßen. Vgl. für Elsaß-Lothringen auch schon Art. 1 und 10 der Erklärung der Menschenrechte vom 26. August 1789.

8) Andere Nachweise können für die Angehörigen der Vertragsstaaten zum Zwecke der Eheschließung nicht mehr verlangt werden, insbesondere nicht das durch § 5 des Gesetzes vom 16. Mai 1892 (§ 1315 Abs. 2 B.G.B.) eingeschriebene Zeugnis über die staatsrechtliche Wirkung der Eheschließung oder über die Erlaubnis zur Eheschließung.

9) Nach § 16 Abs. 1 des Personenstandesgesetzes vom 6. Februar 1875 darf für das Ehefähigkeitszeugnis kein Stempel erhoben werden. Vgl. auch Verf. d. Minist. vom 30. Januar 1912 (Samml. d. Justizverw. Bd. 33 S. 18).

10) Vgl. die Verfügungen des Ministeriums vom 25. Februar 1905 (Samml. d. Justizverw. Bd. 29 S. 126) und vom 9. Dezember 1905 (Samml. d. Justizverw. Bd. 29 S. 440).

11) Vgl. §§ 1—10 des Gesetzes, betreffend die Eheschließung und die Beurkundung des Personen-

dem Staate, wo die Ehe geschlossen wird, angehört und dieser Staat der Eheschließung nicht widerspricht.[13]) Ein solcher Widerspruch kann nicht erhoben werden, wenn es sich um eine Ehe handelt, die mit Rücksicht auf eine vormalige Ehe oder ein Hindernis religiöser Natur gegen seine Gesetze verstoßen würde.

Der Vorbehalt des Artikel 5 Abs. 2 findet auf die diplomatischen oder konsularischen Eheschließungen Anwendung.

Art. 7. Eine Ehe, die in dem Lande, in welchem sie geschlossen wurde, in Ansehung der Form nichtig ist, kann gleichwohl in den anderen Ländern als gültig anerkannt werden, wenn die durch das Gesetz des Heimatstaats eines jeden der Verlobten vorgeschriebene Form beobachtet worden ist.

Art. 8. Dieses Abkommen findet nur auf solche Ehen Anwendung, welche im Gebiete der Vertragsstaaten zwischen Personen geschlossen sind, von denen mindestens eine Angehöriger eines dieser Staaten ist.

Kein Staat verpflichtet sich durch dieses Abkommen zur Anwendung eines Gesetzes, welches nicht dasjenige eines Vertragsstaats ist.

Art. 9. Dieses Abkommen, das nur auf die europäischen Gebiete der Vertragsstaaten Anwendung findet, soll ratifiziert und die Ratifikationsurkunden sollen im Haag hinterlegt werden, sobald die Mehrzahl der Hohen vertragschließenden Teile hierzu in der Lage ist.[14])

Über die Hinterlegung soll ein Protokoll aufgenommen werden; von diesem soll eine beglaubigte Abschrift auf diplomatischem Wege einem jeden der Vertragsstaaten mitgeteilt werden.

Art. 10. Denjenigen Staaten, welche auf der dritten Konferenz über internationales Privatrecht vertreten waren, dieses Abkommen aber nicht gezeichnet haben, soll der vorbehaltlose Beitritt zu dem Abkommen freistehen.

Der Staat, welcher beizutreten wünscht, hat spätestens am 31. Dezember 1904 seine Absicht in einer Urkunde anzuzeigen, die im Archive der Regierung der Niederlande hinterlegt wird. Diese wird eine beglaubigte Abschrift davon auf diplomatischem Wege einem jeden der Vertragsstaaten übersenden.

Art. 11. Dieses Abkommen tritt am sechzigsten Tage nach der Hinterlegung der Ratifikationsurkunden oder nach dem Zeitpunkte der Anzeige von einem Beitritt in Kraft.

Art. 12. Dieses Abkommen gilt für die Dauer von fünf Jahren, gerechnet von dem Zeitpunkte der Hinterlegung der Ratifikationsurkunden.

Mit diesem Zeitpunkte beginnt der Lauf der Frist auch für diejenigen Staaten, welche die Hinterlegung erst nach diesem Zeitpunkte bewirken oder erst später beitreten.

In Ermangelung einer Kündigung gilt das Abkommen als stillschweigend von fünf zu fünf Jahren erneuert.

Die Kündigung muß wenigstens sechs Monate vor dem Ablaufe des Zeitraums, der in den vorstehenden Absätzen bezeichnet ist, der Regierung der Niederlande zugestellt werden, die hiervon allen anderen Vertragsstaaten Kenntnis geben wird.

Die Kündigung soll nur in Ansehung des Staates wirksam sein, der sie erklärt hat. Für die übrigen Staaten bleibt das Abkommen in Kraft.

Zu Urkund dessen haben die Bevollmächtigten dieses Abkommen unterzeichnet und mit ihren Siegeln versehen.

Geschehen im Haag am zwölften Juni neunzehnhundertundzwei in einem einzigen Exemplare, das im Archive der Regierung der Niederlande hinterlegt wird, und wovon eine

standes von Bundesangehörigen im Auslande, vom $\frac{\text{4. Mai 1870}}{\text{8. Februar 1875}}$.

12) Eheschließung vor Konsuln ist in der deutschen Gesetzgebung durch die nachstehenden Staatsverträge zugelassen: Mit Bulgarien, 29. September 1911 Art. 16, mit Hawaï $\frac{\text{25. März}}{\text{19. September}}$ 1879, Art. 2, mit Italien 4. Mai 1891 Art. 1, mit Japan auf Grund der Meistbegünstigungsklausel in der vorläufigen Regelung vom 7. Juli 1911 (Bekanntmachung vom 31. Juli 1911), mit Paraguay 21. Juli 1887 Art. 3, mit Serbien 6. Januar 1883 Art. 10, mit Südafrikan. Republik 22. Januar 1885 Art. 16. Vgl. ferner § 36 des Gesetzes über die Konsulargerichtsbarkeit vom 7. April 1900 und Art. 2 Abs. 2 der Einführungsverordnung hierzu vom 25. Oktober 1900.

13) Widerspricht der Gebietsstaat (Residenzstaat) der Eheschließung, so ist dennoch in Deutschland die Ehe als gültig anzuerkennen, wenn beide Verlobte Deutsche waren oder das Heimatsrecht der nichtdeutschen Verlobten die Ehe gleichfalls als rechtsgültig ansieht; auch kann die Ehe von jedem anderen Vertragsstaat ebenfalls anerkannt werden (Art. 7 des Abkommens). Dagegen würde die Ehe im ganzen Vertragsgebiet mit Einschluß Deutschlands als nichtig zu behandeln sein, wenn sie weder dem Rechte des Staates, in dessen Gebiet die Ehe geschlossen wird, noch dem Rechte des Heimatsstaates der ausländischen Verlobten entspricht. Insofern ist daher der § 10 des Gesetzes vom 4. Mai 1870 abgeändert worden.

14) Dies ist geschehen am 1. Juni 1904. Vgl. die Bekanntmachung des Reichskanzlers vom 24. Juni 1904.

beglaubigte Abschrift auf diplomatischem Wege einem jeden der Staaten übergeben werden soll, welche auf der dritten Konferenz über internationales Privatrecht vertreten waren.

---

12. Juni 1902.

Abkommen zur Regelung des Geltungsbereichs der Gesetze und der Gerichtsbarkeit auf dem Gebiete der Ehescheidung und der Trennung von Tisch und Bett.

Reichsgesetzbl. 1904 S. 231.

Seine Majestät der Deutsche Kaiser, König von Preußen, im Namen des Deutschen Reichs, Seine Majestät der Kaiser von Oesterreich, König von Böhmen usw. und Apostolischer König von Ungarn, Seine Majestät der König der Belgier, Seine Majestät der König von Spanien, der Präsident der Französischen Republik,[1]) Seine Majestät der König von Italien, Seine Königliche Hoheit der Großherzog von Luxemburg, Herzog zu Nassau, Ihre Majestät die Königin der Niederlande, Seine Majestät der König von Portugal und Algarvien usw., Seine Majestät der König von Rumänien, Seine Majestät der König von Schweden und Norwegen, im Namen Schwedens, und der Schweizerische Bundesrat:

von dem Wunsche geleitet, gemeinsame Bestimmungen zur Regelung des Geltungsbereichs der Gesetze und der Gerichtsbarkeit auf dem Gebiete der Ehescheidung und der Trennung von Tisch und Bett zu treffen,

sind übereingekommen, zu diesem Zwecke ein Abkommen zu schließen und haben zu Ihren Bevollmächtigten ernannt: . . . . .,

welche, nachdem sie sich ihre Vollmachten mitgeteilt und sie in guter und gehöriger Form befunden haben, über folgende Bestimmungen übereingekommen sind:

Art. 1. Die Ehegatten können eine Scheidungsklage nur dann erheben, wenn sowohl das Gesetz des Staates, dem sie angehören (Gesetz des Heimatstaats), als auch das Gesetz des Ortes, wo geklagt wird, die Scheidung zulassen.[2])

Das Gleiche gilt für die Trennung von Tisch und Bett.

Art. 2. Auf Scheidung kann nur dann geklagt werden, wenn sie in dem zu beurteilenden Falle sowohl nach dem Gesetze des Heimatstaats der Ehegatten als auch nach dem Gesetze des Ortes, wo geklagt wird, sei es auch aus verschiedenen Gründen, zulässig ist.

Das Gleiche gilt für die Trennung von Tisch und Bett.

Art. 3. Ungeachtet der Bestimmungen der Artikel 1, 2 ist das Gesetz des Heimatstaats allein maßgebend, wenn das Gesetz des Ortes, wo geklagt wird, dies vorschreibt oder gestattet.

Art. 4. Das in den vorstehenden Artikeln bezeichnete Gesetz des Heimatstaats kann nicht angerufen werden, um einer Tatsache, die sich ereignet hat, während die Ehegatten oder einer von ihnen einem anderen Staate angehörten, die Wirkung eines Scheidungs- oder Trennungsgrundes zu verleihen.

Art. 5. Die Klage auf Scheidung oder auf Trennung von Tisch und Bett kann erhoben werden:

1. vor der nach dem Gesetze des Heimatstaats der Ehegatten zuständigen Gerichtsbarkeit;
2. vor der zuständigen Gerichtsbarkeit des Ortes, wo die Ehegatten ihren Wohnsitz haben. Wenn die Ehegatten nach der Gesetzgebung ihres Heimatstaats nicht denselben Wohnsitz haben, so ist die Gerichtsbarkeit des Wohnsitzes des Beklagten zuständig. Im Falle der böswilligen Verlassung oder im Falle einer Verlegung des Wohnsitzes nach dem Eintritte des Scheidungs- oder Trennungsgrundes kann die Klage auch vor der zuständigen Gerichtsbarkeit des letzten gemeinsamen Wohnsitzes erhoben werden. — Die Gerichtsbarkeit des Heimatstaats ist allein berufen, soweit sie für die Scheidungs- oder Trennungsklage ausschließlich zuständig ist.[3]) Doch

---

1) Frankreich hat das Abkommen zufolge Bekm. d. Reichsk. vom 25. Januar 1914 (Reichsgesetzbl. S. 9) mit Wirksamkeit vom 1. Juni 1914 gekündigt.

2) Vgl. Einf.-Ges. z. B.G.B. Art. 17 Abs. 4.

3) Der ausschließliche Gerichtsstand des § 606 Abs. 1 Z.P.O. ist hiernach in Ansehung deutscher Staatsangehöriger durch Art. 5 des Abkommens nicht beseitigt. Dagegen hat § 606 Abs. 2 Z.P.O. durch Art. 5 Ziffer 2 des Abkommens insofern eine Änderung erfahren, als neben die nach jener Vorschrift etwa zuständige Gerichtsbarkeit die des Wohnsitzes des Beklagten getreten ist. Für Ausländer (§ 606 Abs. 4 Z.P.O.) ist der allgemeine Gerichtsstand des Ehemannes als zuständige Gerichtsbarkeit (§ 606 Abs. 1 ebenda) durch Art. 5 Ziffer 2 des Abkommens beseitigt und durch die Gerichtsbarkeit des Wohnsitzes des Beklagten ersetzt worden.

bleibt die fremde Gerichtsbarkeit zuständig für eine Ehe, in Ansehung deren die Scheidungs- oder Trennungsklage vor der zuständigen Gerichtsbarkeit des Heimatstaats nicht erhoben werden kann.[4])

Art. 6. Falls die Ehegatten nicht berechtigt sind, eine Scheidungs- oder Trennungsklage in dem Lande ihres Wohnsitzes zu erheben, kann sich gleichwohl jeder von ihnen an die zuständige Gerichtsbarkeit dieses Landes wenden, um die vorläufigen Maßnahmen zu erwirken, die in dessen Gesetzgebung für die Aufhebung der ehelichen Lebensgemeinschaft vorgesehen sind. Diese Maßnahmen bleiben aufrecht erhalten, wenn sie innerhalb eines Jahres durch die Gerichtsbarkeit des Heimatstaats bestätigt werden; sie bleiben nicht länger bestehen, als es das Gesetz des Wohnsitzes gestattet.

Art. 7. Die Scheidung und die Trennung von Tisch und Bett, die durch ein nach Artikel 5 zuständiges Gericht ausgesprochen werden, sind überall anzuerkennen, vorausgesetzt daß die Bestimmungen dieses Abkommens beobachtet worden sind, und daß im Falle eines Versäumnisurteils die Ladung des Beklagten entsprechend den besonderen Vorschriften erfolgt ist, die das Gesetz seines Heimatstaats für die Anerkennung ausländischer Urteile erfordert.[5])

In gleicher Weise sind überall anzuerkennen die Scheidung und die Trennung von Tisch und Bett, die von einer Verwaltungsgerichtsbarkeit ausgesprochen werden, vorausgesetzt daß das Gesetz eines jeden der Ehegatten eine solche Scheidung oder Trennung anerkennt.

Art. 8. Wenn die Ehegatten nicht dieselbe Staatsangehörigkeit besitzen, so ist ihr letztes gemeinsames Gesetz als das Gesetz ihres Heimatstaats im Sinne der vorstehenden Artikel anzusehen.

Art. 9. Dieses Abkommen findet nur auf solche Scheidungs- und Trennungsklagen Anwendung, welche in einem der Vertragsstaaten erhoben werden, und zwar nur dann, wenn mindestens eine der Parteien einem dieser Staaten angehört.

Kein Staat verpflichtet sich durch dieses Abkommen zur Anwendung eines Gesetzes, welches nicht dasjenige eines Vertragsstaats ist.

Art. 10. Dieses Abkommen, das nur auf die europäischen Gebiete der Vertragsstaaten Anwendung findet, soll ratifiziert und die Ratifikationsurkunden sollen im Haag hinterlegt werden, sobald die Mehrzahl der Hohen vertragschließenden Teile hierzu in der Lage ist.[6])

Über die Hinterlegung soll ein Protokoll aufgenommen werden; von diesem soll eine beglaubigte Abschrift auf diplomatischem Wege einem jeden der Vertragsstaaten mitgeteilt werden.

Art. 11. Denjenigen Staaten, welche auf der dritten Konferenz über internationales Privatrecht vertreten waren, dieses Abkommen aber nicht gezeichnet haben, soll der vorbehaltlose Beitritt zu dem Abkommen freistehen.

Der Staat, welcher beizutreten wünscht, hat spätestens am 31. Dezember 1904 seine Absicht in einer Urkunde anzuzeigen, die im Archive der Regierung der Niederlande hinterlegt wird. Diese wird eine beglaubigte Abschrift davon auf diplomatischem Weg einem jeden der Vertragsstaaten übersenden.

Art. 12. Dieses Abkommen tritt am sechzigsten Tage nach der Hinterlegung der Ratifikationsurkunden oder nach dem Zeitpunkte der Anzeige von einem Beitritt in Kraft.

Art. 13. Dieses Abkommen gilt für die Dauer von fünf Jahren, gerechnet von dem Zeitpunkte der Hinterlegung der Ratifikationsurkunden.

Mit diesem Zeitpunkte beginnt der Lauf der Frist auch für diejenigen Staaten, welche die Hinterlegung erst nach diesem Zeitpunkte bewirken oder erst später beitreten.

In Ermangelung einer Kündigung gilt das Abkommen als stillschweigend von fünf zu fünf Jahren erneuert.

Die Kündigung muß wenigstens sechs Monate vor dem Ablaufe des Zeitraums, der in den vorstehenden Absätzen bezeichnet ist, der Regierung der Niederlande zugestellt werden, die hiervon allen anderen Vertragsstaaten Kenntnis geben wird.

Die Kündigung soll nur in Ansehung des Staates wirksam sein, der sie erklärt hat. Für die übrigen Staaten bleibt das Abkommen in Kraft.

Zu Urkund dessen haben die Bevollmächtigten

4) Es handelt sich hier um solche Ehen, welche, wie in den Fällen des Art. 3 Abs. 2, des Art. 5 Abs. 2 und des Art. 6 Abs. 2 des Abkommens über die Eheschließung, von dem Heimatstaat nicht als gültig anerkannt werden und daher durch dessen Behörden nicht geschieden oder getrennt werden können.

5) Vgl. § 328 Z.P.O. Soweit die Vorschriften des Abkommens, wie z. B. in Ansehung der Zuständigkeit (Art. 5), von den in § 328 Z.P.O. angeführten deutschen Vorschriften abweichen, sind im Verhältnis zu den Vertragsstaaten die ersteren maßgebend.

6) Dies ist geschehen am 1. Juni 1904. Vgl. die Bekanntmachung des Reichskanzlers vom 24. Juni 1904.

dieses Abkommen unterzeichnet und mit ihren Siegeln versehen.

Geschehen im Haag am zwölften Juni neunzehnhundertundzwei in einem einzigen Exemplare, das im Archive der Regierung der Niederlande hinterlegt wird, und wovon eine beglaubigte Abschrift auf diplomatischem Wege einem jeden der Staaten übergeben werden soll, welche auf der dritten Konferenz über internationales Privatrecht vertreten waren.

---

12. Juni 1902.

Abkommen zur Regelung der Vormundschaft über Minderjährige.

Reichsgesetzbl. 1904 S. 240.

Seine Majestät der Deutsche Kaiser, König von Preußen, im Namen des Deutschen Reichs, Seine Majestät der Kaiser von Österreich, König von Böhmen usw. und Apostolischer König von Ungarn, Seine Majestät der König der Belgier, Seine Majestät der König von Spanien, der Präsident der Französischen Republik,[1]) Seine Majestät der König von Italien, Seine Königliche Hoheit der Großherzog von Luxemburg, Herzog zu Nassau, Ihre Majestät die Königin der Niederlande, Seine Majestät der König von Portugal und Algarvien usw., Seine Majestät der König von Rumänien, Seine Majestät der König von Schweden und Norwegen, im Namen Schwedens, und der Schweizerische Bundesrat:

von dem Wunsche geleitet, gemeinsame Bestimmungen zur Regelung der Vormundschaft über Minderjährige zu treffen,

sind übereingekommen, zu diesem Zwecke ein Abkommen zu schließen und haben zu Ihren Bevollmächtigten ernannt:

. . . .

welche, nachdem sie sich ihre Vollmachten mitgeteilt und sie in guter und gehöriger Form befunden haben, über folgende Bestimmungen übereingekommen sind:

Art. 1. Die Vormundschaft über einen Minderjährigen[2]) bestimmt sich nach dem Gesetze des Staates, dem er angehört (Gesetz des Heimatstaats).[3])

Art. 2. Sieht das Gesetz des Heimatstaats für den Fall, daß der Minderjährige seinen gewöhnlichen Aufenthalt im Auslande hat, die Anordnung einer Vormundschaft im Heimatlande nicht vor, so kann der von dem Heimatstaate des Minderjährigen ermächtigte diplomatische oder konsularische Vertreter gemäß dem Gesetze dieses Staates die Fürsorge übernehmen, sofern der Staat, in dessen Gebiete der Minderjährige seinen gewöhnlichen Aufenthalt hat, dem nicht widerspricht.[4])

Art. 3. Falls eine Vormundschaft gemäß den Bestimmungen des Artikel 1 oder des Artikel 2 nicht angeordnet ist oder nicht angeordnet werden kann, so ist für die Anordnung und die Führung der Vormundschaft über einen Minderjährigen, der seinen gewöhnlichen Aufenthalt im Auslande hat, das Gesetz des Aufenthaltsorts maßgebend.[5])

Art. 4. Ist die Vormundschaft gemäß der Bestimmung des Artikel 3 angeordnet, so kann gleichwohl eine neue Vormundschaft auf Grund des Artikel 1 oder des Artikel 2 angeordnet werden.

Hiervon ist der Regierung des Staates, in welchem die Vormundschaft zuerst angeordnet

---

1) Frankreich hat das Abkommen zufolge Bekanntmachung des Reichskanzlers vom 25. Januar 1914 (Reichsgesetzbl. S. 9) mit Wirksamkeit vom 1. Juni 1914 gekündigt.

2) Wegen der Fürsorge für Volljährige s. das Abkommen über die Entmündigung vom 17. Juli 1905.

3) Vgl. Art. 23 Einf.-Ges. z. B.G.B.; dazu die Zusammenstellung des Rechtes der Vertragsstaaten in der Verf. des Ministeriums vom 4. Juni 1906 (Samml. d. Justizverw. Bd. 30 S. 101) und bezügl. Frankreichs, Italiens und der Schweiz noch Verf. des Ministeriums vom 24. Januar 1910 (ebenda Bd. 32 S. 20).

4) Die Wahrnehmung vormundschaftsbehördlicher Funktionen durch Konsuln ist in der deutschen Gesetzgebung durch die nachstehenden Staatsverträge zugelassen: Mit Brasilien 10. Januar 1882 Art. 21, mit Griechenland 26. November 1881 Art. 22 Abs. 4, mit Guatemala 20. September 1887 Art. 25, mit Honduras 12. Dezember 1887 Art. 25, mit Italien $\frac{\text{21. Dezember 1868}}{\text{7. Februar 1872}}$ Art. 11 Ziffer 7, mit Nicaragua 4. Februar 1896 Art. 25, mit Serbien 6. Januar 1883 Art. 18 Abs. 4, mit Spanien $\frac{\text{22. Februar 1870}}{\text{12. Januar 1872}}$ Art. 11 Ziff. 8, mit Südafrikan. Republik 22. Januar 1885 Art. 24, mit Bulgarien 29. September 1911 Art. 18, mit Japan mit Grund der Meistbegünstigungsklausel in der vorläufigen Regelung vom 7. Juli 1911 (Bekanntmachung des Reichskanzlers vom 31. Juli 1911). Vgl. ferner § 7 Ziffer 2 des Gesetzes über die Konsulargerichtsbarkeit vom 7. April 1900.

5) Vgl. Art. 23 Einf.-Ges. z. B.G.B. und § 47 des Gesetzes über die Angelegenheiten der freiwilligen Gerichtsbarkeit.

wurde, sobald wie möglich Nachricht zu geben.[6]) Diese Regierung hat davon entweder die Behörde, welche die Vormundschaft angeordnet hat, oder in Ermangelung einer solchen Behörde den Vormund selbst zu benachrichtigen.

In dem Falle, den dieser Artikel vorsieht, bestimmt sich der Zeitpunkt, in welchem die ältere Vormundschaft endigt, nach der Gesetzgebung des Staates, in dessen Gebiete diese Vormundschaft angeordnet war.

Art. 5. In allen Fällen bestimmen sich der Zeitpunkt und die Gründe für den Beginn sowie für die Beendigung der Vormundschaft nach dem Gesetze des Heimatstaats des Minderjährigen.[7])

Art. 6. Die vormundschaftliche Verwaltung erstreckt sich auf die Person sowie auf das gesamte Vermögen des Minderjährigen, gleichviel an welchem Orte sich die Vermögensgegenstände befinden.

Von dieser Regel sind Ausnahmen zulässig in Ansehung solcher Grundstücke, welche nach dem Gesetze der belegenen Sache einer besonderen Güterordnung unterliegen.[8])

Art. 7. Solange die Vormundschaft nicht angeordnet ist, sowie in allen dringenden Fällen können die zuständigen Ortsbehörden die Maßregeln treffen, die zum Schutze der Person und der Interessen eines minderjährigen Ausländers erforderlich sind.[9])

Art. 8. Liegt Anlaß vor, für einen minderjährigen Ausländer die Vormundschaft anzuordnen, so haben die Behörden des Staates, in dessen Gebiet er sich befindet, von dem Sachverhalte, sobald dieser ihm bekannt wird, die Behörden des Staates zu benachrichtigen, dem der Minderjährige angehört.

Die in solcher Art benachrichtigten Behörden sollen den Behörden, die ihnen die Mitteilung gemacht haben, sobald wie möglich Kenntnis geben, ob die Vormundschaft angeordnet ist oder angeordnet wird.[10])

6) Vgl. hierzu Verf. des Ministeriums vom 25. Februar 1907 (Samml. d. Justizverw. Bd. 30 S. 280) Abs. 3 Ziffer 2. Die Benachrichtigung ist auf diplomatischem Wege zu bewirken.

7) S. Anm. 1 zu Art. 1.

8) Hierunter sind solche Vorschriften des Rechtes der belegenen Sache zu verstehen, welche bestimmte Grundstücke (z. B. Lehen und Fideikommisse) einer von dem allgemeinen Immobilienrecht abweichenden Ordnung unterworfen.

9) Vgl. Art. 23 Abs. 2 Einf.-Ges. z. B.G.B.

10) Vgl. hierzu die Verfügung des Oberlandesgerichtspräsidenten vom 18. Juli 1906 (Samml. d. Justizverw. Bd. 30 S. 145) und des Ministeriums vom 25. Februar 1907 (ebenda S. 280). Die Mitteilungen sind auf diplomatischem Wege zu bewirken.

Art. 9. Dieses Abkommen findet nur Anwendung auf die Vormundschaft über Minderjährige, die Angehörige eines der Vertragsstaaten sind und ihren gewöhnlichen Aufenthalt im Gebiet eines dieser Staaten haben.

Die Artikel 7 und 8 dieses Abkommens finden jedoch auf alle Minderjährige Anwendung, die Angehörige eines Vertragsstaats sind.

Art. 10. Dieses Abkommen, das nur auf die europäischen Gebiete der Vertragsstaaten Anwendung findet, soll ratifiziert und die Ratifikationsurkunden sollen im Haag hinterlegt werden, sobald die Mehrzahl der Hohen vertragschließenden Teile hierzu in der Lage ist.[11])

Über die Hinterlegung soll ein Protokoll aufgenommen werden; von diesem soll eine beglaubigte Abschrift auf diplomatischem Wege einem jeden der Vertragsstaaten mitgeteilt werden.

Art. 11. Denjenigen Staaten, welche auf der dritten Konferenz über internationales Privatrecht vertreten waren, dieses Abkommen aber nicht gezeichnet haben, soll der vorbehaltlose Beitritt zu dem Abkommen freistehen.

Der Staat, welcher beizutreten wünscht, hat spätestens am 31. Dezember 1904 seine Absicht in einer Urkunde anzuzeigen, die im Archive der Regierung der Niederlande hinterlegt wird. Diese wird eine beglaubigte Abschrift davon auf diplomatischem Wege einem jeden der Vertragsstaaten übersenden.

Art. 12. Dieses Abkommen tritt am sechzigsten Tage nach der Hinterlegung der Ratifikationsurkunden oder nach dem Zeitpunkte der Anzeige von einem Beitritt in Kraft.

Art. 13. Dieses Abkommen gilt für die Dauer von fünf Jahren, gerechnet von dem Zeitpunkte der Hinterlegung der Ratifikationsurkunden.

Mit diesem Zeitpunkte beginnt der Lauf der Frist auch für diejenigen Staaten, welche die Hinterlegung erst nach diesem Zeitpunkte bewirken oder erst später beitreten.

In Ermangelung einer Kündigung gilt das Abkommen als stillschweigend von fünf zu fünf Jahren erneuert.

Die Kündigung muß wenigstens sechs Monate vor dem Ablaufe des Zeitraums, der in den vorstehenden Absätzen bezeichnet ist, der Regierung der Niederlande zugestellt werden, die

Wegen der Mitteilungen über französische, italienische und schweizerische Minderjährige s. d. Verf. d. Oberlandesgerichtspräsidenten vom 24. Januar 1910 (Samml. d. Justizverw. Bd. 32 S. 20).

11) Dies ist geschehen am 1. Juni 1904. Vgl. die Bekanntmachung des Reichskanzlers vom 24. Juni 1904.

hiervon allen anderen Vertragsstaaten Kenntnis geben wird.

Die Kündigung soll nur in Ansehung des Staates wirksam sein, der sie erklärt hat. Für die übrigen Staaten bleibt das Abkommen in Kraft.

Zu Urkund dessen haben die Bevollmächtigten dieses Abkommen unterzeichnet und mit ihren Siegeln versehen.

Geschehen im Haag am zwölften Juni neunzehnhundertundzwei in einem einzigen Exemplare, das im Archive der Regierung der Niederlande hinterlegt wird, und wovon eine beglaubigte Abschrift auf diplomatischem Wege einem jeden der Staaten übergeben werden soll, welche auf der dritten Konferenz über internationales Privatrecht vertreten waren.

---

12. Juni 1902.

Bekanntmachung des Reichskanzlers, betreffend die Ratifikation der am 12. Juni 1902 im Haag abgeschlossenen Abkommen über das internationale Privatrecht und die Hinterlegung der Ratifikationsurkunden. Vom 24. Juni 1904.

Reichsgesetzbl. 1904 S. 249.

Die vorstehend abgedruckten, am 12. Juni 1902 im Haag abgeschlossenen Abkommen, nämlich:

1. Abkommen zur Regelung des Geltungsbereichs der Gesetze auf dem Gebiete der Eheschließung,
2. Abkommen zur Regelung des Geltungsbereichs der Gesetze und der Gerichtsbarkeit auf dem Gebiete der Ehescheidung und der Trennung von Tisch und Bett,
3. Abkommen zur Regelung der Vormundschaft über Minderjährige,

sind von Deutschland, Belgien, Frankreich,[1] Luxemburg, den Niederlanden, Rumänien und Schweden ratifiziert und die Ratifikationsurkunden sind am 1. Juni 1904 im Haag hinterlegt worden.[2])

1) Frankreich hat die drei Abkommen zufolge Bekanntmachung des Reichskanzlers vom 25. Januar 1914 (Reichsgesetzbl. S. 9) gekündigt. Die Kündigung ist der Regierung der Niederlande am 12. November 1913 zugestellt und demnach am 1. Juni 1914 wirksam geworden.

2) Außer von den oben bezeichneten Staaten sind sämtliche drei Abkommen noch ratifiziert worden von Italien (Bekanntmachung des Reichskanzlers vom 9. August 1905), von der Schweiz (ebenda), von Portugal (Bekanntmachung des Reichskanzlers vom 21. März 1907), von Ungarn (Bekanntmachung des Reichskanzlers vom 31. Oktober 1911). Spanien hat nur das dritte Abkommen zur Regelung der Vormundschaft über Minderjährige ratifiziert (Bekanntmachung des Reichskanzlers vom 17. Juli 1904).

---

13. Juni 1902.

Gesetz, betreffend die Abänderung des § 7 der Strafprozeßordnung.[1])

Reichsgesetzbl. S. 227.

1) Die Abänderung bezieht sich auf den Gerichtsstand der Presse und ist beim Abdruck der Strafprozeßordnung im ersten Bande dieser Sammlung (Gesetzbücher) berücksichtigt.

---

18. Juni 1902.

Gesetz, betreffend die Aufhebung der außerordentlichen Gewalten des Statthalters in Elsaß-Lothringen.

Reichsgesetzbl. S. 231.

Die durch § 2 des Gesetzes, betreffend die Verfassung und die Verwaltung Elsaß-Lothringens, vom 4. Juli 1879 (Reichs-Gesetzbl. S. 165) in Verbindung mit § 10 Abs. 1 des Gesetzes für Elsaß-Lothringen, betreffend die Einrichtung der Verwaltung, vom 30. Dezember 1871 (Gesetzblatt für Elsaß-Lothringen 1872 S. 49) dem Statthalter in Elsaß-Lothringen übertragenen außerordentlichen Gewalten werden aufgehoben.

23. Juni 1902.

Allgemeine Vertragsbedingungen für die Ausführung von Arbeiten und Lieferungen im Geschäftsbereiche der Bauverwaltung.[1] [2])

Zentr.- u. Bez.A.Bl. S. 189.

Gegenstand des Vertrages.

§ 1. Den Gegenstand des Unternehmens bildet die Ausführung der im Vertrage bezeichneten Bauwerke, Arbeiten oder Lieferungen. Im Einzelnen bestimmt sich Art und Umfang der dem Unternehmer obliegenden Arbeiten oder Lieferungen nach den Verdingungs-Anschlägen, den Zeichnungen und sonstigen als zum Vertrage gehörig bezeichneten Unterlagen. Die in den Verdingungsanschlägen angenommenen Vordersätze unterliegen jedoch denjenigen näheren Feststellungen, welche — ohne wesentliche Aenderung der dem Vertrage zu Grunde gelegten Bauentwürfe — bei der Ausführung sich ergeben.

Abänderungen der Bauentwürfe anzuordnen, bleibt der Verwaltung vorbehalten. Arbeiten und Lieferungen, welche in den Bauentwürfen nicht vorgesehen sind, können dem Unternehmer nur mit seiner Zustimmung nach vorheriger schriftlicher Vereinbarung der bezüglichen Einheitspreise übertragen werden.

Berechnung der Vergütung.

§ 2. Die dem Unternehmer zukommende Vergütung wird nach den wirklichen Arbeiten oder Lieferungen unter Zugrundelegung der vertragsmäßigen Einheitspreise berechnet.

Die Vergütung für Tagelohn-Arbeiten erfolgt nach den vertragsmäßig vereinbarten Lohnsätzen.

Gemeindeabgaben für einzelne Lieferungsgegenstände, wie z. B. Backsteine, Eisentheile u. s. w. hat der Unternehmer zu tragen, wenn nicht andere Verabredungen getroffen sind.

Ausschluß einer besonderen Vergütung für Nebenleistungen.

§ 3. Insoweit dafür nicht besondere Preisansätze vorgesehen oder besondere Bestimmungen getroffen sind, umfassen die vereinbarten Preise und Tagelohnsätze zugleich die Vergütung für die zur planmäßigen Ausführung der Arbeiten oder Lieferungen und zur Erfüllung des Vertrages gehörenden Nebenleistungen aller Art, insbesondere für das Vorhalten von Werkzeug, Geräthen und Rüstungen für die Herstellung oder Unterhaltung von Zufuhrwegen und für die Heranschaffung der zu den Bauarbeiten erforderlichen Materialien von den auf der Baustelle befindlichen Lagerplätzen nach der Verwendungsstelle am Bau.

Auch die Gestellung der zu Absteckungen, Höhenmessungen und Abnahmevermessungen sowie zu Güteprüfungen erforderlichen Arbeitskräfte, Geräthe und Materialien liegt dem Unternehmer ob, ohne daß ihm eine besondere Entschädigung hierfür gewährt wird.

Etwaige Patentgebühren trägt der Unternehmer. Er hat die Verwaltung gegen Patentansprüche Dritter zu vertreten.

Mehrarbeiten oder Mehrlieferungen.

§ 4. Ohne ausdrückliche schriftliche Anordnung oder schriftliche Genehmigung der Bauleitung darf der Unternehmer keinerlei vom Vertrage abweichende oder im Verdingungsanschlage nicht vorgesehene Arbeiten oder Lieferungen ausführen.

Diesem Verbot zuwider einseitig von dem Unternehmer bewirkte Arbeiten oder Lieferungen ist die Bauleitung befugt, auf dessen Gefahr und Kosten wieder beseitigen zu lassen; auch hat der Unternehmer nicht nur keinerlei Vergütung für derartige Arbeiten und Lieferungen zu beanspruchen, sondern muß auch für allen Schaden aufkommen, welcher etwa durch die Abweichungen vom Vertrage für die Staatskasse entstanden ist.

Minderarbeiten oder Minderlieferungen.

§ 5. Bleiben die ausgeführten Arbeiten oder Lieferungen zufolge der von der Verwaltung oder Bauleitung getroffenen Anordnungen unter der im Vertrage fest verdungenen Menge zurück, so hat der Unternehmer Anspruch auf den Ersatz des ihm nachweislich hieraus entstandenen wirklichen Schadens.

Beginn, Fortführung und Vollendung der Arbeiten oder Lieferungen.

§ 6. Der Beginn, die Fortführung und Vollendung der Arbeiten oder Lieferungen haben

1) Erlassen vom Ministerium. Zu vgl. auch Verfügung des Ministeriums, betreffend die Sicherheitsleistung für Ausführung von Arbeiten im Geschäftsbereiche der Bauverwaltung, vom 23. Juni 1902, s. nachst., ferner Allgemeine Anweisung des Ministeriums über die Vergebung von Arbeiten und Lieferungen im Geschäftsbereiche der Bauverwaltung, vom 24. April 1907 (Zentr.- u. Bez.A.Bl. S. 76).

2) Abgeändert durch die Verfügung des Minist., betreffend Abänderung der §§ 28 und 30 der „Allgemeinen Vertragsbedingungen für die Ausführung von Arbeiten und Lieferungen im Geschäftsbereiche der Bauverwaltung," vom 24. April 1907 (Zentr.- u. Bez.A.Bl. S. 85). S. u.

innerhalb der in den besonderen Bedingungen festgesetzten Fristen zu erfolgen.

Ist im Vertrage bzw. in den besonderen Bedingungen über den Beginn der Arbeiten oder Lieferungen eine Vereinbarung nicht enthalten, so hat der Unternehmer spätestens 14 Tage nach schriftlicher Aufforderung Seitens der Verwaltung zu beginnen.

Die Arbeit oder Lieferung muß im Verhältniß zu den bedungenen Vollendungsfristen fortgesetzt angemessen gefördert werden (§ 12).

Die Zahl der zu verwendenden Arbeitskräfte und Geräthe, sowie die Vorräthe an Materialien müssen allezeit den übernommenen Arbeiten oder Lieferungen entsprechen.

Vertragsstrafe.

§ 7. Die Berechtigung der Verwaltung, eine Vertragsstrafe von dem Guthaben des Unternehmers einzubehalten, richtet sich nach §§ 339 bis 341 B. G. B.

Die Vertragsstrafe gilt nicht als erlassen, wenn die Verwaltung verspätete oder ungenügende Arbeiten oder Lieferungen vorbehaltlos angenommen hat.

Für die Berechnung einer Vertragsstrafe bei Arbeiten oder Lieferungen ist der Zeitpunkt maßgebend, zu welchem die Arbeit nach dem Vertrage fertiggestellt oder die Anlieferung an dem im Vertrage bezeichneten Anlieferungsorte stattfinden sollte.

Eine tageweise zu berechnende Vertragsstrafe für verspätete Ausführung von Arbeiten oder Lieferungen bleibt für die in die Zeit einer Verzögerung fallenden Sonntage und allgemeinen Feiertage außer Ansatz.

Behinderung der Bauausführung.

§ 8. Glaubt der Unternehmer sich in der ordnungsmäßigen Fortführung der übernommenen Arbeiten oder Lieferungen durch Anordnungen der Bauleitung, durch höhere Gewalt oder durch das nicht gehörige Fortschreiten der Arbeiten und Lieferungen anderer Unternehmer behindert, so hat er der Bauleitung hiervon sofort schriftliche Anzeige zu erstatten.

Unterläßt der Unternehmer diese Anzeige, so steht ihm ein Anspruch auf Berücksichtigung der angeblich hindernden Umstände nicht zu.

Der Verwaltung bleibt es vorbehalten, falls die bezüglichen Beschwerden des Unternehmers für begründet zu erachten sind, eine angemessene Verlängerung der im Vertrage festgesetzten Vollendungsfristen — längstens bis zur Dauer der betreffenden Arbeitshinderung — zu bewilligen.

Nach Beseitigung der Hinderungen sind die Arbeiten ohne weitere Aufforderung ungesäumt wieder aufzunehmen.

Unterbrechung der Bauausführung.

§ 9. Für die bei Eintritt einer Unterbrechung oder gänzlichen Einstellung der Ausführung bereits geleisteten Arbeiten oder Lieferungen erhält der Unternehmer die den vertragsmäßig bedungenen Preisen entsprechende Vergütung. Ist für verschiedenwerthige Arbeiten oder Lieferungen ein nach dem Durchschnitt bemessener Einheitspreis vereinbart, so ist unter Berücksichtigung des höheren oder geringeren Werthes der ausgeführten Arbeiten oder Lieferungen gegenüber den noch rückständigen ein von dem verabredeten Durchschnittspreise entsprechend abweichender neuer Einheitspreis für das Geleistete besonders zu ermitteln und darnach die zu gewährende Vergütung zu berechnen.

Außerdem kann der Unternehmer den Ersatz des ihm nachweislich entstandenen wirklichen Schadens beanspruchen, wenn die die Fortsetzung der Arbeiten oder Lieferungen hindernden Umstände entweder von der Verwaltung verschuldet sind, oder — insoweit zufällige, von dem Willen der Verwaltung unabhängige Umstände in Frage stehen — sich auf Seiten der Verwaltung zugetragen haben.

Eine Entschädigung für entgangenen Gewinn kann in keinem Falle beansprucht werden.

In gleicher Weise ist der Unternehmer zum Schadenersatz verpflichtet, wenn die, die Unterbrechung veranlassenden Umstände von ihm verschuldet sind oder auf seiner Seite sich zugetragen haben (§ 13).

Ist die Unterbrechung durch Naturereignisse herbeigeführt worden, so kann der Unternehmer einen Schadenersatz nicht beanspruchen.

Dauert die Unterbrechung länger als 6 Monate, so steht beiden Theilen der Rücktritt vom Vertrage frei. Die Rücktrittserklärung muß schriftlich und spätestens 14 Tage nach Ablauf jener 6 Monate dem andern Theile zugestellt werden; andernfalls bleibt — unbeschadet der inzwischen etwa erwachsenen Ansprüche auf Schadenersatz oder Vertragsstrafe — der Vertrag mit der Maßgabe in Kraft, daß die darin ausbedungene Vollendungsfrist um die Dauer der Unterbrechung verlängert wird.

Güte der Arbeiten und Lieferungen.

§ 10. Die Arbeiten oder Lieferungen müssen den besten Regeln der Technik und den besonderen Bestimmungen des Vertrages entsprechen.

Bei den Arbeiten dürfen nur tüchtige und geübte Arbeiter beschäftigt werden.

Arbeiten, welche die Verwaltung den gedachten Bedingungen nicht entsprechend findet, sind sofort und unter Ausschluß der Anrufung eines Schiedsgerichtes, zu beseitigen und durch untadelhafte zu ersetzen. Für hierbei entstehende Verluste an Materialien hat der Unternehmer die Staatskasse schadlos zu halten.

Arbeiter, welche nach dem Urtheile der Bauleitung untüchtig sind, müssen auf Verlangen entlassen und durch tüchtige ersetzt werden.

Materialien, welche dem Vertrage nicht entsprechen, sind auf Anordnung der Bauleitung innerhalb einer zu bestimmenden Frist von der Baustelle zu entfernen, widrigenfalls sie auf Kosten und für Rechnung des Unternehmers beliebig veräußert werden können.

Behufs Ueberwachung der Ausführung der Arbeiten, sowie zur Vornahme von Materialprüfungen steht den Beauftragten der Verwaltung jederzeit während der Arbeitsstunden der Zutritt zu den Arbeitsplätzen und Werkstätten frei, in welchen zu dem Unternehmen gehörige Gegenstände angefertigt werden.

Auf Verlangen hat der Unternehmer den Beginn der Herstellungsarbeiten rechtzeitig der Verwaltung anzuzeigen.

Entstehen zwischen der Bauleitung und dem Unternehmer Meinungsverschiedenheiten über die Zuverlässigkeit der bei Prüfung der Materialien angewendeten Maschinen oder Untersuchungsarten, so kann der Unternehmer eine weitere Prüfung in den Königlichen Versuchsanstalten zu Charlottenburg verlangen, deren Festsetzungen endgültig entscheidend sind. Die hierbei entstehenden Kosten trägt der unterliegende Theil.

Erfüllung der dem Unternehmer, Handwerkern und Arbeitern gegenüber obliegenden Verbindlichkeiten.

Der Unternehmer hat der Bauleitung über die mit Handwerkern und Arbeitern in Betreff der Ausführung der Arbeiten oder Lieferungen geschlossenen Verträge jederzeit auf Erfordern Auskunft zu ertheilen.

Sollte das angemessene Fortschreiten der Arbeiten oder Lieferungen dadurch in Frage gestellt werden, daß der Unternehmer Handwerkern oder Arbeitern gegenüber die Verpflichtungen aus dem Arbeitsvertrage nicht oder nicht pünktlich erfüllt, so bleibt der Verwaltung das Recht vorbehalten, die von dem Unternehmer geschuldeten Beträge für dessen Rechnung unmittelbar an die Berechtigten zu zahlen. Der Unternehmer hat die hierzu erforderlichen Unterlagen, Lohnlisten u. s. w. der Bauleitung zur Verfügung zu stellen.

Fristen für die Beseitigung von Mängeln.

§ 12. Wenn

a) die Arbeiten oder Lieferungen des Unternehmers untüchtig sind, oder
b) die Arbeiten oder Lieferungen nach Maßgabe der verlaufenen Zeit nicht genügend gefördert sind, oder
c) der Unternehmer den von der Bauleitung gemäß § 11 getroffenen Anordnungen nicht nachkommt, so ist er zur Beseitigung der vorliegenden Mängel oder zur Befolgung der getroffenen Anordnung unter Bewilligung einer angemessenen Frist aufzufordern. Die Fristbestimmung erfolgt unbeschadet der der Verwaltung schon vor Ablauf der Frist zustehenden Rechte, insbesondere des Rechts auf Einziehung verwirkter Vertragsstrafen (§ 7).

Entziehung der Arbeiten oder Lieferungen.

§ 13. Kommt der Unternehmer innerhalb der Frist den Anordnungen der Bauleitung nicht nach, handelt er den ihm durch § 10 Absatz 3 und 5 auferlegten Verpflichtungen zuwider oder wird die Sicherheitsleistung (§ 26) nicht spätestens binnen 14 Tagen nach Aufforderung bewirkt, so ist die Verwaltung berechtigt, nach ihrer Wahl entweder

a) gänzlich vom Vertrage zurückzutreten und Schadenersatz wegen Nichterfüllung zu verlangen, oder
b) dem Unternehmer die weitere Ausführung der Arbeiten oder Lieferungen ganz oder theilweise zu entziehen und Schadenersatz wegen nicht genügender oder verspäteter Erfüllung zu verlangen, oder
c) auf der Erfüllung der dem Unternehmer obliegenden Verpflichtungen vorbehaltlich aller Schadenersatzansprüche zu bestehen.

Entscheidet sie sich gemäß a) oder b), so theilt sie dies dem Unternehmer mittels eingeschriebenen Briefes mit. Erfolgt keine Mittheilung, so ist anzunehmen, daß sie sich gemäß c) entschieden habe.

Werden dem Unternehmer die Arbeiten oder Lieferungen ganz oder theilweise entzogen, so kann die Verwaltung, unbeschadet ihrer Schadenersatzansprüche den noch nicht vollendeten Theil auf seine Kosten ausführen lassen oder selbst für seine Rechnung ausführen.

Auf die Berechnung der für die ausgeführten Arbeiten oder Lieferungen dem Unternehmer zustehenden Vergütung und den Umfang seiner Verpflichtung zum Schadenersatz finden die Bestimmungen im § 9 entsprechende Anwendung.

Nach beendeter Arbeit oder Lieferung wird dem Unternehmer eine Abrechnung mitgetheilt.

Abschlagszahlungen (§ 22) können im Falle der Arbeitsentziehung dem Unternehmer nur innerhalb desjenigen Betrags gewährt werden, welcher für ihn als sicheres Guthaben unter Berücksichtigung der entstandenen Gegenansprüche ermittelt ist.

Ordnungsvorschriften.

§ 14. Der Unternehmer oder dessen Vertreter muß sich zufolge Aufforderung auf der Baustelle einfinden, so oft nach dem Ermessen der Bauleitung die zu treffenden baulichen Anordnungen ein mündliches Benehmen auf der Baustelle erforderlich machen. Die sämmtlichen auf dem Bau beschäftigten Bevollmächtigten, Gehülfen und Arbeiter des Unternehmers sind bezüglich der Bauausführung und der Aufrechterhaltung der Ordnung auf dem Bauplatze den Anordnungen der Bauleitung unterworfen. Im Falle des Ungehorsams kann ihre sofortige Entfernung von der Baustelle verlangt werden.

Der Unternehmer hat, soweit es seinen Arbeitern nicht selbst möglich ist, angemessene Unterkunft oder Verpflegung zu entsprechenden Preisen zu finden, die dazu erforderlichen Einrichtungen auf eigene Kosten zu treffen. Er hat den in dieser Beziehung an ihn gestellten Anforderungen der Bauleitung zu genügen. Auch im Uebrigen hat er denjenigen Anordnungen zu entsprechen, welche zur Sicherung der Gesundheit seiner Arbeiter und zur Wahrung der Reinlichkeit von der Bauleitung getroffen werden. Abtritte sind an den ihm angewiesenen Plätzen herzustellen, regelmäßig zu desinfiziren und demnächst wieder zu beseitigen. Der Unternehmer ist ferner verpflichtet, auf den Baustellen die zur ersten Hilfeleistung vor Ankunft des Arztes erforderlichen Verbandmittel und Arzneien nach den Weisungen der Bauleitung bereit zu halten. Die Bauleitung ist berechtigt, die ordnungsmäßige Ausführung der auf Grund der Bestimmungen dieses Absatzes getroffenen Anordnungen zu überwachen. Der Unternehmer hat überhaupt Räume, Vorrichtungen oder Geräthschaften, die er zur Verrichtung der Dienste zu beschaffen hat, so einzurichten und zu unterhalten und Dienstleistungen, die unter seiner Anordnung oder seiner Leitung vorzunehmen sind, so zu regeln, daß die Angestellten und Arbeiter gegen Gefahr für Leben und Gesundheit so weit geschützt sind, als die Natur der Dienstleistung es gestattet (§ 618 B. G. B's.).

Für die Bewachung seiner Gerüste, Werkzeuge, Geräthe u. s. w. sowie seiner auf der Baustelle lagernden Materialien Sorge zu tragen, ist lediglich Sache des Unternehmers.

Mitbenutzung von Rüstungen und Zufuhrwegen.

§ 15. Die von dem Unternehmer hergestellten Rüstungen und Zufuhrwege sind während ihres Bestehens sowohl der Bauverwaltung als auch anderen Bauhandwerkern unentgeltlich zur Benutzung zu überlassen. Aenderungen an den Rüstungen und Zufuhrwegen im Interesse der bequemeren Benutzung seitens der Bauverwaltung oder der übrigen Bauhandwerker vorzunehmen, ist der Unternehmer nicht verpflichtet.

Beobachtung polizeilicher Vorschriften. Haftung des Unternehmers für seine Angestellten.

§ 16. Für die Befolgung der für Bauausführungen bestehenden polizeilichen Vorschriften und der etwa besonders ergehenden polizeilichen Anordnungen ist der Unternehmer für den ganzen Umfang seiner vertragsmäßigen Verpflichtungen verantwortlich. Kosten, welche ihm dadurch erwachsen, können der Staatskasse gegenüber nicht in Rechnung gestellt werden.

Der Unternehmer trägt insbesondere die Verantwortung für die gehörige Stärke und sonstige Tüchtigkeit der Rüstungen, Transportbrücken u. s. w. Dieser Verantwortung unbeschadet ist er aber auch verpflichtet, eine von der Verwaltung angeordnete Ergänzung und Verstärkung der Rüstungen, Transportbrücken u. s. w. unverzüglich und auf eigene Kosten zu bewirken.

Krankenversicherung der Arbeiter.

§ 17. Auf Verlangen der Verwaltung hat der Unternehmer gegen Bestellung ausreichender Sicherheit eine den Vorschriften der §§ 69 bis 72 des Krankenversicherungsgesetzes[3]) unterliegende Baukrankenkasse entweder für seine versicherungspflichtigen Arbeiter und Angestellten allein oder mit anderen Unternehmern, welchen die Ausführung von Arbeiten auf eigene Rechnung übertragen wird, gemeinsam zu errichten. Eine für den ständigen Betrieb des Unternehmers bereits bestehende Betriebskrankenkasse kann unter den im § 70 des Krankenversicherungsgesetzes[4]) vorgesehenen Bedingungen für das von dem Unternehmer bei der staatlichen

3) Jetzt §§ 245 ff. der Versicherungsordnung vom 19. Juli 1911.

4) Jetzt § 249.

Bauausführung verwendete Personal als Baukrankenkasse anerkannt werden.

Errichtet die Verwaltung selbst eine Baukrankenkasse, so gehören die von dem Unternehmer bei der Bauausführung beschäftigten versicherungspflichtigen Personen mit dem Tage des Eintrittes in die Beschäftigung der Baukrankenkasse als Mitglieder an. Befreit von dieser Zugehörigkeit sind nur diejenigen Personen, welche einer nach dem vorhergehenden Absatze als Baukrankenkasse anerkannten Krankenkasse oder einer den Anforderungen des § 75 des Krankenversicherungsgesetzes[5]) entsprechenden Hülfskasse als Mitglieder angehören. Der Unternehmer erkennt das Statut der von der Verwaltung errichteten Baukrankenkasse als für ihn verbindlich an. Zu den Kosten der Rechnungs- und Kassenführung hat er auf Verlangen der Verwaltung einen von dieser antheilig festzusetzenden Beitrag zu leisten.

Unterläßt es der Unternehmer, die Krankenversicherung der von ihm beschäftigten versicherungspflichtigen Personen zu bewirken, so ist er verpflichtet, alle Aufwendungen zu erstatten, welche etwa der Verwaltung hinsichtlich der von ihm beschäftigten Personen durch Erfüllung der aus dem Krankenversicherungsgesetze sich ergebenden Verpflichtungen erwachsen.

Etwaige in diesem Falle von der Baukrankenkasse statutenmäßig geleistete Unterstützungen sind von dem Unternehmer gleichfalls zu ersetzen.

Die von dem Unternehmer bestellte Sicherheit haftet auch für die Erfüllung der sämmtlichen vorstehend bezeichneten Verpflichtungen in Bezug auf die Krankenversicherung.

Haftpflicht des Unternehmers bei Eingriffen in die Rechte Dritter.

§ 18. Für unbefugtes Betreten, sowie für Beschädigungen angrenzender Ländereien, insbesondere durch Entnahme oder Auflagerung von Erde oder anderen Gegenständen außerhalb der schriftlich dazu angewiesenen Flächen, ingleichen für die Folgen eigenmächtiger Versperrungen von Wegen oder Wasserläufen, haftet ausschließlich der Unternehmer, mögen diese Handlungen von ihm oder von seinen Bevollmächtigten, Gehülfen oder Arbeitern vorgenommen sein.

Für den Fall einer solchen widerrechtlichen und nach pflichtmäßiger Ueberzeugung der Bauleitung dem Unternehmer zur Last fallenden Beschädigung erklärt sich dieser damit einverstanden, daß die Bauleitung auf Verlangen des Beschädigten durch einen nach Anhörung des Unternehmers von ihr zu wählenden Sachverständigen auf seine Kosten den Betrag des Schadens ermittelt und für seine Rechnung an den Beschädigten auszahlt, im Falle eines rechtlichen Zahlungshindernisses aber hinterlegt, sofern die Zahlung oder Hinterlegung mit der Maßgabe erfolgt, daß dem Unternehmer die Rückforderung für den Fall vorbehalten bleibt, daß auf seine gerichtliche Klage dem Beschädigten der Ersatzanspruch ganz oder theilweise aberkannt werden sollte.

Aufmessungen während des Baues und Abnahme.

§ 19. Die Bauleitung ist berechtigt, zu verlangen, daß über alle später nicht mehr nachzumessenden Arbeiten von den beiderseits zu bezeichnenden Beauftragten während der Ausführung gegenseitig anzuerkennende Aufzeichnungen geführt werden, welche demnächst der Berechnung zu Grunde zu legen sind.

Entstehen Meinungsverschiedenheiten bei Erhebung der Maße, oder verweigert der Unternehmer die Anerkennung einzelner Maße, oder will er dieselben nur mit Vorbehalt anerkennen, so hat er seine desfallsigen Gründe der Behörde oder dem bauleitenden Beamten innerhalb 8 Tagen nach bezüglicher schriftlicher Aufforderung auf dem gleichen Wege anzuzeigen, widrigenfalls die von dem Beauftragten der Bauverwaltung angenommenen Maße als vom Unternehmer ohne Vorbehalt anerkannt gelten und der Abrechnung zu Grunde gelegt werden.

Von der Vollendung der Arbeiten oder Lieferungen hat der Unternehmer der Bauleitung durch eingeschriebenen Brief Anzeige zu machen, worauf der Termin für die Abnahme mit thunlichster Beschleunigung anberaumt und dem Unternehmer schriftlich gegen Behändigungsschein oder mittels eingeschriebenen Briefes bekannt gegeben wird.

Sollen die Arbeiten oder Lieferungen zu einem vertraglich bestimmten Zeitpunkte erfolgen, so ist der Unternehmer nicht berechtigt, die Abnahme vor jenem Zeitpunkte zu verlangen.

Ueber die Abnahme wird in der Regel eine Verhandlung aufgenommen. Auf Verlangen des Unternehmers muß dies geschehen. Die Verhandlung ist von dem Unternehmer oder dem für ihn etwa erschienenen Vertreter mit zu vollziehen.

Von der über die Abnahme aufgenommenen Verhandlung wird dem Unternehmer auf Verlangen beglaubigte Abschrift mitgetheilt.

5) Jetzt zu vgl. § 503 a. a. O.

Erscheint in dem zur Abnahme anberaumten Termine, gehöriger Benachrichtigung ungeachtet, weder der Unternehmer selbst noch ein Vertreter für ihn, so gelten die durch die Beauftragten der Bauleitung bewirkten Aufnahmen und sonstigen Feststellungen als anerkannt.

Auf die Feststellung des von dem Unternehmer Geleisteten im Falle der Entziehung der Arbeiten oder Lieferungen (§ 13) finden diese Bestimmungen gleichmäßige Anwendung.

Müssen Theillieferungen sofort nach ihrer Anlieferung abgenommen werden, so bedarf es einer besonderen Benachrichtigung des Unternehmers hiervon nicht, vielmehr ist es seine Sache, für seine Anwesenheit oder Vertretung bei der Abnahme Sorge zu tragen.

Die Kosten einer auf seinen Antrag wiederholten Prüfung zurückgewiesener Gegenstände, sowie die Kosten der Untersuchung der als Ersatz gelieferten Gegenstände hat der Lieferant zu tragen. Unter diesen Kosten sind zu verstehen die sämmtlichen betreffenden Bezüge der mit der wiederholten Prüfung bezw. Untersuchung der Gegenstände beschäftigten Beamten (Gehalt, die tarifmäßigen Fuhrkosten und Tagegelder für die zu solchem Zweck von den Beamten ausgeführten Reisen u. s. w.) und die der Bau- ꝛc. Verwaltung durch die Proben entstandenen Kosten.

Rechnungsaufstellung.

§ 20. Bezüglich der förmlichen Aufstellung der Rechnung, welche in der Form, Ausdrucksweise, Bezeichnung der Bautheile und Reihenfolge der Posten genau nach dem Verdingungsanschlage einzurichten ist, hat der Unternehmer den von der Bauleitung gestellten Anforderungen zu entsprechen.

Etwaige Mehrarbeiten oder Mehrlieferungen sind in besonderer Rechnung nachzuweisen, unter deutlichem Hinweis auf die schriftlichen Vereinbarungen, welche darüber getroffen worden sind.

Tagelohnrechnungen.

§ 21. Werden im Auftrage der Verwaltung Seitens des Unternehmers Arbeiten im Tagelohn ausgeführt, so ist die Liste der hierbei beschäftigten Arbeiter dem bauleitenden Beamten oder dessen Vertreter behufs Prüfung ihrer Richtigkeit täglich vorzulegen. Etwaige Ausstellungen dagegen sind dem Unternehmer binnen längstens 8 Tagen mitzutheilen.

Die Tagelohnrechnungen sind längstens von 2 zu 2 Wochen einzureichen.

Abschlagszahlungen.

§ 22. Abschlagszahlungen werden dem Unternehmer in angemessenen Fristen auf Antrag nach Maßgabe des jeweilig Geleisteten oder Gelieferten bis zu der von der Verwaltung mit Sicherheit vertretbaren Höhe gewährt (§ 13 Abs. 5).

Hiervon können noch nicht hinterlegte Sicherheitsbeträge (§ 26), sowie anderweitige auf dem Vertrage beruhende Forderungen der Verwaltung gegen den Unternehmer in Abzug gebracht werden.

Schlußzahlung.

§ 23. Die Schlußzahlung erfolgt alsbald nach vollendeter Prüfung und Feststellung der vom Unternehmer einzureichenden Rechnung (§ 20).

Bleiben bei der Schlußabrechnung Meinungsverschiedenheiten zwischen der Bauleitung und dem Unternehmer bestehen, so soll diesem gleichwohl das ihm unbestritten zustehende Guthaben nicht vorenthalten werden.

Zum Zwecke der Prüfung der Lieferungen sind der Behörde stets spezielle Rechnungen über dieselben sofort nach ihrer Ausführung einzusenden, aus welchen die Zahl der Frachtstücke mit den einzelnen Inhalten unter Angabe der Gattung oder Art, Bezeichnung der Tage der Bestellung und der Absendung, das Roh-Verpackungs- und Reingewicht, der Einheits- und Gesammtpreis zu ersehen sind. Die betreffenden Bestellzettel sind diesen Rechnungen beizufügen. Dieselben Angaben, mit Ausnahme der Preise, müssen auch die betreffenden Begleitpapiere für die zur Empfangnahme der Sendungen bezeichneten Dienststellen enthalten

Vor Empfangnahme des von der Bauleitung als Restguthaben zur Auszahlung angebotenen Betrages muß der Unternehmer alle Ansprüche, welche er aus dem Vertragsverhältniß über die behördlicherseits anerkannten hinaus noch zu haben vermeint, bestimmt bezeichnen und sich vorbehalten, widrigenfalls die Geltendmachung dieser Ansprüche später ausgeschlossen ist.

Zahlende Kasse.

§ 24. Alle Zahlungen erfolgen, sofern nicht in den besonderen Bedingungen etwas Anderes festgesetzt ist, auf der Kasse der Verwaltung, für welche die Arbeiten oder Lieferungen ausgeführt werden.

Gewährleistung.

§ 25. Die in den besonderen Bedingungen des Vertrages vorgesehene, in Ermangelung solcher nach den allgemeinen gesetzlichen Vorschriften sich bestimmende Frist für die dem Unternehmer obliegende Gewährleistung für die Güte der Arbeit oder der Materialien beginnt mit dem Zeitpunkte der Abnahme der Arbeit oder Lieferung.

Der Einwand nicht rechtzeitiger Anzeige von Mängeln gelieferter Waaren (§ 377 des Handelsgesetzbuchs) ist nicht statthaft.

Sicherheitsleistung.

§ 26. Für die vollständige Vertragserfüllung ist Sicherheit zu leisten. Die Höhe der Sicherheit wird durch die besonderen Bedingungen festgesetzt.

Die Sicherheit ist zu bestellen durch Hinterlegung von Geld oder Werthpapieren bei der Staatsdepositenverwaltung. An Stelle der Hinterlegung von Werthpapieren ist die Verpfändung einer in das Reichsschuldbuch oder in das Schuldbuch des Landes oder eines Bundesstaates eingetragenen Forderung oder die Verpfändung eines Depotscheines der Reichsbank über Werthpapiere zulässig. Ausnahmsweise kann mit Genehmigung des Ministeriums die Verpfändung eines Sparkassenbuches, die Stellung eines Bürgen oder die Uebergabe eines Wechsels zugelassen werden. Die hierbei zu beachtenden Grundsätze sind in der Allgemeinen Verfügung des Ministeriums vom 23. Juni 1902 geregelt.

Bei Sicherheitsleistung durch Verpfändung von Sparkassenbüchern, durch Bürgschaft oder Wechsel behält die Verwaltung das Recht, jederzeit eine anderweite Sicherheit zu fordern.

Bei Sicherstellung durch Werthpapiere oder Verpfändung von Schuldforderungen und Depotscheinen kann bei bedeutenderem Kursrückgang nach Ermessen der Verwaltung Ergänzung gefordert werden. Die Ergänzung kann ferner bei allen Sicherheitsleistungen verlangt werden, wenn eine theilweise Inanspruchnahme nöthig geworden ist.

Kommt der Unternehmer seinen Verpflichtungen nicht oder nicht vollständig nach, so kann die Verwaltung die hinterlegten Werthe oder verpfändeten Ansprüche auf dem einfachsten gesetzlich zulässigen Wege zur Deckung ihrer Ansprüche verwenden.

Die Rückgabe der Sicherheit, soweit sie nicht in Anspruch zu nehmen ist, erfolgt, nachdem der Unternehmer die ihm obliegenden Verpflichtungen vollständig erfüllt hat, und, sofern die Sicherheit für die Gewährleistung bestimmt war, nach Ablauf der Gewährleistungsfrist. Im Zweifel gilt als bedungen, daß die Sicherheit in ganzer Höhe zur Deckung der aus der Gewährleistung sich ergebenden Verbindlichkeiten einzubehalten ist.

Uebertragbarkeit des Vertrages.

§ 27. Ohne Genehmigung der Verwaltung darf der Unternehmer seine vertragsmäßigen Verpflichtungen nicht auf andere übertragen.

Verfällt der Unternehmer vor Erfüllung des Vertrages in Konkurs, so ist die Verwaltung berechtigt, den Vertrag mit dem Tage der Konkurseröffnung aufzuheben. Auch kann die Verwaltung den Vertrag sofort aufheben, wenn das Guthaben des Unternehmers ganz oder theilweise mit Arrest belegt oder gepfändet wird.

Bezüglich der in diesen Fällen zu gewährenden Vergütung sowie der Gewährung von Abschlagszahlungen finden die Bestimmungen des § 13 sinngemäß Anwendung.

Für den Fall, daß der Unternehmer mit Tode abgehen sollte, bevor der Vertrag vollständig erfüllt ist, hat die Verwaltung die Wahl, ob sie das Vertragsverhältniß mit seinen Erben fortsetzen oder es als aufgelöst betrachten will.

Macht die Verwaltung von den ihr nach Abs. 2 und 4 zustehenden Rechten Gebrauch, so theilt sie dies dem Konkursverwalter oder dem Unternehmer oder seinen Erben mittels eingeschriebenen Briefes mit. So lange keine Mittheilung erfolgt, ist anzunehmen, daß sie auf der Erfüllung oder Fortsetzung des Vertrages bestehe.

Schiedsgericht.

§ 28. Streitigkeiten über die durch den Vertrag begründeten Rechte und Pflichten sowie über die Ausführung des Vertrages sind zunächst der vertragsschließenden Behörde zur Entscheidung vorzulegen.

Die Entscheidung dieser Behörde gilt als anerkannt, falls der Unternehmer nicht binnen 4 Wochen vom Tage der Zustellung der Behörde anzeigt, daß er auf schiedsrichterliche Entscheidung über die Streitigkeiten antrage.

Die Fortführung der Bauarbeiten nach Maßgabe der von der Bauleitung getroffenen Anordnungen darf hierdurch nicht aufgehalten werden.

Auf das schiedsrichterliche Verfahren finden die Vorschriften in §§ 1025 bis 1048 der Deutschen Civilprozeßordnung Anwendung.

Falls über die Bildung des Schiedsgerichts durch die besonderen Vertragsbedingungen abweichende Vorschriften nicht getroffen sind, ernennen die Verwaltung und der Unternehmer je einen Schiedsrichter. Die Schiedsrichter sollen nicht gewählt werden aus der Zahl der unmittelbar Betheiligten oder derjenigen Beamten, zu deren Geschäftskreis die Angelegenheit gehört hat.

Falls die Schiedsrichter sich über einen gemeinsamen Schiedsspruch nicht einigen können, wird das Schiedsgericht durch einen Obmann ergänzt. Dieser wird von den Schiedsrichtern gewählt, oder, wenn sie sich nicht einigen können, durch den Bezirkspräsidenten bezw. (sofern dieser selbst den Vertrag abschließt oder genehmigt) durch das Ministerium ernannt.[6])

Der Obmann hat die weiteren Verhandlungen zu leiten und darüber zu befinden, ob und inwieweit eine Ergänzung der bisherigen Verhandlungen (Beweisaufnahme u. s. f.) stattzufinden hat. Die Entscheidung über den Streitgegenstand erfolgt nach Stimmenmehrheit.

Bestehen in Beziehung auf Summen, über welche zu entscheiden ist, mehr als zwei Meinungen, so wird die für die größte Summe abgegebene Stimme der für die zunächst geringere abgegebenen hinzugerechnet.

Ueber die Tragung der Kosten des schiedsrichterlichen Verfahrens entscheidet das Schiedsgericht nach billigem Ermessen.

Wird der Schiedsspruch in den im § 1041 der Civilprozeßordnung bezeichneten Fällen aufgehoben, so hat die Entscheidung des Streitfalls im ordentlichen Rechtswege zu erfolgen.

Ablieferung gefundener Gegenstände der Kunst pp.

§ 29. Der Unternehmer verpflichtet sich, alle im Baugrunde gefundenen Gegenstände der Kunst und Wissenschaft an die Verwaltung abzuliefern, und wird diese Bestimmung seinen Arbeitern gegenüber sichern. Der Finder wird für diejenigen Gegenstände, welche die Verwaltung behalten will, nach Vorschrift des Gesetzes entschädigt.

Kosten und Stempel.

§ 30. Briefe und Depeschen, welche den Abschluß und die Ausführung des Vertrages betreffen, werden beiderseits frei gemacht.

Die Portokosten für Geld- und sonstige Sendungen, welche im ausschließlichen Interesse des Unternehmers erfolgen, trägt dieser.

Die Kosten des Vertrages, die, wenn nicht etwa aus besonderen Gründen eine notarielle Beurkundung stattfinden sollte, nur in Stempel und Verkehrssteuer zu bestehen pflegen, hat in der Regel der Unternehmer zu tragen.[7])

Anerkannt ...., den ..... 190 .

(Der Unternehmer) ....

6) In der Fassung der Verfügung des Ministeriums vom 24. April 1907.

7) In der Fassung der Verfügung des Ministeriums vom 24. April 1907.

23. Juni 1902.

Verfügung, betreffend die Sicherheitsleistung für Ausführung von Arbeiten und Lieferungen im Geschäftsbereiche der Bauverwaltung.[1]) [2])

Zentr.- u. Bez.A.Bl. S. 196.

Gemäß § 26 der allgemeinen Vertragsbedingungen für die Ausführung von Arbeiten und Lieferungen im Geschäftsbereiche der Bauverwaltung[3]) wird bezüglich der Bestellung von Sicherheit für die Vertragserfüllung seitens der Unternehmer bestimmt, was folgt:

1. Die Hinterlegung von Geld- und Werthpapieren erfolgt bei der Staatsdepositenverwaltung zu Straßburg nach den Vorschriften des Gesetzes vom 1. November 1899 über das Hinterlegungswesen sowie der auf Grund dieses Gesetzes erlassenen Verordnungen und Ausführungsbestimmungen. Im einzelnen ist zu beachten:

a) Baares Geld wird nach § 1 der Kaiserlichen Verordnung vom 19. Dezember 1899 vom 60. Tage nach der Einzahlung ab mit 2 % verzinst.

b) Zur Sicherheitsleistung durch Werthpapiere werden nur die bei der Reichsbank beleihbaren deutschen Werthpapiere zugelassen und zwar:

Schuldverschreibungen bezw. Rentenbriefe des Reichs, des Landes und der Bundesstaaten zum Nennwerthe.

Alle sonstigen Werthpapiere zu den bei der Reichsbank beleihbaren Theilen des Kurswerthes.

1) Erlassen vom Ministerium.

2) Abgeändert durch die Verfügung des Ministeriums, betreffend die Sicherheitsleistung für Ausführung von Arbeiten und Lieferungen im Geschäftsbereiche der Bauverwaltung, vom 4. Juli 1913 (Zentr.- u. Bez. A.Bl. S. 372) s. u.

3) Zu vgl. Allgemeine Vertragsbedingungen für die Ausführung von Arbeiten und Lieferungen im Geschäftsbereiche der Bauverwaltung, vom 23. Juni 1902 (Zentr.- u. Bez.A.Bl. S. 189).

Den Werthpapieren sind die Erneuerungsscheine sowie die Zins-, Renten- und Gewinnantheilscheine beizufügen; nur die innerhalb eines Jahres von der Hinterlegung ab fällig werdenden Zinsscheine u. s. w. können zurückbehalten werden. Die übergebenen Zinsscheine u. s. w. werden an den Fälligkeitsterminen von der Staatsdepositenverwaltung eingelöst und der Betrag wird dem Hinterleger gutgeschrieben und zur Verfügung gestellt. Für die Aufbewahrung und Verwaltung der Werthpapiere ist nach näherer Vorschrift der Verordnung vom 22. Dezember 1899 eine jährliche Gebühr von 5 Pfennig für je 100 ℳ oder einen Bruchtheil dieses Betrages vom Kapitalnennwerthe, mindestens jedoch 50 Pfennig für jede Hinterlegungsmasse zu entrichten.

2. Bei etwaiger Verpfändung einer in das Reichsschuldbuch oder das Schuldbuch eines Bundesstaates eingetragenen Forderung erfolgt die Berechnung der Forderung zum Nennwerthe. Derjenigen Behörde, welche die Sicherheitsbestellung veranlaßt hat, ist eine auf Stempelpapier geschriebene oder durch die Behörde alsbald durch Stempelmarke (nach der Größe des Papiers) abzustempelnde Verpfändungsurkunde einzureichen und zwar als Regel in folgender Fassung:

> Zur Sicherheit für die Forderungen, welche der . . . . . . Verwaltung aus dem . . . . . . Vertrage vom . . . . . . gegen den unterzeichneten Unternehmer . . . . (Firma) etwa erwachsen, wird derselben hierdurch die laut beiliegender Bescheinigung in das Reichs- (Staats-) schuldbuch eingetragene Forderung in Höhe von . . . . . . verpfändet. Zugleich wird die . . . . (Verwaltung) ermächtigt, die Ausreichung von Schuldverschreibungen gegen Löschung der eingetragenen Forderung zu beantragen.
>
> . . . . Unterschrift.
>
> (Notarielle Beglaubigung der Unterschrift.)
> Angenommen:
>
> . . . . (Unterschrift der Behörde, zu deren Gunsten die Verpfändung erfolgt.

Mit der Verpfändungsurkunde ist eine Bescheinigung der Schuldbuchverwaltung über Eintragung der Verpfändung an erster Stelle einzureichen.

Die Bescheinigung wird durch die Annahme seitens der Behörde stempelpflichtig und ist auf Kosten des Unternehmers mit Stempelmarke (nach der Größe des Papiers) zu versehen.

3. Bei der Verpfändung von Depotscheinen der Reichsbank erfolgt die Werth-Berechnung je nach der Art der Werthpapiere in gleicher Weise, wie nach Ziffer 1 b. Der die Sicherheitsbestellung veranlassenden Behörde ist zu übergeben:

Der Depotschein, eine Verpfändungsurkunde und eine Bescheinigung des Komtors der Reichshauptbank für Werthpapiere. Die beiden letzteren Urkunden, die, wie der Depotschein dem Stempel nach dem unter 2. Gesagten unterliegen, haben als Regel zu lauten, wie folgt:

a) Verpfändungsurkunde.

Zur Sicherheit für die Forderungen, welche der . . . . . . Verwaltung aus dem . . . . . . Vertrage vom . . . . . . gegen den unterzeichneten Unternehmer . . . . . . (Firma) etwa erwachsen, wird derselben hierdurch diejenige Forderung verpfändet, welche dem Unterzeichneten gegen die deutsche Reichsbank laut Depotschein Nr. . . . auf Herausgabe der in letzterem bezeichneten Werthpapiere zusteht. Zugleich wird die . . . . ermächtigt, das vorstehende Depot bei der Reichsbank zu erheben und darüber Quittung zu ertheilen.

. . . .
Unterschrift des Verpfänders.

(Beglaubigung, wenn die Unterschrift nicht vor der Behörde erfolgt).
Angenommen:
(Unterschrift der Behörde).

b) Aushändigungsbescheinigung.

Wir bescheinigen hiermit, daß wir zur Erfüllung der Vorschrift des § 1280 B. G. B. von der Verpfändung derjenigen Forderung, welche dem . . . . . . laut Depotschein Nr. . . . gegen die Reichsbank zusteht, benachrichtigt worden sind, und erklären uns zugleich bereit, dieses Depot gegen Uebergabe des Depotscheines jederzeit an die . . . . auszuhändigen.
(Unterschrift.)

4. Bei der ausnahmsweise zugelassenen Verpfändung von Sparkassenguthaben ist eine ähnliche Verpfändungsurkunde und Bescheinigung wie zu 3. einzureichen. Bei dem obigen Muster tritt an Stelle der Worte: „gegen die deutsche Reichsbank laut Depotschein Nr. . . .“ der Satz, „gegen die Sparkasse zu . . . . laut Sparkassenbuch Nr. . . .,“ anstatt „Werthpapiere“ ist „Guthaben“ zu setzen u. s. w. Das Sparkassenbuch bleibt stempelfrei.

5. Bei Bürgschaften, die gleichfalls ausnahmsweise mit Genehmigung des Ministeriums zugelassen werden, hat sich der Bürge

für die Erfüllung der Vertragsverbindlichkeiten schriftlich als Selbstschuldner unter Verzicht auf die Einreden der Anfechtung, der Aufrechnung und der Vorausklage sowie auf Anzeige nach § 777 B. G. B. bis zum Betrage der Sicherheitsleistung zu verpflichten.

Muster eines Bürgscheins.
(Dimensionsstempelpflichtig.)

Für die Erfüllung der von dem ..... (Unternehmer) in dem Vertrage vom ...... übernommenen Verbindlichkeiten verbürgt sich der unterzeichnete ...... hierdurch als Selbstschuldner unter Verzicht auf die Einreden der Anfechtung, der Aufrechnung und der Vorausklage (§§ 770, 771 des B. G. B.) bis zum Betrage von ..... (in Worten: ....).

Auf Anzeige gemäß § 777 des Bürgerlichen Gesetzbuches wird verzichtet.

....
Unterschrift.

(Beglaubigung, wenn die Unterschrift nicht vor der Behörde erfolgt).

Angenommen:
(Unterschrift der Behörde).

6. Gezogene Wechsel müssen an den Landesfiskus von Elsaß-Lothringen bei Sicht zahlbar gestellt und von dem Bezogenen angenommen, eigene Wechsel müssen bei Sicht zahlbar und avalirt sein sowie den Landesfiskus als Wechselnehmer bezeichnen. Die Wechsel sind bei der Staatsdepositenverwaltung zu hinterlegen; die Hinterlegungsgebühren (wie bei Werthpapieren, s. oben Ziffer 1 b) fallen dem Unternehmer zur Last.

[3]) 7. Bei der Vergebung von öffentlichen Arbeiten und Lieferungen an Handwerker und Gewerbetreibende können auch Sparkassenbücher der gewerblichen Kreditgenossenschaften an Stelle von barem Geld oder Werthpapieren als Sicherheitsleistung der Unternehmer zugelassen werden, ohne daß es der vorherigen Genehmigung durch das Ministerium bedarf, wenn die Genossenschaft oder der Revisionsverband von Fall zu Fall den Nachweis führt, daß die Genossenschaft nach ihren finanziellen Grundlagen und organisatorischen Einrichtungen ausreichende Sicherheit bietet.

Unter der gleichen Voraussetzung können Bürgschaften größerer Genossenschaften, sowie auf diese Genossenschaften gezogene und von ihnen akzeptierte, an den Landesfiskus von Elsaß-Lothringen bei Sicht zahlbare Wechsel als Sicherheit angenommen werden, falls die Zentral-Genossenschaftskasse in Straßburg als Rückbürgin oder als zweite Wechselverpflichtete haftet. Die Wechsel sind bei der Staatsdepositenverwaltung zu hinterlegen; die Hinterlegungsgebühren fallen dem Unternehmer zur Last.

3) In der Fassung zufolge der Verfügung des Ministeriums vom 4. Juli 1913.

---

26. Juni 1902.

Kaiserliche Verordnung zur Ausführung des Gesetzes, betreffend die Freundschaftsverträge mit Tonga und Samoa und den Freundschafts-, Handels- und Schiffahrtsvertrag mit Zanzibar.[1])

Reichsgesetzbl. S. 261.

Die Vorschrift in Artikel IX des Freundschaftsvertrags mit Tonga vom 1. November 1876 (Reichs-Gesetzbl. 1877 S. 517), wonach das Reich und Tonga sich gegenseitig in Betreff aller in jenem Vertrage berührten Gegenstände die Rechte der meistbegünstigten Nationen zugestanden haben, wird insoweit, als dadurch kraft der Meistbegünstigung die Ausübung der Konsulargerichtsbarkeit gestattet ist, vom 1. September 1902 an mit der Maßgabe außer Anwendung gesetzt, daß von diesem Tage an die Deutschen und deutschen Schutzgenossen in Tonga der Gerichtsbarkeit der dort von Großbritannien eingesetzten Gerichte unterworfen sind.

1) Das Gesetz, betreffend die Freundschaftsverträge mit Tonga und Samoa und den Freundschafts-, Handels- und Schiffahrtsvertrag mit Zanzibar, ist vom 15. Februar 1900.

2. Juli 1902.

Vereinbarung zwischen dem Deutschen Reiche und Frankreich über die gegenseitige Behandlung der Handlungsreisenden.

Reichsgesetzbl. 1903 S. 47.

Nachdem die Kaiserlich deutsche Regierung und die Regierung der Französischen Republik übereingekommen sind, die Behandlung der deutschen Handlungsreisenden in Frankreich und der französischen Handlungsreisenden in Deutschland genauer zu regeln, haben die Unterzeichneten,

. . . .

folgende Vereinbarung getroffen:

Art. 1. Kaufleute, Fabrikanten und andere Gewerbetreibende des einen der beiden Länder, welche sich durch Vorlegung einer von den Behörden des Heimathlandes ausgefertigten Gewerbe-Legitimationskarte darüber ausweisen, daß sie dort zum Handels- oder Gewerbebetriebe berechtigt sind und die gesetzlichen Steuern und Abgaben entrichten, sollen befugt sein, persönlich oder durch in ihren Diensten stehende Reisende in dem anderen Lande bei Kaufleuten oder in offenen Verkaufsstellen oder bei solchen Personen, welche die Waaren erzeugen, Waareneinkäufe zu machen. Sie sollen ferner befugt sein, bei Kaufleuten, in deren Geschäftsräumen oder bei solchen Personen, in deren Gewerbebetriebe Waaren der angebotenen Art Verwendung finden, Bestellungen, auch unter Mitführung von Proben und Mustern, aufzusuchen. Weder im einen noch im anderen Falle sollen sie hierfür eine besondere Abgabe entrichten müssen.

Die mit einer Gewerbe-Legitimationskarte versehenen Reisenden dürfen wohl Proben und Muster, aber keine Waaren mit sich führen.

Sie haben die in jedem Lande gültigen Vorschriften zu beachten.

Art. 2. Die Ausfertigung der Gewerbe-Legitimationskarten soll nach dem der gegenwärtigen Vereinbarung beigefügten Muster erfolgen.

Die beiden Regierungen werden einander die beiderseits zur Ertheilung der Gewerbe-Legitimationskarten befugten Behörden und die Vorschriften mittheilen, die für die Ausübung des Gewerbebetriebs der Karteninhaber maßgebend sind.

Art. 3. Die als Proben oder Muster dienenden zollpflichtigen Gegenstände, die in das eine der beiden Länder von den Handlungsreisenden des anderen Landes eingebracht werden, sollen zollfrei zugelassen werden, falls den nachfolgenden, zur Sicherung ihrer Wiederausfuhr oder Einlieferung in eine Niederlage erforderlichen Förmlichkeiten entsprochen wird:

1. Das Zollamt, über das die Proben oder Muster eingehen, ermittelt den Betrag des darauf haftenden Zolles. Der Handlungsreisende hat diesen Betrag bei dem Zollamte baar zu hinterlegen oder annehmbare Sicherheit zu leisten.
2. Zum Zwecke der Festhaltung der Identität werden die einzelnen Proben oder Muster, soweit es angeht, durch Anbringung von Stempeln, Siegeln oder Bleien bezeichnet. Ausnahmsweise können die Letzteren auf Behältnissen, welche mit den umschlossenen Gegenständen in unmittelbarer Berührung stehen, angebracht werden, wenn nach Ansicht des Eingangszollamts dieses Verfahren vollständige Sicherheit gewährt.

   Die Erkennungszeichen, die zur Wahrung der Identität der aus einem der beiden Länder ausgeführten und zur Wiedereinfuhr in dasselbe bestimmten Proben oder Muster amtlich angelegt worden sind, sollen gegenseitig anerkannt werden, und zwar in dem Sinne, daß die von der Zollbehörde des Ausfuhrlandes angelegten Zeichen auch in dem anderen Lande zum Beweise der Identität dienen. Die beiderseitigen Zollämter dürfen jedoch weitere Erkennungszeichen anlegen, falls dies nothwendig erscheint.
3. Es ist ein Abfertigungspapier auszustellen, welches enthalten soll:
   a) ein Verzeichniß der eingebrachten Proben oder Muster, in welchem die Gattung der Waare und solche Merkmale sich angegeben finden, die zur Festhaltung der Identität geeignet sind;
   b) eine Angabe über den auf den Proben oder Mustern haftenden Zoll und darüber, ob er hinterlegt oder sichergestellt worden ist;
   c) eine Angabe über das Erkennungszeichen (Stempel, Siegel oder Blei), das an den Proben oder Mustern oder gegebenenfalls an den Behältnissen angebracht worden ist;
   d) die Frist, nach deren Ablaufe der

hinterlegte Zollbetrag zu verrechnen oder der Zoll aus der bestellten Sicherheit einzuziehen ist, sofern nicht nachgewiesen wird, daß die Proben oder Muster innerhalb der Frist wieder ausgeführt oder in eine Niederlage eingeliefert worden sind. Die Frist darf zwölf Monate nicht überschreiten.

4. Für die Ertheilung des Abfertigungspapieres und die Bezeichnung der Musterstücke zur Festhaltung der Identität werden Kosten mit Ausnahme des Stempels nicht erhoben.

5. Die Proben oder Muster können sowohl über das Eingangszollamt als auch über jedes andere zur Abfertigung von Proben oder Mustern befugte Zollamt wieder ausgeführt werden.

6. Werden vor Ablauf der gestellten Frist (3 d) die Proben oder Muster einem zur Abfertigung befugten Amte zum Zwecke der Wiederausfuhr oder der Einlieferung in eine Niederlage vorgeführt, so hat dieses Amt sich durch eine Prüfung davon zu überzeugen, ob ihm dieselben Gegenstände vorgeführt worden sind, für welche das Abfertigungspapier beim Eingang ertheilt worden ist. Soweit in dieser Hinsicht keine Bedenken entstehen, bescheinigt das Amt die Wiederausfuhr oder die Einlieferung in die Niederlage und erstattet den bei der Einfuhr hinterlegten Zoll oder trifft wegen Freigabe der bestellten Sicherheit die erforderliche Verfügung.

Art. 4. Die Bestimmungen der gegenwärtigen Vereinbarung finden keine Anwendung auf den Gewerbebetrieb im Umherziehen, einschließlich des Hausirhandels und des Aufsuchens von Bestellungen bei Personen, welche nicht Handel oder Gewerbe treiben.

Art. 5. Die gegenwärtige Vereinbarung erstreckt sich auch auf die mit Deutschland oder Frankreich gegenwärtig oder künftig zollgeeinten Länder oder Gebiete.

Art. 6. Die gegenwärtige Vereinbarung soll von den beiden Regierungen ratifizirt und die Ratifikationen sollen in Berlin sobald als möglich ausgetauscht werden.

Sie soll am zwanzigsten Tage nach dem Austausche der Ratifikationen in Kraft treten und in Geltung bleiben bis zum Ablaufe von sechs Monaten von dem Tage ab, an dem sie von der einen oder anderen Seite gekündigt werden wird.

Nachdem der Bundesrat zu dem vorstehenden Abkommen seine Zustimmung erteilt hat, ist dasselbe von den beiderseitigen Regierungen genehmigt worden. Die Auswechselung der Genehmigungserklärungen hat am 13. März 1903 in Berlin stattgefunden.

Anlage.

(Muster)

Gewerbe-Legitimationskarte

für

Handlungsreisende.

Für das Jahr 19 . . . Nr. der Karte . . . .

Wappen.

Gültig im Deutschen Reiche und in Luxemburg, in Frankreich, in Algerien und in Monaco.

Inhaber:

(Vor- und Zuname.)

(Ortsname), den . . . . . (Tag, Monat, Jahr).

(Siegel der zuständigen Behörde.) (Titel und Unterschrift der zuständigen Behörde.)

Es wird hiermit bestätigt, daß Inhaber dieser Karte

{ eine . . . . . . (Bezeichnung der Fabrik oder Handlung) in . . . . unter der Firma . . . . besitzt.

{ als Handlungsreisender im Dienste der Firma . . . . in . . . . steht, welche eine . . . . . . (Bezeichnung der Fabrik oder Handlung) in . . . . besitzt.

Ferner wird, da Inhaber für Rechnung dieser Firma und außerdem nachfolgender Firma oder nachfolgender Firmen (Bezeichnung der Handlung oder Fabrik) . . . . Waarenbestellungen aufzusuchen und Waareneinkäufe zu machen beabsichtigt, bescheinigt, daß für den Gewerbetrieb vorgedachter Firma (oder vorgedachter Firmen) im hiesigen Lande die gesetzlich bestehenden Abgaben zu entrichten sind.

Bezeichnung der Person des Inhabers:

Alter: . . . .

Gestalt: . . . .

Haare: . . . .

Besondere Kennzeichen: . . . .

Unterschrift:

. . . .

Zur Beachtung:

Inhaber dieser Karte ist ausschließlich im Umherziehen und ausschließlich für Rechnung der vorgedachten Firma (oder der vorgedachten

Firmen) berechtigt, Waarenbestellungen aufzusuchen und Waareneinkäufe zu machen. Er darf nur Proben und Muster, aber keine Waaren mit sich führen. Außerdem hat er die in jedem Lande gültigen Vorschriften zu beachten.

---

7. Juli 1902.

Süßstoffgesetz. [1] [2]

Reichsgesetzbl. S. 253.

§ 1. Süßstoff im Sinne dieses Gesetzes sind alle auf künstlichem Wege gewonnenen Stoffe, welche als Süßmittel dienen können und eine höhere Süßkraft als raffinirter Rohr- oder Rübenzucker, aber nicht entsprechenden Nährwerth besitzen.

§ 2. Soweit nicht in den §§ 3 bis 5 Ausnahmen zugelassen sind, ist es verboten:

a) Süßstoff herzustellen oder Nahrungs- oder Genußmitteln bei deren gewerblicher Herstellung zuzusetzen;

b) Süßstoff oder süßstoffhaltige Nahrungs- oder Genußmittel aus dem Ausland einzuführen;

c) Süßstoff oder süßstoffhaltige Nahrungs- oder Genußmittel feilzuhalten oder zu verkaufen.

§ 3. Nach näherer Bestimmung des Bundesraths ist für die Herstellung oder die Einfuhr von Süßstoff die Ermächtigung einem oder mehreren Gewerbetreibenden zu geben.

Die Ermächtigung ist unter Vorbehalt des jederzeitigen Widerrufs zu ertheilen und der Geschäftsbetrieb des Berechtigten unter dauernde amtliche Ueberwachung zu stellen. Auch hat der Bundesrath in diesem Falle zu bestimmen, daß bei dem Verkaufe des Süßstoffs ein gewisser Preis nicht überschritten werden sowie ob und unter welchen Bedingungen eine Ausfuhr von Süßstoff in das Ausland erfolgen darf.

§ 4. Die Abgabe des gemäß § 3 hergestellten oder eingeführten Süßstoffs im Inland ist nur an Apotheken und an solche Personen gestattet, welche die amtliche Erlaubniß zum Bezuge von Süßstoff besitzen.

Diese Erlaubniß ist nur zu ertheilen:

a) an Personen, welche den Süßstoff zu wissenschaftlichen Zwecken verwenden wollen;

b) an Gewerbetreibende zum Zwecke der Herstellung von bestimmten Waaren, für welche die Zusetzung von Süßstoff aus einem die Verwendung von Zucker ausschließenden Grunde erforderlich ist;

c) an Leiter von Kranken-, Kur-, Pflege- und ähnlichen Anstalten zur Verwendung für die in der Anstalt befindlichen Personen;

d) an die Inhaber von Gast- und Speisewirthschaften in Kurorten, deren Besuchern der Genuß mit Zucker versüßter Lebensmittel ärztlicherseits untersagt zu werden pflegt, zur Verwendung für die im Orte befindlichen Personen.

Die Erlaubniß ist ferner nur unter Vorbehalt jederzeitigen Widerrufs und nur dann zu ertheilen, wenn die Verwendung des Süßstoffs zu den angegebenen Zwecken ausreichend überwacht werden kann.

§ 5. Die Apotheken dürfen Süßstoff außer an Personen, welche eine amtliche Erlaubniß (§ 4) besitzen, nur unter den vom Bundesrathe festzustellenden Bedingungen abgeben.

Die im § 4 Abs. 2 zu b benannten Bezugsberechtigten dürfen den Süßstoff nur zur Herstellung der in der amtlichen Erlaubniß bezeichneten Waaren verwenden und letztere nur an solche Abnehmer abgeben, welche derart zubereitete Waaren ausdrücklich verlangen. Der Bundesrath kann bestimmen, daß diese Waaren unter bestimmten Bezeichnungen und in bestimmten Verpackungen feilgehalten und abgegeben werden müssen.

Die zu c und d genannten Bezugsberechtigten dürfen Süßstoff oder unter Verwendung von Süßstoff hergestellte Nahrungs- oder Genußmittel nur innerhalb der Anstalt (zu c) oder des Ortes (zu d) abgeben.

§ 6. Die vom Bundesrathe zur Ausführung der Vorschriften in den §§ 3, 4 und 5 zu erlassenden Bestimmungen sind dem Reichstage bis zum 1. April 1903 vorzulegen. Sie sind außer Kraft zu setzen, soweit der Reichstag dies verlangt.

§ 7. Wer der Vorschrift des § 2 vorsätzlich zuwiderhandelt, wird, soweit nicht die Bestimmungen des Vereinszollgesetzes Platz greifen, mit Gefängniß bis zu sechs Monaten und mit

---

1) Anstelle des Gesetzes vom 6. Juli 1898 (Reichsgesetzbl. S. 919).

2) Vgl. hierzu die Ausführungsbestimmungen zum Süßstoffgesetz vom 7. Juli 1902, zufolge Bekanntmachung des Reichskanzlers vom 23. März 1903 (Zentr.-Bl. f. d. D. R. S. 103) s. u.

Geldstrafe bis zu eintausendfünfhundert Mark oder mit einer dieser Strafen bestraft.

Ist die Handlung aus Fahrlässigkeit begangen worden, so tritt Geldstrafe bis zu einhundertfünfzig Mark oder Haft ein.

§ 8. Der Strafe des § 7 Abs. 1 unterliegen auch Diejenigen, in deren Besitz oder Gewahrsam Süßstoff in Mengen von mehr als 50 Gramm vorgefunden wird, sofern sie nicht den Nachweis erbringen, daß sie den Süßstoff nach Inkrafttreten dieses Gesetzes von einer zur Abgabe befugten Person bezogen haben.

Ist in solchen Fällen den Umständen nach anzunehmen, daß der vorgefundene Süßstoff nicht verbotswidrig hergestellt oder eingeführt worden ist, so tritt statt der Strafe des § 7 Abs. 1 diejenige des Abs. 2 daselbst ein.

§ 9. In den Fällen des § 7 und 8 ist neben der Strafe auf Einziehung der Gegenstände zu erkennen, mit Bezug auf welche die Zuwiderhandlung begangen worden ist.

Ist die Verfolgung oder Verurtheilung einer bestimmten Person nicht ausführbar, so kann auf die Einziehung selbständig erkannt werden.

§ 10. Zuwiderhandlungen gegen die auf Grund dieses Gesetzes erlassenen und öffentlich oder den Betheiligten besonders bekannt gemachten Verwaltungsvorschriften werden mit einer Ordnungsstrafe von einer bis zu dreihundert Mark geahndet.

§ 11. Den Inhabern der Süßstofffabriken, die als solche bereits vor dem 1. Januar 1901 betrieben worden sind und diese Fabrikation auch innerhalb der Zeit vom 1. April 1901 bis 1. April 1902 fortgesetzt haben, wird eine vom Bundesrath unter Ausschluß des Rechtswegs festzustellende Entschädigung gewährt.

Die Entschädigung soll das Sechsfache eines Jahresgewinns nach dem Durchschnitte der Betriebsjahre 1898/99, 1899/1900, 1900/1901 unter Annahme der Gewinnhöhe von vier Mark für jedes Kilogramm des innerhalb dieser Zeit hergestellten chemisch-reinen Süßstoffes betragen.

Wird der Inhaber einer Süßstofffabrik gemäß § 3 zur Herstellung von Süßstoff für eigene Rechnung ermächtigt, so tritt eine entsprechende Verminderung der Entschädigung ein; wird die Ermächtigung widerrufen, so ist die Entschädigung entsprechend nachzuvergüten.

Die Inhaber der Fabriken sind verpflichtet, von der ihnen gewährten Entschädigung ihren Beamten und Arbeitern, die in Folge des Verbots aus ihrer Beschäftigung entlassen werden, eine Entschädigung zu gewähren, die bei Arbeitern dem von ihnen in den letzten drei Monaten vor dem Inkrafttreten dieses Gesetzes bezogenen durchschnittlichen Arbeitsverdienste, bei Beamten dem von ihnen in den letzten sechs Monaten vor dem Inkrafttreten dieses Gesetzes bezogenen Gehalt entspricht.

Streitigkeiten zwischen den Inhabern der Fabriken einerseits und den Beamten oder Arbeitern andererseits werden von der für Lohnstreitigkeiten zuständigen Instanz entschieden.

§ 12. Der Reichskanzler ist befugt, von dem Tage der Publikation dieses Gesetzes ab, den einzelnen Fabriken den von ihnen herzustellenden Höchstbetrag von Süßstoff vorzuschreiben.

§ 13. Dieses Gesetz tritt mit dem 1. April 1903 in Kraft. Mit diesem Zeitpunkte tritt das Gesetz, betreffend den Verkehr mit künstlichen Süßstoffen, vom 6. Juli 1898 (Reichs-Gesetzbl. S. 919) außer Kraft.

---

7. Juli 1902.

Kaiserliche Verordnung über die weitere Inkraftsetzung des Gesetzes, betreffend die Schlachtvieh- und Fleischbeschau, vom 3. Juni 1900.[1])

Reichsgesetzbl. S. 241.

Das Gesetz, betreffend die Schlachtvieh- und Fleischbeschau, vom 3. Juni 1900 (Reichs-Gesetzbl. S. 547) tritt, insoweit nicht für einzelne Vorschriften ein früherer Zeitpunkt bestimmt ist, am 1. April 1903 in Kraft.

1) Erlassen auf Grund des § 30 Abs. 2 des Ges., betr. die Schlachtvieh- und Fleischbeschau, vom 3. Juni 1900 (Reichsgesetzbl. S. 547).

10. Juli 1902.

Bekanntmachung des Reichskanzlers, betreffend das Gesetz über die Schlachtvieh- und Fleischbeschau vom 3. Juni 1900. [1])

Reichsgesetzbl. S. 242.

Auf Grund der Bestimmungen im § 1 Abs. 1, § 12 Abs. 2 Nr. 1, § 14 Abs. 1, § 15, § 18 Abs. 5 des Gesetzes, betreffend die Schlachtvieh- und Fleischbeschau, vom 3. Juni 1900 (Reichs-Gesetzbl. S. 547) hat der Bundesrath Nachstehendes beschlossen:

1. Der amtlichen Untersuchung vor und nach der Schlachtung (§ 1 Abs. 1 des Gesetzes) unterliegen auch Esel, Maulthiere und Maulesel. Die Bestimmungen im § 18 des Gesetzes finden auch auf Esel, Maulthiere und Maulesel Anwendung.
2. Bei der Einfuhr frischen Fleisches müssen außer den im § 12 Abs. 2 Nr. 1 des Gesetzes bezeichneten Organen in natürlichem Zusammenhange mit den Thierkörpern verbunden sein:

   bei Rindvieh, ausgenommen Kälber, der Kopf oder der Unterkiefer mit den Kaumuskeln; Gehirn und Augen dürfen fehlen. Auch darf der Kopf getrennt von dem Thierkörper beigebracht werden, sofern er und der Thierkörper derart mit Zeichen oder Nummern versehen sind, daß die Zusammengehörigkeit ohne Weiteres erkennbar ist;

   bei Schweinen der Kopf mit Zunge und Kehlkopf; Gehirn und Augen dürfen fehlen;

   bei Pferden, Eseln, Maulthieren, Mauleseln und anderen Thieren des Einhufergeschlechts der Kopf, der Kehlkopf und die Luftröhre sowie die ganze Haut; bei letzterer genügt die Verbindung an einer Stelle.

2a Bei der Einfuhr von frischem Fleische dürfen die Organe und sonstigen Körpertheile, auf die sich die Untersuchung zu erstrecken hat, nicht angeschnitten sein, bei der Einfuhr von zubereitetem Fleische die der Untersuchung zu unterziehenden Lymphdrüsen nicht fehlen oder angeschnitten sein, jedoch darf in die Mittelfellbrüsen und in das Herzfleisch je ein Schnitt gelegt sein.

3. Die Bestimmungen in §§ 12, 13 des Gesetzes finden auch auf Rennthiere und Wildschweine Anwendung; erstere werden dem Rindvieh, letztere mit der Maßgabe den Schweinen gleichgestellt, daß bei der Einfuhr frischen Fleisches Lunge, Herz und Nieren in den Thierkörpern fehlen dürfen.
4. Die Einfuhr von Hundefleisch sowie von zubereitetem Fleische mit Ausnahme der Därme, das von Pferden, Eseln, Maulthieren, Mauleseln oder anderen Thieren des Einhufergeschlechts herrührt, ist verboten.

1) Die Bekanntmachung ist in der Fassung abgedruckt, die sie durch die Bekanntmachungen v. 14. Juni 1906, 4. Juli 1908 und 21. Juni 1912 erhalten hat.

12. Juli 1902.

Bekanntmachung des Reichskanzlers, betreffend die Gebührenordnung für die Untersuchung des in das Zollinland eingehenden Fleisches. [1]) [2])

Zentr.-Bl. f. d. D. R. S. 238.

Gebührenordnung für die Untersuchung des in das Zollinland eingehenden Fleisches.

§ 1. Für die auf Grund des Gesetzes, betreffend die Schlachtvieh- und Fleischbeschau, vom 3. Juni 1900 (Reichs-Gesetzbl. S. 547) stattfindende Untersuchung des in das Zollinland eingehenden Fleisches sind von dem Besitzer des Fleisches Gebühren nach Maßgabe der nachstehenden Bestimmungen zu entrichten. Diese Gebühren umfassen insbesondere auch die Vergütungen für die Entnahme und Versendung von Proben, für Benachrichtigungen, Eintragungen in die Beschaubücher, Ausstellung von Befundscheinen, Kennzeichnung des Fleisches und etwa nothwendige Reisen der Sachverständigen.

1) Gemäß Beschlusses des Bundesrats auf Grund der Bestimmung im § 22 Nr. 3 des Gesetzes, betr. die Schlachtvieh- und Fleischbeschau, vom 3. Juni 1900 (Reichsgesetzbl. S. 547).

2) Abgeändert durch die Bekanntmachungen des Reichskanzlers vom 24. Januar 1907 (Zentr.-Bl. f. d. D. R. S 15), vom 4. Juli 1908 (Zentr.-Bl. f. d. D. R. S. 255).

§ 2. Die Gebühren betragen, abgesehen von den in den §§ 4 bis 6 für besondere Untersuchungen festgesetzten Gebühren,

A. bei frischem Fleische:

1. für ein Stück Rindvieh (ausschließlich der Kälber) oder ein Renntier . 1,50 Mark,
2. für ein Kalb . . . . 0,50 „
3. für ein Schwein oder Wildschwein . . . . 0,60 „
4. für ein Schaf oder eine Ziege . . . . 0,40 „
5. für ein Pferd oder ein anderes Tier des Einhufergeschlechts (Esel, Maultier, Maulesel) . . . . 3,00 „ ;

B. bei zubereitetem Fleische (ausgenommen Fett):

6. von Därmen für jedes Kilogramm . . . . 0,005 Mark,
7. von Speck für jedes Kilogramm . . . . 0,01 „
8. von sonstigem zubereitetem Fleische für jedes Kilogramm 0,02 „

Jedoch sind von Därmen mindestens 0,40 ℳ, von sonstigem zubereitetem Fleische mindestens 0,50 ℳ für jede Sendung zu erheben.

Bei nicht gleichartigen Sendungen (§ 12 Abs. 3 der Ausführungsbestimmungen D) oder wenn im Falle der Beanstandung einer Stichprobe die Untersuchung in Bezug auf den Beanstandungsgrund an der ganzen gleichartigen Sendung ausgeführt wird (§ 12 Abs. 4 ebenda) sind die unter B Nr. 6 bis 8 festgesetzten Gebühren in doppelter Höhe zu entrichten.

Pfennigbeträge bei der Endsumme sind auf eine durch 5 theilbare Zahl nach oben abzurunden.

§ 3. Erfolgt die Herrichtung des Fleisches für die Beschau (Herausnahme der Eingeweide, Loslösen der Liesen, Zerlegung der Schweine in Hälften, Aufhängen oder Auflegen der Fleischtheile im Untersuchungsraume) nicht durch den Empfangsberechtigten oder eine von ihm zur Verfügung gestellte Hülfskraft, so wird für diese Arbeiten noch ein Zuschlag von 20 Prozent zu den nach Maßgabe des § 2 festgesetzten Untersuchungsgebühren erhoben. Pfennigbeträge bei der Geldsumme sind auf eine durch 5 theilbare Zahl nach oben abzurunden.

§ 4. Die Gebühren für die Untersuchung auf Trichinen betragen:

1. für ein ganzes Schwein oder Wildschwein . . . . 0,75 ℳ [3])
2. für ein einzelnes Stück Fleisch, ausgenommen Speck (z. B. Schinken, Stück Pökelfleisch und dergleichen) . . . . 0,50 „
3. für ein Stück Speck . . . . 0,25 „.

Für die Hülfeleistung der Trichinenschauer bei der Finnenschau sind besondere Gebühren nicht zu erheben.

§ 5. Unbeschadet der nach Maßgabe des § 6 zur Erhebung gelangenden Gebühren betragen die Gebühren für die chemische Untersuchung von zubereitetem Fleische, ausgenommen Fett, 0,02 ℳ, für die chemische Untersuchung von zubereitetem Fette, einschließlich der Vorprüfung, 0,005 ℳ [3]) für jedes Kilogramm einer gleichartigen Sendung (§ 12 Abs. 3 der Ausführungsbestimmungen D). Jedoch beträgt die Mindestgebühr bei der chemischen Untersuchung von Fleisch 1 ℳ, bei der von Fetten 0,40 ℳ für jedes Packstück der Sendung. Bei nicht gleichartigen Sendungen, oder wenn im Falle der Beanstandung einer Stichprobe die Untersuchung in Bezug auf den Beanstandungsgrund an der ganzen gleichartigen Sendung vorgenommen wird (§ 12 Abs. 4 der Ausführungsbestimmungen D), sind die doppelten Gebühren zu entrichten.

Pfennigbeträge bei der Endsumme sind auf eine durch 5 theilbare Zahl nach oben abzurunden.

§ 6. Für die biologische oder chemische Untersuchung von zubereitetem Fleische auf das Vorhandensein von Pferdefleisch (§ 16 der Anl. a, § 14 Abs. 2 unter a der Ausführungsbestimmungen D) wird, wenn der Verdacht durch die Untersuchung bestätigt wird, eine Gebühr von 0,15 ℳ für jedes Kilogramm der Sendung erhoben. Unter der gleichen Bedingung ist

1. für die Untersuchung von Schinken in Postsendungen bis zu 3 Stück, von anderen Postsendungen zubereiteten Fleisches im Gewichte bis zu 2 kg, von Speck und von Därmen sowie von Sendungen, die nachweislich als Umzugsgut von Ansiedlern und Arbeitern eingeführt werden, desgleichen von frischem Fleische auf die Anwesenheit der im § 5 Nr. 3 der Ausführungsbestimmungen D genannten Stoffe (§ 14 Abs. 2 unter b, § 13 Abs. 2 der Ausführungsbestimmungen D),
2. für die chemische Untersuchung von zubereitetem Fette bei Postsendungen und bei Warenproben im Gewichte bis zu 2 kg, ferner bei Sendungen, die nachweislich als Umzugsgut von Ansiedlern und Arbeitern

3) In der Fassung der Bekanntmachung vom Januar 1907.

eingeführt werden (§ 15 Abs. 4 der Ausführungsbestimmungen D),

eine Gebühr von 0,05 ℳ für jedes Kilogramm der Sendung zu entrichten.

Die Mindestgebühr beträgt bei der Untersuchung auf das Vorhandensein von Pferdefleisch 15 ℳ, bei den übrigen im Abs. 1 unter Nr. 1 und 2 bezeichneten Untersuchungen 2,50 ℳ für jede Sendung.

Für die im Abs. 1 unter Nr. 2 bezeichneten Fettsendungen werden im Falle der Gebührenerhebung nach vorstehenden Vorschriften die regelmäßigen Gebühren nach § 5 nicht erhoben.

§ 7. Insoweit die Untersuchungsgebühren nach dem Gewichte der Waare zu berechnen sind, ist das Nettogewicht zu Grunde zu legen. Behufs Ermittelung dieses Gewichts ist, soweit nicht eine Nettoverwiegung eintritt, nach den für die zollamtliche Ermittelung des Nettogewichts vorgeschriebenen Bestimmungen zu verfahren. Das Bruttogewicht kann zu diesem Zwecke aus der Deklaration entnommen werden, sofern die Angaben als zuverlässig und ausreichend anzusehen sind.

Insoweit das zollamtlich ermittelte Gewicht zur Zeit der Gebührenberechnung bereits bekannt ist, kann es der letzteren zu Grunde gelegt werden.

§ 8. Falls die Sendung auf Grund der Beanstandung einer Stichprobe freiwillig zurückgezogen wird (§ 12 Abs. 4) der Ausführungsbestimmungen D),[4]) sind die im § 2 unter B Nr. 6 bis 8 und die im § 4 festgesetzten Gebühren nur von demjenigen Theile der Sendung zu erheben, an welchem die betreffenden Untersuchungen zur Zeit der Zurückziehung bereits ausgeführt sind. Insoweit nur Stichprobe-Untersuchungen stattgefunden haben, ist von der für die Gesammtsendung nach § 2 unter B Nr. 6 bis 8 zu berechnenden Gebührensumme derjenige Theilbetrag zu erheben, welcher dem Verhältnisse der Zahl der untersuchten Stichproben zu der Gesamtzahl der entnommenen Stichproben entspricht.

Im gleichen Falle sind die im § 5 festgesetzten Gebühren nur zur Hälfte zu erheben, wenn zur Zeit der Zurückziehung nicht mehr als die Hälfte der zum Zwecke der chemischen Untersuchung des Fleisches oder zur Hauptprüfung des Fettes entnommenen Proben untersucht ist. Die einzelnen Proben gelten schon dann als untersucht, wenn auch nur eine der in der Anweisung für die chemische Untersuchung von Fleisch und Fetten beschriebenen Prüfungen ausgeführt ist. Ist bereits mehr als die Hälfte der Proben untersucht, so sind die vollen Gebühren von der ganzen Sendung zu erheben.

§ 9. Die Bemessung und Festsetzung der im Falle des § 30 Abs. 1 der Ausführungsbestimmungen D dem Beschwerdeführer zur Last fallenden Kosten einer unbegründeten Beschwerde erfolgt nach Maßgabe der hierüber ergehenden Anordnungen der Landesregierungen.

§ 10. Die Behörde kann die Einzahlung eines angemessenen von ihr zu bestimmenden Vorschusses vor Beginn der Untersuchung verlangen. Wenn in den Fällen des § 6 der Verdacht als unbegründet sich erweist, oder die Sendung freiwillig zurückgezogen wird (§ 8), sind die entsprechenden Beträge zurückzuzahlen.

4) In der Fassung der Bekanntm. vom 4. Juli 1908.

---

16. Juli 1902.

Vertrag über die Pachtung der Bahnstrecken der Wilhelm-Luxemburg-Eisenbahn-Gesellschaft.[1])

Reichsgesetzbl. 1903 S. 189.

1) Vgl. Vertrag zwischen dem Reiche und Luxemburg über den Betrieb der Wilhelm-Luxemburg-Eisenbahn, vom 11. November 1902. S. u.

---

25. Juli 1902.

Verfügung des Ministeriums, betreffend die Eintragung der Versicherungsvereine auf Gegenseitigkeit in das Handelsregister.

Zentr.- u. Bez.A.Bl. 1902, S. 199.

In Ergänzung der Verfügung, betreffend die Einrichtung und die Führung des Handelsregisters und des Genossenschaftsregisters, vom 4. Januar 1900 wird hierdurch bestimmt:

1. Versicherungsvereine auf Gegenseitigkeit (§ 15 des Reichsgesetzes über die privaten Versicherungsunternehmungen vom 12 Mai 1901 — Reichsgesetzbl. S. 139 —) sind in das Gesellschaftsregister einzutragen. Zu vergl. über die Anmeldungspflicht und die Eintragungen im Einzelnen die Vorschriften der §§ 30 bis 36, 40, 45, 49 des genannten Reichsgesetzes.

2. Die Gebühren für die Eintragungen sind mit Rücksicht auf die Vorschriften der §§ 15, 16 des Reichsgesetzes über die Privatversicherungsunternehmungen nach den für Einzelkaufleute maßgebenden Vorschriften (§ 47 Nr. 1d des Gerichtskostengesetzes für Elsaß-Lothringen) zu berechnen.[1])

1) Die Gebühr beträgt jetzt nach § 47 Nr. 1d des Gerichtskostengesetzes für Elsaß-Lothringen in der Fassung von Art. 7 Nr. II des Gesetzes vom 13. Februar 1905 fünfzig Mark.

---

2. August 1902.

Bekanntmachung des Ministeriums, betreffend die Amtskautionen der Rechner der öffentlichen Vorschußkassen und der Sparkassen.

Zentr.- u. Bez.A.Bl. S. 201.

Auf Grund der §§ 7 und 21 des Gesetzes über die öffentlichen Vorschußkassen vom 18. Juni 1887 (Gesetzbl. S. 59) und der §§ 23 und 36 des Sparkassengesetzes vom 15. Juli 1895 (Gesetzbl. S. 87)[1]) sowie im Hinblick auf § 5 des Gesetzes über die Kautionen der Beamten des Staats, der Gemeinden und der öffentlichen Anstalten vom 15. Oktober 1873 (Gesetzbl. S. 273) wird hierdurch bestimmt, daß die Zinsscheine zu den von den Rechnern der öffentlichen Vorschußkassen und der Sparkassen als Amtskaution bestellten und bei der Staatsdepositenverwaltung hinterlegten Werthpapieren für einen Zeitraum von vier Jahren den Kautionsbestellern zu belassen, bezw. auszuhändigen oder nach Ablauf dieses Zeitraumes oder nach Ausreichung neuer Zinsscheine zu verabfolgen sind.

1) Jetzt §§ 23 und 43 des Sparkassengesetzes vom 23. August 1912 (Gesetzbl. f. Els.-Lothr. S. 118).

---

6. August 1902.

Vorschriften des Ministeriums für den Gewerbebetrieb der Personen, die fremde Rechtsangelegenheiten und bei Behörden wahrzunehmende Geschäfte besorgen, oder die über Vermögensverhältnisse oder persönliche Angelegenheiten Auskunft erteilen.[1])

Zentr.- u. Bez.-A.Bl. S. 201.

Auf Grund des § 38 Abs. 4 der Gewerbeordnung wird folgendes bestimmt:

1. Wer fremde Rechtsangelegenheiten und bei Behörden wahrzunehmende Geschäfte, insbesondere die Abfassung darauf sich beziehender schriftlicher Aufsätze gewerbsmäßig besorgt (§ 35 Abs. 3 der Gewerbeordnung), ist verpflichtet, ein Geschäftsbuch nach dem beigefügten Formular A sowie ein Geld- und Urkundenbuch nach dem beigefügten Formular B zu führen.

A. u. B

2. Die Bücher müssen dauerhaft gebunden und mit fortlaufenden Seitenzahlen versehen sein; sie sind, bevor sie in Gebrauch genommen werden, von dem Polizeikommissar[2]) des gewerblichen Niederlassungsortes (in Straßburg, Metz und Mülhausen von dem zuständigen Revierpolizeikommissar) unter Beglaubigung der Seitenzahl abzustempeln. In den Büchern dürfen weder Rasuren vorgenommen, noch Eintragungen unleserlich gemacht werden. Auch dürfen die Bücher während der für die Aufbewahrung vorgeschriebenen Zeit (Ziff. 9) weder ganz noch theilweise vernichtet werden.

3. In das Geschäftsbuch sind alle schriftlichen und mündlichen Geschäftsaufträge im Laufe des Tages, an dem sie eingehen, in der Reihenfolge des Eingangs unter fortlaufender Nummer mit Tinte in deutscher Sprache und in deutschen oder lateinischen Schriftzeichen vollständig einzutragen.

Die zur Erledigung des Geschäftsauftrags vorgenommenen einzelnen Geschäftshandlungen

1) Erlassen auf Grund des § 38 Abs. 4 Gew.-O. — Hinsichtlich der Wahrnehmung der durch die Verordnung den Polizeikommissaren übertragenen Aufgaben s. Minist.-Verf. vom 14. Juni 1907.

2) S. jetzt die Verf. vom 14. Juni 1907 betreffend Übertragung von Befugnissen der bisherigen Kantonalpolizeikommissare auf die Gemeindevorstände.

sind im Laufe des Tages, an welchem sie vorgenommen werden, der Empfang von Geldern, Werthgegenständen u. s. w. am Tage des Eingangs in den Spalten 8, 9 und 11 zu vermerken.

Die in Verfolg desselben Geschäftsauftrags eingehenden weiteren Schriftstücke und Aufträge und die späterhin vorgenommenen Einzelhandlungen sind nicht unter einer besonderen Nummer des Geschäftsbuchs einzutragen, sondern im unmittelbaren Anschluß an die Eintragung des ersten Auftrags unter derselben Nummer untereinander nachzutragen. Zu dem Zwecke ist bei Geschäftsaufträgen der in Ziffer 4 Abs. 1 bezeichneten Art ein entsprechender Raum für solche Nachtragungen offen zu halten. Erweist sich dieser Raum später als unzureichend, so sind die weiteren Eintragungen unter Beibehaltung der bisherigen Nummer an anderer Stelle vorzunehmen und diese Stelle bei der bisherigen Nummer unter „Bemerkungen“ zu bezeichnen.

4. In denjenigen Fällen, in denen die Erledigung des Geschäftsauftrags eine Reihe von Einzelhandlungen erfordert, insbesondere bei Prozeßvertretungen, Erbschaftsregulirungen, Vermögensverwaltungen und allen Vollmachtsaufträgen, sind sogleich nach Eintragung des Auftrags in das Geschäftsbuch besondere Handakten zu bilden, in denen alle in den Händen des Gewerbetreibenden zurückbleibenden Entwürfe, Vollmachten, Schriftstücke, Beläge, Rechnungen, Quittungen und anderen Eingänge nach der Reihenfolge des Datums zu vereinigen sind.

Die Handakten sind so zu führen und, soweit erforderlich, durch kurze Aufzeichnungen über die Geschäftsthätigkeit jederzeit so zu vervollständigen, daß daraus der Stand des Verfahrens und jede Einzelhandlung des Gewerbetreibenden zu ersehen ist. Sie sind fortlaufend mit Seiten- oder Blattzahlen zu versehen.

Auf dem Umschlage der Handakten sind Name, Stand und Wohnung des Auftraggebers, der wesentliche Inhalt des Auftrags, der Werthgegenstand und die Nummer des Geschäftsbuchs anzugeben.

5. In das Geld- und Urkundenbuch sind alle von dem Gewerbetreibenden auf Grund des Geschäftsauftrags für den Auftraggeber oder für einen Dritten in Empfang genommenen Gelder, Werthpapiere (Aktien, Gesellschaftsantheile, Zinsscheine, Cheks, Loose u. s. w.), Wechsel-, Hypotheken-, Schuld- und sonstige Urkunden, sowie andere Werthgegenstände einzutragen. Die Vorschrift in Ziffer 3 Abs. 3 findet entsprechende Anwendung.

Die Eintragungen in das Geld- und Urkundenbuch sind in deutscher Sprache und in deutschen oder lateinischen Schriftzeichen unmittelbar bei Empfang und bei Wiederausgabe zu bewirken. Die Nummer der Eintragung im Geld- und Urkundenbuch ist in dem Geschäftsbuche (Spalte 11) bei der betreffenden Geschäftsnummer zu vermerken. Gelder sind nach ihrem Gesammtbetrage anzugeben. Die Werthpapiere, Urkunden und sonstigen Werthgegenstände sind einzeln unter Angabe des Geldwerths aufzuführen und so zu bezeichnen, daß sie von anderen gleichen Gegenständen unterschieden werden können.

Die empfangenen Gelder, Werthpapiere, Wechsel-, Hypotheken-, Schuld- und andere Urkunden sind in einem besonderen Behältniß aufzubewahren. Gibt der Gewerbetreibende dieselben einem Dritten in Verwahrung, so ist dies unter Darlegung des Sachverhalts und unter Bezeichnung des Verwahrers in Spalte „Bemerkungen“ zu vermerken. Der Gewerbetreibende hat hiervon den Auftraggeber sofort zu benachrichtigen.

6. Für die ordnungsmäßige Führung der Geschäftsbücher, der Geld- und Urkundenbücher sowie der Handakten ist der Gewerbetreibende auch dann persönlich verantwortlich, wenn er sie einem Dritten übertragen hat. Geschäftsbücher und Geld- und Urkundenbücher, die nicht mehr benutzt werden sollen, sind unter Angabe des Datums abzuschließen, dem Polizeikommissar zur Bestätigung des Abschlusses vorzulegen und zehn Jahre aufzubewahren. Nach dem Abschluß dürfen weitere Eintragungen in die Geschäftsbücher nicht mehr gemacht werden.

7. Jedes Schriftstück, das der Gewerbetreibende in Verfolg eines Geschäftsauftrags an Behörden oder Privatpersonen richtet, muß auf der ersten Seite oben links am Rande mit seinem Namen, seiner Wohnung (Geschäftslokal) und der laufenden Nummer des Auftrags im Geschäftsbuche versehen sein. Dies gilt auch für Eingaben an Behörden, die er durch den Auftraggeber oder durch Dritte aufsetzen, schreiben oder unterschreiben läßt. Solche Schriftstücke gelten im Sinne dieser Vorschriften als eigene Schriftstücke des beauftragten Gewerbetreibenden.

8. Die Gewerbetreibenden haben jeden Wechsel des Geschäftslokals binnen einer Woche dem Polizeikommissar[2]) anzuzeigen; sie haben ferner Namen und Wohnung der von ihnen in ihrem Gewerbebetriebe beschäftigten Personen binnen einer Woche nach dem Inkrafttreten dieser Bestimmungen, im Uebrigen binnen einer Woche nach dem Antritte der Beschäftigung anzuzeigen.

9. Die Polizeikommissare,²) sowie deren Vertreter können von dem Geschäftsbetriebe Kenntniß nehmen und zu diesem Zwecke die für den Betrieb bestimmten Räume jederzeit betreten und dort die Geschäftsbücher, Geld- und Urkundenbücher sowie die Handakten einsehen. Sie können auch verlangen, daß diese Bücher und Schriftstücke im Dienstraum vorgelegt werden und daß ihnen über den Geschäftsbetrieb Auskunft ertheilt wird.

Dasselbe gilt, wenn der Geschäftsbetrieb eingestellt wird. Die Handakten sind gleichfalls zehn Jahre lang aufzubewahren.

10. Die vorstehenden Bestimmungen finden auf Personen, die über persönliche Angelegenheiten oder Vermögensverhältnisse gewerbsmäßig Auskunft ertheilen — mit Ausnahme der sogenannten Korrespondenten (auswärtige Gewährsleute der kaufmännischen Auskunftsbureaus) —, entsprechende Anwendung. Diesen Gewerbetreibenden ist die Führung eines besonderen Geschäftsbuchs nach dem Formular A gestattet, in das alle geheim zu haltenden Aufträge eingetragen werden können. Das Vorhandensein eines solchen geheimen Geschäftsbuchs ist auf der letzten Seite des Geschäftsbuchs zu vermerken.

Auf Personen, welche, von gelegentlichen Einzelfällen abgesehen, ausschließlich über den Gewerbebetrieb und die Kreditfähigkeit von Gewerbetreibenden Auskunft ertheilen (kaufmännische Auskunftsbureaus), finden nur die Vorschriften unter Ziffer 8 Anwendung. Der Kreisdirektor (Polizeidirektor) kann einzelne dieser Gewerbetreibenden von der Verpflichtung zur Anzeige des Namens und Wohnorts ihrer Angestellten entbinden.

11. Diese Vorschriften treten am 1. Oktober 1902 in Kraft.

Von dem gleichen Zeitpunkt an werden die Verfügungen vom 29. Mai 1884, 28. Juni 1888 und 28. Januar 1890 (Central- und Bezirksamtsbl. 1884 S. 150, 1888 S. 163 und 1890 S. 43) durch die vorstehenden Vorschriften ersetzt.

---

21. August 1902.

Bekanntmachung des Ministeriums, betreffend Übertragung der Befugnisse und Obliegenheiten der Polizeibehörden und unteren Verwaltungsbehörden für Betriebe der Reichseisenbahnverwaltung.[1])

Zentr.- u. Bez.A.Bl. S. 209.

In theilweiser Abänderung der Bekanntmachung vom 15. November 1892 (Central- und Bezirks-Amtsblatt S. 403) sind auf Grund von § 155 Abs. 3 der Gewerbeordnung für die nachstehend aufgeführten Betriebe der Reichseisenbahnverwaltung die Befugnisse und Obliegenheiten der Polizeibehörden und unteren Verwaltungsbehörden auf die der Verwaltung dieser Betriebe vorgesetzten Dienstbehörden, wie folgt, übertragen worden:

Nr.	Betriebe	Zuständige Behörden (Dienstbehörden)
1	Hauptwerkstätte in Mülhausen	Werkstätten-Inspektion zu Mülhausen.
2	Betriebswerkstätten in Mülhausen, Colmar und Schlettstadt.	Maschinen-Inspektion zu Mülhausen.
3	Bahnmeister-Werkstätte in Straßburg und Steinkohlen-Gasanstalt in Deutsch-Avricourt.	Betriebsdirektion I zu Straßburg.
4	Telegraphen-Werkstätte, Dampfheizungsanlagen, hydraulische Aufzüge und elektrische Beleuchtungsanlagen auf dem Centralbahnhofe Straßburg.	Telegraphen-Inspektion zu Straßburg.
5	Betriebswerkstätten in Straßburg, Hagenau, Deutsch-Avricourt und Pfalzburg sowie Acetylen-Fettgasanstalt in Straßburg.	Maschinen-Inspektion zu Straßburg.

1) S. auch Bekanntmachung vom 28. Januar 1903.

Nr.	Betriebe.	Zuständige Behörden (Dienstbehörden)
6	Hauptwerkstätte in Bischheim	Werkstätten-Inspektion zu Bischheim.
7	Betriebswerkstätte in Saargemünd	Maschinen-Inspektion zu Saargemünd.
8	Fettgasanstalt und elektrische Beleuchtungsanlage auf Bahnhof Saargemünd.	Betriebs-Direktion zu Saargemünd.
9	Hauptwerkstätte in Montigny	Werkstätten-Inspektion zu Montigny
10	Betriebswerkstätten in Sablon, Diedenhofen und Forbach sowie Acetylen-Fettgasanstalt auf Bahnhof Metz.	Maschinen-Inspektion zu Sablon.
11	Elektrische Beleuchtungsanlagen auf den Bahnhöfen Metz-Sablon und Diedenhofen.	Betriebs-Direktion zu Metz

1. September 1902.

Kaiserliche Verordnung, betreffend die Genehmigung von Veranstaltungen zur Wasserbenutzung. [1] [2]

Gesetzbl. f. Els.-Lothr. S. 59.

§ 1. Ueber Anträge auf Genehmigung der in § 1 des Gesetzes vom 2. Juli 1891 bezeichneten Veranstaltungen, einschließlich der in § 16 der Gewerbeordnung aufgeführten Stauanlagen für Wassertriebwerke, entscheidet, unbeschadet der Bestimmung in § 3 Satz 2, der Kreisdirektor (Polizeidirektor), in dessen Bezirk die Anlage oder der größere Theil derselben errichtet werden soll.

Das Verfahren wird vom Ministerium geregelt.[2])

§ 2. Sind Einwendungen nicht erhoben worden und kann die Genehmigung nach dem Antrage des Unternehmers ertheilt werden, so hat der Kreisdirektor eine Genehmigungsurkunde auszufertigen.

In den übrigen Fällen ist der Bescheid mit Gründen zu versehen und den Betheiligten schriftlich gegen Behändigungsschein zu eröffnen. Die Genehmigungsurkunde ist erst zu ertheilen, wenn der die Veranstaltung für zulässig erklärende Bescheid die Rechtskraft beschritten hat oder ein die Genehmigung aussprechender Rekursbescheid ergangen ist.

Vor Ertheilung der Genehmigungsurkunde ist die Ausführung der Arbeiten nicht zulässig.

§ 3. Ist zur Vornahme der Veranstaltung außer der wasserpolizeilichen Genehmigung (§ 1) eine weitere Genehmigung erforderlich, so ist das Vorverfahren auch auf die Vorbereitung der Entscheidung über die weitere Genehmigung zu erstrecken und diese Entscheidung, sofern der Kreisdirektor zuständig ist, gleichzeitig mit der Entscheidung über die wasserpolizeiliche Genehmigung zu treffen. Ist zu der bezeichneten Entscheidung gemäß § 16 der Gewerbeordnung und § 3 der Verordnung, betreffend die Einführung der Gewerbeordnung, vom 24. Dezember 1888 (Gesetzbl. S. 101) der Bezirkspräsident zuständig, so geht gemäß § 5 Satz 1 dieser Verordnung auch die Entscheidung über die Wasserbenutzungsanlage auf den Bezirkspräsidenten über. In anderen Fällen hat der Kreisdirektor die Zulässigkeit der Veranstaltung nur unter entsprechendem Vorbehalt zu erklären und die Genehmigungsurkunde erst zu ertheilen, wenn die außer der wasserpolizeilichen Genehmigung erforderliche weitere Genehmigung beigebracht ist.

§ 4. Ueber den gegen den Bescheid des Kreisdirektors zulässigen Rekurs (§ 20 der Gewerbeordnung) entscheidet der Kaiserliche Rath.

In den Fällen des § 3 ist die Prüfung des Kaiserlichen Raths, falls dessen weitere Zuständigkeit nicht besonders begründet ist, auf die wasserpolizeiliche Entscheidung beschränkt.

§ 5. Der Rekurs ist beim Kreisdirektor einzureichen und zu rechtfertigen. Der Kreis-

1) Erlassen auf Grund des § 2 Abs. 2 des Gesetzes, betreffend Wasserbenutzung und Wasserschutz, vom 2. Juli 1891 (Gesetzbl. S. 82) sowie des § 8 des Gesetzes, betreffend die Einführung der Gewerbeordnung in Elsaß-Lothringen, vom 27. Februar 1888 (Reichsgesetzbl. S. 57).

2) Hierzu Ausführungsvorschriften des Ministeriums über die Genehmigung und die Erlaubnis zu Bauten und Vorrichtungen an Wasserläufen, vom 30. September 1902. S. u.

direktor ist befugt, den Rekurs zurückzuweisen, wenn derselbe verspätet eingelegt ist.

Gegen die zurückweisende Verfügung ist innerhalb der durch § 20 der Gewerbeordnung vorgesehenen Frist die Beschwerde an den Kaiserlichen Rath zulässig, jedoch ohne aufschiebende Wirkung.

§ 6. Das Verfahren vor dem Kaiserlichen Rath regelt sich nach den auf Grund des § 8 des Gesetzes, betreffend die Einrichtung der Verwaltung, vom 30. Dezember 1871 (Gesetzbl. von 1872 S. 49) erlassenen Bestimmungen.

§ 7. Die Verordnung, betreffend die Genehmigung von Veranstaltungen zur Wasserbenutzung, vom 1. Februar 1892 (Gesetzbl. S. 9) sowie die §§ 2 bis 6 der in § 3 erwähnten Verordnung vom 24. Dezember 1888, insoweit diese Paragraphen sich auf Stauanlagen für Wassertriebwerke beziehen, sind aufgehoben.

§ 8. Die gegenwärtige Verordnung tritt mit dem Tage der Verkündung in Kraft.[3]) Ueber Anträge, über welche an diesem Tage das Vorverfahren beendet ist und die Verhandlungen dem Bezirkspräsidenten bereits zur Entscheidung übersandt sind, erfolgt die Entscheidung nach den bisherigen Vorschriften.

3) Das Gesetzblatt ist ausgegeben worden zu Straßburg, den 27. September 1902.

---

18. September 1902.

Bekanntmachung des Ministeriums, betreffend Wahl von Mitgliedern der Bezirks- und Kreiskommissionen für die Veranlagung der Kapital- sowie der Lohn- und Besoldungssteuer.[1])

Zentr.- u. Bez.A.Bl. S. 213.

Auf Grund der §§ 16 u. 17 des Gesetzes vom 13. Juli 1901, betreffend die Kapitalsteuer, wird hierdurch bestimmt, daß

a) die Gemeinderäthe von Straßburg, Mülhausen, Metz und Colmar je ein Mitglied für die Bezirkskommission,

b) die Gemeinderäthe von Hagenau, Saargemünd, Gebweiler, Markirch, Diedenhofen, Dornach und Montigny je ein Mitglied für die Kreiskommission

zur Veranlagung der Kapital- und Lohn- und Besoldungssteuer für die Dauer von drei Jahren wählen.

1) Zu vgl. ferner die Bekanntm. d. Minist. vom 6. August 1907 (Zentr. u. Bez.A.Bl. S. 167).

---

22. September 1902.

Bekanntmachung des Ministeriums, betreffend Abänderung der Ausführungsbestimmungen zum Gewerbesteuergesetz, vom 24. Juni 1897 (Zentr.- u. Bez.A.Bl. S. 197).[1])

Zentr.- u. Bez.A.Bl. S. 213.

1) Die Änderungen sind beim Abdruck der Ausführungsbestimmungen berücksichtigt.

---

28. September 1902.

Bekanntmachung des Reichskanzlers, betreffend Ergänzung und Abänderung der Ausführungsbestimmungen zur Fernsprechgebührenordnung, vom 26. März 1900.[1])

Zentr.-Bl. f. d. D. R. S. 336.

1) Die Änderungen sind beim Abdruck der Ausführungsbestimmungen zur Fernsprechgebührenordnung vom 26. März 1900 berücksichtigt.

30. September 1902.

Ausführungsvorschriften des Ministeriums über die Genehmigung und die Erlaubniß zu Bauten und Vorrichtungen an Wasserläufen. [1] [2] [3]

Zentr.- u. Bez.A.Bl. S. 217.

I. Veranstaltungen zur Wasserbenutzung nach § 1 des Gesetzes vom 2. Juli 1891.

Art. 1. Die Anträge auf Genehmigung der Herstellung, Beseitigung oder Abänderung von

a) Stauanlagen,
b) Wasserableitungen und Wasserentnahmen jeder Art,
c) Wassereinführungen in einen Wasserlauf,
d) Zuleitungen fremder Stoffe oder andere Veranstaltungen, welche geeignet sind, die Eigenschaften des Wassers zu verändern oder in sonstiger Weise die Benutzung des Wassers zu verhindern oder zu erschweren,

sind mit den erforderlichen Aktenstücken, Nachweisen und Zeichnungen sowie bei größeren Veranstaltungen mit einem Kostenanschlag bei dem für den Wasserlauf zuständigen Meliorations- oder Wasserbauinspektor einzureichen.

Bedarf jedoch die Wasserbenutzungsanlage als Bestandtheil einer gewerblichen Anlage, die nach dem Gegenstand des Betriebs, nicht etwa nur als Stauanlage, unter § 16 der Gewerbeordnung fällt, zugleich der gewerbepolizeilichen Genehmigung, so hat die Einreichung des Antrags, entsprechend dem § 3 Abs. 2 der Kaiserlichen Verordnung, betr. die Einführung der Gewerbeordnung vom 24. Dezember 1888 (Gesetzbl. S. 101), bei dem Kreisdirektor (Polizeidirektor) zu erfolgen.

Art. 2. Anträge letzterer Art sind durch den Kreisdirektor dem Bauinspektor zur Prüfung und Begutachtung bezüglich des auf die Wasserbenutzung bezüglichen Theils zu übersenden; für diese Prüfung und Begutachtung sind die nachstehenden Vorschriften entsprechend zu beachten. Das Verfahren selbst ist thunlichst mit dem gewerbepolizeilichen Verfahren zu verbinden und die Entscheidung gleichzeitig mit der gewerbepolizeilichen Entscheidung zu treffen.

a) Stauanlagen.

Art. 3. Der Bauinspektor prüft von Amtswegen, wenn erforderlich, nach vorheriger Ortsbesichtigung, die bei dem Antrage in Frage kommenden hydraulischen Verhältnisse. Sofern er hierbei die Ueberzeugung gewinnt, daß die beantragten Anlagen im öffentlichen Interesse unzulässig sind oder erhebliche Nachtheile für benachbarte oder sonst von der Anlage berührte Grundstücke zur Folge haben würden, legt er das Gesuch dem Kreisdirektor mit seinem Bericht und entsprechendem Entwurf des Abweisungsbeschlusses vor.

Art. 4. Wenn die Prüfung ergibt, daß die Stau- und Abflußverhältnisse des Wasserlaufs durch die im Antrage bezeichneten baulichen Ausführungen nicht geändert werden, und daß dieselben weder öffentliche Interessen verletzen, noch die Rechte Dritter berühren, so übersendet er den Antrag dem Kreisdirektor mit dem Bemerken, daß die Durchführung eines weiteren Verfahrens in dem vorliegenden Falle nicht erforderlich sei, und fügt seinem Schreiben zugleich den Entwurf der Genehmigungsurkunde bei.

Art. 5. Liegen die in den beiden vorstehenden Paragraphen genannten Voraussetzungen nicht vor, so ordnet der Bauinspektor die zur Klarstellung der wasserpolizeilichen Verhältnisse nöthigen Erhebungen und Aufnahmen oder die etwa erforderlichen Ergänzungen der vom Antragsteller gelieferten Aktenstücke, Nachweise und Planzeichnungen an.

Art. 6. Der Bauinspektor oder dessen Vertreter (Beauftragter) ladet zu den entscheidenden örtlichen Erhebungen und Messungen jeweils den Antragsteller ein. Sofern die Erhebungen zur Ermittelung von Verhältnissen dienen, welche auch die Interessen Dritter berühren, benachrichtigt er außerdem die Bürgermeister der betheiligten Gemeinden von der Zeit seines Eintreffens mit dem Anheimgeben, diese sowie den Zweck der örtlichen Erhebungen öffentlich bekannt zu machen, damit die Betheiligten denselben beiwohnen können.

---

1) Erlassen auf Grund der §§ 1 bis 3 und 37 des Gesetzes, betr. Wasserbenutzung und Wasserschutz, vom 2. Juli 1891 (Gesetzbl. S. 82) sowie des § 1 der Kaiserlichen Verordnung vom 1. September 1902 (Gesetzbl. S. 59).

2) Zu vgl. auch Bekanntmachung des Ministeriums, betreffend die Genehmigung zu Bauten und Vorrichtungen an Wasserläufen, Oktober 1903 (ohne Datum) Zentr.- und Bez.A.Bl. S. 167, s. unterm 17. Oktober 1903.

3) Zu vgl. ferner Bekanntmachung des Ministeriums, betreffend die Anfertigung von Unterlagen für wasserpolizeiliche Genehmigungen durch das Meliorationspersonal vom 5. Dezember 1913 (Zentr.- u. Bez.A.Bl. S. 468). Hierdurch haben die Art. 1, 23 und 26 Ergänzungen gefunden.

Art. 7. Auf Grund der getroffenen Aufnahmen und Erhebungen ermittelt der Bauinspektor die zulässige Stauhöhe sowie die Weite und Lage der Ablaßvorrichtungen und entwirft hiernach die Genehmigungsurkunde. Er übersendet den Entwurf mit einem Erläuterungsbericht und den vorschriftsmäßig fertig gestellten Plänen und Zeichnungen dem Kreisdirektor zur weiteren Veranlassung.

Art. 8. Der Erläuterungsbericht muß kurz diejenigen Angaben enthalten, welche zur Begründung der vorgeschlagenen Anordnungen, namentlich der festgesetzten Stauhöhe und der vorgeschriebenen Lage und Abmessungen der Ablässe erforderlich sind. Gegebenenfalls sind die zur Begründung nothwendigen hydraulischen Berechnungen beizufügen.

Ferner muß der Erläuterungsbericht enthalten:

a) die Bezeichnung der unmittelbar ober- und unterhalb der zu errichtenden Anlage befindlichen Triebwerke und die Namen der Besitzer derselben;

b) die Angabe, ob und welche Wasserentnahmen zu Wässerungszwecken innerhalb des Rückstaus des Werkes zur Zeit bestehen, sowie überhaupt eine Darlegung der in Frage kommenden Interessen dritter Betheiligter, unter Angabe der etwa mündlich von denselben gelegentlich der Aufnahme geltend gemachten Wünsche oder Bedenken;

c) eine Erörterung dieser Wünsche und Bedenken;

d) die Begründung der vorgeschlagenen Entscheidung.

Sind im Verordnungsentwurf noch besondere Festsetzungen aufgenommen, so sind auch diese im Erläuterungsbericht zu erörtern. Namentlich gilt dies von zeitlichen Festsetzungen bezüglich der Wassernutzung und von sonstigen, eine Wasservertheilung mit dritten Betheiligten enthaltenden Bestimmungen.

Art. 9. Dem Berichte ist beizufügen:

a) ein Lageplan,

b) ein Längenprofil,

c) die erforderlichen Querprofile,

d) die nöthigen Einzelzeichnungen der Bauwerke.

Hierfür gelten folgende Vorschriften:

Zu a: Der Lageplan kann hergestellt werden unter Benutzung der Katasterpläne, sofern dieselben brauchbar sind; andernfalls ist der Lageplan neu aufzunehmen und im Maßstab von 1 : 1000 bis 1 : 2000 aufzuzeichnen.

Der Lageplan muß alle Grundstücke enthalten, für welche die projektirten Anlagen von Bedeutung sind, mit Angabe der Katasternummern und Bezeichnung der Eigenthümer. Außerdem sind auf demselben einzutragen alle in Betracht kommenden Wasserläufe sowie die bestehenden Straßen, Wege, Stauwerke, Ablässe, Wasserentnahmen u. s. w.

Die Richtung der Wasserläufe ist durch einen Pfeil anzugeben und die Lage und Länge der Querprofile durch gestrichelte Linien ersichtlich zu machen. Die Querprofile sind auf dem Lageplan zu numeriren. Die Lage der für die Höhenaufnahmen gewählten unveränderlichen Festpunkte ist auf dem Plan zu bezeichnen.

Zu b und c: Die Längen und Querprofile sind in der Regel auf den gleichen Plan zu zeichnen und sollen den gestauten Mittelwasserstand enthalten. Beim Längenprofil sind die Höhen im 10fachen Maßstabe der Längen aufzutragen und alle Coten auf einen Horizont zu beziehen, welcher mit einem oder mehreren unveränderlichen Festpunkten zu verbinden ist. Finden sich in der Nähe Festpunkte des Landesnivellements vor, so sind die Coten auf Normal-Null (Amsterdamer Pegel) zu beziehen.

Die Geländecoten sind in ganzen Centimetern, die Coten der Festpunkte, des gestauten Wasserspiegels und der Stauvorrichtungen in Centimetern und Millimetern anzugeben.

Längenprofil und Querprofile müssen sich sowohl auf den Wasserlauf selbst als auf den Betriebskanal erstrecken und sind so weit auszudehnen, als die Wirkung der anzulegenden Stauwerke reichen wird. Für das Längenprofil ist stets ein Kontrollnivellement auszuführen.

In dem Längenprofil ist der mittlere Wasserstand im ungestauten Zustande anzugeben. Wo die höchsten und niedersten Wasserstände bekannt sind, sind auch diese einzutragen.

Die Querprofile sind namentlich an solchen Stellen aufzunehmen, an welchen in Folge der tiefen Lage des Geländes der Rückstau sich am meisten fühlbar macht. Bei großer Ausdehnung der Querprofile ist für ihre Aufzeichnung ein verzerrter Maßstab (die Höhen in zehnfachem Maßstab der Längen) zulässig.

Zu d: Die Einzelzeichnungen der Stauvorrichtungen (Ablässe, Ueberfälle u. s. f.) sind entweder auf einem getrennten Plan oder auf dem Längenprofil im Maßstab 1 : 200 aufzutragen.

Sie müssen die bestehenden und die geplanten Stau- und Ablaßvorrichtungen in Ansicht, Schnitt und Grundriß enthalten; auch sind die Hauptabmessungen, besonders die Durchflußweiten und Höhen sowie die wichtigeren Höhenzahlen des Längenprofils einzuschreiben.

Art. 10. Ist die Vorlage vollständig, so verfügt der Kreisdirektor die Bekanntmachung des Unternehmens im Central- und Bezirks-Amtsblatt nach Maßgabe des § 17 der Gewerbeordnung, sowie gegebenenfalls in örtlichen Blättern.

Die Bekanntmachung hat zu enthalten:

a) Name, Stand und Wohnort des Unternehmers, Gegenstand der Anlage und Bezeichnung des Grundstücks, auf welchem dieselbe ausgeführt werden soll;
b) die Aufforderung, etwaige Einwendungen beim Kreisdirektor oder beim Bürgermeister binnen 14 tägiger Frist vorzubringen;
c) den Hinweis auf die Stelle, an welcher die Beschreibungen, Zeichnungen und Pläne aufliegen.

Art. 11. Die Beschreibungen, Zeichnungen und Pläne sind auf dem Gemeindehause der Gemeinde, in deren Gemarkung die Anlage hergestellt werden soll, offen zu legen.

Die Einwendungen können bei dem Kreisdirektor oder bei dem Bürgermeister mündlich oder schriftlich vorgebracht werden. Bezüglich solcher Anlagen, welche in der Nähe von Straßen, Eisenbahnen, Kanälen oder Waldungen errichtet werden, hat der Kreisdirektor dem zuständigen Kreisbauinspektor, Eisenbahnbetriebsdirektor, Wasserbauinspektor oder Oberförster rechtzeitig Kenntniß zu geben. Eine gleiche Mittheilung ist hinsichtlich der in der Umgebung von ständigen Befestigungen zu errichtenden Anlagen der zuständigen Militärbehörde zu machen. Bei Anlagen, die auf den Bergbau schädigend einwirken können, ist auch die zuständige Bergbehörde zu benachrichtigen.

Nach Ablauf der Einspruchsfrist übersendet der Bürgermeister die Aktenstücke, Pläne und Verhandlungen unter Bescheinigung der erfolgten Offenlegung dem Kreisdirektor.

Art. 12. Sind Einwendungen erhoben worden, so beraumt der Kreisdirektor im Einverständniß mit dem Bauinspektor eine Verhandlung an Ort und Stelle an, zu welcher er den Unternehmer und die Widersprechenden schriftlich gegen Behändigungsschein unter dem Hinweis vorladet, daß bei ihrem Ausbleiben gleichwohl die Erörterung der Einwendungen stattfindet und nach dem Abschluß derselben neue thatsächliche Behauptungen zur Rechtfertigung oder Widerlegung der Einwendungen nicht mehr zugelassen werden.

Zu der Verhandlung, welche von dem Kreisdirektor geleitet wird, ist auch der Bürgermeister der Gemeinde zu laden und dessen Gutachten anzuhören.

Der Bauinspektor oder dessen Vertreter hat sich namentlich über alle Einwendungen, welche sich auf den wasserpolizeilichen Theil des Gegenstandes beziehen, gutachtlich zu äußern. Ueber die Verhandlungen ist ein Protokoll aufzunehmen.

Art. 13. Ist die Sache durch die Verhandlungen in technischer Beziehung noch nicht genügend aufgeklärt, oder ist eine Abänderung der (gemäß § 2 Abs. 2 der Verordnung vom 1. September 1902 zunächst in Form eines Bescheides auszufertigenden) Genehmigungsurkunde erforderlich, so hat der Kreisdirektor ein weiteres Gutachten des Bauinspektors bezw. Vorschläge hinsichtlich der Abänderung des Entwurfs einzuholen. Hat der Kreisdirektor Bedenken gegen das Gutachten oder die Anträge des Bauinspektors in technischer Beziehung, so ist, wenn eine Verständigung nicht erreicht werden kann, die Sache zunächst dem Ministerium vorzutragen.

Art. 14. Nachdem die Genehmigungsurkunde ertheilt ist, hat der Bauinspektor nach Eintritt des für die Vollendung der Arbeiten vorgeschriebenen Zeitpunktes die Abnahme derselben vorzunehmen. Zu diesem Zwecke begibt er sich nach vorheriger Ladung der Betheiligten an Ort und Stelle und prüft, ob die ausgeführten Anlagen den Vorschriften der Genehmigungsurkunde entsprechen. Er erörtert zutreffendenfalls mit dem Unternehmer die etwa vorgekommenen Abweichungen in Beziehung auf ihre Zulässigkeit und nimmt über den Befund eine Verhandlung auf.

Bei allen Theilen der Anlage, welche nicht vorschriftsmäßig ausgeführt worden sind, ist unter Anführung der bezüglichen Bestimmungen der Genehmigungsurkunde eine Beschreibung der festgestellten Abweichungen zu geben.

Art. 15. Sind die Arbeiten vorschriftsmäßig ausgeführt, so beantragt der Bauinspektor die Abnahme derselben und stellt das Abnahmeprotokoll in drei- oder vierfacher Ausfertigung auf. Eine der Ausfertigungen wird beim Kreisdirektor, die zweite beim Bauinspektor und die dritte auf dem Bürgermeisteramt der betheiligten oder hauptsächlich betheiligten Gemeinde hinterlegt und im Falle des Art. 17 die vierte dem Ministerium eingereicht.

Art. 16. Haben bei der Ausführung Abweichungen gegen die Vorschriften der Genehmigungsurkunde stattgefunden, so hat der Bauinspektor am Schlusse des Protokolls diese Abweichungen zu erläutern und, wenn nöthig, neue Zeichnungen zur Klarstellung der Sache beizufügen.

Sofern die Abweichungen unbedenklich erscheinen, legt der Bauinspektor das Abnahmeprotokoll mit den Akten dem Ministerium zur Genehmigung vor.

Sind die Abweichungen aber derart, daß sie die hydraulischen Verhältnisse des Wasserlaufs berühren oder Schädigungen Dritter veranlassen können, so hat der Bauinspektor den Unternehmer zur vorschriftsmäßigen Herstellung der Anlagen aufzufordern und im Weigerungsfalle bei dem Kreisdirektor Antrag zu stellen, daß gemäß § 47 des Gesetzes vom 2. Juli 1891 gegen den Unternehmer verfahren wird.

Art. 17. Handelt es sich um Abänderung einer bereits genehmigten Stauanlage oder um Neuanlagen auf den der Wasserbauverwaltung unterstellten Wasserläufen, so ist jeweils zur Einleitung des oben beschriebenen Verfahrens die Genehmigung des Ministeriums einzuholen.

Art. 18. Die vorstehenden Bestimmungen finden auch Anwendung auf die Errichtung, Beseitigung oder Änderung von Stauanlagen für Triebwerke. Die Verordnung vom 12. Februar 1891 (Central- und Bezirks-Amtsblatt S. 35) ist aufgehoben.

b) Sonstige Veranstaltungen.

Art. 19. Bei Anträgen auf Genehmigung der in Art. 1 unter b—d bezeichneten Veranstaltungen ist in gleicher Weise zu verfahren, wie oben in Art. 2, 3 und 4 angegeben.

Art. 20. Wenn eine öffentliche Bekanntmachung des Antrags angezeigt erscheint, so übersendet der Bauinspektor die erwachsenen Aktenstücke dem Bürgermeister der Gemeinde zur Offenlegung nach vorhergegangener ortsüblicher Bekanntmachung. Die Offenlegung erfolgt auf dem Gemeindehause und dauert 14 Tage. In welchem Umfange hierbei Zeichnungen offen zu legen sind, bleibt dem Ermessen des Bauinspektors überlassen.

Art. 21. Nach Ablauf der Einspruchsfrist übersendet der Bürgermeister die Verhandlungen unter Bescheinigung der erfolgten Offenlegung dem Bauinspektor.

Dieser prüft die eingegangenen Einwendungen, wenn erforderlich, nach mündlicher Verhandlung mit dem Widersprechenden an Ort und Stelle, stellt hierauf den Entwurf des zu erlassenden Beschlusses auf und übersendet denselben mit sämmtlichen Akten und Plänen dem Kreisdirektor zur weiteren Veranlassung. Im übrigen finden die Bestimmungen der Art. 10—17 entsprechende Anwendung. Im Falle der Einleitung von Abwassern aus Bergwerken in einen Wasserlauf ist auch die zuständige Bergbehörde zu hören.

Art. 22. Bei den der Wasserbauverwaltung unterstellten Wasserläufen sind die Aktenstücke vor der Erwirkung der Genehmigung und im Falle des Art. 20 auch schon vor der Offenlegung dem Ministerium vorzulegen.

II. Nutzungen am Wasser oder Bette der schiff- und flößbaren Wasserläufe (§ 3 des Gesetzes vom 2. Juli 1891).

Art. 23. Die Erlaubniß

1. zu jeder Benutzung des Wassers oder des Bettes, mit welcher eine besondere Vorrichtung verbunden ist,
2. zum Betriebe von Fähren,
3. zum Abführen von Steinen, Sand, Schlamm, Pflanzen oder sonstigen Stoffen aus dem Flußbett sowie zur Eisnutzung

wird durch den Bauinspektor ertheilt.

Den Anträgen sind im Falle der Ziffer 1 und 2 die erforderlichen Pläne und Zeichnungen beizufügen.

Art. 24. Der Bauinspektor veranlaßt die zur Klarstellung des Gesuchs noch erforderlichen Erhebungen.

Soweit es sich um die in Art. 23 Ziffer 1 und 2 genannten Anlagen handelt, hat der Bauinspektor die Pläne und Zeichnungen vorher dem Ministerium zur Kenntnißnahme vorzulegen.

Art. 25. Gegen die Entscheidung des Bauinspektors ist Beschwerde an das Ministerium zuläſſig.

III. Errichtung, Beseitigung oder Abänderung von sonstigen Wasserbauten (§ 37 des Gesetzes vom 2. Juli 1891).

Art. 26. Anträge auf Genehmigung

a) zur Vornahme von Uferbauten und sonstigen Bauten am Ufer eines Wasserlaufs, von Einbauten in das Bett eines Wasserlaufs, von Ueberbauungen der Ueberbrückungen eines Wasserlaufs,
b) zur Abänderung bestehender Veranstaltungen dieser Art,
c) zum Ablagern von Steinen, Schutt, Erde sowie zur Anpflanzung von Bäumen und Gesträuchen in einem Wasserlauf

sind an den zuständigen Bauinspektor zu richten.

Den Anträgen sind im Falle der Ziffer a und b die erforderlichen Pläne und Zeichnungen beizufügen.

Der Bauinspektor prüft die Anträge und nimmt die zur Klarstellung der Sache noch weiter erforderlichen Aufnahmen und Planzeichnungen vor.

Art. 27. Die Genehmigung ertheilt

a) bei den der Wasserbauverwaltung unterstellten Wasserläufen das Ministerium,
b) bei den übrigen Wasserläufen der Bauinspektor.

Gegen die Bescheidung des Bauinspektors ist Beschwerde an das Ministerium zulässig.

IV. Kosten.

Art. 28. Bezüglich des Stempels für die Genehmigungsurkunde sind die Vorschriften der Vollzugsanweisung vom 10. Februar 1898 zum Stempelgesetz (Zentr.- u. Bez.A.Bl. 1898 S. 53) und zwar Ziffer 29, 30,[4]) sowie die allgemeinen Bestimmungen in Ziffer 1—5 zu beachten. Außer dem Stempel hat der Antragsteller die durch die erforderlichen Bekanntmachungen und Aehnliches erwachsenen baaren Auslagen, ferner die durch die auswärtige Thätigkeit des technischen Personals bei Prüfung und Instruktion der Anträge, sowie durch die Abnahme der betreffenden Arbeiten erwachsenden Kosten nach den bestehenden Bestimmungen zu entrichten.

Gemäß Art. 8 der Ausführungsbestimmungen vom 9. Februar 1898 zum Stempelgesetz (Zentr.- u. Bez.A.Bl. 1898 S. 53[5]) sind die Behörden ermächtigt, zur Deckung des Stempels und der Auslagen einen Vorschuß zu verlangen. Hiervon ist nur unter besonderen Verhältnissen Gebrauch zu machen.

V. Schlußbestimmung.

Art. 29. Die Vorschriften, betr. das Verfahren bei Ertheilung der wasserpolizeilichen Genehmigung und Erlaubniß für Bauten und Vorrichtungen an den Wasserläufen in Elsaß-Lothringen, vom 12. März 1892 (Central- und Bezirks-Amtsblatt S. 115) sind aufgehoben.

1) Jetzt Ziff. 29 der Anweisung vom 23. Januar 1913 (Zentr.- u. Bez.A.Bl. S. 85).

5) Jetzt Art. 5 der Ausführungsbestimmungen vom 28. November 1912 zum Stempelgesetz (Zentr.- u. Bez.A.Bl. S. 419).

3. Oktober 1902.

Bekanntmachung des Ministeriums, betreffend die Bildung von besonderen Kreiskommissionen zur Veranlagung der Kapital- sowie der Lohn- und Besoldungssteuer.

Zentr.- u. Bez.A.Bl. S. 215.

1) Auf Grund des § 15 des Gesetzes vom 13. Juli 1901 betreffend die Kapitalsteuer (Gesetzbl. S. 55) ist bestimmt worden, daß für die Städte Colmar und Mülhausen je eine besondere Kreiskommission zur Veranlagung der Kapital- sowie der Lohn- und Besoldungssteuer gebildet wird.

5. Oktober 1902.

Bekanntmachung des Direktors der Zölle und indirekten Steuern, betreffend den Verkehr mit steuerpflichtigen Gegenständen zwischen Elsaß-Lothringen und den anderen Staaten des deutschen Zollgebiets.[1]) [2])

Zentr.- u. Bez.A.Bl. 1902 Nr. 42 Beilage I.

1) Erlassen mit Genehmigung des Kaiserlichen Ministeriums zur Abänderung des § 27 der Bekanntmachung vom 7. Dezember 1900, betreffend den Verkehr mit steuerpflichtigen Gegenständen zwischen Elsaß-Lothringen und den anderen Staaten des Deutschen Zollgebiets (Zentr.- u. Bez.A.Bl. 1900 Nr. 52); es wird dem § 27 ein zweiter Absatz hinzugefügt.

2) Die Änderung ist beim Abdruck der Bekanntmachung vom 5. Oktober 1902 berücksichtigt worden.

13. Oktober 1902.

Vorschriften des Ministeriums, betreffend die Buchführung und die polizeiliche Kontrolle über den Umfang und die Art des Geschäftsbetriebs der gewerbsmäßigen Vermittelungsagenten für Immobiliarverträge, Darlehen und Heiraten.[1])

Zentr.- u. Bez.A.Bl. S. 257.

Auf Grund des § 38 Abs. 4 der Gewerbeordnung wird Folgendes bestimmt:

1. Personen, welche das Gewerbe eines Ver-

1) Erlassen auf Grund des § 38 der Gew.-O. hinsichtlich der Wahrnehmung der durch die Vorschriften den Polizeikommissaren überwiesenen Aufgaben s. Min.-Verf. vom 14. Juni 1907.

mittlungsagenten für Immobiliarverträge betreiben (Immobilienmakler), sind verpflichtet, Geschäftsbücher nach den beigefügten Formularen A und B, Personen, welche das Gewerbe eines Vermittlungsagenten für Darlehen und Heirathen betreiben, sind verpflichtet, ein Geschäftsbuch lediglich nach dem Formular B zu führen.

2. Die Bücher müssen dauerhaft gebunden und mit fortlaufenden Seitenzahlen versehen sein; sie sind, bevor sie in Gebrauch genommen werden, von dem Polizeikommissar[2]) des gewerblichen Niederlassungsortes (in Straßburg, Metz und Mülhausen von dem zuständigen Revierpolizeikommissar) unter Beglaubigung der Seitenzahl abzustempeln. In den Büchern dürfen weder Rasuren vorgenommen, noch Eintragungen unleserlich gemacht werden. Auch dürfen die Bücher während der für die Aufbewahrung vorgeschriebenen Zeit (Ziff. 7) weder ganz noch theilweise vernichtet werden.

3. In dem Geschäftsbuche nach dem Formular A für abgeschlossene Verkäufe ist in Spalte 2 anzugeben, wer bei dem Geschäft als Käufer oder Verkäufer, wer als Gläubiger oder Schuldner betheiligt gewesen ist und wer von ihnen dem Vermittlungsagenten den Auftrag ertheilt hat.

In die Spalte 5c sind nur solche Angaben aufzunehmen, welche für die Beurtheilung der von dem Vermittlungsagenten entwickelten Vermittlerthätigkeit dienlich sind.

4. In das Geschäftsbuch nach dem Formular B für Aufträge sind alle schriftlichen und mündlichen Aufträge, seitens der Vermittlungsagenten für Immobiliarverträge nur die schriftlichen Aufträge im Laufe des Tages, an dem sie eingehen, in der Reihenfolge des Eingangs unter fortlaufender Nummer mit Tinte in deutscher Sprache und in deutschen oder lateinischen Schriftzeichen vollständig einzutragen.

Die zur Erledigung des Auftrags vorgenommenen einzelnen Geschäftshandlungen sind im Laufe des Tages, an welchem sie vorgenommen werden, der Empfang von Geldern, Werthgegenständen u. s. w. am Tage des Eingangs in den Spalten 7 und 8 zu vermerken.

Von den Vermittlungsagenten für Immobiliarverträge ist in Spalte 6 bei Erledigung des Auftrags durch die Vermittlung des Geschäfts lediglich ein Hinweis auf die entsprechende laufende Nummer des Geschäftsbuches nach dem Formular A aufzunehmen; es bedarf in diesem Falle auch einer Ausfüllung der Spalten 7 und 8 insoweit nicht, als die betreffenden Eintragungen nicht schon vor Erledigung des Auftrags zu bewirken gewesen wären.

5. Für die ordnungsmäßige Führung des oder der Geschäftsbücher ist der Vermittlungsagent auch dann persönlich verantwortlich, wenn er sie einem Dritten übertragen hat.

6. Die Vermittlungsagenten sind verpflichtet, die Geschäftsbücher und alle auf ihren Geschäftsbetrieb bezüglichen Schriftstücke, sowie die etwa in ihrer Verwahrung befindlichen Gegenstände ihrer Auftraggeber auf Ansuchen den Polizeikommissaren[2]) vorzuzeigen und ihnen, soweit es im Interesse der polizeilichen Kontrole nöthig ist, Auskunft über ihre Geschäftsführung zu ertheilen.

7. Geschäftsbücher, welche nicht mehr benutzt werden sollen, sind unter Angabe des Datums abzuschließen, dem Polizeikommissar[2]) zur Bestätigung des Abschlusses vorzulegen und sodann zehn Jahre aufzubewahren. Nach dem Abschluß dürfen weitere Eintragungen in die Geschäftsbücher nicht mehr gemacht werden.

Dasselbe gilt, wenn der Geschäftsbetrieb eingestellt wird.

8. Der Kreisdirektor (in Straßburg und Metz die staatliche Polizeiverwaltung) ist ermächtigt, einzelnen Vermittelungsagenten, deren Geschäftsbetrieb nur unbedeutend ist, oder die als Kaufleute zur Führung von Handelsbüchern verpflichtet sind, auf Ansuchen Erleichterungen oder Befreiungen in Bezug auf die vorstehenden Vorschriften zu gewähren.[3])

9. Diese Vorschriften treten am 1. Januar 1903 in Kraft.

2) S. jetzt Verordn. vom 14. Juni 1907 betreffend Übertragung von Befugnissen der bisherigen Kantonalpolizeikommissare auf die Gemeindevorstände.

3) Ziff. 8 beruht in ihrer gegenwärtigen Fassung auf der Verordnung vom 31. März 1910.

---

20. Oktober 1902.

Bezirks-Polizeiverordnung des Bezirkspräsidenten des Unter-Elsaß, betreffend die Kontrolle der Rebpflanzungen.[1])

Zentr.- u. Bez.A.Bl. S. 262.

1) Zu vgl. Verordnung desselben vom 19. Oktober 1901 (insbes. Anm. 2).

22. Oktober 1902.

Bekanntmachung des Reichskanzlers, betreffend die Einrichtung und den Betrieb der Roßhaarspinnereien, Haar- und Borstenzurichtereien sowie der Bürsten- und Pinselmachereien.

Reichsgesetzbl. S. 269.

Auf Grund des § 120 e der Gewerbeordnung hat der Bundesrath über die Einrichtung und den Betrieb der Roßhaarspinnereien, Haar- und Borstenzurichtereien sowie der Bürsten- und Pinselmachereien folgende Vorschriften erlassen:

I. Allgemeine Vorschriften.

§ 1. Die nachstehenden Vorschriften finden Anwendung auf alle Anlagen, in denen Pferde-, Rinder- oder Ziegenhaare, Schweinsborsten oder Schweinswolle zugerichtet oder zu Krollhaaren versponnen werden, oder in denen unter Verwendung solcher Materialien Bürsten, Besen oder Pinsel hergestellt werden.

§ 2. Die aus dem Auslande stammenden Pferde-, Rinder- und Ziegenhaare, Schweinsborsten und Schweinswolle dürfen erst in Bearbeitung genommen werden, nachdem sie in demjenigen Betrieb, in welchem die Bearbeitung stattfinden soll, vorschriftsmäßig desinfizirt sind.

Die Desinfektion muß nach Wahl des Betriebsunternehmers geschehen, entweder

1. durch mindestens einhalbstündige Einwirkung strömenden Wasserdampfs bei einem Ueberdrucke von $0{,}15$ Atmosphären, oder
2. durch mindestens einviertelstündiges Kochen in zweiprozentiger Kaliumpermanganatlösung mit nachfolgendem Bleichen mittelst drei- bis vierprozentiger schwefeliger Säure, oder
3. durch mindestens zweistündiges Kochen in Wasser.

Durch den Reichskanzler können noch andere Desinfektionsverfahren zur Auswahl zugelassen werden.

Durch die höhere Verwaltungsbehörde kann angeordnet werden, daß die nach Abs. 2 Ziffer 1 vorzunehmende Desinfektion in einer öffentlichen Desinfektionsanstalt, sofern eine solche am Betriebssitz oder in dessen unmittelbarer Nähe verfügbar ist, ausgeführt wird.

§ 3. Einer Desinfektion durch den Unternehmer (§ 2 Abs. 1) bedarf es nicht, soweit dieser nach näherer Bestimmung der Landes-Zentralbehörde den Nachweis erbringt, daß er das Material in vorschriftsmäßig (§ 2 Abs. 2) desinfizirtem Zustande bezogen und abgesondert von nicht desinfizirtem Material aufbewahrt hat.

Der Unternehmer braucht diejenigen weißen Borsten nicht desinfiziren zu lassen, welche er vor weiterer Bearbeitung einem Bleichverfahren unterwirft oder welche er in bereits gebleichtem Zustand als sogenannte präparirte französische Borsten bezogen und abgesondert von nicht desinfizirtem Material aufbewahrt hat.

§ 4. Von der höheren Verwaltungsbehörde können Ausnahmen von den Bestimmungen des § 2 für solche Materialien zugelassen werden, welche

1. nach den bisherigen Erfahrungen keinem der nach § 2 zugelassenen Desinfektionsverfahren unterworfen werden können, ohne einer erheblichen Beschädigung ausgesetzt zu sein, oder welche
2. nachweislich bereits im Ausland eine Behandlung erfahren haben, welche als der vorschriftsmäßigen inländischen Desinfektion gleichwerthig anzusehen ist.

Die höhere Verwaltungsbehörde hat ein Verzeichniß zu führen, in das die Fälle und Gründe der von ihr zugelassenen Ausnahmen, in den Fällen der Ziffer 2 auch die Art der ausländischen Behandlung, einzutragen sind. Eine Abschrift des Verzeichnisses ist alljährlich bis zum 1. Februar der Landes-Zentralbehörde einzureichen.

§ 5. Mit den desinfektionspflichtigen Materialien dürfen vor Ausführung der vorschriftsmäßigen Desinfektion nur solche Verrichtungen vorgenommen werden, welche zur Prüfung der Beschaffenheit der Materialien, zur Verhütung ihres Verderbens sowie zur Vorbereitung und Ausführung der Desinfektion unerläßlich sind, zum Beispiel Auspacken, Abschneiden der Haare vom Schweißleder, Eintragen in den Desinfektionsapparat, Bündeln der Borsten und Anderes. Eine Sortirung der Materialien ist nur insoweit zulässig, als sie nöthig ist, um die Haare und so weiter für die Anwendung verschiedener Desinfektionsverfahren zu sondern.

§ 6. Zur Ausführung der Desinfektion, zur Bearbeitung der gemäß § 4 Abs. 1 Ziffer 1 nicht desinfizirten Stoffe sowie zu den im § 5 bezeichneten Verrichtungen dürfen jugendliche Arbeiter nicht verwendet werden.

§ 7. Der Arbeitgeber hat darauf zu halten, daß Arbeiter mit wunden Hautstellen, insbesondere an Hals, Gesicht und Händen, zu den im § 6 bezeichneten Beschäftigungen nicht verwendet werden.

§ 8. Der Arbeitgeber ist verpflichtet, über das von ihm bezogene Material an Haaren, Borsten und Schweinswolle derart Buch zu führen, daß daraus die Menge, die Bezugsquelle und, soweit sie bekannt ist, die Herkunft der empfangenen Waare sowie die Zeit und die Art der Desinfektion oder der Grund des Unterlassens der Desinfektion zu ersehen ist.

Ist die Desinfektion in einer öffentlichen Anstalt ausgeführt worden, so sind die hierüber ausgestellten Bescheinigungen zu sammeln, aufzubewahren und dem Aufsichtsbeamten (§ 139 b der Gewerbeordnung) auf Verlangen vorzulegen.

§ 9. Die Vorräthe an nicht desinfizirtem Materiale, welches desinfektionspflichtig oder gemäß § 4 Abs. 1 Ziffer 1 von der Desinfektionspflicht ausgenommen ist, sind in besonderen, unter Verschluß zu haltenden Räumen aufzubewahren und dürfen nur auf solchen Zugängen und Treppen in diese Räume hinein- oder aus ihnen hinausgebracht werden, welche von den mit der Bearbeitung desinfizirten oder inländischen Materials beschäftigten Arbeitern nicht benutzt werden. Auf diesen Zugängen und Treppen darf desinfizirtes oder inländisches Material nicht befördert werden.

Die vor der Desinfektion erforderlichen Verrichtungen (§ 5), die Ausführung der Desinfektion sowie die Bearbeitung des gemäß § 4 Abs. 1 Ziffer 1 nicht desinfizirten Materials dürfen nicht in Räumen vorgenommen werden, in denen desinfizirtes oder inländisches Material aufbewahrt oder bearbeitet wird.

Die Räume, in denen desinfektionspflichtiges oder gemäß § 4 Abs. 1 Ziffer 1 nicht desinfizirtes Material aufbewahrt oder bearbeitet wird, die Plätze vor ihren Eingängen und die Zugänge und Treppen, auf denen solches Material befördert wird, sind stets rein zu halten. Bei der Reinigung ist Staubbildung thunlichst zu verhüten; der entstehende Kehricht sowie die Umhüllungen, in denen die nicht desinfizirten Stoffe anlangen, sind zu verbrennen oder zu desinfiziren (§ 2 Abs. 2). Dies gilt auch von dem bei der Bearbeitung nicht desinfizirten Materials entstehenden Staube und dem dabei abfallenden Schmutze.

II. Besondere Vorschriften für größere Betriebe.

§ 10. In Betrieben, in denen in der Regel mindestens zehn Arbeiter beschäftigt werden, müssen die Arbeitsräume mit einem festen und dichten Fußboden versehen sein, der eine leichte Beseitigung des Staubes auf feuchtem Wege gestattet. Hölzerne Fußböden müssen glatt gehobelt und gegen das Eindringen der Nässe geschützt sein.

Die Wände und Decken müssen, soweit sie nicht mit einer glatten, abwaschbaren Bekleidung oder mit einem Oelfarbenanstriche versehen sind, mindestens einmal jährlich mit Kalk frisch angestrichen werden.

Bei Errichtung neuer und Erweiterung bestehender Anlagen ist dafür Sorge zu tragen, daß in den neuen Arbeitsräumen, in denen mit erheblicher Staubentwickelung verbundene Arbeiten ausgeführt werden, die Zahl der darin beschäftigten Personen so bemessen wird, daß auf jede mindestens fünfzehn Kubikmeter Luftraum entfallen.

§ 11. Die Arbeitsräume sind täglich zweimal mindestens eine halbe Stunde lang, und zwar während der Mittagspause und nach Beendigung oder vor Wiederbeginn der Arbeit, gründlich zu lüften. Während dieser Zeit darf den Arbeitern der Aufenthalt in den Arbeitsräumen nicht gestattet werden.

Die Fußböden der Räume, in denen mit Staubentwickelung verbundene Arbeiten vorgenommen werden, sind täglich mindestens einmal durch Abwaschen oder feuchtes Abreiben vom Staube zu reinigen. Die in diesen Räumen befindlichen Arbeitstische sind mindestens zweimal wöchentlich feucht zu reinigen.

§ 12. In Roßhaarspinnereien und -Zurichtereien ist das Sortiren und Hecheln je in einem besonderen, von sonstigen Arbeitsräumen getrennten Raume vorzunehmen. Der dabei entstehende Staub und abfallende Schmutz ist zu sammeln und zu beseitigen.

§ 13. Misch-, Reinigungs- und Hechelmaschinen (sogenannte Batteurs und Reißwölfe) müssen dicht ummantelt und mit wirksamen Absaugevorrichtungen versehen sein. Der abgesaugte Staub muß in einer Staubkammer gesammelt und, sofern er von den nach § 4 Abs. 1 Ziffer 1 nicht desinfizirten Stoffen herrührt, verbrannt werden.

§ 14. Der Arbeitgeber hat allen bei der Vorbereitung und Ausführung der Desinfektion oder mit der Bearbeitung der nach § 4 Abs. 1 Ziffer 1 nicht desinfizirten Stoffe beschäftigten Arbeitern Arbeitsanzüge nebst Mützen in ausreichender Zahl und zweckentsprechender Beschaffenheit zur Verfügung zu stellen.

Der Arbeitgeber hat durch geeignete Anordnungen und Beaufsichtigung dafür Sorge zu tragen, daß die Arbeitskleider nur von denjenigen Arbeitern benutzt werden, denen sie zugewiesen sind, daß sie während der Zeit, wo sie sich nicht im Gebrauche befinden, an den dafür bestimmten Plätzen aufbewahrt und mindestens einmal wöchentlich desinfizirt werden (§ 2 Abs. 2).

Den im Abs. 1 bezeichneten Arbeitern hat der Arbeitgeber wenigstens zweimal wöchentlich Gelegenheit zu geben, ein warmes Bad zu nehmen.

§ 15. In einem staubfreien Theile der Anlage muß für die Arbeiter ein Wasch- und Ankleideraum und getrennt davon, soweit hierfür ein Bedürfniß vorliegt, ein Speiseraum vorhanden sein. Diese Räume müssen sauber und staubfrei gehalten und während der kalten Jahreszeit geheizt werden.

In dem Wasch- und Ankleideraume müssen Wasser, Seife und Handtücher sowie Einrichtungen zur Verwahrung derjenigen Kleidungsstücke, welche vor Beginn der Arbeit abgelegt werden, in ausreichender Menge vorhanden sein.

§ 16. Der Arbeitgeber hat für die mit der Bearbeitung der im § 2 Abs. 1 bezeichneten Stoffe beschäftigten Arbeiter verbindliche Vorschriften über folgende Gegenstände zu erlassen:

1. Die Arbeiter haben die ihnen überwiesenen Arbeitskleider (§ 14 Abs. 1) bei denjenigen Arbeiten, für welche es von dem Arbeitgeber vorgeschrieben ist, zu benutzen.
2. Die Arbeiter dürfen Nahrungsmittel nicht in die Arbeitsräume mit nehmen. Das Einnehmen der Mahlzeiten ist ihnen nur außerhalb der Arbeitsräume gestattet.
3. Die Arbeiter dürfen erst dann den Speiseraum betreten, Mahlzeiten einnehmen oder die Anlage verlassen, wenn sie zuvor die nach § 14 Abs. 1 vorgeschriebenen Arbeitskleider abgelegt, sowie Gesicht, Hals, Hände und Arme sorgfältig gewaschen haben.

In den zu erlassenden Vorschriften ist vorzusehen, daß Arbeiter, die trotz wiederholter Warnung den vorstehend bezeichneten Bestimmungen zuwiderhandeln, vor Ablauf der vertragsmäßigen Zeit und ohne Aufkündigung entlassen werden können.

Ist für einen Betrieb eine Arbeitsordnung erlassen (§ 134 a der Gewerbeordnung), so sind die vorstehend bezeichneten Bestimmungen in die Arbeitsordnung aufzunehmen.

§ 17. In jedem Arbeitsraume sowie in dem Ankleide- und dem Speiseraume muß an einer in die Augen fallenden Stelle eine Tafel aushängen, die in deutlicher Schrift die Bestimmungen der §§ 1 bis 16 wiedergiebt.

III. Schlußbestimmung.

§ 18. Die vorstehenden Bestimmungen treten am 1. Januar 1903 in Kraft und an die Stelle der durch die Bekanntmachung des Reichskanzlers vom 28. Januar 1899 (Reichs-Gesetzbl. S. 5) verkündeten Vorschriften.

Von den Vorschriften im § 9 kann die untere Verwaltungsbehörde für einzelne Betriebe auf Antrag des Unternehmers Ausnahmen gewähren, jedoch höchstens bis zum 1. Oktober 1903.

---

22. Oktober 1902.

Verordnung des Statthalters, betreffend die Eintheilung des Handelskammerbezirks Metz in Wahlbezirke.[1])

Zentr.- u. Bez.A.Bl. S. 261.

§ 1. Der Bezirk der Handelskammer in Metz wird in 9 Wahlbezirke eingetheilt.

§ 2. Der Wahlbezirk I umfaßt den Stadtkreis Metz,

der Wahlbezirk II den Landkreis Metz,
„ „ III „ Kreis Diedenhofen-Ost,
„ „ IV „ „ Diedenhofen-West,
„ „ V „ „ Forbach,
„ „ VI „ „ Saargemünd,
„ „ VII „ „ Saarburg,
„ „ VIII „ „ Château-Salins,
„ „ IX „ „ Bolchen.

§ 3. Im Wahlbezirke I sind 4 Mitglieder,
im „ II „ 3 „
„ „ III „ 2 „
„ „ IV „ 3 „
„ „ V „ 3 „
„ „ VI „ 3 „
„ „ VII „ 3 „
„ „ VIII „ 2 „
„ „ IX ist 1 Mitglied.
zu wählen.

§ 4. Für die Mitglieder der neu gebildeten Wahlbezirke Diedenhofen-Ost und Diedenhofen-

---

1) Erlassen aus Anlaß der Teilung des früheren Kreises Diedenhofen in die Kreise Diedenhofen-Ost und Diedenhofen-West, unter Aufhebung der Verordnung vom 15. Oktober 1900 III 12941, betreffend Eintellung des Handelskammerbezirks Metz in Wahlbezirke (Zentr.- u. Bez.A.Bl. 1900, Hauptbl. S. 234).

West hat eine Neuwahl stattzufinden, die mit der im laufenden Jahre vorzunehmenden Erneuerungswahl für ein Drittel der Mitglieder der Handelskammer in Metz zu verbinden ist. Die hierbei in den Wahlbezirken Diedenhofen-Ost und Diedenhofen-West gewählten Mitglieder, welche nach zwei und vier Jahren auszuscheiden haben, werden durch das Loos bestimmt.

---

25. Oktober 1902.

Erlaß des Statthalters, betreffend Amtsbezeichnungen in der Verwaltung der direkten Steuern.

Zentr.- u. Bez.A.Bl. S. 271.

Der Kaiserliche Statthalter hat mittelst Erlasses vom 25. Oktober 1902 bestimmt, daß fortan die mit der Veranlagung der direkten Steuern, mit Ausschluß der Grund- und Gebäudesteuer, betrauten Beamten (die bisherigen Steuerkontroleure) [1]) die Amtsbezeichnung

„Steuerkommissar"

zu führen haben und die Amtsstellen derselben als

„Steuerkommissariat"

zu bezeichnen sind.

1) Vgl. Bekanntmachung des Ministeriums, betr. den Dienst der Steuerveranlagung und der Katasterfortführung, vom 22. Februar 1902 (Zentr.- u. Bez. A.Bl. S. 45) s. o.

---

11. November 1902.

Vertrag zwischen dem Reiche und Luxemburg über den Betrieb der Wilhelm-Luxemburg-Eisenbahnen.

Reichsgesetzbl. 1903 S. 183.

Seine Majestät der Deutsche Kaiser, König von Preußen, im Namen des Deutschen Reichs, und Seine Königliche Hoheit der Großherzog von Luxemburg, von dem Wunsche geleitet, durch eine neue Vereinbarung den Betrieb der Wilhelm-Luxemburg-Eisenbahnen über den 31. Dezember 1912 hinaus sicher zu stellen, haben zu Bevollmächtigten ernannt: . . . .
. . . .
welche, nachdem die beiderseitigen Vollmachten in guter und gehöriger Form befunden worden sind, folgenden Vertrag geschlossen haben:

Art. 1. Die Großherzoglich luxemburgische Regierung ertheilt zu dem zwischen der Kaiserlichen Generaldirektion der Eisenbahnen in Elsaß-Lothringen und der anonymen Königlich Großherzoglichen Wilhelm-Luxemburg-Eisenbahn-Gesellschaft unter dem 16. Juli 1902 zu Luxemburg abgeschlossenen, im Abdrucke beiliegenden Vertrag insoweit ihre Genehmigung, als dieselbe durch Artikel 24 des für die genannte Eisenbahn-Gesellschaft geltenden Lastenhefts (cahier des charges) vom 9. November 1855 und durch Artikel 1 des Großherzoglich luxemburgischen Gesetzes vom 3. September 1879 erfordert wird. Demgemäß willigt sie darein, daß die den Gegenstand des Vertrags bildenden Eisenbahnstrecken, soweit sie im Gebiete des Großherzogthums Luxemburg liegen, bis zum Ablaufe der Konzessionsdauer, d. i. bis zum 31. Dezember 1959, von der Kaiserlichen Generaldirektionen der Eisenbahnen in Elsaß-Lothringen zu Straßburg i. E. verwaltet und betrieben werden. Deutscherseits bleibt vorbehalten, an die Stelle dieser Generaldirektion eine andere deutsche Reichs- oder Staatsbehörde treten zu lassen.

Die Rechte und Pflichten der Kaiserlichen Generaldirektion bestimmen sich nach den für die einzelnen Strecken maßgebenden Konzessionsurkunden und Konzessionsbedingungen (Lastenhefte, cahiers des charges), nach den über dieselben abgeschlossenen, noch in Kraft befindlichen Verträgen und Vereinbarungen sowie nach den im Großherzogthume geltenden, durch das Memorial verkündeten Gesetzen und Verordnungen, insofern nicht durch den gegenwärtigen Vertrag eine Abänderung oder Ergänzung jener Festsetzungen vereinbart ist. Es versteht sich hierbei von selbst, daß die Lage der Kaiserlichen Generaldirektion als Betriebsunternehmerin der fraglichen Eisenbahnstrecken nicht durch im Großherzogtum ergehende Sondergesetze oder Sonderverordnungen verschlechtert werden darf.

Art. 2. Die Kaiserliche Regierung verpflichtet sich, die von der Generaldirektion der Eisenbahnen in Elsaß-Lothringen betriebenen luxemburgischen Eisenbahnstrecken zu keiner Zeit zur Beförderung von Truppen, Waffen, Kriegsmaterial und Munition zu benutzen und während eines Krieges, an welchem Deutschland betheiligt sein sollte, sich derselben für die Verproviantirung der Truppen auf keine die Neutralität des Großherzogthums verletzende Weise zu bedienen sowie überhaupt in deren Betriebe Handlungen, welche den dem Großherzogthum als neutralem Staate obliegenden Verpflichtungen nicht vollkommen entsprechen, weder vorzunehmen, noch zuzulassen.

Deutscherseits wird ferner die Verpflichtung übernommen, zu jeder Zeit für ein dem regelmäßigen Verkehrsbedürfniß entsprechendes Betriebsmaterial Sorge zu tragen.

Art. 3. Die Kaiserliche Generaldirektion der Eisenbahnen in Elsaß-Lothringen nimmt bezüglich der von ihr geführten Verwaltung luxemburgischer Eisenbahnstrecken Domizil in Luxemburg. Wegen aller Ansprüche, welche gegen sie aus Anlaß des Betriebs dieser Strecken geltend gemacht werden, ist sie bei den luxemburgischen Gerichten Recht zu nehmen verbunden. Rechtskräftige gerichtliche Entscheidungen sollen gegen das zur Vertretung der Generaldirektion bestellte Organ verbindlich und vollstreckbar sein.

Art. 4. Der Betrieb der luxemburgischen Eisenbahnstrecken untersteht einer besonderen Verwaltung nach Maßgabe der nachfolgenden Bestimmungen.

Die Kaiserliche Generaldirektion bestellt in Luxemburg für die besondere Leitung des Betriebs einen Beamten, welcher sie zugleich der Großherzoglichen Regierung und dem Publikum gegenüber in allen den Betrieb der Bahnen betreffenden Angelegenheiten zu vertreten befugt und verpflichtet ist. Der Großherzoglichen Regierung wird von der Person dieses Beamten vor der Ernennung desselben Mittheilung gemacht.

Die Großherzogliche Regierung wird den Verkehr zwischen ihr und der Betriebsverwaltung sowie die ihr zustehenden Hoheits- und Aufsichtsrechte durch einen Kommissar wahrnehmen lassen, welcher die Beziehungen zu seiner Regierung in allen Fällen zu vermitteln hat, die nicht zum direkten Einschreiten der nach den Landesgesetzen zuständigen Polizei- oder Gerichtsbehörden geeignet sind. Er wird seine Wahrnehmungen über etwaige Mängel in der Handhabung des Betriebs zur Kenntniß der Generaldirektion bringen.

Die Großherzogliche Regierung wird einen aus fünf Mitgliedern bestehenden Eisenbahnrath zur Mitwirkung in Eisenbahnfragen bestellen und der Kaiserlichen Regierung bezeichnen, welcher auf Einladung der Großherzoglichen Regierung oder der Kaiserlichen Generaldirektion zusammentritt. Sowohl die Luxemburgische Regierung als auch die Kaiserliche Generaldirektion können sich durch Delegierte bei den Sitzungen vertreten lassen.

Der Eisenbahnrath ist von der Kaiserlichen Generaldirektion in allen die Verkehrsinteressen des Staates berührenden wichtigen Fragen zu hören. Namentlich gilt dies von wichtigeren Maßregeln bei Feststellung oder Abänderung der Fahrpläne und Tarife, Anlegung von Haltestellen oder Umänderung von Haltestellen in Bahnhöfe mit vollem oder theilweisem Betriebe. Auch kann der Eisenbahnrath in Angelegenheiten der vorbezeichneten Art selbständige Anträge durch Vermittelung der Luxemburgischen Regierung an die Kaiserliche Generaldirektion richten und von dieser Auskunft verlangen. Werden durch die Kaiserliche Generaldirektion wegen Gefahr im Verzug und ohne vorherige Anhörung des Eisenbahnraths Maßregeln wichtiger Art getroffen, so wird diesem bei dem nächsten Zusammentritte Mittheilung davon gemacht.

Der Vorsitz und der Geschäftsgang des Eisenbahnraths wird in einem durch die Großherzogliche Regierung nach Anhörung der Kaiserlichen Generaldirektion zu erlassenden Regulativ näher bestimmt.

Erachtet der Eisenbahnrath Vorerhebungen für erforderlich, so erfolgen dieselben durch die Luxemburgische Regierung beziehungsweise durch die Kaiserliche Generaldirektion.

Art. 5. Die Kaiserliche Generaldirektion wird bei dem Betriebe der luxemburgischen Eisenbahnstrecken luxemburgische Staatsangehörige, sofern sie den Anforderungen entsprechen, vorzugsweise beschäftigen und anstellen.

Deutsche, welche bei der Verwaltung der Eisenbahnen in Luxemburg angestellt oder beschäftigt werden, verlieren dadurch nicht ihre Reichs- beziehungsweise Staatsangehörigkeit; ebensowenig gehen luxemburgische Staatsangehörige, welche beim Betriebe der deutschen Reichseisenbahnen angestellt oder beschäftigt werden, ihrer Staatsangehörigkeit verlustig.

Die sämtlichen Beamten der unter der Leitung der Generaldirektion stehenden Eisenbahnen sind ohne Unterschied des Orts ihrer Anstellung rücksichtlich der Disziplin ausschließlich den vorgesetzten Eisenbahndisziplinarbehörden und den betreffenden Disziplinarvorschriften, im Uebrigen aber den Gesetzen und Behörden des Landes unterworfen, in welchem sie ihren Wohnsitz haben, beziehungsweise Handlungen vornehmen.

Wird die Verhaftung eines im Gebiete des Großherzogthums Luxemburg bei den im Artikel 1 bezeichneten Eisenbahnstrecken angestellten Bediensteten wegen Verbrechen, Vergehen oder Uebertretungen von luxemburgischen Behörden verfügt, so werden die letzteren auf die Erfordernisse des Eisenbahndienstes Rücksicht nehmen und, soweit es nach den Umständen irgend thunlich ist, die nächstvorgesetzte Eisenbahnbehörde so zeitig von der beabsichtigten Verhaftung in Kenntniß setzen, daß der etwa nöthige Stellvertreter noch rechtzeitig in den Dienst eingewiesen werden kann.

Art. 6. Die Dienstkleidung der im Großherzogthume Luxemburg stationirten Beamten wird mit Ausnahme der Vorstöße und der Nationalkokarde die der Beamten der Kaiserlichen Generaldirektion sein.

Art. 7. Die Vorschriften und Tarife für den Personen-, Gepäck-, Güter- und Viehverkehr auf den Eisenbahnen im Großherzogthume Luxemburg werden fortdauernd in Uebereinstimmung gehalten werden mit den jeweilig auf den Eisenbahnen in Elsaß-Lothringen in Geltung stehenden Vorschriften (Verkehrsordnung) und Tarifen.

Die Kaiserliche Generaldirektion der Eisenbahnen wird die für den durchgehenden Verkehr und zur Herstellung ineinandergreifender Fahrpläne nöthigen Personen- und Schnellzüge sowie die zur Bewältigung des Güterverkehrs nöthigen Güterzüge einführen, auch direkte Abfertigungen im Personen- und Güterverkehr unter Gestattung des Ueberganges der Transportmittel von einer Bahn auf die andere gegen die übliche Vergütung einrichten und es unausgesetzt ihre Sorge sein lassen, den Verkehr auf den Wilhelm-Luxemburg-Eisenbahnen zu heben und zu beleben.

Für die Zulassung und den Betrieb von Anschlußgeleisen sollen die Normen maßgebend sein, die in Artikel 25 Abs. 5 u. s. w. des für die Prinz-Heinrich-Eisenbahn geltenden Lastenhefts (cahier des charges) vom $\frac{\text{14. Dezember 1868}}{\text{27. Februar 1869}}$ vorgesehen sind.

Art. 8. Die Kessel und maschinellen Anlagen der Eisenbahnwerkstätten sowie die Eisenbahnbetriebsmittel werden, wenn sie von deutschen Behörden geprüft sind, in Luxemburg zugelassen, ohne daß eine weitere Revision durch luxemburgische Behörden zu erfolgen hat.

Art. 9. Die von der Luxemburgischen Regierung der anonymen Königlich Großherzoglichen Wilhelm-Luxemburg-Eisenbahn-Gesellschaft gewährte Staatssubvention von acht Millionen Franken wird der Luxemburgischen Regierung deutscherseits im Gegenwerthe von sechs Millionen vierhunderttausend Mark bis zum Ablaufe des Jahres 1918 erstattet werden. Die Zahlung wird, beginnend mit dem 1. Juli 1903, in sechzehn, jedesmal am 1. Juli zu entrichtenden Jahresraten von je vierhunderttausend Mark erfolgen.

Vom 1. Januar 1919 ab wird deutscherseits der Luxemburgischen Regierung an Stelle einer Betheiligung an den Erträgnissen der im Artikel 1 bezeichneten, auf luxemburgischem Gebiete belegenen Eisenbahnstrecken alljährlich bis zum Ablaufe des Jahres 1959 ein Betrag von zweihunderttausend Mark gewährt werden, der am 31. Dezember jeden Jahres fällig und zahlbar sein soll.

Art. 10. Die Großherzogliche Regierung wird während der Dauer des gegenwärtigen Vertrags ohne Zustimmung der Kaiserlichen Regierung auf den im Artikel 1 bezeichneten, auf luxemburgischem Gebiete belegenen Eisenbahnstrecken keinen anderen Betriebsunternehmer an Stelle der Kaiserlichen Generaldirektion zulassen, sofern eine solche Zulassung nach den Konzessionsbedingungen und den geltenden Gesetzen versagt werden kann.

Die Kaiserliche Regierung wird die Großherzogliche Regierung gegen Ansprüche Dritter auf den Betrieb der genannten Eisenbahnstrecken vertreten. Von der Erhebung solcher Ansprüche ist ihr unverzüglich Mittheilung zu machen.

Falls später die Konzessionirung einer Schienenverbindung zwischen dem luxemburgischen Erzrevier und der kanalisirten Mosel in Frage kommen sollte, wird die Großherzogliche Regierung etwaige auf die Ertheilung dieser Konzession gerichtete Anträge der deutschen Verwaltung vorzugsweise berücksichtigen.

Art. 11. Beide vertragschließende Theile werden von dem ihnen zustehenden Rechte zur Kündigung des Vertrags vom 20./25. Oktober 1865, betreffend die Fortdauer des Anschlusses des Großherzogthums Luxemburg an das Zollsystem Preußens und der übrigen Staaten des Zollvereins, nicht derart Gebrauch machen, daß dieser Vertrag während der Dauer des gegenwärtigen Vertrags außer Kraft tritt.

Art. 12. Der gegenwärtige Vertrag soll ratifizirt und die Ratifikationen sollen sobald als möglich ausgetauscht werden. Er tritt mit dem Zeitpunkte des Austausches der Ratifikationen an die Stelle der die Uebernahme des Betriebs der Wilhelm-Luxemburg-Eisenbahnen durch die Kaiserlich deutsche Eisenbahnverwaltung betreffenden Uebereinkunft vom 11. Juni 1872.

Zu Urkund dessen haben die beiderseitigen Bevollmächtigten den gegenwärtigen Vertrag vollzogen und mit ihren Siegeln versehen.

Der vorstehende Vertrag ist ratifiziert worden und der Austausch der Ratifikationsurkunden hat am 14. April 1903 stattgefunden. Der in der Anlage enthaltene Vertrag vom 16. Juli 1902 ist am 20. August 1902 von der Generalversammlung der Aktionäre der Wilhelm-Luxemburg-Eisenbahn-Gesellschaft und am 28. Oktober 1902 von dem Chef des Reichsamts für die Verwaltung der Reichseisenbahnen genehmigt worden.

Anlage

Zwischen der Kaiserlichen Generaldirektion der Eisenbahnen in Elsaß-Lothringen zu Straßburg, vertreten durch . . . . einerseits, und der anonymen Königlich Großherzoglichen Wilhelm-Luxemburg-Eisenbahn-Gesellschaft mit dem Sitze zu Luxemburg, vertreten durch . . . . auf Grund einer Vollmacht des Verwaltungsraths vom 9. Juli 1902, andererseits, ist folgender Vertrag geschlossen worden:

§ 1. Gegenstand des Vertrags ist die Anpachtung

a) der im Großherzogthume Luxemburg belegenen älteren Linien der Wilhelm-Luxemburg-Eisenbahn-Gesellschaft sowie der Anschlußbahnen im Düdelinger und Rümelinger Thale, ausschließlich der Linie von Ulflingen nach der preußischen Grenze, und
b) der Eisenbahn von Esch nach Deutsch-Oth und Redingen.

§ 2. Das Pachtverhältniß beginnt mit dem 1. Januar 1903 und endigt mit dem Erlöschen der der Wilhelm-Luxemburg-Eisenbahn-Gesellschaft für ihre Bahnunternehmen ertheilten Konzessionen, das ist mit Ablauf des Jahres 1959.

§ 3. Während der Dauer des Vertrags führt die Kaiserliche Generaldirektion den Betrieb der angepachteten Linien selbständig und für eigene Rechnung. Die Kaiserliche Generaldirektion ist berechtigt, die Führung des Betriebs auch auf einen anderen Unternehmer zu übertragen, bleibt jedoch in diesem Falle der Wilhelm-Luxemburg-Eisenbahn-Gesellschaft gegenüber für alle in diesem Vertrag übernommenen Verpflichtungen verhaftet.

§ 4. Die ordnungsmäßige Unterhaltung der angepachteten Linien sowie die Ausführung aller erforderlich werdenden Ergänzungs- und Erweiterungsanlagen obliegen während der Dauer dieses Vertrags der Kaiserlichen Generaldirektion.

Die Wilhelm-Luxemburg-Eisenbahn-Gesellschaft ist nicht gehalten, ihrerseits Ausgaben irgend welcher Art für die Unterhaltung, Ergänzung und Erweiterung der Anlagen zu bestreiten oder sonstige Ausgaben irgend welcher Art zu übernehmen.

Beim Ablaufe des Vertrags gehen die angepachteten Linien in dem Zustand, in dem sie sich befinden, in den Besitz und Genuß desjenigen Staates über, der sie konzessionirt hat.

§ 5. An Pachtzins zahlt die Kaiserliche Generaldirektion vom 1. Januar 1903 ab den Betrag von jährlich 3 866 400 Frs., geschrieben: drei Millionen achthundertsechsundsechzigtausend vierhundert Franken.

Die Zahlung wird für jedes abgelaufene Vierteljahr innerhalb der drei ersten Tage des folgenden Vierteljahrs in effektiven Goldfranken, je nach der Wahl der Wilhelm-Luxemburg-Eisenbahn-Gesellschaft in Luxemburg oder in Paris, geleistet werden.

§ 6. Die Kaiserliche Generaldirektion übernimmt zu ihren Lasten alle Ansprüche, welche die Großherzoglich luxemburgische Regierung auf Grund der Konzessionen und der Verträge — insbesondere auf Grund der zum Baue der Pachtlinien geleisteten Subventionen — gegen die Wilhelm-Luxemburg-Eisenbahn-Gesellschaft erheben könnte.

Andererseits gehen sämmtliche Rechte, die der Wilhelm-Luxemburg-Eisenbahn-Gesellschaft auf Grund dieser Konzessionen und Verträge gegen die Großherzoglich luxemburgische Regierung zustehen, auf die Kaiserliche Generaldirektion über.

§ 7. Die Wilhelm-Luxemburg-Eisenbahn-Gesellschaft verpflichtet sich, während der Dauer dieses Vertrags ohne ausdrückliche Genehmigung der Kaiserlichen Generaldirektion keine neuen Eisenbahnkonzessionen innerhalb des Großherzogthums Luxemburg zu erwerben.

§ 8. Die Wilhelm-Luxemburg-Eisenbahn-Gesellschaft hat bislang zu dem Eintritte der Kaiserlichen Generaldirektion in den von ihr mit der französischen Ostbahn abgeschlossenen Vertrag vom 21. Januar 1868 ihre förmliche Zustimmung noch nicht gegeben. Diese Zustimmung wird von ihr durch den gegenwärtigen Vertrag vorbehaltlos ertheilt. Ferner erklärt die Wilhelm-Luxemburg-Eisenbahn-Gesellschaft bezüglich der Rechtsgültigkeit des Vertrags vom 15./19. September 1899, betreffend die Anpachtung der Eisenbahn von Esch nach Deutsch-Oth und Redingen, Einwendungen nicht zu erheben.

§ 9. Die Gültigkeit des gegenwärtigen Vertrags ist dadurch bedingt, daß bis zum 1. Juli 1903 zwischen dem Deutschen Reiche und dem Großherzogthume Luxemburg ein Staatsvertrag zu Stande kommt, kraft dessen die Luxemburgische Regierung darin einwilligt, daß der Betrieb der auf ihrem Gebiete belegenen Linien von der Kaiserlichen Generaldirektion bis zum 31. Dezember 1959 geführt werde.

Gelangt dieser Staatsvertrag erst nach dem 1. Januar, aber bis zum 1. Juli 1903 zum Abschlusse, so wird gegenwärtiger Vertrag rückwirkend vom 1. Januar 1903 ab gültig.

§ 10. Durch diesen Vertrag werden diejenigen Rechtsverhältnisse, welche zwischen den Parteien hinsichtlich der im Königreiche Belgien belegenen Linien der Wilhelm-Luxemburg-Eisenbahn-Gesellschaft bestehen, nicht berührt.

Die Kaiserliche Generaldirektion gewährleistet, solange der Belgische Staat von dem ihm zustehenden Rückkaufsrechte keinen Gebrauch macht, bis zum Ablaufe des Jahres 1912 der Wilhelm-Luxemburg-Eisenbahn-Gesellschaft ein Pachterträgniß von jährlich 219 600 Frs., geschrieben: zweihundertneunzehntausend sechshundert Franken, aus diesen Linien. Sollten aus dieser Gewährleistung in der Folge Zahlungen seitens der Kaiserlichen Generaldirektion an die Wilhelm-Luxemburg-Eisenbahn-Gesellschaft zu machen sein, so finden auf dieselben die Bestimmungen des § 5 Abs. 2 dieses Vertrags Anwendung.

In dem Falle, daß der Belgische Staat von seinem Rückkaufsrechte Gebrauch machen sollte, ist die Wilhelm-Luxemburg-Eisenbahn-Gesellschaft ausschließlich befugt, auf ihre Kosten und Gefahr über die Rückkaufsbedingungen zu verhandeln; auch fließt ihr der volle Rückkaufspreis zu.

§ 11. Mit dem Inkrafttreten dieses Vertrags treten außer Wirksamkeit:

a) der zwischen der Wilhelm-Luxemburg-Eisenbahn-Gesellschaft und der Gesellschaft der französischen Ostbahnen geschlossene Betriebsvertrag vom 21. Januar 1868, soweit er sich auf die im Großherzogthume Luxemburg belegenen Linien der Wilhelm-Luxemburg-Eisenbahn-Gesellschaft bezieht;

b) der Vertrag vom 22./24. Oktober 1882, betreffend die Anpachtung der Anschlußbahnen im Düdelinger und Rümelinger Thale, nebst Nachträgen;

c) der Vertrag vom 15./19. September 1899, betreffend die Anpachtung der Eisenbahn von Esch nach Deutsch-Oth und Redingen.

§ 12. Zu diesem Vertrage wird seitens des Präsidenten der Kaiserlichen Generaldirektion die Genehmigung des Herrn Chefs des Reichsamts für die Verwaltung der Reichseisenbahnen, und seitens der Herren Tony Dutreux und Raphael Georges Lévy die Genehmigung der Generalversammlung der Aktionäre der Wilhelm-Luxemburg-Eisenbahn-Gesellschaft vorbehalten.

§ 13. Die Kosten der Stempelung dieses Vertrags werden von beiden Theilen je zur Hälfte getragen.

Dasselbe gilt für die Kosten der Einregistrirung, falls letztere in der Folge nothwendig werden sollte.

§ 14. Dieser Vertrag ist in deutscher und französischer Sprache aufgestellt. Sollten sich über seine Auslegung Meinungsverschiedenheiten ergeben, so ist die deutsche Fassung maßgebend.

In doppelter Ausfertigung aufgenommen zu Luxemburg, den sechzehnten Juli eintausend neunhundertundzwei.

Schlußprotokoll.

Bei der heute erfolgten Unterzeichnung des Vertrags zwischen dem Deutschen Reiche und Luxemburg über den Betrieb der Wilhelm-Luxemburg-Eisenbahnen haben die Bevollmächtigten der beiden vertragschließenden Theile Folgendes erklärt:

I. Zu Artikel 1 des Vertrags.

Die besonderen Vereinbarungen, welche hinsichtlich der Eisenbahnlinie von Ulflingen nach der deutschen Grenze in der Richtung auf St. Vith bestehen, werden durch den gegenwärtigen Vertrag nicht berührt.

II. Zu Artikel 2 des Vertrags.

Es besteht Einverständniß, daß die Worte „zu jeder Zeit“ auch auf den Fall einer im Deutschen Reiche erfolgenden Mobilmachung zu beziehen sind.

Auf Verlangen der Luxemburgischen Regierung wird von fünf zu fünf Jahren ziffermäßig eine entsprechende Zahl von Lokomotiven, Personen-, Gepäck- und Güterwagen festgestellt, welche zum Betriebe der luxemburgischen Eisenbahnstrecken verfügbar bleiben muß. Ueber die Grundsätze, nach denen diese Zahl zu ermitteln ist, wird eine Verständigung zwischen dem Großherzoglich luxemburgischen Eisenbahnkommissar und der Kaiserlichen Generaldirektion erfolgen.

Tritt der Fall der Mobilmachung im Deutschen Reiche ein, so werden für die Dauer des mobilen Zustandes die für den Betrieb der luxemburgischen Eisenbahnstrecken bestimmten Lokomotiven, Personen-, Gepäck- und Güterwagen in der erforderlichen, der getroffenen Feststellung entsprechenden Anzahl mit Aufschriften versehen werden, welche ihre Verwendung im Dienste des Eisenbahnwesens des Großherzogthums Luxemburg ersichtlich machen.

III. Zu Artikel 5 des Vertrags.

Die Kaiserliche Generaldirektion wird darauf Bedacht nehmen, daß die Gesammtzahl der bei den luxemburgischen Eisenbahnstrecken von ihr angestellten Beamten thunlichst zu mindestens neunzig Prozent aus luxemburgischen Staatsangehörigen besteht.

Während der Dauer des gegenwärtigen Vertrags wird die Kaiserliche Generaldirektion denjenigen ihrer Beamten luxemburgischer Staatsangehörigkeit, welche von ihr bisher pensionirt worden sind oder bis zum 31. Dezember 1912 noch pensionirt werden, auch über diesen Termin hinaus die Pension weitergewähren, selbst wenn der Anspruch hierauf nach den mit diesen Beamten geschlossenen Verträgen an sich mit dem 31. Dezember 1912 erlöschen würde.

IV. Zu Artikel 7 des Vertrags.

Es besteht Einverständniß, daß die Kaiserliche Generaldirektion die noch fehlenden zweiten Geleise auf den Strecken

Luxemburg—Wasserbillig,
Nörtzingen—Esch,
Luxemburg—Ulflingen—belgische Grenze,
Ettelbrück—Diekirch,

entsprechend den Bedürfnissen des Verkehrs herstellen und betreiben lassen wird.

Als Frist, binnen welcher die Ausführung dieser Anlagen zu erfolgen hat, wird für die zuerst genannten beiden Strecken und die Theilstrecke Luxemburg—Ettelbrück der Ablauf des Jahres 1914, für die Theilstrecke Ettelbrück—Ulflingen der Ablauf des Jahres 1920 angenommen.

Auf der Linie Ettelbrück—Diekirch soll der Ausbau des zweiten Geleises nicht eher verlangt werden können, als die anstoßende Sauerbahn mit einem zweiten Geleise versehen wird. Ebenso kann der Ausbau des zweiten Geleises zwischen Ulflingen und der belgischen Grenze unterbleiben, solange auf der Fortsetzung dieser Strecke nach Spa das zweite Geleise nicht gelegt ist.

Der Kaiserlichen Generaldirektion bleibt vorbehalten, an Stelle des zweiten Geleises zwischen Oetringen und Luxemburg eine besondere Bahn von Oetringen nach Bettemburg zu erbauen und zu betreiben.

Die Kaiserliche Generaldirektion wird ferner bis Ende 1908 das vorhandene Empfangsgebäude auf dem Bahnhofe Luxemburg durch einen den gesteigerten Anforderungen entsprechenden Neubau ersetzen.

V. Zu Artikel 11 des Vertrags.

Während der Dauer des Vertrags vom 20./25. Oktober 1865, betreffend die Fortdauer des Anschlusses des Großherzogthums Luxemburg an das Zollsystem Preußens und der übrigen Staaten des Zollvereins, werden diejenigen Verbote oder Beschränkungen der Einfuhr, Ausfuhr oder Durchfuhr, welche im Deutschen Reiche dritten Ländern gegenüber aus gesundheitspolizeilichen Rücksichten oder zu dem Zwecke erlassen werden, Vieh oder Nutzpflanzen gegen Krankheiten oder Schädlinge zu schützen, im Großherzogthume Luxemburg ebenso in Anwendung gebracht werden, wie dies in der preußischen Rheinprovinz geschieht.

Die vertragschließenden Theile erklären, daß im Interesse des freien Verkehrs es wünschenswerth erscheint, in gewissen Fragen bezüglich des Gesundheits- und Veterinärwesens, des Pflanzenschutzes und des Verkehrs mit Nahrungs- und Genußmitteln die beiderseitige Gesetzgebung in Uebereinstimmung zu bringen.

Andererseits sind die vertragschließenden Theile darüber einverstanden, daß Beschränkungen des wechselseitigen freien Verkehrs sowohl beim Eintritt außerordentlicher Umstände oder zur Abwehr gefährlicher ansteckender Krankheiten für Menschen oder Vieh (Abs. 3 und 4 des Spezialartikel 4 zum Vertrage vom 8. Februar 1842, betreffend den Anschluß des Großherzogthums Luxemburg an das Zollsystem Preußens und der übrigen Staaten des Zollvereins), als auch aus sonstigen gesundheits- oder veterinärpolizeilichen Rücksichten, aus Rücksichten des Pflanzenschutzes oder der Regelung des Verkehrs mit Nahrungs- oder Genußmitteln, ferner zur Verhinderung unlauteren Wettbewerbes, zum Schutze des geistigen oder gewerblichen Eigenthums oder zur Fernhaltung unsittlicher oder gemeinschädlicher Drucksachen und Abbildungen oder sonstiger für die öffentliche Moral oder Sicherheit gefährlicher Gegenstände erlassen werden dürfen. Solche Beschränkungen sollen jedoch nur im Falle dringenden Bedürfnisses und nur insofern verfügt werden, als sie sich nicht durch die Uebereinstimmung der Gesetzgebung der beiden vertragschließenden Theile erübrigen.

Die im Separatartikel 9 IV 2 des Vertrags

vom 8. Februar 1842 vorgesehene Mitwirkung des Königlich preußischen Finanzministeriums bei der Anstellung, Beförderung und Versetzung von Beamten soll sich nur auf die mittleren Zollbeamten beziehen. Die Anstellung, Beförderung oder Versetzung kann künftig erfolgen, nachdem zuvor dem Königlich preußischen Finanzminister Gelegenheit zur Aeußerung hierüber gegeben ist.

VI. Zu Artikel 12 des Vertrags.

Es besteht Einverständniß, daß die Kaiserliche Generaldirektion die im Artikel 1 des Vertrags bezeichneten, auf luxemburgischem Gebiete belegenen Eisenbahnstrecken bei Ablauf der Konzessionsdauer am 31. Dezember 1959 unmittelbar an die Großherzogliche Regierung übergeben wird, und zwar nach Maßgabe des Artikel 31 der Konzessionsbedingungen vom 9. November 1855 und der in Ausführung des § 9 der Uebereinkunft vom 11. Juni 1872 aufgenommenen stets auf dem Laufenden zu erhaltenden Besitzstandsverzeichnisse über die zur Bahn gehörigen Grundstücke.

Es besteht ferner Einverständniß, daß die Bestimmungen der Uebereinkunft vom 11. Juni 1872 in allen Fällen, in welchen auf sie in noch in Geltung befindlichen besonderen Abmachungen über die im Artikel 1 bezeichneten, auf luxemburgischem Gebiete belegenen Eisenbahnstrecken verwiesen ist, durch die entsprechenden Bestimmungen des gegenwärtigen Vertrags ersetzt werden.

Die Bevollmächtigten sind übereingekommen, daß das gegenwärtige Protokoll zugleich mit dem Vertrage den beiden vertragschließenden Theilen vorgelegt werden soll, und daß im Falle der Ratifikation des letzteren auch die in dem ersteren enthaltenen Erklärungen und Verabredungen ohne weitere förmliche Ratifikation als genehmigt angesehen werden sollen.

---

13. November 1902.

Bundesratsbeschluß, betreffend Zuständigkeit für die Zulassung von Erbschaftsgut im Auslande verstorbener Deutscher oder ehemaliger Deutscher zur zollfreien Einfuhr.[1])

Zentr.-Bl. f. d. R. S. 411.

Der Bundesrat hat in seiner Sitzung vom 13. November 1902 beschlossen, dem Hauptsteueramte für ausländische Gegenstände und den Vorständen der Zollabfertigungsstellen auf den Bahnhöfen und Postanstalten zu Berlin die Befugniß beizulegen, zur zollfreien Einfuhr von Erbschaftsgut im Auslande verstorbener Deutscher oder ehemaliger Deutscher, welches durch die Kaiserlichen Vertreter im Auslande dem Auswärtigen Amte zur Weitergabe an die inländischen Erben gesandt wird, auf Grund einer entsprechenden Bescheinigung des Auswärtigen Amtes die Genehmigung zu ertheilen.

1) Zu vgl. auch Bundesratsbeschluß vom 18. April 1902, betr. Zuständigkeit für die Zulassung von Erbschaftsgut von in deutschen Schutzgebieten verstorbenen Deutschen usw. zur zollfreien Einfuhr (Zentr.-Bl. f. d. D. R. S. 217) s. u.

---

13. November 1902.

Bergpolizeiverordnung des Ministeriums für Elsaß-Lothringen, betreffend die Bewetterung der Steinkohlenbergwerke und deren Sicherung gegen Schlagwetter- und Kohlenstaub-Explosionen.[1])

Zentr.- u. Bez.A.Bl. S. 275.

Auf Grund des § 173 des Berggesetzes für Elsaß-Lothringen vom 16. Dezember 1873 wird für die Steinkohlenbergwerke in Elsaß-Lothringen nach Anhörung der Vorstände der Sektion I der Knappschaftsberufsgenossenschaft und

1) Erlassen auf Grund des § 173 des Berggesetzes vom 16. Dezember 1873.

der Sektion III der Steinbruchsberufsgenossenschaft verordnet, was folgt:

I. Wetterversorgung.

§ 1. Alle zur Gewinnung, Förderung und Fahrung bestimmten Grubenbaue sind so zu bewettern, daß Ansammlungen schädlicher Gase jeder Art und zu hohe Wärme thunlichst vermieden werden.

§ 2. 1. Die dem ganzen Bergwerke zuzuführenden Wettermengen sind so hoch zu bemessen, daß auf jeden unterirdisch beschäftigten Arbeiter mindestens 3 cbm in der Minute entfallen. Für die einzelnen Bauabtheilungen muß die zuzuführende Wettermenge für den Arbeiter und die Minute mindestens 2 cbm betragen, für ein Pferd mindestens 8 cbm. Der Berechnung dieser Wettermengen ist die am stärksten belegte Schicht zu Grunde zu legen.

2. Genügt die unter 1 vorgeschriebene Wettermenge nicht, um den Kohlenwasserstoffgehalt des aus einer Bauabtheilung auszuziehenden Theilstromes dauernd unter 1 Prozent zu erhalten, so ist sie entsprechend zu erhöhen oder der Betrieb entsprechend einzuschränken.

§ 3. 1. Die Erzeugung des Gesammtwetterzuges hat durch Ventilatoren zu erfolgen.

2. Die Ventilatoren müssen mit selbstregistrirenden Kontrolapparaten versehen sein, welche die erzeugte Depression fortlaufend genau und zuverlässig angeben. Die Diagramme sind wenigstens 3 Monate lang aufzubewahren.

§ 4. Die ausschließliche Benutzung des natürlichen Wetterzuges, sowie die Benutzung von Wetteröfen oder Schornsteinen zur Grubenventilation ist, abgesehen von Stollenbetrieben, nur ausnahmsweise und nur vorübergehend oder zur Aushülfe zulässig. Jeder derartige Fall bedarf der schriftlichen Genehmigung des Bergmeisters.

§ 5. Jede selbständige für sich betriebene, unterirdische Bergwerksanlage muß mindestens durch zwei, von allen Betriebspunkten leicht erreichbare und durch ein hinreichend starkes Gebirgsmittel von einander getrennte Tagesöffnungen mit der Erdoberfläche verbunden sein, von welchen die eine zum Einziehen, die andere zum Ausziehen der Wetter dient.

Bei Tiefbauanlagen muß mit dem Abteufen des zweiten Schachtes begonnen werden, nachdem der erste Schacht das Kohlengebirge erreicht und hinreichend aufgeschlossen hat.

Ausnahmen von diesen Regeln bedürfen der schriftlichen Genehmigung des Bergmeisters.

§ 6. Die Abmessungen der Wetterwege sind im Allgemeinen so zu wählen, daß bei ausreichender Wetterversorgung eine Geschwindigkeit des Wetterzuges in der Sekunde von 5 m im einziehenden und von 6 m im ausziehenden Wetterstrom nicht überschritten wird.

Der Querschnitt der Wetterwege für Hauptströme darf nicht unter 3 qm, für Theilströme nicht unter 2 qm herabgehen. Wetterdurchhieben zwischen einzelnen Strecken ist ein Querschnitt von mindestens 1 qm zu geben.

§ 7. 1. Wird die Beschaffenheit der Wetter durch Entwicklung schädlicher Gase in bedenklicher Weise verschlechtert oder tritt eine erhebliche Störung in der Wetterversorgung ein, so sind die Arbeiter unverzüglich aus den betroffenen Bauen, nach Lage des Falles auch aus den benachbarten Bauen oder aus der ganzen Grube zu entfernen. Die Wiederbelegung darf erst auf ausdrückliche Anordnung des Betriebsführers erfolgen, nachdem die Sicherheit der Betriebe durch vorgängige Untersuchung festgestellt ist.

2. Sobald an Arbeitspunkten Anzeichen von Gefahr bemerkt werden, haben die Arbeiter den gefährdeten Betrieb zu sperren, sich zu entfernen, die Mitarbeiter zu benachrichtigen und dem zunächst zu erreichenden Aufsichtsbeamten Anzeige zu machen.

Auch in diesem Falle darf die Wiederbelegung erst auf ausdrückliche Anordnung des Betriebsführers erfolgen.

§ 8. Die Betriebsführer von Grubenanlagen, welche mit einander in Wetterverbindung stehen, haben sich von solchen Veränderungen in den Wetterverhältnissen der einen Grube oder Schachtanlage, welche für die Wetterversorgung der anderen von Einfluß sein können, unverzüglich Nachricht zu geben. Werden derartige Veränderungen beabsichtigt, so hat die Mittheilung rechtzeitig im voraus zu erfolgen.

§ 9. 1. Zur Kontrole der Wetterversorgung sind:

a) in den Hauptwetterstrecken und in allen Wetterabtheilungen (§ 10) zweckmäßige Stationen zur Vornahme von Messungen der Wettergeschwindigkeit einzurichten;
b) die Menge der Wetter an diesen Stationen in den durch den Bergmeister bestimmten Zeitabschnitten, wenigstens aber monatlich einmal durch Messung zu ermitteln;
c) der ausziehende Gesammtstrom und die von dem Bergmeister bestimmten abziehenden Theilströme vierteljährlich einmal auf ihren Gehalt an Kohlenwasserstoffen und Kohlensäure analysiren zu lassen;
d) die nach Vorstehendem anzustellenden Er-

mitteilungen gemäß den durch den Bergmeister ergehenden Vorschriften in ein Wetterbuch einzutragen.

2. Der Bergmeister ist befugt, zu jeder Zeit und an jeder Stelle Wetterproben zu entnehmen und auf Kosten des Bergwerksbesitzers analysiren zu lassen.

II. Wetterführung.

§ 10. 1. Die Bewetterung einer jeden Grube ist so einzurichten, daß möglichst viele selbständige Abtheilungen mit gesonderten Wetterströmen geschaffen werden; diese sind derartig von einander zu trennen, daß das Überströmen von Wettern aus einer Abtheilung in die andere ausgeschlossen ist (Wetterabtheilungen).

2. Die Zahl der zu einer Wetterabtheilung gehörenden Betriebspunkte darf nur so groß sein, daß die Wetter an dem letzten dieser Punkte noch mindestens 19 Volumenprozente Sauerstoff enthalten.

§ 11. 1. Die frischen Wetter müssen von Tage auf dem kürzesten Wege bis auf die vorhandenen Bausohlen abwärts so geführt werden, daß jede Bausohle unmittelbar mit frischen Wettern versorgt wird.

Ist es nicht zu vermeiden, daß Wetter, welche bereits zur Versorgung einer tieferen Sohle gedient haben, den Betriebspunkten einer oberen Sohle zuströmen, so müssen dieselben auf letzterer durch unmittelbare Zuführung genügender Mengen frischer Wetter aufgefrischt werden.

2. In den Wetterabtheilungen ist die Wetterführung so anzuordnen, daß der Wetterstrom nirgends abwärts geführt wird.

Ausgenommen hiervon ist:

a) die Einführung des Wetterstromes in Unterwerksbaue von weniger als 15 m flacher Tiefe und in abfallende Aus- und Vorrichtungsbetriebe;

b) die Zurückführung des Wetterstromes aus aufsteigenden Aus- und Vorrichtungsbetrieben, aus Wetterdurchhieben und aus den im Rückbau stehenden Grundstreckenpfeilern über Bau- und Wettersohlen.

Die Einführung des Wetterstromes in Unterwerksbaue von mehr als 15 m flacher Tiefe unterliegt der besonderen Genehmigung des Bergmeisters.

3. Die Abwärtsführung eines geschlossenen, nicht weiter zu benutzenden Wetterstromes ist zulässig, wenn die Abzugsstrecke von den übrigen Grubenräumen sicher isolirt ist, so daß Kurzschluß nicht zu befürchten ist.

4. Die Führung der Wetter zu belegten Bauen durch den alten Mann, sowie ihre Abführung von belegten Bauen ausschließlich durch den alten Mann ohne Erhaltung einer Wetterabzugsstrecke ist untersagt.

5. Die Bewetterung eines Abbaustoßes der Diffusion zu überlassen, ist verboten.

§ 12. Wetterströme, welche bei der Aufschließung unverritzter Feldestheile benutzt worden sind, dürfen auf dem Wege zur Wettersohle belegte Abbaubetriebe nicht berühren, sofern damit eine Gefahr verbunden ist.

§ 13. Bevor in einer Bauabtheilung der Durchschlag mit der oberen Sohle erreicht und die Abführung des Wetterstromes dahin gesichert ist, dürfen in ihr weder Abbaustrecken aufgefahren noch Abbau geführt werden.

§ 14. 1. Schächte, Querschläge und Strecken aller Art müssen entweder mit Parallelbetrieb oder unter Nachführung von Wetterscheidern hergestellt werden.

Bei söhligen Betrieben darf die Entfernung des Arbeitsorts vom letzten Durchhiebe beziehungsweise vom Ende des Wetterscheiders in keinem Falle mehr als 20 m betragen.

Treten vor solchen Oertern schlagende Wetter auf, so muß in denselben die Nachführung von Wetterscheidern auch bei Parallelbetrieb vom letzten Durchhieb ab bis nahe vor Ort erfolgen.

2. An Stelle der Wetterscheider können, sofern es durch besondere Umstände bedingt und ohne Gefahr thunlich ist, auch Wetterröschen, Wetterzüge oder ausreichenden Querschnitt bietende Wetterlutten Anwendung finden.

Wetterscheider aus Segeltuch und ähnlichen Stoffen dürfen ohne schriftliche Genehmigung des Bergmeisters nur bis auf 50 m Länge Verwendung finden.

3. Ueberhauen müssen durch besondere Ventilation schlagwetterfrei erhalten werden.

Dasselbe gilt bei Abhauen, sobald dieselben länger werden als 15 m. Ausnahmen hiervon unterliegen der schriftlichen Genehmigung des Bergmeisters.

§ 15. 1. Können Betriebspunkte nicht wirksam oder nicht ohne Nachtheil für die übrige Wetterführung unter Anwendung der in § 14 angegebenen Mittel bewettert werden, so muß ihre Versorgung mit frischen Wettern durch zweckentsprechende Einschaltung besonderer Ventilatoren oder Strahlapparate (Sonderbewetterung) erfolgen. Die angewandten Ventilationsmittel müssen, abgesehen von den zur Instandhaltung erforderlichen Stillständen, fortdauernd und zwar auch während der Zeit, in der die betreffenden Betriebspunkte nicht belegt sind, im Betriebe erhalten werden und so leistungsfähig sein, daß Ansammlungen von Grubengas mit Sicherheit verhütet werden.

2. Einen Betriebspunkt lediglich durch ausblasende Druckluft zu bewettern, ist verboten.

§ 16. 1. Triebwerke zur Sonderbewetterung müssen frei im frischen Wetterstrome an einem von dem Abtheilungssteiger an Ort und Stelle bezeichneten Punkte aufgestellt werden und so eingerichtet sein, daß die zur Bewetterung des Orts bereits benutzten Wetter sich nicht mit dem frischen Strome vermischen und dem Ort nochmals zufließen können.

2. Wirken die Triebwerke saugend, so müssen sie eine dichte Ausblaseleitung haben, welche verhindert, daß die angesaugten Gase mit der Lampe eines Bedienungsmannes in Berührung kommen.

§ 17. 1. Die Benutzung von Handventilatoren unterliegt den Bestimmungen der §§ 15 und 16 und ist ohne besondere schriftliche Genehmigung des Bergmeisters nur für Entfernungen bis zu höchstens 20 m zwischen Ortsstoß und Ventilator zulässig.

2. Zum Drehen der Handventilatoren dürfen nur kräftige und zuverlässige, an dem Gedinge der Kameradschaft in keiner Weise betheiligte Arbeiter Verwendung finden. Diese sind beim Schichtwechsel vor der Arbeit abzulösen.

§ 18. 1. Wetterthüren müssen so eingerichtet sein, daß sie sich von selbst schließen. Das Festlegen geöffneter Thüren ist verboten. Außer Gebrauch gesetzte Thüren sind auszuhängen.

2. Der Ersatz der Wetterthüren durch Wettertücher ist, von Dringlichkeitsfällen abgesehen, nur dort zulässig, wo der Gebirgsdruck das Aufstellen von Wetterthüren unthunlich macht. In diesem Falle sind mindestens 2 Wettertücher in solcher Entfernung von einander aufzuhängen, daß bei der Förderung stets ein Tuch geschlossen ist.

§ 19. 1. Wo lebhafter Verkehr durch eine Wetterthür stattfindet, unter allen Umständen bei Pferdeförderung, oder wo zu erwarten ist, daß durch ein zeitweiliges Offenstehen einer Thür die unausgesetzte Zuführung ausreichender Wettermengen zu Aus- und Vorrichtungsbetrieben oder zu mehreren Abbaubetrieben beeinträchtigt wird, müssen 2 oder mehr Wetterthüren in einer solchen Entfernung von einander aufgestellt werden, daß eine von ihnen stets zuverlässig geschlossen ist. Nöthigenfalls ist zu diesem Zwecke ein besonderer Thürhüter anzustellen.

2. Der Abschluß der Bremsberge hat der Regel nach am Fuße derselben und zwar durch Mauerwerk oder andere zuverlässige Vorrichtungen zu erfolgen.

§ 20. Ist ein ausziehender Hauptstrom mit seinem Einziehstrom durch Strecken derart verbunden, daß durch Kurzschluß zwischen beiden Strömen ein größerer Theil des Grubengebäudes außer Bewetterung kommen kann, so sind derartige Verbindungen, sofern sie aus Betriebsrücksichten noch offen bleiben müssen und daher nicht abgedämmt werden können, durch wenigstens zwei gut abgedichtete Thüren aus doppeltem Bohlenbelag abzusperren.

§ 21. 1. Gestundete Grubenbaue müssen durch feste Verschläge abgesperrt werden. Das unbefugte Betreten derartiger Baue ist verboten.

2. Das Austreten schädlicher Gase aus abgebauten oder gestundeten Bauabtheilungen in die im Betrieb stehenden Grubenräume ist durch Abschließung oder durch Bewetterung jener Bauabtheilungen zu verhüten.

§ 22. Alle Wetterstrecken und Wetterüberhauen, welche für die Wetterführung entbehrlich geworden sind, müssen in dauerhafter Weise luftdicht abgesperrt werden, und zwar die letzteren an der unteren Oeffnung.

§ 23. 1. Den Arbeitern ist es untersagt, ohne Auftrag der Aufsichtspersonen Veränderungen in den zur Regelung des Wetterzuges bestehenden Einrichtungen vorzunehmen und die zur Absperrung gestundeter, sowie zur Kennzeichnung gefährdeter Baue dienenden Vorrichtungen eigenmächtig zu beseitigen.

2. Sie haben Beschädigungen der Wetterthüren, Wetterscheider, Wetterlutten oder sonstige Unregelmäßigkeiten in der Wetterversorgung, welche zu ihrer Kenntniß gelangen, den zunächst zu erreichenden Aufsichtspersonen sofort anzuzeigen.

§ 24. Jeder Betriebspunkt muß, sofern derselbe länger als 3 Stunden unbelegt war, in den letzten drei Stunden vor dem Anfahren der Belegschaft durch besonders damit beauftragte zuverlässige Personen (Wettermänner) auf das Vorhandensein schädlicher Gase mit der Sicherheitslampe untersucht werden. Die gleiche Untersuchung haben die Ortsältesten sowohl vor Beginn als auch nach Unterbrechungen der Arbeit vor deren Wiederaufnahme an ihren Arbeitsorten vorzunehmen.

§ 25. 1. Die Wettermänner haben diejenigen Betriebspunkte, an denen bei dieser Untersuchung Ansammlungen schädlicher Gase beobachtet sind, in sämmtlichen Zugängen durch Lattenkreuze zu kennzeichnen, das Ergebniß ihrer Untersuchung in ein besonderes Buch einzutragen und dem Abtheilungssteiger über Tage vor Einfahrt der Belegschaft zu melden.

2. Der Betriebsführer ist dafür verantwort-

lich, daß die von den Wettermännern zu befahrenden Bezirke nicht zu groß sind, um in der durch § 24 vorgeschriebenen Zeit untersucht werden zu können.

§ 26. Durch Lattenkreuze bezeichnete Betriebspunkte dürfen von den Arbeitern nicht betreten werden.

§ 27. 1. Die Aufsichtspersonen sind verpflichtet, falls Ansammlungen schädlicher Gase, sei es durch Meldung (§§ 7_3 und 25), sei es durch eigene Wahrnehmung, zu ihrer Kenntnis gelangen, ungesäumt die erforderlichen Anordnungen zur Beseitigung der Gefahr und zur Herstellung einer genügenden Wetterversorgung zu treffen. Dem Betriebsführer ist von dem Geschehenen Meldung zu machen.

2. Die getroffenen Anordnungen hat der Betriebsführer jedesmal zu prüfen und entweder ausdrücklich zu bestätigen oder abzuändern.

3. Sind die Ansammlungen von so erheblicher Art, daß sie nur durch stärkere Wetterzufuhr auf Kosten anderer Wetterabtheilungen (§ 11) beseitigt werden können, so sind die nach Absatz 1 erforderlichen Anordnungen durch den Betriebsführer, welcher sofort zu benachrichtigen ist, unmittelbar zu treffen.

§ 28. Die Betriebspunkte, an denen ein Auftreten schädlicher Gase beobachtet ist, haben die Abtheilungssteiger täglich in ein besonderes Buch einzutragen und zugleich in diesem zu vermerken, ob und auf welche Weise ihrerseits den Vorschriften des § 27 entsprochen ist.

§ 29. Für jede selbständige Betriebsanlage muß:

1. eine beständige Beaufsichtigung der Wetterführung im Ganzen und im Einzelnen durch die Abtheilungssteiger und deren Vorgesetzten stattfinden. Auf Anforderung des Bergmeisters sind zu dem Zwecke besondere Beamte anzustellen;
2. ein besonderer Wetterriß angelegt und fortlaufend nachgetragen werden, welche eine Uebersicht über die Wetterströme im Ganzen und deren Vertheilung in die einzelnen Bauabtheilungen gibt. In dem Wetterriß sind die Meßstationen sowie die zur Vertheilung und Absperrung der Wetterströme dienenden Einrichtungen besonders ersichtlich zu machen.

III. Unschädlichmachung des Kohlenstaubes.

§ 30. 1. In allen Gruben sind Spritzwasserleitungen herzustellen und dauernd in brauchbarem Zustande zu erhalten, durch welche die zur Förderung, Fahrung und Wetterführung dienenden Strecken, einschließlich der Bremsberge zur Verhütung der Kohlenstaubgefahr befeuchtet werden können.

2. Bei Bildung von vielem trockenen und gefährlichem Kohlenstaub in Ausrichtungs-, Vorrichtungs- und Abbaubetrieben sind auf besondere Anordnung des Bergmeisters nach Anhörung der Grubenverwaltung die Spritzwasserleitungen in den Gruben so herzustellen, daß eine Befeuchtung auch dieser Betriebe möglich wird.

3. Von der Herstellung und dauernden Erhaltung der Spritzwasserleitung kann für die ganze Grube oder Theile einer solchen auf Antrag abgesehen werden, wenn und solange die Grubenbaue feucht und frei von Kohlenstaub sind, oder wenn ganz besondere Umstände betriebstechnischer Art eine Ausnahme rechtfertigen. Ueber die Zulassung von Ausnahmen entscheidet der Bergmeister nach Anhörung der Grubenverwaltung.

§ 31. 1. In allen Gruben, in welchen Spritzwasserleitungen nach § 30 Abs. 1 herzustellen sind, müssen die einzelnen Bauabtheilungen durch stets feucht zu haltende Streckenzonen getrennt werden. Die Lage und die Ausdehnung dieser Zonen ist in den Betriebsplan aufzunehmen.

2. Die zur Fahrung, Förderung oder Wetterführung dienenden Strecken, einschließlich der Bremsberge sind in diesen Gruben nach Bedürfniß in dem Maße zu befeuchten, daß Ablagerungen von Kohlenstaub in ihnen unschädlich gemacht werden.

3. In allen Ausrichtungs-, Vorrichtungs- und Abbau-Betrieben, für welche gemäß § 30 Abs. 2 eine Befeuchtung vorgeschrieben ist, müssen die Firste, die Stöße und die hereingewonnenen Kohlen zur Vermeidung einer Ablagerung von trockenem Kohlenstaub in diesen Betrieben selbst und in deren Nähe in ausreichendem Maße befeuchtet werden.

4. Von der Befeuchtung kann in einzelnen Betrieben oder in einzelnen Strecken oder Streckentheilen mit besonderer Genehmigung des Bergmeisters dann abgesehen werden, wenn voraussichtlich durch die Befeuchtung das Nebengestein derartig gelockert wird, daß dadurch die Gefahr von Unfällen durch Stein- und Kohlenfall erheblich vermehrt wird.

§ 32. 1. Die Befeuchtung der Streckenzonen (§ 31_1), sowie der Fahr-, Förder- und Wetterstrecken (§ 31_2) ist durch eine genügende Zahl besonders dafür anzustellender und verantwortlicher Personen zu bewirken, welche vor ihrer Einstellung von dem Betriebsführer oder dessen Stellvertreter mit einer genauen schriftlichen

Anweisung über die ihnen obliegenden Aufgaben zu versehen sind.

2. Die Namen dieser Personen und die ihnen ertheilten Anweisungen sind in das Zechenbuch einzutragen.

3. Für die Befeuchtung der Ausrichtungs-, Vorrichtungs- und Abbau-Betriebe (§ 31 Abs. 3) bis auf 20 m Entfernung vom Arbeitsstoß sind die Ortsältesten verantwortlich.

§ 33. 1. Die zur Befeuchtung verpflichteten Personen haben dem Abtheilungssteiger oder dessen Stellvertreter unverzüglich Meldung zu machen, wenn sie durch Mängel oder Schäden der Spritzwasserleitung oder deren Zubehör verhindert werden, ihren Verpflichtungen nachzukommen.

2. Die genannten Beamten haben bei ihren Befahrungen darüber zu wachen und dafür zu sorgen, daß die mit der Befeuchtung beauftragten Personen ihren Verpflichtungen nachkommen, sowie daß Mängel und Schäden der Befeuchtungseinrichtungen alsbald beseitigt werden, oder, sofern dies nicht möglich ist, die Arbeiten an den betreffenden Betriebspunkten einzustellen.

3. Außer diesen Beamten bleibt der Betriebsführer für die Herstellung und Instandhaltung sowie die zweckentsprechende Anwendung der Befeuchtungseinrichtungen verantwortlich.

IV. Schießarbeit.

§ 34. 1. Die Schießarbeit ist in allen denjenigen Betriebspunkten verboten, an welchen eine Ansammlung von Grubengas bei sorgfältiger Beobachtung mit der Sicherheitslampe sich bemerkbar macht. Dieses Verbot erstreckt sich zugleich auf diejenigen Betriebspunkte der betreffenden Wetterabtheilung (§ 10), welche in demselben Theilstrome liegen.

2. Der Abtheilungssteiger hat dafür Sorge zu tragen, daß die mit der Schießarbeit betrauten Personen unverzüglich von diesem Verbot in Kenntniß gesetzt werden und daß jegliches Schießgeräth sofort aus den im Abs. 1 bezeichneten Betriebspunkten entfernt wird.

3. Das Verbot bleibt so lange in Kraft, bis nachhaltige Vorkehrungen zur Beseitigung der Gefahr getroffen sind und der Abtheilungssteiger festgestellt hat, daß die bezüglichen Grubenräume in dem vorbezeichneten Umfange frei von Grubengas sind.

§ 35. Die Verwendung von Schwarzpulver und Schwarzpulver ähnlichen Sprengstoffen zur Schießarbeit ist untersagt; die Schießarbeit in der Kohle, beim Nachreißen des Nebengesteins und bei Durchörterung von Flötzstörungen ist nur mit Sicherheitssprengstoffen und nur unter der Voraussetzung gestattet, daß kein gefährlicher Kohlenstaub vorhanden, oder der vorhandene — auch in den von der allgemeinen Berieselungspflicht befreiten Grubenräumen — durch ausgiebige Befeuchtung auf wenigstens 20 m Entfernung vom Schießpunkte unschädlich gemacht ist. Bei Durchörterung von Flötzstörungen und in besonders nassen Betrieben kann der Bergmeister in einzelnen Fällen die Verwendung anderer Sprengmittel mit Ausnahme des Schwarzpulvers genehmigen.

§ 36. 1. Die Schießarbeit darf nur durch die Abtheilungssteiger oder besonders hierzu angestellte Schießmeister oder in deren Gegenwart und unter ihrer verantwortlichen Leitung ausgeübt werden. Als Schießmeister für Gesteinsarbeiten und für einzelne sehr abgelegene Flötzbetriebe können auch die Ortsältesten bestellt werden, jedoch ist für jeden einzelnen Betriebspunkt, wo dieses geschehen soll, die Genehmigung des Bergmeisters erforderlich.

2. Schießmeister und Abtheilungssteiger dürfen Sicherheitssprengstoffe und andere Sprengstoffe nicht zugleich mit sich führen.

§ 37. 1. Das Wegthun der Schüsse in der Kohle und den hiermit unmittelbar zusammenhängenden Gesteinsarbeiten (Nachreißen des Nebengesteins, Durchörterung von Störungen) darf nur mittelst elektrischer Zündung oder mit bewährten Sicherheitszündern bewirkt werden. Das gleichzeitige Besetzen sowie Wegthun von mehr als einem Schusse ist in klüftigem Gebirge oder in der Nähe von Flötzen, welche Schlagwetter führen, nur bei Anwendung der elektrischen Zündung gestattet.

2. Der Schießmeister, Ortsälteste oder Abtheilungssteiger ist verpflichtet, vor Wegthun eines jeden Schusses durch sorgfältige Untersuchung festzustellen, daß innerhalb einer Entfernung von 20 m von dem Schußpunkte Ansammlungen von Grubengas oder von Kohlenstaub nicht vorhanden sind.

V. Beleuchtung.

§ 38. 1. Die Anwendung offenen Lichtes ist in allen Grubenräumen mit Ausnahme der zu Tage gehenden einziehenden Schächte, der zu diesen gehörigen und der in unmittelbarer Nähe der Füllörter gelegenen ausgemauerten Maschinenräume und Füllörter verboten. In letzteren beiden ist offenes Licht nur an feuersicheren Stellen in Stand- oder Hängelampen gestattet. Auch in Einziehschächten darf offenes Licht nur gebraucht werden, wenn etwa vorhandener Holzausbau in derartig feuchtem Zustande erhalten wird, daß ein Inbrandsetzen desselben ausgeschlossen ist.

2. Die Benutzung elektrischer Lampen ist dort gestattet, wo die Verwendung des offenen Lichts erlaubt ist. Im Uebrigen dürfen elektrische Lampen abgesehen von den Fällen, in denen es sich um die Rettung verunglückter Personen oder um die Abwendung von Gefahren handelt — nur mit schriftlicher Genehmigung des Bergmeisters benutzt werden.

3. Außer in den, in den Absätzen 1 und 2 bezeichneten Fällen dürfen nur Sicherheitslampen verwendet werden.

§ 39. 1. Die Sicherheitslampe muß folgenden Anforderungen entsprechen:

a) die Lampe muß mit Einrichtungen versehen sein, welche eine vollkommen dichte Verbindung der einzelnen Theile untereinander dauernd gewährleisten;
b) der Glascylinder muß aus gut ausgeglühtem Glase bestehen; die Schnittflächen müssen rechtwinklig zur Achse genau abgeschliffen sein;
c) das Netz des Drahtkorbes muß mindestens 144 gleich große Oeffnungen auf einem Quadratcentimeter besitzen; die Drahtstärke des Netzes darf nicht weniger als 0,3 und nicht mehr als 0,4 mm betragen;
d) die Lampe muß mit innerer Zündvorrichtung versehen sein, welche derartig beschaffen ist, daß der Drahtkorb gegen ein Durchschlagen der Flamme bei Wiederanzündung der erloschenen Lampe genügende Sicherheit bietet;
e) die Lampe muß mit einem zuverlässigen Verschluß, der zur Oeffnung eines Magneten bedarf, oder mit einem sonstigen von dem Bergmeister als gleichwertig anerkannten Verschluß versehen sein;
f) die Luftzuführung darf nur dann von unten erfolgen, wenn die Zuführungsöffnungen derart geschützt sind, daß ein Durchschlagen der Flamme unmöglich ist.

2. Lampen, welche Abweichungen gegen vorstehende Bedingungen zeigen, dürfen nur mit schriftlicher Genehmigung des Bergmeisters benutzt werden.

3. Insoweit in Folge der vorstehenden Bestimmungen Veränderungen an den in Gebrauch stehenden Sicherheitslampen erforderlich sind, müssen dieselben innerhalb 4 Jahren nach Inkrafttreten dieser Verordnung zur Ausführung gebracht werden.

§ 40. 1. Die Sicherheitslampen sind von der Grubenverwaltung anzuschaffen, aufzubewahren und in Stand zu halten.

2. Die Zahl der auf jeder selbständigen Schachtanlage vorhandenen Lampen muß die Zahl der gesammten unterirdischen Belegschaft derselben um wenigstens 10 Prozent übersteigen. Jede Lampe muß mit einer auf den Namen des Arbeiters eingeschriebenen Nummer versehen sein.

3. Die Lampen sind den Arbeitern bei der Anfahrt in gereinigtem, unbeschädigten und wohlverschlossenen Zustande zu übergeben und vor der Uebergabe durch Anblasen mit Druckluft auf Dichtheit der unteren Lampentheile zu untersuchen.

§ 41. 1. Für die Prüfung der Sicherheitslampen vor der Ausgabe und nach dem Rückempfang sind besondere zuverlässige Personen zu bestellen, welche dafür verantwortlich sind, daß nur untadelhafte Lampen ausgegeben werden und welche jede zu ihrer Kenntniß gelangte Oeffnung oder Beschädigung der Lampen dem Betriebsführer anzuzeigen haben.

2. Der Betriebsführer ist verpflichtet, sämmtliche Lampen vierteljährlich einmal einer genauen Revision zu unterziehen. Das Ergebniß dieser Revision ist spätestens am nächstfolgenden Tage in ein hierzu bestimmtes Buch einzutragen unter gleichzeitiger Bezeichnung derjenigen Lampen, welche als schadhaft von der einstweiligen Benutzung ausgeschlossen sind.

§ 42. 1. Die Anfahrt mit unverschlossener oder nicht von der Grubenverwaltung gestellter Lampe, das Oeffnen oder Beschädigen der Lampe und das Mitführen von Werkzeugen, welche zum Oeffnen oder Schließen derselben dienen sollen,

das Mitführen von Zündhölzern oder sonstigen Feuerzeugen, außer Stahl, Stein und Schwamm, die Entzündung von brennbaren Gegenständen an dem Drahtkorbe der Lampe,

das Wiederanzünden erloschener Lampen mittelst der Zündvorrichtung an Orten, von denen nicht sicher ist, daß sie frei von Grubengas sind,

das Aufstellen oder Aufhängen von Lampen vor den Mündungen von Wetterlutten, sowie überhaupt jede mißbräuchliche Benutzung der Lampen ist verboten.

2. Die Arbeiter sind verpflichtet, die ihnen übergebenen Lampen vor der Anfahrt auf die Unversehrtheit des Drahtkorbes und des Glascylinders sowie auf ihren Verschluß zu prüfen und mangelhafte Lampen sofort zurückzugeben.

§ 43. 1. Die Arbeiter sind verpflichtet, Lampen, welche während der Schicht eine Beschädigung erleiden, sofort gegen Ersatzlampen umzutauschen. Die Benutzung unverschlossener oder beschädigter Lampen in der Grube ist verboten.

2. Ersatzlampen sind in ausreichender Zahl

an geeigneten Punkten in jeder Steigerabtheilung vorräthig zu halten.

§ 44. Die Abtheilungssteiger sind verpflichtet, diejenigen Arbeiter, welche mit der Behandlung der Sicherheitslampen in Gasgemischen nicht vertraut sind, über die mit unvorsichtiger Bewegung der Lampe besonders beim Abprobiren der Wetter verbundenen Gefahren zu unterweisen.

VI. Sonstige Sicherheitsmaßregeln.

§ 45. Die Herstellung und der Betrieb von Feuerungsanlagen jeder Art sowie von elektrischen Anlagen in der Grube ist nur mit Genehmigung des Bergmeisters zulässig.

§ 46. Das Tabakrauchen, das Mitführen und der Genuß geistiger Getränke in der Grube sind verboten.

§ 47. In allen Wetterquerschlägen und Hauptwetterstrecken sind, so lange dieselben zur Wetterführung benutzt werden, behufs rechtzeitiger Ausführung von Reparaturen Schienenwege zu erhalten.

§ 48. Der Betriebsführer ist verpflichtet, jede Schlagwetter- oder Kohlenstaubexplosion, es mögen durch sie Verletzungen herbeigeführt sein oder nicht, dem Bergmeister sofort anzuzeigen.

VII. Schlußbestimmungen.

§ 49. Unter Grubengas im Sinne dieser Polizei-Verordnung sind alle Gasgemische zu verstehen, welche an der Benzin-Sicherheitslampe erkennbar sind, unter schädlichen Gasen außer dem Grubengas alle zur Athmung nicht geeigneten Gasgemische.

§ 50. Für die Erfüllung der in dieser Polizeiverordnung einzelnen Aufsichtspersonen (Betriebsführer, Abtheilungssteiger) auferlegten Pflichten sind für den Fall der Behinderung derselben diejenigen Aufsichtspersonen verantwortlich, welche als deren Vertreter bestellt und als solche von dem Bergmeister anerkannt sind.

§ 51. Den vorstehenden Bestimmungen unterliegen sämmtliche Steinkohlenbergwerke, sofern nicht Ausnahmen für ganze Gruben oder Theile derselben ausdrücklich zugelassen werden. Ausnahmen und deren Bedingungen bleiben bei Stollenbetrieben der Entscheidung des Bergmeisters, bei Tiefbauanlagen der Beschlußfassung der Oberbergbehörde vorbehalten, soweit nicht nach den vorstehenden Bestimmungen auch bei letzteren Anlagen der Bergmeister hierfür zuständig ist.

§ 52. Eine Abschrift der §§ 7, 23, 24, 26, 42, 43 und 46 ist in großen deutlichen Schriftzeichen auf den Bergwerken anzuschlagen.

§ 53. Zuwiderhandlungen gegen diese Verordnung werden, sofern nicht nach den allgemeinen gesetzlichen Bestimmungen eine härtere Strafe verwirkt ist, gemäß § 184 des Berggesetzes für Elsaß-Lothringen mit Geldstrafe bis zu 150 ℳ bestraft.

§ 54. Diese Verordnung tritt am 1. Januar 1903 in Kraft. Mit dem gleichen Tage sind die §§ 55 bis einschließlich 64 der Allgemeinen Bergpolizei-Verordnung für Elsaß-Lothringen vom 6. September 1879 und die auf Grund des § 174 des Berggesetzes für die Betriebe der Steinkohlenbergwerke Schöenecken und Saar & Mosel hinsichtlich der Wetterführung und der Befeuchtung des Kohlenstaubes erlassenen bergpolizeilichen Anordnungen aufgehoben.

---

16. November 1902.

Kaiserliche Verordnung, betreffend die Bestimmung eines Garnisonorts für die Militärpersonen der Ostasiatischen Besatzungs-Brigade für Angelegenheiten der streitigen Gerichtsbarkeit.[1])

Reichsgesetzbl. S. 280.

Für die Militärpersonen derjenigen Truppentheile der Ostasiatischen Besatzungs-Brigade, welche im Inland einen Garnisonort weder haben noch gehabt haben, wird für Angelegenheiten der streitigen Gerichtsbarkeit Berlin als Garnisonort bestimmt.

1) Erlassen auf Grund des § 8 Abs. 2 des Ges., betr. die freiwillige Gerichtsbarkeit und andere Rechtsangelegenheiten in Heer und Marine, vom 28. Mai 1901.

16. November 1902.

Kaiserliche Verordnung, betreffend die Beaufsichtigung schaumburg-lippischer privater Versicherungsunternehmungen. [1])

Reichsgesetzbl. S. 279.

1) Erlassen auf Grund des § 3 Abs. 1 des Gesetzes über die privaten Versicherungsunternehmungen vom 12. Mai 1901 (Reichsgesetzbl. S. 139).

20. November 1902.

Staatsvertrag zwischen dem Deutschen Reiche und Österreich-Ungarn wegen Herstellung der Eisenbahnverbindung von Friedeberg a. Q. nach Heinersdorf.

Reichsgesetzbl. 1903 S. 261.

20. November 1902.

Bekanntmachung des Reichskanzlers, betreffend die Gewährung der Zollfreiheit an die bei dem Deutschen Reiche beglaubigten Botschafter, Gesandten usw.

Zentr.-Bl. f. d. D. R. S. 409.

Der Bundesrath hat in seiner Sitzung vom 6. November 1902 über die Gewährung der Zollfreiheit an die bei dem Deutschen Reiche beglaubigten Botschafter, Gesandten u. s. w. Folgendes beschlossen: [1])

1. Den beim Deutschen Reiche und dem Großherzogtume Luxemburg [2]) beglaubigten Botschaftern, Gesandten und Ministerresidenten fremder Staaten ist auf Rechnung der Zollgemeinschaft [2]) für ihr Anzugsgut sowie für alle Gegenstände, welche zu ihrem persönlichen Ver- oder Gebrauch oder demjenigen ihrer Familienmitglieder vom Ausland eingehen, Zollfreiheit zu gewähren, vorausgesetzt, daß von dem betreffenden fremden Staate die Gegenseitigkeit geübt wird. Interimistische Geschäftsträger werden hinsichtlich der Zollbefreiung für die Dauer ihrer Geschäftsleitung den Botschaftern u. s. w. gleichgestellt.

   Die zollfreie Ablassung der unter der Adresse des Botschafters u. s. w. oder eines seiner Familienmitglieder eingehenden Sendungen erfolgt bei der Amtsstelle, welche die Schlußabfertigung vorzunehmen hat, ohne spezielle Revision auf Grund der schriftlichen, mit dem amtlichen Siegel zu versehenden Erklärung des Botschafters u. s. w., daß die nach Zahl, Art und Zeichen der Umschließungen und nach ihrem Inhalte zu bezeichnenden Sendungen zu seinem eigenen Gebrauch oder zum Gebrauch eines seiner Familienmitglieder bestimmt sind.

2. Den Räten, Legationssekretären und Attachés, einschließlich der Militär- und Marineattachés, welche den beim Deutschen Reiche und dem Großherzogtume Luxemburg [2]) beglaubigten Botschaftern, Gesandten oder Ministerresidenten fremder Staaten zugeordnet sind, ist unter der Voraussetzung, daß seitens dieser Staaten Gegenseitigkeit geübt wird, auf Rechnung der Zollgemeinschaft Zollfreiheit für ihr Anzugsgut sowie außerdem für alle sie oder die Mitglieder ihrer Familien eingehenden Kleider und Wäschestücke zu gewähren.

   Falls fremde Regierungen den Räten, Legationssekretären und Attachés, einschließlich der Militär- und Marineattachés, welche den bei ihnen beglaubigten Botschaftern, Gesandten oder Ministerresidenten des Reichs zugeordnet sind, weitergehende Rechte zugestehen, so kann den in dem vorstehenden Absatze bezeichneten Beamten dieser Staaten nach näherer Bestimmung der obersten Landes-Finanzbehörde Zollfreiheit in demselben Umfange gewährt werden.

   Die zollfreie Ablassung erfolgt in gleicher Weise wie zu 1 auf Grund der Bescheini-

1) Abgeändert durch die Bekanntmachung vom 7. Juni 1905 (Zentr.-Bl. f. d. D. R. S. 144). Die Änderungen sind beim Abdruck berücksichtigt worden.

2) Fassung nach der Bekanntmachung vom 7. Juni 1905.

gung des Botschafters u. s. w., daß die Gegenstände zum eigenen Gebrauche des betreffenden Beamten oder eines Mitglieds seiner Familie bestimmt sind.

Nach näherer Bestimmung der obersten Landes-Finanzbehörde dürfen an sich zollpflichtige Gegenstände den vorbezeichneten Personen unter der Bedingung der Wiederausfuhr innerhalb einer zu bestimmenden Frist ohne Zollentrichtung verabfolgt werden.

3. Wappenschilder, Flaggen und andere Gegenstände, die von fremden Regierungen ihren in Deutschland bestellten Vertretungen zum dienstlichen Gebrauche zugesendet werden, bleiben, falls Gegenseitigkeit gewährt wird, vom Zolle befreit.

---

21. November 1902.

Kaiserliche Verordnung, betreffend die Rechte an Grundstücken in den deutschen Schutzgebieten.[1])

Reichsgesetzbl. S. 283.

I. Allgemeine Vorschriften.

§ 1. Die im § 19 des Gesetzes über die Konsulargerichtsbarkeit bezeichneten, dem bürgerlichen Rechte angehörenden Vorschriften über die Rechte an Grundstücken finden nach Maßgabe des § 20 Abs. 1 des genannten Gesetzes Anwendung, soweit sich nicht aus dieser Verordnung ein Anderes ergiebt.

Die nach den §§ 2, 85 bis 92 der Grundbuchordnung vom 24. März 1897 (Reichs-Gesetzbl. 1897 S. 139, 1898 S. 754) durch landesherrliche Verordnung zu erlassenden Vorschriften werden vom Reichskanzler oder mit dessen Genehmigung vom Gouverneur erlassen.

§ 2. Die Vorschriften der Artikel 186, 189 des Einführungsgesetzes zum Bürgerlichen Gesetzbuche, des § 82 der Grundbuchordnung und der preußischen Verordnung, betreffend das Grundbuchwesen, vom 13. November 1899 (Gesetz-Samml. S. 519) finden keine Anwendung.

Die im § 1 Abs. 1 bezeichneten Vorschriften finden auf das Bergwesen, die Zwangsversteigerung und die Zwangsverwaltung nur soweit Anwendung, als der Reichskanzler oder mit seiner Genehmigung der Gouverneur sie für anwendbar erklärt.

Der Reichskanzler und mit seiner Genehmigung der Gouverneur können Vorschriften über den Erwerb, die dingliche Belastung und das Erlöschen des Bergwerkseigenthums sowie dessen Verhältniß zu anderen Rechten erlassen.

§ 3. Bei der Auflassung bedarf es nicht der gleichzeitigen Anwesenheit beider Theile; auch brauchen diese ihre Erklärungen nicht mündlich vor dem Grundbuchamt abzugeben.

§ 4. Ins Grundbuch einzutragende Geldbeträge können in der im Schutzgebiete geltenden Währung angegeben werden.

§ 5. Der Reichskanzler und mit seiner Genehmigung der Gouverneur bestimmen die Voraussetzungen für den Erwerb von Rechten an herrenlosem Lande und an Kronland. Die hierauf bezüglichen, in den einzelnen Schutzgebieten bestehenden Vorschriften bleiben in Kraft, bis sie nach Maßgabe der vorstehenden Bestimmungen aufgehoben werden. Entgegen den bestehenden oder zu erlassenden Vorschriften findet ein Erwerb von Rechten nicht statt.

§ 6. In Ansehung der den Eingeborenen oder anderen Farbigen gehörigen Grundstücke gelten folgende Vorschriften:

1. Wenn und insoweit es im öffentlichen Interesse nothwendig erscheint, sind der Reichskanzler und mit seiner Genehmigung der Gouverneur ermächtigt, den Erwerb des Eigenthums oder dinglicher Rechte an solchen Grundstücken sowie ihre Benutzung durch Dritte an besondere Bedingungen oder an eine obrigkeitliche Genehmigung zu knüpfen oder zu untersagen. Das Gleiche gilt von dem Erwerb und der Belastung dieser Grundstücke im Wege der Zwangsvollstreckung. Die Vorschriften des § 5 Satz 2 und 3 finden entsprechende Anwendung.
2. Im Uebrigen finden die Vorschriften dieser Verordnung auf die bezeichneten Grundstücke nur dann Anwendung, wenn für das Grundstück ein Grundbuchblatt angelegt oder das Grundstück in ein Landregister (§ 19) eingetragen ist. Inwieweit Eingeborene oder andere Farbige zur Eintragung ihrer Grundstücke in das Grund-

1) Erlassen auf Grund des § 3 des Schutzgebietsgesetzes (Reichsgesetzbl. 1900 S. 813) in Verbindung mit § 21 des Gesetzes über die Konsulargerichtsbarkeit vom 7. April 1900 (Reichsgesetzbl. S. 213). S. dazu Ausführungsverfügung des Reichskanzlers v. 30. November 1902 (Kol.-Bl. S. 568).

buch berechtigt sind oder hierzu angehalten werden können, bestimmen der Reichskanzler und mit seiner Genehmigung der Gouverneur.

3. Der Reichskanzler und mit seiner Genehmigung der Gouverneur können bestimmen, daß zu Gunsten Eingeborener oder anderer Farbiger
   a) andere Formen der dinglichen Belastung für die bezeichneten Grundstücke, als die des Dritten Buches des Bürgerlichen Gesetzbuchs und des Artikel 40 des preußischen Ausführungsgesetzes zum Bürgerlichen Gesetzbuche, zulässig sind,
   b) gewisse Nutzungsrechte, selbst wenn sie unvererblich oder unübertragbar sind, Grundbuchblätter erhalten können,

   und daß auf diese Nutzungsrechte die auf Grundstücke Eingeborener sich beziehenden Vorschriften Anwendung finden.

II. Anlegung neuer Grundbuchblätter.

§ 7. Die Anlegung eines Grundbuchblatts ist nur statthaft, soweit Flurkarten bereits angelegt oder die Vermessung des Grundstücks und die Aufnahme einer Karte ausführbar sind. Die Voraussetzungen, unter denen die Vermessung als ausführbar zu erachten ist, bestimmt der Reichskanzler. Derselbe kann die Anlegung für einzelne Fälle auch zulassen, wenn eine Vermessung im Sinne dieses Paragraphen nicht ausführbar oder mit Kosten verbunden sein würde, die zum Werthe des Grundstücks in keinem Verhältnisse stehen.

§ 8. Die Anlegung des Grundbuchblatts erfolgt auf Antrag des Eigenthümers oder desjenigen, welcher auf Grund eines gegen den Eigenthümer vollstreckbaren Titels eine Eintragung im Grundbuche verlangen kann, sofern die Zulässigkeit dieser Eintragung von der vorgängigen Eintragung des Eigenthümers abhängt.

Der Reichskanzler und mit seiner Genehmigung der Gouverneur können vorschreiben, daß, in welcher Weise und mit welcher Wirkung der Eigenthümer von Amtswegen zur Stellung des Antrags (Abs. 1) anzuhalten ist. Die hierauf bezüglichen, in den einzelnen Schutzgebieten bestehenden Vorschriften bleiben in Kraft, bis sie nach Maßgabe der vorstehenden Bestimmung aufgehoben werden.

§ 9. Mit dem Antrage hat der Antragsteller durch Urkunden, Bescheinigungen öffentlicher Behörden oder auf andere Weise glaubhaft zu machen, daß er das Grundstück als Eigenthümer erworben oder in ungestörtem Besitze hat.

In dem Antrag ist das einzutragende Grundstück nach Lage und Begrenzung, nach seinem etwaigen besonderen Namen und sonstigen Kennzeichen sowie thunlichst nach Kultur oder Art der Benutzung und Größe zu bezeichnen.

Dem Antrage ist eine das Grundstück veranschaulichende Karte beizufügen. Die Vorschrift des § 7 Satz 3 bleibt unberührt.

§ 10. Der Anlegung des Grundbuchblatts muß ein Aufgebot vorhergehen.

§ 11. Das Aufgebot wird von dem Grundbuchamt erlassen. In das Aufgebot ist aufzunehmen:

1. die Bezeichnung des Antragstellers,
2. die Bezeichnung des aufgebotenen Grundstücks,
3. die Aufforderung an alle diejenigen, welche das Eigenthum oder ein anderes zur Eintragung in das Grundbuch geeignetes Recht an dem Grundstück in Anspruch nehmen, ihre Rechte und Ansprüche bis zu einem bestimmten Termin anzumelden und glaubhaft zu machen, widrigenfalls die Anlegung des Grundbuchblatts ohne Rücksicht auf ihre Rechte und Ansprüche erfolgen werde.

Das Aufgebot ist durch Aushang an der für öffentliche Bekanntmachungen bestimmten Stelle und in sonst geeigneter Weise bekannt zu machen.

Zwischen der ersten öffentlichen Bekanntmachung und dem Termine muß eine Frist von mindestens drei Monaten liegen.

§ 12. Ist bis zum Ablaufe des Termins ein anderweitiger Eigenthumsanspruch nicht angemeldet oder nicht glaubhaft gemacht, so erfolgt die Anlegung des Grundbuchblatts. Das Grundbuchamt ist auch befugt, ihm bekannt und glaubhaft gewordene Ansprüche Dritter von Amtswegen zu berücksichtigen. Bei widerstreitenden Ansprüchen kann die Anlegung erst erfolgen, nachdem die Betheiligten ihre Ansprüche zum Austrage gebracht haben.

§ 13. Die bis zum Ablaufe des Termins angemeldeten Rechte (§ 11 Nr. 3) werden bei der Anlegung des Grundbuchblatts eingetragen, wenn der Antragsteller das beanspruchte Recht anerkennt oder wenn die Voraussetzungen der Eintragung gemäß den Vorschriften dieser Verordnung vorliegen.

Anderenfalls wird, sofern das beanspruchte Recht glaubhaft gemacht ist, zur Sicherung ein Widerspruch eingetragen.

Die Festsetzung der Rangordnung der bis

zum Ablaufe des Termins angemeldeten Rechte erfolgt, falls sich die Betheiligten nicht einigen, im Rechtswege.

§ 14. Das Grundbuchamt kann ohne Erlaß eines Aufgebots die Anlegung eines Grundbuchblattes bewirken:

1. wenn dem Antrag auf Eintragung des Grundstücks eine Ueberweisung von früher herrenlosem Lande zu Grunde liegt und die Ueberweisung und Besitzergreifung nach Maßgabe eines mit dem Fiskus abgeschlossenen Vertrags oder einer von Regierungswegen ertheilten Berechtigung erfolgt ist,
2. wenn die Anlegung gemäß § 8 von einem Berechtigten beantragt wird, dessen Anspruch nach Maßgabe einer der folgenden Vorschriften als rechtsgültig festgestellt worden ist:
   a) in den Schutzgebieten der Südsee, mit Ausnahme von Samoa, nach Maßgabe der Nr. IV der Erklärung, betreffend die gegenseitige Handels- und Verkehrsfreiheit in den deutschen und englischen Besitzungen und Schutzgebieten im westlichen Stillen Ozean, vom 10. April 1886,
   b) in Deutsch-Neu-Guinea nach Maßgabe der §§ 6 bis 11 der Verordnung, betreffend den Eigenthumserwerb und die dingliche Belastung der Grundstücke im Schutzgebiete der Neu-Guinea-Kompagnie, vom 20. Juli 1887 (Reichs-Gesetzbl. S. 379),
   c) in Samoa nach Maßgabe des Artikel IV der Generalakte der Samoakonferenz in Berlin vom 14. Juni 1889,
   d) im Schutzgebiete der Marschallinseln nach Maßgabe der §§ 6, 7 der Verordnung, betreffend den Eigenthumserwerb und die dingliche Belastung der Grundstücke im Schutzgebiete der Marschallinseln, vom 22. Juni 1889 (Reichs-Gesetzbl. S. 145),
   e) in Deutsch-Südwestafrika nach Maßgabe der Verordnung, betreffend das Bergwesen im südwestafrikanischen Schutzgebiete, vom 6. September 1892 (Reichs-Gesetzbl. S. 789) und der Verordnung, betreffend das Aufgebot von Landansprüchen im südwestafrikanischen Schutzgebiete, vom 2. April 1893 (Reichs-Gesetzbl. S. 143),
   f) im Inselgebiete der Karolinen, Palau und Marianen nach Maßgabe des § 13 der Verordnung, betreffend die vorläufige Regelung der Verwaltung und Rechtsverhältnisse im Inselgebiete der Karolinen, Palau und Marianen, vom 26. September 1899.

§ 15. Im Falle des § 14 erfolgt nach Anlegung des Grundbuchblatts eine Aufforderung an alle diejenigen, welche zur Eintragung in das Grundbuch geeignete Rechte an dem Grundstück in Anspruch nehmen, ihre Rechte bis zu einem bestimmten Termin anzumelden und glaubhaft zu machen, widrigenfalls sie bei etwaigen anderweitigen Anträgen auf Eintragungen nicht berücksichtigt werden würden. Hierbei finden die Vorschriften des § 11 Abs. 2, 3 und des § 12 entsprechende Anwendung.

Der Reichskanzler und mit seiner Genehmigung der Gouverneur können vorschreiben, daß, und unter welchen Voraussetzungen die Vorschrift des Abs. 1 außer Anwendung bleibt.

§ 16. Die Vorschriften der §§ 14 und 15 finden auch Anwendung, wenn die Ansprüche aus Ueberweisungen von früher herrenlosem Lande oder die als rechtsgültig anerkannten Ansprüche im Wege der Rechtsnachfolge auf den Antragsteller übergegangen sind.

§ 17. Im Schutzgebiete Kiautschou finden die Vorschriften des § 8, des § 9 Abs. 1 und der §§ 10 bis 16 keine Anwendung. Daselbst gelten die folgenden Bestimmungen:

Die Anlegung des Grundbuchblatts für ein Grundstück erfolgt entweder für den Fiskus auf den Antrag der dazu berechtigten Behörde oder für denjenigen, welcher das Grundstück von dem Fiskus erworben hat. Bei der Anlegung ist zur Legitimation des Fiskus als Eigenthümer dem Grundbuchamte gegenüber die schriftliche Erklärung des Gouverneurs, daß der Fiskus das Eigenthum erworben hat, erforderlich und ausreichend.

Zur Verfügung über ein dem Fiskus gehöriges Grundstück, welches im Grundbuche nicht eingetragen ist, bedarf es der vorgängigen Anlegung eines Grundbuchblatts nicht.

III. Vorschriften, betreffend Grundstücke, für die ein Grundbuchblatt noch nicht angelegt worden ist.

§ 18. Die im § 1 Abs. 1 bezeichneten Vorschriften, welche die Uebertragung des Eigenthums an Grundstücken betreffen, finden auf Grundstücke, für welche ein Grundbuchblatt nicht angelegt ist, keine Anwendung.

Zur Uebertragung des Eigenthums an einem solchen Grundstück ist die Einigung des Veräußerers und des Erwerbers erforderlich und ausreichend. Die Erklärungen müssen in öffentlich beglaubigter Form abgegeben werden. Es genügt die Beglaubigung durch eine öffentliche Behörde des Schutzgebiets.

Die Uebertragung des Eigenthums kann nicht unter einer Bedingung oder einer Zeitbestimmung erfolgen.

§ 19. Der Eigenthümer kann sein Eigenthum in ein von dem zuständigen Grundbuchamte zu führendes Landregister eintragen lassen. Dasselbe Recht steht demjenigen zu, welcher auf Grund eines gegen den Eigenthümer vollstreckbaren Titels die Anlegung eines Grundbuchblatts verlangen kann (§ 8 Abs. 1). Die Vorschrift des § 8 Abs. 2 findet entsprechende Anwendung.

§ 20. Bei dem Antrag auf Eintragung des Eigenthums ist dessen Erwerb nachzuweisen.

Das Grundstück ist so genau wie möglich zu bezeichnen. Das Grundbuchamt befindet darüber, ob die Bezeichnung genau genug ist oder nicht.

§ 21. Ist im Landregister Jemand als Eigenthümer eines Grundstücks eingetragen, so wird vermuthet, daß er der Eigenthümer ist.

§ 22. Die im § 18 Abs. 1 bezeichneten Grundstücke können mit anderen Rechten als mit Hypotheken und Grundschulden nicht belastet werden.

In Ansehung der Hypotheken und Grundschulden tritt das Landregister an die Stelle des Grundbuchs; der öffentliche Glaube des Landregisters erstreckt sich jedoch auch in Ansehung der Hypotheken und Grundschulden nicht darauf, daß der als Eigenthümer des Grundstücks in das Register Eingetragene der wirkliche Eigenthümer ist.

§ 23. Eine Hypothek oder Grundschuld kann nur in der Weise bestellt werden, daß die Ertheilung eines Hypotheken- oder Grundschuldbriefs ausgeschlossen ist.

§ 24. Im Schutzgebiete Kiautschou finden die Vorschriften der §§ 18 bis 23 keine Anwendung.

IV. Schlußbestimmungen.

§ 25. Das Eigenthum an denjenigen Grundstücken, welche dem Reiche nach gesetzlicher Vorschrift, insbesondere nach § 1 der Verordnung über die Schaffung, Besitzergreifung und Veräußerung von Kronland und über den Erwerb und die Veräußerung von Grundstücken in Deutsch-Ostafrika im Allgemeinen vom 26. November 1895, und nach § 1 der Verordnung über die Schaffung, Besitzergreifung und Veräußerung von Kronland und über den Erwerb und die Veräußerung von Grundstücken im Schutzgebiete von Kamerun vom 15. Juni 1896, oder in Folge Erwerbes durch Rechtsgeschäft zur Zeit der Verkündung dieser Verordnung gehören, gilt als dem Fiskus des Schutzgebiets erworben, in welchem das betreffende Grundstück liegt. Das Gleiche gilt in Ansehung dinglicher Rechte an Grundstücken.

Die Vorschrift des Abs. 1 findet auf marine- und postfiskalische Grundstücke sowie auf Grundstücke im Schutzgebiete der Marschallinseln keine Anwendung.

§ 26. Der Reichskanzler und mit seiner Genehmigung der Gouverneur haben die zur Ausführung dieser Verordnung erforderlichen Bestimmungen, insbesondere über die Einrichtung und Führung der Grundbücher und Landregister, zu erlassen.

§ 27. Die in dieser Verordnung dem Reichskanzler zugewiesenen Obliegenheiten werden in dessen Vertretung für die Schutzgebiete Afrikas und der Südsee durch das Auswärtige Amt (Kolonial-Abtheilung), für das Schutzgebiet Kiautschou durch das Reichs-Marine-Amt wahrgenommen.

Der Ausdruck Gouverneur bezieht sich im Sinne dieser Verordnung auch auf den Landeshauptmann des Schutzgebiets der Marschallinseln und den Vizegouverneur im Inselgebiete der Karolinen, Palau und Marianen.

§ 28. Diese Verordnung tritt am 1. April 1903 in Kraft. Gleichzeitig treten, soweit sich nicht aus den §§ 5, 6, 8, 14 ein Anderes ergibt, außer Kraft:

1. die Verordnung, betreffend den Eigenthumserwerb und die dingliche Belastung der Grundstücke im Schutzgebiete der Neu-Guinea-Kompagnie, vom 20. Juli 1887 (Reichs-Gesetzbl. S. 379),
2. die Verordnung, betreffend den Eigenthumserwerb und die dingliche Belastung der Grundstücke im Schutzgebiete der Marschallinseln, vom 22. Juni 1889 (Reichs-Gesetzbl. S. 145),
3. die Verordnung, betreffend die Begründung von Pfandrechten an Grundstücken in Deutsch-Ostafrika, vom 18. März 1892,
4. die Verordnung, betreffend die Registrirung von Landtiteln auf Samoa, vom 19. Januar 1894,
5. die Verordnung, betreffend die Rechtsverhältnisse an unbeweglichen Sachen in Deutsch-Ostafrika, vom 24. Juli 1894,
6. die Verordnung, betreffend Regelung des Grunderwerbs in Kiautschou, vom 2. September 1898,
7. die Verordnung, betreffend die Rechts-

verhältnisse an unbeweglichen Sachen in Deutsch-Südwestafrika, vom 5. Oktober 1898 (Reichs-Gesetzbl. S. 1063),

8. Die Vorschrift des § 3 Satz 1 der Verordnung, betreffend die Rechtsverhältnisse in den deutschen Schutzgebieten, vom 9. November 1900 (Reichs-Gesetzbl. S. 1005),

9. die Verordnung, betreffend die Rechtsverhältnisse an Grundstücken in Kamerun, vom 24. Juni 1901,

10. die Verordnung, betreffend die Rechtsverhältnisse an Grundstücken in Togo, vom 5. November 1901,

11. die zu den unter Ziffer 1 bis 7, 9, 10 aufgeführten Verordnungen ergangenen Ausführungsvorschriften.

---

24. November 1902.

Kaiserliche Verordnung über die Inkraftsetzung des Gesetzes, betreffend die Unfallfürsorge für Gefangene, vom 30. Juni 1900.[1])

Das Gesetz, betreffend die Unfallfürsorge für Gefangene, vom 30. Juni 1900 (Reichs-Gesetzbl. S. 536) tritt mit dem 1. April 1903 seinem vollen Umfange nach in Kraft.

1) Erlassen nach erfolgter Zustimmung des Bundesrats auf Grund des § 27 des Gesetzes, betreffend die Unfallfürsorge für Gefangene, vom 30. Juni 1900.

---

30. November 1902.

Verfügung des Reichskanzlers zur Ausführung der Kaiserl. Verordnung, betreffend die Rechte an Grundstücken in den deutschen Schutzgebieten, vom 21. November 1902 (RGBl. S. 283).[1])

Deutsches Kol.-Bl. S. 568.

§ 1. Die Bearbeitung der Grundbuchsachen gehört zur Zuständigkeit der Bezirksrichter, welche die Bearbeitung gemäß § 1 Nr. 4 der Verfügung, betreffend die Ausübung der Gerichtsbarkeit in den Schutzgebieten Afrikas und der Südsee, vom 25. Dezember 1900, anderen Personen übertragen können.

Im Schutzgebiete Kiautschou gehört die Bearbeitung der Grundbuchsachen zur Zuständigkeit des Kaiserlichen Gerichts.

§ 2. Der Gouverneur (§ 27 Abs. 2 der Kaiserlichen Verordnung vom 21. November 1902) bestimmt, für welche Bezirke und in welchem Zeitpunkt ein Grundbuch anzulegen ist.

Eine Vermessung im Sinne des § 7 der Kaiserlichen Verordnung vom 21. November 1902 ist, abgesehen von dem Falle des Vorhandenseins einer Flurkarte, als ausführbar anzusehen, wenn die Voraussetzungen vorliegen, die in den anliegenden[2]) „Grundsätzen für die Grundstücksvermessung bei mangelndem Anschluß an eine Landestriangulation" aufgestellt sind.

§ 3. Die Grundbücher werden nach dem anliegenden, mit Probeeintragungen versehenen Formular eingerichtet.[3])

Der Gouverneur kann Abänderungen des Formulars vorschreiben und die Vorschriften der §§ 4—21 durch andere Vorschriften ersetzen.

Die bisher geführten Grundbücher gelten als Grundbücher im Sinne dieser Verfügung.

§ 4. Jedes Grundbuchblatt besteht aus einem Titel und drei Abteilungen.

§ 5. Der Titel gibt in der ersten Hauptspalte an:

1. Die Bezeichnung des Grundstücks nach Lage und Begrenzung, nach seinem etwaigen besonderen Namen und sonstigen Kennzeichen unter Bezugnahme auf die bei den Grundakten befindliche Karte sowie tunlichst die Eigenschaft des Grundstücks nach Kultur oder Art der Benutzung und dessen Größe;
2. die Vermerke über Rechte, welche dem jeweiligen Eigentümer des Grundstücks zustehen.

Die für die Bezeichnung des Grundstücks nach dem Steuerbuche bestimmte Unterspalte wird offen gelassen, bis der Gouverneur ein anderes vorschreibt. Sind

1) Erlassen auf Grund der §§ 1, 26 der Kaiserlichen Verordnung, betreffend die Rechte an Grundstücken in den deutschen Schutzgebieten, vom 21. November 1902 (Reichsgesetzbl. S. 283), und des § 10 der Kaiserlichen Verordnung, betreffend die Rechtsverhältnisse in den deutschen Schutzgebieten, v. 9. November 1900 (Reichsgesetzbl. S. 1005).

2) Die Grundsätze sind hier nicht zum Abdruck gebracht.

3) Das Formular ist hier nicht abgedruckt.

mehrere Grundstücke in demselben Grundbuchblatte vereinigt, so werden sie unter fortlaufenden Nummern gesondert in der Hauptspalte aufgeführt.

In die zweite Hauptspalte werden die Abschreibungen, die Aenderung der in der ersten Hauptspalte vermerkten Rechte sowie deren Löschungen eingetragen.

§ 6. In die erste Hauptspalte der ersten Abteilung werden eingetragen:

Der Eigentümer nach Namen, Stand, Gewerbe oder anderen unterscheidenden Merkmalen, Wohnort oder Aufenthaltsort, eine Handelsgesellschaft, eingetragene Genossenschaft oder juristische Person anderer Art unter ihrer Firma oder ihrem Namen und unter Angabe ihres Sitzes;

in die zweite Hauptspalte:

das Datum und der Rechtsgrund (Auflassung, Testament, Erbschein usw.) der Eintragung sowie die Vermerke über Zuschreibungen;

in die dritte Spalte:

auf Antrag des Eigentümers der Erwerbspreis oder die Schätzung des Wertes nach einer öffentlichen Taxe.

§ 7. In die erste Hauptspalte der zweiten Abteilung werden eingetragen:

1. die auf einem privatrechtlichen Rechtsgrunde beruhenden, das Grundstück belastenden Rechte mit Ausnahme der Hypotheken, Grundschulden und Rentenschulden;
2. die Beschränkungen des Verfügungsrechts des Eigentümers;

in die zweite Hauptspalte, Unterspalte „Eintragungen":

die Veränderungen der in der ersten Hauptspalte vermerkten Rechte und Beschränkungen;

in die zweite Hauptspalte, Unterspalte „Löschungen":

die Löschungen der vorstehend bezeichneten Veränderungen;

in die dritte Hauptspalte:

die Löschungen der in der ersten Hauptspalte vermerkten Rechte und Beschränkungen.

§ 8. In die erste Hauptspalte der dritten Abteilung werden eingetragen:

1. die Hypotheken, Grundschulden und Rentenschulden;
2. die Vermerke über Ausschließung der Erteilung eines Briefs (§ 1116 des Bürgerlichen Gesetzbuchs);

in die zweite Hauptspalte, Unterspalte „Eintragungen":

1. die Veränderungen in Ansehung der in der ersten Hauptspalte eingetragenen Rechte,
2. die Vermerke über nachträgliche Ausschließung der Erteilung eines Briefs oder die Aufhebung der Ausschließung;

in die zweite Hauptspalte, Unterspalte „Löschungen":

die Löschungen der vorstehend bezeichneten Veränderungen und Vermerke;

in die dritte Hauptspalte:

die Löschungen der in der ersten Hauptspalte eingetragenen Rechte.

§ 9. Die Eintragung einer Vormerkung erfolgt:

1. wenn die Vormerkung den Anspruch auf Uebertragung des Eigentums betrifft, in der ersten Hauptspalte der zweiten Abteilung;
2. wenn die Vormerkung den Anspruch auf Eintragung eines anderen Rechtes am Grundstücke betrifft, in der für die Eintragung des Rechtes bestimmten Abteilung und Spalte;
3. in den übrigen Fällen in der für Veränderungen bestimmten Spalte der Abteilung, in welcher das von der Vormerkung betroffene Recht eingetragen ist.

In den Fällen des Abs. 1, Ziff. 2, 3 ist bei der Eintragung der Vormerkung die rechte Hälfte der Spalte für die endgültige Eintragung freizulassen.

§ 10. Die Vorschriften des § 9 finden auf die Eintragung eines Widerspruchs entsprechende Anwendung.

§ 11. Wenn ein Grundstück, welches von einem eingetragenen Grundstück abgezweigt werden soll, auf ein anderes Blatt zu übertragen ist, so muß das einzutragende Grundstück nach den in § 5 Nr. 1 bestimmten Merkmalen unter Beifügung einer die Lage und Größe des Grundstücks in beglaubigter Form ergebenden Karte bezeichnet werden.

§ 12. Die Einsicht des Grundbuchs ist öffentlichen Behörden und den von ihnen beauftragten Beamten gestattet, ohne daß es der Darlegung eines berechtigten Interesses bedarf.

Notare, die das Grundbuch im Auftrage des Eigentümers oder eines sonst zur Einsicht Berechtigten einsehen wollen, brauchen den Auftrag nicht nachzuweisen.

Soweit nach Abs. 1, 2 die Einsicht des Grundbuchs gestattet ist, kann eine Abschrift gefordert werden; die Abschrift ist auf Verlangen zu beglaubigen.

§ 13. Soll eine beglaubigte Abschrift nur von einem Teile des Grundbuchblattes erteilt werden, so sind in die Abschrift diejenigen Eintragungen aufzunehmen, welche den Gegenstand betreffen, auf den sich die Abschrift beziehen soll. In dem Beglaubigungsvermerk ist der Gegenstand anzugeben, und zu bezeugen, daß weitere, den Gegenstand betreffende Eintragungen in dem Grundbuche nicht enthalten sind.

§ 14. Für jedes Grundbuchblatt werden besondere Grundakten gehalten.

Bei den Grundakten ist eine Tabelle zu halten, die mit dem Blatte wörtlich übereinstimmen muß. Die Sorge für die Uebereinstimmung liegt dem Richter und dem Gerichtsschreiber ob.

§ 15. Die Urkunden und Abschriften, die nach § 9 der Grundbuchordnung von dem Grundbuchamt aufzubewahren sind, werden zu den Grundakten genommen.

Ist eine Urkunde, auf die eine Eintragung sich gründet oder Bezug nimmt, in anderen der Vernichtung nicht unterliegenden Akten des das Grundbuch führenden Gerichts enthalten, so genügt statt der Aufbewahrung einer beglaubigten Abschrift der Urkunde eine Verweisung auf die anderen Akten.

§ 16. Die Einsicht von Grundakten ist, auch soweit es sich nicht um die im § 11 Abs. 1 Satz 2 der Grundbuchordnung bezeichneten Urkunden handelt, jedem gestattet, der ein berechtigtes Interesse darlegt. Die Vorschriften des § 12 finden auf die Einsicht der Grundakten entsprechende Anwendung.

Soweit die Einsicht gestattet ist, kann eine Abschrift gefordert werden; die Abschrift ist auf Verlangen zu beglaubigen.

§ 17. Der im § 57 der Grundbuchordnung bezeichnete Auszug aus dem Grundbuche soll außer den dort vorgeschriebenen Angaben enthalten:

1. die Größe und tunlichst den Steuerwert des Grundstücks,
2. die letzten im Grundbuche vermerkten Erwerbspreise, falls der Erwerb nicht zehn Jahre zurückliegt, sowie die etwa eingetragenen Schätzungs- oder Versicherungssummen mit Angabe des Jahres.

§ 18. Die Hypothekenbriefe sind am Kopfe mit einer Ueberschrift zu versehen, welche die Bezeichnung „Hypothekenbrief“ und die Angabe der Hypothek enthält, über die der Brief ertheilt wird; die Hypothek ist nach dem Grundbuche, den Nummern des Bandes und Blattes, der Eintragungsnummer und dem Geldbetrage zu bezeichnen.

In den Brief sind in nachstehender Reihenfolge aufzunehmen:

1. der Inhalt der die Hypothek betreffenden Eintragungen nach Maßgabe des § 57 Abs. 2 Nr. 3 und des § 58 Abs. 2 der Grundbuchordnung;
2. die Bezeichnung des belasteten Grundstücks oder der belasteten Grundstücke nach dem Inhalte des Grundbuchs, mit Einschluß der im § 17 vorgeschriebenen Angaben;
3. die Bezeichnung des Eigentümers;
4. die kurze Bezeichnung der Eintragungen, welche der Hypothek im Range vorgehen oder gleichstehen, unter Angabe des Zinssatzes, wenn dieser fünf vom Hundert übersteigt.

Die Vorschriften der Abs. 1—3 finden auf Grundschuldbriefe und Rentenschuldbriefe entsprechende Anwendung.

§ 19. Wird eine Hypothek, eine Grundschuld oder eine Rentenschuld teilweise gelöscht, so ist auf dem Briefe der Betrag, für welchen das Recht noch besteht, neben der in der Ueberschrift enthaltenen Angabe des Rechtes durch den Vermerk ersichtlich zu machen: „Noch gültig auf (Angabe des Betrags).“

In gleicher Weise ist bei der Herstellung eines Teilhypotheken-, Teilgrundschuld- und Teilrentenschuldbriefs auf dem bisherigen Briefe der Betrag ersichtlich zu machen, auf den sich der Brief noch bezieht.

§ 20. Die im § 58 Abs. 1 und im § 59 Abs. 2 der Grundbuchordnung vorgeschriebene Verbindung von Urkunden erfolgt durch Schnur und Siegel.

§ 21. In den Fällen des § 69 der Grundbuchordnung ist der Brief in der Weise unbrauchbar zu machen, daß, nachdem die bei dem Rechte bewirkte Eintragung auf dem Briefe vermerkt ist, der Vermerk über die erste Eintragung des Rechtes durchstrichen und der Brief mit Einschnitten versehen wird.

Der Brief ist nach Befolgung der Vorschrift des § 69 Satz 2 der Grundbuchordnung zurückzugeben, sofern nicht aus besonderen Gründen die Zurückbehaltung des Briefes bei den Grundakten angemessen erscheint.

§ 22. Alle Vermerke, welche ihre Bedeutung verloren haben, insbesondere die gelöschten Vermerke, sind mit roter Tinte zu unterstreichen.

§ 23. Die Landregister (§ 19 der Kaiserlichen Verordnung vom 21. November 1902) sind nach Art der Grundbuchtabellen (§ 14) mit der Maßgabe zu führen, daß sie nur den Titel und zwei Abteilungen enthalten. In die zweite Abteilung werden die Hypotheken und Grundschulden eingetragen.

Auf die geschäftliche Behandlung der Anträge, deren Form und die Kosten finden die für das Verfahren bei angelegtem Grundbuche gegebenen Vorschriften entsprechende Anwendung.

Der Gouverneur kann allgemein oder im Einzelfalle bestimmen, ob und inwieweit ein bisher geführtes Land- oder Hypothekenregister als Landregister im Sinne der Kaiserlichen Verordnung vom 21. November 1902 und dieser Verfügung zu gelten hat.

§ 24. Diese Verfügung tritt am 1. April 1903 in Kraft. Gleichzeitig treten die in den einzelnen Schutzgebieten zur Regelung des Grundbuchwesens bisher erlassenen Vorschriften außer Kraft.

---

2. Dezember 1902.

Verordnung des Ministeriums, betreffend das Verbot des Feilhaltens von Wurzelreben und Blindhölzern auf Märkten.

Zentr.- u. Bez.A.Bl. S. 285.

Auf Grund des § 3 des Gesetzes vom 3. Juli 1883, betreffend die Abwehr und Unterdrückung der Reblauskrankheit (Reichsgesetzblatt Seite 149),[1] wird unter Aufhebung des § 1 der Verordnung vom 18. September 1897 (Central- und Bezirksamtsblatt A Seite 281) hiermit bestimmt was folgt:

Das Feilhalten von Wurzelreben und Blindhölzern auf Märkten wird für das ganze Gebiet des Reichslandes untersagt.

Gegenwärtige Verordnung tritt am 1. Januar 1903 in Kraft.

1) Jetzt Gesetz, betreffend die Bekämpfung der Reblaus, vom 6. Juli 1904 (Reichsgesetzbl. S. 261) s. u.

---

5. Dezember 1902.

Konvention mit dem Päpstlichen Stuhle, betreffend die Errichtung einer katholisch-theologischen Fakultät an der Kaiser Wilhelms-Universität in Straßburg.

Zentr.- u. Bez.A.Bl. S. 291.

Am 5. Dezember 1902 haben der Staatssekretär des Päpstlichen Stuhles Cardinal Rampolla und der Königlich Preußische Gesandte am Päpstlichen Stuhle Freiherr von Rotenhan identische Noten ausgetauscht über den Abschluß einer Convention, betreffend die Errichtung einer katholisch-theologischen Fakultät an der Kaiser Wilhelms-Universität in Straßburg.

Die Convention hat folgenden Wortlaut:

Art. 1. L'instruction scientifique sera donnée aux jeunes clercs du diocèse de Strasbourg par une faculté de Théologie catholique, qui sera érigée à l'Université de Strasbourg. En même temps, le Grand Séminaire épiscopal continuera d'exister et de fonctionner pour l'éducation pratique des dits clercs, qui y recevront l'enseignement nécessaire dans toutes les matières se rapportant à l'exercice des fonctions sacerdotales.

Art. 2. La dite Faculté comprendra notamment les branches suivantes:

1. La propédeutique théologique de philosophie;
2. La théologie dogmatique;
3. La théologie morale;
4. L'apologétique;
5. L'histoire ecclésiastique;
6. L'exégèse de l'Ancien Testament;
7. L'exégèse du Nouveau Testament;
8. Le droit canon;
9. La théologie pastorale et
10. L'archéologie sacrée.

Art. 3. La nomination des professeurs se fera après entente préalable avec l'Evêque. Avant d'entrer en fonctions, les professeurs auront à faire la Profession de Foi, entre les mains du Doyen, suivant les formes et règles de l'Eglise.

Art. 4. Les rapports entre la Faculté et ses membres d'un côté et l'Eglise et les autorités ecclésiastiques de l'autre, sont déterminés par les Règlements établis pour les Facultés de Théologie catholique de Bonn et de Breslau.

Art. 5. Si la preuve est fournie, par l'autorité ecclésiastique, qu'un des professeurs doit être considéré comme incapable de continuer son professorat, soit pour manque d'orthodoxie, soit en raison de manquements graves aux règles de vie et de conduite d'un prêtre, le Gouvernement pourvoira, sans délai, à son remplacement et prendra les mesures propres à faire cesser la participation du dit professeur aux affaires confiées à la Faculté.

Uebersetzung.

Art. 1. Die wissenschaftliche Ausbildung der angehenden Kleriker der Diözese Straßburg wird durch die katholisch-theologische Fakultät erfolgen, welche an der dortigen Kaiser-Wilhelms-Universität zu errichten ist. Gleichzeitig wird das bischöfliche große Seminar fortbestehen und in Thätigkeit bleiben in Bezug auf die praktische Erziehung der genannten Kleriker, welche dort die erforderliche Unterweisung auf allen Gebieten erhalten, die sich auf die Ausübung des priesterlichen Amtes beziehen.

Art. 2. In der Fakultät werden namentlich folgende Fächer vertreten sein:

1. Philosophisch-theologische Propädeutik,
2. Dogmatik,
3. Moral,
4. Apologetik,
5. Kirchengeschichte,
6. Exegese des Alten Testaments,
7. Exegese des Neuen Testaments,
8. Kanonisches Recht,
9. Pastoraltheologie,
10. Kirchliche Archäologie.

Art. 3. Die Ernennung der Professoren erfolgt nach vorherigem Einvernehmen mit dem Bischof.

Die Professoren haben, bevor sie in Funktion treten, die professio fidei, den Formen und Regeln der Kirche entsprechend, in die Hand des Dekans abzulegen.

Art. 4. Für das Verhältnis der Fakultät und ihrer Mitglieder zu der Kirche und den kirchlichen Autoritäten sind die Bestimmungen maßgebend, welche für die katholisch-theologischen Fakultäten in Bonn und Breslau gelten.

Art. 5. Wird durch die kirchliche Behörde der Nachweis erbracht, daß ein Professor wegen mangelnder Rechtgläubigkeit oder wegen gröblicher Verstöße gegen die Erfordernisse priesterlichen Wandels zur weiteren Ausübung seines Lehramtes als unfähig anzusehen ist, so wird die Regierung für einen alsbaldigen Ersatz sorgen und die erforderlichen Maßnahmen ergreifen, daß seine Beteiligung an den Geschäften der Fakultät aufhört.

---

5. Dezember 1902.

Verordnung des Ministeriums, betreffend die Beförderung feuergefährlicher, nicht zu den Sprengstoffen gehörender Gegenstände auf dem Rhein.[1] [1a])

Zentr.- u. Bez.A.Bl. S. 286.

Nach Einsicht des Beschlusses der Central-Kommission für die Rheinschiffahrt d. d. Mannheim, den 4. September 1902 wird auf Grund des § 3 des Gesetzes vom 22. April 1902, betreffend die Zuständigkeit in Wasser und Meliorationsangelegenheiten hiermit verordnet was folgt:

§ 1. Als feuergefährlich im Sinne dieser Verordnung gelten:

a) Rohpetroleum und dessen Destillationsprodukte;
b) alle aus Theer oder Theerölen (Harz-, Steinkohlen-, Braunkohlen-, Torf- und Schiefertheer) bereiteten flüchtigen Stoffe,
die unter a und b bezeichneten Stoffe jedoch nur, soweit deren Entflammbarkeit, im Pensky'schen Apparat bestimmt, unter 80° C liegt;
c) Schwefeläther (Aethyläther), Kollodium und Schwefelkohlenstoff (Schwefelalkohol);
d) rothe rauchende Salpetersäure;
e) weißer und gelber, sowie rother (amorpher) Phosphor;
f) Bucher'sche Feuerlöschdosen;
g) Calciumcarbid.[2])

Die unter a und b bezeichneten Stoffe, soweit sie nach obiger Einschränkung als feuer-

---

1) Änderungen durch die Verordnungen, betreffend die Beförderung feuergefährlicher, nicht zu den Sprengstoffen gehörender Gegenstände auf dem Rhein usw. vom 17. November 1905 (Zentr.- u. Bez.A.Bl. S. 388) und vom 15. Juli 1913 (Zentr.- u. Bez.A.Bl. S. 325), mit Wirkung vom 1. April 1906, bzw. 1. Oktober 1913 ab.

1a) Wegen der Beförderung von Sprengstoffen zu vgl. die allgemein erlassenen Verordnungen des Bezirkspräsidenten des Ober-Elsaß, des Unter-Elsaß und von Lothringen vom 2. Aug., 1. u. 2. September 1905 (Zentr.- u. Bez.-A.Bl. S. 317, 332 u. 333), s. u.

1b) Wegen der Beförderung von Petroleum auf dem Rhein vgl. Verordnung des Ministeriums vom 18. März 1905 hierüber (Zentr. u. Bez.A.Bl. S. 156), s. u.

2) Fassung nach der Verordnung vom 17. November 1905.

gefährlich gelten, werden nach dem Grade der Feuergefährlichkeit in drei Klassen eingetheilt, je nachdem sie bei 17,5 ° C ein spezifisches Gewicht haben von:

(Klasse I) mindestens 0,780,

(„ II) weniger als 0,780 und mehr als 0,680,

(„ III) 0,680 oder weniger.

§ 2. Die in § 1 Lit. a und b genannten Gegenstände dürfen auf dem Rheine nur befördert werden, entweder

a) in dichten und widerstandsfähigen Metallgefäßen, oder

b) in Gefäßen aus Glas oder Steinzeug.

Die Gegenstände der Klassen I und II außerdem

c) in besonders guten dauerhaften Fässern.

Bei der Beförderung in Gefäßen aus Glas oder Steinzeug sind noch folgende Vorschriften zu beachten:

1. Werden mehrere Gefäße in einem Frachtstücke vereinigt, so müssen dieselben in starke Holzkisten mit Stroh, Heu, Kleie, Sägemehl, Infusorienerde oder anderen lockeren Substanzen fest verpackt sein.
2. Bei Einzelverpackung ist die Versendung der Gefäße in soliden, mit einer guten Schutzdecke sowie mit Handhaben versehenen und mit hinreichendem Verpackungsmaterial eingefütterten Körben oder Kübeln zulässig, die Schutzdecke muß, falls sie aus Stroh, Rohr, Schilf oder ähnlichem Material besteht, mit Lehm oder Kalkmilch oder einer gleichartigen Materie unter Zusatz von Wasserglas getränkt sein.

Das Bruttogewicht des einzelnen Kollo darf für die Stoffe der Klasse I bei Verwendung von Glasgefäßen 60 Kilo, bei Verwendung von Gefäßen aus Steinzeug 75 Kilo und für die Stoffe der Klassen II und III bei Verwendung beider Arten von Gefäßen 40 Kilo nicht übersteigen.

Jedes Frachtstück, welches Gegenstände der II. und III. Klasse enthält, ist mit einer deutlichen, auf rothem Grund gedruckten Aufschrift „Feuergefährlich" zu versehen. Körbe und Kübel mit Gefäßen aus Glas oder Steinzeug, welche Gegenstände der Klasse II und III enthalten, haben außerdem die Aufschrift „Muß getragen werden" zu erhalten.

Die Bestimmungen über die Beförderung von Petroleum auf dem Rhein in Kastenschiffen werden durch diese Vorschriften nicht berührt.

§ 3. Schwefeläther (Aethyläther) sowie Kollodium dürfen nur in vollkommen dicht verschlossenen Gefäßen aus Metall oder Glas versendet werden. Die Verpackung dieser Gefäße, und zwar sowohl der Metall- wie der Glasgefäße muß bei der Vereinigung mehrerer Gefäße in einem Frachtstücke den in § 2 Ziffer 1 und bei Einzelverpackung den in § 2 Ziffer 2 gegebenen Vorschriften entsprechen mit der Maßgabe, daß bei Einzelverpackung das Bruttogewicht des einzelnen Kollo 60 Kilo nicht übersteigen darf.

§ 4. Schwefelkohlenstoff (Schwefelalkohol) darf nur befördert werden entweder:

1. in dichten Gefäßen aus starkem, gehörig vernietetem Eisenblech bis zu 500 Kilo Inhalt: oder
2. in Blechgefäßen von höchstens 75 Kilo Brutto, welche oben und unten durch eiserne Bänder verstärkt sind. Derartige Gefäße müssen entweder von geflochtenen Körben oder Kübeln umschlossen oder in Kisten mit Stroh, Heu, Kleie, Sägemehl, Infusorienerde oder anderen lockeren Substanzen verpackt sein, oder
3. in Glasgefäßen, die in starke Holzkisten mit Stroh, Heu, Kleie, Sägemehl, Infusorienerde oder anderen lockeren Substanzen eingefüttert sind.

§ 5. Die Beförderung der rothen rauchenden Salpetersäure unterliegt folgenden Vorschriften:

Falls dieselbe in Ballons, Flaschen oder Kruken verschickt wird, so müssen die Behälter dicht verschlossen, wohl verpackt und in besondere mit starken Vorrichtungen zum bequemen Handhaben versehene Gefäße oder geflochtene Körbe eingeschlossen sein. Die Ballons und Flaschen müssen in den Gefäßen mit einem mindestens ihrem Inhalte gleichkommenden Volumen getrockneter Infusorienerde oder anderer geeigneter trockenerdiger Substanzen umgeben sein.

Falls dieselbe in Metallbehältern versendet wird, so müssen die Behälter vollkommen dicht und mit guten Verschlüssen versehen sein.

§ 6. Weißer und gelber Phosphor muß mit Wasser umgeben in Blechbüchsen, welche höchstens 30 Kilo fassen und verlöthet sind, in starken Kisten fest verpackt sein. Die Kisten müssen außerdem zwei starke Handhaben besitzen, dürfen nicht mehr als 100 Kilo wiegen und müssen äußerlich als „gewöhnlichen gelben (weißen) Phosphor enthaltend" und mit „oben" bezeichnet sein.

Rother (amorpher) Phosphor ist in gut verlöthete Blechbüchsen, welche in starken Kisten mit Sägespähnen eingesetzt sind, zu verpacken. Diese Kisten dürfen nicht mehr als 90 Kilo wiegen und müssen äußerlich als „rothen Phosphor" enthaltend bezeichnet sein.

§ 7. Bucher'sche Feuerlöschdosen dürfen nur in blechernen Hülsen befördert werden. Diese Hülsen müssen in Kistchen eingestellt werden, welche höchstens 10 Kilo fassen und inwendig mit Papier verklebt sind. Diese Kisten müssen sodann in größere, gleichfalls mit Papier ausgeklebte Kisten verpackt werden.

§ 7 a.[3]) Calciumcarbid muß in luftdicht verschlossene eiserne Gefäße verpackt sein. Andere Stoffe dürfen in die Gefäße nicht beigepackt werden. Die Gefäße müssen die Aufschrift tragen: „Carbid: Vor Nässe zu schützen."

Soweit die Verstauung unter Deck nach § 10, § 16 Absatz 2 zulässig ist, hat dieselbe etwas erhöht über dem Fußboden auf Brettern, Latten oder dergleichen, mindestens aber 25 cm über dem Schiffsboden stattzufinden. Die Stauräume sind so zu schützen, daß das Eindringen von Wasser tunlichst verhindert wird, die tunlichst vollständige Ableitung des gleichwohl eingedrungenen Wassers aber gesichert ist. Die Ventilationseinrichtungen dieser Räume (§ 11 Absatz 1) müssen so überdacht oder sonst geschützt sein, daß Regenwasser nicht eindringen kann.

§ 8. Falls die in den §§ 2 und 3 aufgeführten Chemikalien in Mengen von nicht mehr als 10 Kilo zum Versandt kommen, ist es gestattet, sie sowohl mit einander als mit andern, weder zu den Sprengstoffen noch zu den ätzenden und feuergefährlichen Stoffen gehörigen Gegenständen in ein Frachtstück zu vereinigen. Sie müssen dabei in dicht verschlossenen Glas- oder Blechflaschen mit Stroh, Heu, Kleie, Sägemehl, Infusorienerde oder anderen lockeren Substanzen in starke Kisten fest eingebettet sein.

Die rothe rauchende Salpetersäure darf in den gleichen Mengen und in der gleichen Weise nur mit gleichen Mengen anderer Mineralsäuren, mit Ausnahme von Brom und mit andern, weder zu den Sprengstoffen noch zu den ätzenden und feuergefährlichen Stoffen gehörigen Gegenständen in ein Frachtstück vereinigt werden. Schwefelkohlenstoff im Gewichte von höchstens 2 Kilo darf mit andern, weder zu den Sprengstoffen noch zu den ätzenden und feuergefährlichen Stoffen gehörigen Gegenständen zu einem Frachtstück vereinigt werden, wenn der Schwefelkohlenstoff sich in dicht verschlossenen Blechflaschen befindet und mit dem übrigen Inhalte des Frachtstückes in eine starke Kiste mit Stroh, Heu, Kleie, Sägemehl oder anderen lockeren Substanzen fest eingebettet ist.

3) Fassung nach den Verordnungen vom 17. November 1905 und vom 15. Juli 1913.

Die Vereinigung von Phosphor und Bucherschen Feuerlöschdosen mit anderen Gegenständen zu einem Frachtstücke ist auch in kleinen Mengen nicht statthaft.

§ 9. Die in den §§ 2, 3, 4, 5, 6, 7, 7 a und 8 genannten Behälter (Gefäße aus Metall, Fässer, Kisten, Kübel und Körbe) müssen auf den Schiffen so verstaut sein, daß sie weder an einander stoßen noch herabfallen können.

§ 10. Feuergefährliche Gegenstände dürfen auf Dampfschiffen nur auf dem Verdeck, auf Schiffen, welche zur Personen-Beförderung dienen, überhaupt nicht verladen werden.

§ 11. Schiffsräume, in welchen feuergefährliche Gegenstände untergebracht sind, dürfen nur mit Sicherheitslampen betreten und es darf in ihnen nicht geraucht werden. Liegen solche Räume unter Deck, so müssen sie eine wirksame Oberflächen-Ventilation haben.

Offenes Feuer darf auf Fahrzeugen, welche feuergefährliche Gegenstände geladen haben, nicht brennen. Die Schornsteine der Kambusen solcher Fahrzeuge müssen mit Funkenfängern versehen sein.

Auf Deck verladene feuergefährliche Gegenstände, ausgenommen das in Fässern verladene gereinigte Petroleum (Testpetroleum), sind mit dicht schließenden Plantüchern bedeckt zu halten.

§ 12. Fahrzeuge, welche feuergefährliche Stoffe geladen haben, sollen bei Tage eine blaue Flagge mit einem großen weißen F (lateinische Druckschrift), bei Nacht eine blaue Laterne führen; dieselben müssen mindestens 4 m über Bord am Maste oder an einer Stange befestigt sein. Solche Fahrzeuge dürfen nur in einer Entfernung von mindestens 150 m von anderen Fahrzeugen oder von bewohnten Gebäuden anlegen, sofern nicht von der Hafenbehörde und außerhalb der Häfen von der Ortspolizeibehörde das Anlegen in einer größeren Entfernung vorgeschrieben oder in kleinerer Entfernung gestattet wird.

Diese Bestimmungen finden keine Anwendung auf Fahrzeuge, welche nur kleine Mengen (bis zu 10 Kilo bezw. bei Schwefelkohlenstoff bis zu 2 Kilo vgl. § 8) der einzelnen feuergefährlichen Stoffe, sei es in vorschriftsmäßiger Einzelpackung, sei es in vorschriftsmäßiger Zusammenpackung mit anderen Gegenständen (§ 8) mit sich führen unter der Voraussetzung, daß das Gesammtgewicht der so mitgeführten kleinen Mengen feuergefährlicher Stoffe 40 Kilo nicht erreicht.

§ 13. Sobald ein mit feuergefährlichen Gegenständen beladenes Fahrzeug seinen Bestimmungsort erreicht hat, muß der Führer die geladenen feuergefährlichen Gegenstände, ihre

Menge und Art nach der zuständigen Polizei- oder Hafenbehörde unverzüglich angeben und sein Fahrzeug sogleich auf die angewiesene Liegestelle legen.

§ 14. Soll ein Fahrzeug feuergefährliche Gegenstände laden oder solche löschen, so hat der Führer davon der zuständigen Polizei- oder Hafenbehörde vorher Anzeige zu machen.

Diese Behörde bezeichnet die Liegestelle, wo das Laden oder Löschen vorzunehmen, und die Frist, binnen welcher es zu beginnen und zu beenden ist. Die Liegestelle soll von bewohnten Gebäuden möglichst entfernt sein. Ohne geschäftliche Veranlassung ist der Zutritt zur Liegestelle nicht gestattet.

Beim Laden und Löschen darf nicht geraucht, auf dem Fahrzeuge und in der Nähe des Liegeplatzes auch weder Feuer gemacht noch offenes Licht gebraucht werden.

Bei Dunkelheit ist das Laden und Löschen nur mit besonderer Erlaubniß und nur unter Beleuchtung mit feststehenden Laternen, die mindestens 2 m über dem Arbeitsboden angebracht sind, gestattet.

Bei der Ladung wie beim Löschen dürfen die Körbe und Kübel mit Gefäßen aus Glas oder Steinzeug, welche Stoffe enthalten, die zu den Klassen II und III der in § 1 Lit. a und b bezeichneten Gegenstände gehören, nicht auf Karren gefahren noch auf Schulter oder auf dem Rücken, sondern nur an den an den genannten Behältern angebrachten Handhaben getragen werden.

§ 15. Der Ablader hat dem Führer des Fahrzeuges und dieser außer der zuständigen Polizei- oder Hafenbehörde (vergl. §§ 13 und 14) auch allen, welche beim Laden oder Löschen der feuergefährlichen Gegenstände beschäftigt werden, von deren Feuergefährlichkeit Mittheilung zu machen und zwar auch dann, wenn die Feuergefährlichkeit schon aus der Art der Verpackung und ihrer Bezeichnung zu entnehmen sein sollte.

Die gleiche Anzeige hat zu machen:

a) wer die Güter dem Ablader behufs der Verladung übersendet, dem Ablader;

b) wer die Güter einem anderen als dem Ablader zur Weiterbeförderung behufs der Verladung übersendet, seinem unmittelbaren Nachmann.

Die vorstehenden Vorschriften (Absatz 1) finden bei Versendung von gereinigtem Petroleum (Testpetroleum) keine Anwendung.

§ 16. Die Bestimmungen dieser Verordnung finden hinsichtlich der Beförderung von gereinigtem Petroleum (Testpetroleum) auf der Stromstrecke unterhalb der Spijk'schen Fähre keine Anwendung.

„Auf die Beförderung von Calciumcarbid in Mengen bis zu höchstens 200 kg finden die in den §§ 10, 12, 13, 14 und 15 enthaltenen Bestimmungen keine Anwendung, sofern das Carbid zur Verwendung auf dem Schiffe selbst bestimmt ist." [2])

§ 17. Diese Verordnung tritt am 1. April 1903 in Kraft.

Vom gleichen Zeitpunkte ab treten die Verordnungen der Bezirkspräsidenten des Ober-Elsaß und des Unter-Elsaß vom 6. bezw. 7. März 1894 (Central- und Bezirks-Amtsblatt für 1894, Hauptblatt, Seite 103/105) in gleichem Betreff außer Kraft.

---

8. Dezember 1902.

Kaiserliche Verordnung, betreffend Beschränkungen der Baufreiheit im nördlichen Teil des Gemeindebannes von Schiltigheim.[1])

Gesetzbl. f. Els.-Lothr. 1903 S. 1.

Die Bestimmungen des Gesetzes, betreffend Beschränkungen der Baufreiheit in den neuen Stadtteilen von Straßburg, vom 21. Mai 1879 (Gesetzbl. S. 57) und des Gesetzes, betreffend Beschränkungen der Baufreiheit, vom 6. Januar 1892 (Gesetzbl. S. 3) werden auf den nördlichen Teil des Gemeindebannes von Schiltigheim, welcher durch die Bischweilerstraße, den Bann Bischheim, die Lauterburger Eisenbahnlinie und die Hausbergerstraße begrenzt wird, ausgedehnt.

1) Erlassen auf Grund des Gesetzes, betreffend die Beschränkungen der Baufreiheit vom 6. Januar 1892. S. auch die fernere Verordnung vom 22. Juli 1905.

8. Dezember 1902.

Bekanntmachung des Reichskanzlers, betreffend Ergänzung und Abänderung der Ausführungsbestimmungen zur Fernsprechgebührenordnung, vom 26. März 1900.[1])

Zentr.-Bl. f. d. D. R. S. 416.

1) Die Änderungen sind beim Abdruck der Ausführungsbestimmungen zur Fernsprechgebührenordnung vom 26. März 1900, berücksichtigt.

---

8. Dezember 1902.

Verordnung des Ministeriums, betreffend die Ergänzung der Verordnungen der Bezirks-Präsidenten des Unter-Elsaß vom 19. und des Ober-Elsaß vom 27. Februar d. Js. über die Dienstbücher der Schiffsmannschaft auf Deutschen Rheinschiffen.[1]) [2])

Zentr.- u. Bez.A.Bl. S. 289.

1) Erlassen auf Grund des § 3 des Gesetzes vom 22. April 1902, betreffend die Zuständigkeit in Wasser- und Meliorationsangelegenheiten (Gesetzbl. f. Elf.-Lothr. S. 31).

2) Die Ergänzung ist beim Abdruck der Verordnung des Bezirkspräsidenten des Ober-Elsaß vom 27. Februar d. Js. über die Dienstbücher der Schiffsmannschaft auf Deutschen Rheinschiffen (Zentr.- u. Bez. A.Bl., Hauptblatt S. 51 ff.), berücksichtigt worden.

---

12. Dezember 1902.

Verordnung des Ministeriums, betreffend die Wahrnehmung der der Aufsichtsbehörde der Handwerkskammern für Elsaß-Lothringen zustehenden Geschäfte.[1])

Zentr.- u. Bez.A.Bl. S. 292.

§ 1. Die Wahrnehmung der höheren Verwaltungsbehörde (Aufsichtsbehörde) im Sinne der §§ 103—103 q, 100 t Abs. 4, 130 a, 131 b und 133 der Gewerbeordnung zustehenden Geschäfte wird dem Kaiserlichen Bezirkspräsidenten in Straßburg übertragen.

§ 2. Der § 3 der Verordnung vom 6. Dezember 1899, III. 14 296, Central- und Bezirks-Amtsblatt, Hauptblatt, S. 313, wird aufgehoben.

§ 3. Gegenwärtige Verordnung tritt mit dem 1. Januar 1903 in Kraft.

1) Erlassen zum Vollzug des Abschnitts III (Handwerkskammern, §§ 103—103 q) des Titels VI der Gewerbeordnung.

---

16. Dezember 1902.

Geschäftsordnung für die Gerichtsschreibereien der Amtsgerichte.

Samml. d. Justizverw. Bd. 27 S. 285.

---

16. Dezember 1902.

Geschäftsordnung für die Gerichtsschreibereien des Oberlandesgerichts und der Landgerichte.

Samml. d. Justizverw. Bd. 27 S. 435.

16. Dezember 1902.

Geschäftsordnung für die Sekretariate der Staatsanwaltschaften bei den Landgerichten und dem Oberlandesgericht.

Samml. d. Justizverw. Bd. 27 S. 516.

---

20. Dezember 1902.

Verfügung des Ministeriums, betreffend die Behandlung von Begnadigungsgesuchen und Anträgen auf vorläufige Entlassung, an denen der Geschäftsbereich der Königlich preußischen Militärverwaltung oder der Marineverwaltung betheiligt ist.

Zentr.- u. Bez.A.Bl. 1902, S. 295.

Für den Geschäftsgang in der Behandlung von Begnadigungsgesuchen und Anträgen auf vorläufige Entlassung, an denen der Geschäftsbereich der Königlich preußischen Militärverwaltung oder der Marineverwaltung betheiligt ist, gelten vom 1. Januar 1903 ab die nachfolgenden im Einvernehmen mit dem Herrn Kriegsminister und mit dem Herrn Staatssekretär des Reichs-Marineamts festgestellten Bestimmungen:

1. Begnadigungsgesuche der durch ein preußisches Miltärgericht oder ein Marinegericht verurtheilten Personen, bei denen die Vollstreckung der Strafe auf die bürgerlichen Behörden übergegangen ist (§ 15 Absatz 3 des Militärstrafgesetzbuchs) sind offen dem Vorsteher der Strafanstalt oder des Gefängnisses zu übergeben, der sie mit gutachtlicher Aeußerung dem Präsidenten des Reichs-Militärgerichts in Berlin einreicht.

2. Anträge auf vorläufige Entlassung der vorbezeichneten Verurtheilten sind von dem Strafanstalts- oder Gefängnißvorsteher mit gutachtlicher Aeußerung, sofern die Verurtheilung durch ein preußisches Militärgericht stattgefunden hat, an das preußische Kriegsministerium (Justiz-Abtheilung), wenn die Verurtheilung durch Marine-Gericht stattgefunden hat, an das Reichs-Marine-Amt (Allgemeines Marine-Departement) zu richten.

An dieselben Behörden gehen auch die Anträge der Ortspolizeibehörden auf Widerruf der vorläufigen Entlassung (§ 25 Abs. 2 St.-G.-B.).

3. Begnadigungsgesuche der Personen, die

a) wegen Zuwiderhandlungen gegen Finanz- und Polizeigesetze, Jagd- und Fischereigesetze, sowie gegen Verordnungen dieses Inhalts durch bürgerliche Gerichte verurtheilt worden sind und eine — an Stelle der Geldstrafe getretene — Freiheitsstrafe in einer militärischen Strafanstalt verbüßen (§ 2 der Militärstrafgesetzbuchordnung);

b) vor dem Dienstantritte zivilgerichtlich zu einer sechswöchigen oder geringeren Freiheitsstrafe rechtskräftig verurteit worden sind und diese Strafe — nach ihrer Einstellung — in einer militärischen Strafanstalt verbüßen (§ 7 der Militärstrafgerichtsordnung)

werden gemäß Anordnung des Herrn Kriegsministers offen dem zuständigen militärischen Vorgesetzten übergeben, der sie mit gutachtlicher Außerung dem zuständigen Staatsanwalt zur weiteren Veranlassung einsendet.

c) Ferner ist durch den Herrn Kriegsminister (Armee-Verordnungsblatt 1902 Nr. 29 S. 290) für diejenigen Fälle, in denen eine zivilgerichtliche Verurteilung nicht eingetreten, die Strafe vielmehr im Verwaltungswege festgesetzt worden ist, bestimmt worden, daß die Begnadigungsgesuche durch Vermittelung der militärischen Vorgesetzten der Verwaltungsbehörde vorzulegen seien, von welcher oder von deren nachgeordneten Behörde die Strafverfügung (der Strafbescheid) erlassen worden ist. Ebenso ist zu verfahren, wenn es sich um eine Freiheitsstrafe handelt, die durch Verfügung des Gerichtsherrn an die Stelle einer von einer Verwaltungsbehörde verhängten Geldstrafe gesetzt worden ist (§§ 2, 463 M.-St.-G.-O.).

23. Dezember 1902.

Bekanntmachung des Reichskanzlers, betreffend einheitliche Rechtschreibung.

Zentr.-Bl. f. d. D. R. S. 432.

In der Sitzung des Bundesraths vom 18. Dezmber 1902 haben die verbündeten Regierungen vereinbart:

1. eine einheitliche Rechtschreibung in den Schulunterricht und in den amtlichen Gebrauch der Behörden einzuführen und von dieser Rechtschreibung nicht ohne wechselseitige Verständigung unter einander und mit Oesterreich abzuweichen;
2. als Zeitpunkt für die Einführung der neuen Rechtschreibung in den Schulen, insofern die Einführung nicht schon zu einem früheren Zeitpunkt erfolgt ist oder erfolgt, den Beginn des Schuljahrs 1903/4 und als Zeitpunkt für die Einführung in den amtlichen Gebrauch aller Behörden des Reichs und der Bundesstaaten, insbesondere bei allen amtlichen Veröffentlichungen, den 1. Januar 1903 festzusetzen;
3. auf die Einführung der neuen Rechtschreibung im Verkehr der kommunalen und sonstigen nichtstaatlichen Behörden in geeigneter Weise hinzuwirken.

---

24. Dezember 1902.

Verfügung des Ministeriums, betreffend die Strafverfolgung im Verkehr mit Großbritannien, den Vereinigten Staaten von Nordamerika und den Niederlanden.

Samml. d. Justizverw. Bd. 27 S. 569.

Die Bestimmungen der Allgemeinen Verfügung vom 23. Oktober 1897, betreffend die strafrechtliche Verfolgung von Deutschen wegen der von ihnen in der Schweiz begangenen Strafthaten und von Schweizern wegen der von ihnen in Deutschland begangenen strafbaren Handlungen (Samml. 22, 622), finden in den Fällen, in denen Verbrechen oder Vergehen von Deutschen in

Großbritannien,

oder in den Vereinigten Staaten von Nordamerika,

oder in den Niederlanden,

oder von Staatsangehörigen Großbritanniens oder der Vereinigten Staaten von Nordamerika oder der Niederlande in Deutschland begangen sind, entsprechende Anwendung.

Hiernach ist namentlich zu beachten, daß wenn ein Deutscher wegen eines Verbrechens oder Vergehens, das er in einem der bezeichneten Länder begangen hat, von einem elsaß-lothringischen Gericht zur Verantwortung gezogen werden soll — abgesehen von dem Falle, wo deutsche Rechtsgüter verletzt sind und Gefahr im Verzuge vorliegt — vor Erhebung der öffentlichen Klage an das Ministerium zu berichten und dessen Verfügung abzuwarten ist. Ebenso ist, wenn ein Beschuldigter, der Angehöriger eines der bezeichneten Länder ist, wegen eines in Deutschland verübten Verbrechens oder Vergehens vor den Gerichten seines Heimathstaates verfolgt werden soll, Bericht an das Ministerium zu erstatten, damit im diplomatischen Wege die Uebernahme der Strafverfolgung beantragt werden kann.

Euer Hochwohlgeboren ersuche ich ergebenst, die Amtsanwälte, deren Berichterstattung eintretenden Falls durch Ihre Vermittelung zu erfolgen hat, entsprechend zu verständigen.[1])

1) Wegen der Strafverfolgung im Verkehr mit Frankreich s. die Verfügungen des Ministeriums vom 24. November 1894 und 19. März 1896.

25. Dezember 1902.

Zolltarifgesetz.[1][2]

§ 1. Bei der Einfuhr von Waaren in das deutsche Zollgebiet werden, soweit nicht für die Einfuhr aus bestimmten Ländern andere Vorschriften gelten,[3] Zölle nach Maßgabe der dem Reichstag am 6. Oktober 1902 vorgelegten endgültigen Beschlüsse der XVI. Kommission über den Zolltarif erhoben. Jedoch werden in Abweichung von diesen Beschlüssen die Zoll-

---

1) Abgeändert durch:

1. Die Gesetze vom 11. Dezember 1909, betreffend die Abänderung des § 15 des Zolltarifgesetzes vom 25. Dezember 1902 und des § 2 des Gesetzes, betreffend den Hinterbliebenen-Versicherungsfonds und den Reichs-Invalidenfonds, vom 8. April 1907, (Reichsgesetzbl. S. 973) und vom 27. März 1911 (Reichsgesetzbl. S. 97). Vgl. § 15 (Hinsichtlich der Verwendung gewisser Zollerträge für Zwecke der Witwen- und Waisenversorgung).
2. Branntweinsteuergesetz vom 15. Juli 1909 (Reichsgesetzbl. S. 661) § 106; Zollsätze für Branntwein usw. Vgl. Anm. 31, 38, 39, 40.
3. Gesetz wegen Änderung des Brausteuergesetzes, vom 15. Juli 1909 (Reichsgesetzbl. S. 695) Art. V (Art. 186 des Zolltarifs, Zollsatz für Bier usw.); zu vgl. auch schon Gesetz wegen Änderung des Brausteuergetzes vom 3. Juni 1906 (Reichsgesetzbl. S. 622.) Art. II. Vgl. Anm. 35.
4. Gesetz wegen Abänderung des Tabaksteuergesetzes, vom 15. Juli 1909 (Reichsgesetzbl. S. 705) Artikel 1. Nr. 220 des Zolltarifs, Zollsatz für Tabak usw.) und Artikel III a. Tabaksteuergesetz vom 15. Juli 1909 (Reichsgesetzbl. S. 793) § 1 ff. Vgl. Anm. 36. Zu vgl. auch schon das Zigarettensteuergesetz vom 3. Juni 1906 (Reichsgesetzbl. S. 631) § 1.
5. Gesetz zur Abänderung des Schaumweinsteuergesetzes, vom 15. Juli 1909 (Reichsgesetzbl. S. 714), Art 3; zu Tarif-Nr. 181, Zollsatz für Schaumwein. Vgl. Anm. 34.
6. Gesetz, betreffend Änderungen im Finanzwesen, vom 15. Juli 1909 (Reichsgesetzbl. 743),
   Artikel II: Zolltarif-Nr. 61 und 65 (Erhöhung des Kaffee- und Teezolls. Vgl. Anm. 26).
   Artikel IV: Zündwarensteuergesetz § 40. Zolltarif-Nr. 367 Zollsätze für Zündhölzer usw. Vgl. Anm. 41.

2) Zur Ausführung des Zolltarifs sind vom Bundesrat erlassen worden, zufolge Bekanntm. d. Reichskanzlers vom 23. Januar 1906 (Zentr.-Bl. f. d. D. R. S. 31):

a. ein Warenverzeichnis zum Zolltarif.
b. eine Anleitung für die Zollabfertigung.
} Beide haben inzwischen zahlreiche Abänderungen erfahren.

3) Es bestehen Handelsverträge oder gleichstehende Vereinbarungen und Bestimmungen, durch die die zolltarifarischen Vorschriften des Zolltarifsgesetzes beeinflußt werden, mit folgenden Staaten:

I. Europa.

Belgien. Vertrag vom 6. Dezember 1891 (Reichsgesetzbl. 1892 S. 241). — Zusatzvertrag vom 22. Juni 1904 (Reichsgesetzbl. 1905 S. 599).

Bulgarien. Vertrag vom 1. August 1905 (Reichsgesetzbl. 1906 S. 1). — Notenwechsel vom 29. September 1911 über die Verlängerung des Vertrags (Reichsgesetzbl. 1912 S. 488).

Frankreich. Frankfurter Friedensvertrag vom 10. Mai 1871 (Art. 11) (Reichsgesetzbl. S. 223). Zusatzkonvention zum Friedensvertrag, vom 11. Dezember 1871 (Reichsgesetzbl. 1872 S. 7).

Griechenland. Vertrag vom 9. Juli 1884 (Reichsgesetzbl. 1885 S. 23).

Großbritannien. Reichsgesetz vom 13. Dezember 1913 (Reichsgesetzbl. S. 783). — Bekanntmachung des Reichskanzlers vom 11. Juni 1901 (Reichsgesetzbl. S. 205) und vom 19. Dezember 1913 (Reichsgesetzbl. S. 784).

Wegen Kanada vgl. Bekanntmachungen des Reichskanzlers vom 11. Juni 1901, vom 24. Februar 1910 (Reichsgesetzbl. S. 459) und vom 19. Dezember 1913 (Reichsgesetzbl. S. 784).

Italien. Vertrag vom 6. Dezember 1891 (Reichsgesetzblatt 1892 S. 97). — Zusatzvertrag vom 3. Dezember 1904 (Reichsgesetzbl. 1905 S. 413).

Montenegro. Vertrag vom 18. Juni 1907 (Reichsgesetzbl. 1908 S. 28).

Niederlande. Vertrag vom 31. Dezember 1851 (Preuß. Gesetzsammlung 1852 S. 145).

Österreich-Ungarn. Vertrag vom 6. Dezember 1891 (Reichsgesetzbl. 1892 S. 3). — Zusatzvertrag vom 25. Januar 1905 (Reichsgesetzbl. 1906 S. 143).

Portugal. Vertrag vom 30. November 1908 (Reichsgesetzbl. 1910 S. 679).

Rumänien. Vertrag vom 21. Oktober 1893 (Reichsgesetzbl. 1894 S. 1). Zusatzvertrag vom 8. Oktober/ 25. September 1904 (Reichsgesetzbl. 1905 S. 253).

Rußland. Vertrag vom 10. Februar 1894 (Reichsgesetzbl. S. 153). — Zusatzvertrag vom 28./15. Juli 1904 (Reichsgesetzbl. 1905 S. 35).

Finland: vgl. Notenaustausch vom 10. Februar 1894 und Protokoll zum Zusatzvertrag (Reichsgesetzbl. 1894 S. 255 und 1905 S. 144).

Schweden. Vertrag vom 2. Mai 1911 (Reichsgesetzbl. S. 275).

Schweiz. Vertrag vom 10. Dezember 1891 (Reichsgesetzbl. 1892 S. 195). — Zusatzvertrag vom 12. November 1904 (Reichsgesetzbl. 1905 S. 35). Niederlassungsvertrag vom 13. November 1909 (Reichsgesetzbl. 1911 S. 887). — Vertrag, betreffend Regelung von Rechtsverhältnissen der beiderseitigen Staatsangehörigen im Gebiete des anderen vertragschließenden Teiles vom 31. Oktober 1910 (Reichsgesetzbl. 1911 S. 892).

Serbien. Vertrag vom 21. August 1892 (Reichsgesetzbl. 1893 S. 269). — Zusatzvertrag vom 29./16. November 1904 (Reichsgesetzbl. 1906 S. 319).

Spanien. Notenwechsel vom 12. Februar 1899

säte der Nr. 808 auf 4,50 Mark, der Nr. 809 auf 7,50 Mark, der Nr. 810 auf 12 Mark, der Nr. 816 auf 8 und 12 Mark, der Nr. 825 auf 8 Mark, der Nr. 905 auf 4 Mark und der Nr. 906 auf 15, 12, 10, 9, 7, 5,50, 4,50 und 3 Mark festgesetzt.

Die Zollsätze sollen durch vertragsmäßige Abmachungen

bei Roggen	nicht	unter	5	Mark
„ Weizen und Spelz	„	„	5,50	„
„ Malzgerste	„	„	4	„
„ Hafer	„	„	5	„

für einen Doppelzentner herabgesetzt werden.

Auf die Erzeugnisse der deutschen Zollausschlüsse finden die vertragsmäßigen Zollbefreiungen und Zollermäßigungen Anwendung, soweit nicht der Bundesrath Ausnahmen vorschreibt. Die getroffenen Anordnungen sind dem Reichstage sofort oder, wenn er nicht versammelt ist, bei seinem nächsten Zusammentritte mitzutheilen. Sie sind außer Kraft zu setzen, wenn der Reichstag die Zustimmung nicht ertheilt. Den Erzeugnissen der deutschen Kolonien und Schutzgebiete können die vertragsmäßigen Zollbefreiungen und Zollermäßigungen durch Beschluß des Bundesraths eingeräumt werden.

§ 2. In jedem Steuerdirektionsbezirk ist eine Behörde zu errichten, die auf Verlangen über die Zolltarifsätze Auskunft zu geben hat,

---

(Reichsgesetzbl. S. 335) und vom 15. Juni 1907 (Zentr.-Bl. f. d. D. R. S. 281).

Türkei. Vertrag vom 26. August 1890 (Reichsgesetzbl. 1891 S. 117. (Der dem Vertrag beigegebene Tarif ist vorläufig noch nicht in Kraft getreten). (Bek. d. Reichsk. vom 23. Mai 1891. Zentr.-Bl. f. d. D. R. S. 141.) — Zusatzübereinkunft zum Handels- und Schiffahrtsvertrage vom 26. August 1890 nebst Vollziehungsprotokoll vom 25. April 1907 (Reichsgesetzbl. S. 371). — Notenwechsel vom 15. November 1911 über die Verlängerung des Handels- und Schiffahrtsvertrags und der dazu getroffenen Zusatzübereinkunft (Reichsgesetzbl. 1912 S. 184). Jetzt

II. Asien.

China. Vertrag vom 2. September 1861 (Preuß. Gesetzsammlung 1863 S. 265); Zusatzkonvention vom 31. März 1880 (Reichsgesetzbl. 1881 S. 261).

Japan. Vertrag nebst besonderem gegenseitigen Zollabkommen vom 24. Juni 1911 (Reichsgesetzbl. S. 477).

Persien. Vertrag vom 11. Juni 1873 und Zusatzakte vom 6. Juni 1873 (Reichsgesetzbl. S. 351).

Siam. Vertrag vom 7. Februar 1862 (Preuß. Gesetzsammlung 1864 S. 717).

III. Afrika.

Äthiopien (Abessinien). Vertrag vom 7. März 1905 (Reichsgesetzbl. 1906 S. 470).

Ägypten. Vertrag vom 19. Juli 1892 (Reichsgesetzbl. 1893 S. 17). — Zusatzabkommen vom 17. März 1910 (Reichsgesetzbl. 1910 S. 901).

Belgisch Kongo. Übereinkunft mit der internationalen Gesellschaft des Kongo vom 8. November 1884 (Reichsgesetzbl. 1885 S. 211). — Generalakte der Berliner Konferenz vom 26. Februar 1885 (Reichsgesetzbl. S. 215). Erklärung wegen Abänderung des Absatzes 5 der Erklärung zu der Brüsseler Generalakte, vom 15. Juni 1910 (Reichsgesetzbl. 1912 S. 373).

Liberia. Vertrag vom 31. Oktober 1867 (Bundes-Gesetzbl. 1868 S. 197).

Marokko. Vertrag vom 1. Juni 1890 (Reichsgesetzbl. 1891 S. 378). — Madrider Konvention vom 3. Juli 1880 (Reichsgesetzbl. 1881 S. 103). — Generalakte der Internationalen Konferenz von Algecras vom 7. April 1906 (Reichsgesetzbl. 1906 S. 891). — Abkommen zwischen dem Deutschen Reiche und Frankreich, betreffend Marokko, vom 4. November 1911 (Reichsgesetzbl. 1912 S. 197).

Tunis. Erklärung vom 18. November 1896 (Reichsgesetzbl. 1897 S. 7).

Zanzibar. Vertrag mit den hanseatischen Freistaaten Lübeck, Bremen und Hamburg vom 13. Juni 1859; durch Notenwechsel vom 24. Januar und 4. Februar 1869 sowie vom 5. und 7. Dezember 1871 auf die übrigen deutschen Bundesstaaten ausgedehnt. (Zentr.-Bl. f. d. D. R. 1911 S. 449).

IV. Amerika.

Argentinische Republik. Vertrag vom 19. September 1857 (mit Preußen und den Zollvereinsstaaten). (Preuß. Gesetzsammlung 1859 S. 405.)

Bolivien. Vertrag vom 22. Juli 1908 (Reichsgesetzbl. 1910 S. 507).

Chile. Vertrag vom 1. Februar 1862 (Preuß. Gesetzsammlung 1863 S. 761). Bek. d. Reichsk., vom 31. Mai 1897 (Zentr.-Bl. f. d. D. R. S. 462).

Columbien. Vertrag vom 23. Juli 1892 (Reichsgesetzbl. 1894 S. 471).

Ecuador. Vertrag vom 28. März 1887 (Reichsgesetzbl. 1888 S. 136).

Guatemala. Vertrag vom 20. September 1887 dazu Protokoll vom 22. Juni 1888 (Reichsgesetzbl. 1888 S. 238). — Die Geltungsdauer ist verlängert bis zum 15. März 1915. (Bek. Zentr.-Bl. f. d. D. R. 1913 S. 218).

Haiti. Übereinkommen vom 29. Juli 1908 (Deutsches Handelsarchiv 1908 I. S. 342).

Honduras. Vertrag vom 12. Dezember 1887. Dazu Protokoll vom 2. Juli 1888 (Reichsgesetzbl. 1888 S. 262).

Kanada. S. Großbritannien.

Mexiko. Vertrag vom 5. Dezember 1882 (Reichsgesetzbl. 1883 S. 247).

Nicaragua. Vertrag vom 4. Februar 1896 (Reichsgesetzbl 1897 S. 171).

Paraguay. Vertrag vom 21. Juli 1887 (Reichsgesetzbl. 1888 S. 178).

Salvador. Vertrag vom 14. April 1908 (Reichsgesetzbl. 1909 S. 405).

Uruguay. Vertrag vom 20. Juni 1892 (Reichsgesetzbl. 1894 S. 505) und Übereinkunft vom 5. Juni 1899 (Reichsgesetzbl. 1900 S. 5).

zu welchen bestimmte Waaren oder Gegenstände im deutschen Zollgebiete zugelassen werden.[4])

§ 3.[5]) Die Gewichtszölle werden von dem Rohgewicht erhoben:

a) wenn der Tarif dies ausdrücklich vorschreibt,

b) bei Waaren, für die der Zoll 6 Mark für den Doppelzentner nicht übersteigt.

Im Uebrigen wird den Gewichtszöllen das Reingewicht zu Grunde gelegt.

Bei der Ermittelung des Reingewichts von Flüssigkeiten wird das Gewicht der unmittelbaren Umschließungen (Fässer, Flaschen, Kruken und dergleichen) nicht in Abzug gebracht.

Der Bundesrath bestimmt den Antheil des Rohgewichts, der zur Berechnung des Reingewichts als Tara in Abzug gebracht werden kann.[6])

Beim Eingange von Waaren in den freien Verkehr bleiben handelsübliche Umschließungen zollfrei. Nach Bestimmung des Bundesraths kann bei der Verzollung von Waaren, die nach dem Rohgewichte zollpflichtig sind, sofern sie unverpackt oder in nicht handelsüblichen Umschließungen eingehen, dem Reingewichte der Waaren und bei der Verzollung von Flüssigkeiten, sofern sie in nicht handelsüblichen unmittelbaren Umschließungen eingehen, dem Eigengewichte der Flüssigkeiten das Gewicht der handelsüblichen Umschließungen hinzugerechnet werden.

§ 4.[7]) Der Bundesrath ist ermächtigt vorzuschreiben, daß Waaren, deren zollamtliche Untersuchung mit besonderen Schwierigkeiten verbunden ist, nur bei bestimmten Zollstellen abgefertigt werden dürfen, sofern die Betheiligten nicht bereit sind, den Zoll nach dem höchsten in Frage kommenden Satze des Tarifs zu entrichten oder die Kosten für die Uebersendung der Waaren oder der davon zu entnehmenden Proben an eine mit der erforderlichen Abfertigungsbefugniß versehene Zollstelle zu tragen.

§ 5. Von der Verzollung befreit sind:

a) die mit der Post eingehenden Waarensendungen von 250 Gramm Rohgewicht oder weniger,

b) die der Gewichtsverzollung unterliegenden Waaren in Mengen unter 50 Gramm.

Inwieweit im Uebrigen bei der Gewichtsermittelung Bruchtheile eines Kilogramm unberücksichtigt bleiben dürfen, bestimmt der Bundesrath.[8])

Zollbeträge von weniger als fünf Pfennig werden überhaupt nicht, höhere Zollbeträge nur, soweit sie durch fünf theilbar sind, unter Weglassung der überschießenden Pfennige erhoben.[9])

Der Bundesrath ist befugt, im Falle des Mißbrauchs für einzelne Waarengattungen oder für einzelne Grenzstrecken Beschränkungen anzuordnen.

§ 6. Die folgenden Gegenstände bleiben vom Zolle befreit:

1. Erzeugnisse des Ackerbaues und der Viehzucht von denjenigen außerhalb der Zollgrenze gelegenen Grundstücken, welche von innerhalb der Zollgrenze befindlichen Wohn- und Wirtschaftsgebäuden aus bewirthschaftet werden; ferner Erzeugnisse der Waldwirthschaft, wenn die außerhalb der Zollgrenze gelegenen Grundstücke mindestens seit dem 15. Juli 1879 eine Zubehör des inländischen Grundstücks bilden.[10])

Venezuela. Vertrag vom 26. Januar 1909 (Reichsgesetzbl. S. 919).

Vereinigte Staaten von Amerika: Gesetz, betreffend (die Handelsbeziehungen zu den Vereinigten Staaten von Amerika), vom 5. Februar 1910 (Reichsgesetzbl. S. 387) und Bekanntmachung des Reichskanzlers betreffend (w. o.), vom 7. Februar 1910 (Reichsgesetzbl. S. 388).

Außerdem bestehen mit verschiedenen Staaten noch ältere Handelsverträge, sei es mit dem Zollverein, sei es mit einzelnen Deutschen Staaten, so mit Dänemark, Norwegen, Siam.

4) Zu vgl. Bestimmungen, betreffend die Erteilung amtlicher Auskunft in Zolltarifangelegenheiten, zufolge Bekanntm. d. Reichskanzlers vom 17. Februar 1906 (Zentr.-Bl. f. d. D. R. S. 241, 243). S. u. Zufolge Bundesrats-Beschluß v. 23. Februar 1906 (Zentr.-Bl. f. d. D. R. S. 22) konnten schon vor Inkrafttreten des Zolltarifes (1. März 1906) verbindliche Tarifauskünfte erteilt werden.

5) Hierzu Taraordnung, zufolge Bekanntm. des Reichskanzlers vom 17. Februar 1906. (Zentr.-Bl. f. d. D. R. S. 241, 243).

6) Hierzu Taratarif, vom Bundesrat erlassen zufolge Bek. d. Reichskanzl. v. 23. Januar 1906. S. u.

7) Zu vgl. hierzu Bekanntm. d. Reichskanzl. v. 21. Februar 1906, betreffend Beschränkung der Abfertigungsbefugnisse (Zentr.-Bl. f. d. D. R. S. 413). Z. vgl. ferner Bekanntm. d. Ministeriums betreffend Abfertigungsbefugnisse, vom 26. Februar 1906 (Zentr.-Bl. f. Elf.-Lothr. S. 11).

8) Nähere Bestimmungen in der Anleitung für die Zollabfertigung unter Nr. 4 bis 7. (S. Anm. 2.)

9) Nach II. Ziff. 7 der Anltg. f. d. Zollabfertigung nur bei Gesamtzollbetrag jeder Anmeldung.

10) Zu vgl. auch wegen der Güter an der Grenze gegen Frankreich. Zusatzkonvention zu dem Friedensvertrag zwischen Deutschland und Frankreich, vom

2. Von deutschen Fischern und von Mannschaften deutscher Schiffe gefangene Fische, Robben, Wal- und andere Seethiere sowie die davon gewonnenen Erzeugnisse. Von der Zollfreiheit ausgeschlossen sind die in fremdländischen Küstengewässern gefangenen Schal- und Krustenthiere. Die erforderlichen Ueberwachungsvorschriften erläßt der Bundesrath.[11])
3. Gebrauchte Kleidungsstücke und Wäsche, die nicht zum Verkauf oder zur gewerblichen Verwendung eingehen.
4. Gebrauchte Gegenstände von Anziehenden zur eigenen Benutzung, gebrauchte Maschinen zur Benutzung im Gewerbe- und Landwirthschaftsbetriebe jedoch nur ausnahmsweise auf besondere Erlaubniß.[12])

   Auf besondere Erlaubniß auch als Ausstattungsgegenstände, Braut- oder Hochzeitsgeschenke eingehende neue Sachen, sofern sie für Ausländer oder länger als zwei Jahre im Auslande wohnhaft gewesene Inländer bestimmt sind, die aus Anlaß der Verheirathung mit einer im Inlande wohnhaften Person ihren Wohnsitz nach dem Inlande verlegen. Von der Zollfreiheit ausgeschlossen sind Nahrungs- und Genußmittel, unverarbeitete Gespinnste und Gespinnstwaaren sowie sonstige zur weiteren Verarbeitung bestimmte Erzeugnisse, Rohstoffe aller Art und Thiere.[13])

   Unter Zustimmung des Bundesraths kann durch Anordnung des Reichskanzlers bestimmt werden, daß für die Angehörigen eines Staates, der Gegenseitigkeit nicht gewährt, die im Abs. 1 und 2 vorgesehenen Begünstigungen ganz oder theilweise außer Anwendung bleiben sollen.
5. Gebrauchte Sachen, die erweislich als Erbschaftsgut eingehen, auf besondere Erlaubniß.
6. Gebrauchsgegenstände aller Art, auch neue, welche Reisende einschließlich der Fuhrleute, Schiffer und Schiffsmannschaften zum persönlichen Gebrauch oder zur Ausübung ihres Berufs auf der Reise mit sich führen, oder die ihnen zu diesem Zwecke vorausgeschickt oder nachgesendet werden; ebenso lebende Thiere, die von reisenden Künstlern bei Ausübung ihres Berufs oder zur Schaustellung benutzt werden.

   Ferner aus dem Auslande zurückkommende gebrauchte Koffer, Reisetaschen und sonstiges Reisegeräth, wenn darin Gebrauchsgegenstände von Reisenden in das Ausland verbracht worden sind.
7. Die von Reisenden einschließlich der Fuhrleute zum eigenen Verbrauche während der Reise mitgeführten Verzehrungsgegenstände; ebenso der Bedarf der Schiffer und Schiffsmannschaften, für diese jedoch höchstens in einer auf zwei Tage berechneten Menge.
8. Fahrzeuge aller Art einschließlich der zugehörigen Ausrüstungsgegenstände, die bei dem Eingang über die Zollgrenze zur Beförderung von Personen oder Waaren dienen und nur aus dieser Veranlassung eingeführt werden, oder die aus dem Auslande zurückkommen, nachdem sie beim Ausgange diesem Zwecke gedient haben; auch Fahrzeuge, wenn sie dazu bestimmt sind, Personen oder Waaren in das Ausland zu verbringen.

   Pferde und andere Thiere einschließlich der zugehörigen Geschirre und Decken, wenn sie als Reitthiere, zur Fortbewegung von Fahrzeugen aller Art oder zum Waarentragen dienen und nur aus dieser Veranlassung die Grenze überschreiten, oder wenn sie aus dem Auslande zurückkommen, nachdem sie beim Ausgang in der angegebenen Weise verwendet worden sind; auch Pferde und andere Thiere, wenn sie dazu bestimmt sind, Personen, Fahrzeuge oder Waaren in das Ausland zu verbringen.

   Fahrzeuge aller Art sowie Pferde und andere Thiere von Reisenden auch in dem Falle, wenn sie zur Zeit der Einfuhr nicht als Beförderungsmittel dienen, sofern sie erweislich sich schon seither im Gebrauch ihrer Besitzer befunden haben und zu deren weiterem Gebrauche bestimmt sind.

   Verbleiben in den bezeichneten Fällen Fahrzeuge oder Thiere dauernd im Inlande, so tritt die Zollpflicht ein.

   Futter, das zum Reiseverbrauche der in Abs. 2 und 3 bezeichneten Thiere mitgeführt wird, in einer der Zahl der Thiere

---

11. Dezember 1871, Art. 12 Reichsgesetzbl. 1872 S. 7, Gesetzbl. f. Els.-Lothr. S. 63.

11) Zu vgl. Seefischerei-Zollordnung, zufolge Bekanntm. d. Reichskanzl. vom 17. Februar 1906 (Zentr.-Bl. f. d. D. R. S. 241, 257).

12) Vgl. auch Schlußprotokoll zu dem Handelsvertrag mit der Schweiz, vom 10. Dezember 1891, in der Fassung des Zusatzvertrags vom 12. November 1904 II. d. Ziff. 3.

13) Zu vgl. auch Bekanntm. des Reichskanzl., betreffend Notenwechsel mit Bulgarien über die zollfreie Einfuhr von gebrauchtem Umzuggut, vom 14. Juni 1907 (Reichsgesetzbl. S. 368).

und der voraussichtlichen Reisedauer, höchstens jedoch einem Zeitraume von zwei Tagen entsprechenden Menge.

Ueber die Zollbehandlung der Eisenbahnfahrzeuge, welche dem durchgehenden Personenverkehre dienen, sind vom Bundesrathe besondere Bestimmungen zu erlassen. [14])

9. Umschließungen, sowie Schutzdecken und andere Verpackungsmittel, auch Webebäume, Holz- und Papprollen und dergleichen, die zum Zwecke der Ausfuhr von Waaren eingeführt, oder, nachdem sie nachweislich dazu gedient haben, aus dem Auslande wieder zurückgebracht werden. Im ersteren Falle ist der Nachweis der Wiederausfuhr binnen einer angemessenen Frist und, nach Befinden, Sicherstellung des Zolles zu fordern; es kann hiervon abgesehen werden, wenn die Umschließungen und so weiter gebraucht sind und kein Zweifel darüber besteht, daß sie zur Ausfuhr von Waaren bestimmt sind.

10. Musterkarten und Muster in Abschnitten oder Proben, die nur zum Gebrauch als solche geeignet sind, jedoch mit Ausschluß der Proben von Nahrungs- und Genußmitteln, indessen einschließlich der mit der Post eingehenden Proben und Muster von Kaffee, Kakao, Zucker, Rohtabak und getrockneten Früchten im Gewichte bis zu 350 Gramm.

11. Kunstsachen, welche zu Kunstausstellungen oder für öffentliche Kunstanstalten oder öffentliche Sammlungen, sowie andere Gegenstände, die für öffentliche Anstalten oder öffentliche Sammlungen zu Lehr- oder Anschauungszwecken eingehen.

12. Materialien, die zum Baue, zur Ausbesserung oder zur Ausrüstung von See- oder Flußschiffen verwendet werden, mit Ausnahme des Kajüts- und Küchenguts. Von der Begünstigung sind die zu Luxuszwecken bestimmten Binnensee- und Flußschiffe ausgeschlossen. Die näheren Bestimmungen erläßt der Bundesrath. [15])

13. Wappenschilder, Flaggen und andere Gegenstände, die von fremden Regierungen ihren in Deutschland bestellten Vertretungen zum dienstlichen Gebrauche zugesendet werden, falls die betreffenden Staaten Gegenseitigkeit gewähren. [16]) [17])

14. Särge, in denen Leichen eingehen, und Urnen mit Asche verbrannter Leichen, einschließlich der Kränze und ähnlicher zur Verzierung der Särge, Urnen oder Beförderungsmittel dienenden Gegenstände.

§ 7. Abfälle, welche im Tarife nicht besonders genannt sind, sowie zerbrochene und abgenutzte Gegenstände werden wie die Rohstoffe, von denen sie herstammen, behandelt, wenn sie nur zu denselben Zwecken wie die Rohstoffe verwendet werden können oder die Verwendung zu anderen Zwecken nach Anordnung der Zollbehörde durch geeignete Maßnahmen ausgeschlossen wird. Zollpflichtige Abfälle und verdorbene Waaren, die zu Düngezwecken bestimmt sind, werden zollfrei gelassen, wenn ihre Verwendung zu anderen Zwecken ausgeschlossen erscheint oder nach Anordnung der Zollbehörde durch geeignete Maßnahmen ausgeschlossen wird. Andere verdorbene Waaren bleiben zollfrei, wenn sie unter amtlicher Aufsicht vernichtet werden.

§ 8. Der Bundesrath wird ermächtigt, in Fällen, in welchen auf Grund staatlicher Abmachungen Eisenbahnverbindungen zwischen dem Deutschen Reiche und einem Nachbarstaate mit einer innerhalb des deutschen Zollgebiets belegenen gemeinschaftlichen Grenz- und Betriebswechselstation hergestellt sind oder künftig hergestellt werden, Zollfreiheit zu gewähren:

1. für die zur Ausführung des Baues und zur Betriebseinrichtung der Wechselstation sowie der zwischen dieser und der Zollgrenze gelegenen Anschlußstrecke erforderlichen Gegenstände, soweit ihre Anschaffung ausländischen Behörden oder ausländischen Bahnunternehmungen obliegt,
2. für die zur Besorgung des von der ausländischen Bahnunternehmung übernommenen Betriebsdienstes, einschließlich der Instandhaltung der Betriebsstation und der Anschlußstrecke, und für alle zu Dienstzwecken der ausländischen Grenzämter erforderlichen Gegenstände,
3. für die Dienstgeräthe und Dienstausrüstungsstücke der innerhalb des deutschen Zollgebiets angestellten Beamten und Be-

14) Zu vgl. Bekanntm. d. Reichskanzl., betreffend die Einführung von Bestimmungen über die zollamtliche Behandlung der Eisenbahnfahrzeuge der internationalen Schlafwagengesellschaft in Brüssel, vom 5. Dezember 1901. s. o.

15) Zu vgl. Schiffbau-Zollordnung. vom Bundesrat erlassen zufolge Bekanntm. d. Reichskanzlers, vom 17. Februar 1906 (Zentr.-Bl. f. d. D. R. S. 241, 265).

16) Zu vgl. Bekanntm. d. Reichskanzl., betr. die Gewährung der Zollfreiheit an die bei dem Deutschen Reiche beglaubigten Botschafter, Gesandte usw., vom 20. November 1902. S. o.

17) Zollfreiheit für Geschenke eines fremden Staatsoberhauptes: Beschl. d. Bundesrats vom 12. Dezember 1889 (Zentr.-Bl. f. d. D. R. S. 589).

diensteten der ausländischen Eisenbahnverwaltung und der außerdem betheiligten Dienstzweige der Verwaltung des Nachbarstaats.

§ 9. Bei der zollamtlichen Abfertigung einer Waare, die je nach ihrem Herstellungsland einer unterschiedlichen Zollbehandlung unterliegt, ist von dem Einbringer zu erklären und auf Erfordern nachzuweisen, in welchem Lande die Waare hergestellt worden ist. Die näheren Bestimmungen über den Inhalt und die Form der Erklärung und über die Erbringung des Nachweises erläßt der Bundesrath.[18])

Kommt der Einbringer seinen vorstehend festgesetzten Verpflichtungen nicht nach, so tritt die für ihn ungünstigste Zollbehandlung ein, unbeschadet der etwa daneben verwirkten Strafen oder sonstigen Rechtsnachtheile.

§ 10. Zollpflichtige Waaren, die aus Ländern herstammen, in welchen deutsche Schiffe oder deutsche Waaren ungünstiger behandelt werden als diejenigen anderer Länder, können neben dem tarifmäßigen Zollsatz einem Zollzuschlage bis zum doppelten Betrage dieses Satzes oder bis zur Höhe des vollen Werthes unterworfen werden. Tarifmäßig zollfreie Waaren können unter der gleichen Voraussetzung mit einem Zolle in Höhe bis zur Hälfte des Werthes belegt werden.

Auch können, soweit nicht Vertragsbestimmungen entgegenstehen, ausländische Waaren denselben Zöllen und Zollabfertigungsvorschriften unterworfen werden, die im Ursprungsland auf deutsche Waaren Anwendung finden.

Die hier vorgesehenen Maßnahmen werden nach erfolgter Zustimmung des Bundesraths durch Kaiserliche Verordnung in Wirksamkeit gesetzt. Die getroffenen Anordnungen sind dem Reichstage sofort oder, wenn er nicht versammelt ist, bei seinem nächsten Zusammentritte mitzutheilen. Sie sind außer Kraft zu setzen, wenn der Reichstag die Zustimmung nicht ertheilt.

[19]) § 11. 1. Bei der Ausfuhr von Roggen, Weizen, Spelz, Gerste, Hafer, Buchweizen, Hülsenfrüchten, Raps und Rübsen aus dem freien Verkehre des Zollgebiets werden, wenn die ausgeführte Menge wenigstens fünf Doppelzentner beträgt, auf Antrag des Waarenführers Bescheinigungen (Einfuhrscheine) ertheilt, die den Inhaber berechtigen, innerhalb einer vom Bundesrath auf längstens sechs Monate zu bemessenden Frist eine dem Zollwerthe der Einfuhrscheine entsprechende Menge einer der vorgenannten Waaren ohne Zollentrichtung einzuführen. Abfertigungen zur Ausfuhr mit dem Anspruch auf Ertheilung von Einfuhrscheinen finden nur bei den von den obersten Landes-Finanzbehörden zu bestimmenden Zollstellen statt.

[20]) Für Waaren der vorbezeichneten Art, die ausschließlich zum Absatz in das Zollausland bestimmt sind, werden Transitlager ohne amtlichen Mitverschluß, in denen die Behandlung und Umpackung der gelagerten Waaren uneingeschränkt und ohne Anmeldung sowie ihre Mischung mit inländischer Waare zulässig ist, mit der Maßgabe bewilligt, daß die zur Ausfuhr abgefertigten Waarenmengen, soweit sie den jeweiligen Lagerbestand an ausländischer Waare nicht überschreiten, von diesem Bestand abzuschreiben, im Uebrigen aber als inländische Waaren zu behandeln sind (Reine Transitlager).

Für Waaren der bezeichneten Art, die theils in das Zollausland, theils in das Zollgebiet abgesetzt werden sollen, können, sofern dafür ein dringendes Bedürfniß anzuerkennen ist, solche Lager mit der ferneren Maßgabe bewilligt werden, daß die aus dem Lager in den freien Verkehr des Zollgebiets abgefertigten Waarenmengen, soweit sie den jeweiligen Lagerbestand an inländischer Waare nicht übersteigen, von diesem Bestande zollfrei abzuschreiben, im Uebrigen aber als ausländische Waaren zu behandeln sind (Gemischte Transitlager). Der Bundesrath bestimmt, an welchen Orten solche Lager bewilligt werden können.

Für die vorstehend nicht erwähnten Getreidearten und zollpflichtigen Oelfrüchte werden, wenn sie ausschließlich zum Absatz in das Zollausland bestimmt sind, Transitlager ohne amtlichen Mitverschluß, in denen die Behandlung und Umpackung der gelagerten Waaren uneingeschränkt und ohne Anmeldung sowie ihre Mischung mit inländischer Waare zulässig ist, mit der Maßgabe bewilligt, daß bei der Ausfuhr dieser gemischten Waare der in der Mischung enthaltene Antheil von ausländischer Waare als die zollfreie Menge der Durchfuhr anzusehen ist. Für Waaren dieser Art, die theils in das Zollausland, theils in das Zollgebiet abgesetzt werden sollen, können solche Transitlager bewilligt werden.

18) Zu vgl. hierzu Bekanntm. d. Reichskanzl., vom 17. Februar 1906, betreffend Erklärung u. Nachweis des Zustellungslandes (Zentr.-Bl. f. d. D. R. S. 241, 294).

19) Hierzu: Eine Fahrscheinordnung, erlassen vom Bundesrat zufolge Bekanntm. des Reichsk. vom 17. Februar 1908 (Zentr.-Bl. f. d. D. R. S. 241, 316).

20) Hierzu: Getreidelager-Zollordnung, erlassen vom Bundesrat zufolge Bekanntm. des Reichskanzlers vom 17. Februar 1906 (Zentr.-Bl. f. d. D. R. S. 241, 352).

[21]) 2. Ebenso werden reine Transitlager ohne amtlichen Mitverschluß bewilligt und können gemischte Transitlager ohne amtlichen Mitverschluß bewilligt werden für nicht gehobeltes Bau- und Nutzholz. Dabei kann von der Umschließung der zur Lagerung bestimmten Räume abgesehen werden; auch ist es zulässig, die Hölzer zeitweise aus dem Lager zu entnehmen und, nachdem sie einer Behandlung unterlegen haben, durch die sie unter den Begriff des mit einem höheren Zolle belegten Bau- und Nutzholzes oder einer groben rohen Holzwaare fallen, in das Lager zurückzuführen. Der Bundesrath bestimmt, an welchen Orten gemischte Transitlager bewilligt werden können.

Für Abfälle, die bei der Bearbeitung von Bau- und Nutzholz in den Transitlagern entstehen, tritt, wenn die Hölzer in das Zollausland ausgeführt werden, an dem zur Last geschriebenen Zolle ein entsprechender Nachlaß ein, dessen Höhe der Bundesrath bestimmt.

3. Den Inhabern von Mühlen oder Mälzereien werden bei der Ausfuhr ihrer Erzeugnisse Einfuhrscheine über eine entsprechende Menge Getreide oder Hülsenfrüchte (Ziffer 1) ertheilt. Ueber das hierbei in Rechnung zu stellende Ausbeuteverhältniß trifft der Bundesrath Bestimmung.

[22]) 4. Den Inhabern von Oelmühlen wird für die Ausfuhr der von ihnen hergestellten Oele eine Erleichterung dahin gewährt, daß ihnen der Zoll für eine den ausgeführten Erzeugnissen entsprechende Menge der zur Mühle gebrachten zollpflichtigen ausländischen Oelfrüchte nachgelassen wird. Ueber das hierbei in Rechnung zu stellende Ausbeuteverhältniß trifft der Bundesrath Bestimmung. Die zur Mühle zollamtlich abgefertigten ausländischen sowie auch sonstige Oelfrüchte, welche in die der Zollbehörde zur Lagerung der ausländischen Oelfrüchte angemeldeten Räume eingebracht sind, dürfen in unverarbeitetem Zustande nur mit Genehmigung der Zollbehörde veräußert werden. Zuwiderhandlungen hiergegen werden mit einer Geldstrafe bis zu eintausend Mark geahndet.

Die Bestimmungen der Ziffer 3 finden auf die Inhaber von Oelmühlen hinsichtlich der aus Raps oder Rübsen hergestellten Oele sinngemäß Anwendung.

5. Im Sinne der Bestimmungen unter Ziffer 1 bis 4 steht die Aufnahme in eine öffentliche Niederlage oder in ein Privatlager unter amtlichem Mitverschlusse der Ausfuhr gleich.

6. Die näheren Anordnungen, insbesondere in Bezug auf die Form der Einfuhrscheine, auf die Beschaffenheit der mit dem Anspruch auf Ertheilung von Einfuhrscheinen ausgeführten Waaren und auf die an die Lagerinhaber zu stellenden Anforderungen, trifft der Bundesrath.

Dieser wird auch Vorschriften erlassen, durch welche die Verwendung der Einfuhrscheine nach Maßgabe ihres Zollwerths auch zur Begleichung von Zollgefällen für andere als die in Ziffer 1 Abs. 1 genannten Waaren unter den von ihm festzusetzenden Bedingungen gestattet wird.

§ 12. Die Zölle können auf Antrag gegen Sicherheitsleistung für eine Frist bis zu drei Monaten nach näherer Anordnung des Bundesraths gestundet werden. [23])

Von der Stundung ausgenommen sind die Zölle für Getreide, Hülsenfrüchte, Raps und Rübsen sowie für die daraus hergestellten Müllerei- und Mälzereierzeugnisse. Im Falle der Aufnahme dieser Waaren in ein Zollager (öffentliche Niederlage oder Privatlager mit oder ohne amtlichen Mitverschluß) sind bei der Ueberführung der Waaren in den freien Verkehr die zu entrichtenden Zollgefälle für die Dauer der Lagerung mit vier vom Hundert nach den vom Bundesrathe zu erlassenden Vorschriften zu verzinsen.

§ 13. Für Rechnung von Kommunen oder Korporationen dürfen vom 1. April 1910 ab Abgaben auf Getreide, Hülsenfrüchte, Mehl und andere Mühlenfabrikate, desgleichen auf Backwaaren, Vieh, Fleisch, Fleischwaaren und Fett nicht erhoben werden.

Auf die Erhebung von Abgaben von dem zur Bierbereitung bestimmten Malze seitens der Kommunen findet diese Bestimmung keine Anwendung.

Die entgegenstehenden Bestimmungen unter Ziffer I und im § 7 der Ziffer II des Artikel 5 des Zollvereinigungsvertrags vom 8. Juli 1867 (Bundes-Gesetzbl. S. 81) und des Gesetzes vom 27. Mai 1885, betreffend die Abänderung des Zollvereinigungsvertrags vom 8. Juli 1867 (Reichs-Gesetzbl. S. 109), sind aufgehoben. [24])

21) Hierzu: Holzlager-Zollordnung, erlassen vom Bundesrat zufolge Bekanntm. des Reichskanzl. vom 23. Januar 1906 (Zentr.-Bl. f. d. D. R. S. 31, 103).

22) Hierzu: Ölmühlen-Zollordnung, erlassen vom Bundesrat zufolge Bekanntm. des Reichskanzl. vom 17. Februar 1906 (Zentr.-Bl. f. d. D. R. S. 241, 372).

23) Vgl. hierzu Zoll-Stundungsordnung, erlassen vom Bundesrat zufolge Bekanntm. des Reichskanzl. vom 23. Januar 1906 (Zentr.-Bl. f. d. D. R. S. 128).

24) In der Fassung des Gesetzes vom 11. Dezember 1909 und vom 27. März 1911 (Reichsgesetzbl. S. 47). Vgl. Anm. 1. Ziff. 1.

§ 14. Zuwiderhandlungen gegen die Bestimmungen dieses Gesetzes oder gegen die zu seiner Ausführung erlassenen und öffentlich bekannt gemachten Vorschriften werden, sofern nicht nach § 11 Ziffer 4 Abs. 1 dieses Gesetzes oder nach den §§ 135 ff. des Vereinszollgesetzes eine höhere Strafe verwirkt ist, mit einer Ordnungsstrafe bis zu einhundertfünfzig Mark geahndet. [25])

§ 15. Der auf den Kopf der Bevölkerung des Deutschen Reichs entfallende Nettozollertrag der nach den Tarifstellen 1, 2, 102, 103, 105, 107, 107a und 160 des Zolltarifs (§ 1) zu verzollenden Waaren, welcher den nach dem Durchschnitte der Rechnungsjahre 1898 bis 1903 auf den Kopf der Bevölkerung entfallenden Nettozollertrag derselben Waaren übersteigt, ist zur Erleichterung der Durchführung einer Wittwen- und Waisenversorgung zu verwenden.

Ueber diese Versicherung ist durch ein besonderes Gesetz Bestimmung zu treffen. Bis zum Inkrafttreten dieses Gesetzes sind diese Mehrerträge für Rechnung des Reichs anzusammeln und verzinslich anzulegen.

Tritt dieses Gesetz bis zum 1. Januar 1900 nicht in Kraft, so sind von da ab die Zinsen der angesammelten Mehrerträge sowie die eingehenden Mehrerträge selbst den einzelnen Invaliden-Versicherungsanstalten nach Maßgabe der von ihnen im vorhergehenden Jahre aufgebrachten Versicherungsbeiträge zum Zwecke der Wittwen- und Waisenversorgung der bei ihnen Versicherten zu überweisen.

Die Unterstützung erfolgt auf Grund eines vom Reichs-Versicherungsamte zu genehmigenden Statuts.

§ 16. Der Zeitpunkt, mit welchem dieses Gesetz in Kraft tritt, wird durch Kaiserliche Verordnung mit Zustimmung des Bundesraths bestimmt. [26])

Mit demselben Zeitpunkte treten

das durch die Bekanntmachung vom 24. Mai 1885 (Reichs-Gesetzbl. S. 111) veröffentlichte Zolltarifgesetz nebst zugehörigem Zolltarife,

ferner die Gesetze

vom 18. April 1886 (Reichs-Gesetzbl. S. 123),
vom 21. Dezember 1887 (Reichs-Gesetzbl. S. 533),
vom 14. April 1894 (Reichs-Gesetzbl. S. 335),
vom 18. Mai 1895 (Reichs-Gesetzbl. S. 233),
vom 6. März 1899 (Reichs-Gesetzbl. S. 133),
vom 14. Juni 1900 (Reichs-Gesetzbl. S. 298),

betreffend die Abänderung des Zolltarifgesetzes und des Zolltarifs,

und § 80 des durch die Bekanntmachung vom 27. Mai 1896 (Reichs-Gesetzbl. S. 117) veröffentlichten Zuckersteuergesetzes

mit der Maßgabe außer Kraft, daß die bisherigen Vorschriften über die Ueberweisung eines Theiles des Ertrags der Zölle und der Tabaksteuer an die Bundesstaaten (§ 8 des durch die Bekanntmachung vom 24. Mai 1885 veröffentlichten Zolltarifgesetzes), abgesehen von der sich nach § 15 dieses Gesetzes ergebenden Aenderung, so lange in Wirksamkeit bleiben, bis darüber durch besonderes Gesetz anderweit bestimmt wird.

---

25) Zu vgl. auch Gesetz, betreffend das Verwaltungsstrafverfahren in Zoll- und Steuersachen vom 24. Juli 1907 (Gesetzbl. f. Elf.-Lothr. S. 80).

26) Zeitpunkt des Inkrafttretens zufolge der Kaiserlichen Verordnung, betreffend die Inkraftsetzung des Zolltarifgesetzes vom 25. Dezember 1902, vom 27. Februar 1905 (Reichsgesetzbl. S. 155) auf den 1. März 1906 festgesetzt.

Zolltarif.*)

Nr.		Zollsatz für 1 Doppelzentner Mark
	Erster Abschnitt.	
	Erzeugnisse der Land- und Forstwirthschaft und andere thierische und pflanzliche Naturerzeugnisse; Nahrungs- und Genußmittel.	
	A. Erzeugnisse des Acker-, Garten- und Wiesenbaues.	
	Getreide und Reis.	
1	Roggen	7
2	Weizen und Spelz	7,50
3	Gerste [27])	7
4	Hafer	7
5	Buchweizen	5
6	Hirse (Panicum, italienische Hirse)	1,50
7	Mais und Dari	5
8	Andere nicht besonders genannte Getreidearten	1,50
	Anmerkung zu Nr. 1 bis 8. Für Getreide in Garben, wie es auf dem Felde unmittelbar gewonnen wird, ist die Hälfte des Zolles für Körnergetreide zu entrichten.	
		für 1 Doppelzentner Rohgewicht
9	Malz, mit Ausnahme des gebrannten und gemahlenen:	
	aus Gerste	10,25
	aus anderem Getreide	11
		für 1 Doppelzentner
10	Reis, unpolirt	4
	Hülsenfreüchte, trockene (reife).	
11	Speisebohnen, Erbsen, Linsen	4
12	Futter- (Pferde- u. s. w.) Bohnen, Lupinen, Wicken	2,50
	Anmerkung zu Nr. 11 und 12. Für Hülsenfrüchte im Stroh ist die Hälfte des Zolles der betreffenden Arten zu entrichten.	
	Oelfrüchte und Sämereien.	
13	Raps und Rübsen, Dotter, Oelrettigsaat, Senf, Hederichsaat	5
14	Mohn, auch reife Mohnköpfe, Sonnenblumensamen, Madiasamen, Erdmandeln, Erdnüsse, Sesam, Behennüsse, Bucheckern, Kapoksamen, Lorbeeren, Nigersamen	2
15	Leinsaat, Hanfsaat	0,75
16	Baumwollsamen, Elipenüsse, Sheanüsse, Butterbohnen, Stillingiasamen, Palmkerne (auch zerkleinert), Kapra, Ricinussamen	frei
17	Andere nicht besonders genannte Oelsämereien und Oelfrüchte	2
18	Rothkleesaat, Weißkleesaat und andere Kleesaaten	5
19	Grassaat aller Art	2

*) Der nachstehend abgedruckte Zolltarif entspricht den im § 1 Abs. 1 des Zolltarifgesetzes angezogenen endgültigen Beschlüssen der XVI. Kommission des Reichstags über den Zolltarif mit der Maßgabe, daß die in dieser Gesetzesstelle bezeichneten Änderungen von Zollsätzen in den Tarif eingetragen sind. Den fortlaufenden Nummern sind, soweit sie abweichen, die in den Beschlüssen der Kommission aufgeführten Nummern, auf welche sich auch die Anführungen in den §§ 1 und 15 des Gesetzes beziehen, in Klammern beigefügt.

27) Vgl. § 1 Abs. 2. Für Malzgerste und für andere Gerste sind verschiedene hohe Zollsätze vertraglich festgesetzt. Zu vgl. hierzu Gerstenzollordnung, erlassen vom Bundesrat zufolge Bekanntm. d. Reichskanzlers, vom 10. August 1909 (s. u.); zu vgl. auch Gesetz, betreffend die zollwidrige Verwendung von Gerste, vom 3. August 1909, s. u.

		Zollsatz für 1 Doppelzentner Mark
20	Runkelrübensamen, Zuckerrübensamen	1
21	Andere Feldrübensamen, Möhrensamen, Cichoriensamen; Gemüsesamen, Dillsaat, Blumensamen, Tabaksamen, sowie sonstige anderweit nicht genannte Sämereien für den Landbau	frei
22	Anis, Fenchel, Koriander, Kümmel und andere Sämereien zum Genusse, frisch oder getrocknet	4
	Anmerkung. Sämereien zur Gewinnung flüchtiger (ätherischer) Oele können auf Erlaubnißschein unter Ueberwachung zollfrei abgelassen werden.	
	Knollen- und Wurzelgewächse.	
23	Kartoffeln, frisch:	
	in der Zeit vom 15. Februar bis 31. Juli	2,50
	in der Zeit vom 1. August bis 14. Februar	frei
24	Futterrüben, Möhren, Wasserrüben und sonstige Feldrüben:	
	frisch	frei
	getrocknet (gedarrt), mit Ausnahme der als Küchengewächse dienenden	1
25	Zuckerrüben, auch zerkleinert:	
	frisch	frei
	getrocknet (gedarrt)	1
26	Cichorien (Cichorienwurzeln), auch zerkleinert:	
	frisch	frei
	getrocknet (gedarrt)	2
	Grün- und Rauhfutter.	
27	Grünfutter; Heu, auch getrockneter Klee, und anderweit nicht genannte getrocknete Futtergewächse; Stroh und Spreu (Kaff), auch Schäben; Häckerling (Häcksel)	1
	Handels- und Gewerbspflanzen, anderweit nicht genannt.	
28	Baumwolle, roh, auch gereinigt; Flachs, Hanf, Ramie (Chinagras, Rhea), Jute, Manilahanf, neuseeländischer Hanf, Agavefasern, Ananasfasern, Kokosfasern, Pflanzendaunen, Torfwolle, Waldwolle und alle übrigen pflanzlichen Spinnstoffe, roh, gereinigt, geröstet, gebrochen, geschwungen, entleimt	frei
29	Tabakblätter, unbearbeitet oder nur gegohren (fermentirt) oder über Rauch getrocknet, auch in Büscheln, Bündeln oder Puppen	85 für 1 Doppelzentner Rohgewicht
30	Hopfen	70
31	Hopfenmehl (Lupulin)	100
32	Farbpflanzen und Theile von solchen, auch gesalzen, getrocknet, gedarrt, gebrannt, gemahlen oder sonst zerkleinert	frei
	Küchengewächse (Gemüse und eßbare Kräuter, Pilze, Wurzeln und dergleichen).	
33	Küchengewächse, frisch:	
	Rothkohl, Weißkohl, Wirsingkohl	2,50
	Artischocken, Melonen, Pilze, Rhabarber, Spargel, Tomaten	20
	andere	4
34	Paraguaythee, Lorbeerblätter, Salbeiblätter, Waldmeister und sonstige zum Würzen von Nahrungs- und Genußmitteln dienende Blätter und Kräuter, getrocknet	4
35	Champignons, in Salzlake eingelegt oder sonst einfach zubereitet	50

Nr.		Zollsatz für 1 Doppelzentner Mark
36	Artischocken, Melonen, Pilze, Rhabarber, Spargel, Tomaten, zerkleinert, geschält, gepreßt, getrocknet, gedarrt, gebacken oder sonst einfach zubereitet	40
37 [36a]	Küchengewächse, einschließlich der als solche dienenden Feldrüben, zerkleinert, geschält, gepreßt, getrocknet, gedarrt, gebacken oder sonst einfach zubereitet, soweit sie nicht unter Nr. 34 bis 36 fallen; unreife Speisebohnen und unreife Erbsen, getrocknet; Speisebohnen und Erbsen (reife und unreife), gebacken oder sonst einfach zubereitet; Kartoffeln, zerkleinert (ausgenommen Graupen und Gries aus solchen), gedarrt, gebacken oder sonst einfach zubereitet; auch Sämereien zum Genusse, gepulvert, gebacken oder sonst einfach zubereitet	10
	Lebende Pflanzen, Erzeugnisse der Ziergärtnerei.	
38 [37]	Bäume, Reben, Stauden, Sträucher, Schößlinge zum Verpflanzen, und sonstige lebende Gewächse, ohne oder mit Erdballen, auch in Töpfen oder Kübeln; Pfropfreiser:	
	Pflanzen in Töpfen	30
	Pflanzen ohne Erdballen	20
	Rosen	40
	Cycasstämme ohne Wurzeln und Wedel	frei
	andere	15
39 [38]	Orchideenbulben, nicht eingewurzelt	frei
40 [39]	Blumen-Zwiebeln, -Knollen und -Bulben, vorstehend nicht genannt	frei
41 [40]	Blumen, Blüthen, Blüthenblätter und -Knospen, zu Binde- oder Zierzwecken, frisch	frei
42 [41]	Blätter, Gräser, Zweige (auch solche mit Früchten), zu Binde- oder Zierzwecken, frisch	frei
43 [42]	Cycaswedel, frisch oder getrocknet	250
44 [43]	Blumen, Blätter (auch Palmwedel und zu Fächern zugeschnittene Palmblätter), Blüthen, Blüthenblätter, Gräser, Seemoos, Knospen, Zweige (auch solche mit Früchten), zu Binde- oder Zierzwecken, getrocknet, getränkt (imprägnirt) oder sonst zur Erhöhung der Dauerhaftigkeit zubereitet, auch gefärbt	frei
	Obst.	
45 [44]	Weintrauben (Weinbeeren):	
	frisch	20
	gemostet, gegohren; Weinmaische	24
	Anmerkung. Als Weinmaische sind alle eingestampften oder eingeraspelten Weintrauben und Weinbeeren anzusehen und zu verzollen, auch wenn eine Gährung noch nicht oder nur theilweise eingetreten ist.	
46 [45]	Nüsse, unreife (grüne) und reife, auch ausgeschält, gemahlen oder sonst zerkleinert oder einfach zubereitet	4
	(47/9 [46/8]) Anderes Obst:	
47 [46]	frisch:	
	Aepfel, Birnen, Quitten:	
	unverpackt	
	vom 25. September bis 25. November	frei
	vom 26. November bis 24. September	2,50
	verpackt	10
	Aprikosen, Pfirsiche	8
	Pflaumen aller Art, Kirschen, Weichseln, Mispeln	6

		Zollsatz für 1 Doppelzentner Mark
	Hagebutten und Schlehen sowie anderes vorstehend nicht genanntes Stein- und Kernobst	frei
	Erdbeeren	20
	Himbeeren, Johannisbeeren, Stachelbeeren, Brombeeren, Heidelbeeren, Hollunderbeeren, Preißelbeeren, Wachholderbeeren und sonstige Beeren zum Genusse	5
48 [47]	getrocknet, gedarrt (auch zerschnitten und geschält):	
	Aepfel und Birnen einschließlich verwerthbarer Abfälle	10
	Aprikosen, Pfirsiche	10
	Pflaumen aller Art:	
	unverpackt oder nur in Fässern oder Säcken bei mindestens 80 Kilogramm Rohgewicht	10
	in anderer Verpackung	15
	anderes getrocknetes oder gedarrtes Obst	8
49 [48]	gemahlen, zerquetscht, gepulvert oder in sonstiger Weise zerkleinert, auch eingesalzen, ohne Zucker eingekocht (Mus) oder sonst einfach zubereitet; gegohren	5
	Südfrüchte, auch Südfruchtschalen.	
50 [49]	Bananen, frisch, getrocknet oder einfach zubereitet	frei
51 [50]	Apfelsinen, Citronen, Cedratfrüchte, Pomeranzen, Granaten, Datteln, Feigen, auch Kaktusfeigen, Mandeln, Mangopflaumen, Pistazien und anderweit nicht genannte Südfrüchte, frisch	12
52 [51]	Feigen, getrocknet; Korinthen; Rosinen (mit Ausnahme der unter Nr. 53 [52] fallenden)	24
53 [52]	Datteln, getrocknet; Traubenrosinen	24
54 [53]	Mandeln, Pomeranzen (mit Ausnahme der in der Nr. 57 [56] genannten), Granaten, Pistazien, Mahwablüthen (Malvenfrüchte) und anderweit nicht genannte Südfrüchte, getrocknet	30
55 [54]	Ananas, frisch, auch geschält oder ohne Zucker eingekocht; Johannisbrot (Karobben, Karuben), auch gemahlen; Kastanien, genießbare (Maronen), auch ausgeschält, gemahlen oder sonst zerkleinert; Pinienkerne (Piniolen), reife (trockene); Pinienkerne, reife und unreife, ausgeschält, gemahlen oder sonst zerkleinert	4
56 [55]	Mit Meer- oder Salzwasser übergossene zerschnittene oder geschälte Citronen	30
57 [56]	Pomeranzen, unreife (grün oder gelb, geschält oder ungeschält), auch in Salzwasser eingelegt; getrocknete bis Kirschgröße; Kokosnüsse	4
58 [57]	Südfruchtschalen (die fleischigen Schalen der Früchte der Citrusarten), frisch (auch in Salzwasser eingelegt), getrocknet, gemahlen; Cedratfrüchte, zerschnitten und mit Meer- oder Salzwasser übergossen . . .	4
	Frucht- und Pflanzensäfte.	
59 [58]	Säfte von Früchten (mit Ausnahme der Weintrauben) und von Pflanzen zum Genusse, nicht äther- oder weingeisthaltig, uneingekocht oder ohne Zuckerzusatz eingekocht, auch entkeimt (sterilisirt):	
	Citronen-, Pomeranzen- und anderer Südfruchtsaft	1
	Säfte von Obst, ungegohren	6
	Birkenwasser, ungegohren, und andere vorstehend oder anderweit nicht genannte Säfte zum Genusse	frei

		Zollsatz für 1 Doppelzentner Mark
60 [59]	Säfte von Früchten und von Pflanzen zum Gewerbe- oder Heilgebrauch, anderweit nicht genannt, nicht äther- oder weingeisthaltig, auch eingedickt	frei
	Kolonialwaaren und Ersatzstoffe für solche.	
61 [60]	Kaffee, auch Kaffeeschalen (Kirschschalen und Pergamenthülsen):	
	roh	60 [28])
	gebrannt oder geröstet, auch gemahlen	85 [28])
62 [61]	Kaffeeersatzstoffe:	
	Cichorien (Cichorienwurzeln) und andere als Kaffeeersatzstoffe geeignete Wurzeln und Wurzeltheile, gebrannt (geröstet), auch gemahlen, ohne Zusatz von anderen Stoffen	10
	gebranntes und geröstetes Malz, auch gemahlen; andere Kaffeeersatzstoffe	40
63 [62]	Kakao:	
	roh in Bohnen, auch Bruch	20
	gebrannt oder geröstet, ungeschält	35
64 [63]	Kakaoschalen, roh, auch gebrannt	12
65 [64]	Thee	100 [28])
	Anmerkung. Thee zur Gewinnung von Thein, amtlich ungenießbar gemacht (denaturiert), kann auf Erlaubnißschein unter Ueberwachung zollfrei abgelassen werden.	
66 [65]	Paprika (spanischer Pfeffer), frisch (grün) oder getrocknet, auch gemahlen, gepulvert oder in Salzwasser eingelegt	10
67 [66]	Gewürze, anderweit nicht genannt, z. B. Galgant, Gewürznelken, Guineakörner, Ingwer, Kardamomen, Muskathblüthen, Muskatnüsse, Mutternelken, Nelkenrinde, Nelkenpfeffer (Piment), Nelkenstengel, schwarzer, weißer und langer Pfeffer, Saffran, Sternanis (Badian), Vanille, Zimmt, echter (Kaneel) und anderer (Zimmtblüthe), Zimmtblüthenstengel, Zimmtkassia, weißer Zimmt, Zimmtwurzel und dergleichen), auch geschält, entölt, gemahlen, gepulvert oder in Salzwasser eingelegt	50
	Anmerkung zu Nr. 66 [65] und 67 [66]. Gewürze zur Gewinnung flüchtiger (ätherischer) Oele, sowie Muskatnüsse und deren Samenmäntel zur Gewinnung von Muskatbutter (Muskatbalsam) können auf Erlaubnißschein unter Ueberwachung zollfrei abgelassen werden.	
	Sonstige pflanzliche Erzeugnisse zum Gewerbe- oder Heilgebrauche.	
68 [67]	Lufa, auch gebleicht; irländisches Moos, Seetang und andere Algen (Meeralgen); Seegras, Pflanzenhaar, auch getrocknet, gefärbt oder zu Strängen zusammengedreht; Bast, auch gefärbt; Binsen, auch gefärbt, gespalten oder geschnitten; Stroh, gefärbt oder gespalten; Palmblätter, getrocknet, auch gefärbt (ausgenommen solche zu Binde- oder Zierzwecken); Piassava-Fasern und -Stengel; Wurzelfasern, abgeschält; Reiswurzeln; Espartogras, sowie alle übrigen Pflanzenstoffe zur Herstellung von Bürsten, Flechtarbeiten u. s. w., anderweit nicht genannt oder inbegriffen, auch zu Strängen zusammengedreht	frei
69 [68]	Stuhlrohr (spanisches Rohr) und anderes edleres Rohr (z. B. Bambus-, Rebhühner-, Zucker-Rohr), roh, ungespalten	frei

28) Abgeändert durch das Gesetz, betreffend Änderungen im Finanzwesen vom 15. Juli 1909, Art. II. Vgl. Anm. 1 Ziff. 6.

		Zollsatz für 1 Doppelzentner Mark
70 [69]	Nüsse und Schalen, nur als Schnitzstoff verwendbar, sowie anderweit nicht genannte oder inbegriffene pflanzliche Schnitzstoffe, roh; Samenkörner, durchbohrt, auch lediglich zum Zwecke der Verpackung und Versendung auf Gespinnstfäden gereiht	frei
71 [70]	Beeren, Blätter, Blüthen, Blüthenblätter, Blumen, Knospen, Kräuter, Nüsse, Rinden, Sämereien, Schalen, Wurzeln und sonstige Pflanzen und Pflanzentheile, anderweit nicht genannt, zum Gewerbegebrauch, auch eingesalzen, getrocknet, gedarrt, gebrannt, geschält, gemahlen oder sonst zerkleinert; Obstkerne, anderweit nicht genannt, ungeschält oder geschält; Baumschwämme, roh oder blos geklopft und vom Holze gereinigt; Weberkarden (Weberdisteln); Wermuth (Absynthkraut), auch getrocknet oder gemahlen	frei
72 [71]	Chinarinde, auch gemahlen oder sonst zerkleinert, Feldkümmelkraut; isländisches Moos und andere Flechten (Lichenen), roh, auch gemahlen; Tamarinden und Tamarindenmark, Rohrkassia; Beeren, Blätter, Blüthen, Blüthenblätter, Blumen, Knospen, Kräuter, Nüsse, Rinden, Schalen, Sämereien, Wurzeln und sonstige Pflanzen und Pflanzentheile, anderweit nicht genannt, zum Heilgebrauch, auch eingesalzen, getrocknet, gedarrt, gebrannt, geschält, gemahlen oder sonst zerkleinert; Holz zum Heilgebrauch, auch zerkleinert; ferner getrocknete und gepulverte Insektenpulverblumen	frei
73 [72]	Pflanzenwachs (aus Palmen, Palmblättern oder dergleichen) in natürlichem Zustande	10
	B. Erzeugnisse der Forstwirthschaft.	
	(74/6 [73/5]) Bau- und Nutzholz, nachstehend nicht besonders genannt:	
74 [73]	unbearbeitet oder lediglich in der Querrichtung mit der Axt oder Säge bearbeitet, mit oder ohne Rinde:	
	hart	0,30 oder für 1 Festmeter 1,80
	weich	für 1 Doppelzentner 0,20 oder für 1 Festmeter 1,20
	Anmerkung. Unbearbeitetes oder lediglich in der Querrichtung mit der Axt oder Säge bearbeitetes Bau- und Nutzholz für den häuslichen oder handwerksmäßigen Bedarf von Bewohnern des Grenzbezirkes, sofern es in Traglasten eingeht oder mit Zugthieren gefahren wird, bleibt, unter Ueberwachung der Verwendung und mit Beschränkung auf 10 Festmeter in einem Kalenderjahre für jeden Bezugsberechtigten, zollfrei.	
75 [74]	in der Längsrichtung beschlagen oder anderweit mit der Axt vorgearbeitet oder zerkleinert; auch gerissene Späne und in anderer Weise als durch Reißen hergestellte Klärspäne:	
	hart	für 1 Doppelzentner 0,60 oder für 1 Festmeter 4
	weich	für 1 Doppelzentner 0,50 oder für 1 Festmeter 3

		Zollsatz für 1 Doppelzentner Mark
76 [75]	in der Längsrichtung gesägt oder in anderer Weise vorgerichtet, nicht gehobelt:	
	hart	1,25 oder für 1 Festmeter 10
	weich	für 1 Doppelzentner 1,25 oder für 1 Festmeter 7,50
	Anmerkungen zu Nr. 74 [73] bis 76 [75]. 1. Gedämpftes, getränktes (imprägnirtes) oder sonst auf chemischem Wege behandeltes Bau- und Nutzholz unterliegt einem Zollzuschlage, welcher beträgt: im Falle der Verzollung nach Raummaß für 1 Festmeter 2,40 Mark, im Falle der Verzollung nach Gewicht für 1 Doppelzentner: hartes Holz . . . . 0,30 Mark, weiches Holz . . . . 0,40 Mark. 2. Flöße (Holzflöße) unterliegen der Verzollung als Holz.	
77 [76]	Erikaholz (Bruyereholz) und Cocusholz, unbearbeitet oder in geschnittenen Stücken	frei
78 [77]	Cedernholz (auch Bleistiftholz):	
	unbearbeitet oder lediglich mit der Axt oder Säge bearbeitet, jedoch nicht in der Längsrichtung gesägt oder in anderer Weise vorgerichtet	für 1 Doppelzentner 0,10 oder für 1 Festmeter 0,60
	in der Längsrichtung gesägt oder in anderer Weise vorgerichtet, nicht gehobelt	für 1 Doppelzentner 0,25
	Anmerkung. Cedernholzbrettchen, die an einer oder zwei Schmalseiten geglättet sind, werden nicht als gehobelt behandelt.	
79 [78]	Nutzholz von Buchsbaum, Ebenholz, Mahagoni, Polisander, Teakholz, Pockholz:	
	unbearbeitet oder lediglich in der Querrichtung mit der Axt oder Säge bearbeitet	0,30 oder für 1 Festmeter 1,80
	in der Längsrichtung beschlagen oder anderweit mit der Axt vorgearbeitet oder zerkleinert	0,80 oder für 1 Festmeter 4
	in der Längsrichtung gesägt oder in anderer Weise vorgerichtet, nicht gehobelt	für 1 Doppelzentner 1,25 oder für 1 Festmeter 10
80 [79]	Eisenbahnschwellen, mit der Axt bearbeitet, auch auf nicht mehr als einer Längsseite gesägt, nicht gehobelt:	
	aus hartem Holze	für 1 Doppelzentner 0,40 oder für 1 Festmeter 3,20

		Zollsatz für 1 Doppelzentner Mark
	aus weichem Holze	für 1 Doppelzentner 0,40 oder für 1 Festmeter 2,40
	Anmerkung. Gedämpfte, getränkte (imprägnirte) oder sonst auf chemischem Wege behandelte Eisenbahnschwellen unterliegen einem Zollzuschlage, welcher beträgt: im Falle der Verzollung nach Raummaß für 1 Festmeter . . . 2,40 Mark im Falle der Verzollung nach Gewicht für 1 Doppelzentner: hartes Holz . . . . 0,30 Mark, weiches Holz . . . . 0,40 Mark.	
81 [80]	Holzpflasterklötze . . . . Anmerkung. Gedämpfte, getränkte (imprägnirte) oder sonst auf chemischem Wege behandelte Holzpflasterklötze unterliegen einem Zollzuschlage von 0,40 Mark für 1 Doppelzentner.	für 1 Doppelzentner 1,25
82 [81]	Naben, Felgen, Speichen, sowie für diese Gegenstände erkennbar vorgearbeitete Hölzer	1 oder für 1 Festmeter 8
83 [82]	Faßholz (Faßdauben und Faßbodentheile), auch zu solchem erkennbar vorgearbeitetes Holz (Stabholz), ungefärbt, nicht gehobelt:	
	von Eichenholz	für 1 Doppelzentner 0,30 oder für 1 Festmeter 2,40
	von anderem harten Holze	0,40 oder für 1 Festmeter 3,20
	von weichem Holze	für 1 Doppelzentner 0,40 oder für 1 Festmeter 2,40
	Anmerkung. Die bloße Behandlung mit dem Reifmesser oder eine Glättung der Schmalseiten durch Hobelung bleibt auf die Verzollung des Faßholzes ohne Einfluß.	
84 [83]	Korbweiden, auch gespalten:	für 1 Doppelzentner
	ungeschält; auch Faschinen	0,55
	geschält	4
85 [84]	Reifenstäbe (gespalten für Faß- und ähnliche Reifen), auch rund gebogen:	
	ungeschälte, nicht gehobelt	0,55
	geschälte, nicht gehobelt; ungeschälte und geschälte, gehobelt oder mit den zur unmittelbaren Verwendung als Reifen erforderlichen Einschnitten, dem sogenannten Schloß, versehen	4
	Anmerkung zu Nr. 84 [83] und 85 [84]. Eine Glättung der Spaltfläche, die mit der Herstellungsweise der gespaltenen Korbweiden und der Reifenstäbe mittelst des Zugmessers oder dergleichen im Zusammenhange steht, gilt nicht als Behobelung.	
86 [85]	Holz zur Herstellung von mechanisch bereitetem Holzstoffe (Holzmasse, Holzschliff) oder von chemisch bereitetem Holzstoffe (Zellstoff, Cellulose), nicht über 1,20 Meter lang und nicht über 24 Centimeter am schwächeren Ende stark, unter Ueberwachung der Verwendung	frei

		Zollsatz für 1 Doppelzentner Mark
87 [86]	Brennholz (Schichtholz [Klafterholz], Stockholz, Reisig [auch in Bündeln], Späne [Abfallspäne] und andere nur als Brennholz verwerthbare Holzabfälle, Wurzeln); Zapfen von Nadelhölzern; ausgelaugtes Gerbholz und ausgelaugte Gerbrinden (Gerblohe), auch geformt (Lohkuchen) . .	frei
88 [87]	Holzkohlen, auch gepulvert; Holzkohlenbriketts	frei
89 [88]	Holzmehl und Holzwolle, auch für Heilzwecke zubereitet	0,40
90 [89]	Korkholz (Rinde der Korkeiche), unbearbeitet, auch in lediglich auseinandergeschnittenen Platten oder Stücken; auch Zierkorkholz	frei
91 [90]	Farbhölzer in Blöcken, auch gemahlen, geraspelt oder in anderer Weise zerkleinert; angegohren (fermentirt)	frei
92 [91]	Gerbrinden, auch gemahlen	1,50
93 [92]	Quebrachoholz und anderes Gerbholz in Blöcken, auch gemahlen, geraspelt oder in anderer Weise zerkleinert	7
94 [93]	Algarobilla, Bablah, Dividivi, Eckerdoppern, Galläpfel, Knoppern, Myrobalanen, Sumach, Valonea sowie sonstige anderweit nicht genannte Gerbstoffe, auch gemahlen; Katechu, braunes und gelbes (Gambir), roh oder gereinigt; Kino	3
95 [94]	Eicheln, frisch oder gedarrt, auch geschält; wilde Kastanien und sonstige Forstsämereien (mit Ausnahme der Bucheckern)	frei
96 [95]	Seggen (Waldhaar), auch getrocknet, gefärbt oder zu Strängen zusammengedreht; Schilfrohr, roh, ungespalten; Torfstreu; Laub, Baumnadeln, Moos und sonstige Streu aller Art	frei
97 [96]	Terpentin- und andere Hartharze, Weichharze (natürliche Balsame, auch Storax, flüssig oder fest) und Gummiharze (Schleimharze), roh oder gereinigt; Gummilack, Schellack, Akaziengummi (arabisches Gummi), Acajougummi, Kirschgummi, Traganthgummi Kuteragummi, Bassoragummi; auch wässrige Auflösungen von Akaziengummi oder von Kirschgummi	frei
98 [97]	Kautschuk, Guttapercha und Balata, roh oder gereinigt; Oelkautschuk und andere Kautschukersatzstoffe	frei
99 [98]	Kampher, roh oder gereinigt; Manna (Mannazucker)	frei
	C. Thiere und thierische Erzeugnisse.	
	Vieh, lebend.[29])	
100 [99]	Pferde:	für 1 Stück
	im Werthe bis 1 000 Mark das Stück	90
	im Werthe von mehr als 1 000 bis 2 500 Mark das Stück . . .	180
	im Werthe von mehr als 2 500 Mark das Stück	360
	Anmerkung. Nach näherer Bestimmung des Bundesraths dürfen Pferde, welche zu Zuchtzwecken vom Staate oder mit staatlicher Genehmigung eingeführt werden, im Alter bis zu 2 Jahren zum Zollsatze von 10 Mark, im Alter von mehr als 2 Jahren zum Zollsatze von 20 Mark für 1 Stück abgelassen werden. Pferde im Werthe bis 300 Mark das Stück und mit weniger als 1,40 Meter Stockmaß werden zum Zollsatze von 30 Mark für 1 Stück abgelassen.	
101 [100]	Maulesel, Maulthiere	für 1 Stück 30
	Anmerkung zu Nr. 100 [99] bis 101 [100]. Saugfohlen, welche der Mutter folgen, bleiben zollfrei.	

29) Zu vgl. Bekanntmachung des Ministeriums, betreffend die Handhabung der Bestimmungen des Zolltarifs über die Verzollung von Vieh vom 27. April 1907 (Zentr.- u. Bez.A.Bl. S. 93). Geändert durch die Bekanntmachung vom 24. Februar 1910 (Zentr.- u. Bez.A.Bl. S. 65).

		Zollsatz für 1 Doppelzentner Mark
102 [101]	Esel	frei
103 [102]	Rindvieh Anmerkungen: 1. Nach näherer Bestimmung des Bundesraths dürfen Bullen von Höhenvieh, welche zu Zuchtzwecken vom Staate oder mit staatlicher Genehmigung eingeführt werden, zum Zollsatze von 9 Mark für 1 Stück abgelassen werden. 2. Für Bewohner des Grenzbezirkes dürfen nach näherer Bestimmung des Bundesraths Zugochsen im Alter von $2^1/_2$ bis 5 Jahren zum Zollsatze von 30 Mark für 1 Stück eingelassen werden, sofern sie zum eigenen Wirthschaftsbetriebe nachweislich notwendig sind.	für 1 Doppelzentner Lebendgewicht 18
104 [103]	Schafe	für 1 Doppelzentner Lebendgewicht 18
105 [104]	Ziegen	frei
106 [105]	Schweine	für 1 Doppelzentner Lebendgewicht 18
107 [106]	Federvieh: Gänse	für 1 Stück 0,70 oder für 1 Doppelzentner 24
	Hühner aller Art und sonstiges Federvieh	6
	Fleisch und Zubereitungen von Fleisch.	
108 [107]	Fleisch, ausschließlich des Schweinespecks, und genießbare Eingeweide von Vieh (ausgenommen Federvieh):[30]	
	frisch, auch gefroren	45
	einfach zubereitet	60
	zum feineren Tafelgenusse zubereitet Anmerkungen: 1. Nicht lebendes Vieh, zum Genusse verwendbar, unterliegt der Verzollung als frisches Fleisch von Vieh. 2. Frisches und einfach zubereitetes knochenfreies Fleisch (auch Zungen, jedoch nicht genießbare Eingeweide) sowie gepökelte oder geräucherte Schweineschinken (Vorder- und Hinterschinken) unterliegen einem Zollzuschlage von 20 vom Hundert.	120
109 [107a]	Schweinespeck Anmerkung zu Nr. 108 [107] und 109 [107a]. Der Bundesrath ist befugt, für bestimmte Grenzstrecken im Falle eines örtlichen Bedürfnisses die zollfreie Einfuhr einzelner Stücke von frischem oder einfach zubereitetem Fleische oder von Schweinespeck in Mengen von nicht mehr als 2 Kilogramm, nicht mit der Post eingehend, für Bewohner des Grenzbezirkes nachzulassen.[31])	36

30) Vgl. hierzu Gesetz, betreffend vorübergehende Zollerleichterung bei der Fleischeinfuhr, vom 13. Februar 1913 (Reichsgesetzbl. S. 101). Hierdurch ist für Fleisch nach Tarif-Nr. 108, das durch Vermittlung von Gemeinden eingeführt worden ist, in der Zeit vom 1. Oktober 1912 bis zum 31. März 1913 der Zollsatz von 35 ℳ oder 27 ℳ (Vertragszollsätze) auf 18 ℳ ermäßigt worden.

31) Zu vgl. hierzu:

1. Bekanntm. d. Reichskanzl., betreffend Bewilligung von Zollbegünstigungen hinsichtlich Fleisch, Speck, Müllereierzeugnisse und Backwerk (Zentr.-Bl. f. d. D. R. S. 441), sowie els.-lothr. Grenzstrecke unter Ziffer 8 f. u. Hierzu später mehrere Ergänzungen.
2. Bekanntm. des Ministeriums, betreffend die Neuregelung der zollfreien Einfuhr von Fleisch pp. für Bewohner des Grenzbezirks in Els.-Lothringen, v. 5. März 1906 (Zentr.- u. Bez.A.Bl. S. 32).

		Zollsatz für 1 Doppelzentner Mark
110 [108]	Federvieh:	
	geschlachtet, auch zerlegt, nicht zubereitet	30
	gespickt oder sonst einfach zubereitet	35
	zum feineren Tafelgenusse zubereitet	75
	Anmerkung. Nicht lebendes Federvieh, zum Genusse verwendbar, unterliegt der Verzollung als nicht zubereitetes geschlachtetes Federvieh.	
111 [109]	Haarwild:	
	nicht lebend, auch zerlegt, nicht zubereitet	30
	gespickt oder sonst einfach zubereitet	35
	zum feineren Tafelgenusse zubereitet	75
112 [110]	Federwild:	
	nicht lebend, auch zerlegt, nicht zubereitet	45
	gespickt oder sonst einfach zubereitet	60
	zum feineren Tafelgenusse zubereitet	75
	Anmerkung zu Nr. 110 [108] bis 112 [110]. Genießbare Eingeweide von Federvieh und Wild unterliegen den für Fleisch von Federvieh und Wild festgesetzten Zollsätzen.	
113 [111]	Fleischextrakt und Fleischbrühtafeln; Suppentafeln; flüssige und eingedickte Fleischbrühe; Fleischpepton	30
114 [112]	Würste aus Fleisch von Vieh, Federvieh oder Wild	70
	Fische, auch eingesalzener Fischrogen.	
115 [113]	Fische, lebende und nicht lebende, frisch, auch gefroren:	
	Karpfen	15
	andere	frei
116 [114]	Gesalzene Heringe, unzertheilt:	Für 1 Faß (Tonne)
	in ganzen, halben, Viertel- oder Achtel-Tonnen	3
		für 1 Doppelzentner
	in anderer Verpackung; auch gesalzene Heringsmilch und Heringslake	2
117 [115]	Fische, zubereitet (mit Ausnahme der unzertheilten gesalzenen Heringe):	
	getrocknet, gesalzen oder sonst ohne Essig, Oel oder Gewürze einfach zubereitet	3
	mit Essig, Oel oder Gewürzen einfach zubereitet	12
	zum feineren Tafelgenusse zubereitet	75
118 [116]	Kaviar und Kaviarersatzstoffe (eingesalzener Fischrogen), auch gepreßt oder geräuchert; Kaviarlake	300
	Anmerkung. Eingesalzener Fischrogen, nicht zum Genusse bestimmt, auf Erfordern vorher amtlich ungenießbar gemacht (denaturirt), wird zollfrei abgelassen.	
	Vorstehend nicht genannte Thiere.	
119 [117]	Seemuscheln, lebend oder blos abgekocht oder eingesalzen, auch von der Schale befreit:	für 1 Doppelzentner Rohgewicht
	Austern	100
	andere	frei
	Anmerkung. Der Bundesrath ist befugt, für Austernsetzlinge Zollfreiheit zu gewähren.	
120 [118]	Schnecken aller Art, lebend oder blos abgekocht oder eingesalzen; auch Froschkeulen, frisch, blos abgekocht oder eingesalzen	frei
121 [119]	Schildkröten:	
	Land-, Süßwasser- und Sumpf-Schildkröten, lebend oder geschlachtet, auch blos abgekocht oder eingesalzen	frei
		für 1 Doppelzentner Rohgewicht
	See-Schildkröten, lebend oder geschlachtet, auch blos abgekocht oder eingesalzen	100

		Zollsatz für 1 Doppelzentner Mark
122 [120]	Süßwasserkrebse:	
	lebend oder blos abgekocht	frei
	von der Kruste befreit (Krebsfleisch), auch dergleichen zubereitete jeder Art	60
123 [121]	Seekrebse, lebend oder nicht lebend, auch blos abgekocht oder eingesalzen, auch von der Kruste befreit:	für 1 Doppelzentner Rohgewicht
	Hummer und Langusten	100
	andere	24
124 [122]	Seekrebse, Seemuscheln, Schnecken und Schildkröten, auch Froschkeulen, in anderer Weise als durch bloßes Abkochen oder Einsalzen zubereitet	für 1 Doppelzentner 75
125 [123]	Lebende Thiere, anderweit nicht genannt	frei
	Thierische Fette.	
126 [124]	Schmalz und schmalzartige Fette (Schmalz von Schweinen und Gänsen, Rindsmark, Oleomargarin und andere schmalzartige Fette)	12,50
127 [125]	Schweine- und Gänsefett, roh (uneingeschmolzen, unausgepreßt), mit Ausnahme des Schweinespecks und der Flomen (Fliesen, Liesen); ferner Grieben zum Genusse	5
128 [126]	Flomen (Fliesen, Liesen); premier jus	7
	Anmerkung. Premier jus, amtlich ungenießbar gemacht (denaturirt)	2,50
129 [127]	Talg von Rindern und Schafen, roh (Rinderfett, Schaffett) oder geschmolzen; auch Preßtalg	2,50
	Anmerkung zu Nr. 126 [124], 127 [125] und 129 [127]. Thierische Fette der bezeichneten Art zur Herstellung von Seife oder Lichten auf Erlaubnißscheln unter Ueberwachung oder vorher amtlich ungenießbar gemacht (denaturirt)	2
130 [128]	Knochenfett; Abfallfette (Wollschweißfett, Leimfett, Wollwaschfett, Walkfett, natürliches und künstliches Gerbefett)	2
131 [129]	Fischspeck, Robbenspeck; Fischthran, Robbenthran, ungereinigt oder gereinigt, auch in Flaschen; Walfett und anderes auf gleiche Weise wie Walfett aus Thran hergestelltes Fett, auch Walknochenfett	8
132 [130]	Thierfett, anderweit nicht genannt, roh, geschmolzen oder gepreßt	2
	Anmerkung zu Nr. 130 [128] und 132 [130]. Sind Abfallfette bei einem vom Bundesrathe zu bestimmenden Wärmegrad ölig, so unterliegen sie der Verzollung nach Nr. 172 [170]. Dagegen wird nicht besonders genanntes Thierfett in ölartigem Zustande wie fettes Oel behandelt.	
	Erzeugnisse von landwirthschaftlichen Nutzthieren, anderweit nicht genannt.	
133 [131]	Milch und Rahm, frisch, auch entkeimt (sterilisirt) oder peptonisirt; Buttermilch und Molken	frei
	Anmerkung. Geronnene Milch, aus der die Molke größtentheils ausgeschieden ist, wird wie Käse verzollt.	
134 [132]	Butter, frisch, gesalzen oder eingeschmolzen (Butterschmalz)	30
135 [133]	Käse	30
136 [134]	Eier von Federvieh und Federwild, roh oder nur in der Schale gekocht, auch gefärbt, bemalt oder in anderer Weise verziert	6
137 [135]	Eigelb, flüssig, auch eingesalzen oder mit anderen die Haltbarkeit erhöhenden Zusätzen; Eigelb, getrocknet, auch gepulvert; eingeschlagene Eier ohne Schale (Eigelb und Eiweiß vermischt)	8
	Anmerkung. Eigelb zu gewerblichen Zwecken wird, amtlich ungenießbar gemacht (denaturirt) oder unter Ueberwachung der Verwendung, zollfrei abgelassen.	

		Zollsatz für 1 Doppelzentner Mark
138 [136]	Eiweiß, flüssig, auch eingesalzen oder mit anderen die Haltbarkeit erhöhenden Zusätzen	frei
139 [137]	Honig in Stöcken, Körben, Kästen, mit lebenden Bienen:	
	bei einem Gewichte des Stockes u. s. w. einschließlich des Inhalts:	
	von nicht mehr als 15 Kilogramm	frei
	von mehr als 15 Kilogramm	40
	Anmerkung. Lebende Bienen mit Honig in Stöcken, Körben, Kästen bei einem Gewichte des Stockes u. s. w. einschließlich des Inhalts von mehr als 15 Kilogramm können zollfrei abgelassen werden, wenn sie mit den Stöcken nachweislich aus dem freien Verkehre des Inlandes zu vorübergehendem Aufenthalt in das Ausland gesendet worden sind.	
140 [138]	Honig, in Waben oder ausgelassen oder in Bienenstöcken, -Körben, -Kästen (ohne lebende Bienen); auch künstlicher Honig	40
141 [139]	Bienenwachs und anderes Insektenwachs in natürlichem Zustand, auch roh ausgelassen	10
	Walrat und Hausenblase.	
142 [140]	Walrat, auch gereinigt	15
143 [141]	Hausenblase, echte und unechte	10
	Thierische Spinnstoffe, Haare, Federn und Borsten.	
144 [142]	Schafwolle (auch Gerberwolle), roh, auch gewaschen	frei
145 [143]	Haare des Schafkameels, des Kameels, der Hausziege, der Kämel- oder Angoraziege, sowie aller anderen zum Geschlechte der Ziegen gehörigen Thiere; Hasen- (auch Seidenhasen-), Kaninchen-, Biber-, Affen-, Bisamratten- und Nutriahaare; Rindvieh-, Hirsch-, Hunde-, Schweine- und ähnliche grobe Thierhaare; alle diese auch gesotten	frei
146 [144]	Pferdehaare (aus der Mähne oder dem Schweife), auch gesotten	frei
147 [145]	Bettfedern, auch gereinigt oder zugerichtet (geschlissen u. s. w.)	2
148 [146]	Schmuckfedern, auch gefärbt oder lediglich zum Zwecke der Verpackung und Versendung auf Gespinnstfäden gereiht, nicht zugerichtet	3
149 [147]	Vogelbälge, Köpfe, Flügel und andere Theile von Bälgen, auch gefärbt, getrocknet oder nur zum Schutze gegen Fäulniß und Mottenfraß vorgerichtet	3
150 [148]	Federkiele (Federspulen, Schreibfedern), auch gefärbt oder gezogen	frei
151 [149]	Borsten; Borstenersatzstoffe aus Horn, Fischbein oder anderen thierischen Stoffen	frei
152 [150]	Seidengehäuse (Seidenkokons)	frei
	Felle und Häute.	
153 [151]	Felle und Häute zur Lederbereitung, roh (grün, gesalzen, gekalkt, getrocknet), auch enthaart (Blößen) und gespalten, jedoch nicht weiter bearbeitet, sowie Theile von solchen Fellen und Häuten, z. B. Flanken, Wammen, Kehlen, Hals- und Kopftheile; auch Leimleder; Fisch- und Kriechthierhäute, roh	frei
154 [152]	Hasen- und Kaninchenfelle, roh	frei
155 [153]	Felle zur Pelzwerk- (Rauchwaaren-) Bereitung (mit Ausnahme der in Nr. 154 [152] genannten), roh	frei

		Zollsatz für 1 Doppelzentner Mark
	Thierische Rohstoffe, anderweit nicht genannt, und Abgänge.	
156 [154]	Hörner, Geweihe, Knochen, Knochenzapfen, Hufe, Klauen, Vogelschnäbel, Zähne, roh, auch in der Querrichtung in einzelne Theile zerschnitten; gefärbte Stücke von Hirschgeweihen, wie sie bei der Herstellung von Knöpfen und ähnlichen Gegenständen als Rohstoff dienen; Muschelschalen (auch mit Perlen) und Korallen, roh, auch gepulvert oder gemahlen; Kauris, Schildkrötenschalen (in ganzen Gehäusen), Thierstacheln, Walfischbarten (rohes Fischbein) sowie sonstige thierische Schnitzstoffe, roh	frei
157 [155]	Därme und Magen von Vieh, frisch oder getrocknet, auch eingesalzen, nicht zum Genusse; thierische Blasen, mit Ausnahme der Hausenblase, frisch oder getrocknet; Goldschlägerhäutchen, zugeschnitten; Lab, auch eingedickt, nicht weingeisthaltig	frei
158 [156]	Knochenkohle, Knochenasche	frei
159 [157]	Schwämme (Meerschwämme):	
	roh oder blos geklopft; auch Abfälle von bearbeiteten Schwämmen bearbeitet (gewaschen oder gebleicht), auch in Weißblech oder dergleichen gefaßt (Schreibtafelschwämme)	20
160 [158]	Sonstige anderweit nicht genannte rohe thierische Stoffe, z. B. Eier, andere als von Federvieh oder Federwild (Fischeier, frisch, auch befruchtet, Seidenwurmeier und dergleichen), Tintenfischschulp (Lackfischbein), Fischschuppen, Ameiseneier, Seidenwurmschnüre, Rindergalle, Ambra, Bibergeil, Bisam (Moschus), Zibet, spanische Fliegen, Maiwürmer; auch Thierflechsen, zu Stöcken, Reitpeitschen oder dergleichen ganz grob vorgerichtet	frei
161 [159]	Blut von geschlachtetem Vieh, flüssig oder eingetrocknet; Thierflechsen, auch getrocknet; Abfälle von Fischen, auch von gesalzenen Fischen; Dünger, thierischer (Abtritt- und Stalldünger), auch getrocknet; die bei der Thransiederei abfallenden, lediglich zur Düngung verwendbaren Rückstände von Dorsch- und Robbenlebern oder dergleichen (Thrangrugge), sowie derartige Rückstände von Fischspeck und Robbenspeck; Grieben (Rückstände beim Ausschmelzen des Talges aus Thierfett) und Griebenkuchen; todte Thiere, zweifellos zum Genusse nicht verwendbar, auch getrocknet, und ähnliche thierische Abgänge	frei
	D. Erzeugnisse landwirthschaftlicher Nebengewerbe.	
	Müllereierzeugnisse aus Getreide, Reis und Hülsenfrüchten.	
162 [160]	Mehl, auch gebrannt oder geröstet:	
	aus Getreide mit Ausnahme von Hafer, aus Malz (mit Ausnahme des gebrannten oder gerösteten Malzmehls), aus Reis oder Hülsenfrüchten	18,75
	aus Hafer	18,75
163 [161]	Reis, polirt	6
	Anmerkung. Polirter Reis zur Herstellung von Stärke unter Ueberwachung der Verwendung	4
164 [162]	Graupen, Gries und Grütze aus Getreide; auch Reisgries	18,75

		Zollsatz für 1 Doppelzentner Mark
165 [163]	Sonstige Müllereierzeugnisse:	
	aus Getreide (auch gemalztem) mit Ausnahme von Hafer oder aus Hülsenfrüchten; auch gewalzter Reis	18,75
	aus Hafer, auch gemalztem	18,75
	Anmerkung zu Nr. 162 [160], 164 [162] und 165 [163]. Der Bundesrath ist befugt, für bestimmte Grenzstrecken im Falle eines örtlichen Bedürfnisses die zollfreie Einfuhr von Müllereierzeugnissen — mit Ausnahme von Reisgries und von gewalztem Reis — in Mengen von nicht mehr als 3 Kilogramm, nicht mit der Post eingehend, für Bewohner des Grenzbezirks nachzulassen.	
	Erzeugnisse der Oelmüllerei und der sonstigen Gewinnung fetter Oele.	
	(166/7 [164/5]) Fette Oele:	
166 [164]	in Fässern:	
	Rapsöl und Rüböl	12
	Leinöl	4
	Buchеckernöl, Erdnußöl, Mohnöl, Nigeröl, Sesamöl und Sonnenblumenöl	10
	Anmerkung. Sesamöl, amtlich ungenießbar gemacht (denaturirt)	5
	Baumöl (Olivenöl), rein	10
	Anmerkung. Reines Baumöl, amtlich ungenießbar gemacht (denaturirt)	2
	Lavat- und Sulfuröl	2
	Baumwollsamenöl	12,50
	Anmerkung. Baumwollsamenöl, amtlich ungenießbar gemacht (denaturirt)	5
	Holzöl	4
	Ricinusöl	9
	Anmerkung. Ricinusöl, amtlich ungenießbar gemacht (denaturirt)	2
	anderes fettes Oel	10
	Anmerkung. Nicht besonders genannte fette Oele, amtlich ungenießbar gemacht (denaturirt)	4
167 [165]	in anderen Behältnissen:	
	Baumöl (Olivenöl)	20
	Baumwollsamenöl, Buchеckernöl, Erdnußöl, Mohnöl, Nigeröl, Sesamöl und Sonnenblumenöl	20
	Ricinusöl und anderes vorstehend nicht genanntes fettes Oel . . .	20
	Anmerkung. Ricinusöl in Blechgefäßen, bei einem Gewichte des Blechgefäßes nebst Inhalt von mindestens 15 Kilogramm, amtlich ungenießbar gemacht (denaturirt)	2
	(168/71 [166/9]) Pflanzliche Fette:	
168 [166]	Kakaobutter (Kakaoöl)	35
169 [167]	Muskatbutter (Muskatbalsam); Lorbeeröl, butterartiges:	
	in Fässern	9
	in anderen Behältnissen	20
170 [168]	Baumwollstearin	für 1 Doppelzentner Rohgewicht 12,50
	Anmerkung. Baumwollstearin zur Herstellung von Seife oder Lichten auf Erlaubnißschein unter Ueberwachung oder vorher amtlich ungenießbar gemacht (denaturirt)	für 1 Doppelzentner 5

Nr.	Gegenstand	Zollsatz für 1 Doppelzentner Mark
171 [169]	Palmöl, Palmkernöl, Kokosnußöl und anderer pflanzlicher Talg, z. B. Sheabutter, Vateriatalg, zum Genusse nicht geeignet	2
	Anmerkung. Zum Genusse geeigneter pflanzlicher Talg unterliegt dem Zolle für Margarine.	
172 [170]	Oelsäure (Olein) und Oeldraß	4
	Stärke und Stärkeerzeugnisse	
	mit Ausnahme des wohlriechenden oder durch seine Umschließung als Schönheitsmittel (kosmetisches Mittel) sich darstellenden Puders.	
173 [171]	Stärke, grün oder trocken, auch gemahlen	16
174 [172]	Stärkegummi (Dextrin), geröstete Stärke (Leiogomme), Kleister (Schlichte), flüssig oder getrocknet, Tragantbstoff und ähnliche stärkemehlhaltige Klebe- und Zurichte- (Appretur-) Stoffe; Kleber (Gluten), auch gekörnt, getrocknet oder durch Gährung verändert (Eiweißleim); Glutenmehl . .	18
175 [173]	Pfeilwurzelmehl (Arrowroot), Sago und Sagomehl, Mandioka, Tapioka, ostindisches Mehl, Saleppulver, Sagoersatzstoffe (Graupen und Gries aus Kartoffeln)	15
	Zucker	
176 [174]	Rohr-, Rüben- und sonstiger Zucker von der chemischen Zusammensetzung des Rohrzuckers (der Saccharose)	
	raffinirter	40
	anderer fester und flüssiger aller Art; auch Füllmassen und Zuckerabläufe (Syrup, Melasse); Rübensaft, Ahornsaft	40
177 [175]	Stärkezucker (Traubenzucker, Glykose, Dextrose, Maltose), Fruchtzucker (Lävulose) und anderweit nicht genannte gährungsfähige Zuckerarten, krystallisirt oder syrupartig; auch Dextrinsyrup; gebrannter Zucker aller Art; Färbzucker (Zuckercouleur), dextrinfrei (Rumfarbe, Rumcouleur) oder dextrinhaltig (Bierfarbe, Biercouleur); Zuckerfarben . .	40
	Milchzucker	80
	Getränke.	
	(178/9 [176/7]) Branntwein aller Art einschließlich des Weingeistes; Arrak, Rum, Cognac und versetzte Branntweine; Mischungen von Weingeist mit Aether und Lösungen von Aether in Weingeist:	
178[33]) [176]	in Fässern:	
	Likör	350
	anderer Branntwein	275
179 [177]	in anderen Behältnissen	350
	(180/1 [178/9]) Wein und frischer Most von Trauben, auch entkeimt (sterilisirt):	
180 [178]	in Fässern oder Kesselwagen: [34]) [35])	
	mit einem Weingeistgehalte von nicht mehr als 14 Gewichtstheilen in 100 . . .	24
	mit einem Weingeistgehalte von mehr als 14, aber nicht mehr als 20 Gewichtstheilen in 100	30
	mit einem Weingeistgehalte von mehr als 20 Gewichtstheilen in 100	160

33) Abgeändert durch das Branntweinsteuergesetz vom 15. Juli 1909 § 106. Vgl. Anm. 1 Ziff. 2.

34) Zu vgl. hierzu Verschnittwein-Zollordnung, erlassen vom Bundesrat zufolge Bekanntm. d. Reichsk. vom 24. Februar 1906 (Zentr.-Bl. f. d. D. R. S. 452) f. u.

35) Zu vgl. ferner Weinzollordnung, erlassen vom Bundesrat zufolge Bekanntm. d. Reichskanzl. vom 17. Juli 1909 (Zentr.-Bl. f. d. D. R. S. 333).

		Zollsatz für 1 Doppelzentner Mark
181 [179]	in anderen Behältnissen:	
	Schaumwein	180[36])
	anderer Wein und frischer Most	48
182 [180]	Most von Trauben, eingekocht, auch mit Zucker, oder sonst eingedickt (Traubensyrup), auch weingeistfrei (unvergohren entkeimt [sterilisirt]); Rosinenextrakt, griechischer Sekt; Weinmost aller Art in luftdicht verschlossenen Behältnissen	80
183 [181]	Weintrüb (flüssiges, noch als Wein verwendbares Weingeläger)	24
184 [182]	Weine mit Heilmittelzusätzen und ähnliche zu Genußzwecken verwendbare weinhaltige Getränke; ferner alle durch Zusatz von weinigen oder wässrigen Auszügen (Essenzen oder Tinkturen), von Gewürzen und Zucker oder in ähnlicher Weise aus Wein ohne Zusatz von Branntwein künstlich bereiteten Getränke:	
	in Fässern	24
	in anderen Behältnissen	48
185 [183]	Obstwein (auch in Gährung begriffener Obstmost) und andere gegohrene Getränke aus Frucht- oder Pflanzensäften, sowie andere ohne Zusatz von Branntwein oder Wein künstlich bereitete Getränke; Maltonwein und Meth; Milchwein (Kumys), auch Kefyr-Kumys:	
	in Fässern	24
	in anderen Behältnissen	48
	Anmerkung zu Nr. 184 [182] und 185 [183]. Die zu Nr. 184 [182] und 185 [183] gehörigen gegohrenen Getränke, welche die Eigenschaft von Schaumwein haben, werden wie dieser verzollt.	
186 [184]	Bier aller Art; Malzextrakt in dünnflüssigem Zustand, auch mit Heilmittelzusätzen	9,65[37])
	Anmerkung. Der Bundesrat kann für Bier in amtlich geeichten Fässern, auf denen der Eichstempel, das Jahr der Eichung und der Raumgehalt nach Litern deutlich und dauerhaft angegeben sind, wenn seit der Eichung nicht mehr als fünf Jahre verflossen sind, die Verzollung nach dem Raumgehalte der Fässer zum Zollsatze von 12,70 Mark für ein Hektoliter zulassen.	
	Essig und Hefe.	
187 [185]	Essig aller Art:	
	in Fässern oder Kübeln	10
	in anderen Behältnissen	48
	Anmerkung. Essig mit mehr als 15 Gewichtstheilen Essigsäure in 100 ist wie Essigsäure zu verzollen.	
	(188/9 [186/7]) Hefe:	
188 [186]	Weinhefe:	
	flüssig	24
	trocken oder teigartig	1,80
189 [187]	andere Hefe aller Art	65

36) Abgeändert durch das Gesetz zur Abänderung des Schaumweinsteuergesetzes, vom 15. Juli 1909 Art. 3. Vgl. Anm. 1 Ziff. 5.

37) Abgeändert durch das Gesetz wegen Änderung des Brausteuergesetzes, vom 15. Juli 1909, Art. V, (s. Anm. 1 Ziff. 3).

		Zollsatz für 1 Doppelzentner Mark
	Wasser und Eis.	
190 [188]	Mineralwasser, natürliches und künstliches, einschließlich der Flaschen und Krüge	frei
	Anmerkung. Mineralwasser in Flaschen, die einem Zolle von mehr als 3 Mark, oder in Krügen, die einem solchen von mehr als 1 Mark für 1 Doppelzentner unterliegen, wird mit den Umschließungen nach deren Beschaffenheit verzollt.	
191 [189]	Anderes natürliches Wasser, auch destillirt; Eis, rohes, natürliches und künstliches	frei
	Abgänge von der Verarbeitung landwirthschaftlicher Erzeugnisse.	
192 [190]	Kleie, auch gepreßte Maiskleie (Maiskuchen), Reisabfälle (Abfälle beim Schälen und Poliren von Reis), ausschließlich als Viehfutter verwendbar	frei
193 [191]	Rückstände, feste, von der Herstellung fetter Oele, auch gemahlen oder in der Form von Kuchen (Oelkuchen); auch Mandelkleie	frei
194 [192]	Rückstände von der Stärkeerzeugung, ausschließlich als Viehfutter verwendbar; Branntweinspülicht (Schlempe), auch getrocknet; Melasseschlempe	frei
195 [193]	Ausgelaugte Schnitzel von Zuckerrüben, auch gepreßt:	
	frisch	frei
	getrocknet (gedarrt)	1
	Anmerkung. Gedarrte Zuckerrübenschnitzel, welche für inländische, an ausländische Zuckerfabriken gelieferte Zuckerrüben an inländische Produzenten vertragsmäßig zurückgewährt werden, sind zollfrei.	
196 [194]	Weintreber	5
	Anmerkung. Weintreber zur Cognacbereitung werden unter Ueberwachung der Verwendung zollfrei abgelassen.	
197 [195]	Andere Treber, auch getrocknet; Malzkeime	frei
	E. Erzeugnisse der Nahrungs- und Genußmittel-Gewerbe, in den Unterabschnitten A bis D nicht inbegriffen.	
198 [196]	Gewöhnliches Backwerk (ohne Zusatz von Eiern, Fett, Gewürzen, Zucker oder dergleichen)	16
	Anmerkung. Der Bundesrath ist befugt, für bestimmte Grenzstrecken im Falle eines örtlichen Bedürfnisses die zollfreie Einfuhr von gewöhnlichem Backwerk in Mengen von nicht mehr als 3 Kilogramm, nicht mit der Post eingehend, für Bewohner des Grenzbezirkes nachzulassen.	
199 [197]	Anderes Backwerk einschließlich der Cakes und des Zwiebacks; auch Oblaten aus Mehl, Gries oder Kleber, mit Zusatz von Zucker oder Gewürz . .	60
200 [198]	Teigwaaren (Nudeln und gleichartige nicht gebackene Erzeugnisse aus Mehl, Gries oder Kleber, auch Kartoffelnudeln)	25
201 [199]	Oblaten zum Genuß aus Mehl, Gries oder Kleber, ohne Zusatz von Zucker oder Gewürz; Mehl-(Oblaten-)Kapseln; auch Siegeloblaten (Mundlack) aus Teig	25
	Anmerkung. Gefüllte Mehlkapseln unterliegen dem Zolle für die Füllung, falls dieser höher ist.	
202 [200]	Zuckerwerk und sonstige anderweit nicht genannte Zuckerwaaren einschließlich der nicht gebackenen Waaren mit Zuckerzusatz, z. B. Bassorin- und Traganthwaaren, mit Zucker versetzt; Fruchtkerne, Gewürze, Kastanien, Küchengewächse, Nüsse, Obst, Sämereien, Südfruchtschalen, Südfrüchte und sonstige Pflanzen und Pflanzentheile, überzuckert (kandirt, glacirt)	70

		Zollsatz für 1 Doppelzentner Mark
203 [201]	Kakao, gebrannter oder gerösteter, geschält, gemahlen, gepulver, gequetscht oder sonst zerkleinert, auch in Tafeln oder Blöcke geformt (Kakaomasse); mehr oder weniger entöltes Kakaopulver und dergleichen Kakaomasse; Kakaoschalen, gemahlen	65
204 [202]	Schokolade und Schokoladeersatzstoffe, in Tafeln oder Blöcken, auch gemahlen; Waaren ganz oder theilweise aus Kakaomasse, Kakaopulver, Schokolade- oder Schokoladeersatzstoffen; alle diese auch mit Zusatz von Gewürzen, Heilmittelstoffen oder dergleichen	80
205 [203]	Margarine (der Milchbutter oder dem Butterschmalz ähnliche Zubereitungen, deren Fettgehalt nicht ausschließlich der Milch entstammt) .	30
206 [204]	Margarinekäse (käseartige Zubereitungen, deren Fettgehalt nicht ausschließlich der Milch entstammt)	30
		für 1 Doppelzentner Rohgewicht
207 [205]	Kunstspeisefett	12,50
		für 1 Doppelzentner
208 [206]	Milch, eingedickt (Syrupmilch), auch mit Zusatz von Zucker	60
209 [207]	Eigelb und Eiweiß, zum Genusse zubereitet	60
	(210/1 [208/9]) Senf:	
210 [208]	gepulvert, auch entölt:	
	in kleinen für den Einzelverkauf bestimmten Aufmachungen	60
	in anderer Verpackung	6
211 [209]	mit Most, Gewürzen oder anderen Zuthaten zubereitet (Mostrich)	60
212 [210]	Auszüge (Essenzen), nicht äther- oder weingeisthaltig, zur Bereitung von Getränken (Kaffe-, Limonade- und dergleichen Essenz) sowie zum Würzen zubereiteter Speisen und Getränke (Vanille-Essenz und dergleichen); Auszug (Extrakt) von rohen Kaffeeschalen, syrupartig eingedickt; Gewürzauszüge (Gewürzextrakte); Kastanienauszug (Kastanienextrakt) von genießbaren Kastanien; Kaffeepulver, gemischt mit gebranntem Zucker; Kapseln aus mit Zucker versetzter Gelatine; Kastanienmehl von genießbaren Kastanien, geröstet oder mit Zucker, Vanille u. s. w. zubereitet; Kindermehl, aus Weizenmehl unter Zusatz von Zucker und eingedickter Milch bereitetes (Nestlemehl) und dergleichen; Kraftmehl, mit Zucker versetzt; Kefyrzeltchen; Limonadepulver	60
213 [211]	Säfte von Früchten (mit Ausnahme der Weintrauben) und von Pflanzen, nicht äther- oder weingeisthaltig, mit Zucker oder Syrup versetzt oder mit Zusatz von Zucker oder Syrup eingekocht, einschließlich des Schachtelmus (der Marmelade) und der pflanzlichen Gallerten (Gelees); Himbeeressig	60
214 [212]	Säfte von Früchten (mit Ausnahme der Weintrauben) und von Pflanzen, zum Genuß, äther- oder weingeisthaltig	240
215 [213]	Früchte, mit Branntwein zubereitet oder in Branntwein eingelegt	80
216 [214]	Früchte (soweit sie nicht unter Nr. 215 [213] fallen), Gewürze, Hülsenfrüchte, Kastanien, Küchengewächse, Mais, Sämereien, Südfruchtschalen und sonstige Pflanzen und Pflanzentheile, für den feineren Tafelgenuß zubereitet; Pasteten; Soßen (Saucen); Anchovis-, Krebs- und Sardellenbutter; Kapern, Mostwürste; Nudeln und gleichartige nicht gebackene Erzeugnisse aus Mehl, Gries oder Kleber (auch Kartoffelnudeln),	

		Zollsatz für 1 Doppelzentner Mark
	gefüllt mit Fleisch, Parmesankäse oder dergleichen; Oliven, auch in Essig, Oel oder Salzwasser eingelegt oder mit Sardellen oder dergleichen gefüllt (farcirt); Soja und andere Gegenstände des feineren Tafelgenusses, anderweit nicht genannt	75
217 [215]	Chemisch zubereitete Nährmittel, z. B. Plasmon, Somatose, Tropon, Pepsin	frei
218 [216]	Nahrungs- und Genußmittel, anderweit nicht genannt, frisch, getrocknet oder zubereitet	60
219 [217]	Nahrungs- und Genußmittel aller Art (mit Ausnahme der Getränke) in luftdicht verschlossenen Behältnissen, soweit sie nicht an sich unter höhere Zollsätze fallen	75
220 [38]) [218]	Tabakfabrikate:	
	a) Tabakrippen und Tabakstengel, auch mit Tabakbrühe behandelt gebeizt)	85
	b) Tabaklaugen, auch gemischt mit Tabakbrühe	100
	c) Tabakblätter, bearbeitet (ganz oder theilweise entrippt, auch mit Tabakbrühe behandelt [gebeizt] u. s. w.; Abfälle von bearbeiteten Tabakblättern und (s. u.)	180
	d) (s. u.)	210
	e) Schnupf- und Kautabak (Karotten, Mengotes, Stangen und Rollen zur Herstellung von Schnupftabak); Pfeifentabak in Rollen, Platten; Tabakmehl, Tabakstaub [Abfälle von Tabakfabrikaten, auch gemischt mit Abfällen von Rohtabak (Scraps)]; Papier aus Stengeln oder Rippen von Tabakblättern	300
	f) geschnittener Rauchtabak	700
	g) Cigarren	270
	h) Cigaretten	1000
	Anmerkung. Für Zigarettenpapier aus Stengeln oder Rippen von Tabakblättern mit Ausnahme des zur gewerblichen Verarbeitung bestimmten, ferner für feingeschnittenen Tabak und für Zigaretten ist neben dem Eingangszolle die vorgeschriebene innere Abgabe zu erheben (§ 2 des Zigarettensteuergesetzes vom 3. Juni 1906 und Artikel IIIa des Gesetzes vom 15. Juli 1909 wegen Änderung des Tabaksteuergesetzes).	
	Zweiter Abschnitt.	
	Mineralische und fossile Rohstoffe; Mineralöle.	
	A. Erden und Steine.	
221 [219]	Gartenerde, auch Rasenplatten; Kies, Mergel, Sand, auch naturfarbiger Streusand sowie Formersand; ungefärbte Glimmerschuppen; Schlamm, auch Scheideschlamm	frei
222 [220]	Gefärbter Sand, auch gefärbter Streusand einschließlich des Streugoldes und Streusilbers (aus Glimmer erzeugten Streusandes) und andere gefärbte Glimmerschuppen	frei
223 [221]	Thon einschließlich der Porzellanerde (Kaolin) und Lehm aller Art, auch gebrannt, gemahlen oder geschlemmt; Chamotte- und Dinasmörtel . .	frei
224 [222]	Farberden (auch Kreide), roh, sowie als rohe Farberden verwendbare Abfälle und Nebenerzeugnisse der Industrie; Graphit, roh (in Stücken), gemahlen oder geschlemmt	frei

38) Abgeändert durch das Gesetz wegen Abänderung des Tabaksteuergesetzes, vom 15. Juli 1909, Art. I und Art. IIIa, (s. Anm. 1 Ziff. 4).

		Zollsatz für 1 Doppelzentner Mark
225 [223]	Bimsstein, Schmirgel, Polir- oder Putzkalk (Wiener Kalk), Tripel und ähnliche mineralische Schleif-, Polir- und Putzmittel, roh, gemahlen oder geschlemmt:	
	in Büchsen, Gläsern, Krügen oder ähnlichen für den Kleinverkauf bestimmten Aufmachungen	6
	in anderer Verpackung, auch zu Ziegeln geformt	frei
226 [224]	Kieselguhr (Infusorienerde), Quarz, Quarzsand; Feuersteine, roh, auch geschreckt oder gemahlen	frei
227 [225]	Kalk, kohlensaurer, Magnesit, Dolomit, Witherit, Strontianit, auch gebrannt; Kalk, gebrannter, gelöscht; Kalkmörtel; Kalk, natürlicher phosphorsaurer	frei
228 [226]	Gips (schwefelsaurer Kalk), auch gebrannt, gemahlen, geschlemmt; Superphosphatgips	frei
229 [227]	Wasserbindende (hydraulische) Zuschläge, z. B. Tuff, Traß, Puzzolan und Puzzolanerde, Santorin (Santorinerde), auch gemahlen oder gestampft	frei
230 [228]	Portlandcement, Romancement, Puzzolancement, Magnesiacement, Schlackencement und dergleichen, mit oder ohne Zusatz von Färbemitteln oder anderen Stoffen, ungemahlen (Cementklinker, Cementgriese u. s. w.), gemahlen, gestampft; auch gemahlener Kalk	0,50
231 [229]	Meerschaum, roh, auch künstlicher Meerschaum in ungeformten Stücken; Asbest, roh, auch gemahlen; Asbestfasern, auch gereinigt; Speckstein (spanische oder Venetianer Kreide) und Talk, roh, auch gemahlen oder gebrannt; Glimmer, roh, auch in rohen Platten oder Scheiben . . .	frei
232 [230]	Baryt, natürlicher schwefelsaurer (Schwerspath), und Strontian, natürlicher schwefelsaurer (Cölestin), auch gepulvert oder gemahlen; Feldspath, gemeiner, auch gepulvert oder gebrannt; Flußspath, roh, auch gemahlen; Bauxit, ungereinigt; Eisstein (Kryolith)	frei
233 [231]	Schiefer:	
	rohe Schieferblöcke	0,25
	rohe Schieferplatten, roher Tafelschiefer, Dachschiefer	1,25
	Anmerkung. Schieferplatten von mehr als 20 Centimeter Stärke sind als Schieferblöcke zu behandeln.	
234 [232]	Steine (mit Ausnahme von Schiefer und Pflastersteinen) sowie Lava, poröse und dichte, roh oder blos roh behauen, auch gesägt, jedoch an nicht mehr als drei Seiten, oder in nicht gespaltenen, nicht gesägten (geschnittenen) Platten; auch gemahlene Steine, vorstehend nicht genannt	frei
235 [233]	Edelsteine und Halbedelsteine, roh	frei
236 [234]	Sonstige Erden und rohe mineralische Stoffe, anderweit nicht genannt oder inbegriffen, auch gebrannt, geschlemmt, gemahlen oder gereinigt; Kreidemasse (aus Kreide, anderen Erden, Leim und dergleichen) zu Formerarbeiten	frei
	B. Erze, Schlacken, Aschen:	
237 [235]	Erze, auch aufbereitet; eisen- oder manganhaltige Gasreinigungsmasse; Schlacken und Sinter aller Art zum Metallhüttenbetrieb, auch gemahlen (mit Ausschluß des Thomasphophatmehls); Schlacken und andere Abfälle vom Metallhüttenbetriebe; sogenannte Schlackenfilze; Schlackenwolle; Aschen mit Ausnahme der Knochenasche, auch ausgelaugt; Kalkäscher	frei

		Zollsatz für 1 Doppelzentner Mark
	C. Fossile Brennstoffe.	
238 [236]	Steinkohlen, Anthracit, unbearbeitete Kännelkohle und Braunkohlen, auch gemahlen; Torf; Koks (poröse Rückstände von der trockenen Destillation der Steinkohlen und Braunkohlen), auch gemahlen; Torfkoks (Torfkohlen); koksartige Rückstände von der Destillation der Mineralöle und des Theers; Brennstoffe, künstliche (einschließlich der Preßkohlen), aus Braunkohlen, Steinkohlen, Torf, Theer oder dergleichen, auch unter Verwendung von Holz, bereitet; Kohle, formbare (plastische), aus fossilen Stoffen und Gaskohle (Retortengraphit), ungeformt; auch formbare (plastische) Pflanzenkohle in ungeformter Masse	frei
	D. Mineralöle und sonstige fossile Rohstoffe.	
239 [237]	Erdöl (Petroleum), flüssiger natürlicher Bergtheer (Erdtheer), Braunkohlentheeröl, Torföl, Schieferöl, Oel aus dem Theer der Boghead- oder Kännelkohle und sonstige anderweit nicht genannte Mineralöle, roh oder gereinigt:	
	Schmieröle; auch theerartige, paraffinhaltige und im Wasser nicht untersinkende pechartige Rückstände von der Destillation der Mineralöle; Harzöl	10
	andere	6
	[39]) Anmerkungen. 1. Der Bundesrath ist befugt, mineralische Oele, die für andere gewerbliche Zwecke als für die Herstellung von Schmieröl, Leuchtöl oder Leuchtgas bestimmt sind, unter Ueberwachung der Verwendung vom Zolle frei zu lassen. 2. Der Bundesrath ist befugt, mineralische Oele, die für die Bearbeitung in inländischen Betriebsanstalten bestimmt sind, unter Ueberwachung vom Zolle frei zu lassen. Die daraus gewonnenen Erzeugnisse sind wie ausländische zu behandeln, mit Ausnahme der leichten Oele, welche, soweit sie nicht zu Schmier- oder Beleuchtungszwecken einschließlich der Erzeugung von Leuchtgas verwendet werden, unter Ueberwachung der Verwendung auf Erlaubnißschein zollfrei bleiben. 3. Der Bundesrath ist befugt, die Verzollung von gereinigten, zu Beleuchtungszwecken geeigneten Mineralölen nach dem Raumgehalte mit der Maßgabe zuzulassen, daß dabei für 125 Liter bei einer Temperatur von 15° C. 1 Doppelzentner gerechnet wird.	
240 [238]	Asphalt, fester; Asphaltmastix (Asphaltcement), Asphaltkitt (Mineralkitt), Harzcement, Holzcement	frei
241 [239]	Erdwachs (Ozokerit), roh, auch umgeschmolzen	frei
242 [240]	Bernstein, roh; auch Bernsteinstaub und Bernsteinmasse; Jet (Gagat), unbearbeitet	frei
243 [241]	Pech aller Art mit Ausnahme des Steinkohlenpechs; Pechsatz (Rückstand von der Pechbereitung); pechartige Rückstände von der Destillation der Mineralöle, soweit sie im Wasser untersinken; Theer aus erdpechhaltigem Schiefer; Torftheer; Braunkohlentheer; auch Holztheer und Dagget (Daggert, Birkentheer)	frei
	E. Steinkohlentheer, Steinkohlentheeröle und Steinkohlentheerstoffe.	
244 [242]	Steinkohlentheer; auch Steinkohlenpech	frei

39) Zu vgl. Mineralöl-Zollordnung, erlassen vom Bundesrat, zufolge Bekanntm. d. Reichskanzl. vom 17. Februar 1906 (Zentr.-Bl. f. d. D. R. S. 393), s. u.

		Zollsatz für 1 Doppelzentner Mark
245 [243]	Steinkohlentheeröle, leichte, einschließlich der ölartigen Destillate aus Steinkohlentheerölen, z. B. Benzol, Cumol, Toluol, Xylol, und schwere, z. B. Anthracenöl, Karbolöl, Kreosotöl; auch Asphaltnaphta und sogenannter Kohlenwasserstoff	frei
246 [244]	Naphtalin; Anthracen; durch einfache Destillation des Steinkohlentheers hergestellte nicht ölartige Erzeugnisse, z. B. Phenol (Karbolsäure); Anilin (Anilinöl), Anilinsalze und andere Steinkohlentheerstoffe (Anthrachinon, Nitrobenzol, Toluidin, Naphtylamin, Resorcin, Naphtol, Phtalsäure u. s. w.)	frei
	Dritter Abschnitt.	
	Zubereitetes Wachs, feste Fettsäuren, Paraffin und ähnliche Kerzenstoffe, Lichte, Wachswaaren, Seifen und andere unter Verwendung von Fetten, Oelen oder Wachs hergestellte Waaren.	
247 [245]	Bienenwachs und anderes Insektenwachs sowie Pflanzenwachs, zubereitet (gebleicht, gefärbt, in Täfelchen oder Kugeln geformt u. s. w.), auch mit anderen Stoffen versetzt; Wachsstumpfen; Baumwachs (Wachskitt)	15
248 [246]	Abfälle und Rückstände von der Zubereitung des Bienenwachses, nur geringe Mengen Wachs enthaltend	frei
249 [247]	Erdwachs (Ozokerit), gereinigt, und Ceresin (aus Erdwachs hergestellt, auch mit Paraffin versetzt), in Blöcken, Täfelchen oder Kugeln; Wachsstumpfen von gereinigtem Erdwachs und von Ceresin	15
250 [248]	Stearinsäure (auch Stearin genannt); Palmitinsäure (auch Palmitin genannt); Margarinsäure; Paraffin, roh (Paraffinschuppen, Paraffinbutter u. s. w.) oder gereinigt, mit Ausnahme des Weichparaffins, und ähnliche Kerzenstoffe, anderweit nicht genannt, roh oder gereinigt . .	10
251 [249]	Weichparaffin	10
252 [250]	Lichte (Kerzen) aller Art aus Wachs, Ceresin, Paraffin, Stearin, Walrat, Talg oder dergleichen; auch Wachsfackeln und Nachtlichte aller Art . .	23
253 [251]	Wachswaaren mit Ausnahme der Lichte, der Zündkerzchen und der Wachsperlen, auch in Verbindung mit anderen Stoffen, soweit sie nicht dadurch unter höhere Zollsätze fallen:	
	fein geformte (Wachsblumen, Wachsfiguren, Wachsfrüchte, Wachsköpfe, Wachsmasken und dergleichen)	200
	andere	30
	Anmerkung. Ceresinwaaren werden wie Wachswaaren verzollt.	
254 [252]	Schmierseife, gemeine weiche (Kaliseife, Faßseife); flüssige Wasserglasseife; Oele und flüssige Fette, mit Alkalien zu Waschmitteln zubereitet; Türkischrothöl; flüssiges Creolin und ähnliche Desinfektions-, Reinigungs- u. s. w. Mittel in flüssigem Zustande; Gemische von Wasser und Seife zu Zurichte- (Appretur-) oder dergleichen Zwecken; alle diese in Fässern oder anderen größeren Behältnissen	5
255 [253]	Feste Seife (mit Ausnahme der Zahnseife), festes Creolin und ähnliche Desinfektions-, Reinigungs- u. s. w. Mittel in festem Zustande, Fettlaugenmehl, sogenannte Phönixlauge; alle diese, soweit sie nicht unter Nr. 256 [254] fallen	10
256 [254]	Waaren der in Nr. 254 [252] und 255 [253] genannten Art, zum unmittelbaren Gebrauche geformt (gepreßt oder in Formen gegossen) oder in Büchsen, Flaschen, Krügen, Tiegeln, Töpfen oder dergleichen; flüssige Seife mit Ausnahme der in Nr. 254 [252] genannten; Seifen-	

		Zollsatz für 1 Doppelzentner Mark
	pulver; feine weiche Seife; Seifenblätter (Seifenpapier); mit zerkleinerter Seife vermengte Mandelkleie; Formerarbeit aus Seife . . .	30
	Anmerkung zu Nr. 254 [252] bis 256 [254]. Seifenersatzstoffe, z. B. Erzeugnisse aus der Seifen- (Quillaja-) Rinde, unterliegen den Zollsätzen für Seife.	
257 [255]	Glycerin, roh oder gereinigt; Unterlauge von Seifensiedereien	frei
258 [256]	Paraffinsalbe, Vaselin und Vaselinsalbe (nicht wohlriechend); Lanolin und Lanolinverbindungen	für 1 Doppelzentner Rohgewicht 12
259 [257]	Wagenschmiere	für 1 Doppelzentner 10
260 [258]	Andere Schmiermittel, unter Verwendung von Fetten oder Oelen hergestellt, flüssig oder fest, auch geformt	für 1 Doppelzentner Rohgewicht 12
261 [259]	Schuhwichse, schwarze, nicht flüssige	für 1 Doppelzentner 3
262 [260]	Schuhwichse, nicht unter Nr. 261 [259] fallend, auch unter Verwendung von Wachs oder Ceresin hergestellt; Bohnermasse aus Wachs oder Ceresin mit Zusatz von Terpentinöl oder dergleichen	18
263 [261]	Putzmittel, unter Verwendung von Fetten, Oelen oder Seife hergestellt (Putzfette, Putzpomaden, Putzseifen), z. B. Eisenoxyd, mit Stearinsäure und Talg versetzt; Thonerdeseife (Aluminiumpalmitat); Poliersteine (aus gebrannten, gemahlenen oder geschlemmten Erden mit Stearin, Talg u. s. w. geformte Steine); Formerstoffe, aus mineralischen Stoffen unter Verwendung von Stearin, Palmitin, Paraffin, Wachs, auch von Harz, hergestellt	10
264 [262]	Formerarbeit aus Stearin, Paraffin oder ähnlichen Formerstoffen, auch in Verbindung mit anderen Stoffen, soweit sie nicht dadurch unter höhere Zollsätze fällt	36

Vierter Abschnitt.

Chemische und pharmazeutische Erzeugnisse, Farben und Farbwaaren.

A. Chemische Grundstoffe, Säuren, Salze und sonstige Verbindungen chemischer Grundstoffe, anderweit nicht genannt.

265 [263]	Quecksilber und Quecksilberlegirungen (Amalgame)	frei
266 [264]	Alkalimetalle, andere sonst nicht benannte Metalle	frei
267 [265]	Brom	frei
268 [266]	Jod	frei
269 [267]	Phosphor, gewöhnlicher (krystallinischer, weißer) und rother (amorpher)	frei
270 [268]	Schwefel, roh oder gereinigt, auch gepulvert; Spencemetall (Eisenthiat, ein Gemenge von Schwefel und Schwefelmetallen)	frei
271 [269]	Ammoniakwasser (Gaswasser), Salmiakgeist	frei
272 [270]	Salzsäure	frei

		Zollsatz für 1 Doppelzentner Mark
273 [271]	Schwefelsäure und Schwefelsäureanhydrid	frei
274 [272]	Salpetersäure	frei
275 [273]	Borsäure und Borax (borsaures Natron, Natriumborat)	frei
276 [274]	Oxalsäure und oxalsaures Kali (Kaliumoxalat, Kleesalz)	8
277 [40] [275]	Essigsäure, auch krystallisirt (Eisessig), und Essigsäureanhydrid:	
	bei einem Gewichte der unmittelbaren Umschließung nebst Inhalt von mindestens 20 Kilogr.	42
	bei einem Gewichte der unmittelbaren Umschließung nebst Inhalt von weniger als 20 Kilogr.	78
278 [276]	Milchsäure und Milchsäuresalze (Laktate)	frei
279 [277]	Weinsäure (Weinsteinsäure), Citronensäure	8
280 [278]	Salz (Chlornatrium [Siede-, Stein-, Seesalz]), sowie alle Stoffe, aus denen Salz ausgeschieden zu werden pflegt; ferner Mutterlauge, Pfannenstein und Steinsalzwaaren, auch Abraumsalze, neben der inneren Abgabe	für 1 Doppelzentner Reingewicht 0,80
281 [279]	Dornstein (Rückstand bei der Gradirung der Salzsoole)	frei
282 [280]	Quellsalze, natürliche und künstliche; auch Moorsalze	für 1 Doppelzentner 3
283 [281]	Chlorbaryum (Baryumchlorid)	frei
284 [282]	Jodkalium (Kaliumjodid), Jodnatrium (Natriumjodid), Jodammonium (Ammoniumjodid)	frei
285 [283]	Bromkalium (Kaliumbromid), Bromnatrium (Natriumbromid), Bromammonium (Ammoniumbromid), Bromeisen	frei
286 [284]	Kohlensaures Ammoniak (Ammoniumcarbonat, Hirschhornsalz)	5
287 [285]	Soda, natürliche und künstliche:	
	roh, auch krystallisirt	0,90
	calcinirt, auch auf andere Weise entwässert oder gereinigt	1,50
288 [286]	Doppeltkohlensaures Natron (Natriumbicarbonat)	1,50
289 [287]	Aetznatron, fest (Natriumhydroxyd) oder flüssig (Natronlauge); Aetzkali, fest (Kaliumhydroxyd) oder flüssig (Kalilauge)	3,50
290 [288]	Pottasche aller Art; auch Schafschweißasche	2
291 [289]	Schlempekohle	frei
292 [290]	Chlorkalk und Bleichlaugen; Baryumsuperoxyd, Wasserstoffsuperoxyd	1
293 [291]	Chlorsaures Kali (Kaliumchlorat), nicht in Hülsen oder Kapseln eingehend	frei
294 [292]	Schwefelsaures Natron (Glaubersalz, Natriumsulfat) und saures schwefelsaures Natron (doppeltschwefelsaures Natron, Natriumbisulfat)	0,25
295 [293]	Schwefelsaures Kali (Kaliumsulfat) und phosphorsaures Kali (Kaliumphosphat)	frei
296 [294]	Kupfervitriol (blauer Vitriol, Kupfersulfat), auch gemischter Kupfer- und Eisenvitriol	2

40) Abgeändert durch das Branntweinsteuergesetz vom 15. Juli 1909 § 106. (Vgl. Anm. 1 Ziff. 2).

		Zollsatz für 1 Doppelzentner Mark
297 [295]	Eisenvitriol (grüner Vitriol, Eisensulfat), Zinkvitriol (weißer Vitriol, Zinksulfat)	frei
298 [296]	Ammoniak-, Kali- und Natronalaun, schwefelsaure Thonerde (Aluminiumsulfat), Thonerdealaun, Thonerdenatron (Natriumaluminat), Chloraluminium (Aluminiumchlorid), essigsaure Thonerde (Aluminiumacetat); Thonerde, künstliche; auch gereinigter Bauxit	3
299 [297]	Chrom-, Eisen- und Kupferalaun	frei
300 [298]	Bleioxyd (Bleiglätte, gelbe [Silberglätte] und rothe [Goldglätte]) in Brocken, Schuppen oder Pulver	frei
301 [299]	Zinnoxyd	6
302 [300]	Salpetersaures Ammoniak (Ammoniaksalpeter, Ammoniumnitrat), nicht in Hülsen oder Kapseln eingehend, salpetersaures Blei (Bleinitrat)	3
303 [301]	Salpetersaures Natron (Natronsalpeter, Chilisalpeter, Natriumnitrat)	frei
304 [302]	Salpetersaures Kali (Kalisalpeter, Kaliumnitrat), salpetersaurer Baryt (Baryumnitrat)	frei
305 [303]	Chromsaures Natron (Natriumchromat) und saures chromsaures Natron (Natriumbichromat), chromsaures Kali (Kaliumchromat) und saures chromsaures Kali (Kaliumbichromat); Chromoxyd, Chromhydroxyd	frei
306 [304]	Mangansaures Kali (Kaliummanganat) und übermangansaures Kali (Kaliumpermanganat)	frei
307 [305]	Wasserglas (Kalium- und Natrium-Silicat)	1
308 [306]	Kali-Blutlaugensalz (Ferrocyankalium [Kaliumeisencyanür] und Ferricyankalium [Kaliumeisencyanid]), Natron-Blutlaugensalz (Ferrocyannatrium [Natriumeisencyanür] und Ferricyannatrium [Natriumeisencyanid]), Cyankalium (Kaliumcyanid)	8
309 [307]	Essigsäuresalze (Acetate), anderweit nicht genannt, sowie Acetonöl	1
310 [308]	Bleizucker, Bleiessig	1
311 [309]	Weinstein:	
	roh:	frei
	gereinigt (raffinirt); auch Natronweinstein	8
312 [310]	Brechweinstein und andere Antimonpräparate	8
313 [311]	Kohlensaure Magnesia, künstliche (Magensiumcarbonat)	frei
314 [312]	Kohlensaurer Strontian, künstlicher (Strontiumcarbonat), salzsaurer Strontian (Strontiumchlorid); Strontiumoxyd, Strontiumhydroxyd	2
315 [313]	Zinksalze, anderweit nicht genannt; Chlorzink (Zinkchlorid), fest oder flüssig	frei
316 [314]	Calciumcarbid, Aluminiumcarbid, Siliciumcarbid (Carborund) und anderweit nicht genannte Metallcarbide	4
317 [315]	Vorstehend und anderweit nicht genannte Metalloide, Säuren, Salze und Verbindungen von Metalloiden unter einander oder mit Metallen	frei
	B. Farben und Farbwaaren.	
318 [316]	Thierische Farbstoffe, z. B. Cochenille, wilde, zahme und unechte (thierischer Kermes), auch gemahlen oder in Teigform; Cochenillekarmin; Sepia	frei
319 [317]	Anilin- und andere nicht besonders genannte Theerfarbstoffe	frei

		Zollsatz für 1 Doppelzentner Mark
320 [318]	Alizarinfarbstoffe, trocken oder in Teigform	frei
321 [319]	Indigo, natürlicher und künstlicher, auch Indigokarmin, rein oder versetzt mit mineralischen Stoffen oder Stärke, trocken oder in Teigform	frei
322 [320]	Berliner Blau, rein oder versetzt mit mineralischen Stoffen oder Stärke, trocken oder in Teigform	10
323 [321]	Ultramarin, rein oder versetzt mit mineralischen Stoffen oder Stärke, trocken oder in Teigform	15
324 [322]	Bleimennige, Bleiweiß	1
325 [323]	Barytweiß (Permanentweiß)	3
326 [324]	Zinkoxyd (Zinkweiß und Zinkgrau), Zinksulfidweiß (Lithopon)	2
327 [325]	Zinnober, rother (rothes Quecksilbersulfid)	10
328 [326]	Farbholzauszüge (Farbholzextrakte); auch Auszüge aus anderen pflanzlichen Farbstoffen:	
	flüssig	2
	fest	4
	Anmerkung. Flüssige Farbholzauszüge und flüssige Auszüge aus anderen pflanzlichen Farbstoffen von mehr als 28° Bé. werden wie feste verzollt.	
329 [327]	Erdfarben:	
	Kreide, geschlemmt; auch gestäubte oder in anderer Weise fein gepulverte Kreide	0,40
	andere Erdfarben (gebrannte, gemahlene oder geschlemmte Farberden und als solche verwendbare Abfälle und Nebenerzeugnisse der Industrie, auch als Farberden gemahlene Erze), trocken oder in Teigform, auch geschönt	0,50
330 [328]	Ruß; Buchdruckschwärze, trocken, nicht zubereitet; auch dergleichen Kupferdruckschwärze	5
331 [329]	Bronzefarben	frei
332 [330]	Pigmentfarben und Farblacke (Lackfarben), anderweit nicht genannt, rein oder versetzt mit mineralischen Stoffen oder Stärke, trocken oder in Teigform	frei
333 [331]	Andere nicht zubereitete Farben	frei
334 [332]	Papierdruckfarbe, aus Ruß oder Kupferdruckschwärze hergestellt	10
335 [333]	Bleiweiß, Zinkweiß, Lithoponweiß, Eisenoxyd, Eisenmennig, mit Oel angerieben, nicht in Blechbüchsen oder in Aufmachungen für den Kleinverkauf	3
336 [334]	Die in Nr. 335 [333] genannten zubereiteten Farben in Blechbüchsen oder in Aufmachungen für den Kleinverkauf; andere zubereitete Farben (mit Oel, Oelfirniß, Glycerin, Leim, Mineralöl oder einem anderen Bindemittel oder mit Weingeist versetzt oder angerieben); nicht zubereitete Farben in Bläschen, Kapseln, Muscheln, Pasten, Tuben, Töpfchen, Täfelchen oder dergleichen; Farben in Farben- und Tuschkasten	20
337 [335]	Tinte- und Tintenpulver	5

		Zollsatz für 1 Doppelzentner Mark
338 [336]	Graphit:	
	geformt (in Tafeln, Blöcken oder dergleichen)	4
	in Aufmachungen für den Kleinverkauf	6
339 [337]	Speckstein, geschnitten oder geformt zum Zeichnen (Schneiderkreide), auch in Holz gefaßt	6
340 [338]	Blei-, Farben- und Kohlenstifte (zum Zeichnen oder Schreiben); Kreide, geschnitten oder geformt:	
	umgefaßt oder nur mit Papier bezogen	20
	mit Fassung aus gemeinem Holze zum handwerksmäßigen Gebrauche (Zimmermannsstifte)	25
	andere, soweit sie nicht wegen ihrer Verbindung mit anderen Stoffen unter höhere Zollsätze fallen	40
	C. Firnisse, Lacke, Kitte.	
341 [339]	Oelfirnisse, auch mit Zusatz von Trockenmitteln; Firnißsatz; Standöl; Vogelleim aus eingedicktem Leinöl	7
342 [340]	Weingeistfirnisse (Auflösungen von Harzen in Weingeist, auch in Holzgeist) mit oder ohne Zusatz von Farbstoffen; Schellackkitt (in heißem Weingeiste zur Syrupdicke aufgelöster Schellack)	30
343 [341]	Lackfirnisse, Lacke, ohne Verwendung von Weingeist hergestellt (Auflösungen von Harzen in Terpentinöl, Mineralöl, Harzöl, Oelfirniß, Aceton, Alkalien oder anderen Lösungsmitteln), auch mit Farbstoffen versetzt; Asphaltlack (Auflösungen von Asphalt oder asphaltähnlicher Masse in Mineral- oder Terpentinöl, sowie Auflösungen von Asphalt oder Steinkohlenpech in Steinkohlentheeröl oder Holztheeröl); Kutscherlack (Auflösung von Farbstoff und Wachs); Zaponlack (Auflösung von Kollodiumwolle in Amylacetat)	25
344 [342]	Siegellack (auch Siegelabdrücke in Siegellack); Flaschenlack	3
345 [343]	Oelkitte (Firnißkitte), Harzkitte, Kautschuk- und Guttaperchakitte, Leim-, Eiweiß- und andere Kitte mit Ausnahme von Asbestkitt, Mineralkitt (Asphaltkitt), Schellackkitt und Wachskitt (Baumwachs)	3
346 [344]	Asbestanstrichmasse (flüssiger Asbest), auch mit einem Zusatze von Farbe (Asbestfarben); Asbestkitt	frei
	D. Aether; Alkohole, anderweit nicht genannt oder inbegriffen; flüchtige (ätherische) Oele, künstliche Riechstoffe, Riech- und Schönheitsmittel (Parfümerien und kosmetische Mittel).	
347[41] [345]	Aether aller Art, einfache und zusammengesetzte; auch Cognacöl (Weinbeeröl):	
	in Fässern	275
	in anderen Behältnissen	350
348 [346]	Fuselöle; auch Amyl-, Butyl- und Propylalkohol	20
	Anmerkung. Fuselöle mit einem Weingeistgehalte von 8 Gewichtstheilen oder darüber in 100 sind wie Branntwein zu verzollen.	
349 [347]	Holzgeist (Methylalkohol), roh; Aceton, roh	5
350 [348]	Holzgeist, gereinigt; Aceton, gereinigt; Formaldehyd in wässriger Lösung	20
351 [349]	Acetaldehyd, Paraldehyd	40

41) Abgeändert durch das Branntweinsteuergesetz vom 15. Juli 1909 § 106. (Vgl. Anm. 1 Ziff. 2.)

		Zollsatz für 1 Doppelzentner Mark
352 [350]	Holztheeröl (Wachholdertheeröl u. s. w.), auch gereinigt; Kautschuköl; Thieröl, roh (Hirschhornöl) oder gereinigt (Dippelsöl)	frei
353 [351]	Flüchtige (ätherische) Oele:	
	Terpentinöl, Fichtennadelöl, Harzgeist (Harzessenz), Kampheröl (flüssiger Kampher)	frei
	andere flüchtige (ätherische) Oele; ferner Menthol (Menthakampher), auch in Umschließungen aus Holz (Migränestifte)	30
354 [352]	Künstliche Riechstoffe (Vanillin, Kumarin, Heliotropin und ähnliche zur Bereitung von Riechmitteln dienende Stoffe)	80
355 [353]	Wohlriechende Fette, Salben und Pomaden, sowie wohlriechende fette und mineralische Oele:	
	bei einem Gewichte der unmittelbaren Umschließung nebst Inhalt { von mindestens 5 Kilogramm	20
	von weniger als 5 Kilogramm	100
356[42] [354]	Aether- oder weingeisthaltige Riechmittel (Parfümerien) und Schönheitsmittel (kosmetische Mittel, z. B. Haarfärbemittel sowie Haut- und andere Verschönerungsmittel); äther- oder weingeisthaltige Kopf-, Mund- und Zahnwässer; wohlriechende oder zur Verbreitung von Wohlgeruch dienende äther- oder weingeisthaltige Auszüge (Essenzen, Extrakte, Tinkturen) und Wässer; wohlriechender Essig	400
357 [355]	Wässer, wohlriechende, nicht äther- oder weingeisthaltig:	
	bei einem Gewichte der unmittelbaren Umschließung nebst Inhalt { von mindestens 5 Kilogramm	20
	von weniger als 5 Kilogramm	100
358 [356]	Puder, Schminken, Zahnpulver, wohlriechend; Zahnseife, Räucherpapier, Schminkpapier und alle anderweit nicht genannten Riech- und Schönheitsmittel (Parfümerien und kosmetische Mittel)	100
	Anmerkung. Puder, Schminken, Zahnpulver, nicht wohlriechend, unterliegen ebenfalls der Verzollung nach Nr. 358 [356], falls sie sich durch ihre Umschließungen als Schönheitsmittel (kosmetische Mittel) darstellen.	
	E. Künstliche Düngemittel.	
359 [357]	Guano, künstlicher (Fisch-, Fleisch-, Blut-, Garneelen- u. s. w. Guano); auch natürlicher Guano; Thiermehl, Flechsenmehl, gemahlener thierischer Dünger (Poudrette)	frei
360 [358]	Knochenmehl	frei
361 [359]	Thomasphosphatmehl	frei
362 [360]	Mit Säuren behandelte phosphorhaltige Düngemittel (Superphosphate), auch mit anderen Stoffen vermischt	frei
	Anmerkung zu E. Vorstehend nicht genannte an sich zollpflichtige Stoffe, welche zu Düngezwecken bestimmt sind, können auf besondere Erlaubniß und erforderlichen Falles unter Ueberwachung der Verwendung zollfrei abgelassen werden.	
	F. Sprengstoffe, Schießbedarf und Zündwaaren.	
363 [361]	Schießbaumwolle, Kollodiumwolle	3
364 [362]	Schießpulver, Sprengpulver und andere vorstehend nicht genannte Sprengmittel:	
	nicht in Hülsen oder Kapseln	frei
	in Hülsen oder Kapseln, nicht unter Nr. 365 [363] oder 366 [363 a] fallend	3

42) Abgeändert durch das Branntweinsteuergesetz vom 15. Juli 1909 § 106. (Anm. 1 Ziff. 2.)

		Zollsatz für 1 Doppelzentner Mark
365 [363]	Zündpillen, Zündspiegel; gefüllte Zündhütchen und Sprengzündhütchen; gefüllte Geschoßzündungen, Schlagröhren und Zündschrauben; Kugelzündhütchen und Schrotzündhütchen (Flobertmunition)	30
366 [363 a]	Gefüllte Patronen:	
	mit Kupfer- oder Messinghülsen	30
	mit Papier- oder Papphülsen	12
	mit Hülsen aus Papier oder Pappe in Verbindung mit anderen Stoffen	24
367 [364]	Zündhölzer; Zündstäbchen aus Pappe	30[43])
368 [365]	Zündkerzchen aus Stearin, Wachs oder ähnlichen Stoffen	10
369 [366]	Feuerwerk aller Art (Feuerwerkssatz und Feuerwerkskörper); Antimon-, Magnesium-, Zinkfackeln	30
370 [367]	Pechfackeln, Schwefelfaden, Zunderpapier, zubereiteter Feuerschwamm, Zündschnüre jeder Art, Zündblättchen für Kinderpistolen, Zündbänder für Grubenlampen und für Feuerzeuge, sowie sonstige anderweit nicht genannte Zündstoffe und Zündwaaren	5
	G. Chemische und pharmazeutische Erzeugnisse, anderweit nicht genannt.	
371 [368]	Glühstrümpfe (Glühkörper für Beleuchtungszwecke), ausgeglüht, auch mit Kollodium, Gelatine, Leim, Schellack oder dergleichen getränkt oder in Verbindung mit unedlen Metallen oder Legirungen unedler Metalle . .	120
372 [369]	Eiweiß und Eiweißstoffe, thierische und pflanzliche, nicht unter andere Nummern des Tarifs fallend	frei
373 [370]	Käsestoff (Casein), Käsestoffgummi und ähnliche Zubereitungen, soweit sie nicht unter Nr. 206 [204] fallen	10
374 [371]	Rohleim (entkalkte Knochen)	3
375 [372]	Leim aller Art (mit Ausnahme des Eiweißleims), fest oder flüssig; Gelatine, auch gefärbt	5
376 [373]	Blätter, Flittern, Kapseln (leere und gefüllte), Oblaten und andere geformte Gegenstände aus nicht mit Zucker versetzter Gelatine	30
	Anmerkung. Gefüllte Gelatinekapseln unterliegen dem Zolle für die Füllung, falls dieser höher ist.	
377 [374]	Elastischer Leim zur Herstellung von Buchdruckwalzen oder dergleichen, sowie Druckplatten für Hektographen und ähnliche Vervielfältigungsvorrichtungen	10
378 [375]	Holztheer- und Torftheerkreosot	frei
379 [376]	Verdichtete Gase einschließlich der als Umschließung dienenden Stahlflaschen	6
380 [377]	Alkaloide (organische Basen des Pflanzenreichs), Alkaloidsalze und Alkaloidverbindungen	frei
381 [378]	Kollodium und Celloidin	24
382 [379]	Chloroform und Chloralhydrat	20
383 [380]	Bromoform und Jodoform	frei

43) Abgeändert durch § 40 des Zündwarensteuergesetzes vom 15. Juli 1909 (Gesetz, betreffend Änderungen im Finanzwesen vom 15. Juli 1909, Art. IV). Vgl. Anm. 1 Ziff. 6.

		Zollsatz für 1 Doppelzentner Mark
384 [381]	Gerbstoffauszüge (Gerbstoffextrakte), anderweit nicht genannt: [44])	
	flüssig	14
	fest	28
	Anmerkung. Flüssige Gerbstoffauszüge von mehr als 28° Bé. werden wie feste verzollt.	
385 [383]	Süßholzsaft, mit Zucker, Honig, Anisöl, Salmiak oder sonstigen Geschmackszuthaten oder Heilmitteln versetzt, oder in Aufmachungen für den Kleinverkauf; auch Brustkuchen, Brustteig	60
	anderer Süßholzsaft, roh oder gereinigt	frei
386 [384]	Balsame, künstliche; Auszüge (Essenzen, Extrakte, Tinkturen), Wässer und dergleichen, nicht wohlriechend, zum Gewerbe- oder Heilgebrauche (mit Ausnahme der Farbholz- und Gerbstoff-Auszüge):	
	nicht äther- oder weingeisthaltig	40
	äther- oder weingeisthaltig	60
387 [385]	Säfte von Früchten (mit Ausnahme von Weintrauben) und von Pflanzen, zum Gewerbe- oder Heilgebrauch, äther- oder weingeisthaltig	60
388 [386]	Zubereitete Arzneiwaaren und sonstige pharmazeutische Erzeugnisse, anderweit nicht genannt oder inbegriffen	40
	Anmerkung zu Nr. 386 [384] bis 388 [386]. Aether- oder weingeisthaltige pharmazeutische Erzeugnisse unterliegen der Verzollung als Branntwein, falls zur Herstellung der gleichartigen Waaren im Inlande nicht ungenießbar gemachter (undenaturirter) Branntwein steuerfrei nicht verwendet werden darf.	
389 [387]	Geheimmittel	500
390 [388]	Chemische Erzeugnisse, anderweit nicht genannt oder inbegriffen	frei
	Fünfter Abschnitt.	
	Thierische und pflanzliche Spinnstoffe und Waaren daraus; Menschenhaare; zugerichtete Schmuckfedern; Fächer und Hüte.	
	A. Seide.	
	Rohseide, künstliche Seide, Floretseide und Seidengespinnste.	
	(391/3 [389/91]) Rohseide; auch Steckmuschelseide:	
391 [389]	ungefärbt:	
	ungezwirnt oder einmal gezwirnt	frei
	zweimal gezwirnt	200
392 [390]	gefärbt (auch weiß gefärbt):	
	ungezwirnt oder einmal gezwirnt	36
	zweimal gezwirnt	250
	Anmerkung zu Nr. 391 [389] und 392 [390]. Zweimal gezwirnte Seide, ohne Verbindung mit anderen Spinnstoffen oder Gespinnsten, zur Weberei, Wirkerei, Stickerei oder zur Herstellung von Knopfmacherwaaren, Posamenten, oder Spitzen bestimmt, auf Erlaubnißschein unter Ueberwachung der Verwendung:	
	a) ungefärbt	frei
	b) gefärbt (auch weiß gefärbt)	36
393 [391]	in Verbindung mit anderen Gespinnsten, ungefärbt oder gefärbt	36
	(394/5 [392/3]) Künstliche Seide:	

44) Zu vgl. hierzu Bestimmungen über die Anwendung der vertragsmäßigen Zollsätze für Gerbstoffauszüge, zufolge Bekanntm. d. Reichsk. vom 24. Februar 1906 (Zentr.-Bl. f. d. D. R. S. 461).

		Zollsatz für 1 Doppelzentner Mark
394 [392]	ungezwirnt oder einmal gezwirnt:	
	ungefärbt	30
	gefärbt (auch weiß gefärbt)	60
395 [393]	zweimal gezwirnt, ungefärbt oder gefärbt	90
	(396/7 [394/5]) Floretseide (Abfallseide):	
396 [394]	ungekämmt	frei
397 [395]	gekämmt:	
	ungefärbt	frei
	gefärbt (auch weiß gefärbt)	12
398 [396]	Floretseidengespinnste, ein- oder mehrfach, auch gezwirnt:	
	ungefärbt	frei
	gefärbt (auch weiß gefärbt)	36
	in Verbindung mit anderen Spinnstoffen oder Gespinnsten, ungefärbt oder gefärbt	36
399 [397]	Seidenzwirn aller Art, auch gemischt mit anderen Spinnstoffen oder Gespinnsten, ungefärbt oder gefärbt, in Aufmachungen für den Einzelverkauf:	
	aus Rohseide oder künstlicher Seide	300
	aus Floretseide	75
400 [398]	Rohseide, künstliche Seide und Floretseidengespinnste, auch mit anderen Spinnstoffen oder Gespinnsten gemischt, in Verbindung (jedoch nicht umsponnen) mit Metallfäden (Draht oder Lahn)	300
	Waaren ganz oder theilweise aus Seide (Rohseide, künstlicher Seide, Floretseide).	
401 [399]	Dichte, ungemusterte taffetbindige Gewebe ganz aus Seide des Maulbeerspinners ohne jede Beimischung von künstlicher Seide, von Floretseide oder von Seide des Eichenspinners und beiderseitig mit festen Kanten gewebt, roh, auch abgekocht (gebleicht) und gebügelt	300
	(402/3 [400/1]) Dichte Gewebe für Möbel- und Zimmerausstattung mit Ausnahme von Sammet und Plüsch, sammet- und plüschartigen Geweben):	
402 [400]	ganz aus Seide:	
	im Stücke als Meterwaare eingehend	900
	abgepaßt (als Vorhänge, Bilder, Decken u. s. w.), auch mit Besatz oder Fransen	1200
403 [401]	theilweise aus Seide:	
	im Stücke als Meterwaare eingehend	500
	abgepaßt (als Vorhänge, Bilder, Decken u. s. w.), auch mit Besatz oder Fransen	650
404 [402]	Sammet und Plüsch, sammet- und plüschartige Gewebe (aufgeschnitten oder nicht aufgeschnitten):	
	ganz aus Seide	800
	theilweise aus Seide	450
405 [403]	Dichte Gewebe, anderweit nicht genannt:	
	ganz aus Seide	800
	theilweise aus Seide	450
406 [404]	Tüll ganz oder theilweise aus Seide:	
	ungemustert	250
	gemustert	800
407 [405]	Beuteltuch ganz oder theilweise aus Seide	1000

		Zollsatz für 1 Doppelzentner Mark
408 [406]	Undichte Gewebe, anderweit nicht genannt, ganz oder theilweise aus Seide (Gaze, Krepp, Flor und dergleichen):	
	im Gewichte von mehr als 20 Gramm auf 1 Quadratmeter Gewebefläche	1000
	im Gewichte von 20 Gramm oder weniger auf 1 Quadratmeter Gewebefläche	1500
	Anmerkung. Undichte Gewebe, anderweit nicht genannt (Gaze, Krepp, Flor und dergleichen), zum Besticken auf Erlaubnißschein unter Ueberwachung der Verwendung	1000
409 [407]	Wirk- (Trikot-) und Netzstoffe, Wirk- (Trikot-) und Netzwaaren:	
	ganz aus Seide	800
	theilweise aus Seide	550
410 [408]	Spitzenstoffe und Spitzen aller Art einschließlich der Einsatzspitzen, Kanten und abgepaßten Waaren aus Spitzen oder Spitzenstoffen, auch ohne wellenförmig gestalteten oder ausgezackten Rand, ganz oder theilweise aus Seide:	
	gestickte	800
	gewebte	800
	andere	800
411 [409]	Stickereien auf Grundstoffen ganz oder theilweise aus Seide:	
	auf undichten Geweben der Nr. 408 [406]	1300
	auf anderen Grundstoffen	900
	Anmerkung. Bei Verwendung von Metallfäden (Draht oder Lahn) zum Besticken erhöht sich der Zollsatz um 50 vom Hundert.	
412 [410]	Posamentierwaaren (Besätze, Bänder, Kordeln, Litzen, Schnüre und dergleichen) sowie Knopfmacherwaaren, auch mit Unterlagen oder Einlagen von Holz, Bein, Horn, Leder, Metall oder dergleichen; ferner nach Art der sogenannten Baumwollensparterie hergestellte Waaren:	
	ganz aus Seide	800
	theilweise aus Seide	450
	Anmerkung. Lacets (Litzen) ganz oder theilweise aus Seide, zur Herstellung von Posamenten, auf Erlaubnißschein unter Ueberwachung der Verwendung	36
	B. Wolle und andere Thierhaare (mit Ausnahme der Pferdehaare aus der Mähne und dem Schweife).	
	Wolle und andere Thierhaare, bearbeitet.	
413 [411]	Schafwolle (auch Gerberwolle); Haare des Schafkameels, des Kameels, der Hausziege, der Kämel- oder Angoraziege, sowie aller anderen zum Geschlechte der Ziegen gehörigen Thiere; Hasen- (auch Seidenhasen-), Kaninchen-, Biber-, Affen-, Bisamratten- und Nutriahaare; Rindvieh-, Hirsch-, Hunde-, Schweine- und ähnliche grobe Thierhaare; alle diese gehechelt, gebleicht, gefärbt, auch in Lockenform gelegt oder gemahlen . .	frei
414 [412]	Kunstwolle, ungefärbt oder gefärbt	frei
415 [413]	Krollhaare aus Rindvieh-, Schweine- oder anderen groben Thierhaaren, auch mit anderen Thierhaaren oder mit pflanzlichen Faserstoffen gemischt	5
416 [414]	Wolle und andere Thierhaare, gekrempelt (gestrichen) oder gekämmt (Kammzug), mit Ausnahme der in Nr. 415 [413] genannten Krollhaare . . .	2
	Gespinnste aus Wolle oder anderen Thierhaaren.	
417 [415]	Garn aus Rindvieh-, Hirsch-, Hunde-, Schweine- oder ähnlichen groben Thierhaaren, auch mit anderen thierischen oder mit pflanzlichen Spinn-	

		Zollsatz für 1 Doppelzentner Mark
	stoffen oder Gespinnsten, ausschließlich Seide und Baumwolle, gemischt, ein- oder zweidrähtig:	
	roh	3
	gebleicht, gefärbt, bedruckt	5
	(418/9 [416/7]) Gneappes-, Mohair- und Alpakagarn, auch mit anderen thierischen oder mit pflanzlichen Spinnstoffen oder Gespinnsten, ausschließlich Seide und Baumwolle, gemischt:	
418 [416]	roh:	
	eindrähtig	2
	zwei- oder dreidrähtig	2
	vier- oder mehrdrähtig	20
419 [417]	gebleicht, gefärbt, bedruckt:	
	eindrähtig	2
	zwei- oder dreidrähtig	6
	vier- oder mehrdrähtig	20
	(420/1 [418/9]) Hartes Kammgarn aus Glanzwolle über 20 Centimeter Länge, auch gemischt mit anderen Thierhaaren, wenn das Garn nicht dadurch die Eigenschaften des harten Kammgarns verloren hat:	
420 [418]	roh:	
	eindrähtig	3,50
	zwei- oder dreidrähtig	4
	vier- oder mehrdrähtig	24
421 [419]	gebleicht, gefärbt, bedruckt:	
	eindrähtig	6
	zwei- oder dreidrähtig	14
	vier- oder mehrdrähtig	24
	(422/5 [420/3]) Garn aus Wolle oder anderen Thierhaaren, auch mit pflanzlichen Spinnstoffen oder Gespinnsten, ausschließlich Baumwolle, gemischt, nicht unter Nr. 417 [415] bis 421 [419] fallend:	
422 [420]	Kammgarn, roh:	
	eindrähtig	8
	zwei- oder dreidrähtig	10
	vier- oder mehrdrähtig	24
423 [421]	Kammgarn, gebleicht, gefärbt, bedruckt:	
	eindrähtig	12
	zwei- oder dreidrähtig	18
	vier- oder mehrdrähtig	24
424 [422]	Streichgarn, roh:	
	eindrähtig	9
	zwei- oder dreidrähtig	12
	vier- oder mehrdrähtig	24
425 [423]	Streichgarn, gebleicht gefärbt, bedruckt:	
	eindrähtig	13
	zwei- oder dreidrähtig	21
	vier- oder mehrdrähtig	27
426 [424]	Garn aller Art aus Wolle oder anderen Thierhaaren, auch mit pflanzlichen Spinnstoffen oder Gespinnsten, ausschließlich Baumwolle, gemischt, in Aufmachungen für den Einzelverkauf	36

		Zollsatz für 1 Doppelzentner Mark
	Waaren aus Gespinnsten von Wolle oder anderen Thierhaaren, auch mit pflanzlichen Spinnstoffen oder Gespinnsten gemischt.	
	(427/8 [425/6]) Fußbodenteppiche, im Stücke als Meterwaare eingehend oder abgepaßt (ohne Näharbeit), auch bedruckt:	
427 [425]	aus ungefärbten oder gefärbten Garnen von Rindvieh-, Hirsch-, Hunde-, Schweine- oder ähnlichen groben Thierhaaren, auch gemischt mit Jute, Manilahanf, Agavefasern, Ananasfasern oder Kokosfasern ohne Rücksicht auf das Mischungsverhältniß, desgleichen mit Beimischung von anderen pflanzlichen Spinnstoffen, falls die Garne aus Rindvieh- u. s. w. Haaren vorherrschen; auch aus Tuchenden geflochtene Fußbodenteppiche	24
428 [426]	andere:	
	geknüpft	200
	gewebt	100
	(429/30 [427/8]) Dichte Gewebe für Möbel- und Zimmerausstattung (mit Ausnahme von Sammet und Plüsch, sammet- und plüschartigen Geweben), gefärbt, bedruckt oder bunt gewebt:	
429 [427]	im Stücke als Meterwaare eingehend:	
	im Gewichte { von mehr als 200 Gramm auf 1 Quadratmeter Gewebefläche	135
	im Gewichte { von 200 Gramm oder weniger auf 1 Quadratmeter Gewebefläche	220
430 [428]	abgepaßt (als Vorhänge, Bilder, Decken u. s. w.), auch mit Besatz oder Fransen:	
	im Gewichte { von mehr als 200 Gramm auf 1 Quadratmeter Gewebefläche	165
	im Gewichte { von 200 Gramm oder weniger auf 1 Quadratmeter Gewebefläche	250
431 [429]	Sammet und Plüsch, sammet- und plüschartige Gewebe (aufgeschnitten oder nicht aufgeschnitten), ungemustert oder gemustert	150
432 [430]	Gewebe, nicht unter Nr. 427 [425] bis 431 [429] fallend:	
	im Gewichte { von mehr als 700 Gramm auf 1 Quadratmeter Gewebefläche	135
	im Gewichte { von mehr als 200 bis 700 Gramm auf 1 Quadratmeter Gewebefläche	175
	im Gewichte { von 200 Gramm oder weniger auf 1 Quadratmeter Gewebefläche	220
433 [431]	Wirk- (Trikot-) und Netzstoffe	100
	(434/5 [432/3]) Wirk- (Trikot-) und Netzwaaren:	
434 [432]	Unterkleider:	
	geschnitten	100
	abgepaßt gearbeitet (regulär)	140
435 [433]	andere geschnittene oder abgepaßt gearbeitete (reguläre) Wirk- und Netzwaaren	140
436 [434]	Spitzenstoffe und Spitzen aller Art einschließlich der Einsatzspitzen, Kanten und abgepaßten Waaren aus Spitzen oder Spitzenstoffen, auch ohne wellenförmig gestalteten oder ausgezackten Rand; Tüll	350

		Zollsatz für 1 Doppelzentner Mark
437 [435]	Posamentierwaaren (Besätze, Bänder, Kordeln, Litzen, Schnüre und dergleichen) sowie Knopfmacherwaaren, auch mit Unterlagen oder Einlagen von Holz, Bein, Horn, Leder, Metall oder dergleichen	200
	Anmerkungen zu B. 1. Stickereien auf Grundstoff von Wolle oder anderen Thierhaaren werden wie Stickereien auf baumwollenem Grundstoffe verzollt. 2. Treibriemen, gewebt oder gewirkt, aus Wolle oder anderen Thierhaaren werden wie dergleichen Treibriemen aus Baumwolle verzollt.	
	C. Baumwolle.	
	Baumwolle, bearbeitet.	
438 [436]	Baumwolle:	
	gefärbt, gekrempelt (gestrichen), gekämmt, auch gemahlen	frei
	gebleicht; auch gebleichte Abfälle von der Baumwollspinnerei	frei
	Gespinnste aus Baumwolle, auch mit anderen pflanzlichen oder mit thierischen Spinnstoffen oder Gespinnsten, ausschließlich Seide, gemischt.	
439 [437]	Vorgespinnst, ungedreht oder gedreht, roh, gebleicht, gefärbt, bedruckt:	
	ein- oder zweifach	5
	drei- oder mehrfach; auch Dochte, nicht gewebt, nicht geflochten . . .	10
	(440/3 [438/42]) Garn:	
440 [438]	eindrähtig, roh:	
	bis Nr. 11 englisch	6
	über Nr. 11 bis Nr. 17 englisch	8
	über Nr. 17 bis Nr. 22 englisch	11
	über Nr. 22 bis Nr. 32 englisch	14
	über Nr. 32 bis Nr. 47 englisch	18
	über Nr. 47 bis Nr. 63 englisch	22
	über Nr. 63 bis Nr. 83 englisch	28
	über Nr. 83 bis Nr. 102 englisch	34
	über Nr. 102 englisch	40
441 [439]	eindrähtig, gebleicht, gefärbt, bedruckt	Zoll des eindrähtigen rohen Garnes + 9 Mark
442 [440]	zwei- oder mehrdrähtig, einmal gezwirnt:	
	roh	Zoll des eindrähtigen rohen Garnes + 3 Mark
	gebleicht, gefärbt, bedruckt	Zoll des eindrähtigen rohen Garnes + 11 Mark
443 [442]	zwei- oder mehrdrähtig, wiederholt gezwirnt:	
	roh	40
	gebleicht, gefärbt, bedruckt	48
	Anmerkung zu Nr. 440 bis 443 [438/42]. Zugerichtete (appretirte) und gedämpfte Gespinnste unterliegen der Verzollung als rohe.	
444 [443]	Baumwollenzwirn aller Art in Aufmachungen für den Einzelverkauf . . .	70

		Zollsatz für 1 Doppelzentner Mark
	Waaren aus Baumwollgespinnsten, auch gemischt mit anderen pflanzlichen Spinnstoffen oder Gespinnsten oder mit Pferdehaaren, jedoch ohne Beimischung von Seide, Wolle oder anderen Thierhaaren.	
445 [444]	Dichte Gewebe für Möbel- und Zimmerausstattung (mit Ausnahme von Sammet und Plüsch, sammet- und plüschartigen Geweben), gefärbt, bedruckt, gemustert, bunt gewebt:	
	im Stücke als Meterwaare eingehend	180
	abgepaßt (als Vorhänge, Bilder, Decken u. s. w.), auch mit Besatz oder Fransen	220
	(446/8 [445/7]) Sammet und Plüsch, sammet- und plüschartige Gewebe:	
446 [445]	nicht aufgeschnitten:	
	roh	60
	gebleicht, gefärbt, bedruckt, bunt gewebt	80
447 [446]	aufgeschnitten, Flor aus dem Einschlag gebildet (Velvet):	
	roh	90
	gebleicht, gefärbt, bedruckt, bunt gewebt	120
448 [447]	aufgeschnitten, Flor aus der Kette gebildet (Sammet):	
	roh	120
	gebleicht, gefärbt, bedruckt, bunt gewebt	150
449 [448]	Baumwollenfilze (gewebte filzartige Zeugstoffe), auch gerauht:	
	roh	65
	gebleicht, gefärbt, bedruckt	100
	(450/1[449/50]) Undichte Gewebe zu Vorhängen, auch mit benähten Bogen oder Zacken verziert:	
450 [449]	im Stücke als Meterwaare eingehend:	
	roh, auch zugerichtet (appretirt)	180
	gebleicht, gefärbt, bedruckt, bunt gewebt	220
	mit Band eingefaßt	260
451 [450]	abgepaßt, auch mit Band eingefaßt	260
452 [451]	Tüll:	
	roh, auch zugerichtet (appretirt), ungemustert	60
	roh, auch zugerichtet (appretirt), gemustert	120
	gebleicht, gefärbt, bedruckt	200
	(453/7 [452/7]) Gewebe, nicht unter Nr. 445 [444] bis 452 [451] fallend:	
453 [452]	roh, im Gewichte von 80 Gramm oder darüber auf 1 Quadratmeter:	
	in der Kette und dem Schuß zusammen auf 5 Millimeter im Geviert:	
	mit 35 Fäden oder weniger	50
	mit mehr als 35 bis 44 Fäden	70
	mit mehr als 44 Fäden	90
454 [453]	roh, im Gewichte von 40 Gramm oder darüber, jedoch weniger als 80 Gramm auf 1 Quadratmeter:	
	in der Kette und dem Schuß zusammen auf 5 Millimeter im Geviert:	
	mit 35 Fäden oder weniger	90
	mit mehr als 35 bis 44 Fäden	120
	mit mehr als 44 Fäden	150
455 [454]	roh, im Gewichte von weniger als 40 Gramm auf 1 Quadratmeter:	
	in der Kette und dem Schuß zusammen auf 5 Millimeter im Geviert:	
	mit 35 Fäden oder weniger	120
	mit mehr als 35 bis 44 Fäden	150
	mit mehr als 44 Fäden	170

		Zollsatz für 1 Doppelzentner Mark
456 [455]	zugerichtet (appretirt), gebleicht	Zoll der rohen Gewebe + 20 Mark
457 [456]	gefärbt, bedruckt oder bunt gewebt	Zoll der rohen Gewebe + 50 Mark
458	Wirk- (Trikot-) und Netzstoffe	80
	(459/63) Wirk-(Trikot-) und Netzwaaren:	
459	Handschuhe, Haarnetze	160
460	Strümpfe, Socken, Unterkleider:	
	abgeschnitten	80
	abgepaßt gearbeitet (regulär)	120
461	Fischernetze	3
462	Vogel-, Jagd-, Pferde-, Trag- und ähnliche Netze	100
463	geschnittene oder abgepaßt gearbeitete (reguläre) Wirk- und Netzwaaren, anderweit nicht genannt; Glühstrümpfe (Glühkörper für Beleuchtungszwecke), nicht ausgeglüht (mit Lösungen von Salzen gewisser Erdmetalle [Thorium, Cerium u. s. w.] getränkte baumwollene Wirkwaaren), auch in Verbindung mit unedlen Metallen	100
464	Spitzenstoffe und Spitzen aller Art einschließlich der Einsatzspitzen, Kanten und abgepaßten Waren aus Spitzen oder Spitzenstoffen, auch ohne wellenförmig gestalteten oder ausgezackten Rand:	
	gestickt	450
	gewebt	350
	andere	350
465	Stickereien auf baumwollenem Grundstoffe:	
	Plattstichstickereien	400
	Kettenstichstickereien	450
	andere	400
	Anmerkung. Bei Verwendung von Seide, künstlicher Seide, Floretseide oder Metallfäden (Draht oder Lahn) zum Besticken erhöhen sich die Zollsätze um 20 vom Hundert.	
466	Taue, Seile, Stricke; Bindfaden aus Baumwollgespinnsten im Durchmesser von mehr als 1 Millimeter, auch in Aufmachungen für den Einzelverkauf	40
	Anmerkung. Bindfaden im Durchmesser von 1 Millimeter oder darunter ist nach seiner Beschaffenheit als gezwirntes Garn zu verzollen.	
467	Schläuche (Spritzen- und andere grobe Schläuche), auch in Verbindung mit unedlen Metallen; grobe Gurte und Treibriemen, gewebt oder gewirkt	50
468	Dochte, gewebt oder geflochten	80
469	Posamentierwaaren (Besätze, Bänder, Kordeln, Litzen, Schnüre und dergleichen) sowie Knopfmacherwaaren, auch mit Unterlagen oder Einlagen von Holz, Bein, Horn, Leder, Metall oder dergleichen; auch sogenannte Baumwollensparterie	150
	D. Andere pflanzliche Spinnstoffe.	
	Andere pflanzliche Spinnstoffe, bearbeitet.	
470	Flachs, Hanf, Ramie, Jute, Manilahanf, neuseeländischer Hanf, Agavefasern, Ananasfasern, Kokosfasern, Pflanzendaunen, Torfwolle, Waldwolle und alle übrigen pflanzlichen Spinnstoffe, gehechelt, gekrempelt, gekämmt, gebleicht, gefärbt, nicht unter Nr. 471 fallend	frei
471	Krollhaarersatzstoffe aus Kokos-, Manilahanf-, Agave- oder ähnlichen Fasern, auch gemischt mit Thierhaaren	5

		Zollsatz für 1 Doppelzentner Mark
	Gespinnste.	
	(472/4) Leinengarn (Garn aus Flachs oder Flachswerg), auch gemischt mit Jute, jedoch ohne Beimischung von anderen Spinnstoffen:	
472	eindrähtig, roh:	
	bis Nr. 8 englisch	6
	über Nr. 8 bis Nr. 14 englisch	7
	über Nr. 14 bis Nr. 20 englisch	7,50
	über Nr. 20 bis Nr. 35 englisch	10
	über Nr. 35 bis Nr. 75 englisch	13
	über Nr. 75 englisch	frei
473	eindrähtig, gebleicht, gefärbt, bedruckt:	
	bis Nr. 20 englisch	13
	über Nr. 20 bis Nr. 35 englisch	16
	über Nr. 35 bis Nr. 75 englisch	21
	über Nr. 75 englisch	8
474	zwei- oder mehrdrähtig (gezwirnt), roh, gebleicht, gefärbt, bedruckt . . .	36
	(475/7) Hanfgarn und Hanfwerggarn, sowie Garn aus Manilahanf, neuseeländischem Hanf, Agavefasern, Ananasfasern, Kokosfasern oder anderweit nicht genannten pflanzlichen Spinnstoffen, diese Garne sämmtlich auch gemischt mit sonstigen zum Unterabschnitte D gehörigen Spinnstoffen, jedoch ohne Beimischung von Baumwolle oder thierischen Spinnstoffen:	
475	eindrähtig, roh:	
	bis Nr. 6 englisch	8
	über Nr. 6 bis Nr. 10 englisch	9
	über Nr. 10 englisch	10
476	eindrähtig, gebleicht, gefärbt, bedruckt:	
	bis Nr. 6 englisch	13
	über Nr. 6 bis Nr. 10 englisch	14
	über Nr. 10 englisch	16
477	zwei- oder mehrdrähtig (gezwirnt), roh, gebleicht, gefärbt, bedruckt	36
	Anmerkung zu Nr. 475 und 477. Kokosfasern, zu Strängen zusammen gedreht oder gesponnen (Kokosgarn), ein- oder zweidrähtig, roh	frei
	(478/80) Ramiegarn, auch gemischt mit Flachs oder Jute, jedoch ohne Beimischung von anderen Spinnstoffen:	
478	eindrähtig, roh:	
	bis Nr. 11 englisch	6
	über Nr. 11 bis Nr. 22 englisch	10
	über Nr. 22 bis Nr. 33 englisch	15
	über Nr. 33 englisch	20
479	eindrähtig, gebleicht, gefärbt, bedruckt:	
	bis Nr. 11 englisch	8
	über Nr. 11 bis Nr. 22 englisch	14
	über Nr. 22 bis Nr. 33 englisch	20
	über Nr. 33 englisch	26
480	zwei- oder mehrdrähtig (gezwirnt), roh, gebleicht, gefärbt, bedruckt	36
	(481/2) Jutegarn ohne Beimischung von anderen Spinnstoffen, ein- oder mehrdrähtig:	
481	roh:	
	bis Nr. 8 englisch	5

		Zollsatz für 1 Doppelzentner Mark
	über Nr. 8 bis Nr. 14 englisch	6
	über Nr. 14 englisch	7
482	gebleicht, gefärbt, bedruckt:	
	bis Nr. 14 englisch	12
	über Nr. 14 englisch	13
483	Garn aus Spinnstoffen des Unterabschnitts D ohne Beimischung von Baumwolle oder thierischen Spinnstoffen, in Aufmachungen für den Einzelverkauf:	
	eindrähtig	36
	zwei- oder mehrdrähtig (gezwirnt)	70
	Waaren aus Gespinnsten von Spinnstoffen des Unterabschnitts D.	
	(484/5) Seilerwaaren aus Spinnstoffen des Unterabschnitts D ohne Beimischung von Baumwolle oder thierischen Spinnstoffen:	
484	Taue, Seile, Stricke, Bindfaden (lediglich durch Zusammendrehen von Seilfäden [starken eindrähtigen Seilergarnen] hergestellte nicht schnurartige Seilerwaaren):	
	im Durchmesser von 5 Millimeter oder darüber	10
	im Durchmesser von mehr als 1, aber weniger als 5 Millimeter, auch in Aufmachungen für den Einzelverkauf	24
	Anmerkung. Seilerwaaren der vorbezeichneten Art im Durchmesser von 1 Millimeter oder darunter werden wie zwei- oder mehrdrähtiges Garn verzollt.	
485	Eimer, Gurte, Hängematten, Netze, Schläuche, Sohlen, Strickleitern, Tragbänder, Treibriemen und andere vorstehend nicht genannte Seilerwaaren, auch in Verbindung mit anderen Stoffen, soweit sie nicht dadurch unter höhere Zollsätze fallen	36
	(486/7) Fußbodenteppiche, im Stücke als Meterwaare eingehend oder abgepaßt (ohne Näharbeit), aus losen, gedrehten oder versponnenen Jute-, Manilahanf-, Agave-, Ananas- oder Kokosfasern, auch gemischt mit anderen pflanzlichen Spinnstoffen oder Gespinnsten oder mit Rindvieh-, Hirsch-, Hunde-, Schweine- oder ähnlichen groben Thierhaaren oder Gespinnsten daraus, soweit sie nicht unter Nr. 427 [425] fallen:	
486	geknüpft	60
487	gewebt:	
	gefärbt, bedruckt, bunt gewebt, gemustert	30
	andere; auch Decken aus getheertem Tauwerk, getheerte Fußbodenteppiche	12
	(488/9) Taschentücher aus Leinengarn, im Stücke als Meterwaare eingehend oder abgepaßt, ungemustert oder gemustert, auch mit ungefärbten oder gefärbten baumwollenen Fäden in den Kanten oder Borden ohne Rücksicht auf die Anordnung oder Anzahl dieser Fäden:	
488	roh:	
	in der Kette und dem Schuß zusammen auf 2 Centimeter im Geviert:	
	bis 120 Fäden	80
	mit mehr als 120 Fäden	105
489	gebleicht, gefärbt, bedruckt, bunt gewebt:	
	in der Kette und dem Schuß zusammen auf 2 Centimeter im Geviert:	
	bis 120 Fäden	120
	mit mehr als 120 Fäden	145

		Zollsatz für 1 Doppelzentner Mark
490	Dichte Gewebe für Möbel- und Zimmerausstattung (mit Ausschluß von Sammet und Plüsch, sammet- und plüschartigen Geweben) aus Jute ohne Beimischung von anderen Spinnstoffen, gefärbt, bedruckt, bunt gewebt, gemustert	80
491	Sammet und Plüsch, sammet- und plüschartige Gewebe (aufgeschnitten oder nicht aufgeschnitten), aus Gespinnsten von Spinnstoffen des Unterabschnitts D ohne Beimischung von thierischen Spinnstoffen oder von Baumwolle:	
	roh	80
	gebleicht, gefärbt, bedruckt, bunt gewebt	110
	(492/7) Dichte Gewebe aus Gespinnsten von Spinnstoffen des Unterabschnitts D, auch gemischt mit Pferdehaaren, jedoch ohne Beimischung von anderen thierischen Spinnstoffen oder Baumwolle, nicht unter Nr. 486 bis 491 fallend, ungemustert:	
	(492/3) aus Flachs, Flachswerg oder Ramie, auch gemischt mit anderen Spinnstoffen des Unterabschnitts D:	
492	roh:	
	in der Kette und dem Schuß zusammen auf 2 Centimeter im Geviert:	
	bis 40 Fäden	14
	mit 41 bis 80 Fäden	28
	mit 81 bis 120 Fäden	40
	mit mehr als 120 Fäden	65
493	gebleicht, gefärbt, bedruckt, bunt gewebt:	
	in der Kette und dem Schuß zusammen auf 2 Centimeter im Geviert:	
	bis 120 Fäden	65
	mit mehr als 120 Fäden	120
	(494/5) aus Hanf, Hanfwerg, Manilahanf, neuseeländischem Hanf, Agavefasern, Ananasfasern, Kokosfasern oder anderweit nicht genannten pflanzlichen Spinnstoffen, auch gemischt mit Jute, jedoch ohne Beimischung von Flachs oder Ramie:	
494	roh:	
	in der Kette und dem Schuß zusammen auf 2 Centimeter im Geviert:	
	bis 40 Fäden	16
	mit 41 bis 80 Fäden	30
	mit mehr als 80 Fäden	44
495	gebleicht, gefärbt, bedruckt, bunt gewebt	65
	(496/7) aus Jute ohne Beimischung von anderen Spinnstoffen des Unterabschnitts D:	
496	roh:	
	in der Kette und dem Schuß zusammen auf 2 Centimeter im Geviert:	
	bis 40 Fäden	12
	mit 41 bis 80 Fäden	24
	mit mehr als 80 Fäden	36
497	gebleicht, gefärbt, bedruckt, bunt gewebt	60
498	Dichte Gewebe aus Gespinnsten von Spinnstoffen des Unterabschnitts D, auch gemischt mit Pferdehaaren, jedoch ohne Beimischung von anderen thierischen Spinnstoffen oder Baumwolle, nicht unter Nr. 486 bis 491 fallend, gemustert (roh, gebleicht, gefärbt, bedruckt, bunt gewebt)	150
499	Gaze, Tüll und ähnliche undichte Gewebe	300
500	Wirk- (Trikot-) und Netzstoffe sowie Wirkwaaren (Trikotwaaren) und anderweit nicht genannte Netzwaaren	100

		Zollsatz für 1 Doppelzentner Mark
501	Spitzenstoffe und Spitzen aller Art einschließlich der Einsatzspitzen, Kanten und abgepaßten Waaren aus Spitzen oder Spitzenstoffen, auch ohne wellenförmig gestalteten oder ausgezackten Rand	600
502	Posamentierwaaren (Besätze, Bänder, Kordeln, Litzen, Schnüre und dergleichen) sowie Knopfmacherwaaren, auch mit Unterlagen oder Einlagen von Holz, Bein, Horn, Leder, Metall oder dergleichen; Dochte, gewebt oder gewirkt; ferner nach Art der sogenannten Baumwollensparterie hergestellte Waaren	150
	Anmerkung zu D. Stickereien auf Grundstoff aus Gespinnsten des Unterabschnitts D sind wie Stickereien auf baumwollenem Grundstoffe zu verzollen.	
	E. Buchbinderzeugstoffe, Pausleinwand, wasserdichte Gewebe, Gewebe mit aufgetragenen Schleif- oder Polirmitteln; Linoleum und ähnliche Stoffe.	
503	Buchbinderzeugstoffe, glatt oder gepreßt	60
	Pausleinwand	135
	(504/6) Wasserdichte Gewebe (mit Ausnahme von Kautschuk- und Guttaperchageweben):	
504	Wachstuch:	
	grobes, mit rauher Oberfläche, unbedruckt, ohne Musterpressung (Packtuch); Packfilz, ungefärbt	12
	grobes, mit glatter Oberfläche oder bedruckt oder mit Musterpressung; Ledertuch; Packtuch, mit Papier unterklebt; anderes als grobes Wachstuch mit Ausnahme von Wachsmusselin und Wachstafft; Packfilz, gefärbt	30
	Wachsmusselin und Wachstafft	50
505	Gewebe, durch Ueberstreichen oder Tränken mit Oelfirniß oder mit Stoffen metallischen Ursprunges, durch Theeren oder sonst eine Behandlung mit anderen Stoffen als Kautschuk, Guttapercha oder Zellhorn wasserdicht gemacht:	
	grobe; auch Schiefertuch	12
	andere als grobe	30
506	Gewebe, mit Zellhorn (Celluloid) oder ähnlichen Stoffen überstrichen . .	90
	Anmerkung zu Nr. 503 bis 506. Bestickte Gewebe der Nr. 503 bis 506 werden wie genähte Gegenstände aus solchen verzollt.	
507	Schmirgeltuch, Bimssteintuch, Feuerstein-, Glas- und Sandleinen . . .	6
	(508/9) Fußbodenbelag aus Linoleum oder ähnlichen Stoffen, im Stücke als Meterwaare eingehend oder abgepaßt, auch mit Unterlagen von groben Gespinnstwaaren oder anderen Stoffen:	
508	in der Masse einfarbig:	
	unbedruckt	10
	bedruckt	12
509	in der Masse mehrfarbig (z. B. eingelegtes [Mosaik-, Granit-] Linoleum), auch bedruckt	18
510	Tapeten, Lincrusta und dergleichen aus Linoleum oder ähnlichen Stoffen	40
	Anmerkung zu Nr. 508 bis 510. In Nr. 508 bis 510 nicht genannte Waaren aus Linoleum oder ähnlichen Stoffen, auch in Verbindung mit anderen Stoffen, soweit sie nicht dadurch unter höhere Zollsätze fallen, sind wie Fußbodenbelag zu verzollen.	

		Zollsatz für 1 Doppelzentner Mark
	F. Watte, Filze und nicht genähte Filzwaaren.	
	(511/2) Watte:	
511	zu Heilzwecken zubereitet:	
	in Aufmachungen { von 1 Kilogramm oder darunter	24
	in Aufmachungen { von mehr als 1 Kilogramm	20
512	andere, auch mit Kleister, Leim oder Gummilösung überzogen; ferner als Dichtungsmittel dienende Rollen aus Watte:	
	aus Seide oder Seidenabfällen	24
	aus anderen Spinnstoffen	4
	(513/4) Filze, abgepaßte Fußbodenteppiche aus Filz und sonstige nicht genähte Filzwaaren (mit Ausnahme der Hüte):	
513	aus Rindvieh-, Hirsch-, Hunde-, Schweine- oder ähnlichen groben Thierhaaren, auch in Verbindung mit pflanzlichen Spinnstoffen, jedoch ohne Beimischung von Seide, Wolle oder anderen Thierhaaren:	
	Filze; auch Dachfilz und andere mit Asphalt, Theer, Harzen oder dergleichen getränkte Filze	3
	Filzschuhe, auch genäht, ohne Sohlen aus anderen Stoffen	30
	abgepaßte Fußbodenteppiche aus Filz und andere Filzwaaren	15
514	aus Wolle oder anderen als den vorstehend genannten Thierhaaren, auch in Verbindung mit pflanzlichen Spinnstoffen oder mit Beimischung von Seide	100
	Anmerkung zu Nr. 513 und 514. Bestickte Filze und Filzwaaren werden wie genähte Gegenstände aus Filzen verzollt.	
	G. Pferdehaare (aus der Mähne oder dem Schweife) und Waaren daraus.	
515	Pferdehaare (aus der Mähne oder dem Schweife), bearbeitet:	
	gehechelt, gezogen, gebleicht, gefärbt	frei
	Krollhaare aus Pferdehaaren, auch gemischt mit anderen Thierhaaren oder mit pflanzlichen Faserstoffen	5
516	Waaren aus Pferdehaaren, anderweit nicht genannt:	
	Preßtücher, Gurte, Scheiben und Tafeln, zum Pressen von Oel oder Fetten, auch in Verbindung mit Werg	20
	Taue, Seile, Stricke; Weberlitzen, auch durch Verflechten, Verknüpfen oder Verstricken zu einem sogenannten Litzenkamme vereinigt; Gewebe, auch mit anderen thierischen oder mit pflanzlichen Spinnstoffen oder Gespinnsten, ausschließlich Seide, gemischt, sofern die ganze Kette oder der ganze Einschlag aus Pferdehaaren besteht; Bänder, Ketten, Siebböden und ähnliche Geflechte	50
	künstliche Blumen; Spitzen	120
	H. Kleider, Putzwaaren und sonstige genähte Gegenstände aus Gespinnstwaaren oder Filzen, anderweit nicht genannt.	
517	Aus Seide:	
	aus undichten Geweben, Spitzen oder Stickereien, ganz oder theilweise aus Seide	1500
	aus anderen Gespinnstwaaren ganz aus Seide	1200
	aus anderen Gespinnstwaaren oder aus Filzen, theilweise aus Seide	700
518	Aus Gespinnstwaaren oder Filzen aus Wolle oder anderen Thierhaaren, auch gemischt mit pflanzlichen Spinnstoffen	350
519	Aus Baumwolle, auch gemischt mit anderen pflanzlichen Spinnstoffen	350

		Zollsatz für 1 Doppelzentner Mark
520	Aus anderen pflanzlichen Spinnstoffen als Baumwolle	350
	Anmerkung zu Nr. 518 bis 520. Kleider, Putzwaaren und sonstige genähte Gegenstände der Nr. 518 bis 520 unterliegen, wenn sie aus Spitzen oder Stickereien bestehen, einem Zollzuschlage von 100, wenn sie mit Spitzen oder Stickereien einschließlich solcher ganz oder theilweise aus Seide verziert sind, einem Zollzuschlage von 50 vom Hundert.	
521	Aus wasserdichten Geweben (ausgenommen Kautschuk- und Guttaperchagewebe):	
	aus groben wasserdichten Geweben; auch aus Schiefertuch oder Schmirgeltuch	50
	aus Geweben, mit Zellhorn (Celluloid) oder ähnlichen Stoffen überstrichen	150
	aus anderen wasserdichten Geweben	70
522	Aus Gespinnstwaaren, auch aus Filz, mit Kautschuk überzogen oder getränkt oder durch Zwischenlagen aus Kautschuk verbunden, oder in Verbindung mit Kautschukfäden, auch aus Geweben von Kautschukfäden in Verbindung mit Gespinnsten, anderweit nicht genannt:	
	wenn die Gespinnstwaare oder das Gespinnst besteht:	
	ganz oder theilweise aus Seide	220
	aus anderen Spinnstoffen	120
	J. Künstliche Blumen aus Gespinnstwaaren, Regen- und Sonnenschirme, Schuhe aus Gespinnstwaaren oder Filzen.	
523	Blumen (Blüthen, Blüthenblätter, Knospen), fertige, aus Gespinnstwaaren oder Gespinnsten, auch aus Filz, allein oder in Verbindung mit anderen Stoffen, auch in fester Verbindung mit anderen Gegenständen oder unter Glas und Rahmen; Bestandtheile solcher künstlichen Blumen, z. B. einzelne Blätter, Stiele, Staubfäden, Samenkapseln, Früchte u. s. w., ohne Verbindung unter einander; auch sogenannte Stoffschläuche zu Stielen	900
	Anmerkung. Wie künstliche Blumen werden auch sogenannte Phantasieblumen, Nachahmungen von Käfern und ähnliche Gegenstände verzollt, die zu gleichem Zwecke wie natürliche Blumen verwendet werden.	
	(524/5) Regen- und Sonnenschirme, soweit sie nicht durch ihre Verbindung mit anderen Stoffen unter höhere Zollsätze fallen:	
524	aus Spitzen, Stickereien oder Gespinnstwaaren mit aufgenähter Arbeit, oder damit aufgeputzt	200
525	andere:	
	aus Gespinnstwaaren ganz aus Seide	120
	aus Gespinnstwaaren theilweise aus Seide	90
	aus anderen Gespinnstwaaren	70
526	Schuhe, aus Tuchecken oder Tuchleisten geflochten, ohne angenähte Sohlen aus anderen Stoffen	15
	Anmerkung. Schuhe, aus Nesteln, Litzen oder dergleichen geflochten, ohne angenähte Sohlen aus anderen Stoffen, werden wie Posamentierwaaren verzollt.	
527	Schuhe aus Gespinnstwaaren oder Filzen mit angenähten Sohlen aus anderen Stoffen:	
	aus Gespinnstwaaren ganz oder theilweise aus Seide	600
	aus Tuchecken, Tuchleisten oder Filzen; aus baumwollenen, wollenen oder leinenen Nesteln, Litzen oder dergleichen	50
	aus Kameelhaargeweben	100
	aus anderen Gespinnstwaaren, auch aus wasserdichten Geweben	70

		Zollsatz für 1 Doppelzentner Mark
	K. Menschenhaare und Waaren daraus, zugerichtete Schmuckfedern, Fächer und Hüte.	
528	Menschenhaare, roh, ausgekocht, gefärbt, gehechelt, gesponnen oder in Lockenform gelegt	100
529	Haargewirre von Menschenhaaren, zu Perrückenmacher- oder anderen Haararbeiten nicht verwendbar	frei
530	Perrückenmacher- und andere Arbeiten aus Menschenhaaren oder Nachahmungen davon, auch in Verbindung mit anderen Stoffen, soweit sie nicht dadurch unter höhere Zollsätze fallen	200
531	Schmuckfedern, zugerichtet (zubereitet):	
	Straußfedern und Reiherfedern	1000
	andere Federn; auch Vogelbälge, Köpfe, Flügel und andere Theile von Bälgen, zum Schmucke von Hüten oder dergleichen zugerichtet	750
532	Fächer (Handfächer):	
	ganz oder theilweise aus Straußfedern	600
	ganz oder theilweise aus Seide, Spitzen, Stickereien oder anderen Schmuckfedern als Straußfedern; alle diese, soweit sie nicht durch ihre Verbindungen unter höhere Zollsätze fallen	300
	andere, soweit sie nicht an sich oder durch ihre Verbindungen unter höhere Zollsätze fallen	200
533	Männerhüte aus Gespinnstwaaren, ohne Rücksicht auf die Ausstattung:	
	aus Gespinnstwaaren ganz oder theilweise aus Seide; Hüte aller Art mit Springfedern (Klapphüte)	für 1 Stück 1,50
	aus anderen, auch mit Kautschuk überzogenen oder getränkten Gespinnstwaaren; lackirte Männerhüte aus Gespinnstwaaren aller Art, auch aus Filz	0,50
	(534/5) Frauenhüte aus Gespinnstwaaren, und zwar:	
534	aus Gespinnstwaaren ganz oder theilweise aus Seide, aus Spitzen, Stickereien oder Gespinnstwaaren mit aufgenähter Arbeit	1
535	aus anderen, auch mit Kautschuk überzogenen oder getränkten Gespinnstwaaren:	
	unausgerüstet (ungarnirt)	0,25
	ausgerüstet (garnirt)	0,50
536	Hüte aus wasserdichten Geweben (mit Ausnahme von Kautschukgeweben), unausgerüstet (ungarnirt) oder ausgerüstet (garnirt)	für 1 Stück 0,25
	(537/8) Männerhüte aus Filz (mit Ausnahme der lackirten):	
537	aus Haarfilz:	
	unausgerüstet (ungarnirt)	0,70
	ausgerüstet (garnirt)	1
538	aus Wollfilz:	
	unausgerüstet (ungarnirt)	0,30
	ausgerüstet (garnirt)	0,40
539	Frauenhüte aus Filz aller Art:	
	unausgerüstet (ungarnirt)	0,35
	ausgerüstet (garnirt)	1
540	Hutstumpen aus Filz, ganz oder unvollständig in Hutform gebracht:	
	aus Haarfilz	0,45
	aus Wollfilz	0,20

		Zollsatz für 1 Doppelzentner Mark
541	Hüte aus Stroh oder anderen pflanzlichen Flechtstoffen, aus Hanf- oder Roßhaargeflechten, Fischbein, Kork, Baumschwamm, Lufa, Papier, Sparterie; anderweit nicht genannte Hüte:	
	unausgerüstet (ungarnirt)	0,30
	ausgerüstet (garnirt)	0,60
542	Frauenhüte aller Art, aufgeputzt	1,50
	L. Abfälle von Gespinnstwaaren und dergleichen.	
543	Abfälle von Gespinnstwaaren aller Art (Lumpen und Schneidereiabfälle, letztere zur Schneiderei nicht mehr verwendbar); Tuchleisten; alte Netze, altes Tauwerk, alte Stricke und alte Weberlitzen aus Garn, zur ursprünglichen Bestimmung nicht mehr verwendbar	frei

Allgemeine Anmerkungen zum fünften Abschnitte.

1. Halbgebleichte (cremirte), mercerisirte oder mit Salpetersäure behandelte (nitrirte) Gespinnste unterliegen der Verzollung als gebleichte Gespinnste.
2. Gespinnste aus Wolle oder anderen Thierhaaren oder aus pflanzlichen Spinnstoffen in Verbindung mit Metallfäden (Draht oder Lahn), mit Ausnahme der mit solchen umsponnenen, werden mit einem Zuschlage von 10 vom Hundert verzollt. Bei Gespinnsten, die nach der Feinheitsnummer verschiedenen Zollsätzen unterliegen, ist der Berechnung des Zolles nebst Zuschlag der höchste der für das Gespinnst nach seiner sonstigen Beschaffenheit in Frage kommenden Zollsätze zu Grunde zu legen.
3. Gespinnste in geschlichteten oder geleimten Ketten, mit Ausnahme derjenigen aus Seide, künstlicher Seide oder Floretseide, unterliegen einem Zuschlage von 5 vom Hundert zu dem Zollsatze für das verwendete Gespinnst.
4. Halbgebleichte (cremirte), mercerisirte oder mit Salpetersäure behandelte (nitrirte) Gespinnstwaaren unterliegen der Verzollung als gebleichte Gespinnstwaaren.
5. Broschirte Gewebe unterliegen einem Zollzuschlage von 10 vom Hundert.
6. Gehäkelte und gestrickte Gespinnstwaaren werden wie Wirkwaaren, sogenannte Aetzstickereien (Aetzspitzen), soweit sie nicht als Gespinnstwaaren mit aufgenähter Arbeit (appliquirte Gespinnstwaaren) sich darstellen, als Spitzen verzollt.
7. Gespinnstwaaren in Verbindung mit Metallfäden (Draht oder Lahn) werden mit einem Zuschlage von 10 vom Hundert verzollt, soweit im Tarife nicht Ausnahmen vorgesehen sind.
8. Gespinnstwaaren mit aufgenähter Arbeit (appliquirte Gespinnstwaaren) unterliegen nach Maßgabe des Grundstoffs der Verzollung als genähte Gegenstände. In gleicher Weise werden Filze und Filzwaaren mit aufgenähter Arbeit verzollt.
9. Weberlitzen aus Gespinnsten, durch Verflechten, Verknüpfen oder Verstricken zu einem Litzenkamme vereinigt, werden wie Posamentierwaaren verzollt.
10. Gespinnstwaaren und Filze, die nur mit einfachen Säumen oder mit einzelnen Nähten versehen sind, werden nicht mit den Zollsätzen für genähte Gegenstände, sondern nur mit einem Zuschlage von 15 vom Hundert zu dem Zolle für die Gespinnstwaaren belegt.

    Demselben Zollzuschlag unterliegen Säcke aus Geweben, genäht oder ungenäht.

    Soweit nicht Ausnahmen vorgesehen sind, werden abgepaßte oder zugeschnittene Gespinnstwaaren ohne Näharbeit wie die im Stücke als Meterwaare eingehenden Gespinnstwaaren verzollt.

    Gespinnstwaaren mit angeknüpften Fransen oder dergleichen werden nicht wie genähte Gegenstände verzollt.

    Bei Wirk- (Trikot-) und Netzwaaren bleiben Säume und Nähte sowie Einfassungen von Band und die zum Gebrauch erforderlichen gewöhnlichen Zuthaten auf die Verzollung ohne Einfluß.

		Zollsatz für 1 Doppelzentner Mark
	11. Für Kleider, Putzwaaren und sonstige genähte Gegenstände aus Gespinnstwaaren in Verbindung mit Metallfäden (Draht oder Lahn) erhöhen sich die Zollsätze um 15 vom Hundert.	
	12. Nicht besonders genannte Gegenstände aus Gespinnstwaaren, die in anderer Weise als durch Nähen hergestellt sind, werden wie genähte Gegenstände verzollt. Der nämlichen Behandlung unterliegen Gespinnstwaaren mit oder ohne Näharbeit in Verbindung mit anderen Stoffen, soweit sie nicht besonders tarifirt sind oder durch ihre Verbindungen unter höhere Zollsätze fallen.	
	Eingewebte, eingewirkte u. s. w. Glas-, Porzellan- oder Metallperlen, Glasgespinnste, Fischbeinfasern oder dergleichen bleiben auf die Verzollung von Gespinnstwaaren ohne Einfluß.	
	Gefüllte Betten sowie gefüllte Kissen, Matratzen, Polster u. s. w. zu Betten, auch Strohsäcke, mit Ueberzügen aus Gespinnstwaaren, unterliegen der Verzollung als genähte Gegenstände aus den zu den Ueberzügen verwendeten Stoffen nur zu einem Drittel des Gewichts der Betten u. s. w., während zwei Drittel auf die Füllung zu rechnen und dem für diese bestehenden Zollsatze zu unterwerfen oder zollfrei zu lassen sind. In gleicher Weise werden andere gepolsterte oder sonst ausgefüllte Kissen ohne Gestell mit Ueberzügen aus Gespinnstwaaren im Gewichte von mehr als 2 Kilogramm behandelt.	
	13. Gespinnste und Gespinnstwaaren aus Zellstoff (Cellulose) oder anderen Nachahmungsstoffen, mit Ausnahme der künstlichen Seide, werden wie die Gespinnste und Gespinnstwaaren, als deren Nachahmungen sie sich darstellen, behandelt.	
	Sechster Abschnitt.	
	Leder und Lederwaaren, Kürschnerwaaren, Waaren aus Därmen.	
	A. Leder.	
544	Enthaarte halb- oder ganzgare, noch nicht gefärbte oder weiter zugerichtete Schaf- und Ziegenfelle, auch Lamm- und Zickelfelle, ungespalten oder gespalten . . .	3
	(545/7) Leder, halb- oder ganzgar, auch zugerichtet, anderweit nicht genannt:	
545	bei einem Reingewichte des Stückes von mehr als 3 Kilogramm:	
	ganze Häute mit anhaftenden Köpfen, Hälsen, Bäuchen und Klauen, auch in Hälften; Kopf-, Hals-, Bauchtheile und Klauen, sowie Roßschilder und Schweinsleder ohne Rücksicht auf das Gewicht des Stückes . . .	30
	Kernstücke . . .	36
546	bei einem Reingewichte des Stückes von 1 bis 3 Kilogramm . . .	40
547	bei einem Reingewichte des Stückes von weniger als 1 Kilogramm . . .	50
548	Handschuhleder aller Art . . .	36
549	Ziegen- und Zickelleder, zugerichtet, mit Ausnahme des Handschuhleders und des lackirten Leders . . .	80
550	Schaf- und Lammleder, zugerichtet, mit Ausnahme des Handschuhleders und des lackirten Leders . . .	36
551	Pergament; auch durchscheinendes (Transparent-)Leder und Trommelleder	18
552	Lackirtes Leder aller Art . . .	50
553	Bearbeitete (gefärbte, gegerbte u. s. w.) Häute von Fischen oder Kriechthieren	50

		Zollsatz für 1 Doppelzentner Mark
554	Künstliches Leder (ganz oder theilweise aus Lederabfällen zusammengesetzt)	30
	Anmerkungen zu A. 1. Behaarte halb- oder ganzgare Kalbfelle, Rindshäute und dergleichen, die zur Verwendung als Schuhoberleder sowie zur Herstellung von Täschnerwaaren u. s. w. geeignet sind, unterliegen der Verzollung als Leder. 2. Abschnitte und Streifen von Leder, die einer weiteren Bearbeitung durch Kitten, Einpressen, Ein- oder Ausschneiden von Verzierungen, Lochen, Steppen, Nähen oder dergleichen unterworfen sind, ferner zu einem besonderen Zwecke durch Zuschneiden oder Stanzen geformte Abschnitte oder Streifen von Leder unterliegen der Verzollung als Lederwaaren, ausgenommen gestanztes Trommelleder, auf welches lediglich der Zollsatz der Nr. 551 Anwendung findet.	
	B. Lederwaaren.	
	(555/6) Schuhe aus Leder aller Art, auch aus behaarten Häuten oder aus Häuten von Fischen oder Kriechthieren:	
555	mit Holzsohlen	30
556	mit anderen Sohlen:	
	das Paar im Gewichte von mehr als 1200 Gramm	85
	das Paar im Gewichte von mehr als 600 bis 1200 Gramm; auch Schuhobertheile aus Leder aller Art mit elastischen Einsätzen ohne Rücksicht auf das Gewicht	120
	das Paar im Gewichte von 600 Gramm oder darunter	180
557	Treibriemen und Treibriemenbahnen aus Leder aller Art sowie aus rohen enthaarten Häuten, auch mit Unterlagen oder Zwischenlagen aus groben Gespinnstwaaren oder Filz	60
558	Stöcke, Reitpeitschen und dergleichen aus Thierflechsen, auch in Verbindung mit anderen Stoffen, soweit sie nicht dadurch unter höhere Zollsätze fallen:	
	unlackirt	30
	lackirt	70
559 [558a]	Kleider aus Leder:	
	mit Futter aus Gespinnstwaaren	250
	andere	80
560 [559]	Sattler- und Täschnerwaaren sowie andere nicht besonders genannte Waaren aus Leder aller Art, rohen enthaarten oder behaarten Häuten, Pergament, thierischen Blasen, Goldschlägerhaut oder Häuten von Fischen oder Kriechthieren, oder damit ganz oder theilweise überzogen; auch Sattler- und Täschnerwaaren aus groben Gespinnstwaaren von pflanzlichen Spinnstoffen oder aus Seilerarbeit der Nr. 484 oder 485, oder damit ganz oder zum größeren Theile überzogen; alle diese, soweit sie nicht durch die Verbindung mit anderen Stoffen unter höhere Zollsätze fallen oder zu den mit Leder ganz oder theilweise überzogenen Papier- und Pappwaaren der Nr. 667 bis 669 [670 und 671] gehören:	
	bei einem Reingewichte des Stückes von 2 Kilogramm oder darüber	65
	bei einem Reingewichte des Stückes von weniger als 2 Kilogramm; auch Ledertapeten ohne Rücksicht auf das Gewicht des Stückes . .	80
	in Verbindung mit Beschlägen oder Verschlußvorrichtungen aus edlen Metallen ohne Rücksicht auf das Gewicht des Stückes; auch Stickereien auf Leder	120
	Anmerkung. Eine Verbindung mit Beschlägen oder Verschlußvorrichtungen aus vergoldeten oder versilberten unedlen Metallen oder Legirungen unedler Metalle bleibt auf die Verzollung ohne Einfluß.	

		Zollsatz für 1 Doppelzentner Mark
561 [560]	Handschuhleder, zu Handschuhen zugeschnitten oder gestanzt	150
562 [561]	Handschuhe ganz oder theilweise aus Leder (mit Ausnahme der mit Pelzwerk überzogenen oder mit solchem gefütterten Handschuhe und der als Sattlerwaare zu behandelnden ausgepolsterten Fechthandschuhe) . . .	200
	Anmerkung. Handschuhe ganz oder theilweise aus Leder mit angenähten Aermeln aus Gespinnstwaaren werden wie genähte Gegenstände aus den letzteren verzollt.	
	C. Kürschnerwaaren.	
563 [562]	Felle zur Pelzwerkbereitung, halb- oder ganzgar, auch gefärbt	frei
564 [563]	Pelzwaaren, nicht überzogen, nicht gefüttert: Pelze, auch Bundas, Boas, Pelzdecken, Pelzfutter, Pelzbesätze, zusammengenähte Pelze zu Pelzfutter; geschnittene Pelzstreifen zu Besätzen und dergleichen	6
565 [564]	Pelzwaaren, überzogen oder gefüttert; auch ungefütterte Boas, wenn sie mit Band, Knöpfen, Borten u. s. w. versehen sind; Kissen, gepolsterte oder sonst ausgefüllte (ohne Gestell), mit Pelzwerk überzogen; Schuhe (auch mit Sohlen aus Leder oder dergleichen), Fußsäcke, Hüte, Mützen, Muffe und Handschuhe aus Pelzwerk oder mit Pelzwerk überzogen oder gefüttert	150
566 [565]	Ausgestopfte Thiere und Theile davon, auch mit künstlichen Augen, natürlichen Geweihen oder dergleichen; Vogel- und andere Thierbälge, zu sogenannten Attrappen (Kästchen oder dergleichen) eingerichtet, auch in Verbindung mit anderen Stoffen, soweit sie nicht dadurch unter höhere Zollsätze fallen	70
	Anmerkung zu C. Zur Verwendung als Pelzwerk zugerichtete Vogelbälge und Theile von solchen werden wie halb- oder ganzgare Felle zur Pelzwerkbereitung behandelt, Waaren aus solchen Vogelbälgen sowie Gespinnstwaaren, Lederwaaren und dergleichen, auf denen Vogelfedern durch Weben, Nähen oder dergleichen befestigt sind, wie gefütterte Pelzwaaren verzollt.	
	D. Waaren aus Därmen.	
567 [566]	Darmschnüre und Darmseile	50
568 [567]	Andere Waaren aus Därmen mit Ausnahme der Darmsaiten; Stöcke, mit Darmsaiten ganz oder theilweise umflochten	70
	E. Abfälle.	
569 [568]	Abgenutzte Lederstücke und Lederwaaren sowie sonstige Lederabfälle (auch gemahlen), sofern ihre Benutzung als Leder oder zu Lederwaaren nach ihrer Beschaffenheit ausgeschlossen ist	frei
	Siebenter Abschnitt.	
	Kautschukwaaren.	
	A. Waaren aus weichem Kautschuk.	
570 [569]	Kautschuk, aufgelöst auch mit Beimischung von Harz	3

		Zollsatz für 1 Doppelzentner Mark
571 [570]	Weichkautschukteig, auch gefärbt oder mit Asbestfasern, Graphit oder anderen Stoffen vermischt; gewalzte Platten daraus; Kautschuk-Abschnitte und -Streifen, unbearbeitet; Kautschukplatten mit eingewalztem Draht oder Drahtgeflecht; alle diese nicht vulkanisirt; Guttaperchapapier	5
572 [571]	Geschnittene Platten (Patentplatten) aus rohem, gereinigtem, gefärbtem, auch mit Schwefel oder anderen Stoffen gemischtem Kautschuk, nicht vulkanisirt, auch in Abschnitten und Streifen, unbearbeitet	8
573 [572]	Kautschukfäden, gezogen oder geschnitten:	
	ohne Verbindung mit Gespinnsten	10
	mit Gespinnsten aus pflanzlichen oder thierischen Spinnstoffen unvollständig umsponnen oder umflochten	20
	mit Seide oder mit Gespinnsten, in denen Seide enthalten ist, übersponnen	60
	mit anderen Gespinnsten übersponnen	40
574 [573]	Schläuche:	
	aus Kautschuk für die Bereifung von Fahrzeugrädern	60
	aus Kautschuk zu Stielen für künstliche Blumen	80
	andere aus Kautschuk; aus Kautschuk mit Unterlagen aus pflanzlichen Spinnstoffen; aus pflanzlichen Spinnstoffen, mit Kautschuk getränkt oder überzogen oder durch Zwischenlagen aus Kautschuk verbunden; aus Kautschuk, mit Gespinnsten umflochten oder umsponnen; alle diese auch in Verbindung mit unedlen Metallen oder Legirungen unedler Metalle	40
575 [574]	Treibriemen aus Gespinnstwaaren, mit Kautschuk getränkt oder überzogen, oder mit Unterlagen oder Zwischenlagen aus Kautschuk; aus Kautschuk mit Unterlagen oder Zwischenlagen aus Gespinnstwaaren	50
576 [575]	Wagendecken, bearbeitete, aus groben Gespinnstwaaren, mit Kautschuk getränkt oder überzogen oder durch Zwischenlagen aus Kautschuk verbunden	30
577 [576]	Schuhe aus Kautschuk, auch in Verbindung mit Sohlen aus anderen Stoffen:	
	unlackirt	70
	lackirt	100
578 [577]	Reifen aus Kautschuk für Fahrzeugräder; auch Schutzdecken (Laufdecken) für die zu Fahrzeugrädern bestimmten Schläuche, aus Gespinnstwaaren, mit Kautschuk getränkt oder überzogen oder durch Zwischenlagen von Kautschuk verbunden	60
579 [578]	Anderweit nicht genannte Waaren aus weichem (auch vulkanisirtem) Kautschuk oder damit ganz oder theilweise überzogen, soweit sie nicht durch die Verbindung mit anderen Stoffen unter höhere Zollsätze fallen:	
	unlackirt, ungefärbt, unbedruckt; Fußbodendecken aus derartigem Kautschuk, auch mit Unterlagen von Gespinnstwaaren oder Filz; Kautschukplatten mit ein- oder aufgewalzten Gespinnstwaaren oder mit ein- oder aufgewalztem Filz; Kolbenpackungen, Stopfbüchsenpackungen und Dichtungsschnüre aus groben Gespinnstwaaren, Gespinnsten oder Filz in Verbindung mit Kautschuk oder mit Stearinsäure, Talk, Talg oder Asbest, sowie andere Kolbenpackungen und Dichtungsschnüre von ähnlicher Beschaffenheit	40
	lackirt, gefärbt, bedruckt oder mit eingepreßten Mustern versehen; Fußbodendecken aus derartigem Kautschuk, auch mit Unterlagen von Gespinnstwaaren oder Filz	60

		Zollsatz für 1 Doppelzentner Mark
580 [579]	Gespinnstwaaren, auch Filz, mit Kautschuk getränkt oder überzogen oder durch Zwischenlagen aus Kautschuk verbunden; Gespinnstwaaren in Verbindung mit Kautschukfäden; Gewebe aus Kautschukfäden in Verbindung mit Gespinnsten; Kautschukwaaren, mit Gespinnstwaaren überzogen oder mit Gespinnsten umsponnen; alle diese, wenn die Gespinnstwaare oder das Gespinnst besteht:	
	ganz oder theilweise aus Seide	180
	aus anderen Spinnstoffen	100
	Anmerkung. Bestickte Gespinnstwaaren der vorbezeichneten Art werden wie genähte Gegenstände aus solchen verzollt.	
581 [580]	Kautschukdrucktücher für Fabriken und Kratzentücher für Kratzenfabriken auf Erlaubnißschein unter Ueberwachung der Verwendung	30
	B. Hartkautschuk und Hartkautschukwaaren.	
582 [581]	Hartkautschukteig (nicht vulkanisirt)	5
583 [582]	Hartkautschukteig für zahntechnische Zwecke, mit Farben, Metallpulver oder anderen Stoffen gemengt	100
584 [583]	Hartkautschuk (Kautschukhornmasse) in Platten, Stangen, auch zerschnitten, ohne weitere Bearbeitung; Rohpressungen aus Hartkautschuk, die zwar schon die Gestalt der Waare erkennen lassen, aber noch die Preßnähte an sich tragen und deshalb der weiteren Bearbeitung bedürfen; unbearbeitete Platten aus Hartkautschuk mit Unterlagen von Gespinnstwaaren oder Papier	10
585 [584]	Röhren aus Hartkautschuk, ohne weitere Bearbeitung	40
586 [585]	Andere Hartkautschukwaaren, auch in Verbindung mit anderen Stoffen, soweit sie nicht dadurch unter höhere Zollsätze fallen	45
	Allgemeine Anmerkung zum siebenten Abschnitt. Waaren aus Guttapercha, Balata oder Kautschukersatzstoffen, oder damit ganz oder theilweise überzogen, werden, soweit sie nicht besonders genannt sind, wie Kautschukwaaren verzollt.	
	Achter Abschnitt.	
	Geflechte und Flechtwaaren aus pflanzlichen Stoffen mit Ausnahme der Gespinnstfasern.	
	A. Geflechte (mit Ausnahme der Sparterie).	
587 [586]	Holzspangeflechte, auch gefärbt	2
588 [587]	Geflechte aus Stroh, Bast, Baumwurzeln, Binsen, Ginster, Gras, Holzwolle, Palmblatt, Seegras, Schilf oder anderen pflanzlichen Flechtstoffen:	
	ungebleicht, ungefärbt	frei
	gebleicht, gefärbt	8
	B. Flechtwaaren (mit Ausnahme der Hüte und der Sparteriewaaren).	
589 [588]	Decken:	
	Fußdecken und Matten, grobe, roh oder gefärbt, gebeizt, gefirnißt . .	3
	andere als grobe Fußdecken und Matten, sowie andere Decken aller Art, auch mit Unterlagen aus Gespinnstwaaren oder Filz	24
	(590/1 [589/90]) Korbflechterwaaren und andere Flechtwaaren:	

		Zollsatz für 1 Doppelzentner Mark
590 [589]	grobe, roh oder gefärbt, gebeizt, gefirnißt:	
	aus ungeschälten oder geschälten Ruthen, aus Rohr, Peddig oder Holzspan	4
	aus anderen Flechtstoffen	10
591 [590]	andere als grobe, insbesondere alle lackirten, polirten, bronzirten, vergoldeten, versilberten	24
592 [591]	Korbflechterwaaren und andere Flechtwaaren (mit Ausnahme der gepolsterten Korbmöbel) in Verbindung:	
	mit Gespinnsten oder Gespinnstwaaren ganz oder theilweise aus Seide, mit Spitzen, Stickereien, Gespinnstwaaren mit aufgenähter Arbeit, Sammet oder Plüsch, sammet- oder plüschartigen Geweben oder zugerichteten Schmuckfedern	120
	mit anderen Gespinnsten oder Gespinnstwaaren oder mit anderen Stoffen, soweit sie nicht dadurch unter höhere Zollsätze fallen	24
	Anmerkung zu B. Eine Verbindung mit Holz bleibt auf die Verzollung ohne Einfluß.	
	C. Sparterie und Sparteriewaaren.	
593 [592]	Sparterie	80
594 [593]	Sparteriewaaren (ausgenommen Hüte):	
	ohne Verbindung mit anderen Stoffen	90
	in Verbindung mit Gespinnsten oder Gespinnstwaaren ganz oder theilweise aus Seide, mit Spitzen, Stickereien, Gespinnstwaaren mit aufgenähter Arbeit, Sammet oder Plüsch, sammet- oder plüschartigen Geweben oder zugerichteten Schmuckfedern	200
	in Verbindung mit anderen Gespinnsten oder Gespinnstwaaren oder mit anderen Stoffen, soweit sie nicht dadurch unter höhere Zollsätze fallen	120
	Neunter Abschnitt.	
	Besen, Bürsten, Pinsel und Siebwaaren.	
595 [594]	Besen aus Reisig:	
	ohne Stock oder Stiel	frei
	mit Stock oder Stiel aus rohem Holze oder Rohr, auch mit Handhaben aus dem zum Binden der Besen verwendeten Reisig	4
	(596/9 [595/8]) Andere Besen sowie Bürsten und Pinsel:	
596 [595]	grobe, auch in Verbindung mit unlackirtem, unpolirtem Holze, Rohr oder Eisen:	
	aus pflanzlichen Stoffen oder Pflanzenfaserersatzstoffen; Dreidel (Dweidel) und ähnliche Gegenstände für Reinigungszwecke	4
	aus Borsten oder thierischen Borstenersatzstoffen; auch Abstauber aus ungefärbten Federn	8
597 [596]	grobe in Verbindung mit lackirtem, polirtem Holze, Rohr oder Eisen; feine (insbesondere alle aus Haaren oder Gespinnsten sowie Abstauber aus gefärbten Federn), auch in Verbindung mit Holz, Rohr oder Eisen; auch Abreib-(Frottir-)Bürsten und -Handschuhe sowie Pferdebürsten aus Borsten, Roßhaaren oder dergleichen in Verbindung mit groben Gespinnstwaaren; Haarbüsche aus Roß- oder Büffelhaaren; Teppichkehrer	24
598 [597]	Bürsten in Verbindung mit Bein oder Horn	100

		Zollsatz für 1 Doppelzentner Mark
599 [598]	Besen, Bürsten und Pinsel in Verbindung mit anderen Stoffen, soweit sie nicht dadurch unter höhere Zollsätze fallen	24
600 [599]	Siebwaaren:	
	grobe (Siebböden aus Holzspan, Eisendraht oder gelochtem Eisenblech in Verbindung mit unlackirtem, unpolirtem Holze oder Eisen) . . .	8
	andere, soweit sie nicht durch ihre Verbindungen unter höhere Zollsätze fallen	24
	Zehnter Abschnitt.	
	Waaren aus thierischen oder pflanzlichen Schnitz- oder Formerstoffen.	
	A. Waaren aus thierischen Schnitzstoffen.	
601 [600]	**Elfenbein und Nachahmungen davon:**	
	rohe oder gebleichte nur geschnittene Platten oder Stücke	3
	geschliffene, polirte oder zu Waaren erkennbar vorgearbeitete Platten oder Stücke	30
602 [601]	Waaren ganz oder theilweise aus Elfenbein, soweit sie nicht besonders ausgenommen sind oder durch die Verbindung mit anderen Stoffen unter höhere Zollsätze fallen	250
603 [602]	Schildpatt und Nachahmungen davon:	
	rohe nur gespaltene, gestreckte, geschnittene oder anderweit zerlegte Platten oder Stücke	3
	geschliffene oder polirte Platten oder Stücke	200
604 [603]	Waaren ganz oder theilweise aus Schildpatt, soweit sie nicht durch die Verbindung mit anderen Stoffen unter höhere Zollsätze fallen	250
605 [604]	Perlmutter und Nachahmungen davon:	
	rohe nur gespaltene, gestreckte, geschnittene oder anderweit zerlegte Platten oder Stücke	3
	geschliffene, polirte oder zu Waaren erkennbar vorgearbeitete Platten oder Stücke	30
606 [605]	Waaren, ganz oder theilweise aus Perlmutter, soweit sie nicht besonders ausgenommen sind oder durch die Verbindung mit anderen Stoffen unter höhere Zollsätze fallen:	
	Knöpfe	200
	andere Waaren; Perlmutter in ganzen Schalen, geschliffen oder polirt, auch mit Perlen	250
607 [606]	Echte Perlen und bearbeitete (abgeriebene, geschliffene, durchbohrte) rothe Korallen:	
	ungefaßt	60
	ungefaßt, zum Zwecke der Verpackung und Versendung auf Gespinnstfäden oder Schnüren gereiht	100
	gefaßt oder mit anderen Stoffen verbunden (soweit sie nicht dadurch unter höhere Zollsätze fallen), auch zur unmittelbaren Verwendung als Schmuck u. s. w. aufgereiht oder zugerichtet	600
608 [607]	Wachsperlen und alle sonstigen Nachahmungen echter Perlen; Nachahmungen von rothen Korallen, auch in Form von Perlen; Waaren ganz oder theilweise aus nachgeahmten echten Perlen oder nachgeahmten rothen Korallen, soweit sie nicht durch die Verbindung mit anderen Stoffen unter höhere Zollsätze fallen	125

		Zollsatz für 1 Doppelzentner Mark
609 [608]	Fischbein:	
	Fischbeinstäbe	10
	Fischbeingeflechte, Fischbeingewebe und andere Fischbeinwaaren (ausgenommen Hüte), auch in Verbindung mit anderen Stoffen, soweit sie nicht dadurch unter höhere Zollsätze fallen	30
610 [609]	Hornstäbe aus Büffel- oder anderen Thierhörnern (Hornfischbein):	
	rauh, uneben; auch kurze geebnete, glatte Stäbe zur Anfertigung von Hornborsten	10
	geebnet, glatt oder sonst zur Verwendung bereits vorgerichtet . . .	60
611 [610]	Gepreßte, gedrehte oder gefräste Knöpfe aus Horn, Hornmasse oder Knochen, mit oder ohne Oesen	100
612 [611]	Federkiele (Federspulen, Schreibfedern), geschnitten):	
	noch in Form ganzer Federn	6
	in Stücken von der Größe der Stahlfedern oder zu Zahnstochern, Pinselstielen, Mundstücken für Cigarrenspitzen oder dergleichen zugeschnitten)	30
613 [612]	Platten und Stücke, blos gespalten, geschnitten, auch roh vorgehobelt, aus thierischen Schnitzstoffen, anderweit nicht genannt; Hornmasse in Tafeln:	
	roh, auch entfettet oder gebleicht; Hornmehl	3
	gebeizt, gefärbt, gepreßt (mit Mustern), geschliffen, polirt	10
614 [613]	Waaren aus thierischen Schnitzstoffen, nicht unter die vorstehenden Nummern fallend:	
	ohne Verbindung mit anderen Stoffen	30
	in Verbindung mit Gespinnsten oder Gespinnstwaaren ganz oder theilweise aus Seide, mit Spitzen, Stickereien, Gespinnstwaaren mit aufgenähter Arbeit, Sammet oder Plüsch, sammet- oder plüschartigen Geweben, zugerichteten Schmuckfedern, Perrückenmacherarbeit, fein geformten Wachswaaren oder Halbedelsteinen; Perlen und dergleichen aus thierischen Schnitzstoffen, auf Gespinnstfäden, Schnüre oder Draht gereiht und ohne Weiteres als Schmuck verwendbar, auch in gleicher Weise hergestellte Besatzartikel aus thierischen Schnitzstoffen	40
	in Verbindung mit anderen Gespinnsten oder Gespinnstwaaren oder mit anderen Stoffen, soweit sie nicht dadurch unter höhere Zollsätze fallen	30
	B. Holzwaaren.	
615 [614]	Bau- und Nutzholz, gehobelt, gefalzt, genuthet, gestemmt, gezapft, geschlitzt, soweit es nicht unter eine der nachstehenden Nummern fällt:	
	roh	6
	bearbeitet	10
616 [615]	Furniere einschließlich der Holztapeten; durch Zusammenleimen von Furniren hergestellte Platten zu Wandbekleidungen:	
	roh; auch rohe furnirte Bretter	10
	bearbeitet	30
	(617/8 [616/7]) Stab- und Täfelboden-(Parkettboden-)Theile, uneingelegt:	
617 [616]	roh:	
	unverleimt, unfurnirt	6
	verleimt, furnirt.	10
618 [617]	bearbeitet, auch verleimt oder furnirt	12

			Zollsatz für 1 Doppelzentner Mark
619	[618]	Stab- und Täfelboden-(Parkettboden-)Theile, eingelegt, soweit sie nicht durch die eingelegten Stoffe unter höhere Zollsätze fallen	18
620	[619]	Holzspunde, auch gepreßt	3
621	[620]	Holzdraht, Holzstifte:	
		roh	4
		bearbeitet	6
622	[621]	Stöcke:	
		roh, auch mit Zwingen	3
		grobe, bearbeitet, auch mit Zwingen	10
		feine (mit eingelegter oder Schnitzarbeit oder mit Verzierungen, die durch Pressen oder Stanzen hergestellt sind); Stöcke in Verbindung mit anderen Stoffen, soweit sie nicht dadurch unter Nr. 568 [567] oder unter höhere Zollsätze fallen	30
623	[622]	Fässer (auch gehobeltes Faßholz) und andere Böttcherwaaren:	
		roh	3
		bearbeitet; rohe und bearbeitete mit Metallreifen	10
624	[623]	Spulen, Spindeln, Weberblätter und Weberblätterzähne:	
		roh	6
		bearbeitet	10
		(625/6 [624/5]) Möbel und Möbeltheile, grobe (nicht gepolstert), unfurnirt:	
625	[624]	aus weichem Holze:	
		roh	8
		bearbeitet	12
626	[625]	aus hartem Holze:	
		roh	12
		bearbeitet	15
		Anmerkung. Für Möbel und Möbeltheile aus massiv gebogenem Holze erhöht sich der Zoll um 30 vom Hundert.	
627	[626]	Möbel- und Möbeltheile, grobe (nicht gepolstert), furnirt:	
		roh	15
		bearbeitet	20
		(628/9 [627/8]) Tischler-, Drechsler- und Wagnerarbeiten, grobe, sowie sonstige grobe Holzwaaren, vorstehend nicht genannt:	
628	[627]	roh:	
		Holzspanschachteln; Holzschuhe; Werkzeugstiele aus Hickoryholz oder Eschenholz; Holzformen für Nachtlichte	3
		Fensterrahmen, Thüren, Treppen und Theile von solchen, profilirte Holzleisten	8
		andere	6
629	[628]	bearbeitet	12
630	[629]	Grobe Holzwaaren in Verbindung mit anderen Stoffen, soweit sie nicht unter vorstehend aufgeführte Nummern oder unter höhere Zollsätze fallen	30
		Anmerkung. Eine Verbindung mit Bast-, Binsen-, Schilf-, Stroh-, Stuhlrohr- oder Korbgeflecht, mit ungefärbtem Leder, rohen (behaarten oder enthaarten) Häuten, groben rohen Geweben aus pflanzlichen Spinnstoffen, Seilerarbeit der Nr. 484 oder 485, groben wasserdichten Geweben aus pflanzlichen Spinnstoffen, mit Eisen, Glas, Papier, Pappe, Steinen (mit Ausnahme der Edel- und Halbedelsteine) oder Steinzeug bleibt auf die Verzollung von groben Holzwaaren ohne Einfluß, soweit nicht vorstehend etwas Anderes bestimmt ist.	

		Zollsatz für 1 Doppelzentner Mark
631 [630]	Feine Holzwaaren (ausgenommen Stöcke), auch in Verbindung mit anderen Stoffen, soweit sie nicht dadurch unter höhere Zollsätze fallen:	
	Bildhauer- und Bildschnitzerarbeiten; Holzwaaren mit feiner Schnitzarbeit; feine Drechslerwaaren und andere feine Holzwaaren; durch Pressen, Brennen, Aetzen oder Stanzen hergestellte Nachahmungen feiner Schnitzarbeiten; Druckplatten aus Holz, geschnitten, auch mit eingeschlagenen Stiften u. s. w. aus unedlen Metallen oder Legirungen unedler Metalle	30
	Goldleisten ohne Bildhauer- oder Bildschnitzerarbeit	24
	Holzwaaren (ausgenommen Stab- und Täfelboden- [Parkettboden-] Theile) mit eingelegter Arbeit, soweit sie nicht durch die eingelegten Stoffe unter höhere Zollsätze fallen; fein bemalte, vergoldete, versilberte oder bronzirte Holzwaaren (mit Ausnahme der Goldleisten ohne Bildhauer- oder Bildschnitzerarbeit); Holzmosaik	36
	(632/3 [631/2]) Gepolsterte Möbel, auch mit anderen als hölzernen Gestellen, soweit sie nicht durch ihre Verbindungen unter höhere Zollsätze fallen; gepolsterte Kissen mit Gestell oder schwer ins Gewicht fallender Füllung von Sand, Blei, Gußeisen oder Stein:	
632 [631]	ohne Ueberzug	30
633 [632]	mit Ueberzug:	
	aus Gespinnstwaaren ganz oder theilweise aus Seide, aus Spitzen, Stickereien, Gespinnstwaaren mit aufgenähter Arbeit, Sammet oder Plüsch, sammet- oder plüschartigen Geweben; aus Leder . .	60
	aus anderen als den vorgenannten Gespinnstwaaren oder Stoffen; auch Billards und Theile von solchen	40
634 [633]	Holzwaaren aller Art (mit Ausnahme der gepolsterten Möbel) in Verbindung mit Gespinnsten oder Gespinnstwaaren ganz oder theilweise aus Seide, mit Spitzen, Stickereien, Gespinnstwaaren mit aufgenähter Arbeit, Sammet oder Plüsch, sammet- oder plüschartigen Geweben, zugerichteten Schmuckfedern, Perrückenmacherarbeit, fein geformten Wachswaaren oder Halbedelsteinen, soweit sie nicht durch die Verbindung mit anderen Stoffen unter höhere Zollsätze fallen; Perlen und dergleichen aus Holz, auf Gespinnstfäden, Schnüre oder Draht gereiht und ohne Weiteres als Schmuck verwendbar, auch in gleicher Weise hergestellte Besatzartikel	40

Anmerkungen zu B.

1. Platten aus künstlichem Holze (Holzstein [Xylolith], Holzpasta, Scifarin oder dergleichen) werden wie gehobelte Bretter, Waaren daraus wie die gleichartigen Waaren aus natürlichem Holze verzollt.
2. Als bearbeitet im Gegensatze zu roh sind im Sinne dieses Unterabschnitts alle gebräunten, gebeizten, gefärbten, grob bemalten, gefirnißten, lackirten, polirten, sowie die geräucherten, getränkten (imprägnirten) oder anderweit auf chemischem Wege behandelten Holzwaaren anzusehen. Dagegen sind mit Oel, Wachs, Pottloth, Fetten, Stearin oder ähnlichen Stoffen abgeriebene oder mit einem Theeranstriche versehene Holzwaaren als rohe zu behandeln.

C. Korkwaaren.

635 [634]	Kork, zu Stückchen oder Mehl zerkleinert	3
636 [635]	Zugeschnittene Platten, Streifen und Würfel mit Rinde; Rindenspunde; Steine, Ziegel, Röhren und Röhrentheile aus Korkabfällen; Korkfender	10
637 [636]	Zugeschnittene Platten, Streifen und Würfel ohne Rinde; Korkscheiben .	15

Nr.		Zollsatz für 1 Doppelzentner Mark
638 [640]	Korkwaaren (mit Ausnahme der Hüte), auch in Verbindung mit anderen Stoffen, soweit sie nicht durch ihre Verbindungen unter höhere Zollsätze fallen	30
	Anmerkungen zu C. 1. Waaren aus Kunstkork werden wie Korkwaaren behandelt. 2. Korkwaaren in Verbindung mit den in Nr. 634 [633] genannten Stoffen werden wie Holzwaaren in derartiger Verbindung verzollt.	
	D. Waaren aus anderen pflanzlichen Schnitzstoffen als Holz und Kork oder aus anderweitig nicht genannten Formerstoffen.	
639 [641]	Zellhorn (Celluloid) und ähnliche Stoffe:	
	rohe ungeformte Stücke, rohe geschnittene oder gezogene Blätter, Blöcke, Platten, Röhren oder Stäbe	4
	geschliffene, mattirte, polirte oder in ähnlicher Weise an der Oberfläche bearbeitete Blätter, Platten, Röhren oder Stäbe, oder für Waaren erkennbar vorgearbeitete Stücke	100
640 [642]	Waaren ganz oder theilweise aus Zellhorn oder ähnlichen Formerstoffen, anderweit nicht genannt, soweit sie nicht durch die Verbindung mit anderen Stoffen unter höhere Zollsätze fallen oder als Nachahmungen höher belegter Waaren anzusehen sind	200
641 [643]	Anderweit nicht genannte oder inbegriffene pflanzliche Schnitzstoffe in rohen blos geschnittenen Platten; auch Hollundermark, geschnitten, und Schilfrohr, gespalten, zugeschnitten oder zugespitzt	3
642 [644]	Stuhlrohr (spanisches Rohr, Rotang), Peddig, Bambus-, Rebhühner-, Zucker- und anderes edleres Rohr:	
	zum unmittelbaren Gebrauche zugeschnitten oder gespalten, roh, nicht weiter bearbeitet; auch Piassavaersatzstoff, roh	3
	gebeizt, gefärbt; auch rohes, gerissen	6
	gefirnißt, lackirt, polirt	10
643 [645]	Spulen, Spindeln, Weberblätter und Weberblätterzähne aus Rohr, auch in Verbindung mit unlackirtem, unpolirtem Eisen, sowie Rohrfender:	
	roh	6
	gebeizt, gefärbt	10
644 [646]	Stöcke aus Rohr:	
	roh, auch mit Zwingen	12
	gebeizt, gefirnißt, lackirt, polirt, auch mit Zwingen	20
	in Verbindung mit anderen Stoffen, soweit sie nicht dadurch unter Nr. 568 [567] oder unter höhere Zollsätze fallen	36
645 [647]	Perlen und dergleichen aus anderen pflanzlichen Schnitzstoffen als Holz und Kork (mit Ausnahme derjenigen aus Zellhorn oder ähnlichen Formerstoffen), auf Gespinnstfäden, Schnüre oder Draht gereiht und ohne Weiteres als Schmuck verwendbar, auch in gleicher Weise hergestellte Besatzartikel	40
646 [648]	Waaren (mit Ausnahme der Hüte) aus anderen pflanzlichen Schnitzstoffen als Holz und Kork (einschließlich der Waaren aus Samenkörnern und der Lufawaaren), nicht unter eine der vorstehenden Nummern fallend, auch in Verbindung mit anderen Stoffen, soweit sie nicht dadurch unter höhere Zollsätze fallen:	
	Steinnußknöpfe	150
	andere Waaren	30
	Anmerkung. Waaren der in Nr. 646 [648] Abs. 2 genannten Art in Verbindung mit den in Nr. 634 [633] genannten Stoffen werden wie Holzwaaren in derartiger Verbindung verzollt.	

		Zollsatz für 1 Doppelzentner Mark
647 [649]	Bildhauer-, Bildschnitzer- und Formerarbeiten aus Stärke, Bassorin, Traganthgummi, Brot oder sonstigen anderweitig nicht genannten Formerstoffen (mit Ausnahme von Nachahmungen höher belegter Waaren), auch in Verbindung mit anderen Stoffen, soweit sie nicht dadurch unter höhere Zollsätze fallen	40
648 [651]	Waaren aus formbarer (plastischer) Kohle (einschließlich derjenigen aus fossilen Stoffen) oder aus Gaskohle, auch in Verbindung mit anderen Stoffen, soweit sie nicht dadurch unter höhere Zollsätze fallen:	
	bei einem Reingewichte des Stückes { von drei Kilogramm oder darüber . . .	3
	bei einem Reingewichte des Stückes { von weniger als 3 Kilogramm	30
	Anmerkung. Bei Kohlenfäden für elektrische Beleuchtungskörper oder dergleichen bleibt eine Verbindung mit Platin auf die Verzollung ohne Einfluß.	
	Elfter Abschnitt.	
	Papier, Pappe und Waaren daraus.	
	(649/50 [652/3]) Halbzeug (Halbstoff zur Papier- und Pappenbereitung), breiartig oder in fester Form, auch gebleicht oder gefärbt oder mit mineralischen Stoffen, Leim u. s. w. versetzt:	
649 [652]	aus Abfällen von Gespinnstwaaren oder dergleichen	frei
650 [653]	aus Holz, Stroh, Espartogras oder anderen Pflanzenfasern:	
	Holzmasse (mechanisch bereiteter Holzstoff, Holzschliff)	3
	chemisch bereiteter Holzstoff (Zellstoff, Cellulose); Stroh-, Esparto- und anderer Faserstoff	3
651 [654]	Pappen (Pappdeckel), geformt (geschöpft) oder gekautscht, auch aus zusammengeklebten Pappen hergestellt:	
	Glanzpappe (Preßspan) und andere hochgeglättete Pappe, Kunstlederpappe, sowie andere feine Pappen, auch in der Masse gefärbt; Vulkanfiber	6
	Pappen aus mechanisch oder chemisch bereitetem Holzstoff, auch aus solchem von gedämpftem Holze, festgewalzt (Braunholzpappe, sogenannte Lederpappe), Stroh-, Schrenz- und Torfpappe und anderweit nicht genannte grobe Pappen, auch in der Masse gefärbt . .	4
	Pappen mit Asphalt, Theer oder dergleichen überzogen, getränkt oder bestrichen, sowie Röhren aus solcher Pappe; Steinpappe . . .	1,50
652 [655]	Pappen aller Art, weiß oder farbig gestrichen, mit weißem oder farbigem Papiere beklebt, lackirt, bronzirt, mit Wollstaub oder dergleichen überzogen, durch Pressen gemustert; Malerpappe	10
653 [656]	Gelbes Strohpapier; ganz grobes graues Löschpapier	4
654 [657]	Packpapier, in der Masse gefärbt, auch auf einer Seite glatt	4
655 [658]	Papier, nicht unter andere Nummern fallend, einschließlich des Cartonpapiers, auch liniirt, pergamentirt oder gekörnt	10
	Anmerkung zu Nr. 651 [654] bis 655 [658]. Packpapier und Pappen werden auch dann nach Nr. 651 [654] bis 655 [658] nach Maßgabe ihrer sonstigen Beschaffenheit verzollt, wenn sie mit Gebrauchsanweisungen, Waarenanpreisungen, Mustern oder dergleichen bedruckt sind.	
656 [659]	Buntpapier einschließlich des mit Kreide, Bleiweiß oder dergleichen überstrichenen oder mit Metalldruck versehenen Papiers; lackirtes Papier; mit Glimmer- oder Glasschuppen, Streupulver oder Wollstaub überzogenes Papier; Papier mit gestrichenem, aufgelegtem oder galvano-	

		Zollsatz für 1 Doppelzentner Mark
	plastischem Metallüberzuge, sowie mit Gold- oder Silberschnitt versehenes Papier	10
657 [660]	Drucke jedes Verfahrens, soweit sie nicht unter den zwölften Abschnitt fallen, auch Bilderpapier, einschließlich des Kopirverfahrens auf Papier und Pappe; auch farbig oder schwarz geränderte, oder sonst auf irgend eine Weise verzierte Papiere oder Pappen:	
	einfarbig	10
	mehrfarbig, auch mit Pressungen oder Rändern in Farben, Gold oder andern Metallen	10
658 [661]	Papier und Pappe, auch der Nr. 657 [660], ausgestanzt, auch mit Handmalereien, gepreßten Naturblumen, Photographien oder in irgend einer anderen Weise verziert	20
	Anmerkung zu Nr. 657 [660] und 658 [661]. Unter Bilderpapier ist alles mit Bildern oder Figuren bedruckte Papier (Pappe) zu begreifen, das zur weiteren Verarbeitung, z. B. zur Aufmachung von Waaren, zu Buchbinderarbeiten, Spielzeug, zur handschriftlichen u. s. w. Ausfüllung oder Ergänzung, zum Aufkleben, Aufstecken oder Auflegen auf Waaren oder Waarenumschließungen bestimmt ist.	
659 [662]	Papier und Pappe, mit Gespinnstwaaren aller Art ganz oder theilweise überzogen, oder mit Unterlagen oder Zwischenlagen von Gespinnstwaaren aller Art oder von Drahtgeflecht	24
660 [663]	Tapeten und Tapetenborten aller Art aus Papier	24
		für 1 Doppelzentner Rohgewicht
661 [664]	Spielkarten von jeder Gestalt und Größe, neben der inneren Abgabe	60
		für 1 Doppelzentner
662 [665]	Schieferpapier, auch Tafeln daraus, ohne Verbindung mit anderen Stoffen; Bimsstein-, Glas-, Rost-, Sand-, Schmirgelpapier sowie anderes Schleif- und Polirpapier	1
663 [666]	Photographisches Papier	10
664 [667]	Gelatinepapier; Pauspapier (Paraffin-, Oel-, Wachspapier und dergleichen); Blau- (Anilin- und Ultramarin-) Papier; gefettetes Indigopapier; Desinfektionspapier; Schweißpapier; Fliegen- und Mottenpapier; Ozonpapier; Reagenspapier und anderes chemisches Papier; mit Guttaperchalösung, Leim, Gummi, Traganth, Stärke oder ähnlichen Stoffen bestrichenes oder gepudertes Papier, auch auf den so behandelten Stellen mit Harz, Oel, Wachs oder Kollodium gedecktes	12
665 [668]	Düten, Beutel, Säcke, Faltbeutel, Faltschachteln und dergleichen Behältnisse, auch Briefumschläge, unbedruckt oder bedruckt:	
	ohne Verbindung mit anderen Stoffen	18
	in Verbindung mit Gespinnstwaaren, Gelatine, Stanniol, Metallpapier oder ähnlichen Stoffen	30
666 [669]	Papierwäsche, auch ganz oder theilweise mit Baumwollengeweben überzogen oder mit Unterlagen oder Zwischenlagen von Gespinnstwaaren aller Art	20
667 [670]	Briefpapier, Briefkarten und Briefumschläge in Behältnissen aus Papier, Pappe oder Holz (Papierausstattung), und zwar:	
	in Behältnissen, mit Leder oder mit Gespinnstwaaren ganz oder theilweise aus Seide überzogen (ganz oder theilweise) oder damit ausgestattet	35
	in Behältnissen von anderer Beschaffenheit	22

		Zollsatz für 1 Doppelzentner Mark
668 [671]	Geschäftsbücher, Notizbücher, Einbanddecken, Mappen, Attrappen, Etuis:	
	mit Leder oder Gespinnstwaaren aller Art ganz oder theilweise überzogen oder damit ausgestattet, oder in Verbindung mit Zellhorn (Celluloid) oder ähnlichen Formerstoffen	30
	andere	15
669 [671a]	Albums:	
	mit Leder oder Gespinnstwaaren aller Art ganz oder theilweise überzogen oder damit ausgestattet, oder in Verbindung mit Zellhorn (Celluloid) oder ähnlichen Formerstoffen	8
	andere	4
	Anmerkungen zu Nr. 667 bis 669 [670, 671 und 671a].	
	1. Abgesehen von den in Nr. 668 [671[und 669 [671a] zugelassenen Ausnahmen werden die in Nr. 667 bis 669 [670, 671 und 671a] bezeichneten Waaren, wenn sie mit Stoffen verbunden sind, welche die Verzollung nach höheren Zollsätzen bedingen, nach den letzteren verzollt. Jedoch bleiben Gold- oder Silberschnitte, Gold- oder Silberdruck, Beschläge oder Verschlußvorrichtungen aus vergoldeten oder versilberten unedlen Metallen oder Legirungen unedler Metalle auf die Verzollung ohne Einfluß.	
	2. Albums, Einbanddecken, Mappen und dergleichen, in welche Bücher, zollfreie Papiere, Musiknoten, Kalender, Karten, Musikalien oder Bilder eingelegt oder eingeschoben sind, werden für sich verzollt.	
	(670/2 [672/4]) Waaren aus Papier, Pappe, Steinpappe, Holzmasse, Zellstoff, Vulkanfiber, Steinpappmasse, soweit sie nicht unter vorstehend aufgeführte Nummern fallen, auch Hartpapierwaaren:	
670 [672]	ohne Verbindung mit anderen Stoffen oder nur in Verbindung mit Holz oder Eisen:	
	aus Papier der Nummer 657 [660] oder 658 [661] oder damit ganz oder theilweise überzogen; Waaren mit gestrichenem, aufgelegtem oder galvanoplastischem Metallüberzug oder mit Metalldruck, sowie fein bemalte Waaren; gepreßte oder sonst geformte Gegenstände aus Steinpappmasse, sowie Hartpapierwaaren, gefärbt, lackirt oder gefirnißt; Lampenschirme, Laternen, sowie andere feine Waaren und Luxusgegenstände (mit Ausnahme der Blumen) . . .	30
	Blumen (Blüthen, Blüthenblätter, Knospen)	100
	andere Waaren	15
671 [673]	in Verbindung (auch ganz oder theilweise überzogen) mit Gespinnsten oder Gespinnstwaaren aller Art, mit fein geformter Wachsarbeit, mit Halbedelsteinen, Perlmutter, Elfenbein, Zellhorn (Celluloid) oder ähnlichen Formerstoffen, vergoldeten oder versilberten unedlen Metallen; Stickereien auf Papier oder Pappe	70
672 [674]	in Verbindung mit anderen als den vorgenannten Stoffen, soweit sie nicht dadurch unter höhere Zollsätze fallen	24
673 [675]	Papierspäne (Abfälle von der Papierverarbeitung); beschriebenes und bedrucktes Papier als Altpapier (Makulatur); Papier, Pappe, Papier- und Pappwaaren, lediglich zum Einstampfen verwendbar; entwerthete Briefmarken	frei
	Zwölfter Abschnitt.	
	Bücher, Bilder, Gemälde.	
674 [676]	Bücher in allen Sprachen, gedruckt oder geschrieben, auch mit beigedruckten, beigehefteten oder beigelegten Bildern aller Art; Papier, beschriebenes; Papier, bedrucktes, mit Ausnahme des im elften Abschnitte genannten;	

		Zollsatz für 1 Doppelzentner Mark
	Musiknoten; Bücher mit Schriftzeichen für Blinde; alle diese auch gebunden; Kalender, auch gebunden, mit Ausnahme der Block-, Schreib- und dergleichen Kalender	frei
675 [677]	Landkarten, Seekarten und andere Karten zu wissenschaftlichen Zwecken auf Papier oder anderen Stoffen, auch eingebunden oder auf Pappe, Geweben oder dergleichen aufgezogen, sowie in Verbindung mit Leisten oder dergleichen	frei
676 [678]	Bilder auf Papier, durch Druck oder ein anderes Vervielfältigungsverfahren hergestellt, auch eingebunden oder auf Papier, Pappe, Geweben oder dergleichen aufgezogen, mit Ausnahme des Bilderpapiers	frei
677 [679]	Gemälde (gemalte Bilder) auf Geweben aus pflanzlichen Spinnstoffen, auf Holz, unedlen Metallen oder Legirungen unedler Metalle, Papier oder Stein; Zeichnungen, auch eingebunden oder auf Papier, Pappe, Geweben oder dergleichen aufgezogen	frei

Dreizehnter Abschnitt.

Waaren aus Steinen oder anderen mineralischen Stoffen (mit Ausnahme der Thonwaaren) sowie aus fossilen Stoffen.

	Edelsteine:	
678 [680]	bearbeitet (geschliffen u. s. w.) ohne Fassung oder nur zu technischen Zwecken in Holz, Horn, Knochen oder unedlen Metallen gefaßt (Schneide- und Schreibdiamanten); auch Drahtzieheisen in Verbindung mit gebohrten Edelsteinen	60
	in anderer Weise gefaßt; in einer zur unmittelbaren Verwendung als Schmuck oder Zierath geeigneten Form oder geschnitten (Gemmen, Kameen); vorstehend nicht genannte Waaren aller Art in Verbindung mit Edelsteinen, soweit sie nicht an sich unter höhere Zollsätze fallen	600
679 [681]	Halbedelsteine (einschließlich der glasigen Lava):	
	bearbeitet (geschliffen u. s. w.) ohne Fassung	60
	gefaßt, geschnitten (Gemmen, Kameen) oder sonst zu Waaren verarbeitet, soweit sie nicht durch die Verbindung mit anderen Stoffen unter höhere Zollsätze fallen	175
680 [682]	Steine (mit Ausnahme von Schiefer und Pflastersteinen) sowie Lava, poröse und dichte, an mehr als drei Seiten gesägt, an den nicht gesägten Seiten roh oder blos roh behauen	0,80
681 [682a]	Pflastersteine	0,40
	(682/3 [683/4]) Platten:	
682 [683]	gesägt (geschnitten) oder gespalten, weder geschliffen noch gehobelt, polirt oder mit Schmelz überzogen:	
	aus Alabaster, Marmor, Serpentinstein	3,50
	aus Granit, Porphyr, Syenit oder ähnlichen harten Steinen; aus polirfähigem Kalkstein; aus Lava, poröser oder dichter	3
	aus anderen Steinen (mit Ausnahme von Schiefer); aus Glimmer, zugeschnitten, ungefärbt (auch dergleichen Scheiben)	2,50
	Anmerkung. Platten von mehr als 16 Centimeter Stärke sind nach Nr. 680 [682] zu verzollen.	
683 [684]	geschliffen, gehobelt, polirt oder mit Schmelz überzogen:	
	aus Alabaster, Marmor, Serpentinstein	15

		Zollsatz für 1 Doppelzentner Mark
	aus Granit, Porphyr, Syenit oder ähnlichen harten Steinen; aus polirfähigem Kalkstein mit Ausnahme der Lithographirsteine (lithographische Platten) mit Zeichnungen, Stichen oder Schrift	15
	aus Lava, poröser oder dichter	200
	aus anderen Steinen (mit Ausnahme von Schiefer)	6
	Lithographirsteine (lithographische Platten) mit Zeichnungen, Stichen oder Schrift	3
684 [685]	Schieferblöcke und Schieferplatten, an einer oder mehreren schmalen Seiten (Kanten) gesägt (geschnitten), weder gehobelt noch geschliffen oder polirt	3
	(685/6 [686/7]) Steinmetzarbeiten, ungeschliffen, ungehobelt, auch in Verbindung mit unlackirtem, unpolirtem Holze oder Eisen:	
685 [686]	von schlichter, nicht profilirter Arbeit, nicht abgedreht, nicht verziert:	
	aus Alabaster, Marmor, Serpentinstein	2,50
	aus Granit, Porphyr, Syenit oder ähnlichen harten Steinen; aus polirfähigem Kalkstein; aus Lava, poröser oder dichter	1,25
	aus anderen Steinen (mit Ausnahme von Schiefer)	1,25
686 [687]	profilirt, ganz oder theilweise abgedreht oder verziert:	
	aus Alabaster, Marmor, Serpentinstein	3,50
	aus Granit, Porphyr, Syenit oder ähnlichen harten Steinen; aus polirfähigem Kalkstein; aus Lava, poröser oder dichter	3,50
	aus anderen Steinen (mit Ausnahme von Schiefer)	2,50
687 [688]	Steinmetzarbeiten, geschliffen, gehobelt, polirt oder vergoldet, auch in Verbindung mit Holz oder Eisen:	
	aus Alabaster, Marmor, Serpentinstein	15
	aus Granit, Porphyr, Syenit oder ähnlichen harten Steinen; aus polirfähigem Kalkstein	15
	aus Lava, poröser oder dichter	200
	aus anderen Steinen (mit Ausnahme von Schiefer)	6
688 [689]	Künstlich gefärbte oder verzierte Glimmerplatten; geschliffene, gehobelte, profilirte oder sonst weiter bearbeitete Schieferplatten; bearbeiteter Tafelschiefer; Schiefertafeln, auch in Rahmen aller Art; anderweit nicht genannte Waaren aus Schiefer ohne Verbindung mit anderen Stoffen	10
	Schieferstifte (Schiefergriffel), auch bemalt, mit Papier überzogen oder in Holz gefaßt	frei
689 [690]	Waaren ganz oder theilweise aus Lava, poröser oder dichter, soweit sie nicht durch die Verbindung mit anderen Stoffen unter höhere Zollsätze fallen	200
690 [691]	Bildhauer- und Bildschnitzerarbeiten aus Steinen aller Art, sofern sie Kunstgegenstände sind, einschließlich der punktirten	frei
	(691/2 [692/3]) Steinwaaren, nicht unter andere Nummern des Tarifs fallend:	
691 [692]	ohne Verbindung mit anderen Stoffen oder nur in Verbindung mit Holz oder Eisen, mit Ausnahme der Luxusgegenstände:	
	aus Alabaster, Marmor, Serpentinstein	15
	aus Granit, Porphyr, Syenit oder ähnlichen harten Steinen; aus polirfähigem Kalksteine	15
	aus anderen Steinen	6
692 [693]	in Verbindung mit anderen Stoffen als Holz oder Eisen, soweit sie nicht dadurch unter höhere Zollsätze fallen; Luxusgegenstände	24
693 [694]	Mühlsteine, auch in Verbindung mit eisernen Reifen oder Metallhülsen	0,25
	(694/5 [695/6]) Polirsteine, Schleif- und Wetzsteine, auch Probirsteine:	

		Zollsatz für 1 Doppelzentner Mark
694 [695]	ganz oder theilweise aus Schmirgel, Corund, Carborund, Feuerstein oder Quarz	24
695 [696]	andere, auch künstliche (mit Ausnahme der mit Stearin, Talg und dergleichen versetzten Polirsteine); ferner Feuersteine, zum Gebrauche vorgerichtet (Flintensteine), gehauen oder geschnitten:	
	ohne Verbindung mit anderen Stoffen	0,50
	in Verbindung mit Holz oder Eisen; auch Schmirgelfeilen und Schmirgelscheiben aus Holz mit aufgeklebtem Schmirgelpulver sowie Sensenstreichen aus Holz mit aufgeklebtem Sande oder Pulver von Feuerstein, Glas oder Schmirgel	6
	Anmerkung. Polir-, Schleif- u. s. w. Steine der Nr. 695 [696] in Verbindung mit anderen Stoffen als Holz oder Eisen fallen unter Nr. 692 [693].	
696 [697]	Wärmeschutzmasse aus Kieselguhr	0,80
697 [698]	Waaren aus Asphalt (auch mit Kies oder dergleichen gemischt), Harzcement oder ähnlichen Formerstoffen:	
	Platten, auch solche aus Asphalt, Abfällen von der Seilerei, aufgedrehten Seilen und Sand bereitet	frei
	andere Waaren, auch in Verbindung mit anderen Stoffen, soweit sie nicht dadurch unter höhere Zollsätze fallen	3
698 [699]	Waaren aus Cement oder mit Cement überzogenen Steinen, auch hohl oder gelocht:	
	einfarbig, weder geschliffen noch angestrichen, profilirt oder verziert	1
	mehrfarbig, geschliffen, angestrichen oder profilirt; mit Einlagen von Eisen oder mit Auskleidung von glasirten Thonplatten, Glas, Asphalt oder dergleichen	2
	verziert (Bauzierathe, Figuren, Vasen und dergleichen); Waaren aller Art in Verbindung mit anderen Stoffen, soweit sie nicht dadurch unter höhere Zollsätze fallen	3
	Anmerkung. Wie Cementwaaren sind auch Cajalithwaaren (Waaren aus Magnesiacement) mit Ausnahme der Schmelztiegel, sowie Tripolithwaaren (Waaren aus Gips, der mit kohlensaurem Kalk, kohlensaurer Magnesia und Sand versetzt ist), ferner Waaren aus Mischungen von Kalk mit Sand oder dergleichen zu verzollen.	
699 [699a]	Kalksandziegel	0,15
	(700/3) Waaren aus Gips (Gipsguß), auch aus einer Mischung von Gips mit Schwefel oder mit Kreide und Leim oder mit anderen Zusätzen:	
700	Bauplatten und Bausteine, ungefärbt, auch mit Einlagen:	
	unverziert	1
	verziert	2
701	andere ungefärbte Waaren; auch Gipsformen mit Schwefeleinsatz . . .	3
702	gefärbt, bronzirt, lackirt, geglänzt (mit Stearin, Wachs oder dergleichen getränkt [Elfenbeinmasse, Chromopasta, Kallipasta])	6
703	Waaren aller Art in Verbindung mit anderen Stoffen, soweit sie nicht dadurch unter höhere Zollsätze fallen	6
	Anmerkung zu Nr. 700 bis 703. Formerarbeiten aus Schwefel (auch Spencemetall), Kieselguhrmasse, Kreidemasse oder Talk werden wie Gipswaaren verzollt.	
704	Schlacken, zu Bau- oder Pflastersteinen geformt	frei
705	Papier und Pappe aus Asbest, in Bogen, Rollen oder Platten, auch mit Einlagen von Draht oder Drahtgeflecht aus unedlen Metallen oder Legirungen unedler Metalle:	

Nr.	Benennung der Gegenstände	Zollsatz für 1 Doppelzentner Mark
	ungeformt (unbeschnitten oder nur rechtwinklig beschnitten)	10
	geformt, auch durchlocht	24
706	Garne, Schnüre, Stränge, Stricke und Seile aus Asbest, auch in Verbindung mit anderen Spinnstoffen oder mit einer Seele aus unedlem Metalle (mit Ausnahme der Dichtungsschnüre)	24
707	Gewebe aus Asbest, auch in Verbindung mit anderen Spinnstoffen oder mit Kette oder Einschlag von Draht aus unedlen Metallen oder Legirungen unedler Metalle	40
708	Anderweit nicht genannte Waaren aus Asbest, Asbestpapier oder Asbestgeweben (z. B. Asbestkautschukgewebe [gekautschukte Asbestwaaren], Handschuhe, Kleider, Masken, Mützen, Schläuche, Schuhe aus Asbestgeweben, auch gekautschukten); alle diese Waaren auch in Verbindung mit anderen Stoffen, soweit sie nicht dadurch unter höhere Zollsätze fallen	60
709	Waaren ganz oder theilweise aus Meerschaum oder Nachahmungen davon:	
	in Verbindung mit natürlichem oder künstlichem Bernstein; Cigarren- und Cigarettenspitzen aus Meerschaum, mit Vorrichtungen zur Befestigung von Mundstücken	400
	andere, soweit sie nicht durch die Verbindung mit anderen Stoffen unter höhere Zollsätze fallen	200
710	Jet (Gagat), auch Kännelkohle und Nachahmungen von Jet:	
	rohe nur gespaltene, geschnittene oder gesägte Platten oder Stücke . .	3
	geschliffene oder polirte Platten oder Stücke	200
711	Waaren ganz oder theilweise aus Jet, Kännelkohle oder Nachahmungen von Jet, soweit sie nicht durch die Verbindung mit anderen Stoffen unter höhere Zollsätze fallen	200
712	Waaren ganz oder theilweise aus Bernstein, natürlichem oder künstlichem, soweit sie nicht durch die Verbindung mit anderen Stoffen unter höhere Zollsätze fallen	200

Allgemeine Anmerkungen zum dreizehnten Abschnitte.

1. Mosaiksteine (Steinwürfel für Mosaikfußböden), aus Steinplatten hergestellt, werden wie die letzteren verzollt.
2. Platten, Steinmetzarbeiten und andere Waaren aus künstlichem Marmor werden wie solche aus natürlichem Marmor verzollt.

Vierzehnter Abschnitt.

Thonwaaren.

Nr.	Benennung der Gegenstände	Zollsatz für 1 Doppelzentner Mark
	(713/4) Mauersteine (Mauerziegel, Backsteine) aus farbig sich brennendem Ziegelthon, ungebrannt oder gebrannt, unglasirt:	
713	Hohlsteine, Lochsteine, Lochplatten und Formsteine, rauh oder glatt . . .	0,20
714	andere:	
	rauh (Hintermauerungssteine); auch Scheuerziegel (Putzsteine) . . .	0,10
	glatt (Verblendsteine)	0,10
715	Mauersteine (Mauerziegel, Backsteine) aus farbig sich brennendem Ziegelthone, glasirt	1
716	Klinker aller Art und mehr als 3 Centimeter dicke Pflasterplatten aus Thon oder gemeinem Steinzeug, einfarbig, unglasirt oder glasirt . . .	0,50

Anmerkung. Klinker und mehr als 3 Centimeter dicke Pflasterplatten aus Thon oder gemeinem Steinzug unterliegen, falls sie mehrfarbig sind, der Verzollung als mehrfarbige Bodenplatten (Nr. 728).

(717/8) Dachziegel aus Thon, ungebrannt oder gebrannt:

		Zollsatz für 1 Doppelzentner Mark
717	unglasirt:	
	Dachziegel und Hohldachziegel	0,15
	Dachpfannen und Falzdachziegel	0,50
718	glasirte aller Art	1
719	Röhren aus Thon, unglasirt oder glasirt:	
	Drainröhren	frei
	andere Röhren; Röhrenformstücke	0,40
720	Waaren aus gemeinem Steinzeuge (mit Ausnahme der in Nr. 716 und 728 genannten):	
	Röhren, Röhrenformstücke, Sohlsteine, Senkkästen, Ausgüsse und dergleichen; Krippen, Viehtröge	0,40
	Krüge und andere Gefäße zu Wirtschaftszwecken	1
	Steine und Platten aller Art zu technischen Zwecken	0,40
	Faß- und Abzugshähne, Kühlschlangen, Pumpen und sonstige vorstehend nicht genannte Gegenstände zu technischen Zwecken	1
721	Töpfergeschirr aus farbig sich brennendem Thone, durch Freiausdrehen oder Pressen hergestellt:	
	unglasirt	frei
	glasirt, ein- oder mehrfarbig, auch durch Aufspritzen von Farbe oder in ähnlicher einfacher Weise bemalt	1,50
722	Oefen (Kamine, Kochherde) und Ofentheile, unglasirt oder glasirt, glatt oder verziert:	
	einfarbig oder weiß	2
	mehrfarbig, auch mit Lüster- oder mit Metallüberzug	3
723	Tabakpfeifen, einfarbig oder weiß, unglasirt	3
724	Feuerfeste Steine jeder Art (Chamottesteine, Dinas- und andere Quarzsteine, Bauxit- und Magnesiasteine, Kohlenstoffsteine für feuerfeste Ofenausmauerung), unglasirt oder glasirt:	
	rechteckige bei einem Reingewichte des Stückes von weniger als 5 Kilogramm	0,35
	rechteckige bei einem Reingewichte des Stückes von 5 Kilogramm oder darüber; andere als rechteckige ohne Rücksicht auf das Gewicht des Stückes	0,60
725	Schmelztiegel, Retorten, Muffeln, Kapseln, Röhren, Cylinder, Platten, Düsen und andere nicht als Steine zu bezeichnende geformte feuerfeste Erzeugnisse aus Thon oder thoniger Masse, unglasirt oder glasirt; auch Schmelztiegel aus Magnesiacement oder Speckstein	2
726	Schmelztiegel und andere Gegenstände aus Graphitmasse	4
727	Bauzierathe (Knäufe [Kapitäle], Gesimse, Friese, Geländertheile, Bildwerke und dergleichen Verzierungen) aus Thon oder thoniger Masse, unglasirt oder glasirt, auch mehrfarbig oder bemalt	1
728	Bodenplatten aus Thon oder gefrittetem Thonzeug, einschließlich der 3 Centimeter oder weniger dicken Pflasterplatten aus Thon oder gemeinem Steinzeug, unglasirt oder glasirt, glatt oder verziert:	
	einfarbig	2
	mehrfarbig, auch mit Lüster- oder mit Metallüberzug	4
729	Wandbekleidungsplatten aus Thon, gefrittetem Thonzeug oder Steingut, unglasirt oder glasirt:	
	einfarbig	10
	mehrfarbig, auch mit Lüster- oder mit Metallüberzug	16
	(730/1) Waaren aus Steingut, feinem Steinzeuge, feinem Thonzeug, anderweit nicht genannt:	

Nr.		Zollsatz für 1 Doppelzentner Mark
730	einfarbig	10
731	mehrfarbig, auch mit Lüster- oder mit Metallüberzug:	
	Ziergefäße, Figuren und ähnliche Luxusgegenstände	25
	andere Waaren	20
	Anmerkung. Thongefäße, die auf der Außenseite eine andere Farbe als auf der Innenseite haben, und Gegenstände aus Thon, die außer der Naturfarbe des gebrannten Thones nur eine andere Farbe zeigen, sind deshalb noch nicht als mehrfarbig zu behandeln.	
732	Thonwaaren aller Art (mit Ausnahme von Porzellan und porzellanartigen Waaren) in Verbindung mit anderen Stoffen, soweit sie nicht dadurch unter höhere Zollsätze fallen	25
	Anmerkung. Die grobe Beflechtung von Töpfergeschirr der Nr. 721 mit Weiden (ungeschälten oder geschälten), Bast, Binsen, Stroh oder Rohr bleibt auf dessen Zollbehandlung ohne Einfluß.	
733	Porzellan und porzellanartige Waaren (Weichporzellan [englisches und Fritten-Porzellan], unglasirtes Porzellan [Biscuit, Parian, Jaspis] u. s. w.):	
	weiß	14
	farbig, auch mit Lüster- oder mit Metallüberzug	30
	in Verbindung mit anderen Stoffen, soweit sie nicht dadurch unter höhere Zollsätze fallen	30
	Anmerkung zu Nr. 733. Porzellanperlen werden wie Glasperlen verzollt.	
	Anmerkung zu Nr. 731 und 733. Fabrikmarken, die keine Verzierung bewirken, haben nicht zur Folge, daß an sich einfarbige oder weiße Thonwaaren als mehrfarbige oder farbige verzollt werden.	
734	Scherben und Bruch von Thon- und Porzellanwaaren	frei
	Fünfzehnter Abschnitt.	
	Glas und Glaswaaren.	
735	Glasmasse (auch Straß, ungeformt oder in Form roher Klumpen), Schmelzglas-(Email-)Masse, Glasurmasse, ungefärbt oder gefärbt; Glasstaub (gemahlenes Glas)	3
736	Rohe Stangen und Röhren aus naturfarbigem Glase; Glasröhren und Glasstängelchen, ohne Unterschied der Farbe, wie sie zur Perlenbereitung und Kunstglasbläserei einschließlich der Herstellung von Kunstglas gebraucht werden	3
	(737/40) Hohlglas:	
737	weder gepreßt noch geschliffen, polirt, abgerieben, geschnitten, geätzt oder gemustert:	
	naturfarbig	3
	weiß (auch halbweiß) durchsichtig, auch mit einzelnen Ringen von massivem weißen (auch halbweißen) Glase	für 1 Doppelzentner Rohgewicht 8
	gefärbt oder weiß undurchsichtig, auch mit gefärbtem oder mit weißem undurchsichtigen Glase überfangen	für 1 Doppelzentner 17
738	blos mit gepreßten Böden oder durch Schleifen, Pressen u. s. w. gestalteten oder verzierten Stöpseln:	
	gefärbt oder weiß undurchsichtig, auch mit gefärbtem oder mit weißem undurchsichtigen Glase überfangen	24
	anderes	20

		Zollsatz für 1 Doppelzentner Mark
739	in anderer Weise gepreßt, geschliffen, polirt, abgerieben, geschnitten, geätzt oder gemustert:	
	gefärbt oder weiß undurchsichtig, auch mit gefärbtem oder mit weißem undurchsichtigen Glase überfangen	30
	anderes	24
740	bemalt, vergoldet oder versilbert, auch durch Auftragen oder Einbrennen von Farben gemustert	36
	Anmerkung zu Nr. 737 bis 740. Bei Hohlglas aller Art bleibt eine geringwerthige Beflechtung mit Weiden (ungeschälten oder geschälten) Bast, Binsen, Stroh oder Rohr oder eine Beklebung mit Blattmetall, Zetteln oder dergleichen auf die Verzollung ohne Einfluß; auch wird Hohlglas mit abgeschliffenen Böden oder Rändern, mit eingeriebenen Stöpseln, mit eingepreßten Gewinden, mit eingeblasener oder eingeätzter Schrift oder Fabrikmarke oder mit eingeätzten Aichzeichen nicht als geschliffen, gepreßt, abgerieben, geätzt oder gemustert verzollt.	
	(741/6) Spiegel- und Tafelglas, anderweit nicht genannt:	
	(741/2) weder geschliffen noch polirt, geschnitten, gemustert, gerippt, geschuppt, gebogen, mattirt, geätzt, überfangen, gefeldert (facettirt) oder belegt:	
741	nicht gefärbt, nicht undurchsichtig:	
	Spiegelglas, gegossenes und geblasenes; sogenanntes Rohglas (rohe gegossene Platten), mehr als 5 Millimeter stark, auch gerippt . . .	4
	Tafelglas einschließlich des 5 Millimeter oder weniger starken Rohglases, letzteres auch gerippt, wenn die einfache Höhe und die einfache Breite zusammen betragen:	für 1 Doppelzentner Rohgewicht
	120 Centimeter oder darunter	8
	mehr als 120 bis 200 Centimeter	10
	mehr als 200 Centimeter	12
742	gefärbt oder undurchsichtig; Butzenscheiben	20
743	geschliffen, polirt, geschnitten, gemustert, gerippt (mit Ausnahme des gerippten Rohglases), geschuppt, gebogen (einschließlich des gebogenen Rohglases), mattirt, geätzt, überfangen, jedoch nicht gefeldert (nicht facettirt), nicht belegt	24
744	gefeldert (facettirt), jedoch nicht belegt; Kathedralglas, Antikglas (auch weiß)	24
745	belegt:	
	nicht gefeldert	24
	gefeldert (facettirt)	24
746	bemalt, vergoldet oder versilbert, auch durch Auftragen oder Einbrennen von Farben gemustert	30
747	Tafelglas aller Art, weniger als 0,8 Millimeter stark	100
748	Opalescentglas	40
749	Trockenplatten für photographische Zwecke mit einseitigem Ueberzuge von lichtempfindlicher Masse, auch mit darauf befindlichen Negativbildern (Glas-Negative)	24
750	Drahtglas:	
	roh, ungefärbt, mit ebener Fläche, auch gerippt	7
	geschliffen, polirt, gefärbt, gemustert, gebogen	24
751	Dachpfannen und Dachziegel aus Rohglas, Tafelglas oder Drahtglas	15
752	Rohes optisches Glas (auch zur Erprobung der Reinheit angeschliffen) . .	für 1 Doppelzentner 3

		Zollsatz für 1 Doppelzentner Mark
753	Rohglas in Kugeln oder Kugelkappen (Segmenten) zur Herstellung von Uhr- oder Brillengläsern, auch zugeschnitten oder gefärbt	8
754	Uhrgläser für Taschenuhren, auch aus gefärbtem Glase:	für 1 Doppelzentner Rohgewicht
	ungeschliffen, ungepreßt	10
		für 1 Doppelzentner
	geschliffen (auch blos mit abgeschliffenen Rändern), gepreßt	60
755	Brillengläser und andere Augengläser sowie Stereoskopengläser, auch gefärbt, jedoch ungeschliffen, ungefaßt	15
756	Brillengläser, geschliffen, und andere geschliffene Augengläser (auch zum unmittelbaren Gebrauche vorgerichtet); Brenngläser; Lupen (Vergrößerungsgläser); Stereoskopengläser, geschliffen; optisches Glas, geschliffen; alle diese auch gefärbt, jedoch ungefaßt	60
757	Brillen (einschließlich der Brillen mit Gläsern aus Bergkrystall, sowie der Schutzbrillen in Verbindung mit Glas oder Glimmer) und andere gefaßte Augengläser; gefaßte Brenngläser; Ferngläser aller Art (Fernrohre, Feldstecher u. s. w.); gefaßte Lupen (Vergrößerungsgläser); Operngläser (Operngucker); photographische Apparate; Stereoskope; sonstiges optisches Glas, geschliffen und gefaßt; alle diese, soweit sie nicht durch ihre Verbindungen unter höhere Zollsätze fallen	120
	Mikroskope	frei
758	Glasbehänge zu Leuchtern; Glasknöpfe; alle diese auch gefärbt oder mit Oesen	18
	Anmerkung. Bemalte, vergoldete oder versilberte Glasknöpfe werden nach Nr. 763 verzollt.	
759	Glasplättchen; Glasperlen, Glasschmelz und Glasschuppen, auch lediglich zum Zwecke der Verpackung und Versendung auf Gespinnstfäden gereiht; Glastropfen (Glasthränen, Springgläser); Glaskörner (Glaskügelchen, massive Glastropfen):	
	weiß, auch gefärbt	4
	bemalt, vergoldet oder versilbert	30
760	Glasflüsse (unechte Edelsteine), bleihaltig oder bleifrei, Glassteine und Glaskorallen, ohne Fassung, auch lediglich zum Zwecke der Verpackung und Versendung auf Gespinnstfäden gereiht:	
	roh	30
	bearbeitet (geschliffen u. s. w.)	60
761	Glasperlen, Glasflüsse, Glassteine, Glaskorallen und dergleichen, auf Gespinnstfäden, Schnüre oder Draht genäht oder gereiht und ohne Weiteres als Schmuck verwendbar; auch in gleicher Weise hergestellte Besatzartikel aus Glasperlen u. s. w.	60
762	Waaren aus Glasflüssen, Glassteinen oder Glaskorallen, vorstehend nicht genannt, auch in Verbindung mit anderen Stoffen, soweit sie nicht dadurch unter höhere Zollsätze fallen	60
763	Glas, anderweit nicht genannt, auch durch Pressen oder Stanzen hergestellt oder geschliffen, polirt, abgerieben, geschnitten, geätzt, gemustert; Glasgespinnst und Glaswolle:	
	nicht gefärbt, nicht undurchsichtig	18
	gefärbt oder undurchsichtig	24
	bemalt, vergoldet oder versilbert, auch durch Auftragen oder Einbrennen von Farben gemustert	30
764	Glasmalereien, Glasmosaik, Lichtbilder aller Art von Glas, auch in Glas eingebrannt oder eingeätzt; künstliche Augen	42

		Zollsatz für 1 Doppelzentner Mark
765	Zähne aus Schmelz, auch aus anderweit nicht genannten Formerstoffen:	
	in Verbindung mit Stiften oder Röhrchen aus Platin	400
	andere; auch Gebisse aus solchen Zähnen, soweit sie nicht durch die Verbindung mit anderen Stoffen unter höhere Zollsätze fallen . .	150
766	Glas, ganz oder zum größeren Theile überzogen mit Gespinnstwaaren, Gespinnsten oder Filz aller Art, soweit es nicht durch die Verbindung mit anderen Stoffen unter höhere Zollsätze fällt	60
767	Glas- und Schmelzwaaren in Verbindung mit anderen Stoffen, soweit sie nicht in anderen Nummern des Tarifs besonders genannt sind oder durch die Verbindung mit anderen Stoffen unter höhere Zollsätze fallen:	
	bemalt, vergoldet, versilbert oder durch Auftragen oder Einbrennen von Farben gemustert; auch Opalescentglas, Glasmalereien, Glasmosaik, Kunstverglasungen, Lichtbilder aller Art von Glas, auch in Glas eingebrannt oder eingeätzt	48
	andere	36
768	Abfälle von der Glasbereitung und von Glas, z. B. Glasbrocken, Glasbruch, Glasgalle, Glasschaum, Herdglas; Scherben von Glas und von Glaswaaren	frei
	Sechzehnter Abschnitt.	
	Edle Metalle und Waaren daraus.	
	A. Gold.	
769	Feingold, roh oder gegossen, gehämmert oder gewalzt, in Stangen, Blech oder Draht; legirtes Gold, roh oder gegossen; Goldmünzen	frei
770	Legirtes Gold, gehämmert oder gewalzt, auch in Form von Blech oder Draht	250
771	Waaren ganz oder theilweise aus Gold, anderweit nicht genannt, soweit sie nicht durch die Verbindung mit anderen Stoffen unter höhere Zollsätze fallen:	
	unpolirt	300
	polirt; Blattgold (echter Goldschaum)	600
	Anmerkung zu A. Platin und die sogenannten Platinmetalle (Iridium, Osmium, Palladium, Rhodium, Ruthenium) sowie ganz oder theilweise daraus hergestellte Waaren werden, soweit sie nicht anderweit genannt sind, nach Nr. 769 bis 771 behandelt.	
	B. Silber.	
772	Feinsilber, roh oder gegossen, gehämmert oder gewalzt, in Stangen oder Blech; legirtes Silber, roh oder gegossen; Silbermünzen	frei
773	Legirtes Silber, gehämmert oder gewalzt, auch in Form von Blech; legirtes oder unlegirtes Silber, vergoldet oder auf mechanischem Wege mit Gold belegt	100
774	Draht, auch legirt:	
	rund	100
	geplättet oder geformt (façonnirt)	200
	vergoldet oder auf mechanischem Wege mit Gold belegt	250
775	Silbergespinnst (auch aus vergoldetem oder auf mechanischem Wege mit Gold belegtem Silberdrahte), sowie Tressenwaaren (Besätze, Bänder, Kordeln, Litzen, Schnüre), Gewebe und Knopfmacherwaaren (auch mit Einlagen von Holz, Bein, Horn, Leder) aus Silbergespinnst ohne Beimischung von anderen Gespinnsten, wenn der Kern besteht:	

		Zollsatz für 1 Doppelzentner Mark
	ganz oder theilweise aus Seide, künstlicher Seide oder Floretseide . .	800
	aus anderen Spinnstoffen	250
776	Waaren ganz oder theilweise aus Silber, anderweit nicht genannt, auch vergoldet oder auf mechanischem Wege mit Gold belegt, soweit sie nicht durch die Verbindung mit anderen Stoffen unter höhere Zollsätze fallen; Blattsilber (echter Silberschaum)	600
	Siebzehnter Abschnitt.	
	Unedle Metalle und Waaren daraus.	
	A. Eisen- und Eisenlegirungen.	
777	Roheisen und nicht schmiedbare Eisenlegirungen	1
	(778/9) Röhren einschließlich der Röhrenformstücke, aus nicht schmiedbarem Guß:	
778	von mehr als 7 Millimeter Wandstärke:	
	roh	3
	bearbeitet	4,50
779	von 7 Millimeter Wandstärke oder darunter:	
	roh	4
	bearbeitet	6
780	Walzen aus nicht schmiedbarem Guß:	
	roh	3,50
	bearbeitet	10
781	Kunstguß und anderer feiner Guß, nicht schmiedbar	24
	(782/3) Nicht schmiedbarer Guß, anderweit nicht genannt:	
782	roh:	
	bei einem Reingewichte des Stückes von mehr als 1 Doppelzentner	2,50
	bei einem Reingewichte des Stückes von mehr als 40 Kilogramm bis 1 Doppelzentner	3,50
	bei einem Reingewichte des Stückes von 40 Kilogramm oder darunter	5
783	bearbeitet:	
	bei einem Reingewichte des Stückes von mehr als 1 Doppelzentner	4
	bei einem Reingewichte des Stückes von mehr als 40 Kilogramm bis 1 Doppelzentner	6
	bei einem Reingewichte des Stückes von 40 Kilogramm oder darunter	9
784	Rohluppen; Rohschienen; Blöcke; Platinen; Knüppel; Tiegelstahl in Blöcken	1,50
785	Schmiedbares Eisen in Stäben (gewalzt, geschmiedet oder gezogen), auch geformt (façonnirt); ferner Bandeisen:	
	nicht über 12 Centimeter lang, zum Umschmelzen	1
	mit eingewalzten Mustern oder Verzierungen	5
	anderes	2,50
	(786/8) Blech:	
786	roh, entzundert, gerichtet, dressirt, gefirnißt:	
	in der Stärke von mehr als 1 Millimeter	3
	in der Stärke von 1 Millimeter oder darunter	4,50
787	abgeschliffen, lackirt, polirt, gebräunt oder sonst künstlich oxydirt, auch mit spiegelnder Oxydschicht überzogen:	
	in der Stärke von mehr als 1 Millimeter	5
	in der Stärke von 1 Millimeter oder darunter	5,50
788	verzinnt (Weißblech) oder sonst mit anderen unedlen Metallen oder Legirungen unedler Metalle überzogen:	

		Zollsatz für 1 Doppelzentner Mark
	in der Stärke { von mehr als 1 Millimeter	5
	in der Stärke { von 1 Millimeter oder darunter	5,50
	Anmerkung zu Nr. 786 bis 788. Für Eisenblech von geringerer Stärke als 5 Millimeter, das anders als rechtwinklig beschnitten ist, erhöht sich der Zoll um 25 vom Hundert.	
789	Wellblech, Dehnblech, Riffelblech, Warzenblech:	
	roh	5
	bearbeitet	8
790	Blech mit Ausnahme des in Nr. 789 besonders bezeichneten, gepreßt, gebuckelt, geflantscht, geschweißt, gebogen, gelocht, gebohrt:	
	in der Stärke { von mehr als 1 Millimeter	5,50
	in der Stärke { von 1 Millimeter oder darunter	7
	(791/2) Draht, gewalzt oder gezogen, einschließlich des geformten (façonnirten):	
791	roh oder bearbeitet, jedoch nicht polirt, lackirt oder mit anderen unedlen Metallen oder Legirungen unedler Metalle überzogen:	
	in der Stärke { von 1,5 Millimeter oder darüber	2,50
	in der Stärke { von weniger als 1,5 bis 0,5 Millimeter	3
	in der Stärke { von weniger als 0,5 Millimeter	4,50
792	polirt, lackirt oder mit anderen unedlen Metallen oder Legirungen unedler Metalle überzogen:	
	in der Stärke { von 1,5 Millimeter oder darüber	3
	in der Stärke { von weniger als 1,5 bis 0,5 Millimeter	4
	in der Stärke { von weniger als 0,5 Millimeter	5,50
793	Schlangenröhren, gewalzt oder gezogen; auch Röhrenformstücke:	
	roh	8
	bearbeitet	15
	(794/5) Andere Röhren, gewalzt oder gezogen:	
794	roh:	
	mit einer Wandstärke { von 2 Millimeter oder darüber	6
	mit einer Wandstärke { von weniger als 2 Millimeter	10
795	bearbeitet:	
	mit einer Wandstärke { von 2 Millimeter oder darüber	12
	mit einer Wandstärke { von weniger als 2 Millimeter	20
796	Eisenbahnschienen, auch Zahnradschienen, Plattschienen, Ausweichungsschienen, Herzstücke aus schmiedbarem Eisen, auch gelocht und am Fuße ausgeklinkt; Eisenbahnschwellen; Eisenbahnlaschen und Eisenbahn-Unterlagsplatten	2,50
797	Eisenbahnachsen, Eisenbahnradeisen (Naben, Radreifen, Radgestelle, Radkränze), Eisenbahnräder, Eisenbahnradsätze	3
	(798/9) Schmiedbarer Guß, Schmiedestücke und andere Waaren aus schmiedbarem Eisen, anderweit nicht genannt:	
798	roh:	
	bei einem Reingewichte des Stückes { von mehr als 25 Kilogramm	4,50
	bei einem Reingewichte des Stückes { von mehr als 3 bis 25 Kilogramm	6
	bei einem Reingewichte des Stückes { von 3 Kilogramm oder darunter	8
799	bearbeitet:	
	bei einem Reingewichte des Stückes { von mehr als 25 Kilogramm	7
	bei einem Reingewichte des Stückes { von mehr als 3 bis 25 Kilogramm	10
	bei einem Reingewichte des Stückes { von 3 Kilogramm oder darunter	13

		Zollsatz für 1 Doppelzentner Mark
800	Eisenbautheile (Eisenkonstruktion) aus schmiedbarem Eisen, auch mit Anstrich versehen	6
	(801/2) Dampfkessel und Dampffässer aus schmiedbarem Eisen sowie zusammengesetzte Theile von solchen, auch mit Ausrüstung (Armatur) versehen:	
801	mit mehr als 10 unter sich gleichen Röhren von einer 300 Millimeter oder weniger betragenden lichten Weite; auch Dampfkessel aller Art aus nicht schmiedbarem Guß:	
	bei einem Reingewichte des Stückes { von 50 Doppelzentner oder darunter . .	8
	{ von mehr als 50 Doppelzentner	6
802	andere	5
803	Ankertonnen (Bojen), Gasbehälter, Wasser- und andere Behälter (Reservoire), Gefäße und Geräthe (Apparate) für Fabriken sowie für Brauereien und Brennereien, genietet, gepreßt oder geschweißt, auch mit Ausrüstung (Armatur) versehen, und zusammengesetzte Theile von solchen Gefäßen und Geräthen	6
	(804/5) Röhrenverbindungsstücke; Hähne, Ventile, Schieber und ähnliche Ausrüstungs- (Armatur-) Stücke aus schmiedbarem Eisen für Dampfkessel, Dampffässer, Behälter (Reservoire) und ähnliche Geräthe sowie für Rohrleitungen:	
804	ohne Verbindung mit anderen unedlen Metallen oder Legirungen unedler Metalle:	
	bei einem Reingewichte des Stückes { von 10 Kilogramm oder darüber	7
	{ von weniger als 10 Kilogramm	9
805	in Verbindung mit anderen unedlen Metallen oder Legirungen unedler Metalle:	
	bei einem Reingewichte des Stückes { von 10 Kilogramm oder darüber	9
	{ von weniger als 10 Kilogramm	12
806	Schraubstöcke aller Art, Ambosse, Sperrhörner, Anker, Brecheisen; Hämmer bei einem Reingewichte des Stückes von mehr als 10 Kilogramm	5
807	Kloben und Rollen zu Flaschenzügen; Winden und sonstige fortschaffbare Hebezeuge	7
	Anmerkung. Abnehmbare Ketten und Seile zu derartigen Hebezeugen sind gesondert zu verzollen.	
808	Spaten, Schaufeln, Blatthacken, Küchenpfannen, Kohlenlöffel, Schmelzlöffel, Feuergeräthe, Pflugscharen und Pflugstreichbretter	4,50
809	Heu-, Dünger-, Rüben-, Koks, Steinschlag- und ähnliche große Gabeln	7,50
810	Sensen, Sicheln; Strohmesser, geschmiedet	12
811	Handsägen und Sägeblätter:	
	Kreis-, Band- und Laubsägeblätter	20
	andere Sägeblätter; Handsägen	15
812	Feilen und Raspeln:	
	nicht mehr als 16 Centimeter lang	40
	mehr als 16, jedoch nicht mehr als 35 Centimeter lang	25
	mehr als 35 Centimeter lang	10
813	Bohrer, anderweit nicht genannt; Zangen; Reb-, Rosen-, Hecken-, Baum-, Blech-, Schafscheeren; Beitel, Stemmeisen; Hobeleisen, Rohrschneider, Bohrknarren, Rohrdichter, Maschinenmesser, Gewindeschneidzeuge, Schneidzirkel	20
814	Reibahlen, Spiralbohrer, Fräser, Meßwerkzeuge (Lineale, Winkel, Zirkel [mit Ausnahme der Schneidzirkel], Lehren und dergleichen)	40

		Zollsatz für 1 Doppelzentner Mark
815	Hämmer bei einem Reingewichte des Stückes von 10 Kilogramm oder darunter, Aexte, Beile, Hacken (mit Ausnahme der Blatthacken), Zug-, Wiege- und Hackmesser, grobe Küchen- und Gartenmesser, Hand- und Klöbschrauben, stellbare Schraubenschlüssel, Schraubzwingen, Spannwerkzeuge, Bohrwinden, sowie sonstige nicht besonders genannte Werkzeuge	15
816	Anderweit nicht genannte Geräthe für den landwirthschaftlichen, hauswirthschaftlichen oder gewerblichen Gebrauch, z. B. Pflüge, Kultivatoren, Grubber, Kartoffelgraber, Eggen, Handrechen, Pferderechen, Waagen, anderweit nicht genannt, Bügeleisen, Thierfallen, Riemenverbinder, Riemenspanner	
	bei einem Reingewichte des Stückes { von 3 Kilogramm oder darüber	8
	bei einem Reingewichte des Stückes { von weniger als 3 Kilogramm	12
817	Kratzenbeschläge	40
818	Spindeln aller Art	10
819	Webschäfte, Weberlitzen, Weberlitzenringe (Maillons), Weberblätter und Weberblätterzähne (Riete und Rietstäbe), Schützen, Spulen aller Art und ähnliche Ausrüstungsgegenstände für Spinn- und Webmaschinen	15
820	Eisenbahnlaschenschrauben, Schwellenschrauben, Spurstangen, Klemmplatten, Hakennägel; Schrauben und Niete von mehr als 13 Millimeter Stiftstärke; Schraubenmuttern und Unterlegscheiben für Schrauben; Isolatorstützen; Hufeisen, Schraub- und Steckstollen:	
	roh	5
	bearbeitet	12
821	Eisenbahnwagenbeschläge, Eisenbahnpuffer, Eisenbahnweichen- und Signaltheile	10
	(822/3) Achsen (mit Ausnahme der Eisenbahnachsen) und Achsentheile:	
822	Patentachsen und Halbpatentachsen	24
823	andere:	
	roh	6
	bearbeitet	12
824	Wagenfedern einschließlich der Eisenbahnwagenfedern:	
	roh oder nur an den Blattenden und Seitenkanten abgeschliffen; Pufferfedern	4
	auf der ganzen Fläche geschliffen; in anderer Weise bearbeitet	15
825	Drahtseile, Stacheldraht, Drahtgeflechte und Drahtgewebe, Drahtbürsten, Drahtkörbe, Stiefeleisen; Schrauben und Niete von nicht mehr als 13 Millimeter Stiftstärke; Haken, anderweit nicht genannt; Kisten- und Sarggriffe, Splinte, Krampen, Schnallen (mit Ausnahme der Schmuckschnallen); Rosettenstifte; Sprungfedern aus Draht; Häftel und Oesen; Nägel, anderweit nicht genannt, auch mit Köpfen aus anderen unedlen Metallen oder Legirungen unedler Metalle	8
826	Drahtstifte; Klammern und Schlaufen aus Draht	8
827	Geschnittene Nägel (Tacks, Semences, Aufzwickstifte):	
	in der Länge { von 20 Millimeter oder darüber	12
	in der Länge { von weniger als 20 Millimeter	20
828	Ofenrohre, Ofenringe, Büchsen, Fässer, Kasten, Badewannen, Striegel, Haus- und Küchengeräthe, Rollläden, Rolljalousien, Taschen- und Kofferbügel, Glocken und Geläute, alle diese aus Blech; auch Theile von solchen Gegenständen:	
	roh	6
	bearbeitet	10

		Zollsatz für 1 Doppelzentner Mark
829	Ketten (mit Ausnahme der Fahrradketten) und Theile von solchen:	
	roh:	
	zur Kettenschleppschiffahrt	3
	andere	6
	bearbeitet	15
830	Trensen, Kandaren, Steigbügel, Sporen, Beschläge und sonstige Reit- und Fahrgeschirrtheile:	
	roh	10
	bearbeitet	15
831	Schlittschuhe und Rollschuhe	15
832	Bau- und Möbelbeschläge, Scharniere, Schiebethürrollen, Thürfedern, Thürgriffe, Thürhänge, Thürketten, Thürknöpfe, Thürriegel, Ventilatoren, Buffetgriffe, Gabelrollen (Vogelrollen), Kofferwinkel, Möbel- und Stuhlrollen, Schiebladengriffe, Schiebladenknöpfe, sämmtlich aus schmiedbarem Eisen:	
	roh	6
	bearbeitet	12
833	Schlösser und Schlüssel:	
	ohne Verbindung mit anderen unedlen Metallen oder Legirungen unedler Metalle	15
	mit Schlüsselrohren, Riegelplatten, Schlüssellochdecken und dergleichen aus anderen unedlen Metallen oder Legirungen unedler Metalle	20
834	Geldschränke und Geldkasten (Kassetten)	20
835	Möbel (nicht gepolstert) und Turngeräthe, auch aus nicht schmiedbarem Guß	15
836	Feine Schneidwaaren (feine Messer, feine Scheeren, blanke Waffen und dergleichen); Perlen und Schmuckschnallen, soweit sie nicht unter Nr. 887 fallen; Fingerhüte, Korkzieher, Nußknacker, Stahlkugeln, Knöpfe (auch aus Blech) und sonstige feine Eisenwaren, anderweit nicht genannt:	
	roh	15
	bearbeitet	24
837	Kunstschmiedearbeiten	24
838	Schirmgestelle und Bestandtheile von solchen	24
839	Federn, anderweit nicht genannt; auch Blankscheite (Planchetts)	20
840	Schreibfedern (einschließlich der noch nicht völlig fertig gearbeiteten), auch mit vergoldeten Spitzen	90
841	Nadeln:	
	Nähnadeln	100
	Nähmaschinen-, Strickmaschinen-, Stickmaschinen- und Wirkmaschinennadeln	500
	Stecknadeln, andere Nadeln sowie Angelhaken	50
842	Eisensand und Stahlspäne	1
843	Eisenabfälle:	
	Brucheisen, Alteisen (Schrott); Dreh-, Bohr-, Hobelspäne; Eisenfeilspäne; Stabeisenenden, Eisenblechkanten und andere nur zum Einschmelzen oder Schweißen verwendbare Abfälle von Eisen	1
	Glühspan (Hammerschlag und Walzzunder); Schliff; Abfälle von verzinntem Eisenbleche (Weißblech) von nicht mehr als 5 Millimeter Stärke	frei

Anmerkungen zu A.

1. Der Begriff „Eisen" umfaßt im Sinne des Zolltarifs auch den Begriff „Stahl".

		Zollsatz für 1 Doppelzentner Mark
	2. Schmiedbares Eisen in Form von Flacheisen von mehr als 25 Centimeter Breite wird als Blech verzollt.	
	3. Als bearbeitet im Gegensatze zu roh gelten Erzeugnisse aus Eisen dann, wenn sie eine nachträgliche Bearbeitung der Oberfläche oder Veränderung der Gestalt erfahren haben, um sie für ihren Sonderzweck gebrauchsfähig zu machen, um ihr Aussehen zu heben oder um sie gegen Rost zu schützen.	
	Zu den bearbeiteten gehören hiernach insbesondere alle gefeilten, gefrästen, abgedrehten, gehobelten, geschliffenen, polirten, nach der Fertigstellung geglühten, blau angelaufenen, durch Ausglühen gebläuten, durch Erhitzen mit einem Oelüberzuge gleichmäßig grau, braun oder sonst gefärbten, im Rollfaß oder in der Putztrommel gescheuerten, ferner alle angestrichenen, gefirnißten, lackirten, mit Schmelz belegten (emaillirten), oxydirten, mit anderen unedlen Metallen oder Legirungen unedler Metalle überzogenen (diese mit Ausnahme der in Anmerkung 4 behandelten), sowie alle vernieteten, verschraubten oder in ähnlicher Weise nachträglich in sich verbundenen Waaren. Auch die theilweise oder gänzliche Entfernung der groben Guß-, Schmiede- oder Walzhaut hat die Behandlung der Erzeugnisse als bearbeitete zur Folge; dabei macht es keinen Unterschied, ob die Entfernung der rauhen Haut unmittelbar bei der Herstellung des Gegenstandes oder ob sie durch ein besonderes Verfahren erfolgt ist, sowie ob damit eine Aenderung der Gestalt des Gegenstandes verbunden ist oder nicht.	
	Den bearbeiteten stehen gleich diejenigen Waaren, welche unmittelbar bei ihrer Herstellung ein blankes Aussehen erhalten haben.	
	Dagegen wird das Anschneiden von Gewinden an Rohrenden, Schrauben und Muttern, das Vorarbeiten zum Zwecke der Prüfung der Gegenstände auf Fehlerfreiheit (Vorschuppen), das Beseitigen von Gußnähten und Ansätzen, das Ebnen von Bruchflächen sowie das Abstechen der verlorenen Köpfe, das Ausstechen von Nietlöchern und das Einbohren von Löchern mit oder ohne Schraubengewinde (soweit nicht für gelochte und gebohrte Erzeugnisse besondere Bestimmungen getroffen sind), das Blankscheuern einzelner Theile, ein rauher Oelfarben- oder Theeranstrich, sowie das Ueberstreichen mit Graphit nicht als Bearbeitung angesehen.	
	4. Eisen in Stäben, Draht, Blech, Röhren und andere Eisenwaaren, die auf mechanischem Wege mit Kupfer, Kupferlegirungen, Nickel oder Aluminium überzogen oder auf chemischem Wege vernickelt sind, unterliegen, soweit nicht besondere Bestimmungen getroffen sind, einem Zollzuschlage von 50 vom Hundert. Sofern für die genannten Gegenstände in polirtem oder allgemein in bearbeitetem Zustande besondere Zollsätze bestehen, werden letztere der Berechnung zu Grunde gelegt.	
	5. Die Verbindung von Eisenwaaren mit anderen Stoffen ist, soweit nicht im Unterabschnitt A besondere Bestimmungen getroffen sind, nur dann auf ihre Verzollung von Einfluß, wenn in anderen Tarifabschnitten vorgeschrieben ist, daß Waaren, auch wenn sie nur theilweise aus einem Stoffe hergestellt sind, ebenso verzollt werden sollen wie die ganz aus diesem Stoffe hergestellten Waaren.	
	6. Statuen (einschließlich der Büsten, Reliefs und Thierfiguren) mindestens in natürlicher Größe werden, sofern sie Kunstgegenstände sind, zollfrei abgelassen.	
	B. Aluminium und Aluminiumlegierungen.	
844	Aluminium in rohem Zustand (in Blöcken, Barren, Masseln, Körnern), auch in Plattenform gegossen	frei
845	Aluminium, geschmiedet oder gewalzt, in Stangen, Blechen, Tafeln oder dergleichen; auch Formgußstücke in unbearbeitetem Zustande	12
	(846/7) Draht:	

Nr.	Benennung der Gegenstände	Zollsatz für 1 Doppelzentner Mark
846	rund:	
	in der Stärke von mehr als 0,5 Millimeter	12
	in der Stärke von 0,5 Millimeter oder darunter	50
847	geplättet oder geformt (façonnirt), ohne Rücksicht auf die Stärke	50
848	Aluminiumgespinnst, sowie Tressenwaaren (Besätze, Bänder, Kordeln, Litzen, Schnüre), Gewebe und Knopfmacherwaaren (auch mit Einlagen von Holz, Bein, Horn, Leder) aus Aluminiumgespinnst ohne Beimischung von anderen Gespinnsten, wenn der Kern besteht:	
	ganz oder theilweise aus Seide, künstlicher Seide oder Floretseide	250
	aus anderen Spinnstoffen	150
849	Waaren aus Aluminium, nicht unter Nr. 848 fallend, auch in Verbindung mit anderen Stoffen, soweit sie nicht zu den fein gearbeiteten Schmuckgegenständen u. s. w. der Nr. 887 gehören oder durch die Verbindung mit anderen Stoffen unter höhere Zollsätze fallen; Blattaluminium	60
	Anmerkung zu B. Dem Aluminium gleich behandelt werden nur die aluminiumähnlichen Legirungen von Aluminium mit anderen unedlen Metallen.	
	C. Blei- und Bleilegirungen.	
850	Blei, roh (in Blöcken, Mulden oder dergleichen)	frei
851	Blei, gewalzt (Blech), auch gerollt (Rollblei), roh, abgeschliffen, gefirnißt, lackirt, polirt oder mit anderen unedlen Metallen oder Legirungen unedler Metalle überzogen; Fensterblei	3
852	Draht	6
853	Druckplatten, gestochen oder geätzt, auch verkupfert, verstählt oder in Verbindung mit unlackirtem, unpolirtem Holze, Eisen, Zink oder Zinn; Stereotypplatten, Abklatsche und Buchdruckerschriften	3
854	Bleiwaaren, nicht unter Nr. 853 fallend:	
	grobe, auch in Verbindung mit unlackirtem, unpolirtem Holze, Eisen, Zink oder Zinn	6
	feine, insbesondere alle bemalten, bronzirten, lackirten, mit anderen unedlen Metallen oder Legirungen unedler Metalle überzogenen; Bleiwaaren in Verbindung mit anderen Stoffen, soweit sie nicht vorstehend genannt sind oder durch die Verbindung mit anderen Stoffen unter höhere Zollsätze fallen, auch nicht zu den fein gearbeiteten Schmuckgegenständen u. s. w. der Nr. 887 gehören; Blattblei, auch verzinnt oder mit Zinn plattirt	24
	D. Zink und Zinklegirungen.	
855	Zink, roh (in Blöcken, Tafeln, Klumpen, Scheiben, Tropfen [Tropfzink])	frei
	(856/7) Zink, gestreckt, gewalzt (Blech):	
856	roh:	
	mehr als 0,25 Millimeter stark	3
	0,25 Millimeter oder darunter stark	4,50
857	abgeschliffen, gefirnißt, lackirt, polirt oder mit anderen unedlen Metallen oder Legirungen unedler Metalle überzogen	5
858	Draht	6
859	Zinkwaaren:	
	grobe, auch in Verbindung mit unlackirtem, unpolirtem Holze, Eisen, Blei oder Zinn; Druckplatten, gestochen oder geätzt	6
	feine, insbesondere alle bemalten, bronzirten, gefirnißten, lackirten, polirten, mit anderen unedlen Metallen oder Legirungen unedler	

Nr.	Benennung der Gegenstände	Zollsatz für 1 Doppelzentner Mark
	Metalle überzogenen; Zinkwaaren in Verbindung mit anderen Stoffen, soweit sie nicht vorstehend genannt sind oder durch die Verbindung mit anderen Stoffen unter höhere Zollsätze fallen, auch nicht zu den fein gearbeiteten Schmuckgegenständen u. s. w. der Nr. 887 gehören	24
	E. Zinn und Zinnlegirungen.	
860	Zinn, roh (in Blöcken, Stangen, aufgerollten Platten [Rollzinn]) . . .	frei
861	Zinn, gewalzt (Blech)	3
862	Draht	6
863	Zinnwaaren:	
	grobe, auch in Verbindung mit unlackirtem, unpolirtem Holze, Eisen, Blei oder Zink; Druckplatten, gestochen oder geätzt	6
	Löffel, Gabeln, Theesiebe, gegossen, Kannen, Theebretter, Kapseln, Tuben, Spritzstöpsel sowie andere feine Zinnwaaren, insbesondere alle bemalten, bronzirten, gefirnißten, polirten, gemusterten, mit anderen unedlen Metallen oder Legirungen unedler Metalle überzogenen; Zinnwaaren in Verbindung mit anderen Stoffen, soweit sie nicht vorstehend genannt sind oder durch die Verbindung mit anderen Stoffen unter höhere Zollsätze fallen, auch nicht zu den fein gearbeiteten Schmuckgegenständen u. s. w. der Nr. 887 gehören; Blattzinn (Stanniol), auch gefärbt oder mit unechtem Blattgolde belegt	24
	Anmerkung zu E. Britanniametall (Legirung von Zinn und Antimon mit geringen Zusätzen von Zink, Kupfer, Nickel oder Wismuth) und Waaren daraus werden wie Zinn und Zinnwaaren behandelt.	
	F. Nickel und Nickellegirungen.	
864	Nickelmetall (Nickel), roh (in Barren oder Stücken, auch gegossen in Form von Platten oder Rosten, die nur zur Verwendung bei Vernickelungen auf elektrolytischem Wege geeignet sind); Nickelmünzen . .	frei
865	Nickel, geschmiedet oder gewalzt, in Stangen oder Blech; Formgußstücke und Schmiedestücke in unbearbeitetem Zustande	12
866	Draht	
	1 Millimeter oder darüber stark	12
	weniger als 1 Millimeter stark	15
867	Röhren, Hülsen, Näpfchen	30
868	Waaren aus Nickel, vorstehend nicht genannt, auch in Verbindung mit anderen Stoffen, soweit sie nicht zu den fein gearbeiteten Schmuckgegenständen u. s. w. der Nr. 887 gehören oder durch die Verbindung mit anderen Stoffen unter höhere Zollsätze fallen; Blattnickel	60
	Anmerkung zu F. Dem Nickel gleich behandelt werden nur die nickelähnlichen Legirnngen aus Nickel mit anderen unedlen Metallen.	
	G. Kupfer und Kupferlegirungen.	
869	Kupfer, roh (in Scheiben oder sogenannten Rosetten, Blöcken [Hartstücken], Barren, oder Platten, in Pulverform u. s. w.); Kupfermünzen; Kupferlegirungen, roh	frei
870	Stangen, Bleche, Schalen und andere Formstücke, geschmiedet oder gewalzt	12

		Zollsatz für 1 Doppelzentner Mark
871	Draht (mit Ausnahme des cementirten Drahts); Eisendraht, mit Draht aus Kupfer oder Kupferlegirungen umsponnen, umflochten oder umwickelt	12
872	Cementirter Draht	15
873	Drahtlitzen und Drahtseile, weder lackirt noch polirt oder vernickelt . . .	15
874	Walzen, auch solche aus Eisen mit einer mehr als 5 Millimeter starken Haut aus Kupfer oder Kupferlegirungen, zur Zurichtung (Appretur) von Gespinnstwaaren oder zum Druck, einschließlich der mit ihnen in fester Verbindung stehenden Maschinen und Maschinentheile, auch gestochen oder geätzt	18
	Druckplatten aus Kupfer oder Kupferlegirungen, auch verstählt, mit Blei oder dergleichen hintergossen oder in Verbindung mit Holz, Eisen, Blei, Zink oder Zinn, auch gestochen oder geätzt	30
875	Metalltuch aller Art für gewerbliche Zwecke, insbesondere für die Herstellung von Papier, endlos oder in Rollen oder Stücken, aus Draht, auch mit Gespinnsteinlagen; Vordruckwalzen (Egoutteure), glatt oder gerippt, mit oder ohne Wasserzeichen	30
876	Haus- und Küchengeräthe aus Kupfer, nicht vernickelt, auch in Verbindung mit anderen Stoffen, soweit sie nicht dadurch unter höhere Zollsätze fallen:	
	unlackirt, unpolirt	18
	lackirt, polirt	30
877	Grobe Waaren aus Kupfer und grobe Waaren aus gegossenem Messing, vorstehend nicht genannt; gegossene, gelöthete, gewalzte oder gezogene Röhren, einschließlich der Muffen- und Flanschenröhren sowie der Röhrenverbindungs- und Röhrenformstücke, auch gebogen, aus Kupfer oder Messing; alle diese weder lackirt noch polirt oder vernickelt, auch in Verbindung mit anderen Stoffen, soweit sie nicht unter Nr. 874 oder durch die Verbindung mit anderen Stoffen unter höhere Zollsätze fallen; Polsterfedern aus Kupfer- oder Messingdraht, unpolirt, unlackirt	18
878	Andere als grobe Waaren aus Kupfer oder gegossenem Messing, vorstehend nicht genannt; alle lackirten oder polirten Waaren aus Kupfer (mit Ausnahme der Haus- und Küchengeräthe) oder aus gegossenem Messing; Waaren aus Messingblech (mit Ausnahme der Röhren); Waaren aus Kupfer- oder Messingdraht, vorstehend nicht genannt; Waaren aus Tombak; alle diese, soweit sie nicht unter Nr. 874, 879 oder 887 oder durch die Verbindung mit anderen Stoffen unter höhere Zollsätze fallen; Blattkupfer und Blattmessing	30
879	Kupfer-, Tombak- und Messingwaaren, vernirt, gefärbt oder vernickelt, soweit sie nicht zu den fein gearbeiteten Schmuckgegenständen u. s. w. der Nr. 887 gehören oder durch die Verbindung mit anderen Stoffen unter höhere Zollsätze fallen	60
880	Waaren aus anderen Kupferlegirungen als Messing und Tombak, soweit sie nicht zu den fein gearbeiteten Schmuckgegenständen u. s. w. der Nr. 887 gehören oder durch die Verbindung mit anderen Stoffen unter höhere Zollsätze fallen:	
	feine, insbesondere alle polirten, vernickelten, gefärbten, lackirten oder vernirten Waaren	60
	andere als feine, weder polirt noch vernickelt, gefärbt, lackirt oder vernirt; Blattmetall	30
	Anmerkung zu G. Anderweit nicht genannte zur Herstellung von Metallwaaren geeignete unedle Metalle und Legirungen unedler Metalle sowie Waaren daraus werden wie Kupfer und Kupferwaaren behandelt.	

		Zollsatz für 1 Doppelzentner Mark
	H. Waaren, nicht unter die Unterabschnitte A bis G fallend, aus unedlen Metallen oder aus Legirungen unedler Metalle.	
881	Blech:	
	vergoldet	100
	versilbert	60
882	Draht, auch auf anderen Draht aus unedlen Metallen oder Legirungen unedler Metalle gesponnen:	
	vergoldet	150
	versilbert	100
883	Unechtes Gold- und Silbergespinnst, auch aus vergoldeten oder versilberten thierischen Häutchen, sowie Tressenwaaren (Besätze, Bänder, Kordeln, Litzen, Schnüre), Gewebe und Knopfmacherwaaren (auch mit Einlagen von Holz, Bein, Horn, Leder) aus unechtem Gold- oder Silbergespinnst ohne Beimischung von anderen Gespinnsten, wenn der Kern besteht:	
	ganz oder theilweise aus Seide, künstlicher Seide oder Floretseide . .	800
	aus anderen Spinnstoffen	250
884	Waaren ganz oder theilweise aus vergoldeten unedlen Metallen oder Legirungen unedler Metalle, soweit sie nicht besonders ausgenommen sind oder durch die Verbindung mit anderen Stoffen unter höhere Zollsätze fallen	175
885	Waaren ganz oder theilweise aus versilberten unedlen Metallen oder Legirungen unedler Metalle, soweit sie nicht besonders ausgenommen sind oder durch die Verbindung mit anderen Stoffen unter höhere Zollsätze fallen	120
	Anmerkung zu Nr. 881 bis 885. Mit Gold oder Silber belegte (plattirte) Waaren werden wie vergoldete oder versilberte verzollt.	
886	Unechtes Blattgold und unechtes Blattsilber (unechter Gold- und Silberschaum)	120
887	Schmuck-, Zier- und sonstige Luxusgegenstände ganz oder theilweise aus unedlen Metallen oder aus Legirungen unedler Metalle, fein gearbeitet und entweder vernirt oder vernickelt oder in Verbindung mit Alabaster, Marmor, Serpentinstein, Schmelz, Halbedelsteinen, nachgeahmten Edelsteinen, Gemmen oder Kameen aus Halbedelsteinen oder nachgeahmten Edelsteinen, Pasten oder dergleichen; Zellenschmelzarbeiten (sogenannte Cloisonneewaaren); Perlen aus unedlen Metallen oder aus Legirungen unedler Metalle, vernickelt oder vernirt; Waaren aus unedlen Metallen oder aus Legirungen unedler Metalle in derartiger Verbindung mit Gespinnstfäden, daß sie ohne Weiteres als Schmuck getragen werden können	175
	Anmerkung. Bei Zellenschmelzarbeiten bleiben Stege aus edlen Metallen ohne Einfluß auf die Verzollung.	
888	Gespinnste aus unedlen Metallen oder aus Legirungen unedler Metalle (ausgenommen Aluminiumgespinnst), sowie Tressenwaaren (Besätze, Bänder, Kordeln, Litzen, Schnüre), Gewebe und Knopfmacherwaaren (auch mit Einlagen von Holz, Bein, Horn, Leder) aus solchen Gespinnsten ohne Beimischung von anderen Gespinnsten, wenn der Kern besteht:	
	ganz oder theilweise aus Seide, künstlicher Seide oder Floretseide . .	250
	aus anderen Spinnstoffen	150

		Zollsatz für 1 Doppelzentner Mark
889	Blankscheite (Planchetts), Miederfedern und ähnliche Waaren aus unedlen Metallen oder aus Legirungen unedler Metalle, ganz oder theilweise mit Gespinnsten oder Gespinnstwaaren übersponnen oder überzogen	120
890	Draht aus unedlen Metallen oder aus Legirungen unedler Metalle:	
	mit Gespinnstfäden ganz oder theilweise aus Seide, künstlicher Seide oder Floretseide überzogen, umwickelt, umsponnen oder umflochten, auch in Verbindung mit anderen Stoffen	36
	mit anderen Stoffen überzogen, umwickelt, umsponnen, umflochten oder sonst verbunden	15
	Anmerkung. Litzen, Geflechte und ähnliche Waaren aus derartigem Draht werden wie dieser verzollt.	
891	Läutewerke, durch Luftdruck betrieben; Sprechmaschinen (Phonographen) einschließlich der mit ihnen in fester Verbindung stehenden elektrischen Maschinen; Reißzeuge, Polarisationsinstrumente; Bussolen und Kompasse; Rechen- und Schreibmaschinen; Elektrisirmaschinen; Modelle von Maschinen und Schiffen aus unedlen Metallen oder aus Legirungen unedler Metalle; Schrittzähler und ähnliche Taschenzählwerke ohne Uhrwerke; andere Zählwerke sowie selbstthätige Meß- und Registrirvorrichtungen ohne Uhrwerke; Präzisionswaagen, selbstthätige Waagen und selbstthätige Verkaufsvorrichtungen; alle diese, soweit sie nicht durch ihre Verbindungen unter höhere Zollsätze fallen	60
	Anmerkung. Chirurgische Instrumente, die zur Ausführung von chirurgischen Operationen unmittelbar dienen, sowie astronomische, optische, mathematische, chemische und physikalische Instrumente, die ausschließlich wissenschaftlichen Untersuchungen dienen und nicht Gegenstand des allgemeinen oder des gewerblichen Gebrauchs sind, werden zollfrei abgelassen.	
	Allgemeine Anmerkungen zu B bis H.	
	1. Blech aus unedlen Metallen oder aus Legirungen unedler Metalle, das weniger als $0{,}25$ Millimeter stark ist, wird, sofern für Blattmetall (Folie) ein anderer Zollsatz als für Blech vorgesehen ist, als Blattmetall verzollt, soweit es nicht in Folge seiner dem echten Blattgolde (Goldschaum) ähnlichen Beschaffenheit unter den Begriff des unechten Blattgoldes oder des unechten Blattsilbers fällt.	
	2. Für Blech, das anders als rechtwinklig beschnitten ist, erhöht sich der Zoll um 25 vom Hundert. Gewelltes Blech (Wellblech), desgleichen durchschlagenes oder gelochtes, mit eingepreßten, aufgedruckten oder dergleichen Verzierungen (Mustern) versehenes, sowie zu bestimmten Zwecken erkennbar vorgearbeitetes Blech wird als Waare behandelt.	
	3. Statuen (einschließlich der Büsten, Reliefs und Thierfiguren) mindestens in natürlicher Größe werden, sofern sie Kunstgegenstände sind, zollfrei abgelassen.	
	Achtzehnter Abschnitt.	
	Maschinen, elektrotechnische Erzeugnisse, Fahrzeuge.	
	A. Maschinen.	
892	Dampflokomotiven, auf Schienen laufend:	
	Tenderlokomotiven bei einem Reingewichte der Maschine von 100 Doppelzentner oder darunter	11
	Tenderlokomotiven bei einem Reingewichte der Maschine von mehr als 100 Doppelzentner; Lokomotiven ohne Tender	9
	Lokomotivtender	5

Nr.		Zollsatz für 1 Doppelzentner Mark
893	Dampflokomotiven, nicht auf Schienen laufend, einschließlich der Dampfstraßenwalzen; Dampflokomobilen, fahrbar oder nicht fahrbar:	
	bei einem Reingewichte der Maschine von 60 Doppelzentner und darunter .	9
	bei einem Reingewichte der Maschine von mehr als 60 Doppelzentner . . .	8
894	Dampfmaschinen, Dampfturbinen, Wasserkraftmaschinen (Turbinen, Wasserräder und Wassersäulenmaschinen), Verbrennungs- und Explosionsmotoren, Heißluft- und Druckluftmotoren und andere vorstehend nicht genannte Kraft-(Antriebs-)Maschinen (mit Ausnahme der Elektromotoren), auch in Verbindung mit Dynamomaschinen, Pumpen, Hämmern, Gebläsemaschinen, Kältemaschinen, Fördermaschinen; ferner feststehende, fahrbare oder schwimmende Bagger, Rammen und Krahnen:	
	bei einem Reingewichte der Maschine von 40 Kilogramm oder darunter	100
	von mehr als 40 Kilogramm bis 1 Doppelzentner	60
	von mehr als 1 Doppelzentner bis 2 Doppelzentner	38
	von mehr als 2 Doppelzentner bis 5 Doppelzentner	25
	von mehr als 5 Doppelzentner bis 10 Doppelzentner	18
	von mehr als 10 Doppelzentner bis 25 Doppelzentner	13
	von mehr als 25 Doppelzentner bis 50 Doppelzentner	10
	von mehr als 50 Doppelzentner bis 500 Doppelzentner	7
	von mehr als 500 Doppelzentner bis 1000 Doppelzentner	5,80
	von mehr als 1000 Doppelzentner	3,50
895	Nähmaschinen (einschließlich der Kurbelstickmaschinen) und Strickmaschinen, für den Handbetrieb, ohne Gestell, Köpfe (Obertheile) von Nähmaschinen einschließlich der Kurbelstickmaschinen) und von Strickmaschinen, auch Theile davon (ausgenommen Nadeln)	35
896	Nähmaschinen (einschließlich der Kurbelstickmaschinen) und Strickmaschinen, in fester Verbindung mit Gestellen oder für motorischen Betrieb . . .	20
897	Gestelle von Nähmaschinen (einschließlich der Kurbelstickmaschinen) und von Strickmaschinen, sowie Theile von solchen Gestellen, einschließlich der dazu gehörigen Tischplatten oder Tische	5
898	Maschinen und Maschinentheile in fester Verbindung mit Kratzenbeschlägen	20
899	Andere Maschinen für die Vorbereitung der Verarbeitung von Spinnstoffen; Maschinen für die Spinnerei und Zwirnerei einschließlich der das Haspeln, Spulen und Wickeln der Gespinnste bewirkenden Maschinen, sowie Maschinen zur Vorbereitung der Gespinnste für die Weberei	6
900	Webstühle	5
901	Gardinen-, Spitzen- und Tüllmaschinen; Wirkmaschinen; Stickmaschinen (ausgenommen Kurbelstickmaschinen)	10
902	Zurichte- (Appretur-) Maschinen (Maschinen für die Veredelung von Gespinnsten und Gespinnstwaaren), soweit sie nicht unter Nr. 874 fallen; Maschinen für Wäscherei und chemische Reinigung	6
903	Feuerspritzen aller Art; Pumpen für Menschen- oder Thierbetrieb . . .	7

		Zollsatz für 1 Doppelzentner Mark
904	Maschinen zur Bearbeitung von Metallen, Hölzern oder Steinen; Dampf- und hydraulische Schmiedepressen; Nietmaschinen und mechanische Hämmer (Fall-, Luftdruck-, Federhämmer und sonstige durch Kraftübertragung betriebene Hämmer):	
	bei einem Reingewichte der Maschine von 2,5 Doppelzentner oder darunter	20
	von mehr als 2,5 bis 10 Doppelzentner . . .	12
	von mehr als 10 bis 30 Doppelzentner	8
	von mehr als 30 bis 100 Doppelzentner . . .	6
	von mehr als 100 Doppelzentner	4
905	Pflüge für Kraftbetrieb, auch mit zugehörigen Kraftmaschinen; Mähmaschinen	4
906	Andere nicht besonders genannte Maschinen:	
	bei einem Reingewichte der Maschine von 40 Kilogramm oder darunter	15
	von mehr als 40 Kilogramm bis 1 Doppelzentner	12
	von mehr als 1 Doppelzentner bis 2 Doppelzentner	10
	von mehr als 2 Doppelzentner bis 4 Doppelzentner	9
	von mehr als 4 Doppelzentner bis 10 Doppelzentner	7
	von mehr als 10 Doppelzentner bis 50 Doppelzentner	5,50
	von mehr als 50 Doppelzentner bis 100 Doppelzentner	4,50
	von mehr als 100 Doppelzentner	3
	B. Elektrotechnische Erzeugnisse.	
907	**Dynamomaschinen, Elektromotoren, Umformer, sowie fertig gearbeitete Anker und Kollektoren; Transformatoren und Drosselspulen:**	
	bei einem Reingewichte des Gegenstandes von 5 Doppelzentner oder darunter . . .	9
	von mehr als 5 bis 30 Doppelzentner . .	7
	von mehr als 30 Doppelzentner	6
	Anmerkung. Maschinen in fester Verbindung mit einem Dynamo-Generator oder Motor unterliegen der Verzollung nach den Sätzen des Unterabschnitts A.	
908	Elektrizitätssammler und deren Ersatzplatten (Elektroden):	
	ohne Verbindung mit Zellhorn (Celluloid), ähnlichen Formerstoffen oder Hartkautschuk	6
	in Verbindung mit Zellhorn (Celluloid), ähnlichen Formerstoffen oder Hartkautschuk	24
909	Kabel zur Leitung elektrischer Ströme, in Folge ihrer Umschließung mit Schutzhüllen aus Metall in Form von Hülsen (Mänteln), Blechen, Drähten, Bändern oder dergleichen zur Verlegung in Wasser oder Erde geeignet	8
910	Bogenlampen und Gehäuse für solche:	
	Bogenlampen	40
	vollständige Gehäuse für Bogenlampen in Verbindung mit Glasglocken, auch umsponnen; Scheinwerfer; lichtstreuende Reflektoren	20
911	Elektrische Glühlampen	80
912	Telegraphenwerke, elektrische; Fernsprecher; elektrische Vorrichtungen für Beleuchtung, Kraftübertragung oder Elektrolyse sowie für ärztliche oder zahnärztliche Zwecke; elektrische Meß-, Zähl- und Registrirvorrichtungen;	

Nr.	Benennung der Gegenstände	Zollsatz für 1 Doppelzentner Mark
	Vorschalte- und Nebenschlußwiderstände; galvanische Elemente (auch Trockenelemente) und Thermo-Elemente; sonstige elektrische Vorrichtungen; Bestandtheile von solchen Gegenständen	60
	Anmerkung zu B. Auf die Verzollung der elektrotechnischen Erzeugnisse bleibt die Art und Beschaffenheit der verwendeten Stoffe ohne Einfluß.	
	C. Fahrzeuge.	
	(913/4) Fahrzeuge, zum Fahren auf Schienengleisen bestimmt:	
913	in Verbindung mit Antriebsmaschinen (ausgenommen Dampflokomotiven)	10
914	ohne Verbindung mit Antriebsmaschinen:	
	Güterwagen, ungedeckt oder gedeckt	5
	Personenwagen ohne Leder- oder Polsterarbeit; Dienstwagen . . .	7,50
	Personenwagen mit Leder- oder Polsterarbeit; Straßenbahnwagen für Personenbeförderung; Wagen aller Art für einschienige Bahnen	12
	Anmerkung zu Nr. 913 und 914. Wagenkasten, Untergestelle zu Wagen mit Radsätzen sowie Wagenkasten in fester Verbindung mit Untergestellen ohne Radsätze unterliegen nach ihrer Beschaffenheit der Verzollung wie die fertigen Fahrzeuge. Soweit ihre Zugehörigkeit zu einer bestimmten Art von Fahrzeugen nicht erkennbar ist, werden sie wie Güterwagen behandelt.	
915	Fahrzeuge, nicht zum Fahren auf Schienengleisen bestimmt (ausgenommen Wasserfahrzeuge), in Verbindung mit Antriebsmaschienen (Motorwagen und Motorfahrräder):	
	bei einem Reingewichte des Stückes von 50 Kilogramm oder darunter	150
	bei einem Reingewichte des Stückes von mehr als 50 Kilogramm bis 1 Doppelzentner	120
	bei einem Reingewichte des Stückes von mehr als 1 Doppelzentner bis 2,5 Doppelzentner	90
	bei einem Reingewichte des Stückes von mehr als 2,5 Doppelzentner bis 5 Doppelzentner	60
	bei einem Reingewichte des Stückes von mehr als 5 Doppelzentner bis 10 Doppelzentner	40
	bei einem Reingewichte des Stückes von mehr als 10 Doppelzentner	20
	(916/8) Fahrzeuge, nicht zum Fahren auf Schienengleisen bestimmt (ausgenommen Wasserfahrzeuge), ohne Verbindung mit Antriebsmaschinen:	
916	Fahrräder, auch zur Aufnahme von Fahrgästen, zur Beförderung von Waaren oder zur Mitführung von Anhängewagen eingerichtet	150
917	Personenwagen:	
	zweirädrige ohne Rücksicht auf die Zahl der festen Sitze und vierrädrige mit nicht mehr als 4 festen Sitzen:	
	ohne Dach	für 1 Stück
	bei einem Reingewichte des Wagens von 1,5 Doppelzentner oder darunter	60
	bei einem Reingewichte des Wagens von mehr als 1,5 Doppelzentner . .	100
	mit Dach	150
	vierrädrige mit mehr als 4 festen Sitzen:	
	ohne Dach	180
	mit Dach	200
918	Lastwagen:	
	auf Federn, mit geschlossenem Laderaume:	
	roh oder nur mit Oel- oder Farbenanstrich	50
	lackirt oder mit Polsterung	75

		Zollsatz für 1 Doppelzentner Mark
	auf Federn, mit offenem Laderaume:	
	roh oder nur mit Oel- oder Farbenanstrich	40
	lackirt oder mit Polsterung	50
	ohne Federn	25
	Anmerkungen zu Nr. 917 und 918. 1. Für zusammengesetzte Personenwagen im Rohbau ist die Hälfte der Sätze für Personenwagen zu entrichten. 2. Personenschlitten unterliegen der Verzollung als Personenwagen mit nicht mehr als 4 festen Sitzen ohne Dach. 3. Lastschlitten werden wie Lastwagen ohne Federn verzollt. 4. Wagen für Hand- oder Fußbetrieb sowie Handwagen, Handschlitten und Handkarren werden nach Beschaffenheit des Stoffes verzollt.	
	(919/20) Fahrradtheile (ausgenommen Antriebsmaschinen und Theile von solchen):	
919	aus Eisen:	für 1 Doppelzentner
	roh	40
	bearbeitet	150
	Anmerkung. Die Vorschriften in Anmerkung 3 zu Unterabschnitt 17 A finden sinngemäß Anwendung.	
920	aus anderen unedlen Metallen oder Legirungen unedler Metalle, aus Holz, Kork, Hartkautschuk, Horn, Leder, Zellhorn (Celluloid) oder diesem ähnlichen Formerstoffen; fertige Räder für Fahrräder	150
	(921/3) Wasserfahrzeuge einschließlich der zugehörigen gewöhnlichen Schiffsausrüstungsgegenstände, Dampfmaschinen und anderen Antriebsmaschinen:	
921	Seeschiffe	frei
922	Fluß- und Binnenseeschiffe für Luxuszwecke:	
	in Verbindung mit Antriebsmaschinen	10
	ohne Verbindung mit Antriebsmaschinen	15
923	andere Fluß- und Binnenseeschiffe	frei
924	Schwimmdocks und Pontons, auch mit Maschinenausrüstungen	5
925	Wasserfahrzeuge aller Art, mit der Bestimmung zum Zerschlagen eingehend	frei
	Anmerkung zu Nr. 921 bis 925. Die mit den Schiffen eingehenden, nicht zur gewöhnlichen Schiffsausrüstung gehörigen Einrichtungsstücke unterliegen den für diese Gegenstände bestehenden Zollsätzen.	

Neunzehnter Abschnitt.

Feuerwaffen, Uhren, Tonwerkzeuge, Kinderspielzeug.

A. Feuerwaffen.

926	Handfeuerwaffen aller Art, auch Luftgewehre, aus unedlen Metallen oder aus Legirungen unedler Metalle	90
927	Bügel, Federn, Hähne und Läufe, auch Theile von solchen, sowie andere Theile von Handfeuerwaffen (ausgenommen Schlösser und Verschlußstücke), aus unedlen Metallen oder aus Legirungen unedler Metalle:	
	roh	6
	bearbeitet	24
	Anmerkung. Die Vorschriften in Anmerkung 3 zu Unterabschnitt 17 A finden sinngemäß Anwendung.	

		Zollsatz für 1 Doppelzentner Mark
928	Schlösser und Verschlußstücke, auch Theile von solchen, zu Handfeuerwaffen:	
	roh vorgearbeitet	40
	andere	90
	Anmerkung zu Nr. 927 und 928. Läufe und Schäfte zu Handfeuerwaffen mit eingefügten oder beigepackten Schlössern, Schloßkasten oder Verschlußstücken sind nach Nr. 926 zu verzollen.	
	Anmerkungen zu A.	
	1. Die Waaren dieses Unterabschnitts werden, wenn sie mit Stoffen verbunden sind, welche die Verzollung nach höheren Zollsätzen bedingen, nach den letzteren verzollt.	
	2. Andere Feuerwaffen als Handfeuerwaffen werden nach Beschaffenheit des Stoffes verzollt.	
	B. Uhren.	
929	Taschenuhren, auch solche mit Spielwerk:	
	in Gehäusen	für 1 Stück
	aus Gold	3
	aus Silber, auch vergoldet oder mit vergoldeten Rändern, Bügeln oder Knöpfen versehen	1,50
	aus unedlen Metallen oder aus Legirungen unedler Metalle, auch vergoldet oder versilbert oder mit vergoldeten oder versilberten Rändern, Bügeln oder Knöpfen versehen; aus anderen Stoffen:	1
930	Uhrgehäuse zu Taschenuhren:	
	aus Gold	1,50
	aus Silber oder aus unedlen Metallen oder aus Legirungen unedler Metalle, auch vergoldet oder mit vergoldeten Rändern, Bügeln oder Knöpfen versehen; aus anderen Stoffen	0,75
	Anmerkung zu Nr. 930. Werden Uhrgehäuse zu Taschenuhren in zerlegtem Zustande, jedoch fertig zum Zusammensetzen eingeführt, so sind Böden mit der Hälfte, Ränder (mit oder ohne Glasreifen) und Glasreifen je mit einem Viertel des Stückzolls für das zusammengesetzte Uhrgehäuse zu belegen, während Staubdeckel sowie andere Theile der Verzollung nach Beschaffenheit des Stoffes unterliegen.	
	Anmerkung zu Nr. 929 und 930. Mit Gold oder Silber belegte (plattirte) Taschenuhren und Uhrgehäuse zu Taschenuhren werden wie vergoldete oder versilberte verzollt.	
931	Uhrwerke zu Taschenuhren, fertige, und Rohwerke	für 1 Stück 1,50
		für 1 Doppelzentner
932	Triebe und Unruhen (Balanzen) aus Stahl für Taschenuhren	60
933	Theile von Taschenuhren aus unedlen Metallen oder aus Legirungen unedler Metalle, vorstehend nicht genannt	200
934	Wand- und Standuhren sowie alle anderweit nicht genannten Uhren mit Uhrwerken, auch dergleichen Uhren mit Spielwerken; Taschenzählwerke und andere Zählwerke sowie selbstthätige Meß- und Registrirvorrichtungen in Verbindung mit Uhrwerken; alle diese, soweit sie nicht durch ihre Verbindungen unter höhere Zollsätze fallen	200
935	Uhrwerke aus unedlen Metallen oder aus Legirungen unedler Metalle zu den unter Nr. 934 fallenden Uhren, sowie Theile solcher Uhren aus unedlen Metallen oder aus Legirungen unedler Metalle, mit Ausnahme der Gehäuse und der nicht gleichzeitig mit den Uhren, zu denen	

		Zollsatz für 1 Doppelzentner Mark
	sie gehören, eingehenden Gewichte, die nach Beschaffenheit des Stoffes zu verzollen sind	60
936	Thurmuhren und Theile von solchen aus unedlen Metallen oder aus Legirungen unedler Metalle, mit Ausnahme der nicht gleichzeitig mit den Uhrwerken, zu denen sie gehören, eingehenden Gewichte und Ketten zu solchen Gewichten, die nach Beschaffenheit des Stoffes zu verzollen sind	10
	C. Tonwerkzeuge.	
937	Pfeifenorgeln	25
938	Zungenorgeln (Harmoniums)	40
939	Klaviere aller Art	40
940	Klaviermechaniken und Klaviaturen	55
941	Streich- und Zupf-Tonwerkzeuge	30
942	Blas-Tonwerkzeuge	35
943	Mechanische Spielwerke:	
	Spielwerke ohne Gehäuse bei einem Reingewichte des Stückes von 500 Gramm oder darunter	25
	andere mechanische Spielwerke, sowie Vorrichtungen zur mechanischen Wiedergabe von Tonstücken	40
944	Tonwerkzeuge, nicht besonders genannt	30
945	Saiten (abgepaßt):	
	Darmsaiten, auch nachgeahmte	50
	übersponnen mit Draht aller Art	100
	Anmerkung zu C. Auf die Verzollung der Tonwerkzeuge bleibt die Art und Beschaffenheit der verwendeten Stoffe ohne Einfluß.	
	Theile von Tonwerkzeugen, die als solche erkennbar sind, werden, soweit sie nicht besonders genannt sind, wie die Tonwerkzeuge verzollt, zu denen sie gehören.	
	Als Theile von Tonwerkzeugen werden auch die zum Spielen derselben erforderlichen Gegenstände, z. B. Geigenbogen, Schlaghämmer, Paukenschlägel, behandelt.	
	Drahtsaiten mit Ausnahme der übersponnenen werden wie Draht verzollt.	
	D. Kinderspielzeug.	
946	Kinderspielzeug aller Art und Theile davon; auch Christbaumschmuck . .	10

---

31. Dezember 1902.

Verfügung des Ministeriums, betreffend Einführung der neuen deutschen Rechtschreibung im amtlichen Verkehr.

Zentr.- u. Bez.A.Bl. 1903 S. 1.

Ich bestimme hiermit, daß vom 1. Januar 1903 ab der Reinschrift aller amtlichen Schriftstücke und allen im Druck erscheinenden amtlichen Veröffentlichungen, welche von dem Ministerium und dem Oberschulrat sowie von Landesbehörden aller Art ausgehen, die neue deutsche Rechtschreibung zu Grunde zu legen ist.

1903.

5. Januar 1903.

Ausführungs-Vorschriften des Ministeriums zu dem Gesetz, betreffend die Schlachtvieh- und Fleischbeschau vom 3. Juni 1900 sowie zu den vom Bundesrate dazu erlassenen Ausführungsbestimmungen vom 30. Mai 1902.[1])

Zentr.- u. Bez.A.Bl. S. 3.

§ 1.

Die in dem Gesetz und den hierzu erlassenen Ausführungsbestimmungen des Bundesrats den Polizeibehörden überwiesenen Obliegenheiten werden im allgemeinen von den Ortspolizeibehörden (Bürgermeistern) wahrgenommen, in den Fällen des § 12, Abs. 5 und des § 24 der Ausführungsbestimmungen D (Behandlung des in das Zollinland eingehenden Fleisches) von den Grenzpolizeikommissaren, in den Fällen des § 11, Abs. 2 und des § 18, Abs. 3 des Gesetzes von den Kreisdirektoren (Vorständen der staatlichen Polizeiverwaltungen[2])[3]).

§ 2.

Über Beschwerden, welche auf Grund des § 30 der Ausführungsbestimmungen D eingelegt werden, entscheiden die Kreisdirektoren (Vorstände der staatlichen Polizeiverwaltungen)[2]), und zwar, sofern die Beschwerde gegen das technische Gutachten der Beschaustelle gerichtet ist, nach Anhörung des Kreistierarztes, und falls dieser das angegriffene Gutachten abgegeben hat, des Landestierarztes.

§ 3.

Im übrigen unterliegen Beschwerden gegen Verfügungen, welche auf Grund des Gesetzes und der dazu erlassenen Ausführungsbestimmungen von den Polizeibehörden erlassen werden, der Entscheidung der vorgesetzten Dienstbehörde.

Wird auf Grund des § 46 der Ausführungsbestimmungen A (Behandlung des Schlachtviehs und Fleisches bei Schlachtungen im Inlande) gegen die Entscheidung des Beschauers von dem Besitzer Beschwerde erhoben, so entscheidet, falls die Beanstandung durch einen tierärztlich nicht vorgebildeten Beschauer erfolgt ist, das Gutachten eines approbierten Tierarztes, falls ein approbierter Tierarzt die Beanstandung erhoben hat, das Gutachten des Kreistierarztes und im Falle der Beanstandung durch einen Kreistierarzt das Gutachten des Landestierarztes.

§ 4.

Die nach den §§ 2 und 3 auf die Beschwerde ergehende Entscheidung ist endgültig. Die Kosten einer unbegründeten Beschwerde fallen dem Beschwerdeführer zur Last.

1) Erlassen auf Grund von § 23 des erwähnten Gesetzes.

2) Fassung der Bekanntmachung vom 30. Mai 1914.

3) S. aber Ergänzungsbestimmung hierzu vom 21. März 1903.

---

6. Januar 1903.

Gesetz wegen Abänderung des Zuckersteuergesetzes.

Reichsgesetzbl. S. 1.

Artikel 1.

Der zweite und dritte Teil (§§ 65 bis 79) des Zuckersteuergesetzes vom 27. Mai 1896 (Reichs-Gesetzbl. S. 117) werden aufgehoben.

Artikel 2.

Die §§ 2 und 3 des Gesetzes werden wie folgt geändert: [1])

Artikel 3.

Dem § 80 des Gesetzes wird hinzugefügt: [2])

Artikel 4.

Der § 81 des Gesetzes wird aufgehoben.

Artikel 5.

Wird Zucker, welcher vor Inkrafttreten dieses

1) Die §§ 2 u. 3 des Gesetzes vom 27. Mai 1896 sind in der abgeänderten Fassung abgedruckt. Siehe dieses.

2) § 80 Abs. 3 u. 4 desgl. Abs. 1 u. 2 sind durch das Zolltarifgesetz vom 25. Dezember 1902 (Reichsgesetzbl. S. 303) gegenstandslos geworden. Vgl. § 16 a. a. O.

Gesetzes in eine Niederlage aufgenommen worden ist, nach dem genannten Zeitpunkt in den freien Verkehr oder in eine Zuckerfabrik übergeführt, so ist der darauf gewährte Ausfuhrzuschuß zurückzuzahlen.

Artikel 6.

Dieses Gesetz tritt gleichzeitig mit dem am 5. März 1902 in Brüssel zwischen dem Reiche und einer Anzahl anderer Staaten abgeschlossenen Vertrag über die Behandlung des Zuckers am 1. September 1903 in Kraft.

---

13. Januar 1903.

Verordnung des Statthalters wegen Abänderung der Verordnung, betreffend die Besetzung der Stellen der Subaltern-, Kanzlei- und Unterbeamten in der Verwaltung der direkten Steuern vom 19. Januar 1894.[1])

Zentr.- u. Bez.A.Bl. S. 5.

Die Verordnung vom 19. Januar 1894, betreffend die Besetzung der Stellen der Subaltern-, Kanzlei- und Unterbeamten in der Verwaltung der direkten Steuern (mit Ausschluß des Katasterdienstes) (Amtsblatt S. 69), wird wie folgt abgeändert: [1]) [2])

1) Die Änderungen betreffen die §§ 2, 5 und 11 und werden beim Abdruck der Verordnung vom 19. Januar 1894 berücksichtigt.

2) Zu vgl. auch die abändernde Verordnung des Statthalters vom 2. August 1900 (Zentr.- u. Bez.A.Bl. S. 215). Siehe diese und Anm. 1 dazu.

---

19. Januar 1903.

Bekanntmachung des Reichskanzlers, betreffend Abänderung der Bestimmungen über die Benutzung der Fernsprechverbindungsleitungen zur Nachtzeit.

Zentr.-Bl. f. d. D. R. S. 13.

Die Änderung betrifft den Absatz 1 der „Bestimmungen über die Benutzung der Fernsprechverbindungsleitungen zur Nachtzeit", vom 19. September 1901 (Zentr.-Bl. f. d. D. R. S. 342). Die veränderte Fassung ist durch eine neue Fassung zufolge der Bekanntmachung des Reichskanzlers über eine weitere Änderung dieser Bestimmungen vom 11. Februar 1905 (Zentr.-Bl. f. d. D. R. S. 32) ersetzt worden. Die Änderung ist beim Abdruck der Bestimmungen vom 19. September 1901 berücksichtigt worden.

---

21. Januar 1903.

Ausführungsvorschriften des Ministeriums zu dem Reichsgesetze betreffend die Schlachtvieh- und Fleischbeschau vom 3. Juni 1900, sowie der zu diesem erlassenen Ausführungsvorschriften des Bundesrats vom 30. Mai 1902.

Zentr.- u. Bez.A.Bl. S. 7.

§ 1.

Jede Gemeinde, in welcher das Schlächtergewerbe gewerbsmäßig betrieben wird, bildet für sich einen Beschaubezirk.

Nach Anhörung der beteiligten Bürgermeister können durch Anordnung des Kreisdirektors mehrere Gemeinden zu einem Beschaubezirk vereinigt werden. In größeren Gemeinden können mehrere Beschaubezirke gebildet oder mehrere Beschauer bestellt werden, deren Zuständigkeit der Bürgermeister regelt. Im übrigen ist für jeden Beschaubezirk nach Anhörung der beteiligten Bürgermeister von dem Kreisdirektor in der Regel ein Fleischbeschauer und ein Stellvertreter desselben zu bestellen.

Die Beschauer sind auf ihre Obliegenheiten durch den Kreisdirektor oder in dessen Auftrage durch den Bürgermeister ihres Wohnortes zu verpflichten.

Zu Stellvertretern können auch Beschauer benachbarter Beschaubezirke ernannt werden.

Als Fleischbeschauer sind in Gemeinden, in welchen approbierte Tierärzte ansässig sind, regelmäßig solche zu bestellen. Im übrigen darf die Ausübung der Schlachtvieh- und Fleischbeschau mit Ausnahme der Untersuchung gemäß

§ 18,[1] des Reichsgesetzes, sowie der durch die Ausführungsbestimmungen des Bundesrats (A §§ 11, 30, 31 und D § 11) den approbierten Tierärzten ausschließlich zugewiesenen Fälle, nur solchen Personen übertragen werden, welche durch Ablegung einer Prüfung gemäß der Prüfungsvorschriften für die Fleischbeschauer (Ausführungsbestimmungen B) genügende Kenntnisse nachgewiesen haben. Für jeden Beschaubezirk, in welchem nicht die gesamte Schlachtvieh- und Fleischbeschau einem approbierten Tierarzte übertragen ist, ist für die den approbierten Tierärzten ausschließlich vorbehaltenen Fälle der Schlachtvieh- und Fleischbeschau ein tierärztlicher Beschauer zu bestellen.

Die Ausführung der Schlachtvieh- und Fleischbeschau bildet, wie bisher, einen Gegenstand der örtlichen Polizeiverwaltung.

Die Fleischbeschauer und ihre Stellvertreter sind in Ausübung ihres Amtes Ortspolizeibeamte.

Mit Zustimmung des Kreisdirektors kann der Bürgermeister die Beschauzeit auf bestimmte Tagesstunden beschränken.

§ 2.

Die Anmeldung zum Zwecke der Schlachtvieh- und Fleischbeschau gemäß § 1 der Ausführungsbestimmungen A (Untersuchung und gesundheitspolizeiliche Behandlung des Schlachtviehs und Fleisches bei Schlachtungen im Inlande) hat rechtzeitig und zwar mindestens drei Stunden vor der beabsichtigten Schlachtung, die Anmeldung zur Untersuchung nach dem Schlachten in den Fällen des § 2 der Ausführungsbestimmungen A hat sofort nach der Schlachtung zu erfolgen.

Die Anmeldungen sind an den zuständigen Fleischbeschauer oder, wenn dieser verhindert sein sollte, an seinen Stellvertreter zu richten. Über die erfolgte Anmeldung hat der Beschauer dem Anmeldenden auf Verlangen eine Bescheinigung auszustellen.

In Gemeinden mit Schlachthauszwang unterliegen alle in das öffentliche Schlachthaus gelangenden Schlachttiere vor und nach der Schlachtung der amtlichen Untersuchung. Die Anmeldung hat in solchen Schlachthäusern nach näherer Bestimmung des Bürgermeisters stets bei dem diensttuenden Fleischbeschauer oder dem Vorsteher des Schlachthauses zu erfolgen. Die Anmeldefrist kann durch die Aufsichtsbehörde des Schlachthauses herabgesetzt werden.

§ 3.

Sobald ein Beschauer, welcher nicht approbierter Tierarzt ist, erkennt, daß er zur Entscheidung nicht zuständig ist, hat er die Untersuchung zu unterbrechen, dem Bürgermeister Anzeige zu machen und die Zuziehung des tierärztlichen Beschauers zu veranlassen.

Das bei der Beschau als bankwürdig (tauglich zum Genusse für Menschen ohne jeden Vorbehalt) anerkannte Fleisch ist dem freien Verkehr zu überlassen, während das nicht bankwürdige Fleisch folgenden Beschränkungen unterliegt:

Bedingt taugliches zum Genusse für Menschen brauchbar gemachtes und minderwertiges (im Nahrungs- und Genußwert erheblich herabgesetztes) Fleisch darf nur auf der „Freibank" oder sonst unter ortspolizeilicher Aufsicht feilgehalten und verkauft werden.

§ 4.

Die Kreistierärzte haben die Tätigkeit der Fleischbeschauer ihres Dienstbezirks zu beaufsichtigen und in jedem Beschaubezirk mindestens alle zwei Jahre einmal eine Revision vorzunehmen. Über das Ergebnis dieser Revisionen ist den Kreisdirektoren zu berichten.

Erforderlichen Falles können von dem Bezirkspräsidenten für einzelne Gruppen von Beschaubezirken approbierte Tierärzte als Fleischbeschauinspektoren bestellt werden, welche unter der Aufsicht des zuständigen Kreistierarztes die Tätigkeit der Fleischbeschauer zu überwachen, insbesondere die Durchsicht ihrer Bücher vorzunehmen haben.

§ 5.

Zur Abnahme von Prüfungen in Gemäßheit der §§ 1 bis 11 der Ausführungsbestimmungen B werden Prüfungskommissionen in Straßburg (für den Bezirk Unter-Elsaß), Colmar (für die Kreise Colmar, Rappoltsweiler und Gebweiler), Mülhausen (für die übrigen Kreise des Ober-Elsaß), Metz (für die Kreise Metz-Stadt und -Land, Diedenhofen-Ost, Diedenhofen-West, Forbach und Bolchen) und Saarburg (für die übrigen Kreise von Lothringen) gebildet. Sie bestehen aus dem Landestierarzt als Vorsitzendem, dem Kreistierarzt des Amtssitzes der Kommission und einem vom Ministerium zu ernennenden Mitgliede.

Die Gesuche um Zulassung zur Prüfung sind unter Anschluß der in § 4 der Prüfungsvorschriften für die Fleischbeschauer (Ausführungsbestimmungen B) bezeichneten Nachweise an den Vorsitzenden der Prüfungskommission, vor welcher die Prüfung abzulegen ist, zu richten. Gegen die Versagung der Zulassung zur Prüfung kann von den Zurückgewiesenen Beschwerde bei dem Ministerium eingelegt werden.

§ 6.

Zur Erteilung des in § 3 Abs. 1 Nr. 3 der Prüfungsvorschriften (B) vorgeschriebenen theoretischen und praktischen Unterrichtes in der Schlachtvieh- und Fleischbeschau sind die tierärztlichen Leiter der Schlachthöfe in Straßburg, Metz, Colmar, Saarburg und Mülhausen oder ihre Stellvertreter befugt.

Der Beginn der zu diesem Zwecke einzurichtenden Unterrichtskurse, sowie die Termine der Abhaltung der sich an diese Kurse anschließenden Prüfungen werden alljährlich bekannt gegeben.

Die Mitglieder der Prüfungskommissionen, welche an dem Prüfungsorte wohnen, erhalten für Abnahme der Prüfung eine Vergütung von fünfzehn Mark für den Tag.

§ 7.

Die nach § 9 der Prüfungsvorschriften von den angestellten Fleischbeschauern alle drei Jahre zu wiederholende Nachprüfung ist vor dem zuständigen Kreistierarzt des Wohnortes an dessen Amtssitze abzulegen. Die Abordnung eines Kommissars zu einzelnen Prüfungen bleibt dem Ministerium vorbehalten.

Die Prüflinge haben für die Prüfung eine Gebühr von je zehn Mark und für die Nachprüfung eine solche von je fünf Mark zu entrichten. Die Gebühr ist vor dem Prüfungstermin an den Kreistierarzt des Prüfungsortes gegen Quittung einzuzahlen.

§ 8.

Personen, welche zur Zeit des Inkrafttretens des Reichsgesetzes bereits ein Jahr lang als Fleischbeschauer amtlich tätig gewesen sind, dürfen bei tadelloser Dienstführung auf Antrag des Bürgermeisters ihres Wohnsitzes ohne Beibringung des Nachweises, daß sie den in § 6 dieser Verordnung vorgeschriebenen theoretischen und praktischen Unterricht in der Schlachtvieh- und Fleischbeschau genossen haben, zur weiteren Ausübung der Fleischbeschau von dem Kreisdirektor zugelassen werden, wenn sie sich bis zum 30. September 1903 bei dem Kreisdirektor melden und bis zum 31. März 1904 eine Prüfung vor dem Kreistierarzte oder einem von dem Ministerium zu bezeichnenden Kommissar bestehen. Diese Prüfung hat sich nur auf den praktischen Teil der im § 9 der Prüfungsvorschriften des Bundesrats vorgesehenen Nachprüfung zu erstrecken. Die auf diese Weise zugelassenen Fleischbeschauer haben sich der Nachprüfung nach Maßgabe der Bestimmungen im § 9 der Prüfungsvorschriften bezw. § 7 dieser Verordnung zum ersten male spätestens bis zum 31. März 1906 zu unterziehen.

§ 9.

Den Verordnungen der Ortspolizeibehörde oder des Bezirkspräsidenten bleiben folgende Anordnungen überlassen:

1. Die abermalige Untersuchung des zum Verkauf auf Märkten, Straßen, in Fleischläden u. s. w. eingeführten Fleisches nach Maßgabe von § 20 des Reichsgesetzes, sowie die außerordentliche Revision derartiger Verkaufsstellen;
2. die amtliche Untersuchung von Schweinefleisch auf Trichinen;
3. Vorschriften über den Vertrieb des „bedingt tauglichen“ und „minderwertigen“ Fleisches, insbesondere die Einrichtung von Freibänken und die Vorkehrungen zur Ausführung der Sicherungsmaßregeln, welche zur Brauchbarmachung des als bedingt tauglich erkannten Fleisches zum Genusse für Menschen gemäß §§ 38 und 39 der Ausführungsbestimmungen A zu treffen sind, sowie Vorsichtsmaßregeln bei der Ausfuhr des bedingt tauglichen zum Genusse für Menschen brauchbar gemachten Fleisches und des minderwertigen Fleisches.

---

28. Januar 1903.

Bekanntmachung des Ministeriums, betr. Übertragung der Befugnisse und Obliegenheiten der Polizeibehörden usw. für den Betrieb der Acetylenfettgasanstalt auf dem Bahnhof in Saargemünd.[1]

Zentr.- u. Bez.A.Bl. S. 11.

In teilweiser Abänderung der Bekanntmachung vom 15. November 1892 (Zentral- und Bezirks-Amtsblatt S. 403) sind auf Grund von § 155 Abs. 3 der Gewerbeordnung für den Betrieb der von der Reichseisenbahnverwaltung auf dem Bahnhofe in Saargemünd errichteten Acetylen-Fettgasanstalt die Befugnisse und Obliegenheiten der Polizeibehörden und unteren Verwaltungsbehörden auf die der Verwaltung dieses Betriebes vorgesetzte Maschineninspektion zu Saargemünd übertragen worden.

1) S. auch Bek. v. 21. August 1902.

30. Januar 1903.

Bekanntmachung des Reichskanzlers, betreffend den Betrieb von Anlagen zur Herstellung von Präservativs, Sicherheitspessarien, Suspensorien und dergleichen.

Reichsgesetzbl. S. 3.

Auf Grund des § 120 e der Gewerbeordnung hat der Bundesrat folgende Vorschriften erlassen:

§ 1.

In Räumen, in welchen Präservativs, Sicherheitspessarien und andere zu ähnlichen Zwecken dienende Gegenstände angefertigt oder verpackt werden, darf Arbeitern unter achtzehn Jahren und Arbeiterinnen eine Beschäftigung nicht gewährt und der Aufenthalt nicht gestattet werden.

§ 2.

In Räumen, in welchen Suspensorien angefertigt oder verpackt werden, darf entweder nur männlichen Arbeitern oder nur Arbeiterinnen eine Beschäftigung gewährt und der Aufenthalt gestattet werden.

Jugendlichen Arbeitern sowie Arbeiterinnen unter einundzwanzig Jahren darf der Zutritt zu solchen Räumen nicht gestattet werden. Auf jugendliche Arbeiter und auf Arbeiterinnen unter einundzwanzig Jahren, welche bereits im März 1903 bei der Anfertigung oder Verpackung von Suspensorien beschäftigt waren, findet diese Bestimmung keine Anwendung. In den Räumen, in denen solche Personen fernerhin beschäftigt werden, ist ein Verzeichnis auszuhängen, welches deren Namen enthält und von der Ortspolizeibehörde zu beglaubigen ist.[1])

§ 3.

Die vorstehenden Bestimmungen treten am 1. April 1903 in Kraft und an die Stelle der durch die Bekanntmachung des Reichskanzlers vom 21. Juli 1888 (Reichsgesetzbl. S. 219) verkündeten Bestimmung.

1) Die beiden letzten Sätze beruhen auf der Bekanntmachung vom 1. April 1903 und sind jetzt gegenstandslos.

---

1. Februar 1903.

Ausführungs-Vorschriften des Ministeriums, betreffend die Wasserverteilung, die Unterhaltung von Wasserläufen und die Bildung von Flußbauverbänden.[1])

Zentr.- u. Bez.A.Bl. S. 19.

I. Wasserverteilung.

Art. 1. Die Entwürfe zu Verordnungen über Verteilung des Wassers zwischen den an den verschiedenen Strecken eines Wasserlaufs belegenen Wässerungsberechtigten oder zwischen Wässerungsberechtigten und Triebwerkbesitzern oder anderen Nutzungsberechtigten (§ 9 des Gesetzes vom 2. Juli 1891) sind in sämtlichen beteiligten Gemeinden während eines Monats auf dem Bürgermeisteramte offen zu legen.

Als beteiligt gelten alle Gemeinden, deren Gemarkung die in Frage kommende Strecke des Wasserlaufs berührt; ob in weiteren Gemeinden die Offenlegung zu erfolgen hat, bestimmt das Ministerium.

Art. 2. Der Beginn der Offenlegung ist in jeder Gemeinde durch Anschlag am Gemeindehause und in etwa sonst ortsüblicher Weise bekannt zu machen.

In gleicher Weise sind die beteiligten Personen aufzufordern, von dem Entwurfe Kenntnis zu nehmen und ihre etwaigen Bemerkungen in das während der Dauer der Vorprüfung auf dem Bürgermeisteramte aufzulegende Verzeichnis einzutragen.

Art. 3. Außer durch Eintrag in das Verzeichnis können Bemerkungen schriftlich bei dem Bürgermeisteramt eingereicht werden.

Art. 4. Bemerkungen im Interesse einer autorisierten Genossenschaft können nur durch den Genossenschaftsvorstand geltend gemacht werden. Dasselbe gilt von Bemerkungen im Interesse einzelner zum Bezirk einer solchen Genossenschaft gehörigen Grundstücke, soweit sie sich auf Angelegenheiten beziehen, welche zum Gegenstand der Genossenschaft gehören.

Art. 5. Beteiligte, welche auf Grund von Privatrechtsansprüchen Einsprache gegen die

1) Erlassen auf Grund des § 9 Abs. 3, § 24 Abs. 4, § 27 Abs. 2 und § 32 Abs. 2, ferner gemäß §§ 48 und 52 Abs. 2 des durch Gesetz, betreffend die Zuständigkeit in Wasser- und Meliorationsangelegenheiten vom 22. April 1902 (Gesetzbl. f. Els.-Lothr. S. 31) abgeänderten Gesetzes, betreffend Wasserbenutzung und Wasserschutz, vom 2. Juli 1891 (Gesetzbl. f. Els.-Lothr. S. 82.)

beabsichtigte Verordnung erheben oder Abänderung des Entwurfs beantragen, haben ihren Erklärungen eine beglaubigte Abschrift der etwa in ihren Händen befindlichen, auf ihre Rechtsansprüche bezüglichen Schriftstücke beizufügen.

Art. 6. In jeder beteiligten Gemeinde hat sich der Gemeinderat innerhalb der Offenlegungsfrist über den Entwurf zu äußern. Hierbei ist besonders festzustellen, ob auf der Gemarkung Ortsgebräuche oder alte Verordnungen in Geltung sind, welche sich auf die Regelung der Wassernutzung beziehen. Zutreffendenfalls sind beglaubigte Abschriften der Verordnungen den Vorprüfungsakten beizufügen.

Art. 7. Nach Ablauf der Offenlegungsfrist hat der Bürgermeister das Bemerkungsverzeichnis abzuschließen und die erwachsenen Akten einschließlich der schriftlich eingereichten Bemerkungen und der Äußerung des Gemeinderats mit einer Bescheinigung über die stattgehabte Offenlegung und die vorherige ortsübliche Bekanntmachung einem vom Kreisdirektor zu bezeichnenden Kommissar zu übersenden.

Art. 8.[2]) Der Kommissar hat nach Beendigung der Offenlegung in einer gleichfalls vom Kreisdirektor zu bezeichnenden Gemeinde in der Regel an 3 aufeinander folgenden Tagen mündliche Erklärungen der Beteiligten zu Protokoll entgegenzunehmen. Die hierzu bestimmten Tage und Stunden sind vorher in allen Gemeinden ortsüblich bekannt zu machen. Die Bekanntmachung kann mit derjenigen über die Offenlegung verbunden werden.

Von dem Termin ist der zuständige Meliorationsbauinspektor oder Wasserbauinspektor zu benachrichtigen. Derselbe ist befugt, den Verhandlungen beizuwohnen und sachdienliche Bemerkungen zu machen.

Art. 9. Nach Abschluß der Verhandlungen übersendet der Kommissar sämtliche erwachsenen Akten mit gutachtlicher Äußerung dem Bauinspektor.

Dieser prüft auf Grund des Ergebnisses der bisherigen Verhandlungen die einzelnen Bestimmungen des Entwurfs, nimmt die zur Klarstellung des Sachverhalts oder zur Begründung von Abänderungsvorschlägen etwa notwendigen technischen Erhebungen vor und reicht dann die Akten mit seinen Vorschlägen dem Ministerium ein.

Art. 10. Wenn infolge der geltend gemachten Einwendungen und Anträge wesentliche Änderungen des Entwurfs vorgenommen werden, kann das Ministerium eine nochmalige Offenlegung anordnen. Für dieselbe können abgekürzte Fristen und ein vereinfachtes Verfahren vorgeschrieben werden. Im übrigen finden die vorhergehenden Bestimmungen entsprechende Anwendung.

Art. 11. Der alsdann vom Ministerium festgestellte Entwurf ist einer Kommission zur Begutachtung zu unterbreiten.

Die Kommission wird vom Ministerium berufen. Sie besteht außer einem vom Ministerium zu bezeichnenden Vorsitzenden aus mindestens 9 Mitgliedern, welche in erster Linie aus der Zahl der Beteiligten unter Berücksichtigung der verschiedenen Gruppen mit entgegenstehenden Interessen zu entnehmen sind.

Diese Kommission hat das Ergebnis der Vorverhandlungen zu prüfen und sich über die Zweckmäßigkeit des Entwurfs, gegebenenfalls unter Vorschlag von Abänderungen zu äußern. Die Kreisdirektoren der beteiligten Kreise, sowie der zuständige Bauinspektor sind zur Teilnahme an den Verhandlungen einzuladen. Das Protokoll über die Verhandlungen der Kommission ist durch den Vorsitzenden dem Ministerium einzureichen.

Art. 12. Die zur Ausführung der Verordnungen sowie, insoweit die Wasserverteilung auf Ortsgebrauch beruht, der Ortsgebräuche erforderlichen Anordnungen (§ 10 des Gesetzes vom 2. Juli 1891) erläßt das Ministerium.

II. Unterhaltung von Wasserläufen.

a) Nicht schiff- oder flößbare Wasserläufe.

Art. 13. Die Entwürfe zu den vom Ministerium zu erlassenden Verordnungen über die Verteilung der Unterhaltungspflicht an nicht schiff- oder flößbaren Wasserläufen (§ 24 des Gesetzes vom 2. Juli 1891) sind in den beteiligten Gemeinden, gegebenenfalls in einzelnen Gemeinden unter Beifügung von Plänen, offen zu legen. Die Vorschriften der Art. 1—10 finden entsprechende Anwendung.

Das Ministerium kann für einzelne Fälle untergeordneter Bedeutung die Offenlegungsfristen abkürzen und ein vereinfachtes Verfahren vorschreiben.

Art. 14. Die zur Ausführung der Verordnungen sowie, insoweit die Unterhaltungspflicht sich nach Ortsgebräuchen regelt, der Ortsgebräuche erforderlichen Anordnungen erläßt der Kreisdirektor. Das Verfahren wird durch besondere Verfügung geregelt.

2) Hierzu: Ergänzung zufolge Bekanntmachung vom 17. Juli 1912 (Zentr.- u. Bez.A.Bl. S. 159).

Die Hebelisten werden durch den Kreisdirektor vollstreckbar erklärt.

b) Schiff- oder flößbare Wasserläufe.

Art. 15. Die Entwürfe zu Verordnungen über die Verteilung der Kosten der Unterhaltung schiff- oder flößbarer Wasserläufe (§ 27 des Gesetzes vom 2. Juli 1891) sind in den beteiligten Gemeinden offen zu legen. In einer vom Ministerium zu bezeichnenden Gemeinde ist außerdem ein den beitragspflichtigen Bezirk darstellender Plan beizufügen. Die Vorschriften der Art. 1—11 finden entsprechende Anwendung.

Das Ministerium kann im einzelnen Falle bestimmen, daß von der Berufung einer Kommission (Art. 11) abgesehen wird.

Art. 16. Die zur Ausführung der Verordnungen des Statthalters erforderlichen Anordnungen erläßt das Ministerium. Dasselbe bestimmt gleichzeitig über Aufstellung und Vollstreckbarerklärung der Hebelisten für die von den Beteiligten zu leistenden Kostenbeiträge.

III. Verordnungen über Bildung von Flußbauverbänden.

Art. 17. Die Entwürfe zu Verordnungen über Bildung von Flußbauverbänden (§§ 30 ff. des Gesetzes vom 2. Juli 1891) sind in sämtlichen Gemeinden, zu deren Gemarkungen Teile des in Aussicht genommenen Verbandsgebietes gehören, während eines Monats auf dem Bürgermeisteramte offen zu legen.

Nach näherer Anordnung des Ministeriums sind in einer Gemeinde den Entwürfen Pläne, welche die Grenze des Verbandsgebietes darstellen und gegebenenfalls auch einzelne Bauentwürfe mit Kostenanschlägen beizufügen. Die Vorschriften der Art. 2—11 finden entsprechende Anwendung.

Das Verfahren kann zutreffendenfalls mit dem Vorverfahren vor Erlaß einer Verordnung über die Gemeinnützigkeit des Unternehmens im Sinne der Art. 2 und 3 des Zwangsenteignungsgesetzes vom 3. Mai 1841 verbunden werden.

---

2. Februar 1903.

Kaiserliche Verordnung, betreffend den Güterstand der vor dem Inkrafttreten des Bürgerlichen Gesetzbuches geschlossenen Ehen.[1]

Gesetzbl. f. Elf.-Lothr. S. 3.

§ 1.

Bestimmt sich der Güterstand einer vor dem Inkrafttreten des Bürgerlichen Gesetzbuchs geschlossenen Ehe nach dem badischen Landrecht und haben die Ehegatten in Elsaß-Lothringen ihren Wohnsitz, so gelten mit Wirkung vom 1. Januar 1903 ab für den Güterstand die Vorschriften des badischen Gesetzes, die Überleitung der ehelichen Güterstände des älteren Rechts in das Reichsrecht betreffend, vom 4. August 1902 (Gesetzes- und Verordnungsblatt für das Großherzogtum Baden S. 235), insoweit durch diese Vorschriften der bisherige Güterstand in einen Güterstand des Bürgerlichen Gesetzbuchs übergeleitet wird.

Haben die Ehegatten erst nach dem 1. Januar 1903 ihren Wohnsitz in Elsaß-Lothringen begründet, so findet die Vorschrift des Abs. 1 von der Zeit der Begründung des Wohnsitzes ab Anwendung.

§ 2.

Der Güterstand bedarf zur Wirksamkeit gegen dritte, sofern die Ehegatten zur Zeit des Inkrafttretens des Bürgerlichen Gesetzbuchs bereits ihren Wohnsitz in Elsaß-Lothringen gehabt haben, der Eintragung in das Güterrechtsregister nicht, unbeschadet der entsprechenden Anwendung der Vorschriften des § 1435 des Bürgerlichen Gesetzbuchs auf die nach diesem Zeitpunkte vereinbarten Änderungen des Güterstandes.

Haben die Ehegatten erst nach dem Inkrafttreten des Bürgerlichen Gesetzbuchs ihren Wohnsitz in Elsaß-Lothringen begründet oder begründen sie daselbst ihren Wohnsitz erst nach dem Erlasse dieser Verordnung, so finden die Vorschriften des § 1435 des Bürgerlichen Gesetzbuchs entsprechende Anwendung. Der an die Stelle der bisherigen gesetzlichen Gütergemeinschaft tretende Güterstand steht einem vertragsmäßigen Güterstande gleich.

§ 3.

Diese Verordnung tritt mit ihrer Verkündung in Kraft.

---

1) Erlassen auf Grund §§ 164, 165 des Ausf.-Ges. z. B.G.B.; vgl. auch die Ksl. Verordn. v. 2. Mai 1900.

2. Februar 1903.

Allerhöchster Erlaß über die Folgeordnung bei der Einberufung der Stellenanwärter in die den Militäranwärtern vorbehaltenen Stellen.

Zentr.- u. Bez.A.Bl. S. 29.

I. Den in Elsaß-Lothringen geborenen Militäranwärtern werden diejenigen gleichgestellt, welche aus den im Lande garnisonierenden Truppenteilen, einschließlich der Gendarmerie und der Schutzmannschaften in Straßburg, Mülhausen und Metz hervorgegangen sind, soweit sie ihre volle zwölfjährige Dienstzeit oder die volle ihrer Invalidität vorausgegangene Dienstzeit in Elsaß-Lothringen abgeleistet haben. Dabei wird jedoch den ehemaligen Unteroffizierschülern der Dienst in der Unteroffizierschule und denjenigen Anwärtern, welche ihrer gesetzlichen Dienstpflicht außerhalb Elsaß-Lothringens genügt haben, die gesetzliche Dienstpflicht in der vollen Zeitdauer angerechnet.

II. Die Einberufung der Militäranwärter hat in der Weise zu erfolgen, daß innerhalb der einzelnen Dienstzweige abwechselnd ein geborener Elsaß-Lothringer und ein aus den in Elsaß-Lothringen garnisonierenden Truppenteilen hervorgegangener Anwärter einzuberufen ist, wobei das den Unteroffizieren mit mindestens achtjähriger Dienstzeit gewährleistete Vorzugsrecht nach Maßgabe der vom Bundesrat aufgestellten Grundsätze innerhalb der beiden Klassen gewahrt bleibt.

III. Die Bestimmungen Meines Erlasses vom 16. Februar 1898 werden durch den gegenwärtigen Erlaß nicht berührt.

IV. Die vorstehenden Bestimmungen treten mit dem 1. April 1903 in Kraft; den bis zu diesem Zeitpunkt vorgemerkten elsaß-lothringischen Anwärtern bleiben die bisherigen Vorzugsrechte gewahrt.

---

4. Februar 1903.

Staatsvertrag zwischen dem Reiche und Luxemburg, betreffend die Herstellung einer Nebenbahn von Diedenhofen nach Bad Mondorf.

Reichsgesetzbl. S. 258.

Vertrag.

Seine Majestät der Deutsche Kaiser, König von Preußen rc., im Namen des Deutschen Reichs, einerseits, und

Seine Königliche Hoheit der Großherzog von Luxemburg, Herzog von Nassau, andererseits,

von dem Wunsche geleitet, die Eisenbahnverbindungen zwischen Elsaß-Lothringen und dem Großherzogtume Luxemburg zu vermehren, haben behufs einer hierüber zu treffenden Vereinbarung zu Bevollmächtigten ernannt: . ., welche, nachdem sie sich gegenseitig ihre Vollmachten mitgeteilt und dieselben in guter und gehöriger Ordnung befunden, unter Vorbehalt der Ratifikation, die folgenden Artikel vereinbart haben: [1])

1) Zu vgl. auch den Staatsvertrag zwischen dem Deutschen Reiche und Luxemburg wegen Herstellung einer Eisenbahnverbindung von Bollingen über Öttingen nach Rümelingen, vom 15. März 1911 (Reichsgesetzbl. S. 915).

Artikel 1.

Die Hohen vertragschließenden Regierungen erklären sich gegenseitig bereit, die Herstellung einer Nebenbahn von Diedenhofen nach Bad Mondorf zum Anschluß an die Luxemburger Sekundärbahnen zuzulassen und zu befördern.

Artikel 2.

Die Kaiserliche Regierung von Elsaß-Lothringen hat der Eisenbahnbau- und Betriebsgesellschaft Vering und Waechter in Berlin die Konzession zum Bau und Betrieb der in ihrem Gebiete belegenen Strecke der im Artikel 1 bezeichneten Eisenbahn erteilt, sie wird der Großherzoglich Luxemburgischen Regierung den Zeitpunkt bezeichnen, bis zu welchem die betriebsfähige Herstellung der elsaß-lothringischen Strecke bewirkt sein wird. Die Großherzoglich Luxemburgische Regierung verpflichtet sich, den Bau und den Betrieb des in ihrem Staatsgebiete belegenen Teiles der Diedenhofen—Bad Mondorfer Bahn ihrerseits derselben Gesellschaft zu übertragen und dafür zu sorgen, daß die Vollendung des Baues und die Eröffnung des Betriebs zu demselben Zeitpunkte stattfindet, zu welchem die elsaß-lothringische Strecke ausgebaut und in Betrieb gesetzt sein wird.

Artikel 3.

Die spezielle Feststellung der Bahnlinie wie des gesamten Bauplans und der einzelnen Bauentwürfe der im Artikel 1 genannten Bahn bleibt jeder der beiden Regierungen für ihr Gebiet vorbehalten.

Der Punkt, wo die beiderseitige Landesgrenze von der in Rede stehenden Bahn überschritten wird, ist auf Grund des von der betreffenden Eisenbahnbau- und Betriebsgesellschaft ausgearbeiteten Projekts, welches provisorisch genehmigt ist, bestimmt. Derselbe liegt im Kilometer 25,395, wo die Bahn mittels eiserner Brücke über den die Landesgrenze bildenden Ahlbach geführt wird.

Für die Bahn ist zunächst nur ein durchgehendes Gleis vorgesehen mit einer Spurweite von einem Meter in Übereinstimmung mit der anschließenden Bahn. Auch im übrigen sollen die Konstruktionsverhältnisse der nach diesem Vertrag anzulegenden Eisenbahn und deren Betriebsmittel dergestalt nach gleichen Grundsätzen festgestellt werden, daß die Lokomotiven, Personen- und Güterwagen die anschließende Bahn ohne Hindernis durchlaufen können.

Im Interesse der Sicherheit und Gleichförmigkeit des Eisenbahnbetriebs wird die Großherzoglich Luxemburgische Regierung für den in ihrem Staatsgebiete liegenden Teil der Bahn die Verkehrsordnung und die Bestimmungen der Bahnordnung für die Nebenbahnen Deutschlands, welche für die Verlängerung der Bahn nach Diedenhofen Anwendung finden, in Kraft treten lassen, soweit nicht die betreffenden Vorschriften den Gesetzen des Großherzogtums etwa entgegenstehen.

Artikel 4.

Die Hohen vertragschließenden Regierungen werden gemeinsam soviel als möglich darauf hinwirken, daß Ankunft und Abgang der Züge auf den Endstationen der Bahn mit Ankunft und Abgang der direktesten Züge der anschließenden Eisenbahnlinien beider Länder in Zusammenhang gebracht werden. Sie behalten sich die Bestimmung der geringsten Zahl der zur Beförderung von Personen dienenden Züge vor und sind darüber einig, daß täglich in keinem Falle weniger als vier solcher Züge in jeder Richtung verkehren sollen.

Artikel 5.

Die Angehörigen des einen Landes, welche im Gebiete des anderen Landes etwa angestellt werden, scheiden dadurch aus dem Untertanenverband ihres Heimatlandes nicht aus, sind aber den Gesetzen des Landes, in welchem sie angestellt sind, unterworfen.

Artikel 6.

Die bezüglich der Handhabung der Paß- und Fremdenpolizei bei dem Reiseverkehr auf Eisenbahnen zwischen beiden Hohen Regierungen schon bestehenden oder noch zu treffenden Abkommen sollen auch auf die in Rede stehende Eisenbahnverbindung Anwendung finden.

Artikel 7.

Zu Zwecken des Postdienstes soll die Konzessionärin der im Großherzogtume Luxemburg belegenen Strecke zu denselben Leistungen verpflichtet werden, welche für die Eisenbahnen im deutschen Reichspostgebiete durch das Reichsgesetz vom 20. Dezember 1875 vorgeschrieben sind, oder künftig etwa anderweit gesetzlich angeordnet werden.

Über die Benutzung der Bahn zur Postbeförderung aus dem Gebiete der einen in das Gebiet der anderen vertragschließenden Hohen Regierung werden die beiderseitigen Postverwaltungen sich verständigen.

Artikel 8.

Die Hohen vertragschließenden Regierungen behalten sich das Recht vor, eine Telegraphen- oder Telephonlinie für den internationalen und öffentlichen Verkehr längs dieser Bahn, eine jede für ihr Gebiet, zu errichten und zu erhalten.

Artikel 9.

Gegenwärtiger Vertrag soll ratifizert und die Auswechselung der darüber auszufertigenden Ratifikationsurkunden sobald als tunlich in Luxemburg bewirkt werden.

Der vorstehende Staatsvertrag ist ratifiziert worden und die Auswechselung der Ratifikationsurkunden hat stattgefunden.

5. Februar 1903.

Fleischbeschau-Zollordnung.[1] [2]

Zentr.-Bl. f. d. D. R. S. 32.

I. Beschränkungen der Ein- und Durchfuhr.

§ 1.

In das Zollinland dürfen nicht eingeführt werden:

1. Fleisch in luftdicht verschlossenen Büchsen oder ähnlichen Gefäßen, Würste und sonstige Gemenge aus zerkleinertem Fleische (§ 12 Abs. 1 des Gesetzes, betreffend die Schlachtvieh- und Fleischbeschau, vom 3. Juni 1900 [Reichs-Gesetzbl. S. 547] und § 5 Ziffer 1 der dazu vom Bundesrat erlassenen Ausführungsbestimmungen D);
2. Hundefleisch, sowie zubereitetes Fleisch (mit Ausnahme der Därme)[3], welches von Pferden, Eseln, Maultieren, Mauleseln oder anderen Tieren des Einhufergeschlechts herrührt (§ 15 des Gesetzes und § 5 Ziffer 2 der Ausführungsbestimmungen D);
3. Fleisch, welches mit einem der folgenden Stoffe oder mit einer solche Stoffe enthaltenden Zubereitung behandelt worden ist:
   a) Borsäure und deren Salze,
   b) Formaldehyd und solche Stoffe, die bei ihrer Verwendung Fomaldehyd abgeben;[4]
   c) Alkali- und Erdalkali-Hydroxyde und -Karbonate,
   d) Schweflige Säure und deren Salze sowie unterschwefligsaure Salze,
   e) Fluorwasserstoff und dessen Salze,
   f) Salicylsäure und deren Verbindungen,
   g) Chlorsaure Salze,
   h) Farbstoffe jeder Art, jedoch unbeschadet ihrer Verwendung zur Gelbfärbung der Margarine, sofern diese Verwendung nicht anderen Vorschriften zuwiderläuft[4])
   (§ 21 des Gesetzes und § 5 Ziffer 3 der Ausführungsbestimmungen D);
4. Frisches Fleisch, das in Bezug auf die Größe (ganze und halbe Tierkörper) und auf den Zusammenhang mit inneren Organen und sonstigen Körperteilen, ferner in Bezug auf ihre Unversehrtheit[4]) den Vorschriften des § 12 Abs. 2 Ziffer 1 des Gesetzes sowie des § 6 der Ausführungsbestimmungen D nicht entspricht;
5. Frisches Pferdefleisch, das nicht durch eine Bezeichnung in deutscher Sprache als Pferdefleisch erkennbar gemacht ist (§ 18 Abs. 2 des Gesetzes);
6. Pökel-(Salz-)Fleisch in Stücken von geringerem Gewicht als 4 kg, ausgenommen Schinken, Speck und Därme (§ 12 Abs. 2 Ziffer 2 des Gesetzes und § 7 Abs. 1 der Ausführungsbestimmungen D);
7. Zubereitetes Fleisch, das in Bezug auf das Vorhandensein und die Unversehrtheit der Lymphdrüsen der Vorschrift im § 7 Abs. 3 der Ausführungsbestimmungen D nicht entspricht.[4])

§ 2.

Welche Waren unter die vorstehenden Verbote fallen, regelt sich nach den Bestimmungen in den §§ 1 bis 4 und § 7 Abs. 2 der Ausführungsbestimmungen D.

§ 3.

Die unmittelbare Durchfuhr unter zollamtlicher Begleitung oder unter Zollverschluß, im Postverkehr auch ohne diese Kontrollmittel, ist als Einfuhr im Sinne der vorstehenden Bestimmungen nicht zu betrachten.

Als unmittelbare Durchfuhr ist nur derjenige Warendurchgang anzusehen, der sich vollzieht ohne längere Aufenthaltsdauer im Inland, als durch die ordnungsmäßige Warenbeförderung bedingt ist. Eine unmittelbare Durchfuhr liegt insbesondere nicht vor bei Aufbewahrung der Waren in einem Zollager unter amtlichem Verschlusse (§ 10 der Ausführungsbestimmungen D).

§ 4.

Die Einfuhrverbote des § 1 Ziffer 1, 2, 4 bis 6 finden keine Anwendung:

1. auf Fleisch, welches im Falle des § 26 vom Inlande durch das Ausland nach dem Inlande versendet wird;

---

1) Erlassen vom Bundesrat in seiner Sitzung vom 29. Januar 1903 zufolge Bekanntmachung des Reichskanzlers vom 5. Februar 1903.

2) Abgeändert zufolge den Bekanntmachungen des Reichskanzlers vom 8. Juli 1908 (Zentr.-Bl. f. d. D. R. S. 260), vom 18. Juni 1912 (Zentr.-Bl. f. d. D. R. S. 547).

3) In der Fassung der Bekanntm. d. Reichsk. vom 18. Juli 1912.

4) In der Fassung der Bekanntm. d. Reichsk. vom 8. Juli 1908.

5) S. Anm. zu § 9 a. a. O.

2. auf Fleisch, welches zum Reiseverbrauche mitgeführt wird. Hierher gehört insbesondere Fleisch, welches von Seeschiffen als Schiffsproviant aus dem Zollauslande mitgeführt und nicht vom Schiffe entfernt wird; das Fleisch, welches den mutmaßlichen Bedarf der Schiffsmannschaft während der Dauer des Aufenthalts des Schiffes im Inland übersteigt, ist unter zollamtlichen Verschluß zu setzen; von der Verschlußanlage kann abgesehen werden, wenn das Schiff unter besonderer Zollbewachung steht (§ 14 Abs. 1 des Gesetzes und § 4 Abs. 1 letzter Satz der Ausführungsbestimmungen D);
3. auf vorschriftsmäßig untersuchtes Fleisch, das aus dem Inlande nach dem Zollauslande gesendet worden ist, von da in unverändertem Zustande zurückkommt und vom Eingangszolle freigelassen wird;
4. auf Fleisch, welches nicht zum menschlichen Genusse bestimmt ist, unter der Voraussetzung, daß es in der vorgeschriebenen Weise ungenießbar gemacht wird (§ 21).

§ 5.

Auf das im kleinen Grenzverkehre sowie im Meß- und Marktverkehre des Grenzbezirkes eingehende Fleisch finden die Einfuhrverbote des § 1 Anwendung, soweit die Landesregierungen nicht von den im § 1 Ziffer 1, 2, 4 bis 6 bezeichneten Verboten Ausnahmen zulassen (§ 14 Abs. 2 des Gesetzes und § 9 der Ausführungsbestimmungen D). [5])

§ 6.

Entsteht vor der Untersuchung des Fleisches durch die Beschaustelle bei der Zollbehörde der Verdacht, daß einem Einfuhrverbote wissentlich oder fahrlässig zuwidergehandelt ist, so hat die Zollbehörde die Ware vorläufig in Beschlag zu nehmen und die Staatsanwaltschaft zu benachrichtigen, damit auf Grund der §§ 26 bis 28 des Gesetzes das Strafverfahren eingeleitet oder die selbständige Einziehung des Fleisches herbeigeführt werden kann.

§ 7.

Liegt der Verdacht einer wissentlichen oder fahrlässigen Verletzung eines Einfuhrverbots nicht vor, so ist das verbotswidrig eingeführte Fleisch unter zollamtlicher Überwachung in das Ausland zurückzuschaffen. An Stelle der Wiederausfuhr hat die Vernichtung der Ware unter zollamtlicher Mitaufsicht zu erfolgen, wenn der Verfügungsberechtigte mit der Vernichtung einverstanden ist oder es ablehnt, für die Zurückschaffung der Waren in das Ausland zu sorgen.

Ist das Fleisch verdorben oder gibt es sonst zu gesundheits- oder veterinärpolizeilichen Bedenken Veranlassung, so ist die Polizeibehörde behufs Ergreifung der erforderlichen Sicherungsmaßregeln zu benachrichtigen.

Nach den vorstehenden Vorschriften ist auch zu verfahren, wenn im Falle des § 6 die Einziehung des Fleisches von der Staatsanwaltschaft nicht beantragt oder vom Gericht abgelehnt wird.

Werden Zuwiderhandlungen gegen ein Einfuhrverbot erst bei der Untersuchung des Fleisches durch die Beschaustelle entdeckt, so liegt die Beschlagnahme der Beschaustelle ob, welche hiervon der Zollbehörde sofortige Mitteilung zu machen hat (§ 24 der Ausführungsbestimmungen D).

II. Verfahren bei der Einfuhr von Fleisch.

§ 8.

Die Einfuhr von Fleisch darf nur über die vom Bundesrate bestimmten Zollstellen erfolgen. Inwieweit die Befugnisse der danach zuständigen Hauptämter von den an deren Sitzen befindlichen selbständigen Abfertigungsstellen ausgeübt werden, bestimmen die Landesbehörden.

Die Einfuhr von Fleisch kann von den Landesbehörden bei einzelnen Stellen auf bestimmte Tage beschränkt werden.

Im Postverkehre (§ 24) sowie im Reiseverkehre (§ 11 Ziffer 1) darf Fleisch über sämtliche, bei der unmittelbaren Durchfuhr (§ 11 Ziffer 2) und im Falle des § 26 über alle mit den entsprechenden Zollabfertigungsbefugnissen versehenen Grenzzollämter eingehen.

§ 9.

Das in das Zollinland eingeführte Fleisch unterliegt einer amtlichen Untersuchung (Beschau) unter Mitwirkung der Zollbehörden, auf deren Zuständigkeit der § 8 Abs. 1 entsprechende Anwendung findet.

Was als Fleisch im Sinne dieser Zollordnung anzusehen ist, regelt sich nach den allgemeinen Vorschriften in den §§ 1 bis 4 der Ausführungsbestimmungen D.

§ 10.

Das nachweislich im Inlande bereits vorschriftsmäßig untersuchte und nach dem Zollauslande verbrachte Fleisch ist im Falle der Zurückbringung in unverändertem Zustande der amtlichen Untersuchung nicht unterworfen. Als nachweislich vorschriftsmäßig untersucht gilt nicht solches ausländisches Fleisch, welches bei einer im Zollauslande belegenen Beschaustelle untersucht und ohne vorher einer zuständigen Zollstelle zur Abfertigung nach Maßgabe des § 26 vorgeführt zu sein, durch das Ausland nach dem Inlande versendet worden ist.

§ 11.

Der Untersuchung unterliegt ferner nicht:

1. das von Reisenden zum Verbrauch auf der Reise mitgeführte Fleisch. Hierher gehört insbesondere das von Seeschiffen als Schiffsproviant mitgeführte Fleisch, sofern es nicht vom Schiff entfernt wird; das Fleisch, welches den mutmaßlichen Bedarf der Schiffsmannschaft während der Dauer des Aufenthalts des Schiffes im Inland übersteigt, ist unter zollamtlichen Verschluß zu setzen; von der Verschlußanlage kann abgesehen werden, wenn das Schiff unter besonderer Zollbewachung steht;
2. das zur unmittelbaren Durchfuhr bestimmte Fleisch.

Die unmittelbare Durchfuhr, welche im Zollpapier ausdrücklich zu beantragen ist, hat auf Begleitschein I oder Begleitzettel und unter zollamtlichem Verschluß, und zwar nach Möglichkeit unter Raumverschluß, zu erfolgen. An Stelle des Verschlusses kann auf kürzere Strecken zollamtliche Begleitung treten. Die über derartige Fleischsendungen ausgestellten Begleitscheine oder Begleitzettel erhalten am oberen Rande der ersten Seite den mit Buntstift oder durch Stempelabdruck zu bewirkenden Vermerk „Fleischbeschau". In die über diese Begleitscheine oder Begleitzettel geführten Register ist an geeigneter Stelle derselbe Vermerk aufzunehmen.

Bei der unmittelbaren Durchfuhr mit der Post kann von der Ausstellung eines Begleitscheins sowie von der Anlegung eines Zollverschlusses oder von zollamtlicher Begleitung abgesehen werden.

§ 12.

Das im kleinen Grenzverkehre sowie im Meß- und Marktverkehre des Grenzbezirkes eingehende Fleisch unterliegt der Untersuchung nach Maßgabe dieser Zollordnung, soweit die Landesregierungen nicht auf Grund des § 14 Abs. 2 des Gesetzes Ausnahmen zulassen. [5])

§ 13.

Bei der Einfuhr beschaupflichtigen Fleisches hat der Verfügungsberechtigte die Wahl, ob er die Untersuchung bei der Beschaustelle des Eingangsamts, sofern daselbst eine für die vorzunehmende Untersuchung befugte Stelle vorhanden ist, oder bei einer anderen zuständigen Beschaustelle im Innern vornehmen lassen will.

Er hat bei dem Eingange der Zollstelle schriftlich anzumelden, welcher Beschaustelle er die Untersuchung des Fleisches zu übertragen wünscht. Wenn nach den zollrechtlichen Bestimmungen eine schriftliche Warendeklaration zu erfolgen hat, so ist die Anmeldung in dieser zu bewirken.

Erfolgt die Anmeldung nicht innerhalb einer von dem Eingangsamt ein für allemal anzuordnenden Frist, und wird nicht die Wiederausfuhr beantragt, so ist die Untersuchung bei der Beschaustelle des Eingangsamts oder, falls sich bei diesem eine zur Untersuchung befugte Beschaustelle nicht befindet, bei einer benachbarten, von dem Amte zu bestimmenden Beschaustelle von Amts wegen vorzunehmen.

§ 14.

Findet die Untersuchung beim Eingangsamte statt, so ist zunächst eine zollamtliche Revision der Ware vorzunehmen. Wie weit diese auszudehnen ist, bestimmt der Vorstand der Zollstelle; doch ist stets mindestens die Zahl und Art der Packstücke festzustellen.

Der Fleischbeschau unterliegende Waren bleiben bis zur Beendigung und im Falle des § 15 Abs. 3 bis zum Beginn der Untersuchung unter zollamtlichem Verschluß oder, falls ein solcher nicht durchzuführen ist, mit Genehmigung des Hauptamtsvorstandes unter zollamtlicher Aufsicht.

Die gemäß Abs. 1 vorzunehmenden Revisionen frischen Fleisches erhalten, soweit nicht der § 27 des Vereinszollgesetzes entgegensteht, den Vorrang vor denjenigen anderer, gleichzeitig vorgeführter Waren. Die Revision findet an ordentlicher Amtsstelle statt. Auf Antrag kann von dem Vorstande der Zollstelle genehmigt werden, daß sie an anderen Orten (z. B. an der Beschaustelle) vorgenommen wird. Eine solche Genehmigung ist nur dann zu erteilen, wenn an diesen Orten geeignete Räume zur Verfügung stehen, in denen die Waren bis zur Beendigung der Revision und Untersuchung unter zollamtlichem Verschluß oder, falls der Hauptamtsvorstand dies gemäß dem vorigen Absatze zugelassen hat, unter zollamtlicher Aufsicht gehalten werden kann.

§ 15.

Alsbald nach dem Eintreffen beschaupflichtiger Waren hat die Zollstelle der Beschaustelle hiervon Nachricht zu geben, sofern nicht mit dieser ein für allemal regelmäßige Zeiten für die Besichtigung und Probeentnahme (Abs. 2) vereinbart sind.

Die Beschaustelle nimmt — und zwar, soweit möglich, im unmittelbaren Anschluß an die zollamtliche Revision — die vorgeschriebene Besichtigung des Fleisches vor, entnimmt die für die Untersuchung erforderlichen Proben, deren Gewicht zollamtlich festzustellen ist, und erhält die über die Sendung vorhandenen Begleitpapiere. Den Empfang der Proben und der Begleitpapiere hat sie in einem von der Zollstelle nach Muster I geführten Überweisungsbuch anzuerkennen.

Muster I.6)

Es ist zulässig, die Sendung selbst der Beschaustelle unter zollamtlicher Begleitung oder unter Zollverschluß zuzuführen. Die Zuführung hat der Verfügungsberechtigte zu bewirken. Über diese Sendungen wird von der Zollstelle ein Überweisungsbuch nach Muster II geführt, in welchem die Beschaustelle den Empfang der Sendungen und Begleitpapiere anzuerkennen hat. Für diese Fälle ist der Beschauer zur Sicherung des Zollanspruchs hinsichtlich des der Beschaustelle überwiesenen Fleisches auf das Zollinteresse zu vereidigen.

Muster II.6)

Die Direktivbehörden sind ermächtigt, nähere Vorschriften über den Verkehr zwischen den einzelnen Amtsstellen und den Beschaustellen, erforderlichenfalls im Einvernehmen mit den den letzteren vorgesetzten Behörden, zu erlassen.

§ 16.

Die Zollstelle erhält, abgesehen von den in den §§ 24 und 30 der Ausführungsbestimmungen D vorgesehenen Mitteilungen, von der Beschaustelle bei Rückgabe der Begleitpapiere eine schriftliche Benachrichtigung über das endgültige Ergebnis der Untersuchung, welche den über die Sendung vorhandenen Zollpapieren anzustempeln oder als Belag zu den Zollregistern zu nehmen ist. In der Benachrichtigung ist auch die Menge der für die Zwecke der Untersuchung verbrauchten Proben anzugeben. Auf Grund der Benachrichtigung und der im folgenden Absatze vorgeschriebenen Gewichtsfeststellung hat die Zollstelle die Erledigungsspalten des Überweisungsbuchs auszufüllen.

Die entnommenen, für die Zwecke der Untersuchung nicht verbrauchten Proben sind der Zollstelle wieder auszuhändigen. Sie sind, sofern sie durch die Untersuchung unbrauchbar geworden sind, unter zollamtlicher Aufsicht zu vernichten, anderenfalls nach Feststellung ihres Gewichts der Sendung wieder beizufügen. Die hierzu erforderlichen Hülfsdienste sind von demjenigen zu leisten, welcher das Verfügungsrecht über die Sendung hat.

Ist der Beschaustelle die ganze Sendung zugeführt worden (§ 15 Abs. 3), so hat sie der Verfügungsberechtigte wieder zur Zollstelle zurückzuführen, sofern nicht die Abfertigung außerhalb der ordentlichen Amtsstelle genehmigt oder die Sendung auf Anordnung der Polizeibehörde zu vernichten ist. Die Zurückführung zur Zollstelle hat unter zollamtlicher Begleitung oder unter Zollverschluß zu erfolgen.

6) Die Muster sind nicht abgedruckt.

§ 17.

Findet die Untersuchung nicht beim Eingangsamte statt, so ist das Fleisch an das Amt, an dessen Sitz die Untersuchung vorgenommen werden soll, unter zollamtlichem Verschluß, und zwar nach Möglichkeit unter Raumverschluß, oder unter zollamtlicher Begleitung mit Begleitschein I oder Begleitzettel zu überweisen.

Die über derartige Fleischsendungen ausgestellten Begleitscheine oder Begleitzettel erhalten am oberen Rande der ersten Seite den mit Buntstift oder durch Stempelabdruck zu bewirkenden Vermerk: „Fleischbeschau". In die über diese Begleitscheine oder Begleitzettel geführten Register ist an geeigneter Stelle derselbe Vermerk aufzunehmen.

Nach Ankunft der Fleischsendungen an dem Orte, an welchem die Untersuchung vorzunehmen ist, findet das in den §§ 14 bis 16 bezeichnete Verfahren entsprechende Anwendung. Die zollamtliche Revision (§ 14 Abs. 1) ist jedoch mindestens so weit auszudehnen, daß beurteilt werden kann, ob der Warenführer seinen Verpflichtungen aus dem Begleitschein oder Begleitzettel nachgekommen ist.

§ 18.

Nach Beendigung der Untersuchung und Kennzeichnung des Fleisches hat das Amt, an dessen Sitz die Untersuchung erfolgt ist, die weitere zollamtliche Abfertigung vorzunehmen.

Das auf Grund der Untersuchung freigegebene Fleisch kann nunmehr in den freien Verkehr gesetzt, auf Begleitschein I oder II versandt oder zur öffentlichen Niederlage oder zu einem Privatlager abgefertigt werden.

Die Direktivbehörden sind ermächtigt, im Bedürfnisfalle zu gestatten, daß für Fleisch, welches zur öffentlichen Niederlage oder zu einem Privatlager abgefertigt werden soll, die Untersuchung ganz oder teilweise bis zu dem Zeitpunkte der Abmeldung von der Niederlage ausgesetzt bleibt. Die Genehmigung ist nur zu erteilen, wenn sich am Orte der Niederlage auch eine Untersuchungsstelle befindet.

§ 19.

Wird die Wiederausfuhr des von der Einfuhr zurückgewiesenen Fleisches von der Polizeibehörde veranlaßt, so hat sie unter Zollverschluß oder zollamtlicher Begleitung zu erfolgen. Dasselbe gilt für freiwillig zurückgezogenes Fleisch. Das zurückgewiesene oder freiwillig zurückgezogene Fleisch ist in dem Begleitpapier als solches zu bezeichnen.

§ 20.

Der unschädlichen Beseitigung beanstandeten Fleisches, welche von der Polizeibehörde veranlaßt wird (§ 28 der Ausführungsbestimmungen D), hat ein Zoll- oder Steuerbeamter beizuwohnen, sofern dadurch die Zollfreiheit des Fleisches oder eine Zollermäßigung herbeigeführt werden soll. Dieser hat über die Art der Beseitigung des Fleisches eine schriftliche Anzeige, welche Belag für die Zollregister wird, der Amtsstelle vorzulegen. Die Polizeibehörde hat der Zollstelle über Ort und Zeit der unschädlichen Beseitigung rechtzeitig Mitteilung zu machen.

Nach näherer Bestimmung der Direktivbehörde kann in besonderen Fällen von der Mitüberwachung der unschädlichen Beseitigung beanstandeten Fleisches durch einen Zoll- oder Steuerbeamten abgesehen werden. Solchenfalls hat die Polizeibehörde nach Ausführung der unschädlichen Beseitigung des Fleisches eine schriftliche Bescheinigung hierüber der Zollstelle als Belag für die Zollregister mitzuteilen.

Ist das Verpackungsmaterial nicht verbrannt oder anderweit unschädlich beseitigt, sondern desinfiziert worden (§ 28 Abs. 4 der Ausführungsbestimmungen D), so ist es entweder nach Maßgabe seiner Beschaffenheit zu verzollen oder in das Ausland wieder auszuführen.

§ 21.

Auf Fleisch, welches nicht für den menschlichen Genuß bestimmt ist und seitens der Polizeibehörde nach § 29 der Ausführungsbestimmungen D ohne vorherige Untersuchung zur Einfuhr zugelassen wird, nachdem seine Unbrauchbarmachung für den menschlichen Genuß in der vorgeschriebenen Weise sichergestellt ist, finden die §§ 13 bis 20 keine Anwendung, vielmehr bewendet es in solchen Fällen bei dem allgemein vorgeschriebenen Abfertigungsverfahren.

Letzteres gilt auch im Falle des § 22 der Ausführungsbestimmungen D.

Auf die Unbrauchbarmachung findet § 20 entsprechende Anwendung.

§ 22.

Bei der Festsetzung der als zollpflichtig zu behandelnden Menge des untersuchten Fleisches und des zu entrichtenden Zollbetrags ist nach folgenden Grundsätzen zu verfahren:

a) Für Fleisch, welches unschädlich beseitigt (§ 20) und dabei vernichtet worden ist, kommt Zoll nicht zur Erhebung. Das Gleiche gilt für die entnommenen Proben, soweit sie für die Zwecke der Untersuchung verbraucht worden oder dadurch unbrauchbar gemacht worden sind.

b) Inwieweit im Falle des § 21 oder bei der unschädlichen Beseitigung, die nicht zu einer Vernichtung der Ware führt, Zollerhebung eintritt, ist nach dem Vereinszollgesetze, dem Zolltarif und den dazu ergangenen Bestimmungen zu beurteilen.

c) Ob für die von der Einfuhr zurückgewiesenen oder freiwillig zurückgezogenen Waren — einschließlich der an die Zollbehörde zurückgelangten Proben (§ 16 Abs. 2) — Zoll zu erheben ist, regelt sich nach den Vorschriften des Vereinszollgesetzes und des Begleitscheinregulativs.

§ 23.

Wird im Falle der Bestimmung der Ware zur unmittelbaren Durchfuhr (§ 11 Ziffer 2) diese Bestimmung nachträglich geändert, so ist —unbeschadet des nach § 27 Ziffer 4 des Gesetzes etwa einzuleitenden Strafverfahrens — die Fleischbeschau alsbald nachzuholen. Dasselbe gilt für solche Sendungen, die über nicht zugelassene Grenzstellen in anderer Weise als mit der Post eingeführt und erst am Bestimmungsort als fleischbeschaupflichtig erkannt werden. In beiden Fällen sind die Vorschriften der §§ 13 bis 22 entsprechend anzuwenden.

§ 24.

Postsendungen mit beschaupflichtigem Inhalte sind von der Postbehörde durch die Bezeichnung „Fleischbeschau" kenntlich zu machen und einem Zoll- oder Steueramte zuzuführen, an dessen Sitze sich eine für die Untersuchung zuständige Beschaustelle befindet. Dies gilt auch dann, wenn bei einer Sendung, deren Inhalt als beschaupflichtig nicht von Anfang an erkannt worden ist, bei der Schlußabfertigung ein solcher Inhalt vorgefunden wird und am Sitze des Amtes eine zur Untersuchung befugte Stelle nicht vorhanden ist. Die Schlußabfertigung ist in diesem Falle dem Amte, an dessen Sitze die Untersuchung stattfindet, zu überlassen und das Poststück der Postbehörde gegen Quittung zurückzugeben. Auf Antrag des Empfängers kann von der Weitersendung abgesehen und die beschaupflichtige Ware unter zollamtlicher Aufsicht vernichtet werden.

Die Vorschriften des § 16 des Postzollregulativs werden durch vorstehende Bestimmungen nicht berührt.

§ 25.

Die §§ 13 bis 22 finden auf den Postverkehr (§ 24) mit der Maßgabe Anwendung, daß bei der Versendung von beschaupflichtigen Poststücken zur Beschaustelle, sowie von Poststücken, deren Inhalt auf Grund der Untersuchung von der Einfuhr zurückgewiesen oder freiwillig zurückgezogen wird, die Ausstellung von Begleitscheinen und die Anlegung eines Zollverschlusses oder zollamtliche Begleitung nicht erforderlich ist.

§ 26.

Fleisch, welches auf Grund des Regulativs, die zollamtliche Behandlung von Warensendungen aus dem Inlande durch das Ausland nach dem Inlande betreffend, zur Versendung in das Ausland abgefertigt wird, ist unter zollamtlichem Verschluß oder unter zollamtlicher Begleitung abzulassen.

Beim Wiedereingangsamte hat stets die Schlußabfertigung gemäß § 11 des bezeichneten Regulativs einzutreten. Ergeben sich hierbei keine Bedenken hinsichtlich der Identität der vorgeführten mit den ausgeführten Waren, so finden die §§ 9 Abs. 1 und 13 bis 25 keine Anwendung.

§ 27.

Im übrigen finden auf die Einfuhr von Fleisch die Bestimmungen des Vereinszollgesetzes und der dazu erlassenen Ausführungsvorschriften Anwendung.

§ 28.

Die näheren Vorschriften über das Verfahren der Zollbehörden bei den im Auslande gelegenen Einlaß- und Untersuchungsstellen werden von den beteiligten Landesregierungen erlassen.

---

7. Februar 1903.

Allerhöchster Erlaß, betreffend die Führung des Eisernen Kreuzes auf der Handelsflagge.

Reichsgesetzbl. S. 199.

Ich bestimme in Ergänzung Meiner Order vom 1. Juli 1896: [1])

1. Das Recht zum Führen der Flagge mit dem Eisernen Kreuze wird fortan abhängig gemacht von dem Erwerb eines Flaggenscheins.
2. Für die Erteilung des Flaggenscheins, welcher auf die Person und auf ein bestimmtes Schiff zu lauten hat, und eintretendenfalls auch für seine Entziehung, ist der Staatssekretär des Reichs-Marineamts zuständig. Die Gesuche sind an ihn auf dem Dienstwege zu richten.
3. Die Erteilung des Flaggenscheins soll grundsätzlich nur für Kauffahrteischiffe erfolgen, deren äußere Erscheinung mit der Bedeutung der Flagge im Einklange steht. Die näheren Festsetzungen darüber trifft der Staatssekretär des Reichs-Marineamts [2]). Die Entziehung des Flaggenscheins hat stattzufinden, wenn die Bedingungen, welche der Erteilung zugrunde lagen, zu bestehen aufgehört haben. Für Erteilung und Entziehung ist in besonderen Fällen Meine Entscheidung einzuholen.
4. Auch dürfen Kapitäne, welche Offiziere des Beurlaubtenstandes gewesen, aber nach Ablauf der gesetzlichen Zeit aus dem Beurlaubtenverhältnisse verabschiedet sind, auf ihr Gesuch in geeigneten Fällen einen Flaggenschein zum Führen der Sonderflagge erhalten nach Maßgabe der unter 2 und 3 gegebenen Bestimmungen.
5. Die rechtmäßige Führung der Sonderflagge haben die Befehlshaber Meiner Schiffe und die berufenen staatlichen Organe nach den über die Kontrolle der Reichsflagge erlassenen Verordnungen zu überwachen.

Sie haben hiernach das Weitere zu veranlassen.

Berlin, den 7. Februar 1903.

An den Reichskanzler.

1) Allerhöchster Erlaß, betreffend Abzeichen auf der Handelsflagge für die als Offiziere des Beurlaubtenstandes ꝛc. der Marine angehörigen Schiffsführer, vom 1. Juli 1896 (Reichsgesetzbl. S. 181).

2) Hierzu: Ausführungsbestimmungen des Staatssekretärs des Reichsmarineamtes zu dem Allerhöchsten Erlaß vom 7. Februar 1903, betreffend die Führung des Eisernen Kreuzes auf der Handelsflagge, vom 26. März 1903 (Zentr.-Bl. f. d. D. R. S. 143). S. u.

10. Februar 1903.

Bekanntmachung des Reichskanzlers, betreffend die Kennzeichnung des untersuchten ausländischen Fleisches.

Zentr.-Bl. f. d. D. R. S. 46.

Auf Grund des § 26 Abs. 3 der Ausführungsbestimmungen D zum Schlachtvieh- und Fleischbeschaugesetze vom 3. Juni 1900 (Beilage zu Nr. 22 des Centralblattes für das Deutsche Reich, Jahrgang 1902 Seite 39 *) wird für die Kennzeichnung des untersuchten ausländischen Fleisches folgendes bestimmt:

1. Die zur Verwendung gelangenden Stempel müssen genau die im § 26 Abs. 4 der Ausführungsbestimmungen D angegebenen Formen und Größenverhältnisse — unbeschadet der im Abs. 5 a. a. O. zugelassenen Ausnahmen — aufweisen.
2. Die Inschriften sind mit lateinischen Schriftzeichen herzustellen und in solcher Größe anzufertigen, daß sie gut leserlich sind.

   Die Schriftzeichen und die Ränder müssen scharf ausgeprägt sein.
3. Die Inschriften sind ausnahmslos auf geraden Linien anzubringen.
4. Jeder Stempel hat auf der obersten Zeile die Inschrift „Ausland" zu enthalten. Bei tauglich befundenem Fleische folgt auf neuer Zeile das Zeichen der Zoll- oder Steuerstelle, bei welcher die Untersuchung vorgenommen ist. Als solches Zeichen ist ausschließlich der in Spalte 2 des nachstehenden Verzeichnisses angegebene Name der Untersuchungsstelle oder die in Klammern beigefügte Kürzung anzuwenden. Die Beifügung der Amtsbezeichnung der Untersuchungsstelle hat zu unterbleiben.
5. Bei den Stempeln für Fleisch von Pferden oder anderen Einhufern wird unmittelbar nach dem Worte „Ausland" auf einer besonderen Zeile das Wort „Pferd" eingeschoben.
6. Die Stempel für beanstandetes Fleisch enthalten auf einer dem Zeichen der Zoll- oder Steuerstelle vorangehenden Zeile die Inschrift

   „Zurückgewiesen" bei zurückgewiesenem Fleische,

   „Zu beseitigen" bei unschädlich zu beseitigendem Fleische,

   „Z" bei freiwillig zurückgezogenem Fleische.
7. Die Anbringung sonstiger Namen, Bezeichnungen oder Zeichen (z. B. Wappen) ist zu vermeiden. Ausgenommen ist die Verwendung von lateinischen oder arabischen Ziffern als Unterscheidungsmerkmale für den inneren dienstlichen Verkehr.
8. Für den Fall, daß für mehrere Zoll- oder Steuerstellen eine gemeinsame Beschaustelle errichtet ist, bleibt die Bestimmung des Stempelzeichens vorbehalten.

---

13. Februar 1903.

Verfügung des Ministeriums, betreffend die Fesselung von Gefangenen auf dem Transporte.

Zentr.- u. Bez.A.Bl. S. 13.

Strafgefangene und Arbeitshausgefangene dürfen auf einem Transporte nur gefesselt werden, wenn dies wegen besonderer Gefährlichkeit ihrer Person, namentlich zur Sicherung anderer, oder wegen Gefahr einer Selbstentleibung oder wegen Fluchtgefahr unerläßlich erscheint. Fluchtgefahr wird bei männlichen zu Zuchthaus verurteilten Personen regelmäßig vorausgesetzt. Gefangene, die sich im Besitze der bürgerlichen Ehrenrechte befinden, sollen in der Regel mit anderen Gefangenen nicht zusammengefesselt werden. Ist dies nicht zu umgehen, so dürfen sie mit Gefangenen, welche die bürgerlichen Ehrenrechte nicht besitzen, nicht zusammengefesselt werden. Bei Anordnung der Zusammenfesselung ist auf die Persönlichkeit, die Lebensstellung und die Straftat der Gefangenen, soweit irgend tunlich, Rücksicht zu nehmen.

Die Entscheidung über die Fesselung [1]) und

1) Vgl. hierzu auch die erläuternde Verf. d. Minist. v. 3. Juni 1904 (Samml. d. Justizverw. Bd. 28 S. 466). Die Vorschriften finden auf alle Gefangenentransporte, namentlich auch auf die Vorführung von Gefangenen vor eine Gerichts- oder eine andere Behörde am Orte der Gefangenenanstalt Anwendung

die Art ihrer Ausführung wird vom Vorstande der Anstalt, von welcher der Transport ausgeht, nach sorgfältiger Prüfung im einzelnen Falle getroffen. Der Auftrag zur Fesselung ist dem mit dem Transporte betrauten Beamten in der Regel schriftlich zu erteilen. Dies gilt auch für die Fälle, in denen ein Ziviltransporteur mit dem Transporte eines Gefangenen beauftragt wird. Der den Transport ausführende Beamte darf während des Transports ohne Anweisung die Fesselung nur vornehmen, wenn unvorhergesehene Umstände eintreten, welche die Anwendung der Maßregel aus den im Abs. 1 angegebenen Gründen unerläßlich erscheinen lassen.

Die vorstehenden Grundsätze finden auf Untersuchungsgefangene insoweit Anwendung, als nicht im einzelnen Falle der Richter über die Fesselung Bestimmung getroffen hat. [2]) Von der in Ermangelung einer solchen Bestimmung angeordneten Fesselung ist dem Richter alsbald Mitteilung zu machen.

Den Untersuchungsgefangenen sind diejenigen Personen gleichzustellen, welche auf Grund der Gesetze, insbesondere der Prozeßordnungen, zwangsweise vorgeführt werden; soweit die Vorführung nicht von einem Richter angeordnet ist, steht die Entscheidung der die Vorführung anordnenden Behörde zu.

Auf Personen, die von der Polizei auf Grund eines Haftbefehls verhaftet oder vorläufig festgenommen sind, finden die im Abs. 1 und gegebenenfalls die im Abs. 2 hinsichtlich der schriftlichen Erteilung des Auftrags zur Fesselung ausgesprochenen Grundsätze Anwendung. Die Entscheidung über die Fesselung und die Art ihrer Ausführung wird von der Polizeibehörde, welche dem Polizeibeamten den Auftrag zur Verhaftung oder vorläufigen Festnahme erteilt, und in Ermangelung einer solchen Entscheidung von dem Polizeibeamten getroffen, dessen Verfügung der Gefangene untersteht. Letzterenfalls hat der Polizeibeamte die etwa vorgenommene Fesselung unter Angabe der Gründe bei oder alsbald nach der Vorführung der Behörde, welcher der Gefangene vorgeführt wird, zu melden.

Bei den nicht mit Zuchthaus, Überweisung an die Landespolizeibehörde, Zulässigkeit der Polizeiaufsicht oder Verlust der bürgerlichen Ehrenrechte bestraften Personen hat die Transportbehörde die Frage, ob die Gefangenen gesondert oder im Sammeltransporte zu transportieren sind, mit Rücksicht auf ihre Persönlichkeit, ihre Lebensstellung und die Art der Straftat sorgfältig zu prüfen und etwa in dieser Beziehung geäußerte Wünsche nicht ohne weiteres abzulehnen.

(Verf. d. Minist. v. 3. Aug. 1907, Smmlg. Bd. 30 S. 537).

2) Nach § 116 Abs. 5 St.P.O. hat bei Untersuchungsgefangenen der Richter Bestimmung über die Fesselung zu treffen; die in dringenden Fällen von anderen Beamten getroffenen Anordnungen unterliegen seiner Genehmigung. Die richterliche Zuständigkeit ist durch obige Verfügung selbstverständlich nicht berührt worden. Vgl. d. Verf. d. Oberlandesgerichtspräsidenten und des Oberstaatsanwalts vom 13. Mai 1908 (Samml. d. Justizverw. Bd. 31 S. 107).

---

14. Februar 1903.

Kaiserliche Verordnung über die Enteignung von Grundeigentum in den Schutzgebieten Afrikas und der Südsee.

Reichsgesetzbl. S. 27.

---

16. Februar 1903.

Allerhöchster Erlaß, betr. die Vorschriften über die Dienstwohnungen der Reichsbeamten. [1])

Zentr.-Bl. f. D. R. S. 63.

I. Geltungsbereich.

§ 1.

Diese Vorschriften finden Anwendung auf alle Dienstwohnungen der Reichsbeamten. Ausgeschlossen bleiben nur die Dienstwohnungen des Reichskanzlers und der Vor-

1) Für anwendbar erklärt auf die Beamten der Reichsbank durch Allerhöchsten Erlaß vom 24. Mai 1911 (Zentr.-Bl. f. d. D. R. S. 384).

Ergänzt durch den Erlaß des Reichskanzlers über die von Dienstwohnungsinhabern bei gemeinsamer Benutzung von Gebäuden zu Dienstwohnungen und Geschäftsräumen zu entrichtenden Kostenbeträge für Wasser, Gas- und elektrische Beleuchtung sowie für Zentralheizung vom 30. April 1905 (Zentr.-Bl. f. d.

stände solcher Amtszweige, hinsichtlich deren eine Stellvertretung des Reichskanzlers nach Maßgabe des Gesetzes vom 17. März 1878 (Reichs-Gesetzbl. S. 7) zulässig ist, ferner die Dienstwohnungen der Botschafter.

II. Begriff der Dienstwohnung.

§ 2.

Unter Dienstwohnung im Sinne dieser Vorschriften ist jede Wohnung zu verstehen, deren Benutzung mit einer Amtsstelle verbunden ist.

III. Oberaufsicht.

§ 3.

Die zuständige Aufsichtsbehörde hat die Erfüllung der den Wohnungsinhabern obliegenden Verpflichtungen zu überwachen, von dem Zustande der Dienstwohnungen sowohl während der Benutzung seitens der Inhaber, als auch während der Übergangsfrist zwischen der Rücknahme und der Übergabe durch ihre Verwaltungsbeamten oder Fachleute Kenntnis zu nehmen und bei Wahrnehmung von Verstößen und Mängeln Abhülfe anzuordnen.

Diese Vorschrift gilt für die im Auslande gelegenen Dienstwohnungen nur insoweit, als durch ihre Ausführung nicht unverhältnismäßige Unkosten entstehen.

§ 4.

Veränderungen in der Anordnung und Ausstattung der Dienstwohnungen nebst Zubehör sind nur unter Genehmigung der Aufsichtsbehörde und unter Berichtigung des Bestandsverzeichnisses (§§ 5 ff.) statthaft.

Die Aufsichtsbehörde hat bei Genehmigung des Gesuchs zu bestimmen, ob bei der Rückgewähr der frühere Zustand wieder herzustellen oder die Abänderung beizubehalten sowie ob und welcher Beitrag zu den Herstellungskosten aus Reichsmitteln zu leisten ist.

Zu jeder Belastung der Reichskasse mit Ausgaben, die mehr oder weniger nur den jeweiligen Interessen des einzelnen Wohnungsinhabers und nicht der Befriedigung eines dauernden Bedürfnisses dienen, ist die Genehmigung der obersten Reichsbehörde einzuholen, welche, wenn es sich um einen Beitrag von mehr als 1000 Mark handelt, mit der Reichsfinanzverwaltung ins Benehmen zu treten hat.

D. R. S. 116), zu vgl. weiter Erlaß des Reichskanzlers vom 11. September 1909 (Zentr. f. d. D. R. S. 1298).

Geändert durch den Allerhöchst genehmigten Nachtrag vom 6. Oktober 1909 (Zentr.-Bl. f. d. D. R. S. 1348) und durch den Allerhöchsten Erlaß vom 28. Dezember 1910 (Zentr.-Bl. f. d. D. R. 1911 S. 7). Die Änderungen sind im Text berücksichtigt.

IV. Bestandsverzeichnis.

§ 5.

Über jede Dienstwohnung nebst Zubehör muß ein vollständiges und übersichtliches, geeignetenfalls mit einem Grundplan oder doch mit einer Handzeichnung zu versehendes Verzeichnis in zwei gleichlautenden Ausfertigungen angelegt und durch Nachtragung aller während der Benutzungszeit genehmigten Abänderungen vervollständigt werden, so daß das Verzeichnis stets den zeitigen Stand der Wohnungen erkennen läßt und eine ausreichende Grundlage für die Rückgewähr bildet.

Die eine Ausfertigung ist durch die Aufsichtsbehörde (§ 3), die andere durch den Wohnungsinhaber aufzubewahren.

§ 6.

Das Verzeichnis muß enthalten:

1. Zahl, Maß und Ausstattung der Räume;
2. die Bezeichnung der etwaigen Repräsentationsräume und ihre Ausstattung;
3. die auf der Wohnung oder dem Dienstgrundstücke haftenden Lasten und Besitzeinschränkungen;
4. bei Dienstwohnungen mit Garten oder Ackernutzung die Angabe des Flächeninhalts und die Beschreibung der Grenzen, Bewehrungen und dergleichen gegen die Nachbargrundstücke sowie einen Vermerk darüber, ob und welche Vergütung der Wohnungsinhaber für die Nutzung der Ländereien zu entrichten hat.

Im übrigen bestimmt die Einrichtung des Verzeichnisses in Form und Inhalt sich nach den besonderen Verhältnissen der Dienstwohnung und den etwa weitergehenden Vorschriften der einzelnen Verwaltungen.

§ 7.

Der Wohnungsinhaber darf in der von ihm aufzubewahrenden Ausfertigung des Verzeichnisses eigenmächtig keine Eintragung vornehmen. Die Nachtragung der Abänderungen erfolgt in beiden Ausfertigungen gleichlautend auf Anordnung der Aufsichtsbehörde. Etwaige Mängel des Verzeichnisses sind bei der im § 3 erwähnten Prüfung sowie bei der Übergabe und Rücknahme der Dienstwohnung zu berichtigen.

Neben der im § 3 erwähnten allgemeinen Prüfung des Zustandes der Dienstwohnung ist das Verzeichnis sowohl bei der Übergabe und

Rücknahme der Dienstwohnung als auch während der Benutzung seitens des Inhabers der Regel nach alljährlich einmal einer Prüfung zu unterziehen, die sich auf die nachgetragenen Zugänge, auf die nachgewiesenen Abgänge und auf das Vorhandensein der hiernach verbliebenen Gegenstände zu erstrecken hat.

Über das Ergebnis einer jeden Prüfung ist eine Verhandlung aufzunehmen und zu den Akten zu bringen.

V. Übergabe und Rücknahme.

§ 8.

Die Überlassung der Dienstwohnung erfolgt nach Maßgabe des Etats. Die Überweisung einer neu eingerichteten oder bei Bauausführungen neu hergestellten Dienstwohnung ist erst nach vorheriger Aufnahme des betreffenden Vermerks in den Etat zulässig.

Gestatten es die besonderen Verhältnisse des einzelnen Falles, den Beamten ausnahmsweise innerhalb eines Rechnungsjahres eine Dienstwohnung vor ihrer Aufnahme in den Etat zur Benutzung zu überlassen, so hat dies für den Zeitraum bis zur Gültigkeit des Etats nur mietsweise zu geschehen. Der Mietszins ist auf den Betrag der vorschriftsmäßigen Vergütung (§§ 20—23) festzusetzen.

Die Annahme einer vom Reich angewiesenen Dienstwohnung (Absatz 1 und 2) kann nicht verweigert werden.

Wird dem Beamten auf seinen Antrag aus besonderen Gründen die Benutzung der Dienstwohnung erlassen, so erfolgt die Festsetzung der näheren Bedingungen durch die oberste Reichsbehörde im Einvernehmen mit der Reichsfinanzverwaltung.

§ 9.

Die Übergabe und die Rücknahme einer Dienstwohnung ist innerhalb des Reichsgebiets stets, außerhalb des Reichsgebiets mangels abweichender Bestimmung des Reichskanzlers durch einen von der Aufsichtsbehörde ernannten Vertreter zu bewirken. Dieser hat bei der Übergabe dem neu einziehenden Beamten ausdrücklich zu eröffnen, daß für die Überweisung und Benutzung der Dienstwohnung die hier aufgestellten Vorschriften maßgebend sind, und, daß dies geschehen, in die Übergabeverhandlung aufzunehmen.

§ 10.

Die Rücknahme einer Dienstwohnung von dem ausziehenden und die Übergabe an den neu anziehenden Beamten sollen, wenn möglich, gleichzeitig vorgenommen werden.

In der über den Hergang aufzunehmenden, von den Beteiligten zu vollziehenden Verhandlung ist in jedem Falle der Zustand der Dienstwohnung und der etwa darin vorhandenen, auf Kosten des Reichs beschafften Ausstattung genau festzustellen; auch sind alle Mängel, welche sich bei der Besichtigung an der Hand des Bestandsverzeichnisses ergeben, zu vermerken.

In gleicher Weise ist anzugeben, ob die für die Abhülfe aufzuwendenden Kosten von der Reichskasse zu tragen sind oder dem bisherigen Inhaber oder dessen Erben zur Last fallen. Die Abschätzung der Herstellungskosten hat durch den Vertreter der Aufsichtsbehörde und bei höheren Beträgen durch den zuzuziehenden Fachmann zu erfolgen.

Kommt wegen solcher Mängel und Schäden, die nicht auf Kosten der Reichskasse zu beseitigen sind, zwischen dem bisherigen Inhaber oder dessen Erben und dem neu anziehenden Inhaber ein Vergleich zustande, so ist dessen Inhalt in die Verhandlung aufzunehmen. Das Gleiche gilt, wenn die Mängel und die erfolgte Abschätzung als richtig anerkannt und die Kosten der erforderlichen Herstellung von dem abziehenden Beamten oder dessen Erben übernommen werden. Andernfalls ist der Sach- und Streitstand genau zu verzeichnen und durch den Vertreter der Aufsichtsbehörde dieser zur Entscheidung vorbehaltlich des Rechtsweges vorzulegen.

§ 11.

Der Wohnungsinhaber oder dessen Erben sind verpflichtet, den im gütlichen Wege ermittelten oder von der Aufsichtsbehörde vorbehaltlich des Rechtsweges festgestellten Kostenbetrag (§ 10) zur Reichskasse einzuzahlen. Sie bleiben außerdem zur Nachzahlung eines etwa verausgabten, gehörig belegten Mehrkostenbetrages verpflichtet. Ein etwaiger Mehrbetrag der Einzahlung über die wirklich erwachsenen Kosten ist ihnen dagegen zurückzuerstatten.

§ 12.

Können Rücknahme und Übergabe nicht gleichzeitig vorgenommen werden, so ist die zurückgenommene Dienstwohnung an einen Beamten oder eine sonst geeignete Person zur Beaufsichtigung und Erhaltung zu übergeben. Hierüber sowie über die dem Aufseher etwa zu gewährende Entschädigung hat der Vertreter der Aufsichtsbehörde das Nähere in die Niederschrift der Verhandlung aufzunehmen.

Die demnächstige Übergabe an den neu einziehenden Beamten ist tunlichst durch denselben Vertreter zu bewirken.

VI. Rechte und Pflichten des Reichs und des Wohnungsinhabers.

§ 13.

Der Inhaber einer Dienstwohnung ist ohne Genehmigung der Aufsichtsbehörde nicht berechtigt, deren Gebrauch ganz oder teilweise einem anderen zu überlassen, insbesondere sie zu vermieten.

Mit der Genehmigung ist zugleich zu bestimmen, ob und gegebenenfalls in welcher Höhe der andere eine Vergütung an die Reichskasse zu entrichten hat.

§ 14.

Aus der Zuweisung einer Dienstwohnung erwirbt der Beamte keinen Anspruch auf dauernde Belassung; vielmehr hat die Rückgewähr auch dann, wenn sie bei der Überweisung nicht ausdrücklich vorbehalten ist, auf Verlangen der Aufsichtsbehörde binnen einer von ihr zu bestimmenden angemessenen Räumungsfrist zu erfolgen, ohne daß dem Beamten hierdurch ein Anspruch auf besondere Entschädigung erwächst.

§ 15.

Dem Wohnungsinhaber liegen — außer der Fürsorge für die Reinigung und Lüftung der Dienstwohnung — die nachstehenden Leistungen ob:

1. die Erhaltung der Verglasung in den Fenstern, Glastüren, Glaswänden und Oberlichtern, in letzteren jedoch nur, soweit die Oberlichter nicht als ein Teil des Daches anzusehen sind; die durch den fortgesetzten gewöhnlichen Gebrauch bedingten Ausbesserungen kleiner Schäden an Fenstermarkisen, Fensterjalousien und Innen- (Zimmer-) Rouleaus, sofern nicht das Bedürfnis vollständiger Erneuerung oder Erneuerung der Hauptbestandteile, wie der Leinwandbezüge und Schnüre bei den Markisen, der Gurtbänder, Zwischenbänder, Rollen und Schnüre bei den Jalousien, anzuerkennen ist;

   das Abnehmen und Wiederbefestigen der Fenstermarkisen, Fensterjalousien und Rouleaus, der Schutzzelte über den Balkons, der Zuggardinen an den Veranden, der Zeltdecken und Vorhänge der Altane und anderer dergleichen Schutzvorrichtungen;
2. das Ausbrennen und Fegen der Schornsteine nebst der Reinigung der Heizkörper und ihrer Feuerzüge von Ruß, Asche und Schlacken:
3. die Reinigung der Öfen, Kochherde, Bratöfen, Kesselfeuerungen, Koch- und Backapparate sowie der Waschkessel und die durch den fortgesetzten Gebrauch nötig gewordenen Ausbesserungen, jedoch unter Ausschluß ihrer Erneuerung und ihres Umsetzens (§ 16 Ziff. 2);
4. die Anbringung und Unterhaltung von Dichtungsmitteln an Türen und Fenstern;

   die Unterhaltung der Beschläge und Schlösser an Türen und Fenstern, sofern das Bedürfnis nur einzelne Teile betrifft und nicht eine Erneuerung des Gesamtbeschlages oder des ganzen Schlosses erforderlich ist;

   ferner die Unterhaltung der Klingelleitungen und ähnlicher Vorrichtungen (§ 16 Ziff. 4);
5. der Anstrich der inneren Türen und Fenster, der Wandtäfelungen, hölzernen Verschläge und Wandschränke, soweit einzelne durch den Gebrauch abgenutzte Stellen eine Wiederherstellung der Farbendecke erfordern und das Bedürfnis eines neuen Anstrichs des gesamten Gegenstandes nicht anzuerkennen ist (§ 16 Ziff. 3);
6. das Bohnen und Abreiben der Fußböden und Fußleisten in den durch den Gebrauch und das Erhaltungsbedürfnis bedingten Fristen sowie kleine Ausbesserungen ihres Anstrichs (§ 16 Ziff. 6);
7. die Unterhaltung der inneren Wände und der Decken in betreff ihrer Tünche, Färbung, Malerei oder Tapezierung, das hierbei etwa erforderliche Abreiben des Abputzes sowie die Beseitigung unwesentlicher Verletzungen des Putzes und das Abreiben unrein gewordener Tapetenwände und Decken, insofern es sich nicht um eine Erneuerung der Gesamtflächen handelt (§ 16 Ziff. 3);

   die Reinigung der Dienstwohnung von Ansteckungsstoff infolge ärztlicher oder polizeilicher Anordnung, sofern solche durch Vorkommnisse in der Dienstwohnung selbst veranlaßt ist;
8. die Beschaffung und Unterhaltung von versetzbaren Regenwasserbehältern;

   die Unterhaltung der Küchen- und Badestubenpumpen, sofern diese nicht Teile oder Zubehör einer Wasserleitung sind, sondern für sich bestehende Anlagen bilden und sofern die Unterhaltungsarbeiten durch den gewöhnlichen Gebrauch der Pumpen bedingt werden;

   die Unterhaltung derjenigen Teile der Wasser-, Gas- und Elektrizitätsleitungen, welche mit dem Gebäude nicht in fester

Verbindung stehen, sowie die Beschaffung und Unterhaltung der zu diesen Anlagen etwa erforderlichen, unter den Begriff der Geräte fallenden Gegenstände, wie z. B. der nicht befestigten Wannen, der Gartenspritzen, Schläuche, Kronleuchter und sonstigen Beleuchtungskörper für Gas und elektrisches Licht;

die Anlegung und Unterhaltung von Gas- und elektrischen Leitungen für wirtschaftliche Zwecke;

die Aufwendungen für den Verbrauch des den Wohnungen durch die Leitungen zugeführten Wassers;

die Aufwendungen für den Verbrauch von Gas und elektrischem Strom;[2])

die Beschaffung und Unterhaltung der erforderlichen, mit dem Gebäude nicht in fester Verbindung stehenden Gas-, Wasser- oder Elektrizitätsmesser oder die Übernahme der Miete für sie;

die Vorkehrungen zum Schutze der Wasserleitungen gegen das Einfrieren, wenn nicht die Zapfstellen sich außerhalb der Dienstwohnung oder auf gemeinschaftlichen Fluren befinden;

die Wiederherstellung des früheren Zustandes im Falle von Beschädigungen, welche durch Mutwillen oder Fahrlässigkeit des Inhabers, seiner Angehörigen oder seines Gesindes veranlaßt sind, nach Maßgabe der Vorschriften des Bürgerlichen Gesetzbuchs;

10. die Übernahme solcher Abgaben und Lasten, welche der Mieter gesetzlich oder ortsüblich zu den Gemeindebedürfnissen zu leisten hat; die Übernahme der Einquartierungslast, wenn diese durch die Gemeindebehörden oder durch Ortsstatut auf die Wohnungsinhaber lediglich nach Maßgabe des entbehrlichen Raumes verteilt ist, mag sie in Natur oder in Geld zu leisten sein (§ 16 Ziff. 8);

11. die Anschaffung und Unterhaltung von Gegenständen des Luxus, der Neigung oder Bequemlichkeit, sowie der Pflanzungen und der Verbesserungen, welche der Inhaber in dem mit der Dienstwohnung etwa verbundenen Garten oder Ackerlande bewirkt hat, dergestalt, daß der Inhaber weder eine Entschädigung für sie aus der Reichskasse noch ihre Übernahme von dem Dienstnachfolger verlangen darf;

12. die Unterhaltung der zur Dienstwohnung gehörigen Gärten, soweit nicht besondere Festsetzungen getroffen sind, jedoch nicht der Ersatz abgestorbener Bäume, zu dem weder der Wohnungsinhaber noch das Reich verpflichtet ist und für den der Wohnungsinhaber deshalb, wenn er ihn aus eigenem Belieben bewirkt, keinen Anspruch auf Entschädigung aus der Reichskasse erwirbt;

13. die Reinigung der Höfe nebst den zu Hofpumpen gehörigen Brunnenkesseln und der Abtritte; die Fürsorge für den Schutz der Brunnen und Abortsanlagen gegen das Einfrieren sowie das Auftauen solcher Anlagen, wenn nicht nach Ortsgebrauch diese Arbeiten durch den Hauseigentümer bewirkt werden, ferner die Reinigung der Straßen (Fahrdamm, Rinnstein, Bürgersteig) vor den Häusern, insoweit durch ortspolizeiliche Vorschrift oder Ortsgebrauch die Reinigung oder der Ersatz der Reinigungskosten oder die Entrichtung einer Abgabe dafür nicht den Hauseigentümern, sondern den Wohnungsinhabern als solchen auferlegt ist;

14. die Erleuchtung der Zugänge zu den Dienstwohnungen, wie Flure, Gänge, Treppen usw., und zwar gleichviel ob die Beleuchtung infolge ortspolizeilicher Vorschrift oder Anordnung der Verwaltung stattzufinden hat und ob im ersteren Falle für ihre Ausführung der Hauseigentümer oder der Wohnungsinhaber haftbar gemacht ist.

Bei einem gemeinsamen Gebrauche von Räumen und Anlagen zu mehreren Dienstwohnungen werden die Kosten nach Bestimmung der Aufsichtsbehörde anteilig von jedem Inhaber getragen.

Gehören zu einer Dienstwohnung Pferde- oder sonstige Viehställe, so liegt dem Inhaber die Unterhaltung der ihm überwiesenen Krippen, Raufen, Streuklappen, Futterkasten, Stand- und Trennbäume und dergleichen ob. Im übrigen finden die Vorschriften für die eigentlichen Wohnräume auch auf die Stallungen entsprechend Anwendung.

In Abweichung von der Ziffer 8 Abs. 4 gegebenen Vorschrift kann die Aufsichtsbehörde ausnahmsweise die Kosten der Anlegung und Unterhaltung der mit dem Mauerwerke in fester Verbindung stehenden Gasrohre (Steigrohre), nicht aber auch der Zuführungsleitung

2) Die Vorschrift, daß der Wohnungsinhaber die Kosten für Wasser, Gas und elektrischen Strom zu tragen hat, steht einem Verfahren der Aufsichtsbehörde nicht entgegen, nach welchem die Vergütung bauschaliert und in fest bestimmten Beträgen, z. B. in prozentualen Zuschlägen zur Wohnungsmiete oder zum Mietswert der Wohnung, erhoben wird.

innerhalb eines Raumes auf die Reichskasse übernehmen, wenn in dem Orte der Dienstwohnung die Anlegung und Unterhaltung von Gaseinrichtungen für wirtschaftliche Zwecke auf Kosten des Vermieters gebräuchlich sind.

§ 16.

Soweit die Kosten der Unterhaltung von Dienstwohnungen nicht dem Inhaber auferlegt sind, fallen sie der Reichskasse zur Last; insbesondere treffen die letztere:

1. die Beseitigung aller Schäden, welche von Naturereignissen, wie Gewittern, Stürmen, Hagelschlag, Erdbeben und dergleichen angerichtet sind;
2. die notwendige Erneuerung von Hauptbestandteilen der Feuerungen und Heizungen, namentlich von Heiztüren, Rauchröhren, Kochplatten, Rosteinrichtungen, Einsatzkasten zu den Aschenlöchern der Kochherde, Kacheln und metallenen Muffeln oder Einsätzen der Bratöfen, insofern die Notwendigkeit der Erneuerung nicht durch fahrlässigen Gebrauch veranlaßt ist (§ 15 Ziff. 3 und 9); [3])
3. die Erneuerung des Anstrichs und der Tapezierung von Wänden und Decken, insofern es sich um eine Erneuerung der ganzen Decke oder der sämtlichen Wände handelt (§ 15 Ziff. 7); [4])

   die Unterhaltung und Erneuerung von plastischen Ausstattungen, sowie des Anstrichs der äußeren Türen, Doppeltüren, Tore, Fenster, Doppelfenster, Fensterbretter, der inneren und äußeren Fensterläden (auch Rolläden) auf beiden Seiten, desgleichen des Anstrichs der inneren Türen und Fenster, der Wandtäfelungen, hölzernen Verschläge und Wandschränke, wenn das Bedürfnis sich nicht auf einzelne schadhafte Stellen beschränkt (§ 15 Ziff. 5); [4])

   das Verkitten der Scheiben außer dem im § 15 Ziff. 1 vorgesehenen Falle;
4. die Erneuerung von Hauptbestandteilen der Klingelleitungen und ähnlicher Vorrichtungen; [5])
5. die Unterhaltung und Erneuerung von Garten- und Hofbewehrungen, einschließlich der Pforten, Torwege und Tore;
6. die Unterhaltung und Erneuerung des zur Erhaltung der Fußböden dienenden Anstrichs, wenn das Bedürfnis sich nicht auf einzelne schadhafte Stellen beschränkt (§ 15 Ziff. 6), [4]) und das damit verbundene Kitten der Fugen;
7. die sonst nach § 15 dem Wohnungsinhaber obliegende Unterhaltung der davon betroffenen Gegenstände in allen den Fällen, in welchen die Ursachen des Ausbesserungs- und Erneuerungsbedürfnisses erweislich in Mängeln der ersten Anlage oder in Veränderungen der baulichen Beschaffenheit des Hauses, wie Rissen und Lösungen der Mauern oder Decken und dergleichen, bestehen;
8. die Übernahme der Einquartierungslast, wenn diese durch die Gemeindebehörden oder Ortsstatut auf die Hauseigentümer verteilt ist (§ 15 Ziff. 10);
9. die Übernahme der Entschädigungen für die öffentlichen Entwässerungsanlagen sowie die Reinigung der Aborts- und Senkgruben, der Müll- und Aschgruben oder -kasten.

§ 17.

Bei gemeinsamer Benutzung von Gebäuden zu Dienstwohnungen und Geschäftsräumen gelten folgende Bestimmungen:

1. in den zu beiden Zwecken gemeinschaftlich benutzten Räumen, wie Fluren, Gängen, Treppen, Abtritten, trägt das Reich — vorbehaltlich der Ausnahme in Ziff. 6 dieses Paragraphen — auch die dem Wohnungsinhaber obliegenden Leistungen;
2. zu den im § 15 Ziff. 2 bezeichneten Kosten leistet der Wohnungsinhaber einen von der Aufsichtsbehörde, erforderlichenfalls auf Grund sachverständiger Schätzung festzusetzenden angemessenen Beitrag;
3. dienen Wasser- oder Gasleitungen, Anlagen für elektrische Beleuchtung oder Centralheizungsanlagen zu gemeinsamen Zwecken und ist die Aufstellung besonderer, den Verbrauch des Wohnungsinhabers nachweisender Meßvorrichtungen, deren Beschaffung und Unterhaltung oder Miete, falls sie mit dem Gebäude nicht in fester

3) Die Beschaffung und Unterhaltung der zum Heizen, Kochen, Backen, Waschen und dergleichen erforderlichen Geräte trifft ausschließlich den Wohnungsinhaber.

4) Zur Festsetzung von Mindestfristen für die Erneuerung des Anstrichs und der Tapezierung der Wände und Decken, sowie für die Erneuerung des Anstrichs der Fensterläden, Fußböden und dergleichen sind die einzelnen Verwaltungen nach Einvernehmen mit der Reichsfinanzverwaltung zuständig.

5) Die laufende Unterhaltung elektrischer Klingelanlagen ist Sache der Reichskasse nur für die Repräsentationsräume, wozu in diesem Falle auch Küchen-, Plätt- und andere derartige Wirtschaftsräume sowie Diener- und Mädchenstuben gehören, während sie für die übrigen gewöhnlichen Wohnräume dem Wohnungsinhaber zur Last fällt (vgl. § 25).

Verbindung stehen, dem Wohnungsinhaber zur Last fällt, untunlich, so wird der von letzterem zu leistende Kostenbeitrag auf Grund sachverständiger Schätzung durch die Aufsichtsbehörde festgesetzt. Die Feststellung der leitenden Grundsätze für die sachverständige Schätzung erfolgt durch den Reichskanzler;

4. von den im § 15 Ziff. 10 bezeichneten Abgaben und Lasten trägt das Reich für die Geschäftsräume, soweit an sich keine Befreiung desselben begründet ist, einen angemessenen Anteil;
5. etwaige Kosten für die im § 15 Ziff. 13 bezeichneten Leistungen hat das Reich allein zu tragen;
6. die im § 15 Ziff. 14 erwähnten Kosten der Erleuchtung in den zu beiden Zwecken gemeinschaftlich benutzten Räumen, wie Fluren, Gängen, Treppen usw., hat das Reich nur für die Dauer der gemeinschaftlichen Benutzung zu tragen.[6]) In Fällen, in welchen die Durchführung dieses Grundsatzes zu einer Unbilligkeit gegenüber dem Dienstwohnungsinhaber führen würde, ist das Maß seiner Verpflichtung durch die Aufsichtsbehörde festzustellen und gegebenenfalls der Beitrag schätzungsweise zu bestimmen.

§ 18.

Unterbeamte haben nur die im § 15 Ziff. 1, 6, 7, 8, 9, 10, 11, 12, 13 und 14 sowie im § 17 Ziff. 3 aufgeführten Leistungen zu erfüllen.

Als Unterbeamte im Sinne dieser Vorschriften gelten die in Gemäßheit des Besoldungsgesetzes vom 15. Juli 1909 (Reichsgesetzbl. S. 573) zum Bezuge des Wohnungsgeldzuschusses nach Tarifklasse VI berechtigten Beamten.

Unterbeamten, welche in einem Diensthause wohnen und entweder das Brennmaterial der Behörde unter Verschluß und Aufsicht haben, oder die Heizung besorgen, kann mit Genehmigung der obersten Reichsbehörde die Entnahme des für ihren eigenen Bedarf erforderlichen Feuerungsmaterials aus den Vorräten der Behörde gegen Entschädigung mit Vorbehalt des jederzeitigen Widerrufs gestattet werden. Die Entschädigung beträgt dreiundeinhalb vom Hundert des Durchschnittsgehalts der Stelle ohne Berücksichtigung des Wohnungsgeldzuschusses.[7]) Ausnahmsweise kann diese Vergünstigung auch anderen Unterbeamten, welche in einem Diensthause wohnen, unter den gleichen Bedingungen durch die oberste Reichsbehörde gewährt werden.

Die Bewilligung ist im Etat bei der Besoldung der betreffenden Beamten zu bemerken.

VII. Vergütung für nicht freie Dienstwohnungen.

§ 19.

Sofern nicht nach dem Etat mit einer Dienststelle Anspruch auf Dienstwohnung oder auf freie Dienstwohnung verbunden und dem Beamten die Dienstwohnung als solche bewilligt ist, hat dieser für ihre Benutzung eine Vergütung an die Reichskasse zu leisten, und zwar im voraus je nach der Zahlung des Gehalts entweder vierteljährlich oder monatlich.

§ 20.[8])

Diese Vergütung wird bezüglich der etatsmäßigen Beamten auf die für sie in Betracht kommenden Sätze des Wohnungsgeldzuschusses festgesetzt und durch deren Einbehaltung beglichen.

Für die Beamten der Betriebsverwaltung der Reichseisenbahnen mit Ausnahme des Präsidenten der Generaldirektion gilt dies nach § 47 Abs. 5 des Besoldungsgesetzes vom 15. Juli 1909 (Reichsgesetzbl. S. 573) erst vom 1. April 1917 ab. Bis dahin bestimmt der Reichskanzler, wieviel den Dienstwohnungsinhabern vom Wohnungsgeldzuschuß einzubehalten ist.

Bezüglich der nicht etatsmäßigen Beamten ist die Vergütung nach Hundertteilen des Diensteinkommens zu bemessen. Sie beträgt in den Orten

	der Klasse		
A	des Wohnungsgeldzuschußtarifs	10	v. H.
B	" "	7½	"
C	" "	6	"
D	" "	5	"
E	" "	4	"

6) Diese Vorschrift steht einem Verfahren der Aufsichtsbehörde nicht entgegen, nach welchem ein von dem Wohnungsinhaber zu leistender Beitrag zu den vom Reiche zu verauslagenden Gesamtkosten der Beleuchtung bauschaliert und in festbestimmten Beträgen erhoben wird.

7) Ist die Entschädigung zur Zeit des Inkrafttretens dieser Vorschriften niedriger bemessen, so kann es hierbei bis zu einer Gehaltserhöhung oder bis zum Ausscheiden des Stelleninhabers sein Bewenden behalten.

8) Insoweit Beamten die Benutzung von Dienstwohnungen zur Zeit des Inkrafttretens dieser Vorschriften gegen eine geringere Vergütung verstattet ist, tritt die Berechnung der höheren Vergütung erst ein, sobald dem Wohnungsinhaber eine das Mehr der Vergütung übersteigende Erhöhung seines Diensteinkommens zuteil wird.

des Diensteinkommens. Bei Veränderungen in der Ortsklasseneinteilung kommt mit dem Beginne des auf die Bekanntmachung folgenden Kalendervierteljahrs der veränderte Satz der Vergütung zur Anwendung.

Für Ortschaften, die außerhalb des Reichsgebiets liegen, wird die Vergütung durch die oberste Reichsbehörde im Einvernehmen mit der Reichsfinanzverwaltung bestimmt.

§ 21.[9])

§ 22.

Tagegeld-Empfänger sind von der Entrichtung der Vergütung freizulassen.

Beamte (mit Einschluß der Militäranwärter), welchen die einstweilige Verwaltung einer Dienststelle übertragen und hierbei die mit der Stelle verbundene Dienstwohnung angewiesen worden ist, können für die Dauer dieses Verhältnisses durch die Aufsichtsbehörde von der Leistung der Vergütung entbunden werden.

§ 23.

Für die Benutzung von Gärten, welche nach der von der obersten Reichsbehörde zu treffenden Entscheidung als Zubehör der Dienstwohnung anzusehen sind, ist eine Vergütung an die Reichskasse nicht zu entrichten.

VIII. Dienstwohnungen mit Repräsentationsräumen.

§ 24.

Geräte und Ausstattungsgegenstände, welche auf Kosten des Reichs für die Repräsentationsräume einer Dienstwohnung beschafft und bei diesen im Bestandsverzeichnisse (§ 6 Ziff. 2) eingetragen sind, dürfen von dem Wohnungsinhaber in anderen Räumen nicht verwendet werden. Die Kosten für Instandhaltung und im Falle der Abnutzung für ersatzweise Erneuerung derartiger Geräte und Ausstattungsgegenstände trägt das Reich.

§ 25.

Bei Dienstwohnungen mit Repräsentationsräumen werden in letzteren sämtliche für Wiederherstellung oder Erneuerung der Wand- und Deckenflächen, mögen sie getüncht, gefärbt, gemalt, tapeziert oder mit plastischer Bekleidung ausgestattet sein, erforderlichen Ausgaben, desgleichen die Kosten für Unterhaltung und Erneuerung des Anstrichs der inneren Türen und Fenster, der Wandtäfelungen, hölzernen Verschläge und Wandschränke sowie für Beschaffung und Unterhaltung von Klingelleitungen und ähnlichen Vorrichtungen von der Reichskasse getragen.

§ 26.

Gehört zu Dienstwohnungen, deren Inhabern eine Repräsentation obliegt, ein Garten, so fällt seine Unterhaltung der Reichskasse zur Last. Welche Dienstwohnungen hierher zu rechnen sind, wird durch die oberste Reichsbehörde im Einvernehmen mit der Reichsfinanzverwaltung bestimmt.

Die Beschaffung und Unterhaltung von Gartenmöbeln und -gerätschaften ist Sache des Inhabers der Dienstwohnung, desgleichen die Beschaffung und Unterhaltung von Markisen und von sonstigen zum Schutze gegen die Witterung dienenden Vorrichtungen an Gartenveranden und Gartenhäusern.

IX. Dienstwohnungen in gemieteten Räumen.

§ 27.

Auf Dienstwohnungen, welche vom Reich angemietet sind, finden diese Vorschriften nur insoweit Anwendung, als die besonderen Verhältnisse des einzelnen Falles, insbesondere der abgeschlossene Mietsvertrag es gestatten.

Inbetreff der Instandhaltung usw. der Dienstwohnungen dürfen durch den Mietsvertrag dem Vermieter zu Gunsten der Dienstwohnungsinhaber keine Verpflichtungen auferlegt werden, welche über das Maß der vom Reiche hinsichtlich der Dienstwohnungen in reichseigenen Gebäuden übernommenen Leistungen (§§ 16, 18) hinausgehen.

Sind hingegen von der Behörde in dem Mietsvertrage besondere Verpflichtungen hinsichtlich der Unterhaltung der Räume oder ihrer Zubehörungen übernommen, so hat der Wohnungsinhaber für Erfüllung solcher Verabredungen in der Regel nur insoweit aufzukommen, als Verpflichtungen gleicher Art den Inhaber einer Dienstwohnung in einem Reichsgebäude treffen würden, während alle weitergehenden Verpflichtungen dem Reiche zur Last fallen.

Die nähere Festsetzung hierüber bleibt im Einzelfalle der obersten Reichsbehörde vorbehalten.

§ 28.

Bei Dienstwohnungen in angemieteten Räumen darf die Aufnahme eines Bestandsverzeichnisses (§ 5) unterbleiben, sofern der Mietsvertrag die erforderlichen Angaben in ausreichender Übersichtlichkeit enthält.

9) Gestrichen, zu vgl. Anm. 1) letzter Satz.

X. Überlassung nicht zu Dienstwohnungen bestimmter Räumlichkeiten.

§ 29.

Räumlichkeiten, welche zu Dienstwohnungen im Sinne des § 2 nicht bestimmt sind, dürfen auch an Beamte nur zu den ortsüblichen Mietspreisen überlassen werden. Dabei ist jedoch für Familienwohnungen mindestens der dem Beamten zustehende Wohnungsgeldzuschuß, und bei Beamten, welche einen solchen nicht beziehen, der Betrag der im § 20 Abs. 2 ff. vorgesehenen Vergütung zu entrichten.

Von dieser Mindestgrenze kann abgesehen werden, wenn die Räumlichkeiten auf die Bedürfnisse der Unterbeamten zugeschnitten und einem Beamten einer höheren Klasse überlassen sind. Der obersten Reichsbehörde im Einvernehmen mit der Reichsfinanzverwaltung bleibt vorbehalten, sowohl für bestimmte Amtsplätze und Standorte allgemein als auch im Einzelfalle noch weitere Abweichungen von der Vorschrift zu genehmigen.

Bezüglich derjenigen Wohnungen im Bereiche der Heeres- und Marineverwaltung, welche in den diesen gehörigen oder von ihnen benutzten Gebäuden solchen Beamten überlassen werden, die einen Anspruch weder auf Dienstwohnung noch auf freie Dienstwohnung besitzen, finden diese Vorschriften ausschließlich der §§ 2, 8 Abs. 1 und 2, §§ 22, 24 bis 26 entsprechend Anwendung.

XI. Schlußbestimmungen.

§ 30.

Diese Vorschriften treten mit dem 1. April 1903 in Kraft.

Sie finden auch auf die Beamten Anwendung, welche an diesem Tage im Genuß einer Dienstwohnung sind. Nur für diejenigen dieser Beamten, denen am 1. April 1903 ein Rechtsanspruch auf eine besondere Behandlung hinsichtlich der Unterhaltungspflicht ihrer Dienstwohnungen zusteht, bewendet es auf deren Verlangen lediglich bei den jenen Anspruch begründenden Vorschriften.

§ 31.

Diese Vorschriften finden auch Anwendung auf die Dienstwohnungen der Reichstagsbeamten, jedoch mit der Maßgabe, daß in den Fällen, in welchen der obersten Reichsbehörde eine Entscheidung oder Mitwirkung übertragen ist, an deren Stelle der Reichstagspräsident tritt.

§ 32.

In zweifelhaften Fällen bei Anwendung dieser Vorschriften entscheidet der Reichskanzler.

---

17. Februar 1903.

Verfügung des Ministeriums, betreffend die Berechnung und Erhebung der Gerichtskosten.[1])

Zentr.- u. Bez.A.Bl. S. 15.

1) Die Verfügung ändert die Verf. vom 31. Dezember 1899 ab und ist ebenso wie letztere in dieser Sammlung nicht abgedruckt. Sie hat die Einrichtung der Bestellregister für die Schreibgebühren und die Gebühren für die gerichtliche Beglaubigung einer Unterschrift sowie die Einweisung der Kosten in die Einzugsregister behufs Erhebung durch die Verkehrssteuerämter zum Gegenstand. Der § 9 der Verf. ist durch die Vdg. d. Minist. v. 7. Juli 1904 aufgehoben.

---

18. Februar 1903.

Bekanntmachung des Reichskanzlers, betreffend Vorschriften über Auswandererschiffe.[1])

Reichsgesetzbl. S. 37.

1) Die Bekanntmachung ist in den Vorschriften vom 14. März 1898 berücksichtigt.

---

24. Februar 1903.

Bekanntmachung des Reichskanzlers, betreffend Abänderung des Begleitschein-Regulativs.

Zentr.-Bl. f. d. D. R. S. 72.

Die Änderung betrifft § 42 des Regulativs und wird bei dessen Abdruck berücksichtigt.

24. Februar 1903.

Bekanntmachung des Reichskanzlers, betreffend die Zollordnung für den Kaiser-Wilhelm-Kanal.

Zentr.-Bl. f. d. D. R. S. 73.

Der Bundesrat hat in seiner Sitzung vom 12. Februar 1903 beschlossen, der nachstehenden Zollordnung für den Kaiser Wilhelm-Kanal seine Zustimmung zu erteilen und das am 27. Juni 1895 genehmigte Zollregulativ für den Kaiser Wilhelm-Kanal (Centralblatt für 1895 S. 279) außer Kraft zu setzen.

Zollordnung für den Kaiser Wilhelm-Kanal.[1] [2]

1) Nicht abgedruckt.
2) Abgeändert zufolge Bekanntmachung des Reichskanzlers vom 24. März 1905 (Zentral-Bl. f. d. D. R. S. 79.)

---

25. Februar 1903.

Bekanntmachung des Ministeriums, betreffend die Ausführung des Reichsgesetzes über die Unfallfürsorge für Gefangene, vom 30. Juni 1900.

Zentr.- u. Bez.A.Bl. S. 21.

Auf Grund des Reichsgesetzes, betreffend die Unfallfürsorge für Gefangene, vom 30. Juni 1900 (Reichsgesetzbl. S. 536), welches nach der Kaiserlichen Verordnung vom 24. November 1902 (Reichsgesetzbl. S. 280) mit dem 1. April 1903 in Kraft tritt, wird hiermit folgendes bestimmt

1. Als Ausführungsbehörde (§ 8 des Gesetzes) wird der Vorstand der Gefängnisverwaltung [1]) zu Straßburg eingesetzt.
2. Die für die Entscheidung über Beschwerden gegen die Bescheide der Ausführungsbehörde (§§ 11, 16 des Gesetzes) zuständige Stelle ist das Ministerium, Abteilung für Justiz und Kultus.

1) Zufolge des Landeshaushaltsetats für 1912 (Kap. 34 Tit. 1) führt dieser Beamte die Bezeichnung Vorstand der Verwaltung des Zwangserziehungs- und Gefängniswesens.

---

27. Februar 1903.

Bekanntmachung des Reichskanzlers, betreffend Ergänzung und Abänderung der Ausführungsbestimmungen zur Fernsprechgebührenordnung, vom 26. März 1900.

Zentr.-Bl. f. d. D. R. S. 86.

Die Änderungen sind beim Abdruck der Ausführungsbestimmungen zur Fernsprechgebührenordnung vom 26. März 1900, berücksichtigt.

---

4. März 1903.

Bekanntmachung des Ministeriums, betreffend Dienstobliegenheiten der Steuerkommissare.

Zentr.- u. Bez.A.Bl. S. 23.

Ich bestimme, daß vom Rechnungsjahr 1903 ab die Steuerkommissare von der Mitwirkung bei Feststellung der Veranlagung der Wege-Fronden, sowie bei der Instruierung der Einsprüche gegen die Veranlagung zur Fronleistung entbunden und daß diese Geschäfte von dem genannten Zeitpunkte ab durch die Wegemeister wahrgenommen werden. Ebenso haben die Steuerkommissare bei der Instruierung der Einsprüche gegen die Hundesteuer nicht mehr mitzuwirken. An deren Stelle treten die Rentmeister.

9. März 1903.

Verfügung des Ministeriums, betreffend die unfreiwillige Versetzung protestantischer Pfarrer in den Ruhestand.

Zentr.- u. Bez.A.Bl. S. 26.

In Gemäßheit der Vorschläge des Oberkonsistoriums und des Direktoriums der Kirche Augsburgischer Konfession sowie der Synode und der Konsistorien der reformierten Kirche und auf Grund des Art. 14 des Dekrets vom 26. März 1852 werden mit Wirksamkeit vom 1. April d. Js. ab die nachstehenden Bestimmungen erlassen:

§ 1.

Ein Pfarrer, welcher infolge eines körperlichen Gebrechens oder wegen Schwäche seiner körperlichen oder geistigen Kräfte zu der Erfüllung seiner Amtspflichten dauernd unfähig ist, soll in den Ruhestand versetzt werden.

§ 2.

Sucht ein solcher Pfarrer seine Versetzung in den Ruhestand nicht nach, so wird ihm in der Kirche Augsburgischer Konfession durch das Direktorium, in der reformierten Kirche durch das zuständige Konsistorium unter Angabe der Gründe eröffnet, daß der Fall seiner Versetzung in den Ruhestand vorliege.

§ 3.

Wenn der Pfarrer gegen die Eröffnung (§ 2) innerhalb sechs Wochen keine Einwendung erhoben hat, so wird, vorbehaltlich der landesherrlichen Bestätigung, in derselben Weise verfügt, als wenn er seine Versetzung in den Ruhestand selbst nachgesucht hätte.

Die Zahlung des vollen Gehalts dauert bis zum Ablaufe des Vierteljahrs, das auf den Monat folgt, in welchem ihm die Verfügung über die erfolgte Versetzung in den Ruhestand zugestellt worden ist.

§ 4.

Werden von dem Pfarrer gegen die Versetzung in den Ruhestand Einwendungen erhoben, so beschließt das Direktorium bezw. das Konsistorium, ob dem Verfahren Fortgang zu geben sei.

In diesem Falle ernennt das Direktorium (Konsistorium) einen Kommissar, welcher die streitigen Tatsachen zu erörtern und die Zeugen und Sachverständigen zu vernehmen hat. Dem Pfarrer kann auf Verlangen gestattet werden, den Vernehmungen beizuwohnen.

Zum Schluß ist der Pfarrer über das Ergebnis der Ermittelungen mit seiner Erklärung und seinem Antrage zu hören.

Zu den Verhandlungen ist ein Protokollführer zuzuziehen.

§ 5.

Die geschlossenen Akten werden dem Direktorium bezw. dem Konsistorium eingereicht, welches geeigneten Falles eine Vervollständigung der Ermittelungen anordnet.

Das Direktorium (Konsistorium) entscheidet über die Versetzung in den Ruhestand. Die Entscheidung ist mit Gründen zu versehen und dem Pfarrer zuzustellen.

Die Entscheidung, die auf Versetzung in den Ruhestand lautet, unterliegt der landesherrlichen Bestätigung. Sie ist mit den erwachsenen Verhandlungen dem Ministerium einzureichen. Binnen einer Frist von drei Wochen nach der Zustellung kann der Pfarrer mittels Eingabe beim Ministerium Einwendungen gegen die Entscheidung des Direktoriums (Konsistoriums) geltend machen. Die landesherrliche Entschließung ist ihm ebenfalls durch das Direktorium (Konsistorium) zuzustellen.

§ 6.

Im Falle der Bestätigung der auf Versetzung in den Ruhestand lautenden Entscheidung dauert die Zahlung des vollen Gehalts bis zum Ablauf des Vierteljahrs, das auf den Monat folgt, in welchem dem Pfarrer die landesherrliche Entschließung zugestellt worden ist.

§ 7.

Die Zahlbarkeit der Pension (§ 3 des Gesetzes vom 6. Juli 1901) tritt gegebenen Falles mit dem Ablaufe der in § 3 Abs. 2 und § 6 bestimmten Fristen ein.[1])

1) Das Gesetz vom 6. Juli 1901 ist aufgehoben und ersetzt worden durch das Gesetz vom 15. November 1909.

10. März 1903.

Verordnung des Ministeriums, betreffend die Untersuchung der Rheinschiffe.[1])

Zentr.- u. Bez.A.Bl. S. 27.

In teilweiser Abänderung der Verordnungen der Bezirkspräsidenten des Ober-Elsaß vom 19. Februar 1883 II 1293 und des Unter-Elsaß vom 4. Januar 1883 V 7734, die Untersuchung der Rheinschiffe betreffend (Beilage zum Zentral- und Bezirks-Amtsblatt Nr. 11, Jahrgang 1883),[1]) verordne ich auf Grund des § 3 des Gesetzes vom 22. April 1902, betreffend die Zuständigkeit in Wasser- und Meliorationsangelegenheiten, was folgt:

§ 1.

Zur Untersuchung der Rheinschiffe wird zum 1. April 1903 in Straßburg eine Schiffsuntersuchungskommission (§ 17) errichtet, welche dem Ministerium für Elsaß-Lothringen untersteht.[2])

§ 2.

Die gemäß § 15 einzureichenden Gesuche sind an den Wasserbauinspektor für den Rhein in Straßburg zu richten.

1) Jetzt Ordnung für die Untersuchung der Rheinschiffe vom 18. März 1905 (Zentr.- u. Bez.A.Bl. S. 131) vom Ministerium erlassen.

2) Vgl. § 1 der Ordnung für die Untersuchung der Rheinschiffe vom 18. März 1905.

12. März 1903.

Bekanntmachung des Ministeriums, betreffend die Einfuhr und Untersuchung von Fleisch im kleinen Grenzverkehr.[1])

Zentr.- u. Bez.A.Bl. S. 26.

Im Anschluß an die Bekanntmachung, betreffend die Einfuhr von Fleisch im kleinen Grenzverkehr, vom 19. Oktober 1900 (Zentral- und Bezirks-Amtsblatt A. S. 242) wird gemäß § 14 Abs. 2 des Reichsgesetzes, betreffend die Schlachtvieh- und Fleischbeschau, vom 3. Juni 1900 (R.-G.-Bl. S. 547) mit Wirkung vom 1. April d. Js. ab bestimmt, daß die gesamten Bestimmungen der §§ 12 und 13 dieses Gesetzes über die Einfuhr und Untersuchung des in das Zollinland eingehenden Fleisches insoweit keine Anwendung finden, als die zollfreie Einfuhr des Fleisches für die Grenzbewohner gestattet ist.

1) Zu vgl. Bekanntmachung des Ministeriums, betreffend den gleichen Gegenstand, vom 19. März 1904 (Zentr.- u. Bez.-A.Bl. S. 41). S. diese.

13. März 1903.

Verordnung des Bundesrats, betreffend das Strafverfahren vor den Seemannsämtern.[1]) [2])

Reichsgesetzbl. S. 42.

§ 1.

Die Einleitung des Strafverfahrens auf Grund des § 122 der Seemannsordnung erfolgt unbeschadet der Vorschriften der §§ 5, 12 dieser Verordnung durch Beschluß des Seemannsamts.

§ 2.

In den Fällen, in welchen die Entscheidung unter Zuziehung von Beisitzern ergeht (§ 5 Abs. 2 der Seemannsordnung), steht die Beschlußfassung über die Einleitung des Strafverfahrens dem Vorsitzenden zu. Der Vorsitzende hat auch die Obliegenheiten wahrzunehmen, welche in den §§ 3, 4, 6, 7, 15, 16 dieser Verordnung dem Seemannsamte zugewiesen sind.

§ 3.

Der Beschluß über die Einleitung des Strafverfahrens (§ 1) ist zu den Akten des See-

1) Zufolge Bekanntmachung des Reichskanzlers, betreffend das Strafverfahren vor den Seemannsämtern, vom 13. März 1903.

Erlassen vom Bundesrat in seiner Sitzung vom 13. März 1903, auf Grund des § 123 Abs. 4 der Seemannsordnung, vom 2. Juni 1902 (Reichs-Gesetzbl. S. 175).

2) Hierzu die vom Reichskanzler erlassene Dienstanweisung, betreffend das Strafverfahren vor den Kaiserlichen Konsulaten, vom 30. Mai 1903 (Zentr.-Bl. f. d. D. R. S. 604) s. u.

mannsamts zu bringen. Er soll die Bezeichnung des Angeschuldigten, des Schiffes und des Heimatshafens, in Ermangelung eines solchen des Registerhafens, der strafbaren Handlung, der verletzten Strafvorschrift, der etwaigen Beweismittel sowie gegebenen Falles des Antragstellers enthalten.

§ 4.

Der Einleitungsbeschluß ist dem Angeschuldigten zuzustellen (§ 16). Der Angeschuldigte ist zur mündlichen Verhandlung vor dem Seemannsamte schriftlich mit der Aufforderung zu laden, die zu seiner Verteidigung dienenden Beweismittel mit zur Stelle zu bringen oder dem Seemannsamte so zeitig anzuzeigen, daß sie zum Termine für die mündliche Verhandlung herbeigeschafft werden können. Die Ladung muß ferner die Eröffnung enthalten, daß im Falle des Ausbleibens des Angeschuldigten in seiner Abwesenheit gegen ihn verhandelt werden könne (§ 11).

Ist der Angeschuldigte auf dem Seemannsamt anwesend, so kann die Ladung durch mündliche Bestellung ersetzt werden.

§ 5.

Ist der Angeschuldigte auf dem Seemannsamt anwesend und stehen der mündlichen Verhandlung Hindernisse nicht entgegen, so kann sofort ohne vorgängigen Einleitungsbeschluß (§ 1) in die Verhandlung eingetreten werden.

§ 6.

Der Angeschuldigte kann sich in jeder Lage des Verfahrens des Beistandes eines Verteidigers bedienen. Das Seemannsamt kann Personen, die nicht Rechtsanwälte sind, als Verteidiger zurückweisen. Hat das Seemannsamt seinen Sitz außerhalb des Reichsgebiets, so ist die Zulassung eines Verteidigers von dem Ermessen des Seemannsamts abhängig.

§ 7.

Der Termin zur mündlichen Verhandlung ist möglichst nahe anzusetzen. Das Seemannsamt hat die erforderlichen Beweismittel herbeizuschaffen.

§ 8.

Die zur Entscheidung zugezogenen Beisitzer des Seemannsamts sind, falls dies nicht bereits bei ihrer Bestellung ein für allemal geschehen ist, von dem Vorsitzenden auf die Erfüllung der Obliegenheiten ihres Amtes eidlich zu verpflichten.

§ 9.

Die Leitung der mündlichen Verhandlung, die Vernehmung des Angeschuldigten sowie die Aufnahme des Beweises erfolgt, wenn unter Zuziehung von Beisitzern verhandelt wird, durch den Vorsitzenden. Der Vorsitzende hat den Beisitzern auf Verlangen zu gestatten, an die zur Vernehmung erschienenen Personen Fragen zu stellen. Ungeeignete oder nicht zur Sache gehörige Fragen kann der Vorsitzende zurückweisen.

§ 10.

In der mündlichen Verhandlung ist der Angeschuldigte über die ihm zur Last gelegte strafbare Handlung zu vernehmen. Soweit erforderlich, ist der Tatbestand durch Beweisaufnahme festzustellen. Nach deren Abschluß ist dem Angeschuldigten das Wort zu seinen Ausführungen und Anträgen zu erteilen.

§ 11.

Ist der Angeschuldigte gehöriger Ladung ungeachtet nicht erschienen, so kann in seiner Abwesenheit gegen ihn verhandelt werden. Das Seemannsamt kann jedoch das persönliche Erscheinen des Angeschuldigten anordnen und ihn im Wege polizeilichen Zwanges vorführen lassen.

§ 12.

Macht sich in der mündlichen Verhandlung ein Kapitän oder Schiffsmann einer Zuwiderhandlung gegen § 115 der Seemannsordnung schuldig, so kann die Festsetzung einer Strafe wegen dieser Zuwiderhandlung ohne Einleitung eines besonderen Verfahrens (§ 1) erfolgen. Der Zuwiderhandelnde ist jedoch zuvor auf das Strafbare seines Verhaltens hinzuweisen; auch ist ihm zur Erklärung darüber Gelegenheit zu geben.

§ 13.

Die mündliche Verhandlung schließt mit dem Erlasse des Bescheids. Wird unter Zuziehung von Beisitzern verhandelt, so wird der Bescheid mit Stimmenmehrheit festgestellt.

Der Bescheid muß auf Festsetzung einer Strafe, Freisprechung oder Einstellung des Verfahrens lauten. Die Einstellung des Verfahrens ist zu beschließen, wenn sich herausstellt, daß es an dem erforderlichen Strafantrage fehlt oder wenn der Strafantrag zurückgenommen wird.

Dem Angeschuldigten, gegen welchen eine Strafe festgesetzt wird, sind die baren Auslagen des Verfahrens aufzuerlegen.

Der Zeitpunkt der Verkündung und der Zustellung des Bescheids ist zu den Akten zu vermerken.

§ 14.

Über die mündliche Verhandlung vor dem Seemannsamt ist ein Protokoll aufzunehmen, welches die Namen der an der Verhandlung Beteiligten enthalten, den Gang und die Ergebnisse der Verhandlung, insbesondere auch der Vernehmungen, im wesentlichen wiedergeben und die Entscheidung im Wortlaut anführen muß. Die Protokollführung ist, sofern sie nicht durch den leitenden Beamten erfolgt, einem vereidigten Protokollführer oder einem Beisitzer des Seemannsamts zu übertragen. Das Protokoll ist von dem leitenden Beamten und, sofern es von einem anderen geführt wird, auch von diesem zu unterzeichnen.

§ 15.

Trägt der Angeschuldigte gegen den Bescheid auf gerichtliche Entscheidung an, so hat das Seemannsamt den Zeitpunkt des Einganges des Antrags zu vermerken und ohne Rücksicht darauf, ob die Frist gewahrt ist, die Akten der Staatsanwaltschaft bei dem für die weitere Verhandlung zuständigen Gerichte vorzulegen.

§ 16.

Die Zustellungen im Verfahren vor dem Seemannsamt erfolgen, wenn dieses seinen Sitz im Reichsgebiete hat, nach den Vorschriften der Zivilprozeßordnung über die Zustellungen von Amts wegen (§§ 208 bis 212 der Zivilprozeßordnung) mit der Maßgabe, daß die Obliegenheiten des Vorsitzenden des Prozeßgerichts und des Gerichtsschreibers von dem Seemannsamte wahrgenommen werden, und daß die Zustellung auch durch einen Beamten des Seemannsamts vollzogen werden kann.

Hat das Seemannsamt seinen Sitz in einem Schutzgebiete, so erfolgen die Zustellungen nach den in dem Schutzgebiete für Zustellungen in bürgerlichen Rechtsstreitigkeiten geltenden Vorschriften mit der Maßgabe, daß die Obliegenheiten der bei der Zustellung mitwirkenden Beamten von dem Seemannsamte wahrgenommen werden.

Hat das Seemannsamt seinen Sitz im Auslande, so erfolgen die Zustellungen an Personen im Auslande nach den für Zustellungen durch die Konsuln geltenden Vorschriften mit der Maßgabe, daß das Seemannsamt bei Zustellungen außerhalb seines Bezirkes die erforderlichen Ersuchungsschreiben erläßt. Zustellungen an Personen im Reichsgebiet erfolgen durch die Gerichtsvollzieher; der § 162 des Gerichtsverfassungsgesetzes findet entsprechende Anwendung. Zustellungen an Personen in den Schutzgebieten erfolgen durch Ersuchen der zur Ausübung der Gerichtsbarkeit ermächtigten Beamten.

Die Zustellung kann auch durch Aushändigung des Schriftstücks gegen einen Empfangsschein derjenigen Person erfolgen, für welche das Schriftstück bestimmt ist.

§ 17.

Diese Verordnung tritt am 1. April 1903 in Kraft.

---

14. März 1903.

Verordnung des Ministeriums, betreffend die Entscheidung der Streitigkeiten wegen der Heranziehung zu den Kosten der Handwerkskammer für Elsaß-Lothringen. [1])

Zentr.- u. Bez.A.Bl. S. 45.

1) Die Verordnung ist zwar nicht ausdrücklich aufgehoben, aber tatsächlich durch die vom 12. Februar 1911 ersetzt.

---

18. März 1903.

Bekanntmachung des Reichskanzlers, betreffend das Abkommen zwischen dem Deutschen Reiche und dem Großherzogtume Luxemburg vom 10. Mai 1902 wegen Begründung einer Gemeinschaft der Schaumweinsteuer.

Reichsgesetzbl. S. 56.

Die im Artikel 6 Abs. 1 des Abkommens zwischen dem Deutschen Reiche und dem Großherzogtume Luxemburg vom 10. Mai 1902 wegen Begründung einer Gemeinschaft der Schaumweinsteuer (Reichs-Gesetzbl. 1902 S. 232) [1]) erwähnten, im Großherzogtume Luxemburg in Kraft getretenen vorläufigen Bestimmungen über die Besteuerung des Schaumweins sind durch ein luxemburgisches Gesetz vom 3. d. M. endgültig festgestellt worden (Memorial des Großherzogtums Luxemburg Nr. 18 vom 13. d. M.).

1) s. o.

18. März 1903.

Dienstanweisung des Ministeriums für die Konservatoren der geschichtlichen Denkmäler in Elsaß-Lothringen.

Zentr.- u. Bez.A.Bl. S. 29.

I. Die Konservatoren der geschichtlichen Denkmäler sind in Bezug auf die in ihren Wirkungskreis fallenden Angelegenheiten — der Konservator der geschichtlichen Denkmäler im Elsaß außerdem auch in disziplinärer Hinsicht — dem Kaiserlichen Staatssekretär unmittelbar unterstellt, haben jedoch ihre Berichte und Anträge unter Umschlag des betreffenden Bezirkspräsidenten einzureichen und erhalten auch die Bescheide und Anordnungen des Staatssekretärs regelmäßig auf dem nämlichen Wege zugestellt. In dringlichen Fällen können sie von der Vorlage durch den Bezirkspräsidenten absehen, haben jedoch alsdann diesem eine Abschrift ihres Berichtes einzusenden. Dem Ersuchen des zuständigen Bezirkspräsidenten um Nachrichten oder Gutachten über in ihre Amtstätigkeit fallende Angelegenheiten haben die Konservatoren zu entsprechen.

II. Die Konservatoren bedürfen einer ausdrücklichen Ermächtigung des Staatssekretärs, um anläßlich von Bauten oder Arbeiten an geschichtlichen Denkmälern eine außerhalb des Rahmens gegenwärtiger Dienstanweisung liegende Tätigkeit gegen Vergütung zu übernehmen.

III. Die Konservatoren haben eine ständige Aufsicht über den Zustand der k l a s s i e r t e n D e n k m ä l e r ihres Geschäftsbezirks — ausgenommen das Münster in Straßburg und die Kathedrale in Metz — zu führen. In Ausübung dieser Pflicht haben sie darüber zu wachen, daß an klassierten Denkmälern keine irgendwelche Änderungen oder Ausbesserungen, wozu auch Bemalen, Anstrich oder andere Verzierungen des Äußern oder Innern von Gebäuden gehören, ohne vorherige Ermächtigung des Staatssekretärs vorgenommen und daß die zur Erhaltung und zum Schutz dieser Denkmäler erforderlichen Maßnahmen jeweils rechtzeitig angeregt werden.

Sie sind berechtigt, die Fortsetzung der ohne Genehmigung des Staatssekretärs begonnenen Arbeiten an solchen Denkmälern bis zu der alsbald von ihnen zu beantragenden Entscheidung des Staatssekretärs zu untersagen.

Alle Anträge auf Vornahme von Arbeiten an klassierten Denkmälern sind, gleichviel ob dieselben mit oder ohne Landesbeihülfe ausgeführt werden sollen, an den Konservator zu richten. Derselbe prüft an Ort und Stelle und zwar, so oft es sich um bautechnische Instandsetzungsarbeiten handelt, gemeinsam mit dem von ihm durch Vermittelung des Bezirkspräsidenten beizuziehenden Hochbaubeamten, die an ihn gelangenden Anträge, sorgt dafür, daß der Antragsteller eine genaue Beschreibung der vorzunehmenden Arbeiten nebst Kostenüberschlag, bezw. wenn der voraussichtliche Aufwand 5000 ℳ nicht übersteigt, schon gleich den ausführlichen Entwurf und Kostenanschlag beschafft, und übersendet die Verhandlungen — behufs Vorlage an den Staatssekretär — mit seinem Gutachten dem Bezirkspräsidenten, welcher vor Weitergabe die technische Prüfung der Entwurfsstücke und die rechnerische Feststellung der Anschläge zu veranlassen und die Verhandlungen im Falle der Beanspruchung einer Landesbeihülfe durch seine hierauf bezügliche nähere Äußerung zu ergänzen hat. Soweit es sich um Arbeiten handelt, welche nach den vorgelegten Entwürfen und Kostenanschlägen einen Aufwand von nicht mehr als 5000 ℳ erheischen, wird regelmäßig eine weitere technische Prüfung nur dann eintreten, wenn es sich um Fragen der Standsicherheit des betreffenden Bauwerkes handelt. Stehen höher veranschlagte Arbeiten in Frage, so wird in der Regel schon über die Vorentwürfe und Kostenüberschläge das Gutachten der Ministerialabteilung für Landwirtschaft und öffentliche Arbeiten eingeholt werden, worauf die Verhandlungen an den Bezirkspräsidenten zur Veranlassung der Beschaffung der ausführlichen Entwurfzeichnungen, Kostenberechnungen und Verdingungsanschläge gehen. Nachdem diese Stücke vom Hochbaubeamten vorgeprüft, durch den Konservator vom Standpunkt der Denkmalpflege begutachtet und durch die Kalkulatur rechnerisch festgestellt sind, leitet der Bezirkspräsident die also vervollständigten Verhandlungen an den Staatssekretär, welcher nach Anhörung der Ministerialabteilung für Landwirtschaft und öffentliche Arbeiten Entscheidung trifft.

Die Oberaufsicht über die Ausführung und die Abnahme der fraglichen Arbeiten liegt in allen Fällen dem betreffenden Hochbaubeamten ob; dabei muß sich jedoch derselbe zur Wahrung der Interessen der Denkmalpflege in stetem Benehmen mit dem Konservator halten, den er von jedem Besichtigungstermine rechtzeitig zu verständigen hat und dem auch die Abrechnungen zur Bescheinigung, ob die Ausführung der Arbeiten vom Standpunkt der Denkmalpflege Anlaß zu Erinnerungen gibt, vorzulegen sind.

IV. Von den nicht klassierten geschichtlichen Denkmälern, deren Verzeichnis in dem demnächst erscheinenden Handbuch der Denkmalpflege enthalten sein wird, sind die im Eigentum des Staats und der Bezirke stehenden Hochbauten durch die betreffenden Hochbauinspektoren, die in Gemeinde- und Anstaltseigentum stehenden Hochbauten durch die Hochbauinspektoren für Gemeindebauten zu überwachen. Die Mitwirkung der letzteren bei der Bauunterhaltung regelt sich nach den Vorschriften der Dienstanweisung vom 21. Juni 1901 mit der Maßgabe, daß sich die Pflicht der periodischen Untersuchung (§§ 19 ff. l. c.) auch auf die aus Landesmitteln nicht unterstützten Baudenkmäler erstreckt.

Bevor die Genehmigung zu Arbeiten an nicht klassierten Hochbaudenkmälern erteilt wird, ist durch den Bezirkspräsidenten stets das Gutachten des Konservators einzuholen; wenn dieser Einwendungen erhebt, denen eine Berücksichtigung nicht sofort zugestanden wird, ist die Entscheidung des Staatssekretärs herbeizuführen, welche nach Anhörung der Abteilung für Landwirtschaft und öffentliche Arbeiten erfolgt.

Die übrigen nicht klassierten Denkmäler werden von den Konservatoren überwacht, welche durch geeignete Einwirkung dafür zu sorgen haben, daß dieselben in gutem Zustande erhalten und nicht verunstaltet werden.

Zur Einstellung von Arbeiten, welche an einem nicht klassierten im öffentlichen Eigentum stehenden geschichtlichen Denkmale ohne vorherige staatliche Genehmigung begonnen worden sind, ist der Bezirkspräsident zuständig.

V. Eine besondere Aufmerksamkeit haben die Konservatoren auf die Funde und Ausgrabungen geschichtlicher und vorgeschichtlicher Altertümer zu richten. Sie sollen dafür sorgen, daß die Örtlichkeit und die Umstände der Auffindung genau festgestellt und daß die gefundenen Gegenstände den öffentlichen Sammlungen zugewandt werden. Zu diesem Zwecke werden sie bei jeder der in ihrem Geschäftsbezirk vorkommenden Ausführung größerer Arbeiten, welche derartige Auffindungen erwarten läßt, in geeigneter Weise auf die Unternehmer und deren Angestellte einwirken.

VI. Den Konservatoren stehen Pfleger der geschichtlichen Denkmäler zur Seite, deren ehrenamtliche Aufgabe es ist, den Konservator bei seinen Bestrebungen durch örtliche Aufsicht und Berichterstattung zu unterstützen. Die Pfleger werden auf Vorschlag des Konservators vom Staatssekretär nach Anhörung des Bezirkspräsidenten bestätigt.

VII. Mit den Vorständen der Vereine, deren Tätigkeit auf die Ermittelung und Erhaltung von geschichtlichen Denkmälern gerichtet ist, haben sich die Konservatoren in ständiger Verbindung zu halten. Die in den Vereinen vertretenen Spezialkenntnisse können vielfach, insbesondere bei der Auffindung geschichtlicher und vorgeschichtlicher Altertümer, von großem Nutzen sein.

VIII. Mit Rücksicht darauf, daß dem katholischen Kultus dienende Kirchen einen großen Teil der erhaltenen Denkmäler bilden, ist die Mitwirkung von Geistlichen vorgesehen, die gemäß Auftrag des Bischofs die Tätigkeit der Konservatoren auf diesem Gebiete in zweckdienlicher Weise, insbesondere durch Einwirkung auf die Pfarrer, sowie durch Mitteilung über vorgekommene Beschädigungen und Verunstaltungen und über notwendige oder beabsichtigte Arbeiten unterstützen werden.

IX. Eine spezielle Aufgabe des Konservators der geschichtlichen Denkmäler im Elsaß bildet die Leitung und Verwaltung des Kaiserlichen Denkmalarchivs zu Straßburg.

X. Die Konservatoren haben am Ende jeden Rechnungsjahres dem Ministerium über ihre Tätigkeit, soweit über dieselbe nicht besonders berichtet ist, einen Jahresbericht einzureichen. In demselben sind die Vorschläge allgemeiner Natur aufzunehmen, zu welchen sie sich im Interesse der Ermittelung und Erhaltung der Denkmäler veranlaßt finden.

XI. Die vorstehende Dienstanweisung tritt an Stelle der Instruktion für die Konservatoren vom 19. Juli 1892 und der dieselbe ergänzenden Bestimmungen vom 29. Mai 1896.

20. März 1903.

Bekanntmachung des Ministeriums, betr. die von Unterbeamten für die Benutzung von Heizungs-, Erleuchtungs- und Wasserversorgungsanlagen in Dienstgebäuden für die von ihnen benutzte Dienstwohnung zu zahlenden Vergütungen.[1])

Zentr.- u. Bez.A.Bl. S. 33.

1) Eine Änderung der Bekanntmachung ist in Aussicht genommen. Der Abdruck ist daher unterblieben.

21. März 1903.

Ergänzungsbestimmung zu dem § 1 der Ausführungsvorschriften des Ministeriums vom 5. Januar 1903 zu dem Gesetze betr. die Schlachtvieh- und Fleischbeschau.

Zentr.- u. Bez.A.Bl. S. 45.

In Ergänzung des § 1 der Ausführungsvorschriften zu dem Gesetz vom 3. Juni 1900, betreffend die Schlachtvieh- und Fleischbeschau vom 5. Januar 1903 (Zentral- und Bezirks-Amtsblatt S. 3) wird folgendes bestimmt:

Die in den Fällen des § 12 Abs. 5 und des § 24 der Ausführungsbestimmungen D des Bundesrats (Behandlung des in das Zollinland eingehenden Fleisches) den Grenzpolizeikommissaren überwiesenen Obliegenheiten werden bei den Untersuchungsstellen an den Hauptsteuerämtern in Straßburg und Mülhausen sowie am Hauptzollamt in Metz von den Polizeidirektionen, bei den Untersuchungsstellen an den Haupt-Zollämtern in Altkirch und Diedenhofen von den Kantonal-Polizeikommissaren daselbst wahrgenommen.

Die Polizeidirektionen sind ermächtigt, die in Frage stehenden Dienstgeschäfte einem Polizeikommissar zu übertragen.

---

23. März 1903.

Gesetz zur Abänderung der Seemannsordnung.

Reichsgesetzbl. S. 57.

Artikel 1.

Die Vorschrift im § 52 Abs. 2 Nr. 2 der Seemannsordnung vom 2. Juni 1902 (Reichs-Gesetzbl. S. 175) erhält folgende Fassung: [1])

1) Die neue Fassung ist beim Abdruck der Seemannsordnung berücksichtigt worden.

Artikel 2.

Dieses Gesetz tritt gleichzeitig mit der Seemannsordnung vom 2. Juni 1902 in Kraft.

---

23. März 1903.

Ausführungsbestimmungen zum Süßstoffgesetze vom 7. Juli 1902. [1]) [2])

Zentr.-Bl. f. d. D. R. S. 103.

§ 1.

Die Durchführung der Vorschriften des Süßstoffgesetzes wird in den einzelnen Bundesstaaten denjenigen Behörden und Beamten übertragen, denen die Verwaltung der Zölle und indirekten Steuern obliegt. Auch sind die Behörden und Beamten der Lebensmittelpolizei verpflichtet, bei der allgemeinen Überwachung des Verkehrs mit Nahrungs- und Genußmitteln darüber zu wachen, daß eine unzulässige Verwendung von Süßstoff nicht stattfindet.

Die Reichsbevollmächtigten für Zölle und Steuern und die Stationskontrolleure haben in bezug auf die Ausführung des Süßstoffgesetzes dieselben Rechte und Pflichten, welche ihnen bezüglich der Verwaltung der Zölle und Verbrauchssteuern beigelegt sind.

Der Reichskanzler ist ermächtigt, im Einvernehmen mit den beteiligten Bundesregierungen auch andere Behörden und Beamte zur Durchführung des Gesetzes heranzuziehen.

Zu § 3 des Gesetzes.

§ 2.

Zur Herstellung von Süßstoff wird unter Vorbehalt des jederzeitigen Widerrufs die Sacharinfabrik, Aktiengesellschaft, vorm. Fahlberg, List & Co. in Salbke-Westerhüsen ermächigt.

Als Süßstoff im Sinne dieser und der nachfolgenden Bestimmungen gelten auch diejenigen süßstoffhaltigen Zubereitungen, welche nicht unmittelbar zum Genusse bestimmt sind, sondern nur als Mittel zur Süßung von Nahrungs- und Genußmitteln dienen.

1) Zufolge Bekanntmachung des Reichskanzlers auf Grund des Beschlusses des Bundesrats in der Sitzung vom 5. März 1903.

2) Abgeändert zufolge der Bekanntmachung des Reichskanzlers vom 17. Dezember 1908 (Zentr.-Bl. f. d. D. R. S. 522).

Der Geschäftsbetrieb der Fabrik (Abs. 1) steht unter amtlicher Überwachung, auch unterliegen sämtliche Geschäftsbücher, die über den Bezug und die Verwendung der Rohstoffe, die Herstellung und Verwertung der Zwischenerzeugnisse und Rückstände und die Fertigstellung, den Verbleib und den Verkaufspreis des Süßstoffs in seinen verschiedenen Formen Aufschluß geben, der Prüfung durch die Oberbeamten der Steuerverwaltung. Diese Beamten sind auch befugt, sich die Bestände an Rohstoffen, Zwischenerzeugnissen und fertigen Süßstoffen vorzeigen zu lassen und sie nötigenfalls aufzunehmen. Die näheren Anordnungen hinsichtlich der Überwachung der Fabrik trifft die Steuerdirektivbehörde.

§ 3.

Fertiger Süßstoff darf nur in bestimmten, von der Steuerbehörde zu genehmigenden und nach deren Anordnung gegen Diebstahl usw. zu sichernden Räumen aufbewahrt werden.

Über den Zu- und Abgang von Süßstoff in den genehmigten Aufbewahrungsräumen und den Verbleib der abgeschriebenen Mengen hat der Leiter der Fabrik für jedes Kalenderjahr ein Lagerbuch nach einem von der Direktivbehörde vorzuschreibenden Muster zu führen. Die Eintragungen haben sofort nach der Fertigstellung und unmittelbar nach der Entnahme von Süßstoff zu erfolgen.

Am Schlusse jedes Jahres ist das Lagerbuch abzuschließen und mit den zugehörigen Belegen (Bestellzetteln) der Bezirkssteuerstelle einzureichen, nachdem die Übertragung des verbliebenen Bestandes in das neue Lagerbuch erfolgt ist.

§ 4.

Bei dem Verkaufe des Süßstoffs seitens der Fabrik an inländische Abnehmer darf der Preis von 30 Mark für ein Kilogramm raffiniertes Sacharin nicht überschritten werden. Der Reichskanzler wird ermächtigt, die Höchstpreise für die einzelnen in der Fabrik hergestellten Süßstoffarten unter Zugrundelegung des vorgenannten Einheitspreises festzusetzen.

§ 5.[3])

Die Ausfuhr von Süßstoff in das Ausland ist der Fabrik gestattet.

Der auszuführende Süßstoff ist in der Fabrik amtlich abzufertigen und bis zum Ausgang über die Grenze gegen das Ausland unter Begleitscheinaufsicht oder amtliche Überwachung zu stellen.

Bei der Abfertigung des Süßstoffs sowie bei der Ausfertigung, Erledigung, Nachprüfung und Rücksendung der Begleitscheine finden die über das Begleitscheinwesen im Zollverkehr erlassenen Bestimmungen entsprechende Anwendung.

Bei Versendungen nach dem Auslande mit der Post kann mit Genehmigung der Direktivbehörde von der Ausfertigung von Begleitscheinen abgesehen werden, sofern der abgefertigte Süßstoff bis zur Übernahme der Sendungen durch die Post unter Steueraufsicht bleibt und durch Vereinbarung mit der Ortspostbehörde verhindert wird, daß der Absender ohne Zustimmung der Steuerbehörde die aufgegebenen Sendungen zurücknimmt oder ihren Bestimmungsort ändert.

Für die Versendung von Süßstoff im Verkehre mit den dem Zollgebiet angeschlossenen fremden Staaten und Gebietsteilen kann der Reichskanzler besondere Bestimmungen treffen.

Zu § 4 des Gesetzes.

§ 6.

Im Inlande darf die Fabrik Süßstoff nur gegen Vorlegung des amtlichen Bezugsscheins (§ 7) und nur gegen vorschriftsmäßig ausgestellte Bestellzettel (§ 8) abgeben.

Auf der Rückseite des dem Besteller zurückzugebenden Bezugsscheins hat die Fabrikleitung den Tag der Lieferung sowie die Art und die Menge des gelieferten Süßstoffs einzutragen und diese Eintragung durch Beischrift von Ort und Bezeichnung der Fabrik und des Namens des Eintragenden zu bescheinigen.

Die Bestellzettel sind mit einem Vermerk über die Ausführung der Bestellung und mit der Nummer, unter der die Abschreibung des abgegebenen Süßstoffs im Lagerbuche (§ 3) erfolgt ist, zu versehen und bei diesem Buche aufzubewahren.

§ 7.

Die Leiter von Apotheken sowie die im § 4 Abs. 2 des Gesetzes bezeichneten Personen haben, soweit sie Süßstoff beziehen wollen, die Ausstellung eines Bezugsscheins — für jedes Kalenderjahr besonders — bei der Steuerbehörde durch Vermittelung der Bezirkssteuerstelle zu beantragen. In den Anträgen der im § 4 Abs. 2 des Gesetzes bezeichneten Personen ist der Verwendungszweck des Süßstoffs anzugeben.

Die Ausstellung der Bezugsscheine hat für die Leiter von Apotheken seitens der zuständigen Hauptzoll- oder Hauptsteuerämter nach Muster 1 zu erfolgen.

Die Erteilung der Erlaubnis zum Bezug und Muster 1.[4])

3) In der Fassung der Bek. v. 17. Dezember 1908.

4) Nicht abgedruckt, Muster 1 u. 2 sind nach der Bek. v. 17. Dezember 1908 geändert.

zur Verwendung von Süßstoff an die im § 4 Abs. 2 des Gesetzes bezeichneten Personen bleibt der Direktivbehörde vorbehalten. Sie erfolgt durch Ausstellung eines Bezugsscheins nach Muster 2. (Muster 2.[4])

In den Bezugsscheinen für die im § 4 Abs. 2 zu b des Gesetzes bezeichneten Gewerbetreibenden sind auch die Waren, bei deren Herstellung der Süßstoff verwendet werden soll, genau zu bezeichnen.

Zur erstmaligen Erteilung eines Bezugsscheins an die im § 4 Abs. 2 zu b des Gesetzes bezeichneten Gewerbetreibenden und bei einer Änderung des Verwendungszwecks für den von diesen Gewerbetreibenden zu beziehenden Süßstoff (Herstellung anderer Waren unter Verwendung von Süßstoff als der bisher erlaubten) bedarf die Direktivbehörde der Zustimmung der obersten Landesfinanzbehörde und des Reichskanzlers.

Jedem Bezugsschein ist ein Muster zum Süßstoff-Bestellzettel (§ 8) beizufügen.

Widerrufene oder abgelaufene Bezugsscheine sind einzuziehen.

§ 8.

Die Inhaber von Bezugsscheinen (§ 7) können ihren Bedarf an Süßstoff entweder unmittelbar aus der Süßstofffabrik (§ 2) oder aus einer inländischen Apotheke beziehen.

Die Bestellungen haben schriftlich mittels eines nach Muster 3 auszustellenden Bestellzettels zu erfolgen. Jeder Bestellung ist der Bezugsschein beizufügen. (Muster 3.[4])

§ 9.

Als Kurort, dessen Besuchern der Genuß mit Zucker versüßter Lebensmittel ärztlicherseits untersagt zu werden pflegt, ist zur Zeit Neuenahr in der preußischen Rheinprovinz anzusehen.

Ob künftig noch andere Orte als Kurorte in diesem Sinne anzusehen sind, entscheidet die Landesregierung im Einvernehmen mit dem Reichskanzler.

Als Inhaber von Gast- und Speisewirtschaften im Sinne des § 4 Abs. 2 zu d des Gesetzes gelten auch die Wohnungsvermieter, welche ihre Mieter ganz oder teilweise beköstigen. Die Abgabe von Süßstoff oder von Waren, die unter Verwendung von Süßstoff hergestellt sind, seitens dieser Wirtschaftsinhaber an Personen innerhalb des Kurorts unterliegt im allgemeinen keiner Beschränkung; die oberste Landesfinanzbehörde ist jedoch befugt, behufs Verhütung von Mißbräuchen, insbesondere zur Sicherung der Einhaltung der Vorschrift im § 5 Abs. 3 des Gesetzes, Beschränkungen in der gedachten Beziehung eintreten zu lassen.

Zu § 5 des Gesetzes.

§ 10.[5])

Die in der Sacharinfabrik zu Salbke-Westerhüsen hergestellten Röhrchenpackungen zu 25 Sacharintäfelchen Nr. 1 mit höchstens 20 v. H. und zusammen nicht über 0,4 g Gehalt an raffiniertem Sacharin dürfen von der Fabrik nicht unter einem Preise von 9 Pfennig das Stück abgegeben werden. Ihre Abgabe seitens der Apotheken unterliegt keiner Beschränkung.[6])

Andere Süßstoffsorten oder Sacharintäfelchen Nr. 1 in anderer Packung dürfen die Apotheken nur gegen Vorlegung des amtlichen Bezugsscheins (§ 7) und vorschriftsmäßig ausgestellte Bestellzettel (§ 8) oder gegen schriftliche, mit Ausstellungstag und Unterschrift versehene Anweisung eines Arztes, Zahnarztes oder Tierarztes verabfolgen.

Ärzte, Zahnärzte oder Tierärzte dürfen Anweisungen zum Bezuge von Süßstoff nur in Ausübung ihres ärztlichen Berufs und über nicht größere Mengen ausstellen, als sie zur Erhaltung oder Wiederherstellung oder zur Abwehr von Schädigungen der Gesundheit von Menschen oder Tieren in dem zur Behandlung stehenden Falle erforderlich scheinen. Gegen eine solche Anweisung dürfen nicht mehr als 50 g raffiniertes Sacharin oder eine entsprechende Menge der übrigen Süßstoffarten abgegeben werden.

Die vorgelegten Bezugsscheine sind, nachdem auf ihrer Rückseite der Tag der Abgabe sowie Art und Menge des abgegebenen Süßstoffs eingetragen und diese Eintragung durch Beischrift von Ort und Bezeichnung der abgebenden Apotheke und des Namens ihres Leiters bescheinigt worden ist, dem Besteller zurückzugeben.

Die Bestellzettel und die ärztlichen Anweisungen sind zurückzubehalten und, geordnet nach dem Tage der Abgabe des Süßstoffs, dem Süßstoff-Ausgabebuche (§ 11) als Belege beizufügen.

§ 11.

Über den Verbleib des Süßstoffs hat der Leiter der Apotheke ein besonderes Buch — Süßstoff-Ausgabebuch — für jedes Kalenderjahr zu führen. In dieses ist jede auf Bestellzettel abgegebene Süßstoffmenge sofort nach (Muster 4.[7])

5) Abs. 1 bis 3 in der Fassung der Bek. v. 17. Dezember 1908.

6) Vgl. hierzu Bekanntmachung des Reichskanzlers vom 22. Januar 1906 (Zentr.-Bl. f. d. D. R. S. 22).

7) Zufolge d. Bek. v. 17. Dezember 1908 hinzugefügt; nicht abgedruckt.

der Abgabe unter Angabe des Tages der Abgabe, des Empfängers und der Form und Menge des abgegebenen Süßstoffs einzeln einzutragen. Die Eintragung des sonst abgegebenen und des im Apothekenbetriebe verwendeten Süßstoffs kann monatlich im Gesamtbetrag erfolgen.

Den Oberbeamten der Steuerverwaltung sind der Bezugsschein, das Süßstoff-Ausgabebuch nebst Belegen sowie die Bestände an Süßstoff auf Verlangen vorzulegen.

Am Schlusse des Jahres sind die von den Lieferern des Süßstoffs auf dem abgelaufenen Bezugsscheine gemachten Anschreibungen und das Süßstoff-Ausgabebuch abzuschließen, die nach dem Süßstoff-Ausgabebuche verwendete oder abgegebene Menge auf dem Bezugsschein abzusetzen und der verbliebene Bestand in dem neuen Bezugsscheine vorzutragen oder, falls auf einen solchen verzichtet ist, im Süßstoff-Ausgabebuche für das neue Jahr zu vermerken. Alsdann sind der abgelaufene Bezugsschein und das Süßstoff-Ausgabebuch mit den zugehörigen erledigten Bestellzetteln und ärztlichen Anweisungen der Bezirkssteuerstelle einzureichen.

§ 12.

Den Apothekern ist es ferner gestattet, von Gewerbetreibenden, denen die Erlaubnis erteilt ist, bestimmte Waren unter Verwendung von Süßstoff herzustellen, derart zubereitete Waren zum Wiederverkaufe zu beziehen. Soweit es sich hierbei um Nahrungs- oder Genußmittel handelt, ist beim Verkaufe die Vorschrift im § 16 Abs. 2 zu beachten.

§ 13.

Auf Apotheken, in denen Waren unter Verwendung von Süßstoff zum Verkaufe hergestellt werden, finden für die Herstellung und den Vertrieb dieser Waren die Vorschriften des § 7 Abs. 3 bis 5 und der §§ 16, 17 Anwendung.

§ 14.

Personen, welchen die Erlaubnis zur Verwendung von Süßstoff zu wissenschaftlichen Zwecken erteilt ist, sowie staatliche Behörden und öffentliche Anstalten zur Untersuchung von Nahrungs- und Genußmitteln sind von besonderen Anschreibungen über den Bezug und die Verwendung des Süßstoffs befreit. Sie sind jedoch verpflichtet, hierüber der Direktivbehörde auf Verlangen Auskunft zu geben.

Am Schlusse des Jahres haben sie die von den Lieferern des Süßstoffs auf ihrem Bezugsscheine gemachten Anschreibungen abzuschließen, die Menge des im Laufe des Jahres verwendeten Süßstoffs abzusetzen, den verbliebenen Bestand in dem neuen Bezugsscheine vorzutragen und alsdann den abgelaufenen Schein der Bezirkssteuerstelle einzusenden.

§ 15.

Leiter von Kranken-, Kur-, Pflege- und ähnlichen Anstalten, welchen die Erlaubnis zur Verwendung von Süßstoff für die in der Anstalt befindlichen Personen erteilt ist, dürfen Süßstoff oder unter Verwendung von Süßstoff hergestellte Nahrungs- oder Genußmittel nur innerhalb der Anstalt abgeben. Sie haben über den abgegebenen oder zur Herstellung von Nahrungs- oder Genußmitteln verwendeten Süßstoff monatlich Anschreibungen zu machen, welche mit dem ihnen erteilten Bezugsscheine den Oberbeamten der Steuerverwaltung auf Verlangen zur Einsichtnahme vorzulegen sind.

Am Schlusse des Jahres sind diese Anschreibungen abzuschließen, ihre Summe von der nach den Anschreibungen der Lieferer des Süßstoffs bezogenen Menge auf dem Bezugsschein abzusetzen und der verbliebene Süßstoffbestand in dem neuen Bezugsscheine vorzutragen.

Der abgelaufene Bezugsschein ist durch den Leiter der Anstalt mit einer Bescheinigung dahin zu versehen, daß die abgeschriebene Menge lediglich für die in der Anstalt befindlichen Personen verwendet worden ist, und sodann der Bezirkssteuerstelle einzureichen.

§ 16.

Die im § 4 Abs. 2 zu b des Gesetzes benannten Gewerbetreibenden dürfen den bezogenen Süßstoff nur zur Herstellung der in dem amtlichen Bezugsscheine bezeichneten Waren verwenden. Soweit es sich hierbei um Nahrungs- oder Genußmittel handelt, müssen diese Waren in den Verkaufsräumen an besonderen Lagerstellen aufbewahrt werden, welche von den Lagerstellen für die ohne Verwendung von Süßstoff hergestellten Waren getrennt und durch eine entsprechende Aufschrift gekennzeichnet sind.

Die unter Verwendung von Süßstoff hergestellten Nahrungs- oder Genußmittel dürfen zum Wiederverkaufe nur an Apotheken, im übrigen nur an solche Abnehmer, welche derart zubereitete Waren ausdrücklich verlangen, und nur in äußeren Umhüllungen oder Gefäßen abgegeben werden, welche an in die Augen fallender Stelle die deutliche, nicht verwischbare Inschrift

„Mit künstlichem Süßstoffe zubereitet. Wiederverkauf außerhalb der Apotheken gesetzlich verboten."

tragen.

Die Ausfuhr der unter Verwendung von Süßstoff hergestellten Waren unterliegt keiner Beschränkung.

§ 17.

Der Geschäftsbetrieb der im § 4 Abs. 2 zu b des Gesetzes benannten Gewerbetreibenden untersteht der amtlichen Aufsicht, deren Umfang im einzelnen Falle von der Direktivbehörde zu bestimmen ist. Den Oberbeamten der Steuerverwaltung sind auf Verlangen die Geschäftsbücher, soweit sie Angaben über den Bezug von Süßstoff und seine Verwendung sowie über die Herstellung und den Absatz der unter Verwendung von Süßstoff zubereiteten Waren enthalten, zur Einsichtnahme vorzulegen und die Bestände an Süßstoff und an Waren, die unter Verwendung von Süßstoff hergestellt sind, vorzuzeigen.

Nach Anleitung dieser Oberbeamten hat der Gewerbetreibende für jedes Kalenderjahr fortlaufende Anschreibungen über die bezogenen und verwendeten Süßstoffmengen und über die unter Verwendung von Süßstoff hergestellten Waren zu führen.

Die Anschreibungen sind am Schlusse des Jahres abzuschließen und mit dem abgelaufenen Bezugsscheine der Bezirkssteuerstelle einzureichen, nachdem die verbliebenen Bestände in den Anschreibungen für das neue Jahr vorgetragen sind.

§ 18.

Der Reichskanzler ist ermächtigt, eine vorübergehende Erhöhung der gemäß § 4 festgestellten Höchstpreise für Süßstoff sowie in einzelnen Fällen die Einfuhr von Süßstoff aus dem Ausland unter Festsetzung der Bedingungen zuzulassen.

---

25. März 1903.

Bekanntmachung des Ministeriums, betreffend die Vergütung der Amtskosten der Katasterämter. [1])

Zentr.- u. Bez.A.Bl. S. 41.

1. Vom 1. April d. Js. ab erhalten die mit Verwaltung eines Katasteramts betrauten Katasterkontrolleure zur Bestreitung der mit der Verwaltung des Amts verbundenen Auslagen:

a) eine Amtskosten-Abfindung nach Festsetzung des Ministeriums, in Monatsraten im voraus,

b) Tagegelder für auswärtige Amtsgeschäfte,

c) Ersatz der aus Anlaß von Fortführungsvermessungen, Wiederherstellungen der Vermarkung oder aus Anlaß von Aufnahmen zur Beseitigung materieller Irrtümer im Kataster und dergl. notwendig verausgabten Tagelöhne (vergl. Ziffer 5),

d) Tagegelder und Reisekosten-Entschädigung und Ersatz der Barauslagen oder die etwa besonders vereinbarten Vergütungen nach Maßgabe der Bestimmungen in den §§ 24 und ff. der Feldmesserordnung vom 14. Oktober 1900 (Amtsbl. Seite 278) für die im Auftrage anderer Behörden, öffentlicher Anstalten oder Privater ausgeführten Vermessungen, die nicht als Fortführungsvermessungen 2c. anzusehen sind (vergl. Ziffer 4).

Der Katasterkontrolleur hat den Dienstbetrieb so einzurichten, daß unnötige Dienstreisen vermieden und daß, so weit es ohne Beeinträchtigung des dienstlichen Interesses und nach dem Umfange der auszuführenden Dienstgeschäfte möglich ist, mehrere Angelegenheiten in einer Gemeinde oder in mehreren beieinander gelegenen Gemeinden an demselben Reisetage erledigt werden.

2. Die Amtskosten-Abfindung ist nur als eine vorläufige anzusehen, welche nach den gemachten Erfahrungen jederzeit abgeändert werden kann. Für dieselbe haben die Katasterkontrolleure ausreichende und angemessene Amtsräume zu stellen, auszustatten und zu unterhalten, die Kosten für Heizung, Beleuchtung und Reinigung und Bureaubedürfnisse (mit Ausnahme der Formulare, welche geliefert werden) zu bestreiten;

die Auslagen an Fuhrkosten für auswärtige Amtsarbeiten, für Botenlöhne, Bestellgeld und dergl. zu tragen und die in der Gemarkung ihres Amtssitzes außerhalb der Amtsräume vorzunehmenden Amtsarbeiten ohne besondere Entschädigung durch Tagegelder auszuführen;

endlich die Aufwendungen für außerordentliche Schreib- oder sonstige Arbeitshülfe, welche neben den auf Kosten der Staatskasse überwiesenen Hülfsarbeitern nötig wird, zu bezahlen.

---

1) Zu vgl. auch Bekanntmachung vom 25. März 1903, betreffend die Vergütung der Amtskosten der Steuerkommissariate (s. nachst.).

Werden für das Katasteramt Amtsräume in Staatsgebäuden gestellt und unterhalten, so wird hierauf bei Bemessung der Amtskostenvergütung Rücksicht genommen. Zu den Amtsarbeiten gehören sämtliche Arbeiten der Grund- und Gebäudesteuer-Veranlagung, die Arbeiten der Fortführung der Katasterurkunden mit Einschluß der bei dem Katasteramte beantragten Fortführungsvermessungen, der Wiederherstellung von Grenzmarken, die Aufnahme von Skizzen und dergl. und endlich die Aufstellung der Heberollen.

Die Fortführung der Gemeindekatasterurkunden hat ausschließlich im Amtslokal des Katasteramts stattzufinden, sofern nicht bei geringem Umfange der Arbeit die Fortführung, namentlich der Karten oder Pläne, gelegentlich anderer Dienstgeschäfte und ohne besondere Kosten in der Gemeinde selbst ausgeführt werden kann. Die durch das Einfordern der Urkunden etwa entstehenden Portokosten sind aus der Amtskosten-Abfindung zu bestreiten.

3. Die Tagegelder für auswärtige Amtsgeschäfte betragen für jeden Tag, an welchem außerhalb des Wohnorts in einer Entfernung von wenigstens 2 km von demselben Amtsgeschäfte vorgenommen werden, 6¾ *M*. Zulagen für auswärtige Übernachtung werden nicht gewährt.[2])

Für Tage, an welchen auswärtige Dienstgeschäfte lediglich zur Nachholung durch Verschulden des Beamten versäumter oder unvorschriftsmäßig ausgeführter Arbeiten vorgenommen oder Dienstgeschäfte ausgeführt sind, die mit der Erledigung anderer Geschäfte hätten verbunden oder ohne örtliche Untersuchung hätten erledigt werden können, kann die Gewährung der Tagegelder vom Direktor der direkten Steuern versagt werden.

Für die Tage, an welchen nach der Feldmesserordnung bezahlte Arbeiten (Ziffer 1 d) ausgeführt sind, werden diese Tagegelder nicht gewährt.

4. Privatvermessungen.

a) Vermessungsarbeiten, die nicht als Fortführungsvermessungen anzusehen sind, dürfen nur mit ausdrücklicher Genehmigung des Direktors der direkten Steuern ausgeführt werden.

b) Wird bei dem Katasteramte ein Antrag auf Ausführung einer Privatvermessung gestellt, so ist mit dem Antragsteller eine schriftliche Verhandlung aufzunehmen und diese unter Angabe des Umfanges und der voraussichtlichen Dauer der Arbeit dem Direktor der direkten Steuern zur Genehmigung vorzulegen.

c) Die Einziehung der Gebühren für Privatvermessungen erfolgt zur Staatskasse, aus welcher sie nach Eingang dem Katasterkontrolleur vergütet werden (vergl. Ziffer 8). Die Ausführung von Privatarbeiten gegen unmittelbaren Bezug der Gebühren ist untersagt.

5. Die Tagelöhne bei Fortführungsvermessungen u. s. w. (vergl. Ziffer 1 c) werden, soweit sie wirklich notwendig ausgelegt werden mußten, nach dem ortsüblichen Satze vergütet. Sind die bei Fortführungsvermessungen als Meßgehülfen verwendeten Arbeiter zugleich Feldgeschworene und für ihren Zeitaufwand als solche bezahlt, so ist keine Tagelohnvergütung zu verrechnen.

Die Tagelöhne für die Aufmessung von Neubauten in Gemeinden mit bereinigtem Kataster sind von den Gemeinden zu tragen und werden daher nicht aus der Landeskasse vergütet (lfde. Nr. 56 des Gebührentarifs vom 14. Oktober 1900 — Amtsbl. S. 253).[3])

6. Tagebuch. Die Katasterkontrolleure haben nach anliegendem Muster ein Tagebuch zu führen, in welches die Reisetage und die an denselben erledigten Geschäfte sowie die sämtlichen ausgeführten gebührenpflichtige Amts- und Privat-Vermessungsarbeiten spätestens am Tage nachher, bezw. am Tage nach der Rückkehr zum Amtsitze mit Tinte (und zwar die Amtsgeschäfte schwarz, die Privatarbeiten — Ziffer 4 — rot) einzutragen sind. Das Tagebuch ist am Schlusse jedes Monats mit den Kostenrechnungen (Ziffer 7 und 8) an den Direktor der direkten Steuern einzureichen. Muster 1.[4])

7. Aufrechnung und Zahlung der Tagegelder und Tagelöhne für eigentliche Amtsgeschäfte.

Über die Tagegelder und Tagelöhne für eigentliche Amtsgeschäfte sind auf Grund des Tagebuches Rechnungen nach anliegendem Muster in doppelter Ausfertigung aufzustellen und am Schlusse jeden Monats mit dem Tagebuche dem Direktor der direkten Steuern zur Feststellung und Anweisung vorzulegen. Muster 2.[4])

---

2) Der Satz ist durch die früheren Verordnungen über die Reisekosten und Tagegelder, insbesondere durch die Bekanntmachung des Ministeriums, betreffend die Bezüge der Mitglieder der Steuerveranlagungskommissionen, vom 28. September 1909 (Zentr.- u. Bez.A.Bl. S. 117) nicht berührt worden.

3) Jetzt Gebührentarif vom 2. Dezember 1910 (Zentr.- u. Bez.A.Bl. S. 279).

4) Die Muster sind nicht mit abgedruckt.

Den Rechnungen sind Lohnlisten nach anliegendem Muster über die bei auswärtigen Amtsarbeiten verausgabten Tagelöhne mit den Quittungen der Lohnempfänger beizufügen. Muster 3.[4])

8. Aufrechnung und Zahlung der Vergütungen für Privatvermessungen.

Die Kostenrechnungen über Privatvermessungen sind von dem Katasterkontrolleur in doppelter Ausfertigung aufzustellen und dem Direktor der direkten Steuern zur Prüfung und Festsetzung vorzulegen.

Der Direktor der direkten Steuern weist die Landeshauptkasse zur Einziehung der berechneten Beträge von dem Auftraggeber gegen Übergabe des Duplikats der Rechnung sowie zu deren Verrechnung und zur Auszahlung des eingegangenen Betrags an den Empfangsberechtigten an.

9. Einzug der Fortführungsvermessungsgebühren.

Die nach dem Gebührentarif vom 14. Oktober 1900 (Amtsbl. S. 253)[3]) für Fortführungsvermessungen von den Auftraggebern für Meßurkunden, Skizzen 2c. zu zahlenden Beträge sind nach Maßgabe der Ministerialbestimmungen vom 17. Juni 1891 III. 3215 bezw. 23. September 1898 III. 9810 (Amtsbl. 1891 Seite 109 und 1898 Seite 205, Seite 103 der Fortführungsbestimmungen) zur Landeskasse einzuziehen und zu verrechnen. Eine Auszahlung der Beträge an die Anfertiger der Meßurkunden findet nicht mehr statt, soweit es sich um Meßurkunden handelt, die von dem Katasterkontrolleur oder dessen Vertreter ausgestellt worden sind. Diese Gebühren verbleiben der Staatskasse.

Die nach § 26 der Feldgeschworenenordnung vom 14. Oktober 1900 (Amtsbl. Seite 262)[5]) von dem Katasterkontrolleur für die Ergänzung der Vermarkung pp. zu berechnenden Vergütungen werden auf Grund der von dem Katasterkontrolleur dem Direktor der direkten Steuern vorzulegenden Kostenberechnung zur Landeskasse eingezogen.

10. Wenn ein Katasterkontrolleur vorübergehend im Dienst vertreten werden muß, so verbleibt ihm in der Regel für die Zeit der Vertretung die Amtskosten-Abfindung, wogegen er die Amtsräume einschl. Heizung, Beleuchtung und Reinigung, die Bureaubedürfnisse, Schreibhülfe und Reisekosten dem Vertreter zu gewähren hat. Abweichungen hiervon sind nur mit Genehmigung des Direktors der direkten Steuern zulässig. Nach denselben Grundsätzen regelt sich das Verhältnis zwischen dem Verwalter einer durch den Tod erledigten Stelle und den Hinterbliebenen des Verstorbenen während des Sterbemonats.

Die Tagegelder (Ziffer 1 b und 3 oben) der Vertreter und interimistischen Stellenverwalter in Amtssachen betragen ohne Rücksicht auf eine etwa erfolgende Übernachtung drei Viertel des gemäß der Verordnung vom 25. Oktober 1880 festgesetzten Tagegelderſatzes ihrer Amtsstellung.

5) Jetzt Feldgeschworenen-Ordnung für Gemeinden mit bereinigtem Kataster, vom 13. Dezember 1910 (Zentr.- u. Bez.A.Bl. S. 305) Art. 26.

---

25. März 1903.

Bekanntmachung des Ministeriums, betreffend die Vergütung der Amtskosten der Steuerkommissariate.[1])

Zentr.- u. Bez.A.Bl. S. 39.

1. Vom 1. April d. Js. ab erhalten die Steuerkommissare zur Bestreitung der mit der Verwaltung des Amts verbundenen Auslagen

a) eine Amtskosten-Abfindung nach Festsetzung des Ministeriums, in Monatsraten im voraus,

b) Tagegelder für Wahrnehmung von Amtsgeschäften außerhalb des Wohnorts und für die am Wohnorte abzuhaltenden Sitzungen der Veranlagungskommissionen für die Kapital-, Lohn- und Besoldungssowie die Gewerbesteuer.

2. Die Amtskosten-Abfindung ist nur als eine vorläufig festgesetzte anzusehen, welche nach den Erfahrungen jederzeit abgeändert werden kann. Für dieselbe haben die Steuerkommissare ausreichende und angemessene Amtsräume zu stellen und auszustatten, sofern die Gestellung nicht ausnahmsweise auf Kosten der Landeskasse erfolgt, solche zu unterhalten, die Kosten für Heizung, Beleuchtung und Reinigung und sämtliche Bureaubedürfnisse (mit Ausnahme der Formulare, deren Lieferung erfolgt) zu bestreiten;

die Auslagen an Fuhrkosten für auswärtige Amtsarbeiten, für Botenlöhne, Bestellgeld und dergleichen zu tragen und die an ihrem Wohn-

1) Zu vgl. auch Bekanntmachung des Ministeriums vom 25. März 1903, betreffend die Vergütung der Amtskosten der Katasterämter (s. vorst.).

orte außerhalb der Amtsräume vorzunehmenden Amtsarbeiten ohne besondere Entschädigung durch Tagegelder auszuführen;

endlich die Aufwendungen für außerordentliche Schreib- oder sonstige Arbeitshülfe, welche neben den auf Kosten der Staatskasse überwiesenen Hülfsarbeitern nötig wird, zu bezahlen.

3. Die Tagegelder betragen für jeden Tag, an welchem außerhalb des Wohnorts in einer Entfernung von wenigstens 2 km von demselben Amtsgeschäfte vorgenommen oder am Wohnorte Sitzungen der Veranlagungskommissionen abgehalten werden, 6¾ *M.* Zulagen für auswärtige Übernachtung werden nicht gewährt. [2])

Die Steuerkommissare haben den Dienstbetrieb so einzurichten, daß unnötige Dienstreisen vermieden und daß, soweit es ohne Beeinträchtigung der dienstlichen Interessen und nach dem Umfange der auszuführenden Dienstgeschäfte möglich ist, mehrere Angelegenheiten in einer Gemeinde oder in mehreren benachbarten Gemeinden an demselben Tage erledigt werden. Für Tage, an welchen auswärtige Geschäfte lediglich zur Nachholung durch Verschulden der Beamten versäumter und unvorschriftsmäßig ausgeführter Arbeiten vorgenommen oder Dienstgeschäfte ausgeführt sind, die mit der Erledigung anderer Geschäfte hätten verbunden oder ohne örtliche Untersuchung hätten erledigt werden können, kann die Gewährung der Tagegelder vom Direktor der direkten Steuern versagt werden.

2) Der Satz von 6,75 *M.* wird durch die späteren Verordnungen über die Reisekosten und Tagegelder, insbesondere durch die Bekanntmachung des Minist. v. 28. September 1909 (Zentr.- u. Bez.-A.Bl. S. 117) nicht berührt.

4. Die Steuerkommissare haben nach anliegendem Muster ein Tagebuch zu führen, in welches die Reisetage und die an denselben erledigten Geschäfte spätestens am Tage nach der Rückkehr zum Amtssitze mit Tinte einzutragen sind. Das Tagebuch ist am Schlusse jedes Monats mit einem abgekürzten Auszuge daraus über die Reisetage dem Direktor der direkten Steuern zur Prüfung, Feststellung und Anweisung der Tagegelder vorzulegen.

Die Liquidationen über die Vergütungen an die Mitglieder der Veranlagungskommissionen für die Sitzungen sowie an die Vorsitzenden für Abhaltung derselben an ihrem Wohnorte sind jeweils gleich nach der Sitzung mit dem Protokoll einzureichen.

5. Wenn ein Steuerkommissar vorübergehend im Dienste vertreten werden muß, so verbleibt ihm in der Regel für die Zeit der Vertretung die Amtskosten-Abfindung, wogegen er die Amtsräume einschl. Heizung, Beleuchtung und Reinigung, die Bureaubedürfnisse, Schreibhülfe und Reisekosten dem Vertreter zu gewähren hat. Abweichungen hiervon sind nur mit Genehmigung des Direktors der direkten Steuern zulässig. Nach denselben Grundsätzen regelt sich das Verhältnis zwischen dem Verwalter einer durch Tod erledigten Stelle und den Hinterbliebenen des Verstorbenen während des Sterbemonats.

Die Tagegelder (Ziffer 1 b und 3 oben) der Vertreter und interimistischen Stellen-Verwalter betragen ohne Rücksicht auf eine etwa erfolgende Übernachtung drei Viertel des gemäß der Verordnung vom 25. Oktober 1880 festgesetzten Tagegeldersatzes ihrer Amtsstellung.

6. Die früheren Bestimmungen, insbesondere die Bekanntmachung vom 2. Februar 1878 (Bek. Bl. S. 3) werden aufgehoben.

---

26. März 1903.

Ausführungsbestimmungen zu dem Allerhöchsten Erlaß, betreffend die Führung des Eisernen Kreuzes auf der Handelsflagge, vom 7. Februar 1903 (Reichs-Gesetzbl. S. 199). [1])

Zentr.-Bl. f. d. D. R. S. 143.

1. Die Gesuche um Erteilung des Flaggenscheins — Muster A der Anlage — sind von dem Gesuchsteller beim zugehörigen Bezirkskommando einzureichen und von diesem unter Beifügung eines Auszugs aus den Personalakten an das betreffende Stationskommando der Marine abzugeben.

2. Das Stationskommando hat die Richtigkeit der Angaben des Gesuchs eventuell unter Heranziehung geeigneter Auskunftsstellen zu prüfen und das Gesuch unter Stellungnahme an den Staatssekretär des Reichs-Marine-Amts abzugeben.

3. Der Flaggenschein — Muster B der An-

1) Erlassen auf Grund der Bestimmung unter Nr. 3 des Allerhöchsten Erlasses von dem Staatssekretär des Reichs-Marine-Amts.

lage — geht an den Gesuchsteller auf dem Dienstwege zurück.

4. Der Flaggenschein ist nach Ablauf seiner Gültigkeitsdauer auf dem Dienstweg an den Staatssekretär des Reichs-Marine-Amts abzugeben.

5. Abgegangene Offiziere des Beurlaubtenstandes machen die Eingaben beim Staatssekretär des Reichs-Marine-Amts unmittelbar.

6. Diese Verfügung ist den Offizieren des Beurlaubtenstandes durch Vermittelung der Bezirkskommandos bezw. den zur Dienstleistung einberufenen Offizieren durch die betreffende Kommandobehörde sogleich und von da ab halbjährlich bekannt zu geben.

7. Die Gesuche um Verleihung der Flaggenscheine sind umgehend einzureichen. Bis zur Erteilung des Flaggenscheins bezw. bis zum Eingange der Antwort auf sein Gesuch, darf der Gesuchsteller die Flagge mit dem Eisernen Kreuz, sofern er sie bereits führt, beibehalten.

8. Zu lfd. Nr. 3 der Allerhöchsten Kabinets-Order wird Folgendes festgesetzt:

a) Der Flaggenschein wird nur für Kauffahrteischiffe erteilt, welche nach § 2 des Gesetzes über das Flaggenrecht der Kauffahrteischiffe vom 22. Juni 1899 zur Führung der Reichsflagge berechtigt sind.

b) Zu den Kauffahrteischiffen, welche für die Erteilung des Flaggenscheins nach Maßgabe der vorstehenden Order in Frage kommen, gehören auch die im Gesetze vom 29. Mai 1901 aufgeführten, zur Führung der Reichsflagge berechtigten Schulschiffe und andere nicht zum Erwerb durch die Seefahrt bestimmten Fahrzeuge.

c) Für Schiffe der Küstenfahrt wird ein Flaggenschein nur erteilt werden, wenn solche Schiffe gleichzeitig als Postschiffe oder Schiffe zu Zwecken des Passagierverkehrs eine Gattung darstellen, welche den für den überseeischen Verkehr bestimmten Schiffen ebenbürtig ist. In den Gesuchen sind gegebenenfalls hierauf bezügliche eingehende Angaben zu machen. Für Lotsen-, Fischerei-, Bergungs- und Schleppfahrzeuge wird ein Flaggenschein nicht erteilt werden.

In Fällen des § 3 Abs. 1 des Flaggengesetzes vom 22. Juni 1899 hört die Berechtigung zur Führung der Sonderflagge auch für die hier bezeichnete Frist auf.

---

26. März 1903.

Verfügung des Ministeriums, betreffend Abänderung der Ausführungsbestimmungen zum Gewerbesteuergesetze, vom 24. Juni 1897 (Zentr.- u. Bez.-A.-Bl. Seite 197).

(Zentr.- u. Bez.A.Bl. S. 45.)

Die Änderung ist beim Abdruck der Ausführungsbestimmungen berücksichtigt.

---

26. März 1903.

Verordnung, betreffend die Beaufsichtigung des Metzgergewerbes.[1])

Zentr.- u. Bez.A.Bl. S. 34.

§ 1. Jeder Fleischbeschauer hat ein Tagebuch nach Maßgabe der Vorschrift des § 47 der Ausführungsbestimmungen A des Bundesrats vom 30. Mai 1902 zum Reichsgesetz vom 3. Juni 1900, betreffend die Schlachtvieh- und Fleischbeschau (Zentralblatt für das Deutsche Reich, Beilage zu Nr. 22), zu führen, in welches sämtliche zur Beschau angemeldeten Tiere, die

1) Erlassen gleichlautend für die 3 Bezirke auf Grund der §§ 1, 16, 23 Abs. 2, 55 ff., 59, 66 der Gewerbeordnung für das Deutsche Reich, des Reichsgesetzes vom 3. Juni 1900, betreffend die Schlachtvieh- und Fleischbeschau (Reichsgesetzbl. S. 547) und der dazu vom Bundesrate erlassenen Ausführungsbestimmungen vom 30. Mai 1902 (Zentralblatt für das Deutsche Reich, Beilage zu Nr. 22), der Verordnung des Kaiserlichen Ministeriums vom 21. Januar 1903 (Zentral- und Bezirks-Amtsblatt S. 7 ff.), der Ordonnanz vom 15. April 1838, betreffend die öffentlichen und gemeinschaftlichen Schlachthäuser, sowie ferner auf Grund des Artikels 2, Nr. 9 Sektion III des Dekrets vom 22. Dezember 1789, des Artikels 3, Nr. 4 Titel XI des Gesetzes vom 16. bis 24. August 1790, und der Nr. 2 der Tabelle B zum Dekret über die Dezentralisation der Verwaltung vom 13. April 1861.

Ergebnisse der Beschau und die hierauf getroffenen Anordnungen einzutragen sind. [2])

Das Tagebuch ist auf Verlangen dem Bürgermeister, sowie den mit der Aufsicht über den Fleischbeschauer beauftragten Beamten oder Tierärzten vorzulegen.

Sind in einer Gemeinde mehrere Fleischbeschauer angestellt, so kann der Bürgermeister anordnen, daß die Bücher gemeinsam geführt werden.

Auf Verlangen hat der Fleischbeschauer dem Besitzer des untersuchten Schlachtviehs eine mit der Nummer des Tagebuchs versehene Bescheinigung über die erfolgte Untersuchung nach Anlage 2 der Ausführungsbestimmungen A auszustellen.

§ 2. Für die nach Maßgabe des Reichsgesetzes vom 3. Juni 1900 ausgeführte Schlachtvieh- und Fleischbeschau sind Gebühren nach folgenden Sätzen von dem Besitzer des beschauten Schlachttieres oder Fleisches zu erheben:

I. Wenn die Beschau durch einen Laienbeschauer oder einen Tierarzt, dem die allgemeine Beschau übertragen ist, erfolgt

1. für die Beschau vor und nach dem Schlachten zusammen:
   a) für jedes Rind . . . . . . 1,00 M.
   b) „ „ Kalb . . . . . . 0,60 „
   c) „ „ Schwein . . . . 0,60 „
   d) „ „ Schaf . . . . . . 0,60 „
   e) „ jede Ziege . . . . . . 0,60 „

   Diese Sätze gelten auch bei Notschlachtungen ohne vorausgegangene Beschau im lebenden Zustande;
2. für die Beschau im lebenden Zustande ohne Beschau nach der Schlachtung:
   a) für jedes Rind . . . . 0,50 M.
   b) „ „ andere Stück Schlachtvieh der oben bezeichneten Art . 0,30 „
3. für die Beschau eingeführten Fleisches bis zu 10 kg . . . . 0,30 M. und für jede weitere angefangene 10 kg derselben Gattung . . . . . 0,10 „
4. für die Ausstellung einer Bescheinigung . . . . 0,10 „

II. Bei Zuziehung eines Tierarztes, welcher nicht die allgemeine Fleischbeschau wahrnimmt:

1. für die Beschau eines Pferdes oder eines anderen Tieres des Pferdegeschlechtes vor und nach der Schlachtung zusammen 2,00 M. für die gleiche Beschau eines Hundes . . . . 0,50 „
2. für die Beschau eines im lebenden Zustande krank befundenen Tieres vor und nach der Schlachtung zusammen:
   a) für jedes Rind . . . . 2,00 „
   b) für jedes andere Stück Schlachtvieh der oben bezeichneten Art 1,00 „
3. für die Beschau eines nach dem Schlachten krank befundenen Tieres:
   a) für jedes Rind . . . . 1,50 „
   b) für jedes andere Stück Schlachtvieh der oben bezeichneten Art 0,70 „
4. für die Ausstellung einer Bescheinigung . . . . 1,00 „
5. die Entschädigung für Reisekosten für außerhalb der Gemeinde wohnende tierärztliche Fleischbeschauer beträgt nach Maßgabe der Sätze des Regulativs für tierärztliche Dienstleistungen vom 25. März 1899 80 Pfg. für den Kilometer der Entfernung vom Wohnort des Tierarztes.

Muß der Fleischbeschauer zum Zweck der Vornahme der Beschau eine Reise außerhalb der Gemeinde seines Amtssitzes machen, so stehen ihm für jeden zurückgelegten Kilometer 0,10 M. Entschädigung zu.

Wenn infolge einer Beschwerde die Hinzuziehung des Kreistierarztes oder des Landestierarztes erforderlich wird, hat dieser außer den unter II, 3 bezeichneten Gebühren Anspruch auf die ihm in seiner amtlichen Eigenschaft zustehenden Liquidationssätze für Reisekosten.

Die vorstehend unter I für Laienbeschauer festgesetzten Sätze können mit Ausnahme derjenigen für Reisekosten unter besonders gelagerten Verhältnissen durch Beschluß des Gemeinderates herabgesetzt werden. Ein solcher Beschluß bedarf der Genehmigung der Aufsichtsbehörde.

Die Vergütung des Fleischbeschauers hat in der Regel aus der Gemeindekasse zu erfolgen.

§ 3. In jedem öffentlichen Schlachthause ist ein als Freibank zu bezeichnender, abgeschlossener Raum zu errichten. Bei der amtlichen Untersuchung durch den Fleischbeschauer als bedingt tauglich erklärtes und zum Genusse für Menschen brauchbar gemachtes (§ 4) oder als minderwertig (im Nahrungs- und Genußwerte erheblich herabgesetzt) erklärtes und mit dem betreffenden im § 43 der Ausführungsbestimmungen A des Bundesrates vorgeschriebenen Stempel versehenes Fleisch darf nur in der Freibank zu bestimmten, von der Ortspolizeibehörde bekannt zu gebenden Tages-

2) Der § 1 ist gleichlautend abgeändert durch die Verordnungen vom 2. Sept. 1903 und 15. Juni 1904 für Ober-Elsaß, vom 2. September 1903 und 16. Juni 1904 für Unter-Elsaß, vom 16. Sept. 1903 und 17. Juni 1904 für Lothringen.

zeiten feilgehalten oder versteigert werden. Durch die Aufsichtsbehörde kann den Gemeinden in besonderen Fällen gestattet werden, eine Freibank oder eine Abteilung der Freibank auch außerhalb des Schlachthauses unter entsprechender Anwendung der Vorschriften des § 14 zu errichten.[3])

In Gemeinden, in welchen die Metzgerei gewerbsmäßig betrieben wird und sich kein öffentliches Schlachthaus befindet, ist gleichfalls ein als Freibank zu bezeichnender, abgeschlossener Raum zum Verkauf oder Feilhalten des im ersten Absatz genannten Fleisches einzurichten.

Der Verkauf des Fleisches in der Freibank erfolgt unter polizeilicher Aufsicht in Stücken bis zu 5 kg. Die Beschauscheine, auf welchen von dem Fleischbeschauer der Mangel des Fleisches anzugeben ist, sind in leicht erkennbarer Weise an der Verkaufsstelle anzuheften.

Im übrigen darf bedingt taugliches zum Genuß brauchbar gemachtes und minderwertiges Fleisch nur von Personen verkauft und verwendet werden, welche hierzu die Erlaubnis des Kreisdirektors (Polizeidirektors) erhalten haben (vergl. § 7).

§ 4. Die Einrichtungen, welche eine Behandlung des bei der amtlichen Untersuchung als bedingt tauglich erkannten Fleisches zum Zweck der Brauchbarmachung zum Genusse für Menschen nach den Vorschriften der §§ 38 und 39 der Ausführungsbestimmungen A des Bundesrates durch Ausschmelzen, Kochen, Dämpfen, Pökeln und Durchkühlen ermöglichen, sind erforderlichen Falles von den Gemeinden zu treffen.

Die Kreistierärzte haben nach eingehender Untersuchung dieser Einrichtung eine amtliche Erklärung darüber abzugeben, ob sie eine den Anforderungen der §§ 38 und 39 der Ausführungsbestimmungen genügende Behandlung des als bedingt tauglich erkannten Fleisches zum Zweck der Brauchbarmachung zum Genusse für Menschen gewährleisten.

Als bedingt tauglich erklärtes Fleisch darf auch in der Freibank nur dann feilgehalten oder verkauft werden, wenn es vermittelst einer Einrichtung, für welche der zuständige Kreistierarzt die obige Erklärung abgegeben hat, der vorgeschriebenen Behandlung unterworfen worden ist.

§ 5. Fleisch, welches bei der amtlichen Untersuchung für untauglich zum Genuß für Menschen erklärt worden ist, ist in der im § 45 der Ausführungsbestimmungen A vorgeschriebenen Weise unschädlich zu beseitigen.[4])

Im Einzelfalle kann abgesehen von dem im letzten Satze des § 45 a. a. O. genannten Falle die unschädliche Beseitigung auf andere Weise oder die Verwendung des Fleisches zu anderen als Genußzwecken nach näherer Anordnung des Kreistierarztes unter polizeilicher Überwachung erfolgen.

§ 6. Fleisch, welches als bedingt tauglich erklärt ist und demnächst zum Genuß für Menschen brauchbar gemacht oder für minderwertig erklärt worden ist, darf aus dem Fleischbeschaubezirk zum Zweck des Verkaufes in einen anderen Fleischbeschaubezirk zwar ausgeführt, aber auch hier nur entweder auf der Freibank oder von einem im Besitz der Erlaubnis gemäß § 11 des Reichsgesetzes befindlichen Gewerbetreibenden verkauft werden. Der Inhaber der Ware hat der Polizeibehörde des Bestimmungsortes oder einer von dieser bezeichneten Stelle vor dem Feilbieten des Fleisches eine von dem Fleischbeschauer des Schlachtortes nach Anlage 2 der Ausführungsbestimmungen A ausgestellte Bescheinigung vorzulegen, in welcher die einzelnen Teile der Sendung nach Art und Gewicht näher bestimmt und angegeben sein muß, aus welchem Grunde das Fleisch als bedingt tauglich oder minderwertig erklärt worden ist.

§ 7. Von Fleischhändlern, Gast-, Schank- und Speisewirten darf Fleisch, welches bei der amtlichen Untersuchung für minderwertig (erheblich herabgesetzt im Nahrungs- und Genußwert) erklärt worden ist, nur mit Genehmigung des Kreisdirektors (Polizeidirektors) vertrieben und verwendet werden, wie dies hinsichtlich des bedingt tauglichen, zum Genusse für Menschen brauchbar gemachten Fleisches im § 11, sowie hinsichtlich des Pferdefleisches im § 18 des Reichsgesetzes vom 3. Juni 1900 angeordnet ist.

§ 8. Sämtliches Fleisch, welches sich in den Verkaufsräumen der Metzger, Wurstler oder sonstiger Fleischwarenhändler befindet, oder auf Märkten und an anderen öffentlichen Orten feilgehalten wird, unterliegt einer außerordentlichen Fleischbeschau.

Eine solche ist von den angestellten Fleischbeschauern so oft vorzunehmen, als es die örtlichen Verhältnisse erfordern. Die Inhaber der Verkaufsräume und die Besitzer des Fleisches sind verpflichtet, dem zuständigen Fleischbeschauer und den mit der Revision des Fleischbeschaudienstes beauftragten Beamten,

3) Der letzte Satz beruht auf den gleichlautenden Polizeiverordnungen für Lothringen vom 22. November 1905, Ober-Elsaß vom 23. November 1905, Unter-Elsaß vom 2. Februar 1906.

4) S. auch Bez.-Polizeiordnung für Ober-Elsaß v. 14. März 1911 über die Behandlung beanstandeten Fleisches in den Schlächtereien.

einschließlich der beamteten Tierärzte auf Verlangen jederzeit ihren gesamten Vorrat an Fleisch zur Untersuchung vorzulegen.

§ 9. Fleisch oder Fleischwaren, welche bei der außerordentlichen Fleischbeschau als verdorben oder verfälscht befunden werden, hat der Fleischbeschauer vorläufig mit Beschlag zu belegen und hiervon dem Besitzer oder seinem Vertreter, sowie der Polizeibehörde Mitteilung zu machen. Die Polizeibehörde hat über die weitere Behandlung des vorläufig beschlagnahmten Fleisches gemäß der Bestimmungen der §§ 38, 39, 45 der Ausführungsbestimmungen A Entscheidung zu treffen und hiervon sofort den Besitzer oder seinen Vertreter zu benachrichtigen.

Gegebenenfalls ist behufs Einleitung des Strafverfahrens der Staatsanwaltschaft Anzeige zu erstatten.

§ 10. Der Fleischbeschauer hat bei allen Besichtigungen auch darüber zu wachen, daß die Vorschriften über die Einrichtung und Reinlichkeit in den Schlachthäusern und Fleischverkaufsräumen beachtet und Mißstände beseitigt werden.

Erforderlichenfalls ist Anzeige an die Polizeibehörde zu richten.

§ 11. Durch Verordnung der Ortspolizeibehörde kann angeordnet werden:

a) die abermalige Untersuchung von Fleisch, welches innerhalb des Deutschen Reiches der amtlichen Untersuchung nach Maßgabe der §§ 8 bis 16 des Reichsgesetzes vom 3. Juni 1900 unterlegen hat, zu dem Zweck, um festzustellen, ob das Fleisch inzwischen verdorben ist oder sonst eine gesundheitsschädliche Veränderung seiner Beschaffenheit erlitten hat;

b) die amtliche Untersuchung von Schweinefleisch auf Trichinen.

§ 12. Das Schlachten der Schlachttiere, mit Ausnahme des Federviehes, deren Fleisch zum Verkauf bestimmt ist, darf in Orten, für welche öffentliche Schlachthäuser errichtet sind, nur in diesen, in anderen Orten nur in besonderen von der zuständigen Behörde (§ 16 der Gewerbeordnung) genehmigten Räumen stattfinden.

Während der Nachtzeit, d. i. von Sonnenuntergang bis Sonnenaufgang, sowie an den Sonn- und Feiertagen ist das Schlachten verboten. Ausnahmen können nur aus dringlichen Gründen durch schriftlich zu erteilende Genehmigung der Ortspolizeibehörde in einzelnen Fällen zugelassen werden.

§ 13. Nach der Schlachtung sind die brauchbaren Abfälle (Haut, Eingeweide, Fett u. s. w.) aus dem Schlachtraume zu entfernen und dieser rein zu fegen und mit reinem Wasser abzuspülen, auch die gebrauchten Geräte zu reinigen, Unrat und Abfälle entweder in wasserdicht verdeckte und zeitweilig zu räumende Gruben abzuführen oder außerhalb der Orte zu verbringen. Blut und andere Abfallstoffe dürfen nicht auf öffentliche Wege und Plätze geleitet werden.

§ 14. Für die Verarbeitung des Fleisches müssen besondere Räume (Wurstküchen, Kuttlereien und dergleichen) eingerichtet sein, reinlich und luftig gehalten werden, mit undurchlässigen Fußböden versehen sein und alljährlich frisch getüncht werden, sofern nicht die Wände in Öl gestrichen sind oder aus glatt behauenen Steinen oder glasierten Platten bestehen.

§ 15. Metzgerläden unterliegen den Vorschriften des § 14 und dürfen nicht geheizt werden.

§ 16. Das Fleisch darf in den Metzgerläden nicht an der Mauer aufliegen und muß derart aufgehängt sein, daß es Verunreinigung entzogen und gegen die Sonnenstrahlen geschützt ist. Die zum Verteilen und Wiegen des Fleisches dienenden Instrumente und Vorrichtungen müssen stets rein gehalten werden. Ist Fleischhändlern, Gast-, Schank- und Speisewirten der Vertrieb und die Verwendung von Pferdefleisch auf Grund des § 18 des Gesetzes vom 3. Juni 1900 oder von bedingt tauglichem zum Genusse für Menschen brauchbar gemachtem Fleisch auf Grund des § 11 a. a. O. oder von minderwertigem Fleisch nach § 7 dieser Verordnung gestattet, so muß in deren Geschäftsräumen an einer in die Augen fallenden Stelle durch deutlichen Anschlag besonders erkennbar gemacht sein, daß derartiges Fleisch zum Vertrieb oder zur Verwendung kommt. Fleischhändler dürfen derartiges Fleisch nicht in Räumen feilhalten oder verkaufen, in welchen taugliches Fleisch von Rindvieh, Schweinen, Schafen oder Ziegen feilgehalten oder verkauft wird.

§ 17. Es ist verboten, ungedörrte Därme, verdorbenes Fleisch, Fett, Knochen und andere Abfälle, Tierhäute und Blut in den Metzgerläden aufzubewahren.

§ 18. Kälber dürfen nur geschlachtet werden, wenn sie mindestens 20 Tage alt sind und ein Lebendgewicht von mindestens 50 kg haben.

§ 19. Fleisch und andere zum Genuß bestimmte Teile geschlachteter Tiere, welche aus einem anderen Beschaubezirk zum Verkauf, Weiterverkauf oder zur weiteren Ver- oder Bearbeitung behufs Verkaufs eingeführt werden, müssen von einer Bescheinigung, daß die vorgeschriebene Beschau stattgefunden, begleitet und mit dem Kontrollstempel des Schlachtortes auf den einzelnen Stücken versehen sein, außerdem sofort dem Beschauer oder dem Bürgermeister des Verkaufsortes vorgezeigt werden, bevor der Verkauf stattfindet.

Die Vorschriften der §§ 19 und 20 finden keine Anwendung auf Fleisch, welches zum eigenen Verbrauch eingeführt oder auf Bestellung geliefert wird.

Das von Metzgern, Wurstlern und Gastwirten bestellte Fleisch gilt niemals als zum eigenen Verbrauch eingeführt.

§ 20. Die Vorschriften dieser Verordnung finden mit Ausnahme der sich lediglich auf den stehenden Gewerbebetrieb beziehenden §§ 15—17 auch auf den Hausierhandel mit frischem Fleisch und Fett, Fleisch-, Fett- und Kuttlerwaren, sowie auf den Wochenmarktsverkehr mit diesen Gegenständen Anwendung.

Im übrigen unterliegen der Hausierhandel und der Wochenmarktsverkehr den Bestimmungen der Gewerbeordnung.

§ 21. Der Verkauf von hausgeschlachtetem Fleisch unterliegt den Bestimmungen dieser Verordnung, abgesehen von den in den §§ 22 und 23 enthaltenen Ausnahmen.

§ 22. Viehbesitzer, welche Vieh schlachten, dessen Fleisch nicht zum gewerbsmäßigen Verkauf bestimmt ist, sind den Vorschriften der §§ 12 bis 17 über die Schlachtstätten nicht unterworfen. Jedoch muß der Schlachtraum derart beschaffen sein, daß er gegen die öffentliche Straße abgeschlossen ist. Blut und andere Abfallstoffe dürfen nicht auf die öffentlichen Plätze und Wege abfließen; Kinder dürfen nicht als Zuschauer zugelassen werden. § 12 Abs. 2 findet auch auf die Hausschlachtung Anwendung.

§ 23. Viehbesitzer, welche das Fleisch oder Fett von hausgeschlachteten Tieren, die sie selbst aufgezogen oder mindestens 3 Monate nach dem Erwerbe in ihrem Stalle gefüttert haben, in ihrem Wohnort oder in dessen Umgebung bis zu 15 Kilometer Entfernung verkaufen wollen, unterliegen nicht den Vorschriften über die Verkaufsstätten, falls der Verkauf nur gelegentlich betrieben wird.

§ 24. Zuwiderhandlungen gegen die Bestimmungen dieser Verordnung sind, soweit nicht die Gesetze, insbesondere das Reichsgesetz vom 3. Juni 1900 besondere Strafandrohungen enthalten, nach Artikel 471 Ziff. 15 des französischen Strafgesetzbuches zu bestrafen.

§ 25. Diese Verordnung tritt mit dem 1 April 1903 in Kraft. Sie ist vorher ortsüblich zu verkünden. Die Bezirkspolizeiverordnung vom 13. Dezember 1897 I 12960 sowie sämtliche mit der vorliegenden Verordnung in Widerspruch stehenden Ortspolizeiverordnungen werden aufgehoben.

---

27. März 1903.

Bekanntmachung des Reichskanzlers, betr. den Schutz deutscher Warenbezeichnungen in Ecuador.

Reichsgesetzbl. S. 122.

Unter Bezugnahme auf § 23 des Gesetzes zum Schutze der Warenbezeichnungen vom 12. Mai 1894 (Reichs-Gesetzbl. S. 441) wird hierdurch bekannt gemacht, daß in Ecuador deutsche Warenbezeichnungen in gleichem Umfange wie inländische Warenbezeichnungen zum gesetzlichen Schutze zugelassen werden. [1])

1) Der Pariser „Verbandsübereinkunft vom 20. März 1883 zufolge der Akte von Washington vom 2. Juni 1911 (Reichsgesetzbl. 1913 S. 209) gehört Ecuador nicht an. Zu vgl. auch Brüsseler Zusatz-Akte vom 14. Dezember 1900". S. unter diesem Datum.

---

27. März 1903.

Bekanntmachung des Reichskanzlers, betreffend die Abänderung der Ausführungsbestimmungen A, C und D zu dem Schlachtvieh- und Fleischbeschaugesetze.

Zentr.-Bl. f. d. D. R. S. 116.

Der Bundesrat hat auf Grund des § 22 des Gesetzes, betreffend die Schlachtvieh- und Fleischbeschau, vom 3. Juni 1900 (Reichs-Gesetzbl. S. 547) über die Behandlung des Fleisches von schwach trichinösen und nur leicht an Schweineseuche erkrankten Schweinen beschlossen, was folgt:

I.

Schweine, bei deren Beschau durch die mikroskopische Untersuchung von mindestens je 6 aus den Zwerchfellpfeilern, dem Rippenteile des Zwerchfells, den Kehlkopfmuskeln und den Zungenmuskeln zu untersuchenden Präparaten in nicht mehr als 8 Präparaten Trichinen festgestellt werden, gelten als schwach trichinös.

Die ganzen Tierkörper von solchen Schweinen sind als bedingt tauglich anzusehen.

Die Brauchbarmachung solchen Fleisches zum Genusse für Menschen hat durch Kochen oder Dämpfen zu geschehen. Bei Fett ist auch Ausschmelzen gestattet. Bei der Anwendung dieser Verfahren sind die Vorschriften im § 39 der Ausführungsbestimmungen A zum Schlachtvieh- und Fleischbeschaugesetze mit der Maßgabe zu beachten, daß beim Kochen das Fleisch in Stücken von nicht über 10 cm Dicke mindestens 2½ Stunden in kochendem Wasser gehalten werden muß.

In das Zollinland eingeführte geschlachtete Schweine, bei denen in nicht mehr als 8 von den vorschriftsmäßig zu untersuchenden Präparaten Trichinen gefunden worden sind, dürfen auf Antrag des Verfügungsberechtigten zur Wiederausfuhr zugelassen werden, wenn das Fleisch vorher der für schwach trichinöses Fleisch bei Schlachtungen im Inlande vorgeschriebenen Behandlung unterworfen worden ist. Eine besondere Kennzeichnung des Fleisches darf in solchem Falle unterbleiben.

II.

Von Schweinen, bei deren Beschau sich ergibt, daß es sich nur um eine schleichend, ohne Störung des Allgemeinbefindens verlaufende und mit erheblicher Abmagerung nicht verbundene Erkrankung an Schweineseuche oder nur um Überbleibsel dieser Seuche (Verwachsungen, Vernarbungen, eingekapselte, verkäste Herde und dergl.) handelt, sind die ganzen Tierkörper mit Ausnahme der als untauglich zu erachtenden veränderten Teile als tauglich zum Genusse für Menschen anzusehen.

Bei denjenigen in das Zollinland eingeführten geschlachteten Schweinen, deren Untersuchung ergibt, daß es sich bei ihnen um Schweineseuche ohne Allgemeinerkrankung handelt, sind nur die veränderten Teile in unschädlicher Weise zu beseitigen. Im übrigen sind die betreffenden Tierkörper sowie alle sonstigen, mit ihnen zur nämlichen Sendung gehörigen Tierkörper, von denen anzunehmen ist, daß auf sie eine Übertragung des Krankheitsstoffes stattgefunden hat, von der Einfuhr zurückzuweisen.

III.

Demgemäß werden die Ausführungsbestimmungen A, C und D zu dem Gesetze (Centralblatt für 1902, Beilage zu Nr. 22 Seite 1*, 31*, 32*) abgeändert, wie folgt.[1])

1) Die Änderungen sind in der Bekanntmachung vom 30. Mai 1902, betr. die Ausführung des Schlachtvieh- und Fleischbeschaugesetzes, berücksichtigt.

---

27. März 1903.

Bekanntmachung des Reichskanzlers, betreffend Ergänzung der Prüfungsvorschriften für die Trichinenbeschauer.

Zentr.-Bl. f. d. D. R. S. 118.

Zu vergl. unterm 30. Mai 1902, Anlage E.

---

28. März 1903.

Gesetz, betreffend die Feststellung des Landeshaushaltsetats von Elsaß-Lothringen für das Rechnungsjahr 1903.

Gesetzbl. f. Els.-Lothr. S. 5.

§ 3.

Für Rechnung der Bezirke, Gemeinden und öffentlichen Anstalten und sonst berechtigten Korporationen dürfen im Rechnungsjahre 1903 die nach der bestehenden Gesetzgebung gestatteten Zuschläge zu den direkten Staatssteuern, sowie besonderen Abgaben und Gefälle erhoben werden.[1]) [2])

1) Zu vgl. z. B. auch landesherrliche Verordnung des Statth., betreffend die Besteuerung der Automobilfahrzeuge in der Stadt Mülhausen, vom 8. September 1903 (Gesetzbl. f. Els.-Lothr. S. 79). S. u. Ferner u. a. die landesherrlichen Verordnungen, betreffend die Erhebung von Verbrauchsabgaben in einzelnen Gemeinden, vom 28. März, 4. u. 11. April 1910.

2) Zu vgl. ferner Gesetz, betreffend die Feststellung des Landeshaushalts-Etats von Elsaß-Lothringen für das Rechnungsjahr 1911 (Gesetzbl. f. Els.-Lothr. S. 13) § 18 wegen der Rückforderung von Oktroigebühren.

Die Gemeinden sind insbesondere berechtigt, die Gebühren, welche für die Untersuchung des Schlachtviehs und des Fleisches nach Maßgabe des Reichsgesetzes vom 3. Juni 1900 durch Verordnung des Bezirkspräsidenten festgesetzt werden, für ihre Rechnung zu erheben.

§ 10.

Gemäß § 9 des Gesetzes vom 13. Juli 1901, betreffend die Verwendung der Erträge der Kapitalsteuer und der Lohn- und Besoldungssteuer sowie die Erhebung der Bezirkszuschläge (Gesetzbl. S. 80), wird aus den Ersparnissen des Ausfallfonds für das Jahr 1902 eine Summe von mindestens 30 000 ℳ und höchstens 70 000 ℳ zur Gewährung von Beihülfen an solche Gemeinden zur Verfügung gestellt, deren Aufbringen an Gemeindezuschlägen gegenüber dem bisherigen Aufkommen infolge der Aufhebung der Personal- und Mobiliarsteuer ohne entsprechenden Ersatz durch die Kapitalsteuer sowie Lohn- und Besoldungssteuer gestiegen ist. [3]) [4])

3) S. das Gesetz vom 13. Juli 1901, Anm. 7.

4) Wegen der Verwendung des Fonds zu weiteren Zwecken vgl. Anm. 7 a. a. O.

---

30. März 1903.

Gesetz, betreffend Kinderarbeit in gewerblichen Betrieben.

Reichsgesetzbl. S. 113.

I. Einleitende Bestimmungen.

§ 1.

Auf die Beschäftigung von Kindern in Betrieben, welche als gewerbliche im Sinne der Gewerbeordnung anzusehen sind, finden neben den bestehenden reichsrechtlichen Vorschriften die folgenden Bestimmungen Anwendung, und zwar auf die Beschäftigung fremder Kinder die §§ 4 bis 11, auf die Beschäftigung eigener Kinder die §§ 12 bis 17.

§ 2.

Kinder im Sinne dieses Gesetzes.

Als Kinder im Sinne dieses Gesetzes gelten Knaben und Mädchen unter dreizehn Jahren sowie solche Knaben und Mädchen über dreizehn Jahre, welche noch zum Besuche der Volksschule verpflichtet sind.

§ 3.

Eigene, fremde Kinder.

Im Sinne dieses Gesetzes gelten als eigene Kinder:

1. Kinder, die mit demjenigen, welcher sie beschäftigt, oder mit dessen Ehegatten bis zum dritten Grade verwandt sind,
2. Kinder, die von demjenigen, welcher sie beschäftigt, oder dessen Ehegatten an Kindesstatt angenommen oder bevormundet sind,
3. Kinder, die demjenigen, welcher sie zugleich mit Kindern der unter 1 oder 2 bezeichneten Art beschäftigt, zur gesetzlichen Zwangserziehung (Fürsorgeerziehung) überwiesen sind,

sofern die Kinder zu dem Hausstande desjenigen gehören, welcher sie beschäftigt.

Kinder, welche hiernach nicht als eigene Kinder anzusehen sind, gelten als fremde Kinder.

Die Vorschriften über die Beschäftigung eigener Kinder gelten auch für die Beschäftigung von Kindern, welche in der Wohnung oder Werkstätte einer Person, zu der sie in einem der im Abs. 1 bezeichneten Verhältnisse stehen und zu deren Hausstande sie gehören, für Dritte beschäftigt werden.

II. Beschäftigung fremder Kinder.

§ 4.

Verbotene Beschäftigungsarten.

Bei Bauten aller Art, im Betriebe derjenigen Ziegeleien und über Tage betriebenen Brüche und Gruben, auf welche die Bestimmungen der §§ 134 bis 139 b der Gewerbeordnung keine Anwendung finden, und der in dem anliegenden Verzeichnis aufgeführten Werkstätten, sowie beim Steinklopfen, im Schornsteinfegergewerbe, in dem mit dem Speditionsgeschäfte verbundenen Fuhrwerksbetriebe, beim Mischen und Mahlen von Farben, beim Arbeiten in Kellereien dürfen Kinder nicht beschäftigt werden.

Der Bundesrat ist ermächtigt, weitere ungeeignete Beschäftigungen zu untersagen [1]) und das Verzeichnis abzuändern. Die beschlossenen Abänderungen sind durch das Reichs-Gesetzblatt zu veröffentlichen und dem Reichstage sofort oder, wenn derselbe nicht versammelt ist, bei seinem nächsten Zusammentritte zur Kenntnisnahme vorzulegen.

§ 5.

Beschäftigung im Betriebe von Werkstätten, im Handelsgewerbe und in Verkehrsgewerben.

Im Betriebe von Werkstätten (§ 18), in denen die Beschäftigung von Kindern nicht nach § 4

1) S. Bekanntmachung vom 1. Juli 1907.

verboten ist, im Handelsgewerbe (§ 105 b Abs. 2, 3 der Gewerbeordnung) und in Verkehrsgewerben (§ 105 i Abs. 1 a. a. O.) dürfen Kinder unter zwölf Jahren nicht beschäftigt werden. [2])

Die Beschäftigung von Kindern über zwölf Jahre darf nicht in der Zeit zwischen acht Uhr Abends und acht Uhr Morgens und nicht vor dem Vormittagsunterrichte stattfinden. Sie darf nicht länger als drei Stunden und während der von der zuständigen Behörde bestimmten Schulferien nicht länger als vier Stunden täglich dauern. Um Mittag ist den Kindern eine mindestens zweistündige Pause zu gewähren. Am Nachmittage darf die Beschäftigung erst eine Stunde nach beendetem Unterrichte beginnen.

§ 6.

Beschäftigung bei öffentlichen theatralischen Vorstellungen und anderen öffentlichen Schaustellungen.

Bei öffentlichen theatralischen Vorstellungen und anderen öffentlichen Schaustellungen dürfen Kinder nicht beschäftigt werden.

Bei solchen Vorstellungen und Schaustellungen, bei denen ein höheres Interesse der Kunst oder Wissenschaft obwaltet, kann die untere Verwaltungsbehörde nach Anhörung der Schulaufsichtsbehörde Ausnahmen zulassen.

§ 7.

Beschäftigung im Betriebe von Gast- und von Schankwirtschaften.

Im Betriebe von Gast- und von Schankwirtschaften dürfen Kinder unter zwölf Jahren überhaupt nicht und Mädchen (§ 2) nicht bei der Bedienung der Gäste beschäftigt werden. Im übrigen finden auf die Beschäftigung von Kindern über zwölf Jahre die Bestimmungen des § 5 Abs. 2 Anwendung.

§ 8.

Beschäftigung beim Austragen von Waren und bei sonstigen Botengängen.

Auf die Beschäftigung von Kindern beim Austragen von Waren und bei sonstigen Botengängen in den in §§ 4 bis 7 bezeichneten und in anderen gewerblichen Betrieben finden die Bestimmungen des § 5 entsprechende Anwendung.

Für die ersten zwei Jahre nach dem Inkrafttreten dieses Gesetzes kann die untere Verwaltungsbehörde nach Anhörung der Schulaufsichtsbehörde für ihren Bezirk oder Teile desselben allgemein oder für einzelne Gewerbszweige gestatten, daß die Beschäftigung von Kindern über zwölf Jahre bereits von sechseinhalb Uhr Morgens an und vor dem Vormittagsunterrichte stattfindet; jedoch darf sie vor dem Vormittagsunterrichte nicht länger als eine Stunde dauern.

§ 9.

Sonntagsruhe.

An Sonn- und Festtagen (§ 105 a Abs. 2 der Gewerbeordnung) dürfen Kinder, vorbehaltlich der Bestimmungen in Abs. 2, 3 nicht beschäftigt werden.

Für die öffentlichen theatralischen Vorstellungen und sonstigen öffentlichen Schaustellungen bewendet es auch an Sonn- und Festtagen bei den Bestimmungen des § 6.

Für das Austragen von Waren sowie für sonstige Botengänge bewendet es bei den Bestimmungen des § 8. Jedoch darf an Sonn- und Festtagen die Beschäftigung die Dauer von zwei Stunden nicht überschreiten und sich nicht über ein Uhr Nachmittags erstrecken; auch darf sie nicht in der letzten halben Stunde vor Beginn des Hauptgottesdienstes und nicht während desselben stattfinden.

§ 10.

Anzeige.

Sollen Kinder beschäftigt werden, so hat der Arbeitgeber vor dem Beginne der Beschäftigung der Ortspolizeibehörde eine schriftliche Anzeige zu machen. In der Anzeige sind die Betriebsstätte des Arbeitgebers sowie die Art des Betriebs anzugeben.

Die Bestimmung des Abs. 1 findet keine Anwendung auf eine bloß gelegentliche Beschäftigung mit einzelnen Dienstleistungen.

§ 11.

Arbeitskarte.

Die Beschäftigung eines Kindes ist nicht gestattet, wenn dem Arbeitgeber nicht zuvor für dasselbe eine Arbeitskarte eingehändigt ist. Diese Bestimmung findet keine Anwendung auf eine bloß gelegentliche Beschäftigung mit einzelnen Dienstleistungen.

Die Arbeitskarten werden auf Antrag oder mit Zustimmung des gesetzlichen Vertreters durch die Ortspolizeibehörde desjenigen Ortes, an welchem das Kind zuletzt seinen dauernden Aufenthaltsort gehabt hat, kosten- und stempelfrei ausgestellt; ist die Erklärung des gesetzlichen Vertreters nicht zu beschaffen, so kann die Gemeindebehörde die Zustimmung ergänzen. Die Karten haben den Namen, Tag und Jahr der Geburt des Kindes sowie den Namen, Stand und letzten Wohnort des gesetzlichen Vertreters zu enthalten.

Der Arbeitgeber hat die Arbeitskarte zu ver-

2) Über weitergehende Vorschriften s. § 6 Abs. 2 des Hausarbeitsgesetzes vom 20. Dezember 1911 R.G.Bl. S. 976.

wahren, auf amtliches Verlangen vorzulegen und nach rechtmäßiger Lösung des Arbeitsverhältnisses dem gesetzlichen Vertreter wieder auszuhändigen. Ist die Wohnung des gesetzlichen Vertreters nicht zu ermitteln, so erfolgt die Aushändigung der Arbeitskarte an die im Abs. 2 bezeichnete Ortspolizeibehörde.

Die Bestimmungen des § 4 des Gewerbegerichtsgesetzes vom 29. September 1901 (Reichs-Gesetzbl. S. 353) über die Zuständigkeit der Gewerbegerichte für Streitigkeiten hinsichtlich der Arbeitsbücher finden entsprechende Anwendung.

III. Beschäftigung eigener Kinder.

§ 12.

Verbotene Beschäftigungsarten.

In Betrieben, in denen gemäß den Bestimmungen des § 4 fremde Kinder nicht beschäftigt werden dürfen, sowie in Werkstätten, in welchen durch elementare Kraft (Dampf, Wind, Wasser, Gas, Luft, Elektrizität usw.) bewegte Triebwerke nicht bloß vorübergehend zur Verwendung kommen, ist auch die Beschäftigung eigener Kinder untersagt.

§ 13.

Beschäftigung im Betriebe von Werkstätten, im Handelsgewerbe und in Verkehrsgewerben.

Im Betriebe von Werkstätten, in denen die Beschäftigung von Kindern nicht nach § 12 verboten ist, im Handelsgewerbe und in Verkehrsgewerben dürfen eigene Kinder unter 10 Jahren überhaupt nicht, eigene Kinder über zehn Jahre nicht in der Zeit zwischen acht Uhr Abends und acht Uhr Morgens und nicht vor dem Vormittagsunterrichte beschäftigt werden. Um Mittag ist den Kindern eine mindestens zweistündige Pause zu gewähren. Am Nachmittage darf die Beschäftigung erst eine Stunde nach beendetem Unterrichte beginnen.[2])

Eigene Kinder unter zwölf Jahren dürfen in der Wohnung oder Werkstätte einer Person, zu der sie in einem der im § 3 Abs. 1 bezeichneten Verhältnisse stehen, für Dritte nicht beschäftigt werden.[2])

An Sonn- und Festtagen dürfen auch eigene Kinder im Betriebe von Werkstätten und im Handelsgewerbe sowie im Verkehrsgewerbe nicht beschäftigt werden.

§ 14.

Besondere Befugnisse des Bundesrats.

Der Bundesrat ist ermächtigt, für die ersten zwei Jahre nach dem Inkrafttreten dieses Gesetzes für einzelne Arten der im § 12 bezeichneten Werkstätten, in denen durch elementare Kraft bewegte Triebwerke nicht bloß vorübergehend zur Verwendung kommen, und der im § 13 Abs. 1 bezeichneten Werkstätten Ausnahmen von den daselbst vorgesehenen Bestimmungen zuzulassen.

Nach Ablauf dieser Zeit kann der Bundesrat für einzelne Arten der im § 12 bezeichneten Werkstätten mit Motorbetrieb die Beschäftigung eigener Kinder nach Maßgabe der Bestimmungen im § 13 Abs. 1 unter der Bedingung gestatten, daß die Kinder nicht an den durch die Triebkraft bewegten Maschinen beschäftigt werden dürfen. Auch kann der Bundesrat für einzelne Arten der im § 13 Abs. 1 bezeichneten Werkstätten Ausnahmen von dem Verbote der Beschäftigung von Kindern unter zehn Jahren zulassen, sofern die Kinder mit besonders leichten und ihrem Alter angemessenen Arbeiten beschäftigt werden; die Beschäftigung darf nicht in der Zeit zwischen acht Uhr Abends und acht Uhr Morgens stattfinden; um Mittag ist den Kindern eine mindestens zweistündige Pause zu gewähren, am Nachmittage darf die Beschäftigung erst eine Stunde nach beendetem Unterrichte beginnen. Die Ausnahmebestimmungen können allgemein oder für einzelne Bezirke erlassen werden.

§ 15.

Beschäftigung bei öffentlichen theatralischen Vorstellungen und anderen öffentlichen Schaustellungen.

Auf die Beschäftigung eigener Kinder bei öffentlichen theatralischen Vorstellungen und anderen öffentlichen Schaustellungen finden die Bestimmungen des § 6 Anwendung.

§ 16.

Beschäftigung im Betriebe von Gast- und von Schankwirtschaften.

Im Betriebe von Gast- und von Schankwirtschaften dürfen Kinder unter zwölf Jahren überhaupt nicht, und Mädchen (§ 2) nicht bei der Bedienung der Gäste beschäftigt werden. Die untere Verwaltungsbehörde ist befugt, nach Anhörung der Schulaufsichtsbehörde in Orten, welche nach der jeweilig letzten Volkszählung weniger als zwanzigtausend Einwohner haben, für Betriebe, in welchen in der Regel ausschließlich zur Familie des Arbeitgebers gehörige Personen beschäftigt werden, Ausnahmen zuzulassen. Im übrigen finden auf die Beschäftigung von eigenen Kindern die Bestimmungen des § 13 Abs. 1 Anwendung.

§ 17.

Beschäftigung beim Austragen von Waren und bei sonstigen Botengängen.

Auf die Beschäftigung beim Austragen von Zeitungen, Milch und Backwaren finden die Bestimmungen im § 8, § 9 Abs. 3 dann Anwendung, wenn die Kinder für Dritte beschäftigt werden.

Im übrigen ist die Beschäftigung von eigenen Kindern beim Austragen von Waren und bei sonstigen Botengängen gestattet. Durch Polizeiverordnungen der zum Erlasse solcher berechtigten Behörden kann die Beschäftigung beschränkt werden.

IV. Gemeinsame Bestimmungen.

§ 18.

Werkstätten im Sinne dieses Gesetzes.

Als Werkstätten gelten neben den Werkstätten im Sinne des § 105 b Abs. 1 der Gewerbeordnung auch Räume, die zum Schlafen, Wohnen oder Kochen dienen, wenn darin gewerbliche Arbeit verrichtet wird, sowie im Freien gelegene gewerbliche Arbeitsstellen.

§ 19.

Abweichungen von der gesetzlichen Zeit.

Beträgt der Unterschied zwischen der gesetzlichen Zeit und der Ortszeit mehr als eine Viertelstunde, so kann die höhere Verwaltungsbehörde bezüglich der in diesem Gesetze vorgesehenen Bestimmungen über Anfang und Ende der zulässigen täglichen Arbeitszeit für ihren Bezirk oder einzelne Teile desselben Abweichungen von der Vorschrift über die gesetzliche Zeit in Deutschland (Gesetz vom 12. März 1893, Reichs-Gesetzbl. S. 93) zulassen. Die Abweichungen dürfen nicht mehr als eine halbe Stunde betragen. Die gesetzlichen Bestimmungen über die zulässige Dauer der Beschäftigung bleiben unberührt.

§ 20.

Besondere polizeiliche Befugnisse.

Die zuständigen Polizeibehörden können im Wege der Verfügung eine nach den vorstehenden Bestimmungen zulässige Beschäftigung, sofern dabei erhebliche Mißstände zu Tage getreten sind, auf Antrag oder nach Anhörung der Schulaufsichtsbehörde für einzelne Kinder einschränken oder untersagen sowie, wenn für das Kind eine Arbeitskarte erteilt ist (§ 11), diese entziehen und die Erteilung einer neuen Arbeitskarte verweigern.

Die zuständigen Polizeibehörden sind ferner befugt, zur Beseitigung erheblicher, die Sittlichkeit gefährdender Mißstände im Wege der Verfügung für einzelne Gast- oder Schankwirtschaften die Beschäftigung von Kindern weiter einzuschränken oder zu untersagen.

§ 21.

Aufsicht.

Insoweit nicht durch Bundesratsbeschluß oder durch die Landesregierungen die Aufsicht anderweitig geregelt ist, finden die Bestimmungen des § 139 b der Gewerbeordnung Anwendung.

In Privatwohnungen, in denen ausschließlich eigene Kinder beschäftigt werden, dürfen Revisionen während der Nachtzeit nur stattfinden, wenn Tatsachen vorliegen, welche den Verdacht der Nachtbeschäftigung dieser Kinder begründen.

§ 22.

Zuständige Behörden.

Welche Behörden in jedem Bundesstaat unter der Bezeichnung: höhere Verwaltungsbehörde, untere Verwaltungsbehörde, Schulaufsichtsbehörde, Gemeindebehörde, Polizeibehörde, Ortspolizeibehörde zu verstehen sind, wird von der Zentralbehörde des Bundesstaats bekannt gemacht.

V. Strafbestimmungen.

§ 23.

Mit Geldstrafe bis zu zweitausend Mark wird bestraft, wer den §§ 4 bis 8 zuwiderhandelt.

Im Falle gewohnheitsmäßiger Zuwiderhandlung kann auf Gefängnisstrafe bis zu sechs Monaten erkannt werden.

Der § 75 des Gerichtsverfassungsgesetzes findet Anwendung.

§ 24.

Mit Geldstrafe bis zu sechshundert Mark wird bestraft:

1. wer dem § 9 zuwider Kindern an Sonn- und Festtagen Beschäftigung gibt;
2. wer den auf Grund des § 20 hinsichtlich der Beschäftigung fremder Kinder endgültig ergangenen Verfügungen zuwiderhandelt.

Im Falle gewohnheitsmäßiger Zuwiderhandlung kann auf Haft erkannt werden.

§ 25.

Mit Geldstrafe bis zu einhundertfünfzig Mark wird bestraft:

1. wer den §§ 12 bis 16, § 17 Abs. 1 zuwiderhandelt;
2. wer den auf Grund des § 20 hinsichtlich der Beschäftigung eigener Kinder endgültig ergangenen Verfügungen oder den auf Grund des § 17 Abs. 2 erlassenen Vorschriften zuwiderhandelt.

Im Falle gewohnheitsmäßiger Zuwiderhandlung kann auf Haft erkannt werden.

§ 26.

Mit Geldstrafe bis zu dreißig Mark werden Arbeitgeber bestraft, welche es unterlassen, den durch § 10 für sie begründeten Verpflichtungen nachzukommen.

§ 27.

Mit Geldstrafe bis zu zwanzig Mark wird bestraft:

1. wer entgegen der Bestimmung des § 11 Abs. 1 ein Kind in Beschäftigung nimmt oder behält;
2. wer der Bestimmung des § 11 Abs. 3 in Ansehung der Arbeitskarten zuwiderhandelt.

§ 28.

Die Strafverfolgung der im § 24 bezeichneten Vergehen verjährt binnen drei Monaten.

§ 29.

Die Bestimmungen des § 151 der Gewerbeordnung finden Anwendung.

VI. Schlußbestimmungen.

§ 30.

Die vorstehenden Bestimmungen stehen weitergehenden landesrechtlichen Beschränkungen der Beschäftigung von Kindern in gewerblichen Betrieben nicht entgegen.

§ 31.

Dieses Gesetz tritt mit dem 1. Januar 1904 in Kraft.

Anlage.

Verzeichnis derjenigen Werkstätten, in deren Betrieb, abgesehen vom Austragen von Waren und von sonstigen Botengängen, Kinder nicht beschäftigt werden dürfen.

Gruppe der Gewerbestatistik.	Bezeichnung der Werkstätten.
IV.	Werkstätten zur Anfertigung von Schieferwaren, Schiefertafeln und Griffeln, mit Ausnahme von Werkstätten, in denen lediglich das Färben, Bemalen und Bekleben sowie die Verpackung von Griffeln und das Färben, Liniieren und Einrahmen von Schiefertafeln erfolgt.
	Werkstätten der Steinmetzen, Steinhauer.
	Werkstätten der Steinbohrer, -schleifer oder -polierer.
	Kalkbrennereien, Gipsbrennereien.
	Werkstätten der Töpfer.
	Werkstätten der Glasbläser, -ätzer, -schleifer oder -mattierer, mit Ausnahme der Werkstätten der Glasbläser, in denen ausschließlich vor der Lampe geblasen wird.
	Spiegelbelegereien.
V.	Werkstätten, in denen Gegenstände auf galvanischem Wege durch Vergolden, Versilbern, Vernickeln und dergleichen mit Metallüberzügen versehen werden oder in denen Gegenstände auf galvanoplastischem Wege hergestellt werden.
	Werkstätten, in denen Blei- und Zinnspielwaren bemalt werden.
	Blei-, Zink-, Zinn-, Rot- und Gelbgießereien und sonstige Metallgießereien.
	Werkstätten der Gürtler und Bronzeure.
	Werkstätten, in denen Blei, Kupfer, Zink oder Legierungen dieser Metalle bearbeitet oder verarbeitet werden mit Ausnahme von Werkstätten, in denen ausschließlich eigene Kinder und diese lediglich mit Sortieren und Zusammensetzen von Uhrenbestandteilen beschäftigt werden.[3])
	Metallschleifereien und -poliereien.
	Feilenhauereien.
VI.	Harnischmachereien, Bleianknüpfereien.
	Werkstätten, in denen Quecksilber verwandt wird.
VII.	Werkstätten zur Herstellung von Explosivstoffen, Feuerwerkskörpern, Zündhölzern und sonstigen Zündwaren.
	Abdeckereien.
IX.	Werkstätten, in denen Gespinste, Gewebe und dergleichen mittels chemischer Agentien gebleicht werden.
	Färbereien.
	Lumpensortierereien.

3) Diese Fassung beruht auf der Bekanntmachung vom 17. Dezember 1903.

Gruppe der Gewerbestatistik.	Bezeichnung der Werkstätten.
XI.	Felleinsalzereien, Gerbereien.
	Werkstätten zur Verfertigung von Gummi-, Guttapercha- und Kautschukwaren.
	Werkstätten zur Verfertigung von Polsterwaren.
	Roßhaarspinnereien.
XII.	Werkstätten der Perlmutterverarbeitung.
	Haar- und Borstenzurichtereien. Bürsten- und Pinselmachereien, sofern mit ausländischem tierischen Materiale gearbeitet wird.
XIII.	Fleischereien.
XIV.	Hasenhaarschneidereien.
	Bettfedernreinigungsanstalten.
	Chemische Waschanstalten.
XV.	Werkstätten der Maler und Anstreicher.

1. April 1903.

Bekanntmachung, betreffend den Betrieb von Anlagen zur Herstellung von Präservativs, Sicherheitspessarien, Suspensorien und dergleichen.[1])

Reichsgesetzbl. S. 123.

1) Die Bekanntmachung ist jetzt gegenstandslos. S. Bekanntmachung vom 30. Januar 1903.

9. April 1903.

Bekanntmachung des Reichskanzlers, betreffend den Beitritt des Reichs zu dem internationalen Verbande zum Schutze des gewerblichen Eigentums.

Reichsgesetzbl. S. 147.

Z. vgl. unterm 14. Dezember 1900, Zusatzakte d. d. Brüssel, den 14. Dezember 1900, betreffend die Abänderung der Übereinkunft vom 20. März 1883 und des dazu gehörigen Schlußprotokolls.[1])

1) Zu vgl. jetzt Pariser Verbandsübereinkunft nach der Akte von Washington, vom 2. Juni 1911 (Reichsgesetzbl. 1913 S. 209).

23. April 1903.

Verfügung des Ministeriums, betreffend die Ausführung des Gesetzes vom 30. Juni 1900 über die Unfallfürsorge für Gefangene.

Samml. d. Justizverw. Bd. 28 S. 77.

Zur Ausführung des Reichsgesetzes vom 30. Juni 1900, betreffend die Unfallfürsorge für Gefangene, wird für den Geschäftsbereich der Gefängnisverwaltung Folgendes verfügt:

1. Nach § 1 des Gesetzes tritt die Fürsorge ein, wenn Gefangene oder Personen, welche denselben gleichgestellt sind, einen Unfall bei einer Tätigkeit erleiden, bei deren Ausübung freie Arbeiter nach den Bestimmungen der Reichsgesetze über Unfallversicherung versichert sein würden. Welche Tätigkeiten in Betracht kommen, ergibt sich des näheren aus dem Gewerbe-Unfallversicherungsgesetz, dem Unfallversicherungsgesetz für Land- und Forstwirtschaft und dem Bau-Unfallversicherungsgesetz (Reichs-Gesetzbl. 1900, S. 573 ff.[1]).

   Ob bei vorkommenden Unfällen die im

1) Jetzt §§ 537 ff. der Reichsversicherungsordnung. Wegen der ärztlichen Untersuchung, welcher die Gefangenen bei ihrer Aufnahme und Entlassung mit Rücksicht auf die reichsgesetzliche Unfallfürsorge zu

ersten Absatz erwähnte Voraussetzung zutrifft oder nicht, unterliegt der Prüfung im Einzelfalle.

2. Von jedem Unfall, welcher zu einer Untersuchung nach § 9 des Gesetzes Anlaß gibt, ist sofort bei Einleitung der Untersuchung der Ausführungsbehörde (Bekanntmachung vom 25. Februar d. Js., Zentral- und Bezirks-Amtsblatt S. 21) Mitteilung zu machen.

3. Bei der nachherigen Einsendung der Verhandlungen über die Untersuchung selbst ist, im Falle der Verletzung, zugleich zu erörtern, ob völlige Erwerbsunfähigkeit (§ 3 Abs. 2 a des Gesetzes) oder in welchem Grade eine teilweise Erwerbsunfähigkeit (§ 3 Abs. 2 b) vorliegt; ferner ist Auskunft darüber zu geben, ob der Verletzte einer Krankenkasse oder der Gemeinde-Kranken-Versicherung angehört (§ 3 Abs. 1), sowie über die Höhe des der Bemessung der Rente zu Grunde zu legenden ortsüblichen Tagelohns (§ 3 Abs. 2).

Im Falle der Tötung bedarf es gleichfalls der letzteren Angabe und ferner der Feststellung, ob einer der Fälle vorliegt, in welchen die Entschädigung der Hinterbliebenen fortfällt oder versagt werden kann (§ 4 Abs. 4).

Die erforderlichen Erkundigungen sind regelmäßig bei der unteren Verwaltungsbehörde — in Gemeinden über 10 000 Einwohner bei dem Bürgermeister, im übrigen bei dem Kreisdirektor —, einzuziehen.

unterziehen sind, vgl. Verf. d. Minist. v. 12. Juni 1903 (Sammlg. d. Justizverw. Bd. 28 S. 123).

---

25. April 1903.

Bekanntmachung des Reichskanzlers, betreffend Abänderung der Postordnung vom 20. März 1900.

Zentr.-Bl. f. d. D. R. S. 125.

Die Änderungen sind beim Abdruck der Postordnung vom 20. März 1900 berücksichtigt.

---

27. April 1903.

Bekanntmachung des Reichskanzlers, betreffend den internationalen Verband zum Schutze des gewerblichen Eigentums.

Reichsgesetzbl. S. 202.

Betrifft Ratifikation der Zusatzakte d. d. Brüssel vom 14. Dezember 1900 durch die Vereinigten Staaten von Brasilien.

Brasilien ist auch der Akte von Washington, vom 2. Juni 1911 (Reichsgesetzbl. 1913 S. 209) beigetreten; doch hat die Ratifikation derselben durch Brasilien noch nicht stattgefunden.

---

28. April 1903.

Bekanntmachung des Reichskanzlers, betreffend Abänderung des Wahlreglements vom 28. Mai 1870.[1])

Reichsgesetzbl. S. 202.

1) Die in der Bekanntmachung vorgesehenen Änderungen sind in dem Wahlreglement vom 28. Mai 1870 (Bd. I) berücksichtigt. Weitere Änderungen sind in der Bekanntmachung vom 4. Juni 1913 R.G.Bl. S. 314 getroffen.

28. April 1903.

Bekanntmachung des Reichskanzlers, betreffend die von dem Stadtrate zu Leipzig geführte Eintragsrolle.[1])

Reichsgesetzbl. S. 211.

Eintragungen in die vom Stadtrate zu Leipzig geführte Eintragsrolle werden fortan im Deutschen Reichsanzeiger öffentlich bekannt gemacht.

1) Erlassen auf Grund des § 57 Abs. 2 des Gesetzes, betreffend das Urheberrecht an Werken der Litteratur und der Tonkunst, vom 19. Juni 1901.

---

29. April 1903.

Bekanntmachung des Reichskanzlers, betreffend das Gesetz gegen den verbrecherischen und gemeingefährlichen Gebrauch von Sprengstoffen.[1])

Reichsgesetzbl. S. 211.

Auf Grund des § 1 Abs. 3 des Gesetzes gegen den verbrecherischen und gemeingefährlichen Gebrauch von Sprengstoffen vom 9. Juni 1884 (Reichs-Gesetzbl. S. 61) hat der Bundesrat beschlossen:

I. Die nachstehend aufgeführten Sprengstoffe werden als solche bezeichnet, welche vorzugsweise als Schießmittel gebraucht werden:

A. folgende Pulversorten:

1. alle zum Schießen aus Handfeuerwaffen und Böllern sowie zur Feuerwerkerei und zum Sprengen dienenden, aus Salpeter, Schwefel und Kohle hergestellten Pulver; [2])
2. die zum Schießen aus Jagd- und Scheibengewehren dienenden rauchschwachen Pulver, die aus gelatinierter Schießwolle oder sonstiger nitrierter Pflanzenfaser ohne Zusatz anderer explosiver Stoffe hergestellt sind und gekörnt (in Körnern von nicht über 5 Millimeter Dicke) oder in Plättchen von nicht über 1,6 Kubikmillimeter Inhalt in den Handel gebracht werden;
3. die verschiedenen Sorten folgender handhabungssicherer schwarzpulverähnlicher Sprengpulver:
   a) Petroklastit oder Haloklastit,
   b) Cahücit,
   c) Castroper Sprengsalpeter,
   d) Praepofit,

   wenn sie sich unter dem Einfluß von Stoß, Reibung oder Entzündung nicht gefährlicher erweisen, als Sprengsalpeter von folgender Zusammensetzung: 75 Prozent Natronsalpeter, 10 Prozent Schwefel, 15 Prozent Braunkohle; [3])

B. die zur Entzündung von Gewehrladungen dienenden Sprengstoffe, soweit sie in Zündhütchen für Gewehre oder Zündspiegeln für dergleichen verarbeitet sind;

C. die Vereinigung der unter A 1 und B genannten Stoffe in fertige Gewehr-, Pistolen- oder Revolverpatronen, einschließlich der unter Verwendung von Knallquecksilber ohne Pulver hergestellten Patronen für Teschingewehre, Pistolen oder Revolver;

D. fertige Gewehr-, Pistolen- und Revolverpatronen, welche rauchschwaches, aus nitrierter Pflanzenfaser ohne Zusatz anderer explosiver Stoffe hergestelltes Pulver enthalten.

II. Die vorstehenden Bestimmungen treten mit dem Tage ihrer Verkündung in Kraft und an die Stelle der durch die Bekanntmachungen des Reichskanzlers, betreffend das Gesetz gegen den verbrecherischen und gemeingefährlichen Gebrauch von Sprengstoffen, vom 13. März 1885 (Reichs-Gesetzbl. S. 78), vom 16. April 1891 (Reichs-Gesetzbl. S. 105) und vom 11. August 1896 (Reichs-Gesetzbl. S. 698) verkündeten Bestimmungen.

1) Die Bekanntmachung ist in der Fassung abgedruckt, welche sie durch die Bekanntm. d. ReichsK. v. 20. Juni 1907 u. v. 10. April 1911 erhalten hat.

2) Fassung der Bekanntm. v. 20. Juni 1907.

3) Fassung der Bekanntm. v. 10. April 1911.

30. April 1903.

Bundesratsbeschluß, betreffend Abänderung des Privatlager-Regulativs.

Zentr.-Bl. f. d. D. R. S. 262.

Die Änderung betrifft den § 8 des Regulativs und wird beim Abdruck desselben berücksichtigt.

---

7. Mai 1903.

Bekanntmachung des Reichskanzlers, betreffend die Grundsätze für die Erteilung der Erlaubnis zum Gebrauche des Roten Kreuzes.

Reichsgesetzbl. S. 215.

Auf Grund des § 1 des Gesetzes zum Schutze des Genfer Neutralitätszeichens vom 22. März 1902 (Reichs-Gesetzbl. S. 125) hat der Bundesrat für die Erteilung der Erlaubnis, das in der Genfer Konvention zum Neutralitätszeichen erklärte Rote Kreuz auf weißem Grunde sowie die Worte „Rotes Kreuz" zu geschäftlichen Zwecken sowie zur Bezeichnung von Vereinen oder Gesellschaften oder zur Kennzeichnung ihrer Tätigkeit zu gebrauchen, folgende Grundsätze aufgestellt:

1. Die Erlaubnis ist denjenigen Vereinen oder Gesellschaften einschließlich der Ritterorden sowie der geistlichen Orden und Kongregationen zu erteilen, welche sich im Deutschen Reiche der Krankenpflege widmen und durch eine Bescheinigung des zuständigen Kriegsministeriums nachweisen, daß sie für den Kriegsfall zur Unterstützung des militärischen Sanitätsdienstes zugelassen sind.
2. Die Erteilung der Erlaubnis ist bei der zuständigen Landes-Zentralbehörde zu beantragen.
3. Zuständig für die Erteilung der Erlaubnis ist die Zentralbehörde des Bundesstaats, in dessen Gebiete der Verein oder die Gesellschaft den Sitz oder in Ermangelung eines inländischen Sitzes eine Niederlassung hat.
4. In der Erlaubnisurkunde ist zum Ausdrucke zu bringen, daß auf Grund der Erlaubnis die Mitglieder des Vereins oder der Gesellschaft das Rote Kreuz zu ihren persönlichen Zwecken nicht gebrauchen dürfen.
5. Die Erlaubnis ist zurückzunehmen, wenn die Voraussetzungen, welche für die Erteilung der Erlaubnis maßgebend gewesen sind, nicht mehr zutreffen.

   Zuständig für die Zurücknahme ist die Behörde, welche die Erlaubnis erteilt hat.
6. Für das Verfahren werden Kosten und Stempel nicht erhoben.

---

7. Mai 1903.

Bundesratsbeschluß, betreffend die Zollbehandlung von unverkäuflichen zollpflichtigen Gegenständen.

Zentr.-Bl. f. d. D. R. S. 172.

Der Bundesrat hat in seiner Sitzung vom 7. Mai d. J. beschlossen:

1. Strandgüter (beschädigte und unbeschädigte), im Grenzbezirke gefundene Gegenstände, Niederlagegüter, deren Eigentümer unbekannt ist, und Gegenstände, die im Zollstrafverfahren eingezogen worden sind, können, falls bei dem Verkaufe kein Gebot erfolgt, zu dem bestimmungsgemäß der Zuschlag erteilt werden kann (Vereinszollgesetz §§ 82, 104, 154 und 157 sowie Ziffer 22 und 36 der Anweisung zur Ausführung dieses Gesetzes), in derselben oder in einer späteren Verhandlung von neuem in der Weise zum Verkaufe gestellt werden, daß sie seitens des Erwerbers unter amtlicher Aufsicht durch Zerkleinern oder in sonst geeigneter Weise in eine zollfreie oder mit einem niedrigeren Zollsatze belegte Ware umzuwandeln sind, wogegen ein Zoll nicht oder nur nach dem niedrigeren Satze zu erheben ist.
2. In der angegebenen Weise können die bezeichneten Waren auch sofort zum Verkaufe gestellt werden, wenn anzunehmen ist, daß ohne dies ein Gebot, dem der Zuschlag erteilt werden darf, nicht erfolgen werde.

8. Mai 1903.

Bekanntmachung des Reichskanzlers, betreffend die Stempelung der bei der Verkündung des Gesetzes zum Schutze des Genfer Neutralitätszeichens vom 22. März 1902 (Reichs-Gesetzbl. S. 125) mit dem Roten Kreuze bezeichneten Waren.

Reichsgesetzbl. S. 216.

Auf Grund des § 5 des Gesetzes zum Schutze des Genfer Neutralitätszeichens vom 22. März 1902 (Reichs-Gesetzbl. S. 125) wird über die Stempelung der bei der Verkündung des Gesetzes mit dem Roten Kreuze bezeichneten Waren folgendes bestimmt:

1. Wer auf Grund des § 5 des Gesetzes nach dessen Inkrafttreten (1. Juli 1903) mit dem Roten Kreuze bezeichnete Waren vertreiben will, hat die Stempelung der Waren bei der Polizeibehörde des Ortes, in welchem sich die Waren befinden, zu beantragen.
2. Sofern die Polizeibehörde nicht ermittelt, daß die Waren erst nach dem 26. März 1902 mit dem Roten Kreuze bezeichnet worden sind, sind die Waren entweder mit dem Abdrucke des Dienststempels der Polizeibehörde oder mit einem Stempelabdrucke zu versehen, welcher nach dem nebenstehenden Muster [1]) in farbiger Ausführung (blau auf weiß) den Reichsadler und die Bezeichnung „Reichsgesetz v. 22. 3. 1902. § 5." trägt.
3. Der Stempelabdruck wird auf den Waren, deren Verpackung oder Umhüllung oder auf einem Papierstück angebracht, welches mit den Waren, deren Verpackung oder Umhüllung durch einen Klebestoff zu verbinden ist.
4. Der Stempelabdruck ist durch einen Beamten der Polizeibehörde oder unter der Aufsicht eines solchen Beamten anzubringen.
5. Für das Verfahren werden Kosten und Stempel nicht erhoben.

1) Hier nicht abgedruckt.

---

10. Mai 1903.

Gesetz, betreffend Phosphorzündwaren. [1])

Reichsgesetzbl. S. 217.

§ 1.

Weißer oder gelber Phosphor darf zur Herstellung von Zündhölzern und anderen Zündwaren nicht verwendet werden.

Zündwaren, die unter Verwendung von weißem oder gelbem Phosphor hergestellt sind, dürfen nicht gewerbsmäßig feilgehalten, verkauft oder sonst in Verkehr gebracht werden.

Zündwaren der bezeichneten Art dürfen zum Zwecke gewerblicher Verwendung nicht in das Zollinland eingeführt werden.

Die vorstehenden Bestimmungen finden auf Zündbänder, die zur Entzündung von Grubensicherheitslampen dienen, keine Anwendung.

§ 2.

Wer den Vorschriften dieses Gesetzes vorsätzlich zuwiderhandelt, wird mit Geldstrafe bis zu zweitausend Mark bestraft.

Ist die Handlung aus Fahrlässigkeit begangen worden, so tritt Geldstrafe bis zu einhundertfünfzig Mark ein.

Neben der Strafe ist auf Einziehung der verbotswidrig hergestellten, eingeführten oder in Verkehr gebrachten Gegenstände sowie bei verbotswidriger Herstellung auf die Einziehung der dazu dienenden Gerätschaften zu erkennen, ohne Unterschied, ob sie den Verurteilten gehören oder nicht. Ist die Verfolgung oder die Verurteilung einer bestimmten Person nicht ausführbar, so ist auf die Einziehung selbständig zu erkennen.

§ 3.

Die Vorschriften des § 1 Abs. 2 treten am 1. Januar 1908, im übrigen tritt das Gesetz am 1. Januar 1907 in Kraft.

1) S. auch das Internationale Abkommen vom 26. September 1906.

12. Mai 1903.

Verfügung des Ministeriums, betreffend die Rückgabe der erledigten nichtpreußischen Orden und Ehrenzeichen.

Zentr.- u. Bez.A.Bl. S. 65.

Unter Bezugnahme auf die Verfügungen vom 21. Februar 1895 Z. B. 255, — Zentral- und Bezirks-Amtsbl. S. 39 — und vom 20. Juni 1902 Z. B. 864 — Zentral- und Bezirks-Amtsbl. S. 181 — bringe ich nachstehend ein neu aufgestelltes Verzeichnis derjenigen nichtpreußischen Ordensdekorationen zur öffentlichen Kenntnis, welche nach dem Tode der Beliehenen gegenwärtig nicht mehr zurückgegeben zu werden brauchen.

Verzeichnis

derjenigen nichtpreußischen Orden, welche beim Tode des Beliehenen von der Rücklieferung **ausgeschlossen** sind, bezw. deren Rücklieferung **nicht erforderlich** ist.

A. Alle Orden mit Brillanten, ausgenommen die Dänischen Großkreuz-Dekorationen, von denen die Großkreuze selbst mit Brillanten zurückzugeben sind, während die Sterne mit Brillanten den Erben verbleiben.

B. Alle Dekorationen, die der Verstorbene sich selbst anfertigen ließ.

C. Einzelne Staaten:

1. Außer-Europäische Staaten: alle Orden.
2. Baden: Verdienst- und Rettungsmedaillen, Dienstauszeichnungskreuz.
3. Bayern: Verdienstkreuz; das dem Militär-Verdienstorden angereihte Militär-Verdienstkreuz ist zurückzuliefern.
4. Belgien: Zivilmedaille erster Klasse.
5. Frankreich: alle Orden.
6. Italien: alle Orden, ausgenommen den Annunciaten-Orden.
7. Montenegro: alle Orden.
8. Die Mecklenburg-Schwerinschen Militär-Ehrenzeichen und das Militär-Verdienstkreuz.
9. Österreich-Ungarn: die älteren Zivil-Medaillen und silbernen Zivil-Ehrenkreuze, das metallene Armeekreuz, die goldene und silberne Tapferkeitsmedaille, sowie alle an Inländer verliehene Orden.
10. Päpstlicher Stuhl: alle Orden.
11. Portugal: alle Orden.
12. Rumänien: alle Orden.
13. Rußland: alle Orden.
14. Sachsen (Königreich, Großherzogtum und Herzogtümer): Königlich Sächsische silberne Dienstauszeichnung, Sächsische Erinnerungszeichen für 1870/71, Großherzoglich Sächsische Verdienstmedaille.
15. Schaumburg-Lippe: Militär-Verdienstmedaille.
16. Schweden: Verdienst-Medaille für Kunst und Wissenschaft.
17. Serbien: alle Orden.
18. Württemberg: Silberne Verdienstmedaille und Verdienstkreuz.

Alle in vorstehendem Verzeichnis nicht genannten Europäischen Staaten verlangen Rückgabe der sämtlichen von ihnen verliehenen und in natura gelieferten Orden.

(Anmerkung: Nach Obigem sind also nunmehr auch alle griechischen, türkischen und spanischen Orden zurückzuliefern, desgleichen die seit 1896 anerkannten bulgarischen Orden).

---

25. Mai 1903.

Ausführungs-Vorschriften des Ministeriums zu den Bestimmungen des Wandergewerbesteuergesetzes vom 8. Juni 1896 über die Beschlagnahme von Gegenständen.

Zentr.- u. Bez.A.Bl. S. 67.

1. Von der in § 20 des Wandergewerbesteuergesetzes erteilten Befugnis, die zum Wandergewerbebetrieb mitgeführten Gegenstände in Beschlag zu nehmen, ist der Regel nach in den gesetzlich zulässigen Fällen Gebrauch zu machen, wenn der Steuerpflichtige

a) ein Wandergewerbe ausübt, ohne mit einem Steuerschein für dasselbe versehen zu sein (§ 17, Abs. 1 Ziffer 1),

b) nach Lösung des Steuerscheins, ohne zuvor die vorgeschriebene Anmeldung erstattet zu haben, ein anderes, als das im Steuerschein bezeichnete Wandergewerbe betreibt (§ 17, Abs. 1 Ziffer 3 a),

c) den Betrieb auf andere, als die im Steuerschein bezeichneten Gegenstände, Waren oder Leistungen ausdehnt oder im Steuerschein nicht vorgemerkte, gewerbliche Begleiter oder Fuhrwerke mit sich führt (§ 17, Abs. 1 Ziffer 3 b).

2. Zur Ausführung der Beschlagnahme befugt sind die Hülfsbeamten der Staatsanwaltschaft.

3. Die Beschlagnahme ist nicht weiter auszudehnen, als der Zweck, die Entrichtung von Steuer, Strafe und Kosten sicher zu stellen, es erfordert. Sie hat zu unterbleiben

a) wenn der Eingang der Steuer, Strafe und Kosten anderweit durch Hinterlegung einer genügenden Summe, durch Bürgschaft und dergl. vollständig gesichert wird,

b) wenn der Angezeigte in solchen Verhältnissen lebt, daß die Zahlung der Steuer, Strafe und Kosten mit Sicherheit erwartet werden darf,

c) wenn die Aufbewahrung oder spätere Veräußerung der mitgeführten Gegenstände Schwierigkeiten verursachen würde,

d) wenn zu befürchten ist, daß die Gegenstände durch die Beschlagnahme Schaden leiden.

4. Die beschlagnahmten Gegenstände sind in der Regel dem Bürgermeister der Gemeinde, in deren Bezirk die Zuwiderhandlung stattgefunden hat, zu übergeben, bares Geld der nächsten Steuerkasse oder dem nächsten Verkehrssteueramte zu übersenden.

5. In der Anzeige über die Zuwiderhandlung sind Art und Umfang der beschlagnahmten Waren sowie die Stelle, bei welcher die Hinterlegung erfolgt ist und, soweit es sich um bares Geld handelt, die Ablieferungsstelle (Ziffer 4) anzugeben.

6. Die Inanspruchnahme der beschlagnahmten Gegenstände oder des hinterlegten baren Geldes ist nur statthaft, wenn ein vollstreckbarer Titel vorliegt, also für die geschuldete Steuer eine für vollstreckbar erklärte Rolle und für Strafe und Kosten ein rechtskräftig gewordenes Urteil.

Die gleiche Wirkung ist der freiwilligen Unterwerfung unter die vorläufige Strafverfügung des Direktors der direkten Steuern beizulegen.

7. Die Beschlagnahme behält ihre Wirksamkeit bis zur vollständigen Durchführung des Strafverfahrens oder bis zur Aufhebung der Beschlagnahme durch die zuständige Behörde.

8. Die Vorschriften in § 38 der Anweisung für die Verkehrssteuerbehörden, betreffend das Gerichtskosten- und Strafwesen, vom 10. Dezember 1896, finden sinngemäße Anwendung.

---

26. Mai 1903.

Bekanntmachung des Reichskanzlers, betreffend die Einrichtung und den Betrieb von Anlagen zur Herstellung von Bleifarben und anderen Bleiprodukten.

Reichsgesetzbl. S. 225.

Auf Grund der §§ 120 e und 139 a der Gewerbeordnung hat der Bundesrat über die Einrichtung und den Betrieb von Anlagen zur Herstellung von Bleifarben und anderen Bleiprodukten

folgende Vorschriften erlassen:

§ 1.

Die nachstehenden Vorschriften finden Anwendung auf alle Anlagen, in denen Bleifarben oder andere chemische Bleiprodukte (Bleiweiß, Bleichromat, Massikot, Glätte, Mennige, Bleisuperoxyd, Pattinsonsches Bleiweiß, Casseler Gelb, englisches Gelb, Neapel-Gelb, Jodblei, Bleizucker usw.) oder bleihaltige Farbengemische als Haupt- oder Nebenprodukt hergestellt werden.

Auf Bleihütten finden diese Vorschriften keine Anwendung, auch wenn darin Stoffe der im Abs. 1 bezeichneten Art hergestellt werden.

Ausgenommen bleiben ferner Anlagen, in denen nur im Zusammenhange mit einem anderen Gewerbebetriebe fertige Farbstoffe lediglich mit einander gemischt oder mit Öl oder Firnis angerieben werden.

§ 2.

Die Arbeitsräume, in denen die im § 1 Abs. 1 bezeichneten Stoffe hergestellt oder verpackt werden, müssen geräumig, hoch und so eingerichtet sein, daß in ihnen ein ausreichender beständiger Luftwechsel stattfindet.

Sie müssen mit einem ebenen und festen Fußboden versehen sein, der eine leichte Beseitigung des Staubes auf feuchtem Wege gestattet. Der Fußboden ist, soweit er sich nicht infolge des Betriebs ständig in feuchtem Zustande befindet, mindestens einmal täglich feucht zu reinigen.

Die Wände müssen eine ebene Oberfläche haben und, soweit sie nicht mit einer abwaschbaren Bekleidung oder mit einem Ölfarbenanstriche versehen sind, mindestens einmal jährlich mit Kalkmilch angestrichen werden.

§ 3.

Das Eintreten bleihaltigen Staubes sowie bleihaltiger Gase und Dämpfe in die Arbeitsräume muß durch geeignete Vorrichtungen möglichst verhindert werden. Arbeitsräume, welche gegen das Eintreten bleihaltigen Staubes oder bleihaltiger Gase und Dämpfe nicht vollständig geschützt werden können, sind gegen andere Arbeitsräume so abzuschließen, daß in diese Staub, Gase oder Dämpfe nicht eintreten können.

§ 4.

Die Schmelzkessel für Blei sind mit gut ziehenden, ins Freie oder in einen Schornstein mündenden Abzugsvorrichtungen (Fangtrichtern) zu überdecken.

§ 5.

Die Innenflächen der Oxydierkammern müssen möglichst glatt und dicht hergestellt sein. Die Oxydierkammern und die in ihnen befindlichen Gerüste sind während des Behängens feucht zu erhalten. Die Oxydierkammern sind, bevor sie nach Beendigung des Oxydationsprozesses betreten werden, ausreichend abzukühlen und zu durchlüften sowie durch Einleiten von Wasserdampf gründlich zu durchfeuchten. Das Bleiweiß ist mittels eines kräftigen Wasserstrahls von den Latten oder Rundhölzern abzuspritzen. Die Oxydierkammern sind, solange in ihnen gearbeitet wird, genügend zu erhellen.

Die Rohbleiweißvorräte sind während der Überführung nach dem Schlämmeraum und solange sie in diesem lagern, feucht zu erhalten.

Die Wände der Oxydierkammern sowie die darin befindlichen Gerüste, Latten und Rundhölzer sind jedesmal vor dem Behängen durch Abspritzen mit einem kräftigen Wasserstrahl oder durch Abwaschen von Bleiweiß gründlich zu reinigen.

Der Arbeitgeber hat einen mit diesen Vorschriften und den sonst erforderlichen Vorsichtsmaßregeln genau vertrauten Meister oder Vorarbeiter zu beauftragen, die bei Entleerung der Oxydierkammern vorkommenden Arbeiten unausgesetzt zu beaufsichtigen. Die zur Beaufsichtigung bestellte Person ist nach Maßgabe des § 151 der Gewerbeordnung für die Befolgung der Vorschriften und für die Anwendung der nötigen Vorsicht verantwortlich.

§ 6.

Beim Transport und bei der Verarbeitung nasser Bleifarbenvorräte, namentlich beim Schlämmen und Naßmahlen, ist die Handarbeit durch Anwendung mechanischer Vorrichtungen soweit zu ersetzen, daß das Beschmutzen der Kleider und Hände der dabei beschäftigten Arbeiter auf das möglichst geringe Maß beschränkt wird.

Das Auspressen von Bleiweißschlamm darf nur vorgenommen werden, nachdem die darin enthaltenen löslichen Bleisalze vorher ausgefällt sind.

§ 7.

Die Innenflächen der Trockenkammern müssen möglichst glatt und dicht hergestellt sein.

§ 8.

Beim Mahlen, Sieben und Packen trockener, bleihaltiger Stoffe, beim Beschicken und Entleeren der Glätte- und Mennige-Öfen, beim Mennigebeuteln und bei sonstigen Verrichtungen, bei denen sich bleihaltiger Staub entwickelt, muß durch Absauge- und Abführungsvorkehrungen oder durch andere geeignete Vorrichtungen das Eintreten von Staub in die Arbeitsräume verhindert werden.

Für das Verpacken von Farben geringen Bleigehalts in unbedeutenden Mengen oder in kleinen, zum Vertrieb im Kleinhandel geeigneten Packungen, können auf Antrag durch die höhere Verwaltungsbehörde Ausnahmen von der Vorschrift des vorstehenden Absatzes zugelassen werden.

§ 9.

Apparate, welche bleihaltigen Staub entwickeln, müssen, insoweit nicht nach ihrer Einrichtung und Benutzungsart das Austreten von Staub wirksam verhütet wird, an allen Fugen durch dicke Lagen von Filz oder Wollenzeug oder durch Vorrichtungen von gleicher Wirkung so abgedichtet sein, daß das Eintreten des Staubes in den Arbeitsraum verhindert wird.

Apparate dieser Art müssen mit Einrichtungen versehen sein, welche eine Spannung der Luft in ihnen verhindern. Sie dürfen erst dann geöffnet werden, wenn der in ihnen entwickelte Staub sich abgesetzt hat und völlig abgekühlt ist.

§ 10.

Arbeiterinnen dürfen in Fabriken der im § 1 bezeichneten Art nur insoweit zum Aufenthalt oder zur Beschäftigung zugelassen werden, als sie dabei der Einwirkung bleihaltigen Staubes oder bleihaltiger Gase und Dämpfe nicht ausgesetzt sind und mit bleihaltigen Stoffen nicht in Berührung kommen.

In Fabriken, welche ausschließlich oder vorwiegend der Herstellung von Bleifarben oder anderen chemischen Bleiprodukten dienen, darf jugendlichen Arbeitern eine Beschäftigung nicht gewährt und der Aufenthalt nicht gestattet werden. Auf die Beschäftigung von jugendlichen Arbeitern in anderen Fabriken der im § 1 Abs. 1 bezeichneten Art finden die Bestimmungen im Abs. 1 entsprechende Anwendung.

Diese Bestimmungen haben bis zum 1. Januar 1915 Gültigkeit.[1])

§ 11.

Der Arbeitgeber darf in Räumen, in denen die im § 1 Abs. 1 bezeichneten Stoffe hergestellt oder verpackt werden, nur solche Personen zur Beschäftigung zulassen, welche eine Bescheinigung eines approbierten Arztes darüber beibringen, daß sie weder schwächlich, noch mit Lungen-, Nieren- oder Magenleiden oder mit Alkoholismus behaftet sind. Die Bescheinigungen sind zu sammeln, aufzubewahren und dem Gewerbe-Aufsichtsbeamten (§ 139 b der Gewerbeordnung) sowie dem zuständigen Medizinalbeamten auf Verlangen vorzulegen.

§ 12.

Der Arbeitgeber darf mit dem Beschicken und Entleren der Oxydierkammern nur solche Personen beschäftigen, welche mit den Gefahren des Betriebs genau vertraut sind. Die Beschäftigung darf die Dauer von acht Stunden täglich nicht überschreiten. Sie muß bei einer Dauer von mehr als sechs Stunden mindestens durch drei einstündige Pausen unterbrochen werden. Bei kürzerer Dauer der Beschäftigung ist den Arbeitern nach je zwei Stunden Arbeitszeit eine einstündige Pause zu gewähren.

Mit dem Packen von Bleifarben, bleihaltigen Farbengemischen und anderen chemischen Bleiprodukten in trockenem Zustand und mit dem Schließen der damit gefüllten Fässer dürfen die Arbeiter nicht länger als acht Stunden täglich beschäftigt werden. Diese Bestimmung findet auf die Beschäftigung an Packmaschinen keine Anwendung, falls die Maschinen mit gut wirkenden Staubabsaugevorrichtungen versehen sind oder sonst nach ihrer Einrichtung und Benutzungsart das Austreten von Staub wirksam verhütet wird.

Personen unter achtzehn Jahren dürfen mit den in Abs. 1, 2 bezeichneten Arbeiten überhaupt nicht beschäftigt werden. Für die Beschäftigung mit dem Verpacken von Farben geringen Bleigehalts in unbedeutenden Mengen oder in kleinen, zum Vertrieb im Kleinhandel geeigneten Packungen können auf Antrag durch die höhere Verwaltungsbehörde Ausnahmen von dieser Vorschrift zugelassen werden.

Im übrigen dürfen Arbeiter, welche bei ihrer Beschäftigung mit Blei oder bleihaltigen Stoffen in Berührung kommen, innerhalb eines Zeitraums von vierundzwanzig Stunden ausschließlich der Pausen nicht länger als zehn Stunden beschäftigt werden.

§ 13.

Der Arbeitgeber hat alle mit Blei oder bleihaltigen Stoffen in Berührung kommenden Arbeiter mit vollständig deckenden Arbeitsanzügen und einer Mütze, die mit dem Entleeren der Oxydierkammern beschäftigten Arbeiter auch mit geeigneter Fußbekleidung zu versehen.

§ 14.

Mit Staubentwickelung verbundene Arbeiten, bei denen der Staub nicht sofort und vollständig abgesaugt wird, darf der Arbeitgeber nur von Arbeitern ausführen lassen, welche Nase und Mund mit Respiratoren oder feuchten Schwämmen bedeckt haben.

§ 15.

Arbeiten, bei denen eine Berührung mit gelösten Bleisalzen stattfindet, darf der Arbeitgeber nur durch Arbeiter ausführen lassen, welche zuvor die Hände entweder eingefettet oder mit undurchlässigen Handschuhen versehen haben.

§ 16.

Die in den §§ 13, 14, 15 bezeichneten Arbeitskleider, Respiratoren, Schwämme und Handschuhe hat der Arbeitgeber jedem damit zu versehenden Arbeiter besonders in ausreichender Zahl und zweckentsprechender Beschaffenheit zu überweisen. Er hat dafür Sorge zu tragen, daß diese Gegenstände stets ihrer Bestimmung gemäß und nur von denjenigen Arbeitern benutzt werden, welchen sie zugewiesen sind, und daß sie in bestimmten Zwischenräumen, und zwar die Arbeitskleider mindestens jede Woche, die Respiratoren, Mundschwämme und Handschuhe vor jedem Gebrauche gereinigt und während der Zeit, wo sie sich nicht im Gebrauche befinden, an dem für jeden Gegenstand zu bestimmenden Platze aufbewahrt werden.

1) Vgl. Bekanntmachung vom 11. November 1914 R.G.Bl. S. 474, wonach sie bis 1. Januar 1917 Gültigkeit haben.

§ 17.

In einem staubfreien Teile der Anlage muß für die mit Blei oder bleihaltigen Stoffen in Berührung kommenden Arbeiter ein Wasch- und Ankleideraum und getrennt davon ein Speiseraum vorhanden sein. Beide Räume müssen sauber und staubfrei gehalten und während der kalten Jahreszeit geheizt werden. In dem Speiseraum oder an einer anderen geeigneten Stelle müssen sich Vorrichtungen zum Erwärmen der Speisen befinden.

In dem Wasch- und Ankleideraume müssen Wasser, Gefäße zum Mundspülen, zum Reinigen der Hände und Nägel geeignete Bürsten, Seife und Handtücher, sowie Einrichtungen zur getrennten Verwahrung der Arbeitskleider und derjenigen Kleidungsstücke, welche vor Beginn der Arbeit abgelegt werden, in ausreichender Menge vorhanden sein.

Der Arbeitgeber hat den mit dem Entleeren der Oxydierkammern beschäftigten Arbeitern täglich nach Beendigung dieser Arbeit, den übrigen mit Blei oder bleihaltigen Stoffen in Berührung kommenden Arbeitern zweimal wöchentlich während der Arbeitszeit Gelegenheit zu geben, in einem geeigneten, während der kalten Jahreszeit geheizten Raume innerhalb der Betriebsanlage ein warmes Bad zu nehmen.

§ 18.

Der Arbeitgeber hat die Überwachung des Gesundheitszustandes der mit Blei oder bleihaltigen Stoffen in Berührung kommenden Arbeiter einem dem Gewerbe-Aufsichtsbeamten (§ 139 b der Gewerbeordnung) sowie dem zuständigen Medizinalbeamten namhaft zu machenden approbierten Arzte zu übertragen, der mindestens zweimal monatlich die Arbeiter im Betrieb auf die Anzeichen etwa vorhandener Bleierkrankung zu untersuchen hat.

Der Arbeitgeber darf Arbeiter, die einer Bleierkrankung verdächtig sind, zu Beschäftigungen, bei welchen sie mit Blei oder bleihaltigen Stoffen in Berührung kommen, bis zu ihrer völligen Genesung nicht zulassen; solche Arbeiter aber, die sich den Einwirkungen des Bleies und bleihaltiger Stoffe gegenüber besonders empfindlich erweisen, sind dauernd von der Beschäftigung auszuschließen.

§ 19.

Der Arbeitgeber ist verpflichtet, zur Kontrolle über den Wechsel und Bestand sowie über den Gesundheitszustand der mit Blei oder bleihaltigen Stoffen in Berührung kommenden Arbeiter ein Buch zu führen oder durch einen Betriebsbeamten führen zu lassen. Er ist für die Vollständigkeit und Richtigkeit der Eintragungen, soweit sie nicht vom Arzte bewirkt werden, verantwortlich.

Dieses Kontrollbuch muß enthalten:

1. den Namen dessen, welcher das Buch führt,
2. den Namen des mit der Überwachung des Gesundheitszustandes der Arbeiter beauftragten Arztes,
3. Vor- und Zunamen, Alter, Wohnort, Tag des Eintritts und des Austritts eines jeden der im Abs. 1 bezeichneten Arbeiter sowie die Art seiner Beschäftigung,
4. den Tag und die Art der Erkrankung eines Arbeiters,
5. den Tag der Genesung,
6. die Tage und Ergebnisse der im § 18 vorgeschriebenen allgemeinen ärztlichen Untersuchungen.

Das Krankenbuch ist dem Gewerbe-Aufsichtsbeamten (§ 139 b der Gewerbeordnung) sowie dem zuständigen Medizinalbeamten auf Verlangen vorzulegen.

§ 20.

Der Arbeitgeber hat Vorschriften zu erlassen, welche außer einer Anweisung hinsichtlich des Gebrauchs der in den §§ 13, 14, 15 bezeichneten Gegenstände folgende Bestimmungen für die mit Blei oder bleihaltigen Stoffen in Berührung kommenden Arbeiter enthalten müssen:

1. die Arbeiter dürfen Branntwein, Bier und andere geistige Getränke nicht mit in die Anlage bringen;
2. die Arbeiter dürfen Nahrungsmittel nicht in die Arbeitsräume mitnehmen. Das Einnehmen der Mahlzeiten ist ihnen, sofern es nicht außerhalb der Anlage stattfindet, nur im Speiseraume (§ 17) gestattet;
3. die Arbeiter dürfen erst dann den Speiseraum betreten, Mahlzeiten einnehmen oder die Fabrik verlassen, wenn sie zuvor die Arbeitskleider abgelegt, die Haare vom Staube gereinigt, Hände und Gesicht sorgfältig gewaschen, die Nase gereinigt und den Mund ausgespült haben;
4. die Arbeiter haben die Arbeitskleider, Respiratoren, Mundschwämme und Handschuhe in denjenigen Arbeitsräumen und bei denjenigen Arbeiten, für welche es von dem Arbeitgeber vorgeschrieben ist, zu benutzen;
5. das Rauchen, Schnupfen und Kauen von Tabak während der Arbeit ist verboten;
6. die in der Anlage vorhandene Badeein-

richtung ist von den mit dem Entleeren der Oxydierkammern beschäftigten Arbeitern täglich nach Beendigung dieser Arbeit, von den übrigen mit Blei oder bleihaltigen Stoffen in Berührung kommenden Arbeitern zweimal wöchentlich zu benutzen.

Außerdem ist in den zu erlassenden Vorschriften vorzusehen, daß Arbeiter, welche trotz wiederholter Warnung den vorstehend bezeichneten Vorschriften zuwiderhandeln, vor Ablauf der vertragsmäßigen Zeit und ohne Aufkündigung entlassen werden können.

Ist für einen Betrieb eine Arbeitsordnung erlassen (§ 134 a der Gewerbeordnung), so sind die vorstehend bezeichneten Bestimmungen in die Arbeitsordnung aufzunehmen.

§ 21.

In jedem Arbeitsraume sowie in dem Ankleide- und dem Speiseraume muß eine Abschrift oder ein Abdruck der §§ 1 bis 20 dieser Vorschriften und der gemäß § 20 vom Arbeitgeber erlassenen Vorschriften an einer in die Augen fallenden Stelle aushängen.

Der Arbeitgeber ist für die Handhabung der im § 20 Abs. 1 bezeichneten Vorschriften verantwortlich. Er hat einen Meister oder Vorarbeiter zu beauftragen, die genaue Befolgung der im § 20 Abs. 1 unter Nr. 3 und 6 vorgesehenen Bestimmungen ständig zu überwachen. Die zur Überwachung bestellte Person ist nach Maßgabe des § 151 der Gewerbeordnung für die Befolgung der Vorschriften und für die Anwendung der nötigen Vorsicht verantwortlich. Der Arbeitgeber ist verpflichtet, Arbeiter, welche den auf Grund des § 20 Abs. 1 von ihm erlassenen Vorschriften trotz wiederholter Warnung zuwiderhandeln, aus der Arbeit zu entlassen.

§ 22.

Neue Anlagen, welche der Herstellung der im § 1 Abs. 1 bezeichneten Stoffe dienen sollen, dürfen erst in Betrieb gesetzt werden, nachdem ihre Errichtung dem zuständigen Gewerbe-Aufsichtsbeamten (§ 139 b der Gewerbeordnung) angezeigt ist. Dieser hat nach Empfang der Anzeige durch persönliche Revision festzustellen, ob die Einrichtung der Anlage den erlassenen Vorschriften entspricht.

§ 23.

Die vorstehenden Bestimmungen treten für diejenigen Anlagen, auf welche im gegenwärtigen Zeitpunkte die durch die Bekanntmachung des Reichskanzlers vom 8. Juli 1893 (Reichs-Gesetzbl. S. 213) verkündeten Vorschriften über die Einrichtung und den Betrieb der Bleifarben- und Bleizuckerfabriken Anwendung finden, am 1. Juli 1903, für die übrigen im § 1 Abs. 1 bezeichneten Anlagen am 1. Juli 1904 in Kraft. Für die erstgenannten Anlagen können, soweit zur Durchführung der Vorschriften der §§ 2, 4, 5, 8, 17 die Vornahme baulicher Veränderungen oder die Beschaffung neuer Einrichtungen erforderlich ist, hierzu von der höheren Verwaltungsbehörde Fristen bis höchstens zum 1. Juli 1904 bewilligt werden.

Die durch die Bekanntmachung des Reichskanzlers vom 8. Juli 1893 (Reichs-Gesetzbl. S. 213) verkündeten Vorschriften über die Einrichtung und den Betrieb der Bleifarben- und Bleizuckerfabriken treten am 1. Juli 1903 außer Kraft.

---

30. Mai 1903.

Dienstanweisung, betreffend das Strafverfahren vor den Kaiserlichen Konsulaten als Seemannsämtern.[1])

Zentr.-Bl. f. d. D. R. S. 604.

1) Vom Reichskanzler erlassen, zur Ausführung der auf das Strafverfahren vor den Seemannsämtern bezüglichen Vorschriften der Seemannsordnung vom 2. Juni 1902 (Reichs-Gesetzbl. S. 175) sowie der auf Grund des § 123 Abs. 4 dieses Gesetzes erlassenen Verordnung des Bundesrats vom 13. März 1903 (Reichs-Gesetzbl. S. 42) für die Konsulate als Seemannsämter im Auslande (§ 5 der Seemannsordnung).

---

8. Juni 1903.

Gesetz, betreffend die Abänderung des Gerichtskostengesetzes für Elsaß-Lothringen vom 6. Dezember 1899.[1])

Gesetzbl. f. Els.-Lothr. S. 33.

1) Die Änderungen sind beim Abdruck des Gerichtskostengesetzes für Elsaß-Lothringen im Band I der ersten Abteilung dieser Sammlung berücksichtigt.

13. Juni 1903.

Gesetz, betreffend Abänderung des Gesetzes vom 5. Mai 1880 über die Erhöhung der Lizenzgebühren für den Kleinverkauf von geistigen Getränken und die Ermäßigung der Weinsteuer.

Gesetzbl. f. Elf.-Lothr. S. 35.

Artikel 1 bis 3 enthalten die Änderungen des Gesetzes vom 5. Mai 1880, und zwar der §§ 1 Abs. 4, §§ 5 und 7.

Artikel 4.

Der Statthalter wird ermächtigt, den unter Berücksichtigung der vorstehenden Änderungen sich ergebenden Text des Gesetzes vom 5. Mai 1880 mit dem Datum des gegenwärtigen Gesetzes durch das Gesetzblatt für Elsaß-Lothringen bekannt zu machen.[1])

1) Zu vgl. Bekanntmachung des Statthalters, betreffend die Fassung des Gesetzes über die Erhöhung der Lizenzgebühren für den Kleinverkauf von geistigen Getränken und die Ermäßigung der Weinsteuer, vom 27. Juni 1903 (s. u.).

---

13. Juni 1903.

Gesetz über die Erhöhung der Lizenzgebühren für den Kleinverkauf von geistigen Getränken und die Ermäßigung der Weinsteuer.[1])[2])

Gesetzbl. f. Elf.-Lothr. S. 37.

§ 1.

Die Lizenzgebühren, welche nach den bestehenden gesetzlichen Vorschriften für den Kleinverkauf von geistigen Getränken (Branntwein und Likör, Wein, Bier und Met) zu entrichten sind, werden derart erhöht, daß dieselben

I. in Gemeinden mit weniger als 2 000 Seelen vierteljährlich im Mittel 25 Mark,

II. in Gemeinden von 2 000 bis 10 000 Seelen vierteljährlich im Mittel 50 Mark,

III. in Gemeinden über 10 000 Seelen vierteljährlich im Mittel 75 Mark

betragen, welche die Steuerpflichtigen jeder einzelnen Gemeinde aufzubringen haben.

Bei Umlegung des in den einzelnen Gemeinden nach Maßgabe der Zahl der Lizenzsteuerpflichtigen und des Mittelsatzes sich ergebenden Kontingents auf die Steuerpflichtigen beträgt der niedrigste Steuersatz:

bei I. vierteljährlich 15 Mark,
„ II. „ 25 „ ,
„ III. „ 30 „ ,

Der Direktor der Zölle und indirekten Steuern stellt alljährlich das von den steuerpflichtigen Gewerbetreibenden jeder einzelnen Gemeinde aufzubringende Kontingent fest.

Die Einschätzung der einzelnen Steuerpflichtigen in die zu bildenden Steuerklassen erfolgt durch die nach §§ 17, 18 des Gesetzes vom 8. Juni 1896, betreffend die Gewerbesteuer, eingesetzten Kreiskommissionen, ausschließlich nach dem Umfang und der Beschaffenheit des Geschäftsbetriebs.

§ 2.

Als Kleinverkäufer von geistigen Getränken ist anzusehen, wer Wein, Bier, Met, Branntwein oder Likör zum Verzehren auf dem Platze oder in Mengen unter 15 Liter über die Straße verkauft.

Diejenigen Grundbesitzer oder Pächter, welche ausschließlich aus ihrer eigenen Ernte herrührenden Trauben- oder Obstwein, Hefe, Trestern, Obst (Kern- und Steinobst), Beerenfrüchte oder Enzian zu Branntwein verarbeiten und solchen in Mengen von drei Litern und darüber verkaufen, sind von der Lizenzsteuer befreit.

Ebenso ist der Kleinverkauf von Branntwein, welcher sich ausschließlich auf denaturierten Branntwein, unter Beachtung der wegen dessen Vertriebs bestehenden Vorschriften, beschränkt, der Lizenzgebühr nicht unterworfen.

§ 3.

Die Einteilung der Gemeinden nach der Seelenzahl (§ 1) bestimmt sich nach den bei der letzten amtlichen Volkszählung ermittelten Zahlen der ortsanwesenden Bevölkerung der einzelnen Gemeinden.

1) In der Fassung zufolge der Bekanntmachung des Statthalters vom 27. Juni 1903 (Gesetzbl. f. Elf.-Lothr. S. 36), s. u.

2) Zu vgl. hierzu Ausführungsbestimmungen des Ministeriums zum Gesetz vom 13. Juni 1903, betreffend die Erhöhung der Lizenzgebühren für den Kleinverkauf von geistigen Getränken usw., vom 5. September 1905 (Zentr.- u. Bez.A.Bl. S. 145), s. u.

§ 4.

Personen, welche im Laufe des Abgabejahrs den Betrieb des Kleinverkaufs geistiger Getränke beginnen wollen, haben zuvor den für den Ort ihres Geschäftsbetriebs geltenden Mittelsatz bis zu erfolgter Einschätzung zu entrichten.

Die Einstellung des Geschäftsbetriebs befreit den Gewerbetreibenden von der Verpflichtung zur Steuerentrichtung für die übrigen Quartale das Abgabejahrs.

Wenn infolge von Beschwerden gegen die Einschätzung die Einreihung von Steuerpflichtigen in eine niedrigere Steuerklasse erfolgte, so ist der Ausfall an dem Kontingent des laufenden Jahrs dem Kontingente des folgenden Abgabejahrs zuzuschlagen.

§ 5.

Dem Steuerpflichtigen steht gegen den Steueransatz, zu welchem er eingeschätzt ist, binnen einer Ausschlußfrist von drei Monaten nach Bekanntgabe der Einschätzung das Rechtsmittel des Einspruchs bei der Kreiskommission zu. Gegen deren Entscheidung ist binnen einer Ausschlußfrist von einem Monate nach Bekanntgabe das Rechtsmittel der Berufung an die durch § 29 des Gesetzes vom 8. Juni 1896, betreffend die Gewerbesteuer, eingesetzte Berufungskommission zulässig.

Bei der Bekanntgabe des Steueransatzes sind die Steuerpflichtigen über die zulässigen Rechtsmittel zu belehren.

Einspruch und Berufung sind bei dem Direktor der direkten Steuern einzulegen; sie haben keine aufschiebende Wirkung und unterliegen dem Dimensionsstempel.

§ 6.

Personen, welche den Kleinverkauf der in § 1 genannten Getränke betreiben, sind verpflichtet, den von der Steuerbehörde erteilten Lizenzschein an einer in die Augen fallenden Stelle ihres Verkaufslokals derart anzubringen, daß von dessen Inhalt leicht Kenntnis genommen werden kann.

§ 7.

Wer ohne vorgängige Entrichtung der gesetzlichen Gebühren ein lizenzpflichtiges Gewerbe betreibt, wird mit einer Geldstrafe bestraft, welche dem doppelten, im Rückfalle aber dem vierfachen Betrage der hinterzogenen vierteljährlichen Lizenzgebühr, nach dem Mittelsatze berechnet, gleichkommt, den Betrag von Dreihundert Mark jedoch nicht übersteigen darf.

Wer nach vorhergegangener rechtskräftiger Verurteilung innerhalb zwei Jahren eine weitere Hinterziehung von Lizenzgebühren verübt, befindet sich im Rückfalle.

Ergibt sich aus den Umständen, daß eine Hinterziehung der Lizenzgebühr nicht hat verübt werden können oder nicht beabsichtigt gewesen ist, so findet nur eine Ordnungsstrafe von einer Mark bis zu fünfzig Mark statt.

Dieselbe Ordnungsstrafe tritt ein bei Zuwiderhandlungen gegen den § 6 des Gesetzes.

§ 8.

Vom 1. Juli 1880 an ist die in Gemäßheit des § 1 des Gesetzes vom 20. März 1873 (Gesetzbl. für Els.-Lothr. S. 51) zu erhebende Weinsteuer von 3 Mark auf 1,50 Mark ermäßigt.

Die vom Obstwein zu erhebende Steuer von 80 Pfennig bleibt unberührt.

Die Ausführungsbestimmungen zu dem Gesetze erläßt das Ministerium.[3]

3) S. Anm. 2.

---

13. Juni 1903.

Kaiserliche Verordnung, betreffend die Ernennung und die Beeidigung von Dolmetschern.[1]

Gesetzbl. f. Els.-Lothr. S. 39.

§ 1.

Ist bei der Amtshandlung eines Notars nach gesetzlicher Vorschrift die Beeidigung eines Dolmetschers erforderlich,[2] so erfolgt die Beeidigung durch den Notar.[3]

Im Falle der Beurkundung eines Rechtsgeschäfts durch einen der im § 45 des Aus-

1) Erlassen auf Grund des Art. 6 der Verfassung vom 14. Januar 1852.

2) Vgl. §§ 2244, 2276 B.G.B., §§ 178—180, § 194 Abs. 1, § 8 Freiwill. Gerichtsbarkeitsges. u. § 51 Ausf.-Ges. hierzu; wegen der Beeidigung bei Verhandlungen vor dem Standesbeamten s. §§ 10 u. 11 der Vorschr. des Bundesr. v. 25. März 1899.

3) Die Form der Beeidigung bestimmt sich nach § 191, die Ausschließung von der Tätigkeit als Dolmetscher nach § 193 G.V.G.; vgl. § 194 Abs. 1, § 8 Freiw. Gerichtsbarkeitsges.; s. auch die Verf. d. Oberstaatsanwalts v. 2. Nov. 1903 (Samml. d. Justizverw., Bd. 28 S. 217).

führungsgesetzes zum Reichsgesetz über die Angelegenheiten der freiwilligen Gerichtsbarkeit bezeichneten Beamten ist der beurkundende Beamte und im Falle der Errichtung eines Nottestaments (§ 2249, § 2250 Abs. 1 des Bürgerlichen Gesetzbuchs) ist der Gemeindevorsteher für die Beeidigung eines zugezogenen Dolmetschers zuständig.

§ 2.

Die erforderlichen Bestimmungen über die Ernennung von Dolmetschern und die Beeidigung von Dolmetschern im allgemeinen [4]) werden von dem Ministerium erlassen. [5])

4) Vgl. hierzu §§ 186—193 G.V.G., §§ 142, 159, 483 Z.P.O., §§ 63, 258 St.P.O. und § 8, § 194 Abs. 1 Freiw. Gerichtsbarkeitsges.

5) Vgl. über die Beeidigung von Dolmetschern im allgemeinen die Verf. d. Minist. v. 3. Oktober 1903 sowie die Verf. d. Minist. vom 16. Oktober 1903 (Samml. d. Justizverw. Bd. 28 S. 215) und die Verf. d. Oberstaatsanwalts an die Notare vom 2. Nov. 1903 (ebenda S. 217).

16. Juni 1903.

Bekanntmachung des Reichskanzlers, betreffend die Besetzung der Kauffahrteischiffe mit Kapitänen und Schiffsoffizieren. [1]) [2]) [3])

Reichsgesetzbl. S. 247.

1) Nicht abgedruckt.

2) Abgeändert durch: 1. Bekanntmachung des Reichskanzlers, betreffend Ergänzung der Vorschriften über die Besetzung der Kauffahrteischiffe mit Kapitänen und Schiffsoffizieren, vom 7. Januar 1909 (Reichsgesetzbl. S. 247); 2. Bekanntmachung des Reichskanzlers, betreffend Besetzung der Kauffahrteischiffe mit Kapitänen und Schiffsoffizieren, vom 21. Mai 1909 (Reichsgesetzbl. S. 445); 3. desgl. vom 3. Juni 1910 (Reichsgesetzbl. S. 865).

3) Hierzu: Bekanntmachung des Reichskanzlers, betreffend die Untersuchung der Seeleute auf Seh- und Farbenunterscheidungsvermögen, vom 9. Mai 1904 (Zentr.Bl. f. d. Deutsche Reich S. 142).

16. Juni 1903.

Bekanntmachung des Reichskanzlers, betreffend die Dreiteilung des Wachdienstes auf Kauffahrteischiffen. [1])

Reichsgesetzbl. S. 251.

1) Nicht abgedruckt.

20. Juni 1903.

Bekanntmachung des Reichskanzlers, betreffend die für die Rechtshülfe in Strafsachen zuständigen schweizerischen Behörden.

Zentr.-Bl. f. d. D. R. S. 193.

Die Schweizerische Regierung hat auf Grund neuer Erhebungen ein Verzeichnis derjenigen Amtsstellen der schweizerischen Kantone mitgeteilt, an welche sich die deutschen Behörden wegen Rechtshilfe in Strafsachen wenden können. Unter Bezugnahme auf die Bekanntmachung vom 2. März 1888 (Centralblatt S. 107) und 17. Januar 1890 (Centralblatt S. 20) wird das Verzeichnis nachstehend veröffentlicht.

Verzeichnis derjenigen Amtsstellen der schweizerischen Kantone, an welche sich die deutschen Behörden wegen Rechtshilfe in Strafsachen wenden können. [1])

Kanton Aargau.
Staatsanwaltschaft des Kantons in Aarau.

Kanton Appenzell a. Rh.
Kantonspolizeidirektion in Trogen.

Kanton Appenzell J. Rh.
Polizeidirektion des Kantons in Appenzell.

Kanton Basel-Landschaft.
Staatsanwaltschaft des Kantons in Liestal.

Kanton Basel-Stadt.
Staatsanwaltschaft in Basel.

Kanton Bern.
Anklagekammer des bernischen Obergerichts in Bern.

Kanton Freiburg.
Tribunal d'arrondissement de la Sarine in Freiburg.

1) Das Verzeichnis ist durch Verfügung des Ministeriums vom 8. Juli 1903 (Samml. d. Justizverw. Bd. 28 S. 135) den Gerichtsbehörden noch besonders mitgeteilt worden.

Tribunal d'arrondissement de la Singine in Tafers (Tavel).
Tribunal d'arrondissement de la Broye in Estavayer.
Tribunal d'arrondissement de la Glâne in Romont.
Tribunal d'arrondissement de la Gruyère in Bulle.
Tribunal d'arrondissement de la Veveyse in Châtel.
Tribunal d'arrondissement du Lac in Murten.

Kanton St. Gallen.

Bezirksamt St. Gallen in St. Gallen.
„ Tablat in St. Fiden.
„ Rorschach in Rorschach.
„ Unterrheinthal in Rheineck.
„ Oberrheinthal in Altstätten.
„ Werdenberg in Buchs.
„ Sargans in Flums.
„ Gaster in Benken.
„ See in Uznach.
„ Obertoggenburg in Neßlau.
„ Neutoggenburg in Wattwil.
„ Alttoggenburg in Kirchberg.
„ Untertoggenburg in Flawil.
„ Wil in Wil.
„ Goſſau in Goſſau.

Bei Unkenntnis über die örtliche Zuständigkeit dieser Ämter sich zu wenden an das Justizdepartement des Kantons in St. Gallen.

Kanton Genf.

Procureur Général du Canton in Genf (Genève).

Kanton Glarus.

Verhöramt de Kantons in Glarus.

Kanton Graubünden.

Kreisamt Chur.
„ Schanfigg.
„ Churwalden.
„ Fünf-Dörfer.
„ Schiers.
„ Luzein.
„ Klosters.
„ Oberhalbstein.
„ Belfort.
„ Domleschg.
„ Safien.
„ Schams.
„ Misox.
„ Calanca.
„ Ruis.
„ Lugnez.
„ Oberengadin.
„ Brusio.

Kreisamt Untertasna.
„ Münsterthal.
„ Rhäzüns.
„ Trins.
„ Maienfeld.
„ Seewis.
„ Jenaz.
„ Küblis.
„ Davos.
„ Alvaschein.
„ Bergün.
„ Thusis.
„ Avers.
„ Rheinwald.
„ Roveredo.
„ Disentis.
„ Ilanz.
„ Bergell.
„ Poschiavé (Puschlaw).
„ Obtasna.
„ Remüs.

Kanton Luzern.

Statthalteramt in Luzern.
„ in Hochdorf.
„ in Surſee.
„ in Willisau.
„ Entlebuch in Schüpfheim.

Kanton Neuenburg.

Procureur Général in Neuenburg (Neuchâtel).

Kanton Schaffhausen.

Polizeidirektion des Kantons in Schaffhausen, oder, wenn es sich lediglich um Einvernahme von Zeugen und Angeschuldigten handelt, Verhöramt des Kantons in Schaffhausen.

Kanton Schwyz.

Bezirksamt Schwyz in Schwyz.
„ Gersau in Gersau.
„ March in Lachen.
„ Einsiedeln in Einsiedeln.
„ Küßnacht in Küßnacht.
„ Höfe in Wollerau.

Kanton Solothurn.

Regierungsrat oder
Justizdepartement des Kantons in Solothurn.

Kanton Tessin.

Justizdepartement des Kantons in Bellinzona.

Kanton Thurgau.

Bezirksamt in Bischofszell,
„ in Diessenhofen,
„ in Frauenfeld,
„ in Kreuzlingen,
„ in Münchweilen,
„ in Steckborn,
„ in Weinfelden
in korrektionellen Strafsachen.

Kantonales Verhörrichteramt in Frauenfeld in kriminellen Strafsachen.

Kanton Unterwalden nid dem Wald.

Regierungsrat in Stans.

Kanton Unterwalden ob dem Wald.

Justizkommission für Strafsachen in Sarnen.

Kanton Uri.

Justiz- und Polizeidirektion in Altdorf,
Staatsanwaltschaft in Altdorf,
Verhöramt Uri in Erstfeld
nach Belieben.

Kanton Waadt.

Département de Justice et Police in Lausanne.

Kanton Wallis.

Département de Justice et Police in Sitten (Sion).

Kanton Zug.

Polizeidirektion in Zug.

Kanton Zürich.

Bezirksanwaltschaft in Zürich,
" in Winterthur,
Statthalteramt in Affoltern,
" in Horgen,
" in Meilen,
" in Hinweil,
" in Uster,
" in Pfäffikon,
" in Andelfingen,
" in Bülach,
" in Dielsdorf;
im Zweifelsfalle:
Staatsanwaltschaft des Kantons in Zürich.

---

20. Juni 1903.

Bekanntmachung betr. die Zahlung der eingeschriebenen Rente.

Zentr.- u. Bez.A.Bl. S. 81.

Nach der Bestimmung in § 15 der Geschäftsanweisung für die Landesschuldenverwaltung vom 6. Juli 1901 (Amtsbl. S. 243) [1]) ist für jedes Ziel einer eingeschriebenen Rente eine besondere Quittung auszustellen. Es erscheint angängig, von diesem Grundsatze Ausnahmen in folgenden Fällen zuzulassen:

1. Sparkassen, welche für eigene Rechnung oder für Rechnung der Eigentümer der bei ihnen hinterlegten Einschreibungsauszüge die Ziele mehrerer Einschreibungen zu erheben haben, können über die sämtlichen an demselben Tage fälligen Rentenziele eine Gesamtquittung nach dem Muster A ausstellen. [2])
2. Kassen von Gemeinden und öffentlichen Anstalten ebenso Steuerkassen können über alle von ihnen für denselben Fälligkeitstermin zu erhebenden, den von ihnen verwalteten Kassen zustehenden Rentenziele ebenfalls eine Gesamtquittung nach dem Muster B ausstellen. [2])
3. Privatpersonen kann die Ausstellung einer Gesamtquittung über mehrere an demselben Tage fälligen Rentenziele nur dann gestattet werden, wenn die Nummern der Einschreibungen unmittelbar einander folgen. In diesem Falle muß auf der Quittung eine Zusammenstellung der Einzel-Ziele gefertigt werden.
4. Die Einschreibungsauszüge sind in allen Fällen der Zahlstelle zur Abstempelung der Zielfelder vorzulegen. Die Zahlstelle ist dafür verantwortlich, daß die Abstempelung erfolgt.
5. Die Quittungen dürfen sämtlich nur die Größe eines Viertelbogens (§ 15 Ziff. 2 der Geschäftsanweisung) haben. Die auf derselben Quittung angegebenen Ziele sind streng nach der Nummerfolge aufzuführen. Eine Unterbrechung dieser Folge durch Aufführung der derselben Gemeinde zustehenden Ziele hintereinander ist nicht gestattet.
6. Die Zahlstellen haben die diesen Vorschriften nicht entsprechenden Quittungen zurückzuweisen. Dies hat auch zu geschehen, wenn die Quittungen der Einzel-Empfänger den auf dem Muster T der Geschäftsanweisung angegebenen Erfordernissen bezüglich der Bezeichnung des Eigentümers oder des Vollmachtsverhältnisses nicht entsprechen und dies nicht sofort ergänzt wird.

1) Abgedruckt S. 84.
2) Muster nicht abgedruckt.

25. Juni 1903.

Bekanntmachung des Reichskanzlers, betreffend Zuckersteuer-Ausführungsbestimmungen.[1])

Zentr.-Bl. f. d. D. R. S. 283.

Zu § 2 des Gesetzes.

§ 1.

Besteuerung der Zuckerabläufe. Die bei der Zuckererzeugung ursprünglich gewonnenen Abläufe (Sirup, Melasse) und ihre weiteren Bearbeitungen unterliegen, sofern ihr Quotient, d. h. der auf Hundertteile berechnete Zuckergehalt in der Trockenmasse, 70 oder mehr beträgt, der Zuckersteuer zum Satze von 10 ℳ für 100 kg Reingewicht.

§ 2.

Zur Ermittelung des Quotienten der Zuckerabläufe, welche weniger als 2 vom Hundert Invertzucker enthalten, sind, sofern nicht die Berechnung des Quotienten nach dem chemisch ermittelten reinen Zuckergehalte beantragt ist, die von der obersten Landesfinanzbehörde bezeichneten Amtsstellen berechtigt. Diese sind dem Reichskanzler behufs Veröffentlichung im Centralblatte für das Deutsche Reich mitzuteilen.

Die Untersuchung auf Invertzuckergehalt kann mit Genehmigung der Direktivbehörde auch von den Zuckersteuerstellen (§ 34) ausgeführt werden.

Das Verfahren für diese Untersuchung sowie für die Feststellung des Quotienten der weniger als 2 vom Hundert Invertzucker enthaltenden Abläufe ist in der als Anlage A beigefügten Anleitung vorgeschrieben. (Anlage A[3]).)

Führt die Prüfung auf den Gehalt an Invertzucker zu dem Ergebnisse, daß die weitere Untersuchung steueramtlich nicht stattfinden darf, oder wird von dem Anmelder die Berechnung des Quotienten nach dem chemisch ermittelten reinen Zuckergehalte des Ablaufs beantragt, so ist die Untersuchung einem von der Direktivbehörde auf die Wahrnehmung der Ansprüche der Steuerverwaltung verpflichteten Chemiker zu übertragen.

In beiden Fällen erfolgt die Übersendung der Proben des Ablaufs an den Chemiker und die Untersuchung auf Kosten des Anmelders. Für das Verfahren in diesen Fällen ist die Anleitung in Anlage B maßgebend. (Anlage B[3]).) Dabei sind Abläufe mit einem Gehalte von 2 vom Hundert Invertzucker und darüber zur Untersuchung auf Raffinosegehalt in der Regel nicht zuzulassen. Ausnahmsweise ist jedoch bei solchen Abläufen die Feststellung des Quotienten unter Anwendung der Raffinoseformel (Anlage B unter 2 b) dann statthaft, wenn die Fabrik auf Vermischung ihrer Abläufe mit Stärkezucker oder Stärkesirup verzichtet hat und durch die von der obersten Landesfinanzbehörde anzuordnenden besonderen Aufsichtsmaßnahmen die Möglichkeit einer Beimischung von Stärkezucker oder Stärkesirup zu den Abläufen vor deren Abfertigung aus der Fabrik mit genügender Sicherheit ausgeschlossen erscheint. Ob dies zutrifft und aus welchem Grunde (Abs. 4) die Untersuchung durch den Chemiker zu erfolgen hat, ist dem letzteren von der Amtsstelle mitzuteilen.

Sowohl die Amtsstellen als auch die Chemiker haben bei der Polarisation der Abläufe die Vorschriften in der Anlage C zu beachten. (Anlage C[3]).)

§ 3.

Auf Anstalten, in welchen Zuckerabläufe einem Reinigungsverfahren unterworfen werden, finden die in den §§ 8 bis 41 des Gesetzes enthaltenen Vorschriften sowie die dazu erlassenen Ausführungsbestimmungen sinngemäße Anwendung.

Für Anstalten, welche ausschließlich steuerfreie Zuckerabläufe verarbeiten und deren Erzeugnisse niemals den Quotienten von 70 erreichen, kann die Beaufsichtigung auf Grund einer Buchführung, verbunden mit öfterer Ermittelung des Quotienten der bezogenen Abläufe und der hergestellten Erzeugnisse, angeordnet werden. Werden ausschließlich Zuckerabläufe mit einem Quotienten unter 65 verarbeitet, so kann die Beaufsichtigung auf

1) Erlassen auf Grund des Zuckersteuergesetzes vom 27. Mai 1896. S. dieses.

Abgeändert durch die Bekanntmachungen des Reichskanzlers

vom	20. Januar 1906	(Zentr.-Bl. f. d. D. R. S. 17),
„	30. März 1907	(„ „ „ S. 77),
„	31. Juli 1907	(„ „ „ S. 407),
„	26. Juni 1908	(„ „ „ S. 248),
„	6. Februar 1909	(„ „ „ S. 33),
„	15. Januar 1911	(„ „ „ S. 16),
„	25. Mai 1911	(„ „ „ S. 243),
„	29. Juni 1911	(„ „ „ S. 404),
„	9. Mai 1912	(„ „ „ S. 378),
„	13. Dezember 1912	(„ „ „ S. 897),
„	4. Juni 1913	(„ „ „ S. 548),
„	10. Juli 1913	(„ „ „ S. 687),
„	1. August 1913	(„ „ „ S. 734),
„	1. August 1913	(„ „ „ S. 740),
„	23. Oktober 1913	(„ „ „ S. 1077),

3) Nicht abgedruckt.

Grund einer Buchführung und öfterer Ermittelung des Quotienten der bezogenen Abläufe erfolgen, auch wenn der Quotient der Erzeugnisse 70 oder mehr beträgt.

In Fällen des Bedürfnisses können von der obersten Landesfinanzbehörde für die in Abs. 1 und 2 bezeichneten Anstalten Erleichterungen gewährt werden. Dem Reichskanzler ist von den getroffenen Maßnahmen Kenntnis zu geben.

Zu § 3 des Gesetzes.

§ 4.

Zuckersteuer-Einnahmebuch. Muster 1[4]).

Die Hebestelle hat über die Einnahme aus der Zuckersteuer ein Zuckersteuer-Einnahmebuch zu führen, für welches das Muster 1 als Vorbild dient.

§ 5.

Stundung der Zuckersteuer.

Die Zuckersteuer ist dem Inhaber der Zuckerfabrik gegen Sicherheitsbestellung für die Frist von 6 Monaten zu stunden.

Soweit das Gesetz nicht bindende Vorschriften hierüber enthält, bestimmt die oberste Landesfinanzbehörde, in welcher Weise Sicherheit zu leisten ist, und unter welchen Voraussetzungen die gestundeten Steuerbeträge vor Ablauf der Stundungsfrist eingezogen werden können.[5])

§ 6.

Bei Stundung der Zuckersteuer ist über jeden im Einnahmebuch anzuschreibenden Betrag ein Stundungsanerkenntnis abzugeben.

Über mehrere im Laufe eines Tages zur Anschreibung kommende Einzelbeträge kann ein Anerkenntnis abgegeben werden. In dem Anerkenntnisse sind die Einzelbeträge anzugeben.

§ 7.

Der Betrag jedes Anerkenntnisses muß 100 Mark erreichen.

§ 8.

Die Stundungsfrist beginnt mit dem Tage der Fälligkeit, bei den mit Begleitschein II überwiesenen Abgabenbeträgen mit dem Tage der Vorlegung des Begleitscheins. Die gestundeten Beträge sind spätestens am 25. Tage des Monats, in welchem die Stundungsfrist abläuft, und wenn dieser ein Sonn- oder Festtag ist, am vorhergehenden Werktag einzuzahlen.

4) Die Muster sind nicht abgedruckt.

5) Zu vgl. jetzt Zollstundungs-Ordnung vom 23. Januar 1906 (Zentr.-Bl. f. d. D. R. S. 128) und Stundungsanweisung des Direktors der Zölle und indirekten Steuern (vom .... 1906. Amtsbl. des Direktors 1906 S. 618).

Zu § 6 des Gesetzes.

§ 9.

Befreiung von der Zuckersteuer. Anlagen D. u. E.

Die näheren Bestimmungen zur Ausführung des § 6 des Gesetzes enthält die Anlage D[6]) nebst der zugehörigen Anleitung Anlage E.

Zu §§ 8 bis 11 des Gesetzes.

§ 10.

Bauliche Einrichtung d. Zuckerfabriken.

Die Anordnungen über die im einzelnen Falle hinsichtlich der baulichen Einrichtung der Fabriken zu stellenden Anforderungen sowie über eine spätere Abänderung oder Vervollständigung der ursprünglich getroffenen sichernden Einrichtungen sind von der Direktivbehörde zu erlassen.

§ 11.[7])

Bei denjenigen bereits seit dem 1. August 1888 bestehenden Zuckerraffinerien, insbesondere Kandiskochereien, welchen bisher in bezug auf die sichernde bauliche Einrichtung Erleichterungen zugestanden sind, können diese nach näherer Bestimmung der obersten Landesfinanzbehörde auch künftig gewährt werden. Dem Reichskanzler ist von den getroffenen Maßnahmen Kenntnis zu geben.

Zu § 12 des Gesetzes.

§ 12.

Aufenthaltsräume und Wohnungen für die Steuerbeamten.

Die näheren Bestimmungen wegen Gewährung von Räumen zum Aufenthalt und zur Übernachtung für die Steuerbeamten und von Wohnungen für die zur Beaufsichtigung der Fabrik ständig angestellten Steuerbeamten sowie wegen Feststellung der hierfür zu zahlenden Vergütungen sind von der Direktivbehörde zu treffen.

Zu § 13 des Gesetzes.

§ 13.

Wagen und Gewichte.

Es dürfen nur für steuer- und zollamtliche Ermittelungen überhaupt zugelassene Wagen benutzt werden. Der Fabrikinhaber ist verpflichtet, die Wagen und Gewichte nach näherer Bestimmung der Steuerbehörde eichamtlich prüfen zu lassen.

Zu § 15 des Gesetzes.

§ 14.

Neubau oder Umbau von Zuckerfabriken.

Die Baupläne über den beabsichtigten Neubau oder Umbau einer Zuckerfabrik sind dem

6) Anlage D, Bestimmungen über Steuervergütung und Steuerbefreiung, s. u.; ferner Anlage D1 vgl. Bekanntm. d. Reichsk. v. 30. März 1907 (Zentr.-Bl. f. d. D. R. S. 77); Anlage E, Anleitung zur Ermittlung des Zuckergehalts von zuckerhaltigen Waren ist nicht abgedruckt.

7) Aufgehoben durch die Bekanntm. v. 30. März 1907.

Hauptamte vorzulegen. Dieses prüft sie in Rücksicht auf die Sicherung des Steueraufkommens und erwirkt demnächst die Entscheidung der Direktivbehörde darüber, ob die Ausführung nach dem Plane oder unter welchen Abänderungen sie zu genehmigen ist.

Bevor die Entscheidung getroffen und dem Unternehmer bekannt gegeben, auch gegebenenfalls der Bauplan dem Verlangen der Direktivbehörde gemäß geändert ist, darf mit der Ausführung des Baues nicht begonnen werden.

Auf Umbauten, welche nicht die im § 8 unter A 1 des Gesetzes bezeichneten Räume oder die Umfriedigung der Fabrikanlage betreffen, finden die vorstehenden Bestimmungen keine Anwendung.

Zu §§ 16 bis 23 des Gesetzes.

§ 15.

Anzeigen in bezug auf Räume, Geräte und Betrieb.

Die in den §§ 16 bis 23 des Gesetzes vorgeschriebenen Anzeigen usw. sind der Hebestelle einzureichen.

Bei der Anzeige einer Betriebsunterbrechung ist deren voraussichtliche Dauer anzugeben.

§ 16.

Die Muster zur Nachweisung der Fabrikräume werden von der obersten Landesfinanzbehörde vorgeschrieben.

§ 17.

Von der Anmeldung feststehender Geräte sowie der Führung von Geräteverzeichnissen ist abzusehen.

§ 18.

Die Anzeige von der Bestellung eines Betriebsleiters muß auch den Tag des Beginns seiner Tätigkeit angeben und vor diesem Tage der Hebestelle eingereicht werden. Die Anzeige ist von dem Betriebsleiter mit zu unterzeichnen.

§ 19.

Die Beschreibung des bei der Zuckergewinnung angewandten Verfahrens soll den Steuerbeamten einen Anhalt für die Beaufsichtigung des Betriebs gewähren. Sie muß die einzelnen Hauptabschnitte der Herstellung angeben und das in jedem von ihnen stattfindende Verfahren näher kennzeichnen, so daß sich ergibt, in welcher Weise der gesamte Betrieb verläuft und welche Arten von Erzeugnissen hergestellt werden. Wenn in bezug auf die herzustellenden Erzeugnisse je nach Umständen ein Wechsel beabsichtigt wird (z. B. wenn in einer Rohzuckerfabrik neben dem ersten Erzeugnisse jeweils entweder zweites und drittes oder nur zweites Erzeugnis hergestellt werden soll), so kann dies ein für allemal zum voraus in der Beschreibung angegeben werden.

Als Hauptabschnitte des Verfahrens sind insbesondere anzusehen:

I. bei den Zuckerfabriken mit Rübenverarbeitung:
1. die Zerkleinerung der Rüben,
2. die Saftgewinnung,
3. die Saftreinigung, unter Angabe, ob und welche Zusätze an Zuckerstoffen, wie Zuckerkalk, Rohzucker, Abläufe usw. stattfinden und in welchem Abschnitte der Saftbehandlung der Zusatz erfolgt,
4. die Eindampfung der Säfte und Herstellung der Füllmasse,
5. die Gewinnung des ersten Erzeugnisses aus der Füllmasse (Centrifugenarbeit usw.), unter Angabe der Art, z. B. Rohzucker, Verbrauchsware (Kristall-, Würfel-, gemahlener Zucker usw.),
6. die Gewinnung der Nacherzeugnisse (wie viele, welcher Art),
7. die Melasseentzuckerung,
8. die Verarbeitung der Abläufe (Sirup, Melasse), außer zur Gewinnung von festem Zucker, z. B. Herstellung von Speisesirup oder Melassefutter;

II. bei den Zuckerraffinerien:
1. das Schmelzen und Klären des Rohzuckers (einschließlich des etwaigen Schleuderns vor dem Schmelzen),
2. die Reinigung der aus dem Rohzucker gewonnenen Zuckerlösungen,
3. die Herstellung der Deckkläre,
4. die Herstellung der Füllmasse,
5. die Gewinnung des ersten Erzeugnisses aus der Füllmasse unter Angabe der Art (Bodenarbeit, Centrifugenarbeit, Decken der Brote, Trocknen der Brote, der Zuckerplatten oder des sonstigen Zuckers, Putzen usw. der Brote, Zerschneiden von Platten in Würfel usw., überhaupt die vollständige Fertigstellung des ersten Erzeugnisses),
6. die Gewinnung der Nacherzeugnisse (wie viele, welcher Art),
7. die Melasseentzuckerung,
8. die Verarbeitung der Abläufe (Sirup, Melasse), außer zur Gewinnung von festem Zucker;

III. bei den Anstalten, in welchen ohne Rübenverarbeitung Zucker aus Rübensäften oder Abläufen der Zuckergewinnung (Sirup, Melasse), bereitet wird:

1. die Herstellung und Abscheidung des Saccharats,
2. die Reinigung des Saccharats (Decken auf Nutschen oder in Filterpressen),
3. die weitere Behandlung des Saccharats zur Entfernung des Strontians usw. (Kühlhaus, Ausschlagekästen, Centrifugen usw.),
4. die Behandlung der Ablaugen zur Gewinnung von Zucker,
5. die Herstellung von Zuckerlösungen aus dem Saccharat (Saturation, Filterpressen),
6. die Gewinnung des ersten Erzeugnisses aus der Zuckerlösung, unter Angabe der Art, z. B. Verbrauchsware (Würfel usw.),
7. die Gewinnung der Nacherzeugnisse (wie viele, welcher Art),
8. die Verarbeitung der Restmelassen, außer zur Gewinnung von festem Zucker;

IV. bei den Sirupreinigungsanstalten:

1. die Reinigung der Zuckerabläufe, z. B. Filtrierung über Knochenkohle nach zuvoriger Verdünnung,
2. die Beimischung von reineren Abläufen, Zuckerstoffen, Honig usw.,
3. das Einkochen der gereinigten Zuckerabläufe.

Wie nach Maßgabe der obigen Grundzüge die Beschreibungen im einzelnen einzurichten sind, bestimmt das Hauptamt.

Änderungen in dem Verfahren sind der Hebestelle durch eine Ergänzung oder Erneuerung der Beschreibung anzuzeigen, und zwar bevor die Änderung erstmals ausgeführt wird.

Zu § 26 des Gesetzes.

§ 20.

Verschluß von Zugängen während des Betriebs.

Welche äußeren Eingänge der Zuckerfabrik (nebst Umfriedigung) und welche inneren Zugänge als nicht für den gewöhnlichen Gebrauch dienend von dem Fabrikinhaber in der Regel verschlossen zu halten sind, desgleichen welche Eingänge zur Nachtzeit unverschlossen sein dürfen, bestimmt das Hauptamt. Dieses hat auch Anordnung dahin zu treffen, daß der steueramtliche Mitverschluß äußerer Eingänge und innerer Zugänge im Falle des Bedürfnisses tunlichst ohne Verzug abgenommen werden kann, und daß während der Offenhaltung, soweit es erforderlich scheint, amtliche Bewachung eintritt.

Zu §§ 27 bis 29 des Gesetzes.

§ 21.

Aufbewahrung von Zucker in der Fabrik.

Die Räume der Zuckerfabrik, welche zur Aufbewahrung von fertigem Zucker oder von Zuckerabläufen dienen sollen, sind der Hebestelle schriftlich anzumelden. Das Gleiche gilt, wenn demnächst dauernd oder vorübergehend andere Räume in Gebrauch genommen werden sollen.

§ 22.

Über die Zulassung der angemeldeten Räume als Lagerräume entscheidet das Hauptamt.

§ 23.

Soll eine Zuckerfabrik länger als 4 Wochen aus der ständigen Bewachung treten, so hat der Fabrikinhaber binnen einer Woche nach ergangener Aufforderung den fertigen Zucker in die steuersicher abschließbaren Lagerräume einzubringen und eine Anmeldung über den Bestand in doppelter Ausfertigung der Zuckersteuerstelle (§ 34) einzureichen. Die einwöchige Frist kann von dem Hauptamte verlängert werden.

Die Zuckersteuerstelle hat darauf tunlichst unter Beteiligung eines Oberbeamten und unter Zuziehung des Fabrikinhabers eine Bestandsaufnahme mittels Feststellung des Zuckers nach Art und Gewicht vorzunehmen. Auf Antrag kann die Feststellung des Gewichts auf Grund einer Vergleichung der Fabrikbücher mit der Bestandsanmeldung stattfinden.

§ 24.

Der Lagerinhaber hat das Ergebnis der Bestandsaufnahme durch Unterzeichnung der Aufnahmeverhandlung als richtig anzuerkennen und zugleich ebenfalls schriftlich zu erklären, daß er für den Betrag der Zuckersteuer, welche auf den festgestellten Zuckermengen ruht, soweit diese nicht etwa auf dem Lager erweislich durch Zufall zugrunde gehen, bis zum Nachweise der Entrichtung der Steuer oder bis zur Abfertigung des Zuckers im gebundenen Verkehre die Haftung übernehme.

Nach der amtlichen Feststellung des Lagerbestandes ist das Lager unter amtlichen Mitverschluß zu nehmen, und es finden alsdann auf dieses Lager so lange, bis die Fabrik mit Wiedereröffnung des Betriebs wiederum unter volle Steuerbewachung tritt, die Vorschriften der Zuckerlagerordnung mit der Maßgabe sinngemäß Anwendung, daß bei der Entnahme von

Zucker und Zuckerproben nach den für die Abfertigung aus der Fabrik bestehenden Vorschriften (§§ 38 ff.) zu verfahren ist. Mit der Wiedereröffnung des Betriebs erlischt die vom Fabrikinhaber übernommene Haftung für die auf dem Lagerbestande ruhende Zuckersteuer.

Einer amtlichen Aufnahme des Lagerbestandes bei Wiedereröffnung des Fabrikbetriebs bedarf es nur, wenn besondere Gründe dazu Anlaß bieten. Ergeben sich dabei oder bei einer früheren Räumung des Lagers Fehlmengen, so ist von Erhebung der Steuer für die Fehlmengen abzusehen, wenn der amtliche Verschluß unverletzt geblieben ist und der Verdacht einer Steuerhinterziehung nicht vorliegt.

Wird im Falle einer Betriebseinstellung der Fabrikbetrieb binnen Jahresfrist nicht wieder eröffnet, so kann seitens der Steuerverwaltung der Fabrikinhaber, wenn er binnen der ihm gesetzten Frist einen Antrag auf Abfertigung des Zuckers nicht stellt, zur Entrichtung der Zuckersteuer von dem Lagerbestand angehalten werden.

§ 25.

Der Steuerverschluß geschieht durch Kunstschlösser, welche die Steuerverwaltung auf Kosten des Fabrikinhabers liefert und im Falle des Eingehens der Fabrik ohne Erstattung der Anschaffungskosten zurücknimmt.

Zu § 30 Abs. 2 und § 31 des Gesetzes.

§ 26.

Anschreibungen über den Betrieb und Betriebsübersichten.

Die Einrichtung der gemäß § 31 Abs. 1 des Gesetzes den Inhabern der Zuckerfabriken obliegenden Anschreibungen über Art und Menge der verwendeten zuckerhaltigen Stoffe und Zucker sowie der in den verschiedenen Abschnitten der Herstellung gewonnenen Erzeugnisse bleibt den Inhabern der Zuckerfabriken überlassen; jedoch müssen die Anschreibungen diejenigen Ermittelungen umfassen, welche erforderlich sind, um für die Steuerbehörde Betriebsübersichten (§ 27) aufstellen zu können.

Die Anschreibungen können unter Verantwortlichkeit des Fabrikinhabers von einem zuvor der Zuckersteuerstelle schriftlich namhaft zu machenden Beamten der Fabrik bewirkt werden.

Die Inhaber von Rübenzuckerfabriken haben alljährlich anfangs Juni über den Umfang der für ihre Fabriken mit Rüben (eigenen sowie sogenannten Pflicht- und Kaufrüben) zur Zuckergewinnung in dem bevorstehenden Betriebsjahre bebauten Bodenflächen einen Nachweis aufzustellen und bis zum 10. Juni der Zuckersteuerstelle auszuhändigen.

§ 27.

Betriebsübersichten sind für jeden Kalendermonat nach Muster 2 aufzustellen und bis zum 3. des folgenden Monats der Zuckersteuerstelle in doppelter Ausfertigung zu übergeben. Nach Schluß des Betriebsjahrs (31. August) ist außerdem eine das ganze Betriebsjahr umfassende Übersicht aufzustellen und bis zum 3. September der Zuckersteuerstelle in doppelter Ausfertigung auszuhändigen. In dieser Jahresübersicht sind die Angaben der monatlichen Betriebsübersichten, soweit sie auf Schätzung beruht haben, richtigzustellen, auch etwa vorgekommene Fehler zu beseitigen. Muster 2a.

§ 28.

Die Zuckerabläufe sind in den Betriebsübersichten nur insoweit nachzuweisen, als sie in der betreffenden Fabrik im gewöhnlichen Betriebe nicht weiter zur Verarbeitung (auf Nacherzeugnisse usw.) gelangen, mithin nur insoweit, als sie in der Fabrik durch ein besonderes Verfahren entzuckert worden sind oder die Fabrik nicht entzuckert oder entzuckert (als Restmelassen) verlassen haben.

§ 29.

Die Anschreibungen (§ 26) müssen das Ergebnis jeder Arbeitswoche gesondert nachweisen. Das Hauptamt kann im Bedürfnisfalle genehmigen, daß die Anschreibungen bezüglich der Herstellung einzelner Zuckererzeugnisse größere Zeiträume umfassen. Es ist jedoch darauf zu achten, daß in den Betriebsübersichten stets die gesamten Erzeugnisse des betreffenden Monats nachgewiesen werden können.

§ 30.

Zum Zwecke der Anschreibungen ist zu ermitteln:

a) das Gewicht der zur Verarbeitung gelangenden rohen Rüben durch Verwiegung in dem Zustande, in welchem sie in die Zerkleinerungsgeräte gebracht werden, oder nach Wahl des Fabrikinhabers durch Berechnung aus der Zahl der mit Rübenschnitzeln gefüllten Diffuseure und dem wöchentlich mindestens einmal zu ermittelnden Durchschnittsgewichte der Schnitzel eines Diffuseurs,
b) die Menge der verwendeten zuckerhaltigen Stoffe und Zucker einschließlich der von anderen Fabriken bezogenen Füllmassen, ferner der gewonnenen Zuckererzeugnisse einschließlich der die Fabrik verlassenden Füllmassen, durch Verwiegung oder durch Berechnung des Gewichts auf Grund der Vermessung des Raumgehalts der zur

Aufbewahrung oder zur Versendung verwendeten Behälter oder Geräte.

Die Gewichtsermittelung des in Rohzuckerfabriken gewonnenen Rohzuckers ist im Anschluß an die Ausschleuderung, spätestens bei der Einbringung in die zur Lagerung des Zuckers auf längere oder ungewisse Zeit bestimmten Räume, diejenige des sonstigen Zuckers nach seiner Fertigstellung vorzunehmen.

§ 31.

Die Anzeige über Art und Zeit der Ermittelungen ist, bevor der Betrieb der Zuckerfabrik erstmals eröffnet wird, der Zuckersteuerstelle schriftlich einzureichen. Im Falle einer Änderung ist die Anzeige vorher zu ergänzen oder zu erneuern.

§ 32.

Bestandsübersichten.

Muster 3¹).

Eine Nachweisung des am 31. August vorhandenen Bestandes an Zuckererzeugnissen ist nach Muster 3 aufzustellen und bis zum 6. September jedes Jahres der Zuckersteuerstelle in doppelter Ausfertigung zuzustellen.

§ 33.

Von den Betriebs- und Bestandsübersichten (§§ 27 und 32) wird eine Ausfertigung zu statistischen Zwecken (Anlage H) verwendet, während die andere bei der Zuckersteuerstelle aufzubewahren ist.

Die Oberbeamten der Steuerverwaltung haben die Übersichten und die ihnen zugrunde liegenden Anschreibungen zu prüfen und nach Befinden ihre Berichtigung zu veranlassen. Zu diesem Zwecke ist von der Befugnis zur Einsicht der Fabrikbücher Gebrauch zu machen, wenn es sich um Zweifel von Bedeutung handelt und eine genügende Aufklärung durch Benehmen mit dem Fabrikinhaber nicht erreicht wird.

Zu § 30 Abs. 1 und §§ 36 bis 39 des Gesetzes.

§ 34.

Zuckersteuerstellen.

Die Abfertigungen in den Zuckerfabriken erfolgen durch die seitens der obersten Landesfinanzbehörde hierfür bestimmte Amtsstelle, welche die Bezeichnung „Zuckersteuerstelle“ führt. Die Abfertigungen sind in der Regel durch zwei Beamte zu bewirken.

Die Zuckersteuerstellen haben die Befugnis zu allen Abfertigungen von Zucker, soweit nicht zufolge der Bestimmungen über die Abfertigung von Zuckerabläufen oder nach Anordnung der obersten Landesfinanzbehörde eine Beschränkung eintritt.

Die Abfertigungen sollen in der Regel nur an Werktagen stattfinden; für Sonn- und Festtage können sie außerhalb der Zeit des Gottesdienstes nach Maßgabe des Bedürfnisses gestattet werden. Die regelmäßigen Abfertigungstage und -stunden sind für jede Fabrik dem Bedürfnis entsprechend von dem Hauptamte festzusetzen; auch können von diesem Ausnahmen bewilligt werden.

§ 35.

Aufnahme von Zucker in die Fabrik.

Muster 4¹).

Soll Zucker in die Fabrik aufgenommen werden, so ist der Zuckersteuerstelle eine Anmeldung nach Muster 4 zu übergeben. Befindet sich der einzuführende Zucker im gebundenen Verkehre, so ist die Aufnahme in die Fabrik in dem dann als Anmeldung dienenden Abfertigungspapiere zu beantragen.

Die Aufnahme in die Fabrik ist auf der Anmeldung amtlich zu bescheinigen.

Muster 5¹).

Der eingebrachte Zucker wird in das nach Muster 5 zu führende Anmeldungsbuch eingetragen. Die Anschreibung im Anmeldungsbuch erfolgt mit dem voramtlich ermittelten oder im Begleitpapier überwiesenen Reingewichte, sofern nicht bei der Aufnahme des Zuckers ein Mindergewicht festgestellt worden ist. In diesem Falle ist das geringere Gewicht zur Anschreibung zu bringen. Am Schlusse des Vierteljahrs bescheinigt der Oberkontrolleur die Richtigkeit des Anmeldungsbuchs, soweit es durch Anmeldungen nicht belegt ist.

Ist der Zucker unter unverletztem amtlichem Verschluß oder amtlicher Begleitung eingetroffen, so kann eine amtliche Revision unterbleiben, soweit solche nicht zur vorschriftsmäßigen Erledigung des Begleitpapiers geboten ist oder bezüglich der Richtigkeit der Anmeldung Bedenken bestehen.

§ 36.

Entnahme von Zucker aus den im Abschlusse befindlichen Räumen nicht umfriedigter Fabriken in den Betrieb oder zu anderweiter

Sollen in Zuckerfabriken, deren Beaufsichtigung auf den Abschluß der zur Herstellung usw. von kristallisiertem Zucker dienenden Räume gegründet ist, Zuckererzeugnisse aus diesen Räumen in den Fabrikbetrieb zurückgenommen werden, so ist die Zurücknahme unter Angabe des Verwendungszwecks dem den Abschluß beaufsichtigenden Beamten schriftlich nach Maßgabe des Musters 6 anzumelden.

Die Anmeldung ist in ein nach Muster 7 zu führendes Merkbuch einzutragen und auf der Anmeldung die Verbringung der aus den abgeschlossenen Fabrikräumen entnommenen Zuckererzeugnisse in den Fabrikbetrieb amtlich zu bescheinigen.

Mit Genehmigung des Hauptamts kann von der besonderen Anmeldung abgesehen werden, wenn Zuckererzeugnisse aus dem Abschlußraume durch eine Rohrleitung in den vorher-

Benutzung innerhalb der Fabrik. gehenden Fabrikbetrieb zurückgenommen werden. Die Genehmigung ist an die Bedingung zu knüpfen, daß in der Beschreibung des Verfahrens (§ 19) über die Gesamtmenge der zurückzunehmenden Zuckererzeugnisse, über die Art und Weise der Verarbeitung und über den Zeitpunkt der Zurücknahme genaue Angaben enthalten sind, und daß die Zuckererzeugnisse außerhalb des Abschlußraums ohne weitere Ansammlung sofort in den Betrieb gelangen.

Muster 6²). Muster 7²).

§ 37.

In Fabriken der vorbezeichneten Art können zum Zwecke der Benutzung innerhalb der Fabrik, z. B. Untersuchung im Laboratorium, Zuckerproben aus den im Abschlusse befindlichen Räumen entnommen werden; die Entnahme der Proben ist dem den Abschluß beaufsichtigenden Beamten mündlich anzumelden. Häufig wiederkehrende derartige Probeentnahmen können ein für allemal, nach näherer Anleitung der Steuerstelle, schriftlich angemeldet werden.

§ 38.

Entnahme von Zucker aus der Fabrik. a) Anmeldung.

Jede Entnahme von Zucker aus der Fabrik ist der Zuckersteuerstelle mittels einer Anmeldung nach Muster 4, und zwar, sofern nicht der Zucker zum freien Verkehr abgefertigt werden soll, in doppelter Ausfertigung anzuzeigen.

Die Anmeldung muß enthalten:

a) die Zahl der Packstücke, deren Verpackungsart, etwaige Zeichen und Nummern, Roh- und Reingewicht, ferner die Art des Zuckers, die Angabe der begehrten Abfertigungsweise und den Namen und Wohnort des Warenempfängers;
b) bei der Entnahme von Sirup und Melasse außerdem auch eine Angabe darüber, ob der Quotient unter 70 oder 70 und mehr beträgt (vgl. § 1).

Die Angabe des Namens und Wohnorts des Empfängers kann unterbleiben, wenn der Zucker, abgesehen von dem Falle des § 6 Abs. 1 Ziffer 2 des Gesetzes und des § 60 dieser Bestimmungen, in den freien Verkehr treten soll.

Soll der Zucker mit Begleitschein I oder II versendet werden, so erfolgt die Anmeldung in dem Begleitscheine.

§ 39.

Besteht der abzufertigende Zucker aus einer größeren Zahl von Packstücken gleicher Verpackungsart mit annähernd gleichem Roh- und Reingewichte, so kann die Angabe des Rohgewichts auch gruppenweise, nach sogenannten Schalgängen, erfolgen. Auch ist in diesem Falle die Anmeldung des Gesamtrohgewichts sowie des Gesamtreingewichts mit der Angabe zulässig, daß jedes Packstück das gleiche zu bezeichnende Durchschnittsgewicht hat.

Bei Abläufen, deren Quotient unter 70 beträgt, genügt auch dann, wenn Packstücke von verschiedenem Roh- und Reingewichte vorliegen, die Angabe des Gesamtroh- und -reingewichts, sofern der Fabrikinhaber seine Anschreibungen über das Einzelgewicht der Packstücke vorlegt.

§ 40.

Wird Zucker in Broten, Blöcken, Platten oder ähnlichen gleichmäßigen Formen von annähernd gleichem Einzelgewicht unter amtlicher Aufsicht verpackt, oder soll solcher unverpackt zum freien Verkehr abgefertigt oder unter Raumverschluß versendet werden, so kann sich die Anmeldung auf Angabe der Art und der Stückzahl beschränken; der Anmelder hat in diesem Falle die Richtigkeit der amtlichen Gewichtsermittelung durch Mitunterzeichnung der Revisionsbescheinigung anzuerkennen.

§ 41.

Wird anderer Zucker unter amtlicher Aufsicht in Packstücke von gleichem Reingewichte verpackt, so genügt die Anmeldung der Zahl, Art, Bezeichnung der Packstücke, der Art des Zuckers und des Reingewichts für das Packstück mit besonderer Angabe des Gesamtreingewichts. Die Richtigkeit der amtlichen Ermittelung des Rohgewichts, soweit solche stattfindet (vgl. § 46), hat der Anmelder alsdann durch Mitunterzeichnung anzuerkennen.

§ 42.

Soll Zucker, welcher in Packstücke von gleichem Reingewichte verpackt ist, zum freien Verkehr abgefertigt werden, so genügt die Angabe des Reingewichts gemäß § 41 auch dann, wenn die Verpackung nicht unter amtlicher Aufsicht stattgefunden hat.

Gibt der Anmelder die schriftliche Erklärung ab, daß er außerstande sei, über das Gewicht des zum freien Verkehr abzufertigenden Zuckers eine zuverlässige Angabe zu machen, so wird das Gewicht der zur Aufnahme des Zuckers bestimmten Umschließungen vor der Verpackung amtlich festgestellt und letztere amtlich beaufsichtigt. Der Anmelder hat auch in diesem Falle die Richtigkeit der amtlichen Gewichtsermittelung durch Mitunterzeichnung anzuerkennen.

§ 43.

Anmeldungen, welche den vorerwähnten Bedingungen nicht entsprechen, sind zur Vervollständigung oder Umschreibung zurückzugeben.

Muster 8ᵃ). Die abgegebenen Anmeldungen werden von der Steuerstelle in das nach Muster 8 zu führende Abfertigungsbuch fortlaufend eingetragen.

Die Anmeldungen sind, soweit aus ihnen eine Steuererhebung entspringt, dem Zuckersteuer-Einnahmebuch als Belege beizufügen.

§ 44.

Der Anmelder haftet für die Richtigkeit seiner Angaben. Es sind jedoch Abweichungen von dem angemeldeten Gewichte, welche sich bei der Revision herausstellen, straffrei, wenn der Unterschied 10 vom Hundert des angemeldeten Gewichts nicht übersteigt. Auch sind Abweichungen von den Angaben über den Quotienten der Zuckerabläufe straffrei zu lassen, insofern nicht in den Fällen, in welchen der Quotient auf weniger als 70 angegeben ist, der ermittelte Quotient 73 oder mehr beträgt.

§ 45.

b) Abfertigung zum freien Verkehre. Soweit nicht die Bestimmungen in den nachfolgenden Paragraphen Platz greifen, ist für jedes einzelne Packstück das Roh- und Reingewicht zu ermitteln. Die Art des Zuckers kann probeweise ermittelt werden. Das Ergebnis ist auf der Anmeldung zu vermerken. Bei der Feststellung des Reingewichts sind in der Schlußsumme Gewichtsmengen unter 50 g außer Ansatz zu lassen.

§ 46.

Bei der Abfertigung größerer Mengen von Zucker derselben Art in gleichartiger Verpackung kann von Ermittelung des Rohgewichts der einzelnen Packstücke abgesehen werden und die amtliche Verwiegung gruppenweise erfolgen.

Auch ist in diesem Falle eine probeweise Ermittelung des Rohgewichts zulässig, wenn sich bei den einzelnen zur Verwiegung gelangenden Packstücken oder Gruppen keine Abweichungen ergeben, welche 2 vom Hundert des angemeldeten Gewichts überschreiten. Die probeweise vorzunehmenden Verwiegungen müssen sich auf mindestens 2, bei einer Zahl von 1000 und mehr Packstücken auf mindestens 1 vom Hundert der ganzen Warenpost erstrecken.

Ist der in den freien Verkehr zu setzende Zucker unter amtlicher Aufsicht in Packstücke von gleichem Reingewichte verpackt worden, so ist die Ermittelung des Rohgewichts überhaupt nicht erforderlich.

§ 47.

Bei ungleichartigen Packstücken kann, wenn das Rohgewicht jedes einzelnen Packstücks angemeldet worden ist, nach Ermessen der Abfertigungsstelle eine entsprechende probeweise Ermittelung des Rohgewichts stattfinden.

§ 48.

Das Reingewicht wird entweder durch Verwiegung oder durch Abrechnung eines Tarasatzes von dem Rohgewicht oder durch Abrechnung eines bestimmten Gewichts für jede Umschließung ermittelt.

Der Ermittelung des Reingewichts durch Abrechnung sind die für jede Zuckerfabrik bezüglich jeder Gattung und Verpackungsart von Zucker von dem Hauptamte festgesetzten und nach Bedürfnis abzuändernden Sätze zugrunde zu legen.

§ 49.

Statt des durch Abrechnung ermittelten Reingewichts ist der Versteuerung das in der Anmeldung angegebene Reingewicht zugrunde zu legen, wenn das letztere höher ist, als das durch Berechnung ermittelte.

§ 50.

Dem Anmelder und der Steuerstelle steht in jedem Falle die Befugnis zu, statt der Ermittelung des Reingewichts durch Abrechnung die Ermittelung durch Verwiegung eintreten zu lassen.

Von seiten der Abfertigungsstellen ist von dieser Befugnis Gebrauch zu machen, wenn anzunehmen ist, daß das wirkliche Reingewicht erheblich höher ist, als das aus der Berechnung hervorgehende. Zum Anhalte für die Beurteilung kann das Reingewicht einzelner Packstücke durch Verwiegung ermittelt werden.

§ 51.

Zur Ermittelung des Reingewichts einer Warenpost kann die probeweise Verwiegung eines Teiles der Packstücke stattfinden, wenn diese von gleicher Verpackungsart und gleichem Inhalte sind und im Rohgewichte nicht um mehr als 10 vom Hundert unter einander abweichen.

Solche probeweisen Verwiegungen haben sich auf mindestens 2 oder bei einer Zahl von 1000 und mehr auf 1 vom Hundert der zu der gleichartigen Post gehörigen Packstücke zu erstrecken. Im Falle des Bedürfnisses kann für einzelne Fabriken durch die Direktivbehörde gestattet werden, daß die Ermittelung des Reingewichts auf 2 beziehungsweise 1 vom Hundert der an einem Tage zur Versteuerung gelangenden gleichartigen Packstücke beschränkt bleibt.

§ 52.

Bei ungleichartigen Packstücken kann, wenn das Reingewicht jedes einzelnen Packstücks angemeldet worden ist, nach Ermessen der Abfertigungsstelle eine entsprechende probeweise Ermittelung des Reingewichts stattfinden.

§ 53.

Ergeben sich bei den probeweisen Verwiegungen Abweichungen von mehr als 2 vom Hundert des angemeldeten Gewichts, so muß die Reingewichtsermittelung bei der ganzen Post stattfinden. Anderenfalls ist bezüglich der verwogenen Packstücke das ermittelte, bezüglich der nicht verwogenen das angemeldete Reingewicht der weiteren Abfertigung zugrunde zu legen.

§ 54.

Ist der Zucker unter amtlicher Aufsicht in Umschließungen verpackt worden, deren Gewicht vorher amtlich festgestellt ist, so kann das Reingewicht durch Abrechnung des ermittelten Gewichts der Umschließung von dem durch Verwiegung ermittelten Rohgewichte festgestellt werden.

Der Verpackung unter amtlicher Aufsicht ist gleich zu achten die Verpackung in den amtlich überwachten Fabrikräumen, sofern eine Vertauschung der vorher verwogenen Umschließungen ausgeschlossen ist.

§ 55.

Soll die Erhebung der Zuckersteuer oder Erstattung der Zuckersteuervergütung einer anderen zuständigen Steuerstelle überwiesen werden, so tritt Abfertigung auf Begleitschein II ein (vgl. § 61).

§ 56.

Wird für Sirup oder Melasse Steuerfreiheit beansprucht, so tritt Feststellung des Quotienten ein. Besitzt hierzu die Abfertigungsstelle nicht die Befugnis, so ist eine Probe des Zuckerablaufs unter Zuziehung des Anmelders zu entnehmen, mit amtlichem Siegel, welchem der Anmelder sein eigenes Siegel beifügen darf, zu verschließen und auf dessen Kosten zur Untersuchung an ein befugtes Amt oder, wenn der Anmelder es beantragt oder der Ablauf einen Invertzuckergehalt von 2 vom Hundert oder mehr enthält, an einen zuständigen Chemiker zu übersenden. Fehlt es bei der Abfertigungsstelle oder dem Amte, an welches die Probe versendet wird, an den erforderlichen Beamten für die Ermittelung des Quotienten, so hat die Untersuchung durch einen zuständigen Chemiker auf Kosten der Verwaltung zu erfolgen. Der Grund für die Übertragung der Untersuchung ist dem Chemiker von der Amtsstelle mitzuteilen.

§ 57.

Die zur Untersuchung zu verwendende Probe soll die durchschnittliche Beschaffenheit des Ablaufs zeigen und ist deshalb erst nach sorgfältiger Durchmischung zu entnehmen. Eine zweite Probe, welche ebenso wie die erste zu verschließen ist, wird bis zur Erledigung der Sache bei der Amtsstelle aufbewahrt.

§ 58.

Von der Feststellung des Quotienten kann mit Genehmigung des Hauptamts abgesehen werden:

1. in Rohzuckerfabriken bei Abläufen vom zweiten Erzeugnis oder von ferneren Nacherzeugnissen, wenn
   a) der Fabrikant die Abläufe als solche vom zweiten Erzeugnis oder von ferneren Nacherzeugnissen anmeldet,
   b) diese Abläufe erfahrungsmäßig den Quotienten 70 nicht erreichen,
   c) die Art der Aufbewahrung dieser Abläufe ihre Verwechselung oder Vermischung mit Abläufen vom ersten Erzeugnisse fernzuhalten geeignet ist und
   d) die Abfertigungsbeamten hiernach die Überzeugung gewinnen, daß Abläufe der fraglichen Art vorliegen, worüber in dem Abfertigungspapier eine entsprechende Bescheinigung abzugeben ist;
2. in Fällen, in welchen die Beschaffenheit der Zuckerabläufe als steuerfrei außer Zweifel steht (z. B. auf Grund der zuverlässigen Betriebsbücher der Fabrik oder nach dem Ergebnisse der Untersuchung eines unzweifelhaft gleichartigen Erzeugnisses derselben Fabrik).

In dem Falle zu 1 hat von Zeit zu Zeit nach Bestimmung des Hauptamts die Entnahme von Proben und Feststellung des Quotienten stattzufinden.

§ 59.

Falls die Zuckerabläufe nicht schon auf Grund des vorhergehenden Paragraphen oder der Bestimmungen in Anlage D unter II steuerfrei zu lassen sind, kann behufs steuerfreier Abfertigung zur Vermeidung der Quotientbestimmung auf Antrag des Anmelders die Denaturierung stattfinden. Als Denaturierungsmittel dient in diesem Falle ein Zusatz von 2 vom Hundert roher Schwefelsäure, welche mit der drei- bis vierfachen Menge Wasser verdünnt worden ist, oder von 2 vom Hundert roher Salzsäure des Handels.

Das Denaturierungsmittel hat der Antragsteller zu liefern.

§ 60.

Bei steuerfrei zu belassenden Abläufen ist, abgesehen von dem Falle des § 42 Abs. 2, in der Regel von einer Gewichtsermittelung Abstand zu nehmen.

Sind derartige Abläufe zur Versendung nach einer Zuckerfabrik, Sirupreinigungsanstalt oder einer solche Abläufe mitverarbeitenden Rübensaftfabrik bestimmt, so ist der Zuckersteuerstelle des Bestimmungsorts die zweite Ausfertigung der Anmeldung (§ 38) zu übersenden.

§ 61.

c) Abfertigung im gebundenen Verkehre.

Wenn die Zuckererzeugnisse nicht in den freien Verkehr zu treten bestimmt sind, findet in der Regel Abfertigung auf Begleitschein I statt, und es kommen dabei sowie bei der Abfertigung auf Begleitschein II (vgl. § 55), soweit nicht in den nachfolgenden Paragraphen etwas anderes angeordnet ist, die Bestimmungen zur Anwendung, welche für das Begleitscheinwesen im Zollverkehre getroffen sind.

Werden Zuckerabläufe in Eisenbahn-Kesselwagen versendet, so kann die Gewichtsermittelung mittels der Centesimalwage gemäß der Anweisung zur Ausführung des Vereinszollgesetzes erfolgen.

Versendungen von Zuckerabläufen mit Begleitschein I sind auf Antrag auch zulässig, ohne daß die Steuerpflichtigkeit festgestellt ist. Bis zu dieser Feststellung sind die Abläufe als steuerpflichtig zu behandeln und entweder unter amtlichem Verschluß oder, falls sämtliche Packstücke ein gleichartiges Erzeugnis enthalten, unter Beifügung einer amtlich verschlossenen Probe zu versenden. In letzterem Falle ist eine zweite Probe bei der Amtsstelle zurückzubehalten.

Die Denaturierung (§ 59) ist auch am Bestimmungsorte zulässig.

§ 62.

Muster 9 bis 15 [?].

Zu den Zuckerbegleitscheinen I und II, den Annahmeerklärungen, den Begleitschein-Ausfertigungs- und Begleitschein-Empfangsbüchern, den Begleitscheinauszügen und Erledigungsscheinen sind Vordrucke nach den Mustern 9 bis 15 zu verwenden.

Von der Anlegung eines amtlichen Verschlusses kann Abstand genommen werden. Die Verschlußanlage hat jedoch zu erfolgen, wenn der Versender sie beantragt.

Das Ausfertigungsamt ist befugt, von dem Begleitscheinnehmer vor der Aushändigung des Begleitscheins II die Vorlegung des auf die Versendung bezüglichen Frachtpapiers zu verlangen. Auch das Empfangsamt kann die Vorlegung des Frachtpapiers verlangen; der Gestellung der mit Begleitschein II abgefertigten Waren bedarf es nicht.

[8]) Die oberste Landesfinanzbehörde kann genehmigen, daß für Inhaber von Zuckerfabriken, welche Zucker in einem anderen Hebebezirk als dem ihres Wohnorts abfertigen lassen, Begleitscheine II auch dann ausgefertigt werden, wenn der Zucker nicht in den Bezirk des Begleitschein-Empfangsamts oder überhaupt nicht versandt wird. Wird von dieser Befugnis Gebrauch gemacht, so unterbleibt die Verschlußanlage und die Vorschriften des dritten Absatzes finden keine Anwendung; die Zahlungsfrist ist alsdann in der Regel auf eine Woche zu bemessen, sie kann aber auf die zur Vorlegung des Begleitscheins erforderliche Zeit beschränkt werden.

§ 63.

In den Zuckerbegleitscheinen ist bei der Angabe des Gewichts auch das in der Zuckerfabrik vor der Verpackung des Zuckers ermittelte Umschließungsgewicht (§ 54) oder der für Umschließungen der betreffenden Art festgesetzte Tarasatz (§ 48) zu vermerken.

Diese Angaben können am Bestimmungsorte der Ermittelung des Reingewichts zugrunde gelegt werden.

§ 64.

Wird Zucker, welcher auf Begleitschein I abgelassen ist, am Bestimmungsorte zur Aufnahme in die Fabrik angemeldet, so kommen für die Revision die Bestimmungen des § 40 des Begleitschein-Regulativs in Anwendung. Bei der Vornahme von Reingewichtsermittelungen ist nach den Vorschriften der §§ 45 und 48 bis 54 zu verfahren.

§ 65.

Stellt sich beim Empfangsamt ein Mindergewicht gegen das im Begleitschein angegebene Reingewicht heraus, so finden bezüglich der Erhebung der Zuckersteuer von dem Mindergewicht die Vorschriften im § 47 des Vereinszollgesetzes und im § 37 des Begleitschein-Regulativs entsprechende Anwendung. Es ist jedoch auch bei unverschlossen abgelassenem Zucker von der Erhebung der Zuckersteuer für das Mindergewicht abzusehen, wenn das letztere ein Hundertstel des überwiesenen Reingewichts nicht übersteigt und anzunehmen ist, daß es lediglich durch natürliche Einflüsse her-

8) Zufolge Bekanntm. v. 20. Januar 1906.

beigeführt ist, namentlich kein Grund zu dem Verdachte vorliegt, daß ein Teil des Zuckers unterwegs entfernt worden ist.

§ 66.

Bei der Ausfertigung eines Begleitscheins I über Zucker, welcher in mehreren Eisenbahnwagen unter Raumverschluß zur Versendung gelangt, ist in den Begleitschein die Anzahl, die Bezeichnung und das Gewicht der in jedem Wagen verladenen Packstücke aufzunehmen; auch sind dem Begleitscheine, der die Ladung bis zum Bestimmungsorte begleiten muß, zu den Schlössern jeder besonderen Kunstschloßreihe 2 Schlüssel in gesonderter Verpackung beizugeben.

Falls unterwegs ein oder mehrere Wagen zurückbleiben müssen, ist von der Eisenbahn-Güterabfertigungsstelle eine beglaubigte Abschrift von dem Begleitscheine zu fertigen und auf der Urschrift, sowie auf der Abschrift mit roter Tinte ein Vermerk über die zurückgebliebenen Wagen zu machen, welchem etwa folgende Fassung zu geben ist:

„Eisenbahnwagen Nr. ..... laufunfähig und behufs Umladung in Station N. zurückgeblieben, zweiter Schlüssel zurückbehalten.

(Tag der Abgabe des Vermerkes, Stempel und Unterschrift der Eisenbahn-Güterabfertigungsstelle.)"

Die übrigen Wagen können sodann mit der Urschrift des Begleitscheins weitergesandt und am Bestimmungsort alsbald nach dem Eintreffen abgefertigt werden.

Reicht die Aufenthaltszeit des Zuges für das im Abs. 2 gedachte Verfahren nicht aus, so ist die den weitergehenden Teil der Sendung begleitende Eisenbahn-Frachtkarte mit einem erläuternden Vermerke zu versehen, der Begleitschein aber, sobald der Vorschrift im Abs. 2 genügt ist, der Güterabfertigungsstelle des Empfangsamts zu übersenden.

Eine Anzeige von der Trennung der Wagen an das nächste Zoll- oder Steueramt ist nur erforderlich, wenn eine Verlängerung der Gestellungsfrist oder eine Umladung notwendig ist. Das benachrichtigte Amt hat nach § 28 des Begleitschein-Regulativs zu verfahren und das Geschehene in der Begleitscheinabschrift zu bemerken.

Eine Änderung der Bestimmung für die zurückgebliebenen Wagen ist ausgeschlossen.

Beim Empfangsamt ist die Abfertigung auf Grund der der Urschrift als Beleg beizufügenden Begleitscheinabschrift zu bewirken und demnächst der Begleitschein vorschriftsmäßig zu erledigen.

§ 67.

Sollen Zuckererzeugnisse aus der Fabrik in eine zum Bezirke derselben Steuerstelle gehörige Niederlage oder andere Fabrik übergeführt werden oder ist bei der Versendung in das Ausland die Abfertigungsstelle zugleich das Ausgangsamt, so unterbleibt die Ausfertigung eines Begleitscheins I und genügt die Abgabe von Anmeldungen nach Muster 4. Im ersten Falle ist die Abgabe von drei Ausfertigungen der Anmeldung, im zweiten von zwei, im letzten Falle von nur einer erforderlich.

Sofern die Überführung oder die Ausfuhr nicht unter den Augen der Abfertigungsbeamten stattfindet, hat in den beiden ersten Fällen in der Regel, im dritten Falle stets Begleitung durch Beamte einzutreten. Kann diese in den beiden ersten Fällen nicht gewährt werden, so muß der Anmelder auf der Anmeldung eine Annahmerklärung nach Maßgabe des Vordrucks auf den Zuckerbegleitscheinen I abgeben.

Die mit der Bescheinigung über den Ausgang oder die Aufnahme in die Niederlage oder Fabrik versehene Ausfertigung dient als Buchbeleg für die überführende Fabrik. Im Falle der Aufnahme in eine andere Fabrik wird die zweite Ausfertigung Anmeldungsbeleg zu dem Anmeldungsbuche dieser Fabrik. Bei der Aufnahme in eine Niederlage dienen zwei Ausfertigungen als Niederlageanmeldungen und wird die eine als Beleg zum Lagerbuche verwendet, die andere nach darin bescheinigter Niederlegung dem Niederleger zugestellt. Verzichtet der Niederleger auf die Zustellung, so kann von der Einreichung der dritten Ausfertigung und wenn es sich um Aufnahme des Zuckers in ein derselben Fabrik bewilligtes und der gleichen Zuckersteuerstelle unterstehendes Privatlager handelt, auch der zweiten Ausfertigung abgesehen werden.

§ 68.

d) Entnahme von Zuckerproben.

Jede Entnahme von Zuckerproben, welche die Fabrik verlassen sollen, bedarf der vorherigen schriftlichen oder mündlichen Anmeldung bei der Zuckersteuerstelle. In dringlichen Fällen kann die Anmeldung auch bei einem Aufsichsbeametn erfolgen, muß aber alsdann eine schriftliche sein; der Beamte hat die Abfertigung vorzunehmen und die Anmeldung demnächst der Steuerstelle zu übergeben.

Die entnommenen Proben bleiben vorbehaltlich der im Falle eines Mißbrauchs anzuordnenden Aufhebung oder Beschränkung dieser Vergünstigung steuerfrei, wenn, auch bei gleichzeitiger Entnahme mehrerer Proben, deren Gewicht im einzelnen nicht mehr als 200 g beträgt. Größere Proben werden nach amtlicher Feststellung des Gewichts angeschrieben und am Schlusse des Vierteljahrs auf Grund amtlich beglaubigter Buchauszüge im ganzen zur Versteuerung gezogen.

Von Zucker, welcher bereits auf Begleitschein I abgefertigt ist, kann im Bedürfnisfalle die steuerfreie Entnahme von Proben, deren Gewicht im einzelnen nicht mehr als 200 g beträgt, unter amtlicher Aufsicht gestattet werden. In den Begleitschein ist hierüber ein Vermerk aufzunehmen.

§ 69.

e) Aufsicht beim Ausgange von Zucker.

Die Wegführung von Zucker jeder Art aus der Fabrik darf nur aus den von dem Fabrikinhaber der Hebestelle angemeldeten und von dem Hauptamte genehmigten Ausgängen des Fabrikgebäudes oder bei umfriedigten Fabriken den gleichermaßen bestimmten Toren der Umfriedigung stattfinden.

Für Zucker, welcher aus der Fabrik weggeführt wird, ist, sofern nicht das Abfertigungspapier den Zucker begleitet, ein Ausweis nach Muster 16 auszustellen.

Muster 16[9].

Das Hauptamt kann anordnen, daß die Aufsichtsbeamten, welche die Ausgänge der Fabrik bewachen, den ausgehenden Zucker, sofern er zum freien Verkehr abgefertigt ist, auf Grund der Abfertigungspapiere und der vorbezeichneten Ausweise in einem näher zu bestimmenden Ausgangsbuch anzuschreiben haben. Den Oberbeamten der Steuerverwaltung liegt es in diesem Falle ob, die Ausgangsbücher von Zeit zu Zeit mit den Abfertigungs- und Fabrikbüchern zu vergleichen.

§ 70.

Wiederaufnahme beschädigten Zuckers in die Fabrik.

Den Zuckerraffinerien kann auf Antrag gestattet werden, beschädigten oder sonst zum Verbrauch ungeeigneten versteuerten Zucker aus dem freien Verkehr in den Raffineriebetrieb zurückzunehmen und dafür eine gleiche Menge von Zucker ohne Entrichtung der Verbrauchsabgabe in den freien Verkehr überzuführen. Für die Entscheidung über den Antrag ist, wenn die Beschädigung des Zuckers in den Räumen der Raffinerie oder bei der seitens der Raffinerie bewirkten Versendung des Zuckers vor dessen Verladung erfolgt, die Zuckersteuerstelle, anderenfalls das Hauptamt zuständig.

Die Feststellung der Menge des fehlerhaften Zuckers ist, soweit sie nicht durch die Steuerbeamten erfolgen kann, auf Kosten der Raffinerie durch Sachverständige zu bewirken. Die Wahl der Sachverständigen erfolgt durch die Steuerbehörde.

Fabriken, welche Rohzucker und zum Verbrauche fertigen Zucker herstellen, werden bezüglich des letzteren im Sinne der vorstehenden Bestimmung wie Raffinerien behandelt.

Die erforderlichen Aufsichtsmaßnahmen sind von dem Hauptamt anzuordnen.

Die Direktivbehörde kann ausnahmsweise gestatten, daß nachweislich versteuerte Abläufe in den Betrieb zurückgenommen werden und dafür eine gleiche Menge von Abläufen steuerfrei abgefertigt wird.

Zu § 40 des Gesetzes.

§ 71.

Die näheren Bestimmungen über die Lagerung von Zucker und zuckerhaltigen Waren sind in der Anlage F enthalten. — Zuckerlager.

Anlage F[9].

Zu § 41 des Gesetzes.

§ 72.[10])

Gebühren für Abfertigungen usw.

Die Abfertigungen in den Zuckerfabriken, in den den Zuckerfabrikanten bewilligten, auf ihren Fabrikgrundstücken belegenen oder nicht mehr als 1 Kilometer entfernten Privatlagern sowie an den Amtsstellen, erfolgen an Werktagen gebührenfrei, wenn sie die festgesetzten Abfertigungsstunden nicht übersteigen. Den Amtsstellen sind die öffentlichen Niederlagen sowie die allgemein — wenn auch nur für einzelne Warengattungen — steueramtlich erlaubten Lösch- und Ladeplätze innerhalb und außerhalb der Häfen gleichzuachten.

§ 73.

Eine Gebührenerhebung findet statt, wenn es sich um eine Entschädigung für den Aufwand an Beamtenkräften handelt, der durch die Verabsäumung einer den Beteiligten obliegenden Verpflichtung, durch[11]) die Gestattung von Ausnahmen von Vorschriften des Gesetzes oder der Ausführungsbestimmungen oder durch die Gewährung von Erleichterungen oder Begünstigungen in der Steuerbehandlung bedingt wird.

Unter diesen Voraussetzungen sind Gebühren insbesondere zu erheben:

---

9) s. unten.

10) In der Fassung der Bekanntm. v. 20. Januar 1906 u. v. 30. März 1907.

11) In der Fassung der Bekanntm. v. 20. Januar 1906.

a) für Abfertigungen — einschließlich der bei Umladungen, Zuladungen, Leichterungen, Verschlußverletzungen usw. während der Versendung erforderlichen Amtshandlungen — an anderen als den im § 72 genannten Orten;

b) für Abfertigungen an Sonn- oder Festtagen;

c) für an sich gebührenfreie Abfertigungen, sofern sie auf Antrag über die festgesetzten Abfertigungsstunden hinaus stattfinden, bezüglich der überschießenden Zeit; [12])

d) für die Überwachung der Herstellung von zuckerhaltigen Waren, welche mit dem Anspruch auf Steuerfreiheit oder Steuervergütung ausgeführt oder niedergelegt werden sollen „sowie für Amtshandlungen in Gewerbsanstalten (mit Ausnahme von Zuckerfabriken), in denen unter Steueraufsicht stehender Zucker verarbeitet oder bearbeitet wird, insoweit es sich nicht um Revisionen, Bestandsaufnahmen, Gerätevermessungen und ähnliche Handlungen zu Revisionszwecken handelt“; [13])

e) abgesehen von dem Falle im Abs. 3 unter e, für die Bewachung eines unter amtlichem Mitverschlusse stehenden Privatlagers, sofern die Bewachung auf Antrag des Lagerinhabers eintritt, damit Arbeiten darin ausgeführt werden;

f) für die Begleitung oder Bewachung unter Steueraufsicht stehender Sendungen.

Befreit bleiben jedoch:

a) die Begleitung zwischen dem Grenzausgangsamt und der Zollgrenze;

b) die Begleitung bei der Überführung von Zucker aus einer Fabrik oder Niederlage in eine andere Fabrik oder Niederlage desselben Besitzers, sofern der von der Sendung zurückzulegende Weg nicht mehr als 1 Kilometer beträgt;

c) die Schiffsbegleitungen und Schiffsleichterungen auf dem Rhein und seinen Nebenflüssen, insoweit nicht die Fahrt ohne genügenden Grund von dem Schiffsführer verzögert oder unterbrochen wird, oder die Leichterung nicht durch ein Verschulden des Schiffsführers notwendig geworden ist;

d) die Schiffsbegleitungen auf den zum Zollgebiete gehörigen Teilen der Unterelbe und der Unterweser nach Maßgabe der in den Zollregulativen für die Unterelbe und die Unterweser hinsichtlich des Zollverkehrs getroffenen Bestimmungen;

e) die innerhalb der Dienststunden erfolgende Bewachung eines unter amtlichem Verschlusse stehenden Fabrikraums einschließlich der zur Fabrik gehörigen, am Orte befindlichen oder nicht mehr als 1 Kilometer von dem Fabrikgrundstück entfernten Privatlager, insofern innerhalb dieser Räume nach Aufhebung der ständigen Bewachung der Fabrik gearbeitet werden soll;

[14]) f) die Begleitungen zwischen Amtsstellen desselben Ortes, insoweit die Begleitungen
1. innerhalb der Dienststunden stattfinden und an gebührenfreie Abfertigungen sich unmittelbar anschließen oder ihnen unmittelbar vorausgehen,
2. nur aus dienstlichen Rücksichten außerhalb der Dienststunden oder nicht unmittelbar nach oder vor gebührenfreien Abfertigungen vorgenommen werden.

§ 74. [14])

Die Höhe der von den Bundesstaaten für eigene Rechnung zu erhebenden Gebühren beträgt:

a) bei Amtshandlungen in dem Amtsort oder in einer Entfernung von weniger als 2 Kilometer von der Ortsgrenze oder, falls den Beamten ein Dienstbezirk zugewiesen ist, in diesem Dienstbezirke für jede — wenn auch nur angefangene — Stunde
für Aufseher und Beamte gleichen oder niedrigeren Ranges . . . . 0,80 ℳ,
für Beamte höheren Ranges 1,00 „ [14])
Die auf Hin- und Rückweg verwendete Zeit ist nicht in Ansatz zu bringen;

b) bei Amtshandlungen außerhalb des Amtsorts in einer Entfernung von 2 Kilometer und mehr oder, wenn es sich um Beamte mit Dienstbezirk handelt, bei Dienstleistungen außerhalb dieses:
[14]) 1. für die Begleitung von Ladungen auf der Eisenbahn oder dem Land- oder Wasserweg, wenn die Begleitung, einschließlich der Zeit für die zum Antritte der Begleitung etwa erforderliche Hinreise und für die Rückreise nach dem Amtsorte, für jeden, wenn auch nur angefangenen Zeitraum von 6 Stunden 1,50 ℳ;
2. für alle sonstigen Amtshandlungen ebensoviel wie die unter a) festgesetz-

12) In der Fassung der Bekanntm. v. 20. Januar 1906 u. v. 30. März 1907.

13) In der Fassung der Bekanntm. v. 20. Januar 1906.

14) In der Fassung der Bekanntm. v. 20. März 1906.

ten Gebühren, mindestens aber ebensoviel wie die den ausführenden Beamten nach den landesrechtlichen Bestimmungen zustehenden Vergütungen für Dienstreisen ausmachen.

Bei Schiffsbegleitungen ist der Schiffsführer verpflichtet, die Beamten an den üblichen Mahlzeiten unentgeltlich teilnehmen zu lassen.

§ 75.[15])

Erwachsen der Steuerverwaltung für die mit der Ausführung gebührenpflichtiger Amtshandlungen beauftragten Beamten Ausgaben an Fuhrgeldern und anderen besonderen Entschädigungen, so erhöhen sich die Gebühren um den Betrag dieser Ausgaben.

Dem Zahlungspflichtigen bleibt überlassen, statt Entrichtung der Fuhrgelder für die angemessene Beförderung der Beamten selbst Sorge zu tragen.

§ 76.[16])

Es sind die Gebührensätze anzuwenden, welche dem Range des Beamten entsprechen, der die Amtshandlung ausgeführt hat. Sind jedoch zu einzelnen gebührenpflichtigen Amtshandlungen, welche gewöhnlich von Aufsehern oder Beamten gleichen oder niedrigeren Ranges ausgeführt werden, in Ermangelung solcher höhere Beamte verwendet worden, so gelangen gleichwohl nur die Sätze für die ersteren zur Erhebung.

§ 77.[17])

Sind bei gebührenpflichtigen Amtshandlungen mehrere Beamte gleichzeitig tätig oder werden mehrere Beamte nacheinander verwendet, so sind die Gebühren für jeden von ihnen zu erheben.

§ 78.

Werden zu gebührenpflichtigen Amtshandlungen Beamte ständig erforderlich, so kann auf Anordnung der obersten Landesfinanzbehörde den beteiligten Gewerbetreibenden vom Beginne der ständigen Diensttätigkeit ab an Stelle der Gebühren (§ 74) die Zahlung eines Verwaltungskostenbeitrags in Höhe des von den Beamten der betreffenden Klasse durchschnittlich bezogenen Diensteinkommens zuzüglich 15 Prozent der darin enthaltenen pensionsfähigen Beträge auferlegt werden.[18]) Wird von dem Gewerbetreibenden nicht die volle Diensttätigkeit des ständig bewilligten Beamten in Anspruch genommen und liegt die Möglichkeit vor, den Beamten anderweit dienstlich zu verwenden, so kann der Verwaltungskostenbeitrag auf einen angemessenen Teil des vollen Betrags beschränkt werden.

Bei Bewilligung von ständigen Beamten auf Kosten der Gewerbetreibenden sind letztere zu verpflichten, falls die ständige Diensttätigkeit oder Bereithaltung auf ihren Antrag endgültig aufhören soll, dies dem zuständigen Hauptamte drei Monate vorher anzuzeigen und die Verwaltungskostenbeiträge bis zur anderweiten Unterbringung der Beamten, längstens jedoch für einen dreimonatigen Zeitraum, vom Beginne des auf die Anzeige folgenden Monats ab gerechnet, weiter zu zahlen.

[19]) Wenn auf Antrag eines zur Zahlung eines Verwaltungskostenbeitrags verbundenen Gewerbetreibenden die Ausdehnung der Amtshandlungen über die festgesetzten Abfertigungsstunden hinaus oder die Vornahme von Abfertigungen an Sonn- und Festtagen bewilligt wird, sind im ersteren Falle für die überschießende, im letzteren für die ganze Zeit Einzelgebühren gemäß § 74 ff. einzuziehen. Für alle anderen in der betreffenden Gewerbsanstalt vorzunehmenden Amtshandlungen derjenigen Beamten, deren Diensteinkommen als Verwaltungskostenbeitrag erstattet wird, sind Einzelgebühren nicht zu erheben.

Zu § 42 des Gesetzes.

§ 79.

Aufsicht über die Fabriken, welche versteuerten inländischen Rübenzucker weiter bearbeiten, über die Fabriken von Stärkezucker und gleichgestellte Fabriken.

Die Bestimmungen des § 42 des Gesetzes finden auf solche Gewerbsanstalten keine Anwendung, welche zwar aus versteuertem inländischen Rübenzucker wieder Zucker (z. B. Raffinade) bereiten, diesen Zucker aber nicht als solchen, sondern nur nach weiterer Verarbeitung zu zuckerhaltigen Waren in den Verkehr bringen.

Ferner finden die Bestimmungen des § 42 des Gesetzes auf Sirupreinigungsanstalten keine Anwendung, da diese durch § 3 unter die Steueraufsicht nach den §§ 8 bis 41 des Gesetzes gestellt worden sind.

§ 80.

Auf Grund der erstatteten Anzeigen über das Bestehen und den Besitz- oder Ortswechsel der

15) In der Fassung der Bekanntm. v. 20. Januar 1906.

16) In der Fassung der Bekanntm. v. 20. Januar 1906.

17) In der Fassung der Bekanntm. v. 20. Januar 1906.

18) In der Fassung der Bekanntm. v. 20. Januar 1906.

19) In der Fassung der Bekanntm. v. 20. Januar 1906 u. v. 30. März 1907.

im Abs. 1 des § 42 des Gesetzes unter den Ziffern 1 und 3 bis 5 aufgeführten Fabriken ist von den Hebestellen ein nach den bezeichneten Klassen geordnetes Verzeichnis der Betriebsanstalten zu führen, welches für jede der letzteren den Inhaber und den Ort angibt.

Die unteren Steuerstellen haben dem Hauptamt eine Abschrift des Verzeichnisses einzureichen und sodann fortlaufend Mitteilung von den Zugängen, Abgängen und sonstigen Veränderungen zu machen. Bei dem Hauptamte wird danach ein Hauptverzeichnis geführt.

Die oberste Landesfinanzbehörde kann Inhaber gewerblicher Betriebe, welche Rübensäfte bereiten, ausnahmsweise von der Anzeigepflicht nach § 42 Abs. 1 des Gesetzes befreien.

§ 81.

Die im § 42 Abs. 2 des Gesetzes vorgesehene Aufsicht über die nach Abs. 1 daselbst anzeigepflichtigen Betriebsanstalten ist unter Vermeidung von Störungen des Betriebs und nur insoweit auszuüben, als es zur Kenntnisnahme vom Betrieb erforderlich ist. Die näheren Anordnungen werden nach Bedürfnis von der obersten Landesfinanzbehörde erlassen.

§ 82.

Über die Herstellung von Stärkezucker sind von den Inhabern der Stärkezuckerfabriken auf Grund der Fabrikbücher Jahresnachweisungen nach dem im § 7 der Anlage H bezeichneten Muster in doppelter Ausfertigung aufzustellen. Die eine Ausfertigung ist zu dem im Muster bezeichneten Tage der Hebestelle des Bezirkes einzureichen, die andere in der Betriebsanstalt aufzubewahren. Den Oberbeamten der Steuerverwaltung liegt ob, die Einträge zu prüfen, nach Befinden eine Berichtigung zu veranlassen und zu diesem Zwecke nötigenfalls auch von der Befugnis zur Einsicht der Fabrikbücher Gebrauch zu machen.

§ 83.

Über die Erzeugung der Sirupreinigungsanstalten, der Maltose- und Maltosesirupfabriken haben die Hauptämter auf Grund der von den Fabrikinhabern nach Maßgabe der Fabrikbücher zu machenden Angaben Jahresnachweisungen für die Zeit vom 1. September bis 31. August aufzustellen, welche die Art und Menge der verarbeiteten Stoffe sowie der fertiggestellten Erzeugnisse enthalten.

Schlußbestimmungen.

§ 84.

Verwaltungskosten-Vergütung und Zuckerstatistik.

Die näheren Bestimmungen über die den Bundesregierungen für die Verwaltung und Erhebung der Zuckersteuer zu gewährende Vergütung und über die Zuckerstatistik sind in den Anlagen G und H enthalten.

Anlagen G u. H. 20)

[21]) Der Reichskanzler ist ermächtigt, die Muster 23 bis 26 abzuändern und neue Muster zu der Zuckerstatistik einzuführen.

§ 85.

Diese Ausführungsbestimmungen treten mit dem 1. September 1903 in Kraft.

20) Anlage G s. u.; Anlage H Bestimmungen über die Zuckerstatistik. Nicht abgedruckt.

21) In der Fassung der Bekanntm. d. Reichsk. v. 1. August 1913.

Anlage D.

Bestimmungen
über
Steuervergütung und Steuerbefreiung.

I. Zu § 6 Ziffer 1 des Gesetzes.

§ 1.

Steuervergütung. I. Zuckerhaltige Waren, welche nicht unter ständiger amtlicher Überwachung hergestellt worden sind. 1. Bezeichnung der vergütungsfähigen Waren.

Für die nachbezeichneten Waren, nämlich:

A. Schokolade und sonstige kakaohaltige Waren, soweit für diese nicht die Vergütung nach Maßgabe der Ausführungsbestimmungen zum Gesetze vom 22. April 1892, betreffend die Vergütung des Kakaozolls, beantragt wird,

B. Zuckerwerk, und zwar:

a) Karamellen (Bonbons, Boltjes) [1]),

b) Dragees (überzuckerte oder mit zuckerhaltigen Stoffen überzogene Samen, Kerne sowie sonstige Bonbonmassen jeglicher Art, auch mit Flüssigkeiten, mit oder ohne Zusatz von Mehl) [2]),

c) Raffinadezeltchen (Zucker in Zeltchenform, auch mit Zusatz von ätherischen Ölen oder Farbstoffen),

d) Schaumwaren (Gemenge von Zucker mit einem Bindemittel, wie Eiweiß, auch nebst einer Geschmacks- oder Heilmittelzutat),

e) Dessertbonbons (Fondants usw. aus Zucker und Einlagen von Schachtelmus, Früchten usw.), sowie Cremes für Konditoreizwecke (Fondantmasse

1) In der Fassung der Bekanntm. v. 13. Dezember 1912.

2) In der Fassung der Bekanntm. v. 20. Januar 1906.

mit Zusätzen von Fetten, Sahne und aromatischen Stoffen), [2a])

f) Marzipanmasse und Marzipanwaren (Zucker mit zerquetschten Mandeln), auch Nußmasse (Zucker mit zerquetschten Nüssen), [2b])

g) Kakes und ähnliche Backwaren sowie Kindermehle [3]),

h) verzuckerte Süd- und einheimische Früchte, glasiert oder kandiert, in Zuckerauflösungen eingemachte Früchte, als: Schachtelmus (Marmelade), Pasten, Kompott, Gallerte (Gelee),

C. zuckerhaltige Flüssigkeiten, als

a) versüßte Trinkbranntweine,

b) mit Zucker eingekochte alkoholhaltige oder alkoholfreie Fruchtsäfte (Fruchtsirupe), [4])

D. flüssigen Raffinadezucker,

E. den Invertzuckersirup, welcher als Fruchtzucker oder Honigsirup in den Handel gelangt, und

F. eingedickte Milch,

wird, wenn zu ihrer Herstellung im freien Verkehre befindlicher Zucker verwendet worden ist, bei der Ausfuhr oder der Niederlegung in öffentlichen Niederlagen oder in Privatlagern unter amtlichem Mitverschlusse die Zuckersteuer für den verwendeten Zucker vergütet.

Nach näherer Bestimmung der obersten Landesfinanzbehörde kann auch für Waren der genannten Art, zu deren Herstellung im freien Verkehre befindliche, nachweislich versteuerte Abläufe verwendet worden sind, die Steuer vergütet werden.

§ 2.

2. Bedingungen für die Gewährung der Vergütung.

Ein Anspruch auf Steuervergütung steht nur demjenigen zu, welcher die Waren hergestellt und sich vor der Herstellung der Steuerbehörde gegenüber schriftlich verpflichtet hat, Honig sowie steuerfreie Abläufe und Rübensäfte, ferner, soweit dies nachstehend nicht ausdrücklich gestattet ist, Stärkezucker und, abgesehen von dem Falle des § 1 Abs. 2 auch steuerpflichtige Abläufe nicht zur Bereitung von Waren derjenigen Art zu verwenden, für welche er die Vergütung in Anspruch nimmt.

Die Aufsicht darüber, daß der übernommenen Verpflichtung entsprochen wird, ist durch Einsicht der Fabrikbücher und Überwachung des Betriebs nach den von der Direktivbehörde zu erlassenden Vorschriften auszuüben.

Fabrikinhabern, welche der übernommenen Verpflichtung zuwidergehandelt haben, ist die Vergütung der Zuckersteuer hinfort zu versagen.

Die Vergütung erfolgt, soweit nicht bezüglich einzelner Arten von Waren eine andere Berechnung vorgeschrieben wird, für die Gesamtmenge des nachweisbar vorhandenen Zuckers mit Einschluß des invertierten, nicht aber für denjenigen Teil des verwendeten Zuckers, der im Laufe der Herstellung ausgeschieden oder verloren gegangen ist.

Die oberste Landesfinanzbehörde ist ermächtigt, für einzelne Betriebe erforderlichenfalls weitere Aufsichtsmaßnahmen anzuordnen.

§ 3.

Die Vergütungsfähigkeit der Waren ist dadurch bedingt, daß sie mindestens 10 vom Hundert ihres Reingewichts an Zucker enthalten.

[5]) Ein Zusatz von Stärkezucker ist bei Fondants, Pralinees und Cremes — B e des § 1 — und bei den im § 1 unter B a, b, d und h genannten Waren gestattet. Zum Färben der Zuckerwaren darf in jedem Falle aus Stärkezucker bereitete Zuckerfarbe verwendet werden.

§ 4.

Die Steuervergütung kann nur beansprucht werden, wenn

a) zuckerhaltige alkoholhaltige Flüssigkeiten, für welche auch Vergütung der Branntweinsteuer in Anspruch genommen wird, in der die Vergütung dieser Abgabe bedingenden Mindestmenge zur Abfertigung gestellt werden,

b) in den übrigen Fällen die in den gleichzeitig zur Ausfuhr oder Niederlegung angemeldeten Waren enthaltene Zuckermenge mindestens 100 kg beträgt.

Die Direktivbehörde ist befugt, Ausnahmen hiervon zuzulassen.

§ 5.

Die zuckerhaltigen Waren, für welche die Gewährung von Steuervergütung beansprucht wird, sind einer von der obersten Landesfinanzbehörde für befugt erklärten Steuerstelle anzumelden und vorzuführen. Zur Anmeldung sind Vordrucke nach Muster 4 oder, falls die Gestellung der zuckerhaltigen Waren bei einer anderen Amtsstelle erfolgen soll, nach Muster 9 zu benutzen. Im letzteren Falle ist die An- 3. Anmeldung.

2a) In der Fassung der Bekanntm. v. 23. Oktober 1913.

2b) In der Fassung der Bekanntm. v. 20. Januar 1906.

3) In der Fassung der Bekanntm. v. 26. Juni 1908.

4) In der Fassung der Bekanntm. v. 20. Januar 1906.

5) In der Fassung der Bekanntm. v. 20. Januar 1906, v. 31. Juli 1907 u. v. 23. Oktober 1913.

meldung in doppelter Ausfertigung einzureichen.

Die Anmeldung hat anzugeben:

1. Zahl, Verpackungsart, Bezeichnung und Rohgewicht der Packstücke,
2. Zahl und Art der inneren Umschließungen,
3. Art und Reingewicht der zuckerhaltigen Waren,
4. den Zuckergehalt der einzelnen Waren in Hundertteilen ihres Reingewichts und
5. die Gesamtzuckermenge, welche in den Waren enthalten ist oder für welche die Vergütung beansprucht wird.

Bezüglich der Zulässigkeit einer Anmeldung des Rohgewichts der zuckerhaltigen Waren nach dem Gesamtbetrage finden die Vorschriften der §§ 39 und 41 der Ausführungsbestimmungen Anwendung.

Statt des wirklichen Zuckergehalts und der wirklich vorhandenen Gesamtzuckermenge kann der Mindestgehalt an Zucker und eine diesem entsprechende Gesamtzuckermenge angegeben werden.

§ 6.

Befinden sich in einem Packstücke Waren verschiedener Art und verschiedenen Zuckergehalts, so müssen sie durch innere Umschließungen von einander getrennt sein.

§ 7.

4. Abfertigung. a) Gewichtsermittelung.

Bei der Ermittelung des Roh- und Reingewichts der zuckerhaltigen Waren sind die Vorschriften der §§ 45 bis 54 der Ausführungsbestimmungen sinngemäß in Anwendung zu bringen.

Zur Erleichterung der Feststellung des Reingewichts kann durch das Hauptamt zugelassen werden, daß die zur Ausfuhr angemeldeten Waren auf Kosten des Versenders in dessen Räumen vor der Verpackung amtlich verwogen, unter amtlicher Aufsicht verpackt und der Abfertigungsstelle zugeführt werden. In diesem Falle ersetzt die Bescheinigung der Aufsichtsbeamten über das Gewicht der Waren und die Art und Zahl der in einem Packstück enthaltenen inneren Umschließungen die Ermittelungen der Abfertigungsstelle.

Bezüglich derjenigen Erzeugnisse, für welche auch eine Vergütung der Branntweinsteuer beansprucht wird, sind die zu letzterem Zwecke erfolgten amtlichen Ermittelungen, soweit sie auch für die Zuckersteuervergütung in Betracht kommen, zu benutzen.

§ 8.

b) Untersuchung der Waren und Feststellung ihres Zuckergehalts.

Die Untersuchung der Waren und die Feststellung ihres Zuckergehalts erfolgt auf Grund von Proben, die von der Abfertigungsstelle unter Mitwirkung eines Oberbeamten und unter Zuziehung des Versenders zu entnehmen sind. Die Untersuchung geschieht auf Kosten des Versenders durch einen von der Direktivbehörde auf die Wahrnehmung der Ansprüche der Steuerverwaltung verpflichteten Chemiker nach Maßgabe der Anweisung in Anlage E.

Es bleibt der obersten Landesfinanzbehörde überlassen, die Feststellung des Zuckergehalts solcher Waren, bei denen er zufolge der gesammelten Erfahrungen mit Sicherheit durch die Polarisation bestimmt werden kann, einer zur Ermittelung des Quotienten der Zuckerabläufe berechtigten Amtsstelle (vgl. § 2 der Ausführungsbestimmungen) zu übertragen.

Die Untersuchung der Ware auf den Zuckergehalt braucht stets nur so weit ausgedehnt zu werden, daß das Vorhandensein eines der Anmeldung entsprechenden Gehalts an Zucker in der Ware nachgewiesen wird.

§ 9.

Von jeder Gattung von Waren, welche unter der nämlichen Benennung und mit dem nämlichen Zuckergehalt angemeldet ist, und wenn bezüglich der Gleichartigkeit der Ware Zweifel bestehen, von jedem für nicht gleichartig erachteten Teile der Sendung, nach vorgängiger Feststellung des Gewichts dieses Teiles, muß eine Probe von mindestens 100 g Gewicht entnommen, im Beisein des Versenders gehörig verpackt und mit amtlichem Siegel verschlossen werden, welchem der Versender sein eigenes Siegel beifügen kann.

§ 10.

Bei Waren aus Fabriken, deren Inhaber sich schriftlich verpflichtet haben, unter einer bestimmten Benennung stets nur gleichartige Waren von einer näher anzugebenden und durch Hinterlegung von Mustern festzustellenden Beschaffenheit mit dem nämlichen Zuckerzusatze zur Anmeldung zu bringen, ist nach näherer Bestimmung der Direktivbehörde von regelmäßiger Untersuchung der Ware durch einen Chemiker abzusehen und, falls sich bei der Revision keine Abweichung der Ware von den Mustern ergibt, der in der Anmeldung angegebene Zuckergehalt als richtig anzunehmen. Die Steuerstelle ist jedoch verpflichtet, auch von anscheinend dem Muster entsprechenden Waren ab und an Proben zu entnehmen und auf Kosten der Versender untersuchen zu lassen.

§ 11.

c) Weitere Abfertigung.

Zuckerhaltige Waren, für welche die Gewährung einer Steuervergütung beantragt ist, dürfen von dem Zeitpunkte der Abfertigung ab nur unter amtlichem Verschluß oder unter amtlicher Begleitung versendet werden. Im übrigen finden auf die Abfertigung die Vorschriften in §§ 61 bis 67 der Ausführungsbestimmungen sinngemäße Anwendung.

§ 12.

Wenn bei der Anmeldung zuckerhaltiger Waren zur Steuervergütung (§ 5) der Antrag auf Versendung an eine andere Amtsstelle gestellt worden ist, so ist von dem Begleitscheinerledigungsamt über die Erledigung des Begleitscheins ein Einzelerledigungsschein nach Muster 17 auszufertigen und dem Ausfertigungsamt ohne Verzug zu übersenden.

Muster 17.

Der Einzelerledigungsschein kann auch im Falle einer Beanstandung der Begleitscheinerledigung auf Antrag des Begleitscheinnehmers oder des Empfängers abgesandt werden, sofern die Beanstandung sich weder auf die Gattung und die Menge der Waren noch auf den Nachweis der Ausfuhr oder Niederlegung bezieht, und der Antragsteller für die etwaigen Ansprüche auf Strafe und Kosten Sicherheit bestellt. Bei Beanstandungen mit bezug auf die Menge der Waren kann ein Einzelerledigungsschein ausgestellt werden, wenn der Antragsteller ferner erklärt, sich mit der Steuervergütung für die bei dem Empfangsamte tatsächlich ermittelten und demnächst zur Ausfuhr oder Niederlegung gelangten Mengen begnügen zu wollen.

d) Zuckersteuer-Vergütungsbuch.

§ 13.

Über die Abfertigung von zuckerhaltigen Waren mit dem Anspruch auf Zuckersteuervergütung sind von den Ämtern Bücher nach Muster 18 zu führen.

Muster 18.

5. Berechnung der Vergütung.

§ 14.

Bei der Ermittelung des der Berechnung der Vergütung zugrunde zu legenden Zuckergewichts ist statt des ermittelten Zuckergehalts der angemeldete in Rechnung zu stellen, wenn der letztere geringer ist, als der erstere.

§ 15.

Karamellen, welche Stärkezucker enthalten, sind nur vergütungsfähig, wenn sie mindestens 80 Grad Rechtsdrehung zeigen. Die Vergütung wird stets nur für 50 vom Hundert des Gewichts der Ware gewährt. Die Vergütung ist zu versagen, wenn bei den von den Aufsichtsbeamten in der Fabrik von Zeit zu Zeit vorzunehmenden Untersuchungen ermittelt wird, daß die zur Ausfuhr gelangenden stärkezuckerhaltigen Karamellen weniger als 50 vom Hundert ihres Gewichts an Rohrzucker enthalten.

Für Karamellen, welche Stärkezucker nicht enthalten, ist die volle Vergütung für die ermittelte Zuckermenge zu gewähren.

§ 16.

Für Erzeugnisse der im § 1 unter B h und C b bezeichneten Art wird mit Rücksicht auf den natürlichen Zuckergehalt der zur Herstellung der Waren verwendeten Früchte die Steuervergütung auf 90 vom Hundert der ermittelten Zuckermenge beschränkt.

Für verzuckerte oder in Zuckerauflösungen eingemachte Früchte gilt diese Bestimmung nur für den Fall, daß bei ihrer Herstellung Stärkezucker nicht verwendet worden ist. Für Früchte, bei deren Herstellung auch Stärkezucker Verwendung gefunden hat, sowie für stärkezuckerhaltige Dragees, Schaumwaren, Fondants, Pralinees und Cremes (§ 1 B b, d, e und h) erfolgt die Vergütung nach Maßgabe [6]) des Gehalts an Rohrzucker, welcher nach der in der Anlage E unter B h Abs. 2 ff. enthaltenen Anweisung gefunden wird.

Für den im § 1 unter D bezeichneten flüssigen Raffinadezucker ist die Steuervergütung nach einem Zuckergehalte von 75 vom Hundert festzusetzen, solange nicht ein geringerer ermittelt worden ist.

§ 17.

6. Zahlbarmachung der Vergütung.

Die Vergütungsbeträge sind, soweit nicht durch die Direktivbehörde kürzere Fristen bestimmt werden, nach dem Ablaufe jedes Vierteljahrs, spätestens am 15. des folgenden Monats, von dem Hauptamt, in dessen Bezirke der Antrag auf Gewährung der Vergütung gestellt worden ist, bei der Direktivbehörde aufzurechnen. Den Aufrechnungen, welche nach Muster 19 in doppelter Ausfertigung aufzustellen sind, sind außer den etwaigen Befundsbescheinigungen der Chemiker die Ausfuhr- usw. Anmeldungen oder die zweiten Ausfertigungen der Begleitscheine und die Erledigungsscheine beizufügen.

Muster 19.

§ 18.

Die Direktivbehörde hat die zu vergütenden Beträge festzusetzen und zur Zahlung anzuweisen. Die Belege der Aufrechnungen bleiben bei ihr zurück.

Die Vergütungsbeträge sind, wenn die zuckerhaltigen Waren in eine Niederlage aufgenommen worden, in dem Lagerbuch anzuschreiben und zu diesem Zwecke von dem Hauptamte dem Niederlageamte mitzuteilen, welches dem

6) In der Fassung der Bekanntm. v. 20. Januar 1906, v. 31. Juli 1907 u. v. 23. Oktober 1913.

ersteren die Anschreibung im Lagerbuche zu bestätigen hat.

§ 19.

Die Steuervergütung kann bei dem Hauptamte jederzeit auf nicht gestundete Zuckersteuer (einschließlich der Erstattung von Zuckersteuervergütung) statt barer Zahlung in Anrechnung gebracht oder vom fünfundzwanzigsten Tage des sechsten Monats nach dem Monat der Ausfuhr oder Niederlegung der zuckerhaltigen Waren ab bar erhoben werden. Auch kann sie vor dem Tage der Fälligkeit auf gestundete Zuckersteuer, welche gleichzeitig oder später als die Steuervergütung fällig wird, in Anrechnung gebracht werden. Ist der Tag der Fälligkeit ein Sonn- oder Festtag, so kann die Barzahlung bereits am vorhergehenden Werktag erfolgen.

Jede auf Grund einer Nachweisung für denselben Empfangsberechtigten angewiesene Vergütungssumme wird nur mit ihrem vollen Betrag in Anrechnung genommen; die Anrechnung eines Teiles des Betrags unter Barzahlung des Restes ist unzulässig.

§ 20.

In der von dem Empfänger abzugebenden Quittung ist die Art der Zahlung (durch Anrechnung oder bar) anzugeben.

II. Zuckerhaltige Waren, welche unter ständiger amtlicher Überwachung hergestellt worden sind.

§ 21.

Die oberste Landesfinanzbehörde kann, vorbehaltlich jederzeitigen Widerrufs und der erforderlichen besonderen Aufsichtsmaßregeln gestatten, daß den Gewerbetreibenden, welche in zollsicher abgeschlossenen Räumen unter ständiger amtlicher Überwachung zuckerhaltige Waren für die Ausfuhr herstellen, die Zuckersteuer für den nachweislich verwendeten inländischen Zucker erlassen oder erstattet wird, je nachdem unversteuerter oder versteuerter inländischer Zucker verwendet worden ist.

§ 22.

Die oberste Landesfinanzbehörde kann die im § 21 vorgesehene Abgabenfreiheit des Zuckers auch dann zugestehen, wenn der Betrieb nur während der Zeit, in welcher für die Ausfuhr gearbeitet wird, einer ständigen amtlichen Überwachung unterworfen wird.

§ 23.

Auf die Anmeldung und Abfertigung der in den §§ 21 und 22 bezeichneten Waren sowie auf die Zahlbarmachung der Vergütung für solche finden die Vorschriften der §§ 5 bis 7, 11 bis 14 und 17 bis 20 entsprechende Anwendung.

Bezüglich des Gewichts des in den Waren enthaltenen Zuckers haben die Abfertigungsbeamten ihrem Revisionsbefund eine Bescheinigung auf Grund der über den Fabrikbetrieb geführten Aufsicht beizufügen.

Dem Fabrikanten ist gestattet, nach vorheriger Anzeige bei der Steuerstelle und Zahlung der Steuer oder Rückzahlung der Vergütung auch zum Absatze nach dem Inland aus der Fabrik oder öffentlichen Niederlage oder aus dem Privatlager unter amtlichem Mitverschlusse Waren zu entnehmen.

§ 24.

Der Erlaß oder die Vergütung der Steuer erfolgt bei der Aufnahme des Zuckers in die zollsicher abgeschlossenen oder unter ständiger Überwachung stehenden Räume der Fabrik, vorbehaltlich der Nacherhebung der Steuer oder der Rückforderung der Vergütung für die bei den Bestandsaufnahmen sich ergebenden Fehlmengen.

Von der Erhebung der Beträge für die Fehlmengen kann mit Genehmigung der Direktivbehörde ganz oder teilweise abgesehen werden, insoweit die Fehlmengen auf natürlichen Schwund oder Betriebsverlust zurückzuführen sind und kein Verdacht besteht, daß Waren unbefugterweise aus der Fabrik entfernt oder darin verbraucht worden sind.

In denjenigen Fällen, in welchen eine Entnahme zuckerhaltiger Waren in den freien Verkehr des Inlandes gegen Entrichtung des Eingangszolls erfolgt, findet eine Erhebung der Zuckersteuer oder eine Rückforderung der Vergütung nicht statt.

II. Zu § 6 Ziffer 2 des Gesetzes.

Steuerbefreiung. 1. Zucker zur Viehfütterung.

§ 25.

Inländischer Zucker und Zuckerablauf kann zur Viehfütterung unter Beobachtung der nachfolgenden Maßregeln steuerfrei verabfolgt werden:

1. Der Zucker oder Ablauf ist unter amtlicher Aufsicht zur Verwendung als Nahrungs- und Genußmittel für Menschen untauglich zu machen (zu denaturieren).
2. Die Denaturierung ist durch Vermischung mit Ölkuchenmehl, Fleischfuttermehl, Fischfuttermehl, Fischguano, Torfmehl, Schnitzelstaub, gemahlenen Schnitzeln, Kartoffelpulpe [7]) oder Reisfuttermehl in einer Menge von 20 vom Hundert des Reingewichts des Zuckers oder mit Gerstenfuttermehl oder Gerstenschrot in einer Menge von 40 v. H. des Reingewichts des

7) In der Fassung der Bekanntm. v. 30. März 1907.

Zuckers [8]) zu bewirken. Nötigenfalls ist der Zucker vor der Denaturierung zu vermahlen.

[8]) Bei Kristallzucker und anderem weißen Zucker soll die Körnung der Denaturierungsmittel möglichst gleich der Körnung des Zuckers sein. Ist die Verschiedenheit der Körnung so beträchtlich, daß eine Aussonderung des Zuckers möglich scheint, so ist dieser mit dem Denaturierungsmittel zusammen zu vermahlen.

[9]) Der zur Bienenfütterung bestimmte Zucker kann bis zu einer Menge von jährlich 5 kg für das Bienenstandvolk auch mit mindestens 5 v. H. gewaschenem feinen Sande oder feinem Quarzsand oder mit 0,1 v. H. Tieröl oder mit 1 v. H. gemahlener Holzkohle vergällt und gegen Vorlegung eines von der Bezirkshebestelle ausgestellten Berechtigungsscheins steuerfrei abgelassen werden. Der Zucker muß so weit zerkleinert sein, daß er durch ein Sieb mit Maschen von 3 mm im Geviert vollständig durchfällt. Die Vergällungsmittel sind entweder mit dem zu vergällenden Zucker zu vermahlen oder in besonderen von der Direktivbehörde als zur Herstellung gleichmäßig vergällten Zuckers geeignet anerkannten Mischanlagen oder, wo solche Anlagen fehlen, mit Handschaufeln völlig mit dem Zucker zu vermischen. Bei der Vergällung mit Tieröl ist es gestattet, dieses Vergällungsmittel zunächst mit einem Teile des zu vergällenden Zuckers innig zu vermischen und den Rest des Zuckers alsdann mit dieser Mischung möglichst gleichmäßig zu vereinigen. Das Tieröl muß den in der Anlage D 1 gestellten Anforderungen entsprechen.

An staatliche wissenschaftliche Lehranstalten für Bienenzucht kann unter den übrigen vorangegebenen Voraussetzungen daneben Zucker zur Bienenfütterung auch unvergällt steuerfrei abgelassen werden, wenn in der Anstalt ständig eine planmäßig geordnete Lehrtätigkeit von besonders hierzu angestellten Lehrkräften ausgeübt wird, wenn diese Lehrtätigkeit den Hauptzweck der Anstalt bildet und die Verwendung des Zuckers mit der Lehrtätigkeit in unmittelbarem Zusammenhange steht.

3. Abläufe gelten als denaturiert, wenn sie unter Zusatz von Stoffen der genannten Art oder mit trockenen Futterstoffen von schrot-, kleie- oder mehlförmiger Zerkleinerung in der Weise zu Viehfutter verarbeitet werden, daß sie die flüssige Form verlieren und ohne Benutzung undurchlässiger Gefäße versandt werden können, oder wenn ihnen Viehsalz in solcher Menge zugesetzt wird, daß ihr Quotient dadurch unter 70 sinkt.

4. Das Denaturierungsmittel ist von demjenigen, welcher die steuerfreie Verabfolgung beantragt, zu stellen; auch ist von diesem für die gehörige Vermischung mit dem Denaturierungsmittel nach Anleitung der Steuerbehörde Sorge zu tragen.

5. Die Denaturierung darf nur in einer Zuckerfabrik oder in einer öffentlichen Niederlage oder in einem Privatlager unter amtlichem Mitverschlusse für inländischen Zucker stattfinden.

§ 26.

2. Zucker zu gewerblichen Zwecken.

Zur Herstellung von Ultramarin kann inländischer Rohzucker nach Denaturierung durch Vermischung von 40 Teilen Rohzucker mit 35 Teilen unterschwefligsaurem Natrium (Antichlor) steuerfrei abgelassen werden.

§ 27. [10])

Zur Herstellung von Kupferoxydul, von Pflanzenschutzmitteln und von Glanzstoff kann fein vermahlener inländischer Rübenzucker nach Denaturierung durch Vermischung mit gepulvertem Kupfervitriol steuerfrei abgelassen werden. Die Vermischung hat in dem Verhältnisse von mindestens 5 Teilen Kupfervitriol auf 100 Teile Zucker zu erfolgen.

Die Vorführung des Zuckers und des Denaturierungsmittels in unzerkleinertem Zustande kann zugelassen werden, wenn Einrichtungen zur Verfügung gestellt werden, welche gestatten, beide Stoffe zusammen in Gegenwart der Abfertigungsbeamten ohne unverhältnismäßigen Zeitaufwand fein zu vermahlen oder aufzulösen.

Kupfervitriol, der ganz oder teilweise entwässert ist oder dessen Unverfälschtheit nicht außer Zweifel steht, ist vor der Vermischung nach der Anleitung zur Untersuchung des Kupfervitriols (Anlage D 1) zu prüfen.

Zur Herstellung von Glanzstoff, insbesondere von künstlicher Seide einschließlich des künstlichen Roßhaars, kann außerdem inländischer Zucker nach Vermischung mit

8) In der Fassung der Bekanntm. v. 30. März 1907.
9) Zufolge Bekanntm. v. 10. Juli 1913.
10) In der Fassung der Bekanntm. v. 6. Februar 1909.

5 vom Hundert Natronlauge oder
5 „ „ Kalilauge oder
10 „ „ kalzinierter Soda oder
27 „ „ kristallisierter Soda oder
13 „ „ kalzinierter Pottasche
nach den im § 28 für diese Zusatzstoffe gegebenen näheren Bestimmungen steuerfrei abgelassen werden.

§ 27 a. 11)

Zur Herstellung von Kalziumkarbiterzeugnissen kann inländischer Staubzucker nach Denaturierung durch Vermischung von 100 Teilen Staubzucker mit 2 Teilen entwässertem Eisenvitriol und ½ Teil dunkelgefärbtem Petroleum steuerfrei abgelassen werden.

§ 28.

Zur Verwendung bei der Herstellung von Seifen kann inländischer Zucker nach Vermischung mit kochender Seifenmasse steuerfrei abgelassen werden; die Vermischung hat in dem Verhältnisse von mindestens 4 Kilogramm Seifenmasse zu 1 Kilogramm Zucker zu erfolgen.

12) Außerdem kann inländischer Zucker zur Seifenbereitung steuerfrei abgelassen werden nach Vermischung mit:
1 v. H. Seifenpulver oder
5 „ Natronlauge oder
5 „ Kalilauge oder
10 „ kalzinierter Soda oder
27 „ kristallisierter Soda oder
13 „ kalzinierter Pottasche oder
1 „ Petroleum,
sofern diese Denaturierungsmittel die in der Anlage D 1 geforderten Eigenschaften besitzen.

§ 28 a. 13)

Zur Verwendung bei der Herstellung von Tannin oder Oxalsäure kann feingemahlener inländischer Zucker nach Vermischung mit 1 vom Hundert pulverförmigem Tannin, dessen Gehalt an Gerbstoff mindestens 40 vom Hundert beträgt, steuerfrei abgelassen werden.

§ 28 b. 14)

Zur Verwendung bei der Herstellung von Sicherheitssprengstoffen kann feingemahlener inländischer Zucker nach Vermischung mit 0,5 vom Hundert hellem Paraffinöl von starkem, widrigem Geruch und Geschmack steuerfrei abgelassen werden.

§ 28 c. 15)

Zur Verwendung bei der Herstellung von Pergamentpapier kann inländischer Invertzucker nach Vermischung mit 1 vom Hundert Seifenpulver oder 10 vom Hundert kristallisiertem Chlorkalzium steuerfrei abgelassen werden, sofern die Vergällungsmittel die in der Anlage D 1 geforderten Eigenschaften besitzen. Die Vergällungsmittel dürfen auch vor der Vermischung in Wasser gelöst werden.

§ 28 d. 16)

Zur Verwendung in der Textilindustrie bei der Färberei, Druckerei und Appretur kann inländischer Invertzucker nach Vermischung mit 1 v. H. Seifenpulver oder 3 v. H. Türkischrotöl steuerfrei abgelassen werden, sofern die Vergällungsmittel die in der Anlage D 1 geforderten Eigenschaften besitzen. Die Vergällungsmittel dürfen auch vor der Vermischung in Wasser gelöst werden.

§ 28 e. 17)

Zum Einstellen von Teerfarbstoffen auf bestimmte Farbstärken kann fein gemahlener oder griesförmiger inländischer Zucker nach Vergällung steuerfrei abgelassen werden.

Zur Vergällung dürfen auf 100 Teile Zucker folgende Stoffe verwendet werden:

1. a) 10 Gewichtsteile entwässertes Natriumsulfat oder
   b) 0,25 Gewichtsteile Pyridinbasen oder
   c) 0,1 Gewichtsteil Tieröl,
   zu a bis c unter gleichzeitigem Zusatz von 0,1 Gewichtsteil eines unverdünnten beliebigen roten, grünen, blauen oder violetten oder von 1 Gewichtsteil eines unverdünnten beliebigen gelben oder braunen Farbstoffs; ferner
2. a) 1 Gewichtsteil unverdünntes Methylenblau (Tetramethylthioninchlorid) oder
   b) 1 Gewichtsteil unverdünntes Methylenviolett (asym. Dimethylsafraninchlorid).

Die unter 1 genannten Vergällungsmittel müssen die in der Anlage D 1 geforderten Eigenschaften besitzen. Bei der Vergällung mit den unter 2. genannten Stoffen genügt in der Regel eine Vergleichung mit einwandfreien Mustern, in Zweifelsfällen ist die Untersuchung durch einen Sachverständigen herbeizuführen.

11) In der Fassung der Bekanntm. v. 31. Juli 1907.

12) In der Fassung der Bekanntm. v. 15. Januar 1911.

13) In der Fassung der Bekanntm. v. 15. Januar 1911.

14) Zufolge und in der Fassung der Bekanntm. v. 25. Mai 1911.

15) In der Fassung der Bekanntm. v. 4. Juni 1913. Frühere Fassung Bekanntm. v. 9. Mai 1912.

16) Zufolge und in der Fassung der Bekanntm. v. 10. Juli 1913.

17) In der Fassung der Bekanntm. v. 1. August 1913.

§ 29.

In den Fällen der §§ 26 bis 28e findet die Bestimmung im § 25 zu 4 Anwendung.

Die Direktivbehörde kann weitere Aufsichtsmaßnahmen anordnen.

Anlage F.

Zuckerlagerordnung.

§ 1.

1. Allgemeine Bestimmungen.

Zuckererzeugnisse können bis zu ihrer weiteren Bestimmung in öffentlichen Niederlagen oder in Privatlagern steuerfrei gelagert werden.

Desgleichen können zuckerhaltige Waren in öffentlichen Niederlagen oder in Privatlagern unter amtlichem Mitverschlusse bis zu ihrer weiteren Bestimmung gelagert werden, um, falls unversteuerter Zucker zu ihrer Herstellung verwendet worden ist, die Versteuerung bis auf weiteres auszusetzen oder, falls versteuerter Zucker verwendet worden ist, die Vergütung der Zuckersteuer zu erlangen (Vergütungslager).

§ 2.

Auf die Zuckerlager finden die Bestimmungen des allgemeinen Niederlage-Regulativs und des Privatlager-Regulativs sinngemäße Anwendung, soweit nicht nachstehend oder in den §§ 72 bis 78 der Ausführungsbestimmungen andere Vorschriften getroffen sind.

§ 3.

Der Inhaber eines Privatlagers hat auf Erfordern zum Zwecke der steueramtlichen Abfertigungen und Revisionen auf seine Kosten einen geeigneten, mit dem erforderlichen Hausgerät ausgestatteten, nach Bedürfnis zu erleuchtenden und zu erwärmenden Raum zu stellen, auch für die nötigen geeichten Wagen und Gewichte Sorge zu tragen und diejenigen Hilfsdienste zu leisten oder leisten zu lassen, welche erforderlich sind, um die Abfertigungen und Revisionen in den vorgeschriebenen Grenzen zu vollziehen.

§ 4.

Die Zuckererzeugnisse und zuckerhaltigen Waren lagern mit der Eigenschaft als inländische Waren, jedoch im Falle der Benutzung einer öffentlichen Niederlage unter der Voraussetzung, daß daselbst Zuckererzeugnisse oder zuckerhaltige gleichartige Waren, auf welchen ein Zollanspruch haftet, entweder nicht oder genügend abgesondert lagern.

Zuckerhaltige Waren, deren Niederlegung verschiedene Zwecke verfolgt (§ 1), dürfen in dasselbe Lager nur dann aufgenommen werden, wenn ihre räumliche Trennung möglich ist.

§ 5.

Hat bei der Aufnahme von Zuckererzeugnissen in das Lager oder bei der Entnahme vom Lager die Ermittelung ihres Reingewichts stattzufinden, so kann dieser Ermittelung das in dem Begleitpapier angegebene Umschließungsgewicht oder der daselbst angegebene Tarasatz (zu vergleichen §§ 48, 54 und 63 der Ausführungsbestimmungen) zugrunde gelegt werden.

Das Umschließungsgewicht und die Tarasätze sind im Lagerbuche (§ 7) festzuhalten und bei der Versendung in den Begleitpapieren weiter zu überweisen.

Ist bei der Vorabfertigung oder der Aufnahme in das Lager Roh- und Reingewicht des Zuckers durch probeweise Verwiegung ermittelt worden, so ist außer dem Gesamtgewicht auch das angemeldete durchschnittliche Roh- und Reingewicht der Packstücke im Lagerbuch und bei der Versendung auch in den Begleitpapieren anzugeben.

Die Anwendung der vorstehenden Vorschriften unterbleibt, falls in der Niederlage eine Umpackung der Packstücke erfolgt ist.

§ 6.

Die Entnahme von Zucker ist nur in Mengen von mindestens 500 kg, von zuckerhaltigen Waren nur in Mengen von mindestens 100 kg Reingewicht gestattet. Ausnahmen kann das Hauptamt bewilligen.

Auf die Abfertigung bei der Entnahme von Zucker oder zuckerhaltigen Waren finden die §§ 45 bis einschließlich 55 und 61 bis einschließlich 67 der Ausführungsbestimmungen sowie § 11 der Anlage D sinngemäße Anwendung. Zur Anmeldung sind, soweit nicht Versendung mit Begleitschein I oder II zu erfolgen hat, Vordrucke nach dem Muster 4 zu verwenden.

§ 7.

Über den eingelagerten Zucker und die eingelagerten zuckerhaltigen Waren ist ein Lagerbuch nach Muster 20 zu führen, und zwar in Jahresabschnitten für die Zeit vom 1. September des einen bis 31. August des folgenden Jahres. Muster 20.

§ 8.

Für die Privatlager ohne amtlichen Mitverschluß hat die vorläufige Steuerabrechnung am

1. März jedes Jahres für die Zeit vom 1. September des Vorjahrs bis Ende Februar des laufenden Jahres, und die endgültige Steuerabrechnung am 1. September jedes Jahres für das abgelaufene Betriebsjahr stattzufinden.

§ 9.

2. Besondere Bestimmungen für die Vergütungslager.

Die eingelagerten Waren sind in den Lagerräumen derart aufzubewahren, daß die Identität jedes einzelnen Packstücks, oder bei Einlagerung einer größeren Menge von Packstücken gleicher Verpackungsart, gleichen Inhalts und wenigstens annähernd gleichen Gewichts die Identität der Gesamtpost während der Lagerung erhalten bleibt. Der Lagerinhaber ist verpflichtet, den zu diesem Zwecke von der Steuerbehörde getroffenen Anordnungen nachzukommen.

Die Umpackung der eingelagerten Waren kann nach zuvoriger Anmeldung gestattet werden und hat innerhalb des Lagers oder in benachbarten Räumen unter amtlicher Überwachung zu erfolgen. Die Warenpost wird dann im Lagerbuch ab- und nach der neuen Feststellung wieder angeschrieben, wobei als das Gesamtgewicht der neuen Post das Einlagerungsgewicht der alten festgehalten wird.

Unverzollte ausländische Umschließungen dürfen nur zum Zwecke der Verpackung von Erzeugnissen, welche für die Ausfuhr bestimmt sind, auf das Lager gebracht werden. Sie unterliegen der Anschreibung im Lagerbuch und der zollvormerklichen Behandlung.

§ 10.

Für jede eingelagerte Post ist im Lagerbuche bei der Einlagerung oder nach dem Eingange der im § 18 Abs. 2 der Anlage D vorgeschriebenen Mitteilung der Betrag der gewährten Steuervergütung anzuschreiben.

Die Abschreibung im Lagerbuch und die Feststellung der zurückzuzahlenden Steuervergütung erfolgt nach dem Einlagerungsgewichte. Eine Verwiegung ist daher bei der Auslagerung regelmäßig nur dann nötig, wenn die Waren im gebundenen Verkehre weiter versendet werden sollen, oder wenn Teilposten entnommen werden. Auch in ersterem Falle kann auf Antrag von der Verwiegung abgesehen und das im Lagerbuch angeschriebene Einlagerungsgewicht in das Begleitpapier übernommen werden, wenn nicht anzunehmen ist, daß während der Lagerung eine wesentliche Gewichtsveränderung stattgefunden hat. In dem Begleitschein ist alsdann der im Lagerbuch angeschriebene Betrag der Steuervergütung anzugeben.

Bei der Entnahme einer mit einem Gesamtgewicht angeschriebenen Warenpost in Teilmengen erfolgt die Abschreibung und die Berechnung des zurückzuzahlenden oder bei der Versendung mit Begleitschein in diesem anzugebenden Betrags der Vergütung nach dem jedesmal zu ermittelnden Auslagerungsgewichte. Ergibt sich dabei im ganzen ein Mindergewicht gegen das Einlagerungsgewicht, so ist bei der Abfertigung der letzten Teilmenge dieses Mindergewicht abzuschreiben, und zwar, wenn auch nur eine der Teilposten in den freien Verkehr zurückgenommen oder auf ein anderes Lager übergeführt ist, unter Einziehung des darauf entfallenden Vergütungsbetrags.

Ergibt sich dagegen ein Mehrgewicht, so ist, wenn die früher abgefertigten Teilmengen sämtlich in den freien Verkehr übergeführt sind, bei der zuletzt abgeschriebenen Teilmenge von dem Mehrgewicht eine Vergütungserstattung nicht zu berechnen. Wird in einem solchen Falle die letzte Teilmenge nach einem anderen Lager übergeführt, so ist in dem Begleitpapiere zu vermerken, daß die Sendung in einer letzten Teilmenge besteht und auf sie von dem für die Gesamtmenge gezahlten Betrage der Vergütung nur noch der anzugebende Restbetrag entfällt. Ist jedoch auch nur eine der früheren Teilmengen in ein anderes Lager oder zur Ausfuhr gebracht, so hat bei der Abschreibung der letzten Teilmenge die Berechnung des zu erstattenden Betrags der Vergütung nach dem Auslagerungsgewichte zu erfolgen.

§ 11.

Der Lagerinhaber oder bei der Versendung vom Lager der Begleitscheinnehmer haftet, insoweit die Waren nicht etwa im Vergütungslager oder bei der Versendung erweislich durch Zufall zugrunde gehen, für den Betrag der gewährten Steuervergütung so lange, als nicht die Rückzahlung der letzteren oder die Aufnahme der Ware in ein anderes Lager oder die Ausfuhr in der vorgeschriebenen Art nachgewiesen wird.

§ 12.

Werden zuckerhaltige Waren in den freien Verkehr entnommen, so ist der darauf gewährte Betrag an Zuckersteuervergütung zurückzuzahlen.

Die zurückgezahlten Beträge sind im Zuckersteuer-Einnahmebuche nachzuweisen. Eine Stundung ist nicht zulässig.

Anlage G.

Verwaltungskostenvergütung.

§ 1.

Für die Verwaltung und Erhebung der Zuckersteuer werden vom Reiche 4 vom Hundert der zur Verrechnung gekommenen Roh-Solleinnahme, und zwar 3 vom Hundert für die Verwaltung und 1 vom Hundert für die Erhebung vergütet. Die Gesamtvergütung von 3 vom Hundert wird von dem Ausschusse des Bundesrats für Rechnungswesen vierteljährlich nach der Gesamt-Roh-Solleinnahme an Zuckersteuer festgestellt und nach dem Verhältnisse der aus den Zuckerfabriken entnommenen Zuckererzeugnisse (Rohzucker, Verbrauchszucker und Zuckerabläufe von 70 oder mehr Quotient) auf die einzelnen Staaten verteilt. Dabei wird für Fabriken, in welchen Rohzuckergewinnung und vollständig eingerichteter Raffineriebetrieb vereinigt sind und in denen der Rohzucker vorherrschend zu Verbrauchszucker der nachstehend bezeichneten Art verarbeitet wird, den entnommenen Zuckererzeugnissen die Menge des selbst erzeugten und nach § 30 Abs. 2 und § 31 des Zuckersteuergesetzes sowie nach §§ 26 bis 30 der Ausführungsbestimmungen angeschriebenen Rohzuckers zugerechnet, soweit der letztere nicht aus der Fabrik als Rohzucker ausgeführt oder dort noch auf Lager vorhanden ist.

Als Verbrauchszucker im Sinne des Abs. 1 ist Kandis und Zucker in weißen vollen harten Broten, Blöcken, Platten, Stangen oder Würfeln oder in weißen harten durchscheinenden Kristallen von mindestens 99½ vom Hundert Zuckergehalt anzusehen.

Der Berechnung der Vergütung von 1 vom Hundert ist die Roh-Solleinnahme in den einzelnen Staaten zugrunde zu legen.

§ 2.

Es steht den Bundesregierungen frei, bei den monatlichen Abrechnungen zwischen den Landeskassen und der Reichshauptkasse (§§ 3 und 4 Ziffer 4 der Bestimmungen vom 3. April 1878) als Vergütung für die Verwaltung je ein Drittel der ihnen in dem gleichen Viertel des Vorjahrs hierfür gewährten Vergütung und für die Erhebung 1 vom Hundert ihrer Roh-Solleinnahme zurückzubehalten.

§ 3.

Für die Erhebung der Steuervergütungen, welche für aus Niederlagen in den freien Verkehr gebrachte Waren zurückzuzahlen sind, wird eine besondere Vergütung nicht gewährt.

§ 4.

Die Bundesregierungen sind berechtigt, an Stelle der Vergütungen nach § 1 die für die Verwaltung und Erhebung der Zuckersteuer wirklich erwachsenen Gesamtkosten sowie als Entschädigung für die Ruhegehaltslast einen Zuschlag von 10 vom Hundert von den zur Aufrechnung gelangenden ruhegehaltsfähigen Bezügen der in Betracht kommenden Beamten bei der schließlichen Einnahmefeststellung in Anrechnung zu bringen. Die Kosten sind nach den bei den Ermittelungen auf Grund des Bundesratsbeschlusses vom 3. Februar 1893, § 59 der Protokolle und Nr. 13 der Drucksachen, Ziffer 1 Abs. 6, angewandten Grundsätzen von den Direktivbehörden festzustellen; die bezüglichen Nachweisungen sind nebst dem Gutachten des Reichsbevollmächtigten für Zölle und Steuern mit den schließlichen Übersichten der Einnahme an Zuckersteuer an den Ausschuß des Bundesrats für Rechnungswesen einzusenden.

Das Mehr, welches hiernach einzelne Bundesstaaten über die gemäß § 1 berechneten Vergütungen hinaus zu beanspruchen haben, ist aus den Einnahmen an Zuckersteuer zu decken.

§ 5.

Über die Einnahme an Zuckersteuer haben die Direktivbehörden vierteljährlich eine Übersicht nach Muster 21 aufzustellen und zu den auf dem Muster angegebenen Tagen an den Ausschuß des Bundesrats für Rechnungswesen einzusenden. Muster 21.

§ 6.

Für das Rechnungsjahr 1903 haben die Direktivbehörden die Übersicht (§ 5)

a) über die auf Grund des Gesetzes vom 27. Mai 1896 erhobene Zuckersteuer nach dem bisher vorgeschriebenen Muster,
b) über die auf Grund des Gesetzes vom 6. Januar 1903 erhobene Zuckersteuer für die Zeit vom 1. September 1903 bis 31. März 1904 nach dem Muster 21

aufzustellen.

Nach Ablauf des Rechnungsjahrs 1903 können die nach dem Gesetze vom 27. Mai 1896 etwa noch zur Verrechnung kommenden Beträge in den Zuckersteuer-Übersichten (Muster 21) unter der Linie nachgewiesen werden.

§ 7.

Zur Ermittelung der Rohzuckermenge, die nach § 1 Abs. 1 den aus den Fabriken mit Raffineriebetrieb entnommenen Zuckererzeug-

Muster 21 A. nissen zugerechnet wird (Muster 21 Spalte 3), sind Berechnungen nach Muster 21 A aufzustellen und mit den Einnahmeübersichten (§ 5) einzureichen.

§ 8.

Für den Fall, daß den Fabrikinhabern noch Kosten baulicher Einrichtungen in den Zuckerfabriken nach § 11 des Gesetzes aus der Reichskasse zu erstatten sein sollten, erfolgt die Aufrechnung nach Muster 21 B; die von den Direktivbehörden abzugebende Bescheinigung hat wie folgt zu lauten: Muster 21 B.

„Daß die vorbezeichneten Beträge bauamtlich festgestellt und nach Maßgabe der Bestimmungen im § 11 des Gesetzes gezahlt worden sind, wird hiermit bescheinigt."

§ 9.

Dem Reichskanzler wird überlassen, die durch die Bestimmungen zur Regelung der Abrechnungen zwischen den Landeskassen und der Reichshauptkasse vom 3. April 1878 angeordneten Muster III bis VIII entsprechend abzuändern.

---

25. Juni 1903.

Bekanntmachung des Reichskanzlers, betreffend Ausführungsbestimmungen zu dem Gesetze, betreffend die Vergütung des Kakaozolls bei der Ausfuhr von Kakaowaren, vom 22. April 1892.

Zentr.-Bl. f. d. D. R. S. 429.

Ausführungsbestimmungen [1] [2]) zum Gesetze, betreffend die Vergütung des Kakaozolls bei der Ausfuhr von Kakaowaren, vom 22. April 1892.

§ 1.

Für nachstehende Waren

a) Kakaomasse in Teig-, Pulver- und sonstiger Form,
b) Schokolade, die aus Kakaomasse und Zucker (Rüben- oder Rohrzucker) besteht und mindestens 40 vom Hundert Kakaomasse enthält,
c) kakaohaltige Zuckerwaren, einschließlich der nicht unter b fallenden Schokolade, die mindestens 60 vom Hundert Kakaomasse und Zucker, darunter mindestens 10 vom Hundert Kakaomasse, enthalten,
d) Haferkakao, welcher mindestens 33⅓ vom Hundert Kakaomasse enthält,
e) gerösteter Kakaobruch (gereinigte, geröstete, geschälte und gebrochene Kakaobohnen),
f) Eichelkakao, der mindestens 79 v. Hundert Kakaomasse und Zucker, darunter mindestens 60 v. H. Kakaomasse, enthält, [3])

wird, wenn zu ihrer Herstellung im freien Verkehre befindlicher Kakao verwendet worden ist, bei der Ausfuhr oder der Niederlegung in einer öffentlichen Niederlage oder in einem Privatlager unter amtlichem Mitverschlusse der Zoll für den verwendeten Kakao nach Maßgabe der nachstehenden Bestimmungen vergütet.

Der Kakaomasse steht im Sinne dieser Ausführungsbestimmungen die Kakaobutter gleich.

§ 2.

Die Kakaomasse muß ohne Beimischung von anderen Stoffen, insbesondere auch von Abfällen der Verarbeitung von Rohkakao (Staub, Grus, Schalen usw.) hergestellt sein.

Kakaopulver (Kakomasse in Pulverform, mehr oder weniger entölt) darf bei der Herstellung zugesetzte Alkalien und medizinische Stoffe bis zu 3 vom Hundert enthalten.

Bei Schokolade (§ 1 unter b) ist ein Zusatz von Gewürzen und medizinischen Stoffen bis zu 2 vom Hundert gestattet.

§ 3.

Die Vergütung beträgt für den Doppelzentner.

a) Kakaomasse und zwar
   1. in Pulverform: 43,00 Mark,
   2. andere: 43,70 Mark;
b) Schokolade, einschließlich der Steuervergütung für den darin enthaltenen Zucker: 25,80 Mark, wovon 68 vom Hundert auf den Kakaozoll und 32 vom Hundert auf die Zuckersteuer zu verrechnen sind;
c) kakaohaltige Zuckerwaren, einschließlich der Steuervergütung für den darin enthaltenen Zucker: 11,30 Mark, wovon 38 vom Hundert auf den Kakaozoll und 62 vom Hundert auf die Zuckersteuer entfallen;

---

1) An Stelle der Ausführungsbestimmungen vom Jahre 1896 (Zentr.-Bl. f. d. D. R. S. 378).

2) Abgeändert durch Bekanntmachung des Reichskanzlers, betreffend Änderung dieser Bestimmungen, vom 1. November 1912 (Zentr.-Bl. f. d. D. R. S. 808).

3) lit. e) und f) zufolge Bekanntm. des Reichsk. v. 1. November 1912.

d) Haferkakao: 14,20 Mark;
e) gerösteten Kakaobruch: 24 Mark;
f) Eichelkakao, einschließlich der Steuervergütung für den darin enthaltenen Zucker: 16 Mark, wovon 85 vom Hundert auf den Kakaozoll und 15 vom Hundert auf die Zuckersteuer entfallen.[3])

Vom Inkrafttreten des Zolltarifgesetzes vom 25. Dezember 1902 ab[4]) betragen die Sätze zu[1])

a 1) 24,60 Mark,
a 2) 25 Mark;
b) 18,10 Mark, wovon 55 vom Hundert auf den Zoll und 45 vom Hundert auf die Steuer entfallen;
c) 9,50 Mark, wovon 26 vom Hundert auf den Zoll und 74 vom Hundert auf die Steuer entfallen;
d) 8,20 Mark.

§ 4.

Die Vergütung wird nur dem Hersteller der Ware auf Grund eines Zusagescheins der Direktivbehörde gewährt. Der Zusageschein ist unter Vorbehalt des jederzeitigen Widerrufs und nur solchen Personen zu erteilen, welche sich schriftlich verpflichten,

a) nur Kakaowaren von der in den §§ 1 und 2 vorgeschriebenen Beschaffenheit mit dem Anspruch auf Abgabenvergütung zur Ausfuhr zu bringen,
b) für jede zur amtlichen Abfertigung vorgeführte Sendung, welche erwiesenermaßen auch nur zum Teil den Vorschriften in den §§ 1 und 2 nicht entspricht, oder bei deren Abfertigung ein Mindergewicht von über 10 vom Hundert sich ergibt (§ 10), eine von der Direktivbehörde festzusetzende Vertragsstrafe bis zu 1000 Mark, unabhängig von der daneben etwa verwirkten Strafe zu entrichten,
c) die Kosten für die Untersuchung der Waren zu tragen,
d) über den Betrieb Bücher zu führen, welche über Art und Menge der verarbeiteten Roh- und Hilfsstoffe, sowie über Art, Menge und Zusammensetzung der daraus hergestellten Erzeugnisse genauen Aufschluß geben, und diese Bücher den Oberbeamten der Steuerverwaltung auf Erfordern zur Einsicht vorzulegen.

§ 5.

Die Aufsicht darüber, daß der übernommenen Verpflichtung entsprochen wird, ist durch Einsicht der Betriebsbücher und Kenntnisnahme vom Betriebe nach den von der Direktivbehörde zu erlassenden Vorschriften auszuüben.

§ 6.

Die Vergütung kann nur beansprucht werden, wenn vergütungsfähige Waren im Reingewichte von mindestens 50 kg auf einmal zur Ausfuhr oder Niederlegung angemeldet werden. Die Direktivbehörde ist befugt, Ausnahmen hiervon zuzulassen.

§ 7.

Die Kakaowaren, für welche Abgabenvergütung beansprucht wird, sind bei einer von der obersten Landesfinanzbehörde für befugt erklärten Amtsstelle anzumelden und vorzuführen. Schokolade, welche nicht unter b im § 1 fällt, ist in der Anmeldung als kakaohaltige Zuckerware zu bezeichnen.

Zur Anmeldung sind Vordrucke nach Anlage 1 zu benutzen. Im Falle der Versendung ist die Anmeldung in doppelter Ausfertigung zu übergeben. Anlage 1.[5])

Befinden sich in einem Packstücke Waren, für welche verschiedene Vergütungssätze festgesetzt sind, so müssen sie durch innere Umschließungen von einander getrennt sein.

§ 8.

Soweit nachstehend nichts anderes bestimmt wird, ist für jedes Packstück das Roh- und Reingewicht amtlich zu ermitteln. Die Art der Kakaowaren kann probeweise festgestellt werden, wenn über die Gleichartigkeit der Waren keine Zweifel bestehen. Das Ergebnis ist auf der Anmeldung zu vermerken. Bei der Feststellung des Reingewichts sind in der Schlußsumme Gewichtsmengen unter 50 g außer Ansatz zu lassen.

§ 9.

Bei der Ermittelung des Roh- und Reingewichts der Kakaowaren sind die Vorschriften der §§ 46, 51, 53 und 54 der Zuckersteuer-Ausführungsbestimmungen und des § 7 Abs. 2 der zugehörigen Anlage D sinngemäß in Anwendung zu bringen.

§ 10.

Abweichungen des angemeldeten von dem bei der Abfertigung festgestellten Gewichte bleiben straffrei, sofern nicht ersteres das letztere um mehr als 10 vom Hundert übersteigt.

---

4) Zufolge Beschlusses des Bundesrats vom 15. Februar 1906 (Zentr.-Bl. f. d. D. R. S. 479) sind die obersten Landesfinanzbehörden ermächtigt worden, für kakaohaltige Waren, die in der Zeit vom 1. März bis 30. April 1906 ausgeführt oder niedergelegt werden, und zu deren Herstellung erwiesenermaßen zum Satze von 35 ℳ für den Doppelzentner verzollter Kakao verwendet worden ist, die Kakaozollvergütung nach den bisherigen Sätzen gewähren zu lassen.

5) Nicht abgedruckt.

§ 11.

Auf die Untersuchung der Waren und die Feststellung ihres Gehalts an Kakao usw. finden, soweit nicht in den §§ 12 und 13 etwas anderes bestimmt ist, § 8 Abs. 1, § 9 und § 10 der Anlage D der Zuckersteuer-Ausführungsbestimmungen sinngemäße Anwendung.

§ 12.

Anlage 2.) Die Untersuchung ist nach der Anleitung in Anlage 2 auszuführen. Sie ist nur so weit auszudehnen, bis festgestellt ist, daß die Ware die in den §§ 1 und 2 vorgeschriebene Beschaffenheit besitzt.

§ 13.

Für die Untersuchung von Haferkakao sind Proben im Mindestgewichte von je 200 g zu entnehmen, und außerdem, sofern der untersuchende Chemiker dies für erforderlich hält, auch von den bei der Herstellung des Haferkakaos verwendeten Rohstoffen eine oder einige Proben von je 100 g zu beschaffen.

§ 14.

Auf die weitere Abfertigung finden die Vorschriften der §§ 11 bis 13 und auf die Aufrechnung der Vergütung diejenigen des § 17 und des § 18 Abs. 1 der Anlage D der Zuckersteuer-Ausführungsbestimmungen mit der Maßgabe sinngemäße Anwendung, daß die Aufrechnung der Beträge vierteljährlich zu erfolgen hat.

Zur Versendung sind Zollbegleitscheine I zu verwenden, denen die Anmeldungen (§ 7) anzustempeln sind. Die Begleitscheine sind in die Begleitschein-Ausfertigungs- und Empfangsbücher für den Zollverkehr einzutragen. Die für die Einzelerledigungsscheine, die Vergütungsbücher und die Aufrechnungen zu verwendenden Vordrucke sind von der Direktivbehörde nach Anleitung der Muster 17, 18 und 19 der im Abs. 1 bezeichneten Ausführungsbestimmungen vorzuschreiben.

§ 15.

Bei der Anweisung zur Zahlung hat die Direktivbehörde anzugeben, welcher Betrag der Gesamtvergütung für Schokolade und andere zuckerhaltige Waren nach dem im § 3 dieser Bestimmungen festgestellten Verhältnis als Zollvergütung und welcher als Zuckersteuervergütung zu verrechnen ist.

Die angewiesenen Beträge sind sofort fällig und durch das aufrechnende Hauptamt an die Empfangsberechtigten auszuzahlen.

§ 16.

Diese Bestimmungen treten mit dem 1. September 1903 in Kraft.

---

27. Juni 1903.

Bekanntmachung des Statthalters, betreffend die Fassung des Gesetzes über die Erhöhung der Lizenzgebühren für den Kleinverkauf von geistigen Getränken und die Ermäßigung der Weinsteuer.

Gesetzbl. für Elf.-Lothr. S. 36.

Auf Grund des Artikels 4 des Gesetzes vom 13. Juni 1903, betreffend Abänderung des Gesetzes vom 5. Mai 1880 über die Erhöhung der Lizenzgebühren für den Kleinverkauf von geistigen Getränken und die Ermäßigung der Weinsteuer, wird der Text des Gesetzes über die Erhöhung der Lizenzgebühren für den Kleinverkauf von geistigen Getränken und die Ermäßigung der Weinsteuer, wie er sich aus den Änderungen durch jenes Gesetz ergibt, nachstehend bekannt gemacht. [1])

[1]) S. unterm 13. Juni 1903.

---

27. Juni 1903.

Verordnung des Statthalters, betreffend den Geschäftsgang der Berufungskommission für die Kapital-, Lohn- und Besoldungssteuer.

Zentr.- u. Bez.A.Bl. S. 81.

Auf Grund des § 24 des Kapitalsteuer-Gesetzes vom 13. Juli 1901 (Gesetzbl. S. 55) und des § 19 des Lohn- und Besoldungssteuergesetzes von demselben Tage (Gesetzbl. S. 69) bestimme ich, daß für die Berufungskommission für die Kapital-, Lohn- und Besoldungssteuer die unterm 8. April 1897 erlassene Verordnung über den Geschäftsgang der Berufungskommission für die Gewerbesteuer (Amtsbl. 1897 S. 173) Anwendung zu finden hat.

5. Juli 1903.

Kaiserliche Verordnung, betreffend die Erstreckung der für Kauffahrteischiffe geltenden Vorschriften auf die Gouvernementsfahrzeuge der Schutzgebiete.[1])

Reichsgesetzbl. S. 257.

Der Reichskanzler kann verfügen, daß die für Kauffahrteischiffe geltenden Vorschriften auf Gouvernementsfahrzeuge der deutschen Schutzgebiete Anwendung finden.

1) Erlassen auf Grund des § 26 des Gesetzes, betreffend das Flaggenrecht der Kauffahrteischiffe, in der Fassung des Gesetzes vom 29. Mai 1901 (Reichs-Gesetzbl. S. 184), nach erfolgter Zustimmung des Bundesrats.

6. Juli 1903.

Bekanntmachung des Reichskanzlers, betreffend den Beitritt des Königreichs Dänemark mit Einschluß der Färöer zur Berner internationalen Urheberrechts-Übereinkunft vom 9. September 1886 sowie zu den am 4. Mai 1896 dazu getroffenen Zusatzübereinkommen.[1])

Reichsgesetzbl. S. 255.

1) Der Beitritt ist erfolgt mit Wirkung vom 1. Juli 1903.

8. Juli 1903.

Bekanntmachung des Ministeriums, betreffend die Verrechnung der Kosten für die Zuchtstierhaltung.

Zentr.- u. Bez.A.Bl. S. 87.

Vom Rechnungsjahre 1903 ab sind in den Gemeinden, in welchen eine Regelung der Zuchtstierhaltung auf Grund des Gesetzes vom 9. Juli 1900 erfolgt ist, in den Rechnungen der Gemeinden die Kosten der Stierhaltung und die zu deren Deckung zu erhebenden Abgaben als budgetmäßige Ausgaben und Einnahmen zu verrechnen, sofern die Gemeinde die Zuchtstierhaltung auf eigene Rechnung betreibt und die Abgaben zu Gunsten der Gemeinde erhoben werden.

Dagegen sind die zu erhebenden Abgaben außerbudgetmäßig zu verrechnen, wenn die Gemeinde die Zuchtstierhaltung einem Privaten übertragen hat und die Abgaben für Benutzung des Stieres für Rechnung des privaten Stierhalters von dem Gemeinderechner auf Grund von Rollen eingezogen werden.

In die Anweisung über das Gemeinderechnungswesen vom 30. März 1896 wird als § 43 a neu aufgenommen:[1])

1) Beim Abdruck der Anweisung berücksichtigt.

10. Juli 1903.

Bekanntmachung des Ministeriums, betreffend die rechnerische Bescheinigung von Rechnungen und Rechnungsbelegen.[1])

Zentr.- u. Bez.A.Bl. S. 89.

1) Ergänzt durch die Verfügung des Ministeriums, betr. die rechnerische Prüfung der Belege über Auslagen, die im gerichtlichen Verfahren erwachsen und auf den Gerichtskostenfonds anzuweisen sind, vom 18. September 1904, Samml. d. Justizverw. S. 516.

11. Juli 1903.

Bekanntmachung des Reichskanzlers, betreffend Ergänzung und Abänderung der Ausführungsbestimmungen zur Fernsprechgebührenordnung, vom 26. März 1900.

Zentr.-Bl. f. d. D. R. S. 446.

Die Änderungen sind beim Abdruck der Ausführungsbestimmungen zur Fernsprechgebührenordnung, vom 26. März 1900, berücksichtigt.

---

11. Juli 1903.

Bekanntmachung des Reichskanzlers, betreffend Ergänzung der Bestimmungen über Fernsprechnebenanschlüsse.

Zentr.-Bl. f. d. D. R. S. 446.

Die Änderung ist beim Abdruck der Bestimmungen über Fernsprechnebenanschlüsse vom 31. Januar 1900 (Zentralblatt für das Deutsche Reich S. 23) berücksichtigt worden; sie betrifft Nr. I. 5.

---

14. Juli 1903.

Gesetz, betreffend die Errichtung und den Betrieb von Apotheken.[1])

(Gesetzbl. f. Elf.-Lothr. S. 45.)

§ 1.

Wer eine neue Apotheke errichten und betreiben will, bedarf hierzu der Genehmigung des Ministeriums. In allen Fällen, in welchen die Genehmigung zum Betriebe einer Apotheke erteilt werden soll, hat eine öffentliche Ausschreibung zur Bewerbung zu erfolgen.

Die Berechtigung wird nur für den Betrieb in einem bestimmten Gebäude erteilt. Sie kann nicht auf eine andere Person übertragen werden.

§ 2.

Die Genehmigung zum Betriebe der Apotheke erlischt:

1. wenn der Berechtigte die zur Eröffnung des Betriebs oder die zur Wiederaufnahme des eingestellten Betriebs von dem Ministerium gesetzte Frist verstreichen läßt;
2. mit der Zurücknahme der Approbation;
3. mit dem Tode des Berechtigten.

Die Genehmigung kann ferner zurückgenommen werden, wenn Tatsachen vorliegen, welche die Unzuverlässigkeit des Berechtigten für den Betrieb der Apotheke dartun, oder wenn hinsichtlich der zum Betriebe bestimmten Räumlichkeiten Änderungen eingetreten sind, welche sie den polizeilichen Anforderungen nicht mehr als genügend erscheinen lassen. Die Zurücknahme wird durch den Bezirkspräsidenten verfügt. Gegen die Entscheidung des Bezirkspräsidenten ist Rekurs an den Kaiserlichen Rat zulässig.

§ 3.

Den Erben des Berechtigten ist vom Ministerium auf Antrag zu gestatten, daß der Betrieb der Apotheke noch ein Jahr lang nach dem Todesfalle auf ihre Rechnung durch einen approbierten Apotheker fortgesetzt wird.

§ 4.

Wird in den Fällen des § 2 oder nach dem Ablauf der in § 3 bestimmten Zeit zum Betriebe der Apotheke eine neue Berechtigung erteilt, so kann dem Apotheker, der die Genehmigung erhält, die Verpflichtung auferlegt werden, von seinem Vorgänger oder dessen Erben die zum Betriebe der Apotheke gehörigen Gerätschaften und Warenvorräte gegen Erstattung des Werts zu übernehmen.

§ 5.

Die zur Zeit des Inkrafttretens dieses Gesetzes bestehenden Apotheken werden durch die vorstehenden Bestimmungen nicht berührt.

Den Inhabern dieser Apotheken kann unter den Voraussetzungen des § 2 Absatz 2 die Fortsetzung des Betriebs der Apotheke dauernd oder auf Zeit nach Maßgabe der bezeichneten Bestimmung untersagt werden.

---

1) S. dazu Ausführungsbestimmungen vom 18. August 1903.

§ 6.

Der Betrieb der Apotheke durch einen Stellvertreter sowie deren Verlegung in ein anderes Gebäude ist nur mit Genehmigung der zuständigen Behörde zulässig.

§ 7.

Wer, abgesehen von dem Falle des § 147 Absatz 1 Nr. 1 der Gewerbeordnung, unbefugt eine Apotheke betreibt, oder wer den Bestimmungen in § 6 zuwiderhandelt, wird mit Geldstrafe bis zu 300 Mark und im Unvermögensfalle mit Haft bestraft. Der Betrieb kann polizeilich verhindert werden.

§ 8.

Das Gesetz vom 10. Mai 1877 (Gesetzbl. S. 11), betreffend die Errichtung von Apotheken, wird aufgehoben.

§ 9.

Die erforderlichen Ausführungsbestimmungen erläßt das Ministerium.

Dasselbe bestimmt insbesondere, wie in den Fällen des § 4 der Wert der Gerätschaften und Warenvorräte festzustellen ist, wenn unter den Beteiligten keine Einigung zu stande kommt.

---

14. Juli 1903.

Gesetz, betreffend die Grundsteuer.

Gesetzbl. f. Elf.-Lothr. S. 47.

§ 1.

Die durch § 49 des Katastergesetzes vom 31. März 1884 (Gesetzbl. S. 59) angeordnete jährliche Richtigstellung (Fortführung) der neuen Kataster in Bezug auf die Kulturveränderungen (§ 54 des Gesetzes) findet für sämtliche Gemarkungen des Landes statt.

Soweit es sich dabei um Kulturveränderungen handelt, welche nicht von nur vorübergehender Dauer sind, ist damit eine Neueinreihung der Grundstücke in die entsprechende Kulturart und Klasse und demgemäß eine Neufeststellung der Reinerträge unter Anlehnung an die auf Grund des Gesetzes vom 6. April 1892 (Gesetzbl. S. 33) vorgenommene Einschätzung zu verbinden.

§ 2.

Die Ermittelung der Kulturveränderungen liegt den für sämtliche Gemeinden des Landes gemäß § 54 des Katastergesetzes zu bestellenden Feldgeschworenen ob.

Die Neufeststellung der Reinerträge erfolgt durch eine für jeden Katasterfortführungsbezirk zu bildende Grundsteuer-Veranlagungskommission unter Vorsitz des Katasterfortführungsbeamten. Für die Bildung und die Befugnisse dieser Kommission gelten die Bestimmungen des Art. I, § 34 des Gesetzes vom 6. April 1892.

Auf Grund der infolge von Kulturveränderungen alljährlich neu festgestellten Reinerträge findet, soweit nicht die bestehenden Gesetze besondere Ausnahmen zulassen, vom nächsten Steuerjahre ab die Veranlagung zur Grundsteuer statt.

§ 3.

Gegen die Einreihung der Grundstücke in die für die einzelnen Gemarkungen festgestellten Kulturarten und Klassen sind in gleicher Weise, wie gegen den Ansatz der Grundsteuerbeträge, innerhalb dreimonatiger Frist von der Bekanntgabe der Heberolle ab Einwendungen seitens der Grundeigentümer zulässig.

Nicht zulässig sind Einwendungen gegen die Feststellung der Reinerträge für die verschiedenen Kulturarten und Klassen. Sofern jedoch infolge außergewöhnlicher Verhältnisse die Reinerträge sämtlicher Grundstücke in einer Gemarkung oder größerer Abschnitte derselben (Flur, Gewann) um mindestens ein Fünftel bleibend erhöht oder vermindert werden, kann für diese Grundstücke ausnahmsweise eine Berichtigung der Reinerträge auf Kosten der Landeskasse durch das Ministerium nach Anhörung der Kommission der Landesschätzer angeordnet werden. [1])

§ 4.

Über sämtliche Einwendungen gegen den Grundsteueransatz entscheidet in erster Instanz der Direktor der direkten Steuern und auf Berufung in zweiter Instanz das Ministerium. Soweit es sich dabei um Einwendungen der im § 3 bezeichneten Art handelt, erfolgt die Entscheidung des Ministeriums nach Anhörung der Kommission der Landesschätzer oder eines aus ihrer Mitte gewählten Ausschusses.

Wiederholte Einwendungen, welche sich auf

1) Zu vgl. auch Gesetz, betreffend die Gebäudesteuer, vom 17. Juli 1907 (Gesetzbl. f. Elf.-Lothr. S. 79), Art. II.

Grundstücke beziehen, für welche bereits eine Entscheidung zweiter Instanz ergangen ist, sind vom Direktor der direkten Steuern als unzulässig zurückzuweisen, sofern keine neuen Gründe vorgebracht werden. Gegen diese Entscheidung ist Beschwerde an das Ministerium statthaft. Die Berufungen und Beschwerden sind binnen einer Ausschlußfrist von einem Monat von der Bekanntgabe der Entscheidung ab einzulegen.

Die Einwendungen und Berufungen gegen den Ansatz der Grundsteuer unterliegen dem Dimensionsstempel, sofern der Steueransatz 25 ℳ übersteigt.

Für die Bildung und die Befugnisse der Kommission der Landesschätzer gelten die Bestimmungen des Art. I, § 28 des Gesetzes vom 6. April 1892.

§ 5.

Dieses Gesetz tritt am 1. April 1903 mit der Maßgabe in Kraft, daß für das Steuerjahr 1903 die auf Grund des Gesetzes vom 6. April 1892 für die Neueinschätzung der Grundsteuerreinerträge gebildeten Distriktskommissionen, sowie die bestehende Kommission der Landesschätzer die nach gegenwärtigem Gesetze den Grundsteuer-Veranlagungskommissionen und der Kommission der Landesschätzer zugewiesenen Befugnisse wahrzunehmen haben.

Die Ausführungsbestimmungen zu diesem Gesetze erläßt das Ministerium.[2])

2) Auf Grund des § 5 ist erlassen worden: Die Bekanntmachung des Ministeriums, betreffend Änderung in der Dienstanweisung für die Katasterfortführungsbeamten vom 17. März 1902, vom 28. Juli 1903 usw. (Zentr.- u. Bez.A.Bl. S. 95), siehe diese.

---

15. Juli 1903.

Verordnung des Ministeriums, betreffend Verkehr der Schiffe in der Nähe des Kehler Rheinhafens.[1])

Zentr.- u. Bez.A.Bl. S. 90.

§ 1.

Aus dem Kehler Hafen ausfahrende Dampfschiffe haben zur Wahrschau im Rheinstrom zu Tal kommenden Schiffen an dem nördlichen Schiffswendeplatz (bei der Trennung der beiden Hafenbecken) ein gut vernehmbares Signal mit der Dampfpfeife oder der Schiffsglocke zu geben und zwar:

Dampfschiffe ohne Anhang ein Zeichen,
Dampfschiffe mit Anhang zwei Zeichen mit kurzer Zwischenpause.

Überdies sind die Führer solcher Dampfschiffe zur Ausschau nach im Rhein zu Tal kommenden Schiffen verpflichtet und haben erforderlichenfalls zur Vermeidung der Begegnung vor der Hafenmündung die Geschwindigkeit zu vermindern.

1) Erlassen in Verfolg einer zwischen der Landesregierung von Elsaß-Lothringen und der Großherzoglich Badischen Regierung getroffenen Vereinbarung, auf Grund des § 3 des Gesetzes vom 22. April 1902, betreffend die Zuständigkeit in Wasser- und Meliorationsangelegenheiten.

§ 2.

Die im Rheinstrom zu Tal fahrenden Schiffe haben in der Nähe der Mündung des Kehler Hafens unter Beachtung der in der Rheinschiffahrts-Polizeiverordnung (§§ 7 und 8) vorgeschriebenen Signale stets die linke Seite des Fahrwassers einzuhalten. Kleinere Fahrzeuge haben auf der Rheinstrecke zwischen den Hafenmündungen von Straßburg und Kehl stets eine Flagge mindestens 5 Meter über Bord am Mast oder an einem Flaggenstock zu führen. Ausgenommen von der letzteren Verpflichtung sind die zur Aufnahme einzelner weniger Personen bestimmten Nachen.

§ 3.

Diese Verordnung tritt am 1. August 1903 in Kraft.

§ 4.

Zuwiderhandlungen werden auf Grund des § 366 Ziffer 10 des Strafgesetzbuches für das Deutsche Reich bestraft.

---

23. Juli 1903.

Verfügung des Reichskanzlers, betreffend Rechtsgeschäfte und Rechtsstreitigkeiten Nichteingeborener mit Eingeborenen im südafrikanischen Schutzgebiet.

(D. Kol.-Bl. S. 383.)

25. Juli 1903.

Bekanntmachung des Reichskanzlers, betreffend Abänderung der Postordnung vom 20. März 1900.

Zentr.-Bl. f. d. D. R. S. 478.

Die Änderungen sind beim Abdruck der Postordnung vom 20. März 1900 berücksichtigt.

---

26. Juli 1903.

Gesetz, betreffend die Rechtsverhältnisse der Dienstboten (Gesindeordnung).[1])

Gesetzbl. f. Elf.-Lothr. S. 51.

§ 1.

Auf das Rechtsverhältnis zwischen der Dienstherrschaft (Dienstberechtigter) und dem Dienstboten (Gesinde) finden die Vorschriften des Bürgerlichen Gesetzbuches, abgesehen von den im Artikel 95 Abs. 2 des Einführungsgesetzes bezeichneten, nur insoweit Anwendung, als sich nicht aus den Vorschriften dieses Gesetzes ein anderes ergibt.

§ 2.

Pflichten des Dienstboten.

Der Dienstbote ist verpflichtet, die Anordnungen der Dienstherrschaft oder ihres Vertreters in Bezug auf die ihm nach Vertrag, Herkommen und Sitte, obliegenden Verrichtungen und in Bezug auf die Ordnung des Hauses zu befolgen. In dringenden Fällen hat er vorübergehend auch solche seinen Fähigkeiten entsprechende Dienste zu leisten, welche nicht zu seinen im Vertrage bestimmten Obliegenheiten gehören.

§ 3.

Dauer der Dienstzeit.

Das Dienstverhältnis eines landwirtschaftlichen Dienstboten gilt im Zweifel als für ein Dienstjahr und, falls es im Laufe des Dienstjahres beginnt, als für die Zeit bis zum Schlusse des Dienstjahrs eingegangen. Das Dienstjahr beginnt am letzten Werktage vor Neujahr. Wird das Dienstverhältnis nicht mindestens sechs Wochen vor dem Ablaufe der Dienstzeit gekündigt, so ist es als auf das nächste Dienstjahr verlängert anzusehen.[2])

Bei andern als landwirtschaftlichen Dienstboten ist die Kündigung, wenn der Vertrag auf unbestimmte Zeit geschlossen und die Vergütung nach Vierteljahren bemessen ist, unter Einhaltung einer Kündigungsfrist von vier Wochen für den Schluß eines Kalendervierteljahres zulässig.[3])

§ 4.

Kündigung ohne Einhaltung einer Kündigungsfrist.

Das Dienstverhältnis kann von jedem Teile ohne Einhaltung einer Kündigungsfrist gekündigt werden, wenn ein wichtiger Grund vorliegt[4]). Die Kündigung ist auch schon vor dem Antritte des Dienstes zulässig.

§ 5.

Als ein wichtiger Grund, der die Dienstherrschaft zur Kündigung ohne Einhaltung einer Kündigungsfrist berechtigt, ist es, sofern nicht besondere Umstände eine andere Beurteilung rechtfertigen, namentlich anzusehen:

1. wenn der Dienstbote den Antritt des Dienstes ohne rechtfertigenden Grund verweigert oder erheblich verzögert, den Dienst unbefugt verläßt oder sich beharrlich weigert, seinen Verpflichtungen nachzukommen;
2. wenn er zur Leistung der übernommenen Dienste unfähig ist oder durch anhaltende Krankheit oder durch eine längere Freiheitsstrafe oder Abwesenheit an der Verrichtung seiner Dienste verhindert wird;
3. wenn er sich einem liederlichen Lebenswandel, insbesondere dem Trunke, ergibt, sich Untreue oder Unehrlichkeit, Tätlichkeiten oder grobe Ehrverletzungen gegen die Dienstherrschaft, ihren Vertreter oder ihre Angehörigen zu Schulden kommen läßt;
4. wenn ein unverheirateter weiblicher Dienstbote sich im Zustande der Schwangerschaft befindet.

§ 6.

Als ein wichtiger Grund, der den Dienstboten zur Kündigung ohne Einhaltung einer Kündigungsfrist berechtigt, ist es, sofern nicht besondere Umstände eine andere Beurteilung rechtfertigen, namentlich anzusehen:

1. wenn die Dienstherrschaft die Annahme des Dienstboten vertragswidrig verweigert

1) Das Gesetz ist erlassen auf Grund des Vorbehalts zugunsten des Landesrechts in Art. 95 Einf.-Gef. z. B.G.B.

2) Vgl. § 620 B.G.B.

3) Abweichung von § 621 Abs. 4 B.G.B.

4) Vgl. § 626 B.G.B.

oder ihn vor dem Ablaufe der Dienstzeit entläßt;

2. wenn der Dienstbote zur Fortsetzung seiner Dienste unfähig wird;
3. wenn ein weiblicher Dienstbote sich verheiratet;
4. wenn die Dienstherrschaft ihm den Lohn oder den gebührenden Unterhalt nicht gewährt oder sich weigert, die ihr nach § 618 des Bürgerlichen Gesetzbuchs obliegenden Verpflichtungen zu erfüllen;
5. wenn sich die Dienstherrschaft Tätlichkeiten, grobe Ehrverletzungen oder unsittliche Zumutungen gegen den Dienstboten zu Schulden kommen läßt oder ihn gegen solche Handlungen Anderer, die im Hause Zutritt haben, nicht schützt.

§ 7.

Schadensersatz.

Wird das Dienstverhältnis auf Grund der §§ 4 bis 6 gekündigt, so kann der Dienstbote vorbehaltlich der nachstehenden Vorschriften nur einen der Dauer seiner Dienstleistung entsprechenden Teil des Lohnes verlangen. [5])

Wird im Falle des § 4 die Kündigung durch schuldhaftes Verhalten des anderen Teiles veranlaßt, so ist dieser zum Ersatze des durch die Aufhebung des Dienstverhältnisses entstehenden Schadens verpflichtet.

Als Schadensersatz kann, wenn die Vergütung nach Vierteljahren oder nach längeren Zeitabschnitten bemessen ist, der Betrag der Hälfte des auf das jeweils laufende Vierteljahr entfallenden Lohnes verlangt werden. Bei landwirtschaftlichen Dienstboten erhöht sich der Schadensersatz auf den Betrag eines Vierteljahreslohns, wenn das Dienstverhältnis durch die Dienstherrschaft in der Zeit vom 1. Juni bis Ende Oktober oder durch den Dienstboten in der Zeit vom 1. Oktober bis Ende Februar gekündigt wird.

Ist das Dienstverhältnis für kürzere Zeit als ein Vierteljahr oder in der Weise eingegangen, daß es nach kürzeren Zeiträumen als von Vierteljahr zu Vierteljahr gekündigt werden kann, so ist als Schadensersatz der Betrag der Hälfte des auf den entsprechenden Zeitraum entfallenden Lohnes zu leisten.

Das Verlangen des in den Abs. 3, 4 bestimmten Schadensersatzes ist an den Nachweis eines Schadens nicht gebunden. Durch die Geltendmachung des Anspruchs auf diesen Schadensersatz wird das Verlangen eines weiteren Schadensersatzes ausgeschlossen.

§ 8.

Aufrechnung.

Die Dienstherrschaft kann eine Schadensersatzforderung, die ihr gegen den Dienstboten wegen einer auf Vorsatz oder grober Fahrlässigkeit beruhenden Pflichtverletzung zusteht, gegen die Lohnforderung aufrechnen. [6])

§ 9.

Lohnzahlung.

Der Lohn ist, sofern nicht ein anderes vereinbart wird, am Ende der Dienstzeit, wenn er nach Zeitabschnitten bemessen ist, nach dem Ablaufe der einzelnen Zeitabschnitte zu zahlen. [7])

So lange das Dienstverhältnis dauert, kann die Dienstherrschaft die Hälfte des fällig gewordenen Lohnes, jedoch höchstens die Hälfte eines Vierteljahrlohns, auf die Dauer von sechs Wochen, wenn der Lohn nach einem kürzeren Zeitabschnitt als einem Vierteljahre bemessen ist, auf die Dauer dieses Zeitabschnitts einbehalten.

Ist der Lohn nach längeren Zeitabschnitten als Vierteljahren bemessen, so kann der Dienstbote nach dem Ablaufe je eines Vierteljahres der Dienstzeit die Zahlung der Hälfte des auf diesen Zeitraum entfallenden Betrags verlangen.

§ 10.

Verleitung zum Vertragsbruch.

Wer einen Dienstboten verleitet, den Dienst ohne rechtfertigenden Grund nicht anzutreten oder vor der Beendigung des Dienstverhältnisses zu verlassen, haftet der Dienstherrschaft für den daraus entstehenden Schaden oder den nach § 7 Abs. 2 bis 4 an dessen Stelle tretenden Betrag neben dem Dienstboten als Gesamtschuldner.

In gleicher Weise haftet, wer einen Dienstboten in Kenntnis eines noch bestehenden Dienstverhältnisses in Dienst nimmt.

§ 11.

Dienstbuch.

Personen, welche ein dauerndes Dienstverhältnis als häusliche oder landwirtschaftliche Dienstboten eingehen, haben sich mit einem Dienstbuche zu versehen.

§ 12.

Das Dienstbuch wird von der Polizeibehörde des Ortes, an welchem der Dienstbote zuletzt seinen dauernden Aufenthalt gehabt hat, wenn aber ein solcher in Elsaß-Lothringen nicht stattgefunden hat, von der Polizeibehörde des Dienstorts auf Ansuchen des Dienstboten ausgestellt. Für die Ausstellung eines jeden Dienstbuchs ist ein Betrag von dreißig Pfennig zu entrichten; eine Stempelgebühr wird nicht erhoben.

5) Vgl. § 628 B.G.B. nnd § 124 b d. Gewerbeordnung.

6) Ausnahme von § 394 B.G.B.

7) Vgl. § 614 B.G.B.

Die Ausstellung eines Dienstbuchs ist nicht erforderlich für Dienstboten, welchen ein zu Eintragungen noch geeignetes Dienst- oder Gesindebuch von der Behörde eines Bundesstaats rechtsgültig ausgestellt ist.

§ 13.

Das Dienstbuch hat den Namen des Dienstboten, die Zeit und den Ort seiner Geburt, eine Beschreibung seiner Person sowie seine Unterschrift zu enthalten. Die Ausstellung erfolgt unter dem Siegel und der Unterschrift der Polizeibehörde. Im übrigen werden die Form und die Einrichtung des Dienstbuchs durch das Ministerium bestimmt.[8]) Die Polizeibehörde hat ein Verzeichnis der von ihr ausgestellten Dienstbücher zu führen.

§ 14.

Beim Dienstantritt hat der Dienstbote das Dienstbuch der Dienstherrschaft zu übergeben. Die Dienstherrschaft ist verpflichtet, bei der Beendigung des Dienstverhältnisses an der dafür bestimmten Stelle des Dienstbuchs eine Bescheinigung über die Art und die Dauer der Beschäftigung des Dienstboten einzutragen und die Bescheinigung zu unterschreiben.

Die Eintragungen dürfen keine Merkmale enthalten, welche dazu bestimmt sind, den Inhaber des Dienstbuchs in einer aus dem Wortlaute der Eintragung nicht ersichtlichen Weise zu kennzeichnen.

Die Dienstherrschaft hat das Dienstbuch zu verwahren und dem Dienstboten nach der Beendigung des Dienstverhältnisses auszuhändigen. Ein Zurückbehaltungsrecht an dem Dienstbuche findet nicht statt.

Der Polizeibehörde muß das Dienstbuch auf Erfordern jederzeit vorgelegt werden.

Zum Zwecke des Aufsuchens eines andern Dienstverhältnisses ist dem Dienstboten auf Verlangen von der Dienstherrschaft eine Bescheinigung über die Kündigung oder die Beendigung des Dienstverhältnisses auszustellen.

§ 15.

Ist das Dienstbuch ausgefüllt oder nicht mehr brauchbar, so wird dem Dienstboten ein neues Dienstbuch ausgestellt. Die Ausstellung erfolgt durch die Polizeibehörde des Ortes, an welchem der Dienstbote zuletzt seinen dauernden Aufenthalt gehabt hat. Das ausgefüllte oder nicht mehr brauchbare Dienstbuch ist durch einen amtlichen Vermerk zu schließen.

An Stelle eines abhanden gekommenen Dienstbuchs darf ein neues in der Regel nur ausgestellt werden, wenn der Verlust glaubhaft gemacht wird. Wird ein neues Dienstbuch an Stelle eines verloren gegangenen oder vernichteten ausgestellt, so ist es mit einem entsprechenden amtlichen Vermerke zu versehen.

Ist das Dienstbuch bei der Dienstherrschaft unbrauchbar geworden oder verloren gegangen oder wird seine Aushändigung von der Dienstherrschaft ohne rechtfertigenden Grund verweigert, so erfolgt die Ausstellung eines neuen Dienstbuchs auf Kosten der Dienstherrschaft.

§ 16.

Unbeschadet des privatrechtlichen Anspruchs liegt es der Polizeibehörde ob, über Beschwerden wegen Verweigerung der Aushändigung des Dienstbuchs und wegen der Ausstellung der Bescheinigungen (§ 14 Abs. 1 und 5) zu entscheiden.

§ 17.

Die rechtskräftige Verurteilung eines Dienstboten zu einer Freiheitsstrafe wegen eines Verbrechens, wegen eines Vergehens gegen das Vermögen oder gegen die Sittlichkeit oder wegen einer der im § 361 des Strafgesetzbuchs bezeichneten Übertretungen hat die Polizeibehörde in das Dienstbuch einzutragen.

Dem Dienstboten, dessen Dienstbuch die Eintragung einer Verurteilung zu einer die Dauer von drei Monaten nicht übersteigenden Freiheitsstrafe enthält, ist auf Antrag ein neues Dienstbuch auszustellen, wenn er sich seit der Verbüßung oder dem Erlasse der Strafe zwei Jahre lang tadellos geführt hat.

Dem Dienstboten ist ein neues Dienstbuch auch dann auszustellen, wenn ihm in Ansehung einer eingetragenen Verurteilung Wiedereinsetzung in die früheren Rechte (Rehabilitation)[9]) gewährt ist.

§ 18.

Mit Geldstrafe bis zu zwanzig Mark wird bestraft: Strafbestimmungen.

1. wer den Vorschriften des § 14 zuwiderhandelt;
2. wer vorsätzlich ein ihm ausgestelltes Dienstbuch unbrauchbar macht oder vernichtet.

Mit Geldstrafe bis zu fünfzig Mark oder mit Haft bis zu vierzehn Tagen werden bestraft Gesindevermieter oder Stellenvermittler oder Personen, die in deren Auftrag handeln, wenn sie einen Dienstboten verleiten, vertragswidrig einen Dienst nicht anzutreten oder vor Beendigung des Dienstverhältnisses zu verlassen.

8) S. die Bestimmungen des Ministeriums, betr. die Ausstellung der Dienstbücher für Dienstboten, vom 15. September 1903.

9) Art. 619 ff. der französ. Strafprozeßordnung v. 17. November 1808.

§ 19.

Übergangsbestimmung. Dieses Gesetz tritt am 1. Oktober 1903 in Kraft.

Ein an diesem Tage bestehendes Dienstverhältnis bestimmt sich, wenn nicht die Kündigung nach dem Inkrafttreten dieses Gesetzes für den ersten Termin erfolgt, für den sie nach den bisherigen Gesetzen zulässig ist, von diesem Termin an nach den Vorschriften dieses Gesetzes.[10])

10) Vgl. Art. 171 Einf.-Ges. z. B.G.B.

28. Juli 1903.

Bekanntmachung des Ministeriums,[1]) betreffend

I Änderungen der Dienstanweisung für die Katasterfortführungsbeamten vom 17. März 1902;[2])

II Änderungen der Feldgeschworenen-Ordnung vom 14. Oktober 1900;[3])

III Erlaß einer Feldgeschworenen-Ordnung für die Gemeinden mit nicht bereinigtem Kataster.[4])

Zentr.- u. Bez.A.Bl. S. 95.

1) Die Änderungen der nachstehenden Bestimmungen sind veranlaßt durch das Gesetz vom 14. Juli 1903, betreffend die Grundsteuer (Gesetzbl. S. 47) und stellen die Ausführungsbestimmungen zu diesem dar, zu deren Erlaß das Ministerium auf Grund des § 5 des Gesetzes ermächtigt ist.

2) Die Dienstanweisung vom 17. März 1902 ist aufgehoben durch die Dienstanweisung vom 30. Juni 1913 (Zentr.- u. Bez.A.Bl. 1914 S. 381).

3) Die Änderungen sind durch Erlaß der Feldgeschworenen-Ordnung für die Gemeinden mit bereinigtem Kataster vom 13. Dezember 1910 (Zentr.- u. Bez.A.Bl. S. 305) gegenstandslos geworden.

4) Nachstehend abgedruckt.

28. Juli 1903.

Feldgeschworenen-Ordnung für die Gemeinden mit nicht bereinigtem Kataster.[1])[2])

Zentr.- u. Bez.A.Bl. S. 95, 103.

Art. 1.

Wirkungskreis der Feldgeschworenen. Zur Feststellung der Kulturveränderungen sowie zur Auskunftserteilung für die Zwecke der Katasterfortführung werden in Gemeinden mit nicht bereinigtem Kataster Feldgeschworene bestellt.

Art. 2.

Wahl, Stellung und Amtsdauer der Feldgeschworenen. Die Feldgeschworenen werden, und zwar mindestens zwei, von dem Gemeinderat aus feldkundigen und sonst geeigneten Gemeindeangehörigen gewählt, von der Aufsichtsbehörde bestätigt und vom Amtsrichter auf ihre Dienstobliegenheiten eidlich verpflichtet.

Der Bürgermeister hat dafür zu sorgen, daß stets geeignete Feldgeschworene in der für die Gemeinde vorgeschriebenen Zahl vorhanden sind. Wenn die Zahl der gewählten Feldgeschworenen nicht ausreicht, so kann die Aufsichtsbehörde auf Antrag des Fortführungsbeamten die erforderlichen Ergänzungswahlen anordnen.

Art. 3.

Die Wahl der Feldgeschworenen erfolgt ohne Beschränkung der Amtsdauer.

Feldgeschworene, die sich zur Wahrnehmung ihres Dienstes nicht geeignet erweisen oder ihre Obliegenheiten nicht gehörig erfüllen, können von der Aufsichtsbehörde jederzeit ihres Dienstes enthoben werden.

Art. 4.

Die dienstliche Tätigkeit der Feldgeschworenen wird in erster Linie von dem Bürgermeister, in höherer Instanz durch die Aufsichtsbehörde überwacht.

Der Bürgermeister hat die Feldgeschworenen zu den Gemarkungsbegängen und auf An-

1) Enthalten in der Bekanntmachung des Ministeriums vom 28. Juli 1903 (Zentr.- u. Bez.A.Bl. S. 95) unter III. Erlassen auf Grund der §§ 1 und 5 des Gesetzes vom 14. Juli 1903 (Gesetzbl. f. Elf.-Lothr. S. 47), betreffend die Grundsteuer, „über die Bestellung, die Dienstverrichtungen und die Gebühren der Feldgeschworenen in Gemeinden mit nicht bereinigtem Kataster".

2) Zu vgl. auch die Feldgeschworenen-Ordnung für die Gemeinden mit bereinigtem Kataster, vom 11. Dezember 1910 (Zentr.- u. Bez.A.Bl. S. 305).

fordern des Katasterkontrolleurs zu dem Fortführungstermine zusammenzuberufen.

Art. 5.

Verpflichtung der Feldgeschworenen.

Die Feldgeschworenen haben

a) nach Anweisung des Katasterkontrolleurs die Gemarkung zu begehen und dabei die eingetretenen dauernden Kulturveränderungen festzustellen,

b) dem Katasterkontrolleur in dem Fortführungstermine sowie bei dessen sonstigen Ermittelungen in der Gemeinde zum Zwecke der Katasterfortführung jede zweckdienliche Auskunft zu erteilen.

Art. 6.

Die bei den Feldbegängen oder sonst bemerkten dauernden Veränderungen in der Benutzung der Grundstücke sind in einem Verzeichnisse nach anliegendem Muster in der Spalte 1 bis 7, 10 und 13 einzuschreiben.[3]

Dieses Verzeichnis ist auf dem Bürgermeisteramte aufzubewahren und dem Katasterkontrolleur im Fortführungstermine und auf Anfordern auch bei dessen sonstiger Anwesenheit vorzulegen.

Es sind dabei nur dauernde Kulturveränderungen zu berücksichtigen, vorübergehende dagegen außer Acht zu lassen. So ist die vorübergehende Benutzung eines Wiesengrundstückes als Ackerland und dergl. nicht als Kulturveränderung anzusehen. Sind dagegen auf behördliche Anordnungen Rebgrundstücke wegen der Verseuchung durch die Reblaus ausgestockt worden, so ist für die davon betroffenen Grundstücke für die Dauer der anderweiten Benutzung die der letzteren entsprechende Kulturart einzuführen. Eine wenn auch mehrere Jahre dauernde Benutzung der Rebgrundstücke als Acker oder Wiese zwecks Verjüngung der Reben ist nicht als Kulturveränderung anzusehen.

Dauernde Kulturveränderungen innerhalb einer Parzelle sind nur dann vorzumerken, wenn die Veränderungen bei Grundstücken unter 20 Ar mindestens die Hälfte der Fläche und bei größeren Grundstücken mindestens 10 Ar umfassen.

Art. 7.

Führung von Tagebüchern.

Die Feldgeschworenen haben über die von ihnen verrichteten Amtsgeschäfte ein Tagebuch nach anliegendem Muster zu führen.[3]

Jeder Eintrag in das Tagebuch muß enthalten:

1. den Tag der Verrichtung des Geschäfts und die auf dieses verwendeten Stunden,
2. Flur (Sektion) und Gewann, in welcher das Geschäft verrichtet wurde,
3. Unterschrift der Feldgeschworenen, welche das Geschäft verrichtet haben.

Dieses Tagebuch muß fest gebunden und mit Seitenzahlen versehen sein.

Art. 8.

Bezahlung der Feldgeschworenen.

Für jeden auf die Dienstgeschäfte verwendeten Tag haben die Feldgeschworenen eine Vergütung zu beanspruchen, deren Höhe nach dem ortsüblichen Tagelohn zu bemessen und von dem Gemeinderate festzusetzen ist.

Diese Vergütungen sowie die Kosten für die erforderlichen Formulare fallen der Gemeinde zur Last.

Art. 9.

Die Feldgeschworenen haben über die ihnen zustehenden Vergütungen unter Mitwirkung des Bürgermeisters und des Katasterkontrolleurs eine Kostenrechnung nach anliegendem Muster aufzustellen.[3] Dieselbe ist von dem Katasterkontrolleur bezüglich der angesetzten Zeit als angemessen zu bescheinigen und sodann von dem Bürgermeister zur Zahlung auf die Gemeindekasse anzuweisen.

3) Die Muster sind nicht mit abgedruckt.

---

30. Juli 1903.

Verfügung des Ministeriums, betreffend die Verwendung der Familienbücher bei Feststellung von Beamtenpensionen.

Zentr.- u. Bez.A.Bl. S. 104.

Die in Pensionsangelegenheiten erforderlichen Nachweise über Geburts-, Heirats- und Sterbedaten können mittels des durch Ministerialverfügung vom 9. August 1901 (Zentr.- und Bez.-Amtsbl. S. 285)[1] für Elsaß-Lothringen vorgeschriebenen Familienbuchs geführt werden, wobei die Angaben in dem Vermerk über die Eheschließung auch für die Feststellung des Geburtsdatums der Ehegatten genügen. Die Beamten, welche seit dem 1. Januar 1902 die Ehe in Elsaß-Lothringen geschlossen haben, befinden sich im Besitze des Familienbuchs; die übrigen verheirateten Beamten sind in der Lage, die kostenfreie Ausfertigung eines solchen,

1) Abgedruckt S. 128.

das ihnen auch in anderen Fällen von Nutzen sein kann, herbeizuführen. Es empfiehlt sich daher zur Vermeidung der Beschaffung kostenpflichtiger Auszüge aus den Standesregistern und der namentlich für die Hinterbliebenen von Beamten damit verbundenen Umständlichkeiten, das Familienbuch zu dem angegebenen Zwecke zu benutzen. Dasselbe würde gegebenenfalls dem Besitze der Familie erhalten bleiben, da es im Falle etwaiger Vorlage bei einer Behörde nach dem Gebrauche zurückgegeben wird.

---

31. Juli 1903.

Bekanntmachung des Ministeriums, betreffend Allgemeine Leitsätze für die Verwaltungsbehörden bei der Bekämpfung des Typhus (Unterleibstyphus).

Zentr.- u. Bez.A.Bl. S. 115.

Nachstehend werden die im Kaiserlichen Gesundheitsamte ausgearbeiteten und im Reichsgesundheitsrat durchberatenen allgemeinen Leitsätze für die Verwaltungsbehörden bei der Bekämpfung des Typhus (Unterleibstyphus) mit den durch die Organisation der Landesverwaltung und die bestehenden gesetzlichen Bestimmungen bedingten Änderungen zur Kenntnis der beteiligten Behörden gebracht.

Sie sollen den Landes- und Ortspolizeibehörden, sowie den beamteten Ärzten als Anhalt für die beim Ausbruch der Krankheit zu ergreifenden Maßnahmen dienen, sind aber nicht ohne weiteres als bindende polizeiliche Vorschriften für die Bevölkerung aufzufassen. Es ist zunächst überall der Versuch zu machen, die Maßnahmen durch Erzielung des Einverständnisses der im Einzelfalle von ihnen betroffenen Personen durchzuführen, wobei die Regierung auf die verständnisvolle Mitwirkung der behandelnden Ärzte rechnet. Erst, wenn dieser Versuch nicht zum Ziele führt, haben die zum Erlaß von Polizeiverordnungen berufenen Behörden (die Bezirkspräsidenten auf Grund des Dekrets vom 22. Dezember 1789, Sektion III, Art. 2, Ziff. 9, die Ortspolizeibehörden — Bürgermeister und Polizeidirektoren — auf Grund des Gesetzes vom 16. August 1790, Titel XI, Art. 3, Ziff. 5) pflichtgemäß zu erwägen, inwieweit sie die unbedingt erforderlichen Maßnahmen durch förmliche Verordnung mit bindender Kraft für die Bevölkerung vorschreiben wollen. Die Ortspolizeibehörden sind, worauf hier besonders hingewiesen sein soll, auch ermächtigt, zur Verhütung der Weiterverbreitung der Krankheit Einzelverordnungen (arrêtés individuels) zu erlassen, denen der Schutz der Strafgesetze (Art. 471 Ziff. 15 des franz. Strafgesetzbuches) zur Seite steht, so z. B. wenn es sich um die Desinfektion einzelner Gebäude oder Räume handelt oder um die Untersagung einzelner gewerblicher Betriebe, insbesondere des Vertriebs von Nahrungsmitteln aus Häusern, in welchen der Typhus herrscht (Nr. 31 der Leitsätze).

Schließlich wird bemerkt, daß das Gesetz vom 30. Juni 1900 (Reichsgesetzbl. S. 306) in seinen die Bekämpfung gemeingefährlicher Krankheiten betreffenden Vorschriften nicht auf die Bekämpfung des Unterleibstyphus Anwendung findet, da der Unterleibstyphus nicht zu den gemeingefährlichen, sondern zu den übertragbaren Krankheiten im Sinne dieses Reichsgesetzes zählt.

Allgemeine Leitsätze für die Verwaltungsbehörden bei der Bekämpfung des Typhus.
(Unterleibstyphus.)

I. Vorbeugungsmaßregeln.

1. In den für die Typhusbekämpfung in Betracht kommenden Ortschaften ist den Wohnungen, besonders den überfüllten, schlecht zu lüftenden und schlecht belichteten Wohnstätten erhöhte Aufmerksamkeit zuzuwenden. Herbergen, Asyle für Obdachlose, Verpflegungsstationen, Gast- und Schankwirtschaften und ähnliche Unterkunftsstätten sind einer genauen und regelmäßigen Überwachung zu unterwerfen. Wenn sich bei der Besichtigung erhebliche gesundheitliche Mißstände ergeben, so ist auf deren Beseitigung hinzuwirken.

2. Die Ortspolizeibehörden haben tunlichst dafür Sorge zu tragen, daß eine Besudelung von Straßen, öffentlichen Plätzen, Wasserläufen, Höfen u. s. w. mit menschlichen Ausleerungen vermieden wird.

Es ist dahin zu wirken, daß Abtritte und Pissoire stets rein gehalten werden. Eine regelmäßige Desinfektion ist im allgemeinen nur bei den nach Lage oder Art des Verkehrs besonders gefährlichen Anlagen dieser Art (auf Eisenbahnstationen, in Gasthäusern u. a.) erforderlich.

Die Entleerung von Abtrittsgruben ist bei Typhusgefahr unter besonderer Vorsicht auszuführen, um namentlich Verschleppungen des Grubeninhalts zu vermeiden.

3. Für die Beschaffung von reinem Trink- und Gebrauchswasser ist beizeiten Sorge zu tragen. Die dem allgemeinen Gebrauche dienenden Einrichtungen für Versorgung mit Trink- und Wirtschaftswasser und für Fortschaffung der Abfallstoffe sind fortlaufend zu überwachen, wie dies durch den Erlaß vom 8. Februar 1903 I A. 2372 des näheren angeordnet ist.

Jede Verunreinigung der Entnahmestellen von Wasser zum Trink- oder Hausgebrauch und ihrer Umgebung, insbesondere durch Haushaltabfälle, ist zu verbieten. Insbesondere ist das Spülen von unsauberen Gefäßen und von Wäsche an den Wasserentnahmestellen oder in der Nähe zu untersagen, sofern dadurch eine Verunreinigung der Wasserversorgung zu befürchten ist.

4. In Ortschaften, welche vom Typhus bedroht oder befallen sind, sowie in deren Umgegend kann es notwendig werden, die Benutzung von Brunnen, Teichen, Seen, Wasserläufen, Wasserleitungen sowie der dem öffentlichen Gebrauche dienenden Bade-, Schwimm-, Wasch- und Bedürfnisanstalten zu verbieten oder zu beschränken. Die Wiederbenutzung solcher Brunnen kann von einer vorgängigen Desinfektion abhängig gemacht werden.

Diese Anordnungen sind im Einvernehmen mit dem beamteten Arzte zu treffen.

5. Für eine zweckmäßige und rasche Abführung von Schmutzwässern aus der Nähe der Häuser ist Sorge zu tragen.

6. Auf Grund des § 35 Abs. 2 des Gesetzes, betreffend die Bekämpfung gemeingefährlicher Krankheiten, vom 30. Juni 1900 (Reichs-Gesetzbl. S. 306) sind die Gemeinden verpflichtet, für die Beseitigung der bei der Versorgung mit Trink- und Wirtschaftswasser und bei der Fortschaffung der Abfallstoffe vorgefundenen gesundheitsgefährlichen Mißstände Sorge zu tragen. Sie können nach Maßgabe ihrer Leistungsfähigkeit zur Herstellung solcher Einrichtungen, sofern dieselben zum Schutze gegen die Übertragung von Typhus erforderlich sind, jederzeit angehalten werden.

Das Verfahren, in welchem über die hiernach gegen die Gemeinden zulässigen Anordnungen zu entscheiden ist, richtet sich nach Ziffer VII der Bekanntmachung des Ministeriums vom 21. Dezember 1900 (Zentral- und Bezirksamtsblatt 1901, Hauptblatt S. 49).

7. In den vom Typhus bedrohten oder befallenen Ortschaften ist die gesundheitspolizeiliche Beaufsichtigung des Verkehrs mit Nahrungs- und Genußmitteln besonders sorgfältig zu handhaben.

8. Auf die Anschaffung öffentlicher Desinfektionsapparate, in welchen die Anwendung von Wasserdampf als Desinfektionsmittel erfolgen kann, ist hinzuwirken.

Die Ausbildung eines geschulten Desinfektionspersonals ist beizeiten vorzubereiten.

Die Ortspolizeibehörden haben beizeiten dafür Sorge zu tragen, daß der Bedarf an Unterkunftsräumen, Pflegepersonal, Arznei-, Desinfektions- und Krankenbeförderungsmitteln sichergestellt wird. Desgleichen ist ein Raum zur Unterbringung von Leichen bereit zu halten.

II. Anzeigeerstattung.

9. Jede Erkrankung und jeder Todesfall an Typhus (Unterleibstyphus), sowie jede Erkrankung und jeder Todesfall an einer typhusverdächtigen Krankheit ist dem für den Aufenthaltsort des Erkrankten oder dem Sterbeort zuständigen Kreisarzte vom behandelnden Arzte unverzüglich schriftlich anzuzeigen. (Bezirkspolizeiverordnungen vom Oktober 1902 — Zentral- und Bezirksamtsblatt S. 270, 272). Wechselt der Erkrankte den Aufenthaltsort (Ort oder Wohnung), so ist dies vom Hausbesitzer oder vom Wohnungsvermieter (Vorstand des Spitals) bei der Ortspolizeibehörde des bisherigen Aufenthaltsortes zur Anzeige zu bringen. Diese hat die Mitteilung an den zuständigen Kreisarzt des neuen Aufenthaltes weiter zu geben.

10. Es empfiehlt sich, das im Kaiserlichen Gesundheitsamte bearbeitete „Typhus-Merkblatt" (Anlage 1) in den von der Krankheit beimgesuchten Orten und Bezirken in geeigneter Weise zur Kenntnis der Bevölkerung zu bringen. Anlage 1.

11. Auf Grund der erhaltenen Anzeigen haben die Kreisärzte über die angemeldeten Typhusfälle Listen nach dem beigefügten Muster (Anlage 2) fortlaufend zu führen. Anlage 2.

III. Ermittelung der Krankheit.

12. Der Kreisarzt hat von jeder Erkrankung und von jedem Todesfall an Typhus oder einer typhusverdächtigen Krankheit, welche zu seiner Kenntnis kommt, dem für die Typhusbekämpfung eingerichteten zuständigen Untersuchungsamt [1]) eine Mitteilung sofort zugehen zu lassen.

Die Anzeige an den Bezirkspräsidenten und der Austausch der Mitteilungen unter den höheren Verwaltungsbehörden der benachbarten Bundesstaaten ist durch besondere Verfügung geregelt.

1) Bakteriologische Anstalt in Straßburg für den Bezirk Ober- und Unter-Elsaß; bakteriologische Anstalt in Metz für Lothringen.

13. Der beamtete Arzt hat, namentlich wenn es sich um den ersten Fall in einer Ortschaft handelt, sofort nach erhaltener Mitteilung Ermittelungen über die Art, den Stand und die Ursache der Krankheit an Ort und Stelle, tunlichst unter Zuziehung des behandelnden Arztes, vorzunehmen und nachzuforschen, ob noch weitere verdächtige Fälle in der Umgebung des Kranken oder sonst im Orte vorhanden sind. Dabei ist nicht nur auf Erkrankungen des Darmes zu achten, sondern überhaupt auf länger dauernde Erkrankungen fieberhafter oder unbestimmter Art sowie namentlich auf solche Krankheitserscheinungen, welche sich erfahrungsgemäß häufig im Anschluß an einen überstandenen Typhus einstellen (Haarausfall, Erscheinungen von seiten des Zentralnervensystems, Eiterungen und dergl.).

Zur Verhütung von Doppeluntersuchungen und zur Förderung eines einheitlichen Vorgehens hat der beamtete Arzt seine Ermittelungen im Einvernehmen und tunlichst gleichzeitig mit dem Leiter des Untersuchungsamts vorzunehmen.

Unter Umständen sind die Geistlichen, Lehrer, Gemeindevorsteher und andere geeignete Persönlichkeiten (Briefboten, Polizeidiener, Desinfektoren und Hebammen) zu befragen, ob ihnen länger dauernde oder überhaupt verdächtige Erkrankungen bekannt geworden sind.

Bei der Ermittelung über die Herkunft der Krankheit ist u. a. auch zu bedenken, daß Genesende oder anscheinend gesunde Menschen, namentlich Kinder, den Ansteckungsstoff des Typhus bei sich beherbergen und mit ihren Ausleerungen ausscheiden können.

14. Dem beamteten Arzte und dem Leiter des Untersuchungsamts ist, soweit es zur Feststellung der Krankheit erforderlich ist und der behandelnde Arzt es ohne Schädigung des Kranken für zulässig hält, der Zutritt zu dem Kranken oder zur Leiche und die Vornahme der zu den Ermittelungen über die Krankheit erforderlichen Untersuchungen zu ermöglichen.

Die Hausgenossen und Pfleger des Kranken, sowie die Vorstände der Krankenkassen sind anzuhalten, über alle für die Entstehung und den Verlauf der Krankheit wichtigen Umstände dem beamteten Arzte und der Polizeibehörde auf Befragen Auskunft zu erteilen.

15. Zur bakteriologischen Feststellung des Typhus hat der beamtete Arzt, wenn Zweifel über die Art der Krankheit bestehen, unverzüglich geeignetes Untersuchungsmaterial von dem Erkrankten unter Beachtung der Ratschläge zur Versendung typhusverdächtiger Untersuchungsobjekte an die zuständige Untersuchungsstation zu senden. Es ist erwünscht, daß die Übersendung bereits vor dem Eintreffen des beamteten Arztes durch den behandelnden Arzt erfolgt.

Um die Einsendung von Untersuchungsmaterial möglichst zu erleichtern, empfiehlt es sich, den Ärzten geeignete Gläser in versandfertigem Zustande unentgeltlich zur Verfügung zu stellen.

16. Der beamtete Arzt hat dem Kreisdirektor eine Erklärung darüber abzugeben, ob der Ausbruch der Krankheit festgestellt oder der Verdacht des Ausbruchs begründet ist.

Ist nach dem Gutachten des beamteten Arztes Typhus festgestellt, so hat die Polizeibehörde im Einvernehmen mit dem beamteten Arzte unverzüglich die zur Verhütung der Weiterverbreitung erforderlichen Maßnahmen zu treffen. Es empfiehlt sich, bei verdächtigen Erkrankungen, solange nicht der Verdacht als unbegründet sich erwiesen hat, so zu verfahren, als ob es sich um wirkliche Typhusfälle handelt.

17. Soweit der Leiter eines Untersuchungsamts es für erforderlich erachtet, zur Feststellung der Ausdehnung und des Ursprungs des Typhus in einer Ortschaft Ermittelungen, unter Umständen an Ort und Stelle, vorzunehmen, oder durch einen Arzt des Untersuchungsamts vornehmen zu lassen, ist er dazu ermächtigt. Jedoch hat er über die an Ort und Stelle vorzunehmenden Ermittelungen rechtzeitig dem Bezirkspräsidenten, dem zuständigen Kreisarzt und der Ortspolizeibehörde Mitteilung zu machen.

Die Ortspolizeibehörde hat dafür zu sorgen, daß diesen Sachverständigen bei den dafür erforderlichen Besichtigungen von öffentlichen Einrichtungen oder von Wohnungen, Anstalten, Anlagen u. s. w. jede Unterstützung zuteil wird. Auf Erfordern ist den Sachverständigen ein Polizeibeamter für die Besichtigungen beizugeben.

Es empfiehlt sich, daß der beamtete Arzt sich bei solchen Besichtigungen innerhalb seines Amtsbezirkes tunlichst beteiligt.

18. Der Leiter des Untersuchungsamts ist verpflichtet, den in bezug auf die Bekämpfung des Typhus an ihn ergehenden Weisungen des Bezirkspräsidenten Folge zu leisten.

IV. Maßregeln gegen die Weiterverbreitung der Krankheit.

Vorbemerkung: Der Typhus ist eine ansteckende Krankheit, deren Ansteckungskeime hauptsächlich mit den Darmentleerungen und dem Harn ausgeschieden werden. Die Übertragung geschieht durch den näheren Verkehr mit typhuskranken Personen, durch den Genuß von Trinkwasser, in welches Krankheitskeime gelangt sind, ferner durch die Aufnahme infizierter Nahrungsmittel (Milch, Gemüse, Obst) sowie durch die Benutzung von Gebrauchsgegenständen eines Kranken.

19. Typhuskranke, sowie krankheitsverdächtige Personen sind ohne Verzug abzusondern.

Als krankheitsverdächtig sind, bis bakteriologische Untersuchungen den Seuchenverdacht beseitigt haben oder die Krankheitserscheinungen geschwunden sind, solche Personen zu betrachten, welche unter Erscheinungen erkrankt sind, die den Ausbruch des Typhus befürchten lassen. Anscheinend gesunde Personen, in deren Ausleerungen bei der bakteriologischen Untersuchung Typhuserreger gefunden wurden, sind, soweit es sich erreichen läßt, wie Kranke zu behandeln. Jedenfalls gilt dies bezüglich der Desinfektionsmaßnahmen.

20. Die Absonderung hat derart zu erfolgen, daß eine Verbreitung der Krankheit tunlichst ausgeschlossen ist.

Ist die Absonderung in der Behausung des Kranken nicht in der erforderlichen Weise zu ermöglichen, so ist darauf zu dringen, daß der Kranke in ein geeignetes Krankenhaus oder in einen anderen geeigneten Unterkunftsraum übergeführt wird.

Dies gilt namentlich dann, wenn der Kranke in einem Gasthause, einer Erziehungs-, Pflege-, Gefangen- oder ähnlichen Anstalt, einem Schulgebäude, einer Milch-, Gemüse- oder anderen Lebensmittelhandlung oder auf einem Schiffe wohnt, oder wenn die Angehörigen des Kranken durch diesen besonders gefährdet sind (z. B. bei großer Unreinlichkeit oder Überfüllung der Wohnung, Mangel an Pflege, Vorhandensein vieler Kinder).

Die Absonderung von Typhuskranken hat zweckmäßig so lange zu dauern, bis die Ausleerungen bei zwei in einwöchigem Zwischenraume vorgenommenen bakteriologischen Untersuchungen sich als frei von Typhuserregern erwiesen haben.

21. Es empfiehlt sich, ansteckungsverdächtige Personen, d. h. solche, bei welchen Krankheitserscheinungen zwar nicht vorliegen, jedoch infolge näheren Verkehrs mit Typhuskranken die Besorgnis gerechtfertigt ist, daß sie den Krankheitsstoff des Typhus aufgenommen haben, einer Beobachtung zu unterstellen, welche nicht länger als drei Wochen, gerechnet vom Tage der letzten Ansteckungsgelegenheit, dauern soll. Die Beobachtung, welche in schonender Form und so, daß Belästigungen tunlichst vermieden werden, stattzufinden hat, wird in der Regel darauf beschränkt werden können, daß durch einen Arzt oder durch eine sonst geeignete Person von Zeit zu Zeit Erkundigungen über den Gesundheitszustand der betreffenden Personen eingezogen werden.

Inwieweit bei ansteckungsverdächtigen Personen bakteriologische Untersuchungen vorzunehmen sind, unterliegt dem Ermessen des beamteten Arztes und des Leiters des Untersuchungsamts.

Wechselt eine der Beobachtung unterstellte Person den Aufenthalt, so empfiehlt es sich, die Polizeibehörde des neuen Aufenthaltsorts behufs Fortsetzung der Beobachtung von der Sachlage in Kenntnis zu setzen.

22. Behufs zuverlässiger Durchführung der Schutzmaßregeln empfiehlt es sich, daß der beamtete Arzt ein Verzeichnis

1. der an Typhus erkrankten Personen,
2. der krankheitsverdächtigen Personen,
3. der ansteckungsverdächtigen Personen

aufnimmt und alsbald der Polizeibehörde vorlegt.

23. Insoweit der beamtete Arzt es zur wirksamen Bekämpfung der Krankheit für unerläßlich erklärt, kann es erforderlich werden, die Gesunden aus der Wohnung zu entfernen und die Kranken, anstatt daß sie zur Absonderung in ein Krankenhaus oder in einen sonst geeigneten Unterkunftsraum verbracht werden, in der Wohnung zu belassen. Unter der gleichen Voraussetzung kann sich ausnahmsweise sogar die Räumung des ganzen Hauses empfehlen, wenn in ihm außergewöhnlich ungünstige, der Krankheitsverbreitung förderliche Zustände (Überfüllung, Unreinlichkeit u. dergl.) herrschen. Den betroffenen Bewohnern ist anderweit geeignete Unterkunft unentgeltlich zu bieten.

Es empfiehlt sich, Wohnungen oder Häuser, in denen an Typhus erkrankte Personen sich befinden, ohne daß das Erforderliche zur Verhütung der Weiterverbreitung der Krankheit geschieht, kenntlich zu machen.

24. Zur Fortschaffung von Kranken und Krankheitsverdächtigen sollen dem öffentlichen Verkehr dienende Beförderungsmittel (Droschken, Straßenbahnwagen u. dgl.) in der Regel nicht benutzt werden.

Es ist Vorsorge zu treffen, daß Fahrzeuge und andere Beförderungsmittel, welche zur Fortschaffung von kranken oder krankheitsverdächtigen Personen gedient haben, alsbald und vor anderweitiger Benutzung desinfiziert werden.

25. Die Pflege von Typhuskranken ist, wenn irgendmöglich, berufsmäßigen Krankenpflegern zu übertragen.

Personen, welche der Pflege und Wartung von Typhuskranken sich widmen, sind zur Beobachtung der von dem beamteten Arzte für nötig befundenen Maßnahmen gegen eine Weiterverbreitung der Krankheit anzuhalten.

26. Die Leichen der an Typhus Gestorbenen sind tunlichst ohne vorheriges Waschen und Umkleiden sofort in Tücher einzuhüllen, welche mit einer desinfizierenden Flüssigkeit getränkt sind. Sie sind alsdann in dichte Särge zu legen, welche am Boden mit einer reichlichen Schicht Sägemehl, Torfmull oder anderen aufsaugenden Stoffen bedeckt sind.

Soll das Waschen der Leiche ausnahmsweise stattfinden, so darf es nur unter den vom beamteten Arzte angeordneten Vorsichtsmaßregeln und nur mit desinfizierenden Flüssigkeiten ausgeführt werden.

Ist ein Leichenhaus vorhanden, so ist die eingesargte Leiche sobald als möglich dahin überzuführen. In Ortschaften, in welchen ein Leichenhaus nicht besteht, ist dafür Sorge zu tragen, daß die eingesargte Leiche soweit möglich in einem besonderen, abschließbaren Raume bis zur Beerdigung aufbewahrt wird.

Die Ausstellung der Leiche im Sterbehause oder im offenen Sarge ist zu vermeiden, der Eintritt des Leichengefolges in die Sterbewohnung tunlichst zu verbieten.

Die Beerdigung der Typhusleichen ist nach Möglichkeit zu beschleunigen. Personen, die bei der Einsargung beschäftigt gewesen sind, ist die Einhaltung der von dem beamteten Arzte gegen eine Weiterverbreitung der Krankheit für erforderlich erachteten Maßregeln zur Pflicht zu machen.

27. Die Polizeibehörde hat dem Haushaltungsvorstand und dem Pflegepersonal aufzuerlegen, daß die Ausscheidungen des Kranken (Stuhlentleerungen, Harn, Auswurf, eitrige Absonderungen) sowie die mit dem Kranken in Berührung gekommenen Gegenstände (Bett- und Leibwäsche, Kleidungsstücke, Eß- und Trinkgeschirre, Wasch- und Badewasser u. s. w.) während des Bestehens der Krankheit fortlaufend zu desinfizieren sind.

Es ist dafür zu sorgen, daß gesunde Personen ihre Hände und sonstigen Körperteile, welche mit dem Kranken oder infizierten Dingen (Ausscheidungen der Kranken, beschmutzte Wäsche u. s. w.) in Berührung gekommen sind, desinfizieren.

In Häusern, in welchen an Typhus erkrankte Personen sich befinden, sind die Aborte regelmäßig nach Maßgabe der Anlage 3 zu desinfizieren.

Außer diesen fortlaufenden Desinfektionen ist nach der Verbringung des Kranken in ein Krankenhaus oder eine andere Wohnung, nach der Genesung oder dem Ableben desselben eine Schlußdesinfektion vorzunehmen. Dieselbe hat sich auf die Ausscheidungen des Kranken sowie auf alle mit dem Kranken in Berührung gekommenen Gegenstände zu erstrecken. Ganz besondere Aufmerksamkeit ist der Desinfektion infizierter Räume, ferner der Betten und der Leibwäsche des Kranken oder Gestorbenen sowie der bei der Wartung und Pflege des Kranken benutzten Kleidungsstücke zuzuwenden. Nach der Genesung ist auch der Kranke selbst einer Desinfektion zu unterziehen.

Wohnungen, welche wegen Typhusausbruchs geräumt worden sind, sind erst nach einer wirksamen Desinfektion zur Wiederbenutzung freizugeben.

28. Die Desinfektionen sind nach Maßgabe der aus der Anlage 3 ersichtlichen Anweisung zu bewirken. Anlage 3.

Ist die Desinfektion nicht ausführbar oder im Verhältnisse zum Werte der Gegenstände zu kostspielig, so kann die Vernichtung in Frage kommen.

Alle Personen, welche vermöge ihrer Beschäftigung mit Typhuskranken, deren Gebrauchsgegenständen oder Ausleerungen oder mit Typhusleichen in Berührung kommen (Krankenwärter, Desinfektoren, Wäscherinnen, Leichenfrauen u. s. w.), sind zur Befolgung der Desinfektionsanweisung anzuhalten.

29. Die Bezirkspräsidenten haben zu erwägen, inwieweit Veranstaltungen, welche eine Ansammlung größerer Menschenmengen mit sich bringen (Messen, Märkte u. s. w.), in solchen Ortschaften, in welchen der Typhus ausgebrochen ist, zu untersagen sind.

30. Jugendliche Personen aus einer Behausung, in welcher ein Typhusfall vorgekommen ist, müssen, so lange nach dem Gutachten des beamteten Arztes eine Weiterverbreitung der Krankheit aus dieser Behausung zu befürchten ist, vom Schulbesuche ferngehalten werden. Es ist ferner tunlichst darauf hinzuwirken, daß der Verkehr derselben mit anderen Kindern, insbesondere auf öffentlichen Straßen und Plätzen, eingeschränkt wird.

Wenn in einer Ortschaft der Typhus heftig auftritt, kann die Schließung der Schulen erforderlich werden. Ereignet sich ein Typhusfall im Schulhause, so kann die Schule geschlossen werden, solange der Kranke sich darin befindet oder eine Schlußdesinfektion nicht stattgefunden hat.

Es empfiehlt sich, Schulkinder, in deren Wohnort der Typhus herrscht, vom Besuche der Schule in einem noch typhusfreien Orte auszuschließen.

Die gleichen Maßregeln können für andere Unterrichtsveranstaltungen, an welchen mehrere Personen teilnehmen, in Betracht kommen.

31. In einem Hause, in welchem ein Typhuskranker sich befindet, können gewerbliche Betriebe, durch welche eine Verbreitung des Krankheitsstoffs zu befürchten ist, insbesondere Betriebe zur Herstellung und zum Vertriebe von Nahrungs- und Genußmitteln, Beschränkungen unterworfen oder geschlossen werden, insoweit nach dem Gutachten des beamteten Arztes die Fortsetzung des Betriebs als gefährlich zu betrachten ist.

Es kann sich empfehlen, für Ortschaften oder Bezirke, in denen der Typhus gehäuft auftritt, die Ausfuhr von Milch und Molkereierzeugnissen zu beschränken oder zu verbieten.

32. Die Polizeibehörden der von Typhus ergriffenen Ortschaften haben dafür zu sorgen, daß Gegenstände, von denen nach dem Gutachten des beamteten Arztes anzunehmen ist, daß sie mit dem Krankheitsstoffe des Typhus behaftet sind, vor wirksamer Desinfektion nicht in den Verkehr gelangen.

33. In den von Typhus befallenen Ortschaften ist den im Abschnitt I erwähnten Maßnahmen eine ganz besondere Aufmerksamkeit zuzuwenden.

34. Die Aufhebung der zur Abwehr der Typhusgefahr getroffenen Anordnungen darf nur nach Anhörung des beamteten Arztes erfolgen.

Anlage 1.

Typhus-Merkblatt.

1. **Wesen der Krankheit.** Der Typhus, auch Darmtyphus, Unterleibstyphus, Nervenfieber oder Schleimfieber genannt, ist eine ansteckende Krankheit, welche durch eine bestimmte Bakterienart, den Typhusbazillus, hervorgerufen wird. Auch viele der als gastrisches Fieber bezeichneten Erkrankungen sind echte Typhusfälle.

2. **Verlauf der Krankheit.** Die Krankheit beginnt schleichend mit Kopfweh, Appetitlosigkeit und Mattigkeit. Alsdann stellen sich Fieber, Frösteln und Hitze ein, nach deren Beginn die meisten Kranken bald bettlägerig werden. Daneben treten Durchfälle von hellgelber Farbe auf, das Fieber nimmt von Tage zu Tage zu und steigt gegen Ende der ersten Krankheitswoche bis zu 40° und höher. Der Kranke wird von starkem Durste gequält, seine Zunge ist belegt und, ebenso wie die Lippen, trocken, sein Schlaf unruhig. In der zweiten Woche, während welcher das Fieber gleichmäßig hoch zu sein pflegt, erfolgt meist eine erhebliche Abnahme der Kräfte, auch treten Erscheinungen von seiten des Nervensystems, wie Benommenheit oder tobsüchtige Unruhe auf. Zu dieser Zeit zeigen sich auf der Brust, dem Bauche, häufig auch an den Oberschenkeln vereinzelte, flohstichähnliche, hochrote Flecke (roseola), welche auf Fingerdruck verschwinden, jedoch beim Nachlaß des Druckes sofort zurückkehren. Nur selten fehlen Lungenerscheinungen (Katarrhe); zuweilen treten Lungenentzündungen auf.

Mit der dritten Woche beginnt das Fieber langsam und stufenweise wieder abzufallen, und bei günstigem Verlauf ist die Krankheit meist am Ende der 4. Woche als abgelaufen zu betrachten. Jedoch bedürfen die Genesenden zu ihrer völligen Wiederherstellung oft noch einer monatelangen Erholung. In ungünstig verlaufenden Fällen bleibt das Fieber dauernd hoch, der Kräfteverfall und die Unruhe des Kranken nehmen zu, und in der 4. oder 5. Woche erfolgt der Tod. Besonders üble Zwischenfälle können den Tod schon früher herbeiführen. Die Sterblichkeit, welche durch eine angemessene Behandlung und Pflege sehr vermindert werden kann, schwankt zwischen 5 und 15 vom Hundert der Erkrankten.

Neben den Fällen mit schweren Erscheinungen kommen, wie bei anderen übertragbaren Krankheiten, solche mit leichten Erscheinungen und geringen Beschwerden vor, namentlich bei Kindern.

3. **Behandlung der Krankheit.** Man versäume ja nicht, rechtzeitig den Rat eines Arztes einzuholen. Da die Krankheit mit einer Geschwürsbildung im Darm einhergeht, darf dem Kranken während der Krankheit und der Genesung nur die vom Arzte verordnete Nahrung gereicht werden. Fehler in dieser Richtung können die an sich bereits vorhandene Neigung zu Darmblutungen in gefährlicher Weise steigern und selbst den Tod des Erkrankten infolge Zerreißens des Darms an den Geschwürstellen herbeiführen. Diese Gefahr besteht namentlich während der Genesung, wo sich bei den Kranken ein starkes Hungergefühl einstellt. Eine gute Lagerung des Kranken ist notwendig, um die Gefahr des Durchliegens zu vermeiden. So lange Fieber besteht, sorge man in geeigneter Weise für

Pflege des Mundes und Stillung des Durstgefühls nach näherer Anweisung des Arztes. Einer sorgsamen Krankenpflege verdanken selbst Schwerkranke oft ihre Genesung.

4. Übertragung der Krankheit. Der Ansteckungskeim wird von den Typhuskranken hauptsächlich mit den Darmentleerungen und dem Harn, zuweilen auch mit dem Auswurfe, dem Nasenschleim und dem Speichel (beim Husten, Niesen, Erbrechen) ausgeschieden.

Zur Übertragung der Krankheit genügen selbst Spuren der von Typhuskranken herrührenden Ausscheidungen. Gelangen diese auf die Leib- und Bettwäsche, die Kleider, den Fußboden, auf Eß- und Trinkgeschirre, in Milch, auf Gemüse, Obst, Salat und dergleichen, so können sie leicht von anderen Personen aufgenommen werden. Auch kann der Krankheitsstoff durch Wasser, welches beim Abspülen von Eß- und Trinkgeschirren mit Typhuskeimen verunreinigt wurde, weiter verbreitet werden. Ferner können Fliegen die Zwischenträger bilden. Eine Übertragung durch beschmutzte Gebrauchsgegenstände ist um so leichter möglich, als die Kranken im bewußtlosen Zustande die Entleerungen nicht selten unter sich gehen lassen.

Wird der Typhuskeim in der nächsten Umgebung des Kranken übertragen, so kommt es meist nur zu Einzelerkrankungen (sogenannten Kontaktinfektionen).

Geht aber der Krankheitskeim auf allgemein benutzte Nahrungsmittel — Trinkwasser, Milch — über, so können Massenerkrankungen entstehen; ja es können sogar explosionsartige Ausbrüche mit Hunderten und Tausenden von Krankheitsfällen die Folge sein.

5. Absonderung des Kranken. Die Pflege eines Typhuskranken ist zu Hause wegen der hochgradigen Ansteckungsgefahr nur mit Schwierigkeiten durchführbar. Schon aus diesem Grunde ist es ratsam, solche Kranke sobald als möglich einem Krankenhause zu überweisen. Namentlich da, wo eine Übertragung auf weitere Kreise zu befürchten ist, wie in Gasthäusern, Wirtshäusern, Erziehungs-, Pflege-, Gefangen- und ähnlichen Anstalten, Schulgebäuden, Milch-, Gemüse- und anderen Lebensmittel-Handlungen, ist die Überführung in ein Krankenhaus stets zu empfehlen.

Ist jedoch die Überführung des Kranken in ein Krankenhaus ausnahmsweise nicht zu ermöglichen, so ist er in einem von der übrigen Wohnung möglichst getrennt liegenden Zimmer unterzubringen; jeder unnötige Verkehr ist von dem Kranken fernzuhalten. Es besuche niemand, den nicht seine Pflicht dahin führt, einen Typhuskranken. Namentlich sollen Kinder niemals zu Typhuskranken zugelassen werden, da sie erfahrungsgemäß leicht angesteckt werden und die Krankheit durch den Verkehr mit anderen Kindern weiter verschleppen. Kinder aus Häusern oder Familien, in denen sich Typhuskranke befinden, sind daher vom Schulbesuche fernzuhalten.

Wer einen Typhuskranken, dessen Wäsche oder Bett berührt hat, reinige unmittelbar nachher die Hände gründlich mit einer desinfizierenden Flüssigkeit (s. u.).

Zur Verhütung der Übertragung ist es notwendig, daß das Krankenzimmer möglichst einfach ausgestattet ist und täglich mindestens einmal feucht aufgewischt wird. Teppiche und Vorhänge sind am besten zu beseitigen.

In Räumlichkeiten, in denen sich Typhuskranke befinden, soll man Speisen und Getränke niemals zu sich nehmen und das Tabakrauchen auch im eigenen Interesse unterlassen.

6. Verhalten des Pflegepersonals. Diejenigen Personen, welche einen Typhuskranken pflegen oder warten, sollen leicht zu reinigende Überkleider oder die ganze vordere Körperfläche bedeckende Schürzen tragen und sich stets der größten Reinlichkeit befleißigen. Wenn sie einen Kranken oder seine Wäsche berührt oder die Entleerungen eines Kranken beseitigt haben, müssen sie ihre Hände mit Seife, Bürste und verdünntem Kresolwasser (siehe Anmerkung Ziffer 1) gründlich reinigen und desinfizieren. Besonders vorsichtig müssen sie beim Baden der Kranken sein; ein Verspritzen des Badewassers ist tunlichst zu verhüten. Namentlich werden sie dringend gewarnt, Speisen mit ungereinigten und undesinfizierten Händen zu berühren oder Gegenstände in den Mund zu bringen, welche im Krankenraume verunreinigt sein können, z. B. Eß- und Trinkgeschirre u. a.

7. Beseitigung der Ausleerungen. Typhuskranke dürfen Aborte nicht benutzen. Ihre Ausleerungen (Stuhlgänge, Harn, Erbrochenes) sollen nur in leicht zu reinigenden Gefäßen aufgefangen und dürfen nicht in undesinfiziertem Zustande in Aborte oder auf Düngerstätten ausgegossen werden. Vielmehr müssen sie vorher mittels Kalkmilch (siehe Anmerkung Ziffer 2a), Chlorkalks (siehe Anmerkung Ziffer 2b) oder verdünnten Kresolwassers (siehe Anmerkung Ziffer 1) unschädlich gemacht werden. Sind Desinfektionsmittel nicht zur Hand, so ist es vorübergehend statthaft, die

Ausleerungen entfernt von Wasserläufen, Brunnen und Baulichkeiten zu vergraben an Stellen, wo Ansteckungen nicht zu befürchten sind. Jedes unbedachtsame Ausgießen der Ausleerungen, das Beschmutzen des Bodens, der Kleider u. s. w., und sei es auch nur mit Spuren der Ausscheidungen, sind auf das sorgfältigste zu vermeiden.

Auch der Auswurf der Kranken muß vorsichtig aufgefangen und unschädlich gemacht werden; die benutzten Tücher sind in verdünntes Kresolwasser mindestens eine Stunde lang zu legen oder in Wasser auszukochen, bevor sie zum Waschen gegeben werden. Zum Auffangen des Auswurfes, zum Abwischen des Mundes, der Nase und dergleichen können am besten Mullläppchen benutzt werden, welche nach dem Gebrauche zu desinfizieren oder zu verbrennen sind. Die Ausleerungen und der Harn von Typhuskranken dürfen niemals in der Nähe von Brunnen und von Wasserläufen, aus denen Trink- oder Gebrauchswasser entnommen wird, ausgegossen werden; die entleerten Geschirre dürfen an diesen Wasserentnahmestellen auch nicht gereinigt werden. Das Wasch- und Badewasser von Typhuskranken kann ebenfalls Ansteckung verursachen. Es muß daher unschädlich beseitigt und darf namentlich nicht in der Nähe von Brunnen oder Wasserläufen ausgegossen werden. Wenn irgend möglich, ist es vor der Beseitigung durch Zusatz von Chlorkalk unschädlich zu machen.

Es ist zu beachten, daß Personen, welche an Typhus erkrankt waren, aber bereits genesen sind, oft noch lange Zeit hindurch mit ihren Ausscheidungen den Ansteckungsstoff entleeren. Solche Personen müssen in bezug auf Desinfektion ebenso wie Kranke behandelt werden, bis der Arzt erklärt, daß eine Ansteckung nicht mehr zu befürchten ist.

8. Behandlung von Wäsche, Kleidern und Gebrauchsgegenständen. Gebrauchte Leib- und Bettwäsche, sowie waschbare Kleidungsstücke sind in verdünntes Kresolwasser (siehe Anmerkung Ziffer 1) mindestens eine Stunde lang zu legen oder in Wasser auszukochen, bevor sie zum Waschen gegeben werden. Gebrauchte, nicht waschbare Kleidungsstücke von Typhuskranken sind möglichst in einer Desinfektionsanstalt mittels Wasserdampf zu desinfizieren; ist dies nicht ausführbar, so sind sie mit verdünntem Kresolwasser gut auszubürsten. Das von dem Kranken gebrauchte Eßgeschirr (Teller, Tassen, Gläser, Löffel, Gabeln, Messer u. s. w.) ist, vor der Benutzung durch andere Personen, mit heißer Sodalösung gründlich zu reinigen.

9. Desinfektion der Wohnung. Beschmutzte Stellen am Fußboden des Krankenzimmers sind sofort mit verdünntem Kresolwasser (siehe Anmerkung Ziffer 1) zu übergießen und nach einer Stunde aufzuwischen.

Nach Überführung des Kranken in ein Krankenhaus oder in einen anderen geeigneten Unterkunftsraum sowie nach seiner vollkommenen Genesung oder nach seinem Tode sind das Krankenzimmer und alle etwa sonst von dem Kranken benutzten Räume nebst Inhalt nach Anweisung des Arztes gründlich zu desinfizieren.

Besondere Sorgfalt ist in Gasthäusern, Herbergen, Erziehungs-, Pflege-, Gefangen- und ähnlichen Anstalten sowie auf Schiffen anzuwenden.

10. Verkehr mit Nahrungsmitteln. Die Zubereitung, Aufbewahrung und der Verkauf von Nahrungsmitteln in oder neben Räumen, wo Typhuskranke sich aufhalten, darf unter keinen Umständen geduldet werden.

Zu Zeiten von Typhusepidemien ist der Genuß von Wasser, Milch, Obst und Gemüse in rohem Zustande dringend zu widerraten.

11. Beförderung von Typhuskranken. Typhuskranke sind, wenn möglich, in Krankenwagen zu befördern. Zur Fortschaffung von Typhuskranken sollen dem öffentlichen Verkehre dienende Beförderungsmittel (Droschken, Straßenbahnwagen und dergleichen) in der Regel nicht benutzt werden. Hat dies ausnahmsweise geschehen müssen, so ist eine alsbaldige gründliche Reinigung und Desinfektion erforderlich.

Auch von Typhusleichen kann eine Ansteckung erfolgen. Sie sind daher sobald als möglich aus dem Sterbehause in eine Leichenhalle überzuführen, oder, falls eine solche nicht vorhanden ist, in einem abgesonderten, verschließbaren Raume aufzustellen. Die Ausstellung der Leiche im offenen Sarge, Bewirtungen im Sterbehause u. s. w. sind gefährlich und deshalb unzulässig.

Anmerkung.

Als Desinfektionsmittel werden empfohlen:

1. Verdünntes Kresolwasser. Zur Herstellung dient die in jeder Apotheke erhältliche Kresolseifenlösung (Liquor Cresoli saponatus des deutschen Arzneibuchs). Verdünntes Kresolwasser wird durch Mischen von 1 Gewichtsteile Kresolseifenlösung mit 19 Gewichtsteilen Wasser unter Umschütteln hergestellt (d. h. etwa 4 Eßlöffel Kresolseifenlösung auf 1 Liter Wasser).

Ausleerungen, Erbrochenes, Harn und dergleichen werden zwecks Desinfektion mit verdünntem Kresolwasser zu gleichen Teilen gründlich gemischt. Diese Mischung muß mindestens eine Stunde stehen, bevor sie fortgegossen werden darf.

2a. Kalkmilch. Zur Herstellung derselben wird ein Raumteil zerkleinerter, frisch gebrannter Kalk (Calcaria usta, Ätzkalk) mit vier Raumteilen Wasser gemischt, und zwar in folgender Weise: Der Kalk wird in ein geeignetes Gefäß gelegt und zunächst durch Besprengen mit ¾ Raumteilen Wasser unter stetem Umrühren gelöscht. Nachdem der Kalk das Wasser aufgesogen hat und dabei zu Pulver zerfallen ist, wird er mit dem übrigen Wasser zu Kalkmilch verrührt. Die Kalkmilch ist, wenn sie nicht bald Verwendung findet, in einem gut geschlossenen Gefäß aufzubewahren und vor dem Gebrauch umzuschütteln.

Ausleerungen, Erbrochenes, Harn u. s. w. werden zwecks Desinfektion mit gleichen Teilen Kalkmilch gründlich gemischt; diese Mischung muß mindestens eine Stunde stehen, bevor sie fortgegossen werden darf.

2b. Chlorkalk. Der Chlorkalk hat nur dann eine ausreichende desinfizierende Wirkung, wenn er frisch bereitet und in wohlverschlossenen Gefäßen aufbewahrt ist. Die gute Beschaffenheit des Chlorkalks ist an dem starken chlorähnlichen Geruche zu erkennen.

Von dem Chlorkalke werden zur Desinfektion flüssiger Abgänge je zwei gehäufte Eßlöffel voll in Pulverform zu ½ Liter Abgänge zugesetzt und unter Umrühren mit einem Holzstäbchen gut damit vermischt. Die so behandelte Flüssigkeit darf nach 20 Minuten beseitigt werden. Zur Desinfektion eines Vollbades sind vier gehäufte Eßlöffel Chlorkalk in Pulverform dem Wasser unter Umrühren mit einem Holzstabe zuzusetzen. Das so behandelte Badewasser darf erst nach ½ Stunde fortgegossen werden.

Anlage 2.

Liste der angemeldeten Typhusfälle.

1	2	3	4	5		6	7	8	9	10	11	12
Lfde. Nr.	Ort der Erkrankung.	Wohnung (Straße, Hausnummer, Stockwerk).	Familienname	Geschlecht		Alter	Stand oder Gewerbe	Stelle der Beschäftigung	Tag der Erkrankung.	Tag des Beginns der ärztlichen Behandlung.	Tag des Todes.	Bemerkungen (insbesondere auch ob, wann und woher zugereist usw.).
			des Erkrankten.									
				m.	w.							

Anlage 3.

Desinfektionsanweisung bei Typhus.

I. Desinfektionsmittel.

a) Kresol, Karbolsäure.

1. Verdünntes Kresolwasser. Zur Herstellung wird 1 Gewichtsteil Kresolseifenlösung (Liquor Cresoli saponatus des Arzneibuchs für das Deutsche Reich, vierte Ausgabe) mit 19 Gewichtsteilen Wasser gemischt. 100 Gewichtsteile enthalten 2,5 Gewichtsteile rohes Kresol. — Das Kresolwasser (Aqua cresolica des Arzneibuchs für das Deutsche Reich, vierte Ausgabe) enthält in 100 Teilen 5 Teile rohes Kresol, ist also vor dem Gebrauche mit gleichen Gewichtsmengen Wasser zu verdünnen —.

2. Karbolsäurelösung. 1 Gewichtsteil verflüssigte Karbolsäure (Acidum carbolicum liquefactum des Arzneibuchs für das Deutsche Reich, vierte Ausgabe) wird mit 30 Gewichtsteilen Wasser gemischt.

b) Chlorkalk.

Der Chlorkalk (Calcaria chlorata des Arzneibuchs für das Deutsche Reich, vierte Ausgabe) hat nur dann eine ausreichende desinfizierende Wirkung, wenn er frisch bereitet und in wohlverschlossenen Gefäßen aufbewahrt ist. Die gute Beschaffenheit des Chlorkalks ist an dem starken chlorähnlichen Geruch zu erkennen. Der Chlorkalk wird in Mischung von 1 : 50 Gewichtsteilen Wasser verwendet.

c) Kalk und zwar:

Kalkmilch. Zur Herstellung derselben wird 1 Raumteil zerkleinerter frisch gebrannter Kalk, Calcaria usta, Ätzkalk, mit 4 Raumteilen Wasser gemischt, und zwar in folgender Weise:

Der Kalk wird in ein geeignetes Gefäß gelegt und zunächst durch Besprengen mit ¾ Raumteilen Wasser unter stetem Umrühren gelöscht. Nachdem der Kalk das Wasser aufgesogen hat und dabei zu Pulver zerfallen ist, wird er mit dem übrigen Wasser zu Kalkmilch verrührt. Die Kalkmilch ist, wenn sie nicht bald Verwendung findet, in einem gut geschlossenen Gefäß aufzubewahren und vor dem Gebrauch umzuschütteln.

d) Kaliseife.

3 Gewichtsteile Kaliseife (sogenannte Schmierseife oder grüne Seife oder schwarze Seife) werden in 100 Gewichtsteilen siedend heißem Wasser gelöst (z. B. ½ Kilogramm Seife in 17 Liter Wasser).

Diese Lösung ist heiß zu verwenden.

e) Formaldehyd.

Der Formaldehyd ist ein stark riechendes, auf die Schleimhäute der Luftwege, der Nase, der Augen reizend wirkendes Gas, das aus einer im Handel vorkommenden, etwa 35 prozentigen wässerigen Lösung des Formaldehyds (Formaldehydum solutum des Arzneibuchs) durch Kochen oder Zerstäubung mit Wasserdampf sich entwickeln läßt. Die Formaldehydlösung ist bis zur Benutzung gut verschlossen und vor Licht geschützt aufzubewahren.

Der Formaldehyd in Gasform ist für die Desinfektion geschlossener oder allseitig gut abschließbarer Räume verwendbar und eignet sich zur Vernichtung von Krankheitskeimen, die an frei liegenden Flächen oberflächlich oder doch nur in geringer Tiefe haften. Zum Zustandekommen der desinfizierenden Wirkung sind erforderlich:

- vorgängiger allseitig dichter Abschluß des zu desinfizierenden Raumes durch Verklebung, Verkittung aller Undichtigkeiten der Fenster und Türen, der Ventilationsöffnungen und dergleichen,
- Entwickelung von Formaldehyd in einem Mengenverhältnis von wenigstens 5 Gramm auf je ein Kubikmeter Luftraum,
- gleichzeitige Entwickelung von Wasserdampf bis zu einer vollständigen Sättigung der Luft des zu desinfizierenden Raumes (auf 100 Kubikmeter Raum sind 3 Liter Wasser zu verdampfen),
- wenigstens sieben Stunden andauerndes ununterbrochenes Verschlossenbleiben des mit Formaldehyd und Wasserdampf erfüllten Raumes; diese Zeit kann bei Entwickelung doppelt großer Mengen von Formaldehyd auf die Hälfte abgekürzt werden.

Formaldehyd kann in Verbindung mit Wasserdampf von außen her durch Schlüssellöcher, durch kleine in die Tür gebohrte Öffnungen und dergleichen in den zu desinfizierenden Raum geleitet werden.

Die Desinfektion mittels Formaldehyds darf nur nach bewährten Methoden ausgeübt und nur geübten Desinfektoren anvertraut werden, die für jeden einzelnen Fall mit genauer Anweisung zu versehen sind. Nach Beendigung der Desinfektion empfiehlt es sich, zur Beseitigung des den Räumen noch anhaftenden Formaldehydgeruchs Ammoniakgas einzuleiten.

f) Dampfapparate.

Als geeignet können nur solche Apparate und Einrichtungen angesehen werden, welche von Sachverständigen geprüft sind.

Auch Notbehelfseinrichtungen können unter Umständen ausreichen.

Die Prüfung derartiger Apparate und Einrichtungen hat sich zu erstrecken namentlich auf die Anordnung der Dampfzuleitung und -Ableitung, auf die Handhabungsweise und die für eine gründliche Desinfektion erforderliche Dauer der Dampfeinwirkung.

Die Bedienung der Apparate u. s. w. ist, wenn irgend angängig, wohl unterrichteten Desinfektoren zu übertragen.

g) Siedehitze.

Auskochen in Wasser, Salzwasser oder Lauge wirkt desinfizierend. Die Flüssigkeit muß die Gegenstände vollständig bedecken und mindestens zehn Minuten lang im Sieden gehalten werden.

Unter den angeführten Desinfektionsmitteln ist die Auswahl nach Lage der Umstände zu treffen. Es ist zulässig, daß seitens der beamteten Ärzte unter Umständen auch andere in Bezug auf ihre desinfizierende Wirksamkeit erprobte Mittel angewendet werden; die Mischungs- beziehungsweise Lösungsverhältnisse sowie die Verwendungsweise solcher Mittel sind so zu wählen, daß der Erfolg der Desinfektion nicht nachsteht einer mit den unter a bis g bezeichneten Mitteln ausgeführten Desinfektion.

II. Anwendung der Desinfektionsmittel im einzelnen.

1. Alle Ausscheidungen der Kranken (Stuhlgang, Urin, Erbrochenes, Auswurf, eitrige Absonderungen) sind mit dem unter I a beschriebenen verdünnten Kresolwasser oder durch Siedehitze (I g) zu desinfizieren. Es empfiehlt sich, solche Ausscheidungen unmittelbar in Gefäßen aufzufangen, welche die Desinfektionsflüssigkeit in mindestens gleicher Menge enthalten, und sie hierauf mit der letzteren gründlich zu verrühren. Die Gemische sollen mindestens eine Stunde stehen bleiben und dürfen erst dann beseitigt werden.

Abtritte sind in der Weise zu desinfizieren, daß die Sitze gründlich mit verdünntem Kresolwasser oder Kalkmilch abgewaschen werden und in die Sitzöffnungen reichlich Kalkmilch eingegossen wird. Der Inhalt der Abtrittsgruben ist reichlich mit Kalkmilch zu übergießen und, so lange die Epidemie dauert, tunlichst nicht auszuleeren. Der Inhalt von Tonnen, Kübeln und dergleichen, welche zum Auffangen des Kotes in den Abtritten dienen, ist unter Umrühren mit ungefähr gleichen Teilen Kalkmilch zu versetzen und erst zu entfernen, nachdem er mindestens 24 Stunden mit dem Desinfektionsmittel in Berührung gewesen war; die Tonnen und dergleichen sind nach dem Entleeren reichlich mit Kalkmilch außen und innen zu bestreichen.

Schmutzfässer sind mit Chlorkalk oder Kalkmilch zu desinfizieren, und zwar ist vom Chlorkalke so viel zuzusetzen, bis die Flüssigkeit stark chlorähnlich riecht, von Kalkmilch so viel, daß das Gemisch rotes Lackmuspapier stark und dauernd blau färbt. In allen Fällen darf die Flüssigkeit erst nach einer Stunde abgegossen werden. Zur Desinfektion eines Vollbades sind vier gehäufte Eßlöffel Chlorkalk in Pulverform dem Wasser unter Umrühren mit einem Holzstabe zuzusetzen. Das so behandelte Badewasser darf erst nach ½ Stunde fortgegossen werden.

2. Hände und sonstige Körperteile müssen jedesmal, wenn sie mit infizierten Dingen (Ausscheidungen der Kranken, beschmutzter Wäsche u. s. w.) in Berührung gekommen sind, durch gründliches Waschen mit verdünntem Kresolwasser oder Karbolsäurelösung (I a) desinfiziert werden.

3. Bett- und Leibwäsche sowie waschbare Kleidungsstücke und dergleichen sind entweder auszukochen (I g) oder in ein Gefäß mit verdünntem Kresolwasser oder Karbolsäurelösung (I a) zu stecken. Die Flüssigkeit muß in den Gefäßen die eingetauchten Gegenstände vollständig bedecken. In dem Kresolwasser oder der Karbolsäurelösung bleiben die Gegenstände wenigstens eine Stunde. Dann werden sie mit Wasser gespült und weiter gereinigt. Das dabei ablaufende Wasser kann als unverdächtig behandelt werden.

4. Kleidungsstücke, die nicht gewaschen werden können, Matratzen, Teppiche und alles, was sich zur Dampfdesinfektion eignet, sind in Dampfapparaten zu desinfizieren (I f).

5. Alle diese zu desinfizierenden Gegenstände sind beim Zusammenpacken und bevor sie nach den Desinfektionsanstalten oder -Apparaten geschafft werden, in Tücher, welche mit Karbolsäurelösung (I a) angefeuchtet sind, einzuschlagen und, wenn möglich, in gut schließenden Gefäßen zu verwahren.

Wer solche Wäsche u. s. w. vor der Desinfektion angefaßt hat, muß seine Hände in der unter Ziffer 2 angegebenen Weise desinfizieren.

6. Zur Desinfektion infizierter oder der Infektion verdächtiger Räume, namentlich solcher, in denen sich Typhuskranke aufgehalten haben, sind zunächst die Lagestellen, Gerätschaften und dergleichen, ferner die Wände und der Fußboden, unter Umständen auch die Decke, mittels

Lappen, die mit verdünntem Kresolwasser oder Karbolsäurelösung (I a) getränkt sind, gründlich abzuwaschen; besonders ist darauf zu achten, daß diese Lösungen auch in alle Spalten, Risse und Fugen eindringen.

Die Lagerstellen von Kranken oder von Verstorbenen und die in der Umgebung auf wenigstens 2 Meter Entfernung befindlichen Gerätschaften, Wand- und Fußbodenflächen sind bei dieser Desinfektion besonders zu berücksichtigen.

Alsdann sind die Räumlichkeiten und Gerätschaften mit einer reichlichen Menge Wasser oder Kaliseifenlösung (I d) zu spülen. Nach ausgeführter Desinfektion ist gründlich zu lüften.

7. Die Anwendung des Formaldehyds empfiehlt sich besonders zur sogenannten Oberflächendesinfektion.

Nach voraufgegangener Desinfektion mittels Formaldehyds können nur die Wände, die Zimmerdecke, die freien glatten Flächen der Gerätschaften als desinfiziert gelten. Alles übrige, namentlich alle diejenigen Teile, welche Risse und Fugen aufweisen, sind gemäß den vorstehend gegebenen Vorschriften zu desinfizieren.

8. Von Kranken benutzte Eß- und Trinkgeschirre oder Geräte sind entweder auszukochen (I g) oder mit heißer Kaliseifenlösung (I d) ½ Stunde lang stehen zu lassen und dann gründlich zu spülen. Waschbecken, Spucknäpfe, Nachttöpfe und dergleichen werden nach Desinfektion des Inhalts (Ziffer 1) gründlich mit verdünntem Kresolwasser ausgescheuert.

Gegenstände aus Leder, Holz- und Metallteile von Möbeln sowie ähnliche Gegenstände werden sorgfältig und wiederholt mit Lappen abgerieben, die mit verdünntem Kresolwasser oder Karbolsäurelösung (I a) befeuchtet sind. Die gebrauchten Lappen sind zu verbrennen.

Pelzwerk wird auf der Haarseite bis auf die Haarwurzel mit verdünntem Kresolwasser oder Karbolsäurelösung (I a) durchweicht. Nach zwölfstündiger Einwirkung derselben darf es ausgewaschen und weiter gereinigt werden.

Plüsch- und ähnliche Möbelbezüge werden nach Ziffer 3 und 4 desinfiziert oder mit verdünntem Kresolwasser oder Karbolsäurelösung (I a) durchfeuchtet, feucht gebürstet und mehrere Tage hintereinander gelüftet und dem Sonnenlicht ausgesetzt.

9. Gegenstände von geringem Werte (Inhalt von Strohsäcken, gebrauchte Lappen und dergleichen) sind zu verbrennen.

10. Durch Ausscheidungen von Kranken beschmutzte Erde, Pflaster, offene Dungstätten sowie Rinnsteine werden durch Übergießen mit verdünntem Kresolwasser (I a) oder Kalkmilch (I c) desinfiziert.

11. Soll sich die Desinfektion auch auf Personen erstrecken, so ist dafür Sorge zu tragen, daß dieselben ihren ganzen Körper mit Seife abwaschen und ein vollständiges Bad nehmen. Kleider und Effekten derselben sind nach Ziffer 3 und 4 zu behandeln.

12. Die Leichen der an Typhus Gestorbenen sind in Tücher zu hüllen, welche mit einer der unter I a aufgeführten desinfizierenden Flüssigkeiten getränkt sind, und alsdann in dichte Särge zu legen, welche am Boden mit einer reichlichen Schicht Sägemehl, Torfmull oder anderen aufsaugenden Stoffen bedeckt sind.

13. Abweichungen von den Vorschriften unter Ziffer 1 bis 12 sind zulässig, soweit nach dem Gutachten des beamteten Arztes die Wirkung der Desinfektion gesichert ist.

---

3. August 1903.

Bekanntmachung des Reichskanzlers, betreffend Militäranwärter.

Zentr.-Bl. f. d. D. R. S. 485.

Nachstehend wird

1. ein neues „Gesamtverzeichnis der den Militäranwärtern in den Bundesstaaten vorbehaltenen Stellen“, [1])
2. ein neues „Gesamtverzeichnis der Privateisenbahnen und durch Private betriebenen Eisenbahnen, welchen die Verpflichtung auferlegt ist, bei Besetzung von Beamtenstellen Militäranwärter vorzugsweise zu berücksichtigen“, [2])

zur öffentlichen Kenntnis gebracht.

Das Verzeichnis zu 1 tritt an die Stelle des durch Bekanntmachung vom 26. November 1895 (Centralblatt S. 397) nebst den hierzu ergangenen Nachträgen veröffentlichten Verzeichnisses, das Verzeichnis zu 2 an die Stelle des durch Bekanntmachung vom 19. Juli 1901 (Centralblatt S. 278) veröffentlichten Verzeichnisses.

1) S. Zentr.-Bl. f. d. D. R. S. 485, ferner die Nachträge zu dem Verzeichnisse v. 31. Aug. 1904, 27. Sept. 1905, 7. Sept. 1906.

2) Ersetzt durch das Verzeichnis von 1912 Zentr.-Bl. f. d. D. R. S. 199.

6. August 1903.

Bekanntmachung des Reichskanzlers, betreffend Ergänzung und Abänderung der Ausführungsbestimmungen zur Fernsprechgebührenordnung, vom 26. März 1900.

Zentr.-Bl. f. d. D. R. S. 634.

Die Änderungen sind beim Abdruck der Ausführungsbestimmungen zur Fernsprechgebührenordnung, vom 26. März 1900, berücksichtigt.

---

6. August 1903.

Bekanntmachung des Reichskanzlers, betreffend die Rohrpostordnung für Berlin.[1])

Zentr.-Bl. f. d. D. R. S. 598.

1) Erlassen auf Grund des § 50 des Gesetzes über das Postwesen vom 28. Oktober 1871, sowie des § 70a der Postordnung für das Deutsche Reich vom 20. März 1900 für den Verkehr innerhalb des Rohrpostbezirks Berlin. Nicht abgedruckt.

---

9. August 1903.

Kaiserliche Verordnung, betreffend die Kaiser-Wilhelms-Universität Straßburg.[1])

Gesetzbl. f. Els.-Lothr. S. 57.

Art. 1.

Zum 1. Oktober 1903 wird an der Kaiser-Wilhelms-Universität Straßburg eine Katholisch-Theologische Fakultät errichtet.

Art. 2.

Der § 2 des Universitätsstatuts vom 24. Februar 1875 wird durch nachstehende Bestimmung ersetzt:[2])

Art. 3.

Der gemäß § 4 Abs. 1 des Universitätsstatuts zum ersten Male an die Spitze der Katholisch-Theologischen Fakultät zu berufende Dekan tritt sein Amt mit der Errichtung der Fakultät an und bleibt bis zu dem in § 4 Abs. 2 des Universitätsstatuts bezeichneten Zeitpunkte des Jahres 1905 in seiner Stellung.

Bis zu dem gleichen Zeitpunkte wird der Dekan im Falle der Verhinderung durch den nach § 4 des Universitätsstatuts nächstältesten Professor vertreten.

Art. 4.

Die erstmalige Wahl eines ordentlichen Professors der Katholisch-Theologischen Fakultät zum Mitgliede des Senats erfolgt alsbald nach der Errichtung der Fakultät. Der Eintritt des gewählten Mitglieds in den Senat und die Dauer seines Amtes bestimmt sich nach § 22 Nr. 4 des Universitätsstatuts.

Art. 5.

Bis zum Inkrafttreten der gemäß § 12 des Universitätsstatuts zu erlassenden Statuten der Katholisch-Theologischen Fakultät werden die erforderlichen Vorschriften über die Einrichtung und den Geschäftskreis dieser Fakultät durch den Statthalter getroffen.

Art. 6.

Alumnen der bischöflichen großen Seminare in Straßburg oder Metz, welche den Erfordernissen des § 48 Satz 1 des Universitätsstatuts nicht genügt haben, werden auf Vorlage eines Zeugnisses der kirchlichen Behörde, daß sie in einem dieser beiden Seminare aufgenommen sind, zur Immatrikulation zugelassen. Diese Bestimmung tritt mit dem Ablauf des Sommersemesters 1905 außer Kraft.

Art. 7.

Im § 89 Abs. 1 des Universitätsstatuts wird als Nummer 4 nachstehende Bestimmung eingeschaltet:[3])

1) Erlassen nach Vernehmung der Universitätsvertretung auf Grund des Gesetzes, betreffend die Feststellung eines Nachtrags zum Landeshaushaltsetat für das Rechnungsjahr 1903, vom 4. Juli 1903 (Gesetzbl. S. 41) und in Ausführung der Bestimmungen in § 3 Abs. 2 des Gesetzes, betreffend die Universität zu Straßburg, vom 28. April 1872 (Gesetzbl. S. 166).

2) Die Änderung ist beim Abdruck des Universitätsstatuts vom 24. Februar 1875 berücksichtigt.

3) Die Ergänzung ist beim Abdruck des Universitätsstatuts vom 24. Februar 1875 berücksichtigt.

Art. 8.

Der Statthalter wird ermächtigt, gleichzeitig mit der Verkündung dieser Verordnung im Gesetzblatte für Elsaß-Lothringen den Text des Universitätsstatuts vom 24. Februar 1875, wie er sich aus den Änderungen ergibt, welche in den Artikeln 2, 7 dieser Verordnung festgestellt sind, durch das Gesetzblatt für Elsaß-Lothringen mit der Maßgabe bekannt zu machen, daß in den §§ 8 Abs. 2, 15 Abs. 2 Nr. 2, 19 Abs. 1, 25, 26, 37 Abs. 2, 39, 81, 82, 89 Abs. 3 der Statthalter an die Stelle des Reichskanzlers zu treten und der Abschnitt XI in Wegfall zu kommen hat.[4])

4) Die Bekanntmachung ist erfolgt am 22. August 1903 (Gesetzbl. f. Elf.-Lothr. S. 59) und seither ersetzt worden durch die Bekanntmachung vom 21. Oktober 1908 (Gesetzbl. f. Elf.-Lothr. S. 91). Das Universitätsstatut ist in der jetzt geltenden Fassung unter dem Datum vom 24. Februar 1875 abgedruckt.

---

9. August 1903.

Kaiserliche Verordnung, betreffend Beschränkungen der Baufreiheit in der Stadt Saarburg.[1])

Gesetzbl. S. 76.

Die Bestimmungen des Gesetzes, betreffend Beschränkungen der Baufreiheit in den neuen Stadtteilen von Straßburg, vom 21. Mai 1879 (Gesetzbl. S. 57) und des Gesetzes, betreffend Beschränkungen der Baufreiheit, vom 6. Januar 1892 (Gesetzbl. S. 3), werden auf die Stadt Saarburg ausgedehnt.

1) Erlassen auf Grund des Gesetzes, betreffend die Beschränkungen der Baufreiheit, vom 6. Januar 1892.

---

11. August 1903.

Bekanntmachung des Ministeriums, betreffend die Vollstreckung militärgerichtlich erkannter Gesamtstrafen durch die bürgerlichen Behörden.

Samml. d. Justizverw. Bd. 27 S. 166.

Zwischen den Bundesregierungen ist eine Vereinbarung getroffen worden über die Grundsätze, welche für die auf die bürgerlichen Behörden übergehende Vollstreckung militärgerichtlich erkannter Gesamtstrafen maßgebend sein sollen.

Indem ich Euer Hochwohlgeboren ... Abdrücke der bezüglichen Vereinbarung zugehen lasse, ersuche ich Sie ergebenst, die Beamten der Staatsanwaltschaft bei dem Landgerichte zu verständigen und je einen Abdruck den Amtsgerichten Ihres Bezirks mitzuteilen.

An die Landgerichtspräsidenten und Ersten Staatsanwälte.

Anlage.

Grundsätze, betreffend die auf die bürgerlichen Behörden übergehende Vollstreckung militärgerichtlich erkannter Gesamtstrafen.

Armee-Verordn.-Bl. 1903, S. 259 f.

Die Vollstreckung einer gegen eine Militärperson erkannten Gesamtstrafe (§ 74 des Strafgesetzbuchs) wird, soweit nach § 15 des Einführungsgesetzes zur Militärstrafgerichtsordnung zur Vollstreckung der in der Gesamtstrafe enthaltenen Einzelstrafen die bürgerlichen Behörden verschiedener Bundesstaaten zuständig sein würden, von demjenigen Staate übernommen, welcher nach dem Gesamtbetrage dieser Einzelstrafen an der Gesamtstrafe am höchsten beteiligt ist.

Sind mehrere Bundesstaaten mit einem gleichen Höchstbetrage beteiligt, so wird die Vollstreckung von demjenigen Staate übernommen, dessen Strafanstalt (Anlage zu § 5 der Militärstrafvollstreckungsvorschrift)[1]) mit dem geringsten Aufwande von Transportkosten zu erreichen ist.

In den Fällen des Abs. 2 werden die Kosten der Strafvollstreckung von den mehreren höchstbeteiligten Staaten zu gleichen Teilen getragen; als Kosten werden jedoch nur bare Auslagen in Rechnung gestellt. Im übrigen findet eine Erstattung von Kosten nicht statt.[2])

1) Jetzt zu § 9 der Militärstrafvollstreckungsvorschrift vom 19. März 1908.

2) Wegen der Kostenerstattung unter den Bundesstaaten vgl. jetzt Ziff. II B der Bekanntmachung des Ministeriums vom 23. Juli 1907.

15. August 1903.

Staatsvertrag zwischen dem Deutschen Reiche und Belgien wegen Herstellung von Eisenbahnverbindungen zwischen Löwen und Aachen sowie zwischen Malmedy und Stavelot.

Reichsgesetzbl. 1907 S. 745.

Der vorstehende Vertrag ist ratifiziert worden; die Auswechselung der Ratifikationsurkunden hat stattgefunden.

---

18. August 1903.

Ausführungsbestimmungen des Ministeriums zum Gesetze vom 14. Juli 1903, betreffend die Errichtung und den Betrieb von Apotheken.

Zentr.- u. Bez.A.Bl. S. 133.

Zur Ausführung des Gesetzes vom 14. Juli 1903 (Gesetzbl. S. 45), betreffend die Errichtung und den Betrieb von Apotheken, wird auf Grund von § 9 dieses Gesetzes bestimmt, was folgt:

Art. 1. Bevor die Bewerbung und die Genehmigung zum Betrieb einer Apotheke öffentlich ausgeschrieben wird, ist der Gemeindeverwaltung des Ortes, an welchem die Apotheke errichtet werden soll, sowie dem Kreisgesundheitsrat Gelegenheit zu geben, sich gutachtlich darüber zu äußern, ob die Errichtung der Apotheke einem Bedürfnis der Bevölkerung entspricht und ob die Lebensfähigkeit einer neuen Apotheke nach den gegebenen wirtschaftlichen und Verkehrsverhältnissen, sowie mit Rücksicht auf die in der Umgebung bereits bestehenden Apotheken gesichert erscheint.

Art. 2. Die öffentliche Ausschreibung zur Bewerbung um die Genehmigung erfolgt durch eine Bekanntmachung des Ministeriums im Zentral- und Bezirks-Amtsblatt. Die Frist zur Einreichung der Gesuche soll mindestens einen Monat vom Tage der Veröffentlichung im Zentral- und Bezirks-Amtsblatt an betragen. Der Kreisdirektor hat den Abdruck der Bekanntmachung in dem für die Bekanntmachungen der Kreisdirektion bestimmten Blatt herbeizuführen. In den Städten Straßburg und Metz ist der Abdruck der Bekanntmachung durch den Polizeidirektor zu veranlassen.

Art. 3. Die Bewerbungsgesuche sind bei dem Bezirkspräsidenten einzureichen und werden von letzterem nach Ablauf der Einreichungsfrist dem Ministerium vorgelegt.

Den Gesuchen sind beizufügen:

1. die Approbationsurkunde in Urschrift oder in beglaubigter Abschrift,
2. die Zeugnisse oder die sonstigen Nachweise über Beschäftigung und Führung nach erlangter Approbation,
3. ein Leumundszeugnis der Polizeibehörde des letzten Wohnortes,
4. ein Ausweis darüber, ob Gesuchsteller die zur Errichtung und zum Betrieb einer Apotheke erforderlichen Mittel besitzt,
5. ein selbstgeschriebener Lebenslauf,

Außerdem sind vorzulegen:

6. ein Situationsplan, aus welchem die Lage des Gebäudes oder Neubaues innerhalb der Ortschaft oder des Stadtviertels und gegebenenfalls die Entfernung von den in der Gemeinde bereits bestehenden benachbarten Apotheken ersichtlich ist,
7. ein Grundriß nebst Beschreibung, aus welchem sich die Lage und die Größenverhältnisse der für die Apotheke bestimmten Räumlichkeiten, insbesondere
   a) des Verkaufsraumes (der Offizin),
   b) des Vorratsraumes für die trocken aufzubewahrenden Mittel (Material- und Kräuterkammer),
   c) der Giftkammer (§§ 5 und 9 der Verordnung, betreffend den Handel mit Giften, vom 1. April 1895, Gesetzblatt S. 35),
   d) des Vorratsraumes zur Aufbewahrung der kühl zu haltenden Mittel (Arzneikeller, Gewölbe, Wandschrank u. s. w.),
   e) des Laboratoriums,
   f) der Sieb- und Stoßkammer

ergeben.

Ist in dem Gebäude eine Apotheke bisher schon betrieben worden, so genügt an Stelle der unter Ziff. 6, 7 genannten Zeichnungen eine kurze Beschreibung der unter Ziffer 7 bezeichneten Räumlichkeiten.

Einem Bewerber, der nicht in der Lage ist, schon bei der Bewerbung ein bestimmtes Gebäude für den Betrieb der Apotheke anzugeben, kann die Genehmigung zwar in Aussicht gestellt werden; die Erteilung der Genehmigungsurkunde darf aber erst erfolgen, wenn er binnen einer vom Ministerium festzustellenden Frist unter Vorlage der unter Ziffer 6, 7 aufgeführten Zeichnungen und Schriftstücke ein geeignetes Gebäude bezeichnet hat.

Art. 4. Bei der Auswahl unter mehreren Bewerbern soll das Alter (Zeitpunkt der Approbation) sowie die Tüchtigkeit entscheidend sein.

Bei Berechnung des Alters wird diejenige Zeit, während welcher der Bewerber nicht im Inlande im Apothekerberufe tätig gewesen ist, in Abzug gebracht; doch kann der Beschäftigung in deutschen Apotheken die Beschäftigung im ausländischen Apothekerberufe, sowie an wissenschaftlichen Instituten, an chemischen Fabriken und in ähnlichen berufsverwandten Gewerben des In- und Auslandes gleichgeachtet werden.

Die Tüchtigkeit ist nach dem Prädikat der Approbation im Zusammenhang mit den Leistungen seit der Erlangung der Approbation zu beurteilen.

Die Bewerbung ehemaliger Apothekenbesitzer, die ihre Apotheke veräußert haben, findet grundsätzlich keine Berücksichtigung; nur wenn außerordentliche Umstände die Aufgabe der Apotheke verursacht haben, kann eine Ausnahme zugelassen werden.

Unter keinen Umständen begründet der Erwerb der Räumlichkeiten oder der Vorräte einer früheren Apotheke ein Vorrecht auf Erteilung der Genehmigung.

Art. 5. In der Genehmigungsurkunde wird das Gebäude, worin die Apotheke betrieben werden soll, bezeichnet und die Frist, binnen welcher der Betrieb eröffnet werden muß, bestimmt.

Die Frist wird in der Regel auf nicht mehr als 3 Monate bemessen werden.

Art. 6. Läßt der Berechtigte die ihm zur Eröffnung des Betriebs gesetzte Frist oder eine etwa bewilligte Verlängerung dieser Frist verstreichen, so kann die Genehmigung auf Grund der früheren Ausschreibung nach Maßgabe der Grundsätze in Artikel 4 einem anderen Bewerber erteilt werden.

Art. 7. Falls der Berechtigte den Betrieb der Apotheke aufgibt, hat er hiervon dem Kreisdirektor, in den Städten Straßburg und Metz dem Polizeidirektor schriftliche Anzeige zu erstatten.

Art. 8. Wollen die Erben des Berechtigten von der Befugnis des § 3 des Gesetzes Gebrauch machen, so haben sie innerhalb vier Wochen nach dem Todesfalle einen entsprechenden Antrag beim Ministerium einzureichen und gleichzeitig den approbierten Apotheker namhaft zu machen, unter dessen Leitung der Betrieb fortgesetzt werden soll.

Art. 9. Ist bei Erteilung der Genehmigung in den Fällen des § 2 des Gesetzes oder nach dem Ablauf der in § 3 des Gesetzes bezeichneten Zeit dem neuen Berechtigten die Verpflichtung auferlegt worden, von seinem Vorgänger oder dessen Erben die zum Betriebe der Apotheke gehörigen Gerätschaften und Warenvorräte ganz oder zum Teil zu übernehmen, und kommt unter den Beteiligten eine Einigung über den Wert der zu übernehmenden Gegenstände nicht zu stande, so wird der Wert unter Ausschluß des Rechtswegs durch Sachverständige endgültig festgestellt.

Von den Sachverständigen ist je einer von den Parteien zu bezeichnen; als Obmann, dem auch die Leitung des Verfahrens obliegt, tritt der für den Bezirk zuständige, von dem Apothekerrat aus der Zahl der gegenwärtigen oder ehemaligen Apothekenbesitzer auf die Dauer von drei Jahren gewählte Sachverständige oder dessen Stellvertreter ein.

Bei der Abschätzung ist der wahre dem Zeitpunkt der Übernahme entsprechende Wert der vorhandenen Gerätschaften und Warenbestände zu ermitteln. Über die Abschätzung ist eine Verhandlung zu errichten, welche bei dem Bezirkspräsidenten zu hinterlegen ist.

Bei Abschätzungen außerhalb des Wohnortes erhält der Obmann oder sein Stellvertreter Reisekosten und Tagegelder nach den Sätzen, welche den in § 1 Ziffer IV der Verordnung vom 25. Oktober 1880 (Gesetzbl. S. 136) aufgeführten Beamten zustehen.

Von den Kosten der Abschätzung trägt jede Partei diejenigen, welche durch die Tätigkeit des von ihr bestellten Sachverständigen entstanden sind, die übrigen Kosten tragen Käufer und Verkäufer zu gleichen Teilen.

Art. 10. Eine Stellvertretung von längerer Dauer im Betriebe einer Apotheke ist in der Regel nur zu gestatten, wenn der Berechtigte wegen hohen Alters oder wegen Schwäche seiner körperlichen oder geistigen Kräfte zu der Erfüllung seiner Berufspflichten unfähig ist.

Die Stellvertretung muß durch einen approbierten Apotheker erfolgen, der im Antrag näher zu bezeichnen ist.

Die Genehmigung zur Bestellung eines Stellvertreters wird von dem Bezirkspräsidenten erteilt.

Die Genehmigung zur Verlegung einer Apotheke in ein anderes Gebäude bleibt dem Ministerium vorbehalten.

Art. 11. Der Bescheid des Bezirkspräsidenten in den Fällen des § 2 Abs. 2 und § 5

Abs. 2 des Gesetzes (Zurücknahme der Genehmigung und Untersagung der Fortsetzung des Betriebs) ist mit Gründen zu versehen und dem Beteiligten gegen Empfangsbestätigung zuzustellen.

Der Rekurs an den Kaiserlichen Rat ist binnen 14 Tagen nach der Zustellung bei dem Bezirkspräsidenten einzureichen. Im übrigen finden auf das Rekursverfahren die Bestimmungen der Verordnung vom 23. März 1889 (Gesetzbl. S. 35), betreffend das Verfahren vor den Bezirksräten und dem Kaiserlichen Rat, Anwendung.

Art. 12. Der Bezirkspräsident hat ein Verzeichnis aller im Bezirk bestehenden Apotheken zu führen, in welchem unter A die vor Erlaß des Gesetzes vom 14. Juli 1903 errichteten Apotheken, unter B die nach Erlaß dieses Gesetzes errichteten Apotheken (Personal-Konzessionen) einzutragen sind. Das Verzeichnis hat den Namen der Gemeinde, die Straße und Hausnummer sowie den Namen des Besitzers der Apotheke zu enthalten. Jede Änderung in diesen Angaben ist alsbald nachzutragen.

23. August 1903.

Bekanntmachung des Reichskanzlers, betreffend Abänderung der Bestimmungen über den Geschäftsbetrieb der Auswanderungsunternehmer und Agenten.[1])

1) Die Änderungen sind in der Bekanntmachung vom 14. März 1898 berücksichtigt.

24. August 1903.

Bekanntmachung des Reichskanzlers, betreffend die Mündelsicherheit von Schuldverschreibungen der Deutsch-Ostafrikanischen Gesellschaft.

Reichsgesetzbl. S. 275.

Auf Grund des § 1807 Abs. 1 Nr. 4 des Bürgerlichen Gesetzbuchs hat der Bundesrat beschlossen,

die von der Deutsch-Ostafrikanischen Gesellschaft auf Grund des Vertrags zwischen dem Reichskanzler und der genannten Gesellschaft vom 15. November 1902 auszugebenden Schuldverschreibungen zur Anlegung von Mündelgeldern für geeignet zu erklären.

24. August 1903.

Bekanntmachung des Ministeriums, betreffend die Errichtung von Testamenten vor dem Gemeindevorsteher.

Zentr.- u. Bez.A.Bl. S. 137.

Nachstehend wird eine Anweisung zur Errichtung von Testamenten vor dem Gemeindevorsteher bekannt gemacht, die den Herren Bürgermeistern und deren gesetzlichen Stellvertretern zur Beachtung eindringlich empfohlen wird.

Ich bemerke dabei noch folgendes:

1. Von der genauen Erfüllung der für die Errichtung der Testamente gegebenen Formvorschriften hängt die Gültigkeit des Testamentes ab. Es ist daher in jedem Falle genau nach der Anweisung, unter entsprechender Benutzung der im Anhang entworfenen Musterurkunden, zu verfahren.

2. Der Gemeindevorsteher darf sich der Aufnahme eines Testaments nur unterziehen, wenn er bei gewissenhafter Prüfung die Besorgnis für begründet hält, daß der Erblasser früher sterben werde, als die Errichtung eines Testaments vor einem Notar möglich wäre. Liegt diese Voraussetzung nicht vor, so muß er seine Mitwirkung versagen und darf nicht etwa aus Gefälligkeit oder, um dem Erblasser Kosten zu ersparen, zur Aufnahme des Testaments schreiten. Das Gemeindetestament bildet nur eine Ausnahme für Fälle von besonderer Dringlichkeit; eine mißbräuchliche Anwendung desselben könnte zu schwerer Schädigung der Beteiligten führen.

3. Von besonderer Wichtigkeit ist die beschränkte Geltungsdauer des vor dem Gemeindevorsteher errichteten Testaments (§ 14 der Anweisung). Es ist deshalb, um die Beteiligten vor Schaden zu bewahren, unbedingt

erforderlich, daß der Gemeindebeamte, der das Testament aufnimmt, den Erblasser auf diese beschränkte Geltungsdauer hinweist (zu vgl. die Musterurkunden).

4. Für die ungesäumte und gesicherte Ablieferung des Testaments an den Notar (§ 15 der Anweisung) ist mit Rücksicht auf die Wichtigkeit der Urkunde und wegen der Verantwortlichkeit des Gemeindevorstehers auch in dessen eigenem Interesse besondere Sorge zu tragen.

Anweisung
zur
Errichtung von Testamenten vor dem Gemeindevorsteher.

(§§ 2249, 2250 des Bürgerlichen Gesetzbuches.)

§ 1.

Vor dem Gemeindevorsteher kann ein Testament nur in folgenden Fällen errichtet werden:

1. wenn zu besorgen ist, daß derjenige, welcher das Testament errichten will (der Erblasser), früher sterben werde, als die Errichtung eines Testaments vor einem Notar möglich ist;
2. wenn der Erblasser sich an einem Orte aufhält, der infolge des Ausbruchs einer Krankheit oder infolge sonstiger außerordentlicher Umstände, z. B. einer Überschwemmung, dergestalt abgesperrt ist, daß die Errichtung eines Testaments vor einem Notar nicht möglich oder erheblich erschwert ist.

§ 2.

Zuständig ist der Vorsteher derjenigen Gemeinde, in deren Bezirke sich der Erblasser zur Zeit der Errichtung des Testaments aufhält. Ob der Erblasser in dieser Gemeinde seinen Wohnsitz hat, kommt nicht in Betracht.

Gemeindevorsteher im Sinne dieser Anweisung ist der Bürgermeister und, im Falle, daß dieser verhindert oder nach § 3 von der Mitwirkung bei der Errichtung des Testaments ausgeschlossen ist, derjenige, welcher nach § 9 der Gemeindeordnung den Bürgermeister zu vertreten hat.

§ 3.

Der Gemeindevorsteher kann bei der Errichtung des Testaments nicht mitwirken:

1. wenn seine Frau das Testament errichtet, auch wenn die Ehe nicht mehr besteht;
2. wenn er mit dem Erblasser in gerader Linie oder im zweiten Grade der Seitenlinie verwandt oder verschwägert ist; zu diesen Verwandten und Verschwägerten gehören z. B. die Eltern, Großeltern, entfernteren Voreltern, Kinder und Enkel, Schwiegereltern und deren Voreltern, Schwiegerkinder, Geschwister und Schwäger; die Schwägerschaft dauert fort, auch wenn die sie begründende Ehe durch Tod oder Scheidung aufgelöst ist;
3. wenn in dem Testament er oder seine gegenwärtige oder frühere Frau oder eine Person bedacht wird, mit der er in gerader Linie oder im zweiten Grade der Seitenlinie verwandt oder verschwägert ist.

§ 4.

Der Gemeindevorsteher muß zur Errichtung des Testaments zwei Zeugen zuziehen.

Als Zeuge darf nicht zugezogen werden:

1. der Ehegatte des Erblassers oder des Gemeindevorstehers, auch wenn die Ehe nicht mehr besteht;
2. wer mit dem Erblasser oder mit dem Gemeindevorsteher in gerader Linie oder im zweiten Grade der Seitenlinie verwandt oder verschwägert ist;
3. wer in dem Testament bedacht wird oder mit dem Bedachten verheiratet ist oder war oder in gerader Linie oder im zweiten Grade der Seitenlinie verwandt oder verschwägert ist.

Als Zeuge soll ferner nicht zugezogen werden:

1. ein Minderjähriger;
2. wer der bürgerlichen Ehrenrechte für verlustig erklärt ist, während der Zeit, für welche die Aberkennung der Ehrenrechte erfolgt ist;
3. wer nach den Vorschriften der Strafgesetze unfähig ist, als Zeuge eidlich vernommen zu werden, d. h. ein wegen Meineids Verurteilter, gegen den im Urteil auf die dauernde Unfähigkeit, als Zeuge oder Sachverständiger eidlich vernommen zu werden, erkannt ist;
4. wer als Dienstbote oder Gehilfe im Dienste des Gemeindevorstehers steht.

Auch eine Frauensperson kann Zeuge sein.

Als Zeugen sind vertrauenswürdige Personen zu wählen. Wenn der Gemeindevorsteher selbst nicht die erforderliche Geschäftsgewandtheit besitzt, so hat er besonders darauf bedacht zu sein, eine Person zuzuziehen, welche ihn zugleich zu unterstützen vermag (z. B. durch Niederschreiben und Vorlesen des Protokolls), etwa einen Lehrer oder den Gemeindeschreiber.

§ 5.

Der Erblasser kann ein Testament nur persönlich errichten.

Zur Errichtung eines Testaments ist unfähig:

1. wer das sechzehnte Lebensjahr noch nicht vollendet hat;
2. wer sich in einem die freie Willensbestimmung ausschließenden Zustande krankhafter Störung der Geistestätigkeit befindet;
3. wer entmündigt ist, sowie derjenige, gegen welchen die Entmündigung auch nur beantragt ist.

Die Entmündigung steht jedoch der Gültigkeit des Testaments nicht entgegen, wenn der gerichtliche Entmündigungsbeschluß zur Zeit der Errichtung des Testaments noch nicht unanfechtbar geworden ist und der Erblasser vor dem Eintritte der Unanfechtbarkeit stirbt. Ebenso steht die Entmündigung der Gültigkeit des Testaments dann nicht entgegen, wenn bereits vor der Testamentserrichtung der Antrag auf Wiederaufhebung der Entmündigung gestellt war und die Entmündigung auf diesen Antrag nach der Testamentserrichtung wieder aufgehoben wird.

Ein Testament kann

4. auch nicht errichtet werden, wenn sich der Erblasser im Zustande der Bewußtlosigkeit oder vorübergehenden Störung der Geistestätigkeit befindet.

§ 6.

Die Errichtung des Testaments kann in doppelter Weise erfolgen:

a) entweder erklärt der Erblasser dem Gemeindevorsteher seinen letzten Willen mündlich;
b) oder der Erblasser übergibt dem Gemeindevorsteher eine Schrift mit der mündlichen Erklärung, daß die Schrift seinen letzten Willen enthalte; die Schrift kann offen oder verschlossen übergeben werden; sie kann von dem Erblasser oder einem anderen geschrieben sein.

Wer zwar 16 Jahre alt, aber noch minderjährig ist oder infolge von Blindheit oder aus einem anderen Grunde Geschriebenes nicht zu lesen vermag, kann das Testament nur durch mündliche Erklärung (oben a) errichten. Ist der Erblasser taub oder stumm, so ist nach den §§ 10, 11 zu verfahren.

§ 7.

Der Gemeindevorsteher und die Zeugen müssen während der ganzen Verhandlung über die Errichtung des Testaments zugegen sein.

§ 8.

Über die Errichtung des Testaments muß ein Protokoll aufgenommen werden.

Das Protokoll muß enthalten:

1. Ort und Tag der Verhandlung;
2. die Bezeichnung des Erblassers sowie des Gemeindevorstehers und der Zeugen;
3. wenn der Erblasser das Testament durch mündliche Erklärung errichtet, die gesamten Erklärungen des Erblassers; wenn er aber das Testament durch Übergabe einer Schrift errichtet, die Erklärung, daß die Schrift seinen letzten Willen enthalte, und die Feststellung der Übergabe.

Wird das Testament vor dem Gemeindevorsteher errichtet, weil zu besorgen ist, daß der Erblasser früher sterben werde, als die Errichtung des Testaments vor einem Notar möglich ist, so muß diese Besorgnis im Protokolle festgestellt werden.

§ 9.

Das Protokoll soll eine Angabe darüber enthalten, ob der Gemeindevorsteher den Erblasser kennt oder, sofern dies nicht der Fall ist, in welcher Weise er sich Gewißheit über seine Persönlichkeit verschafft hat. Kann er sich diese Gewißheit nicht verschaffen, wird aber gleichwohl die Aufnahme der Verhandlung verlangt, so soll der Sachverhalt sowie dasjenige, was zur Feststellung der Persönlichkeit beigebracht ist, in das Protokoll aufgenommen werden.

Der Gemeindevorsteher soll sich davon überzeugen, daß der Erblasser die zur Errichtung eines Testaments erforderliche Geschäftsfähigkeit und Geistesklarheit besitzt (§ 5). Von dem Befunde soll in dem Protokoll Erwähnung geschehen. Werden von dem Gemeindevorsteher Wahrnehmungen gemacht, welche Zweifel an der erforderlichen Geschäftsfähigkeit oder Geistesklarheit des Erblassers begründen, oder bestehen sonstige Zweifel an der Gültigkeit des beabsichtigten Testaments, so sollen die Zweifel dem Erblasser mitgeteilt werden. Der Gemeindevorsteher darf aber, wenn der Erblasser das Testament dennoch errichten will, seine Mitwirkung nicht ablehnen; er soll jedoch in dem Protokoll über die Testamentserrichtung feststellen, daß er dem Erblasser die bestehenden Zweifel mitgeteilt und was dieser darauf erklärt hat.

§ 10.

Das Protokoll muß vorgelesen, von dem Erblasser genehmigt und von ihm eigenhändig unterschrieben werden. In dem Protokolle muß festgestellt werden, daß dies geschehen ist. Das Protokoll ist dem Erblasser auf Verlangen auch zur Durchsicht vorzulegen.

Ist der Erblasser taub, so soll das Protokoll ihm zur Durchsicht vorgelegt werden, auch wenn er es nicht verlangt. In dem Protokolle soll festgestellt werden, daß die Vorlegung geschehen ist. Ist ein tauber Erblasser nicht imstande, Geschriebenes zu lesen, so soll eine Vertrauensperson zugezogen werden, die sich mit ihm zu verständigen vermag. In dem Protokolle soll festgestellt werden, daß der Erblasser nach der Überzeugung des Gemeindevorstehers die Vertrauensperson verstanden hat. Als Vertrauensperson kann auch einer der Zeugen dienen, sofern er sich mit dem Erblasser verständigen kann.

Erklärt der Erblasser, daß er nicht schreiben könne, so wird seine Unterschrift durch die Feststellung dieser Erklärung im Protokoll ersetzt. Es empfiehlt sich, den schreibensunkundigen Erblasser zu veranlassen, daß er statt der Unterschrift sein Handzeichen, z. B. drei Kreuzchen, anbringt; die Feststellung, daß der Erblasser erklärt hat, er könne nicht schreiben, wird aber durch das Handzeichen nicht entbehrlich.

Das Protokoll muß von dem Gemeindevorsteher und den Zeugen beziehungsweise auch der Vertrauensperson unterschrieben werden.

§ 11.

Wer nach der Überzeugung des Gemeindevorstehers stumm oder sonst am Sprechen verhindert ist, kann das Testament nur durch Übergabe einer Schrift errichten (§ 6 b). Er muß die Erklärung, daß die Schrift seinen letzten Willen enthalte, bei der Verhandlung eigenhändig in das Protokoll oder auf ein besonderes Blatt schreiben, das dem Protokoll als Anlage beigefügt werden muß.

Das eigenhändige Niederschreiben der Erklärung sowie die Überzeugung des Gemeindevorstehers, daß der Erblasser am Sprechen verhindert ist, muß im Protokolle festgestellt werden. Das Protokoll braucht von dem Erblasser nicht besonders genehmigt zu werden.

§ 12.

Erklärt der Erblasser, daß er der deutschen Sprache nicht mächtig sei, so muß, sofern nicht etwa der Fall des § 13 vorliegt, bei der Errichtung des Testaments außer den Zeugen ein vereidigter Dolmetscher zugezogen werden. Die nach § 4 als Zeugen untauglichen Personen dürfen auch nicht als Dolmetscher zugezogen werden.

Das Protokoll über die Errichtung des Testaments muß in deutscher Sprache aufgenommen werden, zugleich muß es in die Sprache, in der sich der Erblasser erklärt, übersetzt werden. Die Übersetzung muß von dem Dolmetscher angefertigt oder beglaubigt [1]) und vorgelesen werden; sie muß dem Protokoll als Anlage beigefügt werden.

Das Protokoll muß die Erklärung des Erblassers, daß er der deutschen Sprache nicht mächtig sei, sowie den Namen des Dolmetschers und die Feststellung enthalten, daß der Dolmetscher die Übersetzung angefertigt oder beglaubigt und sie vorgelesen hat. Der Dolmetscher muß das Protokoll unterschreiben.

Steht ein im allgemeinen beeidigter Dolmetscher nicht zur Verfügung, so ist der Dolmetscher von dem Gemeindevorsteher dahin zu beeidigen, daß er treu und gewissenhaft übertragen werde.

§ 13.

Sind der Gemeindevorsteher und die Zeugen ihrer Versicherung nach der Sprache, in der sich der Erblasser erklärt, mächtig, so ist die Zuziehung eines Dolmetschers nicht erforderlich.

Unterbleibt die Zuziehung eines Dolmetschers, so muß das Protokoll in der fremden Sprache aufgenommen werden und die Erklärung des Erblassers, daß er der deutschen Sprache nicht mächtig sei, sowie die Versicherung des Gemeindevorstehers und der Zeugen, daß sie der fremden Sprache mächtig seien, enthalten. Eine deutsche Übersetzung soll als Anlage beigefügt werden.

§ 14.

Das vor dem Gemeindevorsteher errichtete Testament gilt als nicht errichtet, wenn seit der Errichtung drei Monate verstrichen sind und der Erblasser noch lebt; Beginn und Lauf dieser Frist sind aber gehemmt, so lange der Erblasser außerstande ist, ein Testament vor einem Notar zu errichten.

Der Gemeindevorsteher hat den Erblasser hierauf hinzuweisen. Das Protokoll soll eine Feststellung darüber enthalten, daß dieser Hinweis erfolgt ist.

§ 15.

Der Gemeindevorsteher hat das aufgenommene und unterschriebene Protokoll mit dem Gemeindesiegel zu verschließen, mit einer das Testament näher bezeichnenden Aufschrift zu versehen (z. B. „Testament der Witwe Barbara Kleinschmidt, geb. Eckert, Bauersfrau in Geberschweier") und die Aufschrift zu unter-

1) Die **Beglaubigung**, welche erforderlich ist, wenn der Dolmetscher die Übersetzung nicht selbst anfertigt, geschieht dadurch, daß der Dolmetscher, nachdem er sich von der Richtigkeit der Übersetzung überzeugt hat, unter dieselbe den folgenden Vermerk mit Unterschrift setzt: Beglaubigt. N. N. als Dolmetscher.

zeichnen. Dies hat in Gegenwart des Erblassers, der Zeugen und, wenn eine Vertrauensperson (§ 10) oder ein Dolmetscher (§ 12) zugezogen ist, in Gegenwart auch dieser zu geschehen.

Die Anlagen des Protokolls, insbesondere im Falle der Errichtung des Testaments durch Übergabe einer Schrift diese Schrift, sind mitzuverschließen.

Der Verschluß selbst ist in der Weise herzustellen, daß das Testament in einen festen, dauerhaften Umschlag gelegt und dieser mit dem aufgedrückten Gemeindesiegel verschlossen wird. Der Ausdruck hat in Siegellack oder Siegelwachs zu erfolgen; Stempel oder Siegelmarke genügen nicht.

§ 16.

Das nach § 15 verschlossene Protokoll hat der Gemeindevorsteher unverzüglich zur besonderen amtlichen Verwahrung an den Notar des Amtsgerichtsbezirks, in welchem es errichtet ist, abzuliefern. Haben in dem Amtsgerichtsbezirke mehrere Notare ihren Amtssitz, so ist das Amtsgericht unverzüglich um die Bezeichnung des Notars zu ersuchen, an den das Testament abgeliefert werden soll. Hat der Erblasser in dieser Beziehung einen Wunsch zu erkennen gegeben, so ist dem Amtsgerichte davon Mitteilung zu machen.

Die Ablieferung ist von dem Gemeindevorsteher persönlich oder durch die Post zu bewirken; im letzteren Falle ist die Postsendung mit der Bezeichnung „Einschreiben" zu versehen, die Kosten hat der Erblasser zu tragen.

Der Notar erteilt über das in Verwahrung genommene Testament dem Erblasser einen Hinterlegungsschein. Beansprucht der Notar hierbei die Vermittelung des Gemeindevorstehers, so hat dieser alsbald den ihm vom Notar übermittelten Hinterlegungsschein dem Erblasser auszuhändigen.

Stirbt der Erblasser, ehe das Testament in die amtliche Verwahrung des Notars abgeliefert worden ist, so ist es an das Amtsgericht, in dessen Bezirke die Gemeinde liegt, zur Eröffnung abzuliefern.

§ 17.

Vor dem Gemeindevorsteher können Ehegatten in der vorbeschriebenen Weise, sofern die Voraussetzungen des § 1 zutreffen, auch ein gemeinschaftliches Testament errichten. Die Besorgnis, daß der Erblasser früher sterben werde, als die Errichtung eines Testaments vor einem Notar möglich ist, braucht dabei nur bezüglich eines der Ehegatten vorzuliegen.

Andere Personen als Ehegatten können ein gemeinschaftliches Testament überhaupt nicht errichten.

§ 18.

Zu dem Protokoll über die Errichtung eines Testaments ist Stempelpapier oder gewöhnliches Papier mit Stempelmarken zu verwenden. Die auf das verschlossene Testament zu setzende Aufschrift (§ 15) gibt zu einem besonderen Stempel keinen Anlaß.

Anhang.

I.

Muster
zu einem Protokoll über die Errichtung eines Testaments durch mündliche Erklärung.

Geberschweier, den 1. November 1903.

Gegenwärtig
Müller, Sebastian, Bürgermeister,
Oberlin, Josef, } als Zeugen.
Beck, Marie, }

Ich, der unterzeichnete Bürgermeister, wurde heute in die Wohnung der mir bekannten Bauersfrau Witwe Barbara Kleinschmidt geb. Eckert von hier gerufen. Sie erklärte mir, sie wolle ihr Testament machen und fühle sich so schwach, daß sie fürchte, sterben zu müssen, ehe der Notar kommen könne.

Wie ich mich überzeugte, ist wirklich zu besorgen, daß die Kleinschmidt ein Testament vor einem Notar nicht mehr machen kann. Ich erklärte mich deshalb zur Aufnahme des Testaments bereit und zog als Zeugen zwei mir bekannte Nachbarsleute, den Küfer Josef Oberlin und die ledige Maria Beck von hier, zu. Die Frau Kleinschmidt erklärte sodann:

Ich setze als meine Erben ein die beiden Kinder meiner Schwester Magdalena Mayer, Eduard und Luise Mayer, Ehefrau Schott, in Winzenheim. Die Luise Schott soll verpflichtet sein, die 500 ℳ (fünfhundert Mark), welche sie bei ihrer Verheiratung von mir erhalten hat, bei der Auseinandersetzung mit ihrem Bruder zur Ausgleichung zu bringen.

Meiner Nachbarin Elisabeth Heyler vermache ich zum Dank für ihre Pflege und für die Bearbeitung meiner Reben meinen in diesem Jahre geherbsteten Wein *).

*) Der Inhalt der letztwilligen Verfügung des Erblassers kann sehr vielgestaltig sein.

Sonst habe ich nichts zu bestimmen.

Ich machte die Barbara Kleinschmidt darauf aufmerksam, daß dieses Testament nach Ablauf von drei Monaten seine Kraft verliere, wenn sie während dieser Frist imstande sei, vor einem Notar ein Testament zu errichten.

Ich habe sodann dieses Protokoll vorgelesen.

Das Protokoll ist hierauf von der Barbara Kleinschmidt genehmigt worden. Sie erklärte, daß sie nicht schreiben könne, und machte statt der Unterschrift ihr Handzeichen.

+ + +

Ich habe sodann mit den Zeugen das Protokoll unterschrieben.

Müller.

Josef Oberlin. Maria Beck.

II.

Muster

zu einem Protokoll über die Errichtung eines Testaments durch Übergabe einer Schrift.

Ottersweiler, den 1. Dezember 1903.

Gegenwärtig

Wagner, Josef, Beigeordneter,
Huber, Michael,
Schneider, Joh. Baptist, } als Zeugen.

Ich, der unterzeichnete Beigeordnete, in Vertretung des ortsabwesenden Bürgermeisters, wurde heute in die Wohnung des mir bekannten Wirtes Michael Huber von hier gerufen.

Ich traf dort den Huber, der mich in ein Zimmer führte, in dem ein mir unbekannter Mann zu Bett lag. Dieser erklärte mir, er sei der Handlungsreisende Heinrich Bender aus Colmar; er habe sich, als er gestern hier angekommen, schon krank gefühlt und sei jetzt, nachdem er heute Nacht einen Blutsturz erlitten, so schwach, daß er befürchte sterben zu müssen, ehe der Notar kommen könne; er wolle deshalb vor mir sein Testament machen.

Zur Feststellung seiner Persönlichkeit wies er auf seine auf dem Tische liegende Brieftasche, welche eine Anzahl Briefe mit der Adresse „Herrn Heinrich Bender, Geschäftsreisender" und einige Visitenkarten mit dem Aufdruck „Heinrich Bender, Colmar" enthielt.

Wie ich mich überzeugte, ist wirklich zu besorgen, daß Bender, der nur mühsam sprechen kann, aber bei vollem Verstand ist, ein Testament vor einem Notar nicht mehr machen kann. Ich erklärte mich deshalb zur Aufnahme des Testaments bereit und zog als Zeugen den Wirt Michael Huber und den mir

---

Der Erblasser kann insbesondere

1. einen oder mehrere Erben bestimmen (wie oben in der Musterurkunde angenommen ist); BGB. § 1937. Setzt er mehrere Personen als Erben ein, so kann er für das Verhältnis unter den Erben oder für die Auseinandersetzung bestimmte Anordnung treffen (BGB. §§ 2044, 2048, 2050).

Der Erblasser kann auch für den Fall, daß ein Erbe wegfällt (weil er nicht Erbe sein kann oder nicht will), eine andere Person als Ersatzerben einsetzen (BGB. § 2096); oder er kann eine Person zum Nacherben d. h. in der Weise zum Erben einsetzen, daß sie erst nach einem anderen (dem Vorerben) Erbe werden soll (BGB. § 2100).

Er kann auch

2. einen Verwandten oder seinen Ehegatten (die nach §§ 1924—1931 BGB. die gesetzlichen Erben sind) von der gesetzlichen Erbfolge ausschließen (BGB. § 1938) oder ihnen aus gewissen Gründen den Pflichtteil entziehen oder beschränken (BGB. §§ 2333—2338). Er kann dies tun, auch ohne einen Erben einzusetzen, wenn er es also im übrigen bei der gesetzlichen Erbfolge belassen will.

Der Erblasser kann ferner

3. einem Dritten ein Vermächtnis zuwenden (wie in der obigen Musterurkunde den Wein), und zwar kann er mit dem Vermächtnis einen Erben oder einen Vermächtnisnehmer beschweren (BGB. §§ 1939, 2147). Bestimmt er nicht näher, wer mit dem Vermächtnis beschwert sein soll, so ist der Erbe (oder die Erben) beschwert, d. h. verpflichtet, das Vermächtnis zu erfüllen,

4. den Erben oder einem Vermächtnisnehmer eine Auflage machen, z. B. für das Grab zu sorgen, Seelenmessen lesen zu lassen, etwas für einen wohltätigen Zweck hinzugeben u. dgl. (BGB. § 1940),

5. eine Stiftung errichten.

Der Erblasser kann auch

6. ohne über seinen Nachlaß eine besondere Bestimmung zu treffen, ein früheres Testament oder eine einzelne in einem früheren Testament enthaltene Verfügung durch ein neues Testament widerrufen; ein solches Testament kann auch ein wegen Geistesschwäche, Verschwendung oder Trunksucht Entmündigter errichten (BGB. §§ 2253, 2254),

7. einen oder mehrere Testamentsvollstrecker ernennen,

8. für ein unter der elterlichen Gewalt des Erblassers stehendes Kind einen Vormund benennen; dabei kann er die Bestellung eines Gegenvormundes ausschließen. Er kann eine bestimmte Person von der Bestellung zum Vormunde für ein solches Kind ausschließen, oder auch dem von ihm benannten Vormund Befreiung von gewissen Obliegenheiten bei der Vermögensverwaltung gewähren (BGB. §§ 1852—1855). Ebenso kann er für die Vormundschaft seines Kindes die Einsetzung eines Familienrates anordnen und Mitglieder oder Ersatzmitglieder des Familienrates benennen, wie er auch umgekehrt die Einsetzung eines Familienrats untersagen kann (BGB. § 1858, § 1859 Abs. 2, §§ 1861, 1863).

Der Vater, der ein unter seiner elterlichen Gewalt stehendes Kind hinterläßt, kann anordnen, daß der Mutter ein Beistand bestellt werde (BGB. § 1687).

gleichfalls bekannten Lehrer Johann Baptist Schneider von hier zu.

Heinrich Bender übergab mir sodann den diesem Protokoll als Anlage beigefügten Umschlag, welcher mit der Aufschrift versehen war: „Testament des Heinrich Bender" und erklärte: Die in diesem Umschlage befindliche Schrift enthalte seinen letzten Willen.

Ich machte den Bender darauf aufmerksam, daß dieses Testament nach Ablauf von drei Monaten seine Kraft verliere, wenn er während dieser Frist imstande sei, ein Testament vor einem Notar zu errichten.

Hierauf ist das Protokoll vorgelesen und von dem Erblasser genehmigt und eigenhändig unterschrieben worden.

Bender.

Ich habe sodann mit den Zeugen das Protokoll unterschrieben.

Wagner. Huber. Schneider.

---

2. September 1903.

Bezirkspolizeiverordnung für Unter-Elsaß und Ober-Elsaß, betreffend die Beaufsichtigung des Metzgergewerbes und Fleischhandels.

Zentr.- u. Bez.A.Bl. S. 155.

In Abänderung des § 1 der Verordnung, betreffend die Beaufsichtigung des Metzgergewerbes und Fleischhandels vom 26. März d. Js. (Zentral- und Bezirks-Amtsblatt S. 38), wird folgendes bestimmt:

In Schlachthöfen mit einem oder mehreren Tierärzten sind die nach Maßgabe der Vorschrift des § 47 der Ausführungsbestimmungen A des Bundesrats vom 30. Mai 1902 zum Reichsgesetz vom 3. Juni 1900, betreffend die Schlachtvieh- und Fleischbeschau (Zentralblatt für das Deutsche Reich, Beilage zu Nr. 22), zu bewirkenden Eintragungen in die Tagebücher der Fleischbeschauer für nicht beanstandete Schlachttiere zusammenfassend, jedoch mindestens allmonatlich und geordnet nach den einzelnen Schlachttiergattungen, vorzunehmen. Die Eintragungen in die Spalten 4, 5, 7 und 9 des Tagebuchs sind regelmäßig und diejenigen in die Spalte 6 unter der Voraussetzung wegzulassen, daß eine Beanstandung vor dem Schlachten nicht erfolgt ist.[1])

1) Die Verordnung bewirkt eine Änderung des § 1 der Verordnung vom 26. März 1903 und hat eine weitere gleichlautende Ergänzung durch die Verordnungen vom 15. Juni 1904 für Unter-Elsaß und vom 16. Juni 1904 für Ober-Elsaß erfahren. Für Lothringen siehe die gleichlautende Verordnung vom 16. September 1903.

---

8. September 1903.

Kaiserliche Verordnung,[1]) betreffend die Besteuerung der Automobilfahrzeuge in der Stadt Mülhausen, Bezirk Ober-Elsaß.

Gesetzbl. f. Elf.-Lothr. S. 79.

Auf den Bericht vom 2. September d. Js. erteile ich hierdurch dem vom Gemeinderate in Mülhausen am 13. August d. Js. hinsichtlich der Besteuerung von Automobilfahrzeugen gefaßten Beschlusse die Genehmigung.[2])

1) Vom Statthalter vollzogen.

2) In gleichem Sinne ist u. a. eine Kaiserliche Verordnung, betreffend die Besteuerung der Motorfahrzeuge in der Gemeinde Bischweiler, Bezirk Unter-Elsaß, vom 5. April 1904 (Gesetzbl. f. Elf.-Lothr. S 34), ergangen.

8. September 1903.

Ausführungsbestimmungen des Ministeriums zum Gesetz vom 13. Juni 1903, betreffend die Erhöhung der Lizenzgebühren für den Kleinverkauf von geistigen Getränken usw.[1] [2])

Zentr.- u. Bez.A.Bl. S. 145.

Art. 1.

Feststellung der Kontingente. Aufstellung der Verzeichnisse der Lizenzpflichtigen.

Die in den einzelnen Gemeinden nach Maßgabe der §§ 1 und 4 des Gesetzes aufzubringenden Steuerkontingente werden alljährlich im Monat Januar für das mit dem 1. April beginnende Steuerjahr (Rechnungsjahr) auf Grund von Verzeichnissen derjenigen lizenzpflichtigen Kleinverkäufer von geistigen Getränken, welche ihren Gewerbebetrieb bis zum Schluß des Monats Dezember nicht eingestellt und abgemeldet haben, durch den Direktor der Zölle und indirekten Steuern festgestellt.

Art. 2.

Die Hauptzoll- und Hauptsteuerämter haben zu Anfang des Monats Januar die Verzeichnisse der lizenzpflichtigen Betriebe der Kleinverkäufer (Art. 1) auf Grund der erteilten Lizenzscheine, und zwar ein Verzeichnis nach Muster 1 und ein zweites Verzeichnis nach Muster 2 durch die Steuerämter aufstellen zu lassen und am 15. Januar an den Direktor der Zölle und indirekten Steuern einzusenden. Letzterer läßt die Verzeichnisse, nachdem darauf der Betrag der Kontingente verzeichnet ist, bis zum 1. Februar dem Direktor der direkten Steuern zugehen, welcher dieselben alsbald an die zuständigen Steuerkommissare gelangen läßt.

Muster 1.[3]) Muster 2.

Art. 3.

Einschätzung der Lizenzpflichtigen.

Nach dem Empfang der Verzeichnisse haben die Steuerkommissare die für ihren Gebrauch bestimmten Verzeichnisse nach Muster 2 in den Spalten 5—9 zu vervollständigen. Als Unterlagen dienen dabei neben den Ergebnissen der Gewerbesteuerveranlagung und sonstigen geeigneten Feststellungen Nachweisungen über die von den Kleinverkäufern bezogenen Mengen an Wein und an aus anderen Bundesstaaten eingeführtem Bier, welche die Hauptzoll- und Hauptsteuerämter alljährlich bis zum 15. Oktober für die Zeit vom 1. Oktober des vorausgegangenen bis zum 30. September des laufenden Jahres an den Direktor der direkten Steuern mitzuteilen haben.

Die Steuerkommissare haben sodann bis spätestens zum 21. Februar die Gewerbesteuer-Kreis-Kommissionen einzuberufen und durch dieselben die Beträge der von den einzelnen Steuerpflichtigen zu entrichtenden Lizenzgebühren nach Maßgabe des § 1 des Gesetzes durch Einschätzung feststellen zu lassen (Art. 8).

Die Einschätzung erfolgt nach Steuerklassen, welche unter Einhaltung der im Gesetz festgesetzten niedrigsten Steuersätze zu bilden sind. Die Abstufung der Klassen bleibt den Kommissionen überlassen.[4])

Art. 4.

Diejenigen Personen, welchen die Lizenz zum Kleinverkauf von geistigen Getränken erst nach dem für die Einsendung der Verzeichnisse an den Direktor der Zölle und indirekten Steuern maßgebenden Zeitpunkt (Art. 2) erteilt wird, bleiben bei der auf Grund dieser Verzeichnisse vorzunehmenden Einschätzung der Steuerpflichtigen außer Betracht (Art. 7 letzter Absatz).

Die in die Verzeichnisse aufgenommenen Gewerbetreibenden, welche den Kleinverkauf von geistigen Getränken vor oder während der Einschätzung eingestellt und in der vorgeschriebenen Weise abgemeldet haben, sind von seiten der Kreiskommissionen, unbeschadet des Anspruchs der Gewerbetreibenden auf Erlaß der Lizenzgebühren, mit dem für die betreffende Gemeinde geltenden Mittelsatz einzureihen.

Die Steuerämter haben den Steuerkommissaren von solchen bis zur Einschätzung erfolgten Betriebseinstellungen von Gewerbetreibenden, welche in die Verzeichnisse eingetragen sind, Mitteilung zu machen.

Der rechtzeitigen Abmeldung ist gleich zu achten, wenn von seiten des Bürgermeisteramts bescheinigt wird, daß der Kleinverkauf eingestellt worden und der Kleinverkäufer gestorben ist oder in anderer Weise verhindert war, die Abmeldung des Kleinverkaufs zu bewirken.

Art. 5.

Auf die Gewerbebetriebe, welche in der Zeit vom 1. Januar bis zur Einschätzung deshalb ab- und wiederangemeldet werden, weil in der

1) Erlassen auf Grund des § 8 Abs. 3 des Ges. v. 13. Juni 1903.

2) Abgeändert durch die Bekanntm. d. Ministeriums, betreffend die Einschätzung der lizenzsteuerpflichtigen Betriebe, vom 30. Januar 1907 (Zentr- u. Bez.-A.-Bl. S. 27). S. u.

3) Die Muster sind nicht abgedruckt.

4) In der Fassung der Bekanntm. d. Ministeriums v. 30. Januar 1907.

Person des Geschäftsinhabers ein Wechsel eingetreten ist, oder der lizenzpflichtige Gewerbebetrieb innerhalb derselben Gemeinde in einen anderen Geschäftsraum verlegt worden ist, finden die Bestimmungen im Art. 4 keine Anwendung.

Die von den betreffenden Kleinverkäufern zu entrichtenden Lizenzgebühren sind vielmehr durch Einschätzung festzustellen. Von dergleichen Ab- und Wiederanmeldungen ist den Steuerkommissaren durch die Steuerämter sofort Kenntnis zu geben.

Art. 6.

Die Steuerkommissare haben die durch die Kreiskommissionen für die einzelnen Lizenzpflichtigen festgestellten Gebührenbeträge in beide Verzeichnisse (Muster 1 und 2) einzutragen und diese zu unterschreiben. Sie haben alsdann die Verzeichnisse nach Muster 1 bis spätestens zum 1. März an die zuständigen Steuerämter zu übersenden.

Die Steuerämter haben nach Empfang der Verzeichnisse und längstens bis zum 10. März die einzelnen Steuerpflichtigen, insoweit sie nicht zuvor den Kleinverkauf von geistigen Getränken eingestellt und abgemeldet haben, von den für sie festgesetzten Gebührenbeträgen nach Anleitung des Musters 3 in Kenntnis zu setzen und beglaubigte Abschriften der Verzeichnisse durch Vermittelung der Hauptämter an den Direktor der Zölle und indirekten Steuern einzusenden. Muster 3.

Art. 7.

Erhebung und Entrichtung der Lizenzgebühren. Umfang der Lizenzpflicht.

Für die vorschriftsmäßige Einziehung der geschuldeten Lizenzgebühren haben die Steuerämter Sorge zu tragen.

Von den in die Verzeichnisse eingetragenen Gewerbetreibenden, welche vor dem 1. April den Kleinverkauf von geistigen Getränken einstellen und nach Vorschrift abmelden, sind die von den Kreis-Kommissionen festgesetzten Lizenzgebühren nicht zu erheben.

Werden jedoch die betreffenden Geschäfte vor Ablauf des mit dem 1. April beginnenden neuen Rechnungsjahrs wieder angemeldet, so sind für dieselben die durch die Einschätzung der Kreis-Kommissionen festgestellten Lizenzgebühren zu entrichten. Die im Art. 4 Abs. 1 bezeichneten Personen haben die Lizenzgebühren bis zur nächstfolgenden Einschätzung nach dem für die betreffende Gemeinde geltenden Mittelsatz zu entrichten.

Art. 8.

Wer den Kleinverkauf von geistigen Getränken gleichzeitig in mehreren getrennten Gewerbsräumen betreiben will, hat für jeden dieser Räume eine besondere Lizenz zu lösen und der Verpflichtung zur Entrichtung der Lizenzgebühren ebenso zu genügen, als wenn der Kleinverkauf in den einzelnen Gewerbsräumen von verschiedenen Personen betrieben würde.

Art. 9.

Wenn Personen, welche sich im Besitz der Lizenz für den Kleinverkauf von geistigen Getränken befinden, vor dem Beginn eines Vierteljahrs weder den Kleinverkauf abmelden, noch die geschuldeten Lizenzgebühren entrichten, sind letztere, unabhängig von dem nach § 7 des Gesetzes bei Fortsetzung des Kleinverkaufs einzuleitenden Strafverfahren, im Wege des Zwangsverfahrens beizutreiben. Die Beitreibung unterbleibt, wenn nachgewiesen wird, daß der Kleinverkauf vor Beginn des Vierteljahrs eingestellt worden ist (Art. 4 letzter Absatz).

Art. 10.

Insoweit andere Gewerbetreibende, als Speisewirte, Kaffeewirte, Besitzer von möblierten Logierhäusern, Hausverwalter oder andere Personen, welche tage-, monats- oder jahrweise Speisen verabreichen, der Lizenzpflicht unterliegen, ohne daß sie den Kleinverkauf von geistigen Getränken betreiben, werden sie durch das gegenwärtige Gesetz nicht berührt. Ihre Gebührenpflichtigkeit richtet sich nach den bisherigen Gesetzen und Vorschriften.

Art. 11.

Rechtsmittel gegen die Einschätzung.

Die nach § 5 des Gesetzes zulässigen Rechtsmittel gegen den Steueransatz, zu welchem der Steuerpflichtige eingeschätzt ist (Art. 3), können nur auf den Nachweis gegründet werden, daß dem Beschwerdeführer ein größerer Teil des in der betreffenden Gemeinde aufzubringenden Kontingents zur Last gesetzt ist, als nach dem Umfang und der Beschaffenheit der Betriebe der sämtlichen in der Gemeinde vorhandenen, der Einschätzung unterstellten Kleinverkäufer von geistigen Getränken auf den Beschwerdeführer zu kommen hat.

Bezüglich der Fristen zur Einlegung der Rechtsmittel, bezüglich der amtlichen Behandlung der Einsprüche und Berufungen sowie der Form der Entscheidungen und deren Zustellung und bezüglich der Kosten des Verfahrens finden die hinsichtlich der Rechtsmittel gegen die Gewerbesteuerveranlagung geltenden Bestimmungen (Art. 32 bis 34 der Ausführungsbestimmungen vom 24. Juni 1897, Zentral- und Bezirks-Amtsblatt, Hauptblatt, Seite 197) sinngemäß Anwendung.

Die persönliche Anwesenheit der Steuerpflichtigen oder die Vertretung derselben durch

Rechtsanwälte findet in den Sitzungen der Kreis-Kommissionen und der Berufungs-Kommissionen nicht statt.

Art. 12.

Der Direktor der direkten Steuern, dem die Akten nach Erledigung der Einsprüche und Berufungen vorzulegen sind, gibt von den Entscheidungen, welche die Einreihung von Lizenzsteuerpflichtigen in eine niedrigere Steuerklasse (Art. 3 letzter Absatz) zur Folge haben, dem betreffenden Hauptzoll- oder Hauptsteueramt und dem Direktor der Zölle und indirekten Steuern Kenntnis und benachrichtigt gleichzeitig die für den Einzug der Gewerbesteuer zuständige Steuerkasse.

Das Hauptzoll- oder Hauptsteueramt hat sodann die Zurückerstattung der zuviel erhobenen Beträge zu veranlassen, soweit dieselben nicht von der Steuerkasse zur Deckung geschuldeter fälliger Beträge an direkten Steuern im Wege der Aufrechnung (§§ 387 ff. B.G.-B.) in Anspruch genommen werden.

Ausstellung der Lizenzscheine.

Art. 13.

Die Lizenzscheine für den Kleinverkauf von geistigen Getränken (§ 6 des Gesetzes) sind nach dem Muster 4 auszufertigen.

Muster 4.

Kontrolle.

Art. 14.

Die Gendarmen und Schutzleute, sowie die Aufsichtsbeamten der Forst-, Bau- und Gemeindeverwaltung sind verpflichtet, ebenso wie die Aufsichtsbeamten der Verwaltung der indirekten Steuern darauf zu achten, daß nur solche Personen, welche den gesetzlichen Vorschriften Genüge geleistet haben, den Kleinverkauf von geistigen Getränken betreiben. Zuwiderhandlungen gegen diese Vorschriften, von welchen die gedachten Beamten Kenntnis erhalten, haben sie bei dem Steueramt des Bezirks zur Anzeige zu bringen.

Art. 15.

Auf jedem Bürgermeisteramt ist ein Verzeichnis der in der betreffenden Gemeinde vorhandenen Personen, welche

1. zum Kleinverkauf von geistigen Getränken berechtigt,
2. nach § 2 Absatz 2 des Gesetzes zum Verkauf von selbsterzeugtem Branntwein in Mengen von 3 Litern und darüber ohne Entrichtung der Lizenzgebühr befugt sind,
3. die Erlaubnis zum Kleinverkauf von denaturiertem Branntwein besitzen (§ 2 Abs. 3 des Gesetzes),

zu jedermanns Einsicht offen zu legen. Diese Verzeichnisse sind von den Steuerämtern jährlich in den ersten acht Tagen des Rechnungsjahrs unter Zurücknahme der älteren Verzeichnisse neu aufzustellen und von seiten der Bürgermeisterämter durch Eintragung der ihnen von den Steuerämtern regelmäßig mitzuteilenden Ab- und Zugänge auf dem laufenden zu erhalten.

Art. 16.

Die Steuerämter haben von den im Besitz einer Lizenz befindlichen Gewerbetreibenden, welche die geschuldeten Lizenzgebühren nicht rechtzeitig eingezahlt haben und deshalb den Kleinverkauf von geistigen Getränken nicht fortsetzen dürfen (§ 7 des Gesetzes), dem Bürgermeisteramt und dem Bezirkssteueraufseher sofort nach Beginn des betreffenden Vierteljahrs schriftliche Mitteilung zu machen, sowie dieselben davon in Kenntnis zu setzen, wenn durch nachträgliche Einzahlung der Lizenzgebühren der Lizenzinhaber die Berechtigung zur Fortsetzung des Kleinverkaufs wieder erlangt.

Art. 17.

Strafverfahren.

Die Bestimmung im § 27 des Gesetzes, das Verfahren bei Zuwiderhandlungen gegen die Zollgesetze und die Gesetze über die indirekten Steuern betreffend, vom 5. Juli 1872 (Ges.-Bl. f. E.-L. S. 465) findet auf Zuwiderhandlungen gegen das gegenwärtige Gesetz keine Anwendung.

Art. 18.

Diese Ausführungsbestimmungen kommen zum erstenmale für die Veranlagung des Steuerjahrs 1904 zur Anwendung.

---

15. September 1903.

Bestimmungen des Ministeriums, betreffend die Ausstellung der Dienstbücher für Dienstboten.

Zentr.- u. Bez.A.Bl. S. 157.

Auf Grund des § 13 des Gesetzes, betreffend die Rechtsverhältnisse der Dienstboten (Gesindeordnung) vom 26. Juli 1903 (Gesetzbl. S. 51), wird bestimmt, daß das Dienstbuch die aus der Anlage ersichtliche Form erhält.

Die Ausstellung des Dienstbuchs erfolgt gegen Entrichtung des Betrages von 30 Pfennig (§ 12 des Gesetzes) in den Städten Straßburg, Metz und Mülhausen durch die Polizeidirektion, in den übrigen Gemeinden des Landes durch den Bürgermeister.

Der Polizeidirektor kann mit der Ausstellung

der Dienstbücher die Revier-Polizeikommissare beauftragen.

Nach § 11 des Gesetzes haben sich diejenigen Personen, welche nach Inkrafttreten des Gesetzes (1. Oktober 1903) ein dauerndes Dienstverhältnis als häusliche oder landwirtschaftliche Dienstboten eingehen, mit einem Dienstbuch zu versehen. Dienstboten, welche am 1. Oktober bereits in einem Dienstverhältnis stehen, sind erst beim Eintritt in ein neues Dienstverhältnis zur Beschaffung eines Dienstbuches verpflichtet. Auf Verlangen ist ihnen jedoch auch beim Verbleiben in ihrer Stelle ein Dienstbuch auszufertigen.

Die Herstellung der Dienstbücher ist der Druckerei M. Du-Mont-Schauberg in Straßburg übertragen worden. Die Polizeidirektionen und die Bürgermeisterämter haben ihren Bedarf bei der genannten Firma rechtzeitig zu bestellen.

Anlage.

1. Seite.

Nr.......... des Verzeichnisses der Polizeibehörde für 19..........

Dienstbuch

für

....

....

geboren am.. 18.......

zu.......................... Verwaltungsbezirk..........................

Ausgestellt:.............................., den.................19.......

(Siegel.)

Die Ortspolizeibehörde:

Unterschrift des Inhabers:

Auf Seite 3—7 folgt der Wortlaut des Gesetzes vom 26. Juli 1903, betreffend die Rechtsverhältnisse der Dienstboten (Gesindeordnung).

Auf Seite 8—13 folgt: Auszug aus den Vorschriften des Bürgerlichen Gesetzbuchs, nämlich Einführungsgesetz zum Bürgerlichen Gesetzbuch. Vom 18. August 1896. Artikel 95.

Bürgerliches Gesetzbuch. Vom 18. August 1896. §§ 104—115, § 131, § 278, §§ 611—630, § 831, § 840 Abs. 2, § 1358.

Auf Seite 14—25. Vordruck für 24 Bescheinigungen der Dienstherrschaft nach folgendem Muster:

Andere als die vorgeschriebenen Eintragungen oder Vermerke sind unzulässig.

Eingetreten am.................................. 19.......

Ausgetreten am.................................. 19.......

Art der Beschäftigung*)..................................

....

....

Der Dienstherrschaft:

Unterschrift..................................

Stand oder Gewerbe..................................

Wohnort..................................

*) Anzugeben, welche Art häuslicher oder landwirtschaftlicher Geschäfte der Dienstbote verrichtet hat.

2. Seite.

Personenbeschreibung des Inhabers:

Größe:.......................... Nase:..........................

Gesichtsform:.......................... Haare:..........................

Augen:.......................... Bart:..........................

Besondere Kennzeichen:..........................

Bemerkung: Von der ausstellenden Behörde ist hierunter ein Vermerk zu machen, wenn das Dienstbuch an Stelle eines verloren gegangenen oder vernichteten ausgestellt wird.

....

....

....

....

....

Auf Seite 26 und 27. Vordruck für 4 Eintragungen der Polizeibehörde auf Grund des § 17 des Gesetzes vom 26. Juli 1903*) nach folgendem Muster:

Inhaber ist durch Urteil des K..........................Gerichts in.......................... vom.......................... 19.......
wegen ....

....

zu einer Strafe von ....
.... verurteilt worden.

...., den.......................... 19.......

(Siegel.)

Die Ortspolizeibehörde:

*) Es sind nur rechtskräftige Verurteilungen des Inhabers zu einer Freiheitsstrafe wegen eines Verbrechens, wegen eines Vergehens gegen das Vermögen oder gegen die Sittlichkeit oder wegen einer der im § 361 des Strafgesetzbuchs bezeichneten Übertretungen einzutragen.

Seite 28.

Amtlicher Vermerk

über die Schließung des Dienstbuchs, wenn es ausgefüllt oder nicht mehr brauchbar ist (Gesindeordnung § 15, Abs. 1).

...., den.......................... 19.......

(Siegel.)

Die Ortspolizeibehörde:

16. September 1903.

Bezirkspolizeiverordnung für Lothringen, betreffend die Beaufsichtigung des Metzgergewerbes und Fleischhandels.[1])

Zentr.- u. Bez.A.Bl. S. 161.

1) Diese Verordnung ist gleichlautend mit den Verordnungen für Unter- und Ober-Elsaß vom 2. September 1903, sie bewirkt eine Änderung des § 1 der Verordnung vom 26. März 1903 und hat eine weitere Ergänzung durch die mit den Verordnungen für Unter- und Ober-Elsaß vom 10. und 16. Juni 1904 gleichlautende Verordnung vom 17. Juni 1904 erfahren.

17. September 1903.

Bekanntmachung des Reichskanzlers, betreffend den internationalen Verband zum Schutze des gewerblichen Eigentums.

Reichsgesetzbl. S. 279.

Betrifft Ratifikation der Zusatzakte d. d. Brüssel, den 14. Dezember 1900 durch die Vereinigten Staaten von Mexiko. Mexiko ist auch der Akte von Washington, vom 2. Juni 1911 (Reichsgesetzbl. 1913 S. 209) beigetreten und hat diese ratifiziert. (a. a. O. S. 234.)

3. Oktober 1903.

Verfügung des Ministeriums, betreffend die allgemeine Beeidigung von Dolmetschern.[1])

Zentr.- u. Bez.A.Bl. S. 165.

§ 1.

Die Auswahl der als Dolmetscher im allgemeinen zu beeidigenden Personen erfolgt nach Einvernehmen mit dem Bezirkspräsidenten und dem Ersten Staatsanwalt durch den Landgerichtspräsidenten.

Vor der Beeidigung sind Erkundigungen über den Umfang des Bedürfnisses und die Befähigung und Zuverlässigkeit der in Aussicht genommenen Person vorzunehmen. Ist die Befähigung des Betreffenden nicht bereits aus seiner bisherigen Tätigkeit als Dolmetscher oder aus seiner beruflichen Wirksamkeit bekannt oder in sonstiger Weise zuverlässig nachgewiesen, so darf die allgemeine Beeidigung erst erfolgen, wenn die Befähigung durch eine nach näherer Anordnung des Landgerichtspräsidenten abgelegte schriftliche und mündliche Probeleistung dargetan ist.

Öffentliche Beamte dürfen nur mit Genehmigung ihrer vorgesetzten Dienstbehörde als Dolmetscher im allgemeinen beeidigt werden.

§ 2.

Der Landgerichtspräsident kann die Beeidigung selbst vornehmen oder einem Mitgliede des Landgerichts oder einem Amtsgericht übertragen.[2])

Die Beeidigung erfolgt für die Tätigkeit als Dolmetscher bei den Verhandlungen vor oder gegenüber den Gerichten, Verwaltungsbehörden und Standesbeamten sowie bei der Aufnahme öffentlicher Urkunden durch Notare oder andere hierfür zuständige Beamten. Die Tätigkeit als Dolmetscher begreift auch diejenigen Übertragungen in sich, welche nach bestehenden Vorschriften von einem „Übersetzer" vorzunehmen sind.

Die Beeidigung kann für die Dolmetschertätigkeit innerhalb des Landgerichtsbezirks oder innerhalb eines oder mehrerer Amtsgerichtsbezirke erfolgen; mit Genehmigung des Oberlandesgerichtspräsidenten kann sie auf die Tätigkeit in einem anderen Landgerichtsbezirk erstreckt werden.

§ 3.

Der Eid ist von dem Dolmetscher dahin zu leisten:

> daß er, wenn er als Dolmetscher vor oder gegenüber einem Gericht, einer Verwaltungsbehörde oder einem Standesbeamten

1) Erlassen auf Grund des § 2 der kaiserlichen Verordnung, betreffend die Ernennung und die Beeidigung von Dolmetschern, vom 13. Juni 1903.

2) Die Gebühr für die Beeidigung beträgt nach § 94 Ziff. 4 des Gerichtskostengesetzes f. Els.-Lothr. v. 6. Dezember 1899 zwei Mark.

des betreffenden Bezirks oder bei der Aufnahme einer öffentlichen Urkunde durch einen Notar oder einen anderen Beamten dieses Bezirks tätig werde, die Verhandlungen oder Schriftstücke aus der ...... Sprache oder in diese Sprache treu und gewissenhaft übertragen werde.

Für die Beeidigung eines Dolmetschers zur Verhandlung mit tauben oder stummen Personen ist die Eidesformel entsprechend zu ändern.

§ 4.

Im übrigen finden auf die allgemeine Beeidigung eines Dolmetschers die Bestimmungen der §§ 6, 7 und des § 8 Abs. 1, 2, 5 der Verfügung des Ministeriums, betreffend die öffentliche Bestellung und die allgemeine Beeidigung von Sachverständigen, vom 2. Mai 1902 (Zentral- und Bezirks-Amtsbl. S. 165) entsprechende Anwendung; die Mitteilung von der allgemeinen Beeidigung sowie von der Streichung eines Dolmetschers aus der Dolmetscherliste ist außer an die beteiligten Gerichte an den Bezirkspräsidenten und an den Ersten Staatsanwalt zu richten. Der Erste Staatsanwalt hat den beteiligten Notaren und Standesbeamten Kenntnis zu geben.

Die allgemeine Beeidigung eines Dolmetschers sowie die Streichung eines beeidigten Dolmetschers aus der Liste sind im Zentral- und Bezirks-Amtsblatt öffentlich bekannt zu machen.

§ 5.

Dem Dolmetscher stehen auch in den Fällen, in denen die Gebührenordnung für Zeugen und Sachverständige vom 30. Juni 1878 nicht kraft Gesetzes Anwendung zu finden hat, die in dieser Gebührenordnung vorgesehenen Vergütungen zu.

§ 6.

Die Verfügungen des Ministeriums, betreffend die ständigen Übersetzer (Dolmetscher), vom 18. September 1889 (Zentral- und Bezirks-Amtsbl. S. 245) und vom 22. Oktober 1901 (Zentral- und Bezirks-Amtsbl. S. 311) werden aufgehoben.

---

3. Oktober 1903.

Bekanntmachung des Ministeriums, betreffend die Genehmigung zu Bauten und Vorrichtungen an Wasserläufen.

Zentr.- u. Bez.A.Bl. S. 167.

Im Anschluß an die Ausführungsbestimmungen über die Genehmigung und die Erlaubnis zu Bauten und Vorrichtungen an Wasserläufen vom 30. September 1902 (Zentral- und Bezirks-Amtsblatt Seite 217) ist Anordnung dahin getroffen worden, daß von allen seitens der Herren Bezirkspräsidenten oder Kreisdirektoren erteilten Genehmigungen zu Stauanlagen an Wasserläufen und zu Anlagen an nicht schiff- oder flößbaren Wasserläufen zum Zwecke von Wasserableitungen und Wasserentnahmen, Wassereinführungen, Zuleitungen fremder Stoffe pp. besondere Abschriften den betreffenden Bürgermeisterämtern mitgeteilt werden. Diese Abschriften sind in den Gemeindearchiven aufzubewahren.

---

14. Oktober 1903.

Bestimmungen des Ministeriums, betreffend die Überweisung und Verrechnung der für die Bezirke und die Gemeinden erhobenen Steuerzuschläge und der den Gemeinden zustehenden Anteile der Gewerbe- und Wandergewerbesteuer.[1][2]

Zentr.- u. Bez.A.Bl. S. 171.

§ 1.

Den Bezirken und Gemeinden sind die Zuschläge zu den direkten Steuern im Laufe des Rechnungsjahrs in der Regel nach dem Soll der Hauptveranlagung am Schlusse des Monats Mai mit einem Zwölftel und am Schlusse der Monate August, No-

1) Erlassen vom Ministerium unter Aufhebung der Verordnung vom 7. Februar 1879 (Bekanntmachungsblatt S. 3) und der Ziffer 3 der Bekanntmachung vom 8. Dezember 1883 (Amtsbl. S. 353).

2) Abgeändert durch Bekanntmachung des Ministeriums zur Abänderung der Bestimmungen, betreffend die Überweisung und Verrechnung der den Bezirken und Gemeinden zustehenden Zuschläge und Anteile von den direkten Steuern, vom 16. April 1912 (Zentr.- u. Bez.-A.-Bl. S. 79); erstmalig angewendet auf die Zuschläge für das Rechnungsjahr 1912.

vember und Februar mit je drei Zwölfteln in auf Zehner von Mark nach unten abgerundeten Beträgen zu überweisen.

Der Rest der Zuschläge aus der Hauptveranlagung und die Zuschläge aus den Nachtragsveranlagungen, ferner die Anteile an der Lohnkartensteuer der ausländischen Arbeiter und an der Gewerbe- und Wandergewerbesteuer werden am Schlusse des Monats April überwiesen.[3])

§ 2.

a) Die Überweisung (§ 1) an die Bezirke und an die Gemeinden mit besonderem Rechner erfolgt durch die Landeshauptkasse. Bezügliche Anweisungen werden derselben vom Direktor der direkten Steuern nach Beendigung der Hauptveranlagung und nach der endgültigen Feststellung zum Jahresschluß erteilt. Die Beträge sind der Staatsdepositenkasse zur Gutschrift auf den Konten der Bezirke und Gemeinden durch die Landeshauptkasse zuzuführen.

Von den erlassenen Anweisungen gibt der Direktor der direkten Steuern der Staatsdepositenkasse Abschrift, welche die Anlegungsanträge ersetzt. Den Bezirkspräsidenten und Bürgermeistern gibt er Nachricht von der Anweisung, damit diese danach die Anweisungen zur Vereinnahmung und Anlegung bei der Staatsdepositenkasse erlassen können.

Die Quittungen der Staatsdepositenkasse dienen der Landeshauptkasse als Rechnungsbelege; besonderer Quittungen der Gemeinderechner bedarf es somit nicht.

b) Die Überweisung an die Gemeinden, deren Kassen mit Steuerkassen verbunden sind, erfolgt durch die letzteren für Rechnung der Landeshauptkasse auf Grund der Sollüberweisungen (Titelblätter der Heberollen, Nachweisungen u. s. w.) nach den aufzustellenden Berechnungen Muster 1 und 2.

Muster 1, 2[4])

§ 3.

Weitere Abschlagszahlungen als in § 1 zugelassen, können nicht gewährt werden.

Für die Gemeinden, deren Kassen mit Steuerkassen verbunden sind, können zur Deckung der Bedürfnisse derselben nach der Verfügung vom 24. Mai 1878 (Bekanntmachungsbl. S. 23) die Bestände der Staatskasse benutzt und kann deren Verwendung mit den zustehenden Zuschlägen begründet werden.

§ 4.

Die Kasseninspektoren erhalten über die Überweisungen im Laufe des Steuerjahrs keine besondere Nachricht, dagegen wird ihnen das Soll der Steuerzuschläge und -Anteile durch die Steuersoll-Überweisungen bekannt gegeben.

§ 5.

Die Steuerkassen haben die Zahlungen auf Grund der abquittierten Berechnungen — Muster 1 und 2 — der Landeskasse in gewöhnlicher Weise anzurechnen.

§ 6.

Die Steuerzuschläge und -Anteile sind von der Landeshauptkasse in einer Extraordinarien-Rechnung nachzuweisen, welche der Rechnung über den Spezialetat der Verwaltung der direkten Steuern als Anhang beizuheften ist.

Als Grundlage für diese Rechnung dient eine vom Direktor der direkten Steuern am Schlusse des Rechnungsjahrs zu überweisende Nachweisung.

§ 7.

Die Landeshauptkasse stellt die aus der vorerwähnten Nachweisung sich ergebenden Summen in der Extraordinarien-Rechnung in Soll-Einnahme und Soll-Ausgabe.

Die Buchung und Verrechnung der Ist-Einnahme und Ist-Ausgabe erfolgt nach Maßgabe der Anweisungen des Direktors der direkten Steuern und der Quittungen der Staatsdepositenkasse sowie der Aufrechnung der Steuerkassen.

Mit Rücksicht darauf, daß die Steuerkassen die erhobenen Steuern mit allen Zuschlägen ungetrennt abliefern, hat die Landeshauptkasse die Zuschläge pp. gleichzeitig mit der Buchung in Ist-Einnahme in der Extraordinarien-Rechnung, spätestens am Schlusse jedes Monats, von den Ablieferungen der Steuerkassen abzusetzen.

§ 8.

Die in den Bezirkszuschlägen enthaltenen 3 % Zuschläge für den Elementar-Unterricht sind in den Bezirksrechnungen nur durchlaufend zu verrechnen und in der Zentralrechnung über die Unterrichtsverwaltung von den Ausgaben „Beihilfen an Gemeinden zu den Kosten des Elementarunterrichts“ abzusetzen. Der Direktor der direkten Steuern hat den Betrag dieser Zuschläge zum Jahresschluß den Bezirkspräsidenten sowie dem Oberschulrat zur Erteilung der Anweisungen mitzuteilen.

---

3) Fassung nach der Bekanntmachung vom 16. April 1912.

4) Die Muster sind nicht mit abgedruckt. Sie haben durch die vorbezeichneten Bestimmungen vom 16. April 1912 mehrfache Änderungen erfahren.

§ 9.

Bis zum 20. April jedes Jahres erhalten die Bezirke und Gemeinden von dem Direktor der direkten Steuern eine Bescheinigung über die Höhe der ihnen für das abgelaufene Rechnungsjahr zustehenden Steuerzuschläge und -Anteile. Den Gemeinden, deren Kassen mit Steuerkassen verbunden sind, gehen diese Bescheinigungen durch Vermittlung des Kasseninspektors zu.

§ 10.

Diese Bestimmungen treten vom Rechnungsjahre 1903 ab in der Weise in Kraft, daß Ende September 1903 den Bezirken und Gemeinden, unter Anrechnung der bereits erhaltenen Beträge, fünf Zwölftel der ihnen nach der Hauptveranlagung für 1903 zustehenden Steuer-Zuschläge und -Anteile zu überweisen sind.

---

18. Oktober 1903.

Kaiserliche Verordnung, betreffend das Ruderkommando.

Reichsgesetzbl. S. 283.

---

28. Oktober 1903.

Kaiserliche Verordnung, betreffend Beschränkungen der Baufreiheit in der Gemeinde Hüningen.[1])

Gesetzbl. f. Els.-Lothr. S. 83.

Die Bestimmungen des Gesetzes, betreffend Beschränkungen der Baufreiheit in den neuen Stadtteilen von Straßburg vom 21. Mai 1879 (Gesetzbl. S. 57) und des Gesetzes, betreffend Beschränkungen der Baufreiheit vom 6. Januar 1892 (Gesetzbl. S. 3), werden auf die Gemeinde Hüningen ausgedehnt.

1) Erlassen auf Grund des Gesetzes, betreffend die Beschränkungen der Baufreiheit vom 6. Januar 1892.

---

5. November 1903.

Bekanntmachung des Ministeriums, betreffend Verleihung der Eichel auf den Achselstücken der Kaiserlichen Förster.[1])

Zentr.- u. Bez.A.Bl. S. 179.

Seine Majestät der Kaiser haben zu genehmigen geruht, daß die Kaiserlichen Förster in Elsaß-Lothringen auf den Achselstücken als Abzeichen eine Eichel aus Metall nach dem Muster des den Königlichen Förstern in Preußen vorgeschriebenen Abzeichens tragen.

1) Zu vgl. Uniforms-Reglement für die Kaiserlichen und Gemeindeforstbeamten vom 14. November 1871, ferner Bekanntmachung vom 10. Juni 1902 (Zentr.- u. Bez.-A.-Bl. S. 177).

---

15. November 1903.

Bekanntmachung des Reichskanzlers, betreffend den Betrieb von Getreidemühlen.

Reichsgesetzbl. S. 287.

Auf Grund des § 120 e Abs. 3 der Gewerbeordnung hat der Bundesrat beschlossen, zur Bekanntmachung, betreffend den Betrieb von Getreidemühlen, vom 26. April 1899 folgende weitere Bestimmung zu erlassen:

1. In Getreidemühlen muß an einer in die Augen fallenden Stelle eine Tafel ausgehängt werden, welche die Bestimmungen unter I und II der Bekanntmachung vom 26. April 1899 (Reichs-Gesetzbl. S. 273) in deutlicher Schrift wiedergibt.
2. Diese Bestimmung tritt am 1. Januar 1904 in Kraft."

28. November 1903.

Verordnung des Ministeriums, betreffend Abänderung der Ministerialverordnung vom 4. Dezember 1895 zur Ausführung der Kaiserlichen Verordnung vom 6. November 1895, betreffend die landwirtschaftlichen Vereine und den Landwirtschaftsrat. [1]) [2])

Zentr.- u. Bez.A.Bl. S. 183.

§ 3 Absatz 2 und § 8 Absatz 1 der Ministerialverordnung vom 4. Dezember 1895 (Zentral- und Bezirks-Amtsblatt A Seite 229) erhalten nachstehende Fassung: [2])

1) Erlassen auf Grund des § 15 der Kaiserlichen Verordnung vom 6. November 1895, betreffend die landwirtschaftlichen Vereine und den Landwirtschaftsrat (Gesetzblatt f. Elf.-Lothr., S. 111).

2) Die Änderungen werden beim Abdruck der Ministerialverordnung vom 4. Dezember 1895 berücksichtigt. Weitere Änderungen bereits durch die Verordnung des Ministeriums zur Ausführung der Kaiserlichen Verordnung vom 12. März 1900 zur Abänderung der Verordnung, betreffend die landwirtschaftlichen Vereine und den Landwirtschaftsrat, vom 16. März 1900 (Zentr.- u. Bez.-A.-Bl. S. 88), Art. I (§§ 5, 6, 7 u. 9 der Verordnung vom 4. Dezember 1895).

---

28. November 1903.

Bekanntmachung des Ministeriums, betreffend die Zahlung und Verrechnung der Gehälter, Wartegelder, Pensionen und fortlaufenden Unterstützungen.

Zentr.- u. Bez.A.Bl. S. 191.

---

3. Dezember 1903.

Internationale Übereinkunft, betreffend Maßregeln gegen Pest, Cholera und Gelbfieber. [1])

Reichsgesetzbl. 1907 S. 425.

(Übersetzung.)

Übereinkunft.

Seine Majestät der Deutsche Kaiser, König von Preußen, im Namen des Deutschen Reichs; Seine Majestät der Kaiser von Österreich, König von Böhmen ꝛc. ꝛc. und Apostolischer König von Ungarn; Seine Majestät der König der Belgier; der Präsident der Republik der Vereinigten Staaten von Brasilien; Seine Majestät der König von Spanien; der Präsident der Vereinigten Staaten von Amerika; der Präsident der Französischen Republik; Seine Majestät der König des Vereinigten Königreichs von Großbritannien und Irland und der überseeischen britischen Besitzungen, Kaiser von Indien; Seine Majestät der König der Hellenen; Seine Majestät der König von Italien; Seine Königliche Hoheit der Großherzog von Luxemburg; Seine Königliche Hoheit der Fürst von Montenegro; Ihre Majestät die Königin der Niederlande; Seine Majestät der Schah von Persien; Seine Majestät der König von Portugal und Algarbien; Seine Majestät der König von Rumänien; Seine Majestät der Kaiser von Rußland; Seine Majestät der König von Serbien; der Schweizerische Bundesrat und Seine Hoheit der Khedive von Egypten, handelnd innerhalb der Grenzen der ihm durch die Kaiserlichen Fermane übertragenen Befugnisse,

haben, da sie es für nützlich erachten, die zum

1) S. hierzu Bekanntm. v. 13. Januar 1908 RGBl. S. 12 betr. Beitritt der britischen Kolonie Gambia, v. 29. Januar 1908 RGBl. S. 15 betr. Beitritt Schwedens, v. 8. März 1909 RGBl. S. 318 betr. Hinterlegung der Ratifikationsurkunde Spaniens, v. 26. Mai 1909 RGBl. S. 468 betr. Beitritt des Australischen Bundes, v. 15. Juni 1909 RGBl. S. 514 betr. Beitritt von Britisch Indien, v. 8. Juli 1909 RGBl. S. 769 betr. Beitritt Mexikos, v. 19. April 1910 RGBl. S. 663 betr. Beitritt von Neuseeland, v. 6. August 1910 RGBl. S. 961 betr. Beitritt Dänemarks, v. 5. September 1910 RGBl. S. 991 betr. Beitritt der Fiji-Kolonie, v. 30. Juni 1911 RGBl. S. 274 betr. Beitritt Norwegens, v. 8. November 1911 RGBl. S. 922 betr. Ratifikation durch Portugal, v. 11. Dezember 1911 RGBl. S. 971 betr. Beitritt von Zanzibar.

Dagegen sind ausgetreten die Niederländischen Kolonien in Westindien (Bekanntm. v. 7. Juni 1909 RGBl. S. 512), Jamaica (Bekanntm. v. 18. April 1910 RGBl. S. 663), Niederländisch Ostindien (Bekanntm. v. 23. Dezember 1912 RGBl. S. 570), die Südafrikanische Union (Bekanntm. v. 8. Januar 1913 RGBl. S. 14).

Schutze der öffentlichen Gesundheit gegen das Eindringen und die Verbreitung der Pest und der Cholera getroffenen Maßnahmen in einem Abkommen zusammen zu fassen, und da sie wünschen, die gegenwärtig in Kraft befindlichen internationalen Sanitäts-Übereinkünfte nachzuprüfen und zu ergänzen, zu Ihren Bevollmächtigten ernannt:

(folgen die Namen)

Titel I.

Allgemeine Bestimmungen.

Kapitel I.

Vorschriften, welche von den Vertragsländern nach dem Auftreten von Pest oder von Cholera in ihrem Gebiete zu beobachten sind.

Abschnitt I. Benachrichtigung und weitere Mitteilungen an die anderen Länder.

Art. 1. Jede Regierung muß von dem ersten Auftreten festgestellter Pest- oder Cholerafälle in ihrem Gebiete den übrigen Regierungen sofort Nachricht geben.

Art. 2. Dieser Benachrichtigung sollen beiliegen oder sehr bald nachfolgen nähere Auskünfte über:

1. den Ort, wo die Krankheit aufgetreten ist;
2. den Tag ihres Auftretens, ihren Ursprung und ihre Art;
3. die Zahl der festgestellten Krankheitsfälle und die der Todesfälle;
4. bei Pest: das Vorhandensein der Pest oder einer ungewöhnlichen Sterblichkeit unter den Ratten oder Mäusen;
5. die infolge dieses ersten Auftretens sofort ergriffenen Maßnahmen.

Art. 3. Die Benachrichtigung und die Auskünfte, die im Art. 1 und 2 vorgesehen sind, erfolgen an die diplomatischen oder konsularischen Vertretungen in der Hauptstadt des verseuchten Landes.

Für Länder, welche dort nicht vertreten sind, werden sie unmittelbar auf telegraphischem Wege an die Regierungen dieser Länder übermittelt.

Art. 4. Der Benachrichtigung und den Auskünften, die im Art. 1 und 2 vorgesehen sind, müssen weitere regelmäßige Mitteilungen folgen, welche geeignet sind, die Regierungen über den Verlauf der Epidemie auf dem Laufenden zu erhalten.

Diese Mitteilungen, welche mindestens einmal in der Woche erfolgen und so vollständig wie möglich sein müssen, haben insbesondere auch die zur Verhütung der Ausbreitung der Krankheit ergriffenen Maßnahmen anzugeben.

Sie müssen genau angeben: 1. die vorbeugenden Maßregeln, welche hinsichtlich der gesundheitspolizeilichen Besichtigung oder der ärztlichen Untersuchung, der Absonderung und der Desinfektion getroffen sind; 2. die bei der Abfahrt der Schiffe zur Verhinderung der Verschleppung der Seuche angewandten Maßregeln und besonders, in dem unter 4 des vorstehenden Art. 2 vorgesehenen Falle, die gegen die Ratten ergriffenen Maßnahmen.

Art. 5. Die schnelle und zuverlässige Erfüllung der vorstehenden Vorschriften ist von allergrößter Wichtigkeit.

Die Benachrichtigungen sind von wirklichem Werte nur dann, wenn jede Regierung selbst von dem Auftreten von Pest-, Cholera- und verdächtigen Fällen in ihrem Gebiete bei Zeiten Kenntnis erhält. Es kann deshalb den einzelnen Regierungen nicht genug empfohlen werden, die Anzeigepflicht für Pest- und Cholerafälle einzuführen und sich über jede ungewöhnliche Sterblichkeit der Ratten und Mäuse, namentlich in den Häfen, unterrichtet zu halten.

Art. 6. Den aneinander grenzenden Ländern bleibt es vorbehalten, durch besondere Abkommen einen unmittelbaren Nachrichtenaustausch zwischen den Vorständen der Grenzbehörden einzurichten.

Abschnitt II. Bedingungen, unter denen ein örtlicher Bezirk als verseucht oder wieder rein anzusehen ist.

Art. 7. Die Benachrichtigung von einem ersten Pest- oder Cholerafalle zieht gegen den örtlichen Bezirk, in dem er sich ereignet hat, noch nicht die Anwendung der in dem nachfolgenden Kapitel II vorgesehenen Maßnahmen nach sich.

Falls aber mehrere nicht eingeschleppte Pestfälle vorgekommen sind oder falls Cholerafälle einen Herd bilden, wird der Bezirk für verseucht erklärt.

Art. 8. Um die Maßregeln ausschließlich auf die betroffenen Gegenden zu beschränken, sollen die Regierungen sie nur für Herkünfte aus den verseuchten Bezirken in Anwendung bringen.

Unter „Bezirk" wird ein Gebietsteil verstanden, welcher in den die Benachrichtigung begleitenden oder ihr nachfolgenden Auskünften genau zu bezeichnen ist, wie zum Beispiel eine Provinz, ein Gouvernement, ein Distrikt, ein Departement, ein Kanton, eine Insel, eine Gemeinde, eine Stadt, ein Stadtteil, ein Dorf, ein Hafen, ein Polder, eine Gruppe von Wohnstätten usw., welches auch immer die Ausdehnung und Bevölkerung dieser Gebietsteile sein mag.

Indessen braucht diese Beschränkung auf den verseuchten Bezirk nur unter der ausdrücklichen Voraussetzung anerkannt zu werden, daß die Regierung des verseuchten Landes die erforderlichen Maßregeln trifft: 1. um die Ausfuhr der unter Nummer 1 und 2 des Art. 12 bezeichneten Gegenstände aus dem verseuchten Bezirke, ohne vorherige Desinfektion, zu verhüten, und 2. um die Ausbreitung der Seuche zu bekämpfen.

Ist ein Bezirk verseucht, so unterliegen Herkünfte aus diesem Bezirke keiner Einfuhrbeschränkung, wenn sie von dort mindestens fünf Tage vor dem Ausbruch der Seuche ausgeführt worden sind.

Art. 9. Damit ein Bezirk nicht mehr als verseucht angesehen wird, bedarf es der amtlichen Feststellung darüber:

1. daß in den auf die Absonderung [1]), den Tod oder die Heilung des letzten Pest- oder Cholerakranken folgenden fünf Tagen weder ein Todesfall noch ein neuer Krankheitsfall infolge von Pest oder Cholera vorgekommen ist;
2. daß alle Desinfektionsmaßregeln angewandt worden sind, und, falls es sich um Pest handelt, daß die Maßregeln gegen die Ratten zur Ausführung gelangt sind.

Kapitel II.

Abwehrmaßregeln der anderen Länder gegen die für verseucht erklärten Gebiete.

Abschnitt I. Veröffentlichung der getroffenen Maßregeln.

Art. 10. Die Regierung jedes Landes hat diejenigen Maßregeln sofort zu veröffentlichen, deren Anordnung sie bezüglich der Herkünfte aus einem verseuchten Lande oder örtlichen Bezirke für erforderlich hält.

Sie teilt diese Veröffentlichung sogleich dem diplomatischen oder konsularischen Vertreter des verseuchten Landes in ihrer Hauptstadt sowie den internationalen Gesundheitsräten mit.

Sie hat die Aufhebung oder etwaige Abänderungen dieser Maßregeln auf demselben Wege bekannt zu geben.

In Ermangelung einer diplomatischen oder konsularischen Vertretung in der Hauptstadt erfolgen die Mitteilungen unmittelbar an die Regierung des beteiligten Landes.

1) Das Wort „Absonderung" bedeutet: Absonderung des Kranken, der Personen, welche ihn ständig pflegen, und Untersagung der Besuche jeder anderen Person.

Abschnitt II. Waren. Desinfektion. Einfuhr und Durchfuhr. Reisegepäck.

Art. 11. Es gibt keine Waren, welche an und für sich fähig sind, die Pest oder die Cholera zu übertragen. Sie werden nur dann gefährlich, wenn sie mit dem Ansteckungsstoffe der Pest oder der Cholera verunreinigt worden sind.

Art. 12. Die Desinfektion kann nur bei solchen Waren und Gegenständen vorgenommen werden, welche die örtliche Gesundheitsbehörde als verseucht erachtet.

Die nachverzeichneten Waren und Gegenstände können jedoch unabhängig von jeder Feststellung, ob sie verseucht oder nicht verseucht sind, der Desinfektion unterworfen oder sogar von der Einfuhr ausgeschlossen werden:

1. Leibwäsche, alte und getragene Kleider (Bekleidungsgegenstände des täglichen Gebrauchs), gebrauchtes Bettzeug.

   Werden diese Gegenstände als Reisegepäck oder infolge eines Wohnungswechsels (als Umzugsgut) befördert, so können sie nicht zurückgewiesen werden und unterliegen den Bestimmungen des Art. 19.

   Die von Soldaten und Matrosen hinterlassenen Pakete, welche nach deren Tod in ihre Heimat zurückgesandt werden, werden den unter 1 im ersten Absatz aufgeführten Gegenständen gleichgestellt.
2. Hadern und Lumpen, ausgenommen sind jedoch, wenn es sich um Cholera handelt, zusammengepreßte Lumpen, welche in umschnürten Ballen im Großhandel versendet werden.

   Es dürfen nicht verboten werden neue Abfälle, welche unmittelbar aus Spinnereien, Webereien, Konfektions- und Bleichanstalten kommen, Kunstwolle (Shoddy) und neue Papierschnitzel.

Art. 13. Die Durchfuhr der unter Nummer 1 und 2 des vorhergehenden Artikels aufgeführten Waren und Gegenstände darf nicht untersagt werden, wenn sie so verpackt sind, daß sie unterwegs nicht berührt werden können.

Ebenso soll die Durchfuhr der Waren und Gegenstände durch einen verseuchten örtlichen Bezirk kein Hindernis für ihre Einfuhr in das Bestimmungsland bilden, sofern die Beförderung so erfolgt ist, daß unterwegs eine Berührung mit den verunreinigten Gegenständen nicht hat stattfinden können.

Art. 14. Auf die unter Nummer 1 und 2 des Art. 12 aufgeführten Waren und Gegenstände finden die Einfuhrverbote dann keine Anwendung, wenn der Behörde des Bestimmungslandes nachgewiesen wird, daß sie mindestens fünf Tage vor dem Ausbruche der Seuche zur Absendung gelangt sind.

Art. 15. Die Entscheidung darüber, in welcher Weise und wo die Desinfektion stattzufinden hat, sowie darüber, welches Verfahren zur sicheren Vernichtung der Ratten anzuwenden ist, steht der Behörde des Bestimmungslandes zu. Dabei muß derart verfahren werden, daß die Gegenstände so wenig als möglich beschädigt werden.

Die Regelung der Frage des etwaigen Ersatzes des infolge der Desinfektion oder der Vernichtung der Ratten entstehenden Schadens wird jedem Staate überlassen.

Wenn aus Anlaß der Durchführung von Maßregeln zur Vernichtung der Ratten an Bord der Schiffe von der Gesundheitsbehörde, sei es unmittelbar, sei es durch Vermittelung einer Gesellschaft oder einer Privatperson, Gebühren erhoben werden, so soll die Höhe dieser Gebühren durch einen vorher zu veröffentlichenden Tarif festgesetzt und derart berechnet werden, daß aus seiner Anwendung ein Gewinn für den Staat oder die Gesundheitsverwaltung nicht entsteht.

Art. 16. Briefe und Korrespondenzen, Drucksachen, Bücher, Zeitungen, Geschäftspapiere usw. (ausschließlich der Postpakete) unterliegen weder einer Einfuhrbeschränkung noch einer Desinfektion.

Art. 17. Zu Lande oder zu Wasser ankommende Waren dürfen an den Grenzen oder in den Häfen nicht zurückgehalten werden.

Die einzigen Maßnahmen, welche diesen gegenüber vorgeschrieben werden dürfen, sind oben im Art. 12 aufgeführt.

Wenn jedoch zur See eintreffende lose oder in schadhaften Hüllen verladene Waren während der Reise durch als pestkrank erkannte Ratten verseucht worden sind und ihre Desinfektion nicht möglich ist, so kann die Vernichtung der Keime durch eine Lagerung der Waren bis zur Dauer von höchstens zwei Wochen sichergestellt werden.

Die Anwendung der vorbezeichneten Maßregel darf jedoch für das Schiff weder eine Verzögerung noch außergewöhnliche Kosten mit sich bringen, die infolge des Mangels an Lagerhäusern in den betreffenden Häfen entstehen könnten.

Art. 18. Wenn Waren entsprechend den Vorschriften im Art. 12 desinfiziert oder in Gemäßheit des dritten Absatzes des Art. 17 zeitweise gelagert worden sind, hat der Besitzer oder sein Vertreter das Recht, von der Gesundheitsbehörde, welche die Desinfektion oder die Lagerung angeordnet hat, eine Bescheinigung über die durchgeführten Maßnahmen zu verlangen.

Art. 19. Reisegepäck. — Schmutzige Wäsche, alte und getragene Kleider und Gegenstände, welche zum Reisegepäck oder Mobiliar (Umzugsgut) gehören und aus einem für verseucht erklärten örtlichen Bezirke stammen, werden nur dann desinfiziert, wenn die örtliche Gesundheitsbehörde sie als verseucht erachtet.

Abschnitt III. Maßnahmen in den Häfen und an den Meeresgrenzen.*)

Art. 20. Einteilung der Schiffe. — Als verseucht gilt das Schiff, welches Pest oder Cholera an Bord hat, oder auf welchem ein oder mehrere Fälle von Pest oder Cholera während der letzten sieben Tage vorgekommen sind.

Als verdächtig gilt das Schiff, auf welchem zur Zeit der Abfahrt oder während der Reise Pest- oder Cholerafälle vorgekommen sind, aber kein neuer Fall während der letzten sieben Tage.

Als rein gilt das Schiff, welches, wenn auch aus einem verseuchten Hafen kommend, weder vor der Abfahrt noch während der Reise, noch zur Zeit der Ankunft einen Todes- oder Krankheitsfall an Pest oder Cholera an Bord gehabt hat.

Art. 21. Pestverseuchte Schiffe unterliegen folgender Behandlung:

1. ärztliche Untersuchung;
2. die Kranken werden sofort ausgeschifft und abgesondert;
3. die übrigen Personen müssen, wenn möglich, ebenfalls ausgeschifft und vom Tage der Ankunft an entweder einer fünf Tage nicht überschreitenden Beobachtung [1]), welcher eine zusätzliche fünftägige Überwachung [2]) folgen kann, oder nur einer Überwachung, deren Dauer zehn Tage nicht überschreiten darf, unterworfen werden.

Es bleibt der Hafengesundheitsbehörde

*) Siehe hierzu Bekanntmachung, betreffend Vorschriften über die gesundheitliche Behandlung der Seeschiffe in den deutschen Häfen nebst Desinfektionsanweisung vom 29. August 1907.

1) Das Wort „Beobachtung" bedeutet: Absonderung der Reisenden, sei es an Bord eines Schiffes, sei es in einer Gesundheitsstation, bevor sie zum freien Verkehre zugelassen werden.

2) Das Wort „Überwachung" bedeutet: die Reisenden werden nicht abgesondert; sie werden sofort zum freien Verkehre zugelassen, werden aber den Behörden der verschiedenen Orte, wohin sie sich begeben, namhaft gemacht und einer ärztlichen Kontrolle zur Feststellung ihres Gesundheitszustandes unterworfen.

überlassen, diejenige dieser Maßnahmen zur Anwendung zu bringen, welche ihr nach dem Zeitpunkte des letzten Falles, dem Zustande des Schiffes und den örtlichen Verhältnissen und Umständen am vorteilhaftesten erscheint;

4. die schmutzige Wäsche, die Bekleidungsgegenstände des täglichen Gebrauchs und die Sachen der Schiffsbesatzung [1]) und Reisenden, welche nach Ansicht der Gesundheitsbehörde als verseucht zu erachten sind, werden desinfiziert;

5. die Teile des Schiffes, welche von Pestkranken bewohnt gewesen sind, oder welche nach Ansicht der Gesundheitsbehörde als verseucht zu erachten sind, müssen desinfiziert werden;

6. die Vernichtung der Ratten des Schiffes muß vor oder nach Löschung der Ladung so schnell als möglich, in jedem Falle innerhalb einer Frist von höchstens achtundvierzig Stunden, unter Vermeidung von Beschädigungen der Waren, Metallteile und Maschinen erfolgen.

Auf Schiffen in Ballast hat dieses Verfahren sobald als möglich vor der Beladung Anwendung zu finden.

Art. 22. Pestverdächtige Schiffe unterliegen den unter Nummer 1, 4 und 5 des Art. 21 aufgeführten Maßregeln.

Außerdem können die Schiffsbesatzung und die Reisenden auf ihren Gesundheitszustand hin einer höchstens fünftägigen Überwachung vom Tage der Ankunft des Schiffes an, unterworfen werden. Während der gleichen Zeit kann das Anlandgehen der Schiffsbesatzunng verhindert werden, es sei denn, daß dienstliche Gründe es notwendig machen.

Es empfiehlt sich, die Ratten des Schiffes zu vernichten. Diese Vernichtung ist so schnell als möglich vor oder nach Löschung der Ladung, in jedem Falle innerhalb einer Frist von höchstens achtundvierzig Stunden, unter Vermeidung von Beschädigungen der Waren, Metallteile und Maschinen vorzunehmen.

Auf Schiffen in Ballast hat dieses Verfahren, falls es erforderlich ist, sobald als möglich, jedenfalls vor der Beladung Anwendung zu finden.

Art. 23. Pestreine Schiffe werden sofort zum freien Verkehre zugelassen, wie auch immer ihr Gesundheitspaß lauten mag.

Die einzigen Bestimmungen, welche die Behörde des Ankunftshafens ihnen gegenüber treffen kann, sind folgende:

1. ärztliche Untersuchung;
2. Desinfektion der schmutzigen Wäsche, der Bekleidungsgegenstände des täglichen Gebrauchs und der sonstigen Sachen der Schiffsbesatzung und der Reisenden, jedoch nur in Ausnahmefällen, wenn die Gesundheitsbehörde besondere Gründe zu der Annahme hat, daß diese Gegenstände verseucht sind;
3. ohne daß diese Bestimmung als allgemeine Regel aufgestellt werden soll, kann die Gesundheitsbehörde die aus einem verseuchten Hafen kommenden Schiffe einem Verfahren zur Vernichtung der Ratten vor oder nach Löschung der Ladung unterwerfen. Dieses Verfahren muß sobald als möglich Anwendung finden und darf in keinem Falle länger als vierundzwanzig Stunden dauern, wobei Beschädigungen der Waren, Metallteile und Maschinen, sowie Beschränkungen des Verkehrs der Reisenden und der Schiffsbesatzung zwischen dem Schiffe und dem Lande zu vermeiden sind. Auf Schiffen in Ballast ist dieses Verfahren, falls es erforderlich ist, sobald als möglich, jedenfalls vor der Beladung, zur Anwendung zu bringen.

Wenn auf einem, aus einem verseuchten Hafen kommenden Schiffe die Vernichtung der Ratten vorgenommen worden ist, kann sie nur dann wiederholt werden, falls das Schiff einen verseuchten Hafen angelaufen und dort am Kai angelegt hat, oder falls das Vorhandensein von toten oder kranken Ratten an Bord festgestellt worden ist.

Die Schiffsbesatzung und die Reisenden können einer Überwachung unterworfen werden, welche fünf Tage nicht überschreiten soll und von dem Tage an gerechnet wird, an dem das Schiff den verseuchten Hafen verlassen hat. Ebenso kann während derselben Zeit das Anlandgehen der Schiffsbesatzung verhindert werden, es sei denn, daß dienstliche Gründe das Anlandgehen notwendig machen.

Die zuständige Behörde des Ankunftshafens kann stets von dem Schiffsarzt oder, falls ein solcher nicht vorhanden ist, von dem Kapitän eine Bescheinigung unter Eid darüber verlangen, daß auf dem Schiffe seit der Abfahrt ein Pestfall nicht vorgekommen und daß eine ungewöhnliche Sterblichkeit der Ratten nicht beobachtet worden ist.

1) Das Wort „Schiffsbesatzung" bezieht sich auf Personen, die zur Schiffsbesatzung oder zum Dienstpersonal an Bord gehören oder gehört haben, einschließlich der Oberkellner, Kellner, Kaffeekocher (cafedji) usw. In diesem Sinne ist das Wort stets zu verstehen, wenn es in dieser Übereinkunft angewendet ist.

Art. 24. Wenn auf einem reinen Schiffe Ratten auf Grund bakteriologischer Untersuchung als Pestratten erkannt worden sind, oder wenn man unter diesen Nagern eine ungewöhnliche Sterblichkeit feststellt, so sind die folgenden Maßregeln zur Anwendung zu bringen:

I. Schiffe mit Pestratten:

a) ärztliche Untersuchung;

b) die Ratten sind vor oder nach Löschung der Ladung, so schnell als möglich, jedenfalls innerhalb einer Frist von höchstens achtundvierzig Stunden, unter Vermeidung von Beschädigungen der Waren, Metallteile und Maschinen, zu vernichten. Schiffe in Ballast sind diesem Verfahren sobald als möglich zu unterwerfen, jedenfalls vor der Beladung;

c) die Teile des Schiffes und die Gegenstände, welche die örtliche Gesundheitsbehörde für verseucht erachtet, werden desinfiziert;

d) die Reisenden und die Schiffsbesatzung können einer Überwachung unterworfen werden, deren Dauer fünf Tage, von dem Tage der Ankunft an gerechnet, nicht übersteigen soll, abgesehen von Ausnahmefällen, in denen die Gesundheitsbehörde die Überwachung auf höchstens zehn Tage verlängern kann.

II. Schiffe, auf denen eine ungewöhnliche Sterblichkeit der Ratten beobachtet worden ist:

a) ärztliche Untersuchung;

b) die Untersuchung der Ratten auf Pest ist so bald und so schnell als möglich vorzunehmen;

c) falls die Vernichtung der Ratten für notwendig erachtet wird, soll sie unter den vorstehend für Schiffe mit Pestratten angegebenen Bedingungen erfolgen;

d) bis jeder Verdacht beseitigt ist, können die Reisenden und die Schiffsbesatzung einer Überwachung unterworfen werden, deren Dauer fünf Tage, von dem Tage der Ankunft an gerechnet, nicht überschreiten soll, abgesehen von Ausnahmefällen, in denen die Gesundheitsbehörde die Überwachung auf höchstens zehn Tage verlängern kann.

Art. 25. Die Hafengesundheitsbehörde erteilt dem Kapitän, dem Schiffseigner oder seinem Agenten auf Verlangen eine Bescheinigung darüber, daß die Maßnahmen zur Vernichtung der Ratten durchgeführt worden sind, wobei die Gründe anzugeben sind, aus denen diese Maßnahmen Anwendung gefunden haben.

Art. 26. Choleraverseuchte Schiffe unterliegen folgenden Bestimmungen:

1. ärztliche Untersuchung;
2. die Kranken werden sofort ausgeschifft und abgesondert;
3. die übrigen Personen müssen womöglich gleichfalls ausgeschifft und vom Tage der Ankunft des Schiffes an einer Beobachtung oder Überwachung unterworfen werden, deren Dauer sich nach dem Gesundheitsstande des Schiffes und nach dem Tage des letzten Krankheitsfalls richtet, die indessen fünf Tage nicht überschreiten soll;
4. die schmutzige Wäsche, die Bekleidungsgegenstände des täglichen Gebrauchs und die Sachen der Schiffsbesatzung und der Reisenden, welche nach Ansicht der Hafengesundheitsbehörde als verseucht zu erachten sind, werden desinfiziert;
5. die Teile des Schiffes, welche von Cholerakranken bewohnt gewesen sind oder welche von der Gesundheitsbehörde als verseucht zu erachten sind, werden desinfiziert;
6. das Bilgewasser wird nach erfolgter Desinfektion ausgepumpt.

Die Gesundheitsbehörde kann den Ersatz des an Bord befindlichen Wasservorrats durch gutes Trinkwasser anordnen.

Es kann untersagt werden, menschliche Entleerungen ohne vorherige Desinfektion in das Hafenwasser gelangen zu lassen oder auszuschütten.

Art. 27. Choleraverdächtige Schiffe unterliegen den unter Nummer 1, 4, 5 und 6 des Art. 26 vorgeschriebenen Maßregeln.

Die Schiffsbesatzung und die Reisenden können einer höchstens fünftägigen Überwachung, vom Tage der Ankunft des Schiffes an, unterworfen werden. Es empfiehlt sich, während der gleichen Zeit das Anlandgehen der Schiffsbesatzung zu verhindern, es sei denn, daß dienstliche Gründe es notwendig machen.

Art. 28. Cholerareine Schiffe werden sofort zum freien Verkehr zugelassen, wie auch immer ihr Gesundheitspaß lauten mag.

Die einzigen Bestimmungen, welche die Behörde des Ankunftshafens ihnen gegenüber treffen kann, bestehen in den unter Nummer 1, 4 und 6 des Art. 26 vorgeschriebenen Maßnahmen.

Die Schiffsbesatzung und die Reisenden können auf ihren Gesundheitszustand hin einer höchstens fünftägigen Überwachung unterworfen werden, die von dem Tage an zu berechnen ist, an dem das Schiff den verseuchten Hafen verlassen hat.

Es empfiehlt sich, während der gleichen Zeit, das Anlandgehen der Schiffsbesatzung zu verhindern, es sei denn, daß dienstliche Gründe es notwendig machen.

Die zuständige Behörde des Ankunftshafens kann stets von dem Schiffsarzt oder, falls ein solcher nicht vorhanden ist, von dem Kapitän eine Bescheinigung unter Eid darüber verlangen, daß auf dem Schiffe seit der Abfahrt ein Cholerafall nicht vorgekommen ist.

Art. 29. Wenn sich an Bord der vorher bezeichneten drei Gruppen von Schiffen ein Arzt und Desinfektionsapparate (Dampfkasten) befinden, wird die zuständige Behörde diesen Umstand bei Anwendung der in Art. 21 bis 28 angeführten Maßregeln in Rechnung ziehen.

Ebenso wird sie hinsichtlich der Pest die Aufstellung von Apparaten an Bord zur Vernichtung der Ratten berücksichtigen.

Die Gesundheitsbehörden der Staaten, welche sich hierüber etwa verständigen werden, können die ärztliche Untersuchung und andere Maßnahmen denjenigen reinen Schiffen erlassen, welche einen von ihrem Lande besonders anerkannten Arzt an Bord haben.

Art. 30. Besondere Maßregeln können vorgeschrieben werden für stark besetzte Schiffe, namentlich für Auswandererschiffe, sowie für jedes andere Schiff, welches schlechte Gesundheitsbedingungen aufweist.

Art. 31. Jedem Schiffe, welches sich den ihm von der Hafenbehörde auf Grund der Bestimmungen der gegenwärtigen Übereinkunft auferlegten Verpflichtungen nicht unterziehen will, steht es frei, wieder in See zu gehen.

Es kann die Erlaubnis erhalten, seine Waren zu löschen, nachdem die erforderlichen Vorsichtsmaßregeln getroffen worden sind, nämlich:

1. Absonderung des Schiffes, der Schiffsbesatzung und der Reisenden;
2. wenn es sich um Pest handelt, Auskunfterteilung über ungewöhnliches Rattensterben;
3. wenn es sich um Cholera handelt, Auspumpen des Bilgewassers nach erfolgter Desinfektion und Ersatz des an Bord befindlichen Wasservorrats durch gutes Trinkwasser.

Ebenso kann dem Schiffe gestattet werden, Reisende, welche es wünschen, an Land zu setzen, unter der Bedingung, daß sie sich den von der Ortsbehörde vorgeschriebenen Maßnahmen unterziehen.

Art. 32. Schiffe verseuchter Herkunft, welche desinfiziert und in ausreichender Weise den gesundheitspolizeilichen Maßnahmen unterworfen worden sind, unterliegen bei ihrer Ankunft in einem neuen Hafen diesen Maßnahmen nicht wieder, vorausgesetzt, daß seit Ausführung der Desinfektion ein neuer Fall nicht vorgekommen ist, und daß sie einen verseuchten Hafen nicht angelaufen haben.

Falls ein Schiff lediglich Reisende und ihr Gepäck oder die Post ausschifft, ohne mit dem festen Lande in Verbindung gewesen zu sein, wird es so angesehen, als ob es den Hafen nicht berührt hätte.

Art. 33. Die auf einem verseuchten Schiffe angekommenen Reisenden können von der Hafengesundheitsbehörde eine Bescheinigung über den Tag ihrer Ankunft und die Maßnahmen verlangen, denen sie und ihr Gepäck unterworfen worden sind.

Art. 34. Küstenfahrzeuge unterliegen besonderen, zwischen den beteiligten Ländern zu vereinbarenden Bestimmungen.

Art. 35. Unbeschadet des Rechtes der Regierungen, sich wegen Einrichtung gemeinsamer Sanitätsstationen ins Einvernehmen zu setzen, muß jedes Land wenigstens einen Hafen an der Küste jedes seiner Meere mit ausreichender Einrichtung und Ausrüstung versehen, um Schiffe, ohne Rücksicht auf ihren Gesundheitszustand, aufnehmen zu können.

Wenn ein reines Schiff, das aus einem verseuchten Hafen kommt, in einem großen Hafen mit überseeischem Verkehr eintrifft, empfiehlt es sich, dasselbe zur Vornahme der vorgeschriebenen gesundheitspolizeilichen Maßnahmen nicht in einen anderen Hafen zu senden.

In jedem Lande müssen die Häfen, die für Herkünfte aus pest- oder choleraverseuchten Häfen offen sind, derart ausgerüstet sein, daß die reinen Schiffe dort den vorgeschriebenen Maßregeln gleich nach ihrer Ankunft unterworfen werden können und zu diesem Zwecke nicht in einen anderen Hafen geschickt zu werden brauchen.

Die Regierungen werden die Häfen bekannt geben, die bei ihnen für Herkünfte aus pest- oder choleraverseuchten Häfen offen sind.

Art. 36. Es empfiehlt sich, in den großen Häfen mit überseeischem Verkehr einzurichten:

a) einen regelmäßigen Hafengesundheitsdienst und eine ständige ärztliche Überwachung des Gesundheitszustandes der Schiffsbesatzungen und der Hafenbevölkerung;
b) geeignete Räume zur Absonderung der Kranken und zur Beobachtung der verdächtigen Personen;
c) die notwendigen Vorrichtungen zur wirksamen Desinfektion und bakteriologische Laboratorien;
d) die Versorgung des Hafens mit unverdächtigem Trinkwasser und die Anwendung eines möglichste Sicherheit gewährenden

Systems zur Fortschaffung der Abgänge und des Unrats.

Abschnitt IV. Maßnahmen an den Landgrenzen. Reisende. Eisenbahnen. Grenzbezirke. Wasserwege.

Art. 37. Landquarantänen dürfen nicht mehr verhängt werden.

Nur solche Personen, die Merkmale von Pest oder Cholera aufweisen, können an den Grenzen zurückgehalten werden.

Dieser Grundsatz schließt nicht das Recht jedes Staates aus, nötigenfalls einen Teil seiner Grenzen zu sperren.

Art. 38. Es ist von Wichtigkeit, daß die Reisenden auf ihren Gesundheitszustand hin einer Überwachung durch das Eisenbahnpersonal unterzogen werden.

Art. 39. Das ärztliche Eingreifen beschränkt sich auf eine Untersuchung der Reisenden und die Fürsorge für die Kranken. Findet diese Untersuchung statt, so wird sie tunlichst mit der Zollrevision verbunden, damit die Reisenden so wenig wie möglich aufgehalten werden. Nur die Personen, welche sich sichtlich unwohl fühlen, werden einer eingehenden ärztlichen Untersuchung unterzogen.

Art. 40. Es wird von größtem Nutzen sein, die aus einem verseuchten Orte kommenden Reisenden alsbald nach ihrer Ankunft am Bestimmungsort einer Überwachung zu unterwerfen, welche zehn oder fünf Tage, von dem Tage der Abreise an gerechnet, je nachdem es sich um Pest oder Cholera handelt, nicht übersteigen soll.

Art. 41. Die Regierungen behalten sich das Recht vor, besondere Maßregeln für gewisse Arten von Personen zu treffen, namentlich für Zigeuner und Vagabunden, für Auswanderer und solche Personen, welche gruppenweise reisen oder die Grenze überschreiten.

Art. 42. Die zur Beförderung der Reisenden, der Post und des Reisegepäcks dienenden Wagen können an der Grenze nicht zurückgehalten werden.

Wenn ein solcher Wagen verseucht oder von einem Pest- oder Cholerakranken benutzt worden ist, wird er zur möglichst schleunigen Desinfektion vom Zuge abgehängt.

Ebenso ist mit den Güterwagen zu verfahren.

Art. 43. Die bezüglich des Grenzüberganges für das Eisenbahn- und Postpersonal zu treffenden Maßregeln sind Sache der beteiligten Verwaltungen. Sie werden so gefaßt, daß sie den regelmäßigen Dienst nicht stören.

Art. 44. Die Regelung des Grenzverkehrs und der damit zusammenhängenden Fragen, sowie die Anordnung außerordentlicher Überwachungsmaßnahmen bleiben besonderen Vereinbarungen zwischen den aneinander grenzenden Staaten überlassen.

Art. 45. Der Erlaß gesundheitspolizeilicher Bestimmungen für die Flußläufe bleibt besonderen Vereinbarungen zwischen den Regierungen der Uferstaaten überlassen.

Titel II.

Einzelbestimmungen hinsichtlich der außereuropäischen Länder.

Kapitel I.

Herkünfte zur See.

Abschnitt I. Maßnahmen in den verseuchten Häfen bei Abfahrt der Schiffe.

Art. 46. Die zuständige Behörde hat wirksame Maßnahmen zu ergreifen, um die Einschiffung von Personen zu verhindern, welche Merkmale von Pest oder Cholera zeigen.

Jede auf einem Schiffe Überfahrt nehmende Person muß bei Tage und am Lande unmittelbar vor der Einschiffung während der dazu nötigen Zeit durch einen von der öffentlichen Behörde bestellten Arzt eingehend untersucht werden. Die für das Schiff zuständige Konsularbehörde kann dieser Untersuchung beiwohnen.

Abweichend von dieser Vorschrift kann in Alexandrien und in Port Saïd die ärztliche Untersuchung, falls die örtliche Gesundheitsbehörde dies für nützlich erachtet, unter der Bedingung an Bord vorgenommen werden, daß den Reisenden dritter Klasse nicht erlaubt wird, nachher das Schiff zu verlassen. Diese ärztliche Untersuchung kann bei Reisenden erster und zweiter Klasse, jedoch nicht bei denen dritter Klasse, bei Nacht vorgenommen werden.

Art. 47. Die zuständige Behörde hat wirksame Maßnahmen zu ergreifen, um:

1. die Ausfuhr von irgend welchen Waren oder Gegenständen zu verhindern, welche sie als verseucht erachtet und welche nicht vorher am Lande unter Überwachung des von der öffentlichen Behörde abgeordneten Arztes desinfiziert worden sind;
2. im Falle der Pest zu verhindern, daß Ratten an Bord gelangen;
3. im Falle der Cholera darüber zu wachen, daß das an Bord genommene Trinkwasser unverdorben ist.

Abschnitt II. Maßnahmen hinsichtlich der gewöhnlichen, aus verseuchten Häfen des Nordens kommenden Schiffe, welche an der Einfahrt in den Suezkanal oder in egyptischen Häfen eintreffen.

Art. 48. Gewöhnliche reine Schiffe, welche aus einem pest- oder choleraverseuchten Hafen Europas oder des Mittelländischen Meeres kommen und den Suezkanal durchfahren wollen, werden zur Durchfahrt in Quarantäne zugelassen. Sie setzen ihre Fahrt unter der fünftägigen Beobachtung fort.

Art. 49. Gewöhnliche reine Schiffe, welche in Egypten anlegen wollen, können in Alexandrien oder in Port Said anhalten, wo die Reisenden nach Bestimmung der örtlichen Gesundheitsbehörde die fünftägige Beobachtungszeit entweder an Bord oder in einer Sanitätsstation vollenden.

Art. 50. Für diejenigen verseuchten und verdächtigen Schiffe, welche aus einem pest- oder choleraverseuchten Hafen Europas oder der Ufer des Mittelländischen Meeres kommen und in einem der egyptischen Häfen anlegen oder den Suezkanal durchfahren wollen, werden die Maßregeln von dem Gesundheitsrat in Egypten entsprechend den Bestimmungen der gegenwärtigen Übereinkunft festgesetzt.

Die diese Maßregeln enthaltenden Bestimmungen müssen, um vollstreckbar zu werden, von den verschiedenen im Konseil vertretenen Mächten angenommen werden; sie regeln die Behandlung der Schiffe, Reisenden und Waren und sollen in möglichst kurzer Frist vorgelegt werden.

Abschnitt III. Maßnahmen im Roten Meere.

A. Maßnahmen hinsichtlich der gewöhnlichen vom Süden kommenden Schiffe, welche in Häfen des Roten Meeres eintreffen oder nach dem Mittelmeere gehen.

Art. 51. Unabhängig von den allgemeinen Vorschriften im Abschnitt III des Kapitels 2, Titel I über die Einteilung und die Behandlung der verseuchten, verdächtigen und reinen Schiffe, finden auf die vom Süden kommenden und in das Rote Meer einlaufenden Schiffe die in den folgenden Artikeln enthaltenen besonderen Vorschriften Anwendung.

Art. 52. Die reinen Schiffe müssen den letzten verseuchten Hafen seit fünf vollen Tagen, vom Augenblicke der Abfahrt an gerechnet, verlassen haben oder sie müssen die hieran fehlende Zeit unter Beobachtung ergänzen.

Sie können den Suezkanal in Quarantäne durchfahren und treten in das Mittelmeer unter Fortsetzung der vorbezeichneten fünftägigen Beobachtung ein. Die Schiffe, welche einen Arzt und einen Dampfkasten an Bord haben, unterliegen der Desinfektion vor der Durchfahrt in Quarantäne nicht.

Art. 53. Verdächtige Schiffe werden verschieden behandelt, je nachdem sie einen Arzt und einen Desinfektionsapparat (Dampfkasten) an Bord haben oder nicht.

a) Schiffe, welche einen Arzt an Bord haben und einen Desinfektionsapparat (Dampfkasten) besitzen und die gewünschten Bedingungen erfüllen, dürfen den Suezkanal unter den in der Verordnung für die Durchfahrt aufgestellten Bedingungen in Quarantäne durchfahren.

b) Andere verdächtige Schiffe, welche weder Arzt noch Desinfektionsapparat (Dampfkasten) an Bord haben, werden, bevor sie zur Durchfahrt in Quarantäne zugelassen werden, in Suez oder an den Mosesquellen so lange zurückgehalten als nötig ist, um die vorgeschriebenen Desinfektionsmaßregeln auszuführen und den Gesundheitszustand des Schiffes festzustellen.

Handelt es sich um Postschiffe oder um eigens zur Beförderung von Reisenden bestimmte Dampfschiffe, welche keinen Desinfektionsapparat (Dampfkasten), aber einen Arzt an Bord haben, so wird die Durchfahrt in Quarantäne gestattet, wenn die Ortsbehörde durch amtliche Feststellung die Gewißheit erlangt, daß die Assanierungs- und Desinfektionsmaßnahmen, sei es bei der Abfahrt oder während der Reise, gehörig ausgeführt worden sind.

Handelt es sich um Postschiffe oder eigens zur Beförderung von Reisenden bestimmte Dampfschiffe, welche keinen Desinfektionsapparat (Dampfkasten), aber einen Arzt an Bord haben, so kann, wenn der letzte Pest- oder Cholerafall mehr als sieben Tage zurückliegt und wenn der Gesundheitszustand des Schiffes befriedigend ist, die Zulassung zum freien Verkehr in Suez gewährt werden, sobald die vorschriftsmäßigen Maßnahmen beendet sind.

Wenn ein Schiff eine reine Fahrt von weniger als sieben Tagen hinter sich hat, so werden die Reisenden, welche sich nach Egypten begeben wollen, in einer von dem Konseil in Alexandrien zu bezeichnenden Anstalt gelandet und bis zum Ablaufe der fünftägigen Beobachtung abgesondert. Ihre schmutzige Wäsche und ihre Bekleidungsgegenstände des täglichen Gebrauchs werden desinfiziert. Sie werden sodann zum freien Verkehre zugelassen.

Schiffe mit reiner Fahrt von weniger als sieben Tagen, welche zum freien Verkehr in

Egypten zugelassen zu werden wünschen, werden in einer von dem Konseil in Alexandrien zu bezeichnenden Anstalt während der zum Ablaufe der fünftägigen Beobachtung nötigen Zeit zurückgehalten; sie unterliegen den vorschriftsmäßigen Maßnahmen für verdächtige Schiffe.

Falls die Pest oder die Cholera sich ausschließlich unter der Schiffsbesatzung gezeigt hat, erstreckt sich die Desinfektion nur auf die schmutzige Wäsche derselben, aber auf sämtliche schmutzige Wäsche und auch auf die Wohnräume der Schiffsbesatzung.

Art. 54. Verseuchte Schiffe werden in Schiffe mit Arzt und Desinfektionsapparat (Dampfkasten) und Schiffe ohne Arzt und ohne Desinfektionsapparat (Dampfkasten) unterschieden.

a) Schiffe ohne Arzt und ohne Desinfektionsapparat (Dampfkasten) werden an den Mosesquellen [1]) angehalten; Personen, welche Merkmale von Pest oder Cholera zeigen, werden gelandet und in einem Hospital abgesondert. Die Desinfektion wird vollständig durchgeführt. Die übrigen Reisenden werden gelandet und in möglichst kleinen Personengruppen in der Weise abgesondert, daß die Gesamtheit nicht in Mitleidenschaft gezogen wird, wenn die Pest oder die Cholera in einer einzelnen Gruppe ausbrechen sollte. Die schmutzige Wäsche, die Bekleidungsgegenstände des täglichen Gebrauchs, die Kleidung der Schiffsbesatzung und der Reisenden, sowie das Schiff werden desinfiziert.

Es handelt sich hierbei nicht etwa um das Ausladen der Waren, sondern nur um die Desinfektion des verseuchten Teiles des Schiffes.

Die Reisenden haben fünf Tage in einer von dem Konseil für See-Sanitätswesen und Quarantänesachen in Egypten zu bezeichnenden Anstalt zu bleiben; wenn die Pest- oder Cholerafälle mehrere Tage zurückliegen, so wird die Dauer der Absonderung abgekürzt. Diese Dauer ist verschieden je nach dem Zeitpunkte der Heilung, des Todes oder der Absonderung des zuletzt Erkrankten. So beträgt die Dauer der Beobachtung einen Tag, wenn der letzte Pest- oder Cholerafall vor sechs Tagen durch Heilung oder durch Tod erloschen, oder wenn der zuletzt Erkrankte seit sechs Tagen abgesondert ist; falls nur fünf Tage verstrichen sind, dauert die Beobachtung zwei Tage; falls nur vier Tage verstrichen sind, dauert die Beobachtung drei Tage; wenn nur drei Tage verstrichen sind, dauert die Beobachtung vier Tage, und wenn nur zwei Tage oder ein Tag verflossen ist, dauert die Beobachtung fünf Tage.

b) Schiffe mit Arzt und Desinfektionsapparat (Dampfkasten) werden an den Mosesquellen angehalten. Der Schiffsarzt hat unter Eid anzugeben, welche Personen an Bord Merkmale von Pest oder Cholera zeigen. Diese Kranken werden gelandet und abgesondert.

Nach Landung dieser Kranken wird die von der Gesundheitsbehörde für gefährlich erachtete schmutzige Wäsche der übrigen Reisenden und diejenige der Schiffsbesatzung an Bord desinfiziert.

Ist die Pest oder die Cholera nur unter der Schiffsbesatzung aufgetreten, so erstreckt sich die Desinfektion der Wäsche nur auf die schmutzige Wäsche der Schiffsbesatzung und die Wäsche in den Räumen der Schiffsbesatzung.

Der Schiffsarzt hat ferner unter Eid den Schiffsteil oder Schiffsraum und den Krankenraum zu bezeichnen, in welche der oder die Kranken gebracht worden sind. Er hat ebenfalls unter Eid zu erklären, welche Personen zu dem Pest- oder Cholerakranken seit dem ersten Anzeichen der Krankheit, sei es durch unmittelbare Berührung oder Berührung mit Gegenständen, welche verseucht sein können, in Beziehung getreten sind. Diese Personen allein werden als „verdächtig" angesehen.

Der Schiffsteil oder Schiffsraum und der Krankenraum, in welche der oder die Kranken gebracht worden sind, werden vollständig desinfiziert. Man versteht unter „Schiffsteil" die Kabine des Kranken, die daranstoßenden Kabinen, den Gang, an welchem diese Kabinen liegen, das Deck, die Teile des Decks, auf denen sich der oder die Kranken aufgehalten haben.

Ist es nicht möglich, den Schiffsteil oder Schiffsraum, welcher von den Pest- oder Cholerakranken benutzt worden ist, zu desinfizieren, ohne die für verdächtig erklärten Personen zu landen, so werden diese Personen entweder auf ein eigens zu diesem Zwecke bestimmtes Schiff gebracht oder aber gelandet und in der Sanitätsanstalt untergebracht, ohne mit den Kranken in Berührung zu kommen; letztere müssen in das Hospital gebracht werden.

Die Dauer dieses Aufenthalts auf dem Schiffe oder am Lande zum Zwecke der Desinfektion muß möglichst kurz sein und darf vierundzwanzig Stunden nicht übersteigen.

Die Verdächtigen unterliegen entweder auf ihrem Schiffe oder auf dem hierzu bestimmten Schiffe einer Beobachtung, deren Dauer verschieden ist je nach Lage des Falles und je nach

1) Die Kranken werden soweit als möglich an den Mosesquellen ausgeschifft; die übrigen Personen können der Beobachtung in einer von dem Konseil für See-Sanitätswesen und Quarantänesachen in Ägypten zu bestimmenden Sanitätsstation (Lotsenlazarett) unterzogen werden.

den im Abs. 3 des Abschnitts a bezeichneten Umständen.

Die auf die Ausführung der vorschriftsmäßigen Maßnahmen verwandte Zeit wird auf die Beobachtungsdauer in Anrechnung gebracht.

Die Durchfahrt in Quarantäne kann vor Ablauf der oben angeführten Fristen zugestanden werden, wenn die Gesundheitsbehörde es für angängig hält. Die Durchfahrt wird, sobald die Desinfektion ausgeführt ist, jedenfalls zugestanden, wenn das Schiff außer seinen Kranken, die oben als „verdächtig" bezeichneten Personen zurückläßt.

Ein mit einem Dampfkasten versehener Leichter kann bei dem Schiffe anlegen, damit die Desinfektion möglichst schnell durchgeführt wird.

Verseuchte Schiffe, welche zum freien Verkehr in Egypten zugelassen zu werden wünschen, werden fünf Tage an den Mosesquellen zurückgehalten und unterliegen außerdem denselben Maßnahmen, welche für die in Europa eintreffenden verseuchten Schiffe gelten.

B. Maßnahmen hinsichtlich der gewöhnlichen, während der Pilgerzeit aus verseuchten Häfen des Hedjaz eintreffenden Schiffe.

Art. 55. Wenn während der Zeit der Pilgerfahrt nach Mekka Pest oder Cholera im Hedjaz herrscht, werden die vom Hedjaz oder von einem anderen Teile der arabischen Küste des Roten Meeres kommenden Schiffe, welche dort weder Pilger noch ähnliche Massentransporte an Bord genommen und während der Überfahrt verdächtige Fälle nicht an Bord gehabt haben, als gewöhnliche verdächtige Schiffe angesehen. Sie werden den Vorsichtsmaßnahmen und der Behandlung unterworfen, welche für diese vorgesehen sind.

Falls sie nach Egypten bestimmt sind, unterliegen sie in einer von dem Konseil für See-Sanitätswesen und Quarantänesachen bezeichneten Anstalt sowohl bei Cholera als bei Pest einer vom Tage des Abganges an zu rechnenden fünftägigen Beobachtung. Sie werden außerdem allen für verdächtige Schiffe vorgeschriebenen Maßnahmen (Desinfektion usw.) unterworfen und werden erst nach günstig ausgefallener ärztlicher Untersuchung zum freien Verkehre zugelassen.

Wenn die Schiffe während der Überfahrt verdächtige Fälle gehabt haben, unterliegen sie einer fünftägigen Beobachtung an den Mosesquellen, gleichviel ob es sich um Pest oder Cholera handelt.

Abschnitt IV. Einrichtung der Überwachung und der Desinfektion in Suez und an den Mosesquellen.

Art. 56. Die in den Verordnungen vorgesehene ärztliche Untersuchung wird bei jedem in Suez eintreffenden Schiffe durch einen oder mehrere der Stationsärzte vorgenommen. Sie findet für Herkünfte aus pest- oder choleraverseuchten Häfen bei Tage statt; sie kann aber auf den mit elektrischer Beleuchtung versehenen Schiffen, welche den Kanal durchfahren wollen, auch bei Nacht erfolgen, falls die örtliche Gesundheitsbehörde die Beleuchtung für ausreichend erachtet.

Art. 57. Auf der Station in Suez sollen wenigstens sieben Ärzte vorhanden sein, ein leitender Arzt, sechs ordentliche Ärzte. Sie sollen im Besitz eines ordnungsmäßigen Diploms sein und vornehmlich unter solchen Ärzten ausgewählt werden, welche besondere praktische Studien auf dem Gebiete der Epidemiologie und Bakteriologie getrieben haben. Sie werden durch den Minister des Innern auf Vorschlag des Konseils für See-Sanitätswesen und Quarantänesachen in Egypten ernannt. Sie beziehen ein Gehalt, welches für die sechs Ärzte von 8 000 Franken bis 12 000 Franken, und für den leitenden Arzt von 12 000 bis 15 000 Franken steigen kann.

Falls dieser ärztliche Dienst noch nicht ausreicht, wird man auf die Marineärzte der verschiedenen Staaten zurückgreifen; diese Ärzte sollen dem leitenden Arzte der Sanitätsstation unterstellt werden.

Art. 58. Ein Korps von Gesundheitsaufsehern ist zur Überwachung und Ausführung der prophylaktischen Maßnahmen im Suezkanal, in der Anstalt an den Mosesquellen und in Tor bestellt.

Art. 59. Dieses Korps umfaßt 10 Aufseher Es rekrutiert sich aus ehemaligen Unteroffizieren der europäischen und egyptischen Armeen und Marinen.

Die Aufseher werden, nachdem ihre Wahlfähigkeit durch den Konseil festgestellt ist, gemäß den Vorschriften des Art. 14 der Khedivialverfügung vom 19. Juni 1893 ernannt.

Art. 60. Die Aufseher bestehen aus zwei Klassen:

die erste Klasse umfaßt vier Aufseher,
die zweite umfaßt sechs.

Art. 61. Die jährliche Besoldung der Aufseher beträgt:

für die erste Klasse 160 bis 200 egyptische Pfund,

für die zweite Klasse 120 bis 168 egyptische Pfund
mit allmählicher Steigerung bis zur Erreichung des Höchstgehalts.

Art. 62. Die Aufseher haben den Charakter von öffentlichen Beamten mit dem Rechte der Requisition im Falle der Übertretung der Gesundheitsverordnungen.

Sie stehen unmittelbar unter dem Befehle des Direktors des Amtes in Suez oder Tor.

Sie sollen mit allen gebräuchlichen Desinfektionsmaßnahmen bekannt gemacht werden und die Handhabung der Desinfektionsmittel und -instrumente kennen lernen.

Art. 63. Die Desinfektions- und Absonderungsanstalt an den Mosesquellen ist dem leitenden Arzte in Suez unterstellt.

Wenn Kranke dort ausgeschifft sind, werden zwei der Ärzte aus Suez dort interniert, der eine zur Behandlung der Pest- oder Cholerakranken, der andere zur Behandlung der nicht von Pest oder Cholera befallenen Kranken.

Falls Pest-, Cholera- und andere Kranke gleichzeitig vorhanden sein sollten, werden drei Ärzte interniert, einer für die Pestkranken, einer für die Cholerakranken und der dritte für die übrigen Kranken.

Art. 64. Die Desinfektions- und Absonderungsanstalt an den Mosesquellen soll enthalten:

1. wenigstens drei Desinfektionskasten, von denen einer auf einen Leichter zu stellen ist, sowie die zur Vernichtung der Ratten notwendige Einrichtung;
2. zwei Absonderungshospitäler mit je zwölf Betten, eins für die Pestkranken und Pestverdächtigen, das andere für Cholerakranke oder Choleraverdächtige. Diese Hospitäler sind derart einzurichten, daß in jedem derselben Kranke, Verdächtige, Männer und Weiber voneinander getrennt werden;
3. Baracken, Zelthospitäler und gewöhnliche Zelte für die gelandeten Personen;
4. eine genügende Zahl Badewannen und Vorrichtungen für Brausebäder;
5. die nötigen Gebäude für den gewöhnlichen Dienst, das ärztliche Personal, die Aufseher usw., ein Magazin, ein Waschhaus;
6. einen Wasserbehälter;
7. die verschiedenen Gebäude sind derart einzurichten, daß eine Berührung zwischen Kranken, verseuchten oder verdächtigen Gegenständen und anderen Personen nicht möglich ist.

Art. 65. Ein Mechaniker wird ausschließlich mit der Unterhaltung der an den Mosesquellen vorhandenen Dampfkasten betraut.

Abschnitt V. Durchfahrt in Quarantäne durch den Suezkanal.

Art. 66. Die Gesundheitsbehörde in Suez gestattet die Durchfahrt in Quarantäne; der Konseil wird davon sofort benachrichtigt.

In zweifelhaften Fällen wird die Entscheidung durch den Konseil getroffen.

Art. 67. Sobald die in vorstehendem Artikel erwähnte Erlaubnis erteilt ist, wird sofort ein Telegramm an die von jeder Macht bestimmte Behörde gesandt. Die Kosten des Telegramms trägt das Schiff.

Art. 68. Jede Macht wird Strafbestimmungen gegen solche Schiffe erlassen, welche den von dem Kapitän angegebenen Kurs verlassen und ungehöriger Weise einen der Häfen des Gebiets dieser Macht anlaufen. Ausgenommen sind die Fälle höherer Gewalt und Anlaufen eines Nothafens.

Art. 69. Bei der Befragung hat der Kapitän zu erklären, ob er unter dem Schiffspersonal eingeborene Heizer oder sonstige gegen Lohn angestellte Personen an Bord hat, die nicht in die Musterrolle oder in das zu diesem Zwecke geführte Verzeichnis eingetragen sind.

Den Kapitänen aller vom Süden kommenden Schiffe, welche in Suez eintreffen, werden besonders folgende Fragen vorgelegt. Sie haben darauf unter Eid zu antworten:

„Haben Sie aushilfsweise angenommene Heizer oder andere Bedienstete an Bord, welche nicht in die Musterrolle oder das Sonderverzeichnis eingetragen sind? Welches ist ihre Nationalität? Wo haben Sie sie eingeschifft?“

Die Sanitätsärzte müssen sich von der Anwesenheit dieser Hilfsmannschaften überzeugen, und sofern sie feststellen, daß diese nicht vollzählig sind, sorgfältig nach den Ursachen der Abwesenheit forschen.

Art. 70. Ein Sanitätsoffizier und zwei Gesundheitsaufseher gehen an Bord. Sie müssen das Schiff bis Port Said begleiten. Es liegt ihnen ob, während der Durchfahrt durch den Kanal jeden Verkehr mit dem Schiffe zu verhindern und über die Ausführung der vorgeschriebenen Maßnahmen zu wachen.

Art. 71. Jedes Ein- oder Ausschiffen und jedes Umsteigen von Reisenden sowie jedes Laden, Löschen oder Umladen von Waren ist während der Fahrt durch den Kanal von Suez bis Port Said verboten.

Reisende können sich jedoch in Port Said in Quarantäne einschiffen.

Art. 72. Die in Quarantäne durchfahrenden Schiffe müssen die Strecke von Suez bis Port Said ohne anzuhalten zurücklegen.

Im Falle des Festkommens oder eines nicht vermeidbaren Anhaltens müssen die nötigen Verrichtungen durch das an Bord befindliche Personal unter Vermeidung jeden Verkehrs mit dem Personale der Suezkanalgesellschaft vorgenommen werden.

Art. 73. Truppentransporte auf verdächtigen oder verseuchten Schiffen dürfen in Quarantäne den Kanal nur bei Tage durchfahren. Müssen sie während der Nacht im Kanale bleiben, so haben sie im Timsahsee oder im Großen See zu ankern.

Art. 74. Schiffen, welche in Quarantäne durchfahren, ist es verboten, in dem Hafen von Port Said zu halten, außer in den im Art. 71 Abs. 2 und im Art. 75 vorgesehenen Fällen.

Die Verproviantierung muß mit den an Bord befindlichen Mitteln bewerkstelligt werden.

Die Schauerleute oder jede andere Person, welche an Bord gegangen, werden auf dem Quarantäneleichter abgesondert. Ihre Kleidung unterliegt dort der vorschriftsmäßigen Desinfektion.

Art. 75. Wenn es für die in Quarantäne durchfahrenden Schiffe unerläßlich ist, in Port Said Kohlen einzunehmen, so hat dies an einem von dem Konseil bestimmten Orte zu geschehen, welcher die nötige Sicherheit für die Absonderung und gesundheitliche Überwachung bietet. Bei Schiffen, auf welchen eine wirksame Überwachung jener Arbeit möglich ist, und wo jede Berührung mit den Leuten an Bord vermieden werden kann, ist die Anbordbeförderung der Kohlen durch Hafenarbeiter gestattet. Während der Nacht muß die Arbeitsstelle elektrisch beleuchtet werden.

Art. 76. Die Lotsen, Elektrotechniker, die Agenten der Gesellschaft und die Gesundheitsaufseher werden in Port Said außerhalb des Hafens zwischen den Molen abgesetzt und von da unmittelbar auf den Quarantäneleichter gebracht, wo ihre Kleidung einer Desinfektion unterworfen wird, falls diese für notwendig erachtet wird.

Art. 77. Für die unten näher bestimmten Kriegsschiffe gelten hinsichtlich der Durchfahrt durch den Suezkanal folgende Vorschriften:

Sie werden von der Quarantänebehörde als rein anerkannt, wenn sie eine von den Schiffsärzten ausgestellte und von dem Kommandanten mitunterzeichnete Bescheinigung vorlegen, in der unter Eid versichert wird:

a) daß an Bord weder bei der Abfahrt, noch während der Überfahrt ein Pest- oder Cholerafall vorgekommen ist;

b) daß eine eingehende Untersuchung aller an Bord befindlichen Personen ohne Ausnahme innerhalb der letzten zwölf Stunden vor Ankunft in dem egyptischen Hafen stattgefunden hat und daß hierbei ein Fall dieser Krankheiten nicht festgestellt worden ist.

Diese Schiffe sind von der ärztlichen Untersuchung befreit und werden sofort zum freien Verkehr zugelassen, sofern seit ihrer Abfahrt aus dem letzten verseuchten Hafen fünf volle Tage verflossen sind.

Diejenigen Schiffe, bei welchen diese Frist nicht erfüllt ist, können den Kanal ohne ärztliche Untersuchung in Quarantäne durchfahren, falls sie der Quarantänebehörde die oben erwähnte Bescheinigung vorlegen.

Die Quarantänebehörde hat nichtsdestoweniger das Recht, falls sie es für nötig erachtet, die ärztliche Untersuchung an Bord der Kriegsschiffe durch ihre Vertreter vornehmen zu lassen.

Die verdächtigen oder verseuchten Kriegsschiffe unterliegen den in Kraft befindlichen Verordnungen.

Nur Kampfeinheiten werden als Kriegsschiffe anerkannt. Transport- und Hospitalschiffe gelten als gewöhnliche Schiffe.

Art. 78. Der Konseil für See-Sanitätswesen und Quarantänesachen in Egypten ist ermächtigt, die Durchfuhr der aus verseuchten Ländern eintreffenden Postsendungen und die Durchreise gewöhnlicher Reisender durch Egypten mittels Eisenbahn in Quarantänezügen unter den in Anlage 1 festgesetzten Bedingungen einzurichten. Anlage I.

Abschnitt VI. Gesundheitspolizeiliche Maßregeln im Persischen Golfe.

Art. 79. Die Schiffe werden, bevor sie in den Persischen Golf einlaufen, in der Sanitätsanstalt der Insel Ormuz ausgefragt. Sie werden in Berücksichtigung des Gesundheitszustandes an Bord und ihrer Herkunft den unter Abschnitt III Kapitel II des Titels I vorgesehenen gesundheitspolizeilichen Maßregeln unterworfen.

Doch wird Schiffen, welche den Chat-el-Arab hinauffahren müssen, auch wenn die

Dauer der Beobachtung noch nicht beendigt ist, die Erlaubnis zur Fortsetzung ihrer Fahrt unter der Bedingung erteilt, daß sie den Persischen Golf und den Chat-el-Arab in Quarantäne durchfahren. Ein Oberaufseher und zwei Gesundheitsaufseher, welche in Ormuz aufgenommen werden, überwachen das Boot bis Bassorah, wo eine zweite ärztliche Untersuchung stattfindet und die erforderlichen Desinfektionen vorgenommen werden.

Bis zur Errichtung der Sanitätsstation von Ormuz werden Gesundheitsaufseher von dem in Gemäßheit des nachfolgenden Art. 82 Abs. 2 vorläufig eingerichteten Posten die bis in den Chat-el-Arab in Quarantäne gehenden Schiffe bis zu der in der Nähe von Bassorah befindlichen Anstalt begleiten.

Schiffe, welche persische Häfen anlaufen müssen, um dort Reisende oder Waren zu landen, können sich jenen Maßnahmen in Bender-Buschir unterziehen.

Ein Schiff, welches bis zum Ablaufe der fünftägigen Frist seit der Abfahrt aus dem letzten pest- oder choleraverseuchten Hafen rein bleibt, wird zum freien Verkehr in den Häfen des Golfes zugelassen, nachdem bei der Ankunft seine Reinheit festgestellt worden ist.

Art. 80. Die Art. 20 bis 28 der gegenwärtigen Übereinkunft sind hinsichtlich der Einteilung der Schiffe und ihrer gesundheitspolizeilichen Behandlung im Persischen Golfe unter folgenden drei Vorbehalten anwendbar:

1. die Überwachung der Reisenden und der Schiffsbesatzung wird stets durch eine Beobachtung von gleicher Dauer ersetzt;
2. die reinen Schiffe können nur dann zum freien Verkehre zugelassen werden, wenn fünf volle Tage seit dem Zeitpunkt ihrer Abfahrt aus dem letzten verseuchten Hafen verflossen sind;
3. hinsichtlich der verdächtigen Schiffe wird die Frist von fünf Tagen zur Beobachtung der Schiffsbesatzung und der Reisenden von dem Zeitpunkt an gerechnet, an dem ein Pest- oder Cholerafall an Bord nicht mehr vorhanden ist.

Abschnitt VII. Sanitätsanstalten im Persischen Golfe.

Art. 81. Unter der Verwaltung des Gesundheitsrats in Constantinopel und auf seine Kosten sind Sanitätsanstalten zu errichten, und zwar eine auf der Insel Ormuz, die andere in der Umgegend von Bassorah an einem näher zu bestimmenden Orte.

Es müssen auf der Sanitätsstation der Insel Ormuz wenigstens zwei Ärzte vorhanden sein, ferner Sanitätsbeamte und Gesundheitsaufseher, sowie eine vollständige Vorrichtung zur Desinfektion und zur Vernichtung der Ratten. Es ist ein kleines Hospital zu errichten.

Auf der Station in der Umgegend von Bassorah wird ein großes Lazarett nebst einem durch mehrere Ärzte versehenen Sanitätsdienst und Einrichtungen zur Desinfektion von Waren errichtet.

Art. 82. Der Oberste Gesundheitsrat in Constantinopel, welchem die Sanitätsanstalt von Bassorah unterstellt ist, wird hinsichtlich derjenigen von Ormuz die gleichen Befugnisse ausüben.

Bis zur Errichtung der Sanitätsanstalt in Ormuz wird dort durch den Obersten Gesundheitsrat in Constantinopel ein Sanitätsposten eingerichtet werden.

Kapitel II.

Herkünfte zu Lande.

Abschnitt I. Allgemeine Bestimmungen.

Art. 83. Die auf dem Landwege gegen Herkünfte aus pest- oder choleraverseuchten Gegenden zu ergreifenden Maßnahmen müssen den in der gegenwärtigen Übereinkunft festgelegten gesundheitspolizeilichen Grundsätzen entsprechen.

Das moderne Desinfektionsverfahren hat an die Stelle der Landquarantänen zu treten. Zu diesem Zwecke sollen Dampfkasten und andere Desinfektionsapparate auf den von den Reisenden benutzten Wegen an sorgfältig ausgewählten Punkten aufgestellt werden.

Dieselben Einrichtungen sollen auf den bereits vorhandenen und noch zu erbauenden Eisenbahnlinien getroffen werden.

Die Waren sollen nach den Grundsätzen der gegenwärtigen Übereinkunft desinfiziert werden.

Art. 84. Jeder Regierung steht es frei, nötigenfalls einen Teil ihrer Grenzen für Reisende und Waren in Bezirken zu schließen, in denen die Einrichtung einer gesundheitspolizeilichen Kontrolle Schwierigkeiten begegnet.

Abschnitt II. Türkische Landgrenzen.

Art. 85. Der Oberste Gesundheitsrat in Constantinopel wird ohne Verzug Sanitätsanstalten in Hanikin und in Kisil-Dizié bei Bayazid an der türkisch-persischen und der türkisch-russischen Grenze einrichten.

Titel III.

Besondere Bestimmungen für die Pilgerfahrten.

Erstes Kapitel.

Allgemeine Vorschriften.

Art. 86. Die Bestimmungen der Art. 46 und 47 des Titels II sind anwendbar auf Personen und Gegenstände, welche an Bord eines Pilgerschiffs eingeschifft werden sollen, das von einem Hafen des Indischen Ozeans oder Australiens in See geht, und zwar selbst dann, wenn der Hafen nicht pest- oder choleraverseucht ist.

Art. 87. Kommen Pest- oder Cholerafälle im Hafen vor, so darf die Einschiffung an Bord der Pilgerschiffe erst dann stattfinden, nachdem die Personen, in Gruppen vereinigt, einer Beobachtung unterworfen worden sind, welche die Gewißheit bietet, daß keine von ihnen mit Pest oder Cholera behaftet ist.

Jeder Regierung steht es frei, bei Ausführung dieser Maßnahme den örtlichen Verhältnissen und Umständen Rechnung zu tragen.

Art. 88. Die Pilger haben, wenn die örtlichen Verhältnisse es gestatten, nachzuweisen, daß sie die zur Pilgerfahrt, besonders zur Hin- und Rückreise unbedingt notwendigen Mittel besitzen.

Art. 89. Nur Dampfschiffe werden zur Beförderung der Pilger auf weiter Fahrt zugelassen. Anderen Schiffen ist diese Beförderung verboten.

Art. 90. Pilgerschiffe, welche die Küstenschiffahrt betreiben und zu Beförderungen von kürzerer Dauer, sogenannten „Küstenfahrten" bestimmt sind, unterliegen den Bestimmungen in der besonderen Verordnung für die Hedjaz-Pilgerfahrten, die von dem Gesundheitsrat in Constantinopel im Einklange mit den in der gegenwärtigen Übereinkunft aufgestellten Grundsätzen veröffentlicht werden wird.

Art. 91. Als Pilgerschiff wird nicht angesehen ein Schiff, welches außer seinen gewöhnlichen Reisenden, zu denen die Pilger der höheren Klassen gerechnet werden können, Pilger der untersten Klasse an Bord nimmt, sofern auf 100 Tonnen Bruttoraumgehalt weniger als ein Pilger kommt.

Art. 92. Jedes Pilgerschiff hat sich bei der Einfahrt in das Rote Meer und in den Persischen Golf nach den Vorschriften der besonderen Verordnung für die Hedjaz-Pilgerfahrten zu richten, die von dem Gesundheitsrat in Constantinopel im Einklange mit den in der gegenwärtigen Übereinkunft aufgestellten Grundsätzen veröffentlicht werden wird.

Art. 93. Der Kapitän ist gehalten, sämtliche von den Pilgern zu erlegenden Gesundheitsabgaben zu zahlen. Diese müssen in dem Preise des Fahrscheins einbegriffen sein.

Art. 94. Die Pilger, welche sich bei den Sanitätsstationen ein- oder ausschiffen, sollen unter sich auf den Landungsplätzen so wenig als möglich in Berührung kommen.

Nach Ausschiffung der Pilger haben die Schiffe zur Wiedereinschiffung derselben die Ankerplätze zu wechseln.

Die ausgeschifften Pilger sollen in so kleinen Gruppen als irgend möglich nach dem Lager gesandt werden.

Es muß ihnen gutes Trinkwasser geliefert werden, sei es, daß man es an Ort und Stelle findet, oder durch Destillation herstellt.

Art. 95. Wenn im Hedjaz Pest oder Cholera herrscht, sind die von den Pilgern mitgeführten Lebensmittel zu vernichten, sofern die Gesundheitsbehörde dies für nötig erachtet.

Kapitel II.

Pilgerschiffe. — Sanitätseinrichtungen.

Abschnitt I. Allgemeine Beschaffenheit der Schiffe.

Art. 96. Das Schiff muß die Pilger im Zwischendecke beherbergen können.

Abgesehen von der Schiffsbesatzung soll das Schiff für jede Person jeglichen Alters eine Fläche von wenigstens 1½ Quadratmeter = 16 Quadratfuß englisch bei einer Zwischendeckshöhe von etwa einem Meter und 80 Zentimeter bieten.

Auf Schiffen, welche die Küstenschiffahrt betreiben, soll jeder Pilger über einen Raum von wenigstens 2 Meter Breite in der Länge des Schandecks des Schiffes verfügen.

Art. 97. Auf Deck soll an jeder Seite des Schiffes ein Ort freigehalten werden, welcher den Blicken entzogen und mit einer Handpumpe versehen ist, um Seewasser für den Bedarf der Pilger zu liefern. Ein Raum dieser Art muß zum ausschließlichen Gebrauche für die Frauen vorbehalten sein.

Art. 98. Das Schiff muß außer Aborten für die Schiffsmannschaft, Wasserklosetts oder Klosetts mit einem Wasserhahn aufweisen, und zwar in dem Verhältnisse, daß auf je 100 eingeschiffte Personen wenigstens ein Abort kommt.

Es müssen Aborte für den ausschließlichen Gebrauch der Frauen vorhanden sein.

Aborte dürfen weder im Zwischendeck noch im Schiffsraume liegen.

Art. 99. Das Schiff muß mit zwei Räumen versehen sein, in denen die Pilger selbst kochen können; den Pilgern ist verboten, anderswo, insbesondere auf Deck, Feuer anzumachen.

Art. 100. Ein ordnungsmäßig eingerichtetes Lazarett mit guten Vorbedingungen für Sicherheit und Gesundheit muß als Unterkunftsraum für die Kranken zur Verfügung gehalten werden.

Es soll wenigstens 5 Prozent der eingeschifften Pilger beherbergen können, in der Weise, daß 3 Quadratmeter auf den Kopf kommen.

Art. 101. Das Schiff muß so eingerichtet sein, daß die Personen, welche Merkmale von Pest oder Cholera zeigen, abgesondert werden können.

Art. 102. Jedes Schiff muß die zur Pflege der Kranken nötigen Arzneimittel, Desinfektionsmittel und andere Hilfsmittel an Bord haben. Die von jeder Regierung für derartige Schiffe erlassenen Verordnungen bestimmen Art und Menge der Arzneimittel.[1]) Pflege und Heilmittel werden den Pilgern unentgeltlich gewährt.

Art. 103. Jedes Schiff, welches Pilger aufnimmt, muß einen Arzt an Bord haben, der mit einem ordnungsmäßigen Diplome versehen und von der Regierung des Heimatlandes des Schiffes oder von der Regierung des Hafens, in dem das Schiff die Pilger aufnimmt, anerkannt worden ist. Ein zweiter Arzt muß an Bord genommen werden, sobald sich mehr als 1000 Pilger auf dem Schiffe befinden.

Art. 104. Der Kapitän ist gehalten, auf dem Schiffe an einer sichtbaren und für die Beteiligten zugänglichen Stelle Anschlagzettel anbringen zu lassen, welche in den wichtigsten Sprachen der von den aufzunehmenden Pilgern bewohnten Länder abgefaßt sind und folgende Angaben enthalten:

1. den Bestimmungsort des Schiffes;
2. den Preis der Fahrscheine;
3. die für jeden Pilger ausgesetzte tägliche Menge an Wasser und Lebensmitteln;
4. das Preisverzeichnis für die Lebensmittel, welche nicht in die tägliche Beköstigung miteinbegriffen sind und besonders bezahlt werden müssen.

Art. 105. Das große Gepäck der Pilger wird eingeschrieben, mit Nummern versehen und im Schiffsraum untergebracht. Die Pilger dürfen nur die unbedingt nötigen Gegenstände bei sich behalten. Die von jeder Regierung für ihre Schiffe erlassenen Verordnungen bestimmen Art, Menge und Umfang dieser Gegenstände.

Art. 106. Die Vorschriften des Kapitel I, des Kapitel II (Abschnitte I, II und III) sind ebenso wie diejenigen des Kapitel III des gegenwärtigen Titels in der Form einer Verordnung an sichtbarer und zugänglicher Stelle in jedem Deck und Zwischendeck auf allen Pilger befördernden Schiffen in der Sprache desjenigen Landes, dem das Schiff angehört, und in den wichtigsten Sprachen der von den aufzunehmenden Pilgern bewohnten Länder anzuschlagen.

Abschnitt II. Maßnahmen vor der Abfahrt.

Art. 107. Der Kapitän oder, wenn ein solcher nicht vorhanden ist, der Eigentümer oder Agent eines jeden Pilgerschiffs ist gehalten, der zuständigen Behörde des Abgangshafens wenigstens drei Tage vor der Abfahrt von seiner Absicht, Pilger aufzunehmen, Anzeige zu machen. In den Zwischenhäfen ist der Kapitän oder, wenn ein solcher nicht vorhanden ist, der Eigentümer oder Agent eines jeden Pilgerschiffs gehalten, dieselbe Anzeige zwölf Stunden vor Abgang des Schiffes zu machen. In dieser Anzeige muß der zur Abfahrt bestimmte Tag und der Bestimmungsort des Schiffes angegeben werden.

Art. 108. Nach Erstattung der durch den vorhergehenden Artikel vorgeschriebenen Anzeige läßt die zuständige Behörde auf Kosten des Kapitäns die Untersuchung und Vermessung des Schiffes vornehmen. Die für das Schiff zuständige Konsularbehörde kann dieser Untersuchung beiwohnen.

Die Untersuchung allein findet statt, wenn der Kapitän schon mit einem von der zuständigen Behörde seines Landes ausgestellten Zeugnis über die Vermessung des Schiffes versehen ist, sofern nicht etwa der Verdacht vorliegt, daß das Zeugnis nicht mehr dem gegenwärtigen Zustande des Schiffes entspricht.[1])

---

1) Es ist wünschenswert, daß jedes Schiff mit den wirksamsten Immunisierungsmitteln versehen werde (Antipest-Serum, Haffkineschem Impfstoff usw.).

1) Die zuständige Behörde ist zurzeit: in Britisch-Indien ein von der Lokalregierung hierzu bestimmter Beamter (Officer) (Native passenger Ships Act, 1887, art. 7); — in Niederländisch-Indien der Hafenmeister; — in der Türkei die Gesundheitsbehörde; — in Österreich-Ungarn die Hafenbehörde; — in Italien der Hafenkapitän; — in Frankreich, Tunesien und Spanien die Gesundheitsbehörde; in Ägypten die Gesundheitsbehörde, usw.

Art. 109. Die zuständige Behörde gestattet die Abfahrt eines Pilgerschiffs erst, nachdem sie sich über folgende Punkte Gewißheit verschafft hat:

a) daß das Schiff vollkommen gereinigt oder nötigenfalls desinfiziert worden ist;

b) daß das Schiff imstande ist, die Reise ohne Gefahr zu unternehmen, daß es gut bemannt, gut ausgerüstet, hinreichend luftig und mit einer genügenden Anzahl von Rettungsbooten versehen ist, daß es nichts an Bord enthält, was der Gesundheit oder Sicherheit der Reisenden schädlich ist oder schädlich werden kann, und daß Deck und Zwischendeck aus Holz oder aus mit Holz bedecktem Eisen sind;

c) daß an Bord, außer dem Proviant für die Schiffsmannschaft, gehörig verladene Lebensmittel und Brennmaterialien vorhanden sind, alles von guter Beschaffenheit und in solcher Menge, daß es für sämtliche Pilger und für die angegebene Reisedauer ausreicht;

d) daß das an Bord befindliche Trinkwasser von guter Beschaffenheit und durchaus unverdächtigen Ursprunges ist, daß es in hinreichender Menge vorhanden ist; daß die Trinkwasserbehälter an Bord vor jeder Verunreinigung geschützt und derart verschlossen sind, daß die Entnahme des Wassers nur mittels der Hähne oder Pumpen erfolgen kann; die Saugheber (suçoirs) genannten Apparate zur Wasserentnahme sind streng verboten;

e) daß das Schiff einen Destillierapparat besitzt, der für alle an Bord befindlichen Personen, einschließlich der Schiffsbesatzung, eine Wassermenge von mindestens 5 Liter für den Kopf und für den Tag zu liefern vermag;

f) daß das Schiff einen Dampfdesinfektionsapparat besitzt, dessen Sicherheit und Wirksamkeit durch die Gesundheitsbehörde des Einschiffungshafens der Pilger festgestellt ist;

g) daß nach Maßgabe der Art. 102 und 103 unter der Schiffsbesatzung sich ein diplomierter und von der Regierung des Heimatlandes des Schiffes oder von der Regierung des Hafens, in dem das Schiff die Pilger aufnimmt, anerkannter [1]) Arzt befindet, und daß das Schiff Arzneimittel mit sich führt;

h) daß das Schiffsdeck frei von jeglichen den Verkehr behindernden Waren und Gegenständen ist;

i) daß die Einrichtungen des Schiffes derartig sind, daß die in dem nachfolgenden Abschnitte III vorgeschriebenen Maßnahmen ausgeführt werden können.

Art. 110. Der Kapitän darf nicht abfahren, bevor er folgendes in Händen hat:

1. eine von der zuständigen Behörde visierte, Namen, Geschlecht und Gesamtzahl der Pilger, die er an Bord nehmen darf, angebende Liste;
2. einen Gesundheitspaß, welcher Namen, Nationalität und Tonnengehalt des Schiffes, die Namen des Kapitäns und des Arztes, die genaue Anzahl der eingeschifften Personen, und zwar der Schiffsbesatzung, der Pilger und der anderen Reisenden, die Art der Ladung und den Abgangsort angibt.

Die zuständige Behörde wird auf dem Gesundheitspaß angeben, ob die vorschriftsmäßig zulässige Zahl von Pilgern erreicht ist oder nicht, und in letzterem Falle die Zahl der Reisenden, welche das Schiff bei seinem Anlaufen in anderen Häfen noch aufnehmen darf.

Abschnitt III. Maßnahmen während der Fahrt.

Art. 111. Das Deck soll während der Fahrt frei von Gegenständen bleiben, welche den Verkehr behindern; es soll Tag und Nacht für die an Bord genommenen Personen freigehalten werden und ihnen unentgeltlich zur Verfügung stehen.

Art. 112. Jeden Tag müssen, während sich die Pilger auf Deck befinden, die Zwischendecks sorgfältig gereinigt und mit trockenem Sande, der mit Desinfektionsmitteln zu mischen ist, abgerieben werden.

Art. 113. Die für die Reisenden bestimmten Aborte, ebenso wie die für die Schiffsbesatzung müssen in sauberem Zustande gehalten und täglich dreimal gereinigt und desinfiziert werden.

Art. 114. Die Ausscheidungen und die Entleerungen der Personen, welche Merkmale von Pest oder Cholera zeigen, müssen in Gefäßen aufgefangen werden, welche eine Desinfektionslösung enthalten. Diese Gefäße sind in die Aborte zu entleeren, welch' letztere nach jeder solchen Entleerung sorgfältig desinfiziert werden müssen.

Art. 115. Bettgerät, Teppiche und Kleidungsstücke, die mit den im vorigen Artikel bezeichneten Kranken in Berührung gekommen sind, müssen sofort desinfiziert werden. Die

1) Ausnahmen finden für diejenigen Regierungen statt, welche anerkannte Ärzte nicht haben.

Beobachtung dieser Vorschrift wird besonders hinsichtlich der Kleidung der in die Nähe der Kranken kommenden Personen empfohlen, welche beschmutzt worden sein kann.

Diejenigen von den oben erwähnten Gegenständen, welche keinen Wert haben, sind entweder ins Meer zu werfen, wenn das Schiff sich nicht in einem Hafen oder Kanale befindet, oder aber durch Feuer zu vernichten. Die anderen müssen in undurchlässigen, mit einer Desinfektionslösung durchtränkten Säcken in den Dampfkasten gebracht werden.

Art. 116. Die im Art. 100 bezeichneten, von den Kranken benutzten Räume müssen streng desinfiziert werden.

Art. 117. Die Pilgerschiffe werden aufs strengste den Desinfektionsmaßnahmen nach den Verordnungen unterworfen, welche in dem Lande, dessen Flagge sie führen, in dieser Beziehung in Kraft sind.

Art. 118. An Trinkwasser müssen jedem Pilger ohne Rücksicht auf sein Alter täglich wenigstens fünf Liter unentgeltlich zur Verfügung gestellt werden.

Art. 119. Wenn die Beschaffenheit des Trinkwassers zu Zweifeln Anlaß gibt, oder die Möglichkeit besteht, daß es entweder von vornherein verseucht war oder während der Fahrt verseucht worden ist, so muß das Wasser gekocht oder auf andere Weise keimfrei gemacht werden, und der Kapitän ist gehalten, dasselbe in dem ersten Zwischenhafen, wo er sich besseres Wasser beschaffen kann, ins Meer gießen zu lassen.

Art. 120. Der Arzt besucht die Pilger, behandelt die Kranken und wacht darüber, daß an Bord die Regeln der Gesundheitspflege beobachtet werden. Insbesondere hat er:

1. sich zu vergewissern, daß die an die Pilger verabreichten Lebensmittel von guter Beschaffenheit sind, daß ihre Menge den eingegangenen Verpflichtungen entspricht, und daß sie angemessen zubereitet sind;
2. sich zu vergewissern, daß die Vorschriften des Art. 118, betreffend die Verabreichung des Wassers, beobachtet werden;
3. wenn hinsichtlich der Beschaffenheit des Trinkwassers Zweifel bestehen, den Kapitän schriftlich an die Vorschriften des Art. 119 zu erinnern;
4. sich zu vergewissern, daß das Schiff andauernd in reinlichem Zustande gehalten wird, und insbesondere daß die Aborte in Gemäßheit der Vorschriften des Art. 113 gereinigt werden;
5. sich zu vergewissern, daß die Unterkunftsräume der Pilger in einer der Gesundheit zuträglichen Verfassung gehalten werden, und daß im Falle einer übertragbaren Krankheit die Desinfektion gemäß Art. 116 und 117 vorgenommen wird;
6. ein Tagebuch über alle während der Reise stattgehabten Vorfälle von gesundheitlicher Bedeutung zu führen und es der zuständigen Behörde des Ankunftshafens vorzulegen.

Art. 121. Nur die mit der Pflege von Pest- oder Cholerakranken beauftragten Personen haben zu diesen Zutritt und dürfen mit den übrigen an Bord befindlichen Personen nicht in Berührung kommen.

Art. 122. Tritt ein Todesfall während der Überfahrt ein, so hat der Kapitän ihn neben dem betreffenden Namen auf der von der Behörde des Abgangshafens visierten Liste zu vermerken und außerdem in seinem Schiffstagebuche den Namen des Verstorbenen, dessen Alter und Herkunft, sowie die nach dem Zeugnisse des Arztes vorliegende vermutliche Todesursache und den Tag des Todesfalls einzutragen.

Ist der Tod infolge einer übertragbaren Krankheit erfolgt, so ist der Leichnam, nachdem er zuvor in ein mit einer Desinfektionslösung durchtränktes Tuch eingehüllt worden ist, ins Meer zu werfen.

Art. 123. Der Kapitän hat darüber zu wachen, daß alle während der Reise ausgeführten Vorbeugungsmaßregeln in dem Schiffstagebuche vermerkt werden. Letzteres wird von ihm der zuständigen Behörde des Ankunftshafens vorgelegt.

In jedem Zwischenhafen hat der Kapitän die nach Art. 110 aufgestellte Liste von der zuständigen Behörde visieren zu lassen.

Ist ein Pilger während der Reise ausgeschifft worden, so hat der Kapitän dies auf jener Liste neben dem Namen des betreffenden Pilgers zu vermerken.

Werden Personen eingeschifft, so müssen sie in diese Liste in Gemäßheit des vorerwähnten Art. 110 und vor Erteilung des von der zuständigen Behörde auszustellenden neuen Visums eingetragen werden.

Art. 124. Der in dem Abgangshafen ausgestellte Gesundheitspaß darf während der Reise nicht abgeändert werden.

Er wird von der Gesundheitsbehörde jedes Zwischenhafens visiert. Diese vermerkt darauf:

1. die Zahl der in diesem Hafen gelandeten oder eingeschifften Reisenden;
2. die auf See vorgekommenen, die Gesundheit oder das Leben der eingeschifften Personen betreffenden Ereignisse;

3. den Gesundheitszustand des Zwischenhafens.

Abschnitt IV. Maßnahmen bei der Ankunft der Pilger im Roten Meere.

A. Gesundheitspolizeiliche Behandlung der aus einem verseuchten Hafen des Südens kommenden und nach dem Hedjaz fahrenden Schiffe mit muselmanischen Pilgern.

Art. 125. Die aus dem Süden kommenden Pilgerschiffe, welche sich nach dem Hedjaz begeben, haben zunächst die Sanitätsstation von Camaran anzulaufen und sich der in Art. 126 bis 128 vorgesehenen Behandlung zu unterziehen.

Art. 126. Schiffe, welche nach ärztlicher Untersuchung rein befunden worden sind, werden zum freien Verkehre zugelassen, sobald folgende Maßnahmen durchgeführt worden sind:

Die Pilger werden gelandet und nehmen ein Brause- oder Seebad; ihre schmutzige Wäsche und was von ihren Bekleidungsgegenständen des täglichen Gebrauchs und ihrem Gepäcke nach Ansicht der Gesundheitsbehörde verdächtig sein kann, wird desinfiziert; die Dauer dieser Maßnahmen, einschließlich der Aus- und Einschiffung, darf achtundvierzig Stunden nicht übersteigen.

Wird im Verlaufe dieser Maßnahmen kein wirklicher oder verdächtiger Fall von Pest oder Cholera festgestellt, so werden die Pilger sofort wieder eingeschifft und das Schiff begibt sich nach dem Hedjaz.

Bei Pest finden die Bestimmungen der Art. 23 und 24 hinsichtlich der etwa an Bord befindlichen Ratten Anwendung.

Art. 127. „Verdächtige" Schiffe, auf denen zur Zeit der Abfahrt Pest- oder Cholerafälle vorgekommen sind, aber kein neuer Pest- oder Cholerafall während der letzten sieben Tage, werden folgendermaßen behandelt:

Die Pilger werden gelandet und nehmen ein Brause- oder Seebad; ihre schmutzige Wäsche und was von ihren Bekleidungsgegenständen des täglichen Gebrauchs und ihrem Gepäcke nach Ansicht der Gesundheitsbehörde verdächtig sein kann, wird desinfiziert.

In Cholerazeiten wird das Bilgewasser erneuert.

Die von den Kranken bewohnt gewesenen Schiffsteile werden desinfiziert. Die Dauer dieser Maßnahmen einschließlich der Aus- und Einschiffung darf achtundvierzig Stunden nicht übersteigen.

Wird im Verlaufe dieser Maßnahmen kein wirklicher oder verdächtiger Fall von Pest oder Cholera festgestellt, so werden die Pilger sofort wieder eingeschifft und das Schiff hat sich nach Djeddah zu begeben, wo eine zweite ärztliche Untersuchung an Bord stattfindet. Fällt diese günstig aus und wird eine schriftliche Erklärung der Schiffsärzte vorgelegt, in der diese eidlich bescheinigen, daß während der Überfahrt keine Pest- oder Cholerafälle vorgekommen sind, so werden die Pilger sofort gelandet.

Sind dagegen ein oder mehrere wirkliche oder verdächtige Fälle von Pest oder Cholera während der Reise oder im Augenblicke der Ankunft festgestellt worden, so wird das Schiff nach Camaran zurückgeschickt, wo es sich von neuem der für verseuchte Schiffe angeordneten Behandlung zu unterziehen hat.

Bei Pest finden die Bestimmungen des Art. 22, dritter Absatz, hinsichtlich der etwa an Bord befindlichen Ratten Anwendung.

Art. 128. Verseuchte Schiffe, d. h. solche, welche Pest- oder Cholerafälle an Bord haben, oder auf denen während der letzten sieben Tage derartige Fälle vorgekommen sind, unterliegen folgender Behandlung:

Die von Pest oder Cholera befallenen Personen werden gelandet und im Hospital abgesondert. Die übrigen Reisenden werden gelandet und in möglichst kleinen Personengruppen in der Weise abgesondert, daß die Gesamtheit nicht in Mitleidenschaft gezogen wird, wenn die Pest oder die Cholera in einer einzelnen Gruppe ausbrechen sollte.

Die schmutzige Wäsche, die Bekleidungsgegenstände des täglichen Gebrauchs und die Kleidung der Schiffsbesatzung und der Reisenden sowie das Schiff werden desinfiziert. Die Desinfektion wird vollständig durchgeführt.

Die örtliche Gesundheitsbehörde kann bestimmen, daß das Ausladen des großen Gepäcks und der Waren nicht nötig ist, und daß nur ein Teil des Schiffes desinfiziert werden soll.

Die Reisenden haben sieben oder fünf Tage in der Anstalt von Camaran zu bleiben, je nachdem es sich um Pest oder Cholera handelt. Liegen die Pest- oder Cholerafälle mehrere Tage zurück, so kann die Dauer der Absonderung abgekürzt werden. Diese Dauer kann je nach dem Zeitpunkte des Auftretens des letzten Falles von der Gesundheitsbehörde verschieden festgesetzt werden.

Das Schiff begibt sich sodann nach Djeddah, wo eine strenge ärztliche Untersuchung jeder einzelnen Person an Bord stattzufinden hat. Ist ihr Ergebnis günstig, so wird das Schiff zum freien Verkehre zugelassen. Sind aber während der Reise oder zur Zeit der Ankunft festgestellte Pest- oder Cholerafälle an Bord vorgekommen, so wird das Schiff nach Camaran zurückgeschickt, wo es sich von neuem der für verseuchte Schiffe angeordneten Behandlung zu unterziehen hat.

Bei Pest finden die Bestimmungen des Art. 21 hinsichtlich der etwa an Bord befindlichen Ratten Anwendung.

1. Die Station Camaran.

Art. 129. Die Station Camaran soll folgenden Bedingungen entsprechen:

Die Insel soll von ihren Bewohnern vollständig geräumt werden.

Zur Sicherung und Erleichterung des Schiffsverkehrs in der Bucht der Insel sollen:

1. Bojen und Baken in genügender Anzahl angebracht werden;
2. eine Mole oder ein Hauptkai für die Landung der Reisenden und Frachtstücke erbaut werden;
3. eine besondere Landungsbrücke angelegt werden, um die Pilger der einzelnen Lager gesondert einschiffen zu können;
4. genügend Leichterschiffe mit einem Schleppdampfer angeschafft werden, um die Aus- und Einschiffung der Pilger sicher zu stellen.

Art. 130. Die Ausschiffung der Pilger aus verseuchten Schiffen ist mit den an Bord befindlichen Mitteln zu bewerkstelligen. Falls diese ungenügend sind, unterliegen die bei der Ausschiffung zu Hilfe genommenen Personen und Leichter der für Pilger und das verseuchte Schiff vorgeschriebenen Behandlung.

Art. 131. Die Sanitätsstation erhält folgende Einrichtungen und Ausrüstungen:

1. ein Schienennetz, welches die Landungsplätze mit den Verwaltungs- und Desinfektionsräumlichkeiten, sowie mit den Räumlichkeiten der verschiedenen Dienststellen und den Lagern verbindet;
2. Räumlichkeiten für die Verwaltung und das Personal des Gesundheitsdienstes und der anderen Dienstzweige;
3. Gebäude für die Desinfektion und Waschung der Bekleidungsgegenstände des täglichen Gebrauchs und sonstigen Sachen;
4. Gebäude, in denen die Pilger während der Desinfektion der in Gebrauch befindlichen Kleidungsstücke Brause- oder Seebäder nehmen;
5. für jedes der beiden Geschlechter getrennte und vollständig gesonderte Hospitäler:
   a) zur Beobachtung der Verdächtigen,
   b) für die Pestkranken,
   c) für die Cholerakranken,
   d) für die von anderen ansteckenden Krankheiten Befallenen,
   e) für die gewöhnlichen Kranken;
6. in wirksamer Weise voneinander getrennte Lager; die Entfernung zwischen ihnen muß möglichst groß sein; die für die Pilger bestimmten Unterkunftsräume müssen unter den besten hygienischen Bedingungen hergestellt sein und dürfen nicht mehr als 25 Personen aufnehmen;
7. einen günstig und von jeder Wohnstätte entfernt gelegenen Begräbnisplatz, welcher nicht mit dem Grundwasser in Verbindung steht und 50 Zentimeter unter der Gräberfläche drainiert ist;
8. eine ausreichende Zahl von Dampfkasten, welche alle Vorbedingungen für sichere, erfolgreiche und schnelle Wirkung bieten; Vorrichtungen zur Vernichtung der Ratten;
9. Zerstäubungsapparate, Desinfektionskasten und die zur chemischen Desinfektion nötigen Mittel;
10. Wasserdestilliermaschinen: Vorrichtungen, um Wasser durch Hitze keimfrei zu machen; Eismaschinen. Für die Zuführung von Trinkwasser: Röhrenleitungen und verschlossene wasserdichte Behälter, welche sich nur mittels Hähnen oder Pumpen leeren lassen;
11. ein bakteriologisches Laboratorium mit dem nötigen Personal;
12. Aufstellung von beweglichen Zubern zur Aufnahme der vorher desinfizierten Fäkalien. Abfuhr dieser Stoffe auf eine der von den Lagern am weitesten entfernt gelegenen Stellen der Insel, wobei darauf zu achten ist, daß die Bodenverhältnisse vom gesundheitlichen Standpunkt aus hierfür geeignet sind;
13. die Schmutzwässer sind aus den Lagern zu entfernen, ohne daß sie stehendes Wasser bilden oder zu Genußzwecken verbraucht werden können. Die Abwässer aus den Hospitälern sind zu desinfizieren.

Art. 132. Die Gesundheitsbehörde sorgt dafür, daß in jedem Lager ein Magazin für Lebensmittel und ein solches für Brennmaterial vorhanden ist.

Das Verzeichnis der von der zuständigen Behörde festgesetzten Preise wird im Lager an mehreren Stellen in den wichtigsten Sprachen der von den Pilgern bewohnten Länder angeschlagen.

Jeden Tag hat der Arzt des Lagers die Beschaffenheit der Lebensmittel zu prüfen und festzustellen, ob ein genügender Vorrat vorhanden ist.

Wasser wird unentgeltlich verabfolgt.

2. Stationen in Abou-Ali, Abou-Saad, Djeddah, Vasta und Yambo.

Art. 133. Die Sanitätsstationen in Abou-Ali, Abou-Saad, Vasta sowie Djeddah und Yambo sollen folgenden Bedingungen entsprechen:

1. Herstellung von vier Hospitälern in Abou-Ali und zwar zwei für Pestkranke — Männer und Frauen — und zwei für Cholerakranke — Männer und Frauen;
2. Herstellung eines Hospitals für gewöhnliche Kranke in Vasta;
3. Errichtung von steinernen Unterkunftsräumen in Abou-Saad und Vasta, welche je fünfzig Personen aufnehmen können;
4. drei Dampfdesinfektionskasten, die in Abou-Ali, Abou-Saad und Vasta aufzustellen sind, nebst Waschanstalten, Zubehör und Vorrichtungen zur Vernichtung der Ratten;
5. Anstalten für Brausebäder in Abou-Saad und Vasta;
6. auf jeder der Inseln Abou-Saad und Vasta Destilliermaschinen, welche zusammen täglich 15 Tonnen Wasser liefern können;
7. die Beseitigung der Fäkalien und Schmutzwässer wird nach den für Camaran aufgestellten Grundsätzen geregelt;
8. ein Begräbnisplatz wird auf einer der Inseln angelegt;
9. die im Art. 150 vorgesehenen Sanitätseinrichtungen in Djeddah und Yambo, vorzugsweise Dampfkasten und andere Desinfektionsmittel für die den Hedjaz verlassenden Pilger.

Art. 134. Bezüglich der Lebensmittel und des Wassers finden die für Camaran gültigen Bestimmungen auch auf die Lager in Abou-Ali, Abou-Saad und Vasta Anwendung.

B. Gesundheitspolizeiliche Behandlung der von Norden kommenden und nach dem Hedjaz fahrenden Schiffe mit muselmanischen Pilgern.

Art. 135. Wenn weder im Abgangshafen noch in dessen Umgegend Pest oder Cholera festgestellt worden, und kein Pest- oder Cholerafall während der Überfahrt vorgekommen ist, wird das Schiff sofort zum freien Verkehre zugelassen.

Art. 136. Wenn Pest oder Cholera im Abgangshafen oder in dessen Umgegend festgestellt worden, oder wenn ein Pest- oder Cholerafall während der Überfahrt vorgekommen ist, so unterliegt das Schiff in El-Tor denjenigen Maßnahmen, welche für die aus dem Süden kommenden und in Camaran anhaltenden Schiffe angeordnet sind. Die Schiffe werden darauf zum freien Verkehre zugelassen.

Abschnitt V. Maßnahmen bei der Rückreise der Pilger.

A. Pilgerschiffe, welche nach dem Norden zurückkehren.

Art. 137. Jedes aus einem Hafen des Hedjaz oder aus irgend einem anderen Hafen der arabischen Küste des Roten Meeres kommende Schiff, welches Pilger oder ähnliche Massentransporte an Bord hat und nach Suez oder einem Hafen des Mittelländischen Meeres bestimmt ist, hat sich nach El-Tor zu begeben, um dort der Beobachtung und den in Art. 141 bis 143 aufgeführten gesundheitlichen Maßregeln unterworfen zu werden.

Art. 138. Die Schiffe, welche die muselmanischen Pilger nach dem Mittelmeer zurückbringen, dürfen den Kanal nur in Quarantäne durchfahren.

Art. 139. Die Agenten der Schiffahrtsgesellschaften und die Kapitäne werden davon in Kenntnis gesetzt, daß allein die egyptischen Pilger nach Beendigung ihrer Beobachtung in der Sanitätsstation von El-Tor berechtigt sind, das Schiff endgültig zu verlassen, um alsdann nach Hause zurückzukehren.

Es werden als Egypter oder in Egypten wohnhaft nur die Pilger angesehen, welche im Besitz einer von einer egyptischen Behörde ausgestellten und der vorgeschriebenen Form entsprechenden Aufenthaltskarte sind. Muster dieser Karte werden bei den Konsular- und Gesundheitsbehörden in Djeddah und Yambo niedergelegt, wo die Agenten und Schiffskapitäne sie einsehen können.

Die nichtegyptischen Pilger, wie Türken, Russen, Perser, Tunesier, Algerier, Marokkaner usw. dürfen, nachdem sie El-Tor verlassen haben, nicht in einem egyptischen Hafen ausgeschifft werden. Infolgedessen werden die Schiffahrtsagenten und die Kapitäne davon in Kenntnis gesetzt, daß das Umsteigen von in Egypten nicht heimischen Pilgern, sei es in Tor, Suez, Port Said oder Alexandrien verboten ist.

Die Schiffe, welche Pilger der im vorstehenden Absatz aufgeführten Nationalitäten an Bord haben, unterliegen der gleichen Behandlung wie diese Pilger und werden in keinem egyptischen Hafen des Mittelländischen Meeres zugelassen.

Art. 140. Die egyptischen Pilger unterliegen vor ihrer Zulassung zum freien Verkehr entweder in El-Tor oder in Suakim oder in jeder anderen vom Konseil in Egypten bezeichneten Station einer dreitägigen Beobachtung und einer ärztlichen Untersuchung.

Art. 141. Wenn Pest oder Cholera im Hedjaz oder im Abgangshafen des Schiffes festgestellt wird oder während der Pilgerfahrt im Hedjaz festgestellt worden ist, unterliegt das Schiff in El-Tor den in Camaran für verseuchte Schiffe angeordneten Bestimmungen.

Die von Pest oder Cholera befallenen Personen werden gelandet und im Hospital abgesondert. Die übrigen Reisenden werden gelandet und in möglichst kleinen Personengruppen abgesondert, so daß die Gesamtheit nicht in Mitleidenschaft gezogen wird, wenn Pest oder Cholera in einer einzelnen Gruppe ausbrechen sollte.

Die schmutzige Wäsche, die Bekleidungsgegenstände des täglichen Gebrauchs und die Kleidung der Schiffsbesatzung und der Reisenden, das Reisegepäck und die Waren, von denen zu befürchten ist, daß sie verseucht sind, werden zum Zwecke der Desinfektion ausgeschifft. Ihre Desinfektion wird ebenso wie die des Schiffes vollständig durchgeführt.

Die örtliche Gesundheitsbehörde kann bestimmen, daß das Ausladen des großen Gepäcks und der Waren nicht nötig und das Schiff nur teilweise zu desinfizieren ist.

Die Bestimmungen der Art. 21 und 24 finden hinsichtlich der etwa an Bord befindlichen Ratten Anwendung.

Alle Pilger unterliegen, wenn es sich um Pest oder Cholera handelt, einer Beobachtung von sieben vollen Tagen, von dem Tage an gerechnet, an welchem die Desinfektionsmaßnahmen beendigt worden sind. Wenn ein Pest- oder Cholerafall in einer Abteilung vorgekommen ist, beginnt die siebentägige Frist für diese Abteilung erst mit dem Tage, an dem der letzte Fall festgestellt worden ist.

Art. 142. In dem im vorigen Artikel vorgesehenen Falle unterliegen die egyptischen Pilger außerdem einer zusätzlichen Beobachtung von drei Tagen.

Art. 143. Wenn Pest oder Cholera im Hedjaz oder im Abgangshafen des Schiffes nicht festgestellt wird und während der Pilgerfahrt im Hedjaz nicht festgestellt worden ist, unterliegt das Schiff in El-Tor den in Camaran für reine Schiffe angeordneten Bestimmungen.

Die Pilger werden gelandet; sie nehmen ein Brause- oder Seebad, ihre schmutzige Wäsche und was von ihren Bekleidungsgegenständen des täglichen Gebrauchs und ihrem Reisegepäcke nach Ansicht der Gesundheitsbehörde verdächtig sein könnte, wird desinfiziert; die Dauer dieser Maßnahmen, einschließlich der Aus- und Einschiffung, darf zweiundsiebenzig Stunden nicht übersteigen.

Wenn auf einem Pilgerschiffe, welches einer Nation angehört, die der gegenwärtigen und früheren Übereinkünften beigetreten ist, während der Reise von Djeddah nach Yambo und El-Tor Pest- oder Choleraerkrankungen nicht vorgekommen sind, und wenn die nach der Ausschiffung in El-Tor vorgenommene ärztliche Untersuchung jeder einzelnen Person die Annahme gerechtfertigt erscheinen läßt, daß sich derartige Kranke nicht an Bord befinden, kann dem Schiffe von dem Konseil in Egypten die Erlaubnis erteilt werden, den Suezkanal auch während der Nacht in Quarantäne zu durchfahren, falls folgende vier Bedingungen erfüllt sind:

1. der Gesundheitsdienst an Bord wird durch einen oder mehrere von der Regierung, der das Schiff angehört, anerkannte Ärzte sichergestellt;
2. das Schiff ist mit Desinfektionskasten versehen und es wird festgestellt, daß die schmutzige Wäsche während der Reise desinfiziert worden ist;
3. es wird nachgewiesen, daß die Zahl der Pilger nicht größer ist, als es die Verordnungen für die Pilgerfahrt gestatten;
4. der Kapitän verpflichtet sich, unmittelbar nach einem Hafen des Landes zu fahren, dem das Schiff angehört.

Nach Ausschiffung in El-Tor muß die ärztliche Untersuchung in möglichst kurzer Frist durchgeführt werden.

Die an die Quarantäneverwaltung zu zahlende Sanitätsgebühr ist dieselbe wie die, welche die Pilger zu zahlen haben würden, falls sie drei Tage in El-Tor in Quarantäne verblieben wären.

Art. 144. Das Schiff, welches während der Überfahrt von El-Tor nach Suez einen verdächtigen Fall an Bord haben sollte, wird nach El-Tor zurückverwiesen.

Art. 145. In den egyptischen Häfen ist die Umschiffung von Pilgern streng untersagt.

Art. 146. Die den Hedjaz verlassenden Schiffe, welche Pilger mit der Bestimmung nach einem Hafen der afrikanischen Küste des Roten Meeres an Bord haben, sind berechtigt, sich unmittelbar nach Suakim oder nach jedem anderen von dem Gesundheitsrat in Alexandrien zu bezeichnenden Punkt zu begeben, um dort derselben Behandlung wie in El-Tor zu unterliegen.

Art. 147. Die mit reinem Gesundheitspaß aus dem Hedjaz oder aus einem Hafen der arabischen Küste des Roten Meeres kommenden Schiffe, welche keine Pilger oder ähnliche Massentransporte an Bord haben, und auf denen während der Überfahrt kein verdächtiger Fall vorgekommen ist, werden in Suez nach günstig ausgefallener ärztlicher Untersuchung zum freien Verkehre zugelassen.

Art. 148. Falls Pest oder Cholera im Hedjaz festgestellt worden ist, sollen:

1. die aus egyptischen Pilgern bestehenden Karawanen, bevor sie sich nach Egypten begeben, einer strengen Quarantäne von sieben Tagen, sowohl bei Pest wie bei Cholera, in El-Tor unterliegen; sie werden darauf in El-Tor noch einer dreitägigen Beobachtung unterworfen, worauf sie erst nach günstig ausgefallener ärztlicher Untersuchung und Desinfektion ihrer Effekten zum freien Verkehre zugelassen werden;
2. die aus fremden Pilgern bestehenden Karawanen, welche sich auf dem Landwege nach Hause begeben müssen, denselben Maßnahmen unterliegen, wie die egyptischen Karawanen; außerdem müssen sie von Gesundheitsaufsehern bis zum Wüstensaume begleitet werden.

Art. 149. Wenn über Pest oder Cholera im Hedjaz nichts verlautet hat, unterliegen die aus dem Hedjaz auf dem Wege von Akaba oder Moïla kommenden Karawanen bei ihrer Ankunft am Kanal oder in Nakhel der ärztlichen Untersuchung, und ihre schmutzige Wäsche und ihre Bekleidungsgegenstände des täglichen Gebrauchs der Desinfektion.

B. Nach dem Süden zurückkehrende Pilger.

Art. 150. Es sind in den Einschiffungshäfen des Hedjaz gesundheitliche Einrichtungen zu treffen, welche ausreichen, um auf die nach dem Süden ziehenden, in ihre Heimat zurückkehrenden Pilger diejenigen Maßnahmen zur Anwendung zu bringen, welche in den jenseits der Meerenge von Bab-el-Mandeb gelegenen Häfen gemäß Art. 46 und 47 bei der Abfahrt dieser Pilger vorgeschrieben sind.

Die Anwendung dieser Maßnahmen steht frei, das heißt sie werden nur dann angewendet, wenn die Konsulatsbehörde des Landes, welchem der Pilger angehört, oder der Arzt des Schiffes, auf welchem er sich einschiffen will, es für nötig erachtet.

Kapitel III.

Strafbestimmungen.

Art. 151. Jeder Kapitän, welcher überführt wird, bezüglich der Zuteilung von Wasser, Lebensmitteln und Brennmaterial die von ihm eingegangenen Verpflichtungen nicht erfüllt zu haben, verfällt in eine Geldstrafe von zwei türkischen Pfund [1]). Diese Geldstrafe wird zu Gunsten des Pilgers erhoben, der unter der Unterlassung zu leiden gehabt hat und nachweist, daß er vergeblich die Erfüllung der eingegangenen Verpflichtung verlangt hat.

Art. 152. Jeder Verstoß gegen Art. 104 wird mit einer Geldstrafe von 30 türkischen Pfund geahndet.

Art. 153. Jeder Kapitän, der hinsichtlich der im Art. 110 vorgesehenen Schiffspapiere, nämlich der Pilgerliste und des Gesundheitspasses, irgend eine Täuschung begeht oder eine solche wissentlich zuläßt, verfällt in eine Geldstrafe von 50 türkischen Pfund.

Art. 154. Jeder Schiffskapitän, der ohne Gesundheitspaß des Abgangshafens oder ohne Visa der Zwischenhäfen eintrifft oder der nicht mit der nach Art. 110, 123 und 124 vorgeschriebenen und ordnungsmäßig geführten Liste versehen ist, verfällt für jeden einzelnen Fall in eine Geldstrafe von 12 türkischen Pfund.

Art. 155. Jeder Kapitän, der überführt wird, beim Fehlen eines gemäß den Vorschriften des Art. 103 anerkannten Arztes mehr als 100 Pilger an Bord zu haben oder gehabt zu haben, verfällt in eine Geldstrafe von 300 türkischen Pfund.

Art. 156. Jeder Kapitän, welcher überführt wird, mehr Pilger an Bord zu haben oder gehabt zu haben, als er nach den Vorschriften des Art. 110 aufzunehmen berechtigt ist, verfällt in eine Geldstrafe von 5 türkischen Pfund für jeden überzähligen Pilger.

Die überzähligen Pilger werden auf der ersten Station, wo eine zuständige Behörde ihren Sitz hat, an Land gesetzt, und der Kapitän ist gehalten, die gelandeten Pilger mit dem zur Fortsetzung der Reise bis zum Bestimmungsorte nötigen Gelde zu versehen.

Art. 157. Jeder Kapitän, welcher überführt wird, Pilger, ohne ihre Zustimmung oder ohne durch höhere Gewalt dazu gezwungen zu sein, an einem anderen als dem Bestimmungsorte gelandet zu haben, verfällt in eine Geldstrafe

1) Das türkische Pfund gilt 22,50 Franken.

von 20 türkischen Pfund für jeden zu Unrecht gelandeten Pilger.

Art. 158. Jeder sonstige Verstoß gegen die Vorschriften, welche sich auf die Pilgerschiffe beziehen, wird mit einer Geldstrafe von 10 bis 100 türkischen Pfund geahndet.

Art. 159. Jede während der Reise festgestellte Übertretung wird auf dem Gesundheitspasse sowie auf der Liste der Pilger vermerkt. Die zuständige Behörde nimmt über den Vorfall ein Protokoll auf, um dasselbe an zuständiger Stelle vorzulegen.

Art. 160. In den türkischen Häfen erfolgt die Feststellung einer Übertretung der Vorschriften für die Pilgerschiffe und die Auferlegung einer Geldstrafe durch die zuständige Behörde gemäß Art. 173 und 174.

Art. 161. Alle zur Mitwirkung bei der Ausführung der gegenwärtigen Übereinkunft hinsichtlich der Pilgerschiffe berufenen Beamten werden, wenn sie sich hierbei Fehler zu Schulden kommen lassen, nach den Gesetzen des Landes bestraft, dem sie angehören.

Titel IV.

Überwachung und Ausführung.

I. Konseil für See-Sanitätswesen und Quarantänesachen in Egypten.

Art. 162. Die Bestimmungen der Anlage III der Sanitätsübereinkunft von Venedig vom 30. Januar 1892, betreffend die Zusammensetzung, die Befugnisse und die Tätigkeit des Konseils für See-Sanitätswesen und Quarantänesachen in Egypten, wie sie sich aus den Verfügungen Seiner Hoheit des Khedive vom 19. Juni 1893 und 25. Dezember 1894 sowie aus der Ministerialverordnung vom 19. Juni 1893 ergeben, werden bestätigt.

Die bezeichneten Verfügungen und die Ministerialverordnung sind der gegenwärtigen Übereinkunft beigefügt.*)

Art. 163. Die sich aus den Bestimmungen der gegenwärtigen Übereinkunft ergebenden gewöhnlichen Ausgaben, namentlich diejenigen für Vermehrung des dem Konseil für See-Sanitätswesen und Quarantänesachen in Egypten unterstehenden Personals, werden mit Hilfe jährlicher Anweisung einer Summe von 4000 egyptischen Pfund durch die Egyptische Regierung gedeckt. Diese Summe kann zum voraus dem dieser Regierung aus der Leuchtturmverwaltung zur Verfügung stehenden Überschuß entnommen werden.

Jedoch wird von dieser Summe der Ertrag einer in El-Tor zu erhebenden Zuschlags-Quarantänegebühr von 10 Piastern Tarif für jeden Pilger abgezogen.

Sollte die Egyptische Regierung Anstand nehmen, diesen Teil der Ausgaben zu übernehmen, so werden die in dem Konseil vertretenen Mächte sich mit der Khedivialregierung ins Benehmen setzen, um die Beteiligung dieser letzteren an den vorerwähnten Ausgaben zu sichern.

Art. 164. Der Konseil für See-Sanitätswesen und Quarantänesachen in Egypten wird beauftragt, die von ihm hinsichtlich der Pest, der Cholera und des Gelbfiebers gegenwärtig zur Anwendung gebrachten sowie die für Herkünfte aus den arabischen Häfen des Roten Meeres für die Zeit der Pilgerfahrt erlassenen Verordnungen mit den Bestimmungen der gegenwärtigen Übereinkunft in Einklang zu bringen.

Es wird, erforderlichenfalls, zu demselben Zwecke, die zur Zeit gültige allgemeine Polizeiverordnung für See-Sanitätswesen und Quarantänesachen nachgeprüft.

Diese Verordnungen bedürfen zu ihrer Inkraftsetzung der Genehmigung der verschiedenen im Konseil vertretenen Mächte.

II. Oberster Gesundheitsrat in Constantinopel.

Art. 165. Der Oberste Gesundheitsrat in Constantinopel wird beauftragt, Maßnahmen zu treffen, um der Einschleppung ansteckender Krankheit in das Ottomanische Reich und ihrer Übertragung ins Ausland vorzubeugen.

Art. 166. Die Zahl der türkischen Delegierten im Obersten Gesundheitsrate, welche an den Abstimmungen teilnehmen, wird auf vier festgesetzt, nämlich:

der Präsident des Gesundheitsrats, oder in seiner Abwesenheit, der wirkliche Präsident der Sitzung. Sie nehmen an der Abstimmung nur bei Stimmengleichheit teil;

der Generalinspektor des Gesundheitsdienstes;

der Dienstinspektor;

der zwischen dem Gesundheitsrat und der Hohen Pforte vermittelnde Delegierte, genannt Mouhassébedgi.

Art. 167. Die Ernennung des Generalinspektors, des Dienstinspektors und des vorbezeichneten Delegierten erfolgt auf Vorschlag des Gesundheitsrats durch die Türkische Regierung.

Art. 168. Die Hohen vertragschließenden Teile erkennen Rumänien als Seemacht das

*) Die Anlage ist hier nicht abgedruckt.

Recht zu, im Gesundheitsrate durch einen Delegierten vertreten zu sein.

Art. 169. Die Delegierten der verschiedenen Staaten müssen von einer europäischen medizinischen Fakultät ordnungsmäßig diplomierte Ärzte und Angehörige des Landes sein, welches sie vertreten, oder Konsulatsbeamte im Range mindestens eines Vizekonsuls oder im gleichen Range.

Die Delegierten sollen weder mit der Ortsbehörde noch mit einer Schiffahrtsgesellschaft in irgend einer Verbindung stehen.

Diese Vorschriften beziehen sich nicht auf die gegenwärtig im Amte befindlichen Stelleninhaber.

Art. 170. Die Beschlüsse des Obersten Gesundheitsrats, welche von seinen Mitgliedern mit Stimmenmehrheit gefaßt worden sind, sind vollstreckbar; Rechtsmittel sind ausgeschlossen.

Die Vertragsmächte werden übereinstimmend ihre Vertreter in Constantinopel beauftragen, die gegenwärtige Übereinkunft der Türkischen Regierung zur Kenntnis zu unterbreiten und Schritte zu tun, um ihren Beitritt zu erlangen.

Art. 171. Die Inkraftsetzung und die Überwachung der auf die Pilgerfahrt und die Maßnahmen gegen das Eindringen und die Verbreitung der Pest und der Cholera bezüglichen Bestimmungen der gegenwärtigen Übereinkunft wird, soweit die Zuständigkeit des obersten Gesundheitsrats in Constantinopel in Frage kommt, einem aus seinem Schoße zu bildenden Ausschusse von Vertretern der verschiedenen Mächte übertragen, welche der gegenwärtigen Übereinkunft beigetreten sind.

In diesem Ausschusse sollen drei türkische Vertreter sein; einer von ihnen führt den Vorsitz in dem Ausschusse. Bei Stimmengleichheit hat der Vorsitzende die entscheidende Stimme.

Art. 172. Ein Korps von diplomierten Ärzten, von Desinfektoren und gut geübten Mechanikern sowie von Gesundheitsaufsehern, welche aus den beim Militär als Offiziere oder Unteroffiziere in Dienst gewesenen Personen entnommen werden sollen, wird geschaffen, um im Bereiche des Obersten Gesundheitsrats in Constantinopel den richtigen Betrieb der verschiedenen in der gegenwärtigen Übereinkunft aufgeführten und durch sie eingerichteten Sanitätsanstalten zu sichern.

Art. 173. Die Gesundheitsbehörde des türkischen Zwischen- oder Ankunftshafens, welche eine Übertretung feststellt, nimmt darüber ein Protokoll auf, welchem der Kapitän seinerseits Bemerkungen hinzufügen kann. Eine beglaubigte Abschrift dieses Protokolls wird in dem Zwischen- oder Ankunftshafen der Konsularbehörde des Landes zugestellt, dessen Flagge das Schiff führt. Diese Behörde sorgt dafür, daß die Geldstrafe bei ihr hinterlegt wird. Ist ein Konsul nicht vorhanden, so nimmt die Gesundheitsbehörde diese Geldstrafe in Verwahrung. Die Geldstrafe fällt dem Obersten Gesundheitsrat in Constantinopel endgültig erst zu, nachdem die in dem folgenden Artikel erwähnte Konsularkommission die Gültigkeit der Geldstrafe ausgesprochen hat.

Ein zweites Exemplar der beglaubigten Abschrift des Protokolls ist durch die Gesundheitsbehörde, welche die Übertretung festgestellt hat, an den Präsidenten des Gesundheitsrats in Constantinopel zu richten, welcher dieses Schriftstück der Konsularkommission mitzuteilen hat.

Ein Vermerk über die gerügte Übertretung und die Hinterlegung der Geldstrafe ist durch die Gesundheits- oder Konsularbehörde in den Gesundheitspaß aufzunehmen.

Art. 174. Es wird in Constantinopel eine Konsularkommission gebildet, welche über die gegenseitigen Erklärungen des Sanitätsbeamten und des beschuldigten Kapitäns abzuurteilen hat. Dieselbe wird jedes Jahr durch das Konsularkorps bestimmt werden. Die Sanitätsverwaltung kann sich durch einen Bevollmächtigten mit den Befugnissen eines Staatsanwalts vertreten lassen. Der Konsul der beteiligten Nation ist immer zuzuziehen; er hat Stimmrecht.

Art. 175. Die Kosten für die Einrichtung der im Bereiche des Obersten Gesundheitsrats in Constantinopel durch die gegenwärtige Übereinkunft vorgesehenen endgültigen und vorübergehenden Sanitätsposten fallen, soweit es sich um die Herstellung von Gebäuden handelt, der türkischen Regierung zur Last. Der Oberste Gesundheitsrat in Constantinopel ist ermächtigt, im Bedürfnisfall und bei Dringlichkeit aus dem Reservefonds die erforderlichen Summen vorzuschießen, welche ihm auf seinen Wunsch von der mit der Nachprüfung der Sanitätsgebührenordnung beauftragten gemischten Kommission zur Verfügung gestellt werden. Der Konseil muß in diesem Falle über die Herstellung dieser Anstalten wachen.

Der Oberste Gesundheitsrat in Constantinopel soll ohne Verzug die Sanitätsanstalten von Hanikin und Kisil-Dizié bei Bayazid an der türkisch-persischen und der türkisch-russischen Grenze mit den ihm bereits zur Verfügung gestellten Mitteln einrichten.

Die übrigen Kosten, welche im Bereiche des Gesundheitsrats aus dem durch die gegenwärtige Übereinkunft eingeführten Verfahren entstehen, sind auf Grund einer Verständigung der Ottomanischen Regierung mit den in diesem Gesundheitsrate vertretenen Mächten zwischen der Ottomanischen Regierung und dem Obersten Gesundheitsrat in Constantinopel zu teilen.

III. Internationaler Gesundheitsrat in Tanger.

Art. 176. Im Interesse der öffentlichen Gesundheit vereinbaren die Hohen vertragschließenden Teile, daß ihre Vertreter in Marokko von neuem die Aufmerksamkeit des internationalen Gesundheitsrats in Tanger auf die Notwendigkeit hinlenken sollen, die Abmachungen der Sanitätsübereinkünfte zur Anwendung zu bringen.

IV. Verschiedene Vorschriften.

Art. 177. Jede Regierung wird die zur Desinfektion und Vernichtung der Ratten anzuwendenden Mittel feststellen. [1])

Art. 178. Der Ertrag der Sanitätsgebühren und Strafen darf in keinem Falle zu anderen Zwecken verwandt werden, als solchen, welche in den Bereich der Gesundheitsräte fallen.

Art. 179. Die Hohen vertragschließenden Teile verpflichten sich, durch ihre Sanitätsverwaltungen eine Anweisung ausarbeiten zu lassen, um die Schiffskapitäne, namentlich wenn sich ein Arzt nicht an Bord befindet, in die Lage zu setzen, die in der gegenwärtigen Übereinkunft hinsichtlich der Pest und der Cholera enthaltenen Vorschriften sowie die das Gelbfieber betreffenden Verordnungen zur Anwendung zu bringen.

V. Persischer Golf.

Art. 180. Die Kosten für den Bau und die Unterhaltung der gemäß Art. 81 der gegenwärtigen Übereinkunft zu schaffenden Sanitätsstation auf der Insel Ormuz trägt der Oberste Gesundheitsrat in Constantinopel. Die gemischte Revisionskommission dieses Konseils wird sobald als möglich zusammentreten, um ihm auf sein Verlangen die nötigen Mittel aus den verfügbaren Rücklagen zu beschaffen.

VI. Über ein internationales Gesundheitsamt.

Art. 181. Nachdem die Konferenz von den hier beigefügten Beschlüssen ihrer Kommission für Mittel und Wege über die Schaffung eines Anlage III.

1) Folgende Desinfektionsverfahren werden beispielshalber angeführt:

Alte Kleider, alte Lumpen, verseuchte Verbandstücke, Papier und andere Gegenstände ohne Wert sind zu verbrennen.

Mit Pestbazillen beschmutzte Kleidungsstücke des täglichen Gebrauchs, Bettzeug, Matratzen werden sicher desinfiziert:

durch Behandlung in einem Dampfdesinfektionsapparate mit gespanntem Wasserdampf oder mit strömendem Wasserdampfe von 100°; oder durch Behandlung mit Formoldämpfen.

Gegenstände, die, ohne Schaden zu leiden, in antiseptische Flüssigkeiten getaucht werden können (Decken, Wäsche, Bettlaken), lassen sich mit Hilfe einer Sublimatlösung (1 : 1000), einer Karbolsäurelösung (3 : 100), einer Lösung von Lysol und käuflichem Kresol (3 : 100), einer einprozentigen Lösung von Formol (ein Teil der käuflichen 40prozentigen Formaldehydlösung auf 100), oder mittels unterchlorigsaurer Alkalien (unterchlorigsaures Natrium oder Kalium) im Verhältnis 1 : 100 (d. h. ein Teil der gewöhnlichen, käuflichen Hypochloritlösung) desinfizieren.

Selbstverständlich muß die Berührungsdauer lange genug sein, damit die angetrockneten Keime gut von den antiseptischen Flüssigkeiten durchdrungen werden. Vier bis sechs Stunden genügen.

Zur Vernichtung der Ratten sind z. B. drei Verfahren im Gebrauch:

1. das Verfahren, bei welchem schweflige Säure, der eine kleine Menge Schwefelsäureanhydrid beigemischt ist, unter Druck und unter Bewegung der Luft in die Schiffsräume eingeleitet wird. Durch dieses Verfahren werden die Ratten und die Insekten getötet und gleichzeitig gehen auch die Pestbazillen zugrunde, wenn der Gehalt an Schwefligsäure- und Schwefelsäureanhydrid genügend hoch ist;
2. das Verfahren, bei welchem in die Schiffsräume ein nicht brennbares Gemisch von Kohlenoxyd und Kohlendioxyd eingeleitet wird;
3. das Verfahren, bei welchem Kohlensäure so angewendet wird, daß der Gehalt der Luft im Schiffe an diesem Gase ungefähr 30 Prozent beträgt.

Die beiden letztgenannten Verfahren vernichten die Nagetiere, machen jedoch keinen Anspruch darauf, die Insekten und Pestbazillen abzutöten.

Die technische Kommission der Sanitätskonferenz zu Paris (1903) hat auf die drei nachstehend genannten Verfahren

mittels eines Gemisches von Schwefligsäure- und Schwefelsäureanhydrid,

mittels eines Gemisches von Kohlenoxyd und Kohlensäure,

mittels Kohlensäure

als solche hingewiesen, deren sich die Regierungen bedienen könnten; sie hat dabei vorausgesetzt, daß, wenn die Desinfektion nicht durch die Sanitätsbehörde selbst erfolgt, diese die Ausführung im einzelnen zu überwachen und festzustellen habe, daß die Ratten wirklich vernichtet sind.

internationalen Gesundheitsamts in Paris Kenntnis genommen hat, wird die Französische Regierung, wenn sie es für zweckmäßig erachtet, den auf der Konferenz vertretenen Staaten auf diplomatischem Wege in dieser Hinsicht Vorschläge machen.

Titel V.

Gelbfieber.

Art. 182. Den beteiligten Ländern wird empfohlen, ihre Sanitätsverordnungen derart abzuändern, daß sie mit dem gegenwärtigen Stande der Wissenschaft hinsichtlich der Übertragbarkeit des Gelbfiebers, vor allem hinsichtlich der Rolle der Moskitos als Überträger der Krankheitskeime im Einklage stehen.

Titel VI.

Beitritt und Ratifikation.

Art. 183. Die Regierungen, welche die gegenwärtige Übereinkunft nicht unterzeichnet haben, werden auf ihren Antrag zum Beitritte zugelassen. Dieser Beitritt wird auf diplomatischem Wege der Regierung der Französischen Republik und durch diese den übrigen Vertragsmächten mitgeteilt werden.

Art. 184. Die gegenwärtige Übereinkunft soll ratifiziert werden und die Ratifikationsurkunden sollen sobald als möglich in Paris niedergelegt werden.

Sie wird, nachdem ihre Veröffentlichung entsprechend der Gesetzgebung der Vertragsstaaten erfolgt ist, in Wirksamkeit gesetzt. Für die gegenseitigen Beziehungen der Mächte, welche diese Übereinkunft ratifizieren oder ihr beitreten werden, tritt sie an Stelle der internationalen Sanitätsübereinkünfte vom 30. Januar 1892, 15. April 1893, 3. April 1894 und 19. März 1897.

Die eben aufgeführten Übereinkünfte bleiben hinsichtlich derjenigen Mächte, welche sie gezeichnet haben oder ihnen beigetreten sind, in Gültigkeit, falls diese Mächte den vorliegenden Vertrag nicht ratifizieren oder ihm nicht beitreten.

Zu Urkund dessen haben die betreffenden Bevollmächtigten die vorliegende Übereinkunft vollzogen und ihre Insiegel beigedrückt.

So geschehen zu Paris, den dritten Dezember Eintausendneunhundertdrei in einem Exemplare, welches in den Archiven der Regierung der Französischen Republik verwahrt bleibt und von welchem beglaubigte Abschriften den vertragschließenden Mächten auf diplomatischem Wege zugehen werden.

Anlage III.
(Vgl. Art. 181.)

Beschlüsse
der
Kommission für Mittel und Wege der Sanitätskonferenz zu Paris,
betreffend
ein internationales Gesundheitsamt.

I. Es wird ein internationales Gesundheitsamt nach den Grundsätzen geschaffen, die für die Bildung und die Tätigkeit des internationalen Bureaus für Maß und Gewicht leitend gewesen sind. Dieses Amt soll seinen Sitz in Paris haben.

II. Die Aufgabe des internationalen Amtes soll darin bestehen, Nachrichten über den Gang der ansteckenden Krankheiten zu sammeln. Es wird zu diesem Zwecke die Mitteilungen empfangen, die ihm von den obersten Behörden für Gesundheitspflege der beteiligten Staaten gemacht werden.

III. Das Amt wird in regelmäßigen Zeiträumen die Ergebnisse dieser Arbeiten in amtlichen Berichten niederlegen, welche den Vertragsstaaten mitgeteilt werden. Diese Berichte sollen veröffentlicht werden.

IV. Das Amt wird durch Beiträge der Vertragsstaaten unterhalten.

V. Die Regierung, in deren Gebiet das internationale Gesundheitsamt errichtet werden wird, hat den Auftrag, innerhalb einer Frist von drei Monaten nach der Unterzeichnung der Konferenzakte eine Verordnung für die Errichtung und die Tätigkeit dieses Instituts der Prüfung der Vertragsstaaten zu unterbreiten.

Die vorstehende Übereinkunft ist von Deutschland, Österreich-Ungarn, Belgien, Brasilien, Egypten, den Vereinigten Staaten von Amerika, Frankreich, Großbritannien, Italien, Luxemburg, Montenegro, den Niederlanden, Persien, Rumänien, Rußland und der Schweiz ratifiziert worden. Die Ratifikationsurkunden sind bei der Regierung der Französischen Republik am 6. April d. J. niedergelegt worden.

4. Dezember 1903.

Verordnung des Statthalters, betreffend die auswärtigen Gerichtstage der Amtsgerichte.[1])

Zentr.- u. Bez.A.Bl. S. 185.

A. Auf Grund des § 12 des Gesetzes vom 4. November 1878, betreffend die Ausführung des Gerichtsverfassungsgesetzes (Gesetzbl. S. 65), wird hierdurch bestimmt, daß Gerichtstage außerhalb der Sitze der Amtsgerichte abgehalten werden:

durch das Amtsgericht	in der Zahl von jährlich	in	für die Gemeinden
I. Im Landgerichtsbezirk Colmar:			
Barr	12	Dambach	Blienschweiler. Dambach. Nothalten.
Ensisheim	10	Oberhergheim	Bilzheim. Niederenzen. Niederhergheim. Oberhergheim. Rüstenhart.
	10	Blodelsheim	Blodelsheim. Fessenheim. Roggenhausen. Rumersheim.
Kaysersberg	10	Reichenweier, Beblenheim (abwechselnd)	Beblenheim. Bennweier. Mittelweier. Ostheim. Reichenweier. Zellenberg.
Markirch . .	12	Leberau	Deutsch-Rumbach. Leberau.
Markolsheim . . .	12	Müttersholz	Bindernheim. Baldenheim. Hilsenheim. Müttersholz. Mussig. Wittisheim.
II. Im Landgerichtsbezirk Metz:			
Ars a. M. .	10	Gorze	Gorze. Rezonville. Vionville.
Diedenhofen	10	Metzerwiese	Bettsdorf. Bidlingen. Büdingen. Diesdorf. Elzingen. Endorf. Homburg-Bidingen. Inglingen. Kemplich. Kedingen. Lüttingen. Metzeresch. Metzerwiese. Monneren. Mörchingen. Udern. Wolsdorf.
Remilly . . .	10	Kurzel	Colligny. Kurzel. Landonvillers. Maizeroy. Maizery. Pange. Rollingen. Silbernachen. Sillers. Wieblingen.
Sierck	10	Waldwiese	Flasdorf. Grindorf. Launsdorf. Reimelingen. Ritzingen. Waldweisdorf. Waldwiese.
III. Im Landgerichtsbezirk Mülhausen:			
Hirsingen . .	10	Niedersept	Friesen. Largitzen. Hindlingen. Merzen. Niederlarg. Niedersept. Obersept. Pfetterhausen. St. Ulrich. Strüth. Uberstraß.
Hüningen . .	10	Niederhagenthal	Buschweiler. Knöringen. Leimen. Liebenzweiler. Niederhagenthal. Neuweiler. Oberhagenthal.

1) Die Verordnung ist unter Berücksichtigung der Änderungen abgedruckt, welche sie durch die Errichtung der Amtsgerichte in Deutschoth (Verordnung vom 13. März 1905) und Mörchingen (Verordnung vom 3. April 1909) sowie durch die Verordnungen des Statthalters vom 14. April 1909 und 15. Juni 1910 erhalten hat.

durch das Amtsgericht	in der Zahl von jährlich	in	für die Gemeinden
Hüningen. .	10	Nieder-hagenthal	Volkensberg. Wenzweiler.
	10	Blotzheim	Attenschweiler. Blotzheim. Häsingen. Niedermichelbach. Obermichelbach. Niederranspach. Oberranspach.
Pfirt	10	Oltingen	Bettlach. Biederthal. Fislis. Linsdorf. Lutter. Oltingen Rädersdorf. Wolschweiler.
Sennheim .	10	Ober-burnhaupt	Bernweiler. Niederaspach. Niederburnhaupt. Oberburnhaupt.
Sierenz. . .	12	Landser	Dietweiler. Landser. Niedersteinbrunn. Obersteinbrunn. Rantsweiler. Schlierbach.

IV. Im Landgerichtsbezirk Saargemünd:

durch das Amtsgericht	in der Zahl von jährlich	in	für die Gemeinden
Drulingen .	12	Dieme-ringen	Diemeringen. Mackweiler. Volksberg. Waldhambach. Weislingen.
Saaralben .	10	Püttlingen	Ernstweiler. Hilsprich. Johanns-Rohrbach. Püttlingen. Remeringen. Richlingen.

V. Im Landgerichtsbezirk Straßburg:

durch das Amtsgericht	in der Zahl von jährlich	in	für die Gemeinden
Benfeld . . .	10	Rheinau	Boofzheim. Friesenheim mit den Annexen. Neunkirch und Zelsheim. Rheinau.
Bischweiler .	12	Röschwoog	Auenheim. Forstfeld. Fort-Louis. Kauffenheim. Leutenheim. Neuhäusel. Roppenheim. Röschwoog. Rumzenheim.
Bischweiler .	12	Röschwoog	Sesenheim. Stattmatten. Sufflenheim.
Illkirch . . .	10	Geispols-heim	Bläsheim. Düppigheim. Düttlenheim. Enzheim. Geispolsheim.
Lauterburg .	13	Selz	Aschbach. Beinheim. Bühl. Eberbach. Kesseldorf. Kröttweiler. Münchhausen. Niederrödern. Schaffhausen. Selz. Stundweiler. Trimbach. Winzenbach.
Schiltigheim	10	Ober-schäffolsheim	Achenheim. Breuschwickersheim. Eckbolsheim. Hangenbieten. Kolbsheim. Ittenheim. Oberschäffolsheim. Wolfisheim.
	10	Wanzenau	Gambsheim. Kilstett. Wanzenau.
Sulz u. W. .	10	Hatten	Hatten. Niederbetschdorf. Oberrödern. Rittershofen.
Weißenburg	10	Lembach	Lembach. Klimbach. Niedersteinbach. Obersteinbach. Wingen.

VI. Im Landgerichtsbezirk Zabern:

durch das Amtsgericht	in der Zahl von jährlich	in	für die Gemeinden
Lörchingen .	12	Rixingen	Avricourt. Azoudange. Disselingen. Essesdorf. Foulcrey. Germingen. Gondrexange. Herzing. Ibigny. Moussey. Richeval. Rixingen. St. Georg. Freiburg. Langenberg.

durch das Amtsgericht	in der Zahl von jährlich	in	für die Gemeinden
Lörchingen .	10	Alberschweiler	Alberschweiler. St. Quirin. Wasperweiler. Weiher.
Lützelstein . .	12	Neuweiler	Neuweiler. Dossenheim. Weitersweiler.
Molsheim .	10	Urmatt	Lützelhausen. Mühlbach. Niederhaslach. Oberhaslach. Urmatt. Heiligenberg.
Pfalzburg .	12	Dagsburg	Dagsburg und seine sämtl. Annexen.
Saarburg .	12	Dreibrunnen	Biberkirch. Dreibrunnen. Harzweiler. Hochwalsch. Hommert. Haarberg. Walscheid.
Schirmeck . .	10	Saales	Bourg=Bruche. Ranrupt. Saales. Saulxures.
Zabern . . .	13	Maursmünster	Allenweiler. Birkenwald. Dimbsthal. Hengweiler. Hohengöft. Jetterswеiler. Kleingöft. Knörsheim. Krastatt. Landersheim. Lochweiler. Maursmünster. Rangen. Reinhardsmünster. Reutenburg. Salenthal. Schweinheim. Singrist. Thal bei Maursmünster. Westhausen. Zehnacker. Zeinheim.
	10	Dettweiler	Dettweiler=Rosenweiler. Gottesheim. Altenheim. Littenheim. Lupstein. Prinzheim. Waldolwisheim. Wolschheim.

B. Im übrigen wird folgendes bestimmt:

1. Hauptverhandlungen in Strafsachen mit oder ohne Zuziehung von Schöffen dürfen auf den Gerichtstagen nicht stattfinden; die Entgegennahme von Anträgen und Erklärungen in Grundbuchsachen auf den Gerichtstagen ist nicht statthaft (vgl. § 36 Abs. 1 der Minist. Verf. vom 3. Juni 1901, Samml. 26, 148).
2. Bürgerliche Rechtsstreitigkeiten sollen, abgesehen von dem Falle freiwilligen Erscheinens beider Parteien, in der Regel nur dann auf dem Gerichtstage verhandelt werden, wenn sämtliche Parteien in den Gemeinden wohnen, für welche die Abhaltung des Gerichtstags angeordnet ist. Sachen, welche eine besondere Beschleunigung erfordern, sind am Gerichtssitze zu erledigen, es sei denn, daß die Verhandlung auf dem Gerichtstag eine Verzögerung der Erledigung nicht verursacht.

   Größere und schwierigere Rechtsstreitigkeiten sind regelmäßig nicht auf dem Gerichtstag zu verhandeln; ergibt sich erst bei der Verhandlung, daß ein öfteres Verhandeln zu erwarten ist, so ist die Sache an den Gerichtssitz zu verweisen.

   Ebenso sind Sachen, in welchen die Parteien durch Rechtsanwälte oder Geschäftsagenten vertreten sind, von der Verhandlung auf dem Gerichtstag auszuschließen; eine Ausnahme von dieser Regel gilt nur dann, wenn durch die Reise an den Ort des Gerichtstags den Beteiligten keine höheren Kosten, als im Falle der Verhandlung am Gerichtssitz erwachsen. Ob diese Voraussetzung zutrifft, ist zu prüfen, sobald sich aus einem Schriftsatz oder aus sonstigen Umständen ergibt, daß in der Sache Parteivertreter tätig sein werden.

   Findet eine Vertagung lediglich zur Urteilsverkündung statt, so ist die Sache am Gerichtssitze zu erledigen.
3. Im übrigen ist zu beachten, daß alle Angelegenheiten, soweit die Verhandlung nicht gemäß Ziff. 1 und 2 an dem Sitze des Gerichts stattzufinden hat, auf den Gerichtstagen zur Erledigung gebracht werden können und sollen, sofern hiermit für die Beteiligten größere Bequemlichkeiten und eine Ersparnis von Kosten verbunden sind und sofern nicht infolge der selteneren auswärtigen Termine eine erhebliche Verzögerung der Erledigung verursacht wird.

   Was insbesondere die mit mehreren Richtern besetzten Amtsgerichte betrifft, so hat der Richter, welcher den Gerichtstag abhält, nicht allein die Sachen aus seinem durch die allgemeine Geschäftsverteilung bestimmten Geschäftsbereich, sondern tunlichst alle geeigneten bei dem Amtsgericht anhängigen Sachen auf dem Gerichtstage zu verhandeln. Diese Bestimmung findet namentlich bezüglich der Erledigung von Beweisbeschlüssen, Verhandlungen in Angelegenheiten der freiwilligen Gerichtsbarkeit u. s. w. Anwendung. Dem betreffenden Richter sind die Akten sobald als möglich vorzulegen. Die Vorlage hat, sofern vor dem Termin noch Zustellungen erfolgen müssen, noch vor Bewirkung der Zustellungen zu geschehen.

4. Wenn keine Sachen zur Verhandlung auf einem auswärtigen Sitzungstag angesetzt oder die angesetzten Sachen inzwischen erledigt sind, der betreffende Sitzungstag somit ausfällt, hat die Ersetzung desselben durch einen außerordentlichen Gerichtstag nicht stattzufinden.

5. Soweit durch gegenwärtige Verfügung unter A die Zahl der Sitzungstage auf 10 jährlich festgestellt ist, hat, mit Ausnahme des Monats August und des Monats Juli oder September, in jedem Monat eine Sitzung stattzufinden. Die auf die Zahl von 12 jährlich festgesetzten Gerichtstage sind allmonatlich abzuhalten; bei 17 jährlichen Sitzungen sollen während der Gerichtsferien 2 abgehalten, die anderen 15 Sitzungen auf die übrige Zeit des Jahres mit gleichen Zwischenräumen verteilt werden. In höherer Zahl jährlich festgesetzte Sitzungen sind gleichmäßig auf das Jahr zu verteilen.[2])

6. Der Beginn der auswärtigen Gerichtssitzungen ist in der Regel auf eine Stunde innerhalb des Vormittags festzusetzen, damit genügende Zeit zur ausgiebigen Verhandlung vorhanden ist und für die auswärts wohnenden Beteiligten die Möglichkeit besteht, am selben Tage nach ihrem Wohnorte zurückzukehren; anderseits ist darauf Bedacht zu nehmen, daß die Terminsstunde in keinem Fall auf eine so frühe Tageszeit angesetzt wird, daß der Ort der Verhandlung von den Beteiligten an demselben Tage nicht erreicht werden kann.

7. Die auswärtigen Sitzungen sind im Dezember jeden Jahres für das folgende Jahr nach Tag und Stunde durch denjenigen Amtsrichter, welchem die Abhaltung des Gerichtstags obliegt, festzusetzen. Die Festsetzung ist, nachdem sie durch den Landgerichtspräsidenten genehmigt worden, durch Anschlag an die Gerichtstafel bekannt zu machen; Auszüge aus der Festsetzung sind den Bürgermeistern der beteiligten Gemeinden zum Aushang an der Gemeindetafel zu übersenden.

8. Hinsichtlich der Verpflichtung derjenigen Gemeinden, in welchen auswärtige Gerichtstage stattfinden, zur unentgeltlichen Stellung, Heizung, Beleuchtung und Reinigung der mit den erforderlichen Mobilien ausgestatteten Räume verbleibt es bei den bisherigen Abmachungen.

9. Zur Vornahme der während der Sitzung erforderlich werdenden Dienstleistungen wird von der Gemeinde auf Verlangen des Richters ein Bediensteter (Gemeindediener, Polizeidiener, Bannwart) zur Verfügung gestellt.

Die Zuziehung eines Gerichtsvollziehers darf nur nach vorheriger Genehmigung des Ministeriums erfolgen.

10. Gegenwärtige Verfügung tritt am 1. Januar 1904 in Kraft; jedoch finden die unter Nr. 7 getroffenen Bestimmungen für die Festsetzung und Bekanntmachung der im Jahre 1904 abzuhaltenden auswärtigen Sitzungen sofort Anwendung.

11. Die sämtlichen auf die Einrichtung der Gerichtstage bezüglichen Verfügungen sind aufgehoben, namentlich:

Die Verfügungen des Ministeriums
vom 8. November 1880, Samml. $5_{,339}$
vom 29. Dezember 1880, Samml. $5_{,395}$
vom 28. April 1882, Samml. $7_{,119}$
vom 17. Mai 1882, Samml. $7_{,128}$
vom 14. September 1883, Samml. $8_{,373}$
vom 19. September 1884, Samml. $9_{,385}$
vom 12. Februar 1885, Samml. $10_{,42}$
vom 1. September 1885, Samml. $10_{,196}$
vom 20. Oktober 1885, Samml. $10_{,233}$
vom 6. Juli 1886, Samml. $11_{,345}$
vom 2. Oktober 1889, Samml. $14_{,368}$
vom 19. April 1890, Samml. $15_{,119}$
vom 12. Juni 1890, Samml. $15_{,174}$
vom 14. Juni 1890, Samml. $15_{,175}$
vom 7. Juli 1890, Samml. $15_{,216}$
vom 6. September 1890, Samml. $15_{,312}$
vom 7. Januar 1891, Samml. $16_{,35}$
vom 24. März 1891, Samml. $16_{,93}$
vom 10. September 1891, Samml. $16_{,337}$
vom 23. Januar 1892, Samml. $17_{,21}$
vom 20. Juni 1892, Samml. $17_{,453}$
vom 27. September 1892, Samml. $17_{,501}$
vom 7. Dezember 1892, Samml. $17_{,544}$
vom 10. März 1893, Samml. $18_{,30}$
vom 1. April 1893, Samml. $18_{,57}$

2) Die Höchstzahl der auswärtigen Sitzungstage beträgt jetzt 13.

vom 30. September 1893, Samml. 18,$_{301}$
vom 12. Januar 1894, Samml. 19,$_{64}$
vom 16. Januar 1894, Samml. 19,$_{66}$
vom 21. März 1894, Samml. 19,$_{118}$
vom 12. Juni 1894, Samml. 19,$_{199}$
vom 15. August 1894, Samml. 19,$_{218}$
vom 8. September 1894, Samml. 19,$_{221}$
vom 10. Dezember 1894, Samml. 19,$_{307}$
vom 3. November 1894, Samml. 19,$_{286}$
vom 28. Dezember 1894, Samml. 19,$_{318}$
vom 2. Mai 1895, Samml. 20,$_{248}$
vom 27. August 1895, Samml. 20,$_{437}$
vom 4. Dezember 1895, Samml. 20,$_{472}$
vom 6. Januar 1896, Samml. 21,$_{28}$
vom 11. Februar 1896, Samml. 21,$_{37}$
vom 22. Juni 1896, Samml. 21,$_{251}$
vom 21. Dezember 1896, Samml. 21,$_{462}$
vom 30. April 1897, Samml. 22,$_{315}$
vom 23. September 1898, Samml. 23,$_{387}$
vom 15. Dezember 1898, Samml. 23,$_{458}$
die Bekanntmachung des Ersten Präsidenten des Appellationsgerichts und des Generalprokurators vom 23. September 1879, Samml. 5,$_{1}$ und
die Verfügung des Oberlandesgerichtspräsidenten vom 14. April 1890, Samml. 15,$_{116}$.

Hinsichtlich der Anweisung der Reisevergütung der Amtsrichter und Gerichtsschreiber aus Anlaß der Abhaltung der auswärtigen Gerichtstage behält es bei der Ministerialverfügung vom 25. März 1901 (Samml. 26,$_{41}$) sein Bewenden.

---

17. Dezember 1903.

Bekanntmachung des Reichskanzlers, betr. Abänderung des dem Gesetz über Kinderarbeit in gewerblichen Betrieben vom 30. März 1903 beigegebenen Verzeichnisses.[1])

Reichsgesetzbl. S. 312.

1) Die Änderungen sind in dem Verzeichnisse berücksichtigt.

---

18. Dezember 1903.

Verfügung des Ministeriums, betreffend die Bestellung von Reichs- und unmittelbaren Landesbeamten als Sachverständige.

Zentr.- u. Bez.A.Bl. S. 22.

Zur Ergänzung der allgemeinen Verfügung vom 29. August 1884, betreffend die Ladung von Reichs- und unmittelbaren Landesbeamten als Zeugen und Sachverständige (Samml. 9,$_{376}$; vergl. auch § 11 Nr. 5 der Geschäftsordnung für die Gerichtsschreibereien des Oberlandesgerichts und der Landgerichte und § 11 Nr. 6 der Geschäftsordnung für die Gerichtsschreibereien der Amtsgerichte) wird hierdurch bestimmt, daß die dort vorgeschriebene Benachrichtigung der vorgesetzten Behörde eines Beamten, der als Sachverständiger bestellt ist, nicht nur im Falle der Ladung zu einem gerichtlichen Termine, sondern auch dann zu erfolgen hat, wenn der Beamte ohne Ladung zur Erstattung eines schriftlichen Gutachtens aufgefordert wird.[1]) Auf Chemiker, Ärzte und Tierärzte, welche Beamteneigenschaft haben, findet diese Bestimmung keine Anwendung.

1) In der Benachrichtigung ist der Gegenstand der Begutachtung anzugeben (vgl. Verf. des Ministeriums v. 19. August 1913, Samml. d. Justizverw. Bd. 33 S. 569).

---

22. Dezember 1903.

Verfügung des Ministeriums, betreffend die Verrechnung der Telegraphen- und Fernsprechgebühren sowie der Frachtkosten für dienstliche Sendungen.

Zentr.- und Bez.A.Bl. 1904 S. 17.

Da im Landeshaushalts-Etat zur Bestreitung der Porto-Post-Telegraphen- und Fernsprechgebühren sowie der Frachtkosten für dienstliche Sendungen besondere Fonds zur Verfügung gestellt sind, wird hierdurch bestimmt, daß bei diesen Fonds die bezüglichen Ausgaben ausschließlich zu verrechnen sind. Insbesondere kommt die nach den bisherigen Bestimmungen vorgeschriebene Verrechnung der in Straf- oder Zivilsachen erwachsenen Telegraphengebühren bei dem Gerichtskostenfonds (Verfg. des Ersten Präsidenten des Appellationsgerichts und des Generalprokurators in Colmar vom 20. Juli 1877, Sammlg. der Justizverwaltung 3, 431, Verfg. des General-Prokurators vom 5. September 1877, Sammlg. 3, 435, Minister.-Verfg. vom 12. August 1891, Sammlg. 16, 334, §§ 53 Abs. 3, 55 letzter Satz, 102 der Instruktion, betreffend das Gerichtskostenwesen vom 6. Oktober 1894, Sammlg. 19, 252 u. 271) in Wegfall. Die bei den Landesbehörden und einzeln stehenden Beamten entstehenden Telegraphengebühren in gerichtlichen Angelegenheiten sind in gleicher Weise wie die Portokosten und die in allgemeinen Staatsdienstangelegenheiten erwachsenden Telegraphengebühren zu liquidieren und zur Erstattung anzuweisen. Hiernach werden in Zukunft sämtliche Porto-Post-Telegraphen- und Frachtkosten, soweit sie bei gerichtlichen Behörden entstehen, bei dem Portokostenfonds der Justizverwaltung und, soweit sie bei Behörden oder Beamten anderer Verwaltungen erwachsen, bei den Portokostenfonds dieser Verwaltungen verrechnet. Was die Fernsprechgebühren betrifft, so finden die vorstehenden Grundsätze auf die zu zahlenden Einzelgebühren entsprechende Anwendung, während die der Postverwaltung zukommenden Bauschgebühren nach Maßgabe der den Behörden eingeräumten Anweisungsbefugnis zu fortlaufender Zahlung auf die obengedachten Etatsfonds anzuweisen sind.

Behufs Wiedervereinnahmung der Ausgaben der Landeskasse an Telegraphen- und Fernsprechgebühren in gerichtlichen Angelegenheiten haben diejenigen Landesbehörden und einzeln stehenden Beamten, welche in einer gerichtlichen Angelegenheit ein Telegramm aufgegeben oder eine Fernsprechverbindung nachgesucht haben, diese Tatsache und den Betrag der entstandenen Gebühren in den Akten zu vermerken, oder eine besondere Notiz zu den Akten zu geben; letzteres gilt insbesondere für die Amtsanwälte, Polizeikommissare und Gendarmen, die nicht im Besitz der Akten sind. Was die Fernsprechgebühren betrifft, so sind

a) die Gespräche unter Benutzung eigener Fernsprechstellen im örtlichen Verkehr und
b) die Gespräche unter Benutzung öffentlicher Fernsprechstellen im örtlichen Verkehr oder der Verbindungsanlagen zwischen verschiedenen Orten mit öffentlichen Fernsprechstellen

zu unterscheiden. In den Fällen zu a) sind für jedes Gespräch, ohne Rücksicht darauf, ob für die Fernsprechstelle die Bauschgebühr (§ 2 der Fernsprechgebührenordnung vom 20. Dezember 1899) oder die Grund- und Gesprächsgebühr (§ 5 das.) gezahlt wird, als Auslagen der Staatskasse 10 Pfennig in den Akten zu notieren; in den Fällen zu b) sind die im einzelnen Falle tatsächlich entstandenen Ausgaben maßgebend.

---

22. Dezember 1903.

Bezirkspolizeiverordnung für Lothringen, betreffend die Feuersicherheit der Warenhäuser. 1)

Zentr.- u. Bez. A. Bl. 1904 S. 14.

§ 1.

Warenhäuser im Sinne dieser Verordnung sind solche Geschäftsräume, in denen der Kleinhandel mit Waren verschiedenartiger Geschäftszweige in zwei oder mehr Stockwerken betrieben wird. Als Stockwerke gelten auch die im Erdgeschoß oder die darüber oder darunter gelegenen Räume, sogenannte entresols und soussols.

§ 2.

Das Rauchen ist in sämtlichen Räumen eines Warenhauses verboten. An den Eingängen und in allen Verkaufsräumen ist eine ausreichende Anzahl von Anschlägen mit der Aufschrift anzubringen: „Das Rauchen ist polizeilich verboten.“

Der Geschäftsinhaber und die Angestellten sind verpflichtet, die Besucher gegebenenfalls auf das Rauchverbot aufmerksam zu machen, sie zum sofortigen Auslöschen der Zigarre, Zigarette oder Pfeife zu veranlassen und Zuwiderhandelnde zum unverzüglichen Verlassen des Warenhauses aufzufordern.

---

1) Erlassen auf Grund des Artikels 2 Ziffer 9 des Dekrets vom 22. Dezember 1789 und des Artikels 3 Ziffer 3 und 5 Titel XI des Gesetzes vom 16./24. August 1790.

§ 3.

An den Nachbargrenzen des Warenhauses müssen Brandmauern von mindestens 26 cm Stärke ohne eingreifende Holzteile bis wenigstens 30 cm über die Dachfläche hinaufgeführt werden. Öffnungen in diesen Brandmauern sind mit feuersicheren Türen zu verschließen.

Bei größerer Ausdehnung des Warenhauses können solche Brandmauern auch im Innern des Gebäudes vorgeschrieben werden. Wo, um einen ungehinderten Verkehr zu ermöglichen, es nicht angängig ist, das Gebäude durch Brandmauern zu trennen, müssen die einzelnen Teile durch Asbestvorhänge oder Rolljalousien aus Stahlwellblech, welche, wenn Gefahr droht, durch einen Druck zum Herabfallen gebracht werden können, feuersicher voneinander abgeschlossen sein.

§ 4.

Sämtliche Stockwerke müssen feuersichere, gewölbte Decken haben. Die stützenden und tragenden Eisenkonstruktionen sind mit einem Material, das dem Feuer Widerstand leistet, eng anschließend zu ummanteln.

Die Schaufensterdecken müssen feuersicher hergestellt sein.

§ 5.

Die Treppen sind massiv aus Stein oder Eisen herzustellen. Sie können auch aus Ziegelmauerwerk mit Zementmörtel oder aus Kunststeinen mit Zement und Quarzsand bestehen. Eiserne Treppen sind an der Unterseite feuersicher zu bekleiden.

Die Treppen müssen eine ausreichende Laufbreite und zwar bei einer Besucherzahl bis zu 200 Personen von 1,50 m, bei einer größeren Besucherzahl um je 1 m mehr für je 150 Personen haben. Zur Ermittelung der Besucherzahl ist der Flächeninhalt der für den Verkehr freien Plätze, Flure, Gänge u. s. w. festzustellen und auf den qm Grundfläche 4 Personen zu berechnen.

Vom untersten Treppenabsatz ist ein mindestens 2 m breiter freier Raum bis zum Hauptausgang und zum nächsten Notausgang zu belassen.

§ 6.

Die Treppenhäuser und Hausflure, sowie die Brustgeländer der Treppen und Galerien dürfen nicht mit Waren behangen werden. Die Stufen der Treppen dürfen nicht mit leicht brennbaren Teppichen belegt werden. Ebenso dürfen Treppen, Gänge und Eingänge, sowie der Raum an den Brüstungsgeländern von Treppenhäusern, offenen Galerien u. s. w., sofern diese Geländer nicht feuersicher gegen das Untergeschoß abgeschlossen sind, nicht mit Waren verstellt, sondern müssen stets für den ungehinderten Verkehr freigehalten werden, selbst wenn sie nicht benutzt werden. Auch in den Vorräumen von Eingängen dürfen keine Waren aufgestellt werden. Die Seitenwände solcher Vorräume dürfen nicht aus Glas sein und nicht mit Schaukästen behangen werden.

§ 7.

In den oberhalb des Erdgeschosses gelegenen Stockwerken dürfen nicht sämtliche Fenster zur Auslage von Waren benutzt werden; auf jedem Stockwerk muß vielmehr wenigstens je ein bequem erreichbares Fenster an jeder Straßenfront freigehalten werden und leicht zu öffnen sein. Hat das Warenhaus nur eine Straßenfront, so sind in jedem oberen Stockwerk mindestens zwei, nicht unmittelbar nebeneinander belegene Fenster entsprechend einzurichten.

§ 8.

Kellerräume und unterhalb des Erdgeschosses gelegene Geschäftsräume dürfen mit den Treppen nach den Obergeschossen in keinerlei Verbindung stehen, sie müssen vielmehr mindestens einen Ausgang von angemessener (wenigstens 1,25 m) Breite erhalten, der entweder unmittelbar auf die Straße mündet oder doch so gelegen ist, daß eine durch einen Kellerbrand verursachte Rauchentwickelung bei Öffnung der Türen nicht in der Lage ist, den Besuchern des Warenhauses den Weg ins Freie abzuschneiden.

§ 9.

In jedem Stockwerk ist für Notausgänge in angemessener Zahl Sorge zu tragen, die mit feuersicheren, nach außen öffnenden Türen verschlossen sind und auf ausreichend breite Absätze von Nottreppen führen, die in einer Laufbreite von mindestens 1,25 m aus feuersicherem Material hergestellt zwischen feuersicheren Wänden liegen und möglichst direkt oder durch einen allseitig feuersicher umschlossenen Gang einen der Treppenbreite entsprechend weiten Ausgang nach der Straße haben.

§ 10.

Die Ausgänge und Notausgänge müssen durch deutliche Aufschriften kenntlich gemacht sein und während der Geschäftsstunden unverschlossen gehalten werden.

§ 11.

Die Türen zu sämtlichen Räumen und Notausgängen eines Warenhauses sind, solange sie Besuchern, Angestellten, Arbeitern oder anderen Personen zugänglich sind, unverschlossen zu halten; sie müssen selbsttätig zugehen und nach außen aufschlagen.

§ 12.

In den zu Warenhäusern bestimmten Gebäuden dürfen Wohnräume nicht eingerichtet werden.

In den beim Erlaß dieser Verordnung schon bestehenden Warenhäusern, in denen sich Wohnräume befinden, muß die Decke zwischen dem Warenhausraum und der darüber befindlichen Wohnung völlig feuerdicht hergestellt und die von den Wohnungen zur Straße herabführende Treppe sowie das Treppenhaus selbst völlig feuer- und rauchsicher gegen die Warenhausräume abgeschlossen sein. Aus dem Warenhaus dürfen keine Ausgänge oder Notausgänge auf diese Treppe oder dieses Treppenhaus führen.

§ 13.

Bei Anlage einer Zentralheizung muß für die Aufstellung des Heizapparates ein besonderer, feuersicher abgeschlossener Raum hergestellt werden.

§ 14.

Solange sich in dem Warenhause noch Besucher befinden, ist ein, wenn auch nur teilweises, Niederlassen der Rolläden vor den Eingängen verboten.

§ 15.

Besonders feuergefährliche Gegenstände dürfen in den Warenhäusern nicht gelagert werden.

Leicht entzündliche Stoffe dürfen nicht in den Kellerräumen aufbewahrt werden; Papier, Holzwolle, Stroh, Heu und sonstige leicht entzündliche Packmaterialen dürfen nur in mit Blech ausgeschlagenen Kisten mit ebenso beschlagenen, gut schließenden Deckeln verwahrt werden.

§ 16.

Die Beleuchtung durch Gas, Mineralöl oder durch elektrisches Licht hat den nachfolgend angegebenen Vorschriften zu genügen. Andere Beleuchtungsarten und solche, bei denen die Herstellung des Leuchtstoffes (Gas, Elektrizität u. s. w.) auf dem Anwesen des Warenhauses selbst vorgenommen wird, bedürfen der besonderen Genehmigung.

Gasätherlampen sind verboten. Petroleum darf in den Verkaufsräumen überhaupt nicht verwendet werden, in den Betriebs- und Lagerräumen nur von 40° Abeltest an (Kaiseröl, Salonöl). In Räumen, in welchen besonders leicht entzündliche Gegenstände aufbewahrt werden, ist nur die Benutzung von schweren Mineralölen von über 100° Abeltest statthaft.

Stehlampen müssen einen breiten und standhaften Fuß haben. Hängelampen sind sicher zu befestigen und von brennbaren Gegenständen nach oben wenigstens 1 m, unterhalb und seitlich 0,25 m entfernt zu halten. Bei geringerer Entfernung sind etwa 15 cm große Blaker feuersicher anzubringen. Unverputzte Holzdecken sind außerdem durch eiserne Schutzbleche so zu sichern, daß über dem Blech ein wenigstens 2,5 cm hoher Raum verbleibt.

Die Gasmesser sind nicht unter Treppen, vielmehr in einem feuerfest umschlossenen, Licht und Luft von außen erhaltenden Raum aufzustellen. Die Gasleitung muß auch außerhalb des Hauses leicht abstellbar sein. Bewegliche Gasarme sind nicht zulässig.

Die Beleuchtungskörper müssen tunlichst über den Gängen angebracht und erforderlichenfalls gegen die Berührung mit brennbaren Gegenständen geschützt werden. Elektrische Beleuchtungskörper sind über den Gängen anzubringen; sie dürfen sich nicht in der unmittelbaren Nähe leicht brennbarer Stoffe befinden oder von solchen Stoffen umhüllt sein.

In den Geschäfts-, Lager- und Arbeitsräumen, sowie in Schaukasten müssen freiliegende elektrische Leitungen bis zur Decke in Isolierrohre mit Metallüberzug verlegt oder durch sonstige der Luft den Zutritt gestattende Schutzverkleidungen gegen Beschädigung gesichert werden. Insoweit eine Beschädigung möglich, sind auch die Leitungen unter der Decke besonders zu schützen. Glühlampen, die sich in der Nähe brennbarer Stoffe befinden oder von brennbaren Stoffen berührt werden können, sind durch eine zweite Glocke oder in ähnlich sicherer Weise zu schützen. Bogenlampen müssen mindestens 10 cm große Teller erhalten, die das Herabfallen glühender Kohlenteilchen sicher verhüten; gläserne Aschenteller sind unzulässig; bei Bogenlampen mit eingeschlossenem Lichtbogen (Dauerbrand-Lampen) sind jedoch besondere Aschenteller nicht erforderlich. Im übrigen sind für elektrische Einrichtungen die vom Verband deutscher Elektrotechniker aufgestellten Sicherheitsvorschriften maßgebend.

Die elektrische Anlage ist alljährlich der Besichtigung durch einen Sachverständigen zu unterziehen. Der Nachweis darüber, daß den vorstehenden Bestimmungen genügt ist, muß auf Erfordern geführt werden.

Alle zur Entleerung bestimmten Türen und Ausgänge müssen mit einer Notbeleuchtung versehen sein, welche von dem Zeitpunkt in Betrieb zu setzen ist, in welchem die nach der Straße zu gelegenen Geschäftsräume beleuchtet werden. Ebenso muß in jedem Raum, in welchem sich Menschen aufhalten, sowie auf allen Gängen und Treppen eine ausreichende Notbeleuchtung vorhanden sein. Zur Notbeleuchtung sind Kerzen, Öllampen oder elektrische Lampen mit besonderer Betriebsquelle zu verwenden. Die Schaufenster dürfen bei elektrischen Anlagen nur von der Straße oder in der Art beleuchtet werden, daß sich zwischen dem Schaufenster und den Beleuchtungskörpern nebst Leitungen eine starke Glasscheibe befindet. Leitungen oder Beleuchtungskörper im Innern der Schaufenster sind unzulässig. Bei Schaufenstern, welche feuersicher gegen die Innenräume abgeschlossen sind, können in den obersten, von brennbaren Gegenständen völlig freizuhaltenden Räumen Glühlampen und elektrische Leitungen zugelassen werden. Die Glühlampen müssen jedoch eine besondere Schutzglocke erhalten und die Leitungen in Rohre verlegt werden.

§ 17.

In jedem Stockwerk muß eine ausreichende Anzahl von Feuerhydranten mit den erforderlichen Schlauchanlagen nebst Strahlrohr und Mundstück an stets leicht erreichbarer Stelle vorhanden sein. Die Hydrantenschläuche sind auf eine drehbare Rolle (Rad) aufzuziehen.

§ 18.

In jedem Stockwerk muß eine ausreichende Anzahl von Löschbomben oder Handfeuerlöschapparaten leicht erreichbar angebracht sein.

§ 19.

In jedem Stockwerk muß eine ausreichende Anzahl möglichst selbsttätiger Feuermelder mit unmittelbarem Anschluß an die Wache der Feuerwehr vorhanden sein.

§ 20.

An jedem Feuermelder ist eine Alarmvorrichtung anzubringen, die durch Benutzung des Feuermelders sofort und unmittelbar in Tätigkeit gesetzt wird und ein in sämtlichen Räumen deutlich vernehmbares Warnungssignal erschallen läßt.

§ 21.

Der Geschäftsinhaber ist für die Durchführung dieser Vorschriften verantwortlich. Er ist verpflichtet, seine Angestellten mit allen zur Erhöhung der Feuersicherheit getroffenen Einrichtungen und Maßnahmen bekannt zu machen und sie mit entsprechenden Anweisungen für den Fall eines Brandes zu versehen.

§ 22.

Diese Verordnung tritt am 1. Januar 1904 in Kraft. Sie findet Anwendung nicht nur auf die neu zu errichtenden, sondern auf alle bestehenden Warenhäuser, unbeschadet der den Geschäftsinhabern außerdem noch durch Einzelverfügungen gemachten oder zu machenden Auflagen.

Zuwiderhandlungen werden nach den Gesetzen bestraft.

---

24. Dezember 1903.

Verfügung des Reichskanzlers, betr. die Bildung von Gouvernementsräten.

D. Kol.-Bl. 1904 S. 1.

---

24. Dezember 1903.

Bekanntmachung des Ministeriums zur Ausführung des Reichsgesetzes, betr. Kinderarbeit in gewerblichen Betrieben, vom 30. März 1903.

Zentr.- u. Bez.A.Bl. 1904 S. 1.

A. Behörden.

1. Unter der Bezeichnung höhere Verwaltungsbehörde im Sinne des § 19 ist der Bezirkspräsident zu verstehen.
2. Unter der Bezeichnung untere Verwaltungsbehörde ist der Kreisdirektor, in den Stadtkreisen Straßburg und Metz der Polizeidirektor zu verstehen.
3. Unter der Bezeichnung Schulaufsichtsbehörde ist der Kreisschulinspektor zu verstehen.
4. Unter der Bezeichnung Gemeindebehörde ist der Bürgermeister zu verstehen.
5. Unter den Bezeichnungen Polizeibehörde, Ortspolizeibehörde ist der Bürgermeister, in den Städten Straßburg, Metz und Mülhausen der Polizeidirektor zu verstehen.

B. Zulassung von Ausnahmen für die Beschäftigung bei öffentlichen theatralischen Vorstellungen und anderen öffentlichen Schaustellungen.

(§ 6 Abs. 2, § 9 Abs. 2, § 15.)

6. Soweit Ausnahmen von dem in § 6 Abs. 1 des Gesetzes ausgesprochenen Verbote der Kinderbeschäftigung, das nach § 15 auch für die Beschäftigung eigener Kinder gilt, beantragt werden, ist der schriftliche Antrag unmittelbar oder durch Vermittelung der Ortspolizeibehörde an die untere Verwaltungsbehörde zu richten.

In dem Antrage sind die Vorstellung oder Schaustellung, bei der die Kinder beschäftigt werden sollen, ferner nach Möglichkeit die Tageszeit, zu der die Beschäftigung stattfinden soll, sowie die Namen und das Alter der Kinder anzugeben.

Die untere Verwaltungsbehörde hat vor ihrer Entschließung der Schulaufsichtsbehörde Gelegenheit zu einer Außerung im Hinblick auf die in Frage stehende Vorstellung oder Schaustellung zu geben. Auf die einzelnen in Frage kommenden Kinder hat sich die Außerung nicht zu erstrecken.

Die untere Verwaltungsbehörde hat vor Gewährung der Ausnahme neben der Frage, ob bei der Vorstellung oder Schaustellung ein höheres Interesse der Kunst oder Wissenschaft obwaltet, namentlich auch zu prüfen, ob der Beschäftigung von Kindern überhaupt und in der in Aussicht genommenen Zahl sowie von Kindern der angegebenen Altersstufe und zu der angegebenen Tageszeit im vorliegenden Falle Bedenken entgegenstehen, und ob die Person des Leiters des Unternehmens genügende Sicherheit dafür bietet, daß die Kinder vor sittlichen Gefahren behütet bleiben. Sie hat ferner zur Vermeidung von Gesundheitsschädigungen der Kinder dafür Sorge zu tragen, daß das Auftreten in angemessenen Zwischenräumen stattfindet. Für die Begrenzung des Begriffs der Vorstellungen und Schaustellungen, bei denen ein höheres Interesse der Kunst oder Wissenschaft obwaltet, ist die bei Ausführung des § 33 a der G.-O. gewonnene Praxis maßgebend. Die sogenannten Spezialitäten-, Akrobaten- und Artistenvorstellungen, die Zirkusaufführungen und ähnliche Veranstaltungen fallen daher nicht unter die Ausnahmebestimmung des § 6 Abs. 2 des Gesetzes.

Durch die Ausnahmebewilligung wird, sofern fremde Kinder beschäftigt werden sollen, die Verpflichtung des Unternehmers zur Anzeige (§ 10 des Gesetzes; Ziffer 8 dieser Bekanntmachung) und die Verpflichtung zur Beschaffung einer Arbeitskarte (§ 11 des Gesetzes; Ziffer 10 dieser Bekanntmachung) nicht berührt.

C. Zulassung von Ausnahmen für die Beschäftigung von Kindern beim Austragen von Waren und bei sonstigen Botengängen.

(§ 8 Abs. 2, § 9 Abs. 3, § 17 Abs. 1.)

7. Für die Zeit bis 31. Dezember 1905 können die unteren Verwaltungsbehörden für ihren Bezirk oder Teile desselben allgemein oder für einzelne Gewerbszweige Ausnahmen von der gesetzlichen Vorschrift (§ 8 Abs. 1, § 5 Abs. 2, § 9 Abs. 3, § 17 Abs. 1) zulassen, wonach die Beschäftigung fremder Kinder über zwölf Jahre beim Austragen von Waren und bei sonstigen Botengängen sowie die Beschäftigung eigener Kinder

über zwölf Jahre beim Austragen von Zeitungen, Milch und Backwaren, wenn sie für Dritte erfolgt, nicht in der Zeit zwischen 8 Uhr abends und 8 Uhr morgens und nicht vor dem Vormittagsunterrichte stattfinden darf. In Abweichung hiervon kann gestattet werden, daß die Beschäftigung bereits von sechseinhalb Uhr morgens an und vor dem Vormittagsunterrichte, jedoch vor diesem nicht länger als eine Stunde, stattfinden (§ 8 Abs. 2). Für die Sonn- und Festtage ist dabei die Vorschrift des § 9 Abs. 3 Satz 2 des Gesetzes zu beachten, wonach an diesen Tagen die Beschäftigung nicht in der letzten halben Stunde vor Beginn des Hauptgottesdienstes und nicht während desselben stattfinden darf.

Die unteren Verwaltungsbehörden haben von der ihnen hiernach zustehenden Befugnis nur für solche Orte und nur für solche Gewerbszweige Gebrauch zu machen, in denen schon bisher die Frühbeschäftigung von Kindern mit dem Austragen von Zeitungen, Backwaren oder Milch üblich war. Sie haben ferner bei der Zulassung von Ausnahmen darauf zu sehen, daß nirgends über das zur Eingewöhnung in die neuen gesetzlichen Vorschriften unbedingt erforderliche Maß hinausgegangen wird, und daher die Ausnahmen grundsätzlich nicht im voraus für die ganze zulässige Zeit, sondern nur für einen beschränkten Zeitraum zu gewähren. Nur soweit sich demnächst ergeben sollte, daß sich trotz ernstlicher Bemühungen der beteiligten Gewerbetreibenden ein ausreichender Ersatz für die Frühbeschäftigung der Kinder einstweilen noch nicht hat beschaffen lassen, ist die Ausnahmebewilligung demnächst entsprechend zu verlängern.

Vor der Entschließung über Ausnahmebewilligungen haben die unteren Verwaltungsbehörden der Schulaufsichtsbehörde Gelegenheit zu einer Äußerung zu geben. Die Anhörung der Schulaufsichtsbehörde erfolgt nur mit Beziehung auf die in Aussicht genommene Erstreckung der Ausnahmen auf den Bezirk oder Teile desselben und auf die in Betracht kommenden Gewerbezweige.

D. Anzeige im Falle der Beschäftigung fremder Kinder.

(§ 10.)

8. Die im § 10 des Gesetzes vorgesehene Verpflichtung des Arbeitgebers zur schriftlichen Anzeige an die Ortspolizeibehörde vor dem Beginne der Beschäftigung greift in allen den Fällen Platz, wo Kinder ohne Unterschied des Geschlechts, die als fremde Kinder im Sinne des Gesetzes (§ 3 Abs. 2) gelten, in Betrieben, welche als gewerbliche im Sinne der Gewerbeordnung anzusehen sind, beschäftigt werden sollen. Zu den gewerblichen Betrieben gehören die öffentlichen Erziehungsanstalten nicht. Auf die Landwirtschaft und ihre Nebenbetriebe sowie auf die häuslichen Dienstleistungen (Kinderpflege, Aufwartung und dergl.) erstreckt sich das Gesetz nicht.

Als fremde Kinder gelten insbesondere auch die in den Hausstand aufgenommenen nicht zur gesetzlichen Zwangserziehung (Fürsorgeerziehung) überwiesenen Waisen-, Zieh- und Pflegekinder, soweit sie nicht mit demjenigen, welcher sie beschäftigt und zu dessen Hausstande sie gehören, oder mit dessen Ehegatten bis zum dritten Grade verwandt oder von diesen Personen an Kindesstatt angenommen oder bevormundet sind (§ 3 Abs. 1, Ziffer 1, 2 des Gesetzes), sowie solche zur gesetzlichen Zwangserziehung (Fürsorgeerziehung) überwiesenen Kinder, welche nicht zugleich mit eigenen Kindern im Sinne des § 3 Abs. 1 Ziffer 1, 2 des Gesetzes von demjenigen, welchem sie überwiesen sind und zu dessen Hausstande sie gehören, beschäftigt werden. Als Zwangs- oder Fürsorgeerziehung im Sinne des Gesetzes gilt jede behördlich angeordnete Erziehung, durch welche ein Kind zur Verhütung der Verwahrlosung in einen fremden Hausstand eingewiesen wird. Diese Voraussetzung liegt sowohl im Falle des § 56 des Reichsstrafgesetzbuches, wie in den Fällen des § 1666 des Bürgerlichen Gesetzbuches, des Artikels 135 des Einführungsgesetzes zu diesem und in den Fällen der Unterbringung auf Grund der §§ 123 ff. des Ausführungsgesetzes zum Bürgerlichen Gesetzbuch vom 17. April 1899 (G.-Bl. 1900 Seite 1) vor. Im Falle des § 1838 des Bürgerlichen Gesetzbuchs trifft sie bei Waisen nur dann zu, wenn die Anordnung zur Verhütung der Verwahrlosung, nicht aber aus sonstigen Gründen erfolgt ist.

Für die Verpflichtung zur Anzeige ist es unerheblich, ob die Beschäftigung der fremden Kinder auf Grund eines gewerblichen Arbeitsvertrages erfolgt oder ob sie nur tatsächlich beschäftigt werden, ebenso ob die Beschäftigung gegen Entgelt stattfindet oder nicht. Auch die Dauer der Beschäftigung ist für die Verpflichtung zur Anzeige im allgemeinen ohne Bedeutung. Nur in solchen Fällen, wo die Beschäftigung der fremden Kinder bloß gelegentlich mit einzelnen Dienstleistungen erfolgt, ist die Anzeige nicht erforderlich. Diese Voraussetzung liegt dann nicht vor, wenn die Beschäftigung in gewisser Folge regelmäßig wiederkehrt.

Zu den fremden Kindern im Sinne des Gesetzes sind nicht zu rechnen und der Anzeigepflicht unterliegen daher ferner nicht:

a) Kinder, welche in der Wohnung oder Werkstätte einer Person, zu der sie in einem der in § 3 Abs. 1 des Gesetzes bezeichneten Verhältnisse stehen und zu deren Hausstande sie gehören, für Dritte beschäftigt werden (§ 3 Abs. 3 des Gesetzes), so daß sie nicht den Eltern oder den diesen nach § 3 Abs. 1 des Gesetzes gleichstehenden Personen in deren Betriebe oder bei der von diesen übernommenen und selbst mit verrichteten Arbeit helfen, sondern nur die entweder von ihnen selbst oder durch Vermittelung der Eltern vom Unternehmer angenommenen Arbeiten in der elterlichen Wohnung oder Werkstätte verrichten, während die Eltern anderer Berufsarbeit nachgehen;

b) solche eigenen Kinder, welche beim Austragen von Zeitungen, Milch und Backwaren für Dritte (§ 17 Abs. 1 des Gesetzes) in der Weise beschäftigt werden, daß sie ihren Eltern und den diesen nach § 1 Abs. 1 des Gesetzes gleichstehenden Personen bei der Ausführung der von diesen für einen fremden Betrieb übernommenen Austragearbeiten helfen, so daß die Beschäftigung nicht unmittelbar durch den fremden Unternehmer, sondern durch die Eltern erfolgt.

9. Die eingehenden Anzeigen sind von der Ortspolizeibehörde darauf zu prüfen, ob sie die Betriebsstätte des Arbeitgebers und die Art des Betriebs angeben. Unvollständige Anzeigen sind zur Vervollständigung zurückzugeben.

Auf Grund der Anzeigen, die zu besonderen Aktenheften zu vereinigen sind, ist von der Ortspolizeibehörde nach dem beiliegenden Muster[1]) ein Verzeichnis derjenigen Betriebe zu führen, welche fremde Kinder beschäftigen. Das Verzeichnis ist dem zuständigen Gewerbeaufsichtsbeamten auf Ersuchen zur Einsicht vorzulegen. Anzeigen für solche Betriebe, welche der Aufsicht der Bergbehörden unterstehen, sind dem zuständigen Bergrevierbeamten zur Kenntnisnahme mitzuteilen, der über sie ein gleiches Verzeichnis zu führen hat.

E. Arbeitskarten.

(§ 11.)

10. Einer Arbeitskarte bedürfen alle Kinder, die als fremde im Sinne des Gesetzes (vgl. Ziffer 8 dieser Bekanntmachung) beschäftigt werden sollen, soweit die Beschäftigung nicht bloß gelegentlich mit einzelnen Dienstleistungen (vgl. Ziffer 8 Abs. 3) erfolgt.

Für Kinder, welche das zwölfte Lebensjahr noch nicht vollendet haben, dürfen Arbeitskarten in der Regel nicht ausgestellt werden. Sollen jüngere Kinder bei Vorstellungen und Schaustellungen, bei denen ein höheres Interesse der Kunst oder Wissenschaft obwaltet, beschäftigt werden, so ist für sie eine Arbeitskarte dann auszustellen, wenn das Vorliegen einer von der unteren Verwaltungsbehörde erteilten Erlaubnis (Ziffer 6 dieser Bekanntmachung) glaubhaft nachgewiesen wird. Sofern ein solcher Nachweis von dem Antragsteller selbst nicht beigebracht werden kann, hat die ausstellende Behörde in geeigneter Weise vor der Ausstellung der Arbeitskarte festzustellen, daß die Erlaubnis erteilt ist. In die Arbeitskarte ist in diesen Fällen unter „Bemerkungen" ein Hinweis aufzunehmen, daß die Arbeitskarte nur für die Beschäftigung bei öffentlichen Vorstellungen oder Schaustellungen gültig ist.

11. Die Arbeitskarten werden von den Ortspolizeibehörden ausgestellt. Sie müssen nach Format, Papier und Druck mit dem beigefügten Muster[1]) übereinstimmen.

12. Über die ausgestellten Arbeitskarten ist nach dem beigefügten Muster[1]) ein für jedes Kalenderjahr abzuschließendes Verzeichnis zu führen.

13. Die Ortspolizeibehörde hat Arbeitskarten nur für solche Kinder auszustellen, welche

1) Das Muster ist hier nicht abgedruckt.

im Bezirk ihren letzten dauernden Aufenthalt gehabt haben.

14. Wird der Antrag auf Ausstellung einer Arbeitskarte nicht von dem gesetzlichen Vertreter des Kindes gestellt, so hat die Ortspolizeibehörde den Nachweis zu fordern, daß er dem Antrage zustimmt, oder in den Fällen, wo die Erklärung des gesetzlichen Vertreters nicht beschafft werden kann, daß die Gemeindebehörde desjenigen Ortes, wo das Kind seinen letzten dauernden Aufenthalt gehabt hat, die Zustimmung des gesetzlichen Vertreters ergänzt hat (§ 11 Abs. 2 des Gesetzes).

Daß die Erklärung des gesetzlichen Vertreters nicht zu beschaffen sei, wird in der Regel nur anzunehmen sein, wenn er körperlich oder geistig unfähig ist, eine Erklärung abzugeben, oder wenn sein Aufenthalt unbekannt oder derart ist, daß ein mündlicher oder schriftlicher Verkehr mit ihm nicht möglich ist. Die Ergänzung der Zustimmung des gesetzlichen Vertreters ist, wo sie gesetzlich begründet erscheint, schriftlich auszusprechen und mit Unterschrift und Siegel zu versehen.

Der Nachweis der Zustimmung des gesetzlichen Vertreters ist durch Beibringung einer mündlichen oder schriftlichen Erklärung, der Nachweis der Ergänzung der Zustimmung durch die Gemeindebehörde durch die schriftliche Bescheinigung der letzteren (Abs. 2) zu erbringen.

15. Für jedes Kind, für das die Ausstellung einer Arbeitskarte beantragt wird, ist, sofern Jahr und Tag der Geburt nicht anderweit feststehen, die Vorlegung einer Geburtsurkunde (Geburts-, Taufschein) zu fordern.

16. Die Ausstellung der Arbeitskarte erfolgt durch Ausfüllung des Formulars nach dem beigegebenen Muster (Ziffer 11). Die Nummer der Arbeitskarte muß mit der laufenden Nummer des Verzeichnisses der Arbeitskarten (Ziffer 12) übereinstimmen. Die Aushändigung der Arbeitskarte darf erst erfolgen, wenn alle Spalten des Verzeichnisses der Arbeitskarten ausgefüllt sind.

17. Vor Ausstellung einer Arbeitskarte ist — erforderlichenfalls durch Anfrage bei der Ortspolizeibehörde desjenigen Ortes, wo das Kind früher seinen dauernden Aufenthalt gehabt hat — festzustellen, ob für dasselbe Kind bereits früher eine Arbeitskarte ausgestellt ist. In diesem Falle ist darauf zu halten, daß die bisherige Arbeitskarte vor Aushändigung der neuen abgeliefert wird, es sei denn, daß sie verloren gegangen, vernichtet oder von dem Arbeitgeber nicht wieder ausgehändigt ist. Ferner ist festzustellen, ob etwa der Ausstellung der Arbeitskarte um deswillen Bedenken entgegenstehen, weil für das Kind die Beschäftigung untersagt ist (§ 20 Abs. 1 Ges.; Ziffer 22 Abs. 3 dieser Bekanntmachung).

Die Ausstellung einer neuen Arbeitskarte unterliegt denselben Vorschriften wie diejenige der ersten; jedoch bedarf es der Vorlegung einer Geburtsurkunde nicht, wenn die bisherige Arbeitskarte eingeliefert wird. Daß eine Arbeitskarte an Stelle einer früheren, unbrauchbar gewordenen, verloren gegangenen und dergl. ausgestellt ist, hat die ausstellende Behörde unter „Bemerkungen" in die Arbeitskarte und in das Verzeichnis der Arbeitskarten (Ziffer 12) einzutragen. Vermerke, wonach die Beschäftigung des Kindes eingeschränkt ist (Ziffer 22 letzter Absatz), sind aus der früheren Arbeitskarte in die neu ausgestellte zu übernehmen.

18. Die Ausstellung der Arbeitskarte muß kosten- und stempelfrei erfolgen.

19. Die Aushändigung der Arbeitskarte erfolgt nicht an das Kind, sondern an den gesetzlichen Vertreter oder an den Arbeitgeber des Kindes.

Von jeder Ausstellung einer Arbeitskarte ist dem Vorsteher der Schule, welche das Kind besucht, Mitteilung zu machen.

20. Die Ortspolizeibehörden haben sich zeitig mit einer hinreichenden Anzahl von Formularen zu Arbeitskarten zu versehen und solche fortlaufend vorrätig zu halten.

F. Zulassung von Ausnahmen hinsichtlich der Beschäftigung eigener Kinder im Betriebe von Gast- und von Schankwirtschaften.

(§ 16.)

21. In Orten, die nach der jeweilig letzten Volkszählung weniger als 20 000 Einwohner haben, können die unteren Verwaltungsbehörden für solche Gast- oder Schankwirtschaftsbetriebe, in welchen in der Regel ausschließlich zur Familie des Arbeitgebers gehörige Personen beschäftigt, also in der Regel nicht Kellner oder sonstige andere Personen zur Bedienung herangezogen werden, Ausnahmen von der gesetzlichen Vorschrift zulassen, wonach im Betriebe von Gast- und von Schankwirtschaften

eigene Kinder unter zwölf Jahren überhaupt nicht und von den eigenen Kindern über zwölf Jahre Mädchen unter dreizehn Jahren sowie solche Mädchen über dreizehn Jahre, welche noch zum Besuche der Volksschule verpflichtet sind, nicht bei der Bedienung der Gäste beschäftigt werden dürfen. Die unteren Verwaltungsbehörden sind hinsichtlich der Altersgrenze, bis zu der herab sie Ausnahmen in der Beschäftigung der eigenen Kinder zulassen wollen, durch das Gesetz nicht beschränkt, doch wird grundsätzlich nicht unter das Alter von zehn Jahren herabzugehen sein. Auch wenn hiernach Ausnahmen zugelassen werden, greifen die Bestimmungen des § 13 Abs. 1 des Gesetzes Platz, so daß eine Beschäftigung der Kinder zwischen acht Uhr abends und acht Uhr morgens sowie vor dem Vormittagsunterrichte und am Nachmittage eine Stunde nach beendetem Unterricht in allen Fällen ausgeschlossen bleibt, auch den Kindern stets um Mittag eine mindestens zweistündige Pause zu gewähren ist.

Die unteren Verwaltungsbehörden haben Ausnahmen nur für solche Orte und für solche kleineren Wirtschaftsbetriebe zuzulassen, wo nach Lage der Verhältnisse von der erweiterten Beschäftigung der eigenen Kinder sittliche Gefahren oder sonstige Nachteile für diese nicht zu befürchten sind und durch die angezogene Verbotsbestimmung ungerechtfertigte Härten hervorgerufen werden würden. Für die Vororte der größeren Städte ist in der Regel von der Zulassung einer erweiterten Beschäftigung der eigenen Kinder abzusehen.

Die Ausnahmen können auch allgemein für alle Gast- oder Schankwirtschaftsbetriebe der bezeichneten Art zugelassen werden. Sie sind sogleich zurückzunehmen, wenn sich Mißstände infolge der erweiterten Beschäftigung der eigenen Kinder herausstellen.

Vor der Zulassung der Ausnahmen ist die Schulaufsichtsbehörde zu hören.

G. Polizeiliche Verfügungen auf Grund des § 20.

22. Auf Grund des § 20 Abs. 1 des Gesetzes können polizeiliche Verfügungen nur hinsichtlich der Beschäftigung einzelner Kinder, und zwar sowohl fremder wie eigener, erlassen werden. Voraussetzung des Erlasses einer solchen Verfügung ist, daß bei einer an sich nach den Bestimmungen des Gesetzes zulässigen Beschäftigung eines Kindes erhebliche Mißstände zutage getreten sind. Diese können sowohl auf gesundheitlichem Gebiete liegen wie hinsichtlich der geistigen oder sittlichen Entwicklung des Kindes hervorgetreten sein. Soweit es sich um gesundheitliche Schädigungen des Kindes handelt, ist über das Vorliegen der Voraussetzung in denjenigen Fällen, wo ein Schularzt angestellt ist, dieser zu hören.

Zum Erlaß der Verfügung ist die Polizeibehörde desjenigen Ortes zuständig, an welchem das Kind seinen letzten dauernden Aufenthalt gehabt hat. Die Verfügung kann von Amts wegen oder auf Antrag der Schulaufsichtsbehörde ergehen. Wenn sie von Amts wegen erlassen werden soll, so ist vorher die Schulaufsichtsbehörde zu hören.

Wird durch die polizeiliche Verfügung die Beschäftigung für ein Kind, für das eine Arbeitskarte erteilt ist (§ 11 des Gesetzes, Ziffer 10 ff. dieser Bekanntmachung), untersagt, so hat die Polizeibehörde in der Verfügung zugleich die Entziehung der Arbeitskarte auszusprechen. Die Entziehung ist unter „Bemerkungen" in das Verzeichnis der Arbeitskarten (Ziffer 12) einzutragen und von der Entziehung dem Vorsteher der Schule, welche das Kind besucht, Mitteilung zu machen. Erfolgt die Entziehung der Arbeitskarte nicht durch diejenige Ortspolizeibehörde, welche sie ausgestellt hat, so ist dieser behufs Eintragung in das Verzeichnis der Arbeitskarten davon Mitteilung zu machen. Ist die Arbeitskarte entzogen, so ist die Erteilung einer neuen Arbeitskarte grundsätzlich zu verweigern.

Ist für ein Kind, für das eine Arbeitskarte erteilt ist, nur eine Einschränkung der Beschäftigung verfügt, so hat die Polizeibehörde umgehend die Arbeitskarte einzufordern und erst nach Eintragung der Einschränkung in diese in der Abteilung „Bemerkungen" wieder auszuhändigen. Wegen der Eintragung in das Verzeichnis der Arbeitskarten finden die Vorschriften im vorhergehenden Absatz entsprechende Anwendung.

23. Gemäß § 20 Abs. 2 des Gesetzes kann für einzelne Gast- oder Schankwirtschaften die Beschäftigung sowohl fremder wie eigener Kinder über die durch §§ 7, 16 des Ge-

setzes gezogenen Grenzen im Wege der polizeilichen Verfügung eingeschränkt oder ganz verboten werden. Voraussetzung des Erlasses einer solchen Verfügung ist, daß sich infolge der Beschäftigung der Kinder erhebliche, die Sittlichkeit gefährdende Mißstände ergeben haben.

Zum Erlaß der Verfügung ist die Polizeibehörde desjenigen Ortes zuständig, in welchem die Gast- oder Schankwirtschaft betrieben wird.

24. Gegen die nach § 20 des Gesetzes ergehenden polizeilichen Verfügungen findet die Beschwerde an die vorgesetzte Behörde statt.

H. Aufsicht.

25. Die Aufsicht über die Ausführung:
   a) Der Vorschriften über die Beschäftigung von Kindern in dem mit dem Speditionsgeschäfte verbundenen Fuhrwerksbetriebe (§ 4 Abs. 1) sowie im Handelsgewerbe und in Verkehrsgewerben (§§ 5, 9 Abs. 1, 13, 20 Abs. 1),
   b) der Vorschriften über die Beschäftigung von Kindern bei öffentlichen theatralischen Vorstellungen und anderen öffentlichen Schaustellungen (§§ 6, 9 Abs. 2, 15),
      — zu a und b einschließlich der Beschäftigung beim Austragen von Waren und bei sonstigen Botengängen (§§ 8, 9 Abs. 3, 17) in diesen Betrieben —,
   c) der die Anzeige betreffenden Bestimmungen (§ 10),
   d) der die Arbeitskarte betreffenden Bestimmungen (§ 11), soweit es sich um die Beschäftigung im Handelsgewerbe, in Verkehrsgewerben und bei den unter b aufgeführten Beschäftigungsarten handelt,

wird von den Ortspolizeibehörden wahrgenommen.

Im übrigen wird die Aufsicht über die Ausführung der die Beschäftigung von Kindern regelnden Bestimmungen des Gesetzes von den Ortspolizeibehörden und den Gewerbeaufsichtsbeamten, hinsichtlich der unter Aufsicht der Bergbehörden stehenden Betriebe von den Bergrevierbeamten ausgeübt.

26. Die Befolgung der gesetzlichen Bestimmungen ist bei jeder sich darbietenden Gelegenheit, insbesondere bei den von den Ortspolizeibehörden oder den Gewerbeaufsichtsbeamten aus anderem Anlaß vorzunehmenden Revisionen der Betriebe sorgfältig zu überwachen. Außerordentliche Revisionen sind nach Bedürfnis und insbesondere dann vorzunehmen, wenn der Verdacht einer gesetzwidrigen Beschäftigung von Kindern vorliegt.

27. Besondere Aufmerksamkeit ist den für Kinder verbotenen Beschäftigungsarten (§§ 4, 12) zuzuwenden.

Wenn sich aus der vom Arbeitgeber der Ortspolizeibehörde erstatteten Anzeige ergibt, daß Kinder in solchen Betrieben beschäftigt werden sollen, so ist von den Ortspolizeibehörden (Bergrevierbeamten) durch besondere bei den Gewerbeunternehmern von Zeit zu Zeit vorzunehmende Revisionen sorgfältig zu überwachen, daß die Beschäftigung nur bei dem gesetzlich gestatteten Austragen von Waren und bei sonstigen Botengängen (§ 8) stattfindet.

In gleicher Weise haben die Ortspolizeibehörden die Befolgung der die Arbeitskarte betreffenden Bestimmungen zu überwachen.

28. An der Hand des nach Ziffer 9 Abs. 2 dieser Bekanntmachung zu führenden Verzeichnisses sind die fremde Kinder beschäftigenden Werkstätten, in denen die Beschäftigung nicht nach § 4 des Gesetzes verboten ist (§ 5), in Zukunft halbjährlich **mindestens** einer **ordentlichen** Revision durch die Ortspolizeibehörde (Bergrevierbeamten) zu unterziehen. Bei jeder ordentlichen Revision hat der revidierende Beamte folgende Punkte festzustellen:
   a) wie groß ist die Zahl der zur Zeit im Betriebe der Werkstatt nicht lediglich mit Austragen von Waren oder bei sonstigen Botengängen beschäftigten Kinder?
   b) stimmen das Alter dieser Kinder, die tägliche Arbeitszeit, die Lage der Arbeitsstunden und die Dauer und Lage der Pause mit den gesetzlichen Vorschriften überein?
   c) sind diese Kinder, soweit die Beschäftigung nicht bloß gelegentlich mit einzelnen Dienstleistungen erfolgt, sämtlich mit Arbeitskarten versehen?

29. Nach jeder Revision, welche in einem fremde Kinder beschäftigenden Betriebe stattgefunden hat, ist von der Ortspolizeibehörde (dem Bergrevierbeamten) das

Datum und die festgestellte Anzahl der beschäftigten Kinder in das nach Ziffer 9 Abs. 2 zu führende Verzeichnis einzutragen. Das Verzeichnis ist dem zuständigen Gewerbeaufsichtsbeamten auf Ersuchen zur Einsicht vorzulegen.

30. Bei der Aufsicht über die Durchführung der für die Beschäftigung eigener Kinder geltenden Vorschriften ist der Bestimmung in § 13 Abs. 2 des Gesetzes besondere Aufmerksamkeit zuzuwenden, wonach eigene Kinder unter zwölf Jahren in der Wohnung oder Werkstätte einer Person, zu der sie in einem der in § 3 Abs. 1 bezeichneten Verhältnisse stehen, für Dritte nicht beschäftigt werden dürfen. Ferner ist die Bestimmung in § 21 Abs. 2 des Gesetzes zu beachten, wonach in Privatwohnungen, in denen ausschließlich eigene Kinder beschäftigt werden, Revisionen während der Nachtzeit nur stattfinden dürfen, wenn Tatsachen vorliegen, welche den Verdacht der Nachtbeschäftigung dieser Kinder begründen.

31. Wegen der Aufsichtstätigkeit der Gewerbeaufsichtsbeamten wird im übrigen auf die für letztere bestehenden Dienstanweisungen verwiesen.

Kolibri 360 GmbH
Ferdinand-Jühlke-Straße 7
99095 Erfurt, Deutschland
produktsicherheit@kolibri360.de